C000128651

1 MONTH OF
FREE
READING

at

www.ForgottenBooks.com

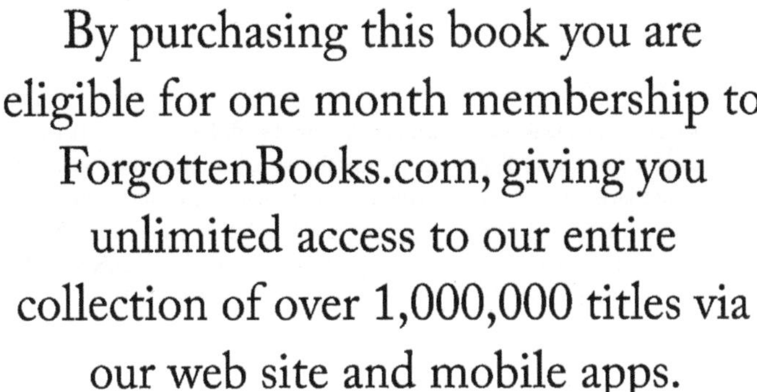

To claim your free month visit:

www.forgottenbooks.com/free433704

* Offer is valid for 45 days from date of purchase. Terms and conditions apply.

ISBN 978-0-484-26411-2
PIBN 10433704

This book is a reproduction of an important historical work. Forgotten Books uses state-of-the-art technology to digitally reconstruct the work, preserving the original format whilst repairing imperfections present in the aged copy. In rare cases, an imperfection in the original, such as a blemish or missing page, may be replicated in our edition. We do, however, repair the vast majority of imperfections successfully; any imperfections that remain are intentionally left to preserve the state of such historical works.

Forgotten Books is a registered trademark of FB &c Ltd.
Copyright © 2018 FB &c Ltd.
FB &c Ltd, Dalton House, 60 Windsor Avenue, London, SW19 2RR.
Company number 08720141. Registered in England and Wales.

For support please visit www.forgottenbooks.com

Z.

ZEITSCHRIFT FÜR ÄSTHETIK

UND

ALLGEMEINE KUNSTWISSENSCHAFT

HERAUSGEGEBEN

VON

MAX DESSOIR

ACHTER BAND

MIT 3 TAFELN

144091
24/10/17

STUTTGART
VERLAG VON FERDINAND ENKE
1913

N
3
Z45
Bd.8

LIBRARY
NOV 13 1969
UNIVERSITY OF TORONTO

Druck der Union Deutsche Verlagsgesellschaft in Stuttgart.

Inhaltsverzeichnis des VIII. Bandes.

Abhandlungen.

Bemerkungen.

Besprechungen.

Schriftenverzeichnis für 1912.

Zur Lehre von den ästhetischen Modifikationen.

Von

Kaarle S. Laurila.

1. Allgemeines.

Bei der durchgreifenden Umgestaltung, der die Ästhetik während der letzten Jahrzehnte unterzogen worden ist, scheint derjenige Teil, der unter dem Namen der Modifikationslehre bekannt ist, bedeutend weniger beachtet worden zu sein als die übrigen Teile der Ästhetik. Über die Methode und Prinzipien der Ästhetik, über das Wesen und den Ursprung der Kunst und über viele andere, sogar sehr spezielle Fragen sowohl der psychologischen Ästhetik im allgemeinen wie der Kunstlehre im besonderen sind zahlreiche Einzeluntersuchungen erschienen, über die Modifikationslehre aber meines Wissens sehr wenige. Und auch viele von den Ästhetikern, die in der letzten Zeit die ganze Ästhetik systematisch und zusammenhängend behandelt haben und dabei auch die Modifikationslehre nicht umgehen konnten, haben doch diesen Teil oft nur leicht gestreift.

Diese geringe Beachtung der Modifikationslehre darf jedoch nicht so gedeutet werden, als sei nach der allgemeinen Meinung der modernen Ästhetiker an der hergebrachten Gestaltung der Modifikationslehre wenig zu ändern. Vielmehr haben manche Ästhetiker vielleicht eben deshalb ein näheres Eingehen auf die Lehre von den Modifikationen so lange wie möglich hinausgeschoben, weil sie von der gefühlsmäßigen Überzeugung durchdrungen waren, daß gerade dieser Teil der hergebrachten Ästhetik am meisten reformbedürftig ist. Bei einigen mag wohl auch eine gewisse gefühlsmäßige Abneigung gegen die Modifikationslehre wegen des metaphysischen Anstrichs, der diesem Teil als dem Glanzstück der spekulativen Ästhetik besonders anhaftete, mitbestimmend gewesen sein. Und schließlich haben viele eine gründlichere Auseinandersetzung mit der ästhetischen Modifikationslehre ganz einfach deshalb vorläufig hinausgeschoben, weil sie noch andere, ihrer eigenen Ansicht nach wichtigere ästhetische Probleme zuerst behandeln wollten.

Es ist nun ohne weiteres klar, daß alle diese Gründe auch nicht zusammen eine fortgesetzte, geschweige denn endgültige Vernachlässigung der ästhetischen Modifikationslehre rechtfertigen können. Sollen unsere Gedanken über das ästhetische Lebensgebiet ein Ganzes bilden und zu einer ästhetischen Weltanschauung werden, dann müssen wir notgedrungen unsere ästhetischen Grundsätze auch nach der Seite der Modifikationslehre hin zu Ende denken. Wir müssen prüfen, was von der überlieferten ästhetischen Modifikationslehre bestehen bleiben kann und was über Bord geworfen werden muß, wenn wir nach unserer Methode und nach unseren Grundsätzen dieses Gebiet unbefangen revidierend durchwandern.

Von den gegenwärtigen Ästhetikern hat vor allen Johannes Volkelt dies für seinen Teil getan. In dem zweiten Band seines ästhetischen Systems hat er die Lehre von den Modifikationen mit einer Ausführlichkeit und Gründlichkeit behandelt, die kaum etwas zu wünschen übrig lassen. Ich halte auch dieses Erzeugnis Volkeltscher Gedankenarbeit, wie überhaupt seine ganze Leistung auf dem Gebiet der Ästhetik, für hervorragend; und eben weil ich Volkelt als Ästhetiker so besonders hochschätze, finde ich es interessant und lohnend, abweichende Gedanken und kritische Betrachtungen auch etwas ausführlicberer Art an seine Darlegungen anzuknüpfen. Doch ist es keineswegs meine Absicht, hier eine allgemeine kritische Würdigung der Volkeltschen Modifikationslehre zu liefern. Ich will vielmehr nur einige Randbemerkungen zu diesem Werk machen, d. h. ich will zunächst, an die Ausführungen Volkelts anknüpfend, meine eigenen Gedanken über einige Punkte der ästhetischen Modifikationslehre entwickeln, in denen ich von der Ansicht Volkelts abweiche, oder Fragen berühren, zu denen die ästhetische Modifikationslehre meiner Ansicht nach sonst Anlaß gibt.

Es gibt nun gleich zwei solche Fragen allgemeiner Art, über die man im klaren sein muß, bevor man in die Behandlung der Einzelfragen der Modifikationslehre eintritt. Die erste von diesen Fragen ist die: Welche Stellung und relative Wichtigkeit kann und soll die Lehre von den ästhetischen Modifikationen in der Ästhetik haben?

Es ist bekannt, daß die ältere Ästhetik, zumal die spekulative Ästhetik des 19. Jahrhunderts, von der die Modifikationslehre eigentlich ausgebaut wurde, diesem Teil der Ästhetik eine sehr zentrale Stellung gab und ihm eine hohe Bedeutung beimaß. Ja, man kann beinahe mit Fechner sagen, daß die Fragen der Modifikationslehre, d. h. die Begriffsbestimmung des Schönen, des Erhabenen, des Häßlichen, Komischen, Tragischen usw. und ihre weitere Einteilung in Unterarten und die Unterbringung der ästhetischen Einzelerscheinungen in die richtigen »Abteilungen« und unter die richtigen Rubbriken, den Hauptinhalt der älteren Ästhetik bildeten (vgl. Vorschule der Ästh.[2] I, S. 5). Wenn man nun aber die metaphysischen und jedenfalls dogmatischen Voraussetzungen beiseite schiebt, von denen jene Ästhetik ausging, und statt dessen empirisch und psychologisch verfährt, d. h. ohne alle vorgefaßten Meinungen ganz einfach nur davon ausgeht, was für den ästhetischen Forscher tatsächlich gegeben ist und Erklärung heischt, dann muß auch die ganze Aufgabe der Ästhetik sich anders darstellen, als sie der spekulativen Ästhetik erschien. Ferner muß die relative Wichtigkeit der verschiedenen Teile der Ästhetik vielfach in ein neues Licht treten. Und in der Tat: geht man wirklich von dem aus, was dem Ästhetiker erfahrungsmäßig sicher gegeben ist und was von ihm Erklärung verlangt, und erfaßt die Aufgabe der Ästhetik demgemäß, dann leuchtet ein, daß die Fragen der Modifikationslehre rechtmäßig keine solche zentrale Stellung haben können wie sie sie in der spekulativen Ästhetik hatten. Erfahrungsmäßig gegeben für einen Ästhetiker ist ein ganzes großes Wirklichkeitsgebiet, eben die sogenannte ästhetische Wirklichkeit, von der man vorläufig nur so viel weiß, daß die Kunst einen wichtigen Teil innerhalb dieses Gebiets bildet und daß dieses ganze Gebiet im übrigen sich grundsätzlich von dem theoretischen und praktischen Interessen- und Tätigkeitsgebiet unterscheidet. Und die Aufgabe, die der Ästhetiker zu lösen hat, liegt darin: Klarheit zu schaffen über dieses Gebiet, zu zeigen, worin seine Eigenart besteht, welche Bedeutung es hat und welches sein Verhältnis zu den übrigen Seiten des Menschenlebens ist oder sein soll. Wenn man diese Aufgabe lösen will und zunächst die Eigenart des ästhetischen Lebensgebiets zu ermitteln sucht (denn die Beantwortung dieser Frage bildet ja offenbar den Schlüssel zu allem anderen), so sieht man bald, daß das ästhetische Lebensgebiet durch keine äußeren Merkmale erkenntlich gemacht und abgegrenzt werden kann, denn seine Eigenart ist nicht durch die Eigenart der zu ihm gehörigen Objekte bedingt. Der ästhetische Mensch beschäftigt sich oft mit ganz denselben Gegenständen und Erscheinungen wie der theoretisch oder der praktisch gerichtete Mensch. Es sind also keine besonderen »spezifisch ästhetischen« Objekte, die das ästhetische Lebensgebiet bilden. Das ästhetische Lebensgebiet ist lediglich durch ein spezifisches Verhalten zu den Gegenständen gekennzeichnet und durch den entsprechenden Eindruck der Gegenstände auf uns. Ich habe dieses spezifisch ästhetische Verhalten, auf das die Eigenart des ästhetischen Lebensgebiets sich gründet, in dieser Zeitschrift früher dahin bestimmt, daß ich sagte: das ästhetische Verhalten ist ein reines, verweilendes Gefühlsverhalten, ein Stehenbleiben bei dem reinen, unmittelbaren Gefühlswert der Erscheinungen. Und der Eindruck, der in uns sich dann entwickelt, wenn wir uns zu den Erscheinungen so verhalten, ist eben der ästhetische Eindruck. Die Ermittlung der Eigenart dieses ästhetischen Verhaltens und der Eigenart des dadurch bedingten ästhetischen Eindrucks wird also, wenn man von dem ausgeht, was dem Ästhetiker tatsächlich gegeben ist und worüber er sich und anderen Klarheit schaffen muß, zum Angelpunkt und zur Kernfrage der ganzen Ästhetik.

Liegt nun aber der Schwerpunkt der Ästhetik hier, dann leuchtet ein, daß die Fragen der Modifikationslehre keine Zentralfragen der Ästhetik sind. Die ästhetischen Modifikationen sind ja weiter nichts als verschiedene Arten des ästhetischen Eindrucks, oder objektiv ausgedrückt, verschiedene Typen des ästhetisch Wirksamen; eine genauere Einsicht aber in die Verschiedenheiten des ästhetisch Wirksamen ist keine notwendige Bedingung zur Lösung derjenigen Fragen, auf die es uns eigentlich in der Ästhetik ankommt. Ferner ist zu erwägen, daß die Einteilung des ästhetisch Wirksamen in seine Unterarten, ihre Begriffsbestimmung, Benennung und Gruppierung — denn alles dies bildet ja den Inhalt der Modifikationslehre — immer in erheblichem Grade etwas Konventionelles, ja beinahe etwas Willkürliches an sich hat, sie ist, wie übrigens die meisten Klassifikations- und Rubrizierungsfragen, zum großen Teil eine Geschmackssache. Schon die Auswahl ist in erheblichem Grade eine Geschmackssache. Alle ästhetischen Typen kann man nie aufzählen und beschreiben, weil ihre Anzahl unendlich ist. Man muß sich auf die wichtigsten und charakteristischsten beschränken. Aber welche Typen die wichtigsten sind, hängt eben oft vom persönlichen Dafürhalten ab. Auch noch etwas anderes ist zu bedenken. Zwei Ästhetiker mögen das Komische oder das Pathetische oder irgend eine andere Variation des Ästhetischen ganz verschieden erklären und sie können trotzdem in den Wesensfragen miteinander übereinstimmen. Ja, es gibt Ästhetiker, die z. B. über das Komische keine eigene Ansicht haben, und dennoch in den Wesensfragen eine sehr tief begründete, eigene Anschauung besitzen. Dies ist deshalb möglich, weil die Fragen der Modifikationslehre in keinem direkten Zusammenhang mit den Wesensfragen der Ästhetik stehen, sondern nur Fragen von untergeordneter Wichtigkeit sind.

Man könnte nun fragen: Warum ist es nötig, die untergeordnete Bedeutung der ästhetischen Modifikationslehre so besonders zu betonen? Es gibt ja in der Ästhetik viele andere Fragen von untergeordneter Wichtigkeit, denn eine ganze Wissenschaft kann doch nicht aus lauter Zentralfragen bestehen, es muß auch peripherische Fragen geben. Hier aber ist die Einschränkung nötig, weil die Bedeutung dieses Teils der Ästhetik lange Zeiten hindurch stark überschätzt worden ist. Und diese Überschätzung ist nicht harmlos geblieben, sondern im Gegenteil teilweise sogar sehr verhängnisvoll gewesen. Der Schwerpunkt der Ästhetik ist dadurch verlegt und das Interesse von den wirklichen Wesensfragen abgelenkt worden. Doch soll man sich nun natürlich vor der entgegengesetzten Einseitigkeit hüten und die Lehre von den ästhetischen Modifikationen nicht für bedeutungslos halten. Eine ästhetische Erkenntnis, die sich auf die großen Hauptfragen beschränkte, die sich z. B. damit begnügte, die Eigenart des ästhetischen Eindrucks festzustellen, die es aber versäumte, den charakteristischsten Verschiedenheiten dieses Eindrucks nachzugehen — eine solche ästhetische Erkenntnis würde allzu mager sein, es würde ihr allzusehr an Tiefe und Detailreichtum fehlen. Außerdem ist diese Vertiefung und Erweiterung der Erkenntnis ins einzelne ein wichtiges Mittel der Kontrolle. Denn wie eine Erkenntnis des Allgemeinen sich im Einzelnen bewährt, darin zeigt sich ihre Richtigkeit.

2. Das Schöne und das Häßliche.

Die zweite allgemeine Vorfrage der Modifikationslehre bezieht sich darauf, welche Stellung das Schöne und demgemäß das Häßliche in der ästhetischen Modifikationslehre haben. Diese Frage ist natürlich zugleich schon eine Einzelfrage, aber von bedeutend größerer Tragweite als die anderen Einzelfragen. Denn je nach der Lösung dieser Frage wird die ganze Modifikationslehre ein bestimmtes Gesicht bekommen. Vorläufig handelt es sich nur um einige Feststellungen allgemeiner Art, die vorangehen müssen, bevor die Einzelbehandlung des Schönen in der Modifikationslehre möglich ist.

In der älteren und vielfach auch noch in der neueren Ästhetik hat das »Schöne« eine Sonderstellung in der ästhetischen Modifikationslehre. Entweder ist es einfach der Inbegriff alles Ästhetischen, woraus dann folgt, daß die ästhetischen Modifikationen nur Modifikationen des Schönen sind, wie sie von manchen Ästhetikern auch genannt werden. Oder das Schöne umfaßt zwar nicht alles Ästhetische, gilt aber als ästhetischer Typus κατ' ἐξοχήν, ist also in einem höheren und tieferen Sinne »ästhetisch« als die anderen Typen. In einer empirischen Ästhetik, die von keinen Dogmen, sondern von dem tatsächlich Gegebenen ausgeht und es ohne vorgefaßte Meinungen zu erklären sucht, müssen, scheint mir, diese beiden Anschauungsweisen sich als unhaltbar erweisen. »Ästhetisch« ist alles, was auf uns ästhetisch wirken kann, und ästhetisch wirken kann alles, was ästhetisch betrachtet werden, d. h. bei dessen reinem, unmittelbaren Gefühlswert man stehen bleiben kann. In diesem Sinne heißen ästhetisch tausenderlei Erscheinungen und Gegenstände, die wir niemals »schön« nennen würden. Soll das »Schöne« den Inbegriff alles Ästhetischen bezeichnen, so muß es in einem anderen Sinne genommen werden, als in dem, den es nach dem Sprachgebrauch hat. Und tatsächlich erklären auch wenigstens einige von den Ästhetikern, die von den »Modifikationen des Schönen« reden, daß sie dabei mit dem »Schönen« etwas ganz anderes meinen, als gewöhnlich darunter verstanden wird, nämlich den Inbegriff alles Ästhetischen [1]). Dies Verfahren scheint einwandfrei. Indessen, man muß doch fragen: Wozu dient dieses Manöver? Wenn ein Begriff durch einen anderen umschrieben wird, wie hier der Begriff »ästhetisch« durch den Begriff »schön«, so soll doch wohl der umschriebene Begriff dadurch irgendwie erklärt werden. Erklären heißt Unbekanntes oder jedenfalls wenig Bekanntes auf Bekanntes oder wenigstens Bekannteres zurückführen. Nun ist der Begriff »ästhetisch« oder »ästhetisch wirksam« uns schon durch allgemeine Erfahrung irgendwie, wenn auch durchaus nicht genügend, bekannt. Von dem Inhalt des Begriffes »schön« haben wir aber keine Ahnung, wenn uns ausdrücklich gesagt wird, daß darunter etwas ganz anderes verstanden werden soll, als was wir gewohnt sind darunter zu verstehen. Den Begriff »ästhetisch« durch einen solchen Begriff »schön« umschreiben heißt also, einigermaßen Bekanntes durch völlig Unbekanntes ersetzen, was dem Gegenteil einer Erklärung ziemlich nahe kommen dürfte.

Die Umschreibung des Ästhetischen durch den Begriff des Schönen ist als Erklärungsversuch völlig wertlos. Außerdem ist aber diese Umschreibung praktisch sehr gefährlich. Es steht nämlich erfahrungsmäßig fest, daß das gemeinhin »schön« Genannte jedenfalls einen Platz in der Ästhetik hat, und zwar als Bezeichnung für *eine* von den vielen Formen, in denen ästhetisch Wirksames uns entgegentritt, also als Bezeichnung für einen besonderen ästhetischen Typus und somit für einen Teil des ästhetischen Gebiets. Wenn das Schöne nun noch außerdem das *ganze* ästhetische Gebiet bezeichnen soll, dann erhält dieses Wort einen verhängnisvollen Doppelsinn, der zu ewigen Begriffsverwechslungen und Fehlschlüssen Anlaß gibt, wie die Geschichte der Ästhetik übrigens genugsam beweist. Und diese Gefahr wird durchaus nicht, wie Jonas Cohn allzu optimistisch glaubt (Allg. Ästh. S. 5), dadurch beseitigt, daß man ein für allemal auf die zweifache

---

[1]) Vgl. z. B. Fr. Th. Vischer, Das Schöne und die Kunst S. 26 u. 27 und Th. Lipps, Komik und Humor S. 199.

Bedeutung des Wortes »schön« aufmerksam macht. Die Leser ästhetischer Werke vergessen unfehlbar solche Bemerkungen und denken immer nur an dasjenige Schöne, das ihnen aus dem praktischen Leben bekannt ist. Und was schlimmer ist — jene Bemerkungen werden allzu leicht auch von den Verfassern der ästhetischen Werke selber vergessen! Bei der Gleichstellung des Schönen mit dem Ästhetischen betonen sie allerdings ausdrücklich, daß das Schöne hier etwas anderes bedeuten solle, als nach dem Sprachgebrauch zu erwarten wäre. Aber wenn sie dann weiter von dem Schönen reden und sogar, wenn sie es definieren sollen, verstehen sie darunter offenbar meistens wieder den sprachgemäßen Begriff und verengern somit das Gebiet des Ästhetischen ganz außerordentlich, was vielerlei Widersprüche und große Verwirrung zur Folge hat.

Will man dies vermeiden, muß man empirisch und undogmatisch verfahren, d. h. alle willkürlichen Umschreibungen und Gleichstellungen beiseite schieben, sich streng an das sicher Gegebene halten und die Dinge ganz einfach bei ihren richtigen Namen nennen. Unter dem Ästhetischen verstehen wir ästhetisch Wirksames und weiter nichts. Die Eigenart dieses ästhetisch Wirksamen soll in der Ästhetik selbst näher beleuchtet werden. Und unter dem Schönen verstehen wir das, was nun einmal dem Sprachgebrauch gemäß darunter verstanden wird, wobei dieser Sinn des Wortes freilich näher klarzulegen ist. Aber so viel steht empirisch fest, daß dieses Schöne nur einen Teil des ästhetischen Gebiets bezeichnet, somit nur ein ästhetischer Typus unter anderen ist.

Es fragt sich nur noch: Ist das Schöne vielleicht doch ein irgendwie bevorzugter und höherer ästhetischer Typus? Wäre diejenige ästhetische Wirkung, welche die sogenannten schönen Gegenstände in uns auslösen, vielleicht doch echter und reiner, in einem volleren Sinne ästhetisch als die durch andere Typen des ästhetisch Wirksamen in uns ausgelösten Wirkungen? Keineswegs! Ganz unabhängig davon, ob eine Erscheinung schön, häßlich, komisch, tragisch, erhaben oder sonst wie ist, wird der Eindruck, den sie auf mich macht, ein echter ästhetischer Eindruck, wenn ich mich nur wirklich ästhetisch zu der Erscheinung verhalte. Der ästhetische Eindruck ist nämlich echt überall da, wo er wirklich vorhanden ist, wie Gold überall Gold bleibt. Nur so viel kann man vielleicht sagen, daß gegenüber den sogenannten schönen Erscheinungen das ästhetische Verhalten besonders leicht ist, weil sie uns zu einem Verweilen bei ihrem reinen unmittelbaren Gefühlswert stärker reizen als viele andere Erscheinungen. Deshalb ist das Schöne gewissermaßen der volkstümlichste, bekannteste Typus des Ästhetischen, und daraus erklären sich vielleicht die beiden Irrtümer, das Schöne entweder einfach mit dem Ästhetischen gleichzusetzen oder es wenigstens für den reinsten und echtesten Typus des Ästhetischen zu halten. Aber weder das eine noch das andere ist sachlich zu rechtfertigen.

Die Stellung des Schönen in der ästhetischen Modifikationslehre ist einfach dieselbe wie die jedes anderen ästhetischen Typus. Es fragt sich nur: Wie ist diese Hauptart der ästhetischen Wirkung und der ihr entsprechende objektive Typus des ästhetisch Wirksamen näher zu beschreiben und wie seine Stellung zu den anderen ihm nebengeordneten ästhetischen Typen genauer zu bestimmen, zu welchen anderen Typen steht das Schöne im Gegensatz, zu welchen wiederum in Verwandtschaft usw. Indem wir auf diese Fragen eingehen, kommen wir schon in die Einzelbehandlung des Schönen und können am bequemsten an die Ausführungen in Volkelts »System der Ästhetik« anknüpfen.

Auch Volkelt geht davon aus, daß das Schöne nur einen Teil des ästhetischen Reiches bezeichnet, somit nur eine unter den anderen ästhetischen Modifikationen oder »Grundgestalten« ist, wie er sie nennt (vgl. Syst. der Ästh. I, S. 78, II, S. 22). Und näher bestimmt Volkelt die Stellung des Schönen unter den anderen ästhetischen Grundgestalten so, daß er es als Gegensatz des Charakteristischen hinstellt. »... Es scheint mir dem Sprachgebrauch am meisten zu entsprechen,« sagt er (Syst. II, S. 22), »wenn das Schöne im eigentlichen und engen Sinne als gleichbedeutend mit dem Gegenteil des Charakteristischen, des betont Eigenartigen, des herb Ausgeprägten gesetzt wird.« Den tieferen, inneren Grund dieses Gegensatzes findet er in dem Umstand, wie leicht oder schwer das Ästhetische sich zur organischen Einheit zusammenfassen läßt. Entweder setzt nämlich die Sinnenform des ästhetisch betrachteten Gegenstandes unserem Bedürfnis nach organischer Einheit Hemmungen entgegen, die also zuerst überwunden werden müssen, bevor der Eindruck der organischen Einheit zustande kommt; ist dies der Fall, dann haben wir es mit dem Ästhetischen der charakteristischen Art zu tun (Syst. II, S. 23—24). »Oder die Sinnenform setzt unserem Bedürfnis nach organischer Einheit keine merkbaren Erschwerungen und Hindernisse entgegen. Der Eindruck der organischen Einheit kommt leicht und mühelos zustande. Es ist als ob die Sinnenform dem Bedürfnis nach organischer Einheit freundlich entgegenkäme.« Ist dies der Fall, dann haben wir es mit dem Schönen zu tun. Volkelt behauptet demnach, daß tatsächlich dem Schönen das Charakteristische gegenüberstehe; diese Gegenüberstellung sei auch richtig im Hinblick auf die gewöhnliche Bedeutung der betreffenden Worte.

Hiergegen muß man nun, wie mir scheint, einwenden, daß erstens die Gegenüberstellung von schön und charakteristisch nicht üblich ist, und daß sie zweitens gar nicht richtig wäre, wenn nämlich unter »schön« und »charakteristisch« das verstanden werden soll, was unter ihnen nach dem Sprachgebrauch verstanden wird.

Volkelt umschreibt zunächst die Bedeutung des Wortes »charakteristisch« ganz in Übereinstimmung mit dem allgemeinen Sprachgebrauch, indem er das Charakteristische mit dem »betont Eigenartigen«, dem »herb Ausgeprägten« gleichstellt. Ganz richtig. Aber dieses Charakteristische wird nach dem Sprachgebrauch nicht als das Gegenteil des »Schönen« aufgefaßt. Sollten »schön« und »charakteristisch« Gegensätze sein, dann müßten sie sich ausschließen. Das tun sie aber nicht nach dem Sprachgefühl und Sprachgebrauch! Nach dem Sprachgebrauch kann derselbe Gegenstand oft zugleich schön und charakteristisch sein. Wie oft spricht man doch z. B. von charakteristisch germanischen, romanischen oder slawischen Zügen einer Person, und fügt in demselben Atemzug hinzu, das Gesicht sei schön! Es wäre auch höchst sonderbar, wenn nicht diejenigen Individuen schön sein könnten, die ihr Volk, ihre Rasse oder im allgemeinen ihre Gattung in besonders ausgeprägter und reiner Weise charakterisieren. Noch heute ist die historisch so wohl bekannte und lange Zeiten hindurch so stark verbreitete Ansicht teilweise lebendig, daß nur diejenigen Individuen schön sein können, die ihre »Idee«, d. h. ihren Gattungscharakter besonders rein und ausgeprägt verkörpern. Diese Ansicht mag falsch sein (und ist es auch), wie übrigens alle anderen Definitionen der Schönheit, die vom Objekt ausgehen. Aber ihr Vorhandensein und ihre große Verbreitung beweisen jedenfalls, daß das Schöne und Charakteristische nach der allgemeinen Meinung, die sich im Sprachgebrauch widerspiegelt, durchaus nicht als Gegensätze aufgefaßt und empfunden werden, sondern vielmehr oft als miteinander identisch. Dies betrifft allerdings nur das gattungsmäßig Charakteristische. Aber nach dem Sprachgebrauch steht auch das individuell Charakteristische keineswegs im Gegensatz zum Schönen. Wer hat nicht schon von einem schönen Charakterkopf reden hören? Wem ist nicht die Zusammenstellung von schön und »apart« aus tausend Beispielen des täglichen Lebens bekannt? Gehört ja doch diese Zusammenstellung besonders auf dem Gebiet des Frauenputzes und der Mode, der Zimmerausstattung und des Kunsthandwerkes zu den häufigsten Redewendungen. Und doch bezeichnet das Wort »apart« etwas besonders stark Charakteristisches, etwas Einmaliges und zugespitzt Individuelles. Solche Tatsachen beweisen, daß das Schöne und Charakteristische nach dem allgemeinen Bewußtsein keine Gegensätze sind.

Untersucht man nun ein wenig tiefer die Bedeutung dieser Wörter, so findet man, daß ihnen alle Voraussetzungen zu einer Gegensätzlichkeit fehlen. Der Begriff des Schönen wird erst weiter unten zur Zergliederung kommen, aber so viel ist von vornherein klar, daß unter dem Schönen allemal etwas verstanden wird, dessen unmittelbarer, reiner Gefühlswert lustvoll ist. »Schön ist, was ohne Interesse und ohne Zweckvorstellungen allgemein und notwendig gefällt« — diese Kantische Definition drückt doch im großen und ganzen richtig und vorläufig genügend den Sinn des Wortes »schön« aus — allerdings nur von der subjektiven Seite her. Charakteristisch wiederum ist zunächst rein etymologisch erklärt, alles, was besonders deutlich auf den Charakter (d. h. die wesentliche Beschaffenheit) eines Dinges hinweist. Oder schärfer in der Form einer Definition: Charakteristisch sind diejenigen Züge eines Gegenstandes, die in besonders hohem Grade als U n t e r s c h e i d u n g s m e r k m a l e eines Individuums oder einer Gruppe von Individuen dienen können. Und charakteristisch nennt man ein Individuum oder eine Gruppe von Individuen, wenn sie sich besonders deutlich gerade durch solche Merkmale von anderen Individuen oder von anderen Gruppen unterscheiden.

Vergleichen wir jetzt die beiden Begriffe, so erkennen wir ohne weiteres, daß sie nicht in einem Verhältnis des G e g e n s a t z e s zueinander stehen können. Das Gegenteil von »schön« wäre ein Gegenstand, dessen unmittelbarer, reiner Gefühlswert u n lustvoll ist. Aber dies ist in dem Begriff des Charakteristischen durchaus nicht ausgedrückt. Wenn man von einem Gegenstand sagt, er sei charakteristisch, so hat man damit gar nichts von seinem unmittelbaren, reinen Gefühlswert bekundet. Ob er lustvoll oder unlustvoll ist, bleibt völlig dahingestellt. Man sagt nur, daß der Gegenstand sich besonders leicht erkennbar von allen anderen Gegenständen unterscheide, eine stark ausgeprägte Eigenart besitze. Aus der Erfahrung wissen wir — was übrigens auch theoretisch ableitbar wäre — daß Eigenart den Gegenstand nicht unbedingt zu einem Schönen macht, aber ihn auch nicht von der Schönheit ausschließt. Deshalb kann es sowohl schöne wie nicht schöne charakteristische Erscheinungen geben, wie es anderseits sowohl charakteristische wie nicht charakteristische schöne Erscheinungen gibt. Mit anderen Worten: die Begriffe »schön« und »charakteristisch« sind weder miteinander identisch, noch sind sie Gegensätze, sie berühren sich gar nicht, sie gleichen Linien, die sich in verschiedenen Ebenen bewegen.

Aber nehmen wir einmal an, diese Begriffe seien doch, wie Volkelt will, Gegensätze, nämlich nicht nach dem Sprachgebrauch, aber immerhin tatsächlich. Dann könnte ihre Gegensätzlichkeit, wie mir scheint, wenigstens nicht in dem bestehen, worin Volkelt sie erblickt. Wie aus den oben angeführten Äußerungen hervorging, findet Volkelt den Grund der Gegensätzlichkeit dieser Begriffe in ihrer verschiedenartigen Stellung zur organischen Einheit. Schön ist ein Gegenstand, dessen Sinnenform besonders leicht den Eindruck der organischen Einheit macht; charakteristisch hingegen ein Gegenstand, dessen Sinnenform diesen Eindruck nur nach Kampf und Widerstreben macht. Wie weit diese Charakteristik auf das Schöne paßt, kann in unserem Zusammenhang dahingestellt bleiben. Fassen wir nur das Charakteristische ins Auge.

Wenn wir von Individuen und Gegenständen sagen, sie seien irgendwie charakteristisch, so kann dies — zunächst ganz wörtlich erklärt — nur dasselbe bedeuten, wie wenn wir sagen: sie haben Charakter, d. h. Eigenart, und diese Eigenart kommt deutlich zum Vorschein. Gerade auf Grund ausgeprägter Eigenart stellt sich das betreffende Individuum als ein besonderes, scharf abgegrenztes Einzelwesen dar, d. h. unterscheidet sich deutlich von allen anderen Wesen. Und was ist es nun an der Eigenart, das dies bewirkt? Könnte etwa ein Konglomerat von allerlei sonderbarsten zusammenhanglosen Eigenschaften und Zügen den Eindruck eines scharf markierten, ausgeprägten Individuums machen, das sich deutlich von allem übrigen abhebt? Nein! antworten wir ohne Bedenken. Ein solches Konglomerat würde etwas sehr Verschwommenes, Unbestimmtes und Unklares sein. Es würde nicht als ein scharf abgegrenztes, leicht zu unterscheidendes Individuum dastehen, sondern gerade im Gegenteil als etwas Charakterloses. Eigenschaften und Merkmale allein bilden also noch keine Eigenart; es muß unbedingt etwas anderes hinzukommen. Aber was? Offenbar doch ein Band, das die Eigenschaften zusammenhält und aus dem Wirrwarr eine Einheit macht. Als solches Band dienen sowohl bei den lebendigen wie bei den leblosen Dingen gewisse feste Grundzüge, die sozusagen den Wesenskern des Dinges ausmachen. Um diesen Wesenskern gruppieren sich alle anderen Einzelzüge, er muß überall da vorhanden sein, wo der Eindruck des Individuellen überhaupt entstehen soll. Und wo der Eindruck einer besonders stark ausgeprägten, d. h. charakteristischen Individualität entstehen soll, da muß der Wesenskern besonders stark und ein besonders fest zusammenhaltender sein. Mit anderen Worten: Wo der Eindruck des Charakteristischen entstehen soll, da muß in dem Dinge eine besonders starke innere oder organische Einheit vorhanden sein. Im Anschluß hieran fragen wir endlich: Welche Dinge werden wohl mehr geeignet sein den Eindruck einer organischen Einheit zu machen, diejenigen, die selber diese Einheit in besonders hohem Grade besitzen oder diejenigen, die sie in weniger hohem Grade besitzen? Die Frage ist schon zugleich die Antwort.

Mir scheint also — um das zuletzt Ausgeführte zusammenzufassen —, daß Volkelt erstens im Widerspruch mit dem allgemeinen Sprachgebrauch als auch mit tatsächlichen Verhältnissen das Charakteristische zum Gegensatz des Schönen macht, und daß er zweitens diese Gegensätzlichkeit auf einer unhaltbaren Grundlage zu konstruieren versucht hat.

Lassen wir vorläufig den Begriff des Charakteristischen beiseite und kehren wir zu dem Begriff des Schönen und zu seiner Stellung unter den ästhetischen Grundgestalten zurück. Nach dem Vorangehenden steht uns jetzt fest, daß das Schöne nicht durch eine Gegensätzlichkeit zum Charakteristischen bestimmt werden kann. Wir müssen also versuchen, den Begriff des Schönen und seine Stellung unter den ästhetischen Modifikationen auf einer anderen Grundlage zu erklären. Gehen wir vom normalen Sprachgebrauch aus, so finden wir das Wort Schönheit überall da angewendet, wo die Sinnenform eines Gegenstandes oder einer Erscheinung, als solche genommen, uns einen reinen, d. h. von jeder Begierde unabhängigen, unmittelbar lustvollen Eindruck gewährt. Im Grunde ist dies die alte Kantische Definition, nur etwas anders formuliert.

Zweierlei ist zu dieser Schönheitsdefinition zu bemerken. Wir sagen, daß es die Sinnenform des Gegenstandes oder der Erscheinung ist, die den lustvollen Eindruck gewährt. Damit meinen wir nicht allein diejenige Form, die sich den äußeren Sinnen darbietet, sondern auch die oft erörterte »innere Form«. Die Erscheinungen sind nicht schön durch ihr dingliches Was, sondern durch ihr Wie, d. h. durch die Art und Weise, wie sie sich uns zur Aufnahme darbieten. Deshalb hatte Kant etwas Richtiges im Sinne, als er sagte, daß die freie Schönheit eines Objektes unabhängig sei von der gegenständlichen Bedeutung, von der Aufgabe und dem Zweck des Dinges. Um sagen zu können, ob ein Gegenstand schön sei oder nicht, brauche man nicht zu wissen, was für ein Ding er ist.

In einem gewissen Sinne hatte deshalb auch Herbart recht, indem er geltend zu machen suchte, daß die ästhetischen Urteile, wenn sie wirklich reine ästhetische Urteile sein sollen, sich nur auf die Form der Gegenstände beziehen durften. Er hatte recht, soweit die ästhetischen Urteile nur der Schönheit oder der Häßlichkeit gelten, und wenn man den Begriff der »Form« nicht allzu eng auffaßt.

Es gibt Fälle, die besonders deutlich zeigen, daß der Schönheitseindruck wirklich von der Sinnenform und nicht von der Gegenständlichkeit der Erscheinungen abhängt. Es sind speziell solche Fälle, in denen das »Was« der Erscheinung seiner Natur nach einen dem Eindruck der Sinnenform direkt entgegengesetzten Eindruck hervorrufen müßte, wenn er nämlich mit in Betracht gezogen würde. Wir reden z. B. von einer schönen Feuersbrunst. Damit sagen wir, daß der reine, unmittelbare Gefühlseindruck der Feuersbrunst ein lustvoller sei. Das können wir aber sagen, nur sofern von ihrer unheilvollen Bedeutung abgesehen und die Feuersbrunst bloß als reines Bild betrachtet wird. Gewiß wirkt die Feuersbrunst nicht bloß als reines Bild, als Sinnenform, ästhetisch. Vielmehr können grundsätzlich alle Erscheinungen, Unlust erregende wie Lust erregende, auch ihrem Inhalt nach ästhetisch betrachtet werden und wirken. Daraus entsteht aber dann ein neues Paar von Typen ästhetischer Wirkung, nämlich das Ästhetische der erfreuenden und das Ästhetische der niederdrückenden Art, die von Volkelt ganz richtig bezeichnet und beschrieben worden sind. Hier handelt es sich nur um denjenigen Typus der ästhetischen Wirkung, der unter dem Namen der Schönheit bekannt ist. Und diese Art von ästhetischer Wirkung wird lediglich durch die Sinnenform der Erscheinungen ausgelöst. Die entsprechende durch den Inhalt der Erscheinungen hervorgerufene Wirkung ist gerade das Ästhetische der erfreuenden Art.

Weiter müssen wir nun noch zu unserer Definition der Schönheit bemerken, daß sie rein psychologischer Natur ist, demnach den schönen Gegenstand nicht durch seine eigenen Merkmale kenntlich macht, sondern durch die Merkmale des Eindrucks, den er beim ästhetischen Betrachter hervorruft. Natürlich muß man voraussetzen, daß der Schönheitseindruck irgendwie in der eigenen Natur der schönen Dinge begründet liegt. Aber welches die objektiven Bedingungen des Schönheitseindruckes im allgemeinen sind, das läßt sich nicht feststellen. Nur so viel können wir sagen: Da der Schönheitseindruck lustvoll ist und durch die Sinnenform des schönen Gegenstandes hervorgerufen wird, diese Sinnenform rein als solche genommen, so muß wohl eine objektive Voraussetzung darin bestehen, daß die Sinnenform des schönen Gegenstandes den Aufnahmebedingungen unseres sinnlich geistigen Wesens besonders gut angemessen ist. Aber wie man sieht, ist damit nicht viel gewonnen.

Immerhin ganz bedeutungslos ist dieser Rückschluß nicht. Sollte er richtig sein, so würde er nicht allein erklären, warum alle bisherigen Versuche, die allgemeinen objektiven Bedingungen des Schönheitseindruckes zu ermitteln, erfolglos geblieben sind, sondern aus ihm würde auch erhellen, daß diese allgemeinen objektiven Bedingungen überhaupt nicht festgestellt werden können. Und zwar aus dem sehr triftigen Grund, weil sie als solche nicht vorhanden sind. Wenn nämlich der Schönheitseindruck eine Folge der Übereinstimmung zwischen der Sinnenform des Gegenstandes und den Bedingungen unseres Wahrnehmungsvermögens ist, so tritt mit diesen Bedingungen ein höchst veränderlicher Faktor in die Rechnung ein. Je nachdem zu welchem Volkstum, zu welcher Rasse ein Individuum gehört, in welchen physischen, geistigen und sozialen Verhältnissen er aufgewachsen ist und gelebt hat usw., sind verschiedenartige Empfindungs- und Vorstellungskomplexe seiner Natur und den Bedingungen seines Wahrnehmungsvermögens angemessen und daher für ihn lustvoll. Daraus läßt sich verstehen, daß die Schönheitsideale und Schönheitsmaßstäbe erfahrungsmäßig so verschiedenartig sind für Individuen verschiedener Rassen, Völker, Gesellschafts- und Kulturkreise [1]. Neben dieser durch Volkstum, Kulturstufe und andere von uns unabhängige Faktoren bedingten Umwandlung steht eine andere, welcher die Bedingungen unseres Wahrnehmungsvermögens und der in ihnen wurzelnde Geschmack unterworfen sind. Wir können selber unseren »Geschmack« bewußt oder unbewußt ändern. Unsere ganze sinnlich-geistige Natur ist in bezug auf die Schönheitseindrücke bis zu einem gewissen Grad ähnlich konstruiert wie das Auge: sie ist anpassungsfähig. Am deutlichsten zeigt das unsere Anpassung an die Mode. Die den Wandlungen der Mode folgende Wandelbarkeit des »Geschmacks«, d. h. der Bedingungen unseres Wahrnehmungsvermögens, macht es nun rein unmöglich, irgendwelche allgemein gültige objektive Schönheitsnormen aufzustellen. Freilich herrscht deshalb nicht volle Willkür und Regellosigkeit. Es gibt ja doch erfahrungsmäßig in Schönheitsurteilen viel Übereinstimmung zwischen den Menschen, besonders zwischen Menschen, die ungefähr auf derselben Kulturstufe stehen und auch sonst in nicht allzu verschiedenen Verhältnissen leben. Aber diese Übereinstimmung ist weder so groß noch so fest, daß sie zu einer allgemein gültigen objektiven Definition der Schönheit hinreichen würde.

Das Häßliche. In Übereinstimmung mit dem Sprachgebrauch bezeichnen wir das Gegenteil des Schönen mit dem Namen »häßlich« Nachdem nun der Begriff des Schönen bestimmt ist, folgt daraus ohne weiteres die Begriffsbestimmung des Häßlichen, soweit dieses das Gegenteil des Schönen ist. Häßlich wäre demnach jeder Gegenstand, dessen Sinnenform als solche uns einen reinen, d. h. von jeder Begierde unabhängigen, unmittelbar unlustvollen Eindruck gewährt. Kürzer: Schön ist alles, was dem ästhetisch Betrachtenden Lust gewährt;

---

[1]) Über diese naturgemäße Wandelbarkeit der Schönheitsideale macht Konr. Lange sehr richtige Bemerkungen. Vgl. Wesen der Kunst [2], Kap. XVII.

und häßlich ist alles, was dem ästhetisch Betrachtenden Unlust gewährt. Denn ästhetische Betrachtung bedeutet für uns das Verweilen bei dem unmittelbaren, reinen Gefühlseindruck der Erscheinung. Unmittelbar heißt der Gefühlseindruck, den eine Erscheinung rein als solche, d. h. von allen Beziehungen und weiteren Kausalzusammenhängen losgelöst, hervorruft. Rein wiederum ist der Gefühlseindruck, worin nur der eigene, unmittelbare Gefühlswert der Erscheinung zum Ausdruck kommt ohne Beziehung auf unsere Begierde, unsere persönlichen Zwecke, Ziele und Willensregungen. Daß diese Begriffsbestimmung des Häßlichen im Einklang mit dem Sprachgebrauch steht, dürfte wohl anerkannt werden. Auch sind das Schöne und Häßliche, so gefaßt, wirkliche Gegensätze. Es fragt sich nur: Ist das so gefaßte Häßliche auch ein Typus des ästhetisch Wirksamen? Ich bejahe diese Frage. Zum Beweis kann man erstens auf die unbestreitbare Erfahrungstatsache hinweisen, daß das ästhetische, d. h. das rein gefühlsmäßige Verhalten auch solchen Erscheinungen gegenüber möglich ist, die unbedingt als häßlich bezeichnet werden müssen. Von Landschaften kenne ich kaum etwas Häßlicheres als gewisse nordische Moorgegenden. Es gibt Moraste, wo alle Vegetation krüppelig und mißraten ist. Die ganze Gegend scheint über ihr Elend, ihre Verwahrlosung und ihre Trostlosigkeit zu klagen. Wie weit man auch blickt, man findet keinen Fleck, wo das Auge mit Wohlgefallen ruhen könnte. Und doch können diese unbedingt häßlichen Landschaften sehr stark ästhetisch wirken. Der Betrachter steht ergriffen da, von einem sehr intensiven Gefühlseindruck erfüllt. Was von Natureindrücken gilt, gilt auch von Erscheinungen des menschlichen Lebens. Wer will behaupten, daß man sich nicht rein gefühlsmäßig zu Krüppeln und zu allerlei anderen krankhaft verunstalteten Menschenfiguren wie auch zu Erscheinungen der geistigen Häßlichkeit verhalten könnte, geschweige denn zur sozusagen »gesunden« Häßlichkeit des Menschenkörpers? Natürlich ist der Gefühlseindruck, den diese verunstalteten und häßlichen Menschenformen wie auch andere häßliche Erscheinungen auf den ästhetisch Betrachtenden machen, kein lustvoller. Aber das ist ja der ästhetische Eindruck auch sonst nicht immer. Und sollte jemand unter Berufung auf sein persönliches Fühlen die Möglichkeit des ästhetischen Verhaltens häßlichen Erscheinungen gegenüber in Abrede stellen, so verweisen wir ihn auf eine objektive Erfahrungstatsache, die nicht einfach geleugnet werden kann.

Wenn es überhaupt ein objektives Kriterium dafür gibt, was alles ästhetisch sein und wirken kann, so liegt es in der Möglichkeit künstlerischer Behandlung. Alles was sich künstlerisch verwenden und behandeln läßt, muß ästhetisch wirken können. Dies ist eine Grundwahrheit der Ästhetik. Denn wäre dem nicht so, dann müßte man folgern, daß das Verhalten des Künstlers zu seinem Stoff kein ästhetisches Verhalten und das Kunstwerk kein Produkt ästhetischer Tätigkeit wäre. Nun ist aber allgemein bekannt, daß das Häßliche im weitesten Maße einen Gegenstand der Kunsttätigkeit bildet. Man kann mit Dessoir sagen, daß »die Tatsachen mit größter Eindringlichkeit zeigen«, daß »das Häßliche künstlerisch verwendbar ist« (Ästh. u. allg. Kunstw. S. 213). Und ist es einmal dies, dann muß es notwendig auch — um Mißverständnissen vorzubeugen sage ich nicht, wie Dessoir, »ästhetisch genießbar«, sondern — ästhetisch wirkungsfähig sein.

Es ist nun besonders bemerkenswert, daß Volkelt das Häßliche nicht als einen besonderen Typus des ästhetisch Wirksamen anerkennt, sondern es geradezu mit dem Nichtästhetischen oder dem Widerästhetischen gleichstellt. »Mit dem Häßlichen tritt freilich«, sagt er, »kein neuer ästhetischer Typus hinzu. Das Häßliche ist nichts weiter als die Zusammenfassung des ästhetisch Mißwertigen, des Widerästhetischen« (Syst. II, S. 562). Wenn ältere Ästhetiker und auch diejenigen neueren, die überhaupt alles Ästhetische mit dem Sammelnamen des Schönen bezeichnen, das Häßliche aus dem Umkreis des ästhetisch Wirksamen ausschließen und es dem Nichtästhetischen gleichstellen, so ist das kein Wunder, denn sie können einfach nicht anders. Für Volkelt aber ist das Schöne nur ein Teil des ästhetischen Reichs. Er ist also nicht durch die Konsequenzen seiner eigenen Gedanken dazu gezwungen gewesen, das Häßliche aus dem Umkreis des Ästhetischen auszuschließen. Desto sonderbarer ist es, daß er es trotzdem tut.

Wir erkannten bereits, weshalb das Häßliche mit dem Außerästhetischen nicht zusammenfällt. Aber auch umgekehrt ist das Außerästhetische keineswegs immer häßlich. Und doch müßte dem so sein, wenn die Gleichstellung des Häßlichen mit dem Nichtästhetischen haltbar sein sollte. Es ist wider jeden vernünftigen Sprachgebrauch, alles, was seiner Natur nach zur ästhetischen Wirkung schlecht geeignet ist, als »häßlich« zu bezeichnen, nämlich diejenigen Erscheinungen und Lebensgebiete, die geringen Gefühlsgehalt haben, die ihrer Natur nach in erster Linie Verstandes- und Willensangelegenheiten sind und deshalb mit der Gefühlsseite unseres Wesens wenig Berührung haben. Es wird wohl den meisten schwer fallen, sich z. B. zu dem Bürgerlichen Gesetzbuch, zu einem Problem der Geometrie, zu einer gelehrten mit Formeln erfüllten chemischen Abhandlung, zu einer Genossenschaftsmolkerei oder zu den Kursberichten der Börse ästhetisch zu verhalten. Ganz unmöglich ist das ästhetische Verhalten auch hier nicht. Schließlich kann alles gelegentlich ästhetisch wirken.

Nur ist nicht jedes Ding gleichmäßig dazu geeignet. Es gibt Grade der ästhetischen Wirkungsfähigkeit. Und jedenfalls gehören die eben erwähnten Erscheinungen zum untersten Ende der Skala ästhetischer Wirkungsfähigkeit. Wem aber würde es einfallen, das Bürgerliche Gesetzbuch, ein geometrisches Problem oder die Börsenberichte deshalb »häßlich« zu nennen? Es wäre jedenfalls eine grobe Verkennung des Wortsinnes. Wie man auch den Begriff des Häßlichen genauer bestimmen mag, von subjektiver Seite aus betrachtet bezeichnet das Wort doch allemal etwas, was unlustvoll wirkt. Hingegen ist es für die oben erwähnten und anderen ähnlichen »unästhetischen« Erscheinungen eben charakteristisch, daß sie überhaupt keinen Gefühlseindruck machen, das Gefühl überhaupt nicht in Bewegung setzen oder daß sie dies wenigstens in einem relativ sehr geringen Grade und nur vorübergehend tun. Sie beschäftigen ja hauptsächlich nur unseren Verstand und unseren Willen. Sie als »häßlich«, d. h. Unlust erweckend zu bezeichnen, ist also auch dem Sinn nach vollständig verkehrt. Die richtige Bezeichnung für sie ist gerade das Prädikat »ästhetisch unwirksam« oder noch richtiger: ästhetisch relativ unwirksam, denn das sind sie.

Man kann nun noch teleologisch die Zugehörigkeit des Häßlichen zum Umkreis des Ästhetischen begründen. Die große biologische Bedeutung des ästhetischen Reichs besteht darin, daß wir durch das ästhetische Verhalten den Sinn der Erscheinungen und des ganzen Daseins auf eine grundsätzlich neue Weise erfahren. Beim ästhetischen Verhalten erleben wir unmittelbar den eigenen, reinen Gefühlswert der Erscheinungen. Wenn wir uns theoretisch verhalten, erfahren wir — oder wir suchen wenigstens zu erfahren —, was die Dinge durch ihre Beziehungen und in ihren weit verzweigten Kausalzusammenhängen sind. Es ist also der mittelbare (nämlich durch Begriffe vermittelte) objektive (d. h. nicht persönlich auf uns bezogene) Wert der Dinge, den wir beim theoretischen Verhalten erfahren. Jonas Cohn bezeichnet diesen Wert kurz und meiner Ansicht nach ganz treffend als den konsekutiven Wert (Allgemeine Ästhetik S. 23). Wenn wir uns praktisch verhalten, erfahren wir auch nur einen Beziehungswert der Dinge, aber diesmal einen Wert, der direkt oder indirekt auf unsere persönlichen Zwecke, Ziele und Strebungen bezogen ist. Beim ästhetischen Verhalten dagegen handelt es sich um den Wert, den die Dinge als solche haben, abgesehen von ihren Beziehungen sowohl zueinander wie zu uns. Jonas Cohn nennt diesen Wert den intensiven Wert. Man kann also sagen, daß wir eigentlich beim ästhetischen Verhalten die Bedeutung und den Wert der Erscheinung am unmittelbarsten erfahren.

Wenn nun das Häßliche nicht zum Umkreis des Ästhetischen gehörte, wäre eine fühlbare Lücke im Reich des Ästhetischen. Eine bedeutungsvolle Seite des Seienden wäre uns dann ihrem intimsten Wert nach verschlossen. Es bedeutet offenbar eine wesentliche Bereicherung und Erweiterung des Menschenlebens und seines Erlebnisinhalts, auch die mannigfachen Unlustgefühle in ihrer Reinheit durchzuleben, die die Erscheinungen durch die Zerrissenheit und Disharmonie ihrer Sinnenform hervorrufen. Diese innere Vertiefung wird uns dann zuteil, wenn wir bei dem reinen, unmittelbaren Gefühlseindruck des Häßlichen verweilen, d. h. uns dazu ästhetisch verhalten.

3. Das Charakteristische und sein Gegenteil.

Jetzt kehren wir noch einmal zum Begriff des Charakteristischen zurück, um zunächst unsere Kritik an den Ausführungen Volkelts über diesen Punkt ein wenig weiter zu führen.

Unsere früheren Bemerkungen bezogen sich nur darauf, inwieweit es richtig ist, das Charakteristische als das Gegenteil des Schönen aufzufassen und hinzustellen. — Aber abgesehen von diesem Punkt ist die Fassung, die Volkelt dem Begriff des Charakteristischen gibt, noch in anderer Beziehung auffallend. Volkelt scheint nämlich den Begriff des Charakteristischen so zu fassen, daß er darunter etwas ganz Abstraktes, von Dingen und von aller Gegenständlichkeit Losgelöstes und Unabhängiges versteht. Er sagt allerdings, daß »die Entscheidung der Frage, ob ein Gegenstand als schön oder als charakteristisch gefühlt wird, sich unter dem mitbestimmenden Einfluß der dinglichen Natur des Gegenstandes vollziehe.« Aber er fügt gleich hinzu, daß »trotzdem sich der Unterschied des Schönen und Charakteristischen nur in der unter Absehen vom dinglichen Inhalt aufgefaßten Sinnenform geltend macht« (Syst. II, S. 27). Und in Übereinstimmung mit dieser Ansicht spricht er von Linienverhältnissen und räumlichen Formen, von Farbenzusammenstellungen und Eigenschaften, die an und für sich entweder charakteristisch oder nicht charakteristisch sind, ganz abgesehen davon, zu welchen Gegenständen sie gehören. So kennzeichnet sich z. B. an räumlichen Formen das Charakteristische für Volkelt »durch eine Linienführung, an der jähe Unterbrochenheit und Zerrissenheit, schroffes Aneinanderstoßen, betontes Ungleichgewicht und harte Unregelmäßigkeit das für den Eindruck Entscheidende ist« (Syst. II, S. 26). Für schöne räumliche Formen sind wiederum bezeichnend »sanfte Rundungen, allmähliche Schwellungen, wohlvorbereitete Richtungsänderungen.« Was die Farbenzusammenstellungen betrifft, so kennzeichnet sich auch hier das Charakteristische durch die Eigenschaften »des Harten, Grellen, Auseinanderweichenden, Zerrissenen« (S. 36). Und dementsprechend bekundet sich das Charakteristische auch auf dem Gebiete des Tons, der Poesie und überall sonst durch die Eigenschaften des Schroffen, Jähen, Eckigen, Zerrissenen usw.

Diese Fassung des Charakteristischen kommt mir einigermaßen seltsam vor. Wie ich den Begriff des Charakteristischen auffasse, ist es unmöglich, vom Charakteristischen *in abstracto* zu reden. Entweder ist es ein Gegenstand, der charakteristisch ist, oder es ist eine Eigenschaft, die für irgend einen Gegenstand charakteristisch ist. Nenne ich einen Gegenstand charakteristisch, so meine ich damit, wie schon früher erklärt wurde, einen Gegenstand, der durch eine stark ausgeprägte gattungsmäßige oder individuelle Eigenart sich scharf und deutlich von allen anderen Gattungen oder Individuen unterscheidet. Daß aber diese Eigenart sich immer gerade durch die Eigenschaften des Schroffen, Jähen, Harten, Unterbrochenen, Eckigen, Zerrissenen usw. kennzeichnen sollte, liegt durchaus nicht in dem Begriff des Charakteristischen. Ich rede von charakteristisch griechischem Profil, von charakteristisch finnischer Binnenseelandschaft — und ich glaube, auch andere Menschen reden von dergleichen. Aber in keinem von den eben erwähnten Fällen handelt es sich um etwas Schroffes, Eckiges, Unterbrochenes, Hartes, Zerrissenes. — Nenne ich wiederum eine Eigenschaft charakteristisch, so meine ich eine solche, die besonders deutlich die Eigenart eines Gegenstandes oder eines Individuums enthüllt. Die Zugehörigkeit zu einem Gegenstand ist also für eine charakteristische Eigenschaft unbedingt notwendig.

Wie ist es nun zu erklären, frage ich, daß Volkelt den Begriff des Charakteristischen in einer so widerspruchsvollen Weise beschreibt und zergliedert? Es kann nicht im Ernst davon die Rede sein, daß diesem feinen und scharfen Denker logische Fehler entgingen, die auch einem verhältnismäßig ungeschulten Verstand auf der Hand zu liegen scheinen. Die Erklärung muß anderswo zu suchen sein. Und in der Tat, glaube ich, besteht die Erklärung darin, daß Volkelt bei der Beschreibung desjenigen ästhetischen Typus, den er mit dem Namen des Charakteristischen bezeichnet, zwar von der gewöhnlichen Bedeutung des Wortes »charakteristisch« ausgeht, allmählich aber zu einem anderen ästhetischen Typus gelangt. Und dieser ist das verpönte Häßliche, allerdings in einem eingeschränkten Sinne genommen und von der objektiven Seite her beschrieben. Die Schroffheit, Zerrissenheit, Unregelmäßigkeit und mangelnde organische Einheit, durch die Volkelt das vermeinte Charakteristische kennzeichnet, was sind sie anderes als gerade die gewöhnlichsten und sozusagen volkstümlichsten objektiven Merkmale häßlicher Sinnenformen? Diese Eigenschaften sind freilich nicht die einzigen objektiven Kennzeichen des Häßlichen, denn ebenso wie es unmöglich ist, die objektiven Bedingungen des Schönheitseindruckes für alle Fälle gültig nachzuweisen, ebenso unmöglich ist es dem Häßlichen gegenüber. Aber jedenfalls sind die von Volkelt angegebenen vermeintlichen Merkmale des Charakteristischen die gewöhnlichsten objektiven Ursachen, die uns einen Gegenstand häßlich erscheinen lassen. Es ist also eine eigenartige Nemesis, daß Volkelt, der das Häßliche aus dem Umkreis des Ästhetischen verbannen will, bei der Beschreibung des vermeintlich Charakteristischen wider sein Wissen und Willen doch auf diesen Begriff zurückkommt.

Man könnte nun meinen, diese Feststellung sei im Grunde erfreulich. Wenn nur die Sachen richtig aufgefaßt und beschrieben seien, so komme es nicht sonderlich auf die Namen an. Volkelt betont ja selber wiederholt und zwar mit Recht, daß die Benennungsfragen speziell in der ästhetischen Modifikationslehre von untergeordneter Bedeutung sind. Aber so einfach liegt der Fall doch nicht.

Es handelt sich hier nicht mehr allein um die Namen. Auch die Sachen, d. h. die zu beschreibenden ästhetischen Typen haben hier anderen Sinn und andere Stellung erhalten, als ihnen rechtmäßig zukommt. Erstens ist das Charakteristische in seiner wahren Bedeutung verkürzt und zweitens verliert der Begriff des Häßlichen seine wahre Gestalt. Da Volkelt doch ursprünglich den festen Vorsatz gehabt hat, das Charakteristische zu beschreiben, obgleich er dann unwissentlich auf den Begriff des Häßlichen hinüberglitt, so ist daraus kein einheitlicher und reiner Begriff entstanden, sondern ein Mischtypus, der allerdings die größte Ähnlichkeit mit dem Häßlichen hat, aber auch einige Bestandteile des Charakteristischen in sich einschließt. So sind, scheint mir, zwei wichtige Begriffe miteinander vermengt worden, so daß keiner von beiden zu seinem Recht und an seine richtige Stelle gekommen ist.

Daß das Charakteristische in der von uns gefaßten Bedeutung einen eigenartigen Typus des ästhetisch Wirksamen bezeichnet, scheint mir sicher. Auch ergibt sich das Gegenteil dieses Typus ohne Schwierigkeit. Es muß offenbar solche Gegenstände umfassen, bei denen nicht das Unterscheidende, sondern im Gegenteil das Vereinigende, das für verschiedene Individuen oder Gattungen Gemeinsame betont ist, und die unterscheidenden Individual- oder Gattungsmerkmale, wenn nicht ganz verwischt, so doch jedenfalls gemildert und ausgeglichen sind. Wie man diesen Typus nennen will, ist Nebensache. Ich würde ihn mit dem Namen des Stilisierten bezeichnen. Zunächst ist bereits geschichtlich die aus der verschiedenartigen Betonung der unterscheidenden und vereinigenden Züge folgende Verschiedenheit der ästhetischen Wirkung wohl bekannt, wie besonders die in der Entwicklung der Kunst hervorgetretenen und hervortretenden Stilunterschiede (der typisierende und individualisierende Stil) und die daraus entstandenen historischen Kunstrichtungen (die klassische und romantische Richtung) zeigen. Ferner zeigt auch die ästhetische Betrachtung von Kunstwerken einen ähnlichen Gegensatz.

Ist an einer Milieuschilderung oder an einer Charakterzeichnung, an einem Porträt oder an einer Statue das Unterscheidende und Eigenartige stark betont, so zeichnet sich der Gefühlseindruck durch besondere Intensität und Lebhaftigkeit aus. Ist hingegen an einem künstlerisch dargestellten Lebensbild das Eigenartige gemildert und erscheint das Ganze stilisiert, so ist sogleich auch der Wirklichkeitseindruck viel schwächer, die ganze Gefühlswirkung kühler, ruhiger und matter. Aber dafür hat der Eindruck des Stilisierten an Extensität gewonnen. Das stilisiert dargestellte Lebensbild hat viel mehr Tragweite als das in charakteristischer Art geformte: es scheint bedeutungsvoll weit über sich selbst hinauszuweisen. Man kann also sagen, daß von der Betonung der unterscheidenden oder vereinigenden Züge der Gegenstände die Entfaltung des ästhetischen Eindrucks nach zwei verschiedenen Seiten abhängt. Die Intensität des ästhetischen Eindrucks beruht in erster Linie darauf, daß der Gegenstand charakteristisch ist, d. h. stark ausgeprägte Eigenart besitzt, seine Extensität (d. h. seine sozusagen allgemein menschliche Gültigkeit und Bedeutung) wiederum vorzugsweise darauf, daß der Gegenstand über sich selbst hinausweist, stilisiert ist.

Nun könnte Volkelt entgegnen, daß der hier beschriebene Gegensatz des Charakteristischen und Stilisierten mit dem von ihm ausführlich behandelten Gegensatz des Individualistischen und des Typischen zusammenfalle. Gewiß ist zuzugeben, daß in beiden Fällen in der Hauptsache derselbe Gegensatz gemeint ist. Doch halte ich es aus verschiedenen Gründen für klarer und richtiger, die ästhetischen Typen, um die es sich hier handelt, mit den Namen des Charakteristischen und Stilisierten zu bezeichnen als mit denen des Individualistischen und Typischen. Erstens liegt es nämlich so, daß die Bezeichnungen »individualistisch« (oder individuell) und »typisch« hier mißverständlich sind. Es handelt sich hier nicht das eine Mal um diejenigen ästhetischen Wirkungen, die durch die reinen Typen, d. h. durch Gattungen als solche, hervorgerufen werden, und das andere Mal um diejenigen Wirkungen, die durch die Individuen als solche hervorgerufen werden. Wie Volkelt selber mit Recht hervorhebt, können die reinen Gattungen und das Gattungsmäßige als solches überhaupt nicht ästhetisch wirken. Den Grund für die ästhetische Wirkungslosigkeit des Gattungsmäßigen würde ich allerdings etwas anders ansehen als Volkelt (vgl. Syst. II, S. 67). Das rein Gattungsmäßige ist deshalb ästhetisch wirkungslos, weil es nicht anschaulich, sondern nur begrifflich ist und deshalb einen dürftigen Gefühlsgehalt besitzt. Auf das Gefühl vermag nur das erheblicher zu wirken, wovon man sich ein anschauliches Bild machen kann, was sich entweder wahrnehmen oder wenigstens vorstellen läßt. Aber die Gattungen können weder wahrgenommen noch vorgestellt werden, denn sie existieren nicht.

Das Individuelle dagegen könnte allerdings auch als solches und sogar sehr stark ästhetisch wirken, denn eine Erscheinung, die absolut eigenartig wäre, würde ein stark und scharf ausgeprägtes Anschauungs- und Vorstellungsbild hervorrufen, das wiederum alle Voraussetzungen enthielte, das Gefühl lebhaft in Bewegung zu setzen. Aber der Gefühlseindruck, den eine solche absolut eigenartige Erscheinung hervorriefe, würde keine Tragweite haben. Er würde nicht über sich selbst hinausweisen, denn in dem Gefühlswert einer solchen Ausnahmeerscheinung würde sich der Sinn und Wert des Seienden und des Menschenlebens nach keiner bedeutungsvollen Seite hin spiegeln.

Überall, wo ästhetische Wirkung entstehen soll, muß etwas individuell Bestimmtes vorhanden sein, denn nur das kann das menschliche Gefühl in Bewegung setzen. Soll aber diese Wirkung eine menschlich wertvolle Bedeutung haben, dann muß in dem Individuellen doch immer auch Typisches enthalten sein. Es kann sich also immer nur darum handeln, wie auch Volkelt ausdrücklich hervorhebt (S. 68), welche Seite an dem Gegenstande besonders betont ist, ob das Individuelle oder das Typische, ob die unterscheidenden oder die vereinigenden Züge. Liegt aber der Sinn des Gegensatzes einmal so, dann geben die Ausdrücke »charakteristisch« und »stilisiert« ihn am richtigsten und sachgemäßesten wieder. Denn das Wort »charakteristisch« bezeichnet ja eben auch nach dem gewöhnlichen Sprachgebrauch eine Erscheinung, woran die unterscheidenden Merkmale betont sind, das Wort »stilisiert« dagegen eine, woran die vereinigenden Merkmale betont sind.

Nun ist aber noch zu bemerken, daß »charakteristisch« und »stilisiert« auch ihrer gewöhnlichen Bedeutung nach mit den Bezeichnungen »individuell« und »typisch« nicht zusammenfallen. »Charakteristisch« ist nämlich offenbar ein weiterer Begriff als »individuell«, denn dies Wort kann auch einen Gegenstand bezeichnen, woran die gattungsmäßige Eigenart besonders betont ist. Infolge davon, daß der Begriff »charakteristisch« ein weiterer ist als der Begriff »individuell«, bekommt der Gegensatz des Stilisierten und Charakteristischen eine noch fließendere Natur als der des Typischen und Individuellen. Derselbe Gegenstand kann sowohl charakteristisch wie stilisiert sein, je nach dem Standpunkt, von dem aus man ihn betrachtet. Ein Germane mag ein charakteristisches Aussehen haben in Rücksicht auf andere Rassen, denn diesen gegenüber ist das Unterscheidende bei ihm betont. Aber derselbe Germane kann stilisiert erscheinen vom Standpunkt der verschiedenen germanischen Völker aus, denn keines von diesen findet *seine eigenen* Stammesmerkmale bei ihm stark ausgeprägt, weil er nur den *allgemeinen* Typus des Germanen in besonders ausgeprägter Form zur Erscheinung bringt, die unterscheidenden Merkmale der verschiedenen germanischen Stämme bei ihm dagegen gemildert und ausgeglichen sind. Diese Dehnbarkeit der Wörter »charakteristisch« und »stilisiert« ist kein Nachteil, sondern entspricht dem Gegensatz, um den es sich handelt. Auch der subjektive Gefühlseindruck, von dem hier die Rede ist, kann selbst dem gleichen Gegenstand gegenüber verschieden sein, jenachdem von welcher Seite man ihn betrachtet, ob von unten, d. h. von der kleineren Gruppe her, oder von oben, d. h. von der größeren Gruppe aus. Dann aber ist es ja nur in der Ordnung, daß die zur Bezeichnung der objektiven Bedingungen dieser Gefühlseindrücke gewählten Begriffe dieser fließenden und relativen Natur des Gegensatzes Rechnung tragen.

4. Unterarten des Erhabenen.

Mit dem allgemeinen Begriff des Erhabenen werde ich mich hier nicht eingehender beschäftigen, weil ich im großen und ganzen mit der Fassung einverstanden bin, die Volkelt ihm gibt. Nur im Vorbeigehen will ich einen Punkt berühren, in dem eine Abweichung von der Auffassung Volkelts oder wenigstens von seiner Formulierung mir nötig erscheint.

Ich würde den Begriff des Erhabenen einfach so definieren, daß ich sagte: *Erhaben ist ein Gegenstand, in dem eine ungewöhnlich große Kraft zum Ausdruck zu kommen scheint, eine so große Kraft, daß sie gewissermassen die Sinnenform des Gegenstandes zu zersprengen droht.*

In der Hauptsache, glaube ich, kommt diese Definition auf dasselbe hinaus, was auch Volkelt unter dem Erhabenen versteht. Es gibt in dieser Definition nur einen Punkt, der näher erklärt werden muß und in dem eben eine Abweichung von der Auffassung Volkelts mir vorzuliegen scheint. Man muß nämlich näher angeben, im Vergleich wozu die im erhabenen Gegenstande sich äußernde Kraft ungewöhnlich erscheint. Volkelt würde wohl sagen: Im Vergleich zu dem normalen menschlichen Kraftmaß. Er hebt bei der Behandlung des Erhabenen ausdrücklich hervor, daß »überall stillschweigend das Menschliche als Maß festgehalten sei« (S. 109). Auch Dessoir scheint zu derselben Ansicht zu neigen, obgleich seine Auffassung vom Erhabenen sonst nicht mit der Auffassung Volkelts übereinstimmt (Ästh. u. allgem. Kunstw. S. 206). Die Aufstellung der normalen menschlichen Kraftgröße als des Maßes — wobei natürlich die Kraftgröße eines gereiften, voll entwickelten Menschen gemeint sein muß — ist deshalb unzutreffend, weil dann natürlich nichts, was unterhalb des menschlichen Kraftmaßes bleibt, erhaben erscheinen könnte, dagegen alles, was dieses Maß fühlbar übersteigt, erhaben erscheinen müßte. Nun ist aber weder das eine noch das andere der Fall.

Volkelt bemerkt selber, daß auch ein Kind gelegentlich erhaben wirken kann (S. 133). Darüber mag man vielleicht verschiedener Meinung sein. Aber angenommen, es wäre möglich, so könnte dann wenigstens der voll entwickelte Mensch mit seiner Kraft nicht das Maß des Erhabenen sein. Denn wie großartig die Proben kindlicher Kraft gelegentlich auch sein mögen, mit der Kraft und Leistungsfähigkeit des voll entwickelten Menschen verglichen, sind sie doch nichts ungewöhnlich Großes, sondern bleiben vielmehr in der Regel darunter. Sofern also kindliche Kraftproben erhaben wirken, tun sie es, weil sie mit der normalen Kraft des Kindes und nicht mit der des reifen Menschen verglichen werden. Dies wird noch deutlicher an untermenschlichen Erscheinungen. Ein in der Luft schwebender Adler gilt allgemein für einen erhabenen Anblick. Auch von Volkelt wird der Adler unter den Gegenständen angeführt, die zweifellos für erhaben gelten dürfen (S. 108). Wäre aber der Mensch immer das Maß des Erhabenen, so könnte der Adler nicht erhaben erscheinen, denn seine Kraft übertrifft nicht die des Menschen, sondern bleibt vielmehr darunter. Der Grund seiner allgemein anerkannten Erhabenheit muß also anderswo liegen. Und zwar liegt er wohl darin, daß der Adler mit anderen Vögeln und überhaupt mit Tieren von seiner Größe verglichen wird. Hiermit verglichen muß er allerdings eine ungewöhnliche Kraft zu vertreten scheinen und folglich erhaben wirken. — Das Übersteigen des menschlichen Kraftmaßes ist also keine notwendige Bedingung der Erhabenheit.

Aber anderseits braucht durchaus nicht alles, was dieses Maß ganz fühlbar übersteigt, einen erhabenen Eindruck zu machen. Ein Dampfer mit einer Maschine von 50 Pferdekräften übertrifft schon bei weitem jede menschliche Leistungsfähigkeit, wirkt aber noch durchaus nicht erhaben. Warum nicht? Weil er als Dampfer gar keine ungewöhnlich große Kraft zum Vorschein bringt. Ein Berggipfel, der eine Höhe von 2000 Meter hat, übersteigt auch, in menschliche Energie verwandelt, jedes menschliche Maß. Wenn aber andere noch höhere Gipfel daneben stehen, wirkt ein solcher Gipfel gar nicht erhaben und zwar aus dem ähnlichen Grund, weil er als Berg keine ungewöhnlich große Kraft vertritt.

Der Mensch kann also nicht in jedem Fall das Maß des Erhabenen sein, sondern nur da, wo es sich direkt um Menschen, menschliche Kraft, und menschliche Leistungen handelt. Aus den angeführten Beispielen erhellt ferner, daß dieser Maßstab auch nicht in allen außermenschlichen Fällen derselbe sein kann. Er wechselt vielmehr immer nach den Umständen.

Im allgemeinen kann man sagen, daß die Individuen in der Regel mit dem Normalmaß ihrer Gattung verglichen werden, die verschiedenen Gattungen wiederum mit den nächstliegenden oder sonst am besten vergleichbaren Gattungen. Wo beides ausgeschlossen ist, da drängt sich gewöhnlich von selbst irgend ein anderer, naheliegender Vergleich auf, entweder der mit der Umgebung oder mit Erscheinungen, die mit der betreffenden Erscheinung assoziativ in der fraglichen Beziehung am nächsten verknüpft sind. Wenn wir z. B. das stürmische Meer erhaben finden und nennen, so geschieht das wohl aus dem Grund, weil es im allgemeinen als Kraftäußerung der Naturmächte mit ungewöhnlicher Gewalt auftritt; bei Betrachtung des Sternenhimmels liegt wohl ein Vergleich mit räumlicher Ausdehnung im allgemeinen vor usw. Jedenfalls ist sicher, daß weder der Mensch noch irgend ein anderer fester Maßstab das alleinige Maß des Erhabenen bildet.

Wir wenden uns nun zu einigen wichtigen Unterarten des Erhabenen, die ich anders fassen und beschreiben möchte als Volkelt es tut.

Das Würdevolle. Dieser Begriff tritt bei Volkelt in einer stark verengerten Bedeutung auf. Volkelt spricht vom Würdevollen nur in bezug auf das sittliche Gebiet. »Das Stehen im Sittlichen und die daraus hervorgehende Festigkeit der Gemütshaltung«, sagt er, »sind unentbehrliche Erfordernisse für das Würdevoll-Erhabene« (S. 177). Wenn man diese Auffassung in die Form einer Definition bringt, so würde sie wohl ungefähr folgendermaßen lauten: Unter Würde (in ästhetischer Bedeutung) ist diejenige auch äußerlich (in Mienen, Bewegungen, Handlungen und im ganzen Auftreten) zum Vorschein kommende Festigkeit und Ruhe zu verstehen, die ein außergewöhnlicher sittlicher Gehalt der Persönlichkeit verleiht.

Ich möchte glauben, daß der Sinn der Begriffe »Würde« und »würdevoll« (und der entsprechenden Ausdrücke in anderen Sprachen) nach dem allgemeinen Sprachgebrauch ein viel weiterer ist. Und ich sehe keinen triftigen Grund dafür, diesen durchaus guten und vernünftigen Sinn, den diese Wörter im Sprachgebrauch haben, zu verengern. Man spricht im gewöhnlichen Leben sehr oft von Würde und vom Würdevollen auch da, wo kein außergewöhnlicher sittlicher Gehalt als Grund der Würde vorausgesetzt werden kann. Wir sagen z. B., daß an dem ganzen Auftreten irgend einer vornehmen hochadligen Dame etwas Würdevolles ist. Wir haben im allgemeinen die Vorstellung, daß überhaupt Mitglieder eines alten adligen Geschlechts, wenn sie von der echten Sorte sind, auch in den heikelsten Situationen mit Würde aufzutreten wissen, und daß sie auch dann etwas von Würde bewahren, wenn sie keinen Reichtum, keine hohe amtliche Stellung und besonders auch keinen moralischen Gehalt mehr besitzen. Wenn ein Landpfarrer mit den Bauern seiner Gemeinde verkehrt, so hat sein ganzes Benehmen meistens ein Gepräge von Würde. Wir haben uns wenigstens an die Vorstellung gewöhnt, daß das gewissermaßen zur Sache gehört. Ebenso verlangen wir von einem Richter bei der Ausübung seines Amtes Würde. Und ist er ein echter Richter, so zeigt er sie auch. Deshalb ist auch im allgemeinen Bewußtsein die Würde mit der Person eines Richters notwendigerweise verbunden. Aber wir reden von Würde noch in viel alltäglicheren Fällen. Eine Polemik kann mit Würde geführt, ein Zeitungsartikel in einem würdigen Ton geschrieben, ja sogar eine ganze Zeitung in einem solchen Ton redigiert werden. Ein Parteiführer oder sonstiger Politiker weist die gegen ihn gerichteten Angriffe oder Beschuldigungen mit Würde zurück, ein ruinierter Geschäftsmann trägt sein Schicksal mit Würde usw.

Allen diesen angeführten Fällen gegenüber ist es unmöglich, zu sagen, daß bei ihnen ein außergewöhnlicher sittlicher Gehalt der Person der innere Grund der äußerlich zum Vorschein kommenden Festigkeit und Ruhe wäre. Eine adlige Dame, deren äußeres Auftreten ein Gepräge von Würde trägt, braucht durchaus nicht einen größeren sittlichen Gehalt zu haben als andere Menschen. Der Grund des äußeren Auftretens liegt in dem klar oder instinktiv vorhandenen Bewußtsein von der außerordentlichen Bedeutung und Überlegenheit, die die hohe Geburt verleiht. Daher dieser gemäßigte Ton, daher diese vornehme Ruhe und Selbstbeherrschung, aber daher auch zugleich diese Festigkeit und Sicherheit im äußeren Auftreten, welche die äußeren Kennzeichen der Würde sind. Wenn wiederum ein Pfarrer sich im Verkehr mit seinen Gemeindemitgliedern und besonders bei der Ausübung seines Amtes würdevoll zeigt, so braucht auch bei ihm keineswegs ein außerordentlicher sittlicher Gehalt der innere Grund der Würde zu sein. Weder braucht er einen außergewöhnlichen sittlichen Gehalt zu besitzen noch sich einzubilden, daß er einen solchen besitze. Davon ist sein würdevolles Auftreten nicht abhängig. Vielmehr ist es bei ihm in der Regel nur das Bewußtsein von der hohen und heiligen amtlichen Stellung, das seinem Auftreten das würdevolle Gepräge verleiht. Er ist sich dessen bewußt, daß er vor den Menschen und besonders vor seiner Gemeinde die Kirche und die Religion vertritt, und dieser Umstand gibt seiner Person eine außergewöhnliche Bedeutung, welche ebenso wie der Geburtsadel, aber vielleicht noch in viel höherem Grade, einerseits verpflichtet, anderseits erhebt.

Daß es wirklich die Stellung und nicht der vielleicht vorhandene eigene außergewöhnliche sittliche Gehalt ist, der solchen Personen das Gepräge der Würde gibt, wird noch offenbarer daraus, daß solche Personen meistens dieses Gepräge der Würde, wenigstens in einem so deutlich sichtbaren Grade, nur dann haben, wenn sie sozusagen auf ihrem Posten sind. Im alltäglichen Leben sind sie wie gewöhnliche Menschen. Wäre nun der sittliche Gehalt der einzige innere Grund der Würde, dann könnte eine solche Veränderung an dem äußeren Auftreten einer Person gar nicht möglich sein.

Wenn man durch ganz handgreifliche, drastische Beispiele beweisen will, daß der außergewöhnliche sittliche Gehalt wirklich nicht der alleinige innere Grund der Würde ist, so braucht man nur darauf hinzuweisen, daß auch große Verbrecher gelegentlich würdevoll erscheinen können. Es ist durchaus nichts Unnatürliches oder ein Verstoß wider den guten Sprachgebrauch, zu sagen, daß ein großer Verbrecher z. B. vor dem Gericht würdevoll auftritt und einen würdevollen Eindruck macht. Es kommen Fälle vor, wo man nicht umhin kann, dies festzustellen. Wer die Schilderungen las, wie der ehemalige dänische Justizminister und jetzige Zuchthäusler, Alberti, sich benahm, als er nach dem Zuchthaus geführt wurde, der konnte nicht umhin sich zu sagen: das muß wirklich ein würdevoll-erhabener Anblick gewesen sein! Auf die große Menschenmenge, die sich vor dem Zuchthaus versammelt hatte, um sich an der denkbar tiefsten Erniedrigung einer gefallenen Größe zu weiden, machte er durch die Festigkeit, durch die überlegene Ruhe und Sicherheit seines Auftretens einen derartigen Eindruck, daß die zu seiner Verspottung herbeigeeilten Menschen sich in Ehrfurcht vor ihm neigten, beinahe wie vor einem Triumphator oder einem König. Woher kam diese imponierende Würde sogar noch im Augenblick tiefster Erniedrigung? Wohl aus dem Bewußtsein allgemeiner Überlegenheit anderen Menschen gegenüber, besonders aus dem Bewußtsein einer Überlegenheit an Willensstärke und Kühnheit. Es war ja doch etwas Großartiges und Außergewöhnliches an seinem Verbrechertum gewesen.

Die erste Grundlage der Würde ist also stets der Umstand, daß die Person wenigstens in ihren eigenen Augen eine nach irgend einer Richtung außergewöhnliche Bedeutung hat. Was ihr diese verleiht, ist nicht ein für allemal bestimmt. Es kann sehr Verschiedenes sein: hervorragende Begabung, sittlicher Gehalt, ungewöhnliche Willensstärke, hohe Geburt, amtliche, soziale oder politische Stellung, außergewöhnliche Erlebnisse und Schicksale und dergleichen. Aber immer muß es etwas sein, was geeignet ist, der Person selbst eine außerordentliche Bedeutung zu geben, es muß immer irgendwie an der Person selbst haften oder auf sie ausstrahlen. Weiter muß nun die Person sich ihres Wertes auch bewußt sein, zwar nicht notwendigerweise in klaren Begriffen, aber doch mindestens in gefühlsmäßiger, instinktiver Form. Schließlich muß dieses Bewußtsein auf den Menschen als Dämpfer wirken, als Verpflichtung, sich besonders zusammenzunehmen, sich nicht impulsiv gehen zu lassen, sondern sich jeden Augenblick darauf zu besinnen, was er seiner Bedeutung schuldig ist. Darum ist er ruhig, sicher und gedämpft zugleich.

Das sind, scheint mir, ungefähr die Hauptbestandteile des Begriffes Würde. Die auch von Volkelt angeführte Definition Hartmanns: »Würde ist die ihrer selbst bewußte Erhabenheit« (Philosophie des Schönen, S. 290) zielt also auf das Richtige. Sie ist nur unvollständig. Um das Ausgeführte kurz zusammenzufassen, würde ich die Würde in ästhetischer Bedeutung folgendermaßen definieren: Würde ist eine, durch das Bewußtsein von der eigenen außergewöhnlichen Bedeutung der Persönlichkeit verliehene äußerlich (an Mienen, Geberden, Bewegungen, Handlungen und an dem ganzen Auftreten) zum Vorschein kommende Mäßigung, Ruhe, Festigkeit und Sicherheit.

Das Feierliche. Die zweite Unterart des Erhabenen, die meiner Ansicht nach anders gefaßt werden muß als Volkelt sie faßt, ist das Feierliche. Auch hier verengert Volkelt sehr stark die gewöhnliche Bedeutung des Wortes und zwar wiederum meiner Ansicht nach ohne triftigen Grund. Volkelt will nämlich dem Feierlichen immer einen religiösen Hintergrund geben. Nur da, wo eine »außergewöhnliche Macht vom Sinnlichen hinweg zum Übersinnlichen emporstrebt, wo sie sich von der Unruhe und Wirrnis, der Trübheit und Schwere des Irdischen loszulösen und in dem Schosse des Überirdischen und Unendlichen Stille und Seligkeit zu finden sucht oder ihren Frieden darin schon gefunden hat und ihn genießt« — nur da liegt nach Volkelt

Feierliches vor (S. 181). — Kurz gesagt, kann man nach Volkelt nur da vom Feierlichen reden, wo die Seele sich vom Sinnlichen zum Übersinnlichen, vom Zeitlichen zum Ewigen wendet, wo also eine deutliche Beziehung zum Religiösen vorliegt. In Wahrheit greift der Ausdruck weiter. Die Geschichte aller Völker kennt Augenblicke und Situationen, die noch im Bewußtsein späterer Generationen als besonders »feierlich« dastehen und von denen wir annehmen, daß sie denen, die sie unmittelbar erleben durften, noch feierlicher erschienen. So wird wohl — um nicht allzu weit in die Vergangenheit zurückzugreifen — z. B. den Deutschen die Proklamation des deutschen Kaiserreichs in Versailles als eine Situation von höchster Feierlichkeit gelten. Die Norweger hielten ihre Lossagung von Schweden im Jahre 1905 für einen sehr feierlichen politischen Akt; uns Finnländern ist der Akt, als Kaiser Alexander I. in Borga unserem Lande die Autonomie mit seinem Kaiserwort zusicherte, ein feierlicher Vorgang. In allen diesen Fällen und in zahllosen anderen als feierlich empfundenen und als feierlich bezeichneten historischen Ereignissen liegt keine direkte Beziehung zum Religiösen oder Übersinnlichen vor.

Noch deutlicher ist die Unabhängigkeit des Feierlichen von jedem religiösen Hintergrund, wenn wir von solchen feierlichen Gelegenheiten reden, die keinen direkt historischen und hochpolitischen Charakter haben. Großen politischen Entscheidungen und Unternehmungen wird in einem zur Schablone gewordenen Pharisäertum amtlich meistens eine religiöse Maske gegeben, auch wenn es sich um Kriegserklärungen, unberechtigte Okkupationen, Unterdrückungen ganzer Volkselemente und andere offene oder verkappte Gewaltstreiche handelt. Das kann irreführen und einen Zusammenhang mit der Religion auch da vortäuschen, wo gar kein solcher vorhanden ist. Aber wir reden ohne jedes Bedenken von feierlichen Gelegenheiten und Augenblicken auch des unpolitischen Lebens, wo kein scheinreligiöser, offizieller Phrasenmantel die wahre Natur der Dinge verdeckt. Wenn z. B. ein Arbeiterausstand von riesigen Dimensionen vor der Tür steht, und zwischen den Vertretern der Arbeiter und denen der Arbeitgeber noch Unterhandlungen schweben, so ist die letzte Sitzung, wo endgültig über Krieg oder Frieden entschieden wird, ohne Zweifel ein sehr feierlicher Augenblick. Das Gefühl von der Bedeutung der Situation drückt meistens sein Gepräge auch dem Äußeren der Nächstbeteiligten auf. Hier ist es doch offenbar, daß keine direkte Beziehung zum Religiösen vorliegt, denn Arbeitslöhne und andere wirtschaftliche Interessen, um die es sich in der Regel bei solchen Kämpfen handelt, gehören doch nicht zum Übersinnlichen.

Aus den angeführten Beispielen wird wohl schon der sprachübliche

Sinn des Begriffes »feierlich« ungefähr klar geworden sein. Der Begriff »feierlich« bezeichnet eine Stimmung, die äußerlich als Gemessenheit, Ernst und innere Sammlung zum Vorschein kommt. Diese Stimmung wird durch ein (klares oder gefühlsmäßiges) Bewußtsein von der außerordentlichen Bedeutsamkeit einer Situation (eines Ereignisses, einer Entscheidung, einer Tat, eines Augenblicks) hervorgerufen.

Bei der Begriffsbestimmung des Feierlichen liegt natürlich der Vergleich mit dem Würdevollen nahe. Das Feierliche ist insofern der weitere Begriff, als man auch dem Unpersönlichen gegenüber vom Feierlichen reden kann (feierliche Situationen, Ereignisse, Augenblicke, feierliche Gebäude und dergleichen), wogegen vom Würdevollen in der eigentlichen Bedeutung eigentlich nur in bezug auf Personen und Persönliches die Rede sein kann. Das Feierliche und Würdevolle, soweit sie an Personen vorkommen, unterscheiden sich nun nicht erheblich im Ausdruck voneinander. Es ist der tiefere Grund der äußeren Erscheinung, der das Feierliche vom Würdevollen sondert. Die äußere Würde entspringt dem Bewußtsein von der außergewöhnlichen Bedeutung der Person selbst, das Feierliche dem Bewußtsein von der außergewöhnlichen Bedeutsamkeit der Situation.

Das Pathetische. Die dritte und zugleich letzte Unterart des Erhabenen, die ich hier berühren möchte, ist das Pathetische. Pathetisch ist nach Volkelt »das Erhabene dort, wo es zugleich das Bestreben hat, seine Erhabenheit zu steigern« (S. 183). Ich könnte diese Definition beinahe unterschreiben, doch nur unter der Bedingung, daß ich sie anders auslegen darf als Volkelt. Volkelt sieht nämlich das grundlegende Wesensmerkmal des Pathetischen in dem Bewußtsein der Erhabenheit. Demnach könnte er ungefähr die Hartmannsche Definition des Würdevollen auf das Pathetische übertragen und erklären, das Pathetische sei eine ihrer selbst bewußte Erhabenheit. Im Gegensatz hierzu haben wir festgestellt, daß sowohl beim Würdevollen wie beim Feierlichen ein Bewußtsein der Erhabenheit vorhanden ist. Und in der Tat, es wäre mir rein unmöglich zu erklären, wie die außergewöhnliche Bedeutsamkeit entweder einer Person oder einer Situation ein so deutlich wahrnehmbares und charakteristisches Gepräge dem ganzen Äußern einer Person aufdrücken könnte, wenn diese keine, nicht einmal eine gefühlsmäßige Ahnung davon hätte.

Auch beim Pathetischen ist dieses Bewußtsein vorhanden, aber deutlicher, reflektierter als es beim Würdevollen und Feierlichen zu sein braucht. Der pathetische Mensch denkt mehr an seine eigene außergewöhnliche Bedeutsamkeit oder an die der Situation als der würdevolle und feierliche Mensch. Indessen darin liegt nicht das Unterscheidungsmerkmal des Pathetischen, sondern vielmehr in dem, was dieses Bewußtsein wirkt, nach welcher Richtung es sich wendet. Beim Würdevollen wirkt das Bewußtsein der eigenen Bedeutsamkeit dämpfend und mäßigend; der würdevolle Mensch ist bestrebt, seine außergewöhnliche Bedeutsamkeit zu verbergen. Beim Pathetischen ist der Fall umgekehrt. Der pathetische Mensch ist bestrebt, seine Bedeutsamkeit möglichst klar hervorzuheben, sie möglichst stark zu betonen. Das Bewußtsein von der außergewöhnlichen Bedeutsamkeit der eigenen Person oder der der Situation wirkt also bei ihm nicht dämpfend und mäßigend, sondern im Gegenteil aufblasend und aufregend.

Nach Volkelt gehört nun zu dem Begriff des Pathetischen, wie aus der angeführten Definition hervorging, nicht allein das Bestreben, die vorhandene Bedeutsamkeit möglichst erschöpfend zum Ausdruck zu bringen, sondern sie sogar noch zu steigern. In der Praxis wird das erste Bestreben gewöhnlich zu dem zweiten führen. Es ist ja doch so natürlich, daß derjenige, der die ungewöhnliche Bedeutsamkeit seiner eigenen Person oder irgend einer anderen Erscheinung möglichst restlos zum Ausdruck bringen will, sie zur Sicherheit noch vergrößert, um nur in keinem Falle unter der tatsächlichen Größe zu bleiben. Die Steigerung der Bedeutsamkeit mag also in der Praxis eine sehr gewöhnliche Begleiterscheinung des Pathetischen sein. Doch ist sie kein wesentlicher und notwendig zum Begriff des Pathetischen gehörender Zug, sondern eben nur eine fakultative Begleiterscheinung. Sie kann gelegentlich auch fehlen und der Eindruck des Pathetischen entsteht trotzdem. Denn für diesen Eindruck ist nur notwendig, daß ein Bestreben vorliegt oder vorzuliegen scheint, die vorhandene Bedeutsamkeit möglichst restlos, in ihrer ganzen Wirksamkeit und Wucht zum Ausdruck zu bringen.

Das möglichst starke Betonen und Hervorheben der eigenen Bedeutsamkeit unterscheidet schon genügend das Pathetische vom Würdevollen. Dazu trägt auch noch ein anderer Umstand bei. Beim Pathetischen handelt es sich nämlich nicht immer um die Bedeutsamkeit der Person selbst, sondern vielfach um die Bedeutsamkeit einer Situation oder einer Erscheinung. Eine Rede z. B. wird vielfach deshalb pathetisch, weil der Redner entweder die Situation oder den Gegenstand seiner Rede für erhaben hält und sich darum verpflichtet glaubt, besonders volle Töne anzuschlagen. Dasselbe ist auch dann der Fall, wenn ein Hymnus an die Götter oder an das Vaterland pathetisch wird. In dieser Bedeutung nähert sich das Pathetische mehr dem Feierlichen als dem Würdevollen. Es unterscheidet sich aber vom Feierlichen ungefähr auf dieselbe Weise wie vom Würdevollen, nämlich durch ein verschiedenartiges äußeres Gepräge. Auch beim Feierlichen wirkt das

Bewußtsein von der außergewöhnlichen Bedeutsamkeit einer Situation oder einer Erscheinung in mäßigender Richtung, zum Ernst, zur Gemessenheit und zur andachtvollen Sammlung mahnend. Wo dagegen der pathetische Typus entsteht, da hat das nämliche Bewußtsein in der entgegengesetzten Richtung gewirkt, nämlich in der Richtung zum Betonten und Schwungvollen. — Pathos ist durchaus berechtigt, sobald wirklich eine außergewöhnliche Bedeutsamkeit, ein erhabener Gehalt vorliegt. Wo dagegen der wuchtige Ausdruck nur ein Versuch ist, den Eindruck des Erhabenen vorzutäuschen, da liegt hohles Pathos, also das Pathetische im schlechten Sinne vor. Gewöhnlich meint man mit dem Pathetischen das letztere und insoweit mit Recht, als in Wirklichkeit das Pathos meistens ein hohles Pathos ist. Dies kommt daher, daß der erhabene Gehalt, aus psychologisch sehr triftigen und erklärlichen Gründen, die aber hier nicht dargelegt werden können, sich lieber einen würdevollen oder feierlichen Ausdruck sucht als einen pathetischen.

Das Pathetische zeigt eine bedenkliche Ähnlichkeit mit dem von Volkelt beschriebenen Typus des Prachtvollen. In der Tat sind auch diese Typen ziemlich schwer auseinander zu halten. Ich würde den Grundunterschied darin erblicken, daß das Pathetische sich nur auf die Ausdrucksweise des inneren Wesens einer Person beziehen kann, wogegen das Prachtvolle von Gegenständen und vom Gegenständlichen als solchem gilt ohne Beziehung zu einer Person. Vom Prachtvollen kann also in viel weiterem Umfang die Rede sein, als vom Pathetischen. Es ist mir unmöglich z. B. von einer pathetischen Landschaft zu reden, wie Volkelt tut (S. 186). Naturerscheinungen und Menschenwerke als fertige Außendinge können prachtvoll sein, pathetisch dagegen ist nur der Mensch und zwar nur im Ausdruck seines Wesens.

5. Das Tragische.

Zum Schluß mache ich noch einige kurze Bemerkungen über das Tragische. Zu längeren Ausführungen liegt kein Anlaß vor, da ich mit Volkelts Darstellung in der »Ästhetik des Tragischen« (2. Aufl. 1906) und im »System« grundsätzlich einverstanden bin. In den allermeisten Punkten hat Volkelt meiner Ansicht nach gerade das gesagt, was gesagt werden mußte. Für besonders verdienstvoll halte ich es, daß er so viele alte und im allgemeinen Bewußtsein fest gewurzelte Vorurteile überzeugend als falsch nachgewiesen hat. Trotzdem kann ich Volkelts Behandlung des Tragischen noch nicht für endgültig befriedigend und abschließend erklären. Es will mir vorkommen, daß sogar die Formulierung des Wesens aller Tragik bei Volkelt noch besserungsfähig ist.

In ihre allerkürzeste Formel gebracht wäre wohl die Auffassung Volkelts vom Wesen des Tragischen diese: Tragisch ist der Untergang des Menschlichgroßen, wobei unter dem Menschlichgroßen »alles fühlbare Überragen des menschlichen Mittelmaßes nach irgend einer bedeutungsvollen Seite hin« (Ästh. des Trag.² S. 67; Syst. II, S. 298) zu verstehen ist. Wenn diese Auffassung vom Wesen des Tragischen richtig wäre, müßte also der Untergang alles Menschlichgroßen tragisch wirken und anderseits könnte der Untergang einer nicht überragenden Persönlichkeit niemals tragisch wirken. Beispiele aus dem lebendigen Leben scheinen mir nun jedoch ganz unzweideutig zu beweisen, daß wenigstens die erste Folgerung sich nicht bestätigt. Eine Persönlichkeit kann übermenschlich groß sein, ohne daß ihr Untergang tragisch wirken muß. Der Tod Bismarcks, Gladstones, Tolstois, Ibsens und Björnsons war nicht tragisch. Jemand möchte nun vielleicht bemerken — Volkelt selber täte das sicherlich nicht —, das Ausbleiben der tragischen Wirkung beruhe hier darauf, daß alle diese großen Männer eines natürlichen Todes starben. Es liegt aber auf der Hand, daß die »Natürlichkeit« oder »Unnatürlichkeit« des Untergangs, die Plötzlichkeit oder Langsamkeit des vernichtenden Leides für die tragische Wirkung gar nicht entscheidend ist. Das Schicksal eines hochbegabten jungen Menschen, der mitten in seiner Bahn an der Schwindsucht langsam dahinsiecht, ist ebensogut tragisch wie das jähe, durch einen Unglücksfall verursachte Ende eines viel versprechenden Forschungsreisenden oder Erfinders kurz vor der Verwirklichung seiner Pläne. Dasselbe erhellt auch daraus, daß man sich den Tod jener großen Männer anders denken kann, ohne daß die Gefühlswirkung deshalb tragisch wird. Wenn ich mir vorstelle, daß Tolstoi, statt an Lungenentzündung zu sterben, bei einem Eisenbahnunglück zugrunde gegangen wäre, so gibt dies seinem Ende noch keineswegs den Charakter des Tragischen. Nehme ich aber an — mit der Kenntnis, die wir jetzt von Tolstois Persönlichkeit und Lebenswerk besitzen —, der russische Reformator wäre von einer Lungenentzündung dahingerafft worden, gerade um die Zeit, wo er sich anschickte, seinen »Krieg und Frieden« endgültig niederzuschreiben, oder er wäre durch irgend einen Unglücksfall untergegangen zu der Zeit, wo er, von Selbstmordgedanken geplagt, seinen Titanenkampf um eine befriedigende Lebensanschauung und um inneren Frieden kämpfte — dann würde sein Schicksal mir höchst tragisch erscheinen. Oder wäre Bismarck vor Sedan von einer tückischen Kugel getroffen worden oder vor Paris am Typhus gestorben, bevor der große Krieg zum Abschluß gekommen und das deutsche Kaiserreich gegründet war, dann würde ich sein Ende unbedingt tragisch nennen.

Aus diesen Beispielen dürfte schon erhellen, worauf es ankommt. Die Formulierung Volkelts ist mindestens nach einer Seite zu weit. Nicht der Untergang jeder großen Persönlichkeit wirkt tragisch, sondern nur der Untergang einer solchen Persönlichkeit, die menschlich betrachtet und wenigstens nach unserem Ermessen, sich noch nicht erschöpft hat, noch nicht alles gegeben hat, sondern von der man noch viel erwarten kann. Kurz gesagt, muß also eine große Persönlichkeit noch lebens- und wirkungsfähig sein, damit ihr Untergang tragisch wirken kann. Der Untergang, auch der plötzliche und sogar gewaltsame, einer Persönlichkeit, die nach menschlichen Begriffen schon sowieso todesreif ist, und die das ihrige gegeben hat, kann nicht tragisch erscheinen, die Persönlichkeit mag sonst von außerordentlicher Größe sein.

Aber nach einer anderen Seite hin scheint mir die Volkeltsche Fassung zu eng. Es kann nämlich mit guten Gründen in Frage gestellt werden, ob die vom vernichtenden Leid getroffene Persönlichkeit wirklich unbedingt groß sein muß, damit ihr Schicksal tragisch werde. Natürlich wirkt der Untergang einer Persönlichkeit, die ohne jede Tiefe, ohne wertvolleren Gehalt und ohne ernste Bedeutung ist, niemals tragisch — nicht wegen der mangelnden Größe, sondern ganz einfach schon deshalb, weil wir annehmen müssen, eine so oberflächliche, leere Persönlichkeit sei überhaupt nicht imstande, etwas ernst und tief zu fühlen. Das vernichtende Leid kann sie also eigentlich nicht treffen.

Sofern Volkelt mit seiner Forderung der Größe nur meinen sollte, daß das menschlich völlig Minderwertige keinen tragischen Eindruck machen kann, hätte er also unbedingt recht. Aber er meint offenbar mehr, denn von der menschlichen Minderwertigkeit bis zur menschlichen Größe, bis zu einem fühlbaren Überragen des menschlichen Mittelmaßes, ist noch ein langer Weg. Zahlreiche, nahe zur Hand liegende Beispiele scheinen nun darauf hinzudeuten, daß dieses »fühlbare Überragen des menschlichen Mittelmaßes« nicht immer notwendig ist, damit der Untergang einer Persönlichkeit einen tragischen Eindruck mache. So würde man schon darüber verschiedener Meinung sein können, ob z. B. die Gestalt Heros, wie sie von Grillparzer geschildert ist, als menschlich groß zu bezeichnen sei. Dennoch wird Hero von Volkelt wiederholt als Beispiel einer tragischen Persönlichkeit angeführt und darüber, daß ihr Schicksal tragisch wirkt, dürften wohl auch alle einig sein. Aber ich wäre in Verlegenheit, wenn ich »die bedeutungsvolle Seite« angeben sollte, nach der hin sie das menschliche Mittelmaß »fühlbar überragt«. Grillparzer hat sie von aller Großzügigkeit und von allem Heroismus einer mythologischen Persönlichkeit ferngehalten und sie in einem gewissen Sinne »bürgerlich« und beinahe »wienerisch« gemacht, um sie uns menschlich näher zu bringen. Allerdings verliebt sich Hero heftig, und ihr Schmerz über den Verlust des Geliebten ist untröstlich; hierin müßte also Heros Größe liegen, falls sie überhaupt existiert. Aber wenn man alle jungen Mädchen »menschlich groß« nennen wollte, die dazu imstande sind, dann würden wir, fürchte ich, allzuviel »große Menschen« bekommen, und »menschliche Größe« würde am Ende nichts mehr bedeuten. Von Grillparzers Hero lenkt sich der Gedanke in diesem Zusammenhang ungesucht auf das Gretchen in Goethes »Faust«. Daß ihr Schicksal tragisch ist, steht über jedem Zweifel. Aber auch bei ihr ist wohl nicht die Größe der Grund der Tragik, denn weder an Willensstärke oder Intelligenz noch an Tiefe und Reichtum des Gemütslebens überragt Gretchen fühlbar das menschliche Mittelmaß. Ihr Schicksal macht deshalb den tragischen Eindruck, weil wir uns sagen müssen: es ist doch furchtbar und geradezu niederschmetternd, daß ein so ahnungslos unschuldvolles zartes und kindlich hilfloses Wesen die Beute des Bösen werden und daran zugrunde gehen soll.

Da hier nun gerade von Frauencharakteren die Rede ist, nenne ich noch einen dritten, der meiner Ansicht nach unbedingt tragisch ist ohne menschlich groß zu sein. Das ist Merete im Roman »Dyre Rein« von Jonas Lie. Wie die Charaktere Jonas Lies überhaupt, ist auch Merete durchaus in den Maßverhältnissen der gewöhnlichen Wirklichkeit geschildert. Ich wüßte wenigstens nicht zu sagen, worin sie das menschliche Mittelmaß fühlbar überragte. Sie ist zwar kein oberflächliches, gehaltloses Mädchen, aber auch nicht besonders tief, begabt oder sonst hervorragend. Aber am Vorabend der Hochzeit verliert sie ihren Dyre Rein durch einen sonderbaren Unglücksfall, und das ist es eben, was ihr Schicksal tragisch macht. Diesen Fall verallgemeinernd würde ich sagen, daß nach meinem Empfinden überhaupt das Schicksal einer in der Jugendblüte der Glückserwartungen stehenden Braut, die den Geliebten gerade am Vorabend der Hochzeit verliert, tragisch ist, und ich vermute, es erscheint auch anderen so. Diese Braut braucht nach keiner Seite hin »menschlich groß« zu sein; sie muß nur imstande sein (oder wenigstens den Eindruck machen, als wäre sie imstande) Glück zu genießen und einen ihr Lebensglück vernichtenden Schicksalsschlag als etwas Schweres zu empfinden. Die nähere Beschaffenheit der vom Schicksal getroffenen Person bleibt im Grunde Nebensache. Die tragische Wirkung beruht hier in erster Linie offenbar darauf, daß die Person ihrem Glücke so nahe war. Sie schien es schon als einen ihr gehörenden sicheren Besitz zu haben, sie brauchte nur noch die Hand danach auszustrecken — und da wird plötzlich alles auf immer vernichtet. Das ist das Erschütternde und somit das Tragische dabei.

Man findet dieses Resultat in zahllosen anderen Fällen bestätigt. Ein Auswanderer der es sich zum Lebensziel gesetzt hat, in fremden Ländern so viel Geld zu sammeln, daß er einmal das verlorene Elternhaus wiedergewinnen und damit auch den teuersten Wunsch seiner Eltern erfüllen kann und der nun auf der Heimfahrt wenige Meilen von der Küste einem Sturm zum Opfer fällt, ist meinem Empfinden nach eine tragische Person, auch wenn er als Mensch das gewöhnliche Mittelmaß nicht überragt. Man kann also mit Lipps sagen, daß die Forderung der Größe beim Tragischen »nicht allzu streng genommen werden darf« (Grundlegung der Ästh. I, S. 565). Sie muß tatsächlich so wenig streng genommen werden, daß sie keine unbedingte Forderung mehr ist.

Wie würden wir nun am besten das Wesen des Tragischen kurz ausdrücken, wenn wir den beiden hier hervorgehobenen Gesichtspunkten dabei Rechnung tragen wollen? Ich würde folgendermaßen definieren: Tragisch ist der Untergang eines Menschen, der in unseren Augen ganz besonders vor dem Untergang hätte geschützt sein sollen entweder deshalb, weil man von ihm noch besonders viel zu erwarten hatte oder deshalb, weil er von dem Leben besonders viel zu erwarten hatte — oder noch aus irgend einem anderen Grunde. — Also kurz: tragisch ist immer der Untergang eines solchen Menschen, der in unseren Augen ganz besondere Voraussetzungen hatte, viel zu wirken oder glücklich zu werden — oder zu beidem. Es ist besonders zu beachten, daß diese besonderen Voraussetzungen nur in unseren Augen vorhanden zu sein brauchen, objektiv betrachtet können sie vielleicht fehlen. Die vom vernichtenden Leid getroffene Person braucht also nur den Eindruck zu machen, als hätte sie besondere Voraussetzungen zu bedeutender Wirksamkeit oder zum Glück. Damit ist auch gesagt, daß dieser Eindruck durchaus nicht auf klarer, begrifflicher Erkenntnis und einer vorangegangenen Untersuchung der Sachlage zu ruhen braucht, er kann völlig gefühlsmäßiger Art sein und ist es meistens. Weiter ist zu bemerken, daß in der hier gegebenen Definition nur die Mindestforderungen des Tragischen angegeben sind, d. h. es sind nur diejenigen objektiven Bedingungen bezeichnet, die immer und überall vorhanden sein müssen, bevor der tragische Eindruck entstehen kann. Es gibt aber eine Menge Faktoren, die zu diesen Mindestbedingungen hinzukommen können und dann oft ganz erheblich den tragischen Eindruck steigern. So ist z. B. die

Größe und noch mehr natürlich die Erhabenheit der vom Leide getroffenen Person ein solcher steigernder Faktor des Tragischen. Ebenso die Tiefe des Leids, die Haltung der Person darunter usw.

Es wäre nun noch zu zeigen, daß die hier angegebenen objektiven Bedingungen des Tragischen den tragischen Eindruck und sein Zustandekommen wirklich auch erklären können. Von seiner subjektiven Seite, also als Gefühlseindruck in uns betrachtet, ist das Tragische nur eine besondere Art vom Traurigen, nämlich Trauriges in verschärfter, erschütternder Form. Traurig wirkt überhaupt alles Leid, das den Menschen trifft. Damit es aber erschütternd wirke, müssen noch besondere Faktoren hinzukommen. Das ist auch beim Tragischen der Fall. Denn erstens handelt es sich bei einem tragischen Schicksal immer um ein vernichtendes Leid. Zweitens erscheint das vernichtende Leid bei tragischen Schicksalen nicht als ein zufälliges, sporadisches, planloses Phänomen, sondern als eine systematische, planmäßig wirkende Weltmacht, und zwar als eine Weltmacht, die Menschenkraft und Menschenglück zu hassen und zerstören zu wollen scheint. So mutet uns das vernichtende Leid bei tragischen Schicksalen an deshalb, weil es Menschen trifft, die in unseren Augen gewissermaßen in einer Ausnahmestellung sind, Menschen, die vor anderen hätten geschont werden müssen. Es gibt Menschen, in bezug auf welche wir uns aus den angegebenen Gründen sagen: die wenigstens darf das Unheil nicht treffen! Und nun werden gerade sie vom Schicksal ereilt! Es ist natürlich, daß unser Gefühl uns dann dazu treibt, zu sagen: dies ist kein Zufall mehr, sondern dahinter steht die Weltmacht des Bösen! Sobald das Leid sich unserem Gefühl so darstellt, muß es erschütternd wirken. Wir sehen also, daß die von uns angegebenen objektiven Bedingungen des Tragischen naturgemäß dazu führen, einen solchen Eindruck hervorzurufen, den wir tragisch nennen.

Aus dem zuletzt Ausgeführten geht hervor, daß ich den tragischen Eindruck, in Übereinstimmung mit Volkelt, durch eine Kontrastwirkung und nicht wie Lipps durch das Gesetz der »psychischen Stauung« psychologisch erkläre. Es ist meiner Ansicht nach kurz gesagt der Kontrast zwischen einer (in unseren Augen) berechtigten Erwartung, die wir an den Lebenslauf eines Menschen knüpfen, und seinem tatsächlichen Schicksal, der dem traurigen Gefühlseindruck diejenige Verschärfung und Erweiterung gibt, die ihn zum tragischen macht. Weil die Erwartung und das tatsächliche Schicksal in einem besonders scharfen Gegensatz zueinander stehen, werden die beiden Vorstellungsreihen durch ihre Gegensätzlichkeit stark hervorgehoben. Dabei erfahren aber auch die Gefühle, die sich an diese beiden Vorstellungsreihen anknüpfen, eine entsprechende Steigerung. Durch das vernichtende Leid, das den tragischen Menschen trifft, werden wir sozusagen recht nachdrücklich auf ihn und auf seinen Menschenwert aufmerksam gemacht, erst jetzt werden wir seiner Existenz und seiner Bedeutung richtig inne. Der ganze Mensch wird uns in seinem Wert jetzt besonders lebendig. Aber je lebendiger der Mensch in seiner Bedeutung uns wird, desto fühlbarer muß auch der Schmerz werden, den die Vernichtung dieses Menschen erweckt. Und da nun bei jedem tragischen Schicksal die Aufmerksamkeit schließlich doch bei dem vernichtendem Leid, bei dem Untergang des Menschen sozusagen stehen bleibt, denn das ist ja doch die Hauptsache bei jedem tragischen Vorgang, daß da ein Mensch in seinem teuersten Gehalt vernichtet wird und untergeht, so ist es natürlich, daß der Totaleindruck eines tragischen Schicksals in der Regel vorwiegend unlustbetont ist.

Wenn die spekulativen Ästhetiker, namentlich Hegel und Vischer, aber auch andere mit ihnen, die Befriedigung als das Schlußresultat einer tragischen Verwicklung bezeichneten, so war das von ihren metaphysischen Voraussetzungen aus gewissermaßen erklärlich. Denn für sie war ja das Individuum als solches eigentlich nichts Wirkliches, sondern nur das Allgemeine. Wenn also das einzelne Wesen vernichtet wurde, so erblickten sie darin nur eine gerechte Zurückweisung des sich überhebenden Individuums in seine Schranken (vgl. Hegel, Vorl. III, S. 528, 554) oder (in Vischerscher Wendung) ein Beispiel, das das Absolute gerade an den hervorragenden Persönlichkeiten statuiert, um uns recht eindringlich daran zu erinnern, daß alles Individuelle untergehen muß, eben weil es individuell ist. So war für sie der Endeindruck des tragischen Schicksals nur »Befriedigung des Geistes«, sie waren zwar »erschüttert durch das Los der Helden«, aber »versöhnt in der Sache« (Hegel, Vorl. III, S. 554). — Nebenbei bemerkt könnte man allerdings, wie mir scheint, mit guten Gründen in Frage setzen, ob dieser Optimismus dem Tragischen gegenüber einmal vom Standpunkt der Hegelschen Philosophie berechtigt war. Denn auch nach dieser Philosophie waren doch die Individuen die einzigen, die Lust und Unlust fühlen konnten. Und wenn die Individuen nun dazu verurteilt waren, zu leiden und zugrunde zu gehen, um nur als Lehrbeispiele zu dienen, so mag das vielleicht vom Standpunkt des einmal angenommenen Verhältnisses zwischen dem Allgemeinen und dem Einzelnen notwendig und demgemäß auch berechtigt erscheinen, aber trostlos bleibt es trotzdem. Denn eine solche Weltordnung, nach welcher das einzige Seiende, das imstande ist, zu leiden und zu genießen, unabwendbar zum Leiden verurteilt ist, um demjenigen, das weder leiden noch genießen kann, als Unterrichtsmittel zu dienen, — eine solche Weltordnung ist im Grunde furchtbar düster und trostlos. — Aber darauf wollen wir nicht näher eingehen.

Mehr Aufmerksamkeit verdient es, daß auch einige neuere und sogar ganz neue und noch dazu streng psychologische Ästhetiker das Tragische ebenso optimistisch auffassen wie die alten spekulativen Denker, die doch auch beim Tragischen von ganz metaphysischen Voraussetzungen ausgingen. So vor allen Lipps. Für Lipps ist das Tragische »der schmerzlich erhabene Genuß aus dem durch die Anschauung des Leidens vermittelten, denkbar innigsten Miterleben der fremden Persönlichkeit« (Grundleg. der Ästh. I, S. 565). Nach Lipps ist also das vernichtende Leid, das die erste Grundlage jedes tragischen Schicksals bildet, gewissermaßen nur wie ein kräftiger und deshalb wohl schmerzvoller Stoß, der dazu dient, uns auf etwas Lustvolles aufmerksam zu machen, nämlich auf den Wert einer Persönlichkeit. »Das Leiden ist für uns lediglich Mittel zum fühlenden Miterleben der Persönlichkeit, des in ihr liegenden Persönlichkeitswertes, oder der in ihr sich regenden oder über sie Gewalt gewinnenden Macht des Guten« (a. a. O. S. 570). — Dieser Auffassung gemäß ist natürlich der Genuß für Lipps das bei weitem vorwiegende Moment beim Tragischen. Dem positiven, erhebenden Moment ist das Moment des Schmerzlichen im Gefühl der Tragik »notwendig untergeordnet« (a. a. O. S. 565).

Zu einer solchen Auffassung von dem Verhältnis des tragischen Eindrucks zur Lust und Unlust scheint mir ein psychologischer Ästhetiker nur dann kommen zu können, wenn er die Hauptsache beim tragischen Vorgang übersieht und den Schwerpunkt dieses Vorgangs somit verlegt. Das ist allerdings wahr, was Lipps sagt, daß nämlich »das Leiden, allgemeiner gesagt, der Eingriff in den Bestand eines Wertvollen, das Gefühl seines Wertes erhöht« (a. a. O. S. 560). Deshalb trägt auch das vernichtende tragische Leid dazu bei, uns den Wert der von diesem Leid getroffenen Persönlichkeit recht lebendig fühlbar zu machen. Und das Wahrnehmen und Erleben eines Wertes ist immer lustvoll. Würde nun der psychische Vorgang eines tragischen Erlebnisses bei diesem Wahrnehmen eines uns besonders lebhaft fühlbar gewordenen Persönlichkeitswertes zu Ende sein, dann hätte Lipps allerdings recht: ein tragisches Erlebnis würde dann mit einem entschiedenen Lustfazit enden. Aber das ganz Entscheidende des tragischen Vorgangs, gerade diejenige Seite an ihm, die ihn zu einem tragischen Vorgang macht, wird hier völlig übersehen. Der psychische Vorgang eines tragischen Erlebnisses endet so wenig bei der Wahrnehmung eines uns besonders lebendig gewordenen Persönlichkeitswertes, daß er vielmehr da erst anfängt. Da kommt nun die große Hauptsache hinzu, nämlich dies, daß die in ihrem Wert uns besonders lebendig gewordene Person vernichtet wird, zugrunde geht. Nun muß es schon immer seiner Natur nach ein unlustvolles Erlebnis sein, zu sehen, daß Menschen vom vernichtenden Leid getroffen werden und Wertvolles zugrunde geht. Doppelt schmerzvoll muß aber dieses Erlebnis uns dann werden, wenn wir eben erst ein recht lebendiges und gesteigertes Gefühl von dem Wert dieses Wertvollen, d. h. dieser zugrunde gehenden Menschen bekommen haben. Der Vorgang scheint also dahin zu zielen, daß das den Menschen treffende vernichtende Leid zuerst den Wert dieses Menschen uns mit ungewöhnlicher Stärke vor die Seele führt. Dieses besonders lebendig gewordene Gefühl von dem Werte des Menschen muß aber selbstverständlich seinen Untergang auch besonders schmerzlich machen. Beim tragischen Vorgang erfolgt eine durch die Kontrastwirkung bedingte Steigerung des Gefühls nach zwei Richtungen, nämlich sowohl nach der Seite der Lust als nach der Seite der Unlust. Lipps aber scheint nur die Steigerung nach der Seite der Lust zu beachten und übersieht völlig, daß diese Steigerung eine noch stärkere Rückwirkung nach der Seite der Unlust haben muß. Und zwar ist die Steigerung nach der Seite der Unlust beim tragischen Erlebnis die bei weitem wesentlichere und entscheidende, weil das tragische Erlebnis gerade nach der Seite der Unlust ausmündet, dort seinen Abschluß findet. Es muß nach der Unlustseite ausmünden, denn offenbar ist doch der Kern jedes tragischen Tatbestandes, auf den alles hinausläuft, — nicht der, daß überhaupt Wertvolles vorliegt —, sondern der, daß Wertvolles vernichtet wird und zugrunde geht. Auf diese Vernichtung des Wertvollen, nicht auf sein einfaches Vorhandensein, konzentriert sich die Aufmerksamkeit und bleibt dabei stehen.

Die Unhaltbarkeit der von Lipps vertretenen Auffassung vom Verhältnis des tragischen Eindrucks zur Lust und Unlust wird noch handgreiflicher, wenn man diese Auffassung gewissermaßen in die Praxis umsetzt, d. h. die daraus im praktischen Leben herfließenden Folgerungen zieht. Würde »der Eingriff in den Bestand eines Wertvollen« nur so wirken, wie Lipps es beschreibt, dann müßte wohl z. B. der Tod oder ein sonstiges schweres Unglück eines lieben Angehörigen uns nur »ein schmerzlich erhabener Genuß« sein, denn der »Eingriff in den Bestand des Wertvollen« d. h. das den Angehörigen treffende Leid, beziehungsweise sein Tod, hätte nur dazu gedient, den Wert dieses Wertvollen uns besonders lebendig fühlbar zu machen. Erfahrungsgemäß hat aber der Tod eines lieben Angehörigen nicht diesen Gefühlswert. Er ist kein »schmerzlich erhabener Genuß«, sondern vielmehr ein sehr wenig genußvolles Schmerzerlebnis. Zu dem tieferen Innewerden des Wertes der Person muß also noch etwas anderes hinzugekommen sein, was dem Todeserlebnis eine andere Gefühlsbetonung als die durch das Innewerden des Wertes allein bedingte gibt. Und diese Kleinigkeit, die hinzukommt, ist die Hauptsache selbst, nämlich der Umstand, daß diese, in ihrer Bedeutung und in ihrem Wert uns jetzt recht lebendig gewordene Person eben vom Tod dahingerafft, also von einem vernichtenden Leid getroffen worden ist.

Man könnte dies noch drastischer veranschaulichen. Wäre die Auffassung Lipps' stichhaltig, dann dürften die Taschendiebe und Einbrecher sich für unsere Wohltäter halten. Indem sie uns wertvolle Gegenstände entwenden — also »Eingriffe in den Bestand eines Wertvollen« tun —, bereiten sie uns ja nur Genuß, denn sie machen uns den Wert dieser nun entwendeten Gegenstände fühlbarer als früher. Und das Erleben eines Wertes ist ja immer genußvoll. Dies nebenbei und im Scherze.

Ich glaube, man wird so ziemlich richtig das Verhältnis des tragischen Eindrucks zur Lust und Unlust bezeichnen, wenn man das umkehrt, was Lipps darüber sagt. Nach Lipps war ja das Moment des Schmerzlichen im Gefühl der Tragik dem positiven Moment, dem erhebenden, notwendig untergeordnet. Ich würde im Gegenteil sagen: im Gefühl der Tragik ist das positive, erhebende Moment, d. h. die Lust, dem negativen, niederdrückenden Moment, d. h. der Unlust *in der Regel* notwendig untergeordnet. Es gibt zwar auch erhebende Momente im Gefühl der Tragik, bisweilen können sie sogar überwiegen, aber in der Regel sind sie untergeordnet.

Dem gesunden, durch keine Theorien getrübten und befangenen Verstand ist dieser Tatbestand wohl von jeher klar gewesen. Dem Laienverstand kann schon die Frage, ob der tragische Eindruck vorwiegend lustvoll oder unlustvoll sei, ziemlich sonderbar vorkommen. Denn was allgemein schon vor jeder genaueren Untersuchung des Wesens der Tragik allen erfahrungsmäßig bekannt ist, ist dies, daß der tragische Eindruck ein *trauriger* Eindruck von besonderer Art ist, nämlich ein trauriger Eindruck von *verschärfter, besonders erschütternder* Art. Die Frage, ob ein trauriger Eindruck, und zwar noch einer von besonders erschütternder Art, vorwiegend lustvoll oder unlustvoll sei, könnte nach der Meinung eines Laien mit gesundem Verstand sehr leicht als Zeichen eines empfindlichen Mangels an wichtigerer Gedankenbeschäftigung gedeutet werden.

Wie ist es nun zu erklären, daß eine solche Frage trotzdem nicht allein aufgeworfen, sondern meistens noch gerade in der dem gesunden Verstand zuwiderlaufenden Richtung beantwortet worden ist, nämlich so, daß der tragische Eindruck immer vorwiegend lustvoll sei? Diese auffallende Tatsache beruht wohl in den meisten Fällen darauf, daß die Ästhetiker von einer falschen Grundvoraussetzuug ausgegangen sind, die sie gezwungen hat, den tragischen Eindruck auf die eine oder die andere Weise für lustvoll zu erklären, nämlich von der Voraussetzung, daß der ästhetische Eindruck immer lustvoll sei. Dieses falsche, durch nichts begründete Dogma hat unberechenbar viel Verwirrung und Unklarheit in die Ästhetik hineingebracht, manchen sogar ganz wesentlichen Fragen schon von vornherein eine schiefe Stellung und Form gegeben, wodurch auch die Lösungen schief werden mußten. Und solange man an diesem Dogma festhält, muß vieles in der Ästhetik verworren und unklar bleiben.

II.

Wie man Bilder hängt.
Zur Technik von Museum und Ausstellung.

Von

Erich Everth.

Der Museumscharakter überhaupt. Wir müssen Museum und Wohnung unterscheiden. In der Wohnung sind die Bilder um des wohnlichen Raumes willen, im Museum ist der Raum der Bilder wegen da. Es wäre also falsch, im Museum durchweg Wohnungen nachahmen zu wollen, die ja doch unbenutzt blieben und in schlimmerem Grade tot wirken müßten, als etwa mal ein allzu sehr aus seinem Zusammenhange genommenes Bild.

Ein Museum wie das Magdeburger, das in der Einrichtung von Zimmern, mit einzelnen Bildern drinnen, systematisch vorgegangen ist, gibt denn auch nebenher andere Räume, wo die große Menge der Bilder — und auch die wertvollsten — hängen. Ich mache mir zwar Wilhelm Trübners Unterscheidung nicht zu eigen, wonach Bilder geringerer Qualität, »von nur akademischem Können«, ins Kunstgewerbemuseum gehören (Personalien und Prinzipien S. 114). Aber ich erinnere daran, daß man z. B. gewisse wertvollste Bilder unter keinen Umständen dekorativ verwendet zu sehen wünscht. Der Unterschied von »dekorativer und nachahmender Malerei«, wie ihn Schultze-Naumburg statuiert und wie er ja auch hier gewiß wichtig ist, erschöpft das auch nicht; sondern es handelt sich auch um die Würde mancher Werke, die durchaus exempt scheinen wollen und sollen.

Sie sind zu schade, um unselbständig oder um irgendwie als ein Teil zu erscheinen; und selbst wenn sie in wirkliche, bewohnte Zimmer gehängt werden, so müssen auch dort besondere Vorkehrungen geschaffen werden, um ihnen ihre Würde zu sichern; etwa durch besondere Unterbauten, wie sie z. B. Klinger seinen großen Malwerken zu geben liebt, oder irgend etwas dergleichen. Und dann wird sich ihre überragende Bedeutung nur um so mehr zeigen und darin äußern, daß sie sich zu Herren des Zimmers machen und den Menschen verdrängen! Sie ordnen sich eben nicht unter. Herman Grimm erzählt einmal in seinem Raffaelbuche von einer großen Reproduktion der Sixtinischen Madonna, die er in sein Arbeitszimmer nahm

— um sie alsbald wieder zu entfernen, denn nun war das Bild Herr im Zimmer und nicht er. Auch ein Bild wie Feuerbachs Iphigenie, wenn man etwa eine größere Reproduktion davon in Wohnräume hängen will, wird immer eine Andachtsstätte errichten; und ein großes Goethebildnis über dem Schreibtisch wird diesen sogleich zum Hauptplatz des Zimmers stempeln, aber darüber hinaus nicht als ein Ausdruck des Bewohners wirken, sondern wie ein Aufruf oder eine Kraftquelle zur Arbeit. Irgendwie »herrschend« werden solche Werke. Also: entweder wird ein derartiges Bild geschädigt, indem es zur unwürdigen Unselbständigkeit herabgedrückt wird, oder das Bild sprengt das Ensemble.

Das ist ja das allgemeinere Problem des Gesamtkunstwerkes, daß ein glücklich gestimmtes Ganzes dem einzelnen Gliede zwar Werte hinzubringen kann, daß es ihm solche aber auch zu nehmen vermag, vor allem den Wert der Selbständigkeit. Samuel Lublinski schrieb einmal über den Künstler allgemein: »Lieber läßt er sein Bild ohne Rahmen in einem kahlen Gemach hängen, als daß er es zu einem Dekorationsmöbel herunterwürdigt,« und er meinte, ein Rembrandt oder Michelangelo solle nicht so herabgewürdigt werden. Vielleicht haben in diesem Sinne nie Bildwerke eine angemessenere Aufstellung gefunden als die griechischen Götterstatuen in den Tempeln, wo sie so sehr Selbstzweck waren wie nur möglich; denn das ganze Tempelinnere war nur Wohnung des Götterbildes und diente nicht einmal einem kultischen Zwecke; das war der unbelästigten, unnahbaren Würde des Bildes höchst zuträglich. In unserer Zeit könnte man Klingers Beethoven sicherlich nicht dekorativ verwenden, ihm ist umgekehrt ein dekorativer Raum in Leipzig untergeordnet. So aber verlangen auch gewisse Bilder nicht nur den neutralen, ihnen zwecklich untergeordneten Galerieraum, sondern bekanntlich manche sogar einen eigenen Raum für sich.

Schon hier ist klar: Museen haben ihren eigenen, herechtigten Charakter und sind keineswegs nur, mit ihrer Vereinigung vieler, aus einem ursprünglichen Zusammenhange wohl oder übel (nicht immer übel) herausgenommener Bilder, unentbehrlich als Fundgrube für wissenschaftliche Studien, sondern sie gewähren auch einen eigentümlichen Typ ästhetischen Erlebens. Es erscheint daher verkehrt, ihnen jeden ästhetischen Eigenwert mit dem Wort »unorganisch« absprechen oder ihnen ihren eigenartigen Charakter überall beschneiden zu wollen [1]).

---

[1]) Das Berliner Kaiser-Friedrich-Museum hat ähnlich, wenn auch nicht gleich dem Magdeburgischen, Räume von zweierlei Art, reine Bildersäle und gemischte

Abgeschmackt, auf Museen zu schelten, weil man »das warme Leben« darin vermißt — *nescii illi!* Es mag leichter fallen, »das Leben« auf der Straße zu merken als in alten Bildern und gar in ihrer Gruppierung. Die Kühle und Stille des Museums ist der geistigen Sphäre seines Inhalts verwandt und liegt freilich nicht jedem gleich nahe. Kühle kann vornehm sein, Kühle und Kälte ist nicht dasselbe. Sicherlich sollen (und brauchen) Museen nicht kalte Anhäufungen von ihres Lebens beraubten Kunstgegenständen zu sein. Viele Werke vertragen es, so ganz auf sich selbst gestellt zu sein, und schaffen, ja erzwingen sich ihre Stimmung selber; und gerade das Ort- und Zeitlose des Museums gibt ihnen vielleicht das Gegenteil einer toten Wirkung, nämlich den Eindruck, daß sie Überzeitliches enthalten, das nicht an vergänglichere Zusammenhänge von dort und damals gebunden ist. Ein Museum kann einen neuen Organismus bilden.

Wenn ein innerer Zusammenhang von Teilen und eine Unterordnung unter ein Ganzes, statt bloßer Nebenordnung und Aggregation, eben das ist, was den Organismus macht, so wird das Museum sein Ideal darin sehen müssen, nicht Einzelheiten zu geben, sondern Einheiten. Das Klebenbleiben am Einzelnen ist immer minderwertig, in jeder geistigen Erscheinungsweise, und ist gewöhnlich Kennzeichen eines im Moment lebenden, jugendlichen oder primitiven Geistes. Erhebt sich ein Museum darüber, so wird es nicht als bloße Anhäufung erscheinen.

Denn es ist auch nicht wahr, daß es wie ein Speicher wirken müßte. Freilich ist das eine Hauptgefahr, die man indessen längst vermeiden gelernt hat. Im 17. und 18. Jahrhundert traf etwas von solchem Vorwurf zu, da hängte man aber nicht bloß in Museen, sondern auch in Ausstellungen und Zimmern Bild an Bild, genau Rand an Rand, ohne Lücke, von oben bis unten an der Wand. In der kaiserlichen Gemäldegalerie in Wien hängt ein Bild von D. Teniers d. J., das einen Saal der Brüsseler Gemäldesammlung darstellt: da ist auf weiter kein ordnendes Prinzip Obacht gegeben, als daß die unteren Linien der in je einer Reihe hängenden Tafeln wenigstens eine gerade Gesamthorizontale an der Wand bilden; Hogarths »Eröffnung der Ausstellung der Royal Academy 1787 durch den Prinzen von Wales« zeigt dasselbe; für Wohnzimmer ist bei Chodowiecky Ähnliches zu

---

Zimmer; in letzteren sind plastische Werke und Gemälde zusammen, so daß dem Gemach die Kahlheit mehr genommen ist, doch wiederum so, daß kein voll ausgestattetes Möbelzimmer entsteht, und daß kein Werk einem anderen oder dem Raum untergeordnet ist. Es entsteht ein lockeres Zusammenspiel, das mit Takt jedem Bildwerk seine Selbständigkeit bewahrt.

finden. Allein wie weit sind wir davon in Haus, Ausstellung und Museum abgekommen zugunsten ruhigerer Wirkung, im Interesse der Bilder wie der Wand, die wir bei weitem nicht vollständig verdeckt sehen wollen. Wir nehmen heut als das Normale an, daß nur eine Reihe von Bildern im Saal hängt. Der überladenen Anordnung begegnen wir nur noch in Privatwohnungen, wo man freilich Dekaden kleiner Veduten, selbst im Format der Ansichtskarten und bisweilen wirklich als Erinnerung von Reisen heimgebracht, erblickt; aber darüber braucht nicht diskutiert zu werden. Dann freilich ist die Wand einem Herbarium oder einer Schmetterlingssammlung gleich. Auch diese können nun gut geordnet sein; ein gutgeordnetes Museum aber ist mehr, ist selber ein Gebild der Raumkunst oder besteht wenigstens aus solchen; ist schließlich, im Ideal, ein Gesamtkunstwerk.

Das Museum als Gesamtkunstwerk. So sehr dieses Gesamtkunstwerk seinen Teilen möglichst viel eigene Geltung lassen wird, so wird es dies gerade wieder durch Ordnung erreichen, die hier eine Leistung vom höchsten Range sein kann. Darin kann sich eine künstlerische Regie auswirken, so daß man die Begabung des Museumsleiters vielleicht der ebenso spezifisch modernen eines Orchesterleiters vergleichen mag, der gleichfalls viele Stimmen zu einem großen Ensemble zusammenfügt und nicht zersplittern oder dissonieren läßt. Das Leben, das in einem Orchesterkörper und seinen Produktionen webt, das kann auch dem Museum eignen, als einem großen Kollektivwesen. Es ist eine moderne Fähigkeit überhaupt, umfängliche und komplizierte Gebilde organisieren zu können. Vielleicht war Zola der erste Moderne, der in den mächtigen Komplexen moderner Technik, wie Warenhäusern u. dgl., ein gespenstisches Gesamtleben sah, der die Leistung der modernen Organisation künstlerisch begriff und ihr ein künstlerisch entsprechendes Bild schuf.

Ein solches Wesen ist auch das moderne Museum! Wenn man durch das Ganze hindurchgeht, so kann das Ganze zu einem Gesamterlebnis werden — nicht nur der Bau, sondern auch sein Inhalt, der dann die Entwicklung des Baues, als Bewegungserlebnis des Besuchers, sinnvoll begleitet oder dem umgekehrt der Bau bei seiner Entstehung schon angepaßt worden ist. Etwa im Licht: Es kann in der Galerie die Folge der verschieden belichteten Säle — intensiv verschieden und qualitativ verschieden beleuchtet, z. B. mit Ober- oder Seitenlicht — sinnvoll entwickelt werden für den hindurchwandelnden Betrachter und zugleich natürlich zu den Bildern stimmen; die Folge kann dem Besucher Abwechslung und dem Auge streckenweis mit Hilfe der wechselnden Bespannungen Erholung von lebhafterem

Lichte geben, unter Vermeidung doch von plötzlichen Übergängen und knallenden Kontrasten. Durch solchen (maßvollen) Wechsel wird in jedem Fall das Bewußtsein für das Licht und für die Tonlage der Bilder wachgehalten, das Auge erfrischt und geschmeichelt. Darin kann also eine Komposition im großen, eine Formung von Reihen von Räumen entstehen. Oder: Das Magdeburger Museum zwingt den Beschauer durch den Bau an einer Stelle planvoll, eine Flucht von Sälen, die die historische Entwicklung entfalten, zurückzugehen, um nun auch rückwärts noch einmal zu rekapitulieren. Das ist ein bestimmter Formwille. So prägt man sich nicht nur das Geschaute besser ein, sondern es beruhigt und stärkt den Besucher, wenn man ihm auf diese Weise mitten inne zeigt, daß er schon viel gesehen und sich angeeignet habe.

So bringt ein Buch durch die Kapiteleinteilung von Zeit zu Zeit dem Leser das Gefühl bei, daß er schon viel bewältigt habe, und läßt ihn ordnend rückschauen; dann hat er nicht so leicht den Eindruck, sich in der Fülle zu verlieren. Und wie ein großes Buch auf solche Beruhigung besonders angewiesen ist, der Roman mehr als die Novelle, so ist es für ein großes Museum fast die wichtigste Vorbedingung, jenen fatalen Eindruck zu vermeiden. Dazu schon dient die Organisierung. Alle Mittel der Harmonie und des Kontrastes, zwischen Bildern und Räumen in ihrem Nacheinander, alle Mittel der Steigerung, der Vorbereitung und des Abklingens tun in solcher Beruhigung und ständigen Auffrischung bereits eine ihrer nötigsten und gütigsten Wirkungen! Schon zu diesem Zweck hängt man das, was nach Raum und Zeit zueinander gehört, zusammen und läßt nicht immer wieder das Allerverschiedenste sich durchkreuzen, denn größere, in sich gleichmäßigere Massen sind ruhiger. So hält man in Ausstellungen Kunstzweige, etwa die monumentale Malerei, oder örtliche Gruppen zusammen, so fügt man Sonderausstellungen einzelner Künstler ein. Damit verringert man zwar nicht die quantitative Fülle, wohl aber das Verwirrende und Ermüdende, die allzugroße qualitative Mannigfaltigkeit, indem man möglichst viel Verwandtschaft walten läßt und nicht an jeder Stelle etwa gar Kontraste der benachbarten Bilder sucht. Dann kommt das leidige Gefühl des Zuviel und des Überdrusses nicht auf, das sonst sich leicht einstellt und — höchst verstimmend — sozusagen ins Objektive umschlägt, wo man sich schließlich verwirrt fühlt in seinem Gefühl von dem Wert auch des noch mit Ruhe Gesehenen, wo dem einzelnen Bild in der Masse ein geringes Maß an Geltung und an Recht auf Aufmerksamkeit zuzukommen scheint und der Betrachter wohl gar beginnt, an der Berechtigung des ihn erfüllenden hochgespannten Begriffs vom Wert der Kunst überhaupt zu zweifeln. Der Wert, nicht bloß der Seltenheits- oder gar Einzigkeitswert der Werke wird angegriffen. Man mag sich in solchen üblen Momenten noch so sehr sagen können: Das alles, was hier in erdrückender Menge vorliegt, ist nicht für einen nur, es ist für viele, auch der Konsum ist groß, nicht bloß die Produktion — dennoch bleibt der Betrachter zunächst der eine Mensch mit begrenzter Fassungskraft, die nicht ausreicht, das alles in der Eile so frisch und und kräftig aufzunehmen, wie es doch zum großen Teil entstanden ist. Denn — das liegt ja für die ruhige Überlegung zutage — auch der Produzenten sind viele und sie haben diese zahlreichen Werke einzeln geschaffen, in Konzentration, langsam.

Die Eile muß im Betrachter durch die Ordnung des Museums bekämpft werden, in Eile verfällt man bei der übergroßen Menge allzu leicht. Hiergegen schon ist ein sinnvoll waltender und spürbarer Geist in Museum und Ausstellung ganz allgemein erwünscht und paßt noch besonders zu dem Charakter dieser Veranstaltungen. Denn: wenn man nicht irgendwie abgeschreckt, abgestumpft oder unangemessen beschleunigt wird, so sieht man gerade im Museum aufmerksamer als wohl sonst auf Bilder, geschweige in die Natur. Wenn man Kunstwerken gegenüber schon immer weiß, sie seien gemacht von Menschenhand, nur um gesehen zu werden, und wenn schon dies naturgemäß die Achtsamkeit erhöht, so geschieht das noch mehr in Räumen, die uns an allen Punkten, außen wie innen, zurufen: Das ist ein Gebäude für Kunstwerke und Kunsteindrücke. Darauf sollte man schon von der Fassade gestimmt werden, so gut wie bei Theatern und Konzerthallen. Also wenn man ins Museum tritt, sieht man unbewußt von vornherein besser — es ist ja nichts weiter drin als Kunst und man geht zum Schauen hinein. Deshalb ist es nun vielleicht die höchste positive Funktion eines guten Museums und eines rechten Hängeverständnisses, wenn der Besucher durchgängig zu frischer Aufmerksamkeit angeregt wird und möglichst lange so angeregt bleibt. Denn ein Museum ist keine Bilderbewahranstalt, sondern eine Bilderausstellung.

Beschränkung des jeweiligen Gesichtskreises. Man möchte nicht von jedem Saal aus in allzuviele andere hineinblicken können, weil man dann das Bewußtsein einer Überfülle nicht los wird. Hier wird die Funktion der relativ geschlossenen und der kleinen Kabinette eindrücklich. Es handelt sich nicht bloß darum, daß besonders wertvolle Werke, wie die Nachtwache oder die Sixtinische Madonna, für sich ihr besonderes Zimmer bekommen, damit ihre Wirkung durch keinerlei Bildwerk in der Nähe gestört und der Betrachter nicht durch den Strom der Vorüberwandelnden zerstreut wird oder sich dem ausgesetzt fühlt. Sondern auch, wenn mehrere Bilder in einem Raume sind, ist ein kleines Kabinett, das etwa nur eine Tür hat, also etwas abseits liegt, und kein Durchgangsraum ist, für viele Fälle eine besondere Wohltat. Das bringt den Beschauer am ehesten dazu, stehen zu bleiben und sich zu setzen, wie es vor jedem Bild das Ziel sein sollte. Ein Verweilen, eine Vertiefung ist nötig, und zu ihr tunlichst oft zu verhelfen, scheint mir Aufgabe des Museumsbaues und seiner Einrichtung zu sein.

Deshalb dünkt mich zunächst: so wenige Türen wie möglich! Und die da sind, nur ja nicht alle in der Mitte und groß, sonst wird das hauptsächliche Raumerlebnis ein Durchschreiten des Ganzen; wenn der Raum aber als abgeschlossener spricht, so wird man sich länger und mit mehr Ruhe darin aufhalten.

Vielleicht wird man in Zukunft bei umfänglichen Museumsbauten wie bei Ausstellungen mehrere Gebäude oder Pavillons statt eines großen Baues vorziehen, um mehr abgeschlossene und kleinere Komplexe zu erzielen. Da würde der Übergang von einem in den anderen Bau Pausen darstellen, die hier ebenso gut zur Ökonomie des Aufnehmens gehören wie im Theater die Akteinteilung. In einem Riesengebäude dagegen läuft man, auch wenn man eine Anzahl Kabinette sich gründlich angeeignet hat, immer noch ins Endlose und behält das Gefühl, wenig gesehen zu haben, und verzweifelt, das Ganze zu sehen. Bei besserer Teilung bekommt man bequeme Einschnitte, wo man Halt machen und das Weitere vielleicht einem anderen Tage vorbehalten kann. Das Erlebnis ist geordneter, formvoller und es kräftigt, statt niederzuschlagen. Wie weit diese Teilung allen Künsten mit ihrer Schaffung von Einteilungen verwandt ist, liegt zu Tage.

Aus denselben Gründen empfehlen sich weiter so viel zentralisierte Räume wie möglich, d. h. wenn auch nicht von kreisförmigem Grundriß, doch von angenähert quadratischem; denn wieder gilt: man wird eher drin verweilen. Natürlich lassen sich andere Räume und auch Gänge nicht vermeiden — da ist es dann Aufgabe des Hängens, auch für solche Stellen die passenden Bilder zu wählen, die vielleicht gar in ihrer Eigenart gehoben werden, wenn der Beschauer ein lebhafteres Bewegungsgefühl hat — also etwa Abwickelungen von Erzählungen mit seitlich gestreckter Bewegungsdarstellung und mit Zügen. In schmalen, mangelhaft belichteten Gängen aber sollten überhaupt keine Bilder zu finden sein; sind die Bilder nicht wichtig, dann bleiben sie besser im Depot — für Studienzwecke vielleicht zugänglich — als daß sie nur die Fülle vermehren und weiter den Eindruck erregen, daß hier nicht alles wichtig sei! Schließlich sind unbedeutendere Bilder ja immer noch zu schade, um schlecht gehängt zu werden.

Manche Gänge können ebenso wie sonstige unvermeidliche Durchblicke klug behandelt werden, indem man besondere Werke dadurch auszeichnet, daß man sie schon von weitem her im Durchblick sehen läßt und auf sie vorbereitet, den Besucher einstellt, so daß er mit einiger Spannung sich einem solchen Bilde nähert. Das Ganze wird wieder zusammengehalten zu einem Raumerlebnis [1]). Und wenn der Besucher vor das ausgezeichnete Bild tritt, wird er länger als wohl sonst davor bleiben, weil er an einem Ziel zu sein meint. Natürlich kann er dann leicht enttäuscht sein. Unter allen Umständen sollte vermieden werden, daß Bilder, die man schon durch die Tür erblickt, von der Tür zum Teil verdeckt werden, sonst ist der Magazineindruck wieder da. Ferngehalten wird er eben auch, wenn man beim Hängen die Bilder mit den räumlichen Verhältnissen zusammenkomponiert. Darüber ist noch mehr zu sagen.

Einzelraum und Bilder. Ich gebe einige Beispiele. Es wird sich empfehlen, die Hauptbilder in einem länglichen Saal an die breite Seite zu bringen, denn man stellt sich zunächst der größeren Seite gegenüber ein, und es wird schwer halten, von vornherein für ein Bild an der Schmalseite dieselbe Aufmerksamkeit zu erzielen, man wird sich an der Breitseite ruhiger niederlassen.

Einen besonders einleuchtenden Fall des Komponierens von Raum und Bildern bietet der Zyklus. Das Wort heißt Kreis; da ist zunächst möglich, daß der inhaltlich in sich zusammenhängende Zyklus, dessen Ende also auf den Anfang hinweist, wirklich im Kreise angeordnet wird, nämlich in einer Rotunde. Im Leipziger Museum hängen die Odysseekartons von Preller, in gleichen Rahmen und in einer Reihe, in einer solchen Rotunde — sofort hat man beim Eintreten die Gewißheit, daß man einen Zyklus vor sich hat. Dieser wirkt ganz in sich zusammengeschlossen, und die betrachtsame Ruhe des Beschauers ist vollkommen. Es ergibt sich »Konzentration« in jedem Sinne, das ganze System scheint um einen Mittelpunkt geordnet zu sein (und nach Schmarsow kann man bei einem Zyklus auch von Kosmos reden, eine Bezeichnung, die nach ihm den Gedanken an die zusammenhaltende Gravitation nahe lege). Jedenfalls, wo ein runder

[1]) Gewisse Bilder anderseits, denen man eine schlagende, frappierende Wirkung zuspricht, werden umgekehrt am besten dem Betrachter möglichst überraschend gegenübergestellt werden. Man kann dazu freilich vielleicht wenig anderes tun als solche lange Vorbereitung vermeiden.

Raum ist, kann er nicht besser ausgenutzt und betont werden. Schon eine bloße Serie aber, wie Raffaels Teppiche, scheint mehr Zusammenhang zu bekommen, wenn sie in solchem Raume angebracht ist. Der günstigste Fall ist es dann wieder, wenn die Rotunde bloß einen einzigen Zugang hat. Aber auch eine Apsis eignet sich gut.

Auch im einzelnen Raum also bleiben Bewegungserlebnisse wichtig. In dieser Hinsicht kann noch mancherlei bemerkt werden. Hängt z. B. in einem Raum eine Anzahl von Bildern, die für ihn zu groß sind, so sind sie zunächst wegen des unzureichenden Abstandes nicht recht zu sehen, außerdem aber wird der Aufenthalt in dem Raum unerfreulich, bedrückend, man wird in die Enge getrieben. Andernfalls kann sich eine mittlere Zone bilden, die in sich den Standort für alle Bilder enthält, so daß man nicht, um die eine Wand zu sehen, an die gegenüberliegende zurückzuweichen braucht. Umgekehrt kann durch Bilder, die für den Raum auffällig klein sind und dicht an den Wänden herumzugehen auffordern, der Raum allzu geweitet, leer und schließlich kalt erscheinen, degagiert, denn man kann ihn nicht mehr visuell von einer Mittelzone aus zusammenhalten; er fällt auseinander und die Bilder erscheinen leicht unkräftig, da sie den Raum nicht bis mitten hinein beherrschen. Das alles wird sich an der Schwelle des Bewußtseins, vielleicht zum Teil darunter, bewegen, aber es spielt wohl eine Rolle.

Ferner macht es einen wesentlichen Unterschied, ob die Größe der Bilder in demselben Saal bedeutend differiert oder nicht. Im letzteren Fall braucht man den Abstand von den Wänden nicht allzuoft zu ändern, nicht unruhig hin und her zu treten und verliert nicht den Zusammenhalt des Ganzen. Dann hat der Raum Haltung. Man kann eben mit Hilfe von Bildern in einigem Grade die Wände gleichsam vor- und zurückschieben: wo z. B. ein großes Bild zurückzutreten nötigt, scheint uns die Wand näherzurücken. Ähnlich kann auch die Art der Darstellung, der Grad der Genauigkeit wirken; und es wird sich für die Wand geltend machen, ob die angegebene, die dargestellte Entfernung der vorderen oder der Hauptzone im Bild einen ausgesprochenen Fernblick oder ein Nahbild gewährt, dessen Hauptsachen vorn im Bild und als nicht weit abliegend gegeben sind. Man kann natürlich hierin bei der Aufhängung Kontraste erstreben, kann aber anderseits auch durch Zurückhaltung in solchem Wechsel den Raum vereinheitlichen. Auch Helligkeit und Dunkelheit im Gesamtton des Bildes spielen mit, ein starker Wechsel darin gibt ebenfalls ein starkes Vor und Zurück, und Wand und Raum büßen an Haltung ein. Man weiß, daß helle Farben vorspringen und ebenso gewisse warme Töne, während gewisse kalte zurückgehen; wie nun ein Bild durch unrichtige Anwendung dieser Töne in Vor- und Hintergründe auseinanderreißen kann, so kann auch eine Wand durch richtige Benutzung in ihrer ruhigen Haltung gefördert werden. Im gegenteiligen Falle mag der Raum sogar seiner scheinbaren unmöglichen Belichtung nach befremdend wirken.

Das Umgekehrte davon wiederum hat man, wenn die Richtung des realen Lichteinfalls im Saal mit dem Dargestellten eines Bildes übereinstimmt. Beispiele sind ja bekannt, am bekanntesten das Beispiel von Lionardos Abendmahl. Derlei ist natürlich ganz selten, aber die Differenz kann auch einmal so stark sein, daß sie irritiert. Öfter ist es möglich, die Lichtstimmung eines Raumes in der Auswahl der Bilder zu berücksichtigen. Rembrandtsche Farben werden oft zu einer leiseren Lichtstimmung des Gemaches passen als Rubens' jubelnde Fanfaren.

Um in einem Beispiel mehreres von dem zuletzt Gesagten zusammenzufassen, erinnere ich an den Rembrandtsaal und den Rubenssaal des Berliner Kaiser-Friedrich-Museums. Der größere, hellere Rubenssaal paßt nicht nur zu der Größe der Tafeln, sondern auch zu ihrem ganzen Charakter, ihrem breiten und flotten, ausladenden und ausholenden Wesen, bei dessen Schwung und stürmendem Atem auch der Betrachter gern sich regt, umhergeht im Raum, nicht mit angehaltenem Atem stillsteht oder sich zu intimer Versenkung niederläßt, wie er vor Rembrandts Werken es lieben wird. In Rembrandts Nähe ist man scheu, zagend, da versagen die Worte wie vor keines anderen Bildern, und man fühlt nicht im frischen und freien Herumgehen eine adäquate Äußerung und Verarbeitung des Eindrucks. Der Berliner Rembrandtsaal ist nun leider in hohem Grade Durchgangsraum, hat aber etwas Heimeligeres als der Rubenssaal, er ist geschlossener — ein Rembrandtsaal mit vier Türen wäre unmöglich —, sein Licht und seine Wandtönung ist gedämpfter, schwermütig. Aber ein noch gesammelterer, etwa ein Rundraum, könnte der Innerlichkeit solcher Werke und auch dem Wunderhaften dieser großen Phantasie noch mehr dienen.

So also mag man mit dem einzelnen Raum zusammenkomponieren. Nun aber auch mit der einzelnen Wand.

Die einzelne Wand. Da in der Praxis die Helligkeit und Farbentönung der Wand wohl am meisten beobachtet wird, so braucht hier davon nur kurz gesprochen zu werden. Eine gute Abhebung, dunkel auf hell, kann die Wand fühlbar gliedern und die Bilder äußerlich kräftig zum Bewußtsein bringen; leichter unangenehm werden dagegen sehr helle Bilder auf einer dunklen Wand. Sonst aber hält eine solche am besten zusammen und die einzelnen Bilder werden dort leichter harmonisiert, wie dunkle Töne in sich selber leichter harmonisch sind.

Aber auch formal kann man auf eine Wand als Einheit Bezug nehmen. Man wird ein Porträt in Profil nicht gern so anbringen, daß es am Ende der Wand hinaussieht, sondern so, daß es hineinsieht ins Zimmer. Es gibt ferner sehr viele Bilder, die auf einer Seite sehr geschlossen sind, berühmteste Muster sind von Veronese, Tiepolo, Poussin, Claude Lorrain bekannt — sie wird man nicht mit der offenen, verlaufenden Seite in die Nähe einer Ecke, also ans Ende der Wand hängen, sondern mit der schließenden. Abermals sehr viele Bilder entwickeln eine Seite vorn, die andern hinten (schematisch ausgedrückt): da wird man den Blick, der so nach hinten geleitet wird, zugleich an der Wand nach innen führen. Eine Zugdarstellung läßt man ebenfalls nicht gern nach außen streben. Ja, man mag sorgen, daß die helleren Bilder nicht an die Ränder kommen, denn das Auge wird sehr zum Licht gezogen (dasselbe gilt von besonders starken Farben). Kurz, mit allen möglichen Mitteln kann man das Auge »herein« statt »hinaus« führen und erreicht damit das Gefühl eines geschlossenen Raumes, der recht »gemächlich« ist, ruhig zu sehen, und zum Bleiben anregt.

Die Mitte der Wand ist die Stelle, wo man am ehesten stehen bleibt, um das Ganze zu überblicken. Symmetrie als ein Anordnungsprinzip ist auch im Museum allgemein anerkannt, aber Hervorhebung der Mitte und Symmetrie ist nicht dasselbe; Symmetrie gibt es auch ohne Betonung der Mitte. Diese letztere stellt aber ebenfalls ein stärkstes Beispiel der Ordnung her, ganz abgesehen davon, ob andere Bilder symmetrisch zur Mitte hängen.

Die Mitte der Wand. Wie das Zentrum des Kreises überallhin nach der Peripherie gleiche Entfernung hat, so ergibt jede betonte Mitte diese Gleichmäßigkeit und Ruhe; und alle räumliche Ordnung scheint dauernder zu sein als die Unordnung, schon weil sie nicht zufällig, sondern sorgsam beachtet und für die Dauer bestimmt erscheint. Und wie die Betonung des Zentrums im Kreis den Kreis für die Auffassung klärt, so wird auch hier die Wand faßlich gegliedert, wenn die Mitte betont wird.

Die Sprache zeigt aber auch in mannigfachen Wendungen an, daß die »zentrale Stellung« eine Auszeichnung ist. Was »im Mittelpunkt des Ganzen« steht, ist bevorzugt, was beiseite steht — sei es zur Seite getreten oder beiseite geschoben — ist »Nebensache«. Welches sind die Gründe? Zum Teil sind sie, wie schon angedeutet, visueller Art: man fixiert unwillkürlich an einem Gegenstand zuerst die Mitte, weil man so das Ding als Ganzes am bequemsten »ins Auge faßt«. (Und wenn man um einen Mittelpunkt herum gruppiert, so schafft man einen Komplex, der »zusammengesehen« wird, schafft also die faktische Einheitlichkeit, die im Zusammensehen liegt.) Die Mitte ist Einstellungspunkt des Auges, aber auch Blickpunkt des Interesses; ein Bild steht dort im Mittelpunkt der Aufmerksamkeit. Und die Mitte ist eher von überall her zu sehen (was bekanntlich bei der Bühne besonders wichtig wird). Ferner: wenn man in der Mitte des Saales steht, so sind einem die mittleren Bilder der Wände am nächsten. Wird sonach ein Bild in der Mitte der Wand leicht zuerst und auch hernach am besten gesehen, so wird die Wand gleichsam »seine« Wand, ihm untergeordnet. Die Zentralstellung bedeutet eine Überordnung; so erscheint, wenn ein Denkmal mitten auf einem Platz steht, dieser ihm untergeordnet, auch deshalb wohl, weil dort der zur Verfügung stehende Raum am gründlichsten verbraucht, okkupiert wird; ein Mittelstück ist immer »aus dem Vollen«; was sich am Rande hält, erscheint bescheiden oder ängstlich. Seitenteile heißen ferner leicht »Arme« oder »Flügel«, was darauf hinzudeuten scheint, daß bei dem Mittelstück, wenn es uns zum Hauptstück wird, Assoziationen unseres Körpers mitspielen. Auch als Achse, »um die sich alles dreht«, als Zusammenhalt eines Systems, Träger des Ganzen, nimmt sich der mittlere Teil wohl aus. Man sieht, es sind lauter elementare und vertraute Dinge, die den Charakter der Mitte als Hervorhebung verständlich machen. Es gibt ja auch keine »gleichgestellten« Nachbarn für das mittlere Stück, dieses hat etwas Einziges [1]).

Diese Auszeichnung muß nun verdient werden. Meist wird man z. B. dazu neigen, das größte Bild der Wand, wenn es sein Rang zuläßt, in die Mitte zu nehmen; denn es erregt die Aufmerksamkeit, man erwartet aber bei bedeutendem Raumverbrauch auch etwas innerlich Gewichtiges, es scheint sich ferner das große Stück zur tragenden Achse zu eignen, usf.

Man wird aber auch auf das qualitative Format achten, z. B. kein Breitformat in die Mitte nehmen, weil dieses sie zu vage bestimmt und selber mehr zum Entlanggehen als zum Stehenbleiben anregt; ein

[1]) Darum ist die zentrale Anordnung der einzige Schematismus, der wertvollste Werke erfassen darf. Dagegen sträuben sie sich gegen symmetrische Unterbringung, weil darin eine Bindung nicht bloß, sondern auch »Nebenordnung« liegt. Es sind nicht mehr zwei Bilder da (geschweige eines), sondern ein Paar, dessen »Hälften« die einzelnen werden. In gewissem Sinn also ist mehr da als zwei, in anderem weniger. 1 + 1 ergibt eben nicht immer genau 2, sondern auch mehr und auch weniger.

Hochformat stellt den Achsencharakter besonders heraus, aber auch besonders zentralisierte Formate wie Kreis oder Quadrat werden dort ihre natürliche Stelle suchen.

Leicht sieht man ferner ein, daß ein Triptychon, das selber schon ein größeres System ist und schon in sich ein Mittelstück auszeichnen wird, nicht gut an der Wand zur Seite gerückt werden kann. Ebenso werden Zentralkompositionen, also wo die Mitte im Bild irgendwie besonders betont ist, unter sonst gleichberechtigten Bildern das Vorrecht auf das »Herzstück« der Wand haben, so gut wie etwa ein nach oben tendierendes Bild etwas hoch oder höher als andere gehängt werden wird.

Die Höhe der Anbringung. Man ist freilich im Verfolg der Gewohnheit, nur eine Reihe Bilder zu hängen, zu der weiteren Forderung vorgegangen, alle in gleiche Höhe zu hängen, was nicht dasselbe ist. Das erstere Verlangen hat nichts gegen sich, dem zweiten aber können Bedenken entgegengehalten werden. Gewiß gibt eine solche einfachste Reihe dem Zimmer besonders viel Ruhe, allein im Museum kommt es doch noch mehr auf die Bilder, auch die einzelnen an; und da kann es sein, daß die Sprünge zwischen Darstellungen der Höhe oder Tiefe allzustark empfunden werden, wenn sie alle gleich hoch und womöglich nahe benachbart hängen.

Ferner: es ist ein Widerspruch, wenn eine Darstellung mit hoch liegendem Augenpunkt, die den Eindruck hervorrufen will, als sähe man auf sie herunter, hoch über unseren Köpfen hängt; ein tiefer plaziertes Nachbarbild macht das besonders auffällig. Umgekehrt, Bilder mit besonders niedrigem Horizont sollten nicht niedrig hängen. Der Horizont und sein Verhältnis zum Augenpunkt gibt ja einen Maßstab; wenn auch der Horizont des Bildes oft höher oder tiefer liegen muß und darf, als uns natürlich wäre; aber die Wirkung wird dadurch geändert; das Verhältnis zu anderen Bildern kann dann allerdings etwas helfend eintreten.

Aber es ginge schlechterdings nicht an, Bilder wie z. B. einzelne von Mantegna bei den Eremitani in Padua niedrig zu plazieren. Diese sind freilich Wandbilder, sitzen aber auch über einem recht hohen Paneel; sie zeigen die denkbar entschiedenste Untenansicht, wo der Fußboden sofort hinter dem Rahmen dem Auge entschwindet, weil er nach hinten abfällt; es ist die Froschperspektive. Wiederum gibt es Bilder aus der Vogelperspektive wie Thomas Lauterbrunnthal oder gewisse Strandbilder von L. v. Hofmann, wo sich das Meer bis an den oberen Rand des Bildes schiebt und manchmal nicht einmal mehr der Horizont im Bilde liegt — unmöglich, so etwas hoch zu hängen! Man würde sich den Hals ausrenken, weil man glauben würde, herabsehen zu müssen.

Bei jedem wirklichen Hinaufschauen ist ja dies ein wichtiger Faktor, daß man »seine Augen aufhebt«, sich ein wenig anstrengt [1]). Vielleicht ließe sich sogar eine Normalhöhe eruieren, die unseren Augen und unserer ganzen Haltung am bequemsten wäre, so wie der Architekt Märtens in seinem großen Werk über den optischen Formmaßstab den Gesichtswinkel zu bestimmen gesucht hat, in den man kleine Bronzen in der Hand zum Auge hebt. Es liegt vielleicht etwas davon zugrunde, wenn Dessoir in seiner Ästhetik (S. 401) sagt: »Es befremdet oder besser es erweckt eine unangemessene Vertraulichkeit, wenn Bilder in Augenhöhe gehängt sind«, da sind sie uns eben am nächsten. Es befremdet indessen das Auge gerade nicht, sondern ist ihm recht bequem. Und diese Vertraulichkeit ist manchen Bildern gegenüber, die sich nicht »auf hohem Niveau« bewegen, durchaus berechtigt — schon um den Unterschied der anderen, »höherstehenden« zu markieren. Solche Vertraulichkeit ist noch keine illegitime Vertraulichkeit der Kunst zu uns, es wird da keine Rahmen- oder ähnliche Grenze überschritten. Ja, Feuerbach verlangt einmal (in seinem Vermächtnis), daß zwei seiner größten Bilder, darunter das Gastmahl des Plato, so hängen: »Für sich selbst können sie überhaupt nur wirken, wenn man ihnen in Augenhöhe gegenübersteht, wie etwa in wohl- und gleichberechtigter Gesellschaft.« In den Museen hängen die meisten heute so! Aber sicher ist: jeder Grad weniger an Höhe bringt uns die Bilder näher, auch für unseren Tastsinn erreichbarer — und auch deshalb wirken sie in jeder Höhe anders.

Bei diesen visuellen und anderen körperlichen Faktoren ergibt sich nun auch schon teilweise das Verständnis dafür, weshalb, wie bereits die Sprache dartut, zwischen Höhe und Wert gewisse Bezüge walten: es wird eben ein »Aufblick« geschaffen durch die Höhe und man empfindet das Höhere als »überlegen«, man kommt sich selber ein wenig kleiner dagegen vor. Das Dargestellte, etwa ein Porträt, scheint auf allerlei herabzusehen, das Herabblicken entspannt, ist bequem, lässig, eben vornehm; ein Porträt nun, das sich selber so geriert, niedrig hängen heißt: es umbringen [2]). Weiter oben aber bekommt es das Air, daß der dargestellte Kopf etwa mehr zu übersehen vermöge und weiter hin sichtbar sei. Das ist eine »Hervorhebung« für die Aufmerksamkeit, also eine Auszeichnung.

---

[1]) Ja, es darf gesagt werden, daß reproduzierte Anstrengungsempfindungen des Körpers mitspielen, die namentlich bei Gebirgsbildern wichtig werden.

[2]) Man hat in den oberen Aufsätzen an Altarbildern, Triptychen und dergleichen oft sinngemäß Gott Vater erscheinen lassen, der dann erhaben herunterblickt.

Alles Erhöhte bringt für den Betrachter eine gewisse Spannung, Anspannung mit sich, und zwar wie schon das Vorige vergegenwärtigt hat, von mannigfacher Art; alles Herabgelassene dagegen wirkt lösend, erholend — als ließe man sich selber nieder oder brauchte sich nicht so straff aufrecht zu halten. Auch dieses somatische Element färbt hier die Eindrücke [1]). Die Logik der Schwere ist schon unserem Körper vertraut, sie ist maßgebend für all unser Erleben, nicht bloß grundlegend für unser Wissen; kein Wunder, daß wir darin sehr feinfühlig sind.

Auch durch die Logik der Schwere bekommt alles Erhobene etwas Sublimes, manche Bilder wirken, höher oben, freier in jedem Sinne, manche gewinnen da noch mehr etwas Entkörpertes, Ideelles, vielleicht Unwirkliches — zu visionären Darstellungen paßt diese Lage gut.

Damit ist in Kürze und allgemein das über die Höhe der Aufhängung bemerkt, was zum Verständnis des Folgenden nötig ist. Denn ich möchte gerade unter diesem Gesichtspunkt noch mehr mit Beispielen ins Einzelne gehen, um auch seine praktische Anwendbarkeit noch besser darzutun. Man versteht wohl schon jetzt, weshalb man beim Durchblättern eines illustrierten Museumskatalogs findet — wenn man einmal darauf achten will —, daß recht oft sich Vorstellungen von der Höhe der Anbringung des Bildes einstellen, sei's auch nur so, daß bei recht verschiedenen die Vorstellung eines Wechsels darin rege wird. Das Ganze, was hier über die Höhe gesagt wird, ist ja nicht so verstanden, als ob gar keine Bilder im selben Saal die gleiche Höhe halten dürften, es gibt genug neutrale Bilder; aber es gibt auch Fälle, wo das Moment der Höhe nicht vernachlässigt werden sollte.

Ebenso ist es unmöglich, solche nebenhergehenden Erlebensmomente, wie etwa eine besonders auffällige Höhe oder Tiefe der Anbringung, von dem Kunsteindruck im Erleben zu trennen und sauber abzuziehen. Man mag im Urteil über die Sixtinische Decke den Faktor in Abzug bringen, daß man sie schlecht und mühsam sehen kann, aber die bei längerer Dauer quälende Haltung mit dem Kopf im Genick wird den Ausdruck der Anspannung und der schweren Mühe in den Bildern selber sympathetisch steigern; sie schafft also Dispositionen für gewisse Richtungen im Gehalt der Bilder, aus denen sozusagen eine Auslese zu verstärkter Wirkung kommt. Warum hätte man sonst gerade in Plafondgemälden so oft den Himmel eröffnet — gewiß

[1]) Im Rokoko kam es vor, daß darstellende Wandbemalungen ihre untere Grenze in Kniehöhe des Betrachters hatten, die Stimmung der Bilder wurde dadurch nur zutraulicher und gemütlicher; auch dem Biedermeierstil entspricht es demgemäß, Bilder nicht hoch aufzuhängen.

ist das gefährlich, und leicht werden dabei auch die Grenzen der Kunst durchbrochen (wie scheinbar die Architektur), aber: wie da oft illegitim die Hilfe der äußeren Faktoren gesucht wird, so können diese auch in legitimer Art etwas beisteuern.

Darstellungen mit dem alten Thema der Verklärung, die in der Höhe vor sich geht, werden mit Fug etwas hoch hängen: die Szene gipfelt dann recht hoch und das entscheidet dort; oder eine Himmelfahrt, eine Immakulata auf der Mondsichel werden durch Höherhängen, etwa oberhalb von Nachbarbildern, besondere Kraft der Wirkung in ihrer Eigenart und eine besondere Harmonie und Überzeugungsstärke gewinnen. Oder ein Kruzifixus von der Art, wie er erhaben, überweltlich, *sub specie aeternitatis* vor dem weiten Himmel steht, die Erde gleichsam weit unter sich, die nur als schmaler Horizontstreifen am unteren Bildrand sichtbar ist — ich denke an das große Bild des Cerezo, das im spanischen Saal des Berliner Kaiser Friedrich-Museums gebührend hinaufgerückt ist —, da fühlt man erst beim wirklichen, physisch realen Aufblick, wie der Gekreuzigte in unendlicher Einsamkeit vor dem Himmel hängt, dem er jetzt sich schon nahe fühlt, zu seiner Heimat entrückt; der Himmel scheint für ihn ein angemessenerer Hintergrund als diese Erde, die weiter nichts konnte als sein Kreuz tragen und nicht würdig scheint, neben ihm weiter gesehen zu werden.

Umgekehrt wird ein Christus, der zur Taufe herabkommt wie bei Sarto oder Gebhardt, in seiner Bewegung und seinem ganzen Charakter des »Herabsteigens« an Eindrücklichkeit gewinnen, wenn das Bild wirklich hoch hängt (denn daß auch der untere Teil dann mit hinaufrückt, ist ganz unwesentlich). Nun gar Darstellungen, die einen Sturz aus der Höhe vergegenwärtigen, etwa ein jüngstes Gericht, sollten selbst als Fresken hoch sitzen und müssen jedenfalls als Tafelbilder hoch hängen. Die Gewalt des Sturzes wird abgeschwächt, und das Ganze wird harmlos, wenn alles (sozusagen) zu ebener Erde vor sich geht. Feuerbach wurde von einem richtigen Gefühl geleitet, als er seinen Titanensturz sogar an die Decke malte (nur daß die Sache dort denn doch bedrücklich wird). Andere Tendenzen des Hinab, die z. B. in der Haltung der menschlichen Figur liegen können, werden anderseits auch beim Aufhängen ein »Hinab« befürworten. Man kann es z. B. widersinnig finden, ein Bild, das eine Liegefigur darstellt, höher anzubringen als ein solches mit aufgerichtet stehenden Gestalten; man wird zwar nicht letztere pedantisch rechnend höher hängen als sitzende Figuren und diese wieder höher als eine Liegefigur, allein man braucht doch wirklich letztere nicht über jene ersten zu erhöhen. Das Niedergelassene, Gelöste, auch schwer Lastende der

Liegestellung käme dann weniger zu seiner Geltung[1]). Dagegen mutet alles Erhöhte leicht auch etwas aufgereckt an, mit den entsprechenden psychischen Begleiterscheinungen solcher Körperhaltung.

Anderseits scheint etwas, das von unten nach oben strebt, angestrengter zu streben, wenn das Bild nicht zu hoch hängt. Eine Sehnsucht, die aus der Tiefe ringt, sei sie in der Haltung einer Figur ausgedrückt, wie in Tizians Hieronymus, der von seiner Inbrunst hinangezogen den Felsen hinaufzuklimmen scheint, sei es, daß nur der Blick, der ja so gut den Raum zu gliedern vermag, mit seiner ideellen Richtungslinie hinaufgeht, wie in religiös-schwärmerischen Köpfen des 17. Jahrhunderts — solche Darstellungen werden gerade in der Richtung, die sie lebendig machen wollen, an Kraft gewinnen, wenn sie relativ niedrig hängen! Dann hat jener Klimmende noch viel vor sich, dann schreit er wirklich aus der Tiefe zum Herrn, dann zieht sich der verzückt Aufblickende gleichsam an der Richtung seines Augenstrahls empor.

Spezifisch ragende Gebilde sind in der Natur z. B. Bäume. Baumwipfel führen so sehr die Vorstellung der Höhe mit sich, daß, wenn man solche Bilder einmal ganz niedrig hängt, der Betrachter selbst sich dadurch hoch gehoben vorkommt. Im Leipziger Grassimuseum sind Wandmalereien aus dem Rokoko bewahrt, die durch scheinbare Fensterdurchblicke nur die Kronen von Bäumen ins Zimmer hereinblicken lassen: sofort empfindet der Beschauer sich ein Stockwerk höher als in der Betrachtung der anderen Bilder! Und je ragender die Bäume erscheinen wollen, um so weniger wird man sie niedrig hängen dürfen; man nimmt einem der tragisch gebrochenen alten Baumriesen Ruisdaels viel von seiner »überragenden« Bedeutung, wenn man ihm nicht auch äußerlich eine Höhe anweist, wo der Betrachter noch mehr überzeugt wird, daß der Sturm in diese Krone greifen konnte.

Auch sonst aber kann die Vertikalrichtung vom Künstler mannigfach betont sein, z. B. in so schlanken wie den präraffaelitischen Figuren; häufig, wenn sich im Bild mehr die strebende und steigende Vertikallinie findet als die horizontale, die Linie des Erdbodens, haben wir eine Tendenz zur Höhe. Diese braucht sich aber nicht nur in der Linienkomposition zu zeigen, sondern kann auch durch andere künstlerische Mittel, wie Lichtführung, bewirkt sein. Das Licht mag oben kulminieren oder den Blickpunkt des Interesses unten hin verlegen, denn zum stärksten Licht wird der Blick besonders gezogen.

[1]) Noch mehr wird darauf bei plastischen Denkmälern für die Bemessung der Sockelhöhe zu achten sein, ebenso an einem großen Piedestal, woran Figuren in verschiedenen Stellungen übereinander angebracht sind.

Und ebenso zur stärksten Farbe; auch diese kann oben ausgespielt werden oder unten am Boden haften. Je nach dem wird man verschieden hoch hängen dürfen! Endlich kann auch durch den Grad der Klarheit das Interesse an einzelnen bevorzugten Blickpunkten gesammelt werden; auch dadurch kann eine Höhen- oder Tiefenwirkung angestrebt sein. All diese Mittel sind namentlich der Gebirgsmalerei wohlbekannt. Daneben werden Flachlandschaften aus der Niederung, aus dem Tiefland, die vielleicht die Horizontale so sehr betonen wie viele holländische Bilder aus dem 17. Jahrhundert, niedriger hängen müssen. Ähnlich steht es gewöhnlich mit Meeresbildern[1]).

Die Horizontale ist zugleich die Linie der Schwere, des lastenden Liegens. Auch der Gesichtspunkt der Schwere bedarf noch der Beispiele für seine Wichtigkeit. Wie man in der Übereinanderstellung der drei Säulenordnungen diese Logik der Schwere walten ließ, so auch in der Wandbehandlung, indem man Rustika meist nur in den unteren Geschossen und je höher hinauf, desto glattere, »leichtere« Wände nahm, auch deshalb, weil ein Raum, der hoch oben etwas Schweres aufweist, für den darin Weilenden bedrückend, beklemmend wirken kann. Wir sind darin einig, daß Deckenbilder eigentlich nicht von so wuchtigen Gestalten »bevölkert« sein sollten, wie man es von der Sixtinischen Decke wirklich sagen kann. Auch seiner Leichtigkeit halber hat man da oben so oft den Himmel erscheinen lassen oder Girlanden, die vielleicht das allerbeste dort sind.

Bei freien Bildern wird man indessen zunächst nicht die Darstellung, sondern etwas Äußerliches, die Größe der Bilder beachten müssen, um ihnen die angemessene Höhe zuzuweisen. Man läßt wohl nicht gern, wenn man darauf aufmerksam geworden ist, ein sehr viel größeres, also gewichtigeres Bild, höher hängen als ein leichtes, oder doch nicht dicht in der Nähe. Wenigstens wird man unter den anderen in Betracht kommenden Faktoren auch auf diesen Rücksicht nehmen.

Die anderen Faktoren liegen in den Gegenständen, wie in der Form. Wenige Beispiele: Die Figuren können lebensgroß sein oder kleiner. (Ich vergesse nicht, daß Wandbilder, wenn sie hochsitzen, große Gestalten brauchen, um klar zu sein.) Oder der Typ der Figuren kann besonders schwer sein, wie bei Rubens oder Stuck. Sie beide sind

[1]) Freilich ein Bild wie die Courbetsche »Welle« (in der Berliner Nationalgalerie), wo die Höhe der Woge und ihr bedrohlicher Überfall gegeben werden soll, wo sie sich brüllend wie ein Raubtier auf den Betrachter zu stürzen scheint, daß er unwillkürlich einen Schritt zurücktritt, als könnte sie auf ihn niederschlagen: das würde, sehr niedrig gehängt, fast zur Harmlosigkeit verdammt. Mit jedem Zentimeter schier, um den sie höher gehängt wird, wird sie an erschreckender Kraft gewinnen und heranzudonnern scheinen.

überhaupt vorzügliche Beispiele. Man wird selbst ihre Landschaften nicht hoch an der Wand suchen, wenn man sie etwa nahe neben so leichten, duftigen Bildern, wie L. v. Hofmanns, abgebildet sieht. Die Landschaften jener beiden Künstler sind Muster, wie die Bildfläche bis hoch hinauf angefüllt und beladen sein kann, der Horizont hochliegt, und wie das Bild schwer dadurch wirkt; Rubens bepackt die Tafel immer ziemlich weit hinauf mit Hügeln, schweren Bäumen usw., der Himmel spielt ja bei ihm eine geringere Rolle als alles, was irdisch ist; und Stuck liebt ebenso das Geballte, Volle und Strotzende, in Typen, Komposition und nicht zuletzt in der Farbe.

Der Farbe gebührt in diesem Zusammenhang ein besonderes Wort. Ihre Abstufungen nach der Höhe hat man auch in der Baukunst bei den Wandtönungen beachtet, z. B. in den pompejanischen Wanddekorationen, deren Farben sich nach oben hin immer mehr auflichteten und leichter wurden, während im Sockelgeschoß die schwersten Töne lasteten; ähnlich ist's in der Alhambra. So kann die Schwere eines Bildes im Farbencharakter liegen (und seine Schwermut dazu; auch diese paßt mit ihrem »deprimierenden« Wesen zu gewissen Tiefenlagen). Die Farbe kann erdig, trübe, dumpf oder auch nur stark und voll sein, anderseits zart und leicht. Daß man für dergleichen empfindlich ist, zeigen wieder Deckenbilder, für die Fechner leichte und lichte Farben empfahl; dort können schon Girlandenornamente in der Farbe zu schwer geraten. Auch ist der Stil für einen Sockelfries ganz anders als für einen Wandfries nahe der Decke. Bei frei beweglichen Bildern mag es genügen, daß man nicht allzu dicht zusammen z. B. zwei Bilder bringt, deren dunkleres höher hängt als das hellere.

Denn auch der Lichtton ist beachtenswert. Dunkelheiten scheinen leicht mit Schatten verwandt zu sein und so schwere Körperlichkeit anzudeuten; und das Licht kommt von oben und ist da oben von Körpern weniger »gehemmt auf seinem Gange«, Schatten aber werfen die Gegenstände, die an der Erde sind. So wirkt auch ein Bild mit starken Schatten unzweifelhaft schwer.

Zu beachten bleibt schließlich die verschiedene Wucht des Rahmens und endlich gleich dem schon genannten quantitativen Format der Bilder ihr qualitatives Format. Hier wird der Unterschied des Breit- oder Liegeformats vom Hoch- oder Stehformat wichtig werden. So große und ausgesprochene Breitformate, wie die der bekannten Dresdener Bilder Veroneses, hängen mit Recht ziemlich niedrig. Weiter wird man sagen dürfen, daß das Rundformat gegenüber dem starren, geraden und eckigen etwas Leichtes an sich hat.

Diese Fragen der Höhe, speziell auch der Schwere und der Formate, der Unterschied z. B. von Steh- und Liegeformaten und sodann dieser beiden zusammen gegenüber den runden (die sozusagen Hängeformate kat exochen sind) führen zu einem weiteren wichtigen Punkt, nämlich auf die Frage: ob überhaupt Aufhängung oder Aufstellung gewählt werden soll und was für Unterschiede dabei in Betracht kommen.

Aufhängen oder Aufstellen. Daß ein rundes Format nicht aufzustehen scheinen soll, da es doch nicht stehen könnte, sondern ins Rollen käme, ist ohne weiteres klar, ebenso, daß Formate mit gerader Basis unter Umständen aufstehen können. In manchen Fällen müssen sie es sogar, z. B. werden sehr große Bilder mehr Ruhe gewinnen, wenn sie auf irgend eine Unterlage gestellt sind, weil sie dann fester und sicherer angebracht sind; ebenso wird auch hier der innere Schwereeindruck eines Bildes wieder mitsprechen. Das Aufstellen wird natürlich nicht gern in der Höhe geschehen, sondern mehr zusammen mit einer gewissen Tiefe der Anbringung auftreten, es handelt sich hier also sozusagen um eine Fortsetzung der im vorigen Abschnitt zuletzt ausgeführten Gedanken.

Es gibt besondere Rahmenformen, die wie zum Aufstehen geschaffen sind. Wie architektonische Formen mit bodenständigen Pfeilern, Pilastern oder Säulen an drehbaren Schranktüren deplaziert sind, so sind sie es auch an Rahmen, die hängen! Ferner gibt es Rahmen, deren untere Leiste besonders breit ist, oder die unten Konsolandeutungen oder eine Predella zeigen; Predella aber heißt Schemel. Man denke gar an so komplizierte Unterbauten, wie sich an Klingers »Christus im Olymp« einer zeigt (aber auch Klingers »Parisurteil« mit dem dreiteiligen Rahmengestell scheint durchaus stehen zu müssen, wie wohl alle Triptychen). Auch ein Rahmen, dessen seitliche Wände sich nach unten zu verbreitern und so dem Ganzen eine pylonenartige Form geben, scheint sich gegen eine Verschiebung vom Platze zu stemmen, und dem Druck einer Unterlage begegnen zu wollen, hat also nur Sinn, wenn der Rahmen wirklich aufsteht.

Stehen kann nun ein Bild auf einer Staffelei, einem Altar, sonst einem besonderen Unterbau, einem Paneel, einem Sockelfries der Wand, auf der unteren Kante einer Mauernische und dergleichen mehr. Es kommt also ziemlich häufig vor. Jede Einlassung eines Bildes in die Wand hat auch hierin Wert.

Jedenfalls wirkt die Aufstellung in den ganzen Bildeindruck sozusagen abfärbend hinein und hebt dort verwandte Qualitäten hervor, z. B. wieder die Schwere. Aber nicht sie allein, auch allerlei Festigkeit und Dauer; die Aufstellung paßt also namentlich zur monumentalen Bildkunst besonders, weil die sichere Beharrung am Platz zu den Ausdrucksqualitäten jener sich glücklich schickt. Die Aufstellung gibt jedem Bilde Schwergewicht, Haltung, Selbständigkeit in allerlei Sinn. Sie ist ein besonderer Aufwand und ihn scheinen besonders große und bedeutende Werke, »*Standard works*«, zu verdienen. Monumentale Wandbilder freilich sind der Wahl enthoben, denn sie hängen weder noch stehen sie, sondern sie »sitzen« auf der Wand selber; man kann aber versichert sein, daß auch das dem Bilde ganz bestimmte Nuancen hinzubringt. Zum Monumentalen paßt ferner das Aktive, das für den Menschen das Stehen gegenüber dem Hängen voraus hat. Alles was steht, braucht nur die Erde, alles dagegen was hängt, braucht noch etwas anderes, woran es hängt.

Unser ganzes architektonisches Denken ist durch den Jahrtausende alten Steinbau durchaus auf Stützen und nicht auf Hängen eingestellt — mit Ausnahme gotischer Gewölbeschlußsteine hängt ja so gut wie nichts in unserer Baukunst —, und wir sind nicht nur daran gewöhnt, sondern das entspricht unserem eigenen organischen Empfinden und ist uns verwandt; während der Eisenbau auch in seiner Verwendung des Hängens ein uns ganz fremdes Element enthält! Das Hängen wird körperlich von uns als unangenehm und würdelos empfunden; so gibt es auch Fälle, wo man bei allerwürdigsten Bildern ein besonders lockeres Hängen nur noch als Baumeln bezeichnen würde. Wir lieben nirgends die Beanspruchung auf Zug, vielmehr den Druck; und wenn wir Menschen selber eine Last auf der Erde vorwärts bewegen wollen, so nehmen wir etwa den Strick über die Achsel und gehen damit vorwärts, d. h. wir drücken und schieben die Last vorwärts und ziehen nicht eigentlich (selbst beim Tauziehen in den Jugendspielen ist täglich zu beobachten, wie bei besonderen Anstrengungen, oder um besondere Wirkung hervorzubringen, diese Haltung eingenommen wird). Auf Zug also beansprucht zu werden, ist uns zuwider, und so stehen wir auch lieber »mit festen, markigen Knochen auf der wohlgegründeten dauernden Erde«, als daß wir uns (oder etwas, das uns wert ist) unsicher flattern lassen, der Herrschaft über uns beraubt. Das Schweben ist uns Menschen nicht vergönnt, es wird für uns leicht zu einer »schwebenden Pein« oder einem mißbehaglichen Schwanken. Im Hängen ist man schlaff, kann keinen »Widerstand« leisten, ist eigentlich bloß Objekt. In der bildenden Kunst, wenigstens in der Plastik, wird das Hängen — selbst von einzelnen Extremitäten — mit einer erstaunlichen Konsequenz und Feinfühligkeit von feinfühlenden Künstlern vermieden; es können sehr interessante Untersuchungen angestellt werden darüber, wie die Antike überall, auch wo sie den Ausdruck hängender und gelöster Glieder geben wollte (wie etwa bei den Beinen des schlafenden Barberinischen Fauns) doch für eine Stütze sorgt[1]).

Dies klargestellt, kann für Bilder weiter bemerkt werden, daß z. B. Darstellungen schwerer Gebäude eine besondere Beziehung zur Aufstellung zeigen, ebenso Bilder, wo besonders viel Erdboden angegeben ist, wie etwa bei Rubensschen Landschaften. Durch das Fußen auf einem festen Boden erhalten ferner religiöse Werke, die schon ihrer Würde wegen so glücklich auf Altären stehen, etwas Realeres, vielleicht auch Ernsteres, als wenn sie hängen. Entsprechend wird das Historienbild gern stehen, und zwar desto mehr, je realistischer es sein will. Daß die Werke der Graphik in den meisten Fällen weder stehen noch hängen, ja nicht einmal gerahmt sind, sondern daß sie beweglich in der Hand gehalten werden können, das paßt ja günstig zu ihrem entkörperlichten, geistigen Charakter. Schmarsow hat auf diese Artung der Graphik sehr fein hingewiesen, wo er von dem Einfluß scheinbar bescheidenster Nebenumstände auf den Stil des Meisters wie auf den Sinn des Genießers spricht[2]); dort wählt er Worte wie Flugblatt, federleicht, leichtfertig, wetterwendisch, ungebundenes Herumtreiben und dergleichen; und er spricht noch allgemeiner in seinen »Grundbegriffen« einmal (S. 147) davon, daß sich je nach dem Grade der Beweglichkeit oder Standfestigkeit die Auffassung auch des Gebrauchsgegenstandes bestimmt. Wir haben hier also mit einem wichtigen Unterschiede zu tun.

Aber nicht bloß Graphik, auch andere Bilder gibt es, die gut und gern hängen dürfen oder gar besonders deutlich hängen wollen, z. B. Bilder, die ein Schweben darstellen. Das Aufhängen eines Bildes an Schnüren, die von dem oberen Wandfriese herunterkommen, empfiehlt sich aus mancherlei Gründen, es vermeidet aber auch schon von weitem den bloßen Schein, als stünde das Bild irgendwo auf. Sind zwei Schnüre da, so wird die, vielleicht sonst auftauchende, unliebsame Vorstellung des Pendelns ausgeschaltet (selbst das macht übrigens noch einen Unterschied, ob die zwei Schnüre von einem Haken aus nach unten schräg auseinandergehen oder von zwei Haken senkrecht

---

[1]) Und wenn wir einen Toten, etwa Jesus, in der Art getragen sehen, daß er in den Armen der Tragenden nach unten hängt, so ist sehr viel Takt nötig, damit uns das nicht als unwürdig auffällt. Die würdigste Trageart für den toten Leib ist auf den Schultern der Männer; so werden Helden getragen; sie liegen, aber sie hängen nicht, und die Tragenden stützen, aber sie schleppen nicht; ein moderner Maler (Seufferheld) hat auch für Jesu Grablegung diese Tragart angewandt. Da aber jene andere Tragweise in der Kunst dennoch oft vorkommt, so kann man Studien anstellen, welcher Art die Lage des Getragenen und die Haltung der Tragenden ist — man braucht z. B. nur Corinth und Raffael zu vergleichen.

[2]) Zur Frage nach dem Malerischen S. 97/98.

herabkommen). Gleich den Schnüren wirken gewisse Rahmenformen des Rokoko, die oben Schleifen markieren — mit ihrer Nachahmung von Bändern in Holz nicht sehr geschmackvoll —, aber sie zeigen einen richtigen Gedanken an. Wie sehr das Hängen zu dem ganzen Charakter des Rokoko paßt, braucht nicht ausgeführt zu werden. Namentlich das Rokoko hatte häufig auch die leichten und weichen Rundformate, die offenbar schon den Schein des Stehens ausschließen müssen; sie scheinen in sich selber zu kreisen und sie erinnern, zumal bei kleineren Formaten, leicht an Medaillons, die ja auch an einer Schnur beweglich getragen werden. Im Rokoko ist auf diese Analogie häufig sogar recht weit eingegangen worden, z. B. wenn Bilder an Girlandengewinden, die plastisch in Stuck auf der Wand erscheinen, zu schaukeln vorgeben; und man zeichnete damals selbst auf Blättern Medaillons, die vielleicht an Rosenketten hingen, leicht und duftig, wie es zum Inhalt paßte. Natürlich färbt der Medailloncharakter eines deutlich hängenden kleinen Rundformats auch nach innen auf das Bild ab. Es kann z. B. dieses Format und diese Anbringung bei Porträts Verstorbener stark den Charakter bloßer Erinnerungszeichen begünstigen, während das Aufstehen eines solchen Bildes auf gleichsam realerem Boden und das entsprechende eckige Format ihnen eine stärkere, bisweilen unheimliche Wirklichkeit zu verleihen vermag.

Alles, was in der Luft schwebt, erscheint eher fabuliert und mit einem geringeren Grade von Realität begabt. Stark phantastische Bilder mögen hängen wie schwankende Visionen, die in der Phantasie vor dem Auge gaukeln. Ähnliches gilt von allen bewegten und leichten Darstellungen. Blumenstilleben werden am ehesten auf das Stehen verzichten und werden im Hängen noch loser und duftiger erscheinen, sie werden übrigens auch am häufigsten Rundformat haben. Himmelfahrten oder fliegende Amoretten des Rokoko, all dergleichen wird durch ein deutliches, festes Haften am Boden in seinem Charakter beeinträchtigt. Ebenso wird ein Bild, das nur wogende Wellen ohne Ufer zeigt, sich zum Stehen nicht eignen, denn die Vorstellung des Erdbodens ist ihm zu fern und sein Stoff scheint zu wenig konsistent. Ein Bild wie Böcklins Insel des Lebens, die auch in ihrer Komposition etwas im Rahmen »Schwimmendes« hat, wo das Stück Land rings von Wasser umgeben ist bis an den Rahmen, das wird unzweifelhaft in seiner Eigenart bestärkt, wenn es nicht aufsteht; dergleichen sucht nicht nach einem Grunde, wo es verankert scheint. Namentlich aber sehr bewegt komponierte Darstellungen mögen den Eindruck der Bewegung steigern, wenn sie deutlich hängen; man denke an die schrägen und schiefen Körperdrehungen bei Tintoretto und Greco, auch schon bei Veronese, die die Leiber besonders gern in der Diagonale des

Bildes sich korkenzieherartig winden und gleichsam um ihre eigene Achse kreisen lassen: das Gewirbel wird erst vollständig, wenn das Bild den Boden unter den Füßen verliert. Alles, was schief ist, scheint auch zu fallen und wirkt dadurch beweglich, momentan und nicht dauernd, steht somit dem Hängen näher als dem Stehen. Man nennt solche Kompositionen malerisch, und man kann vielleicht allgemeiner vom Wesen des Malerischen sagen, daß es besondere Beziehungen zum Hängen, nicht zum Stehen der Bilder hat; man begreift das, sofern man unter malerisch eine weiche Behandlung versteht, in der das Bild leicht und zerfließend, bisweilen nur wie ein Hauch oder eine Seifenblase, erscheint.

Das Verhältnis der Bilder zueinander in Ähnlichkeit und Kontrast. Die vorstehenden Betrachtungen haben sich alle auf das Verhältnis der Bilder zum Raum und zur Wand bezogen, nur gelegentlich wurde gestreift, daß auch die Zusammenordnung der Bilder zueinander, das Neben- oder fernere Beieinanderhängen, seine Wirkung äußert. Da sind nun zwei Möglichkeiten: Kontrast und Ähnlichkeit. Die steigernde Wirkung des Gegensatzes gehört zu dem allgemeineren Tatsachenkreis, daß der Mensch ein unterschiedsempfindliches Wesen ist; überall werden Eindrücke durch ihre Verschiedenheit merklicher. Ebenso aber werden sie es durch Ähnlichkeit, d. h., psychologisch gesprochen, durch Summierung der Reize; das Zusammenhängen nach Schulen z. B. schärft den Blick für gewisse durchgehende Charaktere. Beide Mittel zur Klärung, Ähnlichkeit und Kontrast, kann man im selben Saale mit Nutzen vereinen, indem man etwa zwischen lauter Venezianer einige Florentiner hängt. Alles nun, was die Kunst an Unterschieden und Gegensätzen kennt, spielt auch bei der Aufhängung seine Rolle, und ebenso alles, was es an Kategorien des Verbindenden geben mag, sei das Verbindende oder Trennende thematischer oder technischer oder chronologischer oder persönlicher Art.

Mit den Kontrasten muß man vorsichtig sein, besonders mit der Verschiedenheit der persönlichen Stile. Ein allzuschneller Wechsel starker persönlich-stilistischer Eigenarten kann verstimmen, wir haben dann zu leicht den Eindruck von Manier und Willkür der Künstler, zumal wenn stark stilisierende Werke neben mehr naturalistischen hängen. Auch wird man Sachen eines bloßen Augenmalers, wie etwa Putz es ist, nicht neben Thomasche Bilder bringen; abgesehen davon, daß jener dann leicht gedrückt wird, ist der Sprung von einer Seelenprovinz des Aufnehmenden in die andere vielleicht zu jäh. Könnte man ein Tizianisches Porträt dicht neben einen Teniers hängen? Das

Recht des Kontrastes hat also seine Grenzen, jenseits ihrer wirkt er nicht mehr zur gegenseitigen Verstärkung der Eindrücke, sondern zur Zerstörung des einen durch den anderen oder zu grotesken Spannungen; ein Museum aber ist kein Ort der Hängewitze, wenigstens nicht, wenn es sich um Tizian handelt. Niemand wird die noch schlimmere Geschmacklosigkeit begehen, ein holländisches Stilleben, darin die enorme Eßlust und Eßfähigkeit dieses Volkes mitgemalt ist, neben eine Grablegung zu bringen. Überall wird man in der gut bemessenen Entfernung der Bilder voneinander einen feinen Regulator gegen Unzuträglichkeiten finden und sich zunutze machen.

Wie sehr eng und stark aber bisweilen die Beziehungen benachbarter, irgendwie ähnlicher Bilder sein können, zeigt sich, wenn z. B. ein großer, bester Segantini weniger tiefgreifende Bilder desselben Malers in seiner Nähe hat, die jenem Eindruck zum Ausklingen verhelfen; man kann dankbar sein, daß das Bild nicht allein ist (aber auch, daß kein fremdes in der Nähe hängt); nicht immer ist es am besten um ein Bild bestellt, wenn es allein hängt! Wie spannungsvoll ein Bild auf ein anderes angewiesen sein kann, zeigen ferner Fälle, wo das eine nach starken Eindrücken eines anderen, ganz andersartigen dem Beschauer zum Gleichgewicht verhilft oder zur Versöhnung nach irgendeiner Disharmonie. Heinrich Heine schrieb einmal, in den Kunstberichten aus Paris 1831, über Delaroches »Cromwell an der Leiche Karls I.« und fügte hinzu: »Daneben hing Roberts ebenso bedeutendes Meisterwerk (Die Schnitter), gleichsam tröstend und versöhnend. Wahrlich wohltuend und heilend war, daß Roberts Gemälde dem Gemälde des Delaroche zur Seite gestellt wurde. Wohl tut es not, daß die liebe, unverwüstliche melodische Geschichte der Menschheit unsere Seele tröstet in dem mißtönenden Lärm der Weltgeschichte. Wenn wir auf dem einen Gemälde jene Geschichte sehen, die sich so närrisch herumrollt in Blut und Kot und die wir Weltgeschichte nennen, so sehen wir auf dem anderen Gemälde jene noch größere Geschichte, die dennoch genug Raum hat auf einem mit Büffeln bespannten Wagen; eine Geschichte ohne Anfang und ohne Ende, die sich ewig wiederholt und so einfach ist, wie das Meer, wie der Himmel, wie die Jahreszeiten.« Nun, so kann man auch Hauptmomente aus der Natur allein zusammenstellen, Berge, Wald, Wasser, endlich Architekturbilder oder Darstellungen von Innenräumen, die alle durch solche sinnvoll kontrastierende und komplettierende Zusammenstellung eine repräsentative Bedeutung gewinnen können!

Dieselbe Harmonisierung und Kontrastierung kann gesucht werden für Bilder, die vor allem auf Farbe ausgehen und darin verwandt sind oder auch differieren. Man achtet bislang, so scheint mir, im Museum auf die Farbe der Bilder am meisten in ihrem Verhältnis zum Hintergrund, der Tönung oder Bespannung der Wand; aber auch dem farbigen Verhältnis der Bilder selber darf man Aufmerksamkeit widmen. Man hat es auch schon getan, indem man z. B. lauter ältere deutsche Porträts, die einen grünen Hintergrund zeigen, in ein Kabinett hineingab; so entsteht im ganzen eine Harmonie des Raumes und man wird beim einzelnen Bild empfänglicher für die individuelle Lösung mit ihren Feinheiten. Bei der Farbe kommen von allgemeineren Bestimmungen in Betracht namentlich die Grade von Wärme und Kälte in der farbigen Gesamthaltung eines Bildes, ferner die verschiedenen Grade der Sättigung, Helligkeit, Klarheit. Hier können nun wieder Unvereinbarkeiten zwischen den Nachbarn eintreten. Nicht auf jedem Gebiet kann ein Kontrast mit seiner Stärke zu kraß oder ein Intervall mißtönend werden, die Farbe aber ist ein Gebiet, wo zwar gewisse Kontraststärken zur gegenseitigen Hebung der Qualitäten beitragen, andere dagegen ein feindliches Verhältnis ergeben. Daß auch die Verschiedenheiten der Behandlung, etwa einer summarischen oder detaillierenden Handschrift, bei der Aufhängung Berücksichtigung verdienen, wird nach dem Vorigen keiner weiteren Ausführung bedürfen.

Kompositionelle Momente sind ebenfalls geeignet, zwei Bilder zu kontrastieren oder anzuähneln; und Übereinstimmung wie Verschiedenheit können auch darin benutzt werden, um die Eigenart der Bilder mehr herauszuholen. Da sind vielleicht zwei Gemälde, die in einer gewissen Tiefenzone nach hinten geschlossen sind oder es hängt im Gegenteil eine derart geschlossene Landschaft neben einer weit nach hinten völlig offenen; oder es mögen sich zwei Bilder finden, wo die Hauptszene, z. B. figürlicher Art, gleicherweise hinten oder vorn liegt; und wiederum zwei andere, deren eines sozusagen die Bühne dicht vorn zeigt, deren anderes mit ihr in den Hintergrund zurückweicht, wo dann der Beschauer die Vordergrundsszene sich näher auf den Leib rücken fühlt, sie vordringlicher, eindringlicher spürt, während die andere daneben sich diskret, vielleicht bescheiden zurückhaltend ausnimmt und dem Betrachter die Empfindung des freieren Atmens und Sichregens gestattet. Ein ähnlicher Gegensatz wird sich ergeben, wenn die eine Szene aus der Tiefe herausführt, die andere in sie hineinzieht, zwei entgegengesetzte Bewegungen also, die beide ganz besonders die Tiefendimension ausnutzen, deren eine aber auf uns losgeht, manchmal schier beängstigend, deren andere von uns hinwegführt und uns mit sich nimmt, — so etwas gehört ja zu den schlagendsten und reinsten Eindrücken, deren das ästhetische Leben überhaupt fähig ist! Zwei Bilder mit derartigen Kontrasten nebeneinander werden das Raumgefühl ganz außerordentlich anregen und erfrischen. Wo diese allerwichtigsten Raumbestimmtheiten durch die Aufhängung kräftiger zum Bewußtsein kommen, wird man ihr dankbar sein können. Elementare räumliche Kontraste können sich natürlich auch in den anderen Dimensionen entfalten, z. B. in der Höhe, indem das eine Bild nach oben, das andere daneben nach unten strebt; man braucht solche Werke nicht dicht zusammenzuhängen, aber wenn in einem nicht zu großen Kabinett darauf geachtet ist, daß Wechsel und Gegensatz in dieser räumlichen Hinsicht in dem Gemach anzutreffen sind, so wird das Zimmer eben speziell das Raumgefühl rege machen. Man wird sich entscheiden müssen, bei welchen Bildern es in erster Linie darauf ankommt, dann kann man in der Aufhängung viel für sie tun.

Ein starker und einfacher Wechsel der elementarsten Raumrichtungen kann nun auch in den Formaten liegen. Man findet sie in Ausstellungen ziemlich häufig zur Gruppierung, namentlich zur symmetrischen Anordnung, verwandt, indem etwa ein quadratisches größeres Bild in die Mitte und rechts und links davon Breitformate genommen sind und vielleicht wiederum rechts und links davon an den Rändern der Wand Hochformate: ein solcherart planvolles Vorgehen nimmt die Wand in sich ruhig zusammen und ergibt zugleich einen angenehmen Wechsel. Aber auch das eigene Leben der Formate wird so verstärkt. Man vergegenwärtige sich, welche Wirkungen die Wandgliederung der Renaissance erreicht, die doch ein unvergleichlich feines Verständnis für das Leben von Flächen zeigt: auch da wechseln Quadrate oder Rechtecke mit Kreisen; und ähnlich gliedern heute Franz Stuck oder Peter Behrens ihre Wandfelder. In solchem Wechsel der einfachsten Grundformen sind erstaunliche Wirkungen verborgen! Da nun aber bei gut komponierten und empfundenen Bildern das Format auch dem Bilde gegenüber nie zufällig ist, so wird die Eigenart der Bilder gleichfalls durch solche Anordnung mehr ins Bewußtsein gehoben; besonders wird eine räumliche Dominante des Bildes selber, etwa bei einem Breitformat die Horizontale, durch das Format unterstrichen oder beim Hochformat die Vertikale sozusagen seitlich »angestrichen«. Man wird natürlich vor allem bei solchen Werken, die ihr Format lebendig empfinden lassen, bei der Aufhängung auf die Formate achten. Dann streckt sich das eine Bild im Breitformat und reckt sich das andere im Hochformat, dasjenige im runden Rahmen schwingt in sich zurück oder strahlt von seinem Zentrum ruhig und gleichmäßig aus, wenn es, wie bei Kreisformaten besonders häufig, in Zentralkomposition geordnet ist. Alles herauszuholen, was ein Bild enthält, das ist nicht nur die Aufgabe des Betrachters, sondern kann in einigem Grade auch durch die Anbringung erleichtert werden.

Ebensowenig aber wie das qualitative Format für ein Bild unwesentlich ist und zufällig sein soll, ist es das quantitative Format, die Bildgröße. Darüber könnte man sich seit Fechners Vorschule der Ästhetik klar sein, und dieser Gesichtspunkt wird in Zukunft noch mehr Aufschlüsse liefern; von den modernen Ästhetikern hat namentlich Dessoir dieses quantitative Moment beachtet. Der Takt wird nun auch den Grad des Größenunterschiedes ermessen, der zwischen nahe zusammenhängenden Bildern bestehen darf. Es kann z. B. unerwünscht sein, wenn ein kleines Bild erdrückt wird durch die Nähe eines viel größeren, das dann vielleicht seinerseits sich breit zu machen oder aufzublähen scheint. In anderen Fällen kann man es begrüßen, wenn ein Bild, dessen Format für seinen Gehalt und seine künstlerische Form etwas zu groß genommen ist, durch die Anordnung weniger groß erscheint. Mancher Inhalt eines Bildes wird gefälscht durch den Eindruck einer großen Bildtafel, die dann breitspurig oder von einer hohlen »großen Geste« erscheint. Wieder ein anderes Bild, das durch irgendwelche äußeren Umstände nicht die wirkliche Größe erhalten konnte, die es eigentlich haben dürfte und zu voller Wirkung brauchte, mag immerhin an Eindruck gewinnen, wenn man kleine Bilder daneben hängt, die das Format des ersteren größer erscheinen lassen. Durch geschickte Zusammenstellung kann die Größe eines Formats sozusagen physisch fühlbar werden als ein Sichdehnen und Ausgreifen des Bildes, und diese Körperempfindungen des Betrachters stimmen in manchen Fällen günstig zu allerlei Formen und Stimmungen im Werke selbst und verstärken dessen Eigenart. Auch wird man darauf achten müssen, daß die innere Würdigkeit der Bilder nicht etwa umgekehrt proportional ist dem Raume, den sie beanspruchen und den sie zu verdienen vorgeben; d. h. daß auch ihr künstlerischer Wert, nicht bloß die dargestellten Gegenstände, Themen, ihrer Größe entsprechen. Ist das nicht der Fall, dann wird man wenigstens vermeiden, ein gehaltvolles kleines Bild neben ein weniger gehaltvolles größeres zu hängen. Endlich wird darauf zu achten sein, daß nicht das kleinere Bild einen viel weiteren Naturausschnitt umfaßt als das größere. Auch dieses Verhältnis würde, wenn beide Bilder näher zusammenhingen, doch etwas gröblich bewußt werden und unangemessen erscheinen können.

Es dürfte nicht minder störend auffallen, wenn ein Bild, das eine Nahansicht gibt, doch seiner Größe wegen zurückzutreten zwingt, damit man es noch überschauen könne, während vielleicht gar ein anderes daneben, das eine ausgesprochene Fernsicht gibt, seiner Kleinheit wegen den Beschauer zwingt, dicht heranzutreten. Es wird wohl allgemein zugestanden, daß Bildgröße und innere Behandlung ungefähr die gleiche Entfernung dem Beschauer anweisen sollen: die Bildgröße weist eine gewisse Entfernung an, da der Beschauer strebt, daß er das Bild völlig ins Auge fassen könne, daß es aber anderseits auch nicht nur ein kleines Segment seines Blickkreises ausmache; und die Behandlung, das ist ja ebenfalls bekannt, wird dazu passen, wenn sie dieselbe Entfernung anweist. Beides mag oft nicht so ganz zusammenstimmen, ohne daß man deshalb pedantisch nachzurechnen anfinge. Allein es ist etwas anderes, wenn ein ungeschicktes Zusammenhängen den Betrachter darauf stößt, daß er, um ein größeres Bild deutlich zu sehen, näher herantreten muß als bei einem kleinen dicht daneben hängenden, das vielleicht auch durch die Behandlung noch weiter zurückzutreten nötigt. Bei manchen Bildern kann das Gefühl der Distanz — vielleicht willkommen — durch den Gegensatz zu daneben hängenden Bildern lebhafter empfunden werden, bei anderen ebenso gern die intime Nähe.

Die Bewegungen des Beschauers aber, dieses Vor und Zurück sind überhaupt ein sehr wichtiger Faktor bei allem Bilderbetrachten! Nicht nur, daß wir kleinste unmerkliche Bewegungen vor jedem Bilde ausführen unter dem Eindruck des Gesehenen, sondern das Vor- und Zurücktreten des Betrachters wird auch auf die Wirkung des Gesehenen Einfluß nehmen. Böcklin hat diese Bewegungen des Malers sehr wohl bemerkt und nannte das Malen eine gesunde Bewegung, wegen des Hin- und Herwendens des ganzen Körpers bei der Arbeit an einem Bilde, zumal an einem größeren. Und wie es für den Maler ein wichtiger Unterschied ist, in welchem Maße er vor einem Bilde (nach dessen Größe) seitlich hin und her und vor und zurück sich bewegen muß, um es zu übersehen und es mit den Armen gleichsam zusammenzuhalten, indem er bald hier bald dort einen Strich tut, der das Ganze zusammenfassen hilft, — so wird der Beschauer vor einem größeren Bilde mehr zu Bewegungen genötigt und wird auch je nach der Beschaffenheit des Bildes die Neigung verspüren, sich lebhafter zu regen oder sich still zu verhalten. Das Hinzutreten und Zurücktreten nun kann eine gewisse Belebung des ganzen Eindrucks ergeben; z. B. bei Bildern mit breiten Farbenschwaden, wo man, wie bei Rubens, sich in einen Rausch der Freude ob der Farbenströme auch hineinlaufen kann. Die verschiedenen Grade der Bewegung des Beschauers passen ferner zu verschiedenen Graden dargestellter Bewegungen, zu verschiedenen Malweisen, die schwungvoll, ausholend und ausladend sein können, und ebenso zu bestimmten Themen, die vielleicht stürmisch oder begeisternd sind; weiter zu den verschiedenen Arten der Beleuchtung, die etwa sprunghaft und mit starken Helligkeitsintervallen hin und her und auf und ab flackern, wogen und zucken kann, wie bei den Spaniern und Italienern des 17. Jahrhunderts. All diese Momente werden lebhafter empfunden bei Eigenbewegungen des Betrachters, die eben ihnen entsprechende Eindrücke aus dem Bilde ins Bewußtsein heben helfen und ihre Wirkung unterstützen, indem sie dafür disponieren. Ebenso aber wird man durch solche Bewegungen den Eindruck eines andersartigen Bildes fälschen können, z. B. vergröbern; wie wenn man eine Melodie ihrem Charakter entgegen *agitato* spielen wollte.

Wie man nun das Größenformat der Bilder auch mit Hilfe dieser Gesichtspunkte bemessen kann, so kann man auch im Aufhängen, im Wechsel der Formatgröße, diese Momente berücksichtigen; sonst wird man z. B. den Eindruck einer sehr gehaltenen und gemessenen Bewegung, die in dem Bild dargestellt ist, durch eine Aufhängung stören, die dem Beschauer ein lebhaftes Auf und Ab zumutet; alles Feierliche ist gemessen und manchmal regungslos und der Betrachter feierlicher Dinge wird sich ebenfalls gern still verhalten. Er wird daher dankbar sein, wenn er in der Nähe solcher Bilder nur andere von ungefähr gleicher Größe antrifft, die ihm eine gleichmäßige Entfernung anweisen, und wird durch diese Art der Zusammenstellung auch besonders feine, stille Bilder in ihrem Eindruck gefördert finden. Daß eine solche Anordnung ruhig wirkt, liegt auf der Hand, man erklärt es freilich zumeist nur durch den gleichmäßigen Augeneindruck; aber vielleicht noch stärker sind diese motorischen Elemente, das Vor- und Zurücktreten — oder ihr Fehlen, die deshalb, weil sie nicht immer in ihrer Bedeutsamkeit bewußt werden, keineswegs schwach, sondern im Gegenteil mit der elementaren Tatsächlichkeit unseres eigenen physischen Daseins sich geltend machen.

III.

Rahmen, Formenschönheit und Bildinneres.

Von

Hugo Marcus.

In einer Reihe von Veröffentlichungen hat Erich Everth den Rahmen auf seine allgemeinen ästhetischen Beziehungen hin geprüft[1]). Everths an Aufschlüssen reiche, feinfühlige Untersuchungen, die den gegenwärtigen Stand unseres Denkens über den Rahmen verkörpern, lassen den formalen Gesichtspunkt der reinen Schönheitswirkung des Rahmens außer Betracht. Die in diesem Aufsatz enthaltenen Erwägungen haben es sich dagegen zur Aufgabe gestellt, den Rahmen einmal gerade als Schönheitsfaktor zu beleuchten. Sie wollen Everth also in diesem Punkte ergänzen, um sich ihrerseits von seinen Darlegungen zum vollen Bilde der ästhetischen Bedeutung des Rahmens ergänzen zu lassen. Dabei wird es unter dem veränderten Gesichtspunkte an Berührungen mit Everth nicht fehlen.

Zwei Arten von Schönheit legen wir unserer Betrachtung des Rahmens zu Grunde: die Stilschönheit und die Typenschönheit. Macht sich eine Erscheinung durch eine Vielheit einheitlich aufeinander abgestimmter Momente eindrücklich, so nennen wir das stilvoll. Eine Erscheinung kann aber auch dadurch besonders zu uns sprechen, daß ein einzelnes, sie voll bezeichnendes Moment isoliert wird und sich nun ungestört nach allen Richtungen hin entfalten kann, ohne von anderen Momenten überschnitten, verdeckt oder in unserem Interesse beeinträchtigt zu werden. Im Unterschied zum Stilvollen, das geeinte Mannigfaltigkeit ist, nennen wir die in allen ihren Teilen ungestört und voll entwickelte Einzelerscheinung, die eine vielfältige Einheit darstellt, typisch. Böcklin liebte es, was er sagen wollte, durch einen großen Reichtum von Einzelzügen suggestiv zu machen, die

---

[1]) Erich Everth, Der Bildrahmen als ästhetischer Ausdruck von Schutzfunktionen. Dissertation, Halle 1909. — Der Sockel als ästhetischer Ausdruck von Schutzfunktionen. Zeitschr. f. Ästhetik Bd. V, Heft 1. — Rahmende Motive in Gartenkunst und Städtebau, ebenda Bd. V, Heft 3. — Plastik und Rahmung, ebenda Bd. VI, Heft 4.

auf immer andere Weise dasselbe enthielten; er verwandte das Stilprinzip. Lenbach folgte den klassischen Meistern und isolierte die Einzelerscheinung auf indifferentem Grund, den Einzelkopf, ja die bloßen Augen, wenn sie das Wesentliche waren, um sie desto voller und ungestörter sprechen zu lassen. Er ging auf das Typische. Tatsächlich gewinnt ja auch jeder, selbst der gleichgültigste Mensch aus der Menge, etwas Typisches, Charakteristisches, Repräsentatives, Artbezeichnendes, Bild- und Monumenthaftes mit dem Augenblick, wo man ihn als Einzelerscheinung isoliert betrachtet.

Auf dem Gebiet der reinen Form gibt sich das Stilvolle im Ornament. Das Ornament besteht darin, daß über einen Raum hinweg viele Glieder immer wieder dasselbe Charakteristikum, also die gleiche Form oder Farbe oder beides aussprechen. Man denke an ein Tapetenmuster. Das Typische stellt sich dagegen formal in der regelmäßigen geometrischen Einzelfigur dar, in der sich ein beherrschendes Gesetz ungestört auswirkt, während die unregelmäßige Figur als durch irgendwelche Einflüsse von der vollen Auswirkung ihres Gesetzes abgehalten erscheint[1]). Das Ornament wie die regelmäßige geometrische Einzelfigur sind anerkannt formenschöne Verhältnisse. An das Ornament und an die regelmäßige Einzelfigur müssen wir anknüpfen, wenn wir den Schönheitscharakter des Rahmens begreifen wollen.

1.

Ornament nennen wir eine Vielheit einander gleicher Glieder, die sich über einen Raum hinschüttet, insofern wir an die Gleichglieder selbst denken. Diese Glieder sondern aber auch Zwischenräume zwischen sich aus, die schon durch ihren gemeinsamen Zwischenraumcharakter und sodann als Prägungen desselben Ursprungs ebenfalls mancherlei Übereinstimmungen haben. Mit Bezug auf die gleichartigen Zwischenräume, die durch die Gleichglieder entstehen, drücken wir

[1]) Auch Everth legt den größten Wert auf die »Ungestörtheit« des Kunstwerks; — sie ist ihm Selbstzweck, und dem Rahmen teilt er die Aufgabe zu, schützend für die Ungestörtheit des Bildes zu sorgen. Wir hier sehen die Ungestörtheit dagegen als Bedingung der Schönheit an, der Typenschönheit nämlich. Ungestörtheit, die doppelte Negation, wird uns zum Ausdruck für das Allerpositivste, die Schönheit selbst, während das Häßliche Mangel an Ungestörtheit, dreifache Negation ist. Eine Analogie zur Wahrheit und zu anderen obersten Begriffen, die sich anläßlich dieses Sachverhaltes entwickeln ließe, würde hier zu weit führen. Dagegen ist es wichtig, noch dies zu betonen: Wir haben die Ungestörtheit selbst zum Schönheitswert erhoben und in der Isolierung des ästhetischen Objektes den Weg zur Ungestörtheit gefunden. Das aber heißt, der Isolierung, die man bisher nur als dem ästhetischen Zustand des Subjekts förderlich ansah, auch die Förderung der Formenschönheit des ästhetischen Objekts anvertrauen.

uns deshalb so aus: die Gleichglieder des Ornamentes rhythmisieren, gliedern ihr Feld zu gleichartigen Zwischenräumen. Demnach ist jedes Ornament auch eine Gliederungsordnung für seine Zwischenräume; jede Gliederungsordnung aber ist zugleich ein Ornament. Denn jedes Gliederungssystem stellt eine Vielheit irgendwie gleicher Glieder dar. Ornament und Gliederung sind dasselbe, nur von verschiedenen Seiten angesehen. Das Ornament ergibt sich von den Gleichgliedern als solchen her, während die Gliederung die Rhythmisierung der Zwischenräume durch die Gleichglieder ins Auge faßt.

Es kommt aber noch eine dritte Übereinstimmung hinzu. Indem die Gleichglieder des Ornamentes, indem die Akzente einer Gliederung Zwischenräume zwischen sich aussondern, vollziehen sie nämlich diejenige Funktion, die wir dem Rahmen zuschreiben. Denn Ausschneiden, Abteilen, Begrenzen, das ist ja das Wesen des Rahmens. Die Wiederkehrsglieder des Ornamentes, die Akzente eines Gliederungssystems umrahmen also ihre Zwischenräume auch, indem sie sie aussondern; und jedes Ornament, jede Gliederung ist dergestalt ein Rahmenzyklus. Umgekehrt dagegen ist ein Rahmenzyklus, etwa der zwei-, drei-, vier-, fünf-geteilte Rahmen auch jedesmal zugleich ein Ornament und ein Gliederungssystem; denn in seiner Erscheinung wiederholen sich stets irgendwelche Gleichglieder und bilden Akzente, die irgendwelche regelmäßige Zwischenräume aussondern.

Mit solchen Folgerungen aber ist nun zweierlei geschehen. Einmal ist der Rahmenzyklus als ornamental erwiesen und, weil ornamental, auch als der Schönheit des Ornamentes teilhaftig; und ferner zeigt sich die Rahmung, die wir uns meist nur am Bildrand befindlich denken, auf einmal mitten in das Bild selbst hineingezogen, wo sie insbesondere mit der Gliederung identisch ist, die als Hauptteil aller Komposition über die ornamentale Schönheit des Bildinneren zu wachen hat. Ornament und Gliederung sind eben für unsere Betrachtung durchaus zu in das Bildinnere gezogenen Rahmensystemen geworden. — Das Verhältnis von Rahmen und Bild aber ist das notwendige Wechselverhältnis von Peripherie und Zentrum. Indem der Rahmen ist, setzt er auch schon ein Umrahmtes, ein Zentrum. Von den Gleichgliedern des Ornaments, von den Akzenten der Gliederung im Bilde können wir darum auch folgern, sie geben dem Bilde Zentren, in dessen innerem sie Zwischenräume ausrahmen. Und nun läßt sich für die Beziehungen zwischen Ornament, Gliederung und Rahmung diese Formel finden: Geht das Ornament von den Gleichgliedern selbst, die Gliederung hingegen von den Zwischenräumen aus, so kennzeichnet die Rahmung das Wechselverhältnis zwischen Gleichgliedern und Zwischenräumen, denen sie den Charakter von Zentren verleiht.

Für alles dies nun einige Beispiele. Wenn auf einem alten Figurenbild Säulen im Hintergrund oder Heiligengestalten im Vordergrund sich abstandsweise über den Raum wiederholen, so haben sie, wie man es gemeinhin bezeichnet, Gliederungsfunktion. Wir können hier aber auch ebensogut sagen, die Säulen hinten, die Heiligen vorn bilden jeweils ein Ornament, denn sie wiederholen alle dieselbe Gleichstellung; und wir können ferner sagen, die Säulen wie die Heiligen schneiden im Bilde Einzelbilder aus, die sie als Zyklus von Rahmen umgeben. Und ähnlich ist es, wenn eine gleichgültige Hügelgegend plötzlich einen so deutlichen Reiz gewinnt, daß wir den Schritt anhalten, weil an einer Stelle des Weges in Abständen zwei, drei, vier Überhalterbäume den langen und langweiligen Höhenzug am Horizont durch ihren Rahmenzyklus in lauter anmutige Einzelbilder zerlegen, die doch ein Ganzes bleiben. Hier haben wir in erster Linie Rahmung, aber zugleich doch auch eine Gliederung des Anblicks in immer wiederkehrende Abstände; und diese Gliederung vollzieht sich mittels mehrerer, einander gleicher Formen, also im Ornament. Ein blauer Himmel, über den sich eine Anzahl weißer Wölkchen streut, ist ein reizendes Ornament; zugleich aber findet sich die Masse der Wölkchen durch die blauen Himmelsadern doch auch gegliedert, und jedes von ihnen wird umrahmt durch ein blaues Himmelsband.

Wir begannen damit, daß die Gleichglieder eines Ornamentes aus ihrer Entwicklungsebene Zwischenräume ausschneiden, die einmal als gemeinsame Zwischenräume und sodann als Prägungen desselben Ursprungs gleichfalls mancherlei Übereinstimmungen unter einander erhalten. Das fertige Ornament stellt sich uns demnach vor Augen als ein System von Gleichgliedern zwischen ein anderes System von Gleichgliedern zwischengereiht. Mit dieser Tatsache aber verknüpft sich nun eine weitere Verflüssigung der Begriffe, um die es uns zu tun ist. Besteht das fertige Ornament nämlich aus zwei Reihen in sich gleicher Glieder, so ist doch füglich nicht mehr länger zu unterscheiden, welche Reihe die andere geprägt hat, sondern jede Reihe kann als Reihe der prägenden Akzente und jede als Reihe der bloßen Zwischenräume gelten. Das Verhältnis der aktiv prägenden und der passiv geprägten Glieder hat sich somit aufgelöst in ein Wechselverhältnis des einander Prägens und Zwischenraum-seins. Stempeln denn nicht tatsächlich, um gleich bei unserem letzten Beispiel wieder anzuknüpfen, im Ornament des Wolkenhimmels die weißen Wolken den blauen Himmelsgrund ganz ebenso zu einer Reihe sich gleichmäßig wiederholender blauer Zwischenräume, wie andererseits die blauen Himmelsdurchblicke die weißen Wolken in eine Reihe weißer Zwischenräume zerlegen? Und wie mit den Gleichgliedern des Ornaments verhält es sich auch mit den Akzenten innerhalb einer Gliederung. Denn rein optisch und ohne Rücksicht auf den Bildinhalt betrachtet, löst sich das Verhältnis der Gliederungsakzente und Zwischenräume ebenfalls auf in ein Wechselverhältnis des einander Gliederns. So können wir zwar gewiß sagen, die nahen Bäume bilden die Akzente, die den fernen Hügel gliedern — zumal sie es ja sind, die schmal und bestimmt im Vordergrund stehen; rein optisch aber hindert doch auch nichts zu behaupten, die weiten Zwischenräume mit den Hügelstücken gliedern den Fortlauf der Bäume, den sie intermittierend rhythmisieren. Und das Wechselspiel erneuert sich zum dritten Male und am deutlichsten im Bereiche der Rahmung. Denn die Säulen, die den Hintergrund unseres Figurenbildes ornamental aufteilen, gliedern und zuletzt rahmen, werden doch auch ornamental aufgeteilt, gegliedert und zuletzt gerahmt durch die Ausblicke ins Lichte und Unbestimmte zwischen ihnen. Und die Heiligen, die als ein Zyklus von Rahmen ornamentierend und gliedernd im Vordergrund halten, können schließlich mit noch weit mehr Recht wie die Säulen beanspruchen, ihrerseits nicht nur als bloße Rahmen zu zählen, sondern vielmehr selber die Zentren abzugeben, die von den unbetonten Abstandsräumen rahmend umflossen werden[1]). Man beachte dabei aber, wie sich plötzlich das Wertverhältnis umkehrt. Im Bereiche der Rahmung ist nämlich mit einmal nicht mehr das aktive Rhythmisieren der Vorzug, sondern das passive Umgebenwerden, weil es Zentrumsein bedeutet. Und ferner ist bemerkenswert, daß dergestalt im bildeinwärts gezogenen Rahmenzyklus auch selbständige Figuren noch bloße Rahmenfunktion haben können und zwar für leere Räume, daß aber umgekehrt auch leere Räume noch als rahmende Umgebung in Betracht kommen.

Die Gleichung Ornament, Gliederung, Rahmung ist geeignet, auf ein zur Zeit aktuelles Problem der Plastik Licht zu werfen. Seit Hildebrand sind wir mehr als früher veranlaßt, von der Plastik eine regelmäßige und einfache geometrische Generalform zu fordern, zu der sich die Silhouette, ja der ganze Block »schließen« muß. Eine in Einzelglieder aufgelöste, eine reich durchlöcherte Bildung, eine an den Rändern sehr aus- und eingebuchtete Silhouette erscheint dagegen heute vielen als geschmacklos. Nun gibt es aber überall in der Kunst außer michelangelesken Ballungen doch auch jenen gelösten Stil, und zwar wurde er zu den verschiedensten Zeiten, ja selbst bei den verschiedensten

[1]) Ein gleiches Wechselspiel, wie es hier an den Formen zutage tritt, zeigt sich auch auf inhaltlichem Gebiete in Gestalt der von Fechner erwähnten Tatsache, daß jede Säulenstellung (also Gliederungsstellung) sowohl Gitter als Torweg, sowohl Schutzwehr als Durchlaß bedeutet.

Völkern bewußt als schön erstrebt. Noch heute biegen beispiels- und bezeichnenderweise die Japaner das Geäst ihrer Gartenschmuckbäume so ineinander, daß sich die Äste mannigfach kreuzen unter Ausschneidung von reichlichen Durchblicken. Und auch die ausländischen Kiefern, die unsere Gartenanlagen wie lebendige Denkmale und Ringergruppen schmücken, wirken um so statuarischer, je vielfältigere Durchblicke zwischen den sich verknotenden Zweigen entstehen. Der Reiz der Ruinen, Grotten und des porösen Tropf- und Feuersteins, den wir ebenso wie die östlichen Völker empfinden, beruht desgleichen auf dem Prinzip der Durchlöcherung hier des Gemäuers, dort des Gesteins. Und was macht schließlich, um auf eine Erfahrung des täglichen Lebens zu kommen, jeden Handwerker bei seiner Arbeit, vor allem aber den säenden, mähenden Landmann und den Fischer bei Handhabung seines Netzes zu einem so eminent plastischen, statuarischen Anblick, — gleichsam zu einer lebendigen Plastik? Körperlich arbeitende Menschen stehen bei ihren Tätigkeiten allemal in aufgelösten und sehr reich durchlöcherten Stellungen. Wir können hier also direkt von einer Durchblicks- und Ausschnittsschönheit reden[1]) im Gegensatz zur geschlossenen Form. Und wie erklärt sich diese Art von Schönheit? Ein Körper, der in sich Löcher, Durchblicke ausschneidet, wird zum Rahmenzyklus, der diese Durchblicke umgibt und von ihnen umgeben wird, wird zu einem Gliederungssystem, das den durchscheinenden Raum gliedert und von ihm gegliedert wird, wird zum Ornament eines immer wiederkehrenden Vordergrundes zwischen immer wiederkehrendem Hintergrunde. Eine reiche Durchlöcherung statuiert Rahmenzyklik und damit Schönheit der Gliederung und des Ornamentes.

Das ändert sich selbst dann nicht, wenn ich mir den durchlöcherten Körper und auch den durchblickenden Hintergrund aus noch so verschiedenen Bestandteilen zusammengesetzt denke. Denn deutlich unterschieden bleiben ja in jedem Falle die beiden differenten Entwicklungszonen, die vordergründige, die etwa mehr zum Lichte steht, und die hintergründige, die ferner und vielleicht verschatteter ist. Zuweilen allerdings mag das Licht- und Dunkelverhältnis auch das umgekehrte sein. Die Hauptsache bleibt, daß die Deutlichkeit der Abhebung unverändert fortbesteht.

Bei der lebendigen menschlichen Statue aber kommt das Ornamentale nun noch dadurch zu besonders starkem Ausdruck, daß es fast immer ein gleichflächiger und einfarbiger Hintergrund ist, von dem die

---

[1]) Hat nicht auch der Blick durch die Gitterstäbe eines Torflügels und zwischen den Teilungen jedes Eisenbahnfensters einen eigentümlichen, verschönernden Reiz?

buntgliedrige Vordergrundgestalt sich in verschiedenen Niveaus abhebt, und dieser gleichflächige, einfarbige Hintergrund füllt somit sämtliche Durchblicke zwischen den Gliedern in immer derselben Weise. Der Schnitter steht auf der einheitlich grünen Wiese, der Kartoffelarbeiter auf dem einheitlich grauen Feld, der Fischer gegen das einheitlich blaue Meer oder gegen den einheitlich blauen Himmel. Demnach bilden hier die Durchblicke die stärkere, weil farbige Einheit gegenüber den Gliedern des Vordergrundkörpers, und deshalb könnten wir diesmal wohl mit ganz besonderem Rechte sie als die aktiven Gleichglieder des Ornamentes, als die bestimmenden Akzente der Gliederung, ja als die eigentlichen Rahmengeber ansehen; wird doch auch beim plastischen Relief, an das der arbeitende Mensch auf seinem Arbeitsfelde so sehr erinnert, die einheitlich durchblickende Hinterwand gern als eine Art Rahmen betrachtet[1]).

Bei der Statue ist es dagegen die einheitlich bronzene oder weiße Farbe der Gestalt selbst, die dem Vordergrund die stärkere Zusammengefaßtheit vor dem Hintergrund gibt. Und eben um der erhöhten ornamentalen Reize willen, die es hat, wenn zum mindesten eine von beiden Gliederreihen des Ornaments auch farbenmäßig in sich einheitlich ist, empfiehlt sich wenigstens für die gelöste Statue im allgemeinen die Einfarbigkeit vor der Bemalung. Sofern aber die einheitlich gefärbte Statue noch gegen einen einheitlich gefärbten Himmel steht, erreicht die ornamentale Wirkung ihren Höhepunkt.

Wo wir den Hintergrund mit zum ästhetischen Anblick beziehen, da haben wir es mit einem Relief zu tun. Wir können aber bekanntlich unterscheiden zwischen Rundplastik und zwischen reliefmäßig gedachter Plastik. Statuen mit reicher Durchlöcherung sind ideale

[1]) Neben der allgemeinen ornamentalen Schönheitswirkung, die an sich auch Flächen haben können, aber auf Grund anderer Mittel, gibt es noch zwei unmittelbar plastisch wirkende Momente im Bilde des körperlich arbeitenden Menschen. Einmal machen die Durchblicke zwischen seinen Gliedern das plastische Element der Tiefendimension besonders sichtbar; ähnlich wie die geschlossene stereometrische Figur die Tiefendimension durch nachdrücklich kontrastierte Licht- und Schattenseiten am selben Körper hervorkehrt. Und sodann straffen sich dem arbeitenden Menschen ja auch alle Muskeln. Trotzdem wirkt nicht jede straff angespannte Muskulatur plastisch. Der präsentierende Soldat z. B. wirkt eher stilisiert zeichnerisch. (Beim Arbeiter kommt freilich die Muskulatur mehr heraus als beim stark umpanzerten Soldaten.) Die ornamentale Schönheitswirkung aber, die wir hier in den Mittelpunkt stellen, ist bei der aufgelösten Plastik darum so groß, weil sie nicht aufdringlich und direkt gegeben wird, sondern fein verschleiert und nuanciert als indirekte Folge des räumlichen Verhältnisses von Vordergrund und Hintergrund: fühlbar eher, als erkannt. Die höhere Schönheit, die man gern die verschleierte nennt und der man Undefinierbarkeit zuschreibt, hat hier eines ihrer besten Beispiele.

Reliefs auf dem jeweiligen Himmelshintergrund[1]. Die Schönheit des Reliefs ist die Schönheit des reich durchrahmten, durchgliederten, ornamental zwischen Höhen und Tiefen wechselnden Feldes[2].

2.

Von der Stilschönheit des Ornaments führt eine Anzahl Zwischenformen zur typischen Schönheit der regelmäßigen geometrischen Einzelfigur hinüber. Zu diesen Zwischenformen gehören vor allem die Parallelität und der Kontrast, dann die paarweise Gleichheit und Symmetrie, schließlich die Überordnung. Parallelität, Kontrast, Paarigkeit und Symmetrie bauen sich auf der geringsten Vielzahl, der Zweizahl von Gliedern auf; sie gehören aber auch bereits zu den Grundverhältnissen des regelmäßigen Einzelkörpers. Und ebenso waltet das Verhältnis der Überordnung sowohl an mehreren getrennten Erscheinungen wie andererseits bereits innerhalb des Einzelkörpers. Parallelität, Paarigkeit, Symmetrie, Überordnung sind sämtlich anerkannte Schönheitsverhältnisse; zu ihnen allen aber besitzt der Rahmen Beziehungen.

Aus zweimal zwei parallelen Seiten setzt sich bekanntlich bereits der einfachste Normalrahmen zusammen, und gern verdoppelt, ja vervielfacht man jede dieser parallelen Seiten zu ganzen Parallelenbündeln; man sättigt das ganze Rahmengebilde also möglichst reichlich mit Parallelenschönheit. Wichtiger aber ist dieses. Jede, auch die unregelmäßigste Linie erhält plötzlich noch Schönheit, wenn sie durch eine Parallele verdoppelt erscheint. Deshalb verhelfen wir auch der unregelmäßigsten Figur noch gern zu einem Abschluß, indem wir sie mit einem ebenso unregelmäßigen, aber ihrem Kontur parallelen Rande umspannen, d. h. wir rahmen sie durch eine Parallele. Wie schön sind beispielsweise in der Landschaft manche höchst unregelmäßige Wolken durch einen ihrem Binnenraum parallelen goldenen Außenstreif gerahmt, wenn die Sonne ihnen im Rücken steht. Der gelbe Strand umrahmt verschönend auch das unregelmäßigste Binnengrün der Inseln. Eine hoch gelegene steinerne Insel aber zeigt uns die rahmende Parallele des unteren Wasserrandes mit dem oberen Luftrand oft als ihren größten Reiz. Wie rahmt und verschönt endlich der Winter

---

[1] Man sagt deshalb von einer Statue gelösten Stils ja auch geradezu, sie habe Relief.

[2] Das Höhen-Tiefenornament des Reliefs erwähnt in seinem grundlegenden Buche auch Hildebrand ausdrücklich. Er tut es aber gerade darum, weil das Ornament für ihn ein Flächengebilde ist; vermöge des Ornamentalen nähert er das Relief also seiner Theorie vom Flächenbild des Plastischen.

alle Dinge, Dächer, Mauern, Zäune durch seine weißen Schneeparallelen[1]).

Die Parallele ist das Mittel zur Rahmung auch der unregelmäßigsten Figuren, denn die Parallelenrahmung verleiht jedem Anblick diejenige Schönheit, die dem Parallelenverhältnis als solchem innewohnt. Umgekehrt hat nun aber auch jede Parallelenbildung Rahmencharakter, denn eine Parallele läuft ja immer an der Grenze desjenigen Körpers hin, dem sie parallel geht. Damit dringt das Element des Rahmens auch von hier aus wieder tief in das Bildinnere ein. Denn Parallelen finden sich genügend innerhalb jedes Bildes. Besonders enthält jede Perspektive ihrer unzählige. In jeder Straßentiefe erscheinen die Häuser als eine Phalanx paralleler Vertikalen rechts und links. Und blicke ich in eine Reihe hintereinander gelegener Gebirgstäler, so kommen ihre Höhenränder als übereinander geschichtete Parallelen rechts und links zum Vorschein. In beiden Fällen können wir aber auch von Rahmung sprechen und zwar in folgendem Sinne: Von zwei Parallelen gilt ganz dasselbe wie von den beiden Gliederreihen des Ornaments, des Gliederungssystems, des Rahmenzyklus; auch ihr Verhältnis ist, genau betrachtet, kein aktiv und passiv geschiedenes, sondern ein reziprokes. Während wir deshalb allerdings aus irgendwelchen Nebenmotiven zu sagen gewohnt sind, die eine Linie bewegt sich der anderen parallel, und damit der einen die aktive, der anderen die passive Rolle zuteilen, läuft doch in Wirklichkeit jede von beiden Linien parallel zur anderen, d. h. beide sind »einander« parallel. Nicht anders ist es aber auch mit drei, vier, mehreren parallelen Linien; auch sie laufen nicht eine der anderen, sondern einander parallel. Und analog muß man nun auch sagen: zwei und mehrere Parallelen rahmen einander wechselseitig, nicht eine die andere. Beispielsweise rahmen in unseren Fällen die parallelen Häuser der Straßenperspektive einander sämtlich in der Vertikale, die parallelen Berge des Gebirgstales rahmen einander dagegen in der Diagonale. Wie man nun den normalen Bildrahmen auch noch gern mit mehrfachen Parallelen umzirkt, so können wir die vertikalen Parallelen der Häuser rechts und links schließlich alle als Generalrahmen betrachten für den hellen Zentralpunkt in der Mitte jeder Straße und die diagonalen Parallelen der Berge

[1]) Die Versuchung liegt nahe, auch das schöne Verhältnis des Zweiklangs in der Musik als akustische Parallelen- und Rahmengebung in Anspruch zu nehmen. Läuft nicht jede einfache Terzenbegleitung, die Sekunde als Abstand freilassend, in Parallele zur führenden Melodie? Überhaupt ist es doch wohl kein Zufall, daß die Notenlinien ein System von Parallelen bilden, vielmehr drückt die Tatsache vielleicht ein inneres Verhältnis der Harmonienschönheit zur Parallelenschönheit aus.

rechts und links sämtlich als einen Generalrahmen für den letzten, abschließenden Gipfel in ihrer Mitte.

Von der Parallelen her ergibt sich nun ferner eine erste Berührung zwischen Kontur und Rahmen. Der schwarze Kontur, mit dem der Zeichenstift auf weißer Fläche einen Binnenraum umreißt, kann nämlich ohne weiteres auch aufgefaßt werden als eine allerschmalste rahmende Parallele zu dem von ihm umrissenen Inneren; und sofern die Parallele rahmt, rahmt also auch der schwarze Kontur auf weißem Blatt seinen Binnenraum. Ein leises Parallelitätsgefühl und -wohlgefühl kann man tatsächlich in sich beobachten beim Anblick eines solchen Konturs. Doch selbst derjenige Kontur, der nicht durch schwarzen Stift auf weißem Blatt, sondern durch Berührung zweier verschiedener Flächen oder durch Überschneidung einer Fläche seitens einer anderen entsteht, hebt ja noch zwei einander parallel grenzende Flächen voneinander ab. Und mit der Parallelrichtung beider Flächen ergibt sich auch hier noch ein wechselseitiger Rahmenwert jeder Fläche für die andere, dessen Ausdruck der Kontur zwischen ihnen ist. Da aber der Kontur sowohl als zeichnerischer Umriß wie als Berührung zweier Flächen und als Überschneidung einer Fläche durch die andere eine allerhäufigste Erscheinung im Bildinneren — nicht zum wenigsten im perspektivisch vertieften ist, so gerät auch von hier aus das Moment der Rahmung in weitestem Umfang in das Innere des Bildes.

Mittels des voneinander Abgehobenseins zweier Flächen, das zum Kontur führt, können wir den Rahmen nun auch zum Schönheitsverhältnis des Kontrastes in Beziehung setzen. Denn einerseits fordert man von jedem Rahmen, daß er in gewissem Kontrast zum Bilde stehe, weil das der deutlichen Aussonderung des Bildraumes zugute kommt. Andererseits aber rahmen zwei Kontraste einander auch. Das zeigen eben die beiden voneinander abgehobenen, also miteinander kontrastierenden Flächen, deren voneinander Abgehobensein sich im rahmenden Kontur ausspricht.

Ähnlich wie mit den zwei parallelen ist es nun aber auch mit zwei gleichen und zwei symmetrischen Gliedern. Aus je zwei gleichen beziehungsweise symmetrischen Gliedern besteht jeder Normalrahmen. Umgekehrt kann man indessen auch sagen: zwei gleiche, zwei symmetrische Glieder begrenzen, rahmen einander.

Doch wir können jetzt noch weiter gehen. Zwei parallele, zwei gleiche, zwei symmetrische Glieder rahmen nicht nur *einander*, sondern sie schneiden auch meist einen *Zwischenraum* zwischen sich aus, d. h. sie üben an diesem *Zwischenraum* Rahmenfunktion. So ist Maria zwischen zwei Heiligen, so ist ein Berg zwischen zwei

Vorbergen oder ein großes Haus zwischen zwei kleineren oder ein Gartenblick zwischen zwei Pfosten gerahmt. Gerahmt ist überhaupt jede Mitte zwischen Anfang und Ende, und alle diese Rahmungen lagern nicht peripherisch, sondern sie finden sich beliebig weit im Inneren der Blicke.

Bereits bei ihnen aber zeigt sich, was, schon zuvor erwähnt, nun für den Rahmen ganz grundsätzlich auszusprechen bleibt: Jeder Rahmen schafft ein Überordnungsverhältnis, denn er erhebt, was er rahmt, zum Zentrum. Deshalb ist mit dem Rahmen auch die Schönheit der Überordnung verbunden. Das Zentrum für den Außenrahmen ist die Binnenfläche des Bildes selbst. Der Außenrahmen aber verdeutlicht seine Mittelpunkt schaffenden Kräfte noch gern durch ein zentral gerichtetes Kanelurensystem an der Oberfläche; der viereckige Rahmen weist zudem auch auf die Mitte durch die Überkreuztendenz der vier Diagonalfurchen in seinen Winkeln. Und macht nicht selbst der Sockel, der bei der Plastik den Bildrahmen vertritt, seine Figur zum Zentrum, indem er sie über das Niveau der übrigen Dinge hinaushebt? Im Bildinneren rahmt bereits jeder Kontur dadurch sein Zentrum aus, daß er seine Binnenfläche ab- und hervorhebt.

Wie aber jeder Rahmen als umgebendes und untergebenes Glied ein Übergeordnetes in die Erscheinung ruft, so gibt es nun umgekehrt auch keine Überordnung, bei der das Übergeordnete nicht ein Nachgeordnetes zu Folie und Rahmung fände, ja im Grunde durch seine eigene Abhebung selbst bereits setzte. Wo sich also im Inneren von Bildern irgendwelche Zentren zeigen, da läßt sich mit Fug auch auf Rahmendes schließen, ja da wird ohne weiteres alles Umgebende zum Rahmenden. Dieses einander Setzen von Rahmen und Zentrum findet seinen besten Ausdruck in der Tatsache, daß zwar Anblicke mit ausgesprochenem Rahmen und ausgesprochenem Zentrum am üblichsten sind, daß jedoch für die Schönheit eines Anblicks die deutliche Aussprache beider Faktoren keineswegs als Bedingung gilt. Vielmehr genügt es tatsächlich, wenn eines von beiden Gebilden sich klar ausspricht, entweder der Rahmen oder das Zentrum. Die Erklärung liegt darin, daß der Rahmen sein ideales Zentrum schon durch die eigene Existenz setzt, das Zentrum aber bildet dementsprechend einen idealen Rahmenkreis um sich herum bereits dadurch, daß es Zentrum ist. So sind Zentrum und Rahmen, die sich einerseits wie Blickpunkt und Blickrand des Auges, Zellkern und Zellhaut des Organismus verhalten, einander doch andererseits so sehr jedes zugleich das andere, daß es sich geradezu rechtfertigt, den Rahmen als nach außen gesetztes Zentrum, das Zentrum als verinnerlichten Rahmen anzusprechen.

Ist doch selbst ihre Funktion im Bilde noch die gleiche, nämlich die, dem Anblick Zusammenhang zu geben. Vom Zusammenhang aber läßt sich sagen, daß er Bildteil und zugleich mehr als Teil ist, denn er steht fürs Ganze. Demnach sind auch Zentrum und Rahmen beide Teil fürs Ganze, *pars pro toto*, und somit auch von hier aus jedes für das andere stellvertretend. Wie relativ der Unterschied zwischen ihnen ist, zeigt ferner der Umstand, daß ja selbst ein Zentrum noch Rahmen sein kann für ein eingeschriebenes Zentrum im Zentrum, ein Rahmen dagegen auch Zentrum für einen weiteren Rahmen. Der leuchtende Rahmen eines Bildes ist oft das Zentrum der Wand, die den Rahmen nun umrahmt. Nach alledem steht also wohl fest: Ob man Zentrum sagt oder Rahmen, das hängt zuletzt nur davon ab, ob man bei der Betrachtung von innen nach außen oder von außen nach innen fortschreitet, vom medialen Teil zum größeren Ganzen oder vom größeren Ganzen zum medialen Teil. Zentrum und Rahmen bevorzugen dieselben Formen, das Zentrum als eingeschriebene, der Rahmen als umgeschriebene Regelmäßigkeit; und vom Zentrum führt zum Rahmen oft eine Reihe konzentrischer Kreise. In diesem Zusammenhange sei auch noch einmal daran erinnert, daß ja beim Rahmenzyklus, wie wir sahen, die Zentren ebenso die Rahmen umgrenzen, wie die Rahmen die Zentren zentrieren; alles rahmt und zentriert einander. Im Zyklus sind die Rahmen also je nach der Einstellung des Betrachters entweder Rahmen oder Zentren für die Zentren, die Zentren aber entweder Zentren oder Rahmen für die Rahmen.

3.

Mit dem Überordnungsverhältnis, das sich im Zentrum verkörpert, haben wir die Übergangsstufen erledigt, die von der Stilschönheit zur typischen Schönheit führen, und können uns nun dem Verhältnis des Rahmens zur Typenschönheit selbst zuwenden als dem letzten und wichtigsten Punkt unserer Erörterung. Als typenschön kennzeichneten wir eingangs die regelmäßige geometrische Figur und dachten zunächst an die Vollfigur: Rechteck, Kreis, Ellipse usw. Es ist aber nötig, einen Augenblick bei der Erwägung der Gründe zu verweilen, welche die regelmäßige geometrische Vollfigur als typenschön erscheinen lassen; es sind ihrer zwei: nämlich ihr Ebenmaß und ihre Geschlossenheit. Beide aber wurzeln zuletzt im selben Sachverhalt, nämlich in der Gesetzmäßigkeit der geometrischen Vollfigur. Indem ein Gesetz an derselben Figur immer wiederkehrt, wird es zu jenem einen Maß, das an den verschiedensten Stellen waltend, die Figur zur ebenmäßigen macht. Die notwendige Lückenlosigkeit, mit der das Gesetz seinen Kreis erfüllt, verleiht der Figur dagegen Geschlossenheit. Geschlossenheit bedeutet ja Zusammenschließen, Zusammenpassen der Teile, und dieses kann sich allein aus dem Walten irgendeines einheitlichen Gesetzes an allen herleiten. Je regelmäßiger eine Figur, desto geschlossener wirkt sie denn auch subjektiv. Warum hat unser Zimmer die allerregelmäßigsten Formen? Es soll ein geschlossener Raum sein; von der Geschlossenheit eines regelmäßigen Raumes sich zu überzeugen aber genügt ein Blick; denn da alle Teile einer Regel folgen, braucht man ja nur einen Ausschnitt zu betrachten, um zu wissen: so geht es auch weiter. Nach alledem kann man das Ebenmaß ansehen als Geschlossenheit der Proportion, die Geschlossenheit aber als das Ebenmaß in der Kontinuität. Das Ebenmaß ist die Gesetzlichkeit aller Einzelverhältnisse, die Geschlossenheit die Gesetzlichkeit des Zusammenhanges.

Regelmäßige geometrische Figuren sind nun alle normalen Rahmen, und sie erlangen damit auch die Reize der regelmäßigen geometrischen Figur, d. h. die Reize der Typenschönheit. Das aber wird zugleich von entscheidender Bedeutung für die Stellung des Rahmens zum Bilde selbst. Wir können nämlich beobachten, daß im rahmenmäßig ausgeschnittenen und um so mehr im wirklich gerahmten Bild noch vieles als schön erscheint, was wir in der Natur nicht mehr so nennen würden. Die Erklärung ist diese. Der Rahmen führt als äußerste Linie um den dargestellten Anblick herum; die äußerste ist aber auch die größte Linie des Anblicks; besitzt also der Rahmen Schönheit, so hat auch die größte Linie im Anblick diese Schönheit. Als größte Linie mit Schönheitsreiz aber vermag der Rahmen selbst allerlei Unregelmäßigkeiten im Bildinneren noch zu beruhigen, indem er sie als letztes Wort harmonisch abschließt, während sie im wirklichen Anblick in ihrer Dissonanz bestehen bleiben[1]). Und von dieser Erwägung her ergibt sich nun auch ein nochmaliger Rückblick auf die Frage der geschlossenen geometrischen Form für die Silhouette der

[1]) Dieselbe vervollkommnende Kraft, die hier dem Rahmen zugeschrieben wird, übt bei jedem Kunstwerk auch die Überschrift oder die Unterschrift, der Titel also. Ja der Titel wirkt ganz in derselben erhöbenden Weise auch außerhalb des Kunstwerks, im Leben. Jeder Titel besitzt selbst Typenschönheit; denn er spricht eine allgemeine, gesetzliche Idee aus in aller Kürze, also uneingeschränkt durch Modifikationen, ungestört, vollentwickelt; kraft dieser Generalidee vermögen wir dann die Lücken, die uns am Gegenstand selbst begegnen, auszufüllen und Mängel abzurunden, Unzulängliches zu erhöhen. Man kann deshalb vielleicht sagen: Für den assoziativen Faktor ist der Titel etwa dasselbe, was der Rahmen für den formalen Faktor bedeutet, ein Vervollkommner kraft eigener Vollkommenheit, Rundheit und Geschlossenheit. — Daß der gesellschaftliche Titel die Persönlichkeiten zu Chargen typisiert und ihnen auf diese Weise Individuelles nimmt, Allgemeines gibt, ist bekannt.

Plastik. Kann man die Silhouette der Plastik nämlich, wie Everth es ganz in unserem Sinne will, als deren Rahmung ansehen, so ist es natürlich, daß auch ihr eine regelmäßige geometrische Gesamtform diejenigen allgemein abrundenden Vorzüge verleiht, die wir dem regelmäßigen Rahmen zuerkannt haben, und die unseres Glaubens dereinst zur Verregelmäßigung der Rahmenformen geführt haben müssen. Hatten wir demnach zuvor für die reliefartig gedachte Plastik reiche Durchlöcherung und eine lebhaft geschweifte Silhouette befürwortet, so sind wir hinsichtlich der ausgesprochenen Rundplastik mit denen einig, welche die regelmäßige geometrische Gesamtform der Silhouette bevorzugen.

Wie nun aber jeder Normalrahmen eine regelmäßige geometrische Vollfigur ist mit der Schönheit der regelmäßigen geometrische Vollfigur, so läßt sich auch jede regelmäßige geometrische Vollfigur als Rahmen ansprechen; denn nichts hebt gleich auf den ersten Blick so sehr von aller Umgebung ab und aus ihr heraus, wie ein regelmäßiger geometrischer Umriß das ihm Eingeschriebene, sei es nun eine fremde Erscheinung oder auch bloß die eigene Binnenfläche. Und nichts unterstützt diesen Eindruck natürlicher als die Geschlossenheit des Formzusammenhanges, in der die primitivste Art aller Umrahmung beruht. Wo wir deshalb in Figurenbildern oder Landschaften sei es der Kunst oder der Wirklichkeit einer regelmäßigen geometrischen Vollfiguration begegnen, da können wir eine solche Figuration als Rahmung mitten im Bildinneren betrachten — ganz besonders dann, wenn der geometrische Umriß anderen Figuren umgeschrieben ist. So pflegt in der Kunst die Hauptgestalt oft einem lichten Kreise eingeschrieben, von ihm umrahmt zu sein. Und ähnlich bilden auf Tizians Assunta die Heiligen ein regelmäßiges Quadrat, das den Sockel abgibt für den regelmäßigen Kreis der Engel darüber, die Marias Gestalt als Rahmen umschweben [1]).

Indessen, nicht nur die geometrische Vollfigur hat Typenschönheit, sondern auch der Bruchteil einer geometrischen Figur, die torsierte geometrische Figur, die halbe, die Viertelfigur, ja selbst die häufig unterbrochene, nur punkthaft angedeutete, solange sie nur überhaupt als geometrisches Gebilde erkennbar bleibt. Geschieht doch hier dasselbe wie in der Musik mit den melodischen Themen. Eine Melodie bildet einen ebenmäßigen Zusammenhang; zerbricht man sie aber in einzelne Motive, so sind die Bruchstücke sehr oft nicht ergänzungsbedürftige Halbheiten, sondern wiederum selbständige, weil ebenmäßige Ganze,

---

[1]) Bisweilen lieben es Maler geradezu, Rahmen, z. B. Fensterrahmen und Fensterbrüstungen mitten ins Bild zu nehmen. Es geschieht dann, um die regelmäßige geometrische Form des Rahmens im Bilde selbst kompositorisch zu verwerten.

nur von kleinerer und anderer Art. So kann man also auch von den geometrischen Teilformen sagen: sie wahren ihr inneres Maß und insofern den Totalitätscharakter, obwohl sie Bruchstücke sind. Wer denkt bei einem halben, einem Viertelkreis noch an das volle Rund, wer bei einem offenen Winkel gleich an das Dreieck? Selbst wo eine geometrische Gestalt aber vielfach zerbrochen und unterbrochen erscheint, da ist doch auch im einzelnen Teil immer noch dasselbe Gesetz wirksam und somit erkennbar, das im Ganzen waltete. Der Teil redet somit noch vom Ganzen, und mittels des Teils und seines Gesetzes ergänzen wir die volle Form, die ja, weil ebenmäßig, demselben Gesetz gehorcht, und füllen die Lücken unwillkürlich aus unserem Bewußtsein. Das Schöne mag also in seiner konkreten Ganzheit Schaden leiden, die Idee der schönen Totalität ist unzerstörbar. Denn das Schöne teilt als Geometrisches auch dessen aprioristischen Charakter, es ist eher in uns als in der Außenwelt und wird dort von uns eigentlich nur mit Staunen als unser Eigenstes am Fremden wiedererkannt, als das, was geheimnisvollsten Forderungen in uns entspricht. So fällt uns auch nicht schwer, es aus uns heraus zu vervollständigen, wo wir nur immer seinen Spuren begegnen [1]).

Ist aber selbst der Bruchteil der geometrischen Form noch schön, so ist er nicht minder auch rahmend. Denn wenigstens im Inneren eines Anblicks, wo die Einzelform niemals isoliert lebt, entsteht ja ein solcher Bruchteil zumeist gerade dadurch, daß eine andere Form über die ursprünglich vollständige Gesamtform hinwegdringt und sie zum Teil überschneidet, zum anderen Teil aber von ihrem Rest umgeben, also umrahmt wird als dessen Eingeschriebenes. Dem Bruchteil der geometrischen Figur entspricht daher der Umstand, daß es auch Teilrahmen gibt, wie viertel, halbe und dreiviertel Rahmen. Umgekehrt aber hat jeder regelmäßige Bruchteil im Bildinneren nun auch bereits den Charakter eines Viertel-, Halb-, Dreiviertelrahmens. Ein Viertelrahmen, eine Bühne im Bilde selbst, ist bereits die horizontale Gerade des Häuserdaches für den Turm, der aus der Ferne darüber aufragt. Deshalb erhebt sich solch ein Turm oft schöner über jener einfachen Horizontale, mit der er an und für sich nur in zufälligem Zusammenhang steht, als über dem reichen Giebeldach seines eigenen Hauses. Halten nun aber zwei Türme in entsprechendem Abstand über der Horizontale der Dächer, dann haben wir sofort einen regel-

[1]) Jeden Torso umspielt die Phantasie mit Ergänzungsvorstellungen. Doch gibt es zwei Torsoarten: solche, die wir ergänzen können (versuchsweise) und solche, die wir ergänzen müssen, bei denen das Gesetz des Ganzen im Teil bereits so stark ausgesprochen ist, daß es uns den Schlüssel für das Fehlende geradezu in den Sinn nötigt.

mäßigen Dreiviertelrahmen für das Himmelsfenster zwischen ihnen: nämlich zwei Senkrechte auf einer Wagerechten, also einen Rechtecktorso. Halbe (oben und unten offene) Rahmen dagegen bilden sich vor allem im Verhältnis einer Mitte zu zwei parallelen, zwei gleichen, zwei symmetrischen Seiten. Unsere diesbezüglichen früheren Beispiele von der Madonna zwischen zwei Heiligen, vom Berg zwischen zwei Vorbergen usw. konnten das belegen.

Von geometrischen Torsoformen, von Geraden, Winkelstücken, halben, dreiviertel Kreisen: von viertel, halben, dreiviertel Rahmen also, wimmelt es nun in jedem Figurenbild und nicht minder in der freien Natur. Unter den Bildern können das die von klassischer Tradition, z. B. Porträts in der Landschaft, wie sie noch anfangs des neunzehnten Jahrhunderts üblich waren, am besten beweisen. Da ist etwa rings am Rande ein angedeutetes Rechteck als dunkler Rahmen: der Boden, Stämme rechts und links, hohe Äste oben bilden es. In der Mitte dieses Rechtecks öffnet sich, vom Gezweig und Gewurzel abgerundet, ein matt belichteter Kreis in die Raumtiefe. Er ist der Rahmen für alles weitere. Man sieht darin nämlich seitlich das regelmäßige Zylinderbruchstück einer geborstenen Säule: an sie gelehnt, ruht auf einer Steinbank die zu porträtierende Menschengestalt, eine junge Dame. Halb sitzt sie, halb liegt sie; so bildet ihre unten ruhende Gestalt einen nach oben offenen Halbkreis, während ihr Profil an der Säule in mittlerer Bildhöhe wiederum als kleinerer Halbkreis in dem Raum steht. Säule und Gestalt zusammen bilden eine Parabel, einen abgerundeten rechten Winkel, einen halb offenen Rahmen also. Oben aber hängt, nach unten offen, ein vereinzelter, schön geschwungener Zweig gleichfalls in halbem Bogen und ergänzt den unten befindlichen, nach oben geöffneten Halbkreis der Menschengestalt zum idealen Vollrund. Der Säule gegenüber in mittlerer Höhe durchbricht ein Lichtkegel von irgendwoher das Halbdunkel und teilt das ganze Bild in drei Dreiecke, sein eigenes helles und je ein dunkleres darüber und darunter. Er erleuchtet insbesondere den an die Säule gelehnten Mädchenkopf. Die Augen dieses Kopfes aber blicken in die weite Ferne der Bildmitte, wo aus unbestimmten Wolkenhalbkreisen allerhand offene Bergwinkel herüberdämmern. Und wie im Figurenbild, so ist es auch in der natürlichen Landschaft. Da konstruiert sich oft aus den verschiedensten Elementen, etwa inmitten einer großen Vordergrundpinie mit ragendem Wipfel hoch oben und eines in die Ferne fliehenden und daher immer niedriger ausbuchtenden Olivenhains unten ein nach einer Seite offener Himmelshalbkreis. In ihn hinein schickt der Abend ein Stück wundervoller Wolkenstrahlenfigur. Diese mündet in einer letzten Wolkenbank, die in horizontaler Geradlinigkeit hingeht und über der noch ein Stück fernen Bergdreiecks sichtbar wird. Überhaupt verhalten sich Berge und Küsten wie Winkelstücke und Parabelstücke; und Baumdurchblicke und Talhintergründe bilden Fünf- und Sechsecke, wenn auch vielleicht torsierte. In der Kunst wie in der Natur löst sich also das formenschöne Bild zuletzt gänzlich auf in ein Ineinandergreifen geometrischer Figuren und Figurenteile, die sich gegenseitig rahmen. Deshalb kann man wohl sagen: alles ist Bild im Bild, weil ja jedes Stück von einem anderen gerahmt erscheint; ebensogut läßt sich aber freilich auch behaupten, alles ist Rahmen, weil es überall nur Rahmen in Rahmen gibt; ein Kern dagegen fehlt. Das Nichts und das Alles berühren sich hier. Die Situation ist ähnlich wie in der Ethik, wo alles als Zweck und alles als Mittel angesehen werden kann und mangels eines letzten Zweckes das Weltgetriebe als eine bloße Reihe von Hüllen sich darstellt ohne Endziel, wenn man sich nicht entschließt, jede einzelne von ihnen zugleich als Zweck aller anderen gelten zu lassen.

Die geometrische Vollfigur, so fanden wir, hat Typenschönheit, denn sie hat Ebenmaß und Geschlossenheit. Aber auch die geometrische Teilfigur mußten wir noch typenschön nennen, obwohl ihr Geschlossenheit fehlte, weil sie Ebenmaß besaß. Indessen gibt es nun noch eine dritte Formengattung, der man in gewissem Umfang Typenschönheit gleichfalls nicht absprechen kann, obgleich sie das Ebenmaß der geometrischen Figuren vermissen läßt: es ist die unregelmäßige, aber geschlossene Gestaltung. In ihr tritt die Lückenlosigkeit, mit der jedes notwendige Gesetz waltet, mit der jedes Ganze seine Teile eint, gleichsam für sich allein zutage und an die Peripherie [1]). Geschlossene Linienführungen haben alle normalen Außenrahmen. Sie haben demnach auch von hier aus Typenschönheit. Umgekehrt aber sondert, rahmt jede geschlossene Linienführung ja auch ihren Binnenraum. Und so zieht sich der Rahmen auch hier wieder ins Bild selbst. Zu den geschlossenen Linienführungen im Bilde gehören nun vor allem Kontur und Silhouette, von denen ja bereits bei Parallelenschönheit und Parallelenrahmung sowie bei der rahmenden Heraushebung eines übergeordneten Zentrums die Rede war. Jetzt bleibt also noch hinzuzufügen, daß Kontur und Silhouette als geschlossene Formen doch auch stets etwas von typischer Schönheit haben, selbst bei unregelmäßiger Gestaltung; und zwar um so mehr, je geschlos-

[1]) In der notwendigen Lückenlosigkeit des Gesetzes gegenüber den Einzelfällen, des Ganzen gegenüber seinen Teilen liegt die Brücke von der Typenschönheit, die unser Ausgangspunkt ist, zur Everthschen Unversehrtheit, die der Rahmen verbürgen soll. Lückenlosigkeit, Unversehrtheit ist uns in gewissen Fällen eine Schönheitsbedingung.

sener sie sich darstellen. Als nachdrücklich geschlossener letzter Gesamtkontur will denn auch noch jeder Außenrahmen gegenüber dem Bilde wirken, das er umgibt; denn als solcher erhöht er die typische Prägnanz des Anblicks. Umgekehrt wissen wir ja aber längst, daß Kontur und Silhouette zugleich rahmen, indem sie ihre Binnenflächen aus der Entwicklungsebene ausschneiden, weil Ausschneiden Rahmensache ist. Ja, wir wissen auch bereits, daß Kontur und Silhouette direkt entstehen durch Flächen, die einander überschneiden, und daß zu solchen Überschneidungen die Perspektive besondere Gelegenheit bietet. Denn in der Perspektive überschneidet ja jeder Vordergrund jeden Hintergrund. Die Folge ist, daß wir die Perspektive also auch an dieser Stelle noch einmal zu erwähnen haben: als diejenige Raumbildung, die besonders viel typische Rahmenschönheit schafft, weil sie besonders viele Überschneidungen und damit geschlossene Konturen hervorruft.

Es gibt Orte, denen wir eine hohe gebende Schönheit nachrühmen müssen. Treten wir in eine Kirche, so gewahren wir, daß in ihren Schiffen, unter ihren Bogen, ja selbst noch in ihren Winkeln, Nischen und Ausschnitten jedermann zum Bilde wird: der Bischof und der Bettler, der Mensch unserer Tage und der Träger historischer Uniformen. Diese verschiedenen Erscheinungen, wenn sie zusammentreffen, werden einander gleichsam assimiliert durch die Macht des Raumes. Und ähnlich können wir sehen, daß unter dem Gewölbe einer alten Baumallee alle Wesen plötzlich Bildcharakter annehmen, ob es sich nun um einen einzelnen Spaziergänger handelt oder um Reiter und Hund oder um den hoch befrachteten Erntewagen oder um die Schar kleiner Mädchen, die singend heimzieht. Wie erklärt sich die eigentümliche Bildschönheit solcher Anblicke des realen Lebens? Sie ist nichts anderes als die Schönheit der regelmäßig geometrischen Rahmenumschlossenheit, der vollen und der unvollständigen. Überall in einer Kirche, innerhalb einer Baumallee befinden sich Menschen und Dinge im Bezirk eines Rahmens, entweder eines regelmäßigen und geschlossenen oder eines teilweise offenen, jedoch gleichfalls regelmäßigen. Der regelmäßige Rahmen also ist es, der hier seinen Zauber übt. Es bedarf jedoch gar nicht stets dieser Regelmäßigkeit, um dem Rahmen seine verschönernde Kraft zu sichern. Sondern auch die bloße Geschlossenheit einer Umgebung genügt, ihr eine verschönernd rahmende Wirkung zu verleihen. Je stärker diese Geschlossenheit und je bedeutender ihr Charakter ist, desto verschiedenartigere und widersetzlichere Dinge kann sie sich so weit assimilieren, daß diese Dinge durch sie zum Bilde werden. Auf dem Vorplatz eines Fürstenschlosses wird der Herr im Zylinder zum Rat, der vom Vortrag kommt, der

Mann in Hemdsärmeln zum Arbeiter, der die Gartenwege pflegt; der Jüngling am Zaun steht als Fremdling da, der den Bau betrachtet. Ein jeder erhält Funktion, Leben, Beziehung, Charakter, Typik vom Ganzen. Auf dem Alpensteg wird der Bursche mit dem Hunde zum Hirten, der rasche Schreiter zum Touristen, das Ehepaar in städtischem Gewand zu Sommerfrischlern, und selbst der ausgefallenste Anblick, die Dame in großer Toilette etwa oder der Angehörige eines exotischen Volkes erhält noch irgendeine Typik, einen Sinn durch die Landschaft, kraft dessen er weder stillos werden noch aus dem Bilde herausfallen kann. Und das geschieht, weil es sich hier zwar keineswegs mehr durchaus um eine regelmäßige, wohl aber immer um eine wuchtig in sich geschlossene und selbst bedeutungsvolle Landschaft handelt, die sich jede Sonderindividualität assimiliert und ihr eine Rolle gibt, indem sie ihr Hintergrund, Kontur, Rahmen leiht. Zu Rahmung und Staffage wird die geschlossene Umgebung für jede Figur, und jede Figur wird Staffage und Rahmung für die gebende Landschaft [1]).

Blicken wir von der Typenschönheit des Einzelrahmens noch einmal zurück auf die stilschönen Rahmenzyklen, die uns anfangs beschäftigten, so finden wir, daß jene stilschönen Rahmenzyklen sich zwar keineswegs immer, aber doch gar nicht ganz selten aus typenschönen Einzelrahmen zusammensetzen. Wir brauchen, um uns das noch einmal zu vergegenwärtigen, hier nur auf die Baukunst zu exemplifizieren, die eigentlich nichts ist, als ein ganzer, vielgliedriger Zyklus im Einzelnen höchst regelmäßiger Rahmenformen, herumgelegt um den leeren Raum von Türen, Fenstern, Zimmern [2]). Am weitesten löst sich die gotische Baukunst auf in derartige Zyklen höchst regelmäßiger Einzelrahmen, durch deren leere Binnenräume man denn auch an geeigneten Stellen gern den Himmel hindurchblicken sieht. Und von diesen Himmelsdurchblicken ist es nicht weit zu jenen Rahmenzyklen um Himmelsfenster, in die sich jede Stadtsilhouette aufteilt, wenn über der Horizontale der Dächer die Vertikalen der Türme einander in Ab-

---

[1]) Die geschlossene Landschaft enthüllt auch das Wesen der Kulisse, das darin besteht, den Blick zu schließen, ohne den Raum zu schließen. Die einzelnen Teile einer geschlossenen Landschaft bilden Kulissen. Mit dem Rahmen teilt die Kulisse das Schließende, aber in unser Bewußtsein dringt sie nicht als vom Bilde unterschiedener Verschlußteil, sondern als Bestandteil des Bildes selbst. Auch sie ist also ein Stück verinnerlichter Rahmung im Bilde drinnen. Sofern die Kulisse aber eine Abgeschlossenheit vorspiegelt, die nicht da ist (der Rahmen ist ehrlicher!), bildet sie auch ein Stück ästhetischen Scheins selbst noch in der wirklichen Landschaft.

[2]) Wie oft erscheint auch die Wand selbst noch als leere, doch umrahmte Fläche, als Bildraum ohne Bild also; und ebenso ist es mit Decke, Boden, Fenster- und Türblenden, Rahmenschildern, Tafeln, Medaillons.

ständen folgen. Da die einzelne Stellung des Dācherausschnittes zwischen zwei Türmen hier jedesmal ein offenes, also ein torsiertes Rechteck bildet, so besteht der ganze Anblick diesmal aus einem Zyklus regelmäßiger geometrischer Teilformen. Wenn dagegen am Himmel über der Stadt die Wolken die ganze, ursprünglich blaue Fläche in einen Zyklus einander rahmender weißer und blauer Sprenkel zerlegen, so haben zwar die einzelnen Wolkeninseln, die diesen Zyklus konstituieren, nicht mehr die Regelmäßigkeit geometrischer Figuren, wohl aber dafür die Geschlossenheit, die auch ohne Regelmäßigkeit noch genügt, der Einzelform eine gewisse Typenschönheit zu sichern.

Wir haben die Formenschönheit im Rahmen, das Rahmende in aller Formenschönheit aufgesucht und kraft seiner Beziehungen zur Formenschönheit den Rahmen tief in das Innere des Bildes selbst hineingezogen. Beide Begriffe, Rahmen sowohl wie Formenschönheit, wurden flüssig und gingen ineinander über. Die dialektische Verflüssigung der Begriffe aber ist eines der Ziele aller Denkarbeit. Ihr danken nicht nur die Geisteswissenschaften, sondern auch die Naturwissenschaften den synthetischen Teil ihrer Einsichten, die sich letztlich in den Ausdruck fassen lassen: alles ist überall. Freilich führt gerade die Ästhetik auch deutlich die merkwürdigen methodischen Schwierigkeiten vor Augen, die auf dem Wege aller Dialektik liegen. Die Ästhetik ist nämlich besonders reich an eigentümlichen dialektischen Reziprozitätsverschlingungen. Wenn ich beispielsweise sage: das vom Detail Gereinigte, Vereinfachte wird reizvoll, weil es entfernt, entfremdet, so kann ich doch auch umgekehrt behaupten: das Ferne, Fremde wird reizvoll, weil es Details tilgt, vereinfacht, klärt. Ich mache also jede der beiden Erscheinungen zur Ursache meines Gefühls für die andere, und beide sind einander mithin sowohl Wirkung als Ursache. In die Reihe solcher eigentümlicher dialektischer Reziprozitäten aber gehört nach allem auch das Verhältnis von Rahmung und Formenschönheit. Denn die Reize des Schönen helfen den Wert des Rahmens begründen, der Wert des Rahmens erklärt die Reize des Schönen zu seinem Teil. Jeder von beiden Faktoren wirkt demgemäß als Teilinhalt mit zur Wirkung des anderen.

Nun hatten wir in das reziproke Verhältnis von Rahmen und Formenschönheit zeitweise auch noch andere Begriffe einbezogen, so Zentrum und Perspektive. Über das Zentrum haben wir beim Verhältnis der Überordnung mit voller Ausführlichkeit gesprochen. Dagegen sei hier noch einmal kurz zusammengefaßt, wodurch sich Rahmen und Perspektive berühren. Der Rahmen umreißt das Bild, er schneidet es also aus der Wandfläche aus, er überschneidet Wand und Bild; jeder Rahmen überschneidet. Die Überschneidung aber ist die wichtigste Tatsache der dritten Dimension, der Raumtiefe, der Perspektive, und jede Überschneidung rahmt, wie wir fanden, zwei Flächen durcheinander. Bei Begegnung beider Flächen, der perspektivisch hinteren und der perspektivisch vorderen, entsteht der Kontur beziehungsweise die Silhouette. Kontur und Silhouette umschneiden, umrahmen ihren Binnenraum. Der Kontur heißt ja auch Umriß, die Silhouette Schattenriß wegen ihres umreißenden, umrahmenden Charakters. — Unter den Rahmenformen begegneten wir insbesondere einer, der Parallelenrahmung, die sich auch noch für unregelmäßige Linienführungen als verwendbar erwies. In eine Phalanx einander rahmender Parallelen aber löst die Perspektive jedes Hintereinander gleich gerichteter Dinge auf, also Häuserprofile wie Bergrücken oder Küstenstreifen.

Unter den Künsten haben Baukunst und Plastik zur dritten, zur Perspektive schaffenden Dimension wirklich-räumliche Beziehungen. Somit haben sie solche Beziehungen auch zum Prinzip der Rahmung. Baukunst und Plastik ergehen sich in reichen Überschneidungen, sie schaffen also Formen, die einander mittels perspektivischer Ineinanderschiebung rahmen. Hier sei übrigens nochmals an die durchlöcherte Plastik erinnert, die dem Wechsel von Hohlräumen und Mauern in der Architektur verwandt ist und die einen einzigen großen Zyklus von rahmenden Überschneidungen als Vordergrund vor einen Hintergrund stellt. Übertroffen wird die wirklich-räumliche Perspektive der Architektur und der Plastik aber noch von den perspektivischen Wirkungen des malerischen Scheins. In der Malerei kommen daher die rahmenden Eigenschaften der Perspektive erst zu vollster Entfaltung, und hier hilft die Perspektive nicht wenig mit, das Rahmungsprinzip so weit in das Bildinnere hineinzuziehen, wie wir es im Vorstehenden allenthalben einbezogen fanden.

Bemerkungen.

Kongreß für Ästhetik und allgemeine Kunstwissenschaft.

Im Juli 1912 versandte der Herausgeber an eine große Zahl von Fachgelehrten und an einige Künstler, die theoretisches Interesse bewiesen haben, das folgende Rundschreiben:

»Von verschiedenen Seiten ist an den Unterzeichneten die Anregung herangetreten, einen ‚Kongreß für Ästhetik und allgemeine Kunstwissenschaft' in die Wege zu leiten. Dieser Gedanke wurde zunächst in der Berliner ‚Vereinigung für ästhetische Forschung' besprochen und fand dort Freunde wie Gegner. Die Gegner äußern das Bedenken, daß Kongresse nur selten eine wirkliche Förderung der Wissenschaft bedeuten und daß demnach ihre Vermehrung nicht wünschenswert erscheine; im besonderen wenden sie ein, daß bei unserer noch wenig gefestigten und vereinheitlichten Wissenschaft die gegenseitige Verständigung schon unter philosophischen und psychologischen Ästhetikern erschwert, zwischen diesen und den Forschern auf den verschiedenen Kunstgebieten aber nahezu ausgeschlossen sei. Die Freunde des Planes dagegen erklären eine Verständigung für möglich und für dringend erforderlich; sie verweisen darauf, daß bei den Zusammenkünften der Philosophen und Psychologen, der Ethnologen und Soziologen, der Literatur-, Kunst- und Musikforscher sowie bei den vielerlei Versammlungen von Kunstpädagogen die ästhetischen Probleme zwar regelmäßig herangezogen, indessen niemals in ihrem inneren Zusammenhang erörtert werden. Sie folgern daraus die Notwendigkeit eines Kongresses für Ästhetik und die gesamte Kunstwissenschaft, soweit sie systematisch, d. h. nicht reine Materialforschung und bloß historische Untersuchung ist.

»Bei dieser Sachlage hielt es die ‚Vereinigung für ästhetische Forschung' immerhin für wünschenswert, an die ihr bekannten Vertreter wissenschaftlich-ästhetischer Interessen die Anfrage zu richten, wie sie sich zu dem Plane stellen. Ich bitte daher auch Sie, sehr geehrter Herr, mir gütigst Ihre Ansicht mitzuteilen und für den Fall, daß sie dem Kongreßgedanken günstig ist, Ratschläge über Zeitpunkt, Ort und Einrichtung des Kongresses beizufügen. Ist eine überwiegende Mehrheit zugunsten des Planes vorhanden, so wird ein Ausschuß aus deutschen und ausländischen Fachvertretern zur Vorbereitung des Kongresses gebildet werden; im anderen Falle erfolgt keine weitere Nachricht.«

Auf diese Anfrage gingen so viele dem Plane zustimmende Antworten ein, daß er weiter verfolgt werden konnte. Die meisten der Befragten rieten, als Verhandlungssprache nur die deutsche Sprache zuzulassen, was ja nicht ausschließt, daß auch fremdländische Gelehrte eingeladen werden; die Mehrzahl der Stimmen vereinigte sich ferner auf Berlin als Ort der Tagung und auf den Anfang des Oktober 1913 als ihren Zeitpunkt. So war denn die erste Aufgabe, einen Ausschuß aus deutschen Vertretern der verschiedenen, hier in Betracht kommenden Fächer zu bilden. Diesem »Großen Ausschuß« sind bisher d. h. bis zum Redaktionsschluß dieses Heftes die folgenden Herren beigetreten: Hermann Abert (Halle a. S.) — Gustav von Allesch (Berlin) — Peter Behrens (Berlin) — Jonas Cohn (Freiburg i. Br.) — Hans Cornelius (Frankfurt a. M.) — Richard Dehmel (Blankenese) — Max Dessoir (Berlin) — Ernst Elster (Marburg i. H.) — Benno Erdmann (Berlin) — Curt Glaser (Berlin) — Adolf Goldschmidt (Berlin) — Karl Groos (Tübingen) — Richard Hamann (Posen) — Erich von Hornbostel (Berlin) — Moriz Hörnes (Wien) — Georg Kerschensteiner (München) — Oswald Külpe (Bonn) — Karl Lamprecht (Leipzig) — Konrad Lange (Tübingen) — Rudolf Lehmann (Posen) — Theodor Lipps (München) — Georg Loeschcke (Berlin) — Max Martersteig (Leipzig) — Ernst Meumann (Hamburg) — Theodor A. Meyer (Ulm) — Alois Riehl (Berlin) — Hugo Riemann (Leipzig) — August Schmarsow (Leipzig) — Erich Schmidt (Berlin) — Paul Schultze-Naumburg (Saaleck) — Eduard Sievers (Leipzig) — Hugo Spitzer (Graz) — Karl von den Steinen (Berlin) — Carl Stumpf (Berlin) — Johannes Volkelt (Leipzig) — Karl Voll (München) — Richard Wallaschek (Wien) — Oskar F. Walzel (Dresden) — Richard M. Werner (Wien) — Stephan Witasek (Graz) — Werner Wolffheim (Berlin) — Oskar Wulff (Berlin) — Theodor Ziehen (Wiesbaden).

Diese Herren haben ein Rundschreiben erlassen, in dem zur Teilnahme an dem Kongreß eingeladen wird, und zwar mit folgender Begründung:

»Der Kongreß scheint erwünscht, weil er eine Gemeinsamkeit wissenschaftlicher Interessen zum sichtbaren Ausdruck bringen kann. Ästhetische und kunstwissenschaftliche Probleme werden zwar bei den Zusammenkünften der Philosophen und Psychologen, der Literatur-, Kunst- und Musikforscher, der Ethnologen, Soziologen und Pädagogen gern nebenbei erörtert, können aber bei solchen Gelegenheiten nie in ihrem inneren Zusammenhang sich darstellen. Um diesen Zusammenhang deutlich hervorzuheben und zu fördern, sind die Ästhetiker, die von Philosophie und Psychologie ausgehen, mit denjenigen Vertretern der konkreteren Wissenschaften in Verbindung zu setzen, die im Kunstwerk als solchem den nächsten Gegenstand ihrer Forschung erblicken; anderseits sind die Kunst-, Literatur- und Musikhistoriker durch lebendige Berührung und Aussprache darin zu befestigen, daß sie die wertvollen Ergebnisse der neuen philosophischen und psychologischen Ästhetik sich zu eigen machen. Wenn die bisher gesondert Arbeitenden sich als Glieder einer umfassenden geistigen Bewegung fühlen lernen, so kann das dem Fortschritt unserer Wissenschaft erhebliche Dienste leisten. Daher soll das Organisationsmittel eines Kongresses zu Hilfe genommen und ein persönlicher Gedankenaustausch hergestellt werden.«

Über den Erfolg dieses Rundschreibens und über die Gestaltung des Kongresses im einzelnen wird in den späteren Heften unserer Zeitschrift berichtet werden. Die Vorbereitung liegt bei einem geschäftsführenden Ortsausschuß, der sich vorläufig zusammensetzt aus den Herren v. Allesch, Dessoir, Glaser, Wolffheim, Wulff; Anfragen und Mitteilungen können an Prof. Dessoir, Berlin W. Speyererstr. 9, gerichtet werden.

Besprechungen.

Richard Müller-Freienfels, »Psychologie der Kunst«. 2 Bde., 231 und 213 S. Verlag Teubner, Leipzig und Berlin 1912.

Was diesem Werke unmittelbar nach seinem Erscheinen Beachtung und Anerkennung erworben hat, ist zum Teil der Umstand, daß es zu den sehr seltenen wissenschaftlichen deutschen Büchern gehört, die auch einen ästhetischen Wert besitzen und aus denen eine klar erkennbare Persönlichkeit spricht: Ein Vertreter der »fröhlichen Wissenschaft«, der weder unter der erdrückenden Fülle des Materials ächzt, noch, sich ängstlich verklausulierend, den Zweifeln und Unklarheiten ausbiegt, sondern frohgemut von Gipfel zu Gipfel schreitet und höchst ungeniert seine Meinung sagt, und der sich das leisten kann, ohne den Eindruck der Oberflächlichkeit zu machen, da er über eine gute Beherrschung des gesamten psychologischen und ästhetischen Stoffes und überdies über eine ungewöhnliche Gabe der Synthese verfügt.

Solche synthetischen Talente sind seit langem eine Notwendigkeit; für die Psychologie, weil sie an der chaotischen Masse unzusammenhängenden Erfahrungsrohstoffes leidet, der nicht dadurch fruchtbar gemacht werden kann, daß man ihn nach Art von Sammelreferaten zusammenstellt, sondern erst dadurch, daß man ihn zur Bearbeitung allgemeiner und lebensnaher Probleme verwendet; aber auch für die Ästhetik, weil sie an einer Fülle einseitiger Parteistandpunkte krankt, die alle halb recht und halb unrecht haben und erst, wenn man sie zu gegenseitiger Ergänzung nötigt, ein zutreffendes Gesamtbild ergeben.

Die Möglichkeit, sich derartig über die Parteien zu stellen, gewinnt der Verfasser, indem er nicht normative Ästhetik treibt, sondern differentiell psychologische, d. h. indem er nachzuweisen versucht, wie verschieden die ästhetisch schaffenden und genießenden Menschen geartet sind und wie deshalb, obgleich ein jeder seinen Geschmack für den allgemeingültigen hält, doch eines sich nicht für alle schickt. Zwar erklärt Müller-Freienfels diplomatisch, daß die Ästhetik nicht bloß ein Zweig der Psychologie sei, sondern daß es daneben noch eine normative Ästhetik gebe. Sehen wir aber genauer zu, so wird der psychologischen Ästhetik nicht nur das Recht vindiziert, zu erkennen, was da ist, sondern auch, was sein soll; denn die Wirkungen, Schätzungen, Bewertungen, die das Kunstwerk im Genießenden auslöst, sind ja auch psychische Vorgänge; wenn man aber diese feststellt und ihre Gesetze abstrahiert, so klingen letztere wie ästhetische Forderungen und haben die gleiche Bedeutung. Was aber bleibt für die normative Ästhetik übrig, wenn schon die psychologische Gesetze gibt? Nun, »nur die systematische Durchführung solcher Einsichten zu Normen und Forderungen würde das Gebiet der Erfahrung durchbrechen, und hier würde dann das Feld der normativen Ästhetik beginnen«; mit anderen Worten, es bleibt ihr das Recht, das, was die psychologische Ästhetik an Normen gefunden hat, übersichtlich zusammenzustellen. Und treffen wir weiterhin auf die Überzeugung, daß kaum eine einzige der Vorschriften, die die Ästhetiker dem Künstler an die Hand gegeben haben, in der

Praxis standgehalten hat, so scheint doch die Meinung dahin zu gehen, daß der Verfasser sich nur deshalb auf die »Psychologie der Kunst«, auf die psychologische Ästhetik beschränkt, weil der Rest nichts taugt.

In seinem Kampfe gegen die Parteiprogramme wendet sich Müller-Freienfels vor allem gegen die Einseitigkeiten der Ausdruckstheorie. Versteht man unter »Ausdruck« Entladung und Befreiung, so würde ein unproduktives Sichaustoben dasselbe leisten wie das Hervorbringen eines objektiven Kunstwerks; das für alle Kunst charakteristische Formungsprinzip ist dann unbegreiflich. Versteht man darunter den Trieb zur Mitteilung, zum Sichaussprechen, so dürften für diesen Zweck fünfaktige Tragödien und Architekturwerke doch sehr ungeeignete Mittel sein. Mit der »persönlichen Note«, in der dieses Mitteilungsbedürfnis sich tatsächlich manifestiert, kokettieren doch nur manche Künstler und nicht durchweg die besten. Mindestens ebenso wichtig wie der »Ausdruck« ist die Rücksicht auf den Genießenden, der Wunsch, etwas Wirksames zu gestalten. Selbst den Größten war der Respekt vor den Wünschen des Publikums nicht fremd, und selbst der einsamste Künstler hat ein Publikum an sich selber, will etwas schaffen, was ihm selbst gefällt und Freude macht. Die psychischen Vorgänge im Produzierenden und Genießenden sind viel zu unähnlich, als daß die Ausdruckstheorie zur Erklärung aller Kunstphänomene genügen könnte. Der Genießende verhält sich rein ästhetisch, ergibt sich der Lust eigenwertiger adäquater Funktionsbetätigung; der Schaffende dagegen verhält sich überwiegend nicht ästhetisch, er »arbeitet« im härtesten Sinne des Wortes, seine Tätigkeit hat fast durchweg Zwecke, die außerhalb ihrer selbst liegen, und sie ist nicht beständig lustvoll, sondern vollzieht sich oft unter Qualen. Nur der Ausgangspunkt, die Konzeption, und das Ziel, das Kunstwerk, fallen ins Bereich des Ästhetischen. So weit überspannt Müller-Freienfels die Diskrepanz zwischen den seelischen Vorgängen im Künstler und im Genießenden, daß er meint, man könne dem Werke, das uns begeistert, ohne historische Kenntnisse nicht anmerken, ob es von einem Genie oder einem Nachahmer herrühre, ob ästhetische Motive oder bloße »Mache« es hervorgebracht habe. Diese weitgehende Skepsis erinnert an Wolzogens neueste Paradoxien, die der Ansicht huldigen, jeder gewandte moderne Autor schreibe besser als Goethe und Kleist, und nur das Bewußtsein, daß letztere die Bahnbrecher gewesen seien, halte ihre Autorität aufrecht. Wäre das richtig, wäre der technische Fortschritt allein maßgebend in der Kunst, so läge bei ihr die Sache genau wie bei der Technik, wo sich außer dem Historiker niemand mehr um die Wattsche Dampfmaschine oder das Fultonsche Dampfschiff kümmert. Hätte das Genie und das wahre Gefühl uns nicht Unersetzliches und Unnachahmliches zu bieten, so würde die Menschheit gewiß nicht bei ihm stehen bleiben, denn Dankbarkeit gegen das Genie ist allezeit ihre letzte Tugend gewesen.

Was für den Schaffenden die Ausdruckstheorie, das ist für den ästhetisch Genießenden die Einfühlungstheorie. Beide sind subjektivistisch und romantisch orientiert: die Objektivierung der eigenen Persönlichkeit, zumal des eigenen Gefühls, soll maßgebend sein. Auch die Einfühlung aber ist kein Zauberwort, das alle ästhetischen Problemtüren öffnet. Ihr Gebiet reicht viel weiter als das ästhetische, denn ohne »Nachfühlung« fremder Seelenvorgänge wäre überhaupt kein menschlicher Verkehr möglich; andererseits ist es wieder zu eng, denn viele Objekte ästhetischen Wohlgefallens, wie Dreiklänge oder harmonische Farbenzusammenstellungen, kann man nicht durch Einfühlung erklären.

Nährt sich also die ästhetische Betätigung aus vielen Quellen, entsteht sie aus dem Zusammenwirken mannigfacher Funktionen und beruht auf der Hegemonie einzelner Funktionen jene buntscheckige Vielgestaltigkeit des Schaffens und Genießens, die es unmöglich macht, einer einzelnen Richtung recht zu geben, und die es als nötig erscheinen läßt, alle Richtungen als Ausflüsse bestimmter psychologischer Typen zu begreifen, so ergibt sich als Haupterfordernis eine genaue Analyse und eine vielseitige differentiell-psychologische Typik der ästhetischen Tätigkeiten. Die Durchführung dieses Programms bildet den wichtigsten Gegenstand und das wesentliche Verdienst des Buches.

Vier intellektuelle Funktionen wirken beim ästhetischen Genuß mit: die Sinnestätigkeit, die Assoziation (Imagination), die motorische Mittätigkeit und der Verstand, d. h. das Urteilen und Schließen. Je nach dem Überwiegen des ersten oder zweiten der genannten Faktoren haben wir den in scharfem Gegensatz stehenden sensorischen und imaginativen Typus. Imaginativ sind »Poesiemaler« wie Knaus, Vautier, Böcklin, Klinger, die durch das Novellistische oder durch die Idee und Symbolik ihrer Werke wirken wollen. Sensorisch dagegen sind die reinen »Formmaler« wie Manet oder Trübner — denn der Gegensatz des Sensorischen und Imaginativen entspricht großenteils dem zwischen Form und Inhalt. Die beiden erwähnten Kunstrichtungen sind so heterogen, daß man sie am besten als ganz verschiedene Künste auffassen und mit verschiedenen Namen bezeichnen sollte. Gänzlich verkehrt ist es, die Form, das Sensorische, als einzig berechtigt hinzustellen, wie es Meier-Graefe in der Theorie, oder wie es jene Maler in der Praxis tun, die mit Absicht die Bedeutung der Bilder unkenntlich machen und klare Umrisse vermeiden. Wäre das richtig, so würde die Malerei sich auf Teppichmuster und Ornamente beschränken und ganz von Inhalten absehen. Selbst in der imaginativsten Kunst, der Dichtung, haben wir eine sensorische Schule — Stefan George in Deutschland, Verlaine in Frankreich, der ihr Motto »*de la musique avant toute chose*« geprägt hat — die durch Fehlen der Interpunktion und großer Anfangsbuchstaben, durch ungewöhnlichen Druck und tonloses Vorlesen die Assoziationen zurückdrängt und den Wortklang kultiviert. Bei den Imaginativen sind wieder zwei Gruppen zu scheiden, die anschaulich und die verbal Imaginativen. Die erstere legt dem musikalischen Kunstwerk Bilder, die letztere Worte und poetisch formulierte Gedanken unter.

Die motorischen Mitbewegungen sind von dreierlei Art, sie können sein: Nachahmungsbewegungen, Auslösungs-(Ausdrucks-)bewegungen und Auffassungsbewegungen. Zu den letzteren würde z. B. das oft erwähnte Entlanggleiten des Blickes an den Konturen gehören. Motorisch veranlagte Personen verhalten sich in der ästhetischen Auffassung verschieden, je nachdem sie der vorerwähnten sensorischen oder imaginativen Gruppe angehören. Der Sensorisch-Motorische genießt unmittelbar seine Mitbewegung, etwa im Sinne der Hamannschen Worte: »Der plastische Genuß besteht darin, eine durch das optische Bild vorgeschriebene Abtastbewegung zu wiederholen.« Der motorisch-imaginative Typ dagegen genießt hinzugedachte, »eingefühlte« Bewegungen, beziehungsweise, falls diese weiter ausgebaut werden, Affekte. »Während der sensorisch-motorische Typus das Entlanggleiten mit dem Blicke an schlanken Linien selber als Vergnügen empfindet, wird dem imaginativen Typus das alles zu einem Phantasieerlebnis. Das Emporsteigen des Blickes wird ihm zu einem Emporgetragenwerden, Schweben, Steigen seiner ganzen Persönlichkeit.« Der Imaginativ-Motorische findet am besten seine Rechnung in der Schauspielkunst, wo es in jede Bewegung einen Affekt hineinzudeuten gibt; auch in der Plastik ist er nicht mit der reinen, schönen Form, wie sie die Griechen zu bieten pflegten, zufrieden; er braucht eine Bedeutung, eine zum Ausdruck gebrachte Stimmung, einen suggestiven Titel; eine ruhig dastehende menschliche Gestalt muß für ihn etwa »Einsam!« heißen. — Gegen diese Ableitung der Affektimagination aus der motorischen Anlage habe ich Bedenken, sie scheint mir mehr von der affektiven Veranlagung abzuhängen. Man findet dieses Einfühlungsbedürfnis besonders ausgeprägt bei der weiblichen Kunstanschauung; Frauen aber sind zwar affektiver, dagegen, was mehrfach bestätigt worden ist, minder motorisch als Männer.

Die Verstandestätigkeit beim ästhetischen Genuß liefert erstlich ästhetische Hilfsurteile, die notwendig sind, damit das Werk verstanden wird und genossen werden kann. Dahin gehören Urteile über Idee und Gehalt, über die Kausalität im Drama, über die beabsichtigte Farbenzusammenstellung im Bilde. Der große Wert dieser Urteilstätigkeit besteht darin, daß erst durch sie eine Übertragung des Kunstverständnisses, z. B. das künstlerische Sehenlehren, möglich wird. Den »diskursiven« Typus, der durch das Dominieren dieser Urteilstätigkeit entsteht, finden wir deutlich repräsentiert durch Hanslick, für den das Musikhören in einem analysierenden Verfolgen der Absichten des Komponisten bestand. — Daneben konstatieren wir an sich kunstfremde, rein theoretische Urteile über historische und kulturelle Zusammenhänge, durch deren schwache Lustgefühle sich der »Alexandriner« nach Art mancher Goethephilologen den echten Kunstgenuß zu ersetzen sucht, und endlich ästhetische Werturteile, deren stark suggestiven Einfluß etwa die Sterne im Bädecker illustrieren.

Eine weitere, für die Art des ästhetischen Genusses wichtige Typenbildung ergibt sich aus den Modifikationen des Ichbewußtseins. Der »Extatiker«, dessen eigentliches Bereich die Musik ist, vergißt sein Ich völlig und genießt im Grunde nicht mehr das Kunstwerk, das ihm in einem allgemeinen Gefühlschaos verschwimmt, sondern eben seine Selbstentäußerung. Der »Mitspieler« dagegen hat eine Ichvorstellung, die aber mit fremden Persönlichkeiten identifiziert wird; er »rast mit Othello, zittert mit Desdemona«. Der »Zuschauer« endlich, dessen Wesensart von Hugo von Hofmannsthal charakterisiert worden ist, behält seine eigentliche Ichvorstellung, stellt sich dem Kunstwerk kritisch, nachdenkend, urteilend gegenüber und vergißt keinen Moment, daß er im Parkett sitzt und ein Produkt menschlichen Schaffens beobachtet. Der »Mitspieler« soll die primitivste, niedrigst stehende, der »Zuschauer« die höchstentwickelte Form ästhetischer Auffassung darstellen. Diese Ansicht hängt zusammen mit der Behauptung, daß nur die Qualität der Gefühle, nicht aber ihre Intensität, nicht das Maß des Ergriffenseins und Erschüttertwerdens bei der ästhetischen Bewertung mitzusprechen habe. Wird diese Überzeugung, die etwas nach dem müden, überfeinerten Ästhetentum der jungwienerischen Schule schmeckt, ohne Widerspruch bleiben? Dürfen wir wirklich die spätere, reifere Entwicklungsform unter allen Umständen für die höhere erklären, auch dann, wenn sie greisenhafte Züge aufweist?

Die vermittelnde und psychologisierende Ästhetik, von der hier nur eine Reihe besonders kennzeichnender Belege geboten werden konnte, scheint mir ein notwendiges Ergebnis der heutigen Kulturlage zu sein. Solange die Menschheit langsam lebte und nur alle dreißig Jahre eine neue Kunstrichtung, eine neue ästhetische Theorie aufkam, konnte wirklich jede junge Generation in der Gewißheit schwelgen, daß erst sie den Stein der Weisen gefunden habe und mit ihr die Geschichte neu anfange. Seit aber die turbulente Entwicklung des technischen Zeitalters die neuen Erscheinungen wie wechselnde Wolken einherjagt, ist dieser naive Fanatismus unmöglich geworden, denn allzu viele unfehlbare Päpste nebeneinander kann selbst das gläubigste Gemüt nicht vertragen. Da mußte denn die lösende Formel gefunden werden, die die relative Geltung der widerstreitenden Richtungen, ihre Bedingtheit durch psychologische Typen erkannte; und sie mußte gefunden werden durch einen Vertreter jener Hegelischen synthetischen Tendenz, die das Stück Vernünftigkeit in allen Gestaltungen sucht und bestrebt ist, statt zu preisen oder zu verdammen, alle Einzelerscheinungen an ihren richtigen Platz im System des Ganzen zu stellen.

Halensee. Richard Bärwald.

Richard Hamann, Ästhetik. VI und 120 S. Leipzig, B. G. Teubner, 1911. (Aus Natur und Geisteswelt.)

Ich will es machen wie der Autor, der gleich *medias in res* und zwar sofort in recht komplizierte Dinge und Einzelheiten hineinspringt, und will ihn eine Wegstrecke begleiten. Er beginnt damit, das Wesen des Ästhetischen vom Wesen der Kunst zu trennen, um erst nachher zu zeigen, welche besonders engen Beziehungen zwischen beiden bestehen.

Bisher hielten wir »ästhetisch« einfach für den weiteren Begriff, Kunst für den engeren, der nirgends aus dem Umfange des Ästhetischen herausschreite (wir dachten bei letzterem neben der Kunst an die ästhetische Freude an der Natur). Der Verfasser dagegen meint, daß es auch Kunst gebe, die nicht ästhetisch sei; das beweise das Wesen der illustrativen Kunst. Ich glaube das nicht; ich würde sagen: auch sie ist Kunst nur, soweit sie ästhetisch ist; daß auch etwas Außerästhetisches — daher aber auch Außerkünstlerisches — in ihr ist, wird nicht bestritten. Man kann sicher Kunst unästhetisch anschauen, aber nicht sie in außerästhetischem Zustande schaffen; sonst ist das, was sich da betätigt, nur ein Können und keine Kunst (diese zwei Worte mit verschiedenen Bedeutungen haben wir doch, sie weisen darauf hin, daß man einen Unterschied dazwischen schon längst gefunden hat). So würde ich auch entscheiden bei der religiösen Kunst. Der Verfasser bringt über ihren religiösen Sinn feine Bemerkungen und es kann auch offen bleiben, welcher Wert, der religiöse oder der ästhetische, im ganzen gesehen höher ist; daß aber die Werke dieser Kunst, sofern sie wirkliche Kunstwerke sind, in einem nur religiösen und gar nicht ästhetischen Zustande geschaffen seien, davon wird man uns nicht überzeugen; und es steht wohl fest, daß auch ein rein ästhetisches Verhalten das Religiöse in vielen Fälle fördern kann, so sehr es in anderen den Ernst des Religiösen gefährden mag. Es ist nicht anders wie im Kunstgewerbe, wo selbst der praktische Zweck in einer gewissen Sublimierung der Bewußtseinsform als vollgültiger künstlerischer und ästhetischer Gehalt in das Erlebnis eingeht und daneben der Gegenstand doch noch brauchbar bleiben kann; so können auch religiöse Stoffe ästhetisch geformt werden und ihre religiöse Wirkungskraft und Erbaulichkeit bewahren. Die beiden Betrachtungsweisen, die ästhetische und die andere, brauchen sich also nicht zu befehden, und gerade bei großen Kunstwerken wird das selten der Fall sein, da diese meist Takt haben und ihren bestimmten Inhalt sachlich gestalten werden. Anderseits sind viele »bildliche Beigaben in Büchern«, an die der Verfasser für die Unterscheidung ästhetischer und außerästhetischer Kunst erinnert, überhaupt nicht Kunst, aber nicht deshalb, weil sie religiösen Zwecken dienen wollen, sondern weil sie nach ästhetischen Gesichtspunkten nicht genügen. Mit welchem Recht der Verfasser illustrative Werke, die das ästhetische Bedürfnis nicht befriedigen, aber an ihrem Platze ihren Zweck erfüllen, Kunstwerke nennt, begründet er nicht. Wir sprechen doch auch von Kriegskunst — Luther sprach von der Kunst *astronomia* — und wir wissen sehr wohl, daß sie nicht in den Kreis der früher deutlich sogenannten »schönen Künste« (wir würden eher sagen ästhetischen Künste) gehört. Wenn der Autor schließlich meint:

»Illustrationen sind letzten Endes alle geschichtlichen Bilder, alle Ehrenstatuen und Porträts usw. als Rückhalt der Erinnerung, die nicht mit ästhetischen, sondern mit ethischen Banden an das dargestellte Objekt geknüpft ist« — so brauchen wieder die Werke deshalb doch nicht ausschließlich mit ethischen, sondern können auch mit ästhetischen Banden daran geknüpft sein. (Seltsamer Radikalismus!) Und so kann auch illustrative Kunst wirklich ihren Namen mit Recht führen, das heißt Kunst, das heißt aber auch ästhetisch sein.

Innerhalb der illustrativen Kunst nun unterscheidet Hamann zwei Gruppen, »Kultus« und »Demonstration«. Wenn er da aber das Monumentale und das Porträt als Unterarten des Kultus bezeichnet, so ist das wieder radikal, und wenn das gar zugleich heißen soll, daß diese Gebiete aus dem Ästhetischen hinausgerückt werden sollen, so — hört die Gemütlichkeit auf. Daß ein künstlerisches Porträt mit Ästhetik (soll heißen mit dem Ästhetischen) gar nichts zu tun zu haben brauche, das gilt für manchen Betrachter, aber niemals für den Künstler, der es schuf. Da sind so feine Mischungen von »interesselosem Wohlgefallen« (auf das Hamann mit seiner eigenen Definition von ästhetisch eigentlich hinaus will), so feine Mischungen davon mit allerlei anderen Interessen und so viele Grade des ästhetischen Interesses möglich, daß man die gewaltsame Behandlung hier nicht billigen kann. Und beim Monumentalen, wenn es auch »Erinnerungsstütze, Versinnlichung des leiblich Entrückten« usw. ist, ist der Zweck und die »kultische« Beziehung doch nicht so grob, daß das ästhetische Verhalten darunter litte. Ja, gerade in diesem Versinnlichen eines Abgeschiedenen ist hier ein anderes Moment des Ästhetischen, nämlich das Anschauliche, so ausgesprochen da, daß man erst das Anschauliche vom Begriff des Ästhetischen abstreifen muß, wie Hamann auch nachher tut, um beim Monumentalen das Ästhetische leugnen zu können. Und bei der Biographie: da, wo sie »der Poesie an Eindringlichkeit und Schwung der Darstellung nichts nachgibt«, liegt sie eben nicht mehr außerhalb des Ästhetischen. Auch ein Geschichtswerk kann ein Kunstwerk sein und als solches d. h. eben ästhetisch aufgenommen werden; es gibt auch hier verschiedene Grade des Ästhetischen. Wenn man z. B. Schriften von Ranke oder Herman Grimm oder Treitschke nur auf die Sprache hin und nur als Ausdruck der Persönlichkeit des Autors liest, so ist der äußerste Pol rein ästhetischen Verhaltens erreicht. Wenn man aber auf den Inhalt achtet und ihn auch durchaus mit theoretischem Verstandesinteresse aufnimmt, kann noch immer zugleich ein Element ästhetischer Empfänglichkeit dabei sein und verträgt sich damit, mag man das Ästhetische auffassen wie man will, selbst so, wie es der Verfasser nachher will. Auch diese Freude an Werken großer Historiker ist nicht bloß künstlerisch, sondern auch ästhetisch; künstlerisch (das Wort hier im rezeptiven Sinne genommen) wird nämlich die ästhetische Freude, sofern das Bewußtsein des Menschenwerks und das Vergnügen am Können zu dem ästhetischen Verhalten hinzutritt. — Hamann übertreibt seinen Gedanken des Kultischen weiter, wenn er behauptet: »Die Photographie vermag wohl ästhetisch wirksame Bilder zu schaffen, aber die persönliche Auffassung des Kultbedürfnisses liegt ihr fern, deshalb ist niemand mit ihr zufrieden.« Deshalb? Zunächst könnte ein Kultbedürfnis ja nur beim Porträt in der Photographie auftreten, und ferner mögen wir Photographien manchmal deshalb nicht, weil das Schaffen in gewissem Grade fehlt; sicherlich gibt es Photographien, die zufällig ästhetisch wirksam sind (ich meine damit solche, die zufällig dem Bedürfnis unseres Auges entgegenkommen); soweit sie das zufällig tun, sind sie keine Kunst, sondern dann handelt es sich sozusagen um ein Naturschönes; die meisten ästhetisch wirksamen Photographien aber haben ein künstlerisches Moment, ein relativ freies Schalten des Photographen zur Voraussetzung, und soweit ist man dann mit ihnen auch zufrieden; dieses Schaffen aber richtet sich nicht zuletzt auf jene Zubereitung für unsere Sinnlichkeit.

Gewiß ist der ästhetische Gesichtspunkt nicht der einzige, der die Kunst erschöpfend erfaßt, es muß eben zum Unterschiede von der Natur das freie Schaffen des Künstlers dazu genommen werden und das muß in der Kunstwirkung ununterbrochen als Hintergrund im Unterbewußtsein des Aufnehmenden da sein; der enge Zusammenhang aber zwischen dem Ästhetischen und der Kunst zeigt sich auch gerade darin, daß, wenn man für dieses freie Schaffen des Künstlers keinen Sinn hat, also wenn man überall nicht ein Bild, sondern Abbild, Nachbildung, Bildnis und Illustration sieht, was manche Betrachter ja überall fertig bekommen — daß man dann auch unästhetisch sieht. Und umgekehrt: wenn man in diesem Sinne sich unästhetisch verhält, d. h. gedanklich über das Gegebene hinausgeht, in beliebige Phantasien abschweift, so sieht man auch unkünstlerisch. Und endlich: wenn man auch alles sinnlich Wahrnehmbare in der Welt ästhetisch ansehen kann, selbst etwas Außerkünstlerisches von Menschenhand, ja sogar eine mathematische Formel wie $a^2 + 2ab + b^2$ mit ihrer anschaulichen Symmetrie, und wenn man auch anderseits alles unästhetisch ansehen kann, selbst etwas Künstlerisches — so fallen darum beide Begriffe doch noch nicht auseinander! Es gibt Grade der Ausbildung des Individuums, die das ästhetische Verhalten immer leichter und häufiger eintreten lassen, und dazu wird man namentlich mit Hilfe der Kunst erzogen; und es gibt durchschnittlich der Kunst gegenüber auch beim ganz Unerzogenen mehr ästhetisches Verhalten als gegenüber dem praktischen Leben oder selbst der landschaftlichen Natur. Auch beim Höchsterzogenen aber werden die ästhetischen Erlebnisse, die er haben kann, ganz überwiegend an die Gelegenheiten gebunden sein, die die Kunst gibt.

»Ästhetisch und schön« ist ein weiterer Abschnitt überschrieben. Auch das unterscheiden wir längst, sehen aber den Umfang des Begriffes »schön« überall gedeckt von dem des Begriffes »ästhetisch«, der seinerseits über jenen hinausgeht. Hamann dagegen will wieder die beiden Begriffskreise sich nur schneiden lassen, er meint: das Gefallen an der Schönheit bedinge noch nicht den ästhetischen Zustand. Ich kann auch hier nicht beipflichten; man darf eben ein solches Gefallen, wie er es dabei im Auge hat, wissenschaftlich nicht mit dem Worte Schönheitswirkung bezeichnen. Er nimmt als Beispiel die erotische Wirkung von Frauenschönheit auf einen Mann, — ja das ist doch ein ganz besonderer, komplizierter und dennoch leicht in seiner Heterogenität gegenüber dem Ästhetischen durchschaubarer Fall, dem außerdem schon die Beobachtung entgegengehalten werden kann, daß ein Mann die Schönheit einer Frau vollkommen einsehen und würdigen und trotzdem erotisch gänzlich unberührt bleiben kann, hingegen von einer anderen Frau, deren viel geringere Schönheit er ebenso klar einsieht, erotisch affiziert werden kann. Ich kann mir weiter denken, daß man erst ein reines Schönheitsgefallen empfindet und dann in zeitlicher Folge, gerade auf Grund dieses Gefallens, sich noch andere Empfindungen dem Gegenstand gegenüber einstellen; warum sollte nicht gelegentlich ein rein ästhetischer Eindruck weiterhin erotisch wirksam werden können? Man ist bekanntlich häufig genug zur umgekehrten Konstruktion, zu der Behauptung, die Schönheitswirkung sei stets erotogen, merkwürdig behende bereit gewesen. Wenn man aber überhaupt nicht zu einem reinen Wohlgefallen gelangt, für solche Fälle würde ich empfehlen, nicht von »schön« zu sprechen, sondern etwa von »reizend«. Vielleicht empfindet man in solchen Fällen das Begehrenswerte und weiß daneben selber, daß man denselben Gegenstand auch schön finden könne, und nennt es darum so häufig schön. Es wird sich die

Freude das eine und das andere Mal auch nicht streng genommen auf dieselben Elemente des Gegenstandes zu richten brauchen; es ist vielmehr beidemal nicht nur ein anderer Zustand des Aufnehmens da, sondern man liest auch aus dem Objekt je nach den verschiedenen Interessen verschiedene Elemente aus; jeder sieht an der Mona Lisa anderes und zu verschiedenen Zeiten wieder Verschiedenes und vielleicht hört jeder Wagnerische Musik anders; man muß es doch z. B. für wahr halten, daß manche Menschen wirklich während des ganzen Tristan nicht von erotischen Vorstellungen allersinnlichster Art loskommen.

»Ästhetisches Erlebnis und Anschaulichkeit« (Seite 9). Wieder spaltet Hamann, was nicht zu trennen ist. Denn mir scheint das ästhetische Verhalten ohne sinnlich anschauliche Elemente nicht vorhanden zu sein (seien diese selbst nur vom Betrachter nachträglich hinzugebracht, wie z. B. dann, wenn man sich die Innere Form eines wissenschaftlichen Buches oder eines philosophischen Systems vorstellt: da sieht man etwa vor seinem inneren Auge gegliederte Massen). Dieses besondere Verhältnis zur sinnlichen Anschauung hat für die Kunst unübertrefflich fein und tief einer der größten Kunstdenker des 19. Jahrhunderts, C. Fiedler, und doch nicht umsonst ausgeführt. Für seine Feststellungen muß fortan in jeder Ästhetik ein Platz sein. Man kann über die Rolle der Anschaulichkeit vielleicht streiten, man kann sie aber unmöglich als so unerheblich, ja als unnötig beim ästhetischen Verhalten hinstellen wie Hamann das tut! Man versteht Fiedlers Genialität nicht, wenn man nicht einsieht, daß er in erkenntnistheoretisch sicherster Begründung wirklich eine Weltanschauung der Kunst, eine der großartigsten Kunstphilosophien gegeben hat, die wir überhaupt kennen. Man kann anderer Meinung sein als er, aber man kann nicht die Seite, die er genial formuliert hat, als unwesentlich bezeichnen. Fiedler war nebenbei der Freund einiger unserer größten Maler im 19. Jahrhundert und der Theoretiker einer der einflußreichsten Kunstgruppen der zweiten Hälfte des Jahrhunderts, der Marées-Hildebrandschen. Hildebrands epochales Buch dann fiel (nach Wölfflins Wort) wie ein erfrischender Regen auf dürres Erdreich. Nun, was in diesen Werken stand, das war die Botschaft von der ästhetischen Sinnlichkeit, von der Sinnlichkeit, die wir freilich im nordischen Alltag schier ganz und gar zu schätzen und auszubilden verlernt haben, und zu der uns nur die Kunst wieder erziehen kann. Daß auch hier geistige Aktivität, wenn auch von anderer Richtung als beim theoretischen Verhalten, vorhanden ist, zeigt Fiedler vornehmlich, und das zeigt das Wort Anschauung besser als das Wort Sinnlichkeit (von der Gemütsnähe der sinnlichen Elemente nachher noch ein Wort). In dieser Funktion nun ersieht man vielleicht auch klarer, als bei Hamann geschieht, für die Kunst eine große Kulturmission für immer, keineswegs nur (aber allerdings besonders) für unsere heutige verstandesmäßige und mechanisierte Kultur, und man sieht eine große Provinz für das eigentümliche selbständige Leben der Kunst abgegrenzt. Und dies alles gilt nicht bloß auf dem Gebiete der bildenden Künste; denn in der Anerkennung des akustisch Sinnlichen in der Musik sind z. B. Hanslick und Friedrich von Hausegger völlig einig, diese beiden, die vielleicht am deutlichsten die Pole zweier Hauptrichtungen der Musikästhetik, ja der Musikauffassung und des Musikschaffens im ganzen 19. Jahrhundert repräsentieren; ihr Unterschied, daß der eine mehr das Formale, der andere mehr den Ausdruck betont, liegt denn doch ganz wo anders. Hamann freilich greift sofort auf die Dichtung zurück, spielt also einen besonderen Fall aus; er gibt zu, daß der Klang oder das Schriftbild eine sinnliche Gegenwart auch da ergebe; wenn er aber fortfährt: »das, was wir in ihnen begreifen sollen, ist jedenfalls in dieser sinnlichen Gegenwart nicht enthalten, sondern durch sie nur nahegelegt«, so würde ich weiter schließen: um so viel weniger unmittelbar ästhetisch ist eben die Dichtung, um so viel vermittelnder ist hier die Kunst der Sprache. Wir kennen die originelle (aber einseitige) Theorie Theodor Meyers über die Dichtung, aber auch sie kann an unserem Begriff des Ästhetischen nicht rütteln, denn sie betrifft nur die reproduzierten anschaulichen Inhalte, von denen Meyer freilich zeigt, daß man sie vielfach überschätzt hat. Hamann fährt weiter fort: »Je konkreter, lebendiger und die Vorstellung des unmittelbaren Dabeiseins erweckend, desto ästhetischer, künstlerischer wäre es. Aber auch das trifft nicht zu.« In der Tat, daß es dennoch zutreffe, das ist unsere Meinung und ist übrigens selbst die Meinung Theodor Meyers. Wenn diese Bestimmungen vielleicht zugleich auf Schundliteratur zuzutreffen scheinen, so ist zu beachten, daß sowohl deren Mittel wie Wirkungen dennoch andere sind, daß bei der Schundliteratur vor allem eines fehlt, Geschmack, den Goethe neben der von ihm so hochgepriesenen Phantasie für unerläßlich hielt (»Phantasie ohne Geschmack ist furchtbar«) und schließlich, daß auch Hamanns Grundprinzip für sich noch kein Kriterium enthält, um das »Drinsein« des Lesers und das Abgeschlossensein gegen die Interessen der übrigen Welt, die Versenktheit und Versunkenheit bei sozusagen legitimen ästhetischen Erlebnissen zu unterscheiden von ähnlichen Wirkungen der Schundliteratur oder auch des bloßen Schmökers. Da gibt noch eher unser Prinzip der sinnlichen Vertiefung sofort von sich aus Handhaben, um beide Arten von Eindrücken auseinander zu halten: die sinnliche Vertiefung in das, was da ist, wird gerade davor bewahren, einem hastigen, stoffhungrigen und von der Phantasie besessenen Jagen beim Lesen zu verfallen und unter den dumpfen Druck der nur immer vorwärtstreibenden Spannung zu geraten; diese selbe sinnliche Vertiefung aber, wenn man sie als Leser bei Erzeugnissen der Schundliteratur versucht, wird deren elenden Charakter schon ausreichend offenbaren. Bleiben wir indessen bei wirklich großer Literatur, um Hamanns Prinzip zu illustrieren: Nach ihm wäre vielleicht die Leistung Zolas nicht die großartige Anschaulichkeit, mit der er z. B. in *Vérité* das Toben und Schreien der Menge gibt oder sonst irgendwo große Kollektivwesen, die uns gewöhnlich nur Begriffe bleiben, etwa ein Warenhaus zu dem einheitlichen Bilde eines Organismus zusammenballt — was man, von anderer Seite angesehen, auch als seine mythenbildende Kraft bezeichnet hat — sondern es wäre nach Hamann vielleicht wieder die Fähigkeit der Isolierung, d. h. nun freilich nicht bloß, daß der Leser in seinem Bann steht, sondern auch, daß der Dichter höchst realistische Stoffe doch noch ohne Störung dem Leser darstellen konnte. Gewiß ist auch dies letztere eine Leistung und eine, die gerade beim Naturalismus sehr fein sein kann, das Schaffen der Distanz bei ganz alltäglichen Dingen; aber ist dieses Erträglichmachen gewöhnlicher oder grober Stoffe. nicht mehr nur eine Vorbedingung und ist nicht in den meisten Fällen erst ein Positives, eine stärkere Freude, ein Genuß das eigentliche Ziel? Auch jenes »Pathos der Distanz« kann einen feinen Genuß bereiten, zumal im raffinierten Bewußtsein solcher Leistung, aber das Betonen der sinnlichen Momente bedeutet doch wohl einen stärkeren Sinn für unmittelbare und positive Wirkungen der Kunst. Es sind dies möglicherweise letzte Auffassungsverschiedenheiten nicht nur in der kunsttheoretischen Art, die Dinge anzufassen, sondern im künstlerischen Erlebnis selber. Ein Kunstdenker von Hamanns Typ würde dann in der Kunst wesentlich eine Befreiung vom Leben sehen — eine Richtung, die ihren Gipfel hatte in Schopenhauers Erlösungsästhetik, hingegen der sensualistische Typ würde gerade das unmittelbare, elementare, vor- oder unter-, jedenfalls außerbegriffliche Erleben, wie es das ästhetische Verhalten bietet, stark empfinden und in erster Linie im Bewußtsein haben (ohne daß dieser letztere Typ deshalb im geringsten die fundamentale Verschiedenheit der Kunst vom gewöhnlichen Leben oder von der Natur vergäße). Beide Seiten der Sache aber sind wichtig.

Übrigens würden wir mit der unsrigen imstande sein zu zeigen, daß jene andere gewiß außerordentlich wichtige Seite, die Hamann voranstellt, auch schon im sinnlichen Gebiet ein eigenes breites Leben hat, wo man z. B. gleichfalls wünscht, daß einem das Realistische nicht allzu real »auf die Nerven falle« oder wo man noch fähig bleiben will, sich sinnlich daran zu freuen oder sich ihm, ich möchte sagen, mit sinnlicher Aufmerksamkeit zu widmen, ohne sinnlich abgeschreckt oder chokiert zu werden. Ja, wir können sagen, daß gerade jener Zustand der interesselosen, spielenden Aufmerksamkeit, der Betrachtung, die weder theoretische Beobachtung noch praktische Prüfung ist, sich d u r c h das Interesse für sinnliche Faktoren ergibt, die eben den sachlichen Interessen eine gewisse Konkurrenz im Bewußtsein machen und insofern die Stoßkraft des Stofflichen abschwächen! Auch so ergibt sich der kontemplative Zustand, der seine Bezeichnung übrigens ja auch erst durch Übertragung erhalten hat. Also nicht bloß die eine ästhetische Eigenschaft, die direkte und unmittelbare Wirkung, hängt mit der Sinnlichkeit zusammen und davon ab, sondern auch die gerade entgegengesetzte, ebenso wichtige, die »fernende« Wirkung, wird vom Sinnlichen unterstützt.

Hamann nimmt weiter das Beispiel eines Steckbriefes, der den Verbrecher so sinnlich schildern soll, daß dem Leser alles lebendig vor Augen steht, was man ja als möglich unterstellen kann, und meint, die Anschaulichkeit allein tue es nicht. Nein, jede tut es nicht, diese Steckbriefsart z. B. wird, rein anschaulich betrachtet, bei aller Genauigkeit, ja Lebendigkeit der Teile, g l e i c h g ü l t i g bleiben, da sie weder (kurz gesagt) aufs Schöne noch aufs Häßliche hin gearbeitet ist. Darauf aber kommt's im Ästhetischen an: auf diese Zubereitung für unsere Sinne zu starken Eindrücken, positiven oder negativen, denn beide sind ästhetisch. Das sinnlich Langweilige hingegen oder das sinnlich gleichgültige Verhalten ist überhaupt nicht ästhetisch. Denn ästhetisch ist ein besonders gesteigerter Zustand beschaulichen Verweilens um des Schauens willen. Das Steckbriefprinzip aber ergibt Langeweile, das genaue Beschreiben und Schildern ist in der Dichtung ja gerade als öde berüchtigt und führt dort nicht zum Ziele. Es wird also auch beim Steckbrief nicht zur Anschaulichkeit eines Ganzen führen, es wird n i c h t möglich sein, daß das beabsichtigte Gesamtbild auch nur sinnlich lebhaft wirkt — worin ja immerhin schon ein Sinnlichkeitswert liegen könnte, wenn auch erst ein rein quantitativer oder intensiver, nicht qualitativer. Hamann seinerseits weist auf den Unterschied hin, der hervortritt, wenn wir dieselbe Schilderung, die das eine Mal Steckbrief sei, als Expositon eines Kriminalromans antreffen. In beiden Fällen solle man etwas behalten (ja, aber beim Steckbrief zu einem praktischen Zweck, im Roman nur zum Verständnis dieses Kunstwerks) und er schließt: »Danach ist es nicht die Anschaulichkeit, die dieselbe Schilderung im Roman zum Teil eines ästhetischen Erlebnisses macht, hier kommt es auf den ganzen Zusammenhang an.« Das letztere ist richtig, nur kann man unter Zusammenhang wieder noch etwas anderes verstehen als er; er denkt an jene spielende Haltung des Bewußtseins, man kann aber auch daran denken, daß dasselbe Anschauliche das eine Mal Element für Element hingenommen wird mit dem g e f ü h l s m ä ß i g i n d i f f e r e n t e n Bewußtsein, daß diese Kenntnisnahme einen praktischen Zweck hat, während es das andere Mal mit G e n u ß a n d i e s e r A n s c h a u l i c h k e i t a l s s o l c h e r, mit f r e u d i g e n S i n n e n also, aufgenommen wird.

Und weiter: »Die Anschaulichkeit und Abwesenheit aller Begriffe allein macht es nicht. Ja, sie ist nicht einmal unumgänglich nötig. Es lassen sich aus Dichtungen

Stellen (!) genug herausholen, die nicht nur Reflexionen der dargestellten Personen enthalten, sondern wo mit abstrakten und gar nicht sehr lebendigen Worten die Personen vom Erzähler geschildert und charakterisiert werden, ohne daß deshalb die Geschichte (!) unästhetisch würde« (S. 10). Ganz recht, die Geschichte wird durch einzelne Stellen, die vielleicht unästhetisch sind, nicht unästhetisch; in solchen Komplexen wie einer Dichtung können ja gar nicht alle Elemente in gleicher Weise rein oder nur ästhetisch sein, in großen Kunstwerken sind sehr viele andersartige Elemente, die auch nicht einmal alle als Ausdruck und Gehalt völlig Form geworden zu sein brauchen und dann allerdings in ästhetischem Sinne etwas leere Stellen ergeben, aber dem Ganzen deshalb noch nichts anhaben. Es wird kaum ein großes Kunstwerk geben, das wirklich durch und durch bis in die letzte Faser geformt wäre. Aber solche Stellen sind dann nicht, wie Hamann meint, bloß etwas leer, jedoch nicht unästhetisch, sondern gerade auch unästhetisch. (Auch an anderen Stellen übrigens, die durchgeformt sind, ist der Genießende durchaus nicht lückenlos imstande, seinerseits sich ästhetisch zu verhalten; da sind Abschweifungen in außerästhetisches Verhalten namentlich bei umfangreicheren Werken ganz unvermeidlich und brauchen dennoch dem ganzen Werk gegenüber das ästhetische Verhalten kaum wesentlich zu schädigen.) — Ich kann dem Verfasser aber auch den letzten Absatz dieses mich besonders interessierenden Abschnittes nicht zugestehen. Er sagt hier: »Gegen die Notwendigkeit des Anschaulichen spricht aber vor allem das Geistreiche, jene Gedanken, die anregend sind, ohne daß eine definitive Wahrheit sich in ihnen entschleiert, die nur durch die Fülle der Beziehungen, das Überraschende der logischen Verknüpfungen oder gar das Verkehrte, das nur mit dem Schein des Rechtes spielt, uns in vergnügte Stimmung versetzen. Schwerlich wird jemand, der die mit Bonmots gespickten Erzählungen oder Dramen Oskar Wildes liest, sie theoretisch oder wissenschaftlich nennen, weil das Amüsante in ihnen nicht anschaulich, sondern rein gedanklich ist. Eher sind sie hyperästhetisch.« Nein, warum soll man Bonmots ästhetisch nennen? Wegen des Spielerischen der geistigen Haltung? Dafür gibt es doch ein anderes gutes Wort, nämlich unterhaltend; darin liegt auch das Vergnügliche ausgedrückt. Man kann doch nicht jedes Divertissement als ästhetisch hinstellen. Bonmots können ästhetisch sein, z. B. wenn sie Klangwitze sind oder etwa räumliche Situationskomik in ihren Vorstellungen enthalten und dergleichen, d. h. eben wenn sie — anschauliche Elemente aufweisen. Es ist durchaus nicht gesagt, daß alle Bonmots, alle geistreichen Gedanken, auf die Hamanns Beschreibung hier zutrifft, entweder in das Gebiet des Ästhetischen oder außerhalb seiner Grenzen fallen müssen, sondern sie werden sich hüben und drüben verteilen; die Begriffe Bonmot und ästhetisch schneiden sich, zeigen aber nicht einfache Subordination; sie gehen einander zunächst durchaus nichts an, und man braucht über die Frage gar nicht nachzudenken, ob man das Bonmot und dergleichen überhaupt zusammengenommen aus dem Umkreis des Ästhetischen hinaus verweisen soll oder nicht.

Ich möchte hier bei der Frage des Anschaulichen noch etwas verweilen; es ist zwar nicht der Ort, die von Hamann abweichende Grundanschauung positiv auszuführen, aber einiges möchte ich doch selbst hier seiner Grundanschauung entgegenstellen. Ästhetisch heißt zunächst, dem Worte nach, sinnlich, empfindungsmäßig. So ist es von Aristoteles, so von Baumgarten und Kant gebraucht worden. Warum soll man ohne Not den Sinn einer brauchbaren Bezeichnung verschieben? Es handelt sich nicht nur darum, daß das Wort unzweifelhaft damals, als man es zuerst für dieses Gebiet in Gebrauch nahm, die sinnliche Seite der Sache meinte, sondern auch darum, daß man das Wort für die Sache bisher beibehalten hat in der Meinung, daß jene Seite in der Sache liegt, und zwar als eine recht erhebliche. Darin sind sich Antipoden wie Hegel und Zimmermann vollkommen einig gewesen. Nach jener Benennung ist im ästhetischen Gebiet die äußere Empfindung bezeichnender (vielleicht nicht immer wichtiger) als die Vorstellung, geschweige als Begriffe oder auch als das Gefühl; das Bezeichnendste, das Eigentümlichste, das Unterscheidendste ist die sinnliche Seite. Wir werden zu fragen haben, ob das in der Tat so ist.

Nun, jedenfalls will man doch Unterscheidungen haben, d. h. man wünscht, wie auch Hamann tut, schon im Grundprinzip nicht nur das Umfassendste für dieses Gebiet zu erfassen, sondern auch das Gebiet gegen andere Gebiete abzugrenzen und, möglichst ebenfalls schon an der Hand des Grundprinzips, innerhalb des Gebietes selber Unterscheidungen zu treffen. Dann wird sich also fragen, welche Abgrenzung z. B. gegen Wissenschaft und praktisches Handeln hin schlagender ist und welche verschwommener, die Hamannsche oder eine andere? Da muß ich gestehen, daß mir trotz der ganz außerordentlichen und grundlegenden Wichtigkeit, die ich dem Kantischen Prinzip der Interesselosigkeit zuerkenne, die andere Kantische Unterscheidung »Schön ist, was ohne Begriff gefällt« unvergleichlich schlagender und in viel tiefere Klüfte hinableuchtend scheint. (Daß in größeren ästhetischen Erlebniskomplexen und gar in großen Kunstwerken eine Fülle von begrifflichen Bestandteilen stecken kann, das wird wohl nie ein Mensch übersehen haben, davon wird aber die Frage nach den spezifisch ästhetischen Elementarvorgängen, die das Wesen des Ästhetischen sozusagen in Reinkultur enthalten, gar nicht berührt.) Jedenfalls liegt es dem Durchschnittsmenschen von heute — mancher würde sagen dem Bourgeois — sehr viel weiter ab, ist ihm eine viel neuere und unerhörtere Aufklärung, daß es ein Gefallen gibt, wo der Verstand nicht die Hauptrolle spielt, als die, daß es eine Unterhaltung gibt, wo die praktischen Interessen schweigen. Namentlich wenn man den Begriff der Kultur des ästhetischen Verhaltens und schließlich auch die Eigenart der Kunst gerade gegenüber Unterhaltungen im Auge hat, dann wird man (auch in der rein theoretischen Betrachtung, die auf Richtigkeit sieht und nicht auf pädagogische Wichtigkeit) das sensualistische Prinzip voranstellen, das nicht nur pädagogisch in unserem Volke, wie schon angedeutet, auf unabsehbare Zeit hinaus von unvergleichlicher Bedeutung ist, sondern das eben dadurch rein faktisch hinweist auf die Eigenart, auf das ganz besondere Wesen der Kunst, das unserem Volke als Publikum bisher in Wahrheit verzweifelt wenig, am ehesten noch in der Musik, wirklich aufgegangen und vertraut geworden ist. — Es handelt sich, nochmals gesagt, um die Unterscheidung der Kunst als eines Ganzen von anderen Gebieten und dann um ebenso wichtige Unterscheidungen innerhalb des ästhetischen Gebietes, unter anderem um die Unterscheidung der einzelnen Künste. Da dürfte es auch für die theoretische Vorstellung nichts Einfacheres und Schlagenderes geben als die sinnliche Empfindung; daß man die Künste in solche des Auges und des Ohres teilt und immer teilen muß, das kann schon dafür sprechen, daß man noch allgemeiner bei den im ästhetischen Gebiete nötigen Unterscheidungen unsere Sinne zugrunde legt. Dadurch scheint mir auch die Abgrenzung des Ästhetischen vom Moralischen, diesem ganz und gar unsinnlichen Verhalten, gegeben oder endlich der Unterschied zwischen dem wieder ganz anderen und allerinnerlichsten religiösen Erleben. Die alte Einteilung enthält immer noch etwas Treffendes und Brauchbares: Wissenschaft ist das durchgeistigte Gebiet des Verstandes, Moral das durchgeistigte des Willens, Religion das höhergeistige des Gefühls (etwa neben dem mehr lebensmäßigen oder naturhaften großen Gefühlsgebiet des Familienlebens), und das ästhetische Gebiet ist dann unzweifelhaft das der sinnlichen Empfindung und Vorstellung. Mancher mag auf solche starken und klaren Einteilunngen nicht so sehr aus sein, weil er überhaupt ein komplizierter Kopf ist, es gibt aber Leute, deren oberster Begriff auf dem Gebiete der Kunst die Klarheit ist (Fiedler, Hildebrand, Wölfflin) — diese werden auch in der Kunstwissenschaft kräftige natürliche Unterscheidungen dankbar empfinden.

Darüber läßt sich freilich keine Belehrung geben, ob man in der Kunst mehr Klärung oder Bereicherung suchen »solle«; es wird dieser individuelle, aber typische Unterschied schließlich verwandt sein (aber nicht identisch) mit dem Unterschied zwischen mehr formal interessierten Personen und anderen, die auch inhaltlich interessiert sind. Welche jener beiden Richtungen man also bevorzugt, das mag persönlich bedingt sein, theoretisch wichtig sind beide. Man wird daher auch diese Vorrangsfragen der Grundbegriffe in ihrer Erheblichkeit nicht überschätzen wollen, das Wesentliche bleibt ja, daß die Wirkungen auf dem ästhetischen Gebiet, die tausendfacher Art sind, möglichst umfassend festgestellt werden und man die möglichen psychologischen Verhaltungsweisen kennen lernt; wie weit es dann möglich ist, letzte Grundprinzipien in ihrem Gewicht abzuwägen und einen Vorrang dazwischen zu bestimmen, das ist überhaupt zweifelhaft. Ein Monismus, also die Annahme eines letzten Grundprinzips, ist hier so wenig selbstverständlich wie irgendwo sonst. Die Stellung der einzelnen Erkenntnisse, der mehr oder weniger umfassenden Prinzipien im System der Ästhetik ist immerhin weniger wichtig; das System kann nämlich allerlei (ja lauter) richtige Einzelerklärungen enthalten und nur ihr Verhältnis in einem besonders auffallenden Grade verschieben und dann manchen Beurteilern schief erscheinen, die deshalb die einzelnen Erkenntnisse nicht etwa durchweg anfechten; so geht es mir mit Hamanns, an neuen feinen Bemerkungen und Erklärungen gewiß reichem Buche. Z. B. ist es ein prinzipiell bedeutender systematischer Mangel, daß sein Grundprinzip bei ästhetischen Elementargebilden, z. B. wie Linienornamenten, an denen doch schon sehr junge Menschen (etwa Knaben, die anfangen zu zeichnen) Gefallen finden können, recht wenig besagt, während die sensualistische Theorie gerade in den Elementen ihr Bestes gibt, wie jede Wissenschaft, die es irgend erreichen kann, sich auf Erkenntnis von Elementarbeziehungen stützt. Das Buch von Cornelius hat gezeigt, daß auch auf diesem Gebiet feste Gesetze der Elementarverhältnisse zu finden sind. —

Was ist nun in positiver Ausführung nach Hamann das Wesen des ästhetischen Zustandes? Die Isolation, wie sie sich am einfachsten zeigt bei Rahmen und Sockel. Ich bin fern davon, diese objektiven Geräte oder Veranstaltungen zu unterschätzen oder gar den entsprechenden inneren Zustand des Betrachters; und wenn die Bestimmung der Isolierung von Hamann vor allem als eine antinaturalistische Tendenz festgehalten würde, so würde ich sie, wenigstens für die Erkentnis der Kunst, fast als gleich wichtig mit den sensualistischen Bestimmungen erachten können. Wenn er aber meint, daß alle scheinbar eine andere Methode befolgenden Ästhetiker an der Charakterisierung des ästhetischen Erlebnisses als des isolierten orientiert sind, so irrt er. Für Fiedler z. B. trifft es ganz sicher nicht zu. Hamann bringt dann die alten guten Beispiele, wie der Bauer sein Feld betrachtet und wie anders der Spaziergänger eingestellt ist, der sich am Anblick selber freut. Er sollte nur weitergehen und die Funktion des Sehens selber schon, ganz unabhängig vom Inhalt, richtig einschätzen, das bloße Schauen, das bei Künstlern unwillkürlich ist, beim Laien freilich meist bewußter Einstellung in diese Richtung bedarf, das aber jedenfalls im ästhetischen Verhalten mehr zu seinem Recht kommt als irgend sonst, wo andere seelische Betätigungen ihm Konkurrenz machen. Außerdem aber sind auch viele Inhalte da, die sozusagen rein optisch oder akustisch für den peripheren und den zentralen Seh- und Hörapparat zuträglich sind; und noch vieles andere

Sinnliche klingt an, so daß dies alles zusammen schon für sich völlig ausreichen kann, um den Inhalt eines selbstgenügsamen und starken Erlebnisses zu bilden. Die Hingegebenheit an solches Erlebnis ist auch etwas Spezifisches, wozu wir sonst im Werk- und Alltag mit all den Zwecken und Freuden nicht kommen. Aber es handelt sich, wie eben gezeigt, beim Ästhetischen auch um etwas inhaltlich Spezifisches, wobei »inhaltlich« freilich noch etwas rein Sensuelles bedeuten kann; nicht handelt es sich nur um eine besondere Art von Tätigkeit oder, wie Hamann meint, seelischer Zuständlichkeit, wo die Inhalte dieselben wären wie sonst überall im Leben, nur daß die Fäden zu den gewöhnlichen Lebenszusammenhängen gelöst wären!

Und wenn er weiter sagt: wenn wir von reiner Betrachtung sprächen, so enthalte dieses »rein« den Schlüssel zum Wesen des Ästhetischen, so ist auch dies ganz meine Meinung, nur denke ich da bei dem Worte »rein« weniger an den Kantischen Sinn der Bezeichnung als an den Goetheschen; auch bei Goethe nämlich spielte das Wort eine große Rolle: er wollte die Natur und alles Menschliche »rein« aufnehmen lernen, das hieß aber nur: ungefälscht, sozusagen möglichst objektiv, möglichst offen, ohne Vorurteil, ohne Voreingenommenheit, mit ganzer Hingebung. Diese Offenheit war gerade bei ihm bereits sinnlich vorhanden, und die Hingebung kann sich in der Tat schon an die sinnliche Seite der Dinge richten. Ungestört aufnehmen wollte Goethe vor allem, sein ganzes Leben lang; »Ihr beobachtender Blick«, so schrieb ihm Schiller, »der so still und freundlich auf den Dingen ruht ...« Da haben wir eine Anlage und Gemütsverfassung, die uns weiteren Einblick eröffnet in die Beziehungen zwischen dem interesselosen Verhalten und dem ruhigen Anschauen. Bald kann das eine, bald das andere von beiden Vorbedingung oder Folge sein. Daß die Kontempiation im weiteren Sinne aus der Versenkung in die sinnliche Anschauung entstehen kann, wurde bereits im vorigen gestreift, hier erkennen wir auch die umgekehrte Möglichkeit: zum schauenden Verweilen muß man Zeit haben und frei von Geschäften sein. Wer sich aber z. B. ärgert, dem kommt etwas anderes dazwischen, der erfährt eine Hemmung und »verliert den klaren Blick«, wie wir sagen, sicherlich auch sinnlich. Nun, jedenfalls gehören beide Faktoren zusammen, die Freiheit, wie Schiller in Fortbildung Kants auch hier sagte, und die sinnliche Gegenwart, daher denn auch Jonas Cohn Anschaulichkeit fordert, weil ja Kant bloße Betrachtung verlange. (Zur bloßen Betrachtung im ästhetischen Sinne darf man nicht wie Hamann auf S. 17 tut, Anschauung oder Reflexion rechnen.) — Auch das Wort Schauspiel faßt jene beiden Faktoren zusammen, das Schauen so gut wie daß das Vorgeführte nur ein Spiel, »ein Schauspiel nur« bedeute. Das Wort Schauspiel kann man für die Kunst überhaupt in derselben Breite verwenden wie das Wort Bildlichkeit; wo ein Schauspiel ist, da gibt es etwas zu sehen, aber nicht nur in dem Sinne, daß der Verstand eine Mitteilung von Geschehnissen durch das Auge empfängt, sondern auch so, daß eine angenehme Beschäftigung des Auges stattfindet, daß das Sehen selber Vergnügen macht. Wenn Hamann das Anschauliche auch beim Demonstrieren zu finden meint, so arbeitet er mit einem anderen Begriff von Anschaulichkeit als wir; er meint recht wirkliche Darstellung, und wir meinen Klärung und Bearbeitung nach Bedürfnissen des Auges oder Ohres. Und wenn er einwirft, ein Tendenzstück sei auch anschaulich, so dürfen wir erwidern, daß dessen Mängel auch unter unserem Gesichtspunkt einleuchten: im Tendenzstück wird eben durch die Konkurrenz anderer Momente das Schauen gestört. Für uns ist im Worte Schauspiel nicht die Hauptsache, daß es ankündigt, es sei »etwas los«; das Goethesche Vorspiel auf dem Theater meint nur die Schaulust der Menge, wenn es sagt: »Vor allem laßt genug geschehen«; wir stimmen deshalb Hamann auch in der weiteren Meinung nicht bei, daß das Erleben überhaupt — auch und gerade das von solchen Dingen, die uns im praktischen Sinne »eigentlich nichts angehen« — ästhetisch sei; das erscheint uns zu weit, denn dann gehört jeder Zeitvertreib, nicht bloß z. B. Unterhaltungsliteratur, ebenfalls dazu.

Die Anschaulichkeit umschreibt einen bestimmteren Kreis und doch ist ihr Begriff weit und umfassend genug, um sich zum Grundbegriff zu eignen. In die sinnliche Form kann fast alles eingehen, fast alles sich darin ausdrücken; und soweit es sich sinnlich ausdrückt, es sei, was es sei, ist es ästhetisch. Wir brauchen also durchaus nicht einseitig formalistisch zu sein wie Zimmermann oder Siebeck; wie ja umgekehrt der Formalismus nicht sensualistisch zu sein braucht, denn es gibt auch innere Form, und manche Form, z. B. in großen Romanen, ist so weit ausgespannt, daß man sie nur mit erheblichem, intellektuell unterstütztem Formensinn erfaßt. Über Siebeck nun hat Hamann in dem Abschnitt über »ästhetische Theorien« (Seite 19) eine interessante Stelle. Wenn Siebeck, ausgehend von Kants Bestimmung, daß im Ästhetischen das Interesse an der Existenz des Gegenstandes ausfalle, die im Anblick, im unmittelbaren sinnlichen Erleben gegenwärtige Gestalt als das eigentlich Wichtige erklärt, d. h. (bei ihm) die bloße Oberfläche, wogegen er schon das, was als materielle oder organische Struktur dahinterliegt, ausschließt, — so erscheint uns das freilich übertrieben und wir geben Hamann recht, wenn er sagt: »Dann ist das Weitergehen von der Oberfläche zum Seelisch-Innerlichen ebenso unberechtigt«. Gewiß, es treten notwendig andere Prinzipien zu dem rein sensualistischen hinzu, namentlich das Ausdrucks- oder Gebärdenprinzip, das ja einzigartig glücklich Form und Inhalt, Äußeres und Inneres, Bewegung und seelischen Ablauf, Zeichen und Bedeutung zusammenschmilzt. Das ästhetische Erleben ist eben mannigfach und kompliziert und deckt und erschöpft sich nicht mit dem, was man dabei als zentral oder als das Umfassendste oder Spezifischste bezeichnen möchte. Aber auf manche ganz besonders eigenartigen Erlebnisse kann dennoch Siebeck mit seiner Einseitigkeit oder, wenn das Wort erlaubt ist, Außenseitigkeit aufmerksam machen. Es gibt nämlich ganz elementare, völlig unmittelbare sinnliche Erlebnisse, die doch schon alles, was für das Ästhetische wesentlich ist, enthalten; also etwa der Anblick einer einzigen schönen Farbe (wie oft behalten wir aus einem Gemälde eine einzige Farbe jahrelang im Gedächtnis) oder das Verfolgen einer Linie oder der intensive Genuß der Klangfarbe eines Tones; diese Wirkungen die wir manchmal ganz »verloren« oder versunken, sozusagen »dösend« einsaugen mögen, können geheimnisvoll stark und sehr tief sein, was man am besten mit dem Wort »elementar« zusammenfaßt. Goethe wußte viel davon zu sagen, z. B. in der Farbenlehre und in Äußerungen über Versmaße. Rätselhaft bleibt so etwas nur für den, der nicht aus dem vollen organischen Leben des Menschen zu erklären vermag, der z. B. bei der Psychologie des Lichtes nicht schon die physischen Einwirkungen des Sonnenlichtes, die unseren Körper so gut wie Tiere und Pflanzen treffen, heranzieht oder bei Darstellungen der Atmosphäre den Druck der Luft in Rechnung zu setzen vergißt, den wir auch beim Anblick eines Bildes nachempfinden können. Es klingen also tausend dunkle Erlebnisse an, die im einzelnen unter der Schwelle des Bewußtseins bleiben, die wir aber in ihrer Summierung als Stimmung spüren und die gerade dem Ästhetischen jenen gefühlsähnlichen dunklen Charakter geben, der so oft zum Mißbrauch des Gefühlsbegriffs in der ästhetischen Theorie geführt hat. Hier wird am allerdeutlichsten, wie das ästhetische Erlebnis etwas fundamental anderes sein kann als alles, was wir aus dem hellen Tagesbewußtsein, etwa gar dem wissenschaftlichen Verstand, kennen. Es kommt vor, um noch einige Beispiele sozusagen rein sinnlicher Erlebnisse zu geben, daß man selbst in der Natur, etwa in einer langen Allee, in der man geht, deren Perspektive momentan nicht »versteht«, sondern wirklich sozusagen nur netzhautmäßig sieht, also einfach konvergierende Linien wahrnimmt an Stelle einer Raumvertiefung[1]); wo aber dennoch dann dieser Bewußtseinszustand keineswegs für unser unmittelbares Auffassen eine Leere bedeutet, uns nicht etwa als Seelenlosigkeit oder Geistesabwesenheit im Sinne eines Mangels erscheint, sondern ganz positiv als Befreiung, Entlastung, Transposition, Entrückung in eine andere Daseinssphäre und höchste Konzentration auf etwas rein Sinnliches. Da liegt, möchte man sagen, die ganze Seele im Auge, da ist man im höchsten Grade gesammelt, schier gegen alles Wissen und alle Lebensbeziehungen abgeschlossen, wenn auch natürlich um den Preis, daß große Bewußtseinsschichten schweigen und schlafen. Gewiß sind diese Momente nicht allzu häufig und spielt das gewöhnliche Kunsterlebnis nicht derart gleichsam auf einer einzigen Saite. Dennoch erscheinen mir solche Erlebnisse als Urphänomene des ästhetischen Erlebens, Prototype ästhetischer Elementarvorgänge »in Reinkultur«; und »in Reinkultur« ästhetisch können meiner Ansicht nach überhaupt nur einzelne Elementarvorgänge sein.

Die rätselhafte Tiefe solcher Erlebnisse, die ihnen für unser Bewußtsein ganz unvermittelt anhaftet, erklärt sich zum Teil dadurch, daß gerade bei möglichst rein sinnlichen Erlebnissen, bei diesen ganz unmittelbaren, durch keinerlei Verstandesoperation vermittelten Erlebnissen, zugleich ganz andersartige elementare Erlebnisse aus den Gründen und Abgründen der Seele empor an das Tageslicht der Seele oder doch in dessen Dämmerung zu dringen vermögen. Die Oberfläche der Seele gleichsam muß eben und still sein, wie sie vielleicht nur in der vollkommenen Ruhe der rein sinnlich verlorenen oder versunkenen Kontemplation, des bloßen Schauens vorhanden ist; wo nichts weiter sich in uns regt und wir ganz passiv, nur rezeptiv und vergessen hingegeben scheinen; dann steigen (gleichsam!) feine Blasen auf, die sich vom Grunde der Seele wohl auch sonst lösen, deren Steigen man aber bei bewegter oder stürmischer Oberfläche, d. h. bei gewöhnlichem Tagesbewußtsein, nicht bemerkt; nur bei unbewegter Oberfläche kann man einem tiefen Wasser auf den Grund sehen; und stille Wasser sind tief, das gilt auch hier. Wie die religiöse Kontemplation, etwa buddhistische Versenkung, ein völlig gleichmütiges, unbewegtes, ja geistesabwesendes Antlitz nach außen zeigt (man mag an die Buddhastatuen denken), so können auch in den Momenten ästhetischer Kontemplation, wenn an der Oberfläche des Bewußtseins nichts von Affekten oder Begriffsoperationen vor sich geht, vielleicht die Tiefen um so ungestörter sprechen. Gerade wenn das Oberbewußtsein schweigt und fast schlafähnlich gesammelt ist, kommt das Unterbewußtsein zu seinem Recht. Nichts aber ist in der Seele so elementar, so einfach wie die Sinnesempfindung, die daher und vermöge ihres eindringlichen Charakters in besonderem Grade zu sammeln und sozusagen die sonst vom Oberbewußtsein behaupteten Provinzen der Seele frei zu machen vermag für

[1]) Ähnlich hat der wohl ein Bild nicht genügend gesehen, der Schatten nur sofort als Schatten und Raumvertiefung und nicht auch als Dunkelheit apperzipiert; und der hat gewiß nicht ausreichend ein Glanzlicht gesehen, der sich nicht auch einmal klar wurde über das Weiß oder den Grad von Grau oder Gelb, der an der Stelle zu sehen ist; nicht bloß der Maler muß wissen, daß schwarze Stiefel um so weniger schwarz aussehen, je mehr sie geschwärzt und gewichst werden, und das gehört auch nicht bloß zum Wissen des Theoretikers, sondern das muß man auch jedesmal sehen — weil man's sehen kann.

andersartige, seltene Erlebnisse! Bekanntlich bedient sich der Buddhist zu Zwecken völliger Sammlung und Versenkung in die Meditation, in die Ihānas, wohl eines blanken Knopfes oder ähnlicher ganz starker und einfacher Eindrücke, die das Auge oder Ohr und damit das Bewußtsein überhaupt zu bannen vermögen. Selbst der bannende Basiliskenblick eines Schlangenauges ist nur ein besonders starkes Beispiel für die Macht rein sinnlicher Eindrücke, das Bewußtsein sozusagen punktuell zu konzentrieren, zu verengen und auch, wie sich an dem Beispiel des Schlangenauges zeigt, die Willenstätigkeit ebenso wie die höheren intellektuellen Funktionen auszuschalten; nur daß im Ästhetischen das Positive auch in den unterbewußten Regungen, Stimmungen liegt, die nunmehr gleichsam freier steigen können. Es tritt also hier ein positives Resultat ein, ebenso wie bei der religiösen Meditation des Derwisches (wodurch, davon nachher). Wenn auch im Ästhetischen die sinnlichen Elemente zumeist nicht so einfach sind und also nicht zu so bohrender Fixierung des Blickes und des Bewußtseins führen, wie in jenen außerästhetischen Beispielen, wo das Bewußtsein gleichsam wie in einen Trichter hineingesogen und verengt wird[1]), so bleibt doch auch im Ästhetischen eine durch das soeben Gesagte verständliche Abblendung des gewöhnlichen Tagesbewußtseins ein wichtiges Resultat der rein sensuellen Faktoren und berührt sich ja übrigens durchaus mit dem, was Hamann als das wichtigste Kennzeichen des Ästhetischen hinstellt. Vor allem aber scheint mir schließlich an dieser eben beschriebenen Bewußtseinslage wesentlich, daß alles, was nunmehr im Bewußtsein ist, im Unterschied vom Tagesbewußtsein einen eminent unmittelbaren Charakter trägt. Hier liegt der wesentliche Unterschied der Kunst, z. B. auch gegenüber der Wissenschaft; nicht nur darin besteht dieser, daß in der Kunst kein theoretisches Interesse vorhanden ist, sondern noch viel spezifischer ästhetisch sind diejenigen Bewußtseinslagen, wo überhaupt keine Vermittlung durch Verstandesoperationen stattfindet. In diesem unmittelbaren und direkten Charakter der ästhetischen Erlebnisse liegt ihre Stärke, um derentwillen man ebenfalls in ästhetischen Theorien mit dem Gefühl operiert hat, da man gewöhnlich so starke Erlebnisse nur aus dem Gebiete des Gefühlslebens kennt. Die Eindruckskraft des Ästhetischen, die besondere Wirkungsfähigkeit liegt in seinem unmittelbaren Charakter, den sowohl seine sinnlichen wie seine Stimmungselemente tragen! Wie diese beiden zusammenhängen können, wie den Stimmungselementen durch die sinnlichen der Weg zur Schwelle des Bewußtseins gebahnt wird, das habe ich im vorigen kurz anzudeuten versucht und möchte hinzufügen, daß ich unter den Stimmungsmomenten hier zum guten Teil wieder die allerunmittelbarsten, d. h. elementare, organische, ja sozusagen vegetative verstehen möchte.

Auch darum sind ästhetische Erlebnisse so stark, weil sie so viel Primitives, Körperliches, Sinnliches auch noch als Inhalt, nicht nur in der Form enthalten. Gerade durch diese Einfachheit, durch die Sinnlichkeit der Form und teilweise auch des Gehalts der Kunst, durch die Simplizität der »Seelenoberfläche« des Aufnehmenden im Vergleich mit dem gewöhnlichen Tagesbewußtsein, versteht man nach dem vorigen zum Teil die Tiefe der Kunstwirkungen, die ja ebenfalls durch das Wort »elementar« erklärt wird. Und schon hierdurch begreift man viel von dem Geheimnis und

---

[1]) Wirkt aber nicht bei Rembrandt oft die eine ins Licht gehobene Stelle so faszinierend, so magisch anziehend auf das Auge wie in einer Art von vegetativem Heliotropismus, daß schon dadurch die unerhörte Konzentration und das »Frappierende« des Eindrucks sich erklärt? Ein solcher Sonnenblick etwa, manchmal schier punktuell zwischen tiefen Dunkelheiten aufleuchtend, muß ja fixieren, ja kann in ungeschickter Anwendung vexieren, schmerzhaft stark ins Auge dringen.

all dem Rätselvollen, was die Kunst bieten kann; das hebt sie herauf aus tiefen Gründen, wo es sonst schläft, unterdrückt vom Getriebe des Werktags, übertönt von den grelleren Geräuschen des gewöhnlichen Seelenlebens oder überstrahlt vom blendenden Tageslicht des Verstandes und des Alltags. So besitzt die Kunst vielfach die Dunkelheit (aber auch die Wärme), die sonst unserem Gefühlsleben, verglichen mit intellektuellen Funktionen, eignet (doch darf man sich, wie mehrfach betont, von dieser Ähnlichkeit nicht verleiten lassen, die Rolle des Gefühls in der Kunst zu überschätzen); Dunkles, ja Mystisches birgt sie so häufig, schon weil so vielerlei Elementares mitspielt, das nur in seiner Summierung, in seinen Resultaten halbwegs spürbar ist, nicht aber in den einzelnen Elementen. So erfaßt man ausgiebig die psycho-physische Wirkung der Kunst, die so stark körperlich ist und zugleich das Innerste der Seele, sozusagen ihre mythischen Schichten aufregt. Das ist ja unsere menschliche Natur: Seele und Leib, bis ins Tiefste hängen sie zusammen. Und je somatischer die Wirkungen der Künste verstanden werden, um so verständlicher wird zugleich ihre seelische Bedeutung. Dann wird das Organische, das Einheitliche, das Lebendige und Belebende der Kunstwirkung voller begreifbar; hier kann man die oft nur phrasenhafte Rede, daß der »ganze Mensch« an den Kunsterlebnissen beteiligt sei, einigermaßen berechtigt finden. Wie merkwürdig hat z. B. Schmarsow das Menschlich-Körperliche in den Eindrücken der Künste lebendig gemacht, welche Vielfältigkeit und welche Kraft des Erlebens hat er uns aufgewiesen einfach an der Hand des körperlichen Baues und der körperlichen Funktionen des Menschen, lauter sinnlichen Inhalten, wenn auch nicht lauter direkten, sondern zum Teil auch indirekten oder vermittelten, die nur im Anschluß an den Augeneindruck lebendig werden — mag man für die Verknüpfung all dieses reichen Gehalts mit der sinnlichen Empfindung nun als letzten erklärenden Begriff die Assoziation oder die Einfühlung oder die Gebärde nennen. Mir scheint, in der Gebärde liegt auch die Erklärung, warum bei jener oben geschilderten Versenkung oder Abblendung des Tagesbewußtseins nun in das Bewußtsein, das durch die sinnliche Konzentrierung sozusagen nur erst frei geworden ist, diese und diese bestimmten Regungen eintreten oder heraufdringen: sie hängen gebärdenhaft mit den der unmittelbaren Wahrnehmung gebotenen sinnlichen Elementen zusammen.

Ich glaube also, daß man ganz gut ein Stück mit Siebeck und über ihn hinausgehen kann, ohne zu stranden oder zu versanden, ja daß man im Flusse dieser Gedanken ins weite und tiefe Meer der vollsten ästhetischen Wirklichkeit gelangt. Man kann sie noch sehr ausweiten und vertiefen, nicht nur im Sinne Fiedlers, der seinerseits schon einen Riesenschritt über Siebeck hinaus getan hat, wenn er auch sozusagen nur erkenntnistheoretisch interessiert war und das Ästhetische als eine Art Erkenntnis nahm und außerdem in einem einseitigen und hartnäckigen Formalismus beharrte; auch ihn kann man ersichtlich noch beträchtlich ergänzen, und zwar im wesentlichen mit Hilfe des Ausdrucksprinzips, wie es z. B. Hausegger für die Musik getan hat; diesem werden wir dann freilich ein unendlich umfassenderes, großartigeres System der Kunsteinsicht zugestehen, als es seinem Antipoden Hanslick zugänglich war, der Hauseggers Ansichten zwar widersprach, dem umgekehrt aber in seinem positiven Teile Hausegger nicht zu widersprechen brauchte. Man bleibt also nicht notwendig oberflächlich, flach, leer, ärmlich, wenn man das Sinnliche voranstellt, und wenn man dafür auch in der Theorie eine offene Empfänglichkeit hat; es ist nichts Äußeres, nichts Äußerliches, auch nicht bloß eine sehr wichtige Durchgangsstation, sondern es ist selber etwas höchst Lebendiges, Organisches, Naturhaftes, Saftiges, Starkes, etwas Warmes, ja gelegentlich Glühendes und Üppiges, man braucht ja nur den Namen Heinse zu nennen.

Um aber zu Hamann zurückzukehren, so will ich zum Schluß noch zwei meiner Ansicht nach große Mängel seiner Grundanschauung hervorheben, die etwas später hervortreten und beide in einer ungenügenden Abtrennung des Ästhetischen von anderen Gebieten bestehen. Da für ihn, wie schon gesagt, jede Kontemplation, also auch die Reflexion, ästhetisch ist, so führt das u. a. zu der eigentümlichen Folge, daß er auch die philosophische Kontemplation eigentlich nicht abzutrennen vermag von der ästhetischen und ebenso die religiöse und mystische gelegentlich offenkundig hineinzieht; alle Werte der Entsagung, der Abkehr vom Leben, der Erlösung von den Begierden wären dann ästhetische Werte und der Buddhismus etwa wäre vollendeter Ästhetizismus. Von dem Schopenhauerschen Lebensgefühl spricht der Verfasser diese Ansicht geradezu aus (Seite 42): »Die ganze Schopenhauersche Metaphysik ist eine Art Ästhetik des Ästhetizismus.« Das erscheint mir nun als ein innerlich allzu interesseloses Spiel mit Gedanken und mit großen Gedanken — das dadurch aber keineswegs etwa selber ästhetisch wird. Ich halte es für eine Beleidigung so großer Lebensformen. Mag Schopenhauer selber die ästhetische Betrachtung von der philosophischen und religiös-mystischen nicht streng scheiden (das ist eben auch bei ihm ein Mangel, der genugsam bekannte Mangel aller Romantik), so ist doch auch für ihn keineswegs, wie Hamann meint, »die Kunst oder die Kontemplation« das Ziel des Lebens; mag auch die Kunst für ihn eine so große Rolle spielen, daß man seine Ästhetik in Parallele mit den Erlösungsreligionen als eine Erlösungsästhetik bezeichnen kann, und mag auch die Kunst bei ihm ihren Hauptwert empfangen durch die Seligkeit der Erlösung vom Leben und Leiden, so ist doch umgekehrt auch nach ihm diese Seligkeit nicht auf ästhetisches Verhalten angewiesen und empfängt nicht von da aus seinen Wert! Ich muß gestehen, daß solche Hamannschen Konsequenzen einer zu weiten Fassung des Begriffs »ästhetisch« für mich etwas Erschreckendes haben; wenn diese außerästhetischen — überästhetischen — Dinge, die für manchen unter uns denn doch noch Höheres bedeuten als wenigstens die Breite des ästhetischen Lebens (wenn auch nicht Höheres als einige größte Werke und seltenste Erlebnisse), wenn die also für solche Auffassung ins ästhetische Gebiet gleiten können, so ist das theoretisch und kulturell gleich bedenklich.

Und noch eines: da Hamann, wie mehrfach bemerkt, den reinen Erlebniswert oder den Selbstzweck des Erlebnisses für ausreichend hält, um es ästhetisch zu nennen, so wird ihm eine letzte, aber sehr wichtige, auch von ihm für wichtig gehaltene Unterscheidung schwer und gelingt ihm nicht: die des ästhetischen Lebens und Schaffens vom Spiel. Sie gelingt ihm nur durch den sonderbaren Einfall, das künstlerische Schaffen aus dem Gebiet des Ästhetischen auszuschließen! Er erklärt die Spieltheorie für die wohl wichtigste von allen ästhetischen Theorien; Spiel und Kunst stimmen in der »Erlebnisart« überein, auf die es ihm gerade ankommt; aber wie unterscheiden sie sich nun? Hamanns Antwort lautet: »Spiel ist eine produktive Tätigkeit, eine Aktivität, Klavier spiele ich, aber Musik, die ich höre, erlebe ich ästhetisch, Theater spiele ich, aber das Drama sehe ich in ästhetischer Verfassung an. In der ästhetischen Betrachtung verhalte ich mich rezeptiv.« Und der Schaffende? Verhält er sich nicht ästhetisch? Gewiß, er arbeitet oft, er will etwas (nicht immer, oft muß er auch bloß und erlebt eine Entladung, eine reine Funktion, der gegenüber er »Zuschauer« ist), aber auch wenn er etwas will, will er doch etwas Ästhetisches und muß die ästhetische Wirkung schon einigermaßen vorausnehmen oder überhaupt in einer ihr irgendwie ähnlichen Verfassung sein neben seiner Arbeitstätigkeit und zwischen ihr immer wieder; zwischendurch mag es Strecken der Arbeit geben, die kaum noch etwas Ästhetisches enthalten, — aber diese Strecken gerade, die am allerwenigsten spielerisch sind, würden sich nach Hamann nicht vom Spiele unterscheiden lassen. Wir haben dagegen bisher gemeint, eher und mehr als der Schaffende spiele denn doch der Aufnehmende. Das rezeptive Aufnehmen eines wichtigen Spieles aber ist auch noch nicht ästhetisch, denn wenn Hamann fortfährt: »Ein Rätsel, das ich löse, eine Partie Schach sind eine spielende Gedankentätigkeit, aber Bonmots, die ich lese, genieße ich ästhetisch«, so läßt sich das in dieser Allgemeinheit bestreiten. Die Bonmots können ästhetisch sein, brauchen es aber, wie schon gesagt, nicht, nach meiner Ansicht sind sie es dann nicht, wenn sich nicht ihre witzigen Beziehungen auf anschauliche Elemente gründen. Das interesselose Gefallen an geistigen Leistungen kann rein intellektueller Art sein, ist noch nicht ästhetisch, sondern vielleicht wissenschaftlich — wenn auch nicht wissenschaftlich aktiv, sondern wissenschaftlich rezeptiv. Denn auch das Gebiet des Wissenschaftlichen umspannt diese zwei Seiten, genau wie das Ästhetische. Ein seltsamer Versuch Hamanns, Produktion und Konsumtion plötzlich hier auf einem Lebensgebiet so sehr auseinanderzureißen, während sie hier wie überall zusammengehören; man trennt doch sonst Lebensgebiete nicht ab, indem man sie mitten durchschneidet und überall erlebt das Aufnehmen in gewissem Grade das Schaffen nach. Hamann reißt Schaffen und Aufnehmen gewaltsam auseinander, wie er überall mehr teilt als verbindet. Es ist bemerkenswert, daß er denn auch an dieser Stelle, um den Unterschied des Ästhetischen vom Spiel nun zu m a r k i e r e n, die Anschaulichkeitstheorie als Lückenbüßer zulassen muß, so lange nämlich, »als man das Merkmal benutzt, das Ästhetische vom Spiel zu unterscheiden, nicht aber, sobald es die ästhetische Betrachtung von der außerästhetischen scheiden soll«. Diese Logik dürfte gekünstelt erscheinen: auch das Spiel ist hiernach doch etwas »Außerästhetisches«, wovon das Ästhetische eben unterschieden wird. Im übrigen ist für mich der Unterschied zwischen dem Spiel und dem Ästhetischen hier sekundär, die Hauptfrage bleibt: Wo liegt das Spezifische des Ästhetischen?

Mit diesem Grundproblem der Ästhetik will ich mich hier in der Besprechung begnügen. Ich habe 25 Seiten des Buches genau durchgesprochen. Daß es überall interessant ist, möchte ich noch einmal betonen, besonders werden die freilich kurzen Abschnitte über die »konstituierenden Merkmale des ästhetischen Erlebnisses« fesseln (namentlich unter Nr. 3, »Intensivierung«), weil sie zum Teil neue Kategorien aufzustellen versuchen, d. h. Begriffen, die wir alle schon kennen, zu einer festen Stelle im System und zu dem Rang von Grundrichtungen zu verhelfen suchen. Solche Begriffe sind z. B. Aktualität, Impressionskraft, Bedeutung und Sensation, Irritation, Suggestivität und das Ergreifende. . Aber seltsam ist auch hier die Anordnung: mit diesen Begriffen koordiniert behandelt er z. B. den assoziativen Faktor; oder er möchte die Sinnenfreude unter einen Spezialpunkt (nämlich unter 3b, Impressionskraft) einordnen, als ob d o r t ihre bescheidene Stelle wäre! Wie sehr er damit daneben greift, wie wenig er wirklich sensualistische Theorien damit trifft, zeigen die Worte: »Sinnenfroheit ist manchem geradezu identisch mit Ästhetik und Kunst geworden. Die Kunst pflegt farbiger zu sein als das Leben. Glanz und Pracht spielen eine besondere Rolle im ästhetischen Erlebnis, der Zauber der venezianischen Kunst beruht zum großen Teil auf diesen Sinnesintensitäten.« Was hat das z. B. mit dem strengen, ja herben Sensualismus eines Fiedler zu tun, den man bekanntlich ebensogut einen Idealismus der abstrakten Räumlichkeit nennen kann? Fiedler zielte auf nichts weniger als auf virtuose Tapezierer wie Veronese oder Tiepolo. Man sieht: wo man so aneinander vorbeiredet, ist eigentlich ein Kampf der Meinungen nicht möglich, aber auch nicht nötig.

Wenn ich, um diese etwa kasuistische Besprechung, die jedoch der Denkweise und

Anordnung des Buches entspricht und ihr gefolgt ist, wenigstens etwas zusammenzufassen, zum Schluß noch einiges über die Form des Buches und seine Denkart sagen darf, so ist das erste, was mir auffiel, daß es mit recht komplexen Fragen und einer ziemlich kasuistischen Behandlung sofort beginnt; das wird ihm nicht jeder Leser danken. Ob z. B. gerade so komplizierte Fälle wie das Porträt oder das Heldenepos mit seiner Verwandtschaft zur Geschichtswissenschaft mit Nutzen so bald am Beginn des Buches Erwähnung finden? Diese Dinge könnten nachher, als für die theoretische Durchführung reizvolle Mischungen bereits erörterter Elemente, besser am Platze sein. So aber erhält man nicht zunächst starke und einfache Unterschiede, die als Grundlage des weiteren Aufbaues sich einprägten, und so konnte es geschehen, daß die Begriffe Kunst und künstlerisch überhaupt nicht definiert werden und doch sofort damit gearbeitet wird. Verursacht ist diese Anordnung zum Teil durch eine Vorliebe für scharfsinnige Distinktionen und Diremptionen, die auch der Begriffsbildung Hamanns nicht selten etwas Kapriziöses, wenn nicht Eigensinniges gibt. Bemerkenswert ist dabei weiterhin, was wir noch eben an einem Beispiele fanden, daß er bei seinem Sinn für Unterscheidungen oft allzu harsch auseinanderreißt und sich graduelle Übergänge entgehen läßt, also als ein Mann, der in mancher Hinsicht kompliziert denkt und auch schreibt, dennoch für den eigentlichen Reiz und auch die Wahrheit von Abstufungen und Mischungen wenig Empfänglichkeit hat. Er denkt und schreibt nicht besonnen und ruhig, er ist weitaus kein letzter Formulierer, eher ein etwas draufgängerischer Minierer, worin gewiß große Wertmöglichkeiten liegen; aber es ist vielleicht nicht nötig, daß man dabei so viele herkömmliche und gut ausgearbeitete Begriffe der Ästhetik über den Haufen läuft oder verstellt, — bisweilen um einiger geistiger Pikanterien willen, deren Rolle übertrieben empfunden wird. Der Verfasser erscheint mehr scharfsinnig als umsichtig, kein versöhnlicher Kopf, sondern ein Widerspruchsgeist, seine Wirkungen haben etwas Frappierendes, im guten wie gelegentlich im minder erfreulichen Sinn. Er wirkt anregend, man nimmt Stellung zu ihm; aber stimmt man auch fast alle drei Zeilen fühlbar zu, so schüttelt man auch recht häufig ebenso fühlbar den Kopf. Hamann ist auch in der (inneren) Form nicht der Mann des stetigen Ganges, der großen, ruhigen Konturen, sondern des aufgelösten Umrisses und der nicht selten geistreichen Einzelbemerkungen, ich möchte sagen impressionistisch. Er hat denn bisweilen auch das Gewaltsame und Radikale wie mancher Impressionismus, und man vermißt häufiger, bei aller logischen Schärfe, eine quantitative Logik, d. h. er sieht oft Dinge, die zwar richtig, aber nicht immer auch so wichtig sind, wie er sie nimmt; er vermag theoretische Finessen für ausschlaggebend zu halten. Die Stellung der Elemente im Komplex zu beachten, ihren Anteil abzuschätzen, ihr Gewicht abzuwägen, dazu nimmt er sich sozusagen keine Zeit: er sieht, daß diese und jene Wahrheitselemente zu finden sind — genug für ihn, um für sie gleichsam mit Ellbogenkraft Geltung zu beanspruchen.

Hamann behandelt in der Vorrede die Ästhetik Volkelts etwas von oben herab, ja, man muß wohl sagen schnöde; mir stieg in der weiteren Lektüre oft Volkelts Werk als Gegenstück auf — und Hamanns Buch wurde davon »an die Wand gespielt«. Denn wie aufklärend, wie umfassend und gerecht legt Volkelt alles auseinander, mit welcher ruhigen Überlegenheit löst er Dilemmen — löst sie wirklich und freut sich nicht bloß daran —, und wie arbeitet er gern mit dem gedanklichen »Sowohlalsauch«, wie er es selber einmal ausdrückt. Er bemißt die verschiedenen Grade des Anteils und der Berechtigung, die die Elemente im Ganzen haben, erkennt Teilmängel mancher Erscheinungen und duldet sie, sieht Gefahren gewisser Richtungen und zeigt ihre Grenze usw. Höchst reichhaltig erscheint da Leben und Kunst und doch nicht verwirrend, sondern zugleich sehr klar, und ihre verschiedenen Elemente theoretisch verträglich. Nun, ein Altersabstand und ein Temperamentsunterschied. Und man soll ein Werkchen, das sein Verfasser selbst als Prolegomena bezeichnet, nicht mit dem Lebenswerk eines anderen vergleichen, das seinen Autor drei Jahrzehnte beschäftigt hat; aber mir scheint dies letztere bezeichnend: Volkelt hat Zeit, er betrachtet ruhig und arbeitet ohne Hast, die zwar gute Einfälle bringen, aber sich auch schnell festrennen kann, so daß man vielleicht vor den vielen Einseitigkeiten oder häufig bloß überraschenden Lichtern, neuen Beleuchtungen nicht das Gefühl eines umfassenden erfolgreichen Erkennens im Ganzen, ja nicht einmal das der vollen Erkenntnismöglichkeit bekommt. Bei Volkelt dagegen erhält der Leser — als vielleicht wertvollstes Gesamtresultat — das belebende Zutrauen zur Erkennbarkeit dieser Dinge.

Berlin-Friedenau. Erich Everth.

Hans Jantzen, Das niederländische Architekturbild. Leipzig, Klinkhardt u. Biermann, 1910. 188 S., 65 Abb.

Das Buch Jantzens, das aus einer Hallischen Dissertation, aus der Schule Adolf Goldschmidts, hervorgegangen ist, gehört zu den erfreulichsten Erscheinungen innerhalb der neueren Literatur zur niederländischen Kunstgeschichte. Die im besten Sinne erschöpfende Behandlung des Themas, auf der Grundlage einer sorgfältigen kritischen Bearbeitung des in Betracht kommenden Materials, die klar durchdachte Darstellung, endlich die Bedeutsamkeit der aufgeworfenen Fragen und ihre Einstellung in einen weiteren, zum Teil nur angedeuteten, aber ebenfalls mit völliger Klarheit entwickelten Zusammenhang — das alles sind Vorzüge, denen gegenüber die folgenden Einwendungen zunächst mehr nur von theoretischem Belang erscheinen. Sie richten sich kaum irgendwo gegen eigentliche Mängel der Arbeit, die dem Verfasser als solche zur Last zu legen wären, betreffen vielmehr allgemeine methodische Fragen, zumal solche der Interpretation entwicklungsgeschichtlicher Vorgänge, wobei der Rezensent glaubt, der von dem Verfasser eingeschlagenen Richtung nicht in allem folgen zu dürfen.

Nach einer kurzen »Vorgeschichte«, in der die Entwicklung der Architekturdarstellung in der älteren niederländischen Malerei des 15. und 16. Jahrhunderts mit wenigen, aber sicheren Zügen dargestellt ist, folgt der Hauptteil des Buches, der die Geschichte des niederländischen Architekturbildes als einer selbständigen Bildgattung, von Vredeman de Vries bis Emanuel de Witte, enthält. Die Persönlichkeiten der einzelnen Maler, ihr Verhältnis zu einander und ihre Bedeutung für die allgemeine Entwicklung kommen klar heraus, und indem der Verfasser unter Verzicht auf den Ballast an totem Material, wie Bildertiteln und -beschreibungen sowie sonstigen Notizen, nur die für die Entwicklung wichtigen Gemälde hervorhebt, gelingt es ihm, durch eine nun umso genauere, planmäßige Analyse der Denkmäler ein völlig geschlossenes und anschauliches Gesamtbild des historischen Verlaufs zu geben — im Sinne und nach dem Vorbild von Riegls Geschichte des holländischen Gruppenporträts, deren grundlegende Bedeutung der Verfasser selbst hervorhebt. Das holländische Stadt- und Straßenbild, das dem eigentlichen Architekturbild in der letzten Phase seiner Entwicklung zur Seite tritt, hat der Verfasser ausgeschieden, wie uns scheint, mit Recht.

Ein zweiter, mehr systematischer Teil, unter dem Titel: »Die Raumdarstellung der holländischen Malerei«, bringt die bis dahin an der Tätigkeit der einzelnen Künstler verfolgte Entwicklung auf allgemeine Begriffe, die zu der Geschichte der Raumdarstellung innerhalb der holländischen Malerei des 17. Jahrhunderts in Beziehung gesetzt werden. Mit Hilfe von gut gewählten und zumeist überzeugenden Beispielen, die vornehmlich der holländischen Landschafts- und Marinemalerei, aber auch, an besonders wichtiger Stelle, der Genremalerei entnommen werden, wird der Nachweis erbracht, daß die Umrisse, in denen die Geschichte des holländischen Architekturbildes sich bewegt, sich mit denjenigen decken, die für die Entwicklung der Raumdarstellung in der holländischen Malerei überhaupt gelten. Man wird dem Verfasser für diese kurzen und zum Teil nur andeutenden Erörterungen, die natürlich »nur so weit durchgeführt sind, als zur Klarstellung der Vorgänge im Architekturbild notwendig ist«, dankbar sein und sie als sehr willkommenen Beitrag zu einer allgemeinen Geschichte der holländischen Malerei im 17. Jahrhundert begrüßen, auch wenn man, wie der Rezensent, der Meinung ist, daß die Basierung für eine solche schließlich doch eine andere wird sein müssen, als es nach den in diesem Abschnitt gelegentlich gegebenen Andeutungen der Fall sein würde. Dem Text des Buches ist dann noch ein Verzeichnis der Werke der einzelnen Architekturmaler angefügt, ebenfalls mit musterhafter Sorgfalt gearbeitet und von umso größerem Wert, als Hofstede de Groot mit bewährter Hilfsbereitschaft dem Verfasser seine Notizen zur Verfügung gestellt hatte. Endlich verdient auch die gute Auswahl der zahlreichen Abbildungen, die dem Leser sofort ein übersichtliches Bild der gesamten Entwicklung geben, hervorgehoben zu werden.

Es ist nun an dieser Stelle nicht möglich, auf die speziell kunsthistorischen Fragen und ihre Beantwortung von seiten des Verfassers einzugehen. Nur der prinzipielle Standpunkt des Verfassers gegenüber den Problemen der heutigen Kunstgeschichtsschreibung überhaupt soll deutlich werden.

Das Buch Jantzens ist, wie bereits anzudeuten war, und ohne daß damit im übrigen der selbständige Wert der Arbeit gemindert scheinen sollte, undenkbar ohne das Vorbild Riegls und zumal seiner Schrift über das holländische Gruppenporträt (Jahrb. d. Kunsthist. Samml. des Allerh. Kaiserhauses, XXIII, 1902). Man wird diesen Einfluß schon da zu erkennen haben, wo es zunächst wohl scheinen möchte, als ob die Natur des von dem Verfasser gewählten Themas diese Fragestellung von selbst und mit Notwendigkeit erfordere: in der Art, wie das Problem der Raumdarstellung in den Mittelpunkt aller Untersuchungen gerückt ist. Das mag uns heute, zumal nachdem das Buch Jantzens vorliegt, selbstverständlich erscheinen, ist es aber in der Tat nicht, wie jeder Blick auf die ältere kunsthistorische Literatur sofort zeigt, und wenigstens nach dem Vorwort des Verfassers scheint es, daß er sein Thema vornehmlich deshalb gewählt hat, weil ihm von hier aus »in besonderem Maße« die »Klärung von Entwicklungsvorgängen der Raumdarstellung in der nordischen Malerei« möglich schien. Wie dem auch sei, jedenfalls ist die bewußte Umbildung der Kunstgeschichte zur Problemgeschichte und die energische Hervorhebung des Raumproblems, in diesem Maße und in dieser besonderen Ausprägung, nur durch den Einfluß Riegls zu erklären, der praktisch und theoretisch die grundlegende Bedeutung dieser Fragestellung immer wieder betont hat (vgl. etwa die gegen Karl Neumann gerichtete Anmerkung in der Gesch. des holl. Gruppenporträts, S. 207). Man würde diese Einwirkung viel zu eng fassen, wenn man sie nur in dem zweiten, systematischen Teil von Jantzens Buch (über »die Raumdarstellung der holländischen Malerei«) finden wollte. Auch in dem ersten, eigentlich kunsthistorischen Teil, ist alles unter diesem Gesichtspunkt gesehen, und so ergibt sich aus dem Vorwalten eines bestimmten Interesses die Form der geistigen Durchdringung des Stoffes und die Zusammenfassung des Ganzen zu einer gedanklich fest geschlossenen Einheit. Die konsequente Analyse der Kunstwerke auf den Begriff der Raumdarstellung hin und das damit verbundene offensichtliche Bemühen, dem dargestellten historischen Prozeß den Charakter der Denknotwendigkeit und somit der unlöslichen Einheit zu verleihen — das sind die wesentlichsten Züge einer Art kunsthistorischen Denkens, die, der älteren Generation der heutigen Kunsthistoriker fremd und auch mit der Richtung Heinrich Wölfflins nur durch gewisse allgemeinste Tendenzen verbunden, ihre höchste und auch in unserm Falle maßgebende Formulierung in den Schriften Riegls erfahren hat.

Jantzen steht, auch wenn man von der »Wiener Schule« absieht, mit dieser Abhängigkeit von Riegl nicht allein. Um nur von der Literatur zur niederländischen Kunstgeschichte zu sprechen, so hatte bereits 1905 Bodenhausen in der geistvollen Einleitung zu seinem Buch über Gerard David den starken Einfluß Riegls, in einer interessanten Verquickung freilich mit Thodescher Kunstgeschichtsauffassung, erkennen lassen. Auch sonst wird man hie und da die, vorerst noch sehr versprengten, Anzeichen für eine solche Bewegung finden, die sich aus dem heutigen Stand der Kunstgeschichtswissenschaft und aus der überragenden Bedeutung Riegls von selbst erklärt, und von der man glauben und aufs lebhafteste wünschen möchte, daß sie immer weitere Kreise zöge. Damit soll, wie weiterhin auszuführen sein wird, nicht einer blinden Nachahmung dieser in ihrer Geschlossenheit und der scheinbaren Unentrinnbarkeit ihrer Begriffe für den Nachahmer doppelt gefährlichen Art kunsthistorischer Gedankenbildung das Wort geredet werden. Und bei aller Bewunderung so unvergleichlicher Schriften wie zumal derjenigen über »Die spätrömische Kunstindustrie« wird es doch nicht möglich sein, die gewollten Einseitigkeiten und offenbaren Gefahren zu übersehen, die die notwendige Kehrseite der so großartigen Einheitlichkeit dieser Auffassung darstellen. Die Vergewaltigung des naiven künstlerischen Eindrucks und des natürlichen Verhaltens gegenüber dem Kunstwerk, das nur mehr als »Stildokument« und Untersuchungsobjekt erscheint und als solches nicht so sehr analysiert als vielmehr zwangsweise auf bestimmte, von vornherein feststehende Begriffe abgehört wird — die Vergewaltigung ebenso aber auch der freien und erlebten und somit auch der unbefangenen und in einem tieferen Sinne wahren und adäquaten Anschauung des historischen und des kunsthistorischen Lebensprozesses, der nur mehr unter dem Gesichtspunkt der Begriffsentwicklung und ihrer logischen Notwendigkeit betrachtet wird — der Schematismus endlich der psychologischen Begriffe und die absichtlich starre, doktrinäre Terminologie, deren tötende Formelhaftigkeit von aller sinnlichen Anschauung der Wirklichkeit, der Kunst wie des seelischen Lebens überhaupt, weit abführt und nur mehr eine kimmerische Welt reiner Begrifflichkeiten sichtbar werden läßt: das alles sind nur verschiedene Seiten desselben extremen und einseitig orientierten Ideals strengster Wissenschaftlichkeit, dessen Forderungen einer möglichst absoluten Präzision und Evidenz der Erkenntnis von den mathematischen und den exakten Naturwissenschaften abgeleitet und zu Unrecht, d. h. im Widerspruch zu der ganz anderen Natur der hier zu behandelnden Stoffe, auf eine geisteswissenschaftliche Disziplin übertragen sind. Aber man mag nun noch so überzeugt sein, daß es auf die Dauer unmöglich ist, die Kunstgeschichte rein nur als Problemgeschichte in der Form, wie Riegl sie am klarsten ausgebildet hat, zu behandeln, so bleiben doch die unerreichte Höhe der geistigen Leistung und die Vorbildlichkeit des, wenn auch anders verstandenen, Begriffes höchster Wissenschaftlichkeit, der ja im Grunde nichts anderes für den Forscher bedeutet als strengste Selbstachtung und Schärfung des Gewissens. Es bleibt ferner, daß neue Handhaben zu einer immer vollständigeren und tieferen Erkenntnis der zu bearbeitenden »Objekte« gewonnen und bisher kaum beachtete oder unverstandene Erscheinungen und ganze Epochen wie dem kunsthistorischen so auch dem künstlerischen Verständnis erschlossen sind.

Unmöglich, an den großen Entdeckertaten Wickhoffs und Riegls vorbeizugehen, auch wenn man meint, daß das letzte Wort damit, wie ja fast selbstverständlich, noch nicht gesprochen und so auch nicht zu sprechen sei. Endlich die geniale Konzeption des kunsthistorischen Weltbildes, die, wenigstens bei Riegl, vorwiegend verstandesmäßig erschlossen sein mag, nun aber doch in der Weite des Blicks und der peinlich durchdachten Ausführung ihresgleichen nicht hat. Der Kern dieser Gedankengänge, der in der Annahme der innerhalb eines Kulturkreises ununterbrochen fortschreitenden Entwicklung der Formen des künstlerischen Denkens wie alles geistigen Lebens überhaupt besteht, ist unbestreitbar — so daß, wenn es gelänge, diesen Begriff auszuführen, wohl auch der Traum von der Kunstgeschichte als der Führerin der modernen Geisteswissenschaften zur Wirklichkeit werden müßte.

Wir kehren zu dem Buch Jantzens zurück und versuchen, das von ihm entworfene Geschichtsbild seiner formalen Struktur nach verständlich zu machen. Es scheint dazu nötig, eine summarische Übersicht der Hauptphasen der von Jantzen dargestellten Entwicklung vorauszuschicken.

Die Geschichte des niederländischen Architekturbildes beginnt in Antwerpen mit dem Auftreten des Vredeman de Vries (1560). Es handelt sich dabei zunächst nicht so sehr um eine neue Form künstlerischer Anschauung und Ausdeutung der Wirklichkeit, als vielmehr um eine Tat des reinen Intellekts, um Herstellung einer neuen, fürs erste gleichsam inhaltleeren Bildform auf rationalem Wege (die interessante und sehr bedeutsame, aber zunächst doch ohne rechte Folge bleibende Umbildung, die der ältere Steenwijk dem so entstehenden Typus des »Antwerpner« Architekturbildes gegeben hat, indem er sich der Darstellung wirklicher Kirchenräume zuwandte, muß hier außer Betracht bleiben). Die Absicht ist bei Vredeman de Vries keine andere als diejenige, die die niederländische Malerei des 16. Jahrhunderts seit dem Eindringen der italienischen Renaissance im weitesten Umfange beherrscht: die einzelnen Elemente der Bilddarstellung möglichst in die Hand zu bekommen, um mit ihnen in einer möglichst virtuosen Weise spielen zu können. Allseitigkeit des Bildinhalts, d. h. ein renommistischer Reichtum des von dem Künstler aufgebotenen Formenapparats — und anderseits absolute Sicherheit des Könnens, d. h. Ausschaltung aller Widersprüche und Unmöglichkeiten, rationale Korrektheit der Bilderscheinung: das etwa sind die Werte, denen dieses 16. Jahrhundert zustrebt. Es sind die Werte der Renaissancebildung überhaupt. Das Architekturbild als selbständige Bildgattung hat seinen Ursprung in den Stichen der Architekturbücher, und sein »Erfinder« ist an erster Stelle Architekt und nur zuletzt auch Maler. Er gibt möglichst reichhaltige Kompendien aller nur denkbaren Architektur- und Dekorationsformen, so wie die gleichzeitige Landschaftsmalerei solche Kompendien der Naturformen und das Figurenbild eine Zusammenstellung aller möglichen und unmöglichen Attitüden gibt — in gesetzlicher Form, d. h. mit bewußter und strenger, demonstrativer Anwendung der Linearperspektive, so wie die Figuren der Zeit die Gesetzlichkeit des antiken Kanons demonstrieren sollen. Das so entstehende »Bild« ist, um den Ausdruck des 18. Jahrhunderts anzuwenden, eine Art Belustigung des Verstandes und Witzes, oder im Sinne der Zeit selbst gesprochen: ein Beweis der nach langer Barbarei endlich erreichten geistigen Freiheit. Man mag nun für das Einzelne der Bildgestaltung die klare Analyse nachlesen, die Jantzen den Werken dieses »koordinierenden Raumstils« zuteil werden läßt: wie bei diesen abstrakten und künstlichen, gelegentlich wohl auch ganz phantastischen »Baukastenarchitekturen« der Raum vom Beschauer fort, in die Tiefe hinein, konstruiert wird; wie dabei die das Auge führenden »Orthogonalen« die größte Bedeutung erhalten usw. Obwohl von dem Geist des 16. Jahrhunderts geschaffen, bleibt dieser Typus des Architekturbildes in Antwerpen bis in die zweite Hälfte des 17. Jahrhunderts hinein ohne wesentliche Änderungen bestehen, nur immer mehr erstarrend. Der große und sonst allgemeine Aufschwung, der in den Zeiten eines Rubens und Brouwer alle übrigen Bildgattungen von Grund auf umgestaltet und mit Leben und Leidenschaft erfüllt, geht an dem Architekturbild wirkungslos vorüber: es ist ein toter Strang der Entwicklung. Von den wirklich schöpferischen Impulsen der vlämischen Malerei ist es nicht berührt worden. Auch in Holland hält sich diese von Antwerpen ausgehende Bildform, mit charakteristischen Modifikationen, bis über die Mitte des 17. Jahrhunderts hinaus. Noch Houckgeest wächst, kann man sagen, in den Anschauungen des Vredeman de Vries auf.

Der entscheidende Umschwung jedoch, durch den ein neuer, nunmehr spezifisch holländischer Typus des Architekturbildes geschaffen wurde, war damals längst vollzogen: bereits um 1630 faßt der Haarlemer Saenredam das Architekturbild als einen Ausschnitt eines wirklichen, gesehenen Raumes, der nach seiner ganzen Wirklichkeit, in Raum, Farbe, Licht, Stimmung, durchaus als künstlerischer Eindruck erlebt ist. Es gibt nichts Verblüffenderes als die ersten Werke des Haarlemers, wenn man sie mit der sonst durchgängigen Produktion der Zeit auf diesem Gebiet vergleicht und sich ihre Entstehung in dieser Umgebung vorzustellen sucht. Es gibt da keine Vermittlung: auf den ersten Blick erscheinen diese einfachen, sehr hellen und weiträumigen Bilder als Ausdruck eines neuen Ideals der Architekturmalerei. Wie es denn auch scheint, daß Saenredam in keinerlei persönlicher Abhängigkeit zu den älteren Architekturmalern gestanden, seine nüchtern geniale Neuschöpfung vielmehr rein im Angesicht der Wirklichkeit vollzogen hat, wenn auch natürlich gestützt auf die allgemeine Kenntnis der Anschauungsformen und Darstellungsmittel der Zeit und auf sie auch in der Negation Bezug nehmend. Jantzen erinnert unter anderem an die Landschaften des Jan van Goyen, die in der Tat die meisten Analogien zu den Bildern des Saenredam bieten dürften, und charakterisiert die Epoche, von seinem Standpunkt aus mit Recht, als diejenige des »tonigen Einheitsraums«. Man mag sich aber schon an dieser Stelle vergegenwärtigen, nach wie vielen Seiten dieser plötzliche Umschwung zu charakterisieren wäre, wenn man ihn einigermaßen erschöpfend beschreiben wollte: der Bruch mit der Tradition, ein neues Vermögen und ein neuer Wille, ganz nur auf sich selbst zu stehen, ein neuer Begriff vom »Bild« und ein neues Verhältnis zur Wirklichkeit, eine direkte Umkehrung in der Bedeutung von gefühlsmäßiger, erlebter Anschauung einerseits und verstandesmäßiger Konstruktion anderseits, ein Sinn für Größe und Einfachheit und ruhige Selbstverständlichkeit der Erscheinung, für jene stilleren und tieferen Werte, die bis dahin unbeachtet geblieben waren, und so dann endlich und vor allem ein neues Vermögen, das Bild »anzulegen« ohne die Krücken einer mehr oder weniger schematischen Konstruktion, auf den Augenschein hin, aus dem Gefühl für das Herankommen des Raumes an den Beschauer und für das mächtige »Überfangen« der Gewölbe, mit einer neuen Empfindlichkeit des Auges für die Werte von Farbe und Licht — das alles und mehr noch wird vor dem geistigen Auge des Lesers stehen müssen, wenn jener Umschwung vom »koordinierenden Raumstil« zum »tonigen Einheitsraum« in seiner ganzen Wirklichkeit zur Anschauung kommen soll. Eine Änderung, doch nicht bloß der künstlerischen Begriffe, sondern der Gesinnung und des ganzen Lebensgefühls, eine Änderung des Menschen selbst — in welcher Situation und weshalb?

Alle folgenden Änderungen der Bildform sind, so einschneidend und wichtig sie im übrigen erscheinen mögen, gegenüber dem bisher entwickelten grundlegenden Gegensatz nur mehr von sekundärer Bedeutung, geben nur eine Umbildung der von Saenredam geschaffenen Form des Architekturbildes, die, alles in allem genommen, bis zum Ende der Entwicklung die holländische schlechthin bleibt. Es bleiben, um nur das Wichtigste zu nennen, die Auffassung des Bildes als eines Ausschnittes gesehener und erlebter Wirklichkeit, die Helligkeit des Ganzen, die Bedeutung von Farbe und Licht für den Gesamteindruck. Aber freilich, es ist dann doch eine glänzende Steigerung aller Bildwerte, die von den Delfter Kirchenmalern, einem Houckgeest, van Vliet und Emanuel de Witte, um 1650 erreicht wird. Der Bildausschnitt von höchster Subjektivität, mit absichtlich irregulären Verschiebungen und Überschneidungen, im denkbar stärksten Gegensatz zu den säuberlich zurechtgeschobenen Architekturen eines Vredeman de Vries — mächtige Formen, die ganz vorn, unmittelbar vor dem Beschauer, aufragen, so daß er glaubt, ganz nahe an den Dingen selbst zu stehen — alles von einer vollkommenen Sicherheit und einer stupenden, aber doch wie selbstverständlichen Souveränität des Könnens, reich und prächtig in Farbe und Licht, wundervoll strahlend in der nicht mehr tonig-gedämpften, sondern leuchtenden Helligkeit der Gesamterscheinung: in allem, um Worte des Verfassers zu wiederholen, eine höchste »Intensivierung der Raumwirkung«, die zugleich »Intensivierung der Wirklichkeitswirkung« ist. Die Bilder des Jan Vermeer van Delft geben die nächste Parallele. Die Erörterungen, in denen der Verfasser diese Stilwandlung darlegt, gehören, so gleichmäßig gut die Arbeit ist, zu den interessantesten und wertvollsten des ganzen Buches. Endlich die allmähliche »Auflösung des gebundenen Raumstils«, wo dann freilich unter diesem Titel sehr verschiedenartige Erscheinungen zusammengenommen werden und der Verfasser selbst zugesteht, daß die Begriffe, die zur Charakteristik des Architekturbildes in dieser Zeit angewandt werden müssen (es handelt sich um die späteren Werke des nunmehr in Amsterdam tätigen Emanuel de Witte, seit etwa 1670), sich nur zum kleinen Teil mit denjenigen decken, die für die sonstige holländische Malerei der Zeit gelten. In der Tat handelt es sich, wenn man neben de Witte Künstler wie Mieris, Schalcken, van der Werff nennt, um so verschiedenartige Erscheinungen, daß es nicht möglich sein dürfte, sie zu einer Einheit im gleichen Sinne, wie es bei den vorhergehenden Epochen möglich gewesen war, zusammenzufassen. Der Verfasser sieht sich genötigt, das inkommensurable Element der Persönlichkeit und ihres Eigenwillens stärker, als es sonst bei ihm geschieht, zu betonen, und es kann kein Zweifel sein, daß nicht die farbenglühende, innerlich erlebte und stimmungstiefe Kunst eines de Witte, die den Ausklang der älteren Zeit darstellt, als typisch für die letzten Jahrzehnte des 17. Jahrhunderts anzusehen ist, sondern daß vielmehr jene anderen mit ihrer »porzellanglatten«, sorgfältig detaillierenden Malerei das Feld beherrschen. Der alte de Witte steht zu ihnen, bei allen Unterschieden doch ähnlich, wie Rembrandt in seinen letzten Jahren zu seinen Zeitgenossen gestanden hatte: einsam, von einer erschütternden Fremdheit. Wir stehen am Ende der national-holländischen Kunst.

Und nun Jantzens »Erklärung« der »inneren Zusammenhänge und der Notwendigkeit in der Aufeinanderfolge der Erscheinungen« (im zweiten Teil des Buches, S. 129 ff.). »Wir können beobachten ..., daß ein Gestalten taktischer Erscheinungswerte stets einer Gestaltung optischer Werte vorangeht, und daß die Kunst gleichsam in der Richtung des geringsten Widerstandes sich die jeweilig geeignetsten Völkerbegabungen für ihre Zwecke wählt.« Indem nun »innerhalb der Niederlande die Vlamen sich als auf taktische Wahrnehmungen, die Holländer als auf optische Wahrnehmungen eingestellt« zeigen, ergibt sich daraus, daß »die erste schnelle Gestaltung des Architekturbildes nach Antwerpen fällt«, denn »den Raum als ein geschlossenes, nach allen Seiten fest umgrenztes, plastisches und im ganzen überschaubares Gebilde zu schaffen, war die Aufgabe der Antwerpener Architekturmaler«. »Sobald aber die Entwicklung fortschritt zu gesteigerter optischer Erfassung der Außenwelt, und dies war der Weg, den die holländische Malerei bahnte, mußte das Antwerpener Kirchenstück notwendig rückständig erscheinen gegenüber den gleichzeitigen Leistungen in Holland«.

»Der Verlauf nun, den die Entwicklung der Raumdarstellung in Holland gemäß den Zielen der holländischen Malerei nehmen mußte, und der auch die Entwicklung des Kirchenstückes bedingt«, war folgender. »Um zu gesteigerter Raumwirkung bei optischer Erfassung der Außenwelt zu gelangen, mußte der Raum isolierter Teile (in der Art der Antwerpener und der älteren holländischen Architekturmalerei) notwendig abgewandelt werden, um zuerst einmal die Einheit einer Grundlage zu erreichen, auf der ein neuer Raumaufbau mit neuen Wirkungen errichtet werden konnte.« »Es ist also zunächst ein negatives Vorgehen, wodurch diese Entwicklungsphase (der Zeit Saenredams) gekennzeichnet wird«: »Vermeidung alles dessen, was die Raumeinheit stört, und Vermeidung aller tastbaren Qualitäten in den Erscheinungswerten der Dinge«. »Saenredams Kirchenraum erklärt sich also nicht aus irgendwelcher plötzlichen Vorliebe des Künstlers für die holländische Kirchenarchitektur, sondern aus der bestimmten Forderung seiner Zeit nach dem Einheitsraum, einer Forderung, die von der gesamten holländischen Malerei dieser Zeit beachtet wurde.« »Auch die Behandlung der Staffage ist von der jeweilig herrschenden Raumauffassung durchaus abhängig.«

Dann der Fortschritt der Entwicklung bei den Delfter Architekturmalern. »Eine Malerei, die auf Intensivierung der Raumwirkung ausgeht, und das bedeutet innerhalb der Entwicklung europäischer Malerei stets Intensivierung der Wirklichkeitswirkung, muß notwendig einmal zu dem Versuch einer Gestaltung des Nahraums gelangen«. »Der Nahraum stellt nun aber ganz neue Bedingungen der optischen Aufnahme. Daraus ergab sich die Notwendigkeit, besonders die farbige Darstellung auf ganz neue Forschungen zu stellen«, und so war »für die Sondierung des Raums zunächst einmal hellstes Tageslicht notwendig«.

Endlich die »Auflösung des entwickelten Raumstils der holländischen Barockmalerei«. Sie ist »keineswegs zu verstehen als ein einfaches Aufhören des Könnens. Es setzen Anläufe ein zu einem veränderten Wollen. Um von den Möglichkeiten jenes Stils zu einer weiteren Steigerung der Raumwirkung zu gelangen, war eben eine Periode neuer malerischer Erfahrungen nötig«. Daher das Streben nach einem neuen »Detailstudium«, die »Verdunkelung des Bildraums« usw. — wir haben bereits gesehen, daß diese Begriffe, die der Verfasser im Anschluß an Riegls Beurteilung der Epoche entwickelt, für das Architekturbild selbst nur eine sehr bedingte Geltung haben.

Es wird nun zunächst kaum anders zu urteilen sein, als daß es sich bei einer solchen Interpretation des historischen Verlaufs nicht mehr um Geschichte, sondern um Geschichtskonstruktion handelt, d. h. um begriffliche Herleitung der einzelnen Tatsachen der kunsthistorischen Entwicklung aus scheinbar feststehenden allgemeinen Prämissen, so daß dadurch jene Tatsachen als notwendig im Sinne der Denknotwendigkeit erwiesen werden. Die Dinge »müssen« geschehen, sie geschehen »notwendig«. Die Prämissen, von denen der Verfasser ausgeht, sind, wie sich aus den angeführten Stellen ergibt, die folgenden: einmal, daß die Entwicklung des künstlerischen Sehens »stets« einen bestimmten Gang nimmt (von einer »taktischen« zu einer »optischen« Auffassung hin) — und zweitens die als konstanter Faktor in Rechnung gesetzte künstlerische Begabung der in Betracht kommenden Nationen (Vlamen = taktisch, Holländer = optisch auffassend). Aus der Verbindung dieser beiden Komponenten ergibt sich mit Notwendigkeit der historische Verlauf zunächst in seinen Grundzügen (daß die Vlamen die erste, »taktische«, die Holländer die zweite, »optische« Epoche des Architekturbildes beherrschen). Wie dann die einzelnen Phasen des holländischen Architekturbildes ebenfalls aus jenem Begriff der der holländischen Malerei zufallenden »optischen Erfassung der Außenwelt« abgeleitet werden, ergeben die obigen Anführungen: es mußte »notwendig« zuerst zur Darstellung des »tonigen Einheitsraums«, dann zu derjenigen des »Nahraums« kommen. Es ist danach völlig konsequent, wenn die höchste Instanz, die der Verfasser für seine Geschichtserklärung anruft, mit den Worten bezeichnet wird: »daß die Kunst gleichsam in der Richtung des geringsten Widerstandes sich die jeweilig geeignetsten Völkerbegabungen für ihre Zwecke wählt«. Das ist dann freilich reine Metaphysik. Nicht nur der Anfangs-, sondern auch der Zielpunkt der geschichtlichen Entwicklung und die in ihr konstant wirkenden, richtunggebenden Kräfte werden als bekannt vorausgesetzt und zwar in Form von scheinbar ganz konzisen Begriffen, die die Anwendung einer deduktiven Methode für die Erklärung wenigstens der Haupttatsachen der Entwicklung gestatten. Es sei nun erlaubt, einige wenige willkürlich herausgegriffene Stellen aus Riegls Schrift über das holländische Gruppenporträt anzuführen. »Der Schluß drängt sich zwingend auf: das Gruppenporträt mußte das begehrteste, das spezifisch nationale Kunstwerk der Holländer werden, da keine andere Gattung, soweit die menschliche Figur in Frage kam, dem spezifischen Kunstwollen dieses Volkes so restlose Erfüllung brachte« (S. 84). Und in bezug auf jene letzte Stufe der »Auflösung des gebundenen Raumstils«: »um von der barocken Auffassung des 17. Jahrhunderts, wonach Figuren und Freiraum ... eine homogene Einheit bilden, zu der modernen zu gelangen, wonach Figuren und Freiraum nichts anderes sind als Schöpfungen des Ich, bedurfte es einer Zwischenstufe, die zwingendermaßen durch ein einseitiges Zurückgehen auf die einzelne menschliche Figur als solche ... gebildet sein mußte« (S. 237). Man wird in solchen leicht zu vermehrenden Stellen sofort das Urbild der Kunstgeschichtsauffassung Jantzens erkennen. Auch hier die Einführung der künstlerischen Begabung eines Volkes (seines »spezifischen Kunstwollens«) als einer festen Größe, die gewisse Erscheinungen der Kunstgeschichte »zwingend« nach sich zieht — und anderseits die Erklärung (und Wertung) der einzelnen Kunstepochen und ihres Stils in der Art, daß der Zielpunkt der Entwicklung als bekannt angenommen und danach die Notwendigkeit der betreffenden Epoche als einer »Zwischenstufe«, deren jene Entwicklung »bedurfte«, demonstriert wird. Die ganze, so imposante Geschlossenheit von Riegls Geschichtsbild ruht darin, daß der Leser den Eindruck der unbedingten Einheitlichkeit und Notwendigkeit des historischen Gesamtprozesses erhält, und dazu gehört dann auch, daß an die Stelle der einfachen Aussage über die einzelnen Tatsachen jederzeit deren Vorhersage oder, was dasselbe bedeutet, ihre logische Deduktion aus bestimmten Prämissen treten kann. Gewiß wird nun niemand — und es gilt das natürlich ebenso wie für Riegl so auch für seinen Nachfolger — diese Verdrängung des historischen Berichts durch eine Art Kalkül mittels scheinbar bekannter Größen auf eine Stufe mit jenen Geschichtskonstruktionen stellen, bei denen der Zielpunkt der Entwicklung nach irgendwelchen rein subjektiven Überzeugungen und Werturteilen, gleichviel ob von einer mehr ästhetischen oder ethischen Färbung, bestimmt ist. Spricht man von den künstlerischen Anlagen oder dem Kunstwollen einer Nation, so kann das nicht anders geschehen, als auf Grund einer mehr oder weniger vollkommenen Kenntnis möglichst ihrer ganzen Entwicklung, und das gleiche gilt, wenn man eine bestimmte Entwicklung des künstlerischen Sehens als »beobachtet« konstatiert, um von da aus die Unentbehrlichkeit der von ihr durchmessenen Zwischenstufen zu demonstrieren — gleichviel ob man nun jene Entwicklung als »gesetzlich« und »notwendig« bezeichnet oder sie eben nur als faktisch gegeben hinnimmt. Und ferner: es handelt sich bei dieser Auffassung wenigstens der Intention nach um ein Rechnen mit objektiv für sich bestehenden Größen, die von der Zustimmung des Einzelnen völlig unabhängig sind, und um prinzipielle Ausschaltung aller traditionellen Werturteile und jeder subjektiven Vorliebe ebenso wie jeder im alten Sinne transzendentalen Zielsetzung zugunsten einer möglichst reinen Begriffsentwicklung. Man kann danach endlich wohl sagen: es handelt sich bei Fortbestehen desselben geistigen Bedürfnisses um eine moderne, realistische Umbildung einer uralten, in der mittelalterlichen Welt entwickelten Form, die Geschichte zu »denken« und denkend zu verstehen, und in diesem Sinne denn auch, aber nur in diesem, um eine moderne Scholastik. Es könnte nun wohl scheinen, als sei das Ganze nur eine Formfrage, und jene »Konstruktion« des historischen Verlaufs bedeute, da es sich nun doch um lauter beobachtete Tatsächlichkeiten handelt, nicht viel mehr als eine Art Kunstgriff des Schriftstellers, ein bloßes taktisches Manöver, wobei es in Wirklichkeit, entgegen dem Wortsinn, nur auf eine möglichst weitgehende geistige Durchdringung des historischen Tatbestandes ankäme, in der Richtung auf seine »letzten Gründe« und die in der Entwicklung festzustellenden psychologischen Gesetzlichkeiten hin, deren möglichst klare Erkenntnis doch in der Tat eins der wesentlichsten Ziele wie aller historischen, so auch der kunsthistorischen Forschung wird sein müssen. Jenes scheinbar postulierende Verfahren hätte dann für die Forschung einen (unleugbaren) heuristischen Wert und ermöglichte für die literarische Darstellung eine klarere und straffere Zusammenfassung der einzelnen Erscheinungen zu einer in sich zusammenhängenden Einheit. Aber auch so nun bleibt der unlösliche Widerspruch zwischen der Form, deren sich dieses kunsthistorische Denken zum Zwecke der Ableitung von Tatsachen aus Begriffen nach Art des ontologischen Beweises bedient, und der Art, wie kunsthistorische Erkenntnisse wirklich gewonnen werden, bestehen — »historische Wahrheiten können nicht demonstrieret werden«.

Man mag nun von dieser im Grunde ja selbstverständlichen formalen Unmöglichkeit einer konstruktiven Umdeutung einmaliger historischer Tatsachen zu absoluten Notwendigkeiten absehen, so bedeutet doch auch inhaltlich dieses Vorwalten eines einseitigen Interesses für bestimmte Fragestellungen eine unzulässige Vereinfachung und Schematisierung der Erklärungsgründe und des mit ihrer Hilfe zustande kommenden Geschichtsbildes. So etwa, wenn Jantzen Form und Geschichte des Antwerpener Architekturbildes zusammenfassend aus der »vlämischen« Art, auf »taktile Wahrnehmungen« zu reagieren, herleitet: indem die Kunst auf dieser Stufe gerade dieser »Volksbegabung« bedurfte, fiel den Antwerpener Malern die »Aufgabe« zu, den Raum als »ein geschlossenes, nach allen Seiten fest umgrenztes, plastisches und im ganzen überschaubares Gebilde« zu erfassen. Nachdem dann diese Aufgabe durch Vredeman de Vries und seine Nachfolger in der Art, die wir bereits kennen, gelöst war, war damit auch notwendig die Rolle der vlämischen Malerei innerhalb der Geschichte des Architekturbildes ausgespielt. Nehmen wir nun die Dinge einfach, wie sie sind, so waren zunächst die drei für das Antwerpner Architekturbild führenden Maler nicht Vlamen: Vredeman de Vries war »in Friesland als Sohn eines Deutschen geboren«, die beiden Steenwijks waren zugewanderte Holländer, die ebenso wie jener nur zeitweilig in Antwerpen tätig waren. Des weiteren gehört die von diesen Künstlern geschaffene Bildform, ihren Zusammenhang mit der Antwerpner Malerei natürlich zugegeben, doch ihrer Entstehung und bis zuletzt auch ihrem Wesen nach dem 16. Jahrhundert an, d. h. einer vorwiegend international gerichteten Epoche, bei der man wird fragen dürfen, ob ihre künstlerische Signatur nicht mehr noch durch die Übernahme der Bildauffassung der italienischen Renaissance als durch das an sich unleugbare Streben, dieselbe in einer eigentümlichen Weise umzubilden und für eigne Zwecke nutzbar zu machen, bestimmt wird. Es genügt, etwa an die späteren Landschaften eines Rubens zu erinnern, um deutlich zu machen, daß die »vlämische« Raumanschauung denn doch noch ganz andere Möglichkeiten enthielt als diejenigen, die in dem Architekturbild sichtbar wurden, und daß dieses letztere in seiner historisch bedingten Zwitterstellung und mit seiner Verbindung von künstlichem Theoretisieren und ebenso künstlichem Ausputzen der Bilderscheinung die vielleicht am wenigsten »vlämische« Fassung auch des Raumproblems innerhalb der vlämischen Malerei überhaupt gibt. Es bleibt wichtig und ein entschiedenes Verdienst Jantzens, mit Hilfe der von ihm entwickelten Begriffe nachgewiesen zu haben, daß und nach welchen Seiten hin die Raumbehandlung bei dem Antwerpner Architekturbild auf derjenigen Linie steht, die bei der südniederländisch-vlämischen Malerei von den Zeiten eines Rogier van der Weyden bis auf Rubens zu verfolgen ist, aber es ist nun doch bezeichnend, daß die von ihm gegebene Definition als solche ebenso gut auch für die italienische Malerei der Renaissance gelten würde. Was die vlämische Art von der italienischen unterscheidet und bei Rubens in voller Deutlichkeit hervortritt — der Sinn für ein von innen her quellendes Eigenleben des Raumes, für ein freies Fluten der Bewegung, für ein starkes Mitsprechen der »optischen« Werte —, all das fehlt freilich bei dem Architekturbild oder tritt doch wenigstens sehr zurück. Die Definition Jantzens mag daher, indem sie möglichst nur die formelhaft faßbaren Seiten des »vlämischen« Raumbegriffs hervorhebt, für das Architekturbild zutreffen — zur Charakterisierung der vlämischen Raumauffassung überhaupt und zu einer von daher zu gewinnenden Erklärung, weshalb das Antwerpner Architekturbild so und nur so werden konnte, wie es geworden ist, ist sie unzureichend. Vielmehr kommt man, wenn man zu verstehen sucht, weshalb das Architekturbild auf dem im 16. Jahrhundert gewonnenen Standpunkt stehen blieb, auf Zusammenhänge, die von jeder begrifflichen Konstruktion seitab liegen, wie vor allem: daß keiner der großen vlämischen Maler des 17. Jahrhunderts sich seiner annahm, doch wohl, weil die ganze Bildaufgabe dem Lebensdrang der Zeit aus tausend Gründen zu eng erschien. Noch einmal: die Erklärung Jantzens hat, wenn man von ihrem konstruktiven Charakter absieht, ihren guten Sinn und ihr Recht, indem sie tatsächlich vorhandene wichtige Zusammenhänge aufdeckt — aber sie hebt aus einem komplizierten Sachverhalt (der hier nur ganz flüchtig anzudeuten war) willkürlich allein den einen Koeffizienten heraus und gibt ihm eine Bedeutung, die er hier nicht hat. Die Erklärung des Antwerpener Architekturbildes aus dem vlämischen »Volksgeist« heraus hat eine andere und zwar ungleich geringere Tragweite und Berechtigung, als wenn dieser Gesichtspunkt auf die Kunst etwa eines Saenredam angewandt wird. Indem man diese zu Unrecht nivellierende Methode der Geschichtserklärung zwar nicht preisgibt, aber doch in ihrer notwendigen Begrenztheit und Einseitigkeit erkennt, ergibt sich zugleich eine freiere und wahrere Auffassung von der künstlerischen Begabung eines Volkes: sie erscheint nicht mehr als eine starre, unveränderliche Größe von rein begrifflicher Existenz, sondern als eine zwar innerhalb gewisser Grenzen, aber doch frei sich bewegende geistige Kraft, als ein schöpferisches Vermögen zur Hervorbringung nicht nur von Bildformen, sondern auch und vor allem von lebendigen Bildwerten, durchaus schwankend in ihrer Produktivität und in der Intensität, mit der sie sich in den künstlerischen Gebilden durchsetzt, und so denn auch von wechselnder Bedeutung für die Erklärung der historischen Tatsachen.

Dieselbe Gefahr einer zu weit gehenden Vereinfachung und dadurch einer mehr oder weniger empfindlichen Verzeichnung des Geschichtsbildes entsteht durch das Bestreben, unter dem Einfluß und zugunsten einer bestimmten, gleichmäßig durchgeführten Problemstellung das künstlerische Schaffen der verschiedenen Epochen stets nach denselben Gesichtspunkten und nach derselben Wertfolge der Begriffe zu betrachten und zu analysieren. Es ist das gute Recht des Verfassers, zumal bei dem Thema des Architekturbildes, das Raumproblem in den Vordergrund zu stellen, aber es geht nicht an, alle Erscheinungen, die bei der künstlerischen Behandlung des Themas sich gezeigt haben, in ein Abhängigkeitsverhältnis zu diesem einen, wenn auch noch so wichtigen Problem zu bringen. Man vergleiche, wie bei Saenredam dessen ganz neues Interesse an der holländischen Kirchenarchitektur, d. h. an der Wirklichkeit selbst, aus der »Forderung der Zeit nach dem Einheitsraum« abgeleitet und bei den Delfter Malern die Helligkeit der Bilderscheinung als eine »notwendige Folge« ihres Strebens, den »Nahraum« darzustellen, erklärt wird. Das ist eine konstruierende Psychologie gegenüber jener »beschreibenden und zergliedernden« Wilhelm Diltheys, die für die Erkenntnis historischer Vorgänge auf dem Gebiet des geistigen Lebens die einzig mögliche sein dürfte. Auch hierin ist Riegls Vorbild für den Verfasser maßgebend gewesen. Um nur ein besonders naheliegendes Beispiel zu nennen, so sei auf Riegls Interpretation des Rembrandtschen »Helldunkels« verwiesen, das ihm einzig und allein als ein Mittel zur Bewältigung des Raumproblems und als nur zu diesem Zweck von Rembrandt und seinen Zeitgenossen angewandt erscheint (»um Figuren und Freiraum als einziges homogenes Ganzes darzustellen«, Gruppenporträt, S. 206 f.). Es ist das, gegenüber der Auffassung Karl Neumanns, der alle Erscheinungen des künstlerischen Schaffens als auf Werte, wie Farbe, Stimmung u. dgl. bezüglich zu interpretieren sucht, doch nur die entgegengesetzte Einseitigkeit (die übrigens auch dadurch nicht aufgehoben wird, daß bei Riegl der hier nicht weiter zu erörternde Begriff der Parallelität der Entwicklung auf dem Gebiet der »psychischen Auffassung« hinzukommt). Schließlich liegt doch hier wie dort nur eine durch die Tatsachen nicht zu rechtfertigende, ihnen vielmehr widersprechende Übertragung moderner Anschauungen von dem, »was die bildende Kunst darstelle und überhaupt darstellen könne«, auf die ältere Kunst vor. Um zu den oben angeführten Beispielen aus dem Buch Jantzens zurückzukehren, so ist nicht einzusehen, weshalb die im Zeitalter des Saenredam und Jan van Goyen allgemeine und sehr entschiedene Hinwendung zur Wirklichkeit nur eine Folge der Forderung des Einheitsraums sein soll. Eins wie das andere sind wesentliche Züge für die Kunst der Zeit, Seiten desselben Vorganges, die für die unbefangene Anschauung zunächst nur neben und in einander bestehen, ohne daß eine von ihnen der andern (und zwar zu allen Zeiten der gleichen) subordiniert werden könnte. Und das gleiche gilt für die Interpretation der Bildwerte in den Schöpfungen der Delfter Maler, die ebensowohl den frappierenden Eindruck des Nahraums wie denjenigen einer prächtigen Helligkeit von Farbe und Licht hervorzurufen suchen; gilt endlich auch für jenes unendlich vielseitige Ineinanderweben der »Bedeutungen« in dem Rembrandtschen Helldunkel, das sich ebensowohl mit der räumlichen Wirkung wie mit den stofflichen, farbigen und Stimmungswerten der Bilderscheinung verbindet, wie es dann endlich doch auch wieder als ein Wert für sich besteht. Wie viel reicher nicht nur, sondern vor allem wahrer erscheint der Vorgang bei der Entstehung jener neuen Formen des holländischen Architekturbildes, wenn man, statt alles unter die vorgefaßten und gleichmäßig feststehenden Begriffe eines irgendwie nun doch einseitigen psychologischen Systems zu pressen, sich begnügt, eine möglichst volle Anschauung des wirklichen Verlaufs zu gewinnen, das künstlerische Erlebnis in seiner ganzen Vielseitigkeit zu beschreiben und zu zergliedern, um dann endlich die jeweilig wechselnde, unendlicher Variation fähige Gesamtabsicht zu finden, der alles untersteht. Denn darin allein, in der Absicht der »Gesamtwirkung« des Kunstwerks, das Wort im unbestimmtesten und vieldeutigsten Sinne genommen, so daß es sich um einen lebendigen, gefühlten Wert handelt, der eben als solcher nur umschrieben und als den Ton, die geistige Haltung des Ganzen gleichmäßig bestimmend nachgewiesen, nicht aber einseitig begrifflich erklärt werden kann, liegt die höhere Einheit, der das künstlerische Schaffen bei der Aufstellung und Beantwortung der verschiedenen von ihm zu lösenden Fragen zustrebt. Erst so erscheint jenes Schaffen dann auch als das, was es ist: als ein Mittel der Zeit zur Gestaltung bestimmter Lebenswerte vermöge der besonderen Ausdrucksformen, die ihm zur Verfügung stehen.

Man kommt damit auf einen letzten, vielleicht schwersten Mangel, der der Problemgeschichte, wie sie in Jantzens Buch erscheint, anhaftet. Eine eigentümliche Zeitlosigkeit liegt über dem kunsthistorischen Geschehen: auf Grund ihrer bestimmten Voraussetzungen »mußte die holländische Malerei notwendig einmal zu dem Versuch einer Gestaltung des Nahraums gelangen«. Es ist die Zeitlosigkeit denknotwendiger Begriffe, die sich der Geschichtsdarstellung aufdrängt, und indem die kunsthistorische Entwicklung als eine logisch (oder psychologisch) notwendige Selbstentwicklung bestimmter Probleme erscheint, tritt sie aus aller Verbindung mit dem historischen Gesamtprozeß heraus, der bis zu einem gewissen Grade immer als alogisch, als bedingt durch tausend »Zufälligkeiten« wird erscheinen müssen. Man wird dem nicht entgegenhalten können, daß Jantzen die Geschichte des Architekturbildes einer solchen der niederländischen Malerei überhaupt einordnet — es handelt sich dabei doch nur um Parallelvorgänge auf anderen Teilgebieten ein und derselben Zone des geistigen Lebens, die in ihrer Gesamtheit durch die in sich geschlossene Entwicklung der ihr eignenden Probleme als etwas ganz für sich Seiendes erscheint, zwar auf den Begriff eines künstlerischen Volksgeistes Bezug nehmend, aber ohne den Untergrund der wirklichen Geschichte der Nation, ihres Ringens um die Existenz und des in ihr sich vollziehenden Wechsels der allgemeinen Lebensstimmungen. Dasselbe aber gilt auch, trotz gelegentlicher anders lautender Ausführungen für die so viel weitere und großartigere Auffassung Riegls von einer in gesetzlicher Folge sich abwickelnden Geschichte der Formen des geistigen Lebens — diese Entwicklung legt sich wie ein feines und dünnes Gespinst über die brutalen Kämpfe des äußeren Daseins, ohne von ihnen berührt zu werden. Als Beispiel für das Streben nach einer möglichst weitgehenden Ausschaltung aller »äußeren« Ereignisse und »äußeren« Einflüsse: Riegl spricht wohl in einer nebenhergehenden Bemerkung von dem »französischen Einfluß« in der zweiten Hälfte des 17. Jahrhunderts und seiner »lähmenden« Wirkung auf die holländische Kunst, die dadurch schon nach kurzer Zeit umgebracht worden sei (Gruppenporträt S. 201) — aber dann wird aufs stärkste betont, daß »die akademische Richtung (eben jene, in der der »französische Einfluß« sich geltend machte) nicht von außen her zwangsweise aufgepfropft, sondern zwingend aus der inneren Entwicklung der holländischen Malerei hervorgegangen sei« (S. 238) — »die eigene logische Entwicklung der holländischen Malerei machte ihr Schicksal zu einem unabwendbaren« (S. 272). Es ist kaum nötig zu betonen, wie fruchtbar und unentbehrlich die in solchen Worten ausgesprochene Einsicht in einen über alle äußeren Wechselfälle hinausreichenden Zusammenhang des geistigen Lebens ist: auch in der holländischen Kunstgeschichte des 17. Jahrhunderts gibt es keinen plötzlichen Bruch und keine bloß äußere Einwirkung ohne inneres Entgegenkommen und ohne Verarbeitung der fremden »Einflüsse« nach den eigentümlichen Gesetzen der holländischen Kunst — aber wiederum, es ist unmöglich, bei dieser Entwicklung nur die eine Seite zu sehen und die andere, die in dem Moment der Wechselwirkung der Nationen liegt, und durch die der »Zufall« auch in die Kunstgeschichte einer jeden unter ihnen eingreift, auszuschalten. Wer will sagen, wie die Entwicklung der holländischen Malerei des 17. Jahrhunderts vor sich gegangen wäre, wenn die kriegerischen Ereignisse und die politischen und kulturellen Verschiebungen außerhalb der holländischen Grenzen einen anderen Gang genommen hätten? Es scheint heute leicht, nach dem vielfachen Mißbrauch, der mit diesen Dingen getrieben worden ist, und infolge des berechtigten Strebens der Kunstgeschichte nach möglichst weitgehender Selbständigkeit, als einigermaßen unmodern, bei der kunsthistorischen Betrachtung den Rekurs auf allgemein-historische Vorgänge und letzthin auf die »Ereignisse«, d. h. auf die, gleichviel ob gewaltsamen oder friedlichen, Verschiebungen innerhalb der allgemeinen Geschichte der in Betracht kommenden Mächte für unerläßlich zu erklären. Aber schließlich hängt doch ohne das alles in der Luft, und was von psychologischer Gesetzlichkeit in der Entwicklung der Formen des geistigen und im besonderen des künstlerischen Lebens festgestellt wird, kann sich nur unter dem Zusammenwirken bestimmter äußerer Umstände entfalten. Es handelt sich hier nicht um ein Mehr oder Weniger, das man nach Belieben hinzufügen (oder wenigstens andeuten und hinzudenken) kann oder nicht. Vielmehr kommt man damit auf Fragen von entscheidender Bedeutung für die gesamte Struktur des kunsthistorischen Denkens, für die Art, wie die Tatsachen der Wirklichkeit sich im Bewußtsein zu einer geistigen Einheit aufbauen: auch in der Geschichte des niederländischen Architekturbildes würde, wenn auch vielfach nur in einer leisen Modifikation des Tons der Darstellung spürbar, doch schlechthin alles durch die Wahl eines anderen Ausgangspunktes für die Auffassung der Zusammenhänge und Abhängigkeitsverhältnisse auch eine andere Farbe und einen anderen Charakter der Freiheit und Lebendigkeit des Geschehens erhalten. Womit nach allem Gesagten nicht ein individueller, sondern ein prinzipieller Unterschied zum Ausdruck käme.

Um nur auf einige Punkte noch hinzuweisen, die in diesem Zusammenhang ihre Stelle haben: erst so, indem die Geschichte der holländischen Malerei als ein Teil der allgemeinen Geschichte der Nation und ihres Verhältnisses zu den andern Mächten verstanden wird, ist es auch möglich, den Begriff der »Konstellation« zu entwickeln und von da aus zu einer wirklichen Gesamtanschauung der künstlerischen Bewegung, etwa jener zwanziger Jahre, in denen die Kunst eines Saenredam, oder jener vierziger, an deren Abschluß die Delfter Architekturmalerei entsteht, zu gelangen. Es wird dann möglich, statt der bloßen Feststellung einer neuen Phase der Problementwicklung eine realistische und umfassende Beschreibung des wirklichen Vorganges zu geben: von der Verschiebung der äußeren Lage und des allgemeinen Bewußtseinstandes der Nation führen die Linien hinüber zu dem Aufkommen neuer geistiger Bedürfnisse und zu der Aufstellung neuer Bildprobleme, zu denen die einzelnen Künstler und durch sie die einzelnen Bildgattungen früher oder später Stellung nehmen. Die einfache Parallelität der Vorgänge löst sich dann vielleicht zum Teil auch in ein Verhältnis gegenseitiger Einwirkungen und Abhängigkeiten, und es entsteht so etwa die Frage, wie die Beziehung der Delfter Architekturmaler zu den Genremalern, die ähnliche Ziele verfolgen, einem Karel Fabritius und Jan Vermeer, zu verstehen sei. Für den letzteren ist es sicher und für den ersten mindestens möglich, daß die Architekturmaler mit ihrer Schöpfung neuer Bildwerte der Genremalerei vorangehen — bedeutet nun die zeitliche Folge auch ein Abhängigkeitsverhältnis? Es soll damit nur auf eine von unendlich vielen Fragen hingewiesen werden, die bei einer Geschichte des niederländischen Architekturbildes, die den historischen Verlauf in seiner ganzen Wirklichkeit und nicht nur die in ihm sich vollziehende Entwicklung bestimmter Probleme zur Anschauung bringen wollte, aufzuwerfen sein würden. Endlich würde mit dieser Rückführung der Problemgeschichte zu den Grundlagen und Zielen einer wirklichen Kunstgeschichte auch von selbst die künstliche Ausschaltung des Werturteils gegenüber den einzelnen Epochen, die für die Richtung Riegls so bezeichnend ist, wieder aufgehoben werden. In der Tat kann es für eine Auffassung, der es allein auf die Darlegung der Kontinuität und inneren Notwendigkeit in der Entwicklung der künstlerischen Probleme ankommt, auch einen Wertunterschied zwischen den einzelnen Epochen nicht geben: eine jede ist »unentbehrlich«, der Charakter einer jeden »eminent fortschrittlich«. Soviel nun auch mit einer solchen Rehabilitierung der sog. Verfallsepochen für die Kunstgeschichte gewonnen ist, so kann es bei einer konsequenten und einseitigen Durchführung dieses Prinzips wohl geschehen, daß die höchste Gerechtigkeit zur größten Ungerechtigkeit wird, indem es für den Standpunkt der Problemgeschichte schließlich gleichgültig ist, welche Summe von lebendiger Kraft oder welche Höhe künstlerischer Kultur sich in den Kunstwerken der einzelnen Epochen ausspricht — als »Stildokumente« verdienen sie alle das gleiche Interesse. Gewiß nun, daß diese willkürliche und nur scheinbare, weil allein durch die Wahl des Standpunktes des Beschauers herbeigeführte Objektivierung der Werturteile nicht das letzte Ziel einer wissenschaftlichen Betrachtung sein kann, und daß die Gleichsetzung aller Erscheinungen durch die möglichst indifferente Haltung eines mehr oder weniger nur auf die Gewinnung von Begriffen gerichteten Intellekts der Wirklichkeit nicht gerecht wird und vor ihrer Gewalt niemals wird bestehen können. Die Zeit Rembrandts oder, von dem Architekturbild ausgehend, eines Saenredam und der Delfter Architekturmaler bedeutet eine »Höhe« der holländischen Malerei, und die akademische Malerei im Zeitalter der Mieris und des van der Werff bedeutet den »Verfall«, nicht der Kunst schlechthin, wohl aber der nationalholländischen Malerei des 17. Jahrhunderts. Eine wissenschaftliche, objektive Erkenntnis dieses Sachverhalts wird nicht durch eine Ausschaltung der hier in Betracht kommenden und durch Einstellung des Interesses auf ganz andere »Werte« (der Unentbehrlichkeit jedes einzelnen Gliedes innerhalb einer logischen Folge von Begriffen) zu erreichen sein, sondern wiederum nur durch eine möglichst vollständige »Beschreibung und Zergliederung« desjenigen Tatbestandes, der den Anlaß zu jenen populären Urteilen gegeben hat und immer wieder geben wird. Die Möglichkeit einer solchen Analyse ergibt sich bei der Auffassung der Kunst im Rahmen des Gesamtlebens der Nation, als eines ihr eigentümlichen lebendigen, schöpferischen Vermögens, von selbst.

Es mag nun nochmals betont werden, daß dem Rezensenten nichts ferner liegt, als den ungeheuren Fortschritt der kunsthistorischen Erkenntnis, den wir Riegl und der an ihn anschließenden Richtung der heutigen Kunstwissenschaft danken, preiszugeben; ebensowenig wie er daran denkt, die nicht nur bedeutenden, sondern für das Urteil entscheidenden Verdienste der Leistung Jantzens verkleinern zu wollen. Aber die Problemgeschichte, wie sie hier erscheint, steht zu der Kunstgeschichte nicht nur in dem Verhältnis einer notwendigen Grundlegung und Ergänzung, sondern auch des Gegensatzes, und es scheint, daß ihre vollkommene Durchführung einer wirklichen Kunstgeschichte den Weg nicht so sehr ebnen, als vielmehr definitiv verbauen würde. Kunstgeschichte ist mehr als nur Problemgeschichte und Stilgeschichte, sie muß unbefangener und freier, aus einer volleren und mehr erlebten Anschauung der Kunst und ihres Zusammenhanges mit dem Leben selbst getrieben werden, sie muß »wahrer« sein gegenüber der historischen Wirklichkeit, als es die Stilgeschichte mit ihrer vorwaltenden Richtung auf Begrifflichkeiten und Gesetzlichkeiten zuläßt.

Basel. Ernst Heidrich.

August Kalkmanns Nachgelassenes Werk. Herausgegeben von Hermann Voß. Berlin, Verlag von Karl Curtius, 1910. Quart. 286 S.

Der Hamburger Patriziersohn August Kalkmann war außerordentlicher Professor der klassischen Archäologie an der Universität Berlin. Er starb als ein knapp Zweiundfünfzigjähriger im Jahre 1905, viel zu früh allen denen, die die geistvollen Vorträge und seminaristischen Übungen des künstlerisch ungemein feinfühligen Mannes jemals mitgemacht hatten. Kalkmanns spezieller Lehrauftrag erstreckte sich auf das Grenzgebiet von Philologie und Archäologie, auf die Untersuchung der literarischen und theoretischen Quellen der Kunstgeschichte des klassischen Altertums: aus diesem Wissenschaftskreise heraus erwuchsen seine drei Hauptwerke, quellenkritische Untersuchungen über den Periegeten Pausanias, über die kunsthistorischen Teile aus Plinius' *Historia naturalis* und seine genauen Messungen der Proportionen des Gesichts in der griechischen Plastik des 5. und 4. Jahrhunderts, die von den uns überlieferten ästhetischen Axiomen des Argivers Polyklet ihren historischen Ausgang nahmen.

Der doktrinäre Zwang, der diesen, auch inhaltlich nicht immer ganz glücklichen, Schriften anhaftet, läßt eigentlich nur wenig das in die Erscheinung treten, was ihrem Verfasser als letztes, innerstes Ziel vorgeschwebt hat. Um nämlich unsere ästhetische Anschauung von hellenischer Kunst möglichst zu vertiefen, ging sein Streben dahin, stets die treibenden geistigen Momente aufzusuchen, aus denen das einzelne Kunstwerk geboren ward. Diese ästhetischen Einzelaufdeckungen sollten sich aneinanderreihen und das schließlich so entstehende System eine griechische Gesamtkunstgeschichte darstellen, nicht der Künstler mit der banalen Zufälligkeit ihres Schaffens und der mit ihnen individuell verknüpften Kunstwerke, sondern der Geistesanschauungen, der ästhetischen und philosophischen, wie sie sich in den Kunstwerken und vor allem in den ganzen Stilrichtungen realisieren. — Von diesem angedeuteten Plan findet sich in den von Kalkmann selbst noch herausgegebenen Schriften nur weniges ausgeführt, am meisten noch in der Einleitung jenes Winckelmannprogrammes über die Proportionen des Gesichts in der griechischen Kunst, welche die Wandlungen in der Schätzung der Proportionen und eines rationalen Formideals durch die antike Kunstgeschichte hin verfolgt. Mehr gab er von seinen ihm eigentümlichen ästhetischen Ideen in seinen Vorlesungen, und aus diesem Kreise stammen offenbar auch alle die Einzelaufsätze, bald kürzer, bald ausführlicher skizzierte Betrachtungen, welche hier Hermann Voß als sein »Nachgelassenes Werk« veröffentlicht, allen Schülern und Freunden Kalkmanns als eine besonders wertvolle Ergänzung des von ihm selbst Publizierten und als eine schöne, nunmehr fixierte Erinnerung an den lebendigen Eindruck seines so geistreichen Vortrags, denjenigen aber, die ihn persönlich kennen zu lernen nicht das Glück hatten, als eine neue, philosophische Art, alte wie moderne Kunst in vertiefter Betrachtung zu genießen. —

Es gibt sicher keinen zweiten Kunsthistoriker, der in dem Maße wie August Kalkmann Künstleransichten, Künstleraussprüche und -lehren aller Zeiten und aller

Völker beherrschte. Eine Menge von Zitaten aus Tagebüchern, Briefen, Ateliergesprächen kehren immer wieder in Kalkmanns Ausführungen, mögen sie sich mit der Kunst der Renaissance oder der Romantik oder der neuen Freilichtmalerei beschäftigen. Was den Verfasser interessiert, ist stets das künstlerische Problem als Ausdruck einer bestimmt gerichteten Persönlichkeit, und er sieht es immer mit authentischer Richtigkeit, da er alle theoretischen Äußerungen des Künstlers mit verwertet. Die Vielseitigkeit aber, die ihn über sein offizielles Arbeitsgebiet, die klassische Antike, zu intimster Kenntnisnahme der gesamten Kunstentwicklung bis zur jüngsten Moderne drängt, gewährt diesen ästhetischen Untersuchungen durch den Reichtum der Vergleichsmöglichkeit eine außergewöhnliche Tiefe und Erfahrung des künstlerischen Urteils.

Die einzelnen Aufsätze behandeln Themen aus der Antike und der Renaissance, einen Kollegentwurf über das Gewand in der griechischen Kunst, eine Betrachtung über Goethe und Schiller, Natur und Kunst, die den bekannten Gegensatz von idealem Objektivismus und Subjektivismus bis zu den Meistern von Barbizon, Ruskin und H. v. Marées durchführt, daran anschließend zwei Aufsätze über Goethe und das Element und Goethe und Böcklin, die elementare Natur, Einheit, Ganzheit und anderes, eine umfassende, die geistigen Richtungen und Quellen erörternde Arbeit über die Romantik, drei größere systematische Aufsätze über die Erscheinung, das Dekorative, das Organische und das Kunsthandwerk, die besonders an die Theorien Adolf Hildebrands und Ruskins anknüpfen, endlich Auseinandersetzungen über den Subjektivismus in seinem künstlerischen Verhältnis zur Natur, den Naturalismus, den Idealismus und den Impressionismus, und eine frühere auf denselben Bahnen wandelnde Arbeit über die vielfältige und häufig entgegengesetzte Möglichkeit der Individualität, sich in der Kunst auszudrücken, wobei sowohl die Maler der Romantik und des deutschen und französischen Neuklassizismus, Puvis de Chavannes, Feuerbach, Böcklin, Marées, wie die Impressionisten und die Künstler Japans reichlich zu Worte gelangen. Es wird mit Entschiedenheit für die allem Rationalismus fremde Autonomie der Kunst Stellung genommen und so gezeigt, daß der Naturalismus zu seiner größten Vollendung sich ganz unnaturalistischer Mittel bedienen wird. —

Im Rahmen dieses kurzen Referates läßt sich natürlich nicht annähernd eine Vorstellung geben von dem Gedankenreichtum und der Fülle geistvoller Perspektiven, die diese nachgelassenen Aufsätze August Kalkmanns enthalten. Vieles der neueren ästhetischen Literatur, wie etwa Richard Hamanns bekanntes Buch über den Impressionismus, erscheint ohne sie undenkbar: man vergleiche die Ausführungen über die Stileigenart der Romantik hier wie dort, wobei sich Kalkmann als der weitaus tiefere, gründlichere, umfassendere Geist darstellen wird: denn was er hier über die Romantik, ihr Wesen und ihre künstlerischen Äußerungen sagt, steht auf der gleichen Stufe mit den Intuitionen einer Dichterin wie Ricarda Huch über das gleiche Thema. — Und dann bemerke man die feinen, so überaus charakteristischen Formbeobachtungen in den Abschnitten über Antike und Renaissance: die antike Körperdarstellung entwickelt ihre Funktionswerte, die Merkmale von Bewegungen, parallel mit der Ausbildung ihrer Raumvorstellung, während in der plastischen Körperdarstellung der Renaissance, vor allem bei Michelangelo, ein bewußter Gegensatz zwischen Körperfunktion und dem Raum, in dem das Kunstwerk lebt, vorherrscht. Der griechische Archaismus gibt einen gebundenen Raum und entsprechend eine streng gebundene Bewegung, der Hellenismus einen dreidimensional gelösten, in dem sich auch die reich bewegten Glieder in ebensolcher Gelöstheit frei ausleben. Der Gegensatz nun von reichlichen Bewegungsmerkmalen in einem blockmäßig fest umschließenden Raum verleiht den Figuren Michelangelos jenen eigentümlichen Ausdruck des Kampfes der individuellen Form mit der von außen lastenden Materie, der in so eminentem Sinne der Psyche ihres Schöpfers entspricht.

In solchen antithetischen Ausführungen ästhetischen Charakters war Kalkmann unerreicht, ganz originell und einzig. Sie lassen uns, seine Schüler, seinen viel zu frühen Verlust doppelt tief betrauern.

Straßburg im Elsaß. Fritz Hoeber.

Leo Schestow, Shakespeare und sein Kritiker Brandes. Zweite Auflage 1911. Verlag Schipownik, St. Petersburg. 8°, 285 S.

Das tragische Erlebnis ist für Schestow der Ausgangspunkt nicht nur aller wahren Erkenntnis, die zwar keine Allgemeingültigkeit beanspruchen darf, aber für den Träger des tragischen Erlebnisses von überzeugender Kraft ist, sondern auch jedes unverfälschten Lebens überhaupt, denn, so aufgefaßt, ist die Erkenntnis für Schestow gleichbedeutend mit dem Leben überhaupt: »und wie ist es dann« ruft er einmal aus, »wenn die alte Meinung, der Erkenntnisbaum sei nicht der Lebensbaum, falsch ist« [1]).

Worin besteht nach Schestow das tragische Erlebnis? Darüber gibt Aufschluß sein Werk »Dostoewsky und Nietzsche« (»Philosophie der Tragödie«) 1903.

Der tragische Held ist kein Philister; er kann nicht ein Dasein nach allgemeinen Regeln fristen; er muß seine individuelle Natur ausleben; denn erst dann fühlt er, daß er lebt. Aber dadurch gerät er in Konflikt mit den Mitmenschen, mit deren alltäglicher Moral und Lebensauffassung: er verschuldet sich, so daß er für das alltägliche Leben sich nicht mehr eignet, oder, um sich Bahn zu brechen, begeht er an einem anderen eine Schuld. In beiden Fällen führt dies den Helden zu grenzenloser Qual; äußerlich und innerlich vereinsamt er: er wird aus dem geregelten Leben hinausgeschoben; es entstehen in ihm Gefühle, Empfindungen, Gedanken, die kein Verständnis bei den Mitmenschen finden. Der tragische Held gibt nicht so schnell das Leben auf; er besitzt einen starken Lebensinstinkt, und er sucht nach einem Ausweg. Er stellt sich die Frage, wozu all sein Leid diene, und muß eine Antwort finden, um leben zu können. Diese Antwort liegt jenseits des allgemeingültigen Urteils, das heißt, er vollzieht eine Umwertung aller Werte [2]). Jetzt findet er auf einem ihm eigentümlichen Wege die Wahrheit, die sein Leid rechtfertigt: der Lohn für alle seine Schmerzen ist die Bereicherung seines Geistes durch Erkenntnis — dies ist keine aus Büchern herausgelesene Erkenntnis, die in keinem Zusammenhange mit der Gesamtpersönlichkeit steht, sondern durch Leid und Schmerz ausgetragene, lebendige Erkenntnis, die sogar nicht immer in eine faßbare Formel gebracht werden kann — und die »Geistreichen« sind selig; diese Wahrheit, meint Schestow, war schon längst bekannt, ehe noch Nietzsche sie ausgesprochen hat [3]). Es ließe sich auch hier das Schillersche Wort anwenden: »Das Schicksal erhebt, indem es zermalmt«, aber nicht im Sinne der moralischen Erhebung, sondern der Bereicherung des Geistes. Eben darum, meint Schestow, hatte Dostoewsky ein besonderes Gefühl

---

[1]) Für Schestows Erkenntnistheorie kommt hauptsächlich seine »Apotheose der Bodenlosigkeit« in Betracht.

[2]) Dostoewsky, ebenso wie Nietzsche, sprach, nach Schestow, von dieser Umwertung der Werte.

[3]) Dostoewsky und Nietzsche S. 168.

der Achtung für die Verbrecher, mit denen er im Zuchthause zusammentraf; denn sie sind durch ihre lebendige Erkenntnis, die nur durch das tragische Erlebnis gewonnen wird, geistig bedeutend reicher als der gewöhnliche Mensch; dies stimmt mit folgendem Fragment von Schestow überein: »Die Gesetzlosigkeit ist die erste und wesentliche Lebensbedingung« ... sie »ist die schöpferische Tätigkeit« [1]). Und so kamen Nietzsche [2]) und Dostoewsky auf ganz verschiedenen Wegen zu der Apotheose der Grausamkeit, die der russische Dichter in seinen »Memoiren aus unter der Erde« ausgesprochen hat [3]). Einerseits muß der tragische Held egoistisch sein, darf auf niemand Rücksicht nehmen, wenn er seinen eigenen Weg gehen soll, anderseits kann und darf er auf das Mitleid der Mitmenschen keinen Anspruch machen; er muß vielmehr sein Leid einsam austragen; dann wird er zu einer neuen, lebendigen Erkenntnis kommen. Nur die durch das Leben, das tragische Erlebnis gewonnene Philosophie, meint Schestow, kann uns das bunte, vielgestaltige Leben erklären. Will die Philosophie die Wissenschaft vom Leben sein, so muß sie nicht von Gelehrten, sondern von Dichtern, die zusammen mit ihren Helden vom tragischen Erlebnis ausgehen, betrieben werden. Der Dichter ordnet die Welt nicht nach dem naturwissenschaftlichen Gesetze von Grund und Folge, sondern fragt nach dem »Wozu« der Ereignisse des menschlichen Lebens. Für jeden noch so verworrenen tragischen Fall findet der Dichter einen gewissen inneren zweckmäßigen Zusammenhang. Daher hat man bei der Analyse jeder Tragödie nach dem ihr innewohnenden Zusammenhange zu suchen; Schestows Buch »Shakespeare und sein Kritiker Brandes« ist eben die Anwendung seines Prinzips der kritischen Analyse, das mit seiner Auffassung des Tragischen eng verbunden ist; dabei erscheint selbstverständlich die kritische Methode Brandes' als verwerflich. Aber dieses Werk von Schestow hat nicht nur ein methodologisches Interesse: es gibt zugleich eine ganz neue Auffassung von Shakespeares Tragödien, der gegenüber Brandes' Darstellung leer und haltlos erscheint. Daher will ich den Inhalt dieses Werkes ausführlicher angeben.

Zunächst greift Schestow die Methode Brandes' im allgemeinen an; diese Methode wurzelt im wesentlichen in Taine. Taine ist der Vertreter der wissenschaftlichen Kritik in der Literatur, d. h. jener wissenschaftlichen Kritik, die analog den Naturwissenschaften konstruiert wird.

Das ganze Bestreben des 18. und 19. Jahrhunderts ging darauf aus, die gesamten Erscheinungen des geistigen Lebens in Religion, Moral, Politik auf das Gesetz von Grund und Folge zurückzuführen, aus dem die Naturwissenschaften die Welt der äußeren Erscheinungen erklärten. Und Taine wandte dieses Gesetz erfolgreich (für seine Zeit) auf die Literatur an. Worin besteht aber dieses Gesetz von Grund und Folge naturwissenschaftlich betrachtet in Anwendung auf Erscheinungen des individuellen geistigen Lebens, das ja den Gegenstand der Dichtung bildet? Schestow erläutert dies an folgendem Beispiel. Ein Ziegelstein ist von der Kranzleiste eines Hauses heruntergefallen und hat einen Menschen zum Krüppel gemacht. Vom naturwissenschaftlichen Standpunkte aus ist nichts gesetzmäßiger als das Fallen eines Ziegelsteins. Obwohl wir die Ursache des Falls des Ziegelsteins

---

[1]) »Apotheose der Bodenlosigkeit« 1905, S. 113.

[2]) Darin sieht Schestow das Wesentliche der Philosophie Nietzsches; auch in seinem Buche: »Das Gute in den Lehren Graf Tolstoys und Nietzsches« (»Philosophie und Lehre«) 1907, vertritt er diese Ansicht.

[3]) Diese Auffassung Dostoewskys steht im gänzlichen Widerspruch mit denen aller übrigen Kritiker dieses Dichters.

nicht genau kennen, sind wir so stark davon überzeugt, daß es eine Ursache gibt, als ob wir wüßten, wie der Fall verursacht ist. Wahrscheinlich wurde das Zement unter Einwirkung des Wassers locker, und dann riß der Wind den schwach sitzenden Ziegelstein herunter. Möglich, daß weder Wasser noch Wind die Ursache bilden; aber wir sind überzeugt, daß es eine dem Wind oder Wasser ähnliche Ursache gab. Aber beim Fallen machte der Ziegelstein einen Menschen zum Krüppel. Und auch hier kann man, wenn man will, eine Strecke lang die Gesetzmäßigkeit verfolgen. Der Stein beschädigte den Schädel, schlug ein Auge, etliche Zähne aus, brach einen Arm — und alles das vollzog sich nach den unveränderlichen Naturgesetzen. Dabei geschah aber noch etwas: ein Mensch ist verkrüppelt, d. h. ein junges, lebensvolles, heiteres, herrliches Wesen mit einer hoffnungsvollen Zukunft verwandelt sich für immer in einen unnützen Krüppel. Bei dieser Erscheinung die Ursache bloß im Zusammenstoß des Steines mit dem menschlichen Körper zu suchen heißt die Augen über das Entscheidende dieses Vorfalls schließen wollen. Denn das Wesentliche ist doch, daß ein Mensch zugrunde gegangen ist, und das will erklärt werden; der Fall des Steines an sich ist nur von nebensächlicher Bedeutung. Die Wissenschaft sieht aber darin, daß ein Mensch zugrunde gegangen ist, etwas Zufälliges, Gleichgültiges, etwas, das keiner Erklärung bedarf, eine nebensächliche Begleiterscheinung der äußeren Welt. Ob ein Mensch lebt oder nicht, ob er sich freut oder verzweifelt, ob er steigt oder fällt — alles das ist nur die oberflächliche Außenseite der Erscheinung; das Wesentliche dabei ist das Fallen des Steines. Die Wissenschaft will nur das Beharrliche, Unveränderliche, Sich-Ewig-Gleich-Bleibende geben. Obwohl es in der Wirklichkeit nichts Beständiges gibt, so wählt sie die Elemente der bunten Wirklichkeit so aus, daß sie in das Allgemeine, Unveränderliche hineinpassen. Es kommt dabei also bloß auf die Beharrlichkeit des Gemütes der die Wissenschaft treibenden Männer an. Und so hat sich ein Menschengeschlecht herangebildet, das von dem wirklichen Leben keine Ahnung hat, das bloß sein Studierzimmer kennt. Diese Wissenschaft ist von großem Nutzen für unsere Orientierung in der Welt der äußeren Erscheinungen. Aber für die Erklärung des inneren menschlichen Lebens, wo jedes einzelne Dasein mit seinen Leiden und Freuden seine Erklärung und Rechtfertigung haben will, hat sie nichts zu sagen; denn sie geht bloß auf das Sein überhaupt aus. Und diese wissenschaftliche Methode führte Taine in die kritische Betrachtung der schönen Literatur ein. Bei der Analyse der Dichtung muß »der Gedanke tiefer dringen als das Auge«, meint Taine. Hinter der beweglichen Außenseite der Geschichte, oder des Lebens und den bunten Blüten, die die Natur auf der Oberfläche des Seins sprossen läßt, sind die produktiven Kräfte und die unsichtbaren bestimmenden Gesetze aufzusuchen. Nur sie sind nach Taine von Bedeutung, das bunte Leben dagegen ist nur eine unwesentliche, zufällige Begleiterscheinung, die keine selbständige Bedeutung hat. Das individuelle Leben kann weder Bewunderung noch Empörung oder Klagen beim Gelehrten hervorrufen; denn das allgemeine Gesetz siegt überall in der Natur über das Einzelne. »Kann denn die Geometrie, insbesondere die lebendige Geometrie, jemanden empören?«[1]) ruft Taine aus. Diese Worte zeugen nicht von einem Künstler, sondern verraten einen Gelehrten, der nur das allgemeine Gesetz von Grund und Folge preist und von keiner individuellen Lebenserscheinung sprechen kann, ehe er sie des Lebens beraubt hat. Taine ist ein Gelehrter und glänzender Redner. Seine Rednergabe verleitete zum falschen Schluß, daß er ein Künstler sei. Den Künstler kennzeichnet aber gerade das, daß er sich in den inneren Zusammenhang des indi-

[1]) L. Schestow: »Shakespeare und sein Kritiker Brandes« S. 15.

viduellen Lebens hineinfühlen kann. Taine sucht nur überall das Allgemeine. Und so behandelt er auch Shakespeare. Das vom großen Dichter dargestellte Leben kann nach Taine auf die »die Formen betreffenden Gesetze und den Stoff, der allmählich zum Gedanken wird« [1]), zurückgeführt werden. Am Schluß der Betrachtung von Shakespeares Werken ruft er aus: »Ein und dasselbe Gesetz wie für die organische, so für die sittliche Welt. Es ist das, was Jouffroy Saint Hilaire die Einheit der Komposition nennt.« Oder im Anschluß an Hamlet sagt Taine: »Wenn Shakespeare eine Psychologie geschrieben hätte, so würde er mit Esquirol sagen: der Mensch ist eine Nervenmaschine, die nur vom Temperament regiert wird« . . . die »ein Mittelding zwischen Tier und Dichter ist« . . . »die Einbildungskraft ist die einzige Stütze und Wegweiserin dieser Maschine; und der Zufall führt den Menschen durch bestimmte und höchst verwickelte Ereignisse zu Schmerz, Verbrechen, Wahnsinn, Tod« [2]). »Ganz so wie in der organischen Welt, wären nicht Schmerz, Verbrechen, Wahnsinn und Tod«, meint Schestow. »Aber was haben diese Wörter dem Gelehrten zu sagen? sie sind so unwichtig, daß die Erscheinung, die sie zu Prädikaten hat, keine besondere Kategorie bilden kann« [3]). Das Wort »Zufall«, das ja nichts erklärt und nichts erklären will, findet keinen Platz in der Betrachtung der äußeren Erscheinungen; aber wenn von den Erscheinungen der inneren Welt die Rede ist, so ist dieses Wort an rechter Stelle. Also Shakepeare ist nur ein Vorwand für Taine zur Verherrlichung seines begeisterten Glaubens an die Herrschaft des allgemeinen Gesetzes in der Natur, dem sich das individuelle Leben, das für sich genommen unbedeutend ist, unterzuordnen hat. Und Taines Deutung des Shakespeare wurde als genial erklärt. Brandes findet Taine zwar genial, aber einseitig. Auch Brandes, wie alle Gelehrten, die den Lebensinstinkt verloren und für die vielgestaltige Wirklichkeit keinen Sinn mehr haben, erkennt die Herrschaft des Ziegelsteins an, aber er freut sich nicht darüber, wie etwa Taine; dies ist für ihn das blinde Schicksal, wie für alle Leute von Maeterlincks Schlage; aber Brandes kommt darüber nicht in Verzweiflung, wie etwa Maeterlinck, sondern hält für das angemessenste, sich mit einem traurigen Kopfschütteln zu bescheiden. Diese Art des Verhaltens verrät den vielseitig gebildeten Mann, den geistigen Aristokraten, der, nebenbei gesagt, keine Verpflichtungen auf sich nimmt — *c'est une noblesse, qui n'oblige pas.*

Dies geistige Gepräge trägt das Buch von Brandes, betitelt: »William Shakespeare«. In diesem umfangreichen Buche stellt sich Brandes die Aufgabe, die Weltanschauung Shakespeares darzustellen und sie in Zusammenhang mit den Ereignissen aus dem Leben des großen Dramatikers zu bringen. Brandes ist über die sogenannte »Bacontheorie« empört, darüber, daß man die Werke eines Genies einem Bacon zuschreiben will. Gewiß ist diese Theorie völlig haltlos; aber der dänische Kritiker sollte doch beachten, daß die Werke Shakespeares in einem scharfen Gegensatz zu seinen Lebensverhältnissen stehen, wie sie die spärlich an den Tag getretenen biographischen Tatsachen erschließen. Schon seine allerersten Jugendwerke verraten so viel Weltkenntnis, Lebensweisheit, eine solche Handhabung der literarischen Sprache, daß es einem unmöglich scheint, sie einem Manne zuzuschreiben, der die Schulbildung bloß bis zum 14. Lebensjahr genießt, der dem Vater in der Metzgerei hilft, auf dem Bureau eines Rechtsanwaltes unbedeutende Papiere abschreibt, in London zuerst die Pferde der vornehmen Theaterbesucher wartet und dann unbe-

---

[1]) Ebenda S. 24.
[2]) Ebenda S. 23.
[3]) Ebenda S. 23.

deutende Rollen auf der Bühne spielt. Auch ist das Ende seines Lebens, wie es uns vorliegt, völlig unbegreiflich. Wir wissen gar nicht, warum er sich plötzlich von seiner literarischen Tätigkeit zurückzieht; und in seinem Vermächtnis sorgt er nicht für die Veröffentlichung seiner Werke. Die uns bekannten biographischen Daten geben keinen Aufschluß über die große Krise, die Shakespeare etwa um 1601 durchgemacht haben muß; denn von diesem Zeitpunkte an nimmt seine literarische Tätigkeit eine grundverschiedene Richtung an: von dem köstlichen göttlichen Humor, von der Poesie der Liebe und der Freude geht er zu den größten Tragödien über, die er je geschaffen hat. Die schwierigsten und tiefsten Lebensprobleme treten an ihn heran, und er muß sie lösen, um leben zu können. Während der ersten Periode seiner literarischen Tätigkeit, welche die Historien und Komödien umfaßt, stellte er das vielseitige bunte Leben dar, ohne sich dabei zu fragen, wozu das alles? Erst in der zweiten Periode, die mit »Hamlet« und »Julius Cäsar« beginnt, tritt diese Frage hervor. Er muß Schweres erlebt haben, ehe er zu der Frage des »Wozu« kam. Das Jahr 1601 war verhängnisvoll für Shakespeare. Was ihm um diese Zeit im Leben begegnet ist, wissen wir nicht. Brandes will es, ebenso wie andere Kritiker, auf den Tod des Vaters, auf die Geschichte mit der schwarzen Dame, von welcher seine Sonette sprechen, auf die Gerichtsverhandlung über Essex und Southampton zurückführen. Aber die Sonette an die schwarze Dame erschienen im Jahre 1598, während die besten Komödien des Dichters um 1600 geschrieben sind. Also bleiben nur der Tod des Vaters und die Gerichtsverhandlung gegen seine Freunde. Mögen diese Schicksalsschläge noch so hart sein, unmöglich können sie jene seelische Veränderung herbeiführen, die so schnell, in einer solch kurzen Spanne Zeit, Shakespeare von den heiteren Komödien zu den Tragödien, die das größte Leid berühren, übergehen läßt. Eine ungeheuere moralische Erschütterung war dazu nötig. Also weder der Anfang, noch das Ende der literarischen Tätigkeit Shakespeares, noch die scharfe Krise, die der Dichter durchgemacht, finden ihre Erklärung in den uns bekannten biographischen Daten von Shakespeares Leben. Daraus folgt, daß wir bei der Beurteilung Shakespeares uns nur an seine Werke, an die von der Shakespeareforschung festgestellten Daten ihrer Erscheinung halten müssen. Das Bestreben aber, den Dichter Shakespeare auf den Schauspieler Shakespeare zurückzuführen, führt uns zu falschen und unnützen Hypothesen, wie es bei Brandes der Fall ist.

Indessen Schestow verweilt nicht lange bei Brandes' Lebensdarstellung. Desto ausführlicher betrachtet er die Darlegung der Weltanschauung Shakespeares, die sich in den großen Tragödien, d. h. in der zweiten Schaffensperiode, wie sie auch Brandes annimmt, offenbart. Im wesentlichen faßt Brandes die Weltanschauung Shakespeares ebenso wie Taine auf. Nach beiden soll Shakespeare in seinen beiden Tragödien nur den Zufall, der den Menschen zu Leid, Verbrechen und Tod führt, walten lassen; d. h. der große Dichter fand keinen Grund und keinen Zweck für diese Wirklichkeit, die nur eine oberflächliche Begleiterscheinung der von allgemeinen Gesetzen beherrschten Natur ist. Taine und Brandes legten ihre eigene Weltanschauung in Shakespeare hinein. Es ist bemerkenswert, daß alle gelehrten Interpreten, denen das vollblütige, sprühende Leben in Shakespeares Dramen, der Schaffensprozeß dieses Dichters ganz fremd ist, zu ihm nicht als Schüler kommen, um etwas zu lernen; sie suchen vielmehr bei ihm eine Rechtfertigung für ihre eigene Lebensauffassung, und demgemäß interpretieren sie ihn. Taines und Brandes' Lebensauffassung ist die moderne Weltanschauung, die auf der Furcht vor dem Leben, auf der Verwirrung der Geister beruht, und die ihren Ausdruck in Maeterlincks »Blinden« fand. Diese Auffassung fragt nicht nach dem »Wozu«; denn sie hofft auf keine Antwort. Aber Shakespeare hat sich nicht nur diese Frage vorgelegt, sondern sie auch in seinen Tragödien gelöst; und unter diesem Gesichtspunkte analysiert Schestow die Werke der zweiten Schaffensperiode des großen Dramatikers und beginnt seine Analyse mit Hamlet; denn dieses Werk gab am meisten Veranlassung zu der Auffassung, die Brandes, ausgehend von Taine, vertritt.

Brandes, meint Schestow, hat über Hamlet nichts Neues gesagt, nichts, was nicht vorher schon gesagt wurde. Er kann nicht in das innere Gefüge des Dramas dringen; denn dieses Werk spricht vom unmittelbaren Leben mit seiner inneren gesetzmäßigen Entwicklung, die nur der große Künstler, Shakespeare, uns offenbaren kann. Für Shakespeare ist das Leben nicht von nebensächlicher Bedeutung, wie etwa für Taine und Brandes, sondern Selbstzweck; vom Leben geht Shakespeare aus, um es zu begreifen und darzustellen. Wie schon gesagt, hat Brandes gleich Taine und anderen modernen Gelehrten mit seiner naturwissenschaftlichen Weltanschauung keinen Sinn für dieses Leben. Unter verschiedener Einkleidung bringt er nur den Glauben an den Zufall in seiner Interpretation des Dramas »Hamlet« an. Er ergeht sich in allgemeinen nichtssagenden Formeln, wie z. B., daß »Hamlet«, das erste philosphische Drama, uns den typischen modernen Menschen mit dem Gefühl des Zwiespalts zwischen Ideal und Wirklichkeit, zwischen Wollen und Können darstellt. Laut dieser Formel sollte man meinen, daß Hamlet zur Handlung unfähig sei. Aber an einer anderen Stelle erklärt Brandes die Tatsache, daß Hamlet die Verwirklichung seiner Aufgabe immer aufschiebt, aus rein technischen Gründen: hätte nämlich Hamlet bald nach der Erscheinung des Geistes die Tat vollbracht, so wäre das Drama bald nach dem ersten Aufzug zu Ende. Für Schestow liegt hier aber eine ganz andere, eine innere Ursache vor. Der dänische Kritiker findet den »Hamlet« nicht ganz deutlich, und diese Undeutlichkeit eben soll nach ihm das Werk interessant machen, trotzdem undeutliche psychologische Bilder, wie bekannt, keine Lust hervorrufen. Aber nicht nur Shakespeare, sondern selbst Hamlet weiß ganz genau, was seine Tragödie ausmacht. Nach Brandes soll sich Shakespeare in Hamlet, dem Pessimisten, verkörpert haben. Aber gerade im Pessimismus, meint Schestow, sah Shakespeare die negative Seite Hamlets; denn sein Pessimismus ist die Ursache seiner Tragödie, und nicht umgekehrt. Hamlet muß seinen durch das Bücherstudium anerzogenen Pessimismus ablegen, um das unmittelbare Leben schätzen zu lernen. Anstatt dem Leben entgegenzukommen, durch das große Leid zum großen Glück zu kommen und im Kampfe um das Gute dieses Guten würdig zu werden, sucht der Mensch Beruhigung in der träumerischen Philosophie. Aber soll die Philosophie die Wissenschaft vom Leben sein, so kann von ihr nur der sprechen, der durch das Leben gegangen ist. Die Philosophie, die abseits des Lebens sich bildet, ist ein müßiger Zeitvertreib, eine Zusammenstellung jener »törichten« Geschichten, jener »Sprüche«, die der Mensch in den schwierigsten Lebensmomenten »wegzulöschen« hat. Lediglich tote Erscheinungen lassen sich im Studierzimmer erlernen. Das Drama zeigt, wie Hamlet allmählich den Pessimismus ablegt, den Lebensinstinkt, der ihm durch das Bücherstudium verloren ging, wiedergewinnt und die Lebensaufgabe, an die er durch Berührung mit dem unmittelbaren Leben kommt, nicht nur mit der Vernunft begreift, sondern mit seiner Gesamtpersönlichkeit erfaßt und sie verwirklicht. Daß sein Vater gerächt werden muß, das sieht er von Anfang an mit dem Verstande klar ein; aber diese Lebensaufgabe ist für ihn zuerst eine tote Verstandesformel, die eine äußere Gewalt, von der er sich möglichst zu befreien strebt, auf ihn ausübt; sie muß ihm zum Lebensbedürfnis werden, so wie bei Brutus die Freiheit, ohne die er sich das Leben nicht denken konnte, ein Lebensbedürfnis war. Dies ist nach Schestow der Inhalt des Dramas; dieser Inhalt bedingt seine äußere Gestaltung. Also konnte Hamlet bald nach der

Erscheinung des Geistes die von ihm geforderte Tat aus inneren Gründen nicht vollziehen (nicht aber mußte diese Tat aus technischen Gründen verzögert werden, wie Brandes annimmt), denn die Umgestaltung einer einmal geformten Seele fordert viel Zeit, so daß die Entwicklung Hamlets Stoff genug für ein fünfaktiges Drama bietet, und auch nur unter Heranziehung von die Handlung beschleunigenden, übernatürlichen Momenten zum Abschluß kommt. Shakespeare, der große Menschenkenner, wußte, inwieweit die menschliche Seele nicht nachgiebig ist, und, um die Handlung nicht auf mehrere Dramen auszudehnen, führt er die Erscheinung des Geistes ein. Brandes faßt diese Erscheinung ungefähr folgendermaßen auf: Zwischen dem Helden und den Verhältnissen entsteht ein Zwiespalt; er wird dadurch beseitigt, daß Hamlet, der an geistiger Lebenskraft Shakespeare gleichkommt, den Geist sieht und mit ihm spricht. Aber diese Auffassung ist eine rein äußerliche. Nach Schestow ist der Geist eben zur Bestätigung seiner Vergiftung durch den Bruder und Thronfolger gekommen: dem Sohne Hamlet soll kein Zweifel mehr an der Gewißheit dieser Tatsache übrig bleiben. Dessenungeachtet greift Hamlet später zu weiteren Ausflüchten — die träge Menschenseele will aus dem Ruhezustande nicht herauskommen —, vielleicht war der Geist, der ihn verwirrt hat, ein höllischer; nur die Ohnmacht des Königs während des Schauspiels führt ihn endgültig zu der festen Überzeugung, daß der Mord von seinem Oheim begangen war. Bloß diese symbolische Bedeutung hat die Erscheinung des Geistes; denn sonst hinterläßt sie keine Spuren im Gemüt Hamlets: spricht er doch vom Jenseits als von dem »unentdeckten Land, von des Bezirk kein Wanderer wiederkehrt«[1]), als ob ihm der Geist des Vaters niemals erschienen wäre. Durch die Einführung des Geistes motiviert Shakespeare den festen Entschluß nach Rache, den der sonst zögernde und unschlüssige Sohn Hamlet faßt. Es hätte vielleicht eines zweiten Dramas bedurft, um diesen Entschluß auf natürliche Weise zu motivieren. Wie schon gesagt, preist Brandes in Hamlet den Denker mit der modernen pessimistischen Philosophie, den der dänische Kritiker schon in Jaques aus »Wie es euch gefällt« gegeben findet. Es ist ja richtig, daß Jaques den Hamlet im Umrisse darstellt; aber gerade diese Tatsache zeigt, daß es Shakespeare im Drama »Hamlet« nicht um die pessimistische Weltanschauung zu tun war. Erscheint denn Jaques in »Wie es euch gefällt«, als sympathische Persönlichkeit, weil er sich an solchen allgemeinen pessimistischen Betrachtungen labt, wie die »Welt ist ein Theater« usw.; spricht nicht vielmehr von ihm Orlando, als von einer Null, stellt ihn der Herzog höher? Hamlet ist bedeutend größer als Jaques. Wenn Jaques den Hamlet zeigt, so ist es nur der Hamlet, wie er war, als er aus der Schule zu Wittenberg kam, der Hamlet vor der Tragödie. Dort, auf der Schule zu Wittenberg, konnte seine Philosophie alles zusammenordnen, aber zu Hause stieß er auf Dinge, die ihn aufrüttelten, und nach der Erscheinung des Geistes, als kein Zweifel an der tatsächlichen Wahrheit dieser Ereignisse übrig bleibt, kommt für ihn »die Zeit aus den Fugen«; seine zerrüttete innere Welt muß wieder eingerichtet, der Vater muß gerächt werden. Wäre er ein Instinktmensch wie etwa Falstaff oder Gootspoor, so gäbe es keinen inneren Kampf: entweder er hätte die Beleidigung nicht gemerkt, wie etwa Falstaff, oder er hätte den König ermordet, wie es Gootspoor getan hätte. Anders verhält es sich mit Hamlet; seine Schwäche ist seine Stärke: durch das ewige Nachdenken ist ihm das unmittelbare Lebensgefühl zwar erloschen, aber es hat ihn zugleich gelehrt, die außerhalb seines Gemütes liegenden Dinge zu be-

[1]) Die Zitate aus Shakespeare entnehme ich der Übersetzung von Schlegel und Tieck.

werten. Eben dieser Umstand macht die Tragödie spannungsvoll. Hamlet sieht ein, daß die Rache des Vaters etwas Gutes an sich ist. Aber das ist eine bloße Verstandeseinsicht, die ihn nur quält; daher sein Pessimismus. Nur dann, wenn diese Einsicht zum ganz und gar durchdringenden Erlebnis wird, wird sie ihn zur Tat und sein zerrüttetes Gemüt zur Genesung führen. Der innere Kampf und die allmähliche Umgestaltung von Hamlets Gemüt lassen sich selbstverständlich am besten an den Monologen verfolgen. Im ersten Monolog (erster Aufzug, zweite Szene) hören wir, wie Hamlet sich in allgemeinen Betrachtungen von der Verwüstung und Verdorbenheit der Welt usw. ergeht. Aber nach der Erscheinung des Geistes, als er der großen Beleidigung, die ihm durch den schnöden Mord des Vaters angetan wurde, sicher wird, erfaßt ihn ein tiefes Leid, und dieses Leid läßt ihn die Welt vergessen und ganz in seinen Schmerz versinken. Jetzt will er »alle törichten Geschichten, aus Büchern alle Sprüche« weglöschen. Diese Stimmung ist aber von kurzer Dauer. Bald nimmt die Trägheit überhand und er kehrt in seinen früheren Zustand zurück, — das erwachte Lebensgefühl erlischt in ihm wieder. Die wandernden Schauspieler mahnen ihn nochmals an das Leben. Der einfache Schauspieler zeigt ihm, wie der Mensch lieben und hassen muß; davon spricht sein Monolog im zweiten Aufzug, zweiter Szene: die Hekuba muß man lieben und das Leben schätzen. Aber das Lebensgefühl ist in ihm noch immer niedergedrückt und kämpft mit der seelischen Trägheit, und der folgende Monolog »Sein oder Nicht-Sein« (dritter Aufzug, erste Szene) wirft die Frage auf, ob es besser sei zu kämpfen und zu sterben, als zu dulden und zu leben. Der letzte Monolog (vierter Aufzug, vierte Szene) Hamlets ist erst in der zweiten Auflage[1]), wie zur Erklärung des ganzen Stückes hinzugekommen. Und in der Tat faßt hier Hamlet die ersten vier Akte der Tragödie zusammen:

»Wie jeder Anlaß mich verklagt und spornt
Die träge Rache an! Was ist der Mensch,
Wenn seiner Zeit Gewinn, sein höchstes Gut nur Schlaf und Essen ist?
Ein Vieh, nichts weiter . . . .
Sei's viehisches Vergessen, oder sei es
Ein banger Zweifel, welcher zu genau
Bedenkt den Ausgang — ein Gedanke, der, zerlegt man ihn, ein Viertel Weisheit nur,
Und stets drei Viertel Feigheit hat — ich weiß nicht,
Weswegen ich noch lebe, um zu sagen:
Dies muß geschehen, da ich doch Grund und Willen
Und Kraft und Mittel habe, um es zu tun.«

Brandes analysiert weder diesen Monolog, noch den Monolog aus dem zweiten Aufzug, zweite Szene, (über die Hekuba). Er tut sie beide mit einer allgemeinen Betrachtung ab; nach ihm sollen die Vorwürfe, die sich Hamlet in den Monologen macht, weder das Selbsturteil des Helden, noch das Urteil Shakespeares ausdrücken; diese Vorwürfe zeugen bloß, meint der dänische Kritiker, von der Ungeduld des Prinzen, von dessen Sehnsucht nach Erfüllung der Gerechtigkeit, aber keineswegs von seiner Schuld. Gewiß ist keine Rede von der Schuld Hamlets in dieser Tragödie; es handelt sich um etwas ganz Anderes: die individuelle, psychologisch notwendige Entwickelung des geistig wachsenden Menschen hat Shakespeare in diesem Stücke gezeigt. In den Worten des letzten Monologs ist der Sinn der

[1]) Die erste Auflage des »Hamlet« von etwa 1603 hat diesen Monolog nicht.

ganzen Tragödie ausgedrückt. Hamlet mußte seine Wahrheit, daß man eine so große Beleidigung, wie den schnöden Mord des Vaters, nicht dulden soll, zum Lebensbedürfnis machen; dazu hatte er die aus Büchern herausgelesenen Wahrheiten wegzulöschen, um überhaupt leben zu lernen und dadurch seine Lebensaufgabe mit der Gesamtpersönlichkeit zu erfassen. Dieser Zweck rechtfertigt alle seine Schmerzen; denn sein Leid war sein geistiges Wachstum. Nur ein Menschenkenner, wie Shakespeare, konnte in ein so kompliziertes und verworrenes Leben, wie Hamlets, Licht bringen. — Sehen wir jetzt, ob der Pessimismus nicht etwas war, was Hamlet in Shakespeares Sinn zu überwinden hatte, und ob der modern empfindende Brandes berechtigt ist, diesen Pessimismus als die Weltanschauung des großen Dichters anzugeben.

Den Gegensatz zu Hamlet bildet Brutus in »Julius Cäsar«. Diese beiden Dramen, die ungefähr um dieselbe Zeit entstanden sind, verhalten sich zu einander wie Frage und Antwort: Wie sollte Hamlet leben? Wie Brutus, von dem Antonius (mit Shakespeare) sagte: »Dies war ein Mann«. Das ist das höchste Lob, das nach Shakespeare einem Menschen zuteil werden kann. Brutus hatte ein starkes unmittelbares Lebensgefühl; er ging immer vom Leben aus, und die Bücher benutzte er nur, um in ihnen eine Erklärung für die aus dem Leben erwachsenden Fragen zu finden, während Hamlet nach der Bücherweisheit lebte und das ganze Leben nach allgemeinen Begriffen ordnete. Daher ist des Brutus Betragen gegen die Mitmenschen sanft, taktvoll und hilfreich; Hamlet aber hat weder für sich noch für die Mitmenschen ein unmittelbares Gefühl; man vergleiche etwa Hamlets Beziehung zu Ophelia und Brutus' Beziehung zu Porzia. Hamlet sah überall nur das Allgemeine, das Tote, den kahlen Schädel hinter der Schönheit; Brutus konnte sich in die individuelle Seele hineinleben, den individuellen Menschen schätzen, und daher das wechselseitige verständnisvolle Zusammenleben zwischen Brutus und Porzia auf der einen Seite und der Wahnsinn Ophelias auf der anderen. Und wie ganz anders, als Hamlet, stellt sich Brutus zu seiner Lebensaufgabe. Als echter römischer Patrizier, der seine Abstammung auf den alten freiheitsliebenden Brutus zurückführt, kann er sich das Leben ohne Freiheit nicht denken. Wenn die römische Freiheit von Julius Cäsar, seinem bestem Freunde, bedroht wird, entwickelt sich ein innerer Kampf in ihm; aber der Kampf wird bald ausgefochten: keine Tyrannei darf geduldet werden, daher muß Cäsar, als der Träger des tyrannischen Geistes, sterben. Könnte man dem tyrannischen Geiste beikommen, ohne Cäsar anzugreifen, — das wäre das höchste Glück für Brutus; aber dem ist nicht so, daher tötet Brutus den Cäsar und trägt alle Folgen dieser tragischen Handlung: er verliert seine Frau, seinen besten Freund Cäsar, und, da er das wetterwendische römische Volk, das seine alte Freiheit schon längst vergessen hat und das Joch gern annehmen will, erkennt, tötet er sich, um diesem Volke nicht in die Hände zu fallen: »Nicht halb so gern bracht' ich dich, o Cäsar, um, als mich«, ruft Brutus aus und stürzt sich in sein Schwert. Brandes macht den Brutus zunichte, denn er paßt nicht in die pessimistische Weltanschauung, die der dänische Kritiker Shakespare zuschreibt; im Gegenteil, er wiederlegt sie ja ganz und gar. Dieser Held erscheint bei Shakespeare, wie es auch Brandes einsieht, als ein schlichter und großer Mann, also gewissermaßen als Ideal des Menschen. Statt sich zu fragen: wodurch zog dieser edle und große Mensch Shakespeare an, um ein näheres Verständnis des Dichters zu gewinnen, verkennt Brandes den Brutus vollständig. Um an der in Shakespeares Werke hineininterpretierten pessimistischen Weltanschauung festhalten zu können, erklärt Brandes den »Julius Cäsar« für verfehlt: denn Brutus ergeht sich nicht in Reflexionen und allgemeinen begrifflichen Auseinandersetzungen; er lebt und handelt aus dem unmittelbaren Lebensgefühl; er trägt keine Sorge für seine sittliche Reinheit, wie es Brandes behauptet; sondern diese Reinheit ist nur die Folge seiner Gesamtpersönlichkeit; er haßt den Schein und die Lüge; er hat ein unmittelbares Gefühl für die Mitmenschen, daher ist er großmütig, daher ist er moralisch groß. Auch von einer anderen Seite her macht Brutus dem dänischen Kritiker Ärgernis: Brandes will auch Nietzsches Übermensch-Theorie in Shakespeares Werke hineinlegen[1]), und nun soll nach ihm der Dichter zugunsten des Brutus die Gestalt des geschichtlich anerkannt genialen Cäsar verwischt haben. Also auch der Durchführung dieser Theorie steht Brutus im Wege, daher muß er weggeschafft werden. Demzufolge ist das Drama »Julius Cäsar« verfehlt. Aus Mangel an historischer und klassischer Vorbildung konnte Shakespeare das Genie (in Nietzsches Sprache den Übermenschen) Cäsar nicht begreifen, meint Brandes. Und das wird einem Dichter gesagt, der aus spärlichen Chroniken seine »Historien« schuf, die noch heute von den englischen Geschichtsschreibern, die den Geist der englischen Geschichte erfassen wollen, studiert werden. »Julius Cäsar« sollte doch den Kritiker Brandes vielmehr darüber belehren, daß entweder das Genie jede Vorbildung ersetzt, oder daß die bekannten biographischen Daten aus Shakespeares Leben keinen Wert haben; denn dieses Drama, das zur Quelle den Plutarch hatte, zeugt von einer solchen Kenntnis des historischen Cäsar, wie sie die neueren Forscher der römischen Geschichte erst erstreben. Im Vergleich mit Antonios Worten, in denen er den Cäsar charakterisiert, was haben die begeisterten Reden Brandes' über den römischen Diktator zu sagen? Shakespeare wußte genau, warum die Römer Cäsar schätzten; aber dem Dichter ist es nicht um die Geschichte zu tun: er will nur das menschliche Leben begreifen; er weiß, daß ein historisch genialer Diktator ein elender Mensch sein kann. Schon Plutarch, den Jean Paul den Shakespeare der Geschichte, nennt, unterscheidet den Diktator Cäsar von dem Menschen Cäsar. Nach Plutarch erscheint Cäsar als ein Schauspieler, der seine Rolle, die Rolle des genialen Diktators gut gespielt hat; wo er auf ihn als Menschen zu sprechen kommt, kann er nicht umhin, die Nichtigkeit des Cäsar zu zeigen; der Ehrgeiz ist der einzige Beweggrund seiner großen Taten; alle seine Tugenden trägt er zur Schau — er sucht nach dem Schein, während Brutus nach dem Sein trachtet; und auch für Plutarch ist Brutus der tugendsame, reine Mensch, der bei der Verwaltung der Provinzen ein Wohltäter für die Einwohner war, der sich überall als sittlicher Mensch bewährt hat. Nach Brandes soll Brutus den Haß gegen Cäsar von seinem Onkel Cato ererbt haben, aber Plutarch zufolge haben dem Brutus sogar seine Feinde böse Absichten nicht zugetraut. Plutarch aber zieht nicht die volle Konsequenz aus dieser Charakteristik. Für ihn als Historiker waren die geschichtlichen Heldentaten Cäsars maßgebend. Shakespeare, der (nach Goethe) »aufgeschlagene, ungeheuere Bücher des Schicksals« gibt, trat mit rein menschlichem Interesse an Cäsar und Brutus heran: hinter den großen Taten suchte er den Menschen, und als er zwischen Cäsar und Brutus zu wählen hatte, wählte er den Brutus, den »schlichten großen Mann« und machte ihn zum Helden seines Dramas.

»Coriolanus« dagegen genießt die volle Anerkennung von seiten Brandes'; denn dieses Stück läßt sich scheinbar in die Übermensch-Theorie hineinbringen. Hier findet Brandes die antidemokratische Gesinnung Shakespeares und dessen Verherrlichung der Helden ausgedrückt; Shakespeare soll hier die Menschheit in Pöbel und Helden, die durch ihre Existenz das Leben rechtfertigen, eingeteilt haben.

---

[1]) Brandes führt allmählich Shakespeare durch Hamlet, Timon von Athen, Coriolanus zu Prospero, dem Übermenschen.

Wäre es aber so, so gäbe es keine Tragödie; denn die Genossen Coriolanus', die Patrizier, hätten ihn gegen die Plebejer verteidigt; gerade darin liegt die tragische Größe des Helden, daß er gegen ganz Rom sich empört, daß er für ein höheres, menschliches Gesetz, für das weder die Plebejer noch die Patrizier Verständnis haben, kämpft. Den Stoff der Tragödie nahm Shakespeare aus dem Plutarch. Dem großen Dichter, der an die darzustellenden Menschen nicht mit geschichtlichem, sondern mit rein menschlichem Interesse herantritt, ist es gegeben, die innere Entwicklung, den inneren Zusammenhang der Menschenseele darzustellen. Plutarch sieht das Unglück Coriolanus' darin, daß dieser Held die Musen, die seine Tapferkeit gemäßigt hätten, nicht kannte. Die Tapferkeit, sagt der Historiker, war zu jener Zeit die Tugend aller Tugenden und nach ihr *(virtus)* wurde die Tugend überhaupt bezeichnet. Schon mit diesen Worten hätte sich Shakespeare begnügen können, um den Grundzug jener Zeit zu erfassen; möglich, daß der Dichter andere Geschichtsquellen benutzte, oder eben: die Einbildungskraft des Genies kann in jede Epoche eindringen; denn das vollständige Bild jener Zeit, das Shakespeare in seinem »Coriolanus« gegeben hat, ist staunenswert. Und Brandes spricht davon, daß Shakespeare keine Vorstellung von den bürgerlichen Gemeinden des Altertums besaß, daß er keinen Begriff von der Rolle hatte, die die Plebejer in der Geschichte spielen sollten. Wie noch kein Historiker erfaßte Shakespeare das Rom um die Zeit Coriolans! Der Ausgangspunkt der Tragödie liegt in der Politik der Patrizier gegenüber den Plebejern. Marcius konnte der Politik der Patrizier sich nicht anpassen; er hatte ein anderes, ihm innewohnendes Gesetz zu verkünden: das ist das Ehrgefühl und der Haß gegen jede Lüge; dadurch wird er menschlich interessant. Diesen Coriolanus und nicht den Soldaten Coriolanus wollte Shakespeare begreiflich machen. Wie konnte aber dieser Coriolanus den Patriziern in ihrer falschen Politik folgen? entweder haben die Plebejer recht, dann müssen sie befriedigt werden, oder, wenn sie nur zu gehorchen und nicht mitzusprechen haben, wie das die Meinung nicht nur Marcius', dem die Magenfragen ganz fern lagen, sondern aller Patrizier ist, dann müssen sie mit Gewalt unterworfen werden. Durch Schmeichelei und List sie zu gewinnen suchen — dagegen sträubt sich das innerste Gefühl Coriolanus', und wenn er das Schimpfwort »Verräter« zu hören bekommt, verläßt er Rom, um in Verbindung mit seinen Feinden, den Volskern, an Rom sich zu rächen. Welch inneres Motiv konnte Marcius daran hindern? Die Römer jener Zeit hatten keine echte Vaterlandsliebe: es war damals keine moralische Verbindung zwischen den Römern und dem Vaterlande; die damaligen Römer wußten nur von einer Tugend, von der Tapferkeit, die belohnt wird. Und so fühlte auch Coriolanus keine moralische Verpflichtung gegen Rom. Er konnte die Tapferkeit in den Dienst des Vaterlandes stellen, solange es nicht gegen seine innere Natur ging. Werden aber sein Ehrgefühl und seine Wahrheitsliebe verletzt, so will er vom Vaterlande nichts mehr wissen; er verzichtet auf den Ehrennamen »Coriolanus« und will sich im Brande Roms einen neuen Namen schmieden. Umsonst kommen zu ihm die Patrizier und flehen ihn um Erbarmen an! Nur den Bitten seiner Mutter, seiner Frau und seines kleinen Sohnes kann er nicht widerstehen; denn für sie hat er ein unmittelbares, tiefes Gefühl der Achtung und der Liebe; sie retten mit ihren Bitten Rom, aber Coriolanus geht dadurch zugrunde. Dennoch stirbt er nicht als Besiegter, sondern als Sieger: solange er als ruhmreicher Soldat überall siegte, lebte er nur nach fremden Gesetzen ein rein äußerliches Leben; er mußte die große Beleidigung erdulden, um den eigenen Lebensweg zu finden und ihn zu gehen: es erwacht in ihm der geistige Mensch und dadurch gewinnt er ein allgemein menschliches Interesse.

Kein Werk Shakespeares wurde von Brandes so mißverstanden, wie die Tragödie »König Lear«. Je umfassender und tiefer ein dichterisches Werk ist, desto mehr spottet es einer Analyse, die den Zufall preist und nichtssagender Phrasen sich bedient. Wie bei der Analyse der übrigen Werke stellt sich Brandes bei der Betrachtung dieser Tragödie die Frage, wie Shakespeare zu dieser Dichtung kam, und sucht nach einer Antwort in den biographischen Daten. Nach ihm mußte Shakespeare schwere Undankbarkeit erfahren und vom Neide der Schauspieler viel gelitten haben. Aber die Undankbarkeit ist eine Lebenserscheinung, die gang und gäbe ist; was hat sie zu sagen bei solchen Greueltaten, wie sie im Stücke vorkommen? Was bedeutet die Undankbarkeit Gonerils und Regans gegenüber Cordelias Großmut! War nicht Lear selber undankbar gegen seinen treuen Diener Kent; und dennoch kommt Kent verkleidet, um dem beleidigten und verlassenen König behilflich zu sein. Nach Brandes hat hier Shakespeare ruhig und ohne jede Erschütterung das unergründliche, furchtbare Leben dargestellt. Diese Auffassung beweist, daß der gelehrte Kritiker keine Ahnung von den Schrecken des Lebens hat, daß all die ungeheueren Ereignisse, die in »König Lear« dargestellt sind, ihm ganz fern liegen; sie sind für ihn nur eine Veranlassung, Taines Gesetz für das Geistesleben, den Zufall, das blinde Schicksal in Brandes' Terminologie, mit schönen Worten auszumalen. Eben darum, weil Shakespeare die furchtbaren Lebensschicksale in seinem Innersten mit aller Kraft erlebt hat, konnte er ein Werk, wie »König Lear« schaffen: wenn er selbst in dieser verworrenen, scheinbar unnützen Tragödie des achtzigjährigen Greises eine innere Zweckmäßigkeit, wie Schestow zeigt, herausfinden konnte, so mußte ihm das menschliche Leben überhaupt sinnvoll erscheinen, — »König Lear« ist für Shakespeare eben eine Antwort auf die Frage: wozu das ungeheuere Menschenleben? Daher das Versöhnende dieser Tragödie trotz aller Grauen erregenden Ereignisse. Diese Grundstimmung des Werkes verleitete Brandes zu der Annahme, daß Shakespeare ruhig und ohne jede Erschütterung das Furchtbare dargestellt und also die Herrschaft »des blinden Schicksals« der modernen wissenschaftlichen Kritik anerkannt hatte. Die deutschen Kritiker Ulrici und Gervinus sehen hier die Sühne, die mit der Schuld versöhnt. Die Kritiker wissen, daß im Leben gar zu oft die Bösen triumphieren und die Guten leiden, daher darf nach ihnen das Empörende einerseits, das Zufällige anderseits keinen Platz in der Kunst finden. Aber wie kann man von einer Schuld Cordelias, dieser großmütigsten und edelsten aller Frauen, sprechen? Ein Kritiker wie Kreissig redet zwar auch von der Schuld Lears; aber die Seelengröße Cordelias verkennt er nicht. Trotzdem bleibt es doch wahr, daß Shakespeare sie absichtlich untergehen läßt: in der vorshakespeareschen Bearbeitung dieses Stoffes bringt ja Cordelia dem Vater die Herrschaft zurück, heiratet den Edgar, und also triumphiert das Gute, und das Böse wird bestraft. Kreissig sieht das Versöhnende dieses furchtbaren Dramas. Woher kommt es? Daher, daß die Tragödie erhaben im Schillerschen Sinne ist; es ist die Tragödie des kategorischen Imperativs, meint Kreissig. Gewiß war Shakespeare kein Anhänger des kategorischen Imperativs, wie es insbesondere Schestows Analyse des »Macbeth« zeigt. Dennoch hat Kreissig einen tiefen Blick in dieses Stück getan. Zwar ist hier nicht die Rede vom kategorischen Imperativ; aber es handelt sich doch um das geistige Wachstum König Lears; Shakespeare lehrt in diesem Stück, daß ein zweckmäßiges Gesetz im Leben waltet, das den Menschen durch alle scheinbar unnützen Schmerzen und Leiden zum geistigen Wachstum und zur Vollendung führt; in diesem Zusammenhange erscheint das dargestellte Schicksal organisch notwendig und ästhetisch schön. So zeigt sich nun auch, daß es nichts Überflüssiges im

Drama gibt, daß jeder Teil an seinem Platze ist. Welche scharfe Kritik mußte die erste Szene des ersten Aktes erfahren! Auch Brandes findet, daß die Einleitung das Betragen des Königs ganz unmotiviert läßt; aber er will den großen Dichter dadurch entschuldigen, daß Shakespeare mit einer ihm eigentümlichen souveränen Freiheit die Einleitung aus der früheren dramatischen Bearbeitung dieses Stoffes herübergenommen hätte. Nach Schestow aber ist die erste Szene eine Einleitung, die das ganze Drama motiviert. Hier ist der Grundzug des Charakters, der den König zum tragischen Helden macht, hervorgehoben: bis zu seinem achtzigsten Lebensjahre glaubte Lear, der vom Wirbel bis zur Zehe König war, daß er das Zentrum des Lebens sei, daß alles für ihn lebe, und daß er allem das Leben gebe. Er wußte nicht, daß seine Herrschaft auf der Gewalt der Soldaten beruht; sein ganzes Wesen war vom Gefühl der Souveränität durchdrungen, aber der persönlichen Souveränität und nicht der der Krone, die er trug; daher glaubte er nicht fürchten zu müssen, das Reich an seine Töchter zu verschenken; und wenn er die Töchter befragt, wie sie ihn lieben, so ist es nur deswegen, um sich noch einmal in ihren Worten zu bespiegeln, so wie bei den Schmeicheleien der Hofleute. Er versteht gar nicht Cordelia, wenn sie von der Wahrheit spricht: gibt es außer ihm ein anderes Lebensprinzip? Und das größte Verbrechen ist für ihn die Majestätsbeleidigung: »Besser wäre es, du lebtest nicht, als mir zum Mißgefallen«, sagt er seiner Cordelia. Auch den Kent verbannt er, weil der treue Diener Cordelia verteidigt. Lear konnte nicht anders handeln: er mußte in seinem innersten Gefühl der Souveränität erschüttert werden, um eine andere Wahrheit zu erkennen; davon eben spricht das Drama. Vergleicht man dieses Auftreten des Königs mit seinen Worten am Schlusse des vierten Aktes, wo er sagt, daß man den Schmeicheleien nicht glauben darf, daß er, der König, nicht allmächtig ist, daß das Fieber stärker ist, als er, so sieht man die Notwendigkeit der Einleitungsszene ein. Wäre er nicht König Lear, so wie er in der ersten Szene dargestellt ist, so könnte er sich mit den undankbaren Töchtern vertragen; aber so wie er war, konnte er bei ihnen nicht bleiben: er wollte von der Gewalt der Soldaten nichts wissen; vor seiner Cordelia wird er niederknien, aber vor seinen Töchtern sich zu beugen bloß darum, weil sie die äußere Macht besitzen, kann er nicht; sie haben ihn in seinem innersten Wesen verletzt. Das Souveränitätsgefühl, von dem er durchdrungen war, sollte er an anderen erkennen; er sollte lernen, daß nicht nur er ein König Lear war, sondern auch jeder Mensch, wenn er auch keine Soldaten hinter sich hat, ein König Lear ist.

»... Nimm Arznei, o Pomp!
Gib preis dich, fühl einmal, was Armut fühlt,
Daß du hinschütt'st für sie dein Überflüssiges,
Und rettest die Gerechtigkeit des Himmels!«
(Dritter Aufzug, vierte Szene.)

ruft Lear aus. Die elementare Kraft des Greises, der bis zu seinem achtzigsten Lebensjahre nur Schrecken einflößen konnte, muß menschlichen Inhalt gewinnen. Schon von der ersten Beleidigung an, die er im Hause Gonerils erfährt, beginnt bei einer ungeheueren Anstrengung aller Kräfte seine innere Umwandlung. Von dem Moment an, wo er den Monolog »Ihr armen Nackten, wo ihr immer seid ...« spricht, versteht schon der Leser, wozu Lear die Tragödie durchmachen mußte. Brandes sieht in diesem Monolog, wie überhaupt in allen Protesten Lears, die Lyrik Shakespeares. Diesen Dichter so deuten zu wollen, heißt seine Werke verkennen. Die Größe seines dichterischen Schaffens liegt eben darin, die Gefühle und Gedanken der handelnden Personen zu belauschen und sie treu wiederzugeben. Er bleibt immer real; und wenn er den tiefen Zusammenhang der Dinge zeigt, so ist es der reale Zusammenhang, der bloß den meisten verborgen bleibt. Gewiß ist für den Dichter charakteristisch, daß er gerade diesen und nicht einen anderen Stoff wählt; aber in jedem Moment handeln und sprechen die handelnden Personen für sich mit psychologischer Notwendigkeit — und König Lear spricht für sich, obwohl in der Dichtung Shakespeares. Nur so muß man dieses Stück lesen, um mit dem König seine innere Entwicklung mitzumachen, und die Zweckmäßigkeit seines Schicksals zu erkennen, denn Shakespeare ist nach Goethe ein Schicksalsdarsteller, d. h. er läßt das Schicksal jedes seiner Helden sinnvoll erscheinen. Das glückliche Leben bis zum achtzigsten Lebensjahre hat den König wenig gelehrt, aber von dem Moment an, wo er erkennt, daß der Mensch »ein armes, nacktes, zweibeiniges Tier« ist, beim Sturm auf offenem Felde, beim herannahenden Wahnsinn, dem aber der gewaltige Lear nicht unterliegt, unter allen Schicksalsschlägen macht er solche Entdeckungen, die keine Bücher ihm gegeben hätten; »O, tiefer Sinn und Aberwitz, gemischt Vernunft in Tollheit« ruft Edgar erstaunt über den König aus. Lear wächst geistig empor, und daher verläßt der Zuschauer diese Tragödie mit einem Gefühl der Versöhnung, obwohl Lear am Schlusse der Aufführung über Cordelias Leiche jammert, und jeder Versuch der Schauspieler, dem Drama ein milderes Ende zu geben, Cordelia zu retten, würde beim Zuschauer einen inneren Protest hervorrufen.

Kreissig nannte »König Lear« das Drama des kategorischen Imperativs; dieser Name läßt sich eher, meint Schestow, auf die Tragödie »Macbeth« anwenden. Brandes findet, daß das Drama wegen der moralischen Tendenz — »*fabula docet*« — verfehlt ist: es will die Grundidee durchführen, daß es jedem so geht, der durch Verbrechen die Herrschaft erobert; aber Macbeth, meint Brandes, konnte sehr gut nach der Ermordung des Duncan durch eine weise Regierung die Untertanen mit sich versöhnen. Wie ganz anders äußert sich über dieses Drama Drake! Nach ihm soll »Macbeth« die höchste Erzeugung des Shakespeareschen Genies, das gewaltigste von allen vorhandenen Dramen sein. Die Worte Brandes' beweisen nur, wie wenig er von der erhabenen Tragödie genossen hat. Nach Schestow sind hier der Kampf mit dem kategorischen Imperativ, die Bedeutung des Imperativs und die Psychologie des Verbrechers gegeben. Macbeth tötet unter dem unmittelbaren Einfluß seiner Lady den König Duncan. Er wird dadurch zum Verbrecher nicht nur für andere, sondern in seinen eigenen Augen; denn die Stimme des Gewissens sagt ihm, der auf dem Schlachtfelde viele Menschen getötet hat und dafür gepriesen war, daß er den König, den Verwandten, den weisen Regenten, seinen Wohltäter und endlich seinen Gast nicht ermorden sollte. Er denkt nicht an Duncan, an dessen frühzeitigen Tod, sondern nur an sein eigenes Verderben. Wäre Duncan auf eine andere Weise gestorben, so hätte Macbeth sich gefreut. Aber jetzt fühlt er die Macht des kategorischen Imperativs, die ihn zu ewiger Verdammnis verurteilt: er kann nicht mehr beten und nicht schlafen; er erkennt es an, daß er aus der Menschengesellschaft ausgestoßen sein muß, daß kein Ozean das Blut von seinen mörderischen Händen wegwaschen kann; und es bleibt für ihn nichts übrig, als diesen kategorischen Imperativ, diese innere Polizeimacht, von der er keine Rechenschaft geben kann, durch Gewalt zu überwinden: er trotzt dem kategorischen Imperativ, er trotzt seinem Schicksal; denn Macbeth fühlt, daß es für ihn keine Rückkehr mehr gibt:

»Ich bin einmal so tief in Blut gestiegen,
Daß, wollte ich nur im Waten stille stehen,
Rückkehr so schwierig wär', als durchzugehen.«
(Dritter Aufzug, vierte Szene.)

Ist seine Seele schon verdammt und kann sie nichts mehr retten, so hat Macbeth nichts mehr zu verlieren; er fühlt sich, als ob er von einer Feindesschar, die man schlagen muß, umgeben wäre. Er läßt den Banquo töten; aber das Gewissen, oder der kategorische Imperativ, ruft den Geist Banquos hervor, und martert Macbeth mit unendlichem Grauen, so daß der Held keine Furcht mehr kennt; er versinkt tiefer und tiefer in die blutigen Taten; und der kategorische Imperativ reizt ihn noch dank den zweideutigen Weissagungen der Hexen, daß Macbeth so lange nicht besiegt wird, bis Birnams Wald auf Dunsinan anrückt, und daß kein von einer Frau Geborener ihn töten kann. Und er kämpft rastlos und kennt kein Erbarmen. Ganz Schottland stöhnt unter den ungeheueren Mordtaten. Es wird so einsam um Macbeth, er sieht sich nur noch von Feinden umgeben; er lernt die Liebe, die Freundschaft, den Menschen an sich schätzen, und der Verursacher aller Greueltaten denkt vor dem letzten Kampfe daran: wo Gefährten sind, wo er Liebe und Freundschaft findet. Aber es gibt kein Zurück für ihn; er kämpft, bis er von Macduff getötet wird. Die erste fast zufällige Mordtat brachte ihn auf den blutigen Weg. Shakespeare hat uns hier die Psychologie des Verbrechers gegeben, uns den Mörder menschlich begreiflich gemacht. Gewiß gibt diese Auffassung Schestows eine künstlerische Auflösung des Dramas »Macbeth«. Aber wozu hat Schestow Kants kategorischen Imperativ herangezogen? Verfolgte nicht, meint Schestow, der kategorische Imperativ gleich einem erbarmungslosen Henker den Macbeth, so fiele dem Helden niemals ein, den blutigen Weg nur deshalb fortzugehen, weil er schon ohnedies tief im Blute steckt, weil er, der Vertreter des bösen Willens, von Gott und Menschen verstoßen ist. Gibt es denn nach Kant kein Zurück, d. h. keine Buße? Hat denn Kant einen guten und bösen Willen im metaphysischen Sinne postuliert, so daß die einmal begangene Schuld des Menschen auf seine nie zu bessernde moralische Natur schließen läßt? Kant sprach nur von jeder einzelnen moralischen Handlung, die nach dem guten Willen, d. h. nach der reinen Gesinnung zu beurteilen ist. Und Kant sprach von der Würde des Menschen, die nicht verletzt werden darf; also nach dem kategorischen Imperativ Kants sollte Macbeth den Duncan nicht töten, weil er dadurch die Menschenwürde verletzt, und nicht, weil der Mörder unter Gewissensqualen leiden wird. Kants kategorischer Imperativ geht von der moralischen Freiheit des Menschen aus und nicht von den schmerzlichen Folgen, denen der Missetäter nach begangener Schuld unterliegt. So aufgefaßt kann Kants kategorischer Imperativ keine äußere Polizeimacht sein; gerade dies kennzeichnet den kategorischen Imperativ, daß seine Erfüllung vom Gefühl der inneren Freiheit des Menschen begleitet wird; seine Verletzung dagegen läßt noch stärker seine lebendige Kraft auflodern, — er wird dann zum Pathos, so wie es z. B. bei Don Cesar (»Die Braut von Messina«), der den Mord des Bruders durch den freiwilligen Tod büßt, der Fall ist. Bei Macbeth handelt es sich eben um einen ganz anderen kategorischen Imperativ, um eine polizeiliche, ganz äußere Macht, obwohl sie von innen kommt. Macbeth war keine moralisch erhabene Natur: der kategorische Imperativ erscheint hier nur als ein stark eingepflanztes Vorurteil, dem nur Feiglinge unterliegen, und Macbeth gewinnt unsere Sympathie dadurch, daß er dieser äußeren Macht die Fehde bietet; damit beweist er seine Freiheit, die vor den größten Martern nicht zurückschrickt; er ist nach Schillers Terminologie ästhetisch erhaben.

Schestow endet sein Buch mit folgenden Bemerkungen: In die Details von Brandes' Shakespeare-Forschung wolle er nicht eingehen; er begnüge sich mit der Analyse der Tragödien der zweiten Schaffensperiode Shakespeares. Es war zu zeigen, wie wenig Verständnis Brandes für Shakespeare hat, und wie der große Dichter zu verstehen ist; das Entscheidende dabei ist des Dichters zweite Schaffensperiode, wo er nach dem Sinn des Lebens fragte, wo er eine Antwort auf alle die Fragen, die die ungeheueren scheinbar zufälligen Lebensereignisse stellen, haben mußte, um leben zu können; tief erlebte er das und fand und gab eine Lösung in seinen Tragödien dieser Periode. Jetzt erkannte er, daß die sichtbaren Schmerzen und Leiden zum unsichtbaren Wachstum der Menschenseele führen; das versöhnte ihn mit der menschlichen Tragödie, mit dem Leben, und er ging zu seiner dritten, heiteren Schaffensperiode über. All diese Erlebnisse liegen dem dänischen Kritiker ganz fern; er sieht nichts und füllt sein Buch mit hohlen, schönen Phrasen; so bleibt für ihn auch der Übergang des Dichters zu der letzten Schaffensperiode eigentlich unbegreiflich, aber er versäumt nicht, eine allgemeine nichtssagende Erklärung zu geben, wie z. B., daß der Dichter müde wurde, daß das Fieber vorbei war, und eine Erholung von den düsteren Lebensbildern eintrat; das alles geschah, so phantasiert Brandes, dank einer reizenden Frau, die den Dichter mit dem Leben versöhnt hatte. Wer mit dem Leben einmal entzweit gewesen ist, meint Schestow, weiß, daß solche Dinge keine Versöhnung bringen können. — Das Epigramm aus Nietzsches »Also sprach Zaratustra«, mit dem Schestow sein Buch einleitet, macht er auch zum Schlußwort: »Ich hasse die lesenden Müssiggänger«.

Der Vorwurf, den Schestow den gelehrten Kritikern in der Person Brandes' gemacht hat, kann ihn selber treffen: auch er tritt an Shakespeare mit seiner Theorie, der Theorie des Tragischen, heran; aber dieses Prinzip des Tragischen ist für die literarische Kritik methodologisch vielversprechend: es räumt zunächst auf mit der Kritik des »gesunden Menschenverstandes«, jenes gesunden Menschenverstandes, der, anstatt in die Dichtungen tiefer zu dringen, sie auf das Niveau der alltäglichen Gefühls- und Gedankenwelt herabzieht, danach beurteilt und daher nur Gemeinplätze bietet. Dagegen fordert Schestows Prinzip des Tragischen von dem Kritiker, daß er sich in das Werk hineinlebt, um die dem Helden eigentümliche Entwicklungslinie, wonach sich das Werk als einheitliches, organisches Ganze notwendig gestaltet, herauszufühlen. Manchem mag eine solche Deutung als subjektiv konstruiert erscheinen, aber das Kunstwerk ist wie das Leben vielgestaltig und läßt sich von verschiedenen Punkten aus beleuchten, und wenn der Kritiker von der Seite des Kunstwerks, für die er eine besondere Empfänglichkeit hat, ausgeht und es demgemäß in seinem Bau erläutert, so gewährt er dadurch einen tiefen Einblick in das betreffende Werk. Davon gibt Zeugnis Schestows Buch »Shakespeare und sein Kritiker Brandes«.

St. Petersburg. Frida Margolin.

Sigmund Bromberg-Bytkowski, Kontemplative und ekstatische Kunst. 39 S. Lemberg I., Vereinsbuchdruckerei.

Das Schriftchen hat einen großen Vorzug: es liest sich ausgezeichnet leicht und besitzt doch inhaltliches Schwergewicht. Schon manche Kapitelüberschriften, wie: »Das Erleben immer lustvoll« oder »Der Schein ist Sinn des Lebens« sind glücklich, und interessant stellt der Verfasser zwei Abschnitte gegenüber mit den Titeln »Das Moment der Innerlichkeit oder Nähe und der Bewegung« und »Das Moment des Abstandes und der Ruhe«, worin er dann die Künste Tanz, Musik, Drama und Epos lichtvoll gruppiert. Manche Abschnitte bringen nichts prinzipiell Neues, z. B. der erste »Lust am Spiel und Schein« oder der zweite »Nachahmung und Schaffenstrieb«, der vierte »Das Moment der Freiheit vom Zwang des Lebens«; aber auch da sind die Gedanken im Konkreten so frisch, finden sich neue Verbindungen von alten Gedanken, ist die Vortragsweise so lebendig, belebt mit Beispielen, Anekdoten und geht vor allem so tief in das Einzelne der psychologischen Elementarvorgänge, daß man dem Verfasser eine besondere Scharfsichtigkeit für psychologische Wurzelverzweigungen zusprechen darf; mag er sich auch gelegentlich mit dieser Neigung etwas weit in Distinktionen und Paraphrasen eines geschauten Verhältnisses verlieren. Neben diesem Zug in die Tiefe greift er hinaus in Lebenszusammenhänge und deutet von da aus die Bedeutung der Kunst, spricht über Aufnehmen und Schaffen, — gibt also, wie man sieht, auf 39 Seiten allerlei. So zeigt das Schriftchen zwar eine gewandte, aber keineswegs leere Geste, und es verbindet mit hurtigem Fortschritt ruhige Sicherheit.

Man denkt, aufs Inhaltliche gewendet, beim Titel ja zunächst an Nietzsches Unterscheidung von dionysisch und apollinisch, doch dadurch ist die neue Arbeit nicht überflüssig. Wenn Nietzsche in seiner Geburt der Tragödie das Dionysische mit zugleich erregender und benebelnder Kunst des Stiles zu fühlen gibt, selber berauschend und den ganzen Komplex eines so außerordentlichen Erlebens in unserer Seele aufrührend, so macht Bytkowski durch zergliederndes Denken die Elemente schärfer sichtbar, er macht die Sache dem Verstand klar und vermittelt einen Verstandesgenuß. Man denkt ferner vielleicht an Karl Groos' Kategorie des Starken, Quantitativen, Intensiven, die er dem Schönen oder dem qualitativ Wertvollen gegenüberstellt, und erinnert sich, wie er jenes z. B. im Barock aufweist und die überwältigende, auch vergewaltigende Kunst eines absolutistischen Machtzeitalters, eben des 17. Jahrhunderts, entgegenstellt der klassischen und reifen Renaissance, und wie das schon Wölfflin in seinem Buche über Renaissance und Barock getan, wo Wölfflin das Aufgeregte, Aufwühlende des Barock der heiteren Klarheit der Renaissance vergleicht, die nichts von Trübung des Bewußtseins, von Betäubung und Rausch, aber auch nicht von Kopfschmerz weiß, den Wölfflin dem Barock als eine nichts seltene Wirkung vindiziert.

Aber auch ohne diese starke Bevorzugung der einen Art von Wirkungen durch manche Zeiten auf allen Gebieten, auch ohne diesen Wechsel, der zum Teil bedingt ist durch Abstumpfung für die eine Art von Reizen, indem man z. B. nach langer Geltung der (kurz gesagt) qualitativen Werte nur noch für starke Eindrücke empfindlich bleibt, — abgesehen also von diesen historischen Fällen gehen beide Kategorien fast zu allen Zeiten nebeneinander her und verzweigen sich in die verschiedenen Künstlerpersönlichkeiten (die verschiedene Stellung der Künste dazu hat der Verfasser, wie schon erwähnt, trefflich skizziert). Es liegt diese Polarität zweier ganzer Wertgebiete eben doch tiefer, als daß sie allein durch Abstumpfung zu erklären wäre, etwa in der oberflächlichen Weise, wie Richard Muther höchst einfach mit Abwechslung, Neuheit, Veränderungslust die ganze Geschichte konstruiert hat, mit Begriffen also, mit denen man allenfalls die Bewegung der Mode erfassen kann. Man darf vielmehr in unserem Zusammenhange an Wundts grundlegende Begriffspaare aus seiner Gefühlstheorie denken, deren eines er Erregung und Beruhigung, ein anderes Spannung und Lösung nennt. An der tiefgreifenden Bedeutsamkeit, die diesen Begriffen zukommt, hat auch das Begriffspaar Anteil, das der Titel der Bytkowskischen Schrift nennt.

Der Verfasser erweist sich denn auch umfassend genug, daß man mit seinen Mitteln noch über manche andere als die erwähnten großen Kulturbewegungen Gutes sagen könnte, z. B. über die Romantik, die ja keineswegs immer auf das Starke aus war; aber mit ihrer Bewegungslust und Erregtheit tritt auch sie in Gegensatz zu der Ruhe der Klassik, und zwar in allen Zeiten, wo es eine Romantik gab. Denn man kann auch die Gotik schon in diesem Sinne romantisch nennen und sie wiederum als Vorläufer mancher Erscheinungen des Barock ansprechen, eine Konstruktion, die z. B. Conze versucht hat. Bei der Gotik kann dann das Beispiel der notwendig und trotz allem eine gewisse Ruhe bewahrenden Architektur zeigen, daß auch Kreuzungen zwischen den beiden Kategorien, die wir hier behandeln, vorkommen, wie denn beide schon nur graduell unterschieden sind und in vielen Abstufungen erscheinen mögen. Dennoch läßt sich eine gewisse Unterschiedenheit der beiden Skalen festhalten, z. B. wenn man einen ähnlichen Unterschied wie den vom Verfasser behandelten schon in der Unterscheidung von charakteristisch und schön findet oder von energisch und anmutig, vielleicht selbst von formalen und Ausdruckswerten. Dieser letztere Unterschied ist ja durchaus nur graduell oder gleitend, darf aber begrifflich doch aufrecht erhalten werden wegen der jeweilig, in jeder einzelnen konkreten Erscheinung, verschiedenen Präponderanz des einen oder des anderen Elementes.

In dieser Richtung könnte denn auch, was nun freilich noch prekärer wäre als die Unterscheidung des letztgenannten Begriffspaares, zwischen südländischem und nordischem Wesen, italienischem und deutschem, eine Scheidung versucht werden. Allein solche nationale Entgegensetzungen haben bei diesem Grade von Allgemeinheit kaum irgend welchen Wert, und wenn man dennoch derartige Konstruktionen bisweilen mit Recht versucht, so geschieht es wohl im Hinblick auf irgend ein konkretes Problem, zu dessen Erleuchtung jene Konstruktionen beitragen mögen. Unser Verfasser hat mit vollem Recht einen solchen Anlaß in seiner ganz allgemeinen psychologischen Erörterung grundlegender und umfassender Unterschiede nicht gefunden. Er steht und bleibt auf festerem Boden.

Essen. Erich Everth.

Berichtigung.

Durch ein dem Verfasser nicht zur Last fallendes unliebsames Versehen ist die im 7. Band auf S. 659 ff. veröffentlichte Besprechung der Grafschen Schrift »Die innere Werkstatt des Musikers« durch Paul Moos ohne Durchsicht zum Druck gelangt. Infolgedessen sind mehrere Fehler stehen geblieben, von denen wenigstens die den Sinn erheblich störenden nachträglich verbessert werden sollen:

S. 659 Z. 15 v. u. statt »Immaterialismus« lies: Tonmaterials,

S. 660 Z. 22 v. o. statt »verständlich« lies: verständig.

Der Herausgeber.

Schriftenverzeichnis für 1912.

Erste Hälfte.

I. Ästhetik.

1. Geschichte und Allgemeines.

Bieber, Hugo, Johann Adolf Schlegels poetische Theorie, in ihrem historischen Zusammenhange untersucht. IV, 190 S. gr. 8°. Berlin, Mayer & Müller. 5,50 M.

Fuente, Hans aus der, Wilhelm v. Humboldts Forschungen über Ästhetik. III, IV, 144 S. gr. 8°. Gießen, A. Töpelmann. 4,40 M.

Francis, R., Egyptian aesthetics. London, Strecker, 1911.

Frank, Erich, Rezensionen über schöne Literatur von Schelling und Caroline in der neuen Jenaischen Literaturzeitung. Sitzungsberichte der Heidelberger Akademie. 64 S. 2 M.

Gomperz, H., Sophistik und Rhetorik. Das Bildungsideal des τὸ λέγειν in seinem Verhältnis zur Philosophie des 5. Jahrhunderts. VI, 292 S. gr. 8°. Leipzig, B. G. Teubner. 10 M.

Hagen, Erich v. dem, Goethe als Herausgeber von »Kunst und Altertum« und seine Mitarbeiter. IV, 216 S. gr. 8°. Berlin, Mayer & Müller. 4,50 M.

Holl, Karl, Zur Geschichte der Lustspieltheorie. I. Entwicklungsgeschichte, in Einzelvertretern dargestellt bis Gottsched. VIII, 147 S. 1911. 8°. Berlin, E. Felber. 3,20 (2,80) M.

Minjon, D., Der Schönheitsbegriff der Hochscholastik. Philosophisches Jahrbuch der Görresgesellschaft XXV, 2.

Pater, Walter, Winckelmann. 18mo, sd. Gowans & Gray. 6 d.

Rosalewski, Willy, Beiträge zur Philosophie. 1. Schillers Ästhetik im Verhältnis zur Kantischen. VIII, 129 S. gr. 8°. Heidelberg, Carl Winter. 3,60 M.

Sanesi, Ireneo, Storia dei generi letterari. 8°. 500 S. Milano. 11 L.

Schelling, F. W. J. v., Schriften zur Philosophie der Kunst. Herausgegeben von Otto Weiß. (Aus: »Schellings Werke, Auswahl in 3 Bänden«.) 425 S. mit Bildnis. 1911. 8°. Leipzig, F. Meiner. 5,40 M.

Schlesinger, Max, Geschichte des Symbols. Ein Versuch. VIII, 474 S. Lex. 8°. Berlin, L. Simion Nf. kart. 12 M.

Tibal, A., Inventaire des manuscrits de Winckelmann déposés à la Bibliothèque nationale. Paris, Hachette, 1911. 8°. 151 S. 8 Fr.

Vitruvius, Des Marcus Pollio, zehn Bücher über Architektur. (I.—III. Buch.) Übersetzt und erläutert von J. Prestel. Mit vielen (19) vom Übersetzer entworfenen Tafeln. XX, 153 S. Lex. 8°. Straßburg, J. H. E. Heitz. 8 M.

Walzel, Oskar, W. v. Humboldt und die Romantik. Literarisches Echo XIV, 11.

Winckelmanns Schriften. Herausgegeben von H. Uhde-Bernays. Leipzig, Insel-Verlag. ca. 6 M.

Wolkau, Ein unbekanntes Tagebuch W. Wackenroders. Süddeutsche Monatshefte IX, 9.

Bab, Julius, Vom Wesen der Kritik. Die Rheinlande, Deutsche Monatshefte XII, 1.
Benndorf, Fr. Kurt, Naturalismus. Pan II, 13.
Bosanquet, B., The Principle of Individuality and Value. London, Macmillan. 409 S. 3,25 sh.
Cohen, Herm., System der Philosophie. 3. (Schluß-)Teil. Ästhetik des reinen Gefühls. 2 Bde. XXV, 401 u. XV, 477 S. gr. 8°. Berlin, B. Cassirer. 18 M., gebunden 22 M.
Daffner, Hugo, Salome, ihre Gestalt in den Künsten. München, H. Schmidt. 10 M.
Deri, Max, Versuch einer psychologischen Kunstlehre. (Aus: »Zeitschr. f. Ästhetik u. allg. Kunstwissensch.«) V, 138 S. mit Figuren. Lex. 8°. Stuttgart, F. Enke. 5 M.
Dilthey, W., In Druck erschienene Schriften von ihm. Zusammengestellt von Hans Zeek. Archiv für Geschichte der Philosophie. Neue Folge. VIII, 2.
Fridell, Egon, Der Impressionismus. Die Schaubühne VIII, 9—13.
Lange, Konr., Über den Zweck der Kunst. Akademische Kaisergeburtstags-Festrede. Erweiterter Sonderdruck aus: »Zeitschr. f. Ästhetik u. allg. Kunstwissensch.« 49 S. Lex. 8°. Stuttgart, F. Enke. 2 M.
Lessing, Theodor, Briefe über Kritik. Die Schaubühne VIII, 4, 5, 8, 10, 12.
Maurey, Gabriel, Maurice Barrès critique d'art. Revue Bleue XLIX, 16.
Meinong, Für die Psychologie und gegen den Psychologismus in der allgemeinen Werttheorie. Logos III, 1.
Moos, Paul, Volkelts ästhetische Normen. Liliencron - Festschrift S. 138—144. Leipzig, Breitkopf & Härtel, 1910.
Müller-Freienfels, Richard, Psychologie der Kunst. Eine Darstellung der Grundzüge. 2 Bde. gr. 8°. Leipzig, B. G. Teubner. Je 4,40 M., zus. gebunden 10 M.
Otzen, Rob., Kulturwerte der Technik. Kaisergeburtstags-Festrede. 31 S. 8°. Berlin, J. Springer. 1 M.
Schmidt, Erich, Die Baukunst erstarrte Musik. Archiv für das Studium der neueren Sprachen und Literaturen CXXII, 3, 4.
Schuster, Oskar, Die Einfühlungstheorie von Th. Lipps und Schopenhauers Ästhetik. Archiv für Philosophie XXV, 1.
Settimelli, Emilio, La critica di B. Croce. Bologna. 16°. 264 S. 2,50 L.
Somlo, Felix, Das Wertproblem. Zeitschrift für Philosophie und philosophische Kritik CILV, 2.
Stamm, Eug., Kritik der Trübnerschen Ästhetik. Berlin, E. Hofmann & Co. 1,25 M.
Steinlein, Stephan, Über Konvention, Tradition und Moderne. Kunst und Handwerk, Heft 3.
T. D., Contrast in art and life. Musical Standard XXXVII, 947.
Übersicht über die bisherigen Leistungen der auf die Geisteswissenschaften angewandten Psychoanalyse. Imago I, 1.
Utitz, Emil, Was ist Stil? Die Kunst für Alle XXVII, 10, 11.
Valli, L., La valutatione. Rivista di filosofia III, April.
Zuccarini, Giovanni, Schegge e sprazzi: pagine di critica civile e letteraria (Thovez, Croce, D'Annunzio, Pascoli, Vecchini, Nordau, ecc.). Ancona. 16°. 3,50 L.

2. Prinzipien und Kategorien.

Bäumer, Alfred, Ironie. Der März VI, 24.
Berneburg, Ernst, Charakterkomik bei Molière. V, 88 S. gr. 8°. Marburg, A. Ebel. 2 M.
Felner, Karl v., Die tragische Lüge. Literarisches Echo XIV, 14.
Gloël, Heinrich, Ein Beitrag zur Begriffsbestimmung des Tragischen. Zeitschrift für den deutschen Unterricht XXV, 9.

Henze, Helene, Die Allegorie bei Hans Sachs. Mit besonderer Berücksichtigung ihrer Beziehungen zur graphischen Kunst. XVI, 168 S. mit 8 Tafeln. gr. 8°. Halle, Niemeyer. 8 M.

Kallen, H. W., The essence of tragedy. The International Journal of Ethics XXII, 2.

Kaplan, Leo, Zur Psychologie des Tragischen. Imago I, 2.

Klein, Tim., Zum Kampf um das Nackte. Die Plastik II, 2.

Latour, M., L'Appréhension et l'Espérance — la Pusillanimité et le Courage. Revue Bleue L, 13. April.

Lee, V. and Anstruther-Thomson, C., Beauty and Ugliness. And Other Studies in Psychological Aesthetics. London and New York, John Lane Company. 376 S. 1,75 sh.

Leisering, Konr., Studien zur Schicksalstragödie. 1. Teil. Progr. 32 S. gr. 8°. Berlin, Weidmann. 1 M.

Lenz, D., Schoonheidsleer der Beuroner Kunstschool. Overs door M. C. Nieuwbarn. Bussum, P. Brand.

Leschtsch, A., Der Humor Falstaffs. Berlin-Wilmersdorf, H. Paetel. 3 M.

Lessing, Theodor, Das Grausen. Die Schaubühne VIII, 3.

Nidden, Ezard, Tragödie oder Komödie. Kunstwart XXV, 10.

Orelli, K. v., Die philosophischen Auffassungen des Mitleids. Bonn, A. Marcus & E. Weber. ca. 6 M.

Otte, Heinr., Kennt Aristoteles die sogenannte tragische Katharsis? 63 S. Berlin, Weidmann. 1,60 M.

Scandurra Finocchiaro, S., L'allegoria e la figura morale di Dante. Palermo. 64 S. 1 L.

Vocke, Gottfried, Zweck und Schönheit. Die Plastik II, 4, 5.

Weidel, Karl, Das Grauen. Zeitschrift für Religionspsychologie VI, 3.

Weneck, Über die musikalische Darstellung des Unheimlichen. Kartell-Zeitung XXVIII, 13.

3. Natur und Kunst.

Die Farbenwirkungen der Atmosphäre. Techn. Mitteilungen für Malerei XXIX, 1, 2.

Hellpach, W., Die geopsychischen Erscheinungen; Wetter, Klima und Landschaft in ihrem Einfluß auf das Seelenleben. Leipzig, Engelmann, 1911. 368 S.

Hennig, R., Die Entwicklung des Naturgefühls. (Das Wesen der Inspiration.) Leipzig, J. A. Barth. 5 M. Vgl. auch »Das künstlerische Schaffen«.

Kalkschmidt, Eugen, Reiselust. Die Hilfe 19/20.

Kleinmayr, Hugo v., Die deutsche Romantik und die Landschaftsmalerei. 64 S. 8°. Straßburg, J. H. E. Heitz. 3,50 M.

Marcus, Hugo, Die ornamentale Schönheit der Landschaft und der Natur. Als Beitrag zu einer allgemeinen Ästhetik der Landschaft und der Natur. V, 151 S. mit 19 Figuren und 16 Tafeln. gr. 8°. München, R. Piper & Co. 4 M., in Pappband 5,50 M.

Sachs, Hans, Über Naturgefühl. Imago I, 2.

Scheffler, Karl, Naturdilettantismus. Voss. Zeitung Nr. 445, 1. September.

Verneuil, M. P., Ce que doit être l'étude de la nature. Comment on doit l'interpréter. Art et Decoration XVI, 3.

4. Ästhetischer Gegenstand und Eindruck.

Blume, Gustav, Über Phantastik und Schwachsinn. Allgem. Zeitschrift für Psychiatrie LXXIX, 3.

Dehning, Gust., Bilderunterricht. Versuche mit Kindern und Erwachsenen über die Erziehung des ästhetischen Urteils. 108 S. gr. 8°. Leipzig, Quelle & Meyer. 3,50 M.

Dohrn, Wolf, Der Rhythmus. Dekorative Kunst XV, 7.

Downey, June, E., The Imaginal Reaction to Poetry. The Affective and the Aesthetic Judgment. (Bulletin Nr. 2 of the Departement of Psychology of the University of Wyoming.) Laramie, Wyo. Pp. 56.

Dreher, Edgar, Methodische Untersuchungen der Farbentonänderungen homogener Lichter bei zunehmend indirektem Sehen und veränderter Intensität. Zeitschrift für Sinnesphysiologie XXXXVI, 1, 2, November 1911.

Ein Apparat zur selbständigen Harmonisierung und zum Messen von Farbentönen. Techn. Mitteilungen für Malerei XXVIII, 14.

Gehler, Chr. P., Das Erscheinungsbild. Eine philosophisch-perspektiv. Studie. Zugleich eine kritische Beleuchtung der subjektiven Perspektive Haucks. Anh.: Erscheinungswelt und wirkliche Welt. Die Begründung einer neuen kritisch-philosophischen Weltauffassung. Zugleich eine kritische Beleuchtung des Kantischen Kritizismus. VIII, 260 S. gr. 8°. Grimma, O. Lorenz. 1.80 M., gebunden in Halbleinwand 2,40 M.

Groos, K., Die Sinnesdaten im Ring der Nibelungen. Archiv für die gesamte Psychologie XXII, 4.

Hennig, Über visuelle Musikempfindung. Zeitschrift für Psychotherapie und medizinische Psychologie IV, 1.

Henseling, Begriff und Entwicklung der Phantasie. Zeitschrift für Pädagogische Psychologie und exakte Pädagogik XIII, 5, 6.

Höfler, Alois, Gestalt und Beziehung, Gestalt und Anschauung. Zeitschrift für Psychologie LX, 3.

Koch, Untersuchungen über die elementaren Gefühlsqualitäten. Leipzig, Quelle & Meyer. ca. 3 M.

Körver, Karl, Stendhal und der Ausdruck der Gemütsbewegungen in seinen Werken. Halle, M. Niemeyer. Subskr.-Pr. ca. 4 M.

Lasersohn, Woldemar, Kritik der hauptsächlichsten Theorien über den unmittelbaren Bewegungseindruck. Zeitschrift für Psychologie LXI, 2.

Lipps, Theodor, Zur »Psychologie« und »Philosophie«. Worte. Das »Cogito ergo sum«. Gefühlsqualitäten. 110 S. 5 M.

Lohmann, W., Über die theoretische Bedeutung gewisser Erscheinungen aus der Farbenpathologie. Zeitschrift für Sinnesphysiologie XXXXVI, 3.

Marsili, Evaristo, La educazione dei sensi. Con prefazione di Bernardino Varisco. Città di Castello. 16°. 2,50 L.

Michel, Die Grenzen des Subjektiven in der Kunst. Die Kunst für Alle XXVII, 19.

Müller, Friedrich, Ästhetisches und außerästhetisches Urteilen des Kindes bei der Betrachtung von Bildwerken. 94 S. gr. 8°. Leipzig, Quelle & Meyer. 3 (2,50) M.

Munsell, A. H., A Pigment Color System and Notation. The American Journal of Psychology XXIII, 2.

Nagy, L., Psychologie des Interesses des Kindes. Deutsch von K. Szidon. Leipzig, O. Nemnich. ca. 5 M.

Ostermann, W., Das Interesse. Eine psychologische Untersuchung mit pädagogischen Nutzanwendungen. 3. Aufl. VIII, 280 S. 8°. Oldenburg, Schulze, 2,80 M., gebunden 3,50 M.

Plehn, Anna L., Farbensymmetrie und Farbenwechsel. Straßburg, J. H. E. Heitz.

Ribot, Th., Le rôle latent des images motrices. Revue philosophique XXXVII, 3.

Richter, Albert, Statistische Erhebung über die Ideale von Volksschulkindern. Zeitschrift für pädagogische Psychologie und exakte Pädagogik XIII, 5.

Scheler, Max, Über Ressentiment und moralisches Werturteil. (Aus: Zeitschr. f. Pathopsychol.) 103 S. gr. 8°. Leipzig, W. Engelmann. 1,80 M.

Schumann, F., Untersuchungen über die Wahrnehmung der Bewegung durch das Auge. Zeitschr. f. Psychologie LXI, 2.

Sievers, Eduard, Rhythmisch-melodische Studien. Vorträge und Aufsätze. 141 S. 8°. Heidelberg, Carl Winter. 3,20 M.

Thummerer, Hans, Audition colorée. Literarisches Echo XIV, 15.

Timerding, H. E., Die Erziehung der Anschauung. VIII, 241 S. mit 164 Figuren. gr. 8°. Leipzig, B. G. Teubner. 4,80 M., gebunden in Leinwand 5,60 M.

Valentine, C. W., Psychological Theories of the Horizontal-Vertical Illusion. The British Journal of Psychology V, 1.

Weber, Ernst, Bildliche Darstellung und dichterischer Genuß. Zeitschr. für den deutschen Unterricht XXVI, 4, 5.

Weld, H. P., An experimental Study of Musical Enjoyment. The American Journal of Psychology XXIII, 2.

Wertheimer, Max, Experimentelle Studien über das Sehen von Bewegung. Zeitschrift f. Psychologie LXI, 3, 4.

II. Allgemeine Kunstwissenschaft.

1. Das künstlerische Schaffen.

A(venarius), Talente. Kunstwart XXV, 12.

Becker, Karl, Vom geistigen Leben und Schaffen. 164 S. 8°. Berlin, H. Steinitz. 1,50 M.

Busoni, F., Selbstrezension. Pan II, 11.

Cahan, Jak., Zur Kritik des Geniebegriffs. 64 S. gr. 8°. Bern, Scheitlin & Co.

Clerget, F., Littérateurs et Artistes; Léon Riotor. 16°. 219 S. u. Fig. 3,50 Fr.

Engelbrecht, Kurt, Künstler und Künstlertum. Essays zum Problem des künstlerischen Schaffens. 111 S. 8°. Berlin, E. Hofmann & Co. 1,50 M., gebunden 2,50 M.

Ernst, Gustav, Künstler und Mensch. Internationale Monatsschrift VI, 6.

Fitger, A., Aus Kunst und Leben. Berlin, E. Felber. ca. 4 M.

Flat, Paul, L'art et le métier. Revue Bleue L, Mai.

Fridell, Egon, Der Schriftsteller. Die Schaubühne VIII, 3, 4.

Georgi, Walter, Kunstwerk und Persönlichkeit. Deutsche Kunst und Dekoration XV (Bd. 29, 30), 10.

Goblot, Le concept et l'idée. Scientia VI, 1.

Graßberger, R., Der Einfluß der Ermüdung auf die Produktion in Kunst und Wissenschaft. Wien, Deuticke.

Halm, A., Bahnbrecher und Eklektiker. Die Rheinlande. Deutsche Monatshefte XII, 1.

Hennig, R., Das Wesen der Inspiration. VII, 160 S. gr. 8°. Leipzig, J. A. Barth. 5 M. Vgl. auch »Natur und Kunst«.

Hirschfeld, Georg, Der Dramatiker. Deutsche Rundschau XXXVIII, 10.

Hitschmann, Ed., Zum Werden des Romandichters. Imago I, 1.

Jary, J., Essai sur l'art et la psychologie de M. Barrés. Paris, Emil Paul.

Kammerer, Paul, Über Erwerbung und Vererbung des musikalischen Talentes. 38 S. 8°. Leipzig, Th. Thomas Verl. 1 M., gebunden 1,60 M.

Lissauer, E., Lob und Talent. Kunstwart XXV, 17.
Lohmer, Georg, Vom Doppelgeschlecht des künstlerischen Menschen. Gegenwart XXXXI, 2.
Pfordten, Otto von der, Psychologie des Geistes. Heidelberg, Carl Winters Verlag. 249 S. gr. 8°. 6 M.
Uhde-Bernays, Herm., Briefe Mörikes über Schwind. Süddeutsche Monatshefte IX, 7.
Vermehren, Wenzel, Die Arbeitsweise Michelangelos. Kunst und Künstler X, 5.
Wagner, Otto, Die Qualität des Baukünstlers. (Aus der eigenen Werkstatt.) 50 S. gr. 8°. Wien, H. Heller & Co. 2 M.
Weingartner, Felix v., Aus eigener Werkstatt. Signale für die musikalische Welt LXX, 14.
White, The composer, his talent and training. Musical Standard XXXVII, 945.

2. Anfänge der Kunst.

Brenner, T., Alte asiatische Gedankenkreise. Vergleichende und kritisierende Betrachtung vom sinologischen Standpunkt über älteste babylonische, indogermanische u. chinesische Geistesbestrebungen und Geistesgebilde. Berlin-Steglitz, Leipzig, Steinacker, 1912.
Dück, J., Über das zeichnerische und künstlerische Interesse der Schüler. Zeitschrift für pädagogische Psychologie und exakte Pädagogik XXIII, 3.
Freud, S., Der Wilde und der Neurotiker. Imago I, 1.
Gilbert, Indian music. The New Music. Review XI, 122.
Hauschild, Zur Tätowierungsfrage. Archiv für Kriminal-Anthropologie und Kriminalistik XXXXV, 1, 2.
Hörnes, Ursprung und älteste Form der menschlichen Bekleidung. Scientia VI, 1.
Laurent, Marcel, L'art chrétien primitif. Bruxelles, Vromant, 1911. In-16. 191 et 196 p. avec pl. 10 fr.
Luschan, Fel. v., Entstehung und Herkunft der ionischen Säule. 43 S. mit 41 Abbildungen. gr. 8°. Leipzig, J. C. Hinrichs' Verlag. 0,60 M.
Matz, Walther, Eine Untersuchung über das Modellieren sehender Kinder. Zeitschrift für angewandte Psychologie und psychologische Sammelforschung VI, 1.
Music in India. Musical News XXXXII, 1089.
Müller-Beeck, F. G., Ursprung der japanischen Motive in Kunst und Kunstgewerbe. Oriental. Archiv II, 2.
Neffgen, H., Die Südsee und Südseesprachen, mit spezieller Betrachtung des Samoanischen. 2 Vorträge. 19 S. gr. 8°. Frankfurt a. M., J. St. Goar. 1,20 M.
Potpeschnigg, Luise, Aus der Kindheit bildender Kunst. Leipzig, B. G. Teubner.
Pudor, Heinrich, Zur Entstehung des Ornamentschmucks. Schaffen und Schauen XXXIX, 3.
Rothacker, Zur Methodenlehre der Ethnologie und der Kulturgeschichtsschreibung. Vierteljahrsschrift für wissenschaftliche Philosophie und Soziologie XXXVI, 1.
Saint-George, Australasian notes. Musical Standard XXXVII, 950.
Schmidt, W., Die Gliederung der australischen Sprachen. Anthropos VII, 1, 2.
Schücking, Levin, Primitive Kunstmittel und moderne Interpretation. Germanisch-Romanische Monatsschrift IV, 6.
Schüler als Dichter. 2 Aufsätze. I. Lebensgeschichte einer Schneeflocke. — II. Die stille Stunde. (Aus Raschers Jahrbuch.) 13 S. 8°. Zürich, Rascher & Co. 0,55 M.

Strzygowski, Joseph, The Origin of Christian Art. The Burlington Magazine Dezember 1911.

Vorschläge zur psychologischen Untersuchung primitiver Menschen. Gesammelt und herausgegeben vom Institut für angewandte Psychologie und psychologische Sammelforschung. Leipzig, J. A. Barth. 4 M.

3. Tonkunst und Mimik.

Anton, Karl, Beiträge zur Biographie Karl Loewes. Mit besonderer Berücksichtigung seiner Oratorien und Ideen zu einer volkstümlichen Ausgestaltung der protestantischen Kirchenmusik. Nebst einem Register zu Loewes Selbstbiographie als Anhang und mit Beilagen und Notenbeispielen versehen. XVI, 187 u. V S. mit 1 Faksimile. gr. 8°. Halle, M. Niemeyer. kart. 6 M.

Behn, Friedrich, Die Musik bei den Kulturvölkern des Altertums. Vortrag mit Demonstrationen an Modellen antiker Musikinstrumente aus dem römisch-germanischen Zentralmuseum und mit Aufführungen altgriechischer Musikwerke durch Mitglieder der Mainzer Liedertafel. 15 S. mit 1 Tafel. 8°. Mainz, V. v. Zabern. 0,60 M.

Bekker, Paul, Beethoven. Berlin u. Leipzig, Schuster u. Löffler, 1911. Zweite Ausgabe 1912. 12 M.

Biehle, Johs., Theorie der pneumatischen Orgeltraktur und die Stellung des Spieltisches. Mit einer psychologischen Studie über Zeitschwellen. (Aus: »Sammelbände d. internat. Musikgesellsch.«) 37 S. mit 5 Tafeln. Lex. 8°. Leipzig, Breitkopf & Härtel. 1,20 M.

Bötcher, Elmar, Goethes Singspiele »Erwin und Elmire« und »Claudine v. Villa Bella« und die opera buffa. Marburg, N. G. Elwerts Verl. 3 M.

Cahn, Zur Psychologie der musikalischen Kritik. Die Musik XI, 9.

Capellen, Vierteltöne als wesentliche Tonleiterstufen. Die Musik XI, 12.

Chevaillier, De la symmétrie dans l'art musical. La Revue Musicale XI, 18, 19.

Conze, Naturphänomene der Tonkunst. Allgemeine Musikzeitung XXXIX, 5 ff.

Conze, Motivierte oder unmotivierte Musik. Allgemeine Musikzeitung XXXIX, 14.

Currier, Phrasing by ear. Musical Standard XXXVII, 941.

Csáth, Géza, Über Puccini. Eine Studie. Deutsch von Heinr. Horvát. 29 S. 8°. Budapest, Harmonia. 0,80 M.

Daffner, Hugo, Friedrich Nietzsches Randglossen zu Bizets Carmen. 68 S. Gebunden in Pappband 1 M.

Deckert, Das klassische und das reformierte Streichquartett. Musik-Instrumentenzeitung XXII, 8.

Donaldson, A plea for the symphony. Musical Standard XXXVI, 933.

Dubitzky, Tonmalerei im Gesange. Die Stimme VI, 3.

Eichberg, Die Dissonanz. Deutsche Tonkünstlerzeitung X, 244 ff.

Fedeli, Per il nostro folklore musicale. Rivista musicale Italiana XIX, 1.

Finck, Henry T., Massenet and his operas. London, Lane, 1911. 246 S. 8°. 6,25 Fr.

Gassenlied und Volkslied. Der deutsche Chorgesang XV, 2.

Gastoué, A., La musique d'église; études historiques esthétiques et pratiques. Lyon, Janin, 1911. 287 S. 8°. 4 Fr.

Gauthier-Villars, L'Esthétique de Georges Bizet. Le Guide musical LVII, 44 ff.

Gmelch-Eichstätt, Folgerungen aus der Chromatik des Chorals im ersten christlichen Jahrtausend. Musica sacra XXXXIV, 10.

Gosling, H. F., Music and its Aspects. Essays. gr. 8°. Drane. 6 sh.

Günther, Musikalische Akustik. Deutsche Musikerzeitung XXXXIII, 1.

Halm, A., Das Wunder der Oktave. Die Rheinlande. Deutsche Monatshefte XII, 4.

Halm, A., Vom Mechanischen in der Musik. Die Rheinlande. Deutsche Monatshefte XII, 2.

Halm, A., Von der Dynamik. Die Rheinlande. Deutsche Monatshefte XII, 3.

Hennig, R., Farbige Musik und Farbenhören. Der Türmer XIII, 12.

Hornbostel, E. v., Über ein akustisches Kriterium für Kulturzusammenhänge. Zeitschrift für Ethnologie 1911, 3, 4.

Hübner, Wort- und Tonkunst im Liede. Allgemeine Musikzeitung XXXIX, 11.

Joussain, A., L'expansion du Bergsonisme et la Psychologie musicale. Revue Bleue L, 15. Juni.

Kalbeck, Brahms dritte Symphonie. Der Merker III, 2.

Kalbeck, Max, Johannes Brahms. III. Bd. 2. Halbbd. 1881—1885. VIII u. S. 267 bis 555 mit 1 Bildnis u. 1 Faksimile. gr. 8°. Berlin, Deutsche Brahms-Gesellschaft. Jeder Halbbd. 5 M., gebunden 6,50 M.

Kamienski, Lucian, Musik und Musikwissenschaft. Allgemeine Musikzeitung XXXIX, 2 ff.

Knayer, Schumanns Klavierstil. Neue Musikzeitung XXXII, 24.

Loos, Das Mysterium der Akustik. Der Merker III, 1.

Löwenthal, Die Verwandtschaft des Charakters in den beiden Violinromanzen Beethovens. Musikpädagogische Blätter XXXV, 1 f.

Mathieu, Le sentiment musical et la tradition en conflit dans l'Enseignement de la Fugue. Le Guide musicale LVII, 49.

Maurer, Jul., Anton Schweitzer als dramatischer Komponist. 82 u. 169 S. gr. 8°. Leipzig, Breitkopf & Härtel. 5 M.

Meyer, Ein neues Verfahren zur graphischen Bestimmung des musikalischen Akzentes. Medizinisch-pädagogische Monatsschrift für die gesamte Sprachheilkunde XXI, August/September.

Monod, Le rythme et les rythmes. La Vie musicale V, 15.

Neidhardt, Dekadente Rhythmen. Allgemeine Musikzeitung XXXIX, 12.

Niecks, Classic and romantic. The Monthly Musical Record XXXXII, 496.

Niecks, Impressionism in music. The Monthly Musical Record XXXXI, 491.

Nortal, A., La condamnation de Mignon; Essai de critique musicale. Paris, Falque, 1912. 236 S. 16°. 3,50 Fr.

Poirée, L'oreille et l'image musicale. Revue mensuelle de musique VIII, 2.

Preiß, Kornelius, Templer und Jüdin. Romantische Oper in 3 Aufzügen von Heinrich Marschner. Dichtung nach Walter Scotts »Ivanhoe« von Wilh. August Wohlbrück. Eine Monographie. 32 S. 8°. Graz, A. Seeligs Nachf. 0,80 M.

Reinecke, Die diatonische Tonleiter in den Werken der Meister. Neue Zeitschrift für Musik LXXIX, 4.

Riemann, Hugo, Handbuch der Musikgeschichte. II. Bd. 2. Teil. Das Generalbaßzeitalter. Die Monodie des 17. Jahrhunderts und die Weltherrschaft der Italiener. XX, 528 S. gr. 8°. Leipzig, Breitkopf & Härtel. 15 M., gebunden in Leinwand 17 M.

Ritschl, Tonqualitäten. Musikpädagogische Blätter XXXV, 3.

Roncaglia, Impressionismo e simbolismo musicale. La Cronaca Musicale XV, 10, 11.

Rosenzweig, Die Zukunft der musikalischen Ästhetik. (Polnisch.) Kwartalnik muzyczny I, 1.

Rudder, de, Sculpture et musique. La Vie Musicale V, 10.

Schering, Arnold, Die niederländische Orgelmesse im Zeitalter des Josquin. Eine stilkritische Untersuchung. Mit 1 Abbildung, Notenbeilagen u. Faksimiles. VII, 95 S. gr. 8°. Leipzig, Breitkopf & Härtel. 3 M.

Schmidl, Vom Phantasieren. Die Tonkunst XVI, 8.

Schönberg, Arnold, Mit Beiträgen von Alban Berg, Paris v. Gütersloh, K. Horwitz, Heinr. Jalowetz, W. Kandinsky, Paul Königer, Karl Linke, Rob. Neumann, Erwin Stein, Ant. v. Webern, Egon Wellesz. Mit einem Porträt Schönbergs, 5 Reproduktionen nach seinen Bildern und vielen Notenbeispielen. 90 S. gr. 8°. München, R. Piper & Co. 3 M.

Schönberg, Arnold, Harmonielehre. 476 S. 8°. Wien, Universal-Edition, 1911.

Siegfried, Eva, Tod und Verklärung. Tondichtung von Richard Strauß (op. 24). Studie. 76 S. 8°. Leipzig, Verlag f. Literatur, Kunst u. Musik. 1,50 M.

Siegfried, E., Macbeth. Tondichtung nach Shakespeares Drama von Richard Strauß. Studie. 90 S. 8°. Straßburg, J. Singer. 2 M.

Singer, Wagners Pilgerfahrt zu Beethoven. Allgemeine Musikzeitung XXXIX, 3 ff.

Specht, Zum Brahmsproblem. Der Merker III, 2.

Stefan, Paul, Oskar Fried. Das Werden eines Künstlers. Mit 2 Kupferdrucken nach Bildern von Lovis Corinth u. Max Liebermann und einer Notenbeilage, 4 S. 46 S. gr. 8°. Berlin, E. Reiß. Gebunden in Pappband 2 M.

Storck, Karl, Neugeburt des Tempos aus dem Geiste der Musik. Der Türmer XIV, 8.

Storck, Karl, Rhythmus und musikalische Erziehung. Der Türmer XIV, 6.

Stumpf, Carl, Beiträge zur Akustik und Musikwissenschaft. 6. Heft. III, 165 S. gr. 8°. Leipzig, J. A. Barth. 1911. 5 M.

Tacchinardi, Alb., Acustica musicale. Milano, U. Hœpli. 189 p. et fig. 24°. 2,50 Fr.

Thomas, Quartettcharaktere. Rheinische Musik- und Theaterzeitung XIII, 11.

Tischer, Von der Zukunft der Musik. Rheinische Musik- und Theaterzeitung XIII, 1.

Unger, Das Vierteltonsystem und die moderne Musik. Neue Zeitschrift für Musik LXXIX, 12.

Vivell, Die Ähnlichkeit der Tonintervalle mit den Versfüßen. Gregorianische Rundschau XI, 3.

Wetzel, H., Musikalische Analysen. Musikpädagogische Blätter XXXV, 1.

Wolf, Hugo, Eine Persönlichkeit in Briefen. Familienbriefe. Herausgegeben von Edm. v. Hellmer. V, 149 S. mit 3 Tafeln. 8°. Breitkopf & Härtel. 3 M.

W. Schr., Musikwissenschaft und Universität. Kunstwart XXV, 18.

Batka, Richard, Saison- oder Repertoirebühne? Kunstwart XXV, 9.

Daffis, Hans, Hamlet auf der deutschen Bühne bis zur Gegenwart. X, 154 S. 8°. Berlin, E. Felber. 3 M.

Eberwein und Lobe, Goethes Schauspieler und Musiker. Erinnerungen. Berlin, E. S. Mittler & Sohn. ca. 3 M.

Eichler, Albert, Shakespeares Regiekunst. Deutsche Revue XXXVII, Februar.

Ernst, Paul, Die Kunstfigur und die Maske. Pan II, 16.

Gießler, Mimische Gesichtsmuskelbewegungen vom regulatorischen Standpunkt aus. Zeischrift für Psychologie und Physiologie der Sinnesorgane LX, 4.

Glaser, Curt, Die Bühnenperspektive in Japan. Pan II, 10.

Glaser, Curt, Von den Formen des japanischen Schauspiels. Die Schaubühne VIII, 17.

Goldmann, Paul, Literatenstücke und Ausstattungsregie. Berlin, Concordia. 4 M.

Holtfreter, Hela, Kallisthenie. Praktischer Lehrgang plastisch-rhythmischen Tanzes verbunden mit Lied und Sprache, für Bühne, Schule und Gesellschaft auf wissenschaftlich hygienischer Grundlage. Mit 42 Abbildungen, 65 Gesangsaufgaben, 55 Deklamationsübungen, 64 kallisthenischen Tanzstudien mit Gesang. 124 S. mit Bildnis. 34 × 26,5 cm. Charlottenburg-B., R. Rühle-Zechlin. Gebunden in Leinwand 14 M.

Kainz, Der junge. Briefe an seine Eltern. Herausgegeben und eingeleitet von Arth. Eloesser. Mit 9 Porträten u. 1 Faksimile. XV, 270 S. 8°. Berlin, S. Fischer. 3,50 M., gebunden 4,50 M.

Kienzl, Herm., Die Bühne ein Echo der Zeit. Berlin, Concordia. 8,50 M.

Konrad, Karl, Die deutsche Studentenschaft in ihrem Verhältnis zu Bühne und Drama. 381 S. gr. 8°. Berlin, E. Ebering. 10 M.

Lalo, Danses d'Asie. Revue mensuelle de musique VIII, 2.

Litzmann, Berthold, Aus den Lehr- und Wanderjahren des deutschen Theaters. Deutsche Rundschau XXXVIII, 7.

Neisser, Ballettkunst. Neue Zeitschrift für Musik LXXIX, 4.

Nowak, Karl Friedrich, Alexander Girardi, sein Leben und sein Wirken. Berlin, Concordia. ca. 1 M.

Polgar, Alfred, Der Schauspieler. Die Schaubühne VIII, 19.

Rhythmus, Der. Ein Jahrbuch. Herausgegeben von der Bildungsanstalt Jaques-Dalcroze, Dresden-Hellerau. Programmbuch. 1.—8. Taus. IV, 115 S. m. 1 Taf. 8°. Jena, E. Diederichs. 1 M.

Spiel, Das alte, von Jedermann. 17 Figurinen (auf 2 Tafeln) und 7 Schauspielerbildnisse. Bemerkungen von Hugo v. Hofmannsthal. 43 S. kl. 8°. Berlin, J. Bard. 1,50 M.

Storck, Karl, E. Jaques-Dalcroze, seine Stellung und Aufgabe in unserer Zeit. Stuttgart, Greiner & Pfeiffer. 2,50 M.

Tagger, Th., Pantomimiker. Pan II, 13.

Venitz, A., Das Theater der Neuzeit. Nord und Süd XXXVI, Bd. 141, Mai.

Warstat, W., Bühnenplastik und Bühnenraum. Grenzboten LXXI, 17.

Warstat, W., Zwischen Theater und Kino. Grenzboten LXXI, 23.

4. Wortkunst.

Agrizzi, Emilio, La religione, i ricordi e la donna nella poesia del Manzoni e del Carducci. 34 S. 8°. Padova. 1,20 L.

Arnold, Paul, Goethes Novellenbegriff. Literarisches Echo XIV, 18.

Azzolina, L., Il mondo cavalleresco in Bojardo, Ariosto e Berni. VIII, 290 S. 16°. Palermo. 3 M.

Bab, Julius, Besser als Shakespeare. Die Schaubühne VIII, 2.

Bab, Julius, Wahrheit und dramatische Dichtung. Die Rheinlande. Deutsche Monatshefte XII, 2.

Bally, Ch., Stilistique et linguistique générale. Archiv für das Studium der neueren Sprachen und Literaturen CXXVIII, 1, 2.

Behaghel, O., Wortstellung und Rhythmus. Maggar Nyelvör, Januar/Februar.

Behn, Siegfr., Der deutsche Rhythmus und sein eigenes Gesetz. Eine experimentelle Untersuchung. Aus dem psychologischen Institut der Universität Bonn. Mit zahlreichen Kurvenzeichnungen im Text. VIII, 169 S. gr. 8°. Straßburg, K. J. Trübner. 6,50 M.

Belzner, E., Die Komposition der Odyssee. Leipzig, B. G. Teubner.

Benzmann, Hans, Die soziale Ballade in Deutschland. München, C. H. Beck. 2,80 M.

Berendsohn, Walt. A., Stil und Form der Aphorismen Lichtenbergs. Ein Baustein zur Geschichte des deutschen Aphorismus. 144 S. gr. 8°. Kiel, W. G. Mühlau. 3,50 M.

Berger, Philipp, Le génie de la litterature Hébraique. Revue Bleue L, 8. Juni.

Berret, P., La philosophie de V. Hugo. Revue des langues romanes, September bis Dezember 1911.

Bertram, Ernst, Neue Briefsammlungen III. Konrad Ferdinand Meyers Briefe. Referat. S. 61—79. gr. 8°. Bonn, F. Cohen. 0,75 M.

Bleibtreu, Karl, Geschichte der deutschen Nationalliteratur von Goethes Tode bis zur Gegenwart, herausgegeben von Geo. Gellert. 2 Teile in 1 Bd. 192 u. 197 S. mit 198 eingedruckten Bildnissen. 8°. Berlin, W. Herlet. Gebunden in Leinwand 3 M.

Bonus, Arthur, Vom Paradox. Der Kunstwart XXV, 9.

Borinski, K., Antike Versharmonik im Mittelalter und in der Renaissance. Philologus LXXI, 1.

Brangsch, Walth., Philosophie und Dichtung bei Sully Prudhomme. XVI, 205 S. 8°. Berlin, E. Felber. 5 M.

Brettschneider, Karl, Das Kinderlied in seinen Beziehungen zur Kunstpoesie. Zeitschrift für den deutschen Unterricht XXV, 9.

Burdach, Faust und Moses. I. Teil. Sitzungsberichte der kgl. preuß. Akademie der Wissenschaften S. 358.

Carus, Paul, Gellerts Philosophical Poetry. The Monist XXII, 1.

Cavalli, L. e Grandi, E., Il mito di Fedra nella tragedia. 8°. Bologna. 5,50 L.

Conturat, L., Sur la structure logique du langage. Revue de Métaphysique et de Morale XX, 1.

Courthorpe, W. J., The Connexion between Ancient and Modern Romance. (British Academy.) Roy. 8vo, sd. H. Frowde. 1 $.

Debré, Anselm, Die Darstellung der Weltgeistlichen bei den französischen Romantikern. XI, 104 S. gr. 8°. Berlin, Mayer & Müller. 2 M.

Delius, Rudolf, Das antike Drama. Die Schaubühne VIII, 15 ff.

Dornis, Jean, L'amour dans la poésie francaise moderne. La revue des revues XXIII, 7/8.

Eiermann, Walt., Gellerts Briefstil. Leipzig, E. Avenarius. 3,50 M.

Elsenhans, Theod., Theorie der Poesie. Archiv für die gesamte Psychologie XXII, 1.

Elsner, Rich., Gerhart Hauptmann, Gabriel Schillings Flucht. 23 S. 8°. Pankow-Berlin, E. Elsner. 0,30 M.

Elsner, Rich., Hermann Sudermann, Der Bettler von Syrakus. 23 S. 8°. Pankow-Berlin, E. Elsner. 0,30 M.

Elsner, Rich., Ernst Hardt, Gudrun. 23 S. 8°. Pankow-Berlin, E. Elsner. 0,30 M.

Enthoven, L., Sage und Dichtung. Neue Jahrbücher für das klassische Altertum XV, 3.

Estève, Edmond, Dix-huitième siècle et Romantisme. Revue d'histoire littéraire de la France XIX, 1.

Faguet, Emile, Les Théories de M. Paul Bourget. La revue des revues XXIII, 11, 12.

Fehse, Wilh., Raabe-Studien. Unseres Herrgotts Kanzlei. Der Student von Wittenberg. 58 S. gr. 8°. Magdeburg, Creutz. 1,20 M.

Feldmann, W., Die deutsche Journalistensprache. Zeitschrift für deutsche Wortforschung XIII, 4.

Feucht, P., Volkstümliche Redekunst. Zeitschrift für Philosophie und Pädagogik XIX, 8.

Finsler, Geo., Homer in der Neuzeit von Dante bis Goethe. Italien, Frankreich, England, Deutschland. XIV, 530 S. gr. 8°. Leipzig, B. G. Teubner. 12 M., gebunden 14 M.

Fischer, Ottok., Kleists Guiskardproblem. Dortmund, F. W. Ruhfus. 1,50 M.

Friedell, Egon, Ecce poeta. 268 S. 8°. Berlin, S. Fischer. 4 M., gebunden 5 M.

Frischeisen-Köhler, Der gegenwärtige Stand der Sprachphilosophie. Germanisch-Romanische Monatsschrift IV, 4.

Fuhrmann, Karl, Raimunds Kunst und Charakter. Berlin, E. Hofmann & Co. 2 M.

Geiger, Paul, Volkslied-Interesse und Volksliedforschung in der Schweiz von Anfang des 18. Jahrhunderts bis zum Jahre 1830. Bern, A. Francke. ca. 2,80 M.

Geißler, F. A., Lyrik und Komposition. Zeitschrift für den deutschen Unterricht XXVI, 6.

Geißler, Phonetik, Rhetorik und neuere Metrik. Zeitschrift für den deutschen Unterricht XXV, 9.

Goldschmidt, Kurt Walt., Zur Kritik der Moderne. II. Erlebte Dichtung. 261 S. 8°. Leipzig, Xenien-Verlag. 3 M., gebunden 4 M.

Götze, Begriff und Wesen des Volksliedes. Germanisch-Romanische Monatsschrift IV, 2.

Hachtmann, Otto, Die Vorherrschaft substantivischer Konstruktionen im modernen französischen Prosastil. Eine stilistische Studie. 144 S. gr. 8°. Berlin, E. Ebering. 4 M.

Hecht, Geo., Herbert Eulenberg oder Ein Traktat über Kritik. 67 S. 8°. Leipzig, G. Engel. 1,65 M., gebunden 2,40 M.

Jensen, Adolf, u. Wilh. Lamszus, Der Weg zum eigenen Stil. Ein Aufsatzpraktikum. Hamburg, A. Janssen. Gebunden 3 M.

Kado, M., Swinburnes Verskunst. Berlin, E. Felber. 3 M.

Kapp, Jul., Arthur Schnitzler. 178 S. mit 1 Bildnis. 8°. Leipzig, Xenien-Verlag. 2,50 M., gebunden in Leinwand 3,50 M.

Das Kind bei Enrika Handel-Mazzetti, Eine literarische Studie von einer Lehrerin. 58 S. gr. 8°. Aachen, Braunsberg, Benders Buchh. 1,20 M.

Klaar, Alfred, Kleistprobleme. Nord und Süd XXVI, 141, Mai.

Kleists, Heinr. v., Gespräche. Nachrichten und Überlieferungen aus seinem Umgange. Zum ersten Male gesammelt und herausgegeben von Flodoard Frhrn. v. Biedermann. 259 S. kl. 8°. Leipzig, Hesse & Becker Verl. 2,50 M.

Klincksieck, Fr., Der Brief in der französischen Literatur des 19. Jahrhunderts. Eine Auswahl. X, 278 S. gr. 8°. Halle, M. Niemeyer. 4,50 M.

Köhler, Brinus, Die Schilderung des Milieus in Shakespeares Hamlet, Macbeth und King Lear. XI, 65 S. gr. 8°. Halle, M. Niemeyer. 2,40 M.

Koeppel, Emil, Robert Browning. Berlin, E. Felber. 5 M.

Koeppen, Arnold, Auerbach als Erzieher. 40 S. 8°. Pyritz, H. Backe. 0,80 M.

Körnchen, Hans, Zesens Romane. Ein Beitrag zur Geschichte des Romans im 17. Jahrhundert. III, 167 S. gr. 8°. Berlin, Mayer & Müller. 4,80 M.

Kramar, Psychologische Kritik der Sprachwissenschaft. Ceska Mysl. Prag. XII, 4.

Kraus, Karl, Nestroy und die Nachwelt. Zum 50. Todestage. Gesprochen im großen Musikvereinssaal in Wien. 25 S. 8°. Wien, Jahoda & Siegel. 0,80 M.

Kroll, Wilhelm, Sage und Dichtung. Neue Jahrbücher für das klassische Altertum XV, 3.

Kühnemann, E., Herder, Kant, Goethe. Logos II, 3.

Kullmann, A., Die Muttersprache in pädagogischer und psychologischer Bedeutung. Zeitschrift für das Gymnasialwesen LXV, Juli/August 1911.

Lapp, Adolf, Das philosophische Problem der Sprache. Der März VI, 6.

Lehmann, Rud., Die Formelemente des Stils von Flaubert in den Romanen und Novellen. VI, 101 S. gr. 8°. Marburg, A. Ebel. 3 M.

Leskien, A., Zur Wanderung von Volksliedern. 16 S. gr. 8°. Leipzig, B. G. Teubner. 0,50 M.

Liebe, Die der Günderode. Friedrich Creuzers Briefe an Karoline v. Günderode. Herausgegeben u. eingeleitet von Karl Preisendanz. XIX, 338 S. 8°. München, R. Piper & Co. 7 M.

Lissauer, Ernst, Das Problem der literarischen Konvention und die Gegenwart. Die Rheinlande. Deutsche Monatshefte XII, 6.

Lissauer, Ernst, Zur Technik und Erfindung in den Gedichten Cour. Ferd. Meyers. Gegenwart XXXXI, 25.

Löwis of Menar, Aug. v., Der Held im deutschen und russischen Märchen. 140 S. gr. 8°. Jena, E. Diederichs. 3 M.

Maync, Harry, Dichtung und Kritik. Eine Rechtfertigung der Literaturwissenschaft. V, 59 S. 8°. München, C. H. Beck. kart. 1 M.

Mederow, Paul Wolfgang, Gottfried August Bürger. Berlin, Morawe & Scheffelt. 5 M.

Meyer-Benfey, H., Was gehört zum Verständnis einer Dichtung? Germanisch-Romanische Monatsschrift IV, 3.

Meyer, Rich. M., Aufsätze literarhistorischen und biographischen Inhalts. 2 Bde. 191 u. 163 S. kl. 8°. Berlin, Verlag deutsche Bücherei. 2 M.

Meyer, R. M., Vom Romantischen im Roman. Velhagen u. Klasings Monatshefte XXVI, 6.

Meyer-Franck, Helene, Robert Browning »The ring and the book«. Eine Interpretation. VII, 94 S. gr. 8°. Göttingen, O. Hapke. 2,80 M.

Meszlény, Richard, Erzählung und erzählende Dichtung. Grenzboten LXXI, 19.

Moll, Otto E. E., Der Stil von Byrons Child Harold's pilgrimage. VII, 96 S. 8°. Berlin, E. Felber. 2,50 M.

Moog, Willy, Naturgleichnisse und Naturschilderungen bei Homer. Zeitschrift für angewandte Psychologie und psychologische Sammelforschung VI, 2, 3.

Morgenroth, K., Vorläufige Aufgabe der Sprachpsychologie im Überblick. Germanisch-Romanische Monatsschrift IV, 1.

Moritz, Karl Philipp, Anton Reiser. Ein autobiographischer Roman. Herausgegeben von Heinr. Schnabel. 488 S. mit Bildnis. kl. 8°. München, M. Mörike. 2 (3) M.

Müller, Hans v., E. T. A. Hoffmann im persönlichen und brieflichen Verkehr. 2 Bde. Berlin, Gebr. Paetel. 20 M.

Neisser, Justin, Zur Komposition der Euripideischen »Helena«. Programm. 23 S. gr. 8°. Berlin, Weidmann. 1 M.

Nietzsche, Friedr., Philologica. 2. Bd. Unveröffentlichtes zur Literaturgeschichte, Rhetorik und Rhythmik. Herausgegeben von Otto Crusius. XIV, 340 S. 9 M.

Panzer, Friedrich, Das deutsche Volkslied der Gegenwart. Neue Jahrbücher für das klassische Altertum XV, 1.

Pauli, Franz, Die philosophischen Grundanschauungen in den Romanen des Abbé

Prévost, im besonderen in der Manon Lescaut. VI, 126 S. gr. 8°. Marburg, A. Ebel. 3 M.

Pinthus, Kurt, Briefe der Annette von Droste-Hülshoff an Elise Rüdiger. Deutsche Rundschau XXXVIII, 8/9.

Port, Frieda, Hermann Lingg. Eine Lebensgeschichte. V, 312 S. mit Bildnissen. 8°. München, C. H. Beck. Gebunden in Leinwand 4,50 M.

Puetzfeld, Karl, Die Romane Bernhard Kellermanns. IV, 20 S. gr. 8°. Bonn, F. Cohen. 0,75 M.

Rank, Otto, Der Sinn der Griseldafabel. Imago I, 1.

Ratislav, Jos. Karl, Arthur Schnitzler. Eine Studie. 43 S. 8°. Hamburg, Verlagsgesellschaft Hamburg. 1 M.

Reik, Theod., Flaubert und seine Versuchung des hl. Antonius. Minden, J. C. C. Bruns. 3 M.

Reik, Theod., Richard Beer-Hofmann. Ein Essay. Leipzig, R. Eichler. 1 M.

Reinecke, Charlotte, Studien zu Halms Erzählungen und ihrer Technik. Tübingen, J. C. B. Mohr. 3 M.

Riegler, Richard, Die Welle als Tier. Wörter und Sachen III, 2.

Riesenfeld, Paul, Heinrich v. Ofterdingen in der deutschen Literatur. Mit 1 Abbildung auf dem Umschlag und 1 autotypierten Beilage. VIII, 359 S. gr. 8°. Berlin, Mayer & Müller. 7 M.

Sanctis, F. de, Studio della letteratura italiana a cura di B. Croce. Vol. I. Bari, 432 S. 8°. Vol. II. 470 S. 8°. Jeder Bd. 5,50 L.

Schaaffs, Geo., Goethes Hero und Leander und Schillers romantisches Gedicht. VII, 132 S. 8°. Straßburg, K. J. Trübner. 4,50 M.

Scharrer-Santen, Eduard, Adolf Wilbrandt als Dramatiker. VII, 115 S. gr. 8°. München, Hans Sachs-Verlag. 3,50 M.

Scheller, Max, Pindar und Hölderlin. Literarisches Echo XIV, 14.

Schiemann, Paul, Auf dem Wege zum neuen Drama. Ein literar-historischer Versuch. Veröffentlicht auf Veranlassung der deutschen dramatischen Gesellschaft in Reval. 134 S. 8°. Reval, Kluge & Ströhm. 3 M.

Schindler, Kamili, Die Technik des Aktschlusses im neueren deutschen Drama mit besonderer Berücksichtigung des 18. Jahrhunderts. Diss. IV, 101 S. gr. 8°. Berlin, Mayer & Müller. 2,40 M.

Schirmer, Alfr., Der Wortschatz der Mathematik, nach Alter und Herkunft untersucht. IX, 80 S. gr. 8°. Straßburg, K. J. Trübner. 3,20 M.

Schlaikjer, Erich, Vom sprachlichen Stil 1. 2. Die Hilfe, Heft 22/23.

Schmidt-Rimpler, Wie Dichter und Schriftsteller das Auge sehen. Deutsche Revue XXXVII, Februar.

Schomann, Emilie, Französische Utopisten und ihr Frauenideal. XXIV, 256 S. 8°. Berlin, E. Felber. 6 (4,50) M.

Schöpe, M., Der Vergleich bei Dante Gabriel Rossetti. Berlin, E. Felber. 3 M.

Schröder, Theod., Die dramatischen Bearbeitungen der Don Juan-Sage in Spanien, Italien und Frankreich bis auf Molière einschließlich. XVI, 215 S. gr. 8°. Halle, M. Niemeyer. 8 (6,50) M.

Schulz-Gora, O., Zur französischen Metapher und ihrer Erforschung. Germanisch-Romanische Monatsschrift IV, 4.

Schulze, Berth., Kleists »Penthesilea« oder von der lebendigen Form der Dichtung. Progr. 42 S. 8°. Leipzig, B. G. Teubner. 1 M.

Schurig, Arth., Der junge Heinse. IV, 119 S. mit 1 Stammtafel. 8°. München, G. Müller. 2,50 M.

Schütte, Ernst, Jean Jacques Rousseau, seine Persönlichkeit und sein Stil. Leipzig, Xenien-Verlag. 3,50 M.

Seidel, H. Wolfg., Erinnerungen an Heinrich Seidel. Mit ungedruckten Briefen, persönlichen Aufzeichnungen und Mitteilungen aus dem Nachlaß. 1. u. 2. Aufl. 405 S. 8°. Stuttgart, J. G. Cotta Nacht. 4 M.

Sellmann, A., Kinematographische Literatur und deutsche Sprache. Zeitschrift für den deutschen Unterricht XXVI, 1.

Seuffert, Beobachtungen über dichterische Komposition. Germanisch-Romanische Monatsschrift III, 10/11.

Silberer, Herbert, Über Märchensymbolik. Imago I, 2.

Siuts, Hans, Jenseitsmotive im deutschen Volksmärchen. XIV, 313 S. gr. 8°. Leipzig, E. Avenarius. 8 M.

Spiero, Heinrich, Motivwanderungen und -wandelungen im neuen deutschen Roman. Germanisch-Romanische Monatsschrift IV, 6.

Spitteler, Karl, Unberührbare Stoffe. Kunstwart XXV, 13.

Stauf v. der March, Ottok., Viktor Hugo. Eine Würdigung. 100 S. mit 1 Bildnis. 8°. Pankow-Berlin, E. Elsner. 2 M.

Strindbergs Dramen. Aufsätze v. Harden, Wendriner, Theodor u. a. München, G. Müller. 2 M.

Suchier, Wolfr., Gottscheds Korrespondenten. Berlin, Gottschedverlag. 6 M.

Tedesci, Pensiero e linguaggio. La Cultura Filosofica V, 5/6.

Todt, Wilh., Lessing in England 1767—1850. V, 67 S. gr. 8°. Heidelberg, Carl Winter. 1,80 M.

Touaillon, Christine, Literarische Strömungen im Spiegel der Kinderliteratur. Zeitschrift für den deutschen Unterricht XXVI, 2, 3.

Tyroller, Franz, Die Fabel von dem Mann und dem Vogel in ihrer Verbreitung in der Weltliteratur. XII, 328 S. mit 1 Stammtafel. 8°. Berlin, E. Felber. 10 (9) M.

Wagschal, Friedrich, Goethes und Byrons Prometheusdichtungen. Germanisch-Romanische Monatsschrift IV, 1.

Walzel, Oskar, Der Charakteristiker Erich Schmidt. Literarisches Echo XIV, 19.

Walzel, Oskar, Richard M. Meyer. Deutsche Rundschau XXXVIII, 9.

Wandrey, Konr., Stefan George. 102 S. 8°. Straßburg, J. H. E. Heitz. 2 M.

Wille, Bruno, Die Weltdichter von Petrarca bis Leo Tolstoi. Berlin, Märkische Verlagsanstalt. 4,50 M.

Winterfeld, Achim v., Thomas Mann. 22 S. 8°. Dresden, E. Pierson. 0,50 M.

Witkowski, Geo., Die Entwicklung der deutschen Literatur seit 1830. Umschlagzeichnung von Erich Gruner. VII, 165 S. 8°. Leipzig, R. Voigtländer. 2 M.

Wolff, Kurt, Der Dramatiker Herbert Eulenberg. Bonn, F. Cohen. 1,50 M.

Wolff, Max, Die Theorie der italienischen Tragödie im 16. Jahrhundert. Archiv für das Studium der neueren Sprachen und Literaturen CXXVIII, 1, 2.

5. Raumkunst.

Bericht, Offizieller, über die Verhandlungen des 9. internationalen kunsthistorischen Kongresses in München, 16.—21. Sept. 1909. 138 S. Lex. 8°. Leipzig, E. A. Seemann. 3 M.

Biermann, Georg, Zur Erziehung des Kunsthistorikers. Die Kunstwelt, Heft 5.

Cloquet, L., L'art monumental, style latin. Paris et Bruges, Société de Saint-Augustin, 1910. 108 S. u. Fig. 8°. 1,50 Fr.

Fischer, Otto, Eine chinesische Kunsttheorie. Repertorium für Kunstwissenschaft XXXV, 1/2.

Fonseka, Lionel de, On the Truth of Decorative Art. A Dialogue between an Oriental and an Occidental. 12mo, pp. 134. Greening. net 2/6.
Hermann, Georg, Die Erziehung zum Kunsthistoriker. Die Kunstwelt, Heft 3.
Klein, Tim, Über religiöse Kunst. Die Plastik II, 5.
Kräger, H., Deutsche Kunst. Berlin, E. Felber. 4 M.
Löwy, E., Typenwanderung. II. Jahreshefte des Österreichischen Archäologischen Instituts in Wien, 1911. XIV.
Meyer-Graefe, Jul., Pariser Reaktionen. Kunst und Künstler X, 9.
Scheffler, Karl, Gesammelte Essays. Leipzig, Insel-Verlag. 6 M.
Schmidkunz, Psychologisches zur christlichen Kunst. Zeitschrift für Religionspsychologie V, 9.
Schubring, Paul, Der Kampf um die Form. Die Kunstwelt, Heft 6.
Tepe, Alfred, Malerisch. Eine entwicklungsgeschichtliche Studie. Zeitschrift für christliche Kunst XXIV, 11, 12.
Witkowski, G. J., L'art chrétien; ses licences. Complément de l'Art profane à l'Église. Paris, Schemit. XXII et 160 p. 8°. avec 4 pl. et 120 grav.
Wölfflin, H., Das Problem des Stils in der bildenden Kunst. Sitzungsber. d. preuß. Akad. d. Wiss. S. 572—578. Lex. 8°. Berlin, G. Reimer. 0,50 M.
Ziegler, Leop., Florentinische Introduktion. Leipzig, F. Meiner. Gebunden 4 M.

Baum, Jul., Die schöne deutsche Stadt. Süddeutschland. 8°. München, R. Piper & Co. 1,80 M.
Behrendt, Walt. Kurt, Die einheitliche Blockfront als Raumelement im Stadtbau. Ein Beitrag zur Stadtbaukunst der Gegenwart. 108 S. mit 18 Abbildungen. 8°. Berlin, B. Cassirer. 3 M.
Bieder, Kurt, Platz und Turm. Architektonische Rundschau XXVIII, 11.
Brinckmann, A. E., Frankreichs klassische Stadtbaukunst. Architektonische Rundschau XXVIII, 11.
Brix, J., Aus der Geschichte des Städtebaues in den letzten 100 Jahren. Berlin, W. Ernst & Sohn. 4,50 M.
Cloquet, L., Traité d'architecture. Éléments de l'architecture; types d'édifices; esthétique, composition et pratique de l'architecture. Nouvelle édition. Liège, Béranger, 1911. VII et 406 et 582 p. avec 2309 fig. 8°. 30 Fr.
Ebbinghaus, K., Baukunst und Architektur. Die Rheinlande. Deutsche Monatshefte XII, 2.
Eberstadt, Rud., Neue Studien über Städtebau und Wohnungswesen. IV, 230 S. mit 53 Abbildungen. Lex. 8°. Jena, G. Fischer. 5,50 M., gebunden 6,50 M.
Faßbender, Eug., Grundzüge der modernen Städtebaukunde. X, 131 S. 8°. Wien, F. Deuticke. 3,60 M.
Forbáth, Emerich, Städtebauliche Studien. Schriften zur Förderung eines besseren Städtebaues und der Kleinwohnungsfürsorge in Städten. 167 S. gr. 8°. Leipzig, F. Leineweber. 5 (6) M.
Genzmer, Fel., Das Haus im Stadtkörper. Berlin, W. Ernst & Sohn. ca. 4 M.
Grundplan für die Bebauung von Groß-Berlin. Preisgekrönter Wettbewerbsentwurf von Jos. Brix und Fel. Genzmer, Hochbahngesellschaft, Gesellschaft für elektr. Hoch- u. Untergrundbahnen in Berlin. Mit einem ersten Preise ausgezeichnet. 75 S. mit 28 (1 farb.) Abbildungen im Text u. auf 4 Tafeln u. 8 (7 farb.) Plänen. Berlin, W. Ernst & Sohn. 5 (6) M.
Hegemann, Wern., Der Städtebau nach den Ergebnissen der allgemeinen Städte-

bau-Ausstellung in Berlin, nebst einem Anhang: Die internationale Städtebau-Ausstellung in Düsseldorf. 680 Wiedergaben des Bilder- und Planmaterials der beiden Ausstellungen (darunter eine große Anzahl ganzseit. u. doppelseit. farb. Reproduktionen). Herausgegeben im Auftrage der Arbeitsausschüsse. 3 Teile. 1. Teil 144 S. Lex. 8°. Berlin, E. Wasmuth. Vollständig 18 M.

Kirche und Straßenbild. Kunstwart XXV, 16.

Kötschke, Hermann, Welchen Zweck haben unsere Plätze? Die Hilfe, Heft 7.

Mangoldt, Bodenfrage und Städteschönheit. Kunstwart XXV, 15.

Patzak, Bernh., Die Renaissance- und Barockvilla in Italien. I. Bd. Palast und Villa in Toscana. Versuch einer Entwicklungsgeschichte. 1. Buch: Die Zeit des Werdens. VII, 113 u. 38 S. mit 155 Abbildungen im Text u. auf 73 Lichtdrucktafeln. Lex. 8°. Leipzig, Klinkhardt & Biermann. 40 M.

Penck, Albr., Die Lage der deutschen Großstädte. 38 S. Lex. 8°. Berlin, W. Ernst & Sohn. 2 M.

Ricci, Corrado, Architettura barocca in Italia. 4°. Fig. 280 S. Bergamo. 30 L.

Schliepmann, Hans, Vom Bauen in Paris. Berliner Architekturwelt XV, 5.

Schmülling, Haben wir einen nationalen Baustil? Die Kunstwelt, Heft 3.

Sickel, Karl, Das Stadttor im Stadtbilde. 63 S. mit 55 Abbildungen. Lex. 8°. Berlin, W. Ernst & Sohn. 4,80 M.

Steffen, Hugo, Die Weiterentwicklung des Eisenbetons im Kirchenbau und die dadurch bedingten neuen Architekturerscheinungen des Auslandes. Die christliche Kunst VIII, 11.

Voepel, Otto, Untersuchungen über den Charakter der Gebäude. Architektonische Rundschau XXVIII, 10.

Wagner, Hugo, Hoch- oder Flachbau. Architektonische Rundschau XXVIII, 3.

Weiß, Alb., Können die in den heutigen großstädtischen Wohnverhältnissen liegenden Mängel und Schäden behoben werden? Vom Architektenverein zu Berlin preisgekrönte Wettbewerbarbeit. 158 S. mit 305 z. T. farb. Abbildungen. Berlin, C. Heymann. Gebunden in Leinwand 10 M.

Widmer, Karl, Ist der Bahnhofsbau eine Aufgabe der Monumentalkunst? Deutsche Kunst und Dekoration XV (Bd. 29, 30), 7.

Wiener, Alfr., Das Warenhaus, Kauf-, Geschäfts-, Bürohaus. X, 374 S. mit 401 Abbildungen. Lex. 8°. Berlin, E. Wasmuth. 18 M.

Wildhaber, Die Harmonie der Säule. Zeitschrift für Architektur und Ingenieurwesen LVIII, n. Flg. XVII, 3.

Wolff, Odilo, O. S. B., Tempelmaße. Das Gesetz der Proportion in den antiken und altchristlichen Sakralbauten. Ein Beitrag zur Kunstwissenschaft u. Ästhetik. Mit Unterstützung des hohen k. k. Ministeriums f. Kultus u. Unterricht. VII, 127 S. mit 46 Figuren u. 82 Tafeln. Lex. 8°. Wien, A. Schroll & Co. In Mappe 13 M.

Aus'm Weerth, Fundgruben der Kunst und Ikonographie in den Elfenbeinarbeiten des christlichen Altertums und Mittelalters in 35 Tafeln. W.s nachgelassenes Werk. Herausgegeben von Dr. Fritz Witte. Mit III, 4 S. Text. Bonn, P. Hanstein. In Halbleinwandmappe 20 M.

Bahr, A. W., Old Chinese porcelain and works of art in China. London, Cassell, 1911. In-8, 166 p. et fig. 36 Fr.

Bartram, N. D., Über die Möglichkeit der Wiedererweckung der Volkskunst im Spielzeug. Apollon, Heft 2.

Benots, Alexander, Kinderspielzeug. Apollon, Heft 2.

Bode, Wilh., Die Anfänge der Majolikakunst in Toskana unter besonderer Berücksichtigung der Florentiner Majoliken. 34 S. mit 43 eingeklebten Abbildungen u. 37 zum Teil farbigen Tafeln. Berlin, J. Bard. Gebunden in Leinwand 150 M., Luxusausgabe, gebunden in Pergament 300 M.

Brandt, M. v., Das chinesische Glas. Orientalisches Archiv II, 2.

Collin, Ernst, Die künstlerischen Ideale von William Morris. Zeitschrift für Bücherfreunde IV, 2.

Foley, Edwin, The Book of Decorative Furniture: its Form, Colour and History. Vol. 2. 4°. p. 432. Jack. 25 sh.

Gaulke, Joh., Mode und Kostüm. Der Türmer XIV, 10.

Gaulke, Joh., Zur Psychologie der Mode. Die Gegenwart XXXXI, 5.

Halm, Ph. M., Gewerbekünstler einst und jetzt. Kunst und Handwerk, Heft 4.

Halm, Philipp Maria, Neuere Krippenkunst. Die christliche Kunst VIII, 3.

Hellwag, Fritz, Elektrische Beleuchtung als Innenkunst. Kunstgewerbeblatt XXIII, 7.

J., W., Die Visitenkarte. Die christliche Kunst VIII, 2.

Michel, Wilhelm, Mode und Kunstgewerbe. Dekorative Kunst XV, 5.

Motive, Volkstümliche, für Flächenschmuck. Plauen, Ch. Stoll. 9 M.

Nocker, Ferdinand, Illustration oder Buchschmuck. Die christliche Kunst VIII, 4.

Pazaurek, Gustav E., Guter und schlechter Geschmack im Kunstgewerbe. Mit 4 Tafeln in Farbdruck, 16 Tafeln u. 226 Abbildungen. 374 S. gr. 8°. Stuttgart, Deutsche Verlagsanstalt. 12 M.

Post, Hermann, Das Wiedererwachen des Ornamentes und die Anlehnung an frühere Stilformen. Dekorative Kunst XV, 7.

Romeny, Green, Principles and Evolution of Furniture Making. The Burlington Magazine 1, 2.

Rosenberg, A., Geschichte des Kostüms. 16. Lfg. Berlin, Wasmuth. 6 M., große Ausgabe 10 M.

Rudolph, Paul, Ideen für Flächenmuster. Plauen, Ch. Stoll. ca. 10 M.

Sarre, F., u. Martin, F. R., Die Ausstellung von Meisterwerken muhammedanischer Kunst in München 1910. Herausgegeben unter Mitwirkung von M. van Berchem, M. Dreger, E. Kühnel, C. List und S. Schröder. 3 Bde. München, A. Bruckmann. In Holzkiste mit Schließen und Laufbrett gebunden in Buckramleinen oder in Buckramleinenmappen 425 M., gebunden in Saffianleder 550 M.

Schinnerer, Joh., Der Werdegang unserer Schrift und die moderne Schriftfrage. (Aus: »Archiv für Buchgewerbe«.) 8 S. Leipzig 1911. Berlin, Heintze & Blanckertz. 0,50 M.

Schramm, Julius, Kunstschmied und Architekt. Kunstgewerbeblatt XXIII, 7.

Vescinsky, H., English Furniture of the 18th Century. Vol. 3. Folio. Routledge. 31/6.

Wais, Jos., Das Wirtshausschild. Die christliche Kunst VIII, 4.

Westen, Walt. zur, Berlins graphische Gelegenheitskunst. 2 Bände. Berlin, O. v. Holten. ca. 100 M.

Weymann, Kurt, Grundzüge für den Unterricht in ornamentalen zeichnerischen Arbeiten. Schaffen und Schauen XXXIX, 15.

Weymann, Kurt, Ornamentales zeichnerisches Arbeiten. Ein Beitrag zum Zeichenunterricht der Arbeitsschule. 149 S. mit Abbildungen. 8°. Dresden, C. Heinrich. In Pappband 3 M.

Weymann, Kurt, Zeichnen als ornamentales »Arbeiten«. Schaffen und Schauen XXXIX, 1.

Zimmermann, Ernst, Von der Freude am Edelmetall. Innendekoration XXIII, Augustheft.

Zimmermann, Ernst, Zum Wiedererwachen der Ornamentik. Innendekoration XXIII, Januarheft.

Arntz, Ludwig, Wegekreuz und Wegebild. Zeitschrift für christliche Kunst XXV, 2—5.

Bergfeld, Rud., Der Naturformgarten. Ein Versuch zur Begründung des Naturalismus im Garten. 47 S. 8°. Frankfurt a. O., Trowitzsch & Sohn. 1 M.

Boyler, Karl, Gartenhäuser und ihre verständnisvolle Einfügung in den Garten. Mit 22 Originalentwürfen u. Zeichnungen. 39 S. kl. 8°. Leipzig, Hachmeister & Thal.

Brinckmann, A. E., Architektonische Grünpflanzungen in der Stadt. Kunstwart XXV, 18.

Everth, Erich, Vom Einbauen in die Natur. Kunstwart XXV, 17.

Glogau, Arth., Vorgarten- und Balkonausschmückung. Mit 23 in den Text gedruckten Abbildungen u. 1 farb. Umschlagzeichnung. 63 S. gr. 8°. Hannover, A. Sponholtz Verl. 0,80 M.

Grisebach, A., Zum Kampf in der Gartenkunst. Dekorative Kunst XV, 8.

Haupt, Albr., Totenstädte der Zukunft. Eine Nekropole für eine Million. Herausgegeben im Auftrage des Vereins für Feuerbestattung zu Hannover. 9 (3 Doppel-) Tafeln mit VIII S. illustr. Text. Leipzig, H. A. L. Degener. In Leinwandmappe 30 M.

Heicke, Die deutsche Naturschutzparkbewegung. Die Gartenkunst XIV, 5.

Hofmann, Albert, Zur Kunst des Gartens. Deutsche Bauzeitung XLVI, 48.

Koch, Hugo, Neuere Gartenkunst. Der Städtebau IX, 3.

Lange, Willy, Gartengestaltung der Neuzeit. Unter Mitwirkung für den Architekturgarten von Otto Stahn. Mit 320 in den Text gedruckten Abbildungen, 16 bunten Tafeln nach Photographien in natürlichen Farben u. 2 Plänen. XVII, 440 S. Gebunden in Leinwand 12 M.

Lange, Willy, Landschaft und Siedlung. 28 S. mit 23 Abbildungen. Lex. 8°. Berlin, W. Ernst & Sohn. 2,40 M.

Miller, Wilhelm, The Charm of English Gardens. Illust. 4°. 378 p. Hodder & S. 15 sh.

Müller, W., u. F. Ölmann, Die geometrische Nekropole. Athen, Eleftheroudakis & Barth.

Pagenstecher, Rud., Unteritalische Grabdenkmäler. VII, 142 S. mit 3 Abbildungen u. 18 Tafeln. 12 M.

Rauchheld, A., Garten und Plastik. Architektonische Rundschau XXVIII, 6.

Stähle, Die Gartenkunst in ihrer Stellung zum Kunst- und Kulturleben unserer Tage. Die Gartenkunst XIV, 15.

Thiele, Th. G., Neuzeitige Friedhof- und Grabmalkunst. (Ausstellung Friedhofkunst zu Stettin 1911.) Im Auftrage der Dürer-Gesellschaft zu Stettin. 82 S. mit 48 Lichtdrucktafeln u. 2 eingedruckten Plänen. gr. 8°. Berlin, O. Baumgärtel. Gebunden in Leinwand 6 M.

Wagner, C., Der Blendersaumschlag und sein System.• XII, 368 S. mit 73 Abbildungen u. 2 farb. Tafeln. Lex. 8°. Tübingen, H. Laupp. 10 M.

Withalm, Hanns, Straße und Land. München, Vereinigte Kunstanstalten. 1 M.

Zahn, F., Literaturnachweis für Gartenkunst und Gartentechnik. Straßenbäume u. Vorgärten. 38 S. 8°. Würzburg, H. Stürtz. 0,80 M.

Zahn, F., Zeitgemäße Gartengedanken. Kunstgewerbeblatt XXIII, 8.

6. Bildkunst.

Adama van Scheltema, F., Über die Entwicklung der Abendmahlsdarstellung von der byzantinischen Mosaikkunst bis zur niederländischen Malerei des 17. Jahrhunderts. VIII, 184 S. mit 21 Tafeln. Lex. 8°. Leipzig, Klinkhardt & Biermann. 14 M.

A(venarius), Warum bilden wir nicht häufiger Plastik ab? Kunstwart XXV, 8.

Backenhus, G., Zinnober, seine Herstellung und sein Gebrauch während der letzten 8 Jahrhunderte. Technische Mitteilungen für Malerei XXVIII, 3—5.

Baldinucci, Filippo, Vita des Gio. Lorenzo Bernini. Mit Übersetzung u. Kommentar von Alois Riegl aus seinem Nachlasse herausgegeben von Arth. Burda u. Osk. Pollak. V, 284 S. mit 30 Tafeln. Lex. 8°. Wien, A. Schroll & Co. 10 M.

Beckmann, Max, Gedanken über zeitgemäße und unzeitgemäße Kunst. Pan II, 17.

Berger, E., Neue Gutachten über die römisch-pompejanische Wandmaltechnik. Münchener kunsttechnische Blätter 8, S. 13.

Bie, Oskar, Verwirrungen in der Malerei. Neue Rundschau XXIII, 6.

Brandt, Herm., Die Anfänge der deutschen Landschaftsmalerei im 14. und 15. Jahrhundert. VIII, 222 S. mit 24 Lichtdrucktafeln. 14 M.

Bräuer, Robert, Max Pechstein. Deutsche Kunst und Dekoration XV (Bd. 29, 30), 6.

Brinckmann, A. E., Reiterdenkmale. Die Rheinlande. Deutsche Monatshefte XII, 4.

Chiappelle, Alessandro, L'opera di Raffaelo e la critica moderna. Nuova antologia XXXXVII, Fsc. 970. Maggio.

Fechter, Paul, Fortbildungen des Impressionismus. Deutsche Kunst und Dekoration XV (Bd. 29, 30), 4.

Damrisch, Zur Geschichte der Heiligenattribute. Die christliche Kunst VIII, 3.

Deri, Max, Die Futuristen. Pan II, 29.

Deri, Max, Die Kubisten und Expressionisten. Pan II, 31.

Dessoir, Max, u. Herm. Muthesius, Das Bismarck-Nationaldenkmal. Eine Erörterung des Wettbewerbes. Mit aktenmäßigen Anlagen. 1.—7. Taus. IV, 74 S. 8°. Jena, E. Diederichs. 0,60 M.

Dimier, Louis, Les primitifs français. Paris, Laurens, 1910. 127 S. u. Fig. 8°. 2,50 Fr.

Dörner, Max, Über die Malweise des Greco. Techn. Mitteilungen für Malerei XXVIII, 13.

Dörner, M., Über Tempramalerei. Techn. Mitteilungen für Malerei XXVIII, 20, 21.

Everth, Erich, Bildformat und Komposition in Raffaels Stanzen. Monatshefte für Kunstwissenschaft V, 6.

Escherich, Mela, Hans Holbein, eine Totentanzstudie. Deutsche Rundschau XXXVIII, 7.

Farbkarte, Das Problem der. Dekorative Kunst XV, 5.

Furst, Herbert F. A., Chardin. London, Methuen, 1911. 160 p. et 45 pl. 8°. 14 Fr.

Frimmel, Th. v., Kunstwissenschaft, Kunstgeschichte und Gemäldekunde. Techn. Mitteilungen für Malerei XXVIII, 9.

Frimmel, Th. v., Die Gemäldekunde in ihren Beziehungen zu anderen Wissenschaften. Techn. Mitteilungen für Malerei XXVIII, 4.

Ghibertis, Lorenzo, Denkwürdigkeiten (I Commentarii). Herausgegeben von J. v. Schlosser. 2. Bd. Berlin, J. Bard. ca. 40 M.

Gramm, Jos., Die ideale Landschaft, ihre Entstehung und Entwicklung. Die Entwicklung der Landschaftsmalerei von der Antike bis zum Ende der Renaissance und das Werden der idealen Landschaft. 2 Bde. Text- u. Bilderbd. XVI, 538

u. XI S. u. 125 Tafeln, zum Teil mit Schema auf der Rückseite. Lex. 8°. Freiburg i. Br., Herder. Gebunden in Pappband 33 M.

Grisebach, Aug., Architektur auf niederländischen und französischen Gemälden des 15. Jahrhunderts. Ein Beitrag zur Entwicklung der Formensprache des 15. Jahrhunderts. Monatshefte für Kunstwissenschaft. V, 6.

Grüneisen, W. de, Le portrait, traditions hellénistiques et influences orientales; études comparatives. Rome, W. Modes, 1911. 110 p. et pl. 4°.

Grunewald, Maria, Das Kolorit in der venezianischen Malerei. Die Entwicklung des Kolorites in der venezianischen Malerei von den Anfängen bis auf Tiepolo. 1. Bd. Die Karnation. 238 S. 8°. Berlin, B. Cassirer. 5 M.

Gurlitt, Ludw., Louis Gurlitt. Ein Künstlerleben des 19. Jahrhunderts. Dargestellt von seinem Sohne. XI, 481 S. mit 50 Abbildungen u. 1 Faksimile. 8°. Berlin, J. Bard. 18 M.

Hamann, Richard, Handzeichnung und Skizze. Internationale Monatsschrift VI, 4.

Hamann, Richard, Monumentalkunst und illustrative Malerei der Biedermeierzeit. Internationale Monatsschrift VI, 10.

Hancke, Erich, Eugène Delacroix in seinem Tagebuch. Kunst und Künstler X, 5.

Heilmeyer, Alex., Der Bund zeichnender Künstler in München. Aus: »Die Kunst unserer Zeit«. S. 81—120 mit zum Teil farb. Abbildungen u. 10 Tafeln. München, F. Hanfstaengl. 8 M.

Heilmeyer, Alex., Von der Holzplastik. Die Plastik II, 4.

Jantzen, Hans, Niederländische Malerei im 17. Jahrhundert. Leipzig, B. G. Teubner. 1 M.

Justi, C., Bonner Vorträge. 62 S. mit 11 Tafeln. Lex. 8°. Bonn, C. Georgi. 3 M.

Kandinsky, Über das Geistige in der Kunst, insbesondere in der Malerei. Mit 8 Tafeln u. 10 Orig.-Holzschnitten. XI, 104 S. 8°. München, R. Piper & Co. 3 M.

Keim, A. W., Über die Maltechnik der Alten. Techn. Mitteilungen für Malerei XXVII, 24 u. XXVIII, 1, 2.

Kern, Joseph, Perspektive und Bildarchitektur bei Jan van Eyck. Repertorium für Kunstwissenschaft XXXV, 1.

Klein, Tim, Vom Porträt. Die Plastik II, 3.

Kreitmaier, Joseph, Monumentalmalerei. Zeitschrift für christliche Kunst XXV, 2.

Kümmel, Otto, Ostasiatische Plastik. Kunst und Künstler X, 4.

Leisching, Jul., Schabkunst, ihre Technik und Geschichte in ihren Hauptwerken vom 17. bis zum 20. Jahrhundert. Wien, A. Wolf. ca. 100 M.

Leslie, C. R., Memoirs of the Life of John Constable, Esq., R.A. Everyman's Library. 12mo, 318 p. Dent net 1, leather, net 2.

Lichtwark, Alfr., u. Walth. Rathenau, Der rheinische Bismarck. 30 S. 8°. Berlin, S. Fischer. 0,50 M.

Liefmann, M., Kunst und Heilige. Ein ikonographisches Handbuch zur Erklärung der Werke der italienischen und deutschen Kunst. 319 S. 8°. Jena, E. Diederichs. 5,50 (6,80) M.

Macchioro, Vittorio, La ricerca del simbolo nelle arti figurative. Rivista di Filosofia IV, 2.

Marc, Franz, Die konstruktiven Ideen der neuen Malerei. Pan II, 18.

Melani, A., Scultura italiana antica e moderna. 3ª ediz. riveduta e arricchita. Milano, 16° fig., p. XXXII, 692, con 170 tav. Man. Hoepli. 10,50 L.

Mollweide, Werner, Welche Anforderungen muß der moderne Maler an sein Material für Ölmalerei im Gegensatz zu den alten Meistern stellen? Techn. Mitteilungen für Malerei XXVIII, 4.,

Müller, Fritz, Das Modellieren im Zeichenunterricht. 27 S. mit 8 Tafeln. gr. 8°. Hannover, Günther Wagner. (Nur direkt.) 1,50 M.

Müller, Paul, Fernaufnahme und Bildwirkung. Die Rheinlande. Deutsche Monatshefte XII, 5.

Pechstein, Max, Was ist mit dem Picasso? Pan II, 23.

Penol, E., Arbeitsarten und Manieren in der Bildhauerei alter und neuer Zeit. Monatsblatt des Altertumsvereins zu Wien Nr. 10, S. 85.

Pottier, E., Les statues funérales dans l'art grec. Journal des Savants X, 1.

Rein, Berth., Der Brunnen im Volksleben. 1.—5. Taus. VII, 185 S. mit 105 Abbildungen. gr. 8°. München, R. Piper & Co. 3 M.

Rethel, Alfr., Briefe von ihm. Kunst und Künstler X, 6.

Rosenthal, Georg, Lessing und die niederländische Malerei. Neue Jahrbücher für das klassische Altertum XV, 4.

Salis, Arnold v., Der Altar von Pergamon. Ein Beitrag zur Erklärung des hellenistischen Barockstils in Kleinasien. X, 177 S. mit 34 Abbildungen. Lex. 8°. Berlin, G. Reimer. 8 M.

Salter, Emma Gurney, Nature in Italian Art. A Study of Landscape Backgrounds from Giotto to Tintoretto. Illust. 8vo, 328 p. Black. net 7/6.

Scheffler, Karl, Gesammelte Essays. 238 S. gr. 8°. Leipzig, Insel-Verlag. 6 M.

Schönewald, Emil, Kunst und Photographie. Betrachtungen eines Malers. Mit 12 Tafeln in Autotypie nach photographischen Aufnahmen. Mit 6 Tafeln in Autotypie nach Gemälden alter Meister. Mit 3 Tafeln als Beilage zu den techn. Abhandlungen, sowie 9 Figuren im Text nach Zeichnungen des Verf. IX, 80 S. Lex. 8°. Bunzlau, L. Fernbach, 1911. 4,50 M.

Schubert-Soldern, F. v., Zur Entwicklung der technischen und künstlerischen Ausdrucksmittel in Dürers Kupferstichen. Monatshefte für Kunstwissenschaft V, 1.

Schuch, Karl, Aus seinem Tagebuche. Kunst und Künstler X, 6.

Schur, Ernst, Die dekorative Malerei und ihre Bedeutung für die Gegenwart. Berliner Architekturwelt XV, 3.

Schur, Ernst, Meunier. Ein Problem der Kunst. 149 S. mit eingeklebten Abbildungen. 8°. Berlin, E. Frowein. 3 M.

Singer, H. W., Der Präraphaelitismus in England. München, R. Oldenbourg. 3,75 M.

Sorg, Edward, Walter Crane. Eine Skizze seines Lebens und seines Wirkens. Progr. 28 S. Lex. 8°. Berlin, Weidmann. 1 M.

Stamm, Eug., Kritik der Trübnerschen Ästhetik. 77 S. 8°. Berlin, E. Hofmann & Co. 1,25 M.

Steinmann, Ernst, u. Hans Witte, Georg David Matthieu. Ein deutscher Maler des Rokoko (1737—1778). V, 96 S. mit 42 Lichtdrucktafeln u. 1 Stammtafel. Lex. 8°. Leipzig, Klinkhardt & Biermann, 1911. Gebunden in Leinwand 30 M.

Stern, W., Künstlerische Plastik eines Blinden. Zeitschrift für angewandte Psychologie und psychologische Sammelforschung LX, 3.

Töpffer, Rudolf, Essai de Physiognomie. Übertragen und eingeleitet von Ernst Schur. Kunst und Künstler X, 8.

Turners Water-Colours. At Farnley Hall. Pt. 1. Text by Alex J. Fiuberg. 4to, sd. Studio. net 2/6.

Verhaeren, Emile, Rembrandt. Übertragen von Stef. Zweig. 112 S. mit 80 Abbildungen auf 40 Tafeln. gr. 8°. Leipzig, Insel-Verlag. Gebunden in Halbleinwand 3 M.

Voigtländer, Emmy, Anselm Feuerbach. Versuch einer Stilanalyse. (Diss.) III, 99 S. mit 3 Tafeln. gr. 8°. Leipzig, E. A. Seemann. 2 M.

Volkmann, Ludwig, Vom Steinblock zur Figur. Die Plastik II, 6.

Wätzoldt, Wilhelm, Das Blumenstück. Westermanns Monatshefte LVI, 11.

Wickhoffs, Franz, Schriften, herausgegeben von Max Dvoràk. 3. Bd. Römische Kunst. (Die Wiener Genesis.) VIII, 224 S. mit 24 Figuren im Text und auf Tafeln. gr. 8°. Berlin, Meyer & Jessen. 8 M.

Worringer, Wilh., Die altdeutsche Buchillustration. München, R. Piper & Co. 7 M.

Zeichnung und Griffelkunst. Kunstwart XXV, 12.

7. Die geistige und soziale Funktion der Kunst.

Allwang, Hans u. Heilmeyer, Alexander, Über Wettbewerbe mit besonderer Berücksichtigung des Wettbewerbs um die Brunnenanlage in Bayreuth. Kunst und Handwerk Jahrg. 1912, Heft 7.

Ashbee, C. R., Should we stop Teaching Art? Cr. 8vo, pp. 123. Batsford. 3,6 sh.

Bähre, August, Wie können technische Fächer mehr als bisher der ästhetischen Bildung der Schüler dienstbar gemacht werden? Monatsschrift für höhere Schulen XI, 3, 4.

Baur, A., Die Macht des Käufers. Dekorative Kunst XV, 8.

Bawden, H. Heath, Art and Industry. The Journal of Philosophy, Psychology and Scientific Methods VIII, 24.

Becker, Herm., Achim v. Arnim in den wissenschaftlichen und politischen Strömungen seiner Zeit. 116 S. Berlin(-Wilmersdorf), Dr. W. Rothschild. 4 M.

Bock, Franz, Die Neuordnung der Kasseler Gallerie. Eine museumstechnische u. kunstpädagogische Studie. IV, 45 S. mit 2 Tafeln. 8°. Marburg, A. Ebel. 1,20 M.

Brachvogel, Carry, Hebbel und die moderne Frau. München, G. C. Steinicke. 1 M.

Braschowanoff, Geo., Von Olympia nach Bayreuth. Eine Geistesstadiodromie. Historische Darstellung und kunstkritische Erläuterung der beiden Kulturstätten. Mit besonderer Berücksichtigung ihrer kunstphilosophischen, kulturhistorisch-universellen Bedeutung. 2. Bd. XVI, 223 S. 8°. Leipzig, Xenien-Verlag. 4 M.

Bräuer, Robert, Das Volk in der Kunst. Die Hilfe, Heft 16.

Bredt, E. W., Das Verlangen nach Bildern. Deutsche Kunst und Dekoration XV (Bd. 29, 30), 8.

Bulle, Oskar, Ein Angriff auf die deutsche Schillerstiftung. Liter. Echo XIV, 9.

Burger, Volksfeste — wie sie sind und wie sie sein sollten. Berlin-Zehlendorf, Mathilde Zimmer-Haus.

Clutton-Brock, A., Chinese and European Religious Art. The Burlington Magazine, Januar 1912.

Croiset, Maurice, La philosophie religieuse d'Euripide. Revue Bleue L, 27. Januar.

Dehio, G., Denkmalspflege und Museen. Kunstchronik XXIII, 4 (1911).

Dehio, G., In Sachen der Denkmalspflege und eigener. Kunstchronik XXIII, 6 (1911).

Dezentralisation der Kunst. Lübeckischer Anzeiger 18. 11. 11.

Die Museen und die Volksbildung. Deutsches Volksblatt 6. 1. 12.

Driesmanns, Heinr., Vom Kulturadel der deutschen Dichter. Österreichische Rundschau XXXI, 1.

Ehrhard, L., Die Lehren der Dresdener Hygieneausstellung für Österreich. Neue Bahnen der Museums- und Ausstellungstechnik. Neue Freie Presse 7. 10. 11.

Enge, Zerstreuungen und Festlichkeiten in Irrenanstalten. Zeitschrift für die gesamte Neurologie und Psychiatrie IX, 51.

Falkenberg, H., Jugendlektüre und Kulturbewegung. Vortrag. Kempten, J. Kösel. 0,80 M.

Gagliardi, E., Die Museen der Zukunft. Vossische Zeitung 1. 2. 12.

Gegen die Museen. Rheinisch-westfälische Zeitung 18. 9. 11.

Gourmont, Jean de, L'Art et la morale. Mercure de france Nr. 359.

Klein, Wilhelm, Die Aufgaben unserer Gipsabgußsammlungen. Museumskunde VIII, 1, 2.

Klett, Jul., Kunst und Hygiene. Dekorative Kunst XV, 7.

Kück, Eduard u. Sohnrey, Heinr., Feste und Spiele des deutschen Landvolks. Im Auftrag des deutschen Vereins für ländliche Wohlfahrts- u. Heimatpflege herausgegeben. 2., neu bearb. Auflage. 312 S. 8°. Berlin, Deutsche Landbuchhandlung, 1911. 3 M.

Kürnberger, Ferd., Die deutsche Schillerstiftung. Aufsätze. München, G. Müller. 1 M.

Kutter, Paul, Das materielle Elend der jungen Münchener Maler. 19 S. 8°. München, W. Foth Nacht. 0,30 M.

Kyser, Hans, Die deutsche Schillerstiftung. Neue Rundschau XXIII, 1—3.

Lange, Konr., Die Notlage unserer Maler. Die Kunst für Alle XXVII, 12, 14.

Lanz, Rob., Der Einfluß des Welthandels auf die Kunst. Progr. 58 S. gr. 8°. Bern, F. Semminger, 1911. 1 M.

Levin, Jul., Was tut der deutschen Kunst not? 57 S. Lex. 8°. Berlin, Morawe & Scheffelt. 1 M.

Lichtwark, Alfred, Der Sammler. Kunst und Künstler X, 5, 6.

Liesenberg, Karl, Persönliche, geschäftliche, politische Reklame. Lehrbuch der Reklamekunst, deren Wesen, Bedeutung und Konsequenzen. VIII, 288 S. mit Bildnis. gr. 8°. Neustadt a. H., Pfälzische Verlagsanstalt. Gebunden in Halbleinw. 7,50 M.

Löhnberg, E., Schwarz-Weißkunstsammlungen. Frankfurter Zeitung 14. 1. 12.

Lux, Jos. Aug., Der Staat und die Kunst. Frankfurter Zeitung 6. 12. 11.

Maignan, M., Économie esthétique. La question sociale sera résolue par l'esthétique. Paris, »l'Art décoratif«. 323 p. et pl. 8°. 3,50 Fr.

Marlhens, O. P., Art et apologétique. Revue Thomiste XX, 2.

Mühsam, Erich, Volksfestspiele. Die Schaubühne VIII, 1.

Müller-Freienfels, Richard, Leben verbreitende und Leben steigernde Kunst. Die Tat IV, 3.

Museumspublikum. Kölnische Zeitung 24. 10. 11.

Nagel, Willib., Die Musik als Mittel der Volkserziehung. Wesen und Bedeutung der Programm-Musik. Vorträge. 49 S. 0,70 M.

Noack, Viktor, Wohnung und Sittlichkeit. Gegenwart XXXXI, 15.

Nötzel, Karl, Sozialer Ästhetismus. Kunstwart XXV, 11.

Novak, Karl Friedrich, Die Heimstatt als Kunsterzieherin. Die Kunstwelt, Heft 6.

Offermann, Friedrich, Die Organisationslosigkeit der bildenden Künstler. Kunstwart XXV, 7.

Paul, Heinz, Im Namen der Jugend. Jugenderziehung und Schundliteratur in ihrem inneren Zusammenhang. V, 99 S. 8°. München, M. Kupferschmid. 1,40 M.

Pauli, August, Nachfolge Goethes oder Nachfolge Jesu? Preußische Jahrbücher CXLVIII, 3.

Pauli, Gust., Die Aufgaben des modernen Kunstmuseums. Vortrag. 38 S. 8°. Bremen, F. Leuwer. 0,50 M.

Rakic, V., Gedanken über Erziehung durch Spiel und Kunst. III, 58 S. gr. 8°. Leipzig, W. Engelmann. 1,20 M.

Römer, Alfr., Gottscheds pädagogische Ideen. Halle, M. Niemeyer. 3 M.

Roß, Die Bedeutung des Zeichenunterrichts für die allgemeine Bildung unserer Zeit. Schaffen und Schauen XXXIX, 9, 10.

Saager, Adolf, Der Künstler und die Brücke. 11 S. gr. 8°. Ansbach, F. Seybold, 1911. 0,20 M.

Schapire-Neurath, Anna, Volkskunst. Kunstwart XXV, 9.

Scharfenstein, Helene, Aus dem Tagebuche einer deutschen Schauspielerin. 393 S. Stuttgart, R. Lutz. 6 M.

Schmidt, Alfr. M., Kunsterziehung und Gedichtbehandlung im Unterrichte. II. Bd. Erläuterungen deutscher Dichtungen für Schule und Haus nebst Lehrbeispielen. 2. Hälfte. Wald, Wasser, Morgen, Abend und Nacht, Herbst, Weihnacht und Winter. Deutsches Land. VIII, 292 S. gr. 8°. Leipzig, J. Klinkhardt. 4,40 M.

Schultze, Ernst, Die geistige Hebung der Volksmassen in England. XI, 177 S. 8°. München, R. Oldenbourg. 4 M.

Schultze, Ernst, Volksbildung und Volkswohlfahrt in England. XII, 205 S. München, R. Oldenbourg. 4,50 M.

Schur, Ernst, Großstadt-Vandalismus. Dekorative Kunst XV, 8.

Sellmann, Adolf, Der Kinematograph als Volkserzieher? Vortrag in erweiterter Form. 32 S. 8°. Langensalza, H. Beyer & Söhne. 0,40 M.

Simmel, Georg, Die Wahrheit und das Individuum. Aus einem Goethebuch. Logos III, 1.

Springer, A., Arbeiter und Kunst. Ein Beitrag. Mit einer Vorrede von M. Hülsmann. XV, 105 u. I S. mit 12 Tafeln. kl. 8°. Stuttgart, Verlag für Volkskunst. Gebunden in Leinwand 1,80 M.

Stegemann, Herm., Ethik und moderne Literatur. Literarisches Echo XIV, 8.

Stegemann, Herm., Literatur und Erotik. Der März VI, 23.

Streißler, Friedr., Die Schundliteratur. Warum und wie sie bekämpft wird. Erweiterter Abdruck aus der allgemeinen Buchhändlerzeitung. 68 S. 8°. Leipzig, Schulze & Co. 1 M.

Swarzenski, Georg, Künstler und Kunstpreise. Deutsche Kunst und Dekoration XV (Bd. 29, 30), 5, 6.

Volpers, Richard, Der Staat nach Fr. v. Hardenberg. (Novalis.) Preußische Jahrbücher CXLVIII, 1.

Wallfisch, Musik und Religion, Gottesdienst und Volksfeier. Blätter für Haus- und Kirchenmusik XV, 12.

Weckbecker, Wilhelm v., Die Museen unter verwaltungstechnischem Gesichtspunkte. Museumskunde VIII, 1, 2.

Weisbach, Werner, Gedanken zur Neugestaltung der Berliner Nationalgalerie. Zeitschrift für bildende Kunst XLVII, n. Flg. XXIII, 4.

Welcker, Heinr., Drama und Freimaurerei. Eine freimaurerische Betrachtung über die Dramatik von heute. 86 S. 8°. Berlin, A. Unger 2 M.

Westheim, Paul, Die vielen, vielen Künstler. Pan II, 17.

Wickop, G., Die technischen Hochschulen und ihre zukünftigen Aufgaben in den Fragen der staatsbürgerlichen, ethischen und künstlerischen Erziehung. Darmstadt, A. Bergstraeßer. 0,80 M.

Witte, Fritz, Die Stellung der Kirche zur Moderne. Zeitschrift für christliche Kunst XXV, 1.

Wolf, Georg Jakob, Bilderpreise einst und jetzt. Die Kunst für Alle XXVII, 15.

8. Neue Zeitschriften und Sammelwerke.

Blätter, Neue. Herausg. u. Red.: Karl Einstein. März 1912 bis März 1913. 24 Hefte. Berlin, E. Baron. Vierteleljährlich 1,50 M., einzelne Hefte 0,25 M.

Bühnen-Spiegel, Der. Halbmonatsschrift für Bühne und Dramatik. Herausg. vom Verlag Kritik. Verantwortlich: J. Pangoff. 1. Jahrg. 4. Viertelj. Januar bis März. 6 Hefte à 28 S. 8°. Frankfurt a. M., Leipzig, H. Dege. Vierteljährlich 2,50 M., einzelne Hefte 0,50 M.

Fortschritte der Psychologie und ihrer Anwendungen. Unter Mitwirkung von Wilh. Peters herausgegeben von Karl Marbe. 1. Bd. 6 Hefte. 1. Heft. 82 S. gr. 8°. Leipzig, B. G. Teubner. 12 M., einzelne Hefte 3 M.

Imago. Zeitschrift f. Anwendung der Psychoanalyse auf die Geisteswissenschaften. Herausg. von S. Freud. Schriftleitung: Otto Ranck und Hanns Sachs. 1. Jahrg. 6 Hefte. 1. Heft. 99 S. Lex. 8°. Wien, H. Heller & Co. 15 M.

Kellers, Paul, Monatsblätter: »Die Bergstadt«. 1. Jahrg. 12 Hefte. Neurode, Verlagsanstalt E. Rose. Vierteljährlich ca. 2,50 M.

Kritiker, Berliner. Herausg.: A. Gaetschenberger u. W. Kunkel. Verantwortlich: A. Gaetschenberger. 1. Jahrg. März 1912 bis Februar 1913. 52 Nummern. à 23 S. gr. 8°. Berlin-Wilmersdorf (Jenaerstr. 18), Verlag »Berliner Kritiker«. Vierteljährlich 1,50 M.

Kwartalnik Muzyczny. Warschau, Gebethner i Wolff. Posen Niemler Kiewicz. Jährlich 4 Hefte.

Leben, Das neue. Blätter für Bildung und Kultur. Herausg.: C. Picht u. G. Halm. 1. Jahrg. 24 Hefte. Berlin, Universitätsbuchdr. G. Schade. Halbjährlich ca. 3 M.

Miscellanea musicae bio-bibliographica. Musikgeschichtliche Quellennachweise als Nachträge und Verbesserungen zu Eitners Quellenlexikon, in Verbindung mit der bibliographischen Kommission der internationalen Musikgesellschaft herausg. von Herm. Springer, Max Schneider u. Wern. Wolffheim. Ausg. A. 1. Jahrg. 4 Hefte zu 50 S. Lex. 8°. Leipzig, Breitkopf & Härtel. 8 M., Ausgabe B, einseitig bedr. 10 M.

Panther, Der. Herausg. Axel Ripke (Berlin). Verlag von Werner Klinkhardt (Leipzig). Vierzehntägig, die Nummer 0,40 M., halbjährlich 4 M., jährlich 8 M.

Sprache, Die. Zeitschrift für die rhetorische Praxis. Herausg. von K. Selten. 1. Jahrg. 24 Hefte. Berlin, A. Pulvermacher & Co. ca. 1,50 M.

Stunde, Die. Blätter für Theater, Literatur und Kunst. 1. Jahrg. 12 Hefte. Zürich, H. Bachmann-Gruner. ca. 3,50 M.

Tribüne, Die kritische. Halbmonatszeitung für Politik, literarische Kunst u. Kritik. Herausg. von Siegfr. Flesch. Verantwortlich: Eug. Mondt. 1. Jahrg. April 1912 bis März 1913. 24 Nummern. Nr. 1. 12 S. Lex. 8°. Leipzig, H. Wehner. Vierteljährlich 1 M., einzelne Nummern 0,20 M.

Vogel, Der lose. Eine Monatsschrift. 1. Jahrg. 12 Nummern. Nr. 1. 40 S. Lex. 8°. Leipzig, Demeter-Verlag. Vierteljährlich 2,50 M., einzelne Nummern 1 M.

Zeitschrift, Ostasiatische. The far east. L'extrême orient. Beiträge zur Kenntnis der Kunst und Kultur des fernen Ostens. Herausg. von Otto Kümmel und William Cohn. 1. Jahrg. April 1912 bis März 1913. 4 Hefte. 1. Heft. 122 S. mit Abbildungen. Lex. 8°. Berlin, Österheld & Co. 30 M., einzelne Hefte 8 M.

IV.

Über die Formen der dramatischen und epischen Dichtung.

Psychologische und ästhetische Untersuchungen.

Von

Richard Müller-Freienfels.

Die Formen und Stilgattungen unserer Künste sind nicht etwa durch Willkür entstanden, sondern sind Gebilde, die sich mit innerer Notwendigkeit entwickelt haben. Die wichtigsten Umstände, die diese Entwicklung bedingt haben, will ich im folgenden kurz aufzuzeigen suchen. Der Laie meint zwar in der Regel, ein großer Künstler müsse mit absoluter Souveränität auf seinem Gebiete schalten und walten können. Das ist ein Irrtum. Solche Hexenkünste mögen hie und da einen Virtuosen verlockt haben, die echten Künstler haben derartiges nie versucht, im Gegenteil, sie haben die ihnen im Material, im Gegenstand, in der Eigenart des Publikums usw. entgegentretenden besonderen Verhältnisse, Schwierigkeiten und Hemmnisse nicht überrumpelt und haben sich nicht darüber hinweggesetzt, vielmehr haben sie all diesen Dingen sorgfältig Rechnung getragen und oft gerade aus solcher scheinbaren Gegnerschaft ihre besten Verbündeten gewonnen. Man könnte den Künstler in dieser Hinsicht dem Feldherrn vergleichen, der auch in der Regel nicht ein Operationsgebiet vorfindet, das ihm keine Hemmnisse in den Weg stellte. Nur ein Dilettant in der Strategie würde nur durch Gewaltmärsche oder besondere Kraftleistungen versuchen, diese lokalen Schwierigkeiten zu forcieren, der echte Stratege macht sich gerade solche Schwierigkeiten zu Verbündeten, indem er sich ihnen anpaßt und oft genug den größten Vorteil zu ziehen vermag aus Dingen, die dem Laien nur Hemmnisse scheinen. So ist es auch in der Kunst, daß das, was zunächst wohl wie Zwang und Hindernis schien, gerade zum Hebel für wirksamste Leistungen geworden ist.

Wir werden nun im folgenden einige der Stilformen der Dichtkunst vornehmen und den Gründen nachforschen, warum sie sich so und gerade so herausgebildet haben. Dabei wird sich zunächst uns die Tatsache offenbaren, daß die Willkür des Schaffenden verhältnismäßig ganz zurücktritt, daß die eigentlichen formbildenden Faktoren in den äußeren Bedingungen viel mehr zu suchen sind als in der Subjektivität des Künstlers.

Wir können das schon daran erkennen, daß gerade die größten Künstler gar nicht versucht haben, neue Formen zu schaffen, sondern, falls sie in der Tradition nur etwas Brauchbares vorfanden, sich ruhig dieser überlieferten Formen bedienten oder höchstens geringfügige Modifikationen vornahmen. So hat man öfters bemerkt, daß z. B. Goethe keine einzige neue Form gebracht habe, nicht einmal ein neues Metrum, das noch nicht vor ihm verwandt worden wäre. Gewöhnlich sind es eigenwillige Künstler niederen Grades, die sich auf *ihre* Form, *ihre* Technik versteifen. Auch da offenbart es sich in der Regel, daß solche Formen nur dann sich durchsetzen können, wenn sie objektiven Notwendigkeiten und Bedürfnissen Rechnung tragen. Fast alle Versuche der deutschen Romantik, der Friedr. Schlegel, Tieck, Novalis usw., aus der Reflexion heraus eine Form des Romans zu finden, schlugen fehl, weil sie nicht die objektiven Bedingungen der Wärme berücksichtigten. Ebenso ging es mit den Versuchen, neue Formen der Theaterkunst zu schaffen. Immer kehrte die alte Form des drei- bis fünfaktigen Stückes mit seiner festen Technik wieder und Abweichungen haben sich nirgends dauernd durchgesetzt. Vielmehr haben die größten Künstler stets instinktiv die überlieferten Formen als notwendig geworden erkannt und nur *auf dieser* gegebenen *Basis* geringe Modifikationen vorgenommen.

In der Regel also schafft der Dichter nicht willkürlich, sondern es sind objektive Bedingungen, denen gemäß er seine Formen bildet. Von diesen objektiven Bedingungen möchte ich drei Gruppen sondern: erstens alle diejenigen, die in der *psychologischen Konstitution des Publikums*, seiner Aufnahmefähigkeit und Zusammensetzung liegen; zweitens unterscheide ich die Bedingungen, die durch den *darzustellenden Gegenstand* erwachsen, der manchen Stilformen mehr entgegenkommt als anderen, wie wir z. B. sehen werden, daß manche Stoffe für die Bühne unmöglich sind; der dritte der objektiven Faktoren wäre im Material zu suchen, in der Dichtkunst vor allem auch in der *Art der Darbietung*, wie z. B. es einen Unterschied macht, ob eine Dichtung für den Gesang oder für die Deklamation oder das Einzellesen gedacht ist. Alle diese drei objektiven (d. h. nicht in der Subjektivität des Dichters liegenden) Bedingungen haben in jedem einzelnen Falle zusammengewirkt, um die betreffenden Formen zu schaffen, wobei natürlich auch die Subjektivität nicht ganz ausschied, sondern als ein vierter Faktor neben jenen, aber auch nur so, in Rechnung zu setzen wäre [1]).

Überblicken wir nun kurz die wichtigsten dieser Bedingungen, die für die Formbildung der Dichtkunst am Werke waren, so finden wir zunächst eine ganze Reihe von solchen, die in der Konstitution und Zusammensetzung des Publikums liegen. So ist es für die Formgebung des Dramas z. B. außerordentlich wichtig, daß es auf eine Masse zu wirken hat; denn hier kommen alle jene Bedingungen in Betracht, die darin wurzeln, daß die Aufnahmefähigkeit einer Masse ganz verschieden ist von der des Einzelnen. Wir werden das gerade am Unterschied des Dramenstils von dem des Romanstils am deutlichsten sehen. — Eng damit zusammenhängend sind alle jene Bedingungen, die in der Art der Darbietung liegen. So macht es einen großen Unterschied, ob die Dinge unmittelbar gegenwärtig wie im Theater oder durch einen Erzähler indirekt dargeboten werden, es macht einen Unterschied, ob etwas gemimt, gesprochen, gesungen oder im Buchdruck gelesen wird. Gerade derartige Einflüsse werden sich uns als sehr stark die Stilbildung beeinflussend dartun. Und untrennbar mit diesen Bedingungen, teils von diesen abhängend, sind auch die Schwierigkeiten, die aus dem Gegenstand selber erwachsen. Nicht jeder Gegenstand ist für jede Form geeignet. Wir werden aufzuzeigen haben, wie und warum das Drama eine andere Stoffauswahl treffen muß als Epos oder Roman. Es kommt hier etwas in Betracht, was ich die »spezifische Schwere« der Motive nenne; ich bezeichne damit die verschieden große Wucht und Wirkungsstärke, die die Motive brauchen, je nachdem sie im Drama oder im Roman zu wirken haben.

Alle diese Dinge sind objektiv gegeben und der gute Künstler pflegt diesen Dingen Rechenschaft zu tragen. Für seine Subjektivität ist daneben noch reichlich Spielraum vorhanden. Im Gegenteil, in der Regel wird in der Kunst — wie im sozialen Leben — das Vorhandensein von festen Formen als eine Erleichterung, nicht als Erschwerung empfunden werden. Nur unreife Stürmer und Dränger pflegen Sturm zu laufen gegen feste Formen, und es ist dann belustigend zu sehen, wie aus all diesem Sturm und Drang — falls etwas dahinter ist — stets »neue« Formen erwachsen, die sich aber, bei Lichte besehen, nur als geringe Modifikationen der alten Formen erweisen. Denn die künstlerischen Formen wurzeln tief in psychologischen und sozialen Bedürfnissen und anderen objektiven Bedingungen, die doch im

[1]) Eine genauere Darstellung dieser Dinge gibt meine in kurzem bei Teubner, in dessen Sammlung »Aus Natur und Geisteswelt« erscheinende: »Poetik auf psychologischer Grundlage«.

wesentlichen gleichbleiben. Die allzu große Nähe läßt uns oft nur Nebensächliches überschätzen, so daß wir etwas für ganz neu halten, was nur etwas Altes in verändertem Gewande ist. — Und wenn wir die sich haltenden Kunstwerke aller Zeiten vergleichen, so finden wir außer gewissen, vom momentanen Kulturzustand abhängigen Verschiedenheiten doch im Grunde eine große Gleichmäßigkeit der künstlerischen Formgebung, die aus innerer, sich gleichbleibender Notwendigkeit erwachsen ist.

1. Die Formen der dramatischen Dichtung.

1.

Das Drama hat von allen Gattungen der Poesie die geschlossenste Form. Es sind die äußeren, ungewöhnlichen Bedingungen, die sie ihm von außen aufgezwungen haben. Nur aus dem Umstand, daß die dramatische Dichtung vor einem tausendköpfigen Publikum hintereinander gespielt wird, ist diese Form zu verstehen. Sie ist ihm von außen aufgezwungen. Das physische und psychische Bedürfnis des Publikums, ebenso wie die besonderen Bedingungen der Bühne sind die Ursachen. Indessen wird sich zeigen, daß diese strenge äußere Form nicht etwa zum Schaden, sondern zum Nutzen dieser Dichtgattung geworden ist.

Zunächst haben wir da die äußere Länge, rein nach Zeit gemessen. Sie ist zunächst nach dem Maximum hin begrenzt durch die physische und psychische Unmöglichkeit des Publikums, über eine gewisse Spanne Zeit hin auszuhalten. Daß es Überschreitungen gegeben hat, ist natürlich selbstverständlich. Indessen finden die größten Überschreitungen sich dort, wo keine strenge Künstlerhand die Massen des Stoffes bändigte. Hierher gehören vor allem die ungeheuerlichen »Mysterien« des Mittelalters. So erforderte das Mysterium »*Le Vieil Testament*« 250 Personen zur Aufführung und zählte an 49400 Verse. Das Mysterium des Arnoul Greban (etwa 1420—1460) dauerte vier Tage und umfaßt 34600 Verse. Das Werk des Simon Greban »*Les Actes des Apôtres*« dauerte 9 Tage, hatte 62000 Verse und beschäftigte 494 Personen. Ähnliche Ungeheuer finden sich in England und auf deutschem Gebiet. In unserer Zeit hat sich in Oberammergau noch etwas Ähnliches erhalten. Bei all diesen Aufführungen aber ist es nicht das rein künstlerische Interesse, was die Menge fesselt. Es sind religiöse Motive, die die Spannung wach halten. Auch sind die ungewöhnlichen äußeren Umstände dazu angetan, größere Zeiträume anzuberaumen. Überall jedoch, wo wir strenge Kunstdichtung haben, besonders dort, wo das Drama nicht ein seltenes Fest, sondern ein täglich zugängliches Spiel ist, wo also die physische Aufnahmefähigkeit nicht aufs höchste angespannt werden kann, hat sich die Beschränkung als notwendig erwiesen. In der Regel schwankt die Zeit zwischen 2 bis 4 Stunden. Da, wo diese Zahl überschritten wird, wie in Wagners Musikdramen usw., hatte ursprünglich der Autor andere Verhältnisse im Auge, auch hier die exzeptionellen Umstände einer von allem Berufsleben fernen Festzeit in Bayreuth. Daß jeden Abend überall in jedem großen und kleinen Operntheater die Meistersinger oder die Götterdämmerung gespielt werden sollte, war nicht das höchste Kunstideal ihres Schöpfers. Es ist nur ein notwendiger Kompromiß mit der Zeit.

Dieser Zeitraum der Aufführung, der natürlich auch eine Beschränkung des Textes bedingt, ist anderseits auch nach unten hin begrenzt, da niemand wegen eines sehr kurzen Stückes einen besonderen Weg machen, besondere Zurüstung treffen will. Rich. Strauß mußte als besondere Bedingung in den Vertrag mit den Bühnen aufnehmen lassen, daß seine Salome nicht mit anderen Stücken zusammengekuppelt würde, um die landesüblichen Stunden auszufüllen. Sonst sind kürzere Stücke als Teilwerke gedacht, um mit anderen zusammen aufgeführt zu werden. Sie nähern sich dann Einzelakten, wie es ja schon bei den kurzen Tragödien der Griechen war.

So ist also durch die Inrechnungstellung der physischen und psychischen Aufnahmefähigkeit des Publikums eine gewisse äußere Größe bedingt, ein erstes Formelement, dessen Roman und Epos entraten kann, nicht immer zum Vorteil, denn die Begrenzung zwingt zur Konzentration. Was wir auch in der bildenden Kunst oft sehen, scheinbar äußerer Zwang durch äußere Umstände und Abhängigkeit vom Material, wird in der Hand starker Künstler meist zu besonderen Werten. Es ist meist einer der größten Mängel der bloßen Lesedramen, daß sie ins Uferlose überfluten.

2.

Daneben ist auch die Strenge innerer Gliederung des Dramas durch die physische und psychische Aufnahmefähigkeit des Publikums bedingt. Es müssen auch in jenem Gesamtzeitraum Pausen sein, in denen der Hörer ausruhen und sich sammeln kann. Diese müssen in gewisser Gleichmäßigkeit sich verteilen, und so kommen bestimmte Regelmäßigkeiten in die Form hinein. Auch diese scheinbar dem Dichter von außen aufgezwungene Notwendigkeit hat ihr Gutes. Sie zwingt zu klarer Disposition, und in der Tat sehen wir, daß in der Regel das Drama bedeutend besser komponiert ist als der Roman.

Wie im Leben, so ist auch in der Kunst Bequemlichkeit der äußeren Verhältnisse nicht das beste Mittel, um Höchstes zu erlangen. Tugenden werden auch in der Kunst meist durch die Not geschaffen.

Es zwingt aber die Einteilung in Akte auch weiter zu einer Abrundung der Einzelteile. Bei den Griechen waren diese Einzelteile abgeschlossene Tragödien, die sich mehr oder weniger inhaltlich verknüpft zu Trilogien zusammenstellten. Bei uns verlangt der einzelne Akt zwar nicht jene Geschlossenheit des Ganzen, dennoch wird es als großer Mangel empfunden, wenn die Einzelakte abrupt und unmotiviert schließen usw., ohne daß wir einen künstlerischen Sinn im Aktschluß erkennen.

Damit wäre die äußere Form des Dramas im wesentlichen durch die Forderung des Theaters und seines Publikums erklärt. Aber auch die *innere Form* des Dramas unterliegt solchen Bedingungen.

3.

Zunächst verlangt ein Drama *als Ganzes* genossen zu werden. Bin ich im Theater, so pflege ich nicht nach einem Akte hinauszugehen, um demnächst die folgenden zu hören, während es dem Buche gegenüber ein ganz gebräuchliches Verfahren ist, es wegzulegen, zu unterbrechen und später die Lektüre wieder aufzunehmen. Dadurch erwachsen bestimmte, in der Psychologie des Publikums begründete Forderungen.

Vor allem wird jede Unterbrechung der *Kontinuität* aufs empfindlichste verspürt. Während wir dem Erzählten gegenüber einige kühne Sprünge, was Raum und Zeit anlangt, gern uns gefallen lassen, sind wir auf der Bühne viel empfindlicher. Die Unmittelbarkeit, die Gegenwart des Geschehens spannt die Forderungen unseres Wirklichkeitsgefühls viel stärker an. Während wir von bloß erzählten Personen uns gefallen lassen, im nächsten Kapitel sie als gealterte Leute wiederzufinden, berührt es uns im Theater viel empfindlicher, wenn wir eine Figur, die wir in voller Wirklichkeit eben ganz und frisch vor uns sahen, eine Viertelstunde nachher ebenso wirklich als Greis wiederfinden. Die Zeit ist im Drama eben etwas Wirkliches, Reales, in der Erzählung etwas Ideelles, was beliebig sich zusammenfassen läßt. Diese andere Wirklichkeitsauffassung im Drama, verglichen mit sonstigen Dichtungen, ist eine psychologisch voll begründete Realität, deren ein Autor nur zu seinem eigenen Schaden entraten wird. Es war darum nicht eine bloße Willkür, wenn die Einheit der Zeit (für den Raum gelten natürlich dieselben Bedingungen) von älteren Theoretikern gefordert wurde. Daß es dabei zu Pedanterien kam, beweist nichts gegen diese Erfahrungstatsache, daß unser auf die Zeit gerichtetes Einheitsgefühl dem Drama gegenüber empfindlicher ist als dem Roman. Shakespeare hat im Wintermärchen gut die »Zeit« als Zwischenredner auftreten lassen; ganz gelingt es ihr doch nicht, uns den Bruch, der durch die 17 Zwischenjahre entsteht, wegzuschwatzen. Wir sehen eben die Gestalten lebendig vor uns, das Realitätsgefühl ist darum viel geschärfter als den Romanfiguren gegenüber, besonders auf unserer realistischen Bühne. Die viel weniger realistische Bühne Shakespeares konnte sich noch eher solche Sprünge gestatten. Aus diesem viel höheren Wirklichkeitsgefühle heraus erwuchs die Forderung strengerer Kontinuierlichkeit der Theaterdichtung, vor allem in zeitlicher und räumlicher Beziehung, aber auch in Beziehung auf die Handlung.

Es ist eine in den Verhältnissen des Theaters begründete Forderung der Bühne, daß die Handlung einheitlich sei. Vergebens wird man eine solche Forderung durch Heranbringen lächerlicher Übertreibungen selber *ad absurdum* zu führen versuchen, noch wird die Anrufung des erlauchten Namens Shakespeare die Tatsache umstoßen, daß episodische Handlungen, Abschweifungen jeder Art auf der Bühne viel stärker als Fremdkörper und störendes Zwischenwerk empfunden werden als im Roman oder Epos. Daran ändert auch Shakespeares Theater nichts. Denn es ist schon früher darauf hingewiesen, daß tatsächlich von der Bühne Shakespeares, wo jede Dekoration fehlte, wo die Frauen von Männern dargestellt wurden usw., das Wirklichkeitsgefühl viel weniger angeregt und geschärft war als bei unseren modernen Bühnen. Im übrigen zeigt die Praxis unserer Theater, daß die Techniker und Regisseure unserer Bühnen hier durchaus anders empfinden als Shakespeare, denn alle Bühnenbearbeitungen Shakespearescher Stücke laufen darauf hinaus, nicht nur Raum und Zeit, sondern auch die Handlung zu vereinfachen und aus vielen Szenen wenige geschlossene Akte zu machen.

Jeder Theaterbesucher hat trotz moderner Drehbühnen und aller Kulissenhexerei wohl schon empfunden, daß durch das Springen der Handlung nur allzuoft die Stimmung zerrissen wird. Daß man dabei die Einheit nicht pedantisch zu fassen braucht, versteht sich von selber. Auch die großen Franzosen haben das selten getan. Es kommt noch eine psychologische Tatsache hinzu. Wie man in der bildenden Kunst zwei parallele Linien, ja sogar zwei kontrastierende Linien nicht als Zweiheit, sondern als Einheit auffaßt, so ist's auch in der Bühnenkunst. In der Tat sehen wir in der Praxis der meisten Bühnenwerke die Parallelhandlung, die häufig sogar Kontrasthandlung sein kann, mit voller Wirkung verwandt. Es muß nur eine innere Beziehung zwischen den Handlungen bestehen, so empfindet der Zuschauer eine Zweiheit nicht als störend. Besonders gibt es wenig Komödien, die auf solche kontrastierenden Handlungen verzichten. Also auch wenn man die Einheit der Handlung ziemlich weit faßt, so wird man doch als eine aus den Bedingungen des Theaters erwachsende Forderung ansehen müssen, daß abziehendes und bloß spielerisches Zwischenwerk vermieden werden muß.

Vor allem gilt es für den Dramatiker, alles bloß Episodische vollkommen auszuschalten. Er bedarf des »langen, anhaltenden Atems«, um einheitlich zu wirken. Der Epiker, der Erzähler von Romanen, deren Werke nicht in einer einmaligen Sitzung, sondern in beliebig vielen Einzelvornahmen genossen werden, können ihre Werke als eine Aufreihung von Einzelereignissen geben, oder sie können Einlagen und Episoden bringen, die von großem künstlerischem Reize sind und oft als besondere Glanzpunkte wirken. Nicht so der Dramatiker. Die besonderen Bedingungen seiner Kunst zwingen ihn, die Einheit bedeutend straffer zu fassen, und wir sehen, daß die großen Dramatiker, von den Attikern an bis Ibsen, gerade im Zusammenballen der Handlung Meister waren. Shakespeares Bühne hatte ihre besonderen Bedingungen. Diejenigen Kunstwerke, die jene Besonderheiten zu uns übertragen wollten, wie die Werke der Stürmer und Dränger, haben es stets nur als Lesedramen zur Wirkung gebracht. Man braucht die Lehre von den Einheiten nicht als Dogma zu fassen wie die Franzosen, aber sie ist doch eine der wichtigsten praktischen Maximen der Bühnenkunst.

4.

Weitere Bedingtheiten für die dramatische Form sind durch den Umstand gegeben, daß das Theater zu gleicher Zeit auf das Auge wie auf das Ohr zu wirken hat. Durch diese Doppelung, die von allen Wirkungen gefordert wird, sind ganz bestimmte Formwirkungen benötigt, deren andere Dichtungen viel eher entraten können.

Es ist für unsere Zwecke unwesentlich festzustellen, welche der beiden Wirkungen die primäre war. Dort, wo sich das Schauspiel aus dem Tanze entwickelt hat wie in Hellas und in anderen Ländern, wird natürlich das Auge ursprünglich das Ausschlaggebende gewesen sein, doch liegt hier auch in der nie fehlenden Tanzmusik, die fast stets von Gesang begleitet war, ein akustisches Element vor. Anderseits scheint das mittelalterliche kirchliche Drama verbal-akustischen Ursprungs zu sein. Um das Jahr 1000 wurde in den Klöstern in das Weihnachtsoffizium eine apokryphe Predigt des heiligen Augustinus eingeschoben, die in verteilten Rollen gesprochen wurde. Es treten nämlich darin außer dem heiligen Augustin sechs Propheten des Alten Testamentes, vier aus dem Neuen, ferner Vergil, Nabuchodonosor und die Sibylle auf, die alle in prophetischer Weise von der göttlichen Sendung Christi sprechen. Derartiges ist uns aus dem Kloster Sankt Martial in Limoges erhalten. In ähnlicher Weise hat sich auch anderseits ein liturgisches Drama entwickelt, das in der Mysteriendichtung nachher die größte Verbreitung fand. Hier scheint das Akustische im Vordergrund gestanden zu haben. Indessen ist die Frage unwesentlich, ob das Akustische oder Optische das Ursprüngliche war, denn fast überall, wo dramatische Vorführungen waren, kommt naturgemäß beides vor. Es handelt sich nur um ein Überwiegen des einen oder des anderen.

Indessen ist dieser Unterschied im Gewicht eines der beiden Faktoren oft recht beträchtlich, und wir haben historisch wohl Aufführungen, die eines der beiden Elemente ganz in den Hintergrund drängen.

So haben wir ein überwiegend optisches Drama in der Pantomime, die zwar in neueren Zeiten ziemlich in den Hintergrund gedrängt worden ist, aber dennoch in den letzten Jahren in besonderen Formen wieder aufzuleben scheint. So sind die an allen Straßenecken sich entwickelnden Kinematographentheater offenbar in dieselbe Kategorie wie die Pantomime einzuordnen. Das Ausstattungs- und Kulissenstück, wie es am üppigsten in England sich breit gemacht hat, gehört ebenfalls hierher. Daneben haben wir auch in strengstem Kunstbedacht Versuche entstehen sehen, die der Herrschaft des Wortes entgegenarbeiten und das Theater im alten Sinne des Schauhauses wieder beleben wollen und vor allem optische Wirkungen anstreben. (So die Reliefbühne des Münchner Künstlertheaters.) Im übrigen ist zu bemerken, daß doch alle derartige Versuche sehr stark an die Musik appellieren und so doch ein akustisches Element hineinbringen.

Sonst jedoch kann man in neuerer Zeit wohl von einem Überwiegen des Wortes, des Akustischen, sprechen. Schon das Shakespearesche Drama enthielt dieses Übergewicht, was sich äußerlich darin manifestiert, daß in den Bühnentexten nur das Wort, nicht aber die szenischen Bemerkungen notiert sind. Fast ganz auf verbale Wirkungen stellen sich dann die Dramen des späteren Goethe, Iphigenie, Tasso, Natürliche Tochter usw., ebenso wie auch diejenigen Ibsens, bei denen das sichtbare Geschehen ziemlich unbedeutend ist.

Trotzdem wird eine Betrachtung der Geschichte der Bühnendichtung offenbaren, daß es eine Hauptkunst der wirksamsten Dramatiker war, solche Handlungen zu erfinden, die zu gleicher Zeit Auge wie Ohr beschäftigten. Ein ziemlich äußerliches Mittel derart ist das Alternieren von sichtbarer und hörbarer Handlung, daß große bunte Aufzüge, weite und mannigfache Szenerien, Lichteffekte usw. die Handlung beleben.

Viel wertvoller und von tieferer Wirksamkeit sind jene Szenen, wo sich Optisches und Verbales simultan verbinden, wo der Zuschauer auf der Bühne sieht, was die Worte ihm sagen, so daß eines das andere unterstützt und steigert. Es kennzeichnet den genialen Dramatiker, daß er solche Handlungen zu erfinden weiß, die Seelisches ins Sichtbare projizieren, wo irgendwelche inneren Vorgänge nicht nur in Worten sich äußern, sondern auch in sichtbaren Handlungen. Diese letzteren, besonders wenn sie sich an äußerlich sichtbare Gegenstände knüpfen, bekommen dann einen symbolhaften Wert.

Solche Wirkungen finden wir schon in großartigster Weise in den Anfängen des Dramas: bei Äschylos in der Orestestrilogie verwandt. Wie wundervoll symbolisiert sich sichtbar fürs Auge die schmeichlerische Heuchelei der Klytämnestra in den Purpurteppichen, die sie dem heimkehrenden Agamemnon auf die Treppen breiten läßt, die ihn hinaufführen zum Orte, wo er sterben soll. Und wie wird dieser selbe Teppich zum Anlaß, die Stimmungen und Gefühle des Agamemnon offenbaren zu lassen.

In demselben Werke findet sich dann jene andere großartige Szene, wo Orest das blutbefleckte Netz, in dem man seinen Vater erdrosselt hat, den Furien hinhält zur Verteidigung. Wie wunderbar stellen sich in den Gesten und Bewegungen, mit denen er diesen sichtbaren Gegenstand den Gebilden seines Wahnes hinhält, fürs Auge seine seelischen Erregungen dar. Gewiß kommen auch im Roman solche symbolhaften Wirkungen vor, doch wirken sie nicht so unmittelbar wie auf der Szene, die ihrer nicht entbehren kann, wenn nicht alles stumpf und matt bleiben soll.

So lassen sich Beispiele derart aus allen Zeiten der Bühnendichtung finden[1]). So wird die Szenerie zum sichtbaren Symbol. Wenn in John Gabriel Borkmann sich im letzten Akt, nach den dumpfen Zimmerszenen der ersten Akte, die grandiose, weite Winternacht der Schneegebirge auftut, wenn man in Hedda Gabler sieht, wie die Fetzen des Manuskriptes ins Feuer fliegen, wenn im Florian Geyer die Verschworenen die Messer in die Tür stoßen, alles das sind echt dramatische, d. h. für Auge und Ohr gemeinsam berechnete Wirkungen. Freilich müssen jene sichtbaren Szenen auch vom Dialoge aufgenommen werden, wenn nicht die Einheit und die verstärkende Wirkung verloren gehen soll: »Die stärkste Aktion verpufft auf der Bühne spurlos, wenn ihr nicht sofort der Dialog starke Resonanz leiht, wenn nicht das große Wort zur Stelle ist, das den Sinn des Geschehenen unserem Gefühle einhämmert«, schreibt ein Theoretiker, der kluge Be-

[1]) Julius Bab, Kritik der Bühne S. 82.

merkungen über das Verhältnis von Bewegung und Wort gemacht hat. Doch besteht dieses Verhältnis nicht zwischen der Schauspielerbewegung und dem Wort allein, es gilt für alles auf der Bühne Sichtbare, vor allem auch für die Szenerie. Gute Bühnendichter begnügen sich darum nicht damit, große und farbige Szenerien hinter ihre Handlungen zu rücken, sie lassen auch lyrisch dieselbe Stimmung im Dialog anklingen, ja verarbeiten sie und deuten sie symbolisch aus. Man denke an die Mondnacht mit dem Regenbogen in Schillers Wilhelm Tell, an den Schluß von »Wenn wir Toten erwachen«, an die Belmonteszenen im »Kaufmann von Venedig«.

Allerdings ist richtig, daß natürlich unter den auf der Bühne möglichen Handlungen und sichtbaren Geschehnissen die Gesten und Bewegungen des Schauspielers in allererster Linie stehen. Sie sind von allem, was man sehen kann, dasjenige, was die stärksten seelischen Wirkungen hervorruft. Um über sie zu verfügen, bedarf der dramatische Dichter allerdings des Schauspielers, der auch selbständig durch eigene Erfindung das Kunstwerk des Dichters noch ergänzen kann. Frühere Dichter ließen dem Schauspieler in dieser Hinsicht größere Freiheiten als viele Moderne, die ja jede Handbewegung und jedes Kopfnicken vorschreiben. Bab möchte darum die Schauspielkunst, allerdings etwas einseitig übertreibend, als »Körperkunst« bezeichnen. Es ist das eine Reaktion gegen die frühere nur allzu einseitig deklamatorisch-akustische Schauspielkunst. Aber in der Tat ist soviel sicher, daß die stärksten Wirkungen des Mimen stets durch schlagende und ausdrucksvolle Gesten und Bewegungen seines Körpers erzielt werden.

Der psychologische Grund des Umstandes, daß Bewegungswahrnehmungen die stärksten und intensivsten von allen sind, ist ziemlich klar einzusehen. Es ist eine allgemein bekannte Tatsache, daß in jeder starken Bewegung eine Tendenz zum Nachahmen steckt. Affen, Kinder, primitive Völker geben dafür die besten Belege. In zivilisierten Landen beruht ein guter Teil der Erziehung ja darin, derartige Nachahmungsbewegungen usw. ganz zu unterdrücken. Dennoch bleibt diese Tendenz, und eine, wenn auch äußerlich beherrschte, »innere Nachahmung« [1]) steckt in fast jeder Bewegungswahrnehmung oder Bewegungsvorstellung. Nun ist aber die Verknüpfung dieser Bewegungen mit Gefühlen und Affekten eine so enge, daß die Lehre [2]) hat entstehen können, diese Bewegungen seien das eigentliche Wesen der betreffenden Affekte und Gefühle. Jedenfalls ist es eine Tatsache, daß

[1]) Vgl. H. Groos, Ästhetischer Genuß, 1902.

[2]) Man kennt diese Lange-James-Ribotsche Theorie, die man neuerdings die »peripherische« nennt.

man durch Annahme von Stellungen und Ausführung solcher »Ausdrucksbewegungen« in sich alle möglichen Stimmungen und Gefühle wachrufen kann. Ohne uns hier auf die Einzelheiten dieser psychologischen, viel diskutierten Frage einlassen zu wollen[1]), stelle ich so viel fest: durch die körperliche, auf Nachahmung zurückgehende Resonanz wird die Bewegungswahrnehmung außerordentlich verstärkt, anderseits wird durch diese »innere Nachahmung« eine unmittelbare, nicht den Umweg über den Verstand benötigende Übertragung von Gefühlszuständen bewirkt, welche beiden Umstände es verständlich machen, daß die Wahrnehmung körperlicher Bewegungen einen ganz besonders starken Widerhall in unserer Seele findet.

Es ist nun ein Erfordernis für die dramatische Dichtkunst, daß sie auch der mimischen Seite des Theaters Rechnung trägt und solche Szenen schafft, die dem Bedürfnis des Schauspielers und dem Bedürfnis der inneren Nachahmung im Publikum Rechnung tragen. Nicht umsonst sind viele der wirksamsten Dramendichter aus dem Schauspielerstande hervorgegangen: Sophokles, Shakespeare, Molière. Es zeigt die Emanzipation der modernen Dichtung von der Bühne (was künstlerisch ein zweifelhafter Gewinn ist), daß ihre Dichtungen nicht mehr in dieser Weise aus dem Geiste der Schauspielkunst herausgeboren werden. Aber es ist eine Erfahrungstatsache, daß die meisten Szenen, in denen sich seelisches und dialogisches Geschehen nicht in sichtbare Mimik entlädt, langweilig und stumpf wirken. Es ist in fast allen jenen oben erwähnten Szenen, wo sich die Sichtbarkeit der Handlung so schlagkräftig bewährt, gerade das mimische Element dieser Sichtbarkeit, das so hinreißend wirkt. Es sind gerade Gesten und Haltungen, die sich am tiefsten einprägen, den stärksten Nachhall in der Seele des Zuschauers oder Hörers finden. Wer je die großartige Schlußszene im zweiten Teil des vierten Heinrich Shakespeares in Wien gesehen hat, wo Kainz als junger König mit königlicher Geste Falstaff von dannen weist, und wer da Baumeister als Falstaff ruckweise die erhobenen Hände fallen lassen sah, dem wird sich diese Szene, gerade durch diese beiden Gesten auf immer einprägen, und jeder, der einen großen Schauspieler sah und ein wenig seinen Eindruck überdachte, wird finden, daß nichts so sehr mitreißt, wie eine ausdrucksvolle Geste. Daß die dramatische Dichtung dazu Gelegenheit gibt, zu solchen mimischen Handlungen, ist eine der Hauptbedingungen ihrer Wirkungsfähigkeit.

---

[1]) Eine kritische Darstellung dieser Dinge findet man in meiner »Psychologie der Kunst« Bd. I. Leipzig 1912, Teubner.

5.

Bevor ich indessen in meiner Deduktion der spezifischen Eigenschaften der Theaterdichtung aus den Verhältnissen der Bühne und des Publikums fortfahre, wird es nötig sein, einige kurze Bemerkungen über die Psychologie des Publikums einzufügen.

Auch hier hat die Bühne besondere Verhältnisse, wenn wir sie mit den äußeren Umständen vergleichen, unter denen man im allgemeinen Romane oder Lyrik genießt. Der Beschauer ist nicht allein, er ist ein Teil einer Masse. Eine Masse aber ist erfahrungsgemäß nicht bloß eine Summe von Individualitäten, sondern ist etwas ganz Neues, etwas, in dem die einzelnen sie konstituierenden Individualitäten mit Veränderung ihrer Eigenart aufgehen. Es ist das eine feste psychologische Erfahrungstatsache. Durch das Zusammensein vieler Einzelmenschen werden gewisse Elemente des Seelenlebens verstärkt und gehoben, andere dagegen werden zurückgedrängt und unterdrückt, so daß eine völlige Verschiebung des Gleichgewichtes eintritt. Man hat die Masse mit einer chemischen Verbindung verglichen, die auch keine Summe der Elemente, sondern eine Bildung neuer Elemente ist. Vielleicht geht dieser Vergleich etwas weit, doch ist es eine unbestreitbare Tatsache, daß die Massen, also auch das in einer Masse aufgehende Individuum, anders denken und fühlen, als die isolierten Individuen es tun.

Ich stelle nun im Anschluß an Le Bon [1]), dem wir ein interessantes Buch über »*La Psychologie des Foules*« verdanken, einige der wichtigsten Merkmale zusammen. Im allgemeinen scheint das Gehirnleben auf Kosten des Rückenmarklebens zu schwinden. Die Intelligenz vermindert sich und die Gefühle erfahren eine durchgreifende Veränderung. An sich können diese Gefühle sich sowohl besser als auch moralisch schlechter darstellen als die Gefühle der Einzelindividuen, aus denen die Masse besteht. Die Masse kann sowohl zu Heldentaten wie zu Verbrechen hingerissen werden.

Damit kommen wir zu einem Punkte, der ganz wesentlich ist für die Charakteristik der Massenpsyche: die außerordentliche Erregbarkeit und Impulsivität. Alles was Le Bon sonst an charakteristischen Merkmalen der Gefühlsveränderung anführt: die Suggestibilität und Leichtgläubigkeit, die Überschwenglichkeit, die Neigung zu Extremen, die Intoleranz, der Autoritarismus usw. — alles das läßt sich auf die eine Grundveränderung, die gesteigerte Erregbarkeit des Gefühlslebens zurückführen.

---

[1]) Le Bon, *Psychologie des Foules,* Paris. — Auch Deutsch in Phil.-soziol. Bücherei. Leipzig 1908.

Was die Intelligenz anlangt, das Vorstellungs- und Denkleben, so sind auch diese ganz abhängig von jener Steigerung des Gefühlslebens. Im allgemeinen fehlt jede Kritik. Nicht logische Schlüsse leiten die Massen, sondern dasjenige, was ihre Phantasie am stärksten anregt. Daher der ungeheure Eindruck, den alles Wunderbare auf die Massen zu machen pflegt. Widersprüche pflegen nicht zu stören, kurz der Verstand ist in jeder Weise geschwächt.

Nun ist gewiß das Theaterpublikum nicht so unbedingt als Masse anzusehen wie etwa eine politische oder religiöse Masse. Es fehlen einige der wichtigsten Bindeglieder zwischen den Individuen, nämlich die gemeinsamen Handlungsmotive. Da die Individuen zu einer gewissen Untätigkeit und Ruhe gezwungen sind, können sich die Gefühle und Leidenschaften nicht in derselben Weise übertragen wie bei anderen Gelegenheiten. Dennoch bleibt noch genug Massensuggestion auch hier, und in der Tat zeigt eine Analyse der wichtigsten Wirkungsformen der dramatischen Dichtkunst deutlich das Vorhandensein der massenpsychologischen Veränderung.

Ganz allgemein gesprochen sind also Steigerung des Gefühlslebens und eine gewisse Lahmlegung des logischen Denkens die Veränderungen, denen auch das Theaterpublikum unterliegt. Alles also, was an das Gefühl appelliert, wird stärker, alles was an den Verstand sich wendet, wird schwächer empfunden werden, als wenn man dieselbe Dichtung etwa im stillen Kämmerlein liest. Hierin liegt der psychologische Grund, daß es so schwer, ja fast unmöglich ist, im Lesen den Erfolg eines Bühnenstückes vorauszusagen, wie sich denn bekanntlich die erfahrensten Bühnen praktisch in solchen Berechnungen erfahrungsgemäß aufs gröbste täuschen. Aber es ist eben nicht *a priori* zu erschließen, welche Gefühle die Masse verstärken wird, ebenso ist nicht vorauszusehen, über welche logischen Brüche sie hinwegstürmen wird, ohne sie zu bemerken.

Die dramatisch wirksame Dichtung wird also mehr an Gefühl- und Triebleben als an die Intelligenz sich wenden müssen. Die feinsten geistigen Wirkungen, wie die tiefen Sentenzen des Tasso oder der Iphigenie gehen verloren, wie zu leise geflüsterte Worte in einem zu großen Raume. Dagegen kann eine banale Redensart, ein grober Effekt, eine Sentimentalität, über die wir als Einzelleser mit verächtlichem Lächeln hinweggleiten würden, im Theater einschlagen und auch eine stärkere Intelligenz vorübergehend packen. Die antiken Rhetoren wußten das: um eine Masse zu packen, so lehrten sie, muß man an zwei Dinge appellieren: an Instinkt und Leidenschaft. In der Tat sind derartige Motive allein wirksam. In solchen Regungen verstärkt sich die Masse, im Feingeistigen schwächt sie sich. Es mag daher für Schiller oder Shakespeare als Dichter belastend sein, wenn man ihnen Brüche und Lücken in der Motivierung oder der Charakteristik nachweisen kann: gegen ihre Leistungen als Dramatiker, ihre Zugkräftigkeit fürs Theater ist derartiges keine Gegeninstanz. Streng genommen darf man ihnen derartige Dinge nicht zu scharf vorhalten. Man muß bedenken, daß der Theaterstil dem Freskostil in der Malerei in wichtigen Punkten analog ist. Wie man einem Freskenmaler von Rechts wegen nicht vorwerfen darf, daß er nicht minutiös strichelt wie ein Radierer oder Kupferstecher, so darf man es auch vom Theaterdichter nicht verlangen. Was dort die stärkere Kontraste, Betonung einzelner Formen, Einfachheit in der Farbverteilung heischende Entfernung ist, bedeutet für den Theaterdichter die durch die Massenansammlung bedingte Veränderung der Aufnahmefähigkeit des Publikums. Wie ein Kulissenmaler, um zu wirken, so verfährt, wie es die Bühne verlangt, daß die wichtigsten Züge der Schauspieler wie Augen, Ohren, Mund usw. stärker unterstrichen werden, so daß ein Nahesehen alles entstellt erblicken würde, so erfordert auch der Bühnenstil in der Dichtung gewisse Änderungen, die auf Kosten anderer Qualitäten erkauft werden können, ja vielleicht sogar zuweilen m ü s s e n.

Durch diese massenpsychologisch bedingte Veränderung in Aufnahmefähigkeit und Disposition des Zuschauers geht nun weiter hervor, daß nicht alle Motive gleich bühnenfähig sind. Nur kunstfremde Menschen oder Zeiten meinen, ein großer Künstler müsse alles mit allem machen können. Nur solche heischen vom Bildhauer die Mannigfaltigkeit des Malers. Aber wie nicht jeder Gegenstand der Welt geeignet ist, in Marmor gehauen zu werden, so ist auch nicht jeder Winkel der Natur dazu geschaffen, ins Rampenlicht zu treten. Es war ein Grundirrtum des Naturalismus, diese Qualitätsunterschiede im Stofflichen zu leugnen.

Erfahrungsgemäß sind nun diejenigen Motive die bühnenwirksamsten, die an das Affekt- und Triebleben des Zuschauers appellieren, ja gerade solche, die ihn zu innerer Mittätigkeit hinreißen. Ich möchte das unklare und vieldeutige Wort E i n f ü h l u n g vermeiden. Tatsächlich findet eine buchstäbliche Einfühlung, ein wirkliches Hineinversetzen in die dargestellte Person nur in sehr seltenen Fällen statt. Es kann gewiß vorkommen, daß ich mich völlig mit einer der dargestellten Personen identifiziere, und in diesem Falle mag man dann von Einfühlung sprechen. Zwischen diesem Zustand und dem bloßen »Zuschauen«, d. h. dem Zustand, wo ich mir meines im Parkett sitzenden Ichs klar bewußt bin, gibt es unzählig viele Zwischenzustände, ein Mit- und Nachfühlen, wo von einer Projektion meines Ich in eine der dargestellten Personen gar keine Rede sein kann.

Diejenigen psychischen Vorgänge nun, die den Einzelnen sowohl wie die Masse vor allem zum stärksten Mitleben hinreißen, sind Affekte und Triebe. Diese aber kommen im Drama am stärksten zur Geltung in jeder Art von Kampf. Daher ist denn auch jede Sorte von Kampfszene das wahre Element für die Erregbarkeit der Massenpsyche. Denn diese will Partei nehmen, will hingerissen und mitgerissen werden, und nichts pflegt daher auf Massen so entflammend zu wirken, wie irgend eine Kampfszene. Wir können es bei jeder Straßenprügelei beobachten, die sofort ihre Zuschauer findet und bei der sofort die Masse innerlich mitgerissen wird und Partei nimmt. Diese Parteistellung kann schwanken, die leichte Suggestibilität und Unsicherheit der Massen ist eines ihrer stärksten Kennzeichen. Aber niemals verfehlt ein Kampf seine Wirkung. Der Kampf ist darum für alle Theaterszenen dasjenige Motiv, das den meisten Erfolg verspricht, weil die Massenpsyche dabei am stärksten erregt wird und alle ihre Leidenschaften und Triebe am lebhaftesten herausgefordert werden. Es gibt gewiß auch andere bühnenwirksame Motive, wirklich dramatisch jedoch werden sie nur im Kampfe. Es ist daher ein Kennzeichen des echten Dramatikers, daß sich ihm alle Handlungsszenen in dieser kampfmäßigen Zuspitzung darstellen. Es kann sich das in einem bloß dialektischen Für und Wider, einem klaren Auseinandertreten von Gegensätzen offenbaren bis zum Kampfe auf Leben und Tod. Mit Recht hat Bab darum bemerkt, daß der dramatische Dialog bis in die kleinste Einzelheit herab eine solche kämpferische Zuspitzung habe und so im kleinen von demselben Rhythmus erfüllt sei, den das Drama im großen habe. Man betrachte z. B., wie im König Ödipus alles diese Kampfstellung annimmt, wie selbst Szenen, die an sich gar nicht notwendig diese Form zu haben brauchten, beim echten Theatermann diese Stellung annehmen. So macht Sophokles aus der Szene, wo Teiresias dem Ödipus sein Schicksal enthüllt, eine leidenschaftliche Konfliktsszene und erreicht dadurch sofort stärkste dramatische Wirkung, weil das Publikum sofort Partei ergreift, für und wider fühlt und damit hineingerissen wird in den Strom des Geschehens.

Diese Darstellung des Dramas als eines Kampfgeschehens ist indessen nur eine empirische Ableitung daher, daß auf die Massenpsyche nichts so sehr wirkt als ein Kampf. Ich gebe also hier keinerlei Metaphysik. Diese nämlich ist gerade bei der Theorie des Dramas und speziell der Tragödie oft genug angerufen worden. Man machte diese empirische, aus den Wirkungsbedingungen auf das Publikum sich erklärende Tatsache zu einer absoluten Wahrheit und leitete eine aprioristische Form des Dramas und der Tragödie daher ab. Das ist besonders veranlaßt durch die Theorien Hegels [1]), der am richtigsten und klarsten zuerst wohl den Charakter des Dramas als eines Kampfes erkannt hat. Seine Schüler haben diese Erkenntnis dann immer mehr verabsolutiert und zum *a priori* erhoben. So hat dies besonders der in seinem Denken von Hegel stark abhängige Hebbel getan, der eine sehr absolut sich gebärdende Theorie über das Drama aufgestellt hat und die empirische Tatsache des Kampfcharakters alles Dramatischen mit kühner Metaphysik umkleidet hat. So wird das Drama zum Symbol des Lebensprozesses an sich gemacht und zwar in dem Sinne, »daß es uns das bedenkliche Verhältnis vergegenwärtigt, worin das aus dem ursprünglichen Nexus entlassene Individuum dem Ganzen, dessen Teil es trotz seiner unbegreiflichen Freiheit noch immer geblieben ist, gegenübersteht«. — »Nur dadurch, daß es uns veranschaulicht, wie das Individuum im Kampf zwischen seinem persönlichen und dem allgemeinen Weltwillen, der die Tat, den Ausdruck der Freiheit, immer durch die Begebenheit, den Ausdruck der Notwendigkeit, modifiziert und umgestaltet, seine Form und seinen Schwerpunkt gewinnt und daß es uns so die Natur des menschlichen Handelns klar macht, das beständig, so wie es ein inneres Motiv zu manifestieren sucht, zugleich ein widersprechendes, auf Herstellung des Gleichgewichts berechnetes Äußeres entbindet — nur dadurch wird das Drama lebendig« [2]). — Wir sehen hier das Bestreben des Dichters, seinem Werke die höchste Würde zu verleihen, indem er seine Wirkungen ins Absolute und Metaphysische erhebt. Dagegen ist gewiß nichts zu sagen, nur wird man vom Standpunkt der empirischen Wissenschaft den aprioristischen Charakter dieser Aufstellungen angreifen müssen. Es ist richtig, daß das Drama, um zu wirken, einen Kampf darstellt; es ist auch nicht das geringste einzuwenden dagegen, daß der Dichter als Objekt den höchsten, typischsten, allgemeinsten Kampf, den es gibt, herauswählt, den Kampf des Individuums mit dem Schicksal oder sonst einer überlegenen Macht, aber es bleibt doch dabei, daß diese nicht in einem *a priori* feststehenden Charakter des Dramas wurzelt, sondern ganz einfach sich empirisch als die beste Wirkungsform des Bühnengeschehens herausgestellt hat. Die metaphysische Ausdeutung des Kampfes mag diesem größere Würde und Erhabenheit verleihen, ist jedoch für die Wirkungskraft des dargestellten Kampfes nur sekundär. Dramatisch ist jeder Kampf, ob er nun diesen metaphysischen Charakter trägt oder nicht. Er ist eine empirisch herausgebildete Form, die nicht etwa *a priori* da war, sondern *a posteriori* mit der Metaphysik um-

[1]) Vgl. Hegel, Ästhetik Bd. III.

[2]) Vgl. besonders Hebbel, »Mein Wort über das Drama« und »Vorwort zu Maria Magdalena«. Vgl. dazu Paul Ernst, Der Weg zur Form, besonders S. 109 ff.

kleidet worden ist, um ihr die höchste Würde und Bedeutung zu sichern.

Wenn man nun aber auch zugeben wird, daß nicht jeder Stoff für die Bühne geeignet ist und vor allem daß manche Stoffe erfahrungsgemäß nicht auf die Bühne passen, so ist es doch ganz verfehlt, etwa eine Reihe von Handlungsschemen aufzustellen, die nun den ganzen möglichen Umkreis erschöpfen sollen. Mit Recht macht Dessoir[1]) dagegen geltend, daß eine solche Typensammlung, die scheinbar vollständig ist, doch nur Scheinwert hat, da sie kahle Abstraktionen an die Stelle feiner und vieldeutiger Wirksamkeit setzt. Eine feste unüberschreitbare Zahl wird stets willkürlich und gewaltsam bleiben, so wenn man mit Gozzi drei Dutzend herrschender Motive zulassen will. Ein solcher Schematismus versagt der lebendigen Wirklichkeit gegenüber fast immer, da er wohl das Skelett, aber nicht den lebendigen Körper festzuhalten vermag. Die Kunst aber, und daher auch die Ästhetik, hat es stets mit dem Lebendigen, nicht mit dem Toten zu tun.

2. Die Formen der epischen Dichtung.

1.

Wenn wir heute von epischer Kunst schlechthin sprechen, so meinen wir mindestens ebensooft den Roman wie das eigentliche Versepos. Wir nehmen damit an, daß es sich im Grunde bei beiden um dasselbe Ding handelt, wobei wir scheinbare Äußerlichkeiten wie den Vers beim alten Epos auf die leichte Achsel nehmen. Gewiß kann man natürlich beide Formen unter dem Gesichtspunkte des Erzählens zusammenordnen, aber wenn der Roman in vielem auch der Erbe des alten Epos ist, so ist er damit noch lange nicht identisch, im Gegenteil, es bestehen auch außerhalb der äußeren Form tiefgreifende Unterschiede, die auch der tiefste Grund jener scheinbaren Äußerlichkeiten sind. Gewiß gibt es Zwischengattungen, es gibt Romane und Novellen in Versen (wie es auch Epen in Prosa gibt), aber vielleicht wird es gerade dann einem bewußt, daß ein tieferer Unterschied zwischen den Gattungen besteht, wenn man z. B. die Odyssee und den »Trompeter von Säckingen« miteinander vergleicht.

Damit eine künstlerische Form sich stabilisiere, sich dauernde Lebensmöglichkeit bewahre, ist vor allem nötig, daß sie sich gewissen Bedingungen und Forderungen des Genießenden angepaßt hat, denn

---

[1]) Vgl. hierzu Dessoir, Ästhetik u. allgem. Kunstwissenschaft 1906, besonders S. 374, auch S. 67.

das Publikum in seiner Gesamtheit entscheidet über den Lebenswert und die Lebensmöglichkeit künstlerischer Formen, die durch »*survival of the fittest*« sich behaupten.

Nun besteht in der Art, wie das alte Epos vorgetragen wurde und wie der moderne Roman dem Publikum zugeführt wird, ein tiefgreifender Unterschied, und aus diesem einen Hauptunterschiede lassen sich die meisten anderen ableiten. Dieser Hauptunterschied aber liegt darin, daß das alte Epos, die homerischen Gesänge, die altdeutschen Sagen wie auch oft noch Dante und Tasso öffentlich gesungen oder zum wenigsten rezitiert wurden, der Roman jedoch wird von einzelnen gelesen. Daß wir heute auch die alten Epen bloß lesend genießen, beweist, daß uns die eigentlich epische Kunst entfremdet ist, daß wir die Epen also wie Romane behandeln. Es ist das aber durchaus nicht künstlerisch irrelevant, so wenig als es das ist, wenn einer eine Beethovensche Symphonie im Klavierauszug spielt. Denn nicht nur die Art der Darstellung des Kunstwerks ist eine andere, sondern auch die Resonanz, was wir wenigstens bei der dramatischen Kunst noch lebendig empfinden.

Über die Art, wie die Rhapsoden oder Skalden ihre Gesänge vortrugen, haben wir keine sehr gründliche Wissenschaft, sondern nur allgemeine Vorstellungen und Analogieschlüsse. Da uns aus früheren Zeiten nur wenige und unvollkommen verständliche Noten erhalten sind, können wir nur ungefähr annehmen, daß es sich um einen von Instrumentalmusik begleiteten Sprechgesang gehandelt hat. Auf keinen Fall aber hat wohl die Musik so dominiert, wie das in unserer modernen Lied- und Opernmusik der Fall ist, sondern der Text war naturgemäß die Hauptsache.

Aus diesem Umstand des musikalischen Vortrags ging dann zunächst der rhythmische Vers hervor, denn wie der Vers überhaupt, wenn er auch vielleicht nicht immer ein Produkt der Vereinigung von Ton- und Wortkunst, so doch zum mindesten aus denselben Bedingungen hervorgegangen ist wie der musikalische Rhythmus, so ist auch im Epos die Versform aus dem musikalischen Vortrag zu erklären.

Es ist demnach durchaus erklärlich, daß mit dem Aufkommen und der Verbreitung der Schrift, vor allem aber des Buchdrucks, das Epos sich ändert und der Vers zu verschwinden beginnt. Indem die musikalische Wirkung des Verses in der nur gelesenen Poesie zum Wegfall kam, verlor er einen guten Teil seiner Wirkung und wurde eben zu einer bloßen »Äußerlichkeit«, was er in der Tat bei den meisten modernen Epen, die richtiger Novellen oder Romane in Versen genannt werden, allein bedeutet. Ja, es ist neuerdings so weit gekommen, daß der Vers als ein Hindernis betrachtet wird, wie es die Haltung des Publikums jeder verslichen Erzählungskunst gegenüber beweist, indem nämlich der Vers die möglichst bequeme Aufnahme etwas erschwert und dadurch dem Bedürfnis des Publikums nach möglichst müheloser Unterhaltung entgegenwirkt. Daß mit diesen Dingen auch sonst, sprachlich wie inhaltlich, eine geringere Sorgfalt der Ausarbeitung im Prosaroman zusammenhängt, ist leicht einzusehen, da der Vers doch stets zu einer gewissen Sorgfalt der Sprachbehandlung und auch der Gedankengebung zwingt, indem eine Banalität im Verse stärker als solche empfunden wird als eine Banalität in der Alltagssprache. So wirkt die scheinbare Äußerlichkeit der Form auch auf den Inhalt stark genug zurück.

Aber noch nach anderen Richtungen hin wirkt der Umstand, daß das Epos nicht gelesen, sondern vor einer Zuhörerschaft gesungen wurde, stilbildend. Der Bücherdruck läßt die Masse des zugänglichen Stoffes ins Uferlose anschwellen. In einer Zeit dagegen, wo der Vermittler auf sein persönliches Gedächtnis allein sich verlassen mußte und auch das Bekanntwerden mit neuen Stoffen viel, viel schwieriger war, mußte natürlich das einzelne Werk sehr an Wert gewinnen. Der Vortragende wie das Publikum waren gezwungen, sich oftmals an dasselbe Werk zu halten. Das aber ist eine schwere Feuerprobe. Ein schlechtes Werk kann man einmal zur Not ertragen, während gute gerade durch Wiederholung gewinnen. Es mußte also schon dadurch eine viel stärkere Auswahl stattfinden, bloß durch den Umstand, daß etwas oftmals vorgeführt wurde.

Aber auch noch in anderer Weise ist der Umstand, daß etwas unmittelbar einem größeren Publikum vorgeführt wird, ein Prüfstein, wie er es heute noch beim Theater ist. Durch die psychologische Veränderung, die jedes Individuum, das in eine Masse aufgeht, erfährt, wird es nötig, einzelne starke Motive auch machtvoll herauszuarbeiten, während alles Reflektierende, alles an subtiles und intellektuelles Mitarbeiten des Genießenden Appellierende wirkungslos verklingt. Infolgedessen sehen wir, daß der Roman, das gedruckte, an den einzelnen zur Reflexion befähigten Leser appellierende Buch Reflexion in breiter Fülle bringen kann und bringt, daß jedoch das Epos Geschehnisse braucht, die dramatisch herausgearbeitet werden müssen.

Zusammenfassend können wir nun sagen: das Epos braucht gewichtige, große und machtvolle Motive, die geeignet sind, auf einen großen Kreis, auch zu wiederholten Malen zu wirken, es muß ausschließen dagegen alle zu subtilen, reflektierenden Elemente ebenso wie zu subtile Geschehnisse, die nur an den einzelnen Leser in intimer Wirkung sich wenden. Aus letzteren Dingen hat der Roman seine Spezialität gemacht. Kurz, das Epos wendet sich an die Menge, das Volk; der Roman an den Einzelnen. Es ist aber darum auch verständlich, daß heutzutage, in einem Zeitalter größter Differenzierung und Individualisierung, das Epos schon darum kein Publikum findet, dagegen der Roman recht eigentlich die beliebteste Form unserer Gegenwart ist.

2.

Um das Wesen des Epischen im Gegensatz zum Dramatischen festzulegen, hat man neuerdings den Umstand hervorgehoben, daß uns im Epos die Geschehnisse nicht direkt, »sondern durch ein organisch mit der Dichtung selbst verwachsenes Medium übermittelt werden«. Die Rolle dieses Mediums, des Erzählers, hat besonders Käte Friedemann in ihrem sorgfältigen und interessanten Buche: »Die Rolle des Erzählers in der Epik« [1]) klarzulegen gesucht. Die Verfasserin läßt nur diese mittelbaren Formen als eigentliche Erzählungsformen gelten, ohne indessen etwa ein ästhetisches Anathema über die dramatischen Elemente auszusprechen, die fast immer in der Epik sich finden.

Versuchen wir es nun, uns in die Psychologie des Erzählens zu versenken, so werden wir freilich finden, daß jene dramatischen Elemente, also vor allem der Dialog, doch auch viel tiefer mit dem Wesen des Erzählens verwachsen sind, als es scheinen mag, und daß man doch kaum die mittelbare Form allein als »eigentliche« Erzählung darstellen darf. Wenn wir mit Goethe und Schiller den Rhapsoden als den Urtypus des erzählenden Dichters ansehen, so werden wir sehen, daß es zwei ganz verschiedene Materialien sind, die er darzubieten hat. Von welchen Ereignissen er auch erzählen mag, immer liegen zwei Arten nebeneinander, einmal nicht-sprachliche Geschehnisse, die er erst in Worte übertragen muß und die er nur mittelbar geben kann, zweitens aber sprachliche Elemente, die seiner Darstellung unmittelbar zugänglich sind. Wir brauchen nur die Epen von den homerischen Dichtungen oder dem Hildebrandsliede an zu betrachten, um zu sehen, wie der Erzähler gerade solche dialogischen Elemente herausgreift und wie er sich offenbar dort immer am wohlsten fühlt, wo er Reden unmittelbar darstellen kann. Gerade hier lagen ja auch in der Möglichkeit zu Mimik und sonstigen Darstellungskünsten Wirkungsmöglichkeiten für den Rhapsoden in Fülle, die ihm bei der mittelbaren Schilderung entgingen. Von allen Ereignissen, soviel ist sicher, sind dem Erzähler alle Reden, Wortkämpfe, kurz alles, was sich im Material der Sprache abspielt, das nächstliegende, und eine

[1]) K. Friedemann, Die Rolle des Erzählers in der Epik, Leipzig 1910.

Erzählung, die etwa alle Reden indirekt wiedergeben wollte, würde vermutlich unerträglich wirken. Es hat's auch wohl kaum ein bedeutenderer Künstler versucht. Wir müssen wohl als Wesen der Erzählung von vornherein eine solche Doppelheit aufstellen, und je mehr sich die Handlung auf seelischem Gebiete abspielt, um so mehr wird sie natürlich zum Dialoge rekurrieren müssen. Daß natürlich aus dieser Zweiheit der Elemente des Erzählungsstoffes Schwierigkeiten für die Einheit des Stils entstehen, kann nicht geleugnet werden, und es hat denn auch nicht an Versuchen gefehlt, die Einheit des Stiles dennoch zu wahren. Am einfachsten geschieht es im antiken Versepos, wo der Vers eben die Einheit herstellt, die in gleicher Weise Dialog und Schilderung durchdringt. Sobald freilich der Vers schwand und der Naturalismus vordrang, mußten da entschiedene Klippen erwachsen, wie man denn auch oft genug es von ästhetischem Standpunkt aus getadelt hat, daß man den Dialog, wie es in modernen Romanen häufig geschieht, in irgend einer Mundart, die übrigen Teile der Erzählung im Hochdeutschen gab.

Den Dualismus in der Epik zu überwinden hat man auf verschiedenem Wege versucht. Der eine Weg ging auf Unterdrückung des mittelbaren, wie ich hier sagen will, schildernden Teils. Hierher gehören z. B. die Novellen der »konsequenten« Naturalisten Holz und Schlaf in ihren Anfängen, aber auch manche Novellen von H. Mann z. B. nähern sich dieser Möglichkeit, so daß sie schon wie Dramen wirken, bei denen nur hie und da eine Szenenbemerkung eingeschoben wird.

Die andere Möglichkeit ist die, daß der Dialog möglichst beschränkt oder in indirekte Rede übertragen worden ist. Aber wie gesagt, ganz konsequent verwandt, würde auch das einen Verzicht auf viele künstlerische Möglichkeiten bedeuten.

Das Mittel, das oft gebraucht wird, um einen einheitlichen Stil zu erzielen, ist im Grunde dasselbe, das schon das Versepos anwandte. Man schreibt auch die Reden, unter Verzicht auf naturalistische Wirkungen in einem bestimmten Rhythmus, in dem gleichen Tonfall wie die übrigen Partien. Dieses ist das Mittel, das z. B. bei Ricarda Huch, bei S. Lagerlöf und anderen angewandt ist und wodurch ohne Zweifel der stilistische Zwiespalt, der aller Epik sonst nahe liegt, zum mindesten gemildert ist.

3.

Die großen Epen, wie wir sie heute haben, die homerischen Gesänge, das Rolandlied und Nibelungenlied, sind natürlich, wie man im einzelnen ihre Entstehung sich auch vorstellen mag, nicht die ursprünglichen Fassungen. Und soviel kann heute als feststehend gelten, daß balladenartige Gesänge (Lieder), deren Gefüge sich noch in der Überarbeitung erkennen läßt, wie alte Mauerreste in späteren Gebäuden, der großen epischen Fassung vorausgegangen sind.

In der Tat können wir, ohne uns zunächst auf das Verhältnis jener balladesken Lieder und der großen Epen einzulassen, die Ballade als den Urtypus des gesungenen oder rezitierten Epos ansehen, wie auch immer ihr Verhältnis zur Gesamtheit gewesen sein mag.

Auch heute noch aber zeigt die Ballade einen ganz bestimmten eigenen Stil, der sie vom Roman deutlich unterscheidet. Sie ist durchaus Vortragskunst, nicht bloße Lesekunst; Balladen sind denn auch zu allen Zeiten mit Glück vertont worden. Sie steht in vielem dem Drama sehr nahe, eben weil sie eine Wirkung auf Zuhörer und eine Masse von Zuhörern erstrebt[1]).

Um nun gleich einige der charakteristischen Balladenkennzeichen aufzuführen, so seien folgende genannt: die Kürze und Prägnanz des Vortrags, die Raschheit des Tempos in formaler Hinsicht und in inhaltlicher Beziehung die höchste Wucht der Motive, darum mit Vorliebe Kampf, Leidenschaft, Tod und jenes Grausen, das von überirdischen Mächten ausgeht und das mehr noch in früheren Zeiten als heute die Menschen bis ins Innerste erschüttern mußte. Es lassen sich beim Drama (und in gewissem Sinne auch bei der Novelle) dieselben Züge wiederfinden, und wir werden dort dartun, wie sie alle aus der erstrebten Wirkung auf ein größeres Publikum bedingt sind, dessen Rückwirkung auf den Vortrag jedem Redner bekannt ist. Und wie ein guter Redner unmittelbar den Widerhall in der Menge spürt und danach seinen Vortrag eventuell noch umgestaltet, so paßte natürlich auch der gute Balladendichter (und der früher meist sehr selbständig verfahrende Rezitator) seinen Vortrag den Bedürfnissen der Hörer an, ließ Nicht-Wirksames fallen, kürzte und steigerte an geeigneten Stellen, und so entstand die überaus geschlossene und stilfeste Kunstform der Ballade.

Freilich ist nun der Balladenstil nicht der Stil des großen Epos, aber dennoch lassen sich einige der Grundzüge erkennen, auch in der heute vorhandenen Form der Epen, die schon zum Teil wohl auf ein Lesepublikum rechnete und infolgedessen die ursprünglichen Stilformen nicht mehr rein erhalten hat.

Wenn wir uns also die Epen als erweiterte Balladen denken wollen (und manche mittelalterliche Dichtung, wo Urform und Erweiterung

---

[1]) Vgl. auch den Essay »Ballade und Drama« von W. v. Scholz in dessen Buche: Gedanken zum Drama, 1905.

[auch wieder Kürzungen] vorliegt, gibt uns ein Recht dazu), so muß allerdings naturgemäß die Raschheit des Tempos fallen und auch viel von der Prägnanz des Stiles, obwohl sich diese gerade an den Höhepunkten, etwa bei Siegfrieds Tod oder der Tötung der Freier, erhalten hat, anderseits konnte doch die Wucht der Motive und ihre Behandlung nicht so verwaschen werden, daß nicht die ursprünglichen Grundformen der Ballade erkennbar blieben. Während also der Roman in der Regel, auch bei vortrefflichen Werken, in einer gewissen Ruhe verharren kann und mit ganz subtilen Motiven auskommt, kennzeichnet das echte Epos gerade an seinen Höhepunkten die balladeske Stimmungswucht und die tragische Gewalt der Motive, die es nötig hat, um eine ganze Masse von Zuschauern mitzureißen.

Denn so einfach, wie sich die alte »Sammeltheorie« die Entstehung der großen Epen dachte, liegt die Sache auf keinen Fall. Es handelt sich, wie z. B. A. Heusler[1]) neuerdings sehr schön ausgeführt hat, keineswegs um eine Zusammenstellung von Einzelballaden, unter grundsätzlicher Beibehaltung desselben Erzählerstils. Er bezeichnet die Gegensätze als liedhafte Knappheit einerseits und epische Breite anderseits, wobei auch er die damit, wenn auch nicht durchgängig, parallelgehenden Gegensätze mündlich: schriftlich, gesprochen: gesungen hervorhebt. Ich würde dagegen mehr die beabsichtigte Wirkung, ob auf Einzelne, ob auf ein Massenpublikum, betonen, die den Stil durchgreifend beeinflussen mußte und die vor allem den Übergang zum Roman bewirkte. Noch weniger durchgängig ist der Gegensatz strophisch: unstrophisch. Dazu kommen noch andere syntaktische Stileigenheiten, Wiederholungen in der Ballade, Gleichlauf der Sätze, Symmetrie der Perioden.

Im Grunde haben wir es im großen Heldenepos mit einem Zwischending, einer Zwischenstufe zwischen der gesungenen Ballade und dem bloß gelesenen Romane zu tun. Wahrscheinlich wurden die Epen bereits gelesen, doch tragen sie in den Höhepunkten noch deutlich den Charakter des sangbaren Liedes und seinen Stil. Heusler[2]) z. B. denkt sich die Entstehung des großen Heldenepos aus der Ballade hauptsächlich durch drei Neuerungen bedingt. »Die Heldensagen — so schreibt er — haben in Deutschland vom 5. bis zum 12. Jahrhundert zwar sehr bedeutende Umgestaltungen erfahren, aber ein sonderlich reicher Zuwachs wurde auch den Sagen, die gut in der Erinnerung hafteten, nicht zuteil. Sie bleiben kurze Liedinhalte, mit einem bescheidenen Bestande an Szenen und Personen. Dies

[1]) Vgl. A. Heusler, Lied und Epos in germanischer Sagendichtung, Dortmund 1905. Dazu W. P. Ker, *Epic and Romance*, London 1905.

[2]) A. Heusler, a. a. O. S. 34.

hinderte nicht, daß die Lieder derselben Sage in Einzelheiten ein gewisses Sondereigentum erwarben. Die Möglichkeit war vorhanden, durch Zusammentragung dieser Sonderzüge ein reiches gegliedertes Bild der Sage zu schaffen. Dies hat die oberdeutsche Ependichtung des 12. und 13. Jahrhunderts getan. Sie hat außerdem durch subjektive Neuschöpfung, von den anderen Erzählgattungen mehr oder minder befruchtet, die Zahl der dramatischen Auftritte und bedeutsamen Gestalten vermehrt, die alte Sage in ihrem eigenen Geiste weiter ausgedichtet. Sie hat drittens, und das ist das wichtigste, die Darstellungsart von Grund aus umgewandelt, nämlich die liedhafte Gedrungenheit der bisher üblichen Sagenpflege zu erzählerischer Breite nach dem Vorgange geistlicher und höfischer Epik hinübergeführt.«

Man wird diese Entstehungstheorie für die Heldenepen der traditionellen Sammeltheorie wie der Lachmannschen Anschauung vorziehen, die den Stilunterschied zu wenig beachtet hat. Vielleicht aber, und zu dieser Ansicht neige ich am meisten, kann man aus beiden Anschauungen etwas Brauchbares entnehmen. Gewiß hat durch die Verbreiterung und Anschwellung ein durchgreifender Stilunterschied Platz gegriffen, doch nicht genug, um die Stilcharakteristiken der alten gesungenen Ballade ganz zu verwischen, was an den Höhepunkten sich besonders deutlich zu erkennen gibt. So wäre das Heldenepos eine Zwischengattung zwischen gesungener Ballade und gelesenem Roman, die zwar in der Hauptsache schon der bloßen Lektüre diente, aber die Gattungsmerkmale der alten Ballade noch bewahrt hat.

4.

Wie die meisten Sonderungen der Ästhetik, so ist auch die Unterscheidung zwischen Novelle und Roman keine ganz scharfe. Manche Sprachen, wie z. B. das Englische, machen sie überhaupt kaum. Auch gibt es viele Fälle, wo man schwanken kann, welcher Gattung das betreffende Werk zuzurechnen ist. Aber dennoch, trotz dieser Zwischenstufen, gibt es auch ganz ausgesprochene Fälle, bei denen ein deutlicher Stilunterschied sich konstatieren läßt, an dem auch die Ästhetik nicht vorübergehen kann.

Manche, die sich theoretisch über diese Dinge geäußert haben, wollen überhaupt keinen tieferen Unterschied gelten lassen. So meint Gottfried Keller, daß die Länge oder Kürze allein entscheide. Er mag hier vielleicht ein wenig *pro domo* gesprochen haben, denn seine Novellen sind eigentlich oft kleine Romane und im Stil nicht sehr geschieden von seinen großen Romanen. Andere wieder, so z. B. Spielhagen, dagegen suchen den Unterschied auf inhaltlichem Gebiete. Sie behaupten, die Novelle stelle einen einzelnen, übrigens entscheidenden Lebensvorgang dar und sie könne, um diesen Mittelpunkt angeordnet, eine ausbreitende Entwicklung und wesentliche Veränderung der Charaktere nicht bieten. Ähnlich würde die Definition derer lauten, die mit Heyse die bekannte Falkennovelle Boccaccios als Mustertypus der Gattung ansehen, wo ein ungewöhnliches Geschehnis den Stoff abzugeben hätte.

Indessen scheint auch diese inhaltliche Definition kaum zu genügen. Es gibt Novellen, wie z. B. der Michael Kolhaas von Kleist, die eine innere Entwicklung bieten und doch Novellen bleiben. Anderseits gibt es dicke Romane genug, die ohne eine wesentliche Umformung der Charaktere zu bringen, bloß eine komplizierte Verwicklung entrollen oder einen ungewöhnlichen Tatsachenkomplex darstellen. Besonders die große Überzahl der nicht eigentlich »literarischen« Romane gehörte dann dieser Gattung an, aber auch vieles von Dickens, von Scott und vielen anderen.

Mir scheint es, daß man das wesentliche Stilkriterium in der Art des Vortrags sehen muß, in dem Tempo, der Breite, dem Rhythmus des Stils. Und zwar ist der Stil der Novelle viel kürzer, präziser, gedrängter als der des Romanes. Der Stil steht allerdings in innerem Verhältnis zur Länge oder Kürze des ganzen Werkes. Man wird ja auch die Größe der darzustellenden Figuren für ein wandgroßes Ölgemälde und eine Radierung kaum von derselben Größe machen.

Sehr wichtig scheint mir für den Stil der Novelle der Umstand zu sein, daß ihr Urheber wohl mehr oder weniger stets die Möglichkeit vor Augen hatte, daß sein Werk vorgelesen würde. Viele Novellendichter haben auch gern und oft ihre Werke vorgelesen, was bei langen Romanen schon rein äußerlichen Schwierigkeiten begegnete. Sobald aber etwas für den Vortrag vor einem Publikum gedacht ist, muß es sich notwendig allen jenen Bedingungen anpassen, die die Wirkung auf eine größere Anzahl voraussehen und die beim eigentlichen, balladenhaften Epos wie beim Drama hervortreten. Wirkung auf ein größeres Publikum setzt ja stets stärkere, äußerlichere Effekte, straffste Komposition, die keinen Augenblick den Zügel verliert, und rasches Tempo voraus, lauter Dinge, die bei dem für Einzellektüre bestimmten Roman nicht so wichtig sind. Infolgedessen sehen wir auch eine viel nähere innere Verwandtschaft zwischen Novelle und Drama als zwischen Roman und Drama. Es ist schon sehr oft aus einer Novelle, aber selten aus einem Roman ein gutes Drama geworden. Es liegt das wohl nur zum Teil an inhaltlichen Momenten, in der Hauptsache an der gesamten inneren Struktur der Werke.

Daß die mündliche, oder wenigstens gedachte mündliche Erzählung für die Novelle sehr wesentlich ist, zeigt sich auch schon daraus, daß die meisten und gerade die echtesten Novellenautoren ihre Stoffe nochmals von einem Erzähler innerhalb der Novelle vor Publikum vortragen lassen, während Romane wohl als Tagebuch, Briefe, Chroniken usw. gehen, fast immer jedoch als Geschriebenes, nicht Gesprochenes. Natürlich aber müssen dann, wenn die Geschichte direkt als mündlich erzählt eingeführt wird, die oben angeführten Stilmomente besonders scharf hervortreten, wenn das Ganze nicht lächerlich unnatürlich wirken soll. In einer mündlich erzählten Novelle würden breite, mit vielen Einzelheiten beladene Dialoge, psychologische Analysen oder gar jene in Romanen so häufigen Einlagen gedanklicher, wissenschaftlicher usw. Natur unmöglich wirken. Der Leser hätte dann das Gefühl, daß die Zuhörer in der Novelle den Sprecher beständig unterbrechen müßten mit Zurufen: zur Sache! oder ähnlich.

Freilich braucht heutzutage, wo der Novellenstil als fertig geprägtes Modell vorliegt, dem einzelnen Dichter das nicht immer bewußt zu sein, aber die Stilkriterien setzen sich darum bei einem guten Werke doch durch.

Wenn bloß die Länge oder Kürze maßgebend wäre für den Stilunterschied, so müßte man ja leicht aus einem Zusammenarbeiten von Novellen einen Roman erhalten. Das aber ist unmöglich. Eine Novelle ist nicht ein kurzer Roman, sondern ihre ganze innere Struktur ist anders.

Darum kann man auch das Verhältnis von Novelle und Roman nicht etwa dem von Ballade und Epos gleichsetzen. Der Stilunterschied der beiden ersten ist größer als der der beiden letzteren. Der Roman ist von vornherein ganz anders gedacht als die Novelle, während das Epos aus Balladen zusammengeschweißt, respektive eine auseinandergezogene Ballade ist, die noch immer die Stileigentümlichkeiten der Urform bewahrt hat.

Allerdings sind ja gerade in der Prosaerzählung Stilgefühl und Stilreinheit etwas ganz besonders Seltenes, was zum Teil daher rührt, daß diese Dichtungsgattung in einer sonst ganz unmöglichen Weise zu allerlei nichtkünstlerischen Zwecken herhalten muß, so daß man geneigt sein kann, mit Schiller im Roman nur einen Halbbruder, und zwar einen recht unebenbürtigen, der Poesie zu sehen.

Eine besondere Form der Prosaerzählung hat sich in neuester Zeit in der »Skizze« herausgebildet. Soweit sie künstlerischen Wert hat, pflegt sie ihre Reize aus besonderer Stimmungsfeinheit zu schöpfen, so daß man in ihr etwa eine Prosaauflösung des lyrischen Gedichtes sehen könnte, die etwa gleichzusetzen wäre mit der Prosaauflösung des alten Epos. Eine feste Form hat sich jedoch trotz Turgeniew,

Huysmans, Peter Altenberg usw. noch nicht herausgebildet. Auch diese »Gedichte in Prosa« erscheinen mir als eigentliche Produkte für den Druck, nicht für das Lautlesen, wie das echte Lyrikon, denn in der Regel versagen sie beim Vorlesen, da sie einige der stärksten Mittel der Wirkung der Verskunst nicht besitzen.

5.

Als eine der Hauptforderungen an den Epiker und damit als ein Hauptcharakteristikum seiner Kunst hat man seine Objektivität aufgestellt. Der Ausdruck ist, wie R. Lehmann[1]) hervorhebt, nicht ganz eindeutig, indem darin einmal die positive Forderung gegenständlicher Anschaulichkeit, zweitens aber auch die mehr negative, das Zurücktreten der Subjektivität des Dichters liegt. Meistens ist jedoch nur die zweite Bedeutung damit gemeint, und nur mit dieser wollen wir uns hier beschäftigen. Lehmann schlägt dafür, in Anlehnung an W. v. Humboldts Ausdruck Unparteilichkeit, den Terminus Unpersönlichkeit vor, der mir indes eine Unmöglichkeit anzudeuten scheint, warum ich also den Humboldtschen Ausdruck vorziehe. Denn vom Dichter Unpersönlichkeit verlangen, heißt überhaupt seinen Charakter, seine künstlerische Note aufheben, und damit das Wesen der Kunst, das stets eine Verschmelzung von Subjektivem und Objektivem darstellt, selber zerstören. Es handelt sich nur um ein störendes Eingreifen der Persönlichkeit, das wir als Parteilichkeit bezeichnen.

Mir scheint, daß die ganze Forderung der Objektivität vom Epiker dadurch entstanden ist, daß man seine Kunst gegen die des Lyrikers abgrenzen wollte. Aber wenn diese auch reine, oder fast reine Subjektivität ist, so wäre es doch ein logischer Trugschluß, wollte man, bloß um einen klaren Gegensatz zu haben, die Kunst des Epikers als reine Objektivität betrachten. Das wäre ganz falsch und hieße in den Fehler derer verfallen, die in dem Satze »Kunst ist Natur, durch ein Temperament gesehen« die zweite Hälfte weglassen. Es besteht in dieser Hinsicht zwischen Epiker (übrigens auch Dramatiker) und Lyriker nur ein Gradunterschied, kein Wesensunterschied; in jeder Kunst steckt ein subjektives Element, sonst wäre sie eben keine Kunst mehr, ein Satz, der wohl einer eingehenden Begründung nicht mehr bedarf.

»Unpersönlichkeit« also wird man vom Epiker billigerweise nicht verlangen dürfen. Im Gegenteil, man wird es gerade anerkennen, je origineller und bedeutender seine Persönlichkeit sich in der Auswahl

[1]) Lehmann, Poetik S. 145 f.

des Stoffes, in dessen Darstellung und Ausführung erweist. Wenn man aus den homerischen Gesängen jene Forderung hat abstrahieren wollen, so ist demgegenüber zu erwidern, daß Homer, wie es nach der ganzen Entstehung dieser Dichtungen ja nicht anders sein kann, allerdings keine individuelle Persönlichkeit besitzt, wohl aber eine zeittypische und nationale. So bemerkt Wackernagel: »Da das Zeitalter der Nation, in welches die Entwicklung des Epos fällt, eben ein Zeitalter der Nation, nicht der Individuen ist; da zu dieser Zeit die Individuen noch nicht vereinzelt für sich bestehen, sondern im Volke und durch das Volk als untrennbare Glieder desselben leben und wirken, so können auch die altepischen Anschauungen nicht das Werk eines in vereinzelter Tätigkeit dastehenden Dichtergeistes sein: sie sind Anschauungen des gesamten Volkes; nicht einer, sondern die ganze Nation ist der Dichter gewesen. Natürlich kann jede Schöpfung zuerst nur auf einem Punkte entsprungen sein; einen ersten Dichter muß jede Sage, jedes Märchen besessen haben: aber dieser eine schuf aus der Seele des Volkes, nicht als einer, sondern nur als Organ und als zufälliges Organ der Gesamtheit« [1]). — Aber selbst wenn man den Schöpfer des Achilleus oder Odysseus doch als stärkere, eigenartigere Dichterpersönlichkeit festhalten will, als es in diesen Sätzen geschieht, so muß sich doch aus der Natur der Überlieferung, der mündlichen Weitergabe durch Rhapsoden das Individuelle verwischen und das Typisch-Persönliche allein übrig bleiben. — Homer darf also von Rechts wegen nicht als Beispiel für die Unpersönlichkeit des Dichters herangezogen werden. Noch weniger aber darf die Unpersönlichkeit als Kennzeichen des modernen Romans angeführt werden, der ja gerade der Subjektivität den allerweitesten Spielraum gibt, auch dort, wo er bloß wissenschaftlich und experimentell sein will. Denn es ist sehr lustig zu beobachten, wie die Kunst selbst bei solchen Künstlern, die sie in Schranken legen wollen, hinwegschreitet über alle Fesseln, wofür Zola, der »*poète malgré lui*«, wie ihn Dessoir [2]) nennt, ein vorzügliches Beispiel ist, dessen als wissenschaftlich und experimentell gedachte Romane uns heute als der Ausdruck einer sehr subjektiven Persönlichkeit erscheinen. Auf jeden Fall besteht die Forderung der Objektivität an den Epiker zu Unrecht.

Es bliebe also die Unparteilichkeit. Ganz konsequent durchgedacht würde diese Forderung der Unpersönlichkeit schon nahe kommen. Ist die Unparteilichkeit ganz unbewußt, so wird sie der

---

[1]) Wackernagel, Poetik, Rhetorik und Stilistik S. 57, Halle 1877. Dazu Spielhagen, Beiträge zur Theorie und Technik des Romans S. 141 ff., Leipzig 1883. Lehmann a. a. O. S. 146.

[2]) Dessoir, Ästhetik S. 782.

Gleichgültigkeit sehr ähnlich sein. Es wird sich also um eine bewußte Unparteilichkeit handeln, die also nur in der Darstellung zu liegen braucht. Natürlich aber gilt diese für das Drama so gut wie für das Epos, wie ja gerade Hebbel es als Wesen der Tragödie bezeichnet hat, daß alle Personen recht haben.

Im Grunde aber handelt es sich auch mit dieser bewußten Unparteilichkeit des Epikers um eine ästhetische Forderung, die auf absolute Gültigkeit gar keinen Anspruch machen kann und darum auch nicht geeignet sein kann, als Stilkriterium für die epische Kunst zu dienen. Wenn Flaubert und Spielhagen und andere diese Forderung aufgestellt haben, so kann man dem entgegenhalten, daß größte Epiker aller Zeiten sich kühn über solche Forderungen hinweggesetzt haben. Schon bei Homer ist, wie Spielhagen bemerkt, Licht und Schatten ungleich verteilt und wo immer ein »Held« auftritt, pflegt er etwas lichter gesehen zu sein als die anderen Personen. Und sind etwa Jean Paul, W. Scott, Dickens, Raabe, Dostojewski unparteiisch? Gewiß tritt es beim einen mehr, beim anderen weniger hervor, nicht überall wird es vom Leser als Tugend empfunden, aber es kann auch große ästhetische Reize haben.

Im Gegensatz zu jenen Theoretikern möchte ich gerade in einer gewissen Parteilichkeit des Erzählers ein Stilkriterium des Epikers sehen, das ihn vom Dramatiker unterscheidet und ihm die Möglichkeit künstlerischer Wirkungen an die Hand gibt, die jenem versagt sind. So kann die Parteinahme des Dichters für seinen Helden der ganzen Darstellung eine Wärme verleihen, die von größtem ästhetischen Reize sein kann. Das kann sich schon in den schmückenden Beiwörtern äußern, wie in breiteren, besonderen Reflexionen. — Es scheint sogar natürlicher, daß der Autor innere Anteilnahme zeigt an den Schicksalen und Begebenheiten, die er darstellt; es liegt ein gewisser Widerspruch darin, daß einer etwas erzählt und nachher völlige Unbeteiligung am Inhalt des Dargestellten vorgibt. Man bedenke nur, was die Zwischenrufe des erzählenden Wirtes in Kleists glänzender »Anekdote aus dem letzten preußischen Kriege« der Handlung für ein Tempo und für ein Feuer verleihen. Und warum soll dem hinter dem Buche stehenden Erzähler versagt sein, was bei dem im Buche selber auftretenden Erzähler als Tugend angerechnet wird?

Daß es Zwischenreden und Reflexionen gibt, die überflüssig und darum oft unkünstlerisch sind, wird niemand bestreiten. Aber in der Ästhetik — wie im Leben überhaupt — darf aus der falschen Anwendung eines Mittels nie etwas gegen das Mittel selber geschlossen werden. Spielhagen z. B. motiviert seine These folgendermaßen: »Entweder ist die Handlung derart, daß für den denkenden Leser (und andere kennt der Ästhet nicht) die Reflexion von selbst daraus hervorgeht, wie der Duft aus einer Blume, und dann ist sie überflüssig; oder aber die Reflexion muß wirklich die dargestellte Handlung, den vorgeführten Charakter erst erklären, und dann ist die Darstellung unvollständig und nicht objektiv«[1]). Wir haben ja neuerdings z. B. in Bourgets Romanen typische Fälle der Art, wo der Autor seine Personen mit psychologisch-theoretischen Randbemerkungen versieht; das wird gewiß niemand loben wollen. Wohl aber gibt es auch Werke, wo solche Reflexionen selber geschickt angebracht sind, wo sie den einzelnen Fall zum Typischen erheben und ihm damit viel mehr Bedeutsamkeit verleihen. Und wie es uns oben als natürlich erschien, daß ein Erzähler für seine Personen fühlt, so kann es uns genau so natürlich erscheinen, daß er über sie denkt und seine Gedanken ausspricht. Die Reflexion wäre dann eine Art Verzierung, die noch einen besonderen Reiz für denkende Leser hinzufügen kann. Und wie wir in der dekorativen Kunst heute wieder von jenem pedantischen Purismus abgekommen sind, der jeden Schmuck, jede Ornamentik, die nicht aus der Struktur des Werkes sich ergibt, verwirft, so wäre es auch pedantisch, in der Erzählungskunst vom Autor nur die reine Stofflieferung zu verlangen. Wenn seine Reflexionen nur interessant geistvoll sind, wird man sie sich gern gefallen lassen. Wer würde Goethe darob grollen, weil er im Wilhelm Meister noch anderes gegeben hat, als die äußeren Schicksale Wilhelm Meisters und seiner verschiedenen Geliebten? Und man kann ernsthaft zweifeln, was das reiner Künstlerische ist: daß der Autor so Reflexion und Erzählung sondert, oder daß, wie das sonst gern geschieht, man den Dialog der Personen mit subjektiven Reflexionen über sich und die übrige Welt vollstopft, wie z. B. Hebbel auf dramatischem Gebiete seine Personen seine eigene Meinung über diese Personen äußern läßt. Mir scheint, auch in bezug auf Zwischenreden, Reflexionen usw. gibt es nur das eine ästhetische Gesetz, das Molière formuliert hat: *la seule loi pour l'artiste c'est de plaire.*

Dabei möchte ich dann noch einige Fälle namhaft machen, wo gerade die subjektive Parteilichkeit oder die Zwischenreden des Erzählers außerordentlich wirksam sind. So können Zwischenbemerkungen, die aus dem Wissen des Erzählers nur Späteres hervorheben, die Spannung außerordentlich steigern, sie können dazu dienen, der dargestellten Handlung Akzente zu geben, sie können humoristische oder ironische Lichter aufsetzen, kurz sie können eine unbegrenzte Mannigfaltigkeit von Wirkungen erzielen. Und aller dieser Möglich-

[1]) Vermischte Schriften Bd. I, S. 92.

keiten soll der Dichter einer Theorie zulieb, die keinen rechten Grund hat, entsagen? Ja, sogar durch falsche Reflexionen, durch scheinbares Nichtverstehen und Nichtwissen kann der Dichter wirken. Wie köstlich wirkt in Anatole Frances »*La Rôtisserie de la Reine Pédauque*« die Naivität des erzählenden Tournebroche, seine naive Bewunderung für seinen »*grand et cher maître*«! Nein, die Lehre von der Unparteilichkeit des Epikers ist falsch. Wenn man überhaupt etwas aussagen will, so wird man feststellen können, daß der Epiker insofern eine Mittelstellung zwischen Lyriker und Dramatiker hat, als in der Regel ein zu subjektiver Lyrismus der Darstellung schadet, daß aber ein Nachahmen der Objektivität des Dramatikers leicht kühl wirken wird, da sie nicht durch die lebendige Anschauungskraft der Bühne aufgewogen wird.

*

Blicken wir zurück, so zeigt sich, daß die Art der Darbietung und die dabei in Betracht kommenden Umstände äußerst wichtig sind für das Zustandekommen des epischen Stils. Einmal ist es der Umstand, daß erzählt wird, d. h. daß der Subjektivität im Erzählenden mehr Raum gewährt ist, als etwa im Drama, höchst wichtig für den epischen Stil, und die Forderung der Objektivität ist darum zum Teil zu Unrecht erhoben worden. Anderseits ist aber auch höchst wichtig für die Ausbildung der epischen Stilformen das Publikum, dem erzählt wird. Je nachdem die Erzählung gesungen, gesprochen oder im Druck dargeboten wurde, ob sie sich an eine Menge oder an Einzelne richtete, alles das hat seine Rückwirkung auf die Formgebung, und von diesen Umständen aus fällt mancherlei Licht auf die Ausbildung und die ästhetische Wirksamkeit der verschiedenen epischen Stilgattungen.

V.

Der Begriff des Stils.

Von

Johannes Volkelt.

1. Durch alle Mannigfaltigkeit der Bedeutungen, die dem Worte »Stil« gegeben werden, geht das Gemeinsame hindurch, daß darunter eine typische Formbestimmtheit verstanden wird[1]). Spricht man von Stil, so hat man immer vor Augen einerseits eine Vielheit von Fällen, von Gliedern, überhaupt von individuellen Erscheinungen und anderseits ein in ihnen sich gleichbleibendes Formgepräge. Soll die Aufmerksamkeit auf den Stil gelenkt werden, so gilt es, von den wechselnden individuellen Formunterschieden abzusehen und das darin beharrende Formgefüge zu beachten. Mit anderen Worten: Stil ist ein einheitliches Gepräge, Einheit der Gestaltung in der Vielheit der individuellen Gestaltungsunterschiede.

Und zwar handelt es sich im Stil um eine Formbestimmtheit nicht der natürlichen Wirklichkeit, sondern um eine solche an den Erzeugnissen der Menschen, genauer: an den Kunstwerken. Wenn man einer wirklichen Landschaft, einer wirklichen Baumgruppe, einem wirklichen Gebirgszug Stil zuspricht, wenn man sagt: die Eiche hat mehr Stil als die Linde, der Hund mehr Stil als die Katze[2]), so liegt darin, daß man die Natur wie eine Künstlerin betrachtet. Erst auf dem Umwege der Einfühlung künstlerischen Schaffens in die Natur kann diese dazu kommen, das Aussehen dieses oder jenes Stilgepräges zu erhalten. Und wenn man von einem Stil in der Kultur, in den Sitten, in den Gebärden eines Menschen spricht, so werden dann eben Kultur, Sitte, Gebärde vorwiegend von ihrer künstlerischen Seite an-

---

[1]) Wenn Ernst Elster Bedenken trägt, den Begriff »Form« zur Definition von Stil zu verwenden (Prinzipien der Literaturwissenschaft, 2. Bd., Halle 1911, S. 6 ff.), so hat er dabei vor allem im Auge, daß »Form« nur die äußere Gestalt bezeichne, »Stil« aber tief ins Innere, in die Auffassungsweise und Gestaltungskraft des Menschen hinabreiche. Für uns braucht dieses Bedenken nicht zu bestehen; denn zur Grundlegung der Ästhetik, wie sie von mir versucht wurde, gehört vor allem auch die Einsicht in die Einheit von Form und Gehalt, von Form und schaffendem Künstlergeist.

[2]) Wie Köstlin richtig sagt (Ästhetik S. 949).

gesehen. Kultur, Sitte, Gebärde erscheinen geradezu selbst wie Kunstgebilde. Der künstlerische Gesichtspunkt wird auf sie übertragen.

Wenn man die übliche Bedeutung von Stil noch etwas schärfer belauscht, wird man bald heraushören, daß unter Stil meistenteils etwas Bedeutsames, Wertvolles verstanden wird. Auch wenn jemand kein Freund des Rokokostiles ist, so erkennt er doch, wenn er nicht geradezu unverständig ist, ihn als eine geschichtlich bedeutsame Erscheinung an, die sich aus starken geschichtlichen Notwendigkeiten heraus entwickelt hat. Ebenso wer umgekehrt in dem klassizistischen Stil den Stil einer künstlerischen Verfallszeit erblickt, läßt doch, wenn er nicht gänzlich blind urteilt, ihn als Ausdruck einer mächtigen Strömung und als wichtiges und notwendiges Glied in der Kunstentwicklung gelten.

Ich sage: so ist es meistenteils. Es wird aber der Ausdruck »Stil« doch auch zuweilen dort gebraucht, wo völlige Verwerfung gemeint ist. Man spricht von einem Stil des Schwulstes, der Affektiertheit, der Süßlichkeit. Doch wäre es besser, dann von Manier zu sprechen. Man könnte freilich mit Fechner fragen, warum Manier gegenüber dem Stil nur in schlechtem, Stil gegenüber der Manier nur in gutem Sinne gebraucht werde, da doch die Hand dem Herzen und der Seele des Künstlers näher liege als der Griffel[1]). Allein es ist nun einmal Tatsache, daß das Wort »Manier« in unserem Sprachgefühl sich weit entgegenkommender mit dem Sinne des Fehlerhaften verknüpft als das Wort »Stil«. Und da es nun gut ist, für die einheitliche Formbestimmtheit von fehlerhafter Art ein besonderes Wort zu haben, so bietet sich ungezwungen »Manier« dafür dar. Ich werde daher in den folgenden Erörterungen aus dem Begriff Stil die fehlerhafte Formbestimmtheit ausschalten. Es soll, wenn ich von Stil spreche, stets darin das Werturteil des wenigstens relativ Bedeutsamen liegen. Mit dem Begriff »Stil« soll jedesmal der Gedanke verknüpft sein, daß es sich um eine mit dem Wesen der Kunst zusammenhängende Formbestimmtheit handelt, um ein Gepräge, das sich aus den inneren Bedingungen der Kunst und der Kunstentwicklung ergibt. Wo wir einen eigentümlichen Stil finden, dort glauben wir eine im Wesen der Kunst angelegte Möglichkeit ans Licht gebracht zu sehen.

---

[1]) Fechner, Vorschule der Ästhetik, Bd. 2, S. 85. — Ich will nicht gesagt haben, daß man von Manier nicht auch in einem guten Sinne reden dürfe; sondern nur dies, daß ich vorziehe, Manier dem Stil entgegenzustellen, und jene immer in üblem Sinne zu verstehen. Vischer unterscheidet genau und fein zwischen Manier im berechtigten und im üblen Sinne (Ästhetik § 526). Was er Manier in berechtigtem Sinne nennt, fällt mir in den Umkreis von Stil.

Natürlich könnte man sich auch so helfen, daß man von Stil im weiteren und engeren Sinne spräche. Läßt man die fehlerhafte, verwerfliche Formbestimmtheit mit unter den Stilbegriff fallen, dann liegt Stil im weiteren Sinne vor. Zugleich aber müßte jeder, der diesen Sprachgebrauch vorzieht, zugestehen, daß dann der Stil in engerem Sinne ein ungleich wichtigerer Begriff für die Ästhetik ist als der weitere Stilbegriff.

Nimmt man Stil in diesem von Manier unterschiedenen Sinne, so wird durch den Stil vor allem zweierlei abgelehnt. Erstens bildet den Gegensatz zu Stil jede Formgebung aus Willkür, Laune, Eigensinn; jede Formgebung, die sich nicht aus dem Wesen des jeweiligen Gehaltes ergibt, sondern von der Subjektivität des Künstlers dem Gehalt übergezogen, aufgepfropft ist. Zweitens ist dort, wo die Formbestimmtheit den Charakter der Zerfahrenheit, Verschwommenheit, Schwächlichkeit, Unsicherheit an sich trägt, das Gegenteil von Stil vorhanden. Denn in den Fällen dieser Art ist eben einfach den Forderungen nicht genügt, die im Namen des Ästhetischen und der Kunst von jedem Kunstwerk zu erfüllen sind. Die Formbestimmtheit stellt in diesen Fällen geradezu einen Unwert dar.

Es liegt nun nahe, den Stil in einer gewissen gesteigerten Bedeutung zu verstehen. Der Wert der Formbestimmtheit erhöht sich, wenn sie aus einem selbständigen, originalen künstlerischen Können stammt. Vor allem ist es das Genie, von dem die Kunstwerke dieses an Wert gesteigerte Formgepräge empfangen. Nimmt man Stil in dieser erhöhten Bedeutung des Wortes, so wird damit den Erzeugnissen der unselbständigen Schüler, der bloßen Nachahmer und Nachtreter Stil abgesprochen. Dies wäre also eine engere und zugleich erhöhte Bedeutung von Stil. Oder wenn man die verwerfliche Formgebung auch schon unter den Stilbegriff fallen läßt, so läge hier eine Einengung und Erhöhung zweiten Grades vor. Diese enge Bedeutung hat man im Auge, wenn man sagt: ein Künstler hat mit einem bestimmten Kunstwerk oder auf einer bestimmten Stufe seiner Entwicklung seinen Stil gewonnen. Ebenso schwebt, wenn man sagt: jemand zeige Stil in seiner Lebenshaltung, diese engere Bedeutung des Stilbegriffs vor. Was dieses zweite Beispiel betrifft, so ist hier die Lebensführung nach Art einer Kunstleistung betrachtet.

Über den Unterschied von Stil und Manier ist schon oft Vortreffliches gesagt worden. Schon Goethe hat hierüber in dem kleinen Aufsatz »Einfache Nachahmung der Natur, Manier, Stil« Gedanken geäußert, die aus schlichter und tiefer Auffassung geschöpft sind. Was soeben als Stil dargelegt wurde, spricht er in mehr objektivistischer Fassung aus, wenn er den Stil »auf den tiefsten Grundfesten der Erkenntnis, auf dem Wesen der Dinge, insofern uns erlaubt ist, es in sichtbaren und greiflichen Gestalten zu erkennen«, beruhen läßt. Und viele Ästhetiker der Folgezeit — ich nenne Lotze, Heinrich von Stein und Jonas Cohn [1]) — haben sich an diesen Ausführungen Goethes orientiert.

Fasse ich alles zusammen, so darf ich sagen: unter Stil ist das einheitliche, in allen individuellen Unterschieden gleichbleibende Formgepräge an Kunstgebilden, wofern es Bedeutsamkeit und Originalität aufweist, zu verstehen.

2. Überlegt man sich, was hiernach mit dem Stilbegriff gesagt ist, so sieht man sofort, daß er sich von dem Begriff der künstlerischen Form überhaupt nur insofern unterscheidet, als in der künstlerischen Form als solcher das Merkmal des sich in einer Vielheit von Fällen gleichbleibend Erhaltenden nicht ausdrücklich gesetzt ist, gerade auf dieses Merkmal aber es beim Stilbegriff ankommt. Es mag sich dabei um die Kunstwerke eines bestimmten Künstlers oder einer ganzen Zeit oder um die Kunstwerke eines bestimmten Kunstgebietes handeln. Wofern die künstlerische Form als das durch eine Vielheit von Fällen hindurch sich einheitlich Erhaltende angesehen wird, erfüllt sie den Begriff des Stils. Handelt es sich um ein einzelnes Kunstwerk, dann treten die Glieder dieses Kunstwerkes in die Stelle der Vielheit der Fälle ein.

Sieht man von dem Merkmal des eine Vielheit von Fällen einheitlich Zusammenfassenden ab, so deckt sich der Stilbegriff vollständig mit dem Begriff der künstlerischen Form überhaupt. Denn die Kunst hat ja, wofern sie ihre Bestimmung erfüllt, den jeweiligen Gehalt auf Grund der allgemeinen und besonderen ästhetischen Normen und in Gemäßheit der Bedingungen des künstlerischen Schaffens zur Form herauszugestalten. So hat also, indem der Künstler dem Gehalte die künstlerische Form aufprägt, diese Formprägung an und für sich selbst schon den Charakter des Bedeutsamen, den wir vom Stil forderten. Entspricht die Formprägung den ästhetischen Anforderungen, dann ist sie aus den Grundgesetzen und Grundbedingungen der Kunst heraus geboren. Und auch was das Merkmal der Originalität betrifft, so gehört dies gleichfalls zur künstlerischen Form überhaupt, wofern man nämlich die echten Kunstwerke im Auge hat. Schon von der Norm des menschlich-bedeutungsvollen Gehaltes aus wird die künstlerische Form als eine originale gefordert. Je mehr die Norm des menschlich-bedeutungs-

[1]) Lotze, Geschichte der Ästhetik in Deutschland S. 605 ff. — Heinrich v. Stein, Goethe und Schiller, Beiträge zur Ästhetik der deutschen Klassiker (Reklam) S. 28. — Jonas Cohn, Allgemeine Ästhetik S. 116 f.

vollen Gehaltes erfüllt wird, umsomehr wird auch die künstlerische Form den Vorzug der Originalität zeigen. Hält man sich nun gar noch das Wesen des genialen Schaffens vor Augen, so ergibt sich in noch stärkerem und einleuchtenderem Maße, daß zur künstlerischen Form, wie sie allen echten Kunstwerken eigen ist, Originalität gehört.

Hiernach also wäre die Bezeichnung »Stil« gleichbedeutend mit der künstlerischen Form im nachdrücklichen Sinne des Wortes, wofern man nur die künstlerische Form zu einer Vielheit von Fällen in Beziehung bringt und als das einheitlich durch sie Hindurchgehende ansieht.

Zahlreiche Erörterungen über den Stil bleiben hierbei stehen. So ist es beispielsweise bei Jonas Cohn, wenn er den Stil als die Summe der künstlerischen Gestaltungsprinzipien auffaßt[1]). Man begnügt sich eben dann mit einem verhältnismäßig dürftigen Inhalt des Stilbegriffs. Man unterläßt es, dem Terminus »Stil« einen eigentümlicheren und interessanteren Sinn zu geben. Eine solche bedeutsamere Ausfüllung des Stilbegriffs ergibt sich, wenn man den allgemeinen Stilbegriff in gewisse Besonderungen auseinander treten läßt. Erst auf Grund gewisser Gliederungen des Stilbegriffs oder, was auf dasselbe hinausläuft, der künstlerischen Form, füllt sich der Terminus »Stil« mit einem für die Ästhetik, für die Kunstgeschichte, für das künstlerische Verstehen und Genießen hochwichtigen Inhalt. Weil hierauf nicht eingegangen wird, darum leiden die meisten Erörterungen des Stilbegriffs an Magerkeit.

3. Das Nächstliegende ist es, die allgemeine künstlerische Form sich nach den Künsten und Kunstzweigen gliedern zu lassen. So hat die Malerei ihr eigentümliches Formgepräge im Unterschiede von den andern Künsten; aber auch dem Ölbilde kommt ein solches zu im Vergleich etwa mit dem Aquarell; ebenso dem Geschichtsbild im Unterschied etwa vom Sittenbild. Es steht nun nichts im Wege, diese verschiedenen Besonderungen der künstlerischen Formbestimmtheit als verschiedene Stile zu bezeichnen und so beispielsweise von einem Stil der Malerei, der Ölmalerei, der Geschichtsmalerei, von einem Stil der Skulptur, der Marmor-, Bronze-, Holzskulptur, von einem Stil der Dichtkunst, des Epos, der Ballade zu reden.

Allein auch damit hat der Stilbegriff keinen hervorragend eigentümlichen Inhalt gewonnen. Denn Stil heißt hier nichts weiter als Formgepräge der einzelnen Künste und Kunstzweige. Des besonderen Namens »Stil« bedürfte es hierfür gar nicht. Eine Eigentümlichkeit, die einer besonderen Bezeichnung dringend bedürfte, ist hierbei nicht

[1]) Jonas Cohn, Allgemeine Ästhetik S. 122.

hervorgetreten. Man käme mit Ausdrücken wie künstlerische Form, Formgepräge, oft auch mit dem Worte »Form« für sich allein vollkommen aus.

In einem gewissen Fall allerdings erhält dieser auf die verschiedenen Künste bezogene Stilbegriff doch einen eigentümlicheren Inhalt. Dies geschieht dann, wenn sich die Formbestimmtheit einer Kunst innerhalb einer anderen Kunst geltend macht und eine dementsprechend abgeänderte Gestalt zeigt. So gibt es einen malerischen Stil in der Skulptur: das Verschwimmende und Verhauchende, die durch das Spiel von Licht und Dunkel bedingte Weichheit und Dämmerigkeit der Umrisse, wie dies der Malerei eigentümlich ist, kann, selbstverständlich angepaßt dem fremden Medium der Skulptur, in gewissem Grade auf die Gestaltungsweise dieser Kunst von Einfluß sein. Es genügt, an Rodin zu erinnern. In der Malerei gibt es umgekehrt einen skulpturartigen Stil (man mag sich Cornelius oder Genelli vor Augen führen). Der Dichter kann musikalisch, der Gartenkünstler architekturartig schaffen. In allen solchen Fällen handelt es sich um die Formbestimmtheit einer Kunst, insofern sie sich innerhalb einer andern Kunst in einer dieser Kunst angepaßten Weise als gestaltendes Prinzip geltend macht. Dies ist eine so eigentümliche Differenzierung der Formbestimmtheit, daß dafür eine besondere Bezeichnung erwünscht erscheint. Hier hat der Stilbegriff einen eigentümlichen Inhalt bekommen.

Eine andere Besonderung des allgemeinen Stilbegriffs scheint sich zu ergeben, wenn man die Gliederung des Ästhetischen in seine Grundgestalten ins Auge faßt. In der Tat handelt es sich um bestimmt ausgeprägte Typen des künstlerischen Schaffens, je nachdem Schönes oder Charakteristisches, Erhabenes oder Anmutiges, Tragisches oder Komisches geschaffen wird. Und so ließe sich denn von einem Stil der Schönheit, einem Stil des Charakteristischen, einem Erhabenheits-, einem Anmutsstil und so fort reden. Allein es ist hierbei eines zu bedenken: die ästhetischen Grundgestalten bedeuten nicht nur Formbestimmtheiten der Kunst, sondern auch des Naturwirklichen. Man wird daher gut tun, die Grundgestalten nicht als verschiedene Arten des Stils zu bezeichnen. Der Begriff »Stil« würde, wenn man ihn auf das Naturästhetische anwenden wollte, sein Charakteristisches einbüßen. Eine solche Verflüchtigung und Verwässerung des Stilbegriffs ist nicht wünschenswert.

4. Dagegen entspringen nach drei Richtungen hin so eigentümliche Besonderungen der künstlerischen Formbestimmtheit, daß hierfür der Name »Stil« als in besonderem Grade passend erscheint. Hiermit allererst trete ich an den Stilbegriff in seinen wichtigsten Be-

deutungen heran. Sie ergeben sich also erst durch gewisse Differenzierungen des allgemeinen Stilbegriffs. Doch werde ich mich nur mit der dritten der hier zu nennenden Richtungen in der Ausgestaltung des Stilbegriffs genauer beschäftigen. Nach dieser dritten Richtung hin liegen die psychologisch wie ästhetisch interessantesten Fragen, zu denen der Stilbegriff hindrängt. Die beiden anderen Richtungen in der Besonderung des Stilbegriffs sind für die allgemeine Ästhetik lange nicht so problemreich; sie haben ihre große Wichtigkeit weit mehr auf dem Boden der Kunstgeschichte. Ich will daher auf sie nur flüchtig hinweisen.

Erstens entstehen Unterschiede der Formbestimmtheit infolge der Entwicklung der Künste nach Zeiten, Völkern, Kulturen. So verschiedenartig auch die Bedingungen sind, von denen das künstlerische Leben einer Zeit abhängt, so pflegt sich doch innerhalb eines Volkes oder mehrerer benachbarter Völker für Jahre, Jahrzehnte oder auch Jahrhunderte ein bestimmtes Kunstgepräge herauszuentwickeln. In einer gewissen Kunst oder Kunstgruppe pflegt dieses Kunstgepräge mit besonderer Deutlichkeit und Folgerichtigkeit hervorzutreten. Aber auch auf die anderen Künste greift es mehr oder weniger über, so daß die gesamte Kunstbetätigung einer Zeit von ihm teils beherrscht, teils beeinflußt erscheint. So entstehen die geschichtlichen Stile. Es ist dies die üblichste Bedeutung von Stil. Wenn von Stil die Rede ist, denkt der Laie zunächst an solche Unterschiede wie Gotik, Renaissance, Rokoko. Und auch in der Ästhetik wird häufig (so auch bei Friedrich Vischer) bei Erörterung des Stilbegriffs vorzugsweise an die geschichtlichen Stile gedacht.

Zweitens ist dabei an den Unterschied zu denken, der sich durch die Vielheit der Künstlerindividuen ergibt. Jeder wirkliche Künstler hat eine nur ihm eigene Art der Formgebung. Soviel Künstler, soviel Stile. Kunstwerke, deren Meister unbekannt oder streitig sind, werden daher auf Grund genauer Kenntnis von den individuellen Stileigentümlichkeiten diesem oder jenem Meister zugesprochen oder abgesprochen. Es kann aber noch mehr ins Enge geschritten werden: jede Entwicklungsstufe eines Künstlers hat ihren eigenen Stil. Besonders bei Meistern von langer Lebensdauer spricht man von Jugend-, Reife- und Altersstil. Aber auch kurzlebige Künstler können starken Stilwandel zeigen. Ja schließlich ist jedes bedeutendere, umfassendere Kunstwerk in seinem eigenen Stil gehalten. Man darf vom Stil des Werther, der Lehrjahre, der Wanderjahre, der Natürlichen Tochter, des Westöstlichen Divan reden. Der Stil der Hebbelschen Judith ist ein anderer als der von Agnes Bernauer oder der Nibelungen. Übrigens bedeutet auch in dieser äußersten Verengung Stil immer noch eine typische, für eine

Vielheit von Fällen geltende Formbestimmtheit. Die Vielheit der Fälle besteht hier in den vielen Gliedern des Kunstwerks. Der Stil des zweiten Goetheschen Faust tritt uns in zahllosen Einzelheiten entgegen [1]).

So hat also der Stilbegriff, indem er auf die geschichtlichen und individuellen Stile angewandt wird, einen eigentümlichen und hochbedeutsamen Inhalt erhalten. Von der dritten und, wie wir sehen werden, fragenreichsten Anwendung des Stilbegriffs gilt dies in noch weit höherem Grade.

Drittens nämlich ergeben sich dadurch eigentümliche Ausgestaltungen der Formbestimmtheit, daß in dem künstlerischen Schaffen verschiedene Möglichkeiten seiner Ausgestaltung liegen und zwar in dem Sinne liegen, daß jede dieser Ausgestaltungsmöglichkeiten berechtigt ist und eine vollbefriedigende Weise des künstlerischen Schaffens bedeutet.

Genauer verhält sich die Sache folgendermaßen. In dem psychologischen Ganzen, das der künstlerische Schaffensakt bildet, liegt eine Anzahl von Tendenzen entgegengesetzter Art. Und es besteht die Freiheit, entweder die eine oder die andere Tendenz auszubilden, das Kunstwerk im Sinne der einen oder der anderen Tendenz zu gestalten. Und zwar liefert in jedem Falle jede der beiden Tendenzen eine berechtigte, in ihrer Art vollkommene Gestalt des künstlerischen Schaffens. Die Psychologie des künstlerischen Schaffens läßt sonach gewisse entgegengesetzte Möglichkeiten frei.

Die Psychologie des künstlerischen Schaffens lehrt eine Fülle von Bedingungen kennen, die notwendig überall erfüllt sein müssen, wo das künstlerische Schaffen eine befriedigende Gestalt gewinnen will. Ein Abgehen von diesen Bedingungen würde das künstlerische Schaffen einseitig machen, verunreinigen, zur Verkümmerung oder Entartung bringen, kurz unvollkommen werden lassen. Derartige Möglichkeiten sind hier nicht gemeint; vielmehr ist vorausgesetzt, daß alle unerläßlichen Bedingungen des künstlerischen Schaffens erfüllt sind, daß das notwendige Gefüge des künstlerischen Schaffens gewahrt ist. Was ich hier im Auge habe, ist dies, daß dieses Gefüge des künstlerischen Schaffens an verschiedenen Punkten die Möglichkeit bietet, entgegengesetzten Tendenzen zu folgen; so daß also der Künstler sein Schaffen in entgegengesetzten Richtungen gehen lassen kann, ohne befürchten zu müssen, daß er sich durch die eine oder die andere

---

[1]) Cohen begnügt sich damit, den Stil für das Gesetz des Individuums zu erklären (Ästhetik des reinen Gefühls Bd. I, S. 49 f.) Wie vieles an dieser Ästhetik abstrakt bis zur Unfruchtbarkeit ist, so auch das, was sie über den Stil sagt.

dieser Richtungen gegen die Normen des künstlerischen Schaffens versündigen könnte.

Sieht man nun genauer zu, so zeigt es sich, daß fünf solche Paare entgegengesetzter Tendenzen in der Natur des künstlerischen Schaffens liegen. An fünf Stellen des psychologischen Baues, den das künstlerische Schaffen darstellt, eröffnet sich die Möglichkeit, dieses Schaffen in entgegengesetzte Richtungen zu bringen. Fünf Paare entgegengesetzter Schaffensweisen ergeben sich. Diese gegensätzlichen Ausgestaltungen des künstlerischen Schaffens nun wird man mit besonderem Nachdruck als Stile oder Stilrichtungen bezeichnen dürfen. Jedenfalls sind es die für den Ästhetiker bei weitem interessantesten Ausgestaltungen des Stilbegriffs.

Wenn ich auf diese Weise gewisse Schaffenstypen oder Schaffensrichtungen als Stile bezeichne, so ist damit kein Widerspruch gegen die grundlegende Bestimmung des Stilbegriffes eingetreten: der Stil sei einheitliche Formbestimmtheit. Denn es ist zu bedenken: jede dieser Schaffensweisen äußert sich unmittelbar in einem entsprechenden Formgepräge. So entsprechen den fünf Gegensatzpaaren der künstlerischen Schaffensweise ebensoviel Gegensatzpaare der Ausprägung der Kunstwerke. Mit dem Zurückgehen auf den Schaffenstypus ist nur der tiefere psychologische Grund der Formbestimmtheit aufgedeckt.

Ich will diese Gegensatzpaare zunächst aufzählen. Erstens unterscheide ich den elementaren und den vernunftgeklärten Stil. Ich könnte den elementaren Stil auch als den naiven bezeichnen. Allein das Wort »naiv« ist vieldeutig; und so wähle ich, da ich für einen anderen Stil des Wortes »naiv« dringend bedarf, hier lieber die Bezeichnung »elementarer Stil«. Zweitens treten der naive und der sentimentale Stil einander gegenüber. Das dritte Gegensatzpaar wird von dem objektiven und subjektiven Stil, das vierte von dem Wirklichkeits- und dem Steigerungsstil gebildet. Hieran reiht sich endlich fünftens der Unterschied des individualisierenden und des typisierenden Stils. Diese Stilrichtungen gehen durch alle Künste hindurch, wenn auch freilich manche Künste einen besonders ergiebigen, andere einen weniger fruchtbaren Boden für die Entfaltung des einen oder anderen Stilgegensatzes bilden[1]).

Zieht man diese Gliederungen in den Stilbegriff herein, so erhält er einen umfassenden Reichtum. Er wird zu einem Inbegriff hoch-

[1]) Schon in meinen »Ästhetischen Zeitfragen« (1895) habe ich Stilgegensatzpaare unterschieden. Dort waren es aber nur die an den beiden letzten Stellen genannten Gegensatzpaare, die ich in Betrachtung zog.

wichtiger Gegensätze. Er tritt in die allerengste und wesentlichste Verbindung mit dem inneren, eigensten Leben der künstlerischen Schaffenstätigkeit. Häufig ist man geneigt, nur dort Stil zu finden, wo Großheit in der künstlerischen Auffassung, idealisierende Erhöhung der dargestellten Gegenstände vorliegt. So verlangt Friedrich Vischer vom Stil »ideale Großheit der Auffassung« [1]). Und Goethe will »das Wort Stil in den höchsten Ehren halten, damit uns ein Ausdruck übrig bleibe, um den höchsten Grad zu bezeichnen, welchen die Kunst je erreicht hat und erreichen kann« [2]). Ich will nun keineswegs es als verboten ansehen, dem Wort Stil eine Verengerung und Steigerung zu geben, die noch weit über die erhöhte Bedeutung hinausgeht, die in der vorhin (unter Nummer 1) angestellten Betrachtung dem Stilbegriff durch das Hinzutreten des Merkmals der Selbständigkeit oder Originalität verliehen wurde. Ja es mag sich geradezu empfehlen, das Wort Stil ähnlich wie etwa das Wort »Charakter« auch in gewissem Zusammenhange als einen Vorzugsnamen höchsten Ranges anzuwenden. Aber wichtiger ist es für die Ästhetik, daß wir in dem Worte »Stil« einen Ausdruck besitzen, der passend erscheint, jene in der Psychologie des künstlerischen Schaffens wurzelnden entgegengesetzten Tendenzen zusammenfassend zu bezeichnen. Jene Gegensatzpaare gehören zusammen; und sie müßten im System der Ästhetik insgesamt in unmittelbarem Anschluß an die Psychologie des künstlerischen Schaffens behandelt werden. Tatsächlich findet man sie, soweit sie überhaupt erörtert werden, immer auseinandergerissen und an verschiedene Stellen der Ästhetik verteilt. Sie haben in der Ästhetik keine rechte Heimat.

Hier mag nebenbei daran erinnert werden, daß zuweilen an dem Stil besonders das Merkmal des zur Gewohnheit Gewordenen betont wird. So erklärte Rumohr den Stil als ein zur Gewohnheit gediehenes Sichfügen in die inneren Forderungen des Stoffes [3]). Und Friedrich Vischer findet den Schwerpunkt des Stiles darin, daß er die idealbildende Tätigkeit in die technische Gewöhnung übergegangen zeigt [4]). Zweifellos gehört zum Stil Sicherheit in der Bearbeitung des Materials, Beherrschung des Handwerklichen in der Kunst. Dies ist einfach darin mit enthalten, daß der Stil Formgepräge in gutem, betontem Sinne des Wortes ist. Und so mag auf die technische Gewöhnung denn auch als auf ein in dem Begriff des Stiles Mitgesetztes nachdrücklich hingewiesen werden. Nur darf die Hervorhebung dieses Merkmals

[1]) Friedrich Vischer, Das Schöne und die Kunst S. 273; Ästhetik § 527.
[2]) Goethe, in dem vorhin erwähnten Aufsatz, Weimarer Ausgabe, Bd. 47, S. 83.
[3]) C. F. v. Rumohr, Italienische Forschungen (Berlin 1827), Bd. 1, S. 87.
[4]) Friedrich Vischer, Ästhetik § 527. Das Schöne und die Kunst S. 273.

nicht in dem Sinne geschehen, als ob damit ein neues Merkmal zu der Grundbestimmung des einheitlichen, bedeutsamen Formgepräges hinzugefügt wäre [1]).

5. Am vielseitigsten und innigsten mit der Psychologie des künstlerischen Schaffens hängt der Gegensatz des elementaren und des vernunftgeklärten Stiles zusammen. Ich kann jenen auch als den Stil der Natürlichkeit bezeichnen. Im künstlerischen Schaffen ist die Möglichkeit einer geringeren und größeren Entwicklung der denkenden Bewußtseinshaltung, der absichtsvollen Aufmerksamkeit, der klaren Vernunft freigegeben. Oder von der anderen Seite her angesehen: das Unwillkürliche, triebartig sich von selbst Gestaltende, das Unbewußte, das Naturartige kann im künstlerischen Schaffen stärker und schwächer entwickelt sein. So ergibt sich ein tief einschneidender Unterschied der Schaffensweise und damit des Stils.

Ich achte zuerst auf die Gefühle, aus denen der Künstler seine Gestalten schafft, aus denen er sein Schaffen nährt. Diese lassen eine doppelte Möglichkeit zu: entweder sie entwickeln sich unter wesentlicher Mitwirkung der ordnenden, klärenden, verarbeitenden Intelligenz, oder sie sind rein durch eigene Triebkraft entfaltet, ohne daß an ihrer Gestaltung und Verknüpfung die Denkarbeit in bestimmender Weise beteiligt wäre. Dort handelt es sich um Gefühle vernunftgeklärter, bearbeiteter, durchgebildeter Art; hier dagegen tragen die Gefühle den Charakter des Naturgewachsenen, Unwillkürlichgewordenen, des Ursprünglichen, Zufälligen. Dort sind die Gefühle gleichsam durch ein ihnen fremdes Medium hindurchgegangen, das sichtend, verknüpfend, überlegend auf sie wirkte. Hier dagegen trägt alles den Reiz des Freientfalteten. So ist dort vorwiegend eine Stätte des Ermäßigten, Wohlgeordneten, Gleichgewichtsvollen, hier dagegen vorwiegend eine Stätte des Wilden und Ungestümen, des Dunklen und Plötzlichen, des Irrationalen und Widerspruchsvollen. Dort liegt die Gefahr des Ge-

---

[1]) Hier und da hat der Begriff des Stilisierens irreführend auf den Stilbegriff eingewirkt. Im Stilisieren ist die fühlbare, ja auffallende Abweichung der künstlerischen Formgebung von der Naturwirklichkeit betont. Im Stil ist dies dahingestellt gelassen. Auch wo umgekehrt an der künstlerischen Form die Nähe der Naturwirklichkeit gefühlt wird, kann Stil vorhanden sein. Auch die naturalistischen Künstler haben ihren Stil. So ist denn Stilisierung ein beträchtlich engerer Begriff als Stil. Besonders wo die künstlerische Formgebung als im Gegensatze zu der natürlichen Form des Gegenstandes stehend gefühlt wird, spricht man von Stilisierung. Und da ist es wiederum die Formung der freien, zwanglosen Naturwirklichkeit in der Richtung des Regelmäßigen, Symmetrischen, Geometrischen, was im allerengsten Sinne als Stilisierung bezeichnet wird. Der Löwe im Wappen ist ein stilisierter Löwe. Eine Ranke, ein Blatt wird zu einer Zierform in Baukunst und Kunstgewerbe stilisiert.

glätteten und Verdünnten, hier des Wirren und Tollen vor. Doch können auch die elementaren Gefühle sich in Maß und Harmonie entfalten, wie umgekehrt die vernunftgeklärten Gefühle absichtlich ins Sprunghafte und Zerrissene hin gestaltet sein können. Das Ausschlaggebende für den vorliegenden Unterschied liegt in dem Gegensatz des Vernunftbearbeiteten und Naturgewachsenen. Das Schaffen des Künstlers gleicht mehr einem klaren Sehen oder mehr einem Rausche. Es ist, um an Ausdrücke Nietzsches zu erinnern, entweder apollinischer oder dionysischer Natur.

Stellen wir Goethes Harzreise, Ganymed, Wanderers Sturmlied, Schwager Kronos solchen Gedichten wie Ilmenau, Zueignung, Euphrosyne gegenüber, so drängt sich der Unterschied des Elementaren und Vernunftgeklärten in den hineingearbeiteten Gefühlen mit Macht auf. Oder um einige andere Beispiele herauszugreifen: Mozart und Brahms, Schubert und Liszt, Franz Hals und van Dyck, Giotto und Botticelli — niemand wird zweifeln, daß die jeweilig ersten Namen dem Elementaren, die jeweilig zweiten dem Vernunftgeklärten zugehören. Wie keineswegs das Elementare notwendig mit dem Ungestümen und Widerspruchsvollen zusammenfallen muß, kann vor allem die griechische Kunst zeigen. Den Werken von Polyklet und Praxiteles, Homer und Anakreon liegt durchaus ein naturgeborenes Fühlen zugrunde, und doch ist an diesem Fühlen alles in schönem Gleichgewicht.

Hiermit ist aber die psychologische Herkunft des in Frage stehenden Stilgegensatzes noch lange nicht erschöpfend bezeichnet. Wir haben weiter auf die Mitwirkung des latenten Denkens und Beziehens am künstlerischen Gestalten zu achten. Es bestehen hinsichtlich dieser Mitwirkung mannigfache Unterschiede. Vor allem bieten sich Unterschiede insofern dar, als das latente Denken und Beziehen eine größere oder geringere Annäherung an die zielbewußte Ausübung dieser Tätigkeiten aufweist. So ist denn in dem Grundgefüge des künstlerischen Schaffens an der Stelle, wo ihm das latente Denken und Beziehen eingegliedert ist, zwei relativ entgegengesetzten Ausgestaltungen freier Spielraum gelassen, je nachdem das latente Denken und Beziehen mehr mit vorstellungsmäßiger oder in gefühls- und gewohnheitsmäßiger Gewißheit verläuft. Das heißt: der Erfahrungs-, Erkenntnis- und Weisheitsertrag des Lebens wirkt an den Phantasiegestaltungen *entweder* mehr so mit, daß dem Künstler diese oder jene Einzelheiten, Besonderheiten, Allgemeinheiten in Erinnerung kommen, ihm in Vorstellungsform gegenwärtig werden und vor den Augen seines Bewußtseins ordnend und verbindend in die Phantasieakte eingehen. *Oder* dieser Vorgang verläuft mehr in der Art, daß der Erfahrungs-, Erkenntnis- und Weisheitsertrag der vorangegangenen Zeiten zwar tatsächlich mit diesen oder jenen Teilen an den Phantasieakten mitarbeitet, daß aber von der Art dieses Mitarbeitens dem Bewußtsein nur durch unbestimmte Gefühle oder überhaupt gar nicht Kunde zuteil wird.

Hiermit ist ein Entweder-Oder bezeichnet, das als in das gesamte künstlerische Schaffen einfließend anzusehen ist. Und zwar kommt dieses Entweder-Oder nicht für sich zur Geltung, sondern in Verbindung mit dem vorhin auseinandergesetzten Unterschied des Gefühlstypus. So geht der Gegensatz des Vernunft- und des Natürlichkeitsstiles daraus hervor, daß sich jener Unterschied des Gefühlstypus mit diesem Unterschiede des latenten Denkens und Beziehens verbindet.

Auch hiermit aber ist der Ursprung des in Frage stehenden Stilgegensatzes noch nicht nach allen Seiten dargelegt. Wollen wir nicht in das in Bausch und Bogen sich bewegende Gerede verfallen, wie es in den Erörterungen über den Stilbegriff allermeist üblich ist, so müssen wir auch die Einstellung des Bewußtseins während des künstlerischen Schaffens heranziehen. Das ganze künstlerische Schaffen erhält einen anderen Charakter, je nachdem das Bewußtsein seinen künstlerischen Schaffensakten als einem Objekt, auf das hin es gespannt ist, gegenübersteht oder ihm eine solche Hinspannung fehlt und das Bewußtsein sich einfach dem Zuge des künstlerischen Schaffens überläßt. Dort ist die Haltung des Aufmerkens und Überwachens, hier die des sorglosen Gewährenlassens vorhanden. Dort besteht infolge des darüberschwebenden Bewußtseins die Neigung des Rück- und Vorblickens, des Prüfens, des Maßstäbe-Anlegens, des Vergleichens; das Subjekt ist kritisch gestimmt. Hier dagegen ist der Künstler von dem selbstverständlichen Vertrauen erfüllt, daß alles in gutem Zuge sei, daß etwas Tüchtiges herauskommen werde. So erhält der Stilgegensatz des Vernunftreifen und des Elementaren auch von der Einstellung des Bewußtseins überhaupt her Nahrung und Zuschärfung.

Hiermit verknüpft sich endlich noch ein von den »erwägenden Hilfsakten« herrührender Unterschied. Drei Stellen im psychologischen Gefüge des künstlerischen Schaffens waren bisher als Orte bezeichnet, wo der Stilgegensatz des Elementaren und Vernunftgereiften entspringt: wir haben das künstlerische Schaffen erstlich an den Gefühlen, die der Künstler seinen Gestalten einschmilzt, zweitens an dem latenten Denken und Beziehen, drittens an der Einstellung des Gesamtbewußtseins zu fassen, um jenen Stilgegensatz entspringen zu sehen. Dazu haben wir nun noch viertens die Mitwirkung der »erwägenden Hilfsakte« hinzuzunehmen. »Erwägende Hilfsakte« treten dann ein, wenn die Phantasiegestaltung stockt, unsicher wird, nicht mehr vorwärts kann. Der Künstler legt sich dann die möglichen Wege zurecht, prüft das Geleistete, vergleicht die künstlerischen Vorteile und Nachteile der verschiedenen Möglichkeiten, sucht nach einem Ausweg aus den Schwierigkeiten, kurz, stellt allerhand Erwägungen an. Selbst solche Genies, die sich durch müheloses, in einem Zuge verlaufendes Schaffen kennzeichnen, können der erwägenden Hilfsakte nicht gänzlich entbehren. Hier kommt es nun auf den Unterschied an, daß diese Hilfsakte entweder seltener oder häufiger in das künstlerische Schaffen eingreifen. Der Fluß des Schaffens wird entweder nur hier und da durch sie unterbrochen, oder das Schaffen geht stockend und schwerfällig weiter, weil solche Hilfsakte sich wieder und wieder nötig machen. Ich kann das gleiche auch von den künstlerischen Eingebungen und Einfällen aus zum Ausdruck bringen. Wo die erwägenden Hilfsakte nur selten und nebensächlich vonnöten sind, treten die unwillkürlichen, überraschenden, erleuchtenden Eingebungen in entscheidenderer, den ganzen Charakter des Schaffens in höherem Grade bestimmender Weise hervor als dort, wo der Künstler beständig zu überlegenden Hilfsakten greifen muß.

Ich will nun sagen: diese vier Ursprünge wirken zusammen; bald ist der eine Ursprung, bald ein anderer stärker beteiligt; immer handelt es sich aber dabei um einen Unterschied in gleichem Sinne: das Schaffen erhält entweder mehr das Gepräge des Unwillkürlichen oder mehr das des Zielbewußten, entweder der Natur oder der Vernunft. So ergibt sich also trotz der Mannigfaltigkeit der Ursprünge ein durchgreifender Stilgegensatz: das künstlerische Schaffen macht in seiner Gesamtgestalt bald mehr den Eindruck des Elementaren, bald mehr den des Vernunftgeklärten. Dort trägt das Kunstwerk den Charakter unmittelbaren Quellens, naturfrischen Strömens; es blickt uns unbefangen an; es zeigt den Reiz der spielenden Laune, des neckenden Zufalls; hier dagegen kennzeichnet sich das Kunstwerk durch den Vorzug klarer Durchgebildetheit; es hat das Aussehen des Intelligenzdurchdrungenen, des Hindurchgegangenseins durch die läuternde Kraft des Überlegens; alles an ihm ist gesichtet und bemessen. Dagegen wäre es falsch, ohne weiteres dem elementaren Stil die Neigung zum Überschäumenden, Fessellosen, zum Ungeordneten, Wilden, Widerspruchsvollen, Unlogischen (alle diese Bezeichnungen sind aber nicht im tadelnden Sinn gebraucht) zuzuschreiben, und umgekehrt dem Vernunftstil ohne weiteres einen Zug auf Maß, Ordnung und Harmonie zuzusprechen. Es kann auch umgekehrt der elementare Stil sich durch Ruhe und Maß, der vernunftgereifte Stil dagegen durch heftiges und zerrissenes Wesen kennzeichnen. Die Vernunft des Künstlers kann ja geradezu auf das Hervorbringen von Wildheit und Widerspruch eingestellt sein, während anderseits das Triebleben eines Künstlers ganz wohl unmittelbar auf sanfte Harmonie gerichtet sein kann. Hebbels Herodes und Mariamne ist im Vernunftstil gedichtet, aber zugleich äußert sich darin ein schroffes, jähes Wesen. Klingers Beethoven gehört gleichfalls dem vernunftgereiften Stile an, aber auch hier zeigt sich (und ich meine das nicht als Tadel) nicht die Ausgeglichenheit des Schönen, sondern eher ein Durchbrechen von Maß und Wohllaut um der Kraft und Tiefe der Innerlichkeit willen. Umgekehrt dichtet Eichendorff im elementaren Stil, aber alles hält sich in seinen Gedichten in lieblichem Maß und stiller Gelassenheit. Raffaels Madonna im Grünen oder Madonna mit dem Stieglitz sind sicherlich nicht im Vernunftstil geschaffen; ebensowenig Figaros Hochzeit von Mozart; nichtsdestoweniger zielt hier alles auf reines, wohltuendes Maß ab. Will man hingegen den Natürlichkeitsstil mit überschäumender Kraft, mit Fessellosigkeit und Unbändigkeit gepaart sehen, so kann man sich den deutschen Sturm und Drang vor Augen führen; oder man mag an Victor Hugo oder an den Maler Delacroix denken. Und für die Paarung des Vernunftstils mit Maß und Harmonie können uns Goethes Iphigenie und Hermann und Dorothea als vortreffliche Beispiele gelten.

Wenn die Einreihung der Kunstwerke in das eine oder das andere Glied dieses Gegensatzpaares oft Schwierigkeiten macht, so hängt dies zum Teil damit zusammen, daß zahlreiche Künstler mehr oder weniger eine Paarung beider Stilweisen oder, anders ausgedrückt, eine gewisse höhere Mitte zwischen beiden zeigen. Und sodann ist zu bedenken, daß es sich um einen relativen Gegensatz handelt: ein Künstler, der im Vergleich zu einem bestimmten anderen den Natürlichkeitsstil vertritt (zum Beispiel Gottfried Keller im Vergleich mit Konrad Ferdinand Meyer), kann im Vergleich zu einem dritten (etwa Keller im Vergleich mit Jeremias Gotthelf) als zum Vernunftstil gehörig erscheinen. Böcklins Spiel der Wellen erscheint elementar im Vergleich mit Klingers Christus im Olymp. Stelle ich aber Böcklins Kunst etwa der von Hans Thoma gegenüber, so tritt an Thoma der Natürlichkeitsstil weit stärker hervor als an Böcklin. Wagners Kunst macht den Eindruck des Elementaren im Verhältnis zu Max Regers Gestaltungsweise; verglichen aber etwa mit Schubert gehört Wagner vielmehr dem vernunftgereiften Stil an.

Der Gegensatz der elementaren und vernunftgereiften Schaffensweise ist in der Ästhetik sozusagen heimatlos. Wohl kommt die Ästhetik nicht selten auf ihn zu sprechen; aber dies geschieht dann nebenher oder in Verquickung mit anderen Unterschieden. Nirgends habe ich noch eine seiner entscheidend wichtigen Stellung gerechtwerdende Behandlung gefunden. Eine solche ist nur dann möglich, wenn dieser Gegensatz unter die großen, prinzipiellen Stilgegensatzpaare eingereiht wird. Auch in der reichhaltigen und wohldurchdachten Stillehre, die Ernst Elster in dem zweiten Band der »Prinzipien der Literaturwissenschaft« gibt, hat der Stilgegensatz des Elementaren und Vernunftgereiften keine Stelle gefunden [1]).

6. Schiller hat in seiner Abhandlung über naive und sentimentalische Dichtung zwei typische, für die Entwicklung der Menschheit hochbedeutsame Weisen des Fühlens aufgedeckt, scharf umgrenzt und beleuchtet. Entweder ist der Mensch in seinem Fühlen unmittelbar Natur, oder er sucht die verlorene Natur. Jenes gilt von dem naiven,

---

[1]) Soweit ich die Literatur kenne, finde ich nirgends das Stilproblem so entschieden wie bei Elster unter dem Gesichtspunkt der prinzipiellen Stilgegensatzpaare behandelt. Elster hat damit die Untersuchung des Stilbegriffs in der Poetik auf einen Stand emporgehoben, der durch Weite der ästhetischen Gesichtspunkte und durch Schärfe des psychologischen Eindringens von dem, was in der Poetik üblich ist, stark absticht. Dennoch vermag ich mich in einer Reihe wichtiger Stücke nicht mit Elsters Auffassung einverstanden zu erklären. Einmal nimmt er unter die Stilunterschiede auch solches auf, was meines Erachtens vielmehr unter die Grundgestalten des Ästhetischen fällt, da es nicht nur in der Kunst, sondern auch auf dem Boden des Naturästhetischen wichtige Unterschiede begründet. Dahin zähle ich das, was Elster den idealisierenden und den charakterisierenden Stil nennt. Er nimmt in dieser Richtung einen doppelten Stilgegensatz an: erstens hinsichtlich der Auffassung und zweitens hinsichtlich der Darstellung. Was er als Stil der idealisierenden Auffassung bezeichnet (S. 31 ff.), deckt sich, auf seinen richtigen Kern gebracht, mit demjenigen Gestaltungsunterschied, den ich als das Ästhetische der erfreuenden und der niederdrückenden Art bezeichne (System der Ästhetik Bd. 2, S. 9 ff.). Und was bei ihm als Stilunterschied der idealisierenden und charakterisierenden Darstellung erscheint (S. 37 ff.), fällt im Grunde mit den beiden ästhetischen Grundgestalten des Schönen und des Charakteristischen (System der Ästhetik Bd. 2, S. 22 ff.) zusammen. Doch spielt in beide Gegensatzpaare bei Elster auch der Unterschied des Erhabenen und Anmutigen, also wiederum ein Unterschied der Grundgestalten, hinein. Doch mag ja vom Standpunkt der Poetik — das gebe ich gerne zu — manches dafür sprechen, daß alle diese Gestaltungsunterschiede unter dem Stilbegriff abgehandelt werden. Anders steht es mit der Unterscheidung von nachahmendem und freischaffendem Stil (S. 28 ff.). Mit Rücksicht darauf, daß es im künstlerischen Schaffen ein bloßes Nachahmen nirgends geben kann, geht es nicht wohl an, von einem Stil des Nachahmens zu reden. Doch meint auch hier Elster etwas Richtiges und Wichtiges. Am besten käme der wahre Kern dieser Unterscheidung dann zur Geltung, wenn man an ihre Stelle den (gleich weiterhin zu erörternden) Gegensatz des Tatsächlichkeits- und des Steigerungsstils setzte. In der Anerkennung des typisierenden Stils finde ich mich mit Elster grundsätzlich zusammen (S. 29 ff.). Dagegen fehlt bei ihm, wie ich schon sagte, die Anerkennung des Gegensatzes von elementarem und vernunftgereiftem Stil. Und auch was ich als naiven und sentimentalen und als subjektiven und objektiven Stil auseinanderhalte, kommt bei Elster höchstens einigermaßen und in Verquickung mit ablenkenden Gesichtspunkten zur Geltung.

dieses von dem sentimentalischen Dichter. Der naive Dichter ist ein in sich einheitliches und vollendetes Ganzes; der sentimentalische sucht die verlorene vollendete Einheit wieder in sich herzustellen. Schiller hat dann nun weiter diesen klaren Gegensatz mit verschiedenen weitschauenden und tiefdringenden Gedanken in Verbindung gebracht, die teils der Entwicklung der Menschheit und Dichtung, teils der Gliederung der Dichtung gelten. Dabei fehlt es freilich auch nicht an verdunkelnden und unnötigerweise belastenden Nebenbeziehungen. Es würde eine eigene Abhandlung dazu gehören, wenn man dem Reichtum der Gedanken Schillers in jenem Aufsatze gerecht werden wollte.

Ich kann meine Aufgabe zunächst so bezeichnen, daß es gilt, den Unterschied des Naiven und Sentimentalischen bei Schiller auf eine psychologisch einfachere Form zurückzuführen. Von dieser aus erst wird sich Schillers Entgegensetzung in ihrer tiefen Bedeutung zeigen [1]).

Das menschliche Fühlen (und ich meine damit nicht etwa nur Lust und Unlust, sondern die fühlende Gesamthaltung des Bewußtseins) äußert sich zwiefach. E n t w e d e r fühlen wir einfach und schlechtweg; unser Bewußtsein lebt im Fühlen, steckt im Fühlen drinnen; das Fühlen ist sein selbstverständliches Lebenselement. O d e r aber das Fühlen besteht wesentlich nur als Streben nach Fühlen, als Sehnen nach Fühlen. Wir fühlen nicht kurz und gut, sondern das Bewußtsein hat zum Fühlen die Stellung des Fühlenwollens. Das Bewußtsein vermag nicht schlicht und recht zu fühlen, sondern ihm ist das Fühlen nur in der subjektiv betonteren Weise des Hineinstrebens ins Gefühl gegenwärtig. Das Fühlen steht unter dem Zeichen des Sehnens. Dort ist die n a i v e, hier die s e n t i m e n t a l e Grundhaltung des Fühlens vorhanden. Es leuchtet sofort ein, daß dieser Unterschied dem künstlerischen Schaffen und den aus ihm hervorgehenden Gestalten einen grundverschiedenen Charakter geben muß. Je nachdem die eingeschmolzenen Gefühle die Haltung des einfachen Drinstehens in den Gefühlen oder die des Habenwollens von Gefühlen zeigen, ist das ganze Kunstwerk ein anderes. Äschylos wurzelt fest in seinem Fühlen, Calderon hat zu seinem Fühlen die

[1]) Rudolf Lehmann scheint mir Schiller nicht gerecht zu werden, wenn er den Schillerschen Gegensatz von naiv und sentimentalisch auf den Unterschied einer objektiven und subjektiven Darstellungsweise zurückführt (Deutsche Poetik S. 211). Indem er die verschiedene Haltung zur »Natur« aus dem Begriffspaar ausscheidet, geht die ganze Tiefe des Gegensatzes verloren. Eigentlich wären dann die Wörter »naiv« und »sentimental« überflüssig, und man würde lieber einfach von objektiver und subjektiver Darstellung zu sprechen haben.

Stellung des Sehnens. Oder man stelle Homer und Byron einander gegenüber.

Mit diesem elementaren, bis in die tiefsten Wurzeln des Fühlens hinabreichenden Unterschied ist manche Folgeerscheinung gegeben. Wenn das Fühlen nur in der Form des Sehnens nach Fühlen besteht, so herrscht Unsicherheit gegenüber dem Fühlen. Das Fühlen des Sentimentalen leidet an einer gewissen Gespaltenheit. Das Subjekt ist vom Fühlen getrennt und fühlt sich doch über diese Getrenntheit ins Fühlen hinüber. Daher hat der Sentimentale das Verlangen, sich des Fühlens möglichst zu versichern. Er lechzt nach dem Fühlen, er will die Gefühle auskosten, er steigert sich in die Gefühle hinein, er kann sich in dem Grade des Fühlens nicht genugtun. Dies hat, trivial gesprochen, der Naive nicht nötig; denn er lebt in seinem Fühlen mit der Gewißheit froher Sicherheit, unmittelbaren Einsseins mit ihm. Für die starke Sicherheit des Fühlens können die Psalmen, für das Sehnen nach Fühlen Klopstock und Hölderlin als Beispiele dienen. Die Römischen Elegien Goethes fallen auf jene, sein Werther fällt auf diese Seite.

Mit dem Sichhineinsteigern in das Fühlen ist sofort etwas Weiteres nahegelegt. Wer des Fühlens nicht gewiß ist und sich deshalb ins Fühlen hineinsteigert, der wird das Bedürfnis empfinden, das Fühlen in seinem intimsten Nerv zu erleben, gerade das Allereigentümlichste des Fühlens zu durchkosten. Nichts aber ist für das Fühlen so charakteristisch wie seine Unaussprechlichkeit, seine Namenlosigkeit, sein geheimnisvolles Dunkel, seine Irrationalität. So steigert sich denn der Sentimentale in immer neuen Anläufen in die überschwenglichen Unfaßbarkeiten der Gefühlstiefen hinein. Er wird nicht müde, die Übervernunft sei es der Liebe, sei es der Religion oder der Kunst oder eines anderen Gefühlsgebietes auszuschöpfen. Starke Beispiele dafür sind aus neuerer und neuester Zeit Klopstock, Jean Paul, Novalis, Richard Wagner, Liszt, Rosetti, Burne Jones. Doch soll damit nicht gesagt sein, daß der naive Künstler dem Unaussprechlichen fernbleibt. Wieviel Unaussprechliches liegt in der Gefühlshaltung der griechischen Tragödie gegenüber dem furchtbaren Schicksal! Nur dies ist gemeint, daß der naive Künstler nichts von Sehnsucht nach einem Schwelgen in den Gefühlen des Unfaßbaren an sich trägt. Der Naive kann erfüllt sein von Durst nach dem Unaussprechlichen; aber was der Naivität widerstreitet, ist der Durst nach dem Genießen von Unaussprechlichkeitsgefühlen.

Dieses Sichhineinsteigern in die Unfaßbarkeiten der Gefühlsinhalte ist eben damit zugleich ein Streben, die Gefühle vom Boden des Sinnlichen loszulösen, ins Geistige zu verflüchtigen und sich in diesem Entstofflichen und Sublimieren nicht genugtun zu können. Das Unaussprechliche, das nicht mehr in Vorstellungen und Worte Einzufangende steht in äußerstem Gegensatze zu den sinnlichen Grundlagen des Lebens. Ein sich in Unaussprechlichkeiten vertiefendes Fühlen erfährt daher, indem es dies ist, an sich selbst einen Durchgeistigungsvorgang; das Fühlen verzehrt sich darin, zu Duft und Äther zu werden. Die Tendenz der Sentimentalität ist sinnenflüchtig, transzendent. Dieser Zug tritt freilich nicht überall handgreiflich hervor; aber selbst die sentimental gestimmte Wollust ist, insofern sie Sentimentalität zeigt, von einer gewissen Vergeistigungssehnsucht durchdrungen oder wenigstens berührt. Nicht nur Petrarcas, sondern auch Heinrich Heines Liebeslyrik trägt diesen Zug. Baudelaires und Verlaines Phantasie verweilt nicht wenig im Verfaulten und Verruchten; zugleich aber leistet ihre Lyrik ein Äußerstes im Emporseufzen und Sichhinaufläutern zu entrücktester Reinheit. Nicht als ob der naive Künstler nicht auch von Sehnsucht nach Reinheit und Geistigkeit erfüllt sein könnte. Aber was sich mit Naivität nicht verträgt, das ist die Sehnsucht nach dem Durchkosten von sublimsten Geistigkeitsgefühlen und das Sichnichtgenugtunkönnen darin.

Und noch ein weiteres hängt hiermit zusammen. Der Sentimentale hat, gerade weil er das Fühlen nicht mit voller Sicherheit ausübt, das Verlangen, sein Fühlen sich in den höchsten Leistungen, in seinem absoluten Können bewähren zu lassen. Darum dehnen sich die Gefühle des Sentimentalen mit besonderer Vorliebe nach dem Unendlichen hin. Der Sentimentale liebt es, im Unendlichen zu schwelgen, schwärmerisch sich zu ihm emporzuringen. Auch kleinsten, endlichsten Gefühlen, etwa flüchtigen, hauchartigen Liebesstimmungen, gibt er einen Unterton des Unendlichen. Und auch schon, weil es unfaßbar und namenlos ist, bildet das Unendliche so recht einen Tummelplatz der Sentimentalität. Auch hier ist wieder zu erinnern, daß hiermit dem Naiven nicht etwa die Unendlichkeitsgefühle abgesprochen werden sollen. Sebastian Bachs Musik ist voll von Unendlichkeitsgewißheit; aber er steht in dieser Gewißheit einfach mitten drinnen. Dagegen ist es das Gegenteil von Naivität, sich im Genießen der Überwindung der Endlichkeitsschranken nicht genugtun zu können. Goethes Faust, überhaupt die Faustdichtungen, stammen aus sentimentaler Gemütsverfassung.

In allen diesen Richtungen handelt es sich um Sentimentalität in gutem Sinne. Wie ich schon bei mehreren Gelegenheiten bemerkt habe [1]), ist das Sentimentale nicht etwa eine Ausartung, sondern ein

[1]) Die Kunst des Individualisierens in den Dichtungen Jean Pauls (1892) S. 27 ff. — Zwischen Dichtung und Philosophie (in dem Aufsatz »Jean Pauls hohe Menschen«) S. 113. — System der Ästhetik Bd. 2, S. 549 f.

für die Entwicklung der Menschheit unentbehrlicher, dem Naiven ebenbürtiger Typus des Fühlens, und es ist ein solcher Typus nicht etwa nur in einem zahmen und abgeblaßten Sinne des Wortes, sondern auch und gerade erst dann, wenn man es in dem gesteigerten und vertieften Sinne versteht, in dem das Sentimentale hier genommen ist. Einen tadelnden Charakter erhält die Bezeichnung »sentimental« nur unter gewissen Bedingungen. Einmal nämlich kann unter dem Einfluß jener gespaltenen Bewußtseinslage, die den Kern des Sentimentalen bildet, das Fühlen so unsicher und schwächlich werden, daß dadurch die Sentimentalität um alle Kraft und Frische gebracht ist. Dies ist die weichliche, dünne, schmachtende, sich verhätschelnde Sentimentalität. Sodann kann jenes Sichhineinsteigern in das Fühlen zur Folge haben, daß sich der Sentimentale in seinen Gefühlen besonders interessant vorkommt. So kann die Sentimentalität zu einem Interessanttun mit seinen Gefühlen, zum Kokettieren mit ihnen führen und so den Stempel der inneren Unechtheit an sich tragen. Das ist die kokette, affektierte Sentimentalität. Und aus beiden Ausartungen kann sich dann noch das Weitere ergeben, daß der Sentimentale nach möglichst ungewöhnlichen, möglichst verwickelten Gefühlen trachtet und solche Gefühle zu erjagen und aus sich herauszupressen bemüht ist. So kann denn leicht eine Sucht nach krankhaften, vergifteten, perversen Gefühlen entspringen [1]). Wer die moderne Lyrik kennt, weiß, wie weit verbreitet in ihr diese Entartungen der Sentimentalität sind. Freilich liegen die Keime zu diesen Entartungen in dem Wesen der Sentimentalität; und diese Keime sind derart, daß sie leicht zur Entfaltung kommen können. Und so darf man immerhin sagen: die Sentimentalität trägt die Gefahr in sich, daß diese üblen Entwicklungen entstehen. Allein damit ist nicht im entferntesten das Sentimentale überhaupt zu einem Mangel, zu einer Einseitigkeit oder gar einer Ausartung geworden.

7. Eine wichtige Seite muß noch an der Sentimentalität hervorgehoben werden. Erst dann wird für jeden, der Schillers Abhandlung kennt, deutlich werden, welche Tiefe und Weite der Einsicht darin waltet.

Ist das Sentimentale jenes gekennzeichnete Sichsehnen nach Fühlen, so ist darin auf der einen Seite eine hochwichtige Bewußtseinssteige-

[1]) Friedrich Vischer nimmt das Wort Sentimentalität nur in dem üblen Sinn des absichtlichen Kultus gestaltloser und krankhafter Gefühle (Ästhetik § 477). Und ähnlich ist es bei Hartmann (Philosophie des Schönen S. 309 f., 402 f.) und vielen anderen. An sich ist nichts dawider zu sagen, wenn jemand den Gebrauch dieses Wortes klar und bündig so einschränkt. Es besteht nur die Mißlichkeit, daß dann kein bezeichnendes Wort für jenen grundwesentlichen Typus des menschlichen Fühlens zur Hand ist.

rung im Vergleich zu der Bewußtseinshaltung im naiven Fühlen enthalten; auf der andern Seite freilich zugleich ein starker Verlust an Natur. Dies ist genauer ins Auge zu fassen.

In der Sentimentalität ist das Bewußtsein über sein Fühlen hinaus; es schwebt darüber; es steht seinem eigenen Fühlen gegenüber. Darin liegt eine Bewußtseinssteigerung im Vergleich zu dem einfachen Aufgehen des Bewußtseins in seinem Fühlen, wie dies beim Naiven der Fall ist. Diese Bewußtseinssteigerung ist nicht nur etwas Unvermeidliches im Laufe der menschlichen Entwicklung, sondern zugleich eine Errungenschaft von unschätzbarem Wert. Die Kultur besteht ja nach einer wesentlichen Seite darin, daß das Selbstbewußtsein immer mehr in sich zu blicken, sich über sich Rechenschaft zu geben, sich selbst aufmerksam zu zergliedern und zu durchdringen lerne. Im Zusammenhange mit dieser allgemeinen Bewußtseinssteigerung stellt sich auch jene Veränderung in der Haltung des Bewußtseins zu seinem Fühlen ein, die das Wesen der Sentimentalität ausmacht.

Die Kehrseite davon aber ist ein Verlust an Natürlichkeit. Die Bewußtseinssteigerung nämlich bildet in der menschlichen Entwicklung den Gegenpol zu allem Naturartigen im Menschen, das heißt: zu allem Triebartigen und Unwillkürlichen, zu allem, was sich in uns selbstverständlich, sicher, einfach und unmittelbar gestaltet und entfaltet. Je mehr das Bewußtsein sich auf sich selbst richtet, je mehr es die Selbstbeobachtung, Selbstzergliederung, Selbstüberwachung pflegt, je mehr es darauf ausgeht, sich selbst zu genießen und an sich selber zu leiden, je mehr das Bewußtsein sich in sich zerwühlt und zergrübelt, desto mehr ist die Gefahr vorhanden, daß das Bewußtsein an allem, was Naturfrische und schlichte Kraft, selbstverständliche Lebenssicherheit und Gesundheit ist, Schaden leidet. So geschieht es denn auch ganz von selbst, daß dem gesteigerten Selbstbewußtsein die Sicherheit und Selbstverständlichkeit des Fühlens zu entschwinden droht. Mit gesteigertem Selbstbewußtsein gerät die Naturgrundlage des Fühlens, die Unmittelbarkeit im Entstehen und Ablaufen der Gefühle ins Wanken. Und so entspringt denn jenes Sichhineinsehnen in das Fühlen, jenes betonte Fühlenwollen, das das Wesen der Sentimentalität ausmacht. Das Sehnen nach Fühlen hat also, so sehen wir jetzt, zu seinem tiefsten Untergrunde dies, daß das gesteigerte Selbstbewußtsein die Tendenz hat, der Einfachheit und Ungebrochenheit, der Schlichtheit und Gesundheit des Fühlens, kurz der ihm zu entschwinden drohenden »Natur« möglichst intensiv inne zu werden. Nur tritt dieser in der Entwicklung des menschlichen Bewußtseins liegende Untergrund aller Sentimentalität nicht in jedem Falle deutlich hervor. Im Grunde aber haben alle Bemühungen des sentimentalen

Sehnens, auch die künstlichsten und ungesundesten, nur den einen Zweck, dem gesteigerten Bewußtsein die Gewißheit von »Natur« und »Gesundheit«, die Gewißheit starken und unfraglichen »Lebens« zu geben. Jetzt erst ist die Gefühlshaltung der Sentimentalität in ihrer ungeheuren Bedeutung für die Entwicklung des menschlichen Bewußtseins ganz zutage getreten.

Jetzt ist auch klar, daß, wenn der zur Sentimentalität Geneigte besonders durch den Anblick unbefangen spielender Kinder, harmlos sich ergehenden Landvolkes, lieblich blühender jungfräulicher Unschuld oder auch angesichts der stillen, großen landschaftlichen Natur oder etwa auch durch die ihn wie stille, einfältige Natur anblickende Kunst der alten Griechen zu sentimentaler Schwärmerei gebracht wird, hiermit nur besonders günstige Veranlassungen zur Erweckung sentimentalen Fühlens bezeichnet sind. Die Sentimentalität bedarf zu ihrem Entstehen keineswegs immer solcher und ähnlicher Anstöße. Es wäre verkehrt, zu meinen, daß nur dort, wo uns in der sei es menschlichen, sei es landschaftlichen Natur Unschuld und Reinheit eindrucksvoll entgegentritt, Sentimentalität entstehen könne. Nur besonders oft vorkommende und besonders stark wirkende Veranlassungen sind jene Fälle, wo uns Unschuld, Reinheit, Harmonie, stille Einfalt und dergleichen als ein durch die Gunst und Huld der Natur hervorgebrachtes Erzeugnis dargeboten werden.

Es braucht kaum ausdrücklich bemerkt zu werden, daß mit der Aufstellung des Gegensatzes von naiv und sentimental die Künstler nicht in zwei getrennte Lager geteilt werden sollen. So ist es möglich, daß ein Künstler auf derselben Stufe seiner Entwicklung zum Teil noch naiv ist, zum Teil aber schon in der Weise des Sentimentalen fühlt; oder auch, daß ein sentimentaler Künstler eben daran ist, sich zum Naiven wieder zurückzufinden. Ohnedies versteht es sich von selbst, daß derselbe Künstler (man denke an Goethe) auf verschiedenen Stufen seiner Entwicklung naiv und sentimental sein kann. Es ist also die Relativität dieses Gegensatzes nie aus dem Auge zu verlieren. Es gibt eine Naivität, die ein wenig ins Sentimentale hinüberspielt, und eine Sentimentalität, die noch etwas von Naivität an sich hat. Auch ist es ganz wohl möglich, daß ein Künstler nach einer gewissen Seite seines Schaffens (beispielsweise ein Dichter hinsichtlich der Wahl der Wörter) sich naiv verhält, während er nach einer anderen Seite (z. B. hinsichtlich der Charaktergestaltung) sentimental verfährt. Auf diese Übergänge und Mischungen mag eine Monographie über das Naive und Sentimentale eingehen. Hier würde ein solches Eingehen zu weit führen.

8. Wie steht es denn nun mit dem Verhältnis dieses Gegensatzes zu der Psychologie des künstlerischen Schaffens? Zweifellos ist die

Beziehung hier bei weitem loser, als sie sich bei dem Gegensatz des elementaren und vernunftreifen Stils herausgestellt hatte. Das Gefüge des künstlerischen Schaffens wies dort an einer größeren Anzahl von Stellen auf die Spaltung in jenen Gegensatz hin. Hier dagegen besteht die Beziehung zwischen Stilgegensatz und künstlerischem Schaffen lediglich darin, daß die Gefühle, mit denen der Künstler an seiner Schaffenstätigkeit beteiligt ist, ebensowohl den Typus des Naiven wie den des Sentimentalen an sich tragen können. Von der Psychologie des künstlerischen Schaffens aus sind beide Typen freigegeben. Es vertragen sich beide Gefühlsweisen mit dem Gefüge des künstlerischen Schaffens. Man hat natürlich dabei nicht nur an die gegenständlichen, eingeschmolzenen Gefühle zu denken, obzwar diese für den Stileindruck des Naiven und Sentimentalen in erster Linie in Betracht kommen. Sondern es werden selbstverständlich, je nachdem der Künstler in seinem Fühlen naiv oder sentimental geartet ist, auch alle übrigen Gefühle von diesem Gegensatz getroffen, mit denen der Künstler an seinem Schaffen beteiligt ist.

Nur ist, soweit die gegenständlichen Gefühle unter den Gegensatz des Naiven und Sentimentalen fallen, dabei auf eine gewisse Verwicklung zu achten. Ich nehme an: der Dichter ist in seinem Fühlen naiv gerichtet, er will aber, weil es der Stoff seiner Dichtung und die Auffassung, die er von ihm hat, so verlangen, die eine oder andere Person als sentimental schildern. Oder es kann umgekehrt ein Dichter von sentimentaler Gefühlsweise in die Lage kommen, naive Personen in seine Dichtung einzuführen. Hier wird es darauf ankommen, daß sich der naive Dichter ins Sentimentale, der sentimentale ins Naive gleichsam umfühlt. So hat Lessing, dessen persönliches Fühlen allem Sentimentalen fremd ist, doch auch sentimentale Gestalten geschaffen, so etwa Tellheim und den Prinzen in Emilia Galotti. Und der junge Goethe schuf trotz seiner sentimentalen Grundstimmung das naive Gretchen. Man wird daher öfters, und besonders bei Dichtungen, welche zahlreiche Gestalten enthalten, in den Fall kommen, unterscheiden zu müssen zwischen der naiven oder sentimentalen Grundhaltung der Dichtung als eines Ganzen und der naiven oder sentimentalen Ausgestaltung dieser oder jener einzelnen Person. Minna von Barnhelm als Ganzes zeigt naive Munterkeit, doch der Major ist von sentimentaler Verfassung. Der Urfaust als Ganzes trägt sentimentale Haltung an sich; Gretchen aber ist eine naive Gestalt.

Es ist auffallend, daß bisher fast nirgends [1]) der Gegensatz des

---

[1]) Elster rechnet zwar das Sentimentale zu den Stileigentümlichkeiten, aber er nimmt es nur als einen »unerfreulichen Zustand« (a. a. O. Bd. 2, S. 47).

Naiven und Sentimentalen unter die Stilgegensätze aufgenommen wurde. Dies hängt zweifellos damit zusammen, daß der Gegensatz des Naiven und Sentimentalen so tief in der Innerlichkeit wurzelt, daß es den Anschein gewinnt, als ob dieser Gegensatz nicht in dem Grade zu Formgepräge heraussträte, der erforderlich ist, wenn etwas zum Stil gerechnet werden soll. Nun kann zwar nicht geleugnet werden, daß sich eine genau bestimmte Linienführung, wie sie etwa für den dorischen oder ionischen Stil, für Barock oder Rokoko angegeben werden kann, unmöglich mit gleicher Eindeutigkeit für den Unterschied der naiven und sentimentalen Formbestimmtheit aufstellen läßt. Nichtsdestoweniger aber ist das Gesamtgepräge jedes Kunstgebildes von grundverschiedener Art, je nachdem eine naive oder eine sentimentale Weise zu fühlen ihm zugrunde liegt. Niemand kann zweifeln, daß Mantegna der naiven, Botticelli der sentimentalen Stilrichtung angehört, daß Velasquez auf jene, Murillo auf diese Seite fällt. Rubens wird jedermann im Vergleich mit van Dyck als naiv, Ludwig von Hofmann im Vergleich mit Max Liebermann als sentimental bezeichnen. Indessen ließe sich, falls man nur mit den nötigen Wenn und Aber, mit der nötigen beweglichen Relativität verfährt, dieser Unterschied auch bis in die bestimmteren Züge der Formensprache verfolgen. Man sagt sich von vornherein, daß weiche, verfließende, verschwebende Linien mehr dem Sentimentalen, strenge, reinlich abgegrenzte Linien mehr dem Naiven entsprechen. Was ich im zweiten Bande meines Systems als formlose Erhabenheit beschrieben habe (S. 115 ff.), dient mehr dem Sentimentalen, die strenge Erhabenheit mehr dem Naiven zum Ausdruck. Aber es würde hier zu weit führen, wenn ich auf den Zusammenhang der Formensprache mit dem Unterschied des Naiven und Sentimentalen genauer eingehen wollte.

Es ist klar, daß, je mehr eine Kunst mit der Innerlichkeit des Menschen zusammenhängt, sich auch auf ihrem Boden der Stilgegensatz des Naiven und Sentimentalen desto ergiebiger entfalten kann. Daher ist nächst der Dichtung, die zweifellos hierin zu oberst steht, keine Kunst mehr als die Musik imstande, diesen Stilgegensatz zu reicher und charakteristischer Entfaltung zu bringen. Besonders das Sentimentale vermag die Musik zu den interessantesten, gewagtesten, ungeheuersten Formen auszubilden, ohne darum schlechtweg ins Sentimentale der schlimmen Art zu verfallen. Welcher Überschwang von Sentimentalität geht nicht durch Lohengrin! Welche einzigartige Mischung von kernhafter Naivität und überirdischer Sentimentalität zeigen die Meistersinger! Und nun denke man an Berlioz, Liszt, Richard Strauß, Mahler: welche genialen und kolossalen Ausgestaltungen der Sentimentalität treten uns dabei vor die Seele! Und nun wieder Bizet, Massenet, Charpentier, Puccini: welche neuen Formen des Sentimentalen! Doch auch in den für die Entfaltung dieses Stilgegensatzes am wenigsten günstigen Künsten kommt er doch zu deutlicher Bestimmtheit. Niemand wird zweifeln, daß Rokoko in Kunstgewerbe und Baukunst im Vergleich etwa mit Hochrenaissance den Eindruck des Sentimentalen macht. Und wie ausgesprochen sentimental wirkt nicht der nun verflossene Jugendstil!

Noch eines ist hervorzuheben: die beiden bisher behandelten Stilgegensatzpaare kreuzen einander. Der elementare Stil fällt keineswegs mit dem naiven zusammen, sondern kann auch in sentimentaler Gestalt auftreten. Und ebenso ist der vernunftreife Stil keineswegs immer sentimentaler Art, sondern kann auch den Charakter des Naiven tragen. Rabelais' elementarer Stil ist zugleich naiv; dagegen fallen Schillers Räuber unter das Elementare und Sentimentale. Hofmannsthals Dramen sind im Stil der Vernunftgereiftheit und zugleich der Sentimentalität gehalten. Goethes westöstlicher Divan und zahme Xenien tragen das Gepräge der Vernunftgereiftheit und zugleich herber Naivität.

Bei beiden Stilgegensätzen erhebt sich die Frage, ob es nicht auch eine höhere Synthese, eine Ausgleichung der entgegengesetzten Glieder gebe. Und zweifellos ist diese Frage zu bejahen, wofern man die höhere Einheit nicht im absoluten Sinne nimmt. Die Vereinigung der beiden Glieder besteht dann in dem Versuche, die Schranken eines jeden der beiden Glieder möglichst zu vermeiden und die Vorzüge einer jeden Seite nach Möglichkeit festzuhalten. Selbstverständlich läßt sich dies nur herbeiführen, indem man von der Schärfe der Ausbildung einer jeden Seite abgeht und so ein Sichbegegnen in der Mitte zuwege bringt. Dabei wird ein Hauptaugenmerk dahin gehen müssen, daß diese höhere Mitte nicht Verflachung und Verwässerung bedeute.

9. Zu einem dritten Stilgegensatz werden wir geführt, wenn wir auf das Verhältnis achten, in dem das individuell-eigentümliche Ich des Künstlers zu den Gefühls-, Willens-, Vorstellungsinhalten steht, die er in seine Gestalten hineinarbeitet. Auf die Art der Einfühlung also ist das Augenmerk zu lenken.

Im ersten Bande meines Systems (S. 219) wurde hinsichtlich des ästhetischen Betrachtens die einfache und die subjektiv-betonte Einfühlung unterschieden. Jetzt ist von einem ähnlichen Unterschied auf dem Boden des künstlerischen Schaffens die Rede. Es fragt sich, ob der Künstler die individuelle Eigenart seines Seelenlebens zurückdrängt zugunsten des anders gearteten Seelenlebens der von ihm geschaffenen Gestalten, derart, daß diese Gestalten von dem Betrachter als gänzlich oder nahezu von dem Ich des Künstlers abgelöst empfunden werden; oder ob die in den Gestalten eingefühlten Inhalte deutlich die Subjektivität des jeweiligen Künstlers in sich tragen, derart, daß sie dem Betrachter als einen fühlbaren Zusatz von der individuellen Eigenart des Künstlers mit sich führend erscheinen. In dem ersten Falle hält der Künstler seine Subjektivität von seinen Einfühlungsakten möglichst fern: so entsteht der objektive Stil. In dem anderen Falle läßt er seine individuelle Eigentümlichkeit in maßgebender, vielleicht gar ausschlaggebender Weise in die Einfühlungsakte mit eingehen: dies ergibt den subjektiven Stil.

Der im objektiven Stil schaffende Künstler zeichnet sich durch Anpassungs- und Wandlungsfähigkeit aus. Selbst solche Gefühlsweisen, die seiner Natur gänzlich fern liegen, weiß er derart zur Darstellung zu bringen, daß sich nichts von einer Hinüberleitung dieser Gefühlsweisen in seine eigene Natur aufdrängt. In die dargestellten Gestalten ist keine Färbung und Schattierung hineingebracht, die an die Subjektivität des Künstlers ausdrücklich erinnerte. Ein solcher Zusammenhang ist freilich auch hier vorhanden; allein er äußert sich nur als ein im Hintergrunde der dargestellten Gestalten Enthaltenes. Auch im objektiven Stil tragen die Gestalten etwas von der Subjektivität des Künstlers in sich; allein dieser subjektivistische Zusatz ist in das Eigenleben dieser Gestalten eingeschmolzen. Der Betrachter muß daher schon eine feinere Spürkraft, ein geschärfteres, geübteres Auge besitzen, wenn er aus den Gestalten objektiven Stils die Subjektivität ihres Schöpfers soll herausfühlen können.

Umgekehrt zeigt der Künstler subjektiven Stils wenig Anpassungs- und Wandlungsfähigkeit. Naturgemäß sieht er sich besonders zur Darstellung solcher Gestalten geführt, die seiner Gefühlsweise naheliegen. Und wo er Gestalten schafft, die seiner Eigenart fernstehen, übersetzt er sie in die Grundstimmung seiner eigenen Subjektivität. Man hört daher des Künstlers Subjektivität deutlich aus allen seinen Schöpfungen heraus. Man braucht nach den Lebensgefühlen und Weltstimmungen des Künstlers, nach seiner Auffassung von Natur, Menschheit und Gott nicht erst tastend zu suchen; sie stehen im Vordergrunde seiner Schöpfungen. Der Reiz und Vorzug des subjektiven Stils liegt in der unmittelbaren, warmen Nähe der Subjektivität des Künstlers. Es kommt daher hier besonders darauf an, daß der Künstler eine reiche, tiefe, feine, originale Eigenart habe. Zu sehen, wie sich die Welt und ihre Mannigfaltigkeit in einer bedeutungsvollen künstlerischen Individualität spiegelt, ist ein hoher Genuß, und ihn verdanken wir den Künstlern subjektiven Stils.

Man vergleiche etwa Wilhelm Meisters Lehrjahre mit Jean Pauls Titan. In der Goetheschen Dichtung ist eine jede Gestalt viel mehr in ihr eigenes Element hineingestellt als bei Jean Paul. Auch im Titan ist eine Fülle weit auseinanderliegender Charaktere vorhanden; ja er übertrifft hierin die Dichtung Goethes um ein Bedeutendes. Aber alle Charaktere sind von Jean Paul in die Eigenart seiner Subjektivität derart hineingetaucht, daß jeder seiner Menschen nicht so sehr auf eigenem Grunde ruht, als vielmehr in Jean Paulschem Boden wurzelt. Auch wo die Menschen Jean Pauls gänzlich andere Anschauungen vertreten und aussprechen, als sie der Dichter selbst hat, tragen sie doch in ihrer ganzen Art deutlich Jean Paulsche Züge. So frei auf sich beruhende Gestalten, wie Mignon oder Philine es sind, zu zeichnen, ist Jean Paul nicht imstande. Schon der Umstand ist entscheidend, daß Jean Paul seine Menschen viel weniger in der ihrem Wesen angemessenen Art sprechen zu lassen imstande ist als Goethe. Dies alles ist aber an sich nicht als Tadel gesagt. Denn es ist ja eben die in die hochbedeutungsvolle Persönlichkeit Jean Pauls umgeformte Welt, was sich dem Leser darbietet.

Auch für die Entfaltung dieses Stilgegensatzes bilden die verschiedenen Künste einen höchst verschieden günstigen Boden. Vor allem drängt sich die Wahrnehmung auf, daß gewisse Künste ihrer Natur nach mit Entschiedenheit auf den subjektiven Stil angelegt sind. Dies gilt vor allem von der Lyrik und der Musik. Beide Künste haben ihr eigentümliches Wesen darin, daß sich in ihnen die Gefühlswelt des Künstlers aussprechen, austönen soll. Das Fühlen als Fühlen, das Fühlen als die subjektive Seite des Ich bringt sich in Lyrik und Musik zum Ausdruck. Daher stehen diese beiden Künste unter der Herrschaft des subjektiven Stils. Von objektivem Stil kann hier nur in einem gewissen eingeschränkten Sinne die Rede sein. Von einem Lyriker wird man dann sagen dürfen, daß er in objektivem Stil schaffe, wenn er auch aus Gefühlsweisen heraus, die seinem Wesen ferne liegen, zu dichten imstande ist. Wenn also ein Lyriker, der etwa seinem ganzen Wesen nach auf zarte Geistigkeit gestimmt ist, auch aus der Seele eines rauhen Kriegers oder eines humoristischen Vagabunden Lieder zu singen weiß, so ist er insofern des objektiven Stiles mächtig. Und Ähnliches gilt hinsichtlich der Musik. In Wagners Musikdramen singt jede Person weit mehr aus ihrer Charakterwesenheit heraus als etwa in Mozarts Opern. Im Hinblick hierauf darf man sagen, daß Wagner mehr als Mozart seinen Tongestalten ein objektives Stilgepräge gibt.

Sodann ist zu beachten, daß ähnlich wie der Gegensatz der naiven und sentimentalen Formbestimmtheit auch der des objektiven und subjektiven Gepräges sich in Baukunst und Kunstgewerbe nur sehr unvollkommen entfalten kann. Die volle Entfaltung dieses Gegensatzes nämlich ist naturgemäß an die Bedingung geknüpft, daß das Kunstwerk die Ausgestaltung von Gefühlsweisen, die der Subjektivität des Künstlers fern liegen, in sich schließt. Dies nun eben ist in Baukunst und Kunstgewerbe nur in sehr geringem Grade der Fall. Es kann wohl ein Baumeister, dessen Subjektivität auf die zierliche Bauweise von Landhäusern angelegt ist, sich auch in dem Bauen eines Rathauses oder Bahnhofsgebäudes versuchen. Dabei wird es sich zeigen, ob er seine Subjektivität in die ihr fremde Ausdrucksweise verwandeln, das heißt: in objektivem Stile gestalten kann. In der Regel aber handelt es sich für den Baukünstler (und ebenso für den Kunstgewerbler) nur in geringem Maße um die Aufgabe, sich in Ausdrucksweisen einzuleben, die seiner Eigenart fern liegen.

Weit vollkommener entwickelt sich in den bildenden Künsten der behandelte Stilgegensatz. Aus der Bildnerei der Renaissance greife ich Michelangelo als einen ausgesprochenen Vertreter des subjektiven Stils heraus; im Vergleiche mit ihm vertritt Donatello und noch mehr Ghiberti den objektiven Stil. Klingers Bildwerke stehen entschieden auf der Seite des subjektiven Stils, während Hildebrand die Eigenart des objektiven Stiles zeigt. Aus der Malerei mögen Dürer, Rubens, Böcklin den subjektiven, Holbein, Velasquez, Menzel den objektiven Stil verdeutlichen. Schon die Nennung dieser Namen zeigt, daß jede der beiden Stilweisen in Künstlern allerersten Ranges ihre Vertreter hat.

Alle diese Künste aber werden hinsichtlich der Entfaltung dieses Stilgegensatzes von der erzählenden und dramatischen Dichtkunst übertroffen. Häufiger, umfassender und einschneidender als auf jedem anderen Kunstgebiete tritt hier an den Künstler die Aufgabe heran, Charaktere von verschiedenster Subjektivität darzustellen. Hier daher allererst kann sich in vollem Maße zeigen, was jede der beiden Stilweisen zu leisten vermag; das heißt: in welchem Maße auf der einen Seite ein Künstler sich in die verschiedensten, entlegensten Individualitäten zu verwandeln imstande ist; und in welchem Maße anderseits ein Künstler eine ganze Welt von Individualitäten in seine Subjektivität zu übersetzen vermag. Shakespeare und Byron, Tolstoi und Turgenjeff, Zola und George Sand mögen den Gegensatz dieser Stile veranschaulichen.

Man könnte glauben, daß der subjektive Stil immer an den sentimentalen, der objektive regelmäßig an den naiven geknüpft sei. Denn das Sentimentale ist zweifellos eine subjektivere Verfassung des Bewußtseins als das Naive. Allein man hat zu bedenken, daß der subjektive Charakter der Sentimentalität eine völlig andere Art von Subjektivität bedeutet, als sie im subjektiven Stil vorliegt. Daher kann denn auch der sentimentale Künstler im objektiven Stil schaffen. Ibsen ist seiner Grundverfassung nach durchaus sentimental gerichtet; zugleich aber weiß er, und zwar vor allem in den späteren Dramen, seine Personen mit erstaunlicher Objektivität hinzustellen. Oder man denke an Goethes Faust ersten Teil: hält man sich Faust, Mephisto, den Famulus, Margarethe, Marthe, Valentin vor Augen, so wird man nicht zweifelhaft sein, daß diese Gestalten fest, rund, wie aus einem Stück geformt, wie von der Natur geschaffen vor uns stehen, daß also objektiver Stil vorliegt; ebensowenig aber wird man zweifelhaft sein, daß diese Dichtung aus einer sentimentalen Gefühlshaltung heraus gedichtet ist. Ebenso sind Wagners Meistersinger, die, wie die ganze Kunst Wagners, zweifellos auf die Seite des Sentimentalen fallen, doch zugleich in objektivem Stil gestaltet: Hans Sachs, Beckmesser, der Ritter Stolzing, Eva, David, Lene sind ihrer musikalischen Ausgestaltung nach (und nur diese habe ich hier im Auge) im hohen Grad eigenlebige Personen. Nur so viel ist zuzugeben, daß der sentimentale Künstler unwillkürlich mehr zum subjektiven als zum objektiven Stile gedrängt wird.

So gibt es auch umgekehrt naive Künstler, die im subjektiven Stil schaffen. Auch bei einem naiven Künstler ist es möglich, daß er von seiner Subjektivität nicht loskommt und sie in alle seine Gestalten als ein wesentliches Element einfließen läßt. Homer etwa und Sophokles sind naive Künstler objektiven Stils. Giotto beispielsweise dagegen stellt eine Verbindung des naiven und des subjektiven Stiles dar: er setzt alle seine Gestalten und Szenen in dasselbe Element tiefer, großer, auf das Wesenhafte gerichteter Einfalt. Oder um ein ganz anderes Beispiel zu nennen: Defregger übersetzt alle seine Gestalten in die bekannte derb treuherzige Art.

Es kann nicht meine Absicht sein, diesen Stilgegensatz weiter in die einzelnen Künste hinein zu verfolgen. Dies muß einer monographischen Behandlung des Stilbegriffs überlassen bleiben. In einer solchen müßte auf die einzelnen Künste in dem Sinne eingegangen werden, daß in ihnen die verschiedenen Möglichkeiten aufgezeigt würden, in denen sich der objektive und der subjektive Stil äußern können. In der Malerei beispielsweise müßte der Unterschied von Farbe und Form beachtet werden. Es kann ein Maler in der Farbenbehandlung subjektiven Stil zeigen, während er in der Formgebung sich im objektiven Stile bewegt. Dies will sagen: in der Farbenbehandlung bringt er überall sein intimes Verhältnis zu den Dingen, seine ganze subjektive Art, die Dinge zu sehen und aufzufassen, seine ganze eigentümliche sinnlich-seelische Gestimmtheit zum Ausdruck;

in der Formung seiner Gestalten dagegen geht er frei und sachlich auf die Eigenlebigkeit der Dinge ein.

Ebenso überlasse ich einer Stilmonographie die Behandlung der Einseitigkeiten und Ausartungen, zu denen sich der subjektive und der objektive Stil entwickeln können und in der Tat überaus häufig entwickeln. Der subjektive Stil gerät ins Einseitige, sobald vor lauter Betonung der Subjektivität des Künstlers die dargestellten Menschen und Dinge nicht mehr in ihrer eigentümlichen Wesenheit zur Geltung kommen, wenn nicht gar geradezu gefälscht werden. Dann artet der subjektive Stil ins Willkürliche, vielleicht gar Verzerrende, zugleich ins Eintönige aus. Bei Strindberg, Wedekind und verwandten Dichtern finde ich diese Neigung, die Personen gemäß der eigenen subjektiven Lebensstimmung und Lebensanschauung ins Krankhafte und Scheußliche zu verzerren, in hohem Grade ausgebildet. Der objektive Stil wieder verfällt von dem Punkte an in Einseitigkeit, wo sich das Zurücktreten der Subjektivität des Künstlers zu gänzlichem Fehlen der subjektiven Auffassung steigert. Wir erwarten von jedem Kunstwerk, daß es vermittelst des Hindurchgehens durch die bedeutungsvolle Subjektivität des Künstlers begeistet werde. Wo wir in dieser Erwartung getäuscht werden, dort ist objektiver Stil in einseitiger Entwicklung vorhanden. Die Schlichtheit ist zur Trockenheit, die Sachlichkeit zu charakterloser Wiedergabe geworden. Begreiflicherweise neigt die naturalistische Richtung in den Künsten zu dieser allzu objektiven Stilweise. Aber auch sonst, so etwa hier und da in Gustav Freytags Romanen, findet man diese Steigerung des Objektiven zum Auffassungsleeren, Nüchtern-Tatsächlichen. Ja selbst bei Goethe kommt manchmal (so hier und da in den Wanderjahren) ein allzu trockener Objektivismus vor.

Auch bei diesem Stilpaar besteht die Möglichkeit, nach einer den Gegensatz ausgleichenden höheren Mitte zu streben. Dieses Streben nach einer höheren Synthese ist nicht nur hier, sondern auch bei den früheren beiden Stilgegensätzen nicht etwa so aufzufassen, als ob diese ausgleichende Stilweise als Ideal zu gelten habe, die gegensätzlichen Stile dagegen im Grunde unberechtigt und zum Verschwinden bestimmt seien. Vielmehr ist der ausgeglichene, subjektiv-objektive Stil nur eine unter vielen Möglichkeiten der Ausbildung des Stils unter dem Gesichtspunkte des Gegensatzes von subjektiv und objektiv. Handelt es sich doch um einen durchaus relativen Gegensatz: es gibt Annäherungen des subjektiven Stils an den objektiven und umgekehrt Übergänge des objektiven Stils nach dem subjektiven hin. Alle diese Möglichkeiten sind ästhetisch berechtigt, und so hat denn auch diejenige Stilweise, die den subjektiven und objektiven Stil ins Gleichgewicht zu setzen bemüht ist, ihr ästhetisches Recht. Wollte sich dagegen dieser harmonisch-synthetische Stil als alleiniger Idealstil gebärden, so würde dies bedeuten, daß die großen künstlerischen Vorzüge aufgegeben werden, die gerade dadurch entstehen, daß der subjektive und ebenso der objektive Stil eine entscheidende Ausbildung erfahren. Es wäre geradezu eine Verarmung der Kunst, wenn nur die gleichgewichtsvolle Mitte zwischen subjektivem und objektivem Stil die Herrschaft führte.

Bei unsern Klassikern insbesondere begegnet man solchen Annäherungen an den subjektiv-objektiven Stil. Unter Schillers Dramen dürfte sich Wallenstein diesem mittleren Stil am meisten annähern. Der objektive Stil in Goethes mittlerer Periode dürfte im Tasso am meisten mit subjektiver Stilweise verschmolzen sein. Von Hebbels Dramen gehören die Nibelungen am meisten hierher. In besonderem Grade scheinen mir die späteren Dramen Grillparzers sich in der Mitte beider Stilweisen zu halten.

10. Auf ein viertes Stilpaar werden wir geführt, wenn wir auf den in die dargestellten Gestalten eingefühlten Gehalt in seinem Verhältnis zu der gewöhnlichen, uns umgebenden Welt achten. Entweder nämlich ist der eingeschmolzene Vorstellungs-, Gefühls-, Willensgehalt von so machtvoller oder so reicher oder so tiefer oder so zarter, kurz von so gesteigerter Art, daß die so entstehende Kunstwelt als der uns umgebenden Wirklichkeit in gewissen Richtungen wesentlich überlegen erscheint. Die vom Künstler geschaffene Welt zeigt eine derartige Kraftentfaltung, daß sie den Eindruck macht, einer höheren Ordnung der Dinge anzugehören. Eine derart erhöhte Welt nötigt uns, an die darin vorkommenden Menschen, Taten, Schicksale, Ereignisse, Naturvorgänge wesentlich gesteigerte Maßstäbe anzulegen im Vergleiche mit denen, die wir für die gewöhnliche Wirklichkeit verwenden. Was wir hier vor uns haben, sind Überwelten, Übermenschen. Hiermit ist der steigernde oder potenzierende Stil gegeben. Oder der eingeschmolzene Vorstellungs-, Gefühls-, Willensinhalt ist im wesentlichen von derselben Art, wie ihn uns die gewohnte Umwelt zeigt. Wir bleiben, indem wir uns in die Kunstwelt versetzen, doch auf dem vertrauten Boden der Wirklichkeit. Wir erhalten hier durch das Kunstwerk keinen Ruck nach oben; uns wachsen keine Flügel; wir wandeln behaglich aus der Welt der Wirklichkeit in die der Kunst hinüber. Ich will diesen Stil der gewöhnlichen Wirklichkeit als Wirklichkeitsstil bezeichnen [1]).

---

[1]) Ich habe ihn früher Tatsachenstil genannt (Ästhetische Zeitfragen, 1895, S. 124 ff.). Ich gebe diese Bezeichnung als weniger passend auf.

Die Erhöhung, die der steigernde Stil mit der Wirklichkeit vornimmt, kann nach höchst mannigfaltigen Richtungen hin gehen. Einmal wird man dabei an die verschiedenen menschlichen Wertbetätigungen zu denken haben. So kann der Mensch in seinem Wahrheitsstreben, in seinem Forscherdrang, in seinem Wissensmut, in seinem philosophischen Zweifeln und Kämpfen zum Übermenschen gesteigert werden. Die Faustdichtungen gehören nach einer wesentlichen Seite hierher; ebenso Byrons Manfred. Aber auch das religiöse Fühlen, das Gottsuchen, die religiösen Zerwürfnisse und Beseligungen kann der Künstler in steigerndem Stil darstellen. Ich erinnere an die Psalmen, das Buch Hiob, an Dantes Göttliche Komödie, an den Schluß des zweiten Teiles des Goetheschen Faust. Ibsen gehört mit seinem Brand und seinem Kaiser und Galiläer, Gerhart Hauptmann mit seinem Emanuel Quint hierher. Auch Bonaventura, die männliche Hauptgestalt in Gutzkows gewaltiger Dichtung »Der Zauberer von Rom«, darf man hierher zählen. Und welche Fülle von Beispielen könnte nicht aus den Oratorien, Messen und Symphonien, aus der religiösen Malerei und aus der kirchlichen Baukunst geschöpft werden! Sodann ist die sittliche Wertbetätigung ins Auge zu fassen. Vor allem das Suchen nach einer höheren Art von Sittlichkeit, das Streben nach Befreiung von sittlicher Enge und Dumpfheit wird von modernen Dichtern mit Vorliebe im Stil der Steigerung behandelt. An erster Stelle steht jedermann hierbei wohl Ibsen in seinen sogenannten sozialen Dramen vor Augen. Aber auch Björnson, Tolstoj, Gerhart Hauptmann und viele andere liefern zahlreiche Beispiele: man denke an Über unsere Kraft, zweiten Teil, an Auferstehung, an die Versunkene Glocke. Ebenso können Seelengröße, Menschenliebe, Aufopferung, alle anderen Tugenden bis ins Überirdische erhöht werden. Bei Jean Paul sind zahlreiche Gestalten — Emanuel, Beate, Klothilde, Liane und andere — nach solcher Richtung hin gesteigert. Und auch die vierte Wertbetätigung, das künstlerische Schauen und Schaffen, darf in diesem Zusammenhang nicht fehlen. Goethe im Tasso, Tieck in Sternbalds Wanderungen, Grillparzer in der Sappho haben die Entwicklung künstlerischer Talente zum Gegenstand von Dichtungen steigernden Stiles gemacht. Steigernden Stil zeigt auch Schillers Gedicht »Die Künstler«: hier ist das künstlerische Schaffen nach seinem typischen Wesen geschildert. Ähnliches gilt von Goethes Gedicht »Meine Göttin«.

Zu anderen Richtungen des steigernden Stiles gelangt man, wenn man an die verschiedenen menschlichen Leidenschaften denkt. Vor allem kommt die Liebesleidenschaft in Betracht. Die Überschwenglichkeit, die auch schon der gewöhnlichen Liebe eigentümlich ist, legt es geradezu nahe, den Stil der Steigerung anzuwenden. Und zwar findet man nicht nur die vergeistigte, entrückte Liebe im Stil der Steigerung behandelt, sondern auch die geschlechtliche Lust. Ich brauche nur an die Don Juan-, die Tannhäuser-, die Faustdichtungen, an Heinses Ardinghello, an die Romane und Dramen d'Annunzios zu erinnern: hier steigern sich die Wollustempfindungen zu All-Lebensgefühlen, zu Welt- und Schönheitstrunkenheit. Für die gesteigerte Behandlung der entstofflichten, übersinnlichen Geschlechtsliebe findet man bei Jean Paul ganz besonders zahlreiche Beispiele. Ebenso kann an Petrarcas und Michelangelos Sonette, an Klopstock, Hölderlin und Novalis erinnert werden. Auch die Musik nimmt reichlich an der gesteigerten Behandlung der Liebe teil. Und wie oft haben nicht schon Maler, Zeichner, Bildhauer verzückte Liebe oder auch wilde Liebeslust in erhöhendem Stil behandelt. Doch auch andere Leidenschaften lassen diese Behandlungsweise zu. Wenn ich an die Gestalten Othellos, Coriolans, Richards des Dritten, Shylocks, Katharinas erinnere, so sind es der Reihe nach die Leidenschaften der Eifersucht, des gewalttätigen Herrensinns, der tückischen Mordgier, des Hasses gegen den Unterdrücker, der Zanksucht, die Shakespeare ins Große und Übergroße gezeichnet hat.

Will man sich die mannigfaltigen Richtungen, in denen sich der steigernde Stil bewegen kann, mit einiger Vollständigkeit vor Augen führen, so muß man seine Aufmerksamkeit auch auf die typischen Möglichkeiten der Zusammensetzung der Individualität lenken. Für die eine Individualität etwa ist das Überwiegen der Phantasie und das Unentwickeltbleiben von Vernunft und Willen kennzeichnend. Eine andere Individualität ist vor allem auf hartes, folgerichtiges Wollen eingestellt, während Gefühl und Gemüt nur verkümmert vorhanden sind. Bei einer dritten Individualität etwa werden die Betätigungen aller Seelenkräfte von einer milden, klaren, harmonisierenden Vernunft durchwaltet. Hamlet, Macbeth, Goethes Iphigenie können als Beispiele dienen.

Nicht nur für menschliche Gestalten gilt der steigernde Stil; er findet auch in den Reichen des Untermenschlichen Anwendung. Sobald die analog-menschlichen Gefühle, mit denen der Betrachter stimmungs-symbolisch die untermenschlichen Gebilde ausfüllt, das Maß des Gewöhnlichen derart überschreiten, daß er sich in eine andere Welt, in eine Art Übernatur versetzt fühlt, liegt steigernder Stil vor. Niemand kann zweifeln, daß die Landschaften von Rubens in steigerndem Stil gehalten sind, und daß im Vergleiche hiermit Ruysdael, Hobbema, van Neer, van Goyen im Wirklichkeitsstil malten. Aber auch die Landschaften Claude Lorrains zeigen, wenn auch in ganz anderer Richtung, steigernden Stil. Nenne ich weiter Watteau, den älteren Preller, Böcklin, Segantini, so wird noch deutlicher, nach wie verschiedenen Richtungen der steigernde Stil gehen kann. Was die Baukunst betrifft, so zeigen die gottesdienstlichen Bauwerke, mögen sie assyrisch, ägyptisch, griechisch, christlich sein, der Natur der Sache nach durchweg mehr oder weniger steigernden Stil: soll die religiöse Erregung sich überhaupt getrieben fühlen, sich in Bauwerken auszudrücken, so muß sie in besonders gesteigertem Grade vorhanden sein. Dies gilt aber auch von einem Teil der weltlichen Baukunst. Niemand kann verkennen, daß sich etwa im Palazzo Strozzi, Riccardi oder Rucellai in Florenz Lebens- und Kraftgefühle hervorragend erhöhter Art aussprechen, während die alten Häuser in Braunschweig, Hildesheim, Goslar mehr dem Wirklichkeitsstil angehören. Nicht in gleicher Kraft und Fülle zwar vermag sich im Kunstgewerbe der steigernde Stil zu entfalten; doch fehlt es ihm an Gelegenheit zur Entfaltung auch hier nicht. Wo sich hochfestliche Stimmungen in der Einrichtung eines Innenraumes aussprechen, dort ist steigernder Stil vorhanden. Auch ist zu bedenken, daß manche geschichtliche Stilweise, so vor allem das Barock, die Richtung auf steigernden Stil von Haus aus in sich tragen.

Auf die verschiedenen Richtungen des Wirklichkeitsstiles brauche ich nicht einzugehen; sie ergeben sich aus dem über den Steigerungsstil soeben Gesagten von selbst. Auch Beispiele für den Wirklichkeitsstil brauche ich nicht zu bringen; der Leser wird schon durch den Gegensatz zu den für den Steigerungsstil genannten zahlreichen Beispielen sich von selbst auf solche geführt sehen.

11. Fragt man nach dem Grunde der Berechtigung der beiden Stilweisen, so muß man die ästhetische Norm des Menschlich-Bedeutungsvollen ins Auge fassen. Dieser Norm kann auf doppelte Weise entsprochen werden.

Entweder werden an dem bedeutungsvollen Gehalt die Hemmungen, Verunreinigungen, Alltäglichkeiten, Relativitäten wenn auch nicht weggelassen, so doch zurückgedrängt und in der fraglichen Richtung die höchste oder die dem Höchsten doch nahekommende Leistung des Menschlichen hervorgehoben. Das Menschliche wird in seinen das Durchschnittsmaß fühlbar überschreitenden Entfaltungsmöglichkeiten dargestellt. Dem Betrachter offenbart sich alles, was das Menschliche an Kräften und Mächten, an Kämpfen und Schicksalen, an Heil und Verderben in sich schließt, in seiner ganzen Tiefe und Wurzelhaftigkeit. Der Urschoß des Menschlichen tritt uns durch diese Darstellungsweise nahe. Zugleich kommt diese Art der Darstellung dem Verlangen des Menschen nach reineren, kraftvolleren, entschiedeneren Daseinsformen, seinem Sehnen und Träumen von

Über- und Wunderwelten entgegen. Auf diese Weise stellt sich der steigernde Stil als die eine Möglichkeit der Erfüllung der Norm des Menschlich-Bedeutungsvollen dar.

Oder das Menschlich-Bedeutungsvolle wird in seiner ganzen Verflochtenheit mit den Bedingtheiten des Endlichen, mit dem Gewöhnlichen und Alltäglichen in die Darstellung aufgenommen. Dort geht die Darstellung auf das Wesenhafte in seiner Absonderung von den Endlichkeiten und Relativitäten der Erscheinung, hier auf das Wesenhafte in seiner vielseitigen Verknüpfung mit ihnen. Das Menschlich-Bedeutungsvolle tritt uns daher hier in der ganzen Dichtigkeit, Gefülltheit und Saftigkeit des Wirklichen entgegen. Der Betrachter fühlt, daß das Menschlich-Bedeutungsvolle die Kraft hat, sich in dem Gewöhnlichen und Kleinen zu verwirklichen. Diese Darstellungsweise kommt daher dem Wirklichkeitsbedürfnis des Menschen, seinem Verlangen, sich im Irdischen heimatlich zu fühlen, entgegen. Diese zweite Möglichkeit, die Norm des Menschlich-Bedeutungsvollen zu verwirklichen, habe ich als Wirklichkeitsstil bezeichnet. Lessings Minna von Barnhelm und Gabriel Schillings Flucht von Gerhart Hauptmann, Holbein, Anton Graff und Menzel mögen als Beispiele dienen.

Indem die Berechtigung beider Stilweisen dargelegt wurde, ist damit auch im Grunde bereits die Schranke bezeichnet, die jedem der beiden Stile eigentümlich ist. Der Steigerungsstil steht dem Wirklichkeitsstil darin nach, daß er nicht in dem Grade wie dieser den Schein des Volllebendigen hervorzubringen vermag. Die eigentümliche Größe dieses Stils hat zu ihrer Kehrseite, daß uns hier das Gefühl der Heimatlichkeit, der Bodenständigkeit nicht in dem Grade entstehen kann, wie im Wirklichkeitsstil. Umgekehrt steht der Wirklichkeitsstil darin zurück, daß er das Wesenhafte des Lebens nicht so stark herauszuarbeiten vermag wie der steigernde Stil. Die tiefsten, geheimsten Triebfedern des Lebens, die innerlichsten Gegensätze und Kämpfe lassen sich im Wirklichkeitsstil nicht zu so eindringender Darstellung bringen wie im Stil der Steigerung.

Ein näheres Eingehen auf die Einseitigkeiten und Ausartungen unterlasse ich, wie bei den vorausgegangenen Stilgegensatzpaaren, so auch hier. Sehr leicht lassen sich die allgemeinsten Bedingungen angeben, die erfüllt sein müssen, wenn der Steigerungs- und der Wirklichkeitsstil nicht ins Unkünstlerische verfallen sollen. Der steigernde Stil muß, so sehr er auch steigert, einen derartigen Zusammenhang mit den Eigenschaften und Gesetzmäßigkeiten der Erscheinungswelt bewahren, daß der Betrachter das im Kunstwerk Dargestellte als daseinsmöglich zu erleben vermag. Wird dieser Zusammenhang nicht beachtet, so entsteht falsche Idealität, verschrobene Romantik, unpsychologische Verstiegenheit und dergleichen. Für den Wirklichkeitsstil wiederum besteht die Bedingung, daß das Menschlich-Bedeutungsvolle gegenüber den Bedingtheiten, Endlichkeiten, Kleinigkeiten, Gemeinheiten des Daseins nicht zurücktrete oder gar verschwinde. Sobald dies der Fall ist, entsteht Trivialismus, ideenloser Naturalismus und dergleichen.

12. Ich hätte diesen Stilgegensatz allenfalls auch als idealistischen und realistischen Stil bezeichnen können. Allein diese Ausdrücke sind von solcher Unbestimmtheit und Vieldeutigkeit, daß ich sie lieber vermeide. Ja ich glaube: diese beiden Ausdrücke sind mit daran schuld, daß in der Frage der prinzipiellen Stilunterschiede so wenig Klarheit und so viel Verwirrung herrscht.

Erstlich spielt, wenn von idealistischem und realistischem Stil die Rede ist, mehr oder weniger der zuletzt auseinandergesetzte Stilgegensatz mit. Der Stil der Steigerung geht als ein unanalysierter Bestandteil in das dunkle Ganze des idealistischen Stils ein, während der Wirklichkeitsstil in dem verschwommenen Ganzen des realistischen Stils mitgedacht wird. So wird man etwa Goethes Faust dem idealistischen, seine Wahlverwandtschaften dem realistischen Stil zuweisen. Die Romane Fontanes, der Ebner-Eschenbach, der Klara Viebig tragen in diesem Sinne realistischen, solche Romane dagegen wie Hauptmanns Emanuel Quint, Helene Böhlaus Haus zur Flamm, Kellermanns Ingeborg idealistischen Stilcharakter.

Zweitens pflegt der Gegensatz des Schönen und Charakteristischen als eine unabgesonderte Seite unklar in den Gegensatz des idealistischen und realistischen Stils einzuschmelzen. Das Schöne und das Charakteristische darf überhaupt nicht als Stilgegensatz bezeichnet werden. Es handelt sich dabei um einen Gegensatz, der ebensosehr in der Naturwirklichkeit wie in der Kunst vorkommt. Daher ist dieser Gegensatz unter die ästhetischen Grundgestalten einzureihen, wie ich ihn denn auch in voller Ausführlichkeit und in seiner ganzen Vielgestaltigkeit im zweiten Bande des Systems behandelt habe. Dieser Grundtypengegensatz nun wird ununterschieden in den Gegensatz von Idealismus und Realismus mit hineingenommen. So sagt man etwa im Hinblick auf das Schrotf-Charakteristische von Schillers Räubern: dieses Drama, das nach der ersten Bedeutung (denn die Räuber sind in steigerndem Stil gehalten) dem idealistischen Stil zugewiesen werden müßte, sei in realistischem Stil gedichtet. Umgekehrt schreibt man Goethes Römischen Elegien, denen gemäß der ersten Bedeutung (denn alle Steigerung zu einer Überwelt liegt ihnen ferne) realistischer Stil zugesprochen werden müßte, ihres Schönheitscharakters wegen idealistisches Stilgepräge zu. Rembrandt wird schlechtweg als Realist bezeichnet, wiewohl er in manchen Werken einen ungeheuer steigernden Stil zeigt (beispielsweise auf dem Bilde im Mauritshuis im Haag, das den jungen David darstellt, wie er durch sein Spiel die Schwermut Sauls in Tränen löst). Man denkt dann eben nur an das Charakteristische seiner Kunst. Umgekehrt pflegt man Raffael schlechtweg als Idealisten zu bezeichnen. Man hat dann nur den Schönheitscharakter seiner Kunst vor Augen. Und doch sind manche seiner Madonnen keineswegs im Stil der Steigerung dargestellt (beispielsweise die Madonna vom Hause Orleans). Im Hinblick auf solche Werke müßte Raffael vielmehr den Realisten zugezählt werden.

Drittens ist es der Gegensatz des Typisch- und des Individuell-Ästhetischen, der ungeschieden in den Gegensatz von Idealismus und Realismus eingeht. Auch hier handelt es sich nicht um einen Stilgegensatz im strengen Sinne des Wortes, sondern um ein Grundgestaltenpaar. Und so ist denn auch dieser Gegensatz von mir im zweiten Band in seiner verwickelten Vielgestaltigkeit ausführlich behandelt worden. Allein man kann hier doch mit einer gewissen Berechtigung von einem Stilgegensatz sprechen. Denn der Unterschied des Typisch- und des Individuell-Ästhetischen kann sich im Gebiete des Naturwirklichen nur äußerst unvollkommen geltend machen. Nur in schwachen Andeutungen kommt er hier vor, wie ich dies schon im zweiten Bande (S. 66 f.) hervorgehoben habe. Ganz unvergleichlich ist die Entfaltung, zu der er innerhalb der Kunst gelangt; hier hat er sein eigentliches Reich. Deswegen ist es erlaubt, den Unterschied des Typisch- und des Individuell-Ästhetischen unter die prinzipiellen Stilpaare aufzunehmen und so von typisierendem und individualisierendem Stil zu sprechen. Doch habe ich nicht nötig, dieses fünfte Stilgegensatzpaar hier zu betrachten. Das ganze vierte Kapitel des zweiten Bandes enthält tatsächlich, wenn auch unter dem Namen eines Gegensatzes der ästhetischen Grundgestalten und nicht der Stile, die Erörterung dieses fünften Stilpaares.

Durch das Mithereinspielen dieses Gegensatzes steigert sich natürlich die Dunkelheit der Gesamtbezeichnungen »Idealismus« und »Realismus« noch um ein Bedeutendes. Jetzt ist der typisierende Künstler der Idealist, der individualisierende der Realist. So verquickt sich ein unter völlig anderem Einteilungsgrunde entspringender Gegensatz, ohne daß man sich über die völlige Andersartigkeit der Gesichtspunkte Rechenschaft gibt, mit jenen beiden früheren Gegensatzpaaren, und es entsteht so ein unerträglich verworrener Gesamtbegriff. Jetzt gehört beispielsweise Burne-Jones, weil er auf das feinste zu individualisieren weiß, zu den Realisten, trotzdem daß er im Hinblick auf die Schönheitslinien, in denen er sich bewegt, Idealist heißen muß. Michelangelo in seinen symbolischen Gestalten an den Mediceergräbern verfährt in der Weise des Charakteristischen, zugleich aber sind diese Gestalten typischer Art; ferner gehören sie dem steigernden Stil an. So kann Michelangelo ebensogut als Idealist wie als Realist bezeichnet werden. So aber oder so: in jedem Falle ist es eine vieldeutige und in ihren mehrfachen Bedeutungen nicht durchschaute Bezeichnung, unter die Michelangelo gebracht wird.

Ich kann mir vorstellen, daß ein spekulativer Metaphysiker oder, was heutigestages wahrscheinlicher ist, ein transzendentaler Logiker an der Fünfzahl der Stilpaare Anstoß nehmen könnte. Ähnlich wie die Kritik mehrfach an der Vierzahl der von mir aufgestellten ästhetischen Normen und an der Vielzahl der im zweiten Bande behandelten ästhetischen Grundgestalten Anstoß genommen hat. Ich bin viel zu sehr empirischer Philosoph, als daß ich mir wegen der Vierzahl dort und der Fünfzahl hier Bekümmernisse machte. Ich lasse mich von dem jeweiligen Erfahrungsstoff und den in ihm liegenden Anhaltspunkten leiten und zu den hierdurch dem Denken sich als notwendig aufdrängenden Verknüpfungen hintreiben. In dem vorliegenden Falle war es die Psychologie des künstlerischen Schaffens, die im Verein mit der Betrachtung der vorhandenen Kunstwerke und Kunstrichtungen zu der Aufstellung der fünf Stilpaare geführt hat. Eine Deduktion der Stilgegensätze aus einem apriorischen oder transzendentalen Einheitspunkte her halte ich für unmöglich.

VI.

Über Versmelodie.

Von

Julius Tenner.

1.

Es ist ein Verdienst der Leipziger Sieversschule und ihres Meisters, ein in wissenschaftlichen Kreisen überaus verbreitetes Vorurteil, wonach das Sprachklanggebilde eines Gedichtes, als bloße sinnliche Hülle eines seinem Wesen nach geistigen Inhaltes, keiner näheren Erforschung bedarf, gründlich widerlegt zu haben. Jener von der philologischen und ästhetischen Wissenschaft langezeit festgehaltene Standpunkt ist schon deshalb unhaltbar, weil er gerade solche Elemente ignoriert, dank welchen die sinnliche Erkenntnis eines Kunstwerkes sich auf die leichteste, feinste und zuverlässigste Weise vollzieht. Das Problem »Rhythmik« und »Melodik« des Sprechverses, in steter Wechselwirkung und gegenseitiger Verbindung, bildet seit der Initiative Sievers' im Jahre 1894[1]) den Gegenstand unausgesetzter weiterer Forschungen der modernen metrischen Wissenschaft. Am schwierigsten gestaltete sich die Lösung des Problems der Versmelodie, das gleichfalls zuerst von Sievers aufgerollt wurde[2]).

Die von ihm diesbezüglich aufgeworfenen Fragen stellten Metriker und Philologen, Phonetiker und Psychologen vor ganz neue Aufgaben. Sievers hatte wertvolle allgemeine Winke und Fingerzeige über Tonlage und Tonbewegung, über die Faktoren der Versmelodie, über Intervallgröße, sowie fallenden und steigenden Tonschritt des gesprochenen Wortes gegeben. Es galt nun das Besondere zu ermitteln, absolute Verhältnisse festzustellen, konkrete Beispiele zu analysieren, um so allmählich die Bausteine zu einer allgemeinen Verslehre im Sinne ihres von Sievers erweiterten Gebietes, zu einer »Rhythmik« sowohl als »Melodik« des Sprechverses zusammenzutragen.

---

[1]) »Zur Rhythmik und Melodik des nhd. Sprechverses«. Verhandl. d. 42. philolog. Vers. 1894, S. 370—382.

[2]) »Über Sprachmelodisches in der deutschen Dichtung«. — Rektoratsrede, gehalten am 31. Okt. 1901, abgedruckt in Ostwalds »Annalen zur Naturphilosophie«, Band I.

Als erster erschien ein hervorragender Sieversschüler, Dr. Franz Saran, mit einer der Germanistischen Abteilung der 47. Versammlung deutscher Philologen und Schulmänner in Halle im Jahre 1903 dargebrachten Festgabe: »Rhythmik und Melodik der Zueignung Goethes«, in der der Verfasser die »Melodie« dieses Gedichtes, das ist die Tonhöhenbewegung, nach eigener, individueller Vortragsweise festzulegen sucht. Diese Melodie schwebt zumeist bloß im Umfang eines musikalischen Ganztons auf und nieder, der jedoch, um die kleinen Intervalle notieren zu können, nicht in halbe, sondern in Neunteltöne geteilt wird. Saran bekennt selbst die Unzulänglichkeit seiner bloß nach freiem Gehör gemachten Selbstbeobachtungen persönlicher Melodisierung und konstatiert den Mangel einer Skala, beziehungsweise Tonika, auf welche die Intervallfolge bezogen und an der sie gemessen werden könnte. Er meint, daß man bei dieser Arbeit für die Folge mechanischer Hilfsmittel zur mathematisch genauen Bestimmung der Intervalle nicht werde entraten können, und glaubt, daß, sobald erst ein reiches Material von Aufzeichnungen einzelner Gedichtsmelodien vorhanden sein wird, sich dann auch an der Hand derselben eine Theorie der Versmelodik aufbauen lassen würde [1]).

Neben der einfachen Beobachtung der menschlichen Stimme mit dem unbewaffneten Ohre versuchte man auf mannigfache Weise und mittels verschiedener Methoden, durch Resonatoren, manometrische Flammen, Interferenzapparate, Phonographplatten und eigens konstruierte überaus sinnreiche physikalische, akustische und optische Meß- und Registrierapparate (unter Verwendung der Photographie und des Röntgenverfahrens), die menschlichen Sprachlaute, die Schallformen der lebendigen Rede zu analysieren. Diese zahlreichen Bemühungen der Experimentalphonetik und Experimentalpsychologie führten zu graphischen Aufzeichnungen der Sprachklänge. Es geschah dies bei den phonographischen Methoden unter anderm dadurch, daß ein Fühlhebel, dessen kurzen Arm man in die Glyphen einer Phonographenplatte mit der Aufnahme eines mündlichen Vortrages gleiten ließ, durch seinen längeren Arm einer gleichmäßig fortbewegten berußten Glasplatte das vergrößerte Profil der Vertiefungen einzeichnete (Versuche Scriptures), oder es wurde die Breite der in das Wachs eingegrabenen Glyphen gemessen und aus der Breite die Tiefe berechnet (Verfahren Boekes). Diese phonographischen Metho-

[1]) Auch die 1907 erschienene »seinem Lehrer Eduard Sievers« gewidmete »Deutsche Verslehre« von Saran, die zum ersten Male eine zusammenhängende Darstellung, einen systematischen Aufbau und geschlossene Gedankenentwicklung einer Ästhetik der künstlerischen Klangformen der gebundenen Rede bringt, enthält Analysen nach der gleichen Methode.

den lieferten indes nur scheinbar objektive Untersuchungen der Sprachklänge, da man vor allem nur bei stärkerem Hineinsprechen meß- und untersuchbare Kurven bekam, und weil des weiteren die psychische Befangenheit vor dem Apparate jedenfalls ansehnliche Abweichungen von der normalen Sprechweise naiver Sprecher nach sich zog.

Aber auch die durch registrierende Instrumente, wie »Phonautograph« von Scott, »Logograph« von Barlow, »Telegraphon« von Poulsen, »Phonoskop« von Weiß, »Oszillograph« von Duddel, »Sprachmelodieapparat« von Marbe und den neuesten »Kehltonschreiber« von Krüger und Wirth[1]), angewandten graphischen Untersuchungsmethoden lieferten Klanganalysen, die als nicht ganz einwandfrei anzusehen sind. Sievers weist darauf hin, daß diese vervollkommneten Apparate der Neuzeit zweifellos im wesentlichen das richtig wiedergeben, was in sie hineingesprochen wird, bezweifelt aber wohl, daß es ohne schwerste Selbstzucht jemandem gelinge, mit einem Meßapparat im Sprachorgan dasjenige hervorzubringen, was er sonst unter normalen Bedingungen spricht. Die psychische Befangenheit spielt also auch hier in derselben Weise mit, wie bei phonographischen Aufnahmen.

Die mannigfachen durch die angedeuteten verschiedenen Methoden gewonnenen graphischen Vokal- und Klangkurven haben indes wertvolle Erkenntnisse über die Akustik und Physiologie der Sprachlaute zutage gefördert. Die Sprach- und Artikulationsbewegungen, die Hebungen und Senkungen des Stimmtones, die Eigentöne der Vokale, die Pausenverhältnisse und anderes mehr wurden einer genauen Analyse unterzogen. Dennoch blieb das Problem der Versmelodie selbst nach wie vor ungelöst. Trotz des durch diese Versuche zusammengetragenen wertvollen und reichen Materials sind die Gesetze, nach denen die Tonhöhenbewegung in der Sprachmusik abläuft, unentdeckt geblieben. Ein englischer Phonetiker[2]) hat sogar eine vergleichende dreisprachige Analyse von Vortragsstücken durchgeführt, indem er Dichtungen von Shakespeare und Poe, Lafontaine und Rostand, Schiller und Goethe in englischer, französischer und deutscher Sprache nach phonographischen Originalaufnahmen von Vorträgen berühmter Schauspieler auf die Dauer, Stärke und

[1]) der die Schwingungen der Stimmbänder, wie sie sich beim Sprechen und Singen ohne Veränderung ihrer akustisch wesentlichsten Eigenschaften dem Schildknorpel des Kehlkopfes mitteilen, kymographisch registriert.

[2]) *Daniel Jones, Lecturer on Phonetics at University College, London: »Intonation Curves, a collection of phonetic texts, in which intonation is marked throughout by means of curved lines on a musical stave«.* Leipzig and Berlin, B. G. Teubner, 1909.

Tonhöhe der Schallformen lebendiger Rede untersuchte und in Klangkurven graphisch reproduzierte.

Alle diese Untersuchungen gehen von der nirgends angezweifelten und als ganz selbstverständlich angesehenen Voraussetzung aus, daß Sprachmelodie nach Analogie der Tonmelodie in ihrem Wesen Tonhöhenbewegung sei. Man suchte demgemäß auf experimentellem Wege den Ablauf der Tonhöhenwerte des gesprochenen Wortes durch Gewinnung graphischer »Melodienkurven« festzustellen. Das tat auch Bruno Eggert, der auf dem, April 1908 in Frankfurt a. M. abgehaltenen VI. Kongreß für experimentelle Psychologie [1]) über seine mit Marbes Sprachmelodieapparat vorgenommenen »Sprachmelodischen Untersuchungen« berichtete. Eggert ging von der Beobachtung Sievers' aus, daß die Sprachmelodie nicht nur unmittelbar an gesprochene Rede gebunden ist, sondern eine bleibende stilistische Eigentümlichkeit des Satzgefüges bildet, die in der Person des Autors psychisch begründet ist. Eggert suchte diese Sieversschen Beobachtungen experimentell nachzuprüfen und in der Melodie von Sprachstücken desselben Verfassers gesetzmäßig wiederkehrende Erscheinungen nachzuweisen. Unter »Sprachmelodie« versteht er, gleich allen seinen Vorgängern — nach der Registrierung des Apparates —, »die Tonhöhenbewegung, die sich im allmählichen Steigen und Fallen durch die nacheinander gesprochenen Vokale und stimmhaften Konsonanten hinzieht und durch die Redepausen sowie durch stimmlose Konsonanten unterbrochen wird«. Die durch Eggert gewonnenen graphischen Melodienkurven und Tabellen beziehen sich demnach hauptsächlich auf Tonhöhenwerte. Neben der Tonhöhenbewegung wurden auch genaueste Messungen der Tonstärken der Sprech- und Singstimme, der Zeitdauer einzelner Laute oder Lautgruppen, der Pausen und Unterbrechungen der Stimmhaftigkeit oder Stimmlosigkeit von Lauten vorgenommen. Die Psychologen (Wundt, Krüger, Wirth, Marbe) wiesen wohl darauf hin, daß die Tonhöhe nicht nur vom Inhalt des Gesprochenen, sondern auch vom Alter und Geschlecht, namentlich aber auch vom Gemütszustande des Sprechenden beeinflußt wird. Unsere Gemütsbewegungen entziehen sich aber in ihren unendlich verschiedenen Wandlungen jeder meßbaren Bestimmung und Festlegung. Die Modifikationen des Sprachklanges, die im Gemütszustande des Sprechenden ihren Ursprung haben, wurden auch nur ganz vereinzelt in den Bereich jener experimentellen Versuche gezogen.

[1]) Vgl. den hierüber von F. Schumann herausgegebenen Bericht. Leipzig, J. A. Barth, 1909.

Auch die experimentellen Untersuchungen haben zu keiner Festlegung eines systematischen, gesetzmäßigen Ablaufs der Tonhöhenfolge gesprochener Rede geführt; sie bekräftigten hingegen vollkommen die schon vom englischen Phonetiker Sweet gemachte Beobachtung, wonach es für unser Gehör überhaupt nicht gut möglich sei, die Tonhöhe eines gesprochenen Vokales genau zu bestimmen, teils deshalb, weil der Grundton oft nur sehr schwach hervortritt, namentlich aber deshalb, weil der Ton sich gar nicht oder nur ganz kurze Zeit auf gleicher Höhe hält, indem die Tonhöhe der einzelnen Vokale Schwankungen unterworfen ist, die bald sehr gering sind, kaum einen musikalischen Halbton oder weniger betragen, bald sehr bedeutend ausfallen und bis zu einer ganzen Oktave reichen, wie beim Ausdruck starker Verwunderung, Erstaunens und sonstiger exzitierender Empfindungen. Diese unendlich mannigfachen Schwankungen verlaufen ebenso regellos, wie die zahllosen Änderungen unserer Gemütsbewegung. So brach sich denn allmählich die Erkenntnis Bahn, daß die Tonhöhenbewegung der menschlichen Sprechstimme entweder überhaupt ganz gesetz- und regellos verlaufe, oder derart komplizierten Gesetzen folge, daß ihre Wahrnehmung und Bestimmung unserer Kenntnis derzeit entzogen bleiben muß.

Einen grundsätzlich anderen Weg, dem Problem der Versmelodie beizukommen, schlug Woldemar Masing in seiner Arbeit: »Sprachliche Musik in Goethes Lyrik« [1]) ein.

Masings Untersuchungen beziehen sich speziell auf eine Gattung von Kunstlyrik, welche die Klangmittel ihres sprachlichen Materials nicht nur zu rhythmischen Wirkungen verwendet, sondern auch zu solchen, welche die Anwendung des Wortes melodisch gestatten. Zu dieser Gattung gehört ein großer Teil der lyrischen Dichtungen Goethes, denen Masing einen hohen Gehalt »sprachmelodischer«, d. h. solcher musikalischer Wirkungen zuschreibt, die durch sprachliche Mittel nicht nur rhythmischer, sondern auch melodischer Art ausgeübt werden. Der Ausdruck »sprachliche Melodie« für diese besondere Art sprachlichen Wohlklanges sei jedoch doppelsinnig, da er ja auch für die besondere Art des Tonfalles, durch die sich die gewöhnliche Sprechweise bei verschiedenen Personen sowie in verschiedenen Sprachen und Mundarten unterscheide, gebräuchlich sei. Diese von Masing als »außerästhetisch« bezeichnete Art sprachlicher Melodie ist nun tatsächlich, wie Eggert[2]) auf experi-

[1]) Heft 108 der »Quellen und Forschungen zur Sprach- und Kulturgeschichte der germ. Völker«. Straßburg, K. J. Trübner, 1910.

[2]) Sprachmelod. Unters. a. a. O.

mentellem Wege nachwies, nicht nur in bezug auf Stimmlage und Tonumfang eine rein individuelle Eigenschaft sprechender Personen, sondern es bildet auch die Bevorzugung bestimmter Tonhöhen und die relative Häufigkeit einzelner Tonhöhen in deren Verteilung auf verschiedene Stufen des gesamten Tonumfanges eine Charakteristik individueller Sprechweise. Es ist demnach die »außerästhetische« Sprachmelodie vor allem eine Tonhöhenbewegung und entspricht als solche genau dem Begriffe, der dem technischen Ausdruck »Melodie« in der Tonmusik zukommt. Der »außerästhetischen« stellt Masing eine »künstlerische« Art sprachlicher Melodie entgegen, für die er die Bezeichnung »sprechmusikalische Melodie« empfiehlt. Das künstlerische Wesen solcher Melodien, die melodische Wirksamkeit lyrischer Poesie erblickte Masing in einer »entsprechend ausgedehnten Anwendung von Kunstmitteln, welche im Prinzip mit denjenigen identisch sind, durch deren Anwendung die sogenannte gebundene Rede überhaupt im Gegensatze zur ungebundenen dem dafür Empfänglichen erkennbar und wohlgefällig wird« (S. 6). Im Ausdruck: »melodische Wirkungen« werden alle Arten »musikalischer Wirkungen« zusammengefaßt, die »durch ästhetische Ordnung in einem Nacheinander qualitativ verschiedener Klangelemente hervorgerufen werden«.

Daraus geht hervor, daß, während die Tonmusik nur e i n e n Begriff des Ausdrucks »Melodie« kennt, der nichts anderes als Intervallfolge, somit Tonhöhenbewegung bedeutet, für die sprachliche Musik z w e i verschiedene Begriffe der »Melodie« von Masing unterschieden werden, von denen der erste, die »außerästhetische Sprachmelodie«, wieder nur T o n h ö h e n b e w e g u n g ist, während der zweite, die »sprechmusikalische Melodie«, a l l e a n d e r e n A r t e n s p r a c h m u s i k a l i s c h e r W i r k u n g e n zusammenfaßt. Die Benützung der gleichen Bezeichnung für zwei verschiedene Begriffe sowie das Operieren mit zwei leicht zu verwechselnden, zusammengesetzten technischen Ausdrücken erschwert das Verständnis und bringt nicht geringe Verwirrung hervor.

Masing stellt es in Abrede, daß die Verskunst der modernen Völker die Tonhöhenbewegung zu ähnlich selbständigen melodischen Wirkungen verwende, wie dies in der modernen Musik der Fall ist. Der Höhenumfang der sprachlichen Akzente, der geringere Umfang der Sprechstimme, seien die Ursachen, daß eine nur auf Tonhöhe gebaute Melodie den hochgespannten Anforderungen des modernen Ohres nicht genügen könne. Hierdurch sinke die T o n h ö h e, die in der T o n m u s i k das allerwesentlichste Element ist, in der sprachlichen Musik zu einem bloß **akzidentiellen** herab und spiele in der Sprachmusik eine analoge Rolle, wie die Klangfarbe in der Tonmusik. Dagegen sei umgekehrt in der sprachlichen Musik die Klangfarbe (worunter Masing die sogenannte »vokalische Lautfarbe« versteht) das wesentlichste, die Tonhöhe dagegen ein unwesentliches Element.

Masing faßt seine Erörterungen in die Beantwortung folgender zwei Hauptfragen zusammen: 1. Worin bestehen die musikalisch wirksamen Elemente, welche die Sprache als solche und die deutsche Sprache insbesondere dem Dichter zu Gebote stellt? — 2. In welcher Weise gelangen diese Elemente in der Dichtung als solcher und in Goethescher Lyrik insbesondere als Kunstmittel der sprachlichen Musik zur Anwendung?

Was die erste Frage betrifft, so kämen in der Sprache nur zwei künstlerisch verwertbare Klangelemente in Betracht, die sie mit der Musik gemein hat, nämlich Töne (d. h. Akzente) und Klangfarben (d. h. Laute). Erstere sind sowohl qualitativ (Tonhöhe) als quantitativ (Stärke und Dauer) unterscheidbar und liefern damit die Bedingungen für den Aufbau einer Melodie (Tonhöhenfolge) ebensowohl, wie für den eines Rhythmus. Dagegen sind Lautfarben, d. h. die mit verhältnismäßiger Objektivität feststehenden Klangfarben der einzelnen Laute, nur qualitativ unterscheidbar und können zu allen Arten musikalischer Wirkungen benützt werden, die auf der ästhetischen Ordnung in einem Nacheinander qualitativ verschiedener Klangelemente beruhen.

Die Hauptelemente zum Aufbau der »Melodie« in der von ihm aufgestellten Sonderbedeutung des Wortes erblickt Masing in den Vokalen, als den akustisch wirksamsten, daher musikalisch am besten verwertbaren Lauten. In ihrer idealsten Gestalt, d. h. als reine Vokale, bilden diese zusammen eine Skala, die von dem dunkelsten Vokal u bis zum höchsten i in regelmäßigen Intervallen aufsteigt: u, o, a, e, i. Die in der Prosarede von der Begriffsbestimmtheit des einzelnen Wortes unter die Schwelle des Bewußtseins hinabgedrückte Gefühlsbestimmtheit des einzelnen Lautes kommt in der Lyrik wieder zur Geltung.

Die Hauptelemente dieser Melodie bilden, nach Anschauung Masings, die Lautfarben der Vokale, zunächst der stark betonten Vokale der Reimsilben, die sich in den Gleichklängen harmonisch verbinden. Solcher Gleichklänge unterscheidet Masing vier Arten, nämlich außer den drei bekannten (Vollreim, Assonanz und Alliteration) noch eine vierte, das ist jenen Gleichklang, der einen einsilbigen und einen zweisilbigen Wort- oder Versschluß durch die Gleichheit ihres Tonvokals miteinander verbindet (z. B. »entflohn«,

»verloren«) und den er »Halbassonanz« benennt. Durch das Zusammenspiel dieser einzelnen Gleichklänge entstünde nun das wohlklingende sprachmelodische Ganze, nicht allein in Goethescher Kunstlyrik, sondern auch schon im Volksliede.

Nach Erörterung einer längeren Reihe von Beispielen gelangt Masing zur Beantwortung seiner zweiten Frage, zum Nachweise, worauf im wesentlichen die musikalische Wirksamkeit, das »melodische Element der gebundenen Rede« in Goethes Lyrik beruhe. »Es ist«, so lauten seine Ausführungen, »ein Hinübergreifen der sprachlichen Melodik, die sonst auf die Verschlingung der Schlußreime in den einzelnen Strophen beschränkt zu sein pflegt, über diese Schranke nach zwei einander entgegengesetzten Richtungen hinaus, indem verbindende Gleichklänge von der einen Strophe aus über die andere und von den Versschlüssen aus ins Innere der Verse hinein sich verbreiten, und zwar in Anordnungen, deren Gesetzmäßigkeit derjenigen der Endreimverschlingung in ihrem Prinzip entspricht. Da alle die einzelnen Gleichklänge, die auf diese Weise den melodischen Eindruck der Endreimverschlingung unterstützen, in viel schwächerem Grade wirken, als diese Endreimverschlingung selbst, so bleibt ihre Sonderwirkung ebenso leicht unterhalb der Schwelle des Bewußtseins liegen wie die harmonischen Obertöne, die sich in der Tonmusik den mit bewußter Absicht verwendeten Tönen zugesellen; dem aber widerspricht es durchaus nicht, daß sie in ihrem Zusammen mit der Endreimverschlingung und miteinander eine starke Wirkung auszuüben imstande sind, die gerade deshalb, weil sie unmittelbar bloß die Stimmung, nicht aber das Bewußtsein des Genießenden trifft, nur um so mehr Anspruch darauf hat, als spezifisch musikalische Wirkung zu gelten.«

Dieses Endergebnis möge hier durch eines der vielen von Masing analysierten Beispiele erläutert werden. Für die künstlerische Gestaltung der »sprechmusikalischen Melodie«, meint der Verfasser, sei nicht nur die Zahl der in ihr vorhandenen Gleichklänge, sondern vor allem auch die Gesetzmäßigkeit in ihrer Anordnung, sowohl in den einzelnen Gliedern als im Ganzen des Gedichtes, ausschlaggebend. In manchen Liedern Goethes sei nun die sinnliche Wirkung der Gleichklänge so stark, daß ihre gesetzmäßige Anordnung von dem für sprachliche Musik Empfänglichen unmöglich überhört werden könne, wenn sie auch nicht jedem zum Bewußtsein kommen müsse, der sie höre und sich von ihr ästhetisch befriedigt fühle. Zu diesen gehöre Klärchens Lied aus »Egmont«:

Freudvoll
Und leidvoll

Gedankenvoll sein,
Langen

Und bangen
In schwebender Pein,
Himmelhoch jauchzend
Zum Tode betrübt —
Glücklich allein
Ist die Seele, die liebt.

Der Aufbau dieser zehn Zeilen zeugt in der Tat von selten kunstvoller Meisterschaft. Zwei verschieden gebaute Teile, vier Hauptglieder, von denen jedes vier Hebungen enthält. Vier Vollreime: *Freudvoll-leidvoll, sein-Pein, langen-bangen* und *betrübt-liebt.* Zwei Assonanzen: *schwebender-Seele* und *himmelhoch-glücklich* und drei »Halbassonanzen«: *leidvoll-sein, himmelhoch-betrübt* und *glücklich-liebt.* Hierzu kommt noch der dritte Reim *allein* auf *sein* und *Pein* und die dritte Assonanz *gedankenvoll* auf *langen* und *bangen.* In einem graphischen Schema wird die gesetzmäßige Anordnung des Ganzen veranschaulicht: [1])

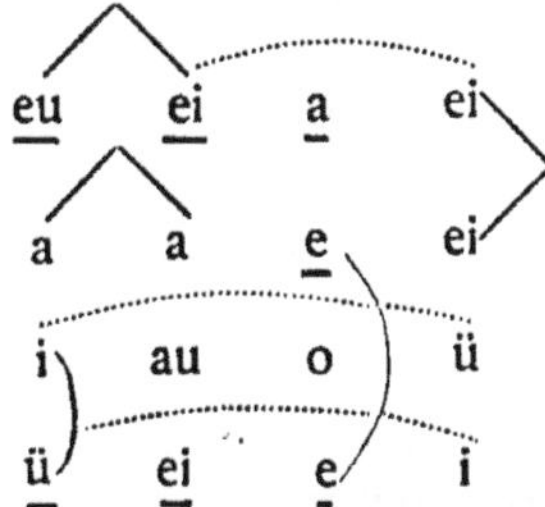

Die starke akustische Wirkung dieser kurzen Verse schreibt Masing der Dichtigkeit ihrer starkbetonten Vollreime, die ästhetisch befriedigende Wirkung ihrer sprachlichen Melodie aber der Gesetzmäßigkeit in der Anordnung der Gleichklänge zu.

Wir werden in weiterer Folge sowohl auf diese Wirkungen als auch auf ihre Ursachen noch zurückkommen.

Es bleibt jedenfalls Masings Verdienst, das Problem der Versmelodie aus dem Bannkreise herausgeleitet zu haben, in welchem sich die bisherigen Untersuchungen samt und sonders befanden. Der Ausdruck »Melodie« und seine Begriffsbestimmtheit im tonmusikalischen Sinne, in welchem unter Melodie nur Tonhöhenbewegung verstanden werden kann, das allzu wörtliche Festhalten an den von Sievers doch nur allgemein vorgezeichneten Richtlinien für die Erforschung der Versmelodie, hat durchaus Voraussetzungen geschaffen, in welchen alle bisherigen Untersuchungen befangen waren. Man war sich nämlich von jeher bewußt, daß in der Empfindung, die die Klangformen des gesprochenen Verses in unserem Gehör erzeugen, außer einem rhythmischen Element und ganz unabhängig von diesem

[1]) Das Zeichen ∧ bedeutet Vollreime, ⌢ Assonanzen, — Halbassonanzen.

sich noch ein anderes Element rein musikalischer Natur bemerkbar mache. Für dieses andere musikalische Element der sprachlichen Klangform hat sich nach der naheliegenden Analogie der Tonmusik der Ausdruck Melodie eingebürgert, und es wurde dergestalt der Rhythmik des Verses seine Melodik an die Seite gestellt. So entstanden die Ausdrücke Sprachmelodie, Versmelodie, Melodik. Sie entstanden, bevor man noch in der Lage war, sie zu definieren, die genaue Bestimmung der ihnen zukommenden Begriffe, namentlich aber die Merkmale, durch welche sich die Sprachmelodie von der Tonmelodie unterscheidet, festzustellen. Das Wort stellte sich tatsächlich zur rechten Zeit hier ein, obwohl noch der Begriff fehlte. So viel nun auch seither über Sprachmelodie und Versmelodik gesprochen und geschrieben wurde, die Begriffsverwirrung wuchs immer mehr.

Nicht mit Unrecht konnte Minor im Vorworte zu seiner »Neuhochdeutschen Metrik« [1]) sagen: »So gut wie die Rhythmik ist auch die Melodik von der Metrik zu unterscheiden. So wünschenswert eine Melodik des Verses auch wäre, so hat es damit allem Anschein nach noch auf lange hinaus seine guten Wege. Solange man noch nicht einmal darüber einig ist, ob mit der Tonverstärkung wirklich eine Erhöhung des Tones gegeben ist oder nicht, solange die natürliche Melodie des Satzes im Dunkel liegt, kann es sich nur um zufällige und vereinzelte Beobachtungen handeln.«

Im Grunde ist man auch heute noch nicht erheblich weiter gekommen. Es wird auch heute noch allgemein angenommen, daß der eminent musikalische Reiz, den die Klangform der Sprache unabhängig von ihren spezifisch rhythmischen Reizen auf unser Gehör ausübt, seiner Natur nach melodisch ist, d. h. auf Tonhöhenbewegung beruht, trotzdem alle Versuche, die Gesetze dieser Sprachmelodie festzustellen, bisher ganz erfolglos geblieben sind. Dennoch kam man nicht auf den Einfall, daß jene außerhalb der Rhythmik liegenden musikalischen Reize der menschlichen Sprechstimme, die man Sprachmelodie nennt, auf andere Ursachen zurückgeführt werden könnten, als auf Tonhöhenfolge, daß sie also überhaupt mit Melodie im tonmusikalischen Sinne nichts gemein hätten, daß demnach der Name »Melodie« nicht nur falsch sei, sondern auch zur heillosen Begriffsverwirrung geführt habe, die auf diesem Gebiete herrscht.

Masing ist nun meines Wissens der erste, der zur Erkenntnis gelangte, daß eine Melodie im tonmusikalischen Sinne (also Tonhöhen-

[1]) 2. umgearb. Auflage, Straßburg, Karl J. Trübner, 1902.

bewegung) wohl auch in der Sprachmusik, wenn auch in sehr modifizierter Weise nachweisbar sei, daß sie aber da, im Gegensatz zur Tonmusik, von durchaus nebensächlicher Wirkung und untergeordneter Bedeutung sei. Neben diesem unwesentlichen und akzidentiellen Element der »außerästhetischen Art der sprachlichen Melodie« (Tonhöhenbewegung) unterscheidet Masing, wie bereits erwähnt, eine zweite, künstlerische Art »sprachmusikalischer Melodie«, welche mit Tonhöhenbewegung nichts gemein hat und ganz andere Wirkungen musikalischer Natur bezeichnet, die den Klangformen des gesprochenen Verses zukommen. Hier aber beginnt die Verwirrung von neuem. Denn wenn Masing der richtigen Erkenntnis des »melodischen Elements« der dichterischen Kunstform eine entscheidende Wichtigkeit beimißt (S. 3); oder wenn er davon spricht, daß sich das »melodische Element« in der Kunstlyrik hinter allem (mit Ausnahme der Endreime), was in ihr ästhetisch wirksam ist, so tief zu verbergen pflege, daß es »nur allzuleicht entweder ganz unbeachtet bleibt, oder doch in seinem eigentümlichen Wesen und seiner relativen Selbständigkeit verkannt wird« (S. 3); oder davon, daß lyrische Gedichte »musikalische Wirkungen« nicht nur rhythmischer, sondern auch melodischer Art durch sprachliche Mittel auszuüben imstande sind (S. 5); oder wenn er dem »melodischen Element« der gebundenen Rede das Wesentliche der musikalischen Wirksamkeit und den Vorzug vor dem Rhythmischen, dem Plastischen und dem Gedankenhaften zuerkennt (S. 78); so muß man immer krampfhaft daran denken, daß hier der Ausdruck »melodisch« nicht in der allgemein üblichen Bedeutung, auf die unsere Gedanken gewohnheitsmäßig eingestellt sind, das ist im tonmusikalischen Sinne einer Tonhöhenbewegung, sondern in jener zweiten, uns gar nicht geläufigen Sonderbedeutung gebraucht und verstanden wird, zu deren Bezeichnung, um Mißverständnissen und Verwirrungen vorzubeugen, eher jeder andere Ausdruck als gerade »Melodie« hätte gewählt werden dürfen. Ich möchte daher im Interesse des klaren Verständnisses das Ergebnis der Untersuchungen Masings in folgenden zwei Momenten zusammenfassen:

1. Die Melodie im tonmusikalischen Sinne (Tonhöhenfolge), ein wesentliches Hauptelement der Tonmusik, bildet in der Sprachmusik ein durchaus unwesentliches, akzidentielles Element.

2. Das Hauptelement der Sprachmusik (neben dem Rhythmus) bildet die Bewegung vokalischer Lautfarben, die in der Kunstlyrik durch Dichtigkeit und Gesetzmäßigkeit in der Anordnung der Gleichklänge, und zwar sowohl in der Endreimverschlingung als auch in ihrem nach gleichem Prinzip erfolgenden Hinübergreifen in das Innere der Verse und Strophen zum Ausdruck gelangt.

Die nachstehenden Erörterungen haben den Zweck, den Untersuchungen Masings die Ergebnisse meiner eigenen langjährigen Studien entgegenzustellen, namentlich aber den Urquell jener nachhaltigen musikalischen Wirkungen zu erforschen, die jeder unbefangene Hörer bei Wahrnehmung von Klangformen des gesprochenen Wortes empfindet, ohne sich über ihr Wesen und ihre Entstehungsursache Rechenschaft geben zu können. Ich möchte vor allem in vollständiger Übereinstimmung mit dem ersten der beiden Resultate Masings, aber auf anderem Wege nachweisen, daß dieses musikalische Hauptelement die Tonhöhenbewegung, das ist die Melodie, nicht nur nicht ist, sondern von vornherein zufolge der eigenartigen Organisation der Schallmassen des gesprochenen Wortes gar nicht sein kann. Sodann will ich ein anderes, bisher ganz unerörtert gebliebenes Element der Sprachmusik untersuchen, das ich für ihr wesentliches Hauptelement halte und das eine ganz analoge Rolle in der Sprachmusik spielt, wie sie der Melodie in der Tonmusik zukommt, wogegen ihm in der Tonmusik eine ähnliche nebensächliche und unwesentliche Aufgabe zugedacht ist, wie dies rücksichtlich der Melodie in der Sprachmusik der Fall ist. Demgemäß wäre, sofern ich das Richtige getroffen habe, nicht nur das Hauptelement der Tonmusik ein Nebenelement der Sprachmusik, sondern auch umgekehrt das Hauptelement der Sprachmusik ein Nebenelement der Tonmusik. In diesem Punkte gehen die Ergebnisse meiner eigenen Untersuchungen mit dem zweitgenannten Resultate Masings auseinander. Sind sie zutreffend, dann ergibt es sich von selbst, daß die »Lautfärbung der Verssilben« keineswegs zum Aufbau einer sprachlichen Melodie (Masing, S. 14) verwendbar sei und daß sie für die sprachmelodischen Wirkungen der modernen Kunstlyrik nicht nur nicht als das allein wesentliche Element, sondern überhaupt als kein wesentliches, vielmehr, ähnlich wie die »Melodie«, als bloß akzidentielles Element in Betracht kommt, als eines der zahlreichen Mittel, über welche die musikalische Miniaturwerkstatt der Sprachmusik verfügt.

Bevor ich nun zum eigentlichen Gegenstande meiner Untersuchungen schreite, erscheint es mir unumgänglich, dreierlei Erörterungen vorauszuschicken, die sich erstens mit den grundsätzlichen, zwischen den beiden Systemen der Tonmusik und Sprachmusik bestehenden Verschiedenheiten befassen, zweitens die Gesetze zusammenfassen, denen in der Tonmusik der Bau der Melodie unterliegt, und drittens die Vorbedingungen feststellen, welche das System der Sprachmusik zur Erzeugung von Tonhöhenbewegung besitzt. Auf Grund dieser Erörterungen kann ich erst zur Erschließung der meinem Erachten nach wirklichen, bislang verborgenen Quellen schreiten, aus denen die wohlbekannten Reize musikalischer Wirkung der Klangmassen des gesprochenen Wortes stammen, mit anderen Worten, zur Bestimmung des wesentlichen musikalischen Hauptelementes der Sprachmusik.

2.

Die Grundsätze des Systems der modernen europäischen Tonmusik als bekannt vorausgesetzt, wollen wir zunächst die wichtigsten Merkmale ins Auge fassen, durch welche sich die moderne Sprachmusik von jener unterscheidet. Die Sprachmusik ist in erster Linie von ihrem natürlichen und einzigartigen Musikinstrument abhängig: von der menschlichen Stimme. Die Spannweite der menschlichen Sprechstimme beträgt beiläufig eine Oktave[1]). Aber im Bereiche dieser einen Oktave verfügt die Sprechstimme nicht nur über die zwölf Intervalle der chromatischen Tonleiter der Musik, sondern über alle in jenen Grenzen möglichen, in der Natur vorkommenden Zwischenintervalle, ohne jede Einschränkung, demnach über eine unendliche Anzahl von Tonhöhen, die in allmählichen Übergängen ohne Absatz unmerklich ineinanderfließen. Diesen Veränderungen der Tonhöhe fehlt jedes Maß, mittels dessen die späteren Laute mit den früheren verglichen, die Veränderung übersehen werden könnte. Von diesen unendlich vielen, wie die Farben des Sonnenspektrums, wie Licht in Schatten unausgesetzt ineinander übergehenden Tonhöhengraden werden auch nicht, wie in der Musik, gewisse fest bestimmte Stufen ausgeschieden, in denen sich die Melodie fortbewegt, mit anderen Worten: Die Sprachmusik kennt keine Tonleiter. Die Tonmusik bedient sich in der Regel bestimmter, unveränderlich fester Tonhöhen[2]). Und zwar gilt dieses nicht nur von der Instrumentalmusik, sondern auch vom Gesang, den ja mit Sprachmusik sowohl das musikalische Instrument (die menschliche Stimme) als auch das gemeinsame Tonmaterial (die Sprachsilben) verbindet. Das Gegenteil ist beim Sprechen der Fall. Sweet[3]) bemerkt, daß die Stimme während des Gesanges ohne Wechsel der Tonhöhe auf jeder Note verweile, um dann raschestens auf die folgende Note überzuspringen, so daß der verbindende »Gleitton« nicht wahrgenommen wird, wenn auch keine tatsächliche Tonunterbrechung stattfindet. Beim Sprechen dagegen verweilt die Stimme nur gelegentlich auf

---

[1]) Die der Singstimme mißt zwei bis drei Oktaven.

[2]) Eine Ausnahme bilden nur die schleifenden und gleitenden Töne, die zunächst in den »Sprechgesang«, dann aber auch in die moderne, expressive Instrumentalmusik herübergenommen wurden.

[3]) »*A Handbook of Phonetics*«. Oxford 1877, S. 93 f.

einer Note; sie bewegt sich vielmehr fortwährend auf und ab, von einer Note zur anderen, so daß die verschiedenen Noten, die zur Bezeichnung der Tonhöhe einer Silbe angesetzt werden, einfach Punkte sind, zwischen denen der Stimmton beständig hin und her gleitet. Stumpf weist auf Versuche Dr. Effenbergers hin, der durch genaue Analyse der Kurven, die ein gesprochener Ton auf dem Grammophon gibt, nachgewiesen hatte, daß oft schon auf einer einzigen Silbe ein beträchtliches Schwanken der Töne stattfindet, was übrigens einem feineren Ohre nicht verborgen bleibt [1]). Daß jede gesprochene Silbe schwankt, selbst dann, wenn sie dem flüchtigen Beobachter zu stehen scheint, erkennt man sofort, wenn man einen gut gesungenen Ton danebenstellt [2]).

Den festen Tonhöhen und den festen, dem Verhältnis der einfachen Ordnungszahlen entsprechenden Reihenfolgen von Intervallen der Tonmusik stehen demnach schwankende Gleittöne von wechselnder Tonhöhe, sowie unbestimmte und ungeordnete, jedenfalls aber unendlich zahlreiche und kleine Intervalle der Sprachmusik entgegen. Schon Gervinus [3]) bemerkt, daß die zusammenhängende, lückenlos fortlaufende Rede nichts von der Ordnung der abgesetzten, diastematischen Musiksprache kennt, sie steigt und fällt nicht in den geregelten Intervallen des Gesanges, sie bindet sich nicht an gleiche Rhythmen und Takte, sie bezieht nicht alle ihre Töne auf eine bestimmte Tonart, sie bedient sich freierer Tonsprünge, eigentümlich wirkungsvoller Detonierungen und Tonverschleifungen auf einer Silbe, viel feinerer Tonnuancen und schwer bemerkbarer, selbst unberechenbarer Intervalle, die in das musikalische System nicht eingehen. Es liegt wohl klar zutage, daß die Sprache gerade diesen, in der Musik nicht wiederzugebenden feinsten Schattierungen, kleinsten Nuancen und unmerklichen Übergängen, dieser stetig auf und ab fließenden Tonbewegung ihre unendliche Ausdrucksfähigkeit verdankt.

---

[1]) Dies hat übrigens schon Helmholtz durch seinen bekannten Klavierversuch zur Erzeugung der Vokalklänge nachgewiesen. Hebt man durch Niederdrücken des rechten Pedals die Dämpfung auf und spricht in den geöffneten Hohlraum des Klaviers einen Vokal hinein, so steigt, wie sich Donders ausdrückte, »ein Chor von Stimmen auf mysteriöse Weise aus der Tiefe auf«. Solcherart können sämtliche Vokale und die tönenden Konsonanten, wie m, u, ng, deutlich produziert werden. Bedingung aber ist, daß man die Laute hineinspricht oder hineinruft. Durch die hin und herschwankende Grundtonhöhe beim Rufen und Sprechen ist der zurücktönende Chor von Stimmen leicht erklärlich. Singt man aber die Vokale auf einen bestimmten Ton hinein, dann klingt auch nur ein einziger Ton wieder zurück.

[2]) Vgl. Engel, Ästhetik der Tonkunst S. 83. Berlin, W. Hertz, 1884.

[3]) »Händel und Shakespeare, Zur Ästhetik der Tonkunst.« Leipzig, W. Engelmann, 1869.

Der nächste Unterschied zwischen Ton- und Sprachmusik ist in der Gattung des Klangmaterials zu verzeichnen. Die Akustik unterscheidet bekanntlich zwischen musikalischen Klängen und Geräuschen, je nachdem die aufeinanderfolgenden Schwingungen durch schnelle und periodische oder durch unregelmäßige Bewegungen des tönenden Körpers hervorgebracht werden. Klänge und Geräusche verbinden sich aber miteinander in den mannigfaltigsten Verhältnissen und Kombinationen und bilden unmerkliche allmähliche Übergänge, indes die von ihnen erzeugten extremen Gehörsempfindungen manchmal sehr weit voneinander liegen. Die Tonmusik bedient sich nun in allererster Linie der Klänge, denn die Benützung von Geräuschen im Sprechgesang und in der modernen expressiven Instrumentalmusik gehört in das Gebiet der Assimilierung beider Tonsysteme, der Ton- und Sprachmusik. Die Sprachmusik dagegen beruht vom Urbeginn menschlicher Sprachübung an in viel höherem Maße auf Geräuschen als auf Tönen. Es ist dies in der physiologischen Natur unserer Sprachlaute begründet, unter denen es neben tönenden Vokalen und stimmhaften Konsonanten eine erkleckliche Anzahl stimmloser, bloßes Geräusch erzeugender Konsonanten gibt.

Weitere wichtige und grundsätzliche Unterscheidungen sind in bezug auf die drei Hauptelemente der Tonmusik, nämlich der Harmonie, des Rhythmus und der Melodie zu vermerken.

Was zunächst die Harmonie betrifft, so bezeichnet dieser Ausdruck zunächst zwei verschiedene Begriffe. Harmonie im weiteren Sinne bedeutet eine für unsere Sinne angenehme Übereinstimmung der einzelnen Teile eines Kunstwerkes untereinander und mit dem Gesamteindruck. In dieser Bedeutung des Ausdrucks bildet die Harmonie ein Element sämtlicher Künste, derjenigen der Zeit sowohl wie des Raumes; man kann demnach von ihr ebensogut auch in der Sprach- wie in der Tonmusik sprechen. Doch nicht um diese, der Symmetrie in den Künsten des Raumes analoge, »sukzessive« Harmonie handelt es sich in der modernen Tonmusik, wenn von Harmonie als einem ihrer Hauptelemente die Rede ist, sondern um eine ganz andere Art von Harmonie, die das wohlgestimmte gleichzeitige Zusammenklingen von Tönen bezeichnet, somit vor allem Vielstimmigkeit bedingt. Dieser Harmonie in des Wortes engerer, musiktechnischer Bedeutung entbehrt die Sprachmusik von vornherein gänzlich, da sie ihrer Natur nach eine Solomusik ist.

Das zweite Element der Tonmusik ist der Rhythmus. Es war dies einst das gemeinsame Element der drei musischen Künste, der Ton-,

Dicht- und Tanzkunst, der altgriechischen *musica,* das alle diese drei Künste organisch miteinander verknüpfte. Als sich dann jede von ihnen selbständig fortentwickelte, da kam es auch in den rhythmischen Erscheinungen der drei Schwesterkünste zu grundsätzlichen Verschiedenheiten. Im Rhythmus der modernen Tonmusik empfängt unser Ohr den Eindruck einer mit mathematischer Genauigkeit durchgeführten Zeiteinteilung. Zeitmaße sind die musikalischen Takte. Die Art ihrer Ausfüllung durch Töne ist von vornherein genau geregelt. Jede Note füllt einen oder mehrere Taktteile aus, oder umgekehrt, es läßt sich ein Taktteil in mehrere Noten teilen (halbe, viertel, achtel, sechzehntel Noten usw.), welche zusammen seine Zeitdauer ausfüllen. Ferner können gerade Takte in ungerader, ungerade Takte in gerader Weise gegliedert werden. Ersteres tritt ein, wenn z. B. in einem zweizeitigen Takte an Stelle zweier Viertelnoten drei Noten oder sogenannte Triolen (♪♪♪) gesetzt werden, letzteres, wenn z. B. in einem dreizeitigen Takte die Stelle dreier Viertelnoten von zwei Tönen oder von sogenannten punktierten Noten (♩. ♩.) eingenommen wird.

Ganz analoge Erscheinungen wies die quantitierende klassische Rhythmik auf. Die kurze Silbe (*chronos protos*) war die Zeiteinheit. Die lange Silbe maß je nach der Taktgattung zwei (in dreisilbigen Versfüßen) oder drei Zeiteinheiten (in zweisilbigen Versfüßen). Das Verhältnis der Arsen zu Thesen ebenso wie das gegenseitige Verhältnis der Takte untereinander war demnach von vornherein ein für allemal geregelt und stellte sich in ganz derselben Weise, wie der Rhythmus der modernen Tonkunst, als mathematisch genaue Zeitgliederung dar. Bekanntlich hat ja auch Westphal in den Fugen Bachs und Sonaten Beethovens dieselben rhythmischen Figuren, Reihen und Perioden nachgewiesen, die der rhythmische Bau der Oden des Pindar und Chöre des Äschylos zeigt. Damit war der unbewußte, aber innige grundsätzliche Zusammenhang zwischen der altgriechischen Rhythmik des Sprachverses und der auf mathematischer Zeitgliederung[1]) beruhenden Rhythmik der modernen Tonkunst erwiesen.

Die Rhythmik der modernen Tonkunst und diejenige der Dichtkunst moderner Sprachen entbehrt dagegen eines solchen Zusammenhanges. In diesen bildet nicht mehr die Quantität der Silben das Element des Rhythmus; demzufolge weist auch der Rhythmus eines modernen Sprachverses keine mathematische Zeitgliederung auf. Wir empfinden wohl noch ein gewisses abstraktes Zeitmaß, zumal in den

---

[1]) Vgl. die Definition des klassischen Rhythmikers Aristoxenos: *Quid est rhythmus? Aliquid consimile metro.*

silbenzählenden metrischen Systemen, aber dieses Zeitmaß entzieht sich jeder Bestimmung, entbehrt der mathematischen Genauigkeit, stimmt also nicht mit der wirklichen Zeiteinteilung überein. Dieser Unterschied stammt daher, daß die Sprechsilben moderner Sprachen mit ihrem dynamischen Akzent, gegenüber dem singenden chromatischen Akzent der klassischen Sprachen, als bewegtes Tonmaterial überaus ungleichartige Ausmaße zeigen und sich nicht in gleicher Weise wie die Sprechsilben klassischer Sprachen oder die unartikulierten Töne der Musik nach Bedarf stilisieren, d. h. willkürlich verlängern oder verkürzen lassen, zwecks Erlangung einer mathematisch genauen Zeitgliederung. Der Rhythmus tritt demnach in der modernen Sprachmusik in wesentlich anderer Gestalt auf als in der modernen Tonmusik oder in der Sprachmusik der klassischen Sprachen. Die Definition des altgriechischen Rhythmologen, der den Rhythmus auf das Zeitmaß zurückführt, ist somit wohl auf den Rhythmus der modernen Tonmusik, keineswegs aber auf den der modernen Sprachmusik anwendbar.

Rhythmus im allgemeinen ließe sich als gesetz- und regelmäßige Wiederkehr gewisser Klangerscheinungen definieren. Jede Sprache bedient sich zur Erzeugung dieser gesetzmäßigen Wiederkehr verschiedener Klangerscheinungen. Die Silbenausmaße der klassischen Sprachen stellten in der täglichen Umgangssprache keineswegs das mathematisch genaue Verhältnis von 2 : 1 dar, wiesen aber immerhin zwei deutlich voneinander geschiedene Silbengruppen auf, lange Silben und kurze Silben, die sich infolge ihres singenden, dehnbaren Charakters zur Stilisierung ihrer Quantität nach dem mathematischen Verhältnis von 2 : 1 sehr gut eigneten, und so wurde die Quantität die Grundlage ihres rhythmischen Systems. Die quantitativ sehr ungleichen, dabei wenig dehnbaren Drucksilben der modernen Sprachen taugen dagegen ganz und gar nicht zur Erzeugung regelmäßiger Alternationen langer und kurzer Silben. Die Grundlage rhythmischer Erscheinungen mußte sich daher in den modernen Sprachen auf andere Klangelemente verschieben, und jede Sprache bedient sich in selbstschöpferischer Art, nach dem Gesetze des geringsten Widerstandes, solcher Klangerscheinungen, welche sich nach ihrer natürlichen phonetischen Eigenart zur Erzeugung regelmäßiger Wiederkehr am zweckmäßigsten erweisen. Gleichzeitig mit diesen zur regelmäßigen Wiederkehr am besten geeigneten und demgemäß zur Erzeugung rhythmischer Reihen benützten Klangerscheinungen bestehen im Tonsystem jeder Sprache viele andere unregelmäßig und gesetzlos auftretende, die als Elemente des Rhythmus keine Verwendung finden. So besitzt z. B. jede moderne Sprache mit silbenzählender oder akzentuierender Rhythmik wohl auch Silbenquantität, doch ist diese zur Erzeugung rhythmischer Reihen unverwendbar und spielt im Klanggebilde des gesprochenen Verses eine ganz nebensächliche Rolle. Ebenso wirkte auch umgekehrt im Tonsystem der klassischen Sprache der Akzent als Faktor mit, ohne indes bei der rhythmischen Gliederung selbst hervorzutreten.

Wie in der Tonkunst fällt dem Rhythmus auch in der Dichtkunst im Bau des Verses die Aufgabe zu, eine Organisierung der Klangmassen durchzuführen, ihre Zergliederung nach vorausbestimmten Gesetzen regelmäßiger Wiederkehr vorzunehmen. Der Rhythmus ist demnach im Versbau der Faktor gesetzmäßiger Ordnung, der die Silbenreihen stilisiert, ihnen eine gewisse schematische Form verleiht. Ganz dieselbe Aufgabe erfüllt er in der Tonkunst, wo er die einzelnen Töne in Takte, Gruppen, Reihen und Perioden bindet, sie nach bestimmten Gesetzen organisiert. Dennoch besteht diesbezüglich ein wesentlicher Unterschied zwischen beiden Tonsystemen. Die Tonmusik hat mit der Organisierung unartikulierter Töne, die Dichtkunst mit der Organisierung artikulierter Silben zu tun, die nicht allein eine bloß rhythmisch gegliederte Reihe von Schällen, sondern vor allem auch eine begriffliche Gliederung nach Sinn und Bedeutung aufweisen. Diese beiden Faktoren brauchen nun durchaus nicht zusammenzufallen. Rhythmische und begriffliche Zusammengehörigkeit und Trennung sind zwei zu sehr verschiedene Dinge; sie können demnach ohne jede Gesetzmäßigkeit bald zusammentreffen, bald einander kreuzen.

Die geschlossene phonetische Einheit, die jeder gesprochene Vers darstellt, ist demnach das Ergebnis des Zusammenwirkens zunächst zweier, voneinander ganz unabhängiger Faktoren: des Rhythmus und der Betonung, auf welcher die begriffliche Gliederung beruht. Die Betonung hat nämlich die Aufgabe, jede Art sprachlicher Tätigkeit, somit auch die Prosarede, sowie unsere tägliche Umgangssprache zu organisieren. Die Betonung macht aus einer vieldeutigen geschriebenen Wortreihe eine geschlossene eindeutige phonetische Einheit. Die Wortreihe *er hat das Buch* enthält, je nachdem man das eine oder andere Wort stärker betont, die vier inhaltlich ganz verschiedenen Aussagen: *ér hat das Buch, er hát das Buch, er hat dás Buch, er hat das Búch,* und selbst diese Verteilung genügt noch lange nicht, um wirklich eindeutige Sätze zu schaffen [1]). Jene vier Wörter können vier einfache Aussagesätze, vier Fragesätze, vier Ausrufsätze bedeuten,

[1]) Vgl. Sievers, Grundzüge der Phonetik, 5. Aufl., S. 230. Leipzig, Breitkopf und Härtel, 1901.

was schon 12 phonetisch verschiedene Wortreihen und 12 Sätze von verschiedener Bedeutung nach sich zieht. Die Betonung, die Ordnung bringt in die Klangmassen jeder lebendigen Reihe, indem sie Silben zu Worten, Worte zu Sätzen, Sätze zu Perioden bindet, ihr gegenseitiges Interesse zueinander und zum sprachlichen Ganzen nach gewissen rein logischen Prinzipien regelt, folgt ausschließlich den wechselnden Anforderungen des Sinnes, der willkürlichen Absicht des Sprechers und ist ganz und gar unabhängig von der mit ihr konkurrierenden und zeitlich zusammenwirkenden rhythmischen Gliederung des gesprochenen Verses, die einer rein automatischen, von vornherein bestimmten Gesetzen unterworfenen Auf- und Abwärtsbewegung gehorcht. Die endgültige Klangform des gesprochenen Verses ist somit in ihrer, unserem Gehör wahrnehmbaren synthetischen Erscheinung eine Resultierende zweier gleichzeitig wirkender Komponenten, des Rhythmus und der Betonung. In der Tonkunst ist der Klang Selbstzweck, und die Betonung unterwirft sich da unbedingt den strengen, schematischen rhythmischen Formen. In der Dichtkunst ist umgekehrt der Klang dem Sinne unterworfen, er ist hier nicht Selbstzweck, sondern nur Mittel zum Zweck, und deshalb muß der Rhythmus der Betonung weichen. In diesem Überschuß, dieser Hegemonie des begrifflichen Elementes über dem reinen Klangelement, liegt der grundsätzliche und wichtigste Unterschied zwischen der rhythmischen Gliederung in Poesie und Musik. Wenn Goethe sagt: *Dén Bösen sind sie los, díe Bösen sind geblieben* — so durchbricht die Betonung den automatischen iambischen Rhythmus dieses Verses an zwei Stellen, ohne sich um die hierdurch entstehende Dissonanz zu kümmern. Und wenn wir in den Versen:

Vom Rechte, das mit uns geboren ist,
Von dem ist leider nie die Frage.

uns darüber klar werden wollen, ob Mephistopheles *mít uns geboren, mit úns geboren* oder *mit uns gebóren* sagen soll, und welche dieser drei Lesarten der Absicht des Dichters entspricht und seinen Gedanken richtig und sinngemäß zum Ausdruck bringt, so hilft uns über dieses Dilemma keine rhythmische Analyse, sondern ausschließlich nur eine rein auf Verstandestätigkeit beruhende, auf den Sinn jener Worte im ganzen Zusammenhange, in dem sie stehen, gerichtete Interpretation hinweg.

Deshalb ist im Vergleich zum reinen musikalischen der dichterische Rhythmus gewissermaßen ein nur »angewandter« Rhythmus. Die regulärsten Versrhythmen werden uns stets im Vergleiche mit der mathematischen Exaktheit der Musik- und Tanzrhythmen hinkend erscheinen. Die Musik wird immer durch die geradezu ideale Vollkommenheit ihrer Rhythmik der Dichtkunst überlegen sein. Dagegen verfügt diese über den Ausdruck von Gedanken und Gefühlen mit einer den allerfeinsten Regungen von Seelenzuständen sich anschmiegenden Bewegungsfreiheit, an die jene niemals heranreicht.

Ich komme zum dritten und wichtigsten Hauptelement der modernen Tonmusik, aus dem sich in Wechselwirkung mit Harmonie und Rhythmus ihr organisches Klanggewebe zusammensetzt, zur Melodie. Melodie ist bekanntlich vor allem eine gewisse von vornherein genau festgesetzte Folge von Tönen. Das wesentliche Merkmal der Melodie beruht aber in unserer modernen Tonkunst auf der eigentümlichen Fähigkeit des menschlichen Gehörs, solche bestimmte Tonfolgen leicht wiederzuerkennen und wiederzuerzeugen, der Fähigkeit des sogenannten »Transponierens« der Melodie, ohne Rücksicht auf absolute Tonhöhe oder Klangfarbe. Wir hören stets eine und dieselbe Melodie ohne Rücksicht darauf, ob sie von einem Baß oder Sopran, ob sie in G-Dur oder in B-Moll gesungen, endlich ob sie auf einem Klavier, einer Geige oder von einem ganzen Orchester vorgetragen wird. Das entscheidende Moment ist also die leichte Erzeugung gleicher Intervallfolgen auf Tönen von beliebiger Tonhöhe und Klangfarbe.

Ein weiteres, nicht minder wesentliches Merkmal der Melodie ist die Zentralisierung des Klangmaterials, das sogenannte Prinzip der Tonalität. Die moderne Tonmusik hat dieses Prinzip, wonach alle Töne eines Tonstückes durch ihre Verwandtschaft mit einem Hauptton, der »Tonika«, zusammengeschlossen werden, besonders streng und konsequent entwickelt. Der Aufbau der modernen Tonleiter und der Tonarten erfolgt hierdurch auf einem alle Willkür ausschließenden Wege. Es gibt weder eine Melodie noch einen Akkord ohne Zusammenhang mit der Tonika. In demselben Augenblicke, wo sich nur ein einziger Ton einer musikalischen Folge von Tönen auf eine andere Tonika bezieht, ändert sich auch der Charakter der Melodie.

In innigster Verbindung mit der Melodie steht endlich noch ein wichtiges Element der Tonmusik, dessen die Sprachmusik gänzlich entbehrt: der Takt. Er ist wohl vom Rhythmus zu unterscheiden, denn Rhythmus ist ein objektives, Takt ein subjektives Element. Es beruht auf der Fähigkeit des Beobachters [1]), die Töne nicht bloß als einzelne, sondern als Gruppen aufzufassen, ist eine intuitive Wahrnehmung, d. h. der Beobachter gelangt zu dieser Art von gruppenweiser Auffassung nicht dadurch, daß er die einzelnen Töne, die den Takt bilden, auszählt, sondern dadurch, daß er sie, ohne zu zählen,

---

[1]) Vgl. Wallaschek, Anfänge der Tonkunst S. 266. Leipzig, J. A. Barth, 1903.

unmittelbar intuitiv als Gruppe wahrnimmt. Daher der Begriff des »Taktsinns«, der dem den Eindrücken höherer Ordnung zukommenden »Gehörsinn« gegenübersteht. Wallaschek betont, daß der Takt nicht als Vorgänger der Melodie bezeichnet werden kann, sondern als deren Ursache.

Es bleibt nun zu untersuchen, ob und inwiefern die Sprachmusik die Voraussetzungen besitzt, um eine Melodie, analog zu den eben entwickelten Prinzipien, auf denen die Konstruktion der Melodie in der Tonmusik beruht, überhaupt erzeugen zu können. Nun ist bereits erörtert worden, daß die menschliche Sprechstimme weder feste noch anhaltende Tonhöhen zu erzeugen imstande ist, daß sie schon in dem kleinen Umfange einer Silbe eine Tonhöhe nicht festzuhalten vermag, sondern unausgesetzt in gewissen Grenzen hin und her gleitet; daß sie im Gegensatz zu den sieben Oktaven der musikalischen Skala und den mathematisch genau festgelegten Halbtonintervallen der chromatischen Tonleiter bloß den Umfang einer einzigen Oktave ausfüllt, in diesem Umfang aber nicht nur über die 12 Halbtonintervalle der chromatischen Tonleiter, sondern über eine zahllose Reihe von Tönen verfügt, die in unendlich kleinen, von unserem Ohr nicht auseinanderzuhaltenden Intervallen unmerklich ineinander übergehen. Es unterliegt keinem Zweifel, daß eine so von Grund aus verschieden geartete Organisation der Klangmassen die Erzeugung bestimmter, von vornherein festgesetzter Intervallfolgen vollkommen ausschließt. Hierzu kommt, daß der Sprachmusik auch das Prinzip der Tonalität, die verwandtschaftliche Beziehung sämtlicher Töne einer Reihe zu einem Hauptton, der Tonika, vollständig fremd ist, und daß sie auch den Takt, die intuitive unmittelbare Wahrnehmung einer Gruppe als Ganzes, nicht kennt. Ohne Tonleiter, ohne Tonika und ohne Takt ist aber die Erzeugung einer Melodie in tonmusikalischem Sinne einfach undenkbar. Der Sprachmusik fehlen demnach alle wesentlichen Voraussetzungen hierfür.

Es wird nun klar, weshalb die vielen wissenschaftlichen Untersuchungen über die Tonhöhenfolgen des gesprochenen Wortes das Problem der Versmelodie durchaus keiner Lösung entgegenzubringen vermochten. Die Lösung könnte nun sehr einfach lauten: Wenn die Sprachmusik überhaupt keine Melodie zu erzeugen imstande ist, so gibt es auch kein Problem der Versmelodie.

Dennoch wäre diese negative Lösung des Problems der Versmelodie nur eine scheinbare Lösung. Denn besäße die Sprachmusik weder Melodie noch Harmonie, so bliebe ihr von den drei Hauptelementen der Tonmusik nur ein einziges, der Rhythmus. Als ihr zweites Hauptelement, das in der Tonmusik bloß von nebensächlicher

Bedeutung ist, träte wohl das **akzentuelle** Element hinzu. Nun kann es ja aber keinem Zweifel unterliegen, daß wir beim künstlerisch vollendeten Vortrag einer Dichtung Genüsse eminent **musikalischer** Art empfinden, die weder auf rhythmische noch auf akzentuelle Wirkungen zurückgeführt werden können, demnach aus einer dritten Quelle stammen, die man bisher der Melodik des gesprochenen Wortes zuschrieb. Ein großer Schauspieler reißt durch die Suggestivgewalt seiner Stimme tausende von Zuhörern mit sich fort, rührt sie bis zu Tränen, macht sie beben und jauchzen, erschüttert und entzückt sie, ohne daß sie oftmals den Sinn seiner Worte verstehen, wenn er etwa in einer fremden Sprache spielt. Dieser geheimnisvolle Zauber rein musikalischer Natur hat so wenig mit rhythmischen und akzentuellen Wirkungen zu schaffen, bringt aber so tiefe und mächtige Eindrücke hervor, daß es nicht angezweifelt werden kann, daß auch die Sprachmusik neben Rhythmik und Betonung über ein drittes Hauptelement verfügen muß, welches jene eminent musikalischen Wirkungen hervorbringt. Ist nun dieses dritte Hauptelement nicht die Melodie, so könnte es doch ein anderer Faktor sein, dem in der Sprachmusik die analoge wichtige Aufgabe zufiele, wie sie die Melodie in der Tonmusik erfüllt. So viel steht fest, daß diese musikalischen Reize der Sprache ihren unmittelbaren Ursprung in der **menschlichen Stimme** haben. Die nähere Untersuchung des menschlichen Stimmklanges, die Feststellung namentlich derjenigen seiner Eigentümlichkeiten, die ihn vom Klange künstlicher Musikinstrumente unterscheiden, kann demnach nicht ohne Bedeutung sein für die Erforschung dieses gesuchten dritten, die Stelle der Melodie vertretenden musikalischen Hauptelementes der Sprachmusik.

3.

Von den vier physikalisch-akustischen Faktoren jedes musikalischen Klanges, somit auch des menschlichen Stimmklanges: der **Dauer**, **Stärke**, **Tonhöhe** und **Klangfarbe**, sind nur die beiden letztgenannten die eigentlichen Träger der musikalischen Reize eines jeden Tonstückes. Wenn nun der Tonhöhe, auf deren Bewegung die Melodie in der Tonmusik aufgebaut ist, in der Sprachmusik, wie wir gesehen haben, eine bloß nebensächliche Rolle zufällt, so muß sich unsere ganze Aufmerksamkeit von vornherein dem andern Faktor, der Klangfarbe, zuwenden.

Der Ausdruck »Klangfarbe« respektive »musikalische Klangfarbe« ist vieldeutig und schließt innerhalb der Grenzen seines Bedeutungsumfanges eine ganze Reihe von Sonderbegriffen in sich. Die Klangfarbenmodifikationen, die eine und dieselbe Note bei gleicher Dauer,

Stärke und Tonhöhe zeigt, wenn sie aus verschiedenen Tonquellen stammt (menschliche Stimme, Orgel, Klavier, Geige, Flöte usw.); jene, die verschiedene Exemplare desselben Instrumentes oder Stimmen verschiedener menschlicher Individuen zeigen; und jene, die dasselbe Instrument oder dieselbe menschliche Stimme innerhalb der Grenzen ihres Tonvermögens produziert; — stellen ebensoviele Gruppen und Gattungen von Klangfarbenmodifikationen dar, die unser Gehör in ihren feinsten Nuancen wahrzunehmen und zu unterscheiden befähigt ist.

Die zuletzt erwähnte Gattung von Klangfarbenmodifikationen, die Verschiedenheiten zweier aus derselben Tonquelle herrührenden Klänge von gleicher Dauer, Stärke und Tonhöhe, sind schon bei den künstlichen Musikinstrumenten überaus mannigfaltig. Sie werden da durchwegs auf mechanischem Wege hervorgebracht, z. B. durch die Art des Anschlages oder den Gebrauch des Pedals beim Klavier, durch die Art der Bogenführung, das *pizzicato*, die Sordinen bei den Streichinstrumenten, durch Veränderung von Länge und Gestalt des Ansatzrohres bei den Blasinstrumenten. Diese Mannigfaltigkeit reicht aber nicht im entferntesten an den unerschöpflichen Reichtum der Klangfarbenschattierungen des menschlichen Stimmklanges heran. Dieser Reichtum ist so unerschöpflich, daß es noch in allerneuester Zeit möglich war, auf dem Gebiete des menschlichen Stimmklanges »neue Entdeckungen« zu machen, neue, bisher ganz unbekannte Sonderbegriffe des Wortes »Klangfarbe« zu finden. Ich meine damit die Typenlehre von Ottmar Rutz, die in psychologischen, ästhetischen und sprachwissenschaftlichen Kreisen berechtigtes Aufsehen erregte [1]).

Die von Rutz gemachten »neuen Entdeckungen« bestehen darin, daß er der alten Lehre, wonach die Teile des menschlichen Tonorganes oberhalb der Kehle (Ansatzrohr) die »Klangfarbe« der Stimme erzeugten, die neue hinzufügt, wonach auch die Teile unterhalb der Kehle durch Einstellung und Bewegung von Rumpfmuskeln gewisse Klangfarbeneigentümlichkeiten der Stimme hervorbringen, die ganz selbständig und unabhängig von jenen bestehen. Während die Gesichtsmuskeln, durch verschiedene Einstellung und Bewegung des Ansatzrohres, einerseits die Vokale (also die vokalischen Laut-

[1]) Dr. Ottmar Rutz, »Neue Entdeckungen von der menschlichen Stimme«. München, C. H. Becksche Verlagsbuchhandlung, 1908. — Ders., »Eine neue Welt seelischen Ausdrucks«. Ostwalds Annalen für Naturphilosophie Bd. IX. — Ders., »Neue Ausdrucksmittel des Seelischen«. Neumanns Archiv f. ges. Psychologie 1910, Bd. 18. — Ders., »Sprache, Gesang und Körperlichkeit«. München, C. H. Becksche Verlagsbuchhandlung, 1911. — Ders., »Musik, Wort und Körper als Gemütsausdruck«. Leipzig, Breitkopf und Härtel, 1911.

farben), anderseits diejenigen Klangfarbenmodifikationen erzeugen, in denen die Gemütsbewegungen, unser momentaner Seelenzustand, die Gefühle von Trauer und Freude, von Erwartung und Erfüllung so rasch wechseln, wie der mimische Ausdruck von Lust und Leid; dient die Einstellung und Bewegung der Rumpfmuskeln und die damit verbundene Gestaltung der Resonanzräume unterhalb der Kehle dem Ausdruck allgemeiner Gemütseigentümlichkeiten, ihrer seelischen Wärme- und Stärkegrade, ihrer Beweglichkeit und Tiefe, den Beziehungen zwischen Gemüt und Handlung, also dem Ausdruck von Temperament und Gemütsanlage. Und es waltet nach beiden Richtungen hin das gleiche Naturgesetz. Wie zu jedem Gefühl eine bestimmte Ausdrucksbewegung der Gesichtsmuskeln gehört, zum Gefühl der Trauer die Miene der Trauer, so kommt auch einer bestimmten allgemeinen Gemütsanlage und Temperamentsart eine besondere Ausdrucksbewegung und Rumpfmuskeleinstellung und damit eine besondere Klangfarbenmodifikation (Rutz nennt sie »Ausdruckstongebung«) zu, die nur dieser, nicht aber einer fremden Temperamentsart eigentümlich ist.

Auch das Verhältnis zwischen Gemüts- und Muskelbewegung ist in beiden Fällen das gleiche. Jede vorübergehende Gemütsbewegung hat eine ganz bestimmte Einstellung und Ausdrucksbewegung der Gesichtsmuskeln, die jedermann sofort erkennt, so daß z. B. dem Traurigen an der Miene (dem Gesichtsausdruck) der Trauer sein Gefühl angesehen wird. Die Gemütsbewegung ist jedoch nicht notwendig an die Muskelbewegung, ebenso die Muskelbewegung nicht notwendig an die Gemütsbewegung geknüpft. Beide bestehen vielmehr unabhängig von- und nebeneinander.

Rutzens neue Entdeckung beruht also in erster Linie darin, daß er einen bisher unbekannten Zusammenhang zwischen dem menschlichen Seelenleben sowie seinem sinnlichen Ausdruck in Sprache und Gesang mit der Körperhaltung beziehungsweise Rumpfmuskelbewegung nachwies. Die praktische Nutzanwendung der Rutzischen Theorie verfolgt den Zweck, den willkürlich bewußten Gebrauch des Tonorgans zu ermöglichen, zu lehren, wie die Aufhebung aller Hemmungen bewirkt werden kann, welche das menschliche Tonorgan dem Sänger und Redner, wenn er die beste Wiedergabe eines Werkes erzielen will, entgegenstellt.

Gewiß ist Rutz berechtigt zu sagen, daß die Wahrheitssucher bisher an den Ausdrucksbewegungen der Rumpfmuskeln vorüberschritten, ohne ihrer stummen Sprache zu achten, während die Ausdrucksbewegungen der Gesichtsmuskeln längst von Mimik und Physiognomik studiert wurden. Es ist aber mit ein Zweck gegenwärtiger Arbeit, zu zeigen, daß diese Studien die Sache bei weitem nicht erschöpften, und daß es auch auf dem anscheinend so bekannten Gebiete oberhalb der Kehle noch manches zu entdecken gibt.

Von den Klangfarbenmodifikationen der menschlichen Stimme hat sich die wissenschaftliche Forschung seit Helmholtz am gründlichsten mit den vokalischen Lautfarben befaßt. Nachdem die Vokale bei jeweilig verschiedener offener Mundstellung durch die teils auf dasselbe Resultat hinwirkende, teils in Gegenwirkung zueinander tretende Artikulation der Zunge und der Lippen entstehen, so nimmt der Resonanzraum der Mundhöhle bei jedem Vokal eine gewisse typische Gestalt an, welche die vokalische Lautfarbe erzeugt. Ihre Reinkultur ist aber nur dann denkbar, wenn wir den betreffenden Vokal oder das Einzelwort, dessen Kern er bildet, vollkommen affekt- und beziehungslos, ohne jeden Zusammenhang mit anderen Wörtern, in seiner gewissermaßen lexikographischen Isoliertheit, aussprechen. Das ist freilich leichter zu denken, als auszuführen. Selbst isolierte Einzelwörter, wenn sie nicht gewollt sinn- und gedankenlos nachgesprochen werden, enthalten stets einen gewissen Gefühlswert oder Stimmungsgehalt, der von der Person des Sprechenden ausgeht und in einer eigenartigen Klangfarbenschattierung, die mit der typischen vokalischen Lautfarbe nichts Gemeinsames hat, seinen Ausdruck findet [1]). Die Ursache dieser Änderung liegt, wie wir später sehen werden, in der Beimischung anderer Klangfarbenvarianten, die mit der vokalischen Klangfarbe gar nichts zu tun haben.

Wenn nun gar das Wort in einem Satze gebunden erscheint, so wird es nie als Wort an sich, sondern als organischer Bestandteil des Satzes durch den Stimmklang hervorgebracht. Sievers führt aus [2]), daß jeder Satz, bloß auf seinen objektiven begrifflichen Inhalt hin, auf verschiedene Arten gesprochen werden kann, je nachdem man das eine oder andere Wort stärker betont. Diese Äußerungen von jedesmal verschiedener Bedeutung können aber »durch Änderung der musikalischen Betonung, der Stimmlage, der Stimmqualität, abermals mannigfaltig zerlegt werden«. Jede Wortreihe kann also z. B. mehrere einfache Aussagesätze, Fragesätze, Ausrufsätze des Freude, des Staunens, des Ärgers usw. enthalten.

Was heißt das nun: Änderungen der musikalischen Betonung, der Stimmlage, der Stimmqualität? Das sind Begriffe, die anscheinend

[1]) Vgl. Viëtor, Kleine Phonetik S. 90. Leipzig, Reisland, 1909.
[2]) Phonetik [5], S. 230.

so gemeinverständlich sind, und dennoch fällt es nicht leicht, zu sagen, worin diese Änderungen bestehen und wodurch sie bewirkt werden.

Wir müssen uns da vor allem darüber klar sein, daß jeder Satz neben den vorhin erwähnten objektiven Merkmalen auch Merkmale subjektiver Natur aufweist. Die Teile des Satzes stehen nicht nur im Verhältnis gegenseitiger Abhängigkeit zueinander, sondern auch in einem gewissen Verhältnis zur sprechenden Person, zu ihrem Wollen und Fühlen, somit zu rein subjektiven Äußerungen. Mit der logischen Betonung verbindet sich hier noch eine andere, die rein ethischer Natur ist. Wenn wir demnach die Individualität und Eigenart des Sprechers in Betracht ziehen, sein Alter und Geschlecht, seine Nationalität und Epoche, sein Milieu, den Zusammenhang jener vier Worte mit vorangegangenen oder nachfolgenden anderen Worten in Anschlag bringen, ihre Beziehung mit dem augenblicklichen Seelenzustand des Sprechenden; wenn wir uns vergegenwärtigen, daß im Zusammenwirken aller dieser Umstände jene vier Worte: gleichgültig oder leidenschaftlich, freudig, traurig, ärgerlich oder verzweifelt, mit Neugier, Ironie oder Spott, mit Hoffnung, Staunen oder Wehmut, verschämt oder furchtsam, empört oder kummervoll usw., mit unendlich verschiedenen Gefühlswerten gesprochen werden können; daß die einzelnen Gefühle in den verschiedensten Graden auftreten, die mannigfachsten Verbindungen und Verschmelzungen miteinander eingehen, sich unterstützen, kreuzen und bekämpfen können; daß auch ihr rasches oder allmähliches Entstehen, Anschwellen und Vergehen zum Ausdruck gelangt; so wird es klar, daß auf diese Art eine unerschöpfliche Anzahl von mannigfaltigsten Klangbildern entsteht, die sich untereinander durch ebensoviele, von jedem unbefangenen Zuhörer leicht wahrnehmbare und genau verständliche Klangfarbenmodifikationen unterscheiden. Wir können also ruhig sagen, daß das, was Sievers »Änderung der musikalischen Betonung, Stimmlage und Stimmqualität« nennt, in seinem Wesen nichts anderes ist, als Änderung der Klangfarbenmodifikation.

Hier liegt das Moment, wo das gesprochene Wort in der Offenbarung seiner Gefühlswerte in Gesang übergeht, und wenn wir diesen Gefühlswerten in einer geschriebenen Wortreihe Ausdruck zu geben versuchten, fänden wir unsere optischen Schriftzeichen ganz und gar unzulänglich für diesen Zweck. Da könnten nur Noten helfen, aber freilich keine solchen des bekannten Notensystems unserer Tonmusik, die nur Zeitwerte und Tonhöhenbewegungen, allenfalls zum Teil Stärkeabstufungen und Tempi angeben, sondern Noten eines anderen Tonsystems, desjenigen der Sprachmusik, die bislang noch nicht erfunden sind, und die vor allem befähigt sein müßten, jene tausendfältigen zarten Klangfarbennuancen unserer Stimme zu bezeichnen, in denen die Gefühls- und Stimmungswerte des Sprechers zum unmittelbaren Ausdruck gelangen.

Diese feinen Abänderungen und Varianten der Klangfarbe des menschlichen Stimmorgans geben dem schwankenden, verschwimmenden Wesen des geschriebenen Wortes eine ganz bestimmte und individuell genau unterscheidbare, charakteristische Körperlichkeit. Sie sind der unmittelbare synthetische Ausdruck unseres ganzen augenblicklichen Seelenlebens, ein flüssiges, alle Gefühle, Stimmungen und Überzeugungen, ihr Entstehen, Wachsen und Vergehen, ihren Übergang und Wechsel getreu widerspiegelndes Naturelement, das ebenso von vokalischen Lautfarben wie auch von den die allgemeine Gemütsanlage kennzeichnenden, von Rutz entdeckten Klangfarben, die ich die habituellen Klangfarben nennen will, sehr genau auseinandergehalten werden muß. Ich möchte sie daher, zum Unterschiede von jenen beiden typischen Klangfarbenmodifikationen, da sie das Gesamtgebiet des menschlichen Seelenlebens umfassen, demnach auch die reinen Gedankenwerte enthalten, als die psychogenetischen Klangfarbenvarianten, insofern sie aber überwiegend Gefühlswerte darstellen, als emotionelle Klangfarbenvarianten bezeichnen. An ihnen ist man bisher in wissenschaftlichen Untersuchungen fast ebenso achtlos vorbeigegangen, wie an den habituellen Klangfarben, wiewohl sie gewiß die gründlichste Untersuchung verdient hätten. Es kann auch nicht zugegeben werden, daß diese aus den oberhalb der Kehle liegenden Resonanzräumen stammenden Klangfarbenmodifikationen denjenigen der unteren Resonanzräume untergeordnet sein sollten, wie dies Rutz behauptet [1]). Es ergibt sich vielmehr aus den weiteren Ausführungen von selbst, daß beide Resonanzen in unausgesetzter Wechselwirkung an der einheitlichen Gesamtwirkung des menschlichen Stimmklanges mitarbeiten.

Freilich dürfte es mit einer Feststellung der Naturgesetze, nach nach denen die Erzeugung der emotionellen Klangfarbenvarianten erfolgt, seine guten Wege haben. Solange wir keine Naturwissenschaft der Gemütsbewegungen, die sich in ihren zartesten Schwingungen in den emotionellen Klangfarbennuancen nach außen austönen, besitzen, so lange werden uns auch die Naturgesetze dunkel bleiben, denen die Erzeugung jener seelischen Farbentöne unterworfen ist. Soviel steht dennoch fest, daß, je stärker der Anteil des reinen Intellekts und je geringer jener des Gefühls in der Sprache zum Ausdruck ge-

[1]) Neue Entdeckungen S. 13.

langt, desto geringer auch der Wechsel der Klangfarbenschattierungen sein wird. Mitteilungen trockener Tatsachen haben weder nennenswerte Intervalle noch Modulationen der Klangfarbe zur Folge. Man muß da zwischen der Sprache als Mitteilungsmittel und Sprache als Darstellungsmittel unterscheiden, wiewohl auch da eine scharfe Trennung nicht durchführbar ist. Mit dem Erwachen der Empfindung in allen ihren feinsten Abstufungen zwischen den beiden Endpolen von Lust und Schmerz leuchten die Klangfarben auf. Das gesprochene Wort als sinnlich wahrnehmbare Äußerung von Seelenvorgängen umfaßt das Gesamtgebiet der Seelenstimmungen. Die menschliche Stimme vermag auch das Schwankende, sich erst Vorbereitende auszudrücken, die Verbindung rein intellektueller Werte mit Gefühlswerten darzustellen, die tiefsten Hintergründe der Seele auszuschöpfen. Dieses eminente Ausdrucksvermögen, an das die Tonmusik mit ihren künstlichen Instrumenten auch nicht annähernd heranreicht, dankt sie in erster Linie ihren Klangfarbenschätzen.

Wenn die typischen vokalischen Klangfarben durch jene Modifikationen des Ansatzrohres bewirkt werden, welche auf der Artikulation der Zunge und der Lippen beruhen, so entsteht die Frage, auf welche Weise die Erzeugung der emotionellen Klangfarben erfolgt, durch welche Organe die sie bedingenden Modifikationen des Ansatzrohres veranlaßt werden und schließlich in welcher Wechselwirkung, in welchem Verhältnis sie sich zu den vokalischen Klangfarben befinden, die gleichzeitig mit ihnen bestehen und sich einheitlich und organisch im Stimmklang mit ihnen verschmelzen.

In unmittelbarer Verbindung mit den oberen Resonanzräumen unseres Sprachorgans, dem aus der Mund- und den beiden anschließenden Nasenhöhlen gebildeten Ansatzrohr, stehen die mimischen Zentren unseres Antlitzes, nämlich Augen, Nase und Mund, deren geringste Regungen und zarteste Bewegungen gleichzeitig auch Veränderungen des Ansatzrohres, seines Rauminhaltes und seiner Gestalt nach sich ziehen. Die mimischen Gesichtsbewegungen sind die stumme Sprache der menschlichen Seele. So mannigfachen Wandlungen auch die nationalen Wortsprachen der Völker unterliegen, die Mienensprache ist die unabänderlich gleiche, ewige Sprache der Menschheit geblieben. Davon geben Bilder vergangener Zeiten, Skulpturen des Altertums ebenso stummes wie beredtes Zeugnis.

Piderit[1]), der es als Erster unternahm, die Sprache der Leiden-

[1]) Dr. Theodor Piderit, »Wissenschaftliches System der Mimik und Physiognomik«. Detmold, Klingenberg, 1867.

schaften bis zu ihren Ursachen zu verfolgen, das flüchtige und komplizierte Spiel der Mienen in seine Einzelheiten zu zerlegen, gelangte zu einer systematischen Einteilung und Erklärung der mimischen Muskelbewegungen, die es gestattet, einen beliebig veranlagten Gesichtsausdruck mit fast mathematischer Bestimmtheit zu konstruieren und in einem Gesichte darzustellen.

Mimische Bewegungen treten wohl nicht allein in den Gesichtsmuskeln, sondern auch in den Muskeln des Rumpfes und der Extremitäten auf (worauf Piderit schon vier Jahrzehnte vor Rutz hinwies), doch geben sie sich am leichtesten im Gesichte zu erkennen, umsomehr, als die Gesichtsmuskeln geradezu die Aufgabe haben, die Tätigkeit unserer Sinnesorgane zu unterstützen. Piderit wies nun das Gesetz nach, daß es immer nur eine und niemals mehrere Weisen gebe, in der eine bestimmte Leidenschaft oder Stimmung ihren Ausdruck im Gesichte findet. Mimische Gesichtsbewegungen sind demnach unmittelbare Folge von Gemütsbewegungen, und diese verhalten sich zu jenen, wie Ursache zur Wirkung, wie Wesen zur Erscheinung. Doch wird nicht jede Art von Gemütsbewegung auch von mimischen Muskelbewegungen begleitet. Es treten diese aber immer um so gewisser auf, je intensiver unsere Seele durch Vorstellungen oder Sinneseindrücke betroffen wird, und das geschieht: 1. je ausgeprägter der angenehme oder unangenehme Charakter derselben ist, und 2. je plötzlicher und unerwarteter sie auftreten.

Diese unser Inneres augenblicklich bewegenden Gefühle und Stimmungen regen unsere Muskeln, insbesondere die überaus reich und zart verzweigten Gesichtsmuskeln zur Tätigkeit an [1]), welche die mimischen Zentren unseres Antlitzes überaus feinen, aber dennoch in ihren kleinsten Nuancen durchaus wahrnehmbaren Veränderungen unterwirft. Nun stehen die mimischen Zentren in unmittelbarer Verbindung mit dem Ansatzrohre unseres Stimmorgans beziehungsweise seinen überaus elastischen und weichen Wänden, so daß jede, auch die zarteste Veränderung des Gesichtsausdrucks, von einer gleichzeitig erfolgenden Veränderung der Gestalt und des Umfanges der Resonanzräume begleitet ist, wodurch jedesmal ein anderer harmonischer Oberton verstärkt, d. h. eine andere Schattierung der Klangfarbe unserer Stimme produziert wird (Helmholtz). Daraus ergibt sich, daß der mimische Ausdruck unseres Gesichtes und die Klangfarbe unserer Stimme in unzertrennlicher, engster Wechselwirkung miteinander

---

[1]) »Jede Empfindung ist ein Reiz zur Muskelkonzentration.« Vgl. Herbert Spencers: *The origin and function of music.*

stehen, daß sie zwei sich gegenseitig bedingende Werte, zwei verschiedene Formen (eine akustische und eine optische) einer einzigen Erscheinung sind, die, wie Donner und Blitz, einer und derselben Ursache entstammen. Diese Ursache aber ist unser jeweiliger Gemütszustand.

Die Skala der menschlichen Stimmungen, Gefühle, Empfindungen und Leidenschaften ist an und für sich ungemein reichhaltig. Hierzu kommt, daß ihr mimischer Ausdruck einem ungewöhnlich komplizierten Prozeß entspringt. Wir empfangen oft mehrere verschiedene Eindrücke gleichzeitig oder in rascher Aufeinanderfolge; diese Eindrücke können sich gegenseitig fördern, stärken, kreuzen, bekämpfen; das Entstehen, Wachsen und Schwinden von Gefühlen, der elementare Durchbruch oder die mehr oder weniger gelungene Bekämpfung oder Unterdrückung ihres Ausdrucks, der Übergang eines Gefühls in ein anderes, die Kombinationen, die dadurch entstehen, daß, ehe noch ein Gefühl erloschen, uns schon ein anderes von schwächerer oder stärkerer, ähnlicher oder entgegengesetzter Stimmung ergreifen kann, — alle diese unendlichen Variationen, Modifikationen und Schattierungen des Mienenspiels, seine zahllosen blitzschnell und kaleidoskopartig wechselnden Veränderungen, die ein überaus reichverzweigtes und unendlich leicht bewegliches Muskelnetz in unserem Antlitz ermöglicht, das Neben-, Mit- und Durcheinander der mimischen Züge, bringen ebenso rasch wechselnde, den Bewegungen des Mienenspiels genau entsprechende Klangfarbenmodifikationen der Stimme hervor.

Es bedarf nun keines besonderen Nachweises, daß alle Gattungen von Modifikationen der Klangfarbe, daß insbesondere ihre vokalischen und emotionellen Varianten gleichzeitig mit- und nebeneinander bestehen. Von den beiden Faktoren der vokalischen Klangfarbe ist die Artikulation der Zunge ganz unabhängig von den Bewegungen der Gesichtsmuskeln. Es kann sich demnach die Lippenartikulation eines dunkeln Vokals (*u* oder *o*) mit Gesichtsmuskelbewegungen verbinden, die unangenehmen, d. h. Unlustgefühlen und solchen, die angenehmen, d. h. Lustgefühlen, entsprechen. Ebenso umgekehrt die Lippenartikulation eines hellen Vokals (*e* oder *i*) mit Gesichtsmuskelbewegungen verbinden, die Lustgefühlen und solchen, die Unlustgefühlen entsprechen. Hieraus erklärt sich die durch Selbstbeobachtung leicht festzustellende Tatsache, weshalb freudige Gefühle durch helle, traurige Gefühle aber durch dunkle Vokale natürlicher und vollkommener zum Ausdruck gelangen, als umgekehrt, wenn die extremen Schattierungen vokalischer Klangfarbe mit den ihnen entgegengesetzten Gemütsbewegungen kontrastieren. Es werden somit immer Lustgefühle auf *i* und *e*, Unlustgefühle auf *u* und *o* natürlicher klingen, als umgekehrt.

Nun wird es aber auch klar, worauf die ideale Vollkommenheit der menschlichen Stimme als Instrument der Sprachmusik zurückzuführen ist. Nach dem heutigen Stande der sprachphysiologischen Forschung steht es fest, daß das eigenartige und spezifisch menschliche Moment, wodurch sich dieses Instrument von allen künstlichen Instrumenten unterscheidet, in seinem Ansatzrohre begründet ist, in dessen außerordentlich komplizierter, geradezu wundersamer Gliederung und Beweglichkeit, vor allem aber in der Art und Weise, wie die zahllosen feinsten Veränderungen seiner Gestalt und seines Raumes, die Kontraktionen und Erschlaffungen der äußeren, weichen und leicht nachgebenden Wandungen der Mundhöhle, durch die leisesten Gemütsbewegungen veranlaßt und regiert werden. Mit solch virtuoser Beweglichkeit können die sinnreichsten künstlichen Musikinstrumente nicht wetteifern, bei denen Klangfarbenvarianten durch Veränderungen des Ansatzrohres auf bloß mechanischem Wege herbeigeführt werden, die in jedem einzelnen Instrumente nur eine beschränkte Anzahl scharf voneinander geschiedener Klangfarbenschattierungen zu erzeugen imstande sind. Diese Schattierungen will ich, zum Unterschiede von den psychogenetischen beziehungsweise emotionellen, die instrumentalen Klangfarbenvarianten nennen [1]). Es ist eine Folge der Armut und Beschränktheit instrumentaler Klangfarbenvarianten, daß die Tonmusik, sofern sie reichere Klangfarbenwirkungen erzielen will, zum Zusammenspiel einer grossen Anzahl verschiedener Instrumente greifen muß, zum Orchester, oder, wenn sie sich die emotionellen Klangfarbenschätze dienstbar machen will, in innigste Verbindung mit der Sprache treten, d. h. Vokalmusik werden muß.

Ein bekannter älterer Ästhetiker, Gervinus, hat schon die Be-

[1]) Der Unterschied zwischen den psychogenetischen beziehungsweise emotionellen und den instrumentalen Klangfarbenvarianten beruht akustisch auf der Art der Zusammensetzung des Klanges. Das künstliche Ansatzrohr jedes Musikinstrumentes kann die Anzahl der harmonischen Obertöne vermehren, es kann ihre ganze Reihe verstärken, ist aber nicht imstande, einen beliebigen aus der Reihenfolge herausgegriffenen Teilton zu verstärken. Es vermag demnach nicht die fallende Progression in der Stärke der einzelnen Teiltöne zu alterieren. Darauf hat schon Helmholtz hingewiesen. Daher die verhältnismäßig beschränkte Anzahl der instrumentalen Klangfarbenvarianten. Das natürliche Ansatzrohr des menschlichen Sprechinstrumentes hingegen vermag jeden beliebigen harmonischen Oberton zu verstärken, ohne Rücksicht auf den Platz, den er in der Stufenfolge der Teiltöne einnimmt. Daher die geradezu unbegrenzte Anzahl von Permutationen in der Mischung der stärkeren und schwächeren Teiltöne und die unendliche Mannigfaltigkeit der psychogenetischen Klangfarbenvarianten.

merkung gemacht, daß in der ungeheuren Masse von sinnlichen und seelischen Vorgängen, die der Sprachgebrauch unter dem Namen von Gefühlen begreift (das Beiwort »leidenschaftlich« bezeichnet ja auch wohl nichts anderes als einen heftigen Grad von Gefühlen), in diesem unendlichen Wirrwarr, die Tonkunst allein es ist, die sicherer, entscheidender, klarer, weiterreichend als Psychologie oder Physiologie, Licht in dieses Dunkel, Ordnung in dieses Chaos trägt, die aus dem Wirrsal selbst den Faden spinnt, der in dem Labyrinthe traulich-heimisch macht [1]). Gervinus beruft sich auf Vischer, der das Studium der Mechanik der Gemütsbewegungen an ihrem musikalischen Ausdrucke, dem genauesten und feinsten, den man kenne, empfahl: »Was das Gefühl sei, erführen wir so entschieden nur durch die Musik, daß eigentlich der Apparat dieser Kunst von dem Psychologen zu Hilfe zu nehmen sei, um das innere Leben des Gefühls, auch abgesehen von der Kunst, zu beleuchten.«

Die Trefflichkeit dieser Worte gelangt uns indes erst dann zu vollem Verständnis, wenn wir uns über das Mittel klar werden, das die Tonkunst zu einer so mikroskopisch feinen Differenzierung des Ausdrucks befähigt. Gervinus selbst weist darauf hin, daß es »nicht eine Gemütsbewegung gäbe, wie bestimmt und stark sie geartet ist, die sich selbst in Einem und demselben Menschen einmal wie das anderemal äußerte, für die es also einen allgemein gültigen künstlerischen Ausdruck gäbe«. Welches ist nun das Mittel, das die Tonkunst befähigt, diesem unendlichen Reichtum der Gemütsbewegungen in so unerreichter Vollkommenheit Ausdruck zu geben?

Es kann nach dem Vorausgesagten wohl kein Zweifel sein, daß dieses Zaubermittel nicht der Instrumentalmusik zukommt, sondern daß es in den emotionellen Klangfarbenschattierungen der menschlichen Stimme liegt, über welche die Tonmusik nur im Gesang verfügt, über die aber jeder Mensch in der wissenlos kunstlosen Naturmusik seiner Sprache schon, die nicht bezweckt, sondern selbstschöpferisch entstanden, uneingeschränkt gebietet. Der angeborene »von den Vätern ererbte« Klangfarbenreichtum, mit dem der unbefangene Mensch jederzeit seine eigenen Gefühle leicht und natürlich zum Ausdruck bringt, muß freilich vom Sprechkünstler wie vom Sänger durch technische Beherrschung seiner Stimmmittel erst »erworben« werden, wenn sie ihn »besitzen« sollen.

Dieses unbeschränkte, vollkommene, von den Ästhetikern längst so bewunderte und tatsächlich ans Wunderbare grenzende Ausdrucksvermögen dankt also die Tonmusik in erster Reihe den Klangfarben-

[1]) »Händel und Shakespeare.«

schätzen der menschlichen Stimme, die sie sich, in ihrem innigsten Vereine mit der Sprache, im Gesang zunutze macht. Denn es ist eine ganz besonders merkwürdige Fähigkeit der menschlichen Stimme, allen Klangfarbenreichtum, der einem stimmbegabten Menschen beim Sprechen als Ausdrucksmittel zu Gebote steht, in vollkommenster Weise auch beim Singen zur Geltung zu bringen.

Diese Erwägungen zeigen, welch überraschend komplizierte Erscheinung das Phänomen des menschlichen Stimmklanges darstellt. Wir haben uns freilich an diese Erscheinung, die uns unausgesetzt durchs Leben begleitet, in fortgesetzter Übung derart gewöhnt, daß wir bei einfacher und naiver Wahrnehmung unseres eigenen Stimmklangs oder jenes unserer Mitmenschen nicht im entferntesten ahnen, wie zahlreich die überaus feinen Faktoren sind, deren organischem Ineinandergreifen die einheitliche Gesamtwirkung der menschlichen Stimme ihr Entstehen verdankt. Es ist ein sinnverwirrendes Miniaturlabyrinth, diese kleine menschliche Klangfarbenfabrik, die gleich der »Gedankenfabrik« einem Webermeisterstück verglichen werden kann.

Wo ein Tritt tausend Fäden regt,
Die Schifflein herüber hinüber schießen,
Die Fäden ungesehen fließen,
Ein Schlag tausend Verbindungen schlägt.

Reißt nur einer dieser Fäden, so lösen sich alle die tausend Verbindungen, und das ganze zarte Gewebe ist in Gefahr, zu zerreißen. Wer kann da sagen, daß gerade diesem oder jenem der feinen Fäden die Hauptwirkung, anderen die Nebenwirkung zukäme? Daß aber insbesondere die emotionellen Klangfarbenvarianten, die der Resonanz der oberhalb der Kehle befindlichen Hohlräume entstammen, keinen anderen, also auch nicht den habituellen Klangfarbenmodifikationen, die aus der Resonanz der Hohlräume unterhalb der Kehle hervorgehen, wie Rutz behauptet, untergeordnet sind oder als ihre Nebenwirkung bezeichnet werden könnten, glaube ich im Vorstehenden wohl erwiesen zu haben.

Bemerkungen.

Kunstwerk und ästhetisches Gefühl.

Von

Franz Stadler.

Im letzten Jahrgang dieser Zeitschrift hat Max Deri eingehende psychologische Untersuchungen über die Wirkungsweise von Kunstwerken veröffentlicht [1]. Sein mit scharfer Logik aufgeführter Gedankenbau stützt sich auf nur einige Prämissen, auf Prämissen jedoch, die mir nichts weniger als einwandfrei scheinen. Da die angeschnittenen Fragen an das Wesen und die Grundbedingungen jedes Kunstschaffens und Aufnehmens überhaupt rühren, scheint mir ein nochmaliges Eingehen auf sie an dieser Stelle wünschenswert.

Deris leitende These lautet: Gefühle, die Kunstwerke in uns auslösen, unterscheiden sich generell nicht von jenen, die uns die Natur vermittelt. Man könne (theoretisch) jeden natürlichen Gefühlsanlaß künstlich herstellen, und das so entstandene ideelle naturalistische Kunstwerk — die tatsächliche Naturkopie — müsse dieselben Gefühle, wie die Natur selbst, auslösen. Denn ein Kunstwerk sei nichts anderes als eine willkürliche Zusammenstellung künstlicher Gefühlsanlässe. Die Kopie eines eindruckstarken Naturobjekts sei daher ein eindruckstarkes Kunstwerk.

Es ist wohl zweifellos: Deris ideelles Naturabbild wird dieselben Gefühle, wie seine Vorlage hervorrufen. Ist aber dieser künstliche Gefühlsanlaß ein naturalistisches Kunstwerk? Ein synthetischer Edelstein, ein künstliches Blütenblatt, eine Schreckenskammer oder atemraubende Zirkusvorführungen — lauter willkürlich zusammengestellte künstliche Gefühlsanlässe — haben die irgend etwas mit künstlerischen Erzeugnissen zu schaffen? Es ist klar, Deri faßt mit seiner Definition des Kunstwerkes den Terminus nicht nur zu weit, sondern er verkennt den ihm zugrunde liegenden Begriff vollständig.

Denn das »naturalistische« Kunstwerk beginnt doch wohl erst dort, wo der Künstler den durch einen sinnlichen Eindruck in ihm erregten bestimmten und in seiner Art einzigen Gefühlskomplex auch im Aufnehmenden seines Werkes hervorzurufen imstande ist. Das naturalistische Kunstwerk will also ebensowenig wie irgend ein anderes den Gefühls*anlaß* des Künstlers einfach wiederholen, um auf diesem Wege eine seinen Gefühlen ähnliche Erregung zu verursachen. Er will vielmehr ein Werk schaffen, welches jenen Gefühlsinbegriff in seiner Eigenart und Intensität hervorruft, der aus der einzigartigen Vermählung des Gefühlsanlasses mit dem »Temperament« des Künstlers hervorgeht. Während sich also der Klassiker unter den bildenden Künstlern für die Tektonik, das Funktionelle, den rhythmischgelenkigen Bau, die Räumlichkeit seines Objektes interessiert, vertieft sich der sogenannte Naturalist in die Erscheinung der Oberfläche und in das Verhältnis der Einzelteile. Sei es, daß er sich mehr in die Eigenart der Stofflichkeit seines Vor-

---

[1]) Als Separatabdruck: Versuch einer psychologischen Kunstlehre, Stuttgart 1912.

wurfs oder in dessen farbige Erscheinung versenkt, sei es daß ihn die Kleinformen oder der organische Zusammenhang der Einzelteile mehr interessieren — es handelt sich auch ihm niemals um das wirkliche Naturabbild. Wäre es die wahre Absicht des Naturalisten, eine unverfälschte Naturkopie herzustellen, so müßten doch die hervorragenden Werke dieser Art gerade im wesentlichen sich gleichen. In Wahrheit verhält es sich umgekehrt, das, worin sie sich gleichen, ist das Belanglose. Ferner wird man die Photographie eines naturalistischen Kunstwerkes ebensowenig wie die eines klassischen mit einer Photographie nach dem Leben verwechseln.

Nichts wäre verfehlter, als hiergegen die Aussagen der naturalistischen Künstler selbst anzuführen, die — so oft man es nur hören will — versichern, sie täten nichts als das wiedergeben, was die Natur ihnen biete. Denn die Aussage läßt sich ebenso bei klassischen Künstlern belegen. Es sei hier nur an die Anekdote von Zeuxis und Parrhasius oder an antike Bildbeschreibungen erinnert. Cézanne, der Begründer der naturfreiesten Richtung in der abendländischen Kunst, versichert, er habe nichts gemalt, was er in der Natur nicht gesehen hätte [1]). Diese Aussagen sind natürlich so zu verstehen, der Künstler, der »Naturalist«, wie der »Klassizist«, kopiert das aus der Natur heraus, was ihm als deren Wesensinhalt erscheint. Er gibt somit zwar die Natur wieder, doch nicht objektiv, sondern wie er sie erfaßt.

Der Gefühlswert eines naturalistischen Kunstwerkes ist somit nur mittelbar von dem objektiven Gefühlswert des Vorwurfes bedingt. Es ist dabei gleichgültig, ob eine uns mehr oder minder interessierende Sache wiedergegeben ist (Deri: ein Mops oder ein lachendes Kindergesicht). Wäre Deris Meinung richtig, daß das naturalistische Kunstwerk den Natureindruck in abgeschwächterem Maße hervorrufe, so müßte man vor Werken wie der gerupften Pute Goyas und ähnlichen zur Erhöhung des Genusses den Wunsch empfinden, das Original der dargestellten Objekte zu sehen. Ein naturalistisches Werk vermittelt erst dann nichts anderes als den abgeschwächten Natureindruck, wenn das in ihm ausgedrückte Gefühl seiner Art und seiner Stärke nach nichts Neues dem Naturerlebensgefühle des Beschauers hinzufügt. Ebenso, wie es naturferne, »idealistische« Werke gibt, die lediglich banale, alltägliche Gefühle ausdrücken — oft in vollkommener Weise. Aus der Musik bieten manche Operettenmelodien und Gassenhauer Parallelen. Wir sprechen von jener Gruppe von Werken, die im Atelierdeutsch Kitsch heißen.

Das hier über das naturalistische Kunstwerk Ausgeführte gilt auch für die Werke der Volkskunst und der Kunst primitiver Völker. Es handelt sich auch da nicht, wie Deri meint, »um die Wiedergabe jener Sachinhalte der Welt, die dem primitiven Menschen irgendeinen stark gefühlsbegleiteten Eindruck gemacht haben«, sondern um das unmittelbare Hervorrufen jener Gefühle selbst durch Gefühlssymbole: ideoplastische Kunst [2]). In diesem Zusammenhange sei besonders an die Schreckhaftigkeit der primitiven Götzen und Masken erinnert. In den ungemein wirksamen afrikanischen und polynesischen Bildwerken vollends ist von »naturalistischer Tendenz« keine Rede, ihre Naturferne ist größer, als die irgendwelcher abendländischer Kunstwerke vor dem 20. Jahrhundert.

Die Übersetzung wertvoller Gefühle, nicht Kopie des Gefühlsanlasses ist also das sine qua non eines Kunstwerkes. Je bedeutender der Künstler als Mensch,

---

[1]) Vgl. Kunst und Künstler, Jahrgang 10, Heft 10.

[2]) Vgl. Max Verworn, Zur Psych. der primitiven Kunst, Naturw. Wochenschrift. N. F. VI (1907), S. 721 ff.

um so bedeutendere Gefühle hat er uns zu vermitteln. Seine Größe ist gleichbedeutend mit der Tiefe und der Eigenartigkeit des Fühlens. Dessen restlose Übertragung in das Material bedingt es, daß alle großen Künstler Neuerer sind. Die Fähigkeit des Übersetzens der Gefühle ist das, was wir Gestaltungskraft nennen. Echt und wahr ist ein Werk, nicht wenn es dem Naturvorbild möglichst genau entspricht, sondern wenn es uns von dem Gefühl seines Autors berichtet, im Gegensatze von den auf bloße Täuschung berechneten Werken (Panoptikum), denen wir das Prädikat eines Kunstwerkes nicht zuerkennen.

Ein Korrelat jeder Übersetzung ist ihre Verständlichkeit. Die Rücksicht auf sie ist es, was die Maler »mise en toile« nennen, das Rechnen mit der Aufnahmefähigkeit des Beschauers oder Hörers. Also: Übersichtlichkeit, Klarheit, entsprechende Abmessungen in Raum oder Zeit usw.; bei den bildenden Künsten auch noch: Rücksicht auf den Standort, die Beleuchtung usw. Die Forderungen nach Einheit und nach Notwendigkeit korrespondieren mit der Einheitlichkeit und mit der durch die menschliche Psyche bedingten Folgerichtigkeit des zu übersetzenden Gefühlskomplexes.

Von Deris zwei Verfahren der künstlerischen Gefühlsvermittelung scheidet also das reine Kopieren vollkommen aus und das ästhetische Gefühl wird ausschließlich durch jene wahrnehmbaren Zeichen erregt, die der Künstler bewußt oder unbewußt wählt, um sein Gefühl dem Aufnehmenden zu übermitteln. Durch Symbole also, zu denen schon die Wahl der Ausdrucksform, des Inhaltes, Auswahl und Anordnung der Teile, Bestimmung der Größen- oder Zeitausdehnung ebenso gehören, wie die von Deri echte Gefühlssymbole genannten, sachinhaltleeren, doch gefühlsgesättigten Zeichen [1]). Der gefühlssymbolische Gehalt des naturalistischen Kunstwerkes wird hauptsächlich in jenen Zeichen bestehen, die der Künstler kraft seiner innigen Versenkung in die äußere Erscheinung seiner Objekte in sein Werk herübernehmen konnte. Wenn z. B. Jan van Eyck einen Kopf, einen Körper oder Leibl irgendeinen Schürzenzipfel wiedergibt, so versenkt sich der eine wie der andere mit einer derartigen Konzentration in sein Objekt, daß er dort Dinge wahrnimmt, die dem Durchschnittsbeschauer entgehen. Ich erinnere, als Beispiel, an ein bekanntes Stilkriterium der echten Werke Jan van Eycks, die sich durch das merkwürdige Zu-

---

[1]) Diese Gefühlssymbole werden von Deri in richtiger Weise auf Reflexbewegungen zurückgeführt (wobei allerdings die Rolle der Schwerkraft überschätzt wird; sämtliche Reflexe der Gesichtsmuskeln und der Blutbewegung usw. sind von ihr unabhängig; ein weiteres Beispiel: das Schleichen, das Sichzusammenziehen aus Furcht oder Bescheidenheit, also die Volumverkleinerung, usw. Man wird überhaupt in diesem Falle besser von Begleiterscheinungen der Emotionen als von Reflexen reden. Vgl. Groos, Zeitschrift für Ästhetik und allgemeine Kunstwissenschaft IV, 1909, S. 16 ff.). Aber auch diese an sich richtige Beobachtung wurde zu sehr verallgemeinert, und vor allem wurden die assoziativ wirkenden Gefühlssymbole nicht gewürdigt, wofür Beispiele: spitzer und stumpfer Winkel; Formen in labilem und stabilem Gleichgewicht; Formen, die sich gegenseitig stützen, bekämpfen, besiegen usw. Hierher gehört auch der größte Teil der Ton- und Farbensymbolik, unter anderem auch die Verwendung jener Farben, die als Reflexe »ständig bei anderen« gesehen werden und die ganze Lichtsymbolik. Richtig ist dagegen, was in diesem Zusammenhange von Haltungs- und Ausdrucksgesten gesagt wird. — Die Basis der Reflexbewegungen und der Assoziationen macht es auch leicht verständlich, wieso das »Erfinden« der Gefühlssymbole entweder mit klarem Bewußtsein geschieht — der Kunstverstand — oder im Unterbewußtsein — Intuition.

sammengewachsensein der einzelnen Körperteile von den apokryphen Werken unterscheiden. Der Maler erreichte dies durch das Heraufholen äußerst zarter Andeutungen im Modell zur Sichtbarkeit, allerdings auch durch das Durchtränken des Naturabbildes mit abstrakten Gefühlssymbolen. Auf diese Weise kann der Künstler das Lebendige seines Objekts, die Plastik seiner Erscheinung oder den organischen Zusammenhang der Teile derartig unterstreichen, daß sein Werk für das Auge lebendiger, plastischer, organischer als das wirkliche Leben scheint. Man spricht wohl auch von erschreckender Lebendigkeit oder Plastik (Beispiele: il Zuccone, Werke von Konrad Witz oder Michael Pacher). Der Beschauer, der diese Zeichen am Kunstwerk wahrnimmt, wird nun durch »rückläufige Assoziation« — genau so wie bei Deris eigentlichen Gefühlssymbolen — in den Erregungszustand des Schaffenden versetzt. Und hier ist die von Deri geleugnete Kluft, die das ästhetische Fühlen vor der Natur und vor dem Kunstwerke trennt. Das ästhetische Fühlen vor dem Kunstwerke ist stets ein durch »rückläufige Assoziation« entstandenes Nachfühlen auf den von dem Schöpfer des Werkes vorgezeichneten Bahnen und niemals die direkte Gefühlsbegleitung des sinnlichen Eindrucks.

Von diesem Standpunkte aus sind, wie ich glaube, Deris eingehende Untersuchungen zu würdigen, wie weit natürliche Gefühlsanlässe in Kunstwerke eingehen können. Deri meint, sämtliche Naturerlebensgefühle können auch im Kunstwerke wirksam werden. Nun scheint es ja im ersten Moment in der Tat so, als ob wenigstens die Sinnesgefühle, die ein Kunstwerk erregt, Naturerlebensgefühle wären. Eine Farbe, ein edles Material, ein Klang wirken doch in derselben Weise auf mich, ob ich sie im Kunstwerk oder in der Natur erblicke. Läßt sich bei diesen Gefühlen nun in der Tat keine Schranke zwischen Natur- und Kunsterleben ziehen? Mir scheint auch hier die »Kluft« zu bestehen, und die Schönheit des verwendeten Materials, der Farbe, des Klanges an sich möchte ich für keine Quelle künstlerischen Genießens halten. Wie belanglos diese Schönheit ist, beweist schon die Überlegung, daß man einem deutschen Musikdrama kein größeres Unrecht zufügen kann, als es in der sinnlich wohlklingenderen italienischen Sprache vortragen, einem im Sandstein gemeißelten Bildwerk kein verhängnisvolleres, als es in karrarischem Marmor ausführen zu lassen.

Folgendes scheint mir ausschlaggebend. Es wird sich bei der künstlerischen Produktion fast ausnahmslos darum handeln, dem darzustellenden Gefühlskomplex in einem von dem Gefühlsanlaß verschiedenen Stoff materielle Gestalt zu geben. In einem Stoff, der sich nicht nur seiner chemischen Struktur nach (Deris ideelle Naturkopie), sondern auch in seinen optischen und sonstigen physikalischen Eigenschaften von seinem Vorbild unterscheidet. Ein Stück schön gefärbten Zeuges (künstlicher Gefühlsanlaß) ist ein Industrieprodukt und kein Kunstwerk. Es wird erst eines, wenn ich den durch das Zeug, seine Farbe, seine Stofflichkeit, seine Bruchlinien und Ähnliches mehr erregten Gefühlsinbegriff in ein anderes Material und zwar nach den diesem Material innewohnenden Gesetzen übertrage. Die Schönheit des Materials spricht nur insofern mit, als sich der Künstler in dessen physikalische Eigenschaften eingefühlt hat und die etwa in ihm wohnenden Schönheiten nicht bloß durch technisches Geschick, sondern kraft seiner Materialeinfühlung heraufzuholen imstande war. Im Gegenfalle spricht man von einer Vergewaltigung des Materials. Es ist also nichts anderes als ein Hineinfühlen des Naturvorwurfes in den neuen Stoff, dessen wirkliche Vergeistigung durch die Form, die Ausschaltung des rein Materiellen, des Naturballastes, der durch das Material in das Kunstwerk einzugehen droht. Die Forderung der Materialechtheit ist ebenfalls von hier aus zu verstehen. Und so fühlt der Beschauer auch in der Materialschönheit nur nach, was der Künstler bei der Gestaltung ihm vorempfand.

Die Farbe ist nur ein Spezialfall des eben Gesagten. Wenn Deri — mit Recht — behauptet, die »ästhetische« Freude an einem schönen Rot oder Grün müsse doch auch in das Kunstwerk unverändert eingehen, so vergißt er, daß das Verdienst, diesen Genuß uns verursacht zu haben, dem Farbenchemiker zukommt. Es handelt sich auch hierbei darum, daß der Künstler die der Farbe eigene Schönheit durch Auftrag, Bewegtheit innerhalb des Farbfleckes, Beziehung zu den Nachbarfarben usw. für den besonderen Bildzweck richtig herausbringe und verwerte. Die verschmierte Palette selbst des größten Künstlers ist kein Kunstwerk, obgleich sie doch die Farben seiner Gemälde zeigt, und man könnte einen Caravaggio oder den schwärzesten Courbet nicht »schöner« machen, wenn man ihn mit leuchtenden Farben überzöge. Man spricht wohl auch von einer zu »blumigen« Farbe, wenn die farbigen Gefühlssymbole das Kolorit nicht völlig im oben erwähnten Sinne durchgeistigen. — Wenn man somit Deris Versuchspersonen vor Eycks Genter Altar in seiner Berliner Zusammenstellung führt und die eine das Himmelblau Eycks »schöner« findet, die andere das von Coxies Kopie — so mögen »beide Teile von sich aus richtig gewertet« haben, doch keineswegs »von beiden Teilen aus mit Recht«.. Es handelt sich eben bei dieser Frage nicht um das für Sinneseindrücke »mehr oder minder kultivierte« Auge, sondern um die Fähigkeit, in die Farbe beschlossene Gefühlssymbole lesen zu können.

Von hier aus ist auch die vielerörterte Frage nach der Wirkung des Inhaltes in einem Kunstwerke zu beantworten. Nach Deris Meinung sollen wir besonders alten Bildwerken gegenüber eine falsche Stellung einnehmen, wenn wir sie nur auf das Wie ihrer Darstellung hin betrachten. Für die alten Künstler und für ihr Publikum sei vor allem der Inhalt ausschlaggebend gewesen. — Wie schon erwähnt, geht der Naturvorwurf nicht unmittelbar gefühlsbestimmend in das Kunstwerk ein. Ob alt oder neu, der Inhalt bedingt für den heutigen und gewesenen Beschauer die künstlerische Gefühlswirkung nur insoweit und in derselben Art und Weise, wie der Inhalt auch die Gefühle des schaffenden Künstlers erregte. Eine indirekte Wirkung des Vorwurfes wird hiermit implizite zugestanden, doch auch erklärt, wie der Satz zu verstehen sei: der Inhalt sei belanglos, das Ausschlaggebende sei nur das Wie der Darstellung. Nach dem Gesagten ist es selbstverständlich, daß ein gemalter Kohlkopf jedesmal stärkere ästhetische Gefühle im Beschauer auslösen wird, als das Bild einer Muttergottes, wenn der Maler von dem Vorwurfe des Kohlkopfes stärker erregt wurde, als der andere von der Madonnenidee. Vorausgesetzt, daß beide in gleicher Weise ihrer Gefühlserregung adäquaten Ausdruck geben konnten. Wenn Jan van Eyck und Dirk Bouts, Raffael und Rubens schon von ihren Zeitgenossen hochgeehrt wurden, so beweist das doch, daß auch das zeitgenössische Publikum das Wie der Darstellung und nicht den Inhalt schätzte, der sich ja von dem der sonstigen Bilder nicht unterschied. Könnte der Inhalt eines Kunstwerkes ausschlaggebend sein, so müßte eine leidliche Kopie das Original fast ersetzen. Delacroix, ein Maler, dem der Bildinhalt gewiß nicht gleichgültig war, äußert an einer Stelle seines Tagebuches in diesem Sinne: »Die materielle Malerei ist nur der Vorwand, nur die Brücke zwischen dem Geist des Malers und dem des Beschauers« [1]). Literarisch nennt man in tadelndem Sinne ein Werk der bildenden

[1]) Hier darf vielleicht auch die Anekdote von Degas angeführt werden, der — ein Ingres-Schwärmer — neben dessen Jupiter eine gut gemalte Birne hängen hatte. Auf Befragen über die merkwürdige Zusammenstellung äußerte Degas: »Ich

Künste, wenn der Inhalt das Gefühl des Künstlers ungenügend erregte, oder wenn das erregte Gefühl ungenügend ins Material übersetzt wurde. Wenn also der Inhalt als toter, von Gefühlen nicht durchdrungener Ballast dem Werke anhängt — ganz ähnlich, wie dies oben von dem nicht völlig durchgeistigten Material oder von der zu blumigen Farbe behauptet wurde. Literarisch ist ferner ein Kunstwerk jedesmal auch dann, wenn es auf das selbständige Ausspinnen der gegebenen Gefühlsanregungen von seiten des Beschauers rechnet.

Selbstverständlich gilt das hier vom Inhalt Gesagte auch für die Kunst der Sprache. Die »naturalistische« Prosa ist dem »naturalistischen« Bilde analog. Auch bei ihr handelt es sich keineswegs um die einfache Mitteilung gefühlserregender Inhalte (künstlicher Gefühlsanlaß), und der Bericht über Menschenschlächtereien in Kriegen oder Kolonien oder der einer Gerichtsverhandlung aus den »Tiefen der Großstadt« rührt noch nicht an die Anfänge der künstlerischen Gestaltung. All diese Inhalte können allerdings den Rohstoff zu ihr hergeben. Erst wenn sie der Künstler so formt, daß sein Produkt die Gefühle des Lesers in der von ihm gewollten Weise erregt, dieser also die Gefühle des schaffenden Künstlers beim Lesen reproduziert, erst dann entsteht ein Kunstwerk — vorausgesetzt, daß diese Gefühle sich von der Alltäglichkeit ihrer Art oder Tiefe nach unterscheiden, also an sich wertvoll sind. Es kann somit nicht scharf genug betont werden, wie unrichtig Deris Auffassung von der Kunst der Sprache ist, die in den Sätzen gipfelt: »Sei das sachliche Geschehen nun in guter oder schlechter Form gegeben, es kann uns in seiner sachlichen Erfindung an sich, als Gefühlsvermittlung äußerst wertvoll sein; und man spricht ja oft genug von einem ‚schlecht geschriebenen', ‚aber dem Inhalte nach interessanten und fesselnden Buche'. Im Umkreise der literarischen Künste läßt sich also am besten die Wichtigkeit aller jener Gefühle für die Kunst nachweisen, die sich rein an den sachlichen Inhalt knüpfen.« Die Fabel eines Buches als Erfindung, als Gedanke ist erst der Rohstoff, der an sich gewiß gefühlserregend wirken kann, wie es ja irgendeine Nachricht oder Zeitungsnotiz auch tut. Es sind das Gefühle, die sich an den vorgestellten Vorgang oder an die Idee knüpfen — ob es sich nun um etwas Wirkliches oder Erfundenes handelt. Doch ist ein nackter Bericht dieses Vorganges niemals ein Kunstwerk. Zum Kunstwerke wird der Inhalt erst durch seine Formung, denn sie erlaubt es erst dem Künstler, uns seine besonderen Gefühle, die er anläßlich seines Vorwurfes hatte, zu vermitteln.

Diese Formung des Stoffes ist jedoch mit der Forderung eines »gut geschriebenen« Buches keineswegs identisch. Ein schlecht übersetzter Roman rettet noch sehr wertvolle Eigenschaften des Originals in die fremde Sprache hinüber. Die Formung liegt vielmehr in der kompositionellen Gestaltung und in der durch sie erfolgten Materialisierung jener Gefühle, die der Erzählungsstoff in dem Künstler auslöste.

Der »gute Stil« ist hierbei allerdings nicht nur eine willkommene Zugabe. Sind Gefühlserregung und Gestaltungskraft stark genug, so sättigen sie die Sprache mit Gefühlssymbolen, formen sie in ausdruckstarker Weise. Ähnlich, wie der Maler, dessen Gefühlserregung neben der Erfindung und Komposition noch die Mittel der Linienführung, Farben- und Lichtverteilung seinen Zwecken dienstbar macht. Überdies ist die Fähigkeit der Gefühlsübersetzung gleichbedeutend mit der Klarheit und Verständlichkeit des Produktes. Den klar — wenn auch nicht immer leicht — verständlichen und dabei den Gefühlen präzis folgenden Ausdruck nennen wir aber

---

habe sie dahin gehängt, weil eine Birne, die so gemalt ist, jeden Gott umschmeißt«. In neuen, wie in alten Zeiten.

guten Stil. Eine Übersetzung in eine fremde Sprache, die den gefühlssymbolischen Gehalt der Originalsprache unter den Tisch fallen läßt und nur mechanisch, wenn auch grammatikalisch richtig überträgt, ist der Photographie eines Gemäldes zu vergleichen, wo auch an Stelle der Farbensymbole eine mechanische Valeurübertragung tritt, oder einem Kinodrama in seinem Verhältnis zur Pantomime.

Mit dem eben Gesagten soll übrigens Deris Satz, laut welchem nicht der ästhetische Inhalt, sondern nur das funktionale ästhetische Verhalten von dem Intellekt isoliert sei, nicht widersprochen werden. Doch, soweit es sich auf ein Kunstwerk bezieht, ist dieses intellektuelle Verhalten streng begrenzt. Und zwar erstrecken sich die Grenzen genau so weit, wie die sich unvermeidlich vor dem Kunstwerk einstellenden Assoziationen auch das Gefühl des Künstlers bewegten, soweit er sie also beim Schaffen bewußt oder unbewußt mit in Rechnung stellte. Jede weitere, selbständige Assoziation des Aufnehmenden führt von dem Kunstwerke ab. Ebenso wie jedes bewußte intellektuelle Verhalten und jede Betätigung der voluntaristischen Funktion das ästhetische Verhalten stören, wie das von Deri richtig ausgeführt wurde.

Diese Betrachtungen schließen es schon ein, daß die Einteilung der Augenkünste, die Deri den von ihm aufgestellten Gefühlsgruppen parallel vornimmt, unmöglich richtig sein kann. Doch möchte ich die Einzelanwendung der gefundenen Sätze dem Leser überlassen. Hier sei nur folgendes bemerkt. Die Worte Stillleben oder nature morte deuten schon an, daß es sich in dieser Kunstgattung durchaus nicht vornehmlich um »Farbsinnesgefühle« handelt. Sondern das Stilleben will neben der Farbenkomposition das stille Sein toter Gegenstände dem Beschauer naheführen. Ihr Existieren, das gegenseitige Hinüberspielen ihrer Formen, deren Rhythmus, die plastische Erscheinung, der Stoffcharakter spielen eine der Farbe ebenbürtige Rolle. Besonders deutlich wird dies in den Stilleben modernster Richtungen oder in jenen der Vlamen des 17. Jahrhunderts, wo eine schleichende Katze oder ein schnüffelnder Hund das eigentümliche Leben der toten Gegenstände in ihrem stillen Beieinander dem Beschauer durch den Gegensatz besonders zu Bewußtsein bringt.

In erhöhtem Maße gilt dies alles vom Genre. Eine photographische Abbildung eines Bildes des Vermeer, de Hooch, ter Borch schließt die Farbe ganz aus und rettet doch ein gut Teil der Originalwirkung in sich hinüber. Für die stille Atmosphäre, die diese Bilder atmen, wird sich doch niemand verschließen können. Wenn Deri das Genre ein Stilleben mit lebenden Figuren nennt, so unterschreibe ich das durchaus, wenn ich diesen Satz auch etwas anders interpretieren möchte, als es Deri tut.

Ja die meisten Genrebilder des 19. Jahrhunderts leben ausschließlich von ihrem Inhalt. Und ganz allgemein wird man in geradem Gegensatze zu Deri behaupten können, bei keiner Bildgattung steht der Inhalt mehr im Konzeptionszentrum, als gerade beim Genre. Das ist auch der Grund, weshalb es vom Impressionismus in Acht und Bann getan wurde.

Worauf es bei Stilleben und Genre, bei Landschaft und Historie ebenso, wie bei irgendeinem literarischen oder Musikwerk vor allem ankommt, ist die Einheit des Stils. Kausal ausgedrückt: Inhalt und Form, diese im weitesten Sinne, müssen davon überzeugen, daß alles aus einem einheitlichen, zusammengehörigen Gefühlskomplex geschaffen wurde [1]). Es scheint mir, daß Deri die Wirkungsweise eines

[1]) Der Stil eines Künstlers, einer Landschaft, einer Zeit ist die Resultante der symbolischen Erscheinungsform der verschiedenen Einzelgefühle des Künstlers, oder

Kunstwerkes von Grund aus mißversteht, wenn er meint, »mit dem besten Bildinhalte kann sich eine so schlechte Behandlung von Farbe und Form verbinden, daß das Kunstwerk von hier aus abzulehnen ist«. Es handelt sich jedesmal ausschließlich darum, wird durch die Form im weitesten Sinne ein wertvolles Gefühl symbolisch ausgedrückt oder nicht. So ist es verständlich, warum der tiefste Inhalt »von der Form und Farbe« her abgelehnt werden kann, niemals aber Form und Farbe vom Inhalt her, und sei nur ein Porreebündel dargestellt.

Von hier aus läßt sich auch die Tatsache verstehen, weshalb wir bei einem Kunstwerk eine Eigenschaft tadeln können, die wir bei dem anderen hingehen lassen oder gar als notwendig anerkennen (vgl. Deri S. 43). Wenn wir an einem Werke der Hochrenaissance z. B. unrichtige Proportionen als falsch empfinden, dieselben aber in einem Bildwerk der Gotik gutheißen, so liegt das evidentermaßen nicht an der »naturalistischen Tendenz« der Renaissance gegenüber der Gotik. Worauf es ankommt, ist die Einheit des Gefühlsinhaltes. Sagt uns ein Werk, daß der Künstler durch die Proportionsharmonie in der Natur erregt wurde und daß ihm die Wiedergabe dieser seiner Gefühle am Herzen lag, so ist das gleichbedeutend mit der Forderung der Richtigkeit der Körperverhältnisse. Konzentriert sich jedoch der Künstler auf seelischen Ausdruck oder auf Linien-, Farben-, Helligkeitsrhythmus, so sehen wir über die Richtigkeit der Verhältnisse gern hinweg. Gerade in unseren Tagen erleben wir den völligen Zerfall der körperlichen Form unter dem Pinsel der Kubisten, Expressionisten und Futuristen zugunsten des Formen-, Farben- und seelischen Ausdrucks.

Für Werke mit erotischem Inhalt gibt es natürlich kein eigenes ästhetisches Gesetz. Auch bei ihnen kommt es nur darauf an, ob ein einheitlicher, bereichernder Gefühlsinbegriff zum Ausdruck gebracht wurde. Nicht das aus »Kulturgepflogenheiten« sich herschreibende »Niveau« der Darbietung ist das Ausschlaggebende, ob Kunstwerk oder Pornographie. Sondern eben die Frage, ist das Werk bloß ein »künstlicher Gefühlsanlaß« (Pornographie) oder ist es eine Gefühlsübersetzung, ein Gefühlsausdruck.

Ebenso gehört der Humor, die Komik in das Bereich der Kunst, insofern sie Gefühle adäquat zum Ausdruck bringt. So die von Deri erwähnten musikalischen Stücke oder die künstlerische Karikatur. Ein Wortwitz jedoch, ein »künstlicher Gefühlsanlaß«, der, im Intellekt geboren, kein Gefühl ausdrückt, wirkt komisch, jedoch nicht ästhetisch und kann das Prädikat eines Kunstwerkes nicht beanspruchen. Wortwitze gibt es auch gewissermaßen in den bildenden Künsten. Sie machen den Hauptinhalt der Witzblätter aus. Ihr Charakteristikum ist, daß ein witziger Einfall bildlich dargestellt wird, ohne daß die Darstellung an sich irgendeinen gefühlssymbolischen, also künstlerischen Wert hätte.

Jedes Werk, das in seinen wesentlichen Elementen die Übersetzung eines organisch zusammenhängenden Gefühlsinbegriffs darstellt, ist ein Kunstwerk, ob das ihm zugrunde liegende Gefühl uns sympathisch ist oder nicht (vgl. dagegen Deri S. 53 u. 130). Der Wert des Kunstwerkes ist der Intensität oder der Weite jenes Gefühlskomplexes proportional, der in Symbolen in dem Werke beschlossen liegt. Dieser künstlerische Gehalt ist also unwandelbar, wenn er auch nicht von jedermann

---

der verschiedenen Künstler einer Landschaft, einer Zeit. Daher ist die Liebe zu Antiquitäten ohne Kunstwert verständlich: sie drücken die Gefühle einer Zeit ebenso aus, wie das Kunstwerk die Gefühle des Künstlers, und durch »rückläufige Assoziation« fühlen wir durch sie die Gefühle einer Zeit ebenso nach, wie durch ein Kunstwerk die Gefühle dessen, der es schuf.

und jederzeit verstanden wird. Ausschließlich diesen bewerten wir, wenn wir Michelangelo über Ghirlandaio, Beethoven über Richard Strauß stellen, und nicht irgendeine Naturnähe oder Naturferne, wie Deri meint. Wenn wir von einem Werke abfällig aussagen, es sei uns zu roh oder zu zierlich, zu primitiv, dekadent oder gar zu erotisch, so bezeichnet das wohl unsere Geschmacksrichtung, sagt aber nichts über den künstlerischen Gehalt, also nichts über die Qualität des Kunstwerkes aus. Eine Geschichte der Majoritätsurteile, die Deri wünscht, wäre kulturhistorisch gewiß interessant — doch handelt es sich in der heutigen Kunstgeschichte nicht um eine »Vergewaltigung einer großen Majorität durch eine ganz kleine, kulturell vielleicht höher stehende Minorität«, sondern darum, daß diejenigen, die die in den alten Kunstwerken objektiv enthaltenen Gefühlssymbole lesen können, deren Verständnis der Majorität vermitteln. Wenn Gerard Dou seinerzeit beliebter als Rembrandt war, so lag das wieder nur daran, daß die Majorität, für Gefühlssymbole nur wenig empfindlich, durch das »Literarische« des Dou leichter angeregt wurde. Durch das Literarische im oben definierten Sinne. Ebenso begreiflich ist es, daß den Kunstverständigen die Symbole und die ihnen zugrunde liegenden Gefühle verschiedener Zeiten und verschiedener Künstler nicht gleich verständlich sein können. Aber was an Greco in unseren Tagen geschätzt wird, lag natürlich vor einem Menschenalter ebenso in seinen Werken, wie heute, wenn es auch in ihnen nicht erkannt wurde. Die Uneinigkeit im Werturteil über Künstler und Kunstwerke wird vor allem durch die Schwierigkeit verursacht, Gefühlssymbole aufzulösen, allerdings auch — doch unberechtigterweise — durch die Verschiedenheit der Anlagen und Erfahrungen des Aufnehmenden, die seinen persönlichen Geschmack bestimmen. Und nur von diesem Standpunkte des Geschmackes wird man mit Deri sagen können, daß jedes auf Gefühlsbereicherung beruhende ästhetische Urteil, also auch des für Kunst minder Begabten, individuell berechtigt sei. Das Urteil über ein Kunstwerk ist aber nicht Sache des Geschmackes, sondern des Verständnisses, denn der künstlerische Wert ist im Kunstwerk in Symbolen objektiv vorhanden.

Kongreß für Ästhetik und allgemeine Kunstwissenschaft.

Der Kongreß wird vom 7.—9. Oktober 1913 im Aulagebäude der Kgl. Universität zu Berlin tagen. Bereits am 6. Oktober, am Vorabend des Kongresses, soll eine Begrüßung der Teilnehmer stattfinden, für den Vormittag des 10. Oktober sind Besuche von Künstlerwerkstätten und Privatsammlungen, für den Nachmittag ist eine geschäftliche Sitzung und für den Abend ein Abschiedsessen in Aussicht genommen. Über künstlerische Darbietungen an den Abenden der drei Haupttage schweben Verhandlungen.

Das Programm umfaßt bisher folgende Vorträge:

V. Basch (Paris): Die Objektivität des Schönen.

E. Bullough (Cambridge, England): Genetische Ästhetik.

J. Cohn (Freiburg i. Br.): Die Autonomie der Kunst und die Lage der gegenwärtigen Kultur.

M. Geiger (München): Das Problem der ästhetischen Scheingefühle.

R. Hamann (Posen): Ästhetik und allgemeine Kunstwissenschaft.

W. Jerusalem (Wien): Zur Psychologie und Ästhetik des Typischen.

O. Külpe (Bonn): Die Stellung der Ästhetik im System der Wissenschaften.
K. Lange (Tübingen): Der Witz.
K. S. Laurila (Helsingfors): Die assoziativen Faktoren in der ästhetischen Auffassung.
Vernon Lee (Florenz): Ästhetische Selbstbeobachtung.
W. Schmied-Kowarzik (Wien): Intuition als Kern des ästhetischen Erlebens.
G. Treu (Dresden): Durchschnittsphotographie und Schönheit.
E. Utitz (Rostock): Ästhetik und allgemeine Kunstwissenschaft.
Th. Ziehen (Wiesbaden): Der gegenwärtige Stand der experimentellen Ästhetik.

H. Cornelius (Frankfurt a. M.): Die Ansichtsforderung in Architektur und Plastik.
E. Everth (Berlin): Die Bedeutung des Formats für die malerische Komposition.
M. Hoernes (Wien): Anfänge der bildenden Kunst.
H. Jantzen (Halle a. S.): Die Prinzipien der Farbengebung.
D. Katz (Göttingen): Psychologisches zur Frage der Farbengebung.
E. Sauerbeck (Bayrischzell): Künstlerische Perspektive.
A. Schmarsow (Leipzig): Architektonische Raumgestaltung.
J. Strzygowski (Wien): Die systematischen Grundlagen einer vergleichenden Kunstforschung.
W. Worringer (Bern): Entstehung und Gestaltungsprinzipien der Ornamentik.
O. Wulff (Berlin): Entwicklungsgesetze der bildenden Kunst.

G. von Allesch (Berlin): Über die Natur des Dramas.
O. Fischer (Prag): Über den Anteil des künstlerischen Instinkts an literarhistorischer Forschung.
K. Groos (Tübingen): Der paradoxe Stil.
B. Litzmann (Bonn): Literarische Kritik.
E. Sievers (Leipzig): Demonstrationen zur Lehre von den klanglichen Konstanten in Rede und Musik.
O. Walzel (Dresden): Das Problem des Tragischen.

F. Kayßler (Berlin): Das Schaffen des Schauspielers.
M. Martersteig (Leipzig): Illusionsbühne und Stilbühne.
W. von Scholz (Oberhambach): Das Schaffen des dramatischen Dichters.

A. Heuß (Leipzig): Kritik der romantischen Musikauffassung.
E. von Hornbostel (Berlin): Der Einfluß der Überlieferung auf die musikalische Auffassung.
P. Moos (Ulm): Über den gegenwärtigen Stand der Musikästhetik.
C. S. Myers (Cambridge, England): Anfänge der Musik.
F. Ohmann (Bonn): Melodie und Akzent, experimentalpsychologische Untersuchungen über ihre Beziehungen.
H. Rietsch (Prag): Dichterische und musikalische Metrik.
A. Schering (Leipzig): Zur Grundlegung der musikalischen Hermeneutik.
H. Wetzel (Berlin): Ergebnisse der neuesten Musiktheorie für die Ästhetik.

Die Vorträge, die sämtlich in deutscher Sprache gehalten werden, dürfen nicht länger als 30 Minuten dauern. In der anschließenden Erörterung erhalten diejenigen

Redner, die sich bis zum 1. August als Diskussionsredner zu einem bestimmten Gegenstand gemeldet haben und im endgültigen Programm genannt werden sollen, längere Redezeit als die übrigen, die erst in der Sitzung das Wort erbitten.

Wegen der Fülle der Vorträge läßt es sich leider nicht umgehen, daß Abteilungen eingerichtet werden, in denen gleichzeitig verhandelt wird. An jedem Tage soll aber womöglich der ganze Vormittag (oder der Nachmittag) einer allgemeinen Sitzung vorbehalten bleiben, und in dieser Sitzung soll jedesmal ein Problemzusammenhang durch Vorträge und Diskussion erörtert werden, z. B. die Frage nach Aufgabe, Stellung und Verfahren der Ästhetik und allgemeinen Kunstwissenschaft, oder vielleicht auch die Frage nach dem Ursprung der Künste — unter allen Umständen Fragen, die jedem Kongreßteilnehmer von Bedeutung sind.

Die Zahl der gemeldeten Teilnehmer ist bereits recht stattlich. Mit besonderer Freude wird es begrüßt werden, daß auch verhältnismäßig viele ausländische Gelehrte ihr Erscheinen angekündigt haben. Zahlreiche Hochschulen Deutschlands und anderer europäischer Länder werden durch besondere Abgesandte vertreten sein. Einem mehrfach geäußerten Wunsch entsprechend sollen neben den eigentlichen Mitgliedern des Kongresses auch Hörer zugelassen werden; sie haben das Recht zur Teilnahme an den wissenschaftlichen Sitzungen, jedoch nicht das Recht zur Beteiligung an den Diskussionen.

Weitere Nachrichten gehen jetzt nur noch denjenigen Personen zu, die entweder schon ihre voraussichtliche Teilnahme gemeldet haben oder bis zum 1. Juni 1913 melden. Es wird aber dafür Sorge getragen werden, daß die wichtigsten Mitteilungen auch durch die Fachzeitschriften und Tageszeitungen veröffentlicht werden.

Der geschäftsführende Ortsausschuß:

G. v. Allesch, W, Rankestr. 31/32.
M. Dessoir, W, Speyererstr. 9.
C. Glaser, Wilmersdorf, Konstanzerstr. 15.
W. Wolffheim, Grunewald, Jagowstr. 12.
O. Wulff, Steglitz, Lindenstr. 19.

Berlin, am 30. März 1913.

Besprechungen.

Hermann Cohen, Ästhetik des reinen Gefühls. Berlin, Bruno Cassirer, 1912. 2 Bde. in gr. 8°, XXV u. 401, XV u. 477 S.

Vielleicht wird diesem dritten der Hauptwerke Hermann Cohens die Bekanntheit und Anerkennung zuteil, die den ersten beiden, von dem engeren Kreise seiner Verehrer und Schüler abgesehen, zunächst leider versagt blieben.

Wenn dort die Eigenart des Gegenstandes selber, der so sich noch in keiner Schule behandelt fand, den landläufigen Einstellungen entrückt, dem Fernerstehenden das Verständnis erschwerte, so scheinen allerdings in der Ästhetik die Bedingungen günstiger zu liegen. Die Anwendung der allgemeinen systematischen Gesichtspunkte auf die jedem Denkenden geläufigen Probleme der ästhetischen Reflexion macht das Buch ungleich zugänglicher, als die »Logik der reinen Erkenntnis« und die »Ethik des reinen Willens« es sein konnten. Zugleich rücken die Eigenwilligkeiten des Ausdrucks, die in den früheren Werken manchen verwirrten, in eine neue, klärende Beleuchtung. Immerhin erfordert auch das Verständnis dieser Ästhetik ein Eingehen auf die systematischen Grundlagen der Cohenschen Denkweise, insbesondere auf seinen Gegensatz zu dem unsere Zeit beherrschenden Empirismus, da nur von hier aus alles weitere zugänglich ist. Trotz der Schwierigkeit, über so prinzipielle Dinge in der hier erforderlichen Kürze zu handeln, scheint doch wenigstens der Versuch dazu, wegen der Bedeutsamkeit des von Cohen Angebahnten, geboten. Auch der scharfe und meines Erachtens nicht minder berechtigte Gegensatz zu den romantisch-irrationalistischen Tendenzen unserer Zeit muß kurz beleuchtet werden. Danach aber möchte ich nach Möglichkeit Cohen selbst sprechen lassen. Denn die Eigenart seines Denkens kann man kaum besser kennzeichnen, als durch eine Auswahl seiner eigenen Worte, die, ohne sklavisch der Reihenfolge der Stellen zu folgen, das systematisch Wichtige hervorhebend den Zusammenhang des Ganzen durchscheinen läßt. Es werden dabei nacheinander Cohens Stellung zur Romantik, zu Kant, zur modernen Einfühlungslehre, ferner die Anknüpfung des reinen Gefühls an den platonischen Eros, die Unterordnung der Begriffe der Erhabenheit und des Humors unter den der Schönheit, und schließlich die Lehre von der Poesie als zweiter innerer Sprachform zu berücksichtigen sein.

In seinen früheren Büchern ist Cohen vielfach dahin mißverstanden worden, als wollte er aus den Mitteln des Geistes (resp. der Vernunft, des Bewußtseins) die Welt »erzeugen«, in jenem Sinne, in dem der Geist Gottes die Schöpfung vollzog.

Ein anderes war ja aber von Anfang an gemeint, wenn die allgemeinen Eigentümlichkeiten der Realität auf »erzeugende Methoden« des Bewußtseins zurückgeführt wurden. Die Spontaneität der Erkenntnis galt es gegen die empiristische Meinung zu sichern, als stelle sich in der Erkenntnis immer nur wieder eine an sich bestehende einzelne Wirklichkeit dem Geiste dar, wo dann beides, Wirklichkeit wie Geist, in gesonderter metaphysischer Existenz nebeneinander bestehen bleiben mußten. Die gesonderte Hypostasierung des wohl in der Abstraktion Isolierbaren, tatsächlich aber Verbundenen war ja das Kennzeichen der alten Metaphysik gewesen, die Kant entwurzelt hatte. Und doch scheint mir gerade dieser Teil des Kantischen, von Cohen in seinen früheren Werken erweiterten Gedankenganges noch heutzutage wieder und wieder verfehlt und vergessen zu werden. Wie alle letzten Begriffe, zu denen das Denken vordringen kann, Korrelatbegriffe sind, wie die Vereinigung sich nur korrelativ zu einer Sonderung (nämlich von einem faktischen oder möglichen Andern), die Sonderung nur korrelativ zu einer Vereinigung (nämlich des jeweils Gesonderten) denken läßt, so daß das eine immer nach dem andern ruft, wie die Substanz nur korrelativ zu möglicher Veränderung, die Veränderung nur korrelativ zu der Substanz (genauer zu dem Identischen der Substanz) sich denken lassen, so daß keines von beiden ohne Rücksicht auf das Andere »seinem Wesen nach« (Husserl) erkannt werden kann oder gar gesondert zum metaphysisch Letzten erhoben werden dürfte, so war von Kant auch »Gegenstand« und Erkenntnis (oder Bewußtsein, Verstand, Geist usw.) als korrelativ erkannt worden. Keines von beiden läßt sich an sich begreifen; schon es an sich zu »setzen« ist verfehlt, wie nicht minder jede von solchem »An-sich-setzen« ausgehende Umdeutung der Korrelation in Gleichheit oder Identität.

Aber noch heute kommt der Empirismus nicht von der Vorstellung los, als fände die Erkenntnis (oder Bewußtsein, Geist usw.) den Gegenstand vor, nehme ihn in gewissem Sinne wahr, stoße sozusagen mit der Nase auf ihn. Man sieht nicht, daß es einen Gegenstand in seiner Einheit nur gibt durch einen Gesichtspunkt, der gerade diese Einheit — zugleich sie gegen ein Anderes sondernd — bedingt. Hierin beruht die Korrelation von Gegenstand und Erkenntnis (oder Bewußtsein usw.). Hat man dies aber erkannt, so wird man dem Bilde, daß die Erkenntnis ihren Gegenstand (sei es auch nur als Phänomen) vorfinden könne, keinen Sinn mehr abgewinnen. Vielmehr wird man das für sich durchaus anzuerkennende Moment der durchgängigen Bedingtheit alles als wirklich oder richtig Vorgestellten, das in jenem unglücklichen Bilde festgehalten werden sollte, anders bestimmen müssen. Was vorgefunden werden kann, ist ja niemals der Gegenstand an sich, sondern immer nur die letzte von der Erkenntnis gewonnene, selbst stets mehr oder weniger konventionelle und provisorische Synthese, die jenem Gegenstande gegolten hatte; und in der die Spontaneität der Erkenntnis sich bereits mit dem Moment der durchgängigen Bedingtheit, wenn eben auch nur provisorisch, auseinandergesetzt haben muß. Wie hier das Nebeneinander von Rezeptivität und Spontaneität der Erkenntnis in freilich schwierigster Komplikation jenem Momente gerecht zu werden vermag, kann an dieser Stelle nicht eingehend erörtert werden.

Wenn nun Cohen dem Bewußtsein oder dem Denken eine »erzeugende« Bedeutung beilegte, was allerdings eine gefährliche Ausdrucksweise ist, so geschah dies lediglich, weil seine Front gegen den herrschenden Empirismus gerichtet war, und er diesem gegenüber, der die Rezeptivität der Erkenntnis übertrieb, das Moment der Spontaneität zu seinem Recht zu bringen suchte. Bedenkt man jedoch, daß für Cohen die alle Metaphysik im alten Sinne ausschließende Korrelation von Gegenstand und Erkenntnis der Ausgangspunkt seines Denkens war, so wird man ihm auch nicht mehr unterschieben, was ihm zu behaupten nicht in den Sinn kommen konnte: daß die Realität von der Erkenntnis oder dem Denken, dem Bewußtsein, der Vernunft oder irgend einem von diesen Dingen, die selbst doch nur Korrelationen zu bestimmten, in der Abstraktion isolierbaren Seiten der Realität darstellen — im metaphysischen Sinne erzeugt sei.

Es liegt eine gewisse Ironie darin, daß Cohen, der rein logisch denkende, in seiner Ausdrucksweise bildhaft werdend, doch wieder jenen ewigen Irrtum zu unterstützen scheint. Aber es ist eben für die Philosophie stets schwer, anschaulich klar zu machen, daß die Anschauung zur Weltanschauung nicht genüge, daß sie vielmehr, um überhaupt selber sinnvoll zu sein, der Anhaltspunkte des Denkens als ihres Korrelates nicht entraten kann. Es ist umso schwerer, wenn der hier geforderte Begriff des Denkens nicht der alte reflexive Denkbegriff der formalen Logik sein soll, sondern vielmehr der neue, den Kant im Begriff der Synthese festgehalten, aber freilich nicht durchgeführt hat.

Soll in der Synthese des Denkens (bzw. des Bewußtseins) das Schema alles Begreifbaren — und auch noch das des im einzelnen Undurchschaubaren, ohne welches alle Anschauungsdaten sinnlos wären, was sie doch nicht sind — entworfen werden, so kann man wohl sagen, das Denken oder das Bewußtsein erzeuge jenes Schema, ohne dabei an das Erschaffen des jeweils in jenem Schema Realen im Sinne der Weltschöpfung zu denken. Aber der Abweg zum Mißverständnis ist mit jener Ausdrucksweise allerdings ermöglicht und wird bereitwillig von allen beschritten, die, ohne den Blick für das Ganze, sich dem einzelnen gegenüber zur Kritik berufen fühlen.

In der Ästhetik, die wirklich ein Erzeugen, nämlich das Erzeugen des Kunstwerks behandelt, ist dies Mißverständnis nicht zu befürchten. Auch die Mißdeutung des Bewußtseinsbegriffs als »bewußte Reflexion« ist hier unmöglich. Indem Cohen das »reine Gefühl« zum Prinzip und Maßstab des ästhetischen Schaffens macht, läßt er deutlich erkennen, daß sein Bewußtseinsbegriff mit der Enge eines formalistisch-logischen Rationalismus nichts zu tun hat. Und andererseits wird damit deutlich, wie tief bei ihm der Begriff der Spontaneität und damit der Begriff der Reinheit verankert ist. Der flach verstandene Rationalismus, den man heute so gerne bekämpft, um dann mit vollen Segeln einem irrationalistisch-agnostizistischen Fahrwasser zuzusteuern, hat keinen entschiedeneren Gegner als Cohen. Aber auch der fast noch flachere Irrationalismus dürfte bei ihm keine Gnade finden, der heute selbst bei ernsthafteren Denkern vielfach zur Sache einer betrüblichen Koketterie mit der literarischen Mystik geworden ist. Indem sie vermeinen, Wunder wie tief zu sein, wenn sie das künstlerische Schaffen, so gut wie die unreflektierte ethische Entscheidung oder das religiöse Weltgefühl aus Tiefen stammen lassen, die der Vernunft unzugänglich seien, trennen sie diese von jenen Tiefen, deren Dunkel doch gerade in ihr zum Lichte strebt, und machen aus der ewigen Unvollkommenheit und Ansatzhaftigkeit ihrer Werke, wie sie gerade der Idealismus von jeher betonte, eine sie völlig entwertende Verfehltheit ihres Wesens.

Cohen gehört nicht zu diesen; er weiß, daß die Trennung der Vernunft von einem »Tieferen« das alte Verführungsmittel zu Agnostizismus und Skeptizismus bildet, mit denen man, unfähig, die Tragweite seiner Thesen zu bemessen, und ohnmächtig, die Geister, die man rief, zu bannen, nicht nur die Wissenschaft entwertet, nicht nur jede Möglichkeit fruchtbringender ethischer und ästhetischer Besinnung in Frage stellt, sondern überhaupt allen Überzeugungen, die man über die letzten Dinge vertreten mag, die allgemein verbindliche Sicherheit nimmt; so daß, wie die Romantik in offener Auflehnung gegen die Vernunft es von jeher vertreten hat, für solchen bewußten und ausgesprochenen Irrationalismus nur Autorität, Offenbarung, Überlieferung als einzige Anhaltspunkte der Orientierung übrig bleiben.

Ist man aber einmal an diesem Punkte angelangt, so wird alsbald die Intuition in allen ihren Formen, von der Phantasie aufwärts bis zur intellektuellen Anschauung, gegen die wissenschaftliche Vernunft ins Feld geführt. Ihr Werk ist dann in einem unerforschlichen, die Ästhetik als Wissenschaft ausschließenden Sinne, die Kunst, und — in noch größerer Vertiefung — die Religion. Die Kunst wird so, als Dienerin und Begleiterin der Religion, um ihre innere Selbständigkeit gebracht, und auch der Ethik wird dadurch ihr philosophisches Fundament abgegraben: die Autonomie wird als Selbstüberhebung des Geistes verdächtigt und abgelehnt, und die Ethik wird entweder aus der Religion hergeleitet oder es entsteht jene »Zuschauer-Ethik« (I, 36), die den Wert einer Handlung nach dem Eindruck bemißt, den sie dem ästhetischen Betrachter gewährt — wodurch schließlich die Kunst von jeder Rücksicht auf etwaige Eigenwerte der Sittlichkeit entbunden wird.

Alle diese Verirrungen der romantisch orientierten Denkweise hat Cohen in beherzigenswerten Worten gezeichnet:

»Und es zeigt sich wiederum, daß es immer nur dieselbe Romantik ist, die überall und zu allen Zeiten die Schwiegermutter Weisheit verachtet. Sie will eben immer die echte, leibhaftige Mutter in der wissenschaftlichen Vernunft nicht anerkennen.« (I, 18.) »Es ist eben das Grundelement der Mystik, dieses innersten Lebensgrundes in der geistigen Struktur des Mittelalters, welches in allen Wendungen der Romantik wieder zum Durchbruch kommt. Schelling hätte nicht wagen können, den Satz auszusprechen, daß alle Philosophie schließlich wieder in den Ozean der Poesie einmünden müsse, wenn er sich nicht bewußt gewesen wäre, mit dieser These am sichersten alle Dämme der kritischen Philosophie einreißen und wegspülen zu können.« (I, 9.) »Vom Mittelalter her, dem ja auch der ausgebildete Pantheismus entstammt, diese schwere Frucht seiner Zwiespältigkeit und Zweideutigkeit, hat die Romantik mit ihm auch den widerlogischen Sinn der Intuition bekräftigt. Intuitive Erkenntnis nennt man, was eigentlich nicht Erkenntnis sein kann und sein soll; was kraft der Intuition die Erkenntnis übertreffen und überholen soll.« (I, 25.) »Man kann den Satz variieren: Wo Begriffe fehlen, wo die Begriffe verschoben und verlästert werden, da ist immer die rechte Zeit dafür gekommen, daß die vieldeutige Anschauung sich einstellt. Als ob die Anschauung als reine, wissenschaftliche Anschauung nicht von Platon und seiner mathematischen Schule ab, und so bei Descartes, bei Leibniz und endlich bei Kant selbst gemäß ihrer Reinheit die Begriffe in sich trüge, und somit den Gegensatz zwischen Anschauung und Begriff vielmehr aufhöbe. Diese wissenschaftliche Einsicht, die ein Gemeingut elementarer Kenntnis der Philosophie sein müßte, wird hier ignoriert...« (I, 32.)

»Richtete sich nach der vorigen Erwägung die Skepsis an der Ästhetik gegen die systematische Philosophie, so erkennen wir jetzt, daß sie sich ebenso sehr gegen die einheitliche Kultur richtet. Dennoch läßt sich auch das souveräne Kunstgefühl arglos den romantischen Übermut gefallen: die wahre Weisheit liegt allein in der Kunst. Das Gefühl der Überhebung läßt den Pferdefuß unbemerkt, der nicht etwa nachhinkt, sondern der vielmehr die ganze Richtung einschlägt: in der Wissenschaft und in der Philosophie als Wissenschaft ist keineswegs die echte Weisheit geborgen.« (I, 19.) Daher ist auch bei Hegel bezeichnend, »daß auf die erste Stufe, welche in der Entwicklung, in der dialektischen Bewegung des Begriffs, die die Kunst bildet, als zweite Stufe die Religion folgt, als höhere Entwicklung der Idee. So verrät sich darin wieder deutlich und unverkennbar die Präponderanz des mittelalterlichen Geistes, daß die Religion als eine höhere Stufe in der Entwicklung der Kultur gelten soll, der die Kunst nur als Vorstufe diene.«

Und zurückgreifend auf die Bemerkung, daß gerade diese Richtung sich immer wieder auf Goethe zu berufen unternimmt — fährt er fort: »Wie wenig diese Rangordnung der Kulturkräfte sich wahrhaft mit dem Geiste Goethes verträgt, mit den Urkräften seiner gesamten Kunst- und Weltanschauung, mit den innersten Quellen seiner neuen Lyrik, seiner lyrischen Poesie überhaupt, wie sie alle seine Dichtungen durchströmt, darüber setzte man sich intuitiv hinweg, darüber wollte man, darüber will man sich auch heute noch nicht klar werden. Das ist die Romantik, die auch in unserem Zeitalter nicht ausgestorben ist; die einen Eklektizismus verträgt, der die heterogensten Elemente in der Kultur, in den Künsten, in der Poesie mit dem Stichwort Goethe zu paaren vermag. Erst Kunst, dann aber Religion — das ist und bleibt die Losung der Romantik.« (I, 10 f.) Der »eigentliche Herd« der philosophischen Romantik ist die Religion. »Kein Formalismus der Dialektik darf uns darüber hinwegtäuschen, daß der treibende Nerv jener ganzen, der Kritik sich widersetzenden Denkweise in der ungebrochenen Befangenheit vom religiösen Dogmatismus steckt. Kein Pantheismus vermag sie von dieser innerlichsten Abhängigkeit frei zu machen.« (I, 34.)

Die Meinung, daß die Kunst immer nur im Dienste der Religion zu ihren größten Leistungen und Wirkungen gekommen sei und kommen könne, stammt aus der gleichen gedanklichen Wendung. »Die Kniebeugung, mithin der religiöse Kultus soll das Kriterium sein für den Wert der Kunst« (I, 49), heißt es in der Auseinandersetzung mit Hegel. Besonders auch für die kirchliche Kunst des Mittelalters hat man diese Ansicht in Anspruch genommen. Cohen wendet sich dagegen: an dem Beispiel Giottos zeigt er, wie man ein sehr freier Kopf sein und dabei doch sehr religiöse Bilder malen kann, so daß die religiöse Phantasie vielmehr von der künstlerischen befruchtet und vertieft erscheint. »Es ist eine grundsätzlich falsche Ansicht, als ob dogmatische Abhängigkeit, sogenannte gläubige Religiosität die innere Kraft und daher die Vorbedingung dieser Kunst wäre.« (I, 45 vgl. auch I, 315. II, 329—335.)

Der Verdeutung der Beziehung von Kunst und Religion entspricht diejenige ihrer Beziehung zur Sittlichkeit. Nach dem schon oben berührten Passus über die »Zuschauer-Ethik, in welcher der ästhetische Gesichtspunkt leitend geworden ist, so daß die Ethik als ein Teil der Ästhetik formuliert werden konnte« (speziell gegen Herbart) heißt es weiter unten: »Wie sonach die Ethik nicht gefördert, sondern gehemmt wird durch dieses Übergreifen des Ästhetischen in ihr Gebiet, so leidet auch die aktuelle Sittlichkeit darunter, und zwar ebenso sehr die private, wie die öffentliche. Das ist ja am meisten bekannt als allgemeiner Gegenstand des Streites der Meinungen unter allen ästhetischen Tagesfragen: ob die Kunst souverän ist, oder ob die Sittlichkeit eine ihr übergeordnete Instanz sei. Wenn freilich die Frage so gestellt wird — und so wird sie tatsächlich immer gestellt —, so läßt es sich nur zu gut verstehen, daß der unerquickliche Streit nicht zu einem verständigen Austrag kommen kann. Die Frage darf aber nicht sein, ob die Kunst der Sittlichkeit untergeordnet wird, sondern nur: ob sie nebengeordnet sein und bleiben muß. Bei dieser Fassung bleibt der systematische Charakter ebenso der Ästhetik, wie der Ethik, unangetastet, und daher bleibt ebenso unangetastet die selbständige Eigenart der Kunst, wie die der geschichtlichen Sittlichkeit.« (I, 37.) Die hier geforderte Nebeneinanderordnung von Kunst und Sittlichkeit erläutert der folgende Satz: »Wie aber die sittliche Freiheit in einer Gesetzlichkeit besteht, nämlich in der Selbstgesetzlichkeit, in der Gesetzlichkeit, für welche das Selbst des sittlichen Individuums die ewige Aufgabe der freien Selbstbestimmung bleibt, so muß auch die Freiheit der Kunst, wenn anders sie ein systematisches Fundament hat, mithin in einer Methode beruht, welche der der Sittlichkeit homogen sein muß, weil sie mit dieser systematisch verbunden ist, so muß auch alle ästhetische Freiheit die Gesetzlichkeit des Genies zur Entwicklung bringen.« (I, 38.) Aber diese Nebenordnung ist in der Cohenschen Fassung doch nur eine Vorläufigkeit. In der Ausgestaltung der sittlichen Typen ist die Kunst von tiefster Rückwirkung auf die Sittlichkeit. »Nicht die Abschaffung der Götter, das will sagen, der Sittlichkeit, nicht die Losreißung von dem ewigen Fels der Sittlichkeit ist jemals das Ziel und der Weg der echten Kunst; durchaus aber freilich sind es die neuen Götter, ist es die neue Form, die Neugestaltung der Sittlichkeit, welche methodisch die Aufgabe der Kunst in allen ihren Arten ist; der Musik und der Baukunst selbst nicht minder, als der Plastik, der Malerei und der Poesie.« (I, 42.) Und ähnlich heißt es später: »Nicht die Abschüttelung der konventionellen Sittlichkeit ist das untrügliche Kennzeichen der freien Kunst, sondern allein der positive Beweis entscheidet, daß die Menschenliebe die schöpferische und zugleich die kontrollierende Grundkraft des Kunstwerkes sei.« (I, 225.) »Voraussetzung aber bleibt, daß das Sittliche, seinem Grundproblem nach, einen gedanklichen[1]) Inhalt der Kunst bildet, von dem sie niemals sich losmachen kann. Welche andere Inhalte könnte die Kunst erobern wollen, wenn sie vom Sittlichen sich losreißt? Kann sie sich vom Menschen loslösen? Und müßte sie es nicht, wenn das Sittliche ihr fremd werden müßte? Oder ist etwa aus der sogenannten Natur selbst die Beziehung auf das Sittliche auszuschalten, so daß dadurch die Kunst wenigstens der Ethik gegenüber, wenngleich nicht der Logik, freien Spielraum gewänne? Der oberflächlichste Blick schon macht es unverkennbar, daß es auf einem Mißverständnis beruhen muß, wenn man die Kunst von der Sittlichkeit losreißen, oder gar sie ihrer Tendenz und ihren Inhalten nach außerhalb der Sittlichkeit stellen zu müssen glaubt.« (I, 43.)

Die Gesichtspunkte, die zu dieser scharfen Stellungnahme gegenüber der Romantik führen, werden zum Teil sogar Kant gegenüber geltend gemacht, von dem Cohen in sehr wesentlicher Weise abweicht. Wenn wir im folgenden über die Stellung Cohens zu Kant und damit zu den systematischen Grundfragen der Philosophie einige Hinweise zu geben versuchen, so sind wir uns der Unmöglichkeit bewußt, in einem Aufsatz dieses Thema auch nur annäherungsweise zu erschöpfen. Nur darum kann es sich handeln, die Freiheit der Gedanken und den Reichtum ihrer inneren Bezüge bei Cohen anzudeuten.

Auch Kant gegenüber ist es der systematische Gesichtspunkt, der die Cohensche Kritik bestimmt, und zwar sind es in erster Linie die Begriffe der produktiven Einbildungskraft, des Symbols und der Teleologie, deren Behandlung bei Kant ihm fragwürdig erscheinen. Die Selbständigkeit der Ästhetik, beruhend auf der Selbständigkeit der Kunst als einer neuen und eigenen Richtung der Kultur, sucht er auch Kant gegenüber sicher zu stellen. »Die produktive Einbildungskraft (die ästhetische Malerin, wie es an anderer Stelle heißt) hat Kant zu verantworten. Man darf vielleicht sagen, daß die romantische Logik sich an keinem Terminus abspielt wie an diesem« (I, 23 s. auch oben S. 293 f.).

In der Tat konnte damit eine von den Mitteln des Denkens unabhängige Anschauung behauptet, und die romantische Intuition mit dem Überschwang ihres Offenbarungscharakters und dem für die systematische Philosophie verderblichen Empirismus ihrer Stellung zum Gegenstande gerechtfertigt erscheinen. Cohen kann die produktive Einbildungskraft fallen lassen, wie er die Trennung zwischen Sinnlichkeit und Verstand fallen läßt, da für ihn Anschauung und Denken ohne einander nicht möglich sind. In dem Mannigfaltigen der Anschauung steckt ja das Denken, steckt die Mehrheit in der Einheit, steckt das Unterscheiden, steckt das Festhalten des Unterschiedenen in seiner Besonderheit, steckt Identität, Kontinuität und alle die Mittel, die eben die legitimen Mittel des Denkens sind. Niemals also läßt sich

[1]) Vgl. die oben berührte erweiterte Fassung des Denkbegriffes.

die Anschauung als besonderes Vermögen oder als besonderer Akt oder besondere Station der Erkenntnis dem Denken gegenüberstellen. Stets bleibt die Trennung zwischen Anschauung und Denken lediglich abstraktiv; bedeutet keine sachliche Isolierbarkeit. »Das Mannigfaltige der Anschauung, welches noch die Schwäche in Kants Disposition des Erkenntnisproblems bildet, wird damit zurückgewiesen. Und damit fällt auch der letzte Grund für die Unterscheidung von Sinnlichkeit und Verstand. Die Sinnlichkeit kann nicht mehr das Mannigfaltige liefern, sofern dieses als Mehrheit zum Problem wird. Mehrheit bedeutet reine Mehrheit, erzeugte Mehrheit. Diese reine Mehrheit darf als Einheit gedacht werden, wie sie dies muß, wenn anders die Sonderung auf der Vereinigung beruht, unter deren Leitung sie sich zu vollziehen hat. Da können also die alten Schlagworte des Sensualismus und Empirismus nicht mehr helfen, sie werden in ihrer Hinfälligkeit erkannt...« (I, 155.)

Auch die Stellung der Kunst zur Sittlichkeit bei Kant befriedigt Cohen nicht. »Der Begriff des Symbols bleibt ein Verhängnis für die Ästhetik.« (I, 104.) »Das Schöne verschwindet als eigener Gegenstand: es wird zum Symbol« (nämlich des Sittlichen). »Wovon auch immer, der Begriff des Symbols stellt einen Gegensatz auf zum Gegenstand in seinem Eigenwerte und seiner Selbständigkeit.« (I, 103.) »Durch das Symbol kommt das Sittliche erst hinterher zur Mitberücksichtigung... Die Systematik des ästhetischen Gefühls fordert dagegen, daß es als mitwirkende Bewußtseinskraft ... von Anfang an in Kraft tritt und bleibt.« (I, 105.) Die Schönheit darf nicht die Symbolisierung eines wie auch immer gearteten Höheren zum Ziele erhalten. »Das Schöne muß vielmehr in selbständiger Darstellung der Inhalt des ästhetischen Problems werden.« (I, 104.)

Es liegt in der gleichen Gedankenrichtung, wenn Cohen auch dagegen sich wendet, daß das Urteil über die Schönheit in letzter Linie ein solches über die Zweckmäßigkeit des Eindrucks für die Erkenntnisbedingungen sei, daß das Gefühl des Schönen auf das Urteil der Zweckmäßigkeit gegründet werde. Zunächst wird hieran die intellektuelle Zweideutigkeit, die darin steckt, getadelt: Jene teleologische Beurteilung scheint doch immer ein intellektuelles Urteil zu bleiben. Und doch soll sie das Gefühl vollziehen. »Sie soll durchaus nicht Erkenntnis sein noch solche erzeugen.« (I, 112.) In derselben Richtung liegt der Satz, es zeige sich bei Kant darin ein Mangel an Klarheit und Sicherheit, daß der Ästhetik nicht eine eigene Kritik eingeräumt wird, sondern daß sie als ästhetische Urteilskraft mit der teleologischen Urteilskraft zusammengespannt wird. »Und es bleibt ein Fehler und Schaden in der Disposition und Ausführung der systematischen Methodik, daß die Teleologie nicht grundsätzlich in die Kritik der reinen Vernunft hineingenommen und hineingearbeitet wurde...« (I p. 8.)

Aber auch wenn man zugeben wollte, »daß in diesem Spiel der Zweckmäßigkeit das theoretische Bewußtsein sich in Gefühl verwandle« (I, 112), bleibt ein Fehler zurück. »Die teleologische Beurteilung, welche die Verwandlung ins Gefühl ... bewirken soll, macht notwendigerweise dieses zu einer Nachwirkung, zu einem Nachklang... Die Zweckmäßigkeit hebt den schöpferischen Charakter der Aktivität, die für das neue Bewußtsein gefordert wird, nicht prägnant hervor.« (I, 113.) »Die Zweckmäßigkeit der Erkenntnisbedingungen geht von der Rezeptivität des ästhetischen Gefühls aus, nicht von seiner Produktivität. Die Ästhetik soll zwar auch dieses zur Erklärung bringen, aber keineswegs von ihm ausgehen. Das Hauptproblem bildet das Kunstschaffen selbst, dessen Nacherzeugung erst das richtige Kunsterleben wird.« (I, 106.) Die Bestimmung des Gefühls lediglich aus dem Gesichtspunkt von Lust und Unlust wird aus dem gleichen Grunde wie die Behandlung der Zweckmäßigkeit bemängelt. »Der ästhetische Genuß mag allenfalls auf diesem Wege erklärbar werden: die produktive Eigenart der künstlerischen Schöpfung kann dadurch nicht der methodischen Bedingung der reinen Erzeugung gemäß faßbar werden.« (I, 115.) Und nachdem so die Einstellung des Schönen auf irgendwelche außer ihm liegende, an Erkenntnis, Sittlichkeit, oder der Lust-Unlust-Skala orientierte Zweckmäßigkeit abgelehnt ist, kommt Cohen zu dem Satze, daß das Schöne als besonderer und neuer Inhalt von dem »reinen Gefühl« erzeugt werde, so zwar, daß die Inhalte der Erkenntnis und Sittlichkeit das Material des neuen Inhalts, die Vorbedingungen seiner Möglichkeit bilden.

»Die Inhalte der beiden ersten Bewußtseinsarten werden Stoffe für die neue Art; aber sie sind doch nicht lediglich Rohstoffe...« (I, 181.) »Nur an ihrem Stoffe kann sich die Neuschöpfung vollziehen. Das Problem der Neuschöpfung bleibt bestehen; davon können die beiden Bedingungen keinen Deut hinwegnehmen; aber ohne daß jener Doppelstoff der methodischen Bedingungen gegeben bleibt, kann die Neuschöpfung nicht beginnen. Wie nun aber setzt sie sich ins Werk? Unsere Antwort lautet: als reines Gefühl. Diese neue Reinheit bedeutet aber: als Gefühl, welches einen neuen Inhalt erzeugt, und nur deshalb als eine neue Bewußtseinsart eintritt. Man fragt weiter: worin aber rechtfertigt sich die Benennung dieser systematischen Neuheit als Gefühl? Das Gefühl ist sonst ja nur relativ; weshalb wird die Reinheit hier als Gefühl benannt? Die nächste Antwort ist: weil die neue Bewußtseinsart in ihren zwei Arten von Bedingungen auch die relativen Gefühlsstufen als ihren Stoff zu berücksichtigen hat; weil alle die Bewegungsgefühle, die Empfindungsgefühle, die Denkgefühle, die Willensgefühle, in denen allen schon einerseits Erkenntnis, andererseits Wille, zur Resonanz kommen, den Vorinhalt des neuen Bewußtseins bilden.« (I, 182.)

»Schon in rein theoretischer Hinsicht muß es immer evidenter werden, daß das Kunstschaffen das Schaffen des Gefühls ist; und nun gar das Nachschaffen, das ästhetische Erleben... Dieses schaffende Gefühl möchte doch wohl alle jene Versuche ersetzen können, welche früher und jetzt wiederum als Einfühlung veranschaulicht werden. Es sind ja eigentlich nur die veranschaulichenden Beispiele, an denen die Theorie bestimmt wird... Das Gefühl selbst, seine Erzeugung ist und bleibt das Problem. Weder ist der Gegenstand für das Gefühl schon vorhanden, so daß er eingefühlt werden könnte, noch auch sind wir selbst schon vor dem Gefühle vorhanden, so daß in uns hinein nur eingefühlt, zu übertragen oder aus uns heraus in einen Gegenstand hineinzufühlen wäre. Die Fühlung selbst ist das Problem, nicht die Einfühlung; die Entstehung der Fühlung. Dieses Problem aber liegt der reinen Methodik vor; und sie löst es, indem sie an die Stelle der Entstehung die Erzeugung des Gefühls setzt. Das ist der Gegensatz zur Einfühlung aller Art. Das reine Gefühl ist nicht Einfühlung, sondern gleichsam Erfühlung, und dies nach beiden Seiten, für das Objekt und für das Subjekt. Beide sind für das reine Gefühl nicht gegeben, inwiefern sie sonst gegeben sind, müssen sie dies als Stoffe sein. Als solchen aber wohnt ihnen noch keinerlei Gefühl ein, so daß aus ihnen nichts heraus, in sie nichts hineingehen kann. Das reine Gefühl, als Erzeugung seiner selbst, erzeugt sich in seinem neuen Inhalt.« (I, 185 f.)

Worauf Cohen immer wieder zurückkommt, das ist dies schöpferische, reine Gefühl, aus dem gemeinsam die Sonderverwirklichung eines ästhetischen Gefühls und die des ihm zugehörigen Inhalts fließen. Auch das Schöne der Natur erhält ja die Umgrenzungen und Betonungen, die es zum Gegenstand des ästhetischen Gefühls machen, erst in der zauberhaften Berührung mit diesem. Keines von diesen beiden, ästhetisches Gefühl und ästhetischer Gegenstand, kann in Wirklichkeit ohne das andere da sein, so gut sich beides auch theoretisch trennen läßt und so notwendig es für die wissenschaftliche Einsicht ist, es zu trennen. Aber auch hier wie überall ist nichts gefährlicher, als wenn »das theoretisch Trennbare als isoliertes Ding illusorisch gedacht wird«. (I, 148.) Daß im künstlerischen Schauen und Schaffen der Gegenstand mit dem Gefühl zugleich erzeugt werde und daß das leitende Prinzip für die Entscheidungen zwischen den Möglichkeiten dieser Erzeugung und für ihren Entwurf in dem reinen Gefühle selbst liege, ist der in immer neuen Wendungen wiederkehrende Grundgedanke des Cohenschen Buches.

Dieses reine Gefühl nun aber, das den neuen Inhalt des Schönen erzeugt, wird seinem tiefsten Grunde nach bestimmt als die Liebe — und zwar als die Liebe zur Natur des Menschen. »Das aber ist der platonischen Weisheit letzter Schluß: daß die Liebe sich nicht beschließt in der Geschlechterliebe, geschweige in der desselben Geschlechts, sondern daß diese Verirrung selber als ein Hinweis umgelenkt wird auf den Gedanken, daß die Liebe allenfalls mit der Geschlechtsliebe anfangen kann, daß aber schon die Liebe zwischen Mann und Jüngling die Lehre erteilt, wohin das allgemeine Ziel der Liebe gerichtet ist, nämlich auf das geistige, auf das sittliche Wesen des ganzen Menschen, auf sein einheitliches Wesen, das seine Seele ausmacht, auf die der Leib nur hindeutet; auf die Seele, welche das Sittliche nur bedeuten kann auf Grund des Geistigen. So wird für Platon der Eros zum Grundtrieb der Seele als dem Grundtrieb seiner auf dem Geiste, das will hier bestimmt sagen, auf der Erkenntnis, der wissenschaftlichen, der Ideenerkenntnis gegründeten Sittlichkeit. Diese Einheit im Menschenwesen, dieses Streben nach der Einheitlichkeit des Menschen, das ist die platonische Liebe... In diesem ebenso zentralen wie universellen Sinne wollen wir nun die Liebe als den Affekt erkennen, der dem ästhetischen Gefühle nicht nur als Vorbedingung zu dienen hat, sondern der sich in das ästhetische Gefühl verwandelt; der in dieser Verwandlung die Reinheit des ästhetischen Gefühls erzeugt.« (I, 174.)

Aus dieser Verwandtschaft zwischen Liebe und Kunst fließt ein weiteres. »Alle Bedeutung der Kunst geht auf die Mitteilung. Die Bedeutung des Gebildes ist ursprünglich Deutung zum Zwecke der Mitteilung. Die Liebe ist dieses Streben nach Mitteilung. Sie ist Flucht vor der Isolierung auf sich selbst. Sie sucht Gemeinschaft, relative in Freundschaft und Ehe, und absolute in der Menschheit, und zu diesem Zwecke im Staate. Der Mensch flieht vor sich selbst, er scheut nichts so sehr, wie die Einsamkeit mit sich selbst. Es sucht der Bruder seine Brüder. Adam sucht in der Eva den Beistand sich gegenüber. Wenn der Mensch spricht und singt, wenn er schreibt und zeichnet, so sucht er Mittel für den Zweck der Mitteilung, weil er Gemeinschaft sucht. So ist der Eros nicht nur universell, sondern auch fundamental und zentral. Und an ihm kann sich die Reinheit daher ebenso an der zentralen Einheitlichkeit, wie an der Universalität entwickeln. Die Reinheit hat die Probe zu bestehen, daß sie die Stufe des Affekts, und nicht minder auch die des Geschlechtstriebes zwar übersteigen muß, darum aber keineswegs die Urkraft dieses Affekts einzubüßen hat. Die großen, echten Wunder der Kunst stellen sich erst da ein, wo der sinnliche Affekt die ganze Gewalt seiner Reize unaufhaltsam wirken läßt, und dennoch die volle Klärung und Läuterung an ihnen vollbringt, wie wenn es sich nur um die Umgießung des geistigsten Stoffes in eine neue Form handelte.« (I, 175.) »So ergibt sich die große Konsequenz: wenn das ästhetische Bewußtsein als reines Gefühl bestimmbar werden soll, so ist die Liebe dieses reine Gefühl und ferner bedeutet dies: mag die Liebe auch sonstwie benennbar bleiben, ihrer unzweideutigen Grundbedeutung nach ist sie der Urquell der Kunst.« (I, 178.)

Indem Cohen neben den Gegenständen der Erkenntnis auch die Inhalte der Sittlichkeit zu Materialien und Vorbedingungen der Schönheit macht, gelingt es ihm, auch die alte Koordination des Erhabenen mit dem Schönen zu überwinden. Früher war das Erhabene vom Schönen aus nur auf dem Umwege über die Sittlichkeit zu erreichen. Indem die Inhalte der Sittlichkeit selbst in den Dienst des Schönen treten, wird das Erhabene zu einem Unterbegriff des Schönen. Aber es steht doch selbst wieder nur am Ende einer Skala, an deren andern Pol von Cohen der Humor gestellt wird. Die klassische Schönheit zeigt Erhabenheit und Humor, zeigt die Hingegebenheit des Überwältigtseins und die innere Überlegenheit und Freiheit des reifen Wissens um alle Dinge in einer Vereinigung und einem Gleichgewicht, die eben nur durch das Wunder der Schönheit begreiflich werden kann. »Was wir als Humor erkennen wollen, ist ebenso nur ein Moment des Schönen, wie dies auch nur das Erhabene ist.« (I, 274.)

Wie tief Cohen den Humor faßt, dafür möchte ich auf die Ausführungen über den Humor bei Giotto und Dante verweisen (I, 315 ff.) oder auf die Stelle über Lionardo (I, 305), wo er das Lächeln der Gioconda als »die Wetterscheide zwischen Himmel und Hölle« bezeichnet. Der Versuch freilich, diese Zweiheit von Erhabenheit und Humor der Zweiheit der Vorbedingungen, der Erkenntnis und der Sittlichkeit, irgendwie eindeutig zuzuordnen, scheint mir etwas gewagt. Schon der Wechsel der Zuordnung — Cohen selbst stellte in seinem Werk über Kants Begründung der Ästhetik die Erhabenheit auf die Seite der Ethik, den Humor auf die der Erkenntnis, während er sich jetzt für die umgekehrte Zuordnung entschlossen hat — zeigt die Schwierigkeit des Problems. Was Cohen aber im einzelnen über die Bedeutung des Humors für das Schöne sagt und überhaupt die Vertiefung des Begriffs des Humors selbst, ist darum nicht minder tiefführend und wertvoll.

Zu den systematischen Gesichtspunkten, die im Vorangehenden skizziert sind und die Grundlage der Cohenschen Ästhetik festlegen, tritt, nicht in gleichem Maße wesentlich, aber doch für alle ästhetische Reflexion von hoher Bedeutung, seine Theorie über die Beziehung der Poesie zu aller Kunst überhaupt, die ich wegen der Fülle der dabei aufgerollten Probleme kurz beleuchten möchte. Die Cohensche Auffassung stützt sich auf eine Überlegung, durch welche die Sprache, das Denken, die Bewegung und das Gefühl in eine sehr tief führende Wechselbeziehung gesetzt werden. »Die Sprache ist ihm die Ausdrucksbewegung des Denkens« (I, 360). Man könnte im Cohenschen Sinn vielleicht auch sagen, daß die Bewegung des Bewußtseins als solche stets zugleich Ausdrucksbewegung sei, und daß diese für die gedankliche Seite der Bewußtseinsbewegung »eben in der Sprache bestehe«. Diese Zurückführung von Sprache und Denken auf Bewegung verknüpft aber beides zugleich mit dem Gefühl, als dem Grundprinzip von Bewußtsein und Kunst. »So ist die Sprache ... nicht allein die Ausdrucksbewegung der Begriffe und der Urteilsgebilde, sondern innerhalb dieser selbst zugleich die Ausdrucksbewegung der Denkgefühle in den Satzgefühlen und in den Wortgefühlen.« (I, 364.)

Die Psychologie, die sich Cohen zur Illustration seiner systematischen Thesen in diesem Zusammenhange zurecht gelegt hat, ist, obwohl sie bereits seit Jahrzehnten gedruckt vorliegt, erstaunlicherweise noch niemals diskutiert und gewürdigt worden. Das Fühlen ist »die Urform des Bewußtseins«. (I, 136.) »Nicht Empfindung, sondern Fühlen ist das erste. Und alle Entwicklung nach allen Seiten des Bewußtseins hin muß in dieser Urform die Anlage haben ... Im Fühlen arbeitet sich der bloße Gehalt des Sich-Gehabens zu der Urform des Inhalts empor ...« (I, 137.) Die »erste Form des Inhalts, die sich aus dem Fühlen an den Tag ringt, ... das ist eben die Bewegung. In ihr schafft sich das Fühlen seinen ersten Inhalt, die bloße Anlage zum Inhalt... Der Doppelsinn des Inhalts, das Äußere und das Innere, stellt sich in aller Deutlichkeit sogleich an der Bewegung dar. Sie schafft das Äußere und sie schafft auch das Innere. Sie ist die Urform des Äußeren und ebenso auch die Urform des Inneren.« (I, 137.) Aber: »Die Bewegung bildet nur den Ansatz zum Inhalt, der eigentliche Inhalt entsteht erst mit der Empfindung.« (I, 145 f.) Diese aber entsteht selbst aus den Bewegungsgefühlen. Und gemäß der »methodischen Verbindung« zwischen dem Bewußtsein »in allen seinen Stufen mit der Bewegung« (I, 160) und in dieser mit dem Gefühl »muß eine Gefühlsstufe auch für das Denken nach allen seinen Modifikationen eingerichtet werden«. (I, 160.) »Das Bewußtsein ist niemals ausschließlich Inhalt, schlägt mithin nirgends ausschließlich nach der Seite der Erkenntnis aus, sondern es ist immer zugleich schlechthin Bewegung, mithin relative Gefühlsstufe, also ebenso auch Denkgefühl, wie Denkbegriff.« (I, 363.) »So wird das reine Denken der Bewegung im Kunstschaffen homogen.« (I, 160.)

Und so wird umgekehrt für Cohen alle Kunst, da sie ja notwendig »Denken« enthält, das als solches von seiner Ausdrucksbewegung, der Sprache, nicht getrennt werden dürfe, in einem gewissen Sinne zu einer Art angewandter Poesie. »Es muß eine Kunst geben, welche diese Vereinigung der Denkbegriffe mit den Denkgefühlen, deren alle Künste bedürfen, für sie alle in eminenter Weise und als Voraussetzung vollzieht. Darin besteht die Bedeutung der Poesie als Vereinigung der Begriffsgefühle in den Sprachgefühlen. Alle Künste haben die Poesie zu ihrer Voraussetzung.« (I, 367.) »Das Denken der Erkenntnis hat seine Leitung in der Tendenz, den Begriff durchaus von dem annexen Gefühle zu entblößen.« (I, 372.) »Die Begriffsworte der Poesie sind zugleich Begriffswortgefühle, ihre Sätze sind zugleich Satzgefühle.« (I, 372.) »Und wenn die Begriffe auf den Zusammenhang der Natur hin kontrolliert werden, so bildet die Innenwelt des einen Selbst nunmehr die Kontrollinstanz für die Begriffswortgefühle in der Sprache der Poesie.... Die Wortgefühle entquellen dieser Innerlichkeit, die nicht schlechthin gegeben ist, die ja die große allgemeine Aufgabe des reinen Gefühls, als des Selbstgefühls, bildet. Die Wortgefühle der poetischen Sprache graben daher diese Innenwelt ebenso sehr erst aus, wie sie sie auch ausfüllen.« (I, 373.) Bezeichnend für das Gemeinte ist auch folgende Stelle: »Der Irrtum muß aufgegeben werden, als ob die bildende Kunst lediglich im inneren Schauen den Gegenstand zu erzeugen und zur Sichtbarkeit zu bringen vermöchte. Das innere Schauen ist ebenso sehr ein Denken, mithin ein inneres Sprechen. Aber dieses Denken und dieses Sprechen hat nicht ausschließlich den Begriff, sondern den Inbegriff von Begriff und Wortgefühl zu erzeugen.« (I, 367.) Und so wird die Poesie als »zweite innere Sprachform« bezeichnet (I, 382 f).

Ich möchte den Satz, daß das Denken des Künstlers notwendig auch ein inneres Sprechen sei, und den weiteren, daß hierauf alle Poesie in der Kunst zurückgehe, nicht unterschreiben. Denn um das rechte Wort für das jeweilige Gefühl zu finden, dazu gehört eine literarische Begabung, die man von dem bildenden Künstler unmöglich verlangen kann und die man ihm nicht einmal wünschen möchte. Auch bedarf, wie mir scheint, Cohen selbst dieser These nicht, da er das Poetische von Anfang an in dem reinen Gefühl verankert und diesem bereits die Leistung zugesprochen hatte, die er hier der Poesie der Wortgefühle zuweist. »Das reine Gefühl... zielt auf die Seele, wie es aus ihr entquillt. Die Vorbedingungen des ästhetischen Gefühls schon stellen diesem die Aufgabe, an ihnen selbst die Einheit zu vollziehen. Diese Einheit ist das Erzeugnis des reinen Gefühls. Diese Einheit ist nicht Resultante jener beiden Vorbedingungen, sondern die neue Schöpfung, die reine Erzeugung... Und wie bringt die Kunst diese Einheit zustande? Darin eben ist die Plastik so instruktiv, sie erzeugt diese Einheit an der Gestalt des Menschen. Die Gestalt ist nicht nur sein Leib, so wenig sie schlechthin seine Seele ist. Die Gestalt ist die Einheit von Seele und Leib. So bekundet sich das reine Gefühl als Erzeugung.« Und später: »die Gestaltung ist Seelengebung«. (I, 191 ff.)

Von hier aus sind, auch ohne das Zurückgreifen auf das innere Sprechen und die Poesie der Wortgefühle, die folgenden bedeutungsvollen Sätze völlig verständlich, die zugleich für das bisher Angeführte eine nicht unwesentliche Ergänzung enthalten. »Man glaubt das geistige, das sittliche Wesen des Menschen in dem Bilde, in seiner Sichtbarkeit wahrzunehmen; aber nimmermehr kann man es sehen; nimmermehr kann es sichtbar werden. Dieser mißverständliche Ausdruck darf nicht vermieden werden. Das Problem der Sichtbarkeit ist vielmehr das Problem der Fühlbarkeit; nicht allein der rezeptiven, sondern nicht minder auch der schöpferischen. Es ist nicht richtig, daß der Künstler nur zu sehen hätte. Es ist keine triviale Redensart, daß er auch zu fühlen, daß er schaffend zu fühlen, fühlend zu schaffen hat.« (I, 355.) »Verinnerlichung bedeutet Einheit von Seele und Leib. Wie die Seele nicht ohne den Leib apperzipiert werden kann, so besteht der Leib nicht nur für die Poesie, außer sofern die Seele sich seiner bemächtigt.« (I, 384.) Aber: »Die Seele darf nicht schon vor der Einheit fertig und gegeben sein. Es wird mithin nicht allein das Äußere durch die Poesie verinnerlicht, sondern es wird am Äußern zugleich das Innere erzeugt. Die Verinnerlichung bedeutet die Erzeugung des Innern, der ästhetischen Seele, des Selbstgefühls.« (I, 385.) Das letzte Wort gibt zugleich wieder einen bedeutsamen Hinweis auf die Cohensche Psychologie, in der die Möglichkeit der ästhetischen Einstellung zur Grundlage für die Entfaltung des Selbstgefühls wird. Doch würde es zu weit führen, hier auf diesen Ideenkreis einzugehen.

Die Grundlinien des Werkes habe ich zu skizzieren versucht. Über die Fähigkeit Cohens, überall von den abstrakten Problemen der philosophischen Systematik den kürzesten Weg zu den großen in immer neuen Formen aktuell werdenden Fragen der Kunstgeschichte zu finden, kann nur die eigene eingehende Lektüre orientieren. Besonders der zweite Band, der »die Bestätigung der systematischen Ästhetik in den Arten der Kunst und ihrer Geschichte« als Untertitel führt, ist reich an solchen Stellen, die zugleich die lebendige Beziehung des Verfassers zu allen großen Problemen der Kunst deutlich machen. Ob er der Bedeutung des »kleinsten Motivs« für die Kompositionsweise Beethovens nachgeht (II, 192), ob er Adolf Hildebrands Problem der Form diskutiert (II, 247 ff., 235 ff.) oder über den Einfluß Millets auf Leibl, Israels und Liebermann spricht (II, 412 f.), stets spüren wir, neben der überlegenen Sicherheit des Systematikers, die Hingebungsfähigkeit und die Unmittelbarkeit des Empfindens, die in Dingen der Kunst das Zeichen und den Freibrief des berufenen Kritikers bilden.

Einen Satz aus dem Schlußwort des Ganzen möchte ich noch anführen, weil er für die philosophische Gesinnung, die dieser »rationalistischen« Ästhetik zugrunde liegt, den zusammenfassenden Ausdruck enthält: »Daß die wissenschaftliche Vernunft des Menschengeistes Identität hat, das kann nur der Unverstand und der Wahnwitz bezweifeln. Daß die sittliche Vernunft des Menschengeistes Einheitlichkeit und Einförmigkeit hat, das kann nur Mephisto zweifelhaft machen. Aber daß auch das Genie in allen Künsten, bei allen Völkern, in allen Zeitaltern immer nur innerhalb desselben Gleises seine Wunderkreise beschreiben kann, und daß das Subjektivste im Menschengeiste, im Kunstgefühle der Menschen, der Völker in allen Himmelstrichen und in allen Weltaltern auf dieselbe Harmonie abgestimmt ist, das ist doch wohl das größte unter allen Wundern des menschlichen Bewußtseins.« (II, 430.)

In dieser Ästhetik wie in allen früheren Werken Hermann Cohens weht der große Atem der Philosophie. Wenn die Selbstzersetzung des Empirismus, der heute als landläufige Denkweise die Katheder beherrscht, noch um ein weniges fortgeschritten ist, dann wird man einzusehen beginnen, wieviel die Philosophie der Zukunft von Hermann Cohen zu lernen hat.

München. Paul Stern.

Florentinische Introduktion zu einer Philosophie der Architektur und der bildenden Künste von Leopold Ziegler. 8°. 194 S. mit Abbildungen. Felix Meiners Verlag, Leipzig.

Das Buch ist der Ausdruck eines Menschen, der sich einige Wochen in Florenz wohlgefühlt hat, und streckenweise ein fast künstlerischer Ausdruck; nicht nur in einzelnen Schilderungen wie von der florentinischen Natur und einer florentinischen Nacht (S. 62 ff.) — auch in dem gesättigten Tone des Ganzen. Es geht etwas voll Befriedigtes durch die Seiten, eine Reisestimmung höchsten Grades, die keine Eile kennt, kein Ziel und keine Sorge hat; wo man nicht arbeiten muß, wohl aber arbeiten mag. Er findet einmal das Wort, in jener toskanischen Nacht: »Es ist, als sei das Ich ein übervoll geschenkter Becher, dessen Inhalt über die Ränder schäumt«. Dieses Gefühl hat er nicht verschäumen lassen, sondern mit Ruhe und Freude gesammelt in einen andern Becher, in dieses Buch. Man kann sich recht gut andere Italienfahrer von gleich entwickelter Geistesbildung denken, die dennoch ihren Lebensverhältnissen zufolge nicht zuinnerst diese Mußestimmung finden, auch in Florenz; sie werden versöhnt sehn, wie hier jemand die Stimmung der Muße, die aus jedem Worte glänzt, in edler Weise verwertet hat.

Auch bei der Komposition des Buches fühlte der Autor in solcher Umgebung den Antrieb, seinem Vortrag künstlerischen Zusammenhang zu geben. Nachdem er über einige Hauptwerke der florentinischen Baukunst manches gesagt, was gründliche Beachtung verdient und über Gotik und allgemein südliche Bauweise unsere Vorstellungen bereichern kann, fügt er einen kurzen Abschnitt über die Umgebung der Stadt Florenz ein und kehrt dann aus der Natur zur Kunst, nun zur Plastik zurück. Dieser Erörterung folgt ein sehr abstrakter »Vorstoß in das dunkelste Problem der Philosophie der Künste«, das Problem der Entstehung eines ästhetischen Wertes aus der artistischen Funktion, worin der Neuplatonismus einen breiten Raum einnimmt. Dann findet er von der Kombination der beiden bereits betrachteten Künste, der Architektur und der Plastik, einen angenehmen Übergang zur Malerei, indem er zuerst nun ihre Vereinigung mit der Baukunst ins Auge faßt; und er weiß schließlich das Ganze heiter mit einem Andenken an Gozzoli zu verabschieden.

Ich möchte den Inhalt des Buches hier nicht ausbreiten, weil es wirklich genossen zu werden verdient, ich will daher nur anführen, worüber es spricht: über Brunelleschis Domkuppel, mit wertvollen Allgemeinbemerkungen über das Ästhetische an der Baukunst, dann über den Palazzo Pitti und San Spirito, über Ghibertis Reliefkunst und den Plastiker Brunelleschi, über Michelangelo (namentlich Cappella Medici, Grablegung und Juliusgrab), dann von Masaccio und Gozzoli. Ausblicke auf Marées (bei Michelangelos Torsen), Hinweise auf den Rhythmus in der primitiven Musik und der primitiven Malerei bereichern den Inhalt.

Überall sind seine Maßstäbe sehr hoch, sehr streng und sicherlich auch künstlerisch, aber vielleicht empfand er sich — manchmal im zweiten Teil der Arbeit — ein wenig allzu selbstbewußt bei seiner Scheidearbeit an großen Kunstwerken, vielleicht fühlte er sich in diesen Wochen in der Villa Romana ein wenig sehr aristokratisch, wenn er z. B. von dem »verächtlichen Aufwand an Massenbegeisterung« spricht, »der in Deutschland seit Wagner maßgebend geworden ist«. So etwas sollte ihm heute etwas zu billig erscheinen. (Weshalb fragt er da nicht, was vorher in diesen Massen war? Die Antwort wäre: nichts. Schon darum wäre die Wagnersche Wirkung, selbst wenn sie so niedrig stünde, wie Ziegler meint, nicht verächtlich.)

Mir ist sodann, ganz allgemein gesprochen, der Grad von »Rechenschaft über die Legitimität der Wirkungen«, den Ziegler verlangt, so durchaus klärend er für die Wissenschaft ist, doch als Erfordernis jedes künstlerischen Erlebens problematisch. Ziegler ist stark *in abstracto*, man sehe die Ausführungen über Plotin, er vermag in besonders hohem Maße das »Sehn und Denken«, das er vereinigt wünscht, zu durchdringen — doch das beweist noch nichts für jene Forderung. Am Schluß sagt er sehr hübsch mit Bezug auf Gozzoli: »Eignen wir uns ... etwas von dieser Vergeßlichkeit an, die, eine andere Art Weisheit, Gegenstände und Dinge wie den florentinischen Festzug Gozzolis fröhlich begaffen lehrt. Vielleicht wäre es gar nicht so töricht, in unserm sonderbaren Wechselspiele von Sehen und Grübeln den vielgeliebten Augen den heitern Sieg zu überlassen«. Vielleicht sollte er es nicht nur in Beziehung zu Gozzoli sagen.

Er spricht in der Vorrede selber aus, daß radikale Folgerungen keineswegs vermieden, sondern aufgesucht werden sollen. Das wird ja immer anregen und geschieht hier in vornehmer Art. »Wen diese Ergebnisse ob ihrer Gegensätzlichkeit zu scheinbar begründeten Urteilen ärgern oder gar kränken sollten, der weise trotzdem den Argwohn weit von sich, als seien sie frecher Freude am Umwerten und Besserwissen entsprungen«. Sicherlich berechtigt; aber für irrtümlich halte ich doch, was er z. B. gegen Adolf Hildebrand sagt. Ich finde äbuliche Mißverständnisse in Wätzoldts Einführung in die bildenden Künste. Sonderbar, manchem von uns erscheint die Hildebrandsche Kunst und Theorie als das Klarste und Zwingendste, was es geben kann. Ich will hier nicht die Hildebrandsche Frage wieder aufrollen, will nur bemerken, daß es mir sehr leicht scheint, Hildebrand auch gegen Ziegler zum Siege zu verhelfen. Wer den Satz schreiben kann (S. 141), Hildebrands Plastik wäre malerisch, —! Ziegler unterliegt da falschen Begriffen. Und niemand hat Ghibertis Art des Reliefs schärfer als malerisch erkannt und abgelehnt als Hildebrand, bei Ziegler aber steht (S. 77): »Bestünde diese Theorie zu Recht (daß das Auge von vorn nach hinten gehe), so gäbe es freilich kein vollkommeneres Relief als das Ghibertis«. Die vordere Ebene, die Hildebrand im Relief anstrebt, und die eine Hauptansicht, die die Vollplastik haben soll, sie geben Ruhe, sie begrenzen und: sie vereinen doch mit sich das Kubische in restlos klarer Weise — wie ungeheuer lehrreich ist in dieser Beziehung ein Vergleich seiner Porträtbüsten etwa mit solchen von Begas! — Dieses Zugleich gibt Hildebrands Kunst nicht zuletzt die Feinheit und Anregungskraft und erhebt seine ganze Erörterung auf ein höheres Niveau als das ist, auf dem sämtliche Einwände gegen ihn sich bewegen.

Zieglern scheint sogar unbekannt geblieben zu sein (nach S. 147), daß auch Hildebrand Stein und Bronze stilistisch sehr unterscheidet. Wenn es aber auch Karl Justi (in seinem Michelangelo) meinem Erachten nach mit nichten gelang, Hildebrands Lehre zu entkräften, so ist das eben ein gutes Zeichen mehr für Hildebrand.

Scharfem Widerspruch wird Zieglers scharfe Kritik noch an einer andern Stelle begegnen, bei der Analyse Michelangelos. Alles z. B., was Ziegler über die poetische Ausdeutung der »Nacht« beizubringen weiß, kann nicht verhindern, daß heute sehr viele Leute das Bildwerk ohne all das sehn und befriedigt sind. Hat Wölfflin »geträumt und gedichtet« vor der Figur? Ziegler überschätzt hier wirklich die eigne Pionierrolle. Es handelt sich auch nicht darum, daß Michelangelo vor Zieglers Eingreifen gegen Kritik überhaupt gefeit gewesen wäre (Jakob Burckhardt!) oder gefeit sein sollte — der Verfasser widmet der Beleuchtung einer solchen Denkweise mehrere Seiten — sondern darum, daß die Kritik, die z. B. auch Wölfflin hier übt, allerdings bei den größten Künstlern und Werken mit vollem Recht besonders scharf auf ihre Stichhaltigkeit geprüft werden wird, namentlich aber dann, wenn sie Eigenschaften bezweifelt, die man besonders gerade an dem in Frage stehenden Künstler bewundert hat. So läßt man sich von Kritikern Michelangelos viel gefallen, aber wenn z. B. behauptet wird, er habe öfter das Interesse für das klare optische Bild oder den funktionellen Zusammenhang menschlicher Glieder verloren, so kann der Kritiker gewiß sein, daß er einen harten Strauß haben wird. Um bei der »Nacht« zu bleiben, so ist die Frage nach dem rechten Arm schon von Wölfflin erledigt worden: »Bei der Nacht scheint der rechte Arm für den Anblick verloren gegangen zu sein, allein es scheint nur so: er steckt in dem unbearbeiteten Stück Stein über der Larve.« Es ist aber auch bei den Tausenden, auf die das Werk gewirkt hat, kaum der seelische Ausdruck allein, der gerade bei dieser Körperlichkeit sich ausschließlich geltend gemacht hätte, und er allein hat auch nicht Michelangelo beschäftigt, so daß er die plastische Form in ihrem organischen Zusammenhang, die Klarheit der Ansicht und die Klärung weiter zurückliegender Dinge darüber wohlgemut vernachlässigt hätte. Ziegler meint (S. 86) von dem »unklaren und optisch unbefriedigenden Zusammenhalt: Wen kümmert dies, denkt dieser gewaltsame Geist, wenn nur der Ausdruck einer unaufhebbaren Schwermut, einer tragischen Stimmung in möglichster Deutlichkeit erscheint«. Ja woher weiß Ziegler das? Wenn hier das eine Interesse vielleicht hinter dem andern zurücktrat, so wäre der Vorgang wohl in andern Worten zu fassen. Vielleicht gab es hier ein Ringen zwischen zwei Problemen, aber ein tragisches Ringen, ein titanisches Unternehmen, beide zu vereinigen, das groß genug ist, um mit Hegelschen weltgeschichtlichen Kategorien aufgefaßt zu werden: Wenn man sich erinnert an Hegels große Konstruktion der drei Hauptepochen der Kunst in ihrem Verhältnis von »Idee« und Form, wie er sagt, so weiß man, was hier gemeint sein kann. Gewiß kann in diesem Kampfe die psychisch-expressive Form der funktionell bestimmten sich auch einmal überordnen, aber es bleibt bei Wölfflins Feststellung, daß Michelangelo die größte optische Vorstellungskraft gehabt habe, die jemals ein Mensch besessen, es gibt also ein schiefes Bild von ihm, daß er gemeint haben solle: »wen kümmert das?« Und daß er alles das auch nur beabsichtigt habe, was spätere Zeiten literarisch um diese seine Figur gesponnen haben, das glaube wer mag; wenn er aber selbst in seinen Sonetten die Nacht so viel ausdeutet — dann hat er's in der Figur wahrscheinlich gerade nicht getan und auch nicht gewollt, weil nicht gekonnt und nicht gebraucht. Auch beim David ist mir fraglich, ob wirklich der »funktional unbeteiligte, bis zur Gleichgültigkeit träge Körper und das gewaltsame wetterleuchtende Gesicht in einem unaufhebbaren Widerstreit stehen« — kann nicht gerade die geistig-seeliche Konzentration auch so auf den Körper wirken, daß alles Leben sozusagen im Kopfe absorbiert wird, wie der Körper z. B. auch bei angestrengtem Denken am besten ganz ruhig bleibt? Außerdem mag das Werk mit Bedacht so komponiert sein, daß der Kopf in seiner Art keine Konkurrenz erhält, ohne daß er aber darum das Interesse seines Bildners allein absorbierte! —

Und dennoch habe ich soeben, beim nachträglichen Blättern in dem Buch, begonnen, es zum zweiten Male durchzulesen.

Holsterhausen a. d. Ruhr. Erich Everth.

Roland Graßberger, Der Einfluß der Ermüdung auf die Produktion in Kunst und Wissenschaft. 43 S. Leipzig und Wien, Franz Deuticke.

Die kleine Schrift des Wiener Hygienikers will den produktiven Einfluß herausstellen, den physiologische, unter Umständen selbst pathologische Ermüdungszustände auf die Entwicklung der Psyche ausüben. Sie erinnert daran, wie z. B. partielle Ermüdung gegenüber bestimmten Geruchsstoffen das Wahrnehmungsvermögen für andere Geruchsstoffe steigert, wie man ferner bei den Farben das negative Nachbild als eine durch Ermüdung hervorgerufene Umkehrung auffassen kann und wie jedes farbige Licht durch Umstimmung die Sättigung der nachfolgenden Eindrücke beeinflußt, indem das partiell ermüdete Sehorgan dann ungesättigte farbige Lichter mit einem Grade der Reinheit und Sättigung empfindet, der über jenen der reinen Spektralfarben noch hinausgeht. In der Tat kann man hierzu die leicht zu machende Beobachtung fügen, daß man beim Besuche von Bilderausstellungen erst nach einiger Zeit in Übung kommt und z. B. nach einer halben Stunde des Weilens in der Ausstellung eine ganz andere Empfindlichkeit für Farben an sich bemerkt als beim Eintritt in die Säle. Für das akustische Gebiet weist der Verfasser sodann darauf hin, wie beim Anhalten eines lange anhaltenden Tones allmählich durch Ermüdung der Eindruck des Haupttones abnimmt und die Obertöne hervortreten, und versucht zu erklären, daß der altchristliche Kirchengesang, der homophon war, durch Ermüdung zur polyphonen Musik führte, wobei dann eben die Umkehrung zu Hilfe gekommen sei, der ja nicht nur die harmonische, sondern auch die melodische Folge der Töne unterliege, wie der Kontrapunkt lehre. Habe einst in den großen, stark resonierenden Kirchen der Widerhall neue Stimmen geweckt, auf die das ermüdete Ohr aufmerksam wurde, so erscheine die Rolle der Ermüdungserscheinungen in der neuesten Musik gewaltig gesteigert. In der Tat kann man auch hier wieder zustimmen, wenn man z. B. an die ganze Art denkt, wie Richard Strauß ein Thema in Szene setzt, auszubeuten versteht, daß schließlich nach langem Getön voller Differenzen, die höchst zielbewußt zur Aufmachung verwendet werden, sich mit beglückender Bestimmtheit, Klarheit und Plastik das Thema herauszuringen oder auch wie eine Botschaft aus einer anderen Welt hereinzuklingen scheint. Aus den folgenden Bemerkungen interessiert hier weniger die Erklärung, die für die Mystiker versucht wird, wobei die Mystik eine besondere Art des Ablaufes der Bewußtseinsvorgänge genannt wird, die nicht an bestimmte Vorstellungsobjekte, etwa religiöse, gebunden sei, und die man mit einigem Recht als abnorm bezeichnen könne. Wenn hierbei ein Vortrag Ostwalds angezogen wird, worin die Mystik als eine Art Ermüdung aufgefaßt ist, die sich bei den Schwierigkeiten, große Fragen mit den natürlichen Hilfsmitteln zu lösen, nicht selten einstelle, dann wird an diesem Punkt mancher Leser die Gefolgschaft verweigern. Wenn nämlich richtig gesagt ist, die Mystiker seien ausnahmslos Menschen, die dem oberflächlichen Denken abhold seien, so erscheint die Ostwaldsche Methode verwunderlich, gerade diesen Leuten auf die alleroberflächlichste Art beikommen zu wollen. Unser Verfasser freilich gibt brauchbare Erweiterungen des Ostwaldschen Gedankens, er erinnert an die große Anstrengung, die dem mystischen Denken eigen zu sein pflege und die mit ihrer vertiefenden Konzentration zunächst wohl nur qualvolle Unlust erweckt; dem so überlasteten Denken verschwänden dann gelegentlich plötzlich die Hauptvorstellungen, und explosionsartig sprängen unter Ausfall der bisherigen Hemmungen andere Vorstellungen über die Schwelle des Bewußtseins, die, vielleicht zunächst zusammenhanglose Bilder, dennoch wie eine Erleuchtung wirken könnten. Graßberger versucht sogar die Tatsache, daß die mystischen Zahlen die ungeraden sind, auf diese Weise zu verstehen: Unser Hirn, wie er sich in Anlehnung an Mach ausdrückt, neige zur Symmetrie, trachte durch Verdoppelung das Asymmetrische aus der Welt zu schaffen, daher erkläre sich die größere Vorliebe normaler Menschen für die geraden Zahlen. Dagegen in dem ermüdeten Hirn des Mystikers komme es zu einer Umkehrung dieses Verhaltens. Man mag hierüber denken, wie man will, man mag die starke Verbindung zwischen Mystik und Paradoxie jeder Art hierdurch erklärt finden oder nicht, man ist jedenfalls dem Verfasser dankbar für die verständnisvolle Äußerung: »Nichts ist irriger als die Anschauung, daß die Mystiker das Seltene suchen, um aufzufallen oder sich hierin von den anderen Menschen zu unterscheiden. Das Seltene sucht den Mystiker auf. Er ist nicht der Jäger, sondern das Wild.« Auch wenn der Autor die humoristische Färbung des mystischen Vorstellungsinhaltes zu dessen innerstem Wesen rechnet und gleichfalls in der Richtung der eben skizzierten Gedanken zu begreifen sucht, so setzt er sich keineswegs der leichten Widerlegung aus, daß dann ja jeder Humor Galgenhumor wäre, denn er spricht wenigstens von einem edlen unbewußten Humor des Mystikers, den man nicht mit dem gedankenlosen oder ironisch bewußten Humor der gewöhnlichen Menschen verwechseln dürfe (ich würde in dem letzteren Falle nicht von Humor, sondern höchstens von Witz sprechen).

Der Verfasser sucht dann diese Ansichten zu verwerten in einer Darlegung über das Schaffen des Künstlers. Er entwickelt da Einsichten, wie man sie nicht häufig in der naturwissenschaftlichen Literatur finden wird. »Der Dichter hat volle Arbeit mit der Ordnung der aus dem Unterbewußtsein wie das Unkraut aufschießenden Analogien, mit der Sichtung der restlos einfallenden Umkehrungen. Verfolgen wir, wie er die Störenfriede meistert. Ein Teil der Analogien dient zum Schmuck der Rede, ein anderer zur Aufhellung der Symbolik. Von den Umkehrungen werden viele im Moment des Entstehens als Ungeziefer behandelt und vernichtet, andere drängen die Handlung in eine neue Richtung, sie verschieben das Problem, wieder andere werden im Dialog verwendet, sie formen den Humor von Rede und Widerrede. Der Überschuß an Umkehrungen und Analogien, über deren Wert der Dichter sich selbst nicht ganz klar ist, wird in einer lustigen Person, in einem Trunkenbold oder Narren versteckt. Mag er hier sein Unwesen treiben und auf den Ausleger warten, der ja besser als der Dichter weiß, was sich dieser dabei gedacht hat. Die Ordnung der Analogien und Umkehrungen macht den Hauptanteil des bewußten dichterischen Schaffens aus. Das Gefühl der Verantwortung, die Gewissenhaftigkeit, Geschmack, Geschick und Übung des Dichters bestimmen den Grad der Ordnung. Je vollkommener das Ordnen gelingt, desto klarer heben sich die Charaktere voneinander. Je weniger die Ermüdungsvorstellungen des Dichters auf verschiedene Personen verteilt werden, je mehr der Zwiespalt dem Reden und Handeln einer Hauptperson zugeschoben wird, um so dunkler erscheint uns diese (Hamlet). In ihr ist tatsächlich das Denken des Dichters selbst abgebildet. Dem gegenüber bietet das mehr oder minder hoch entwickelte kritische Vermögen des Dichters einen Schutz. Es entspringt der immer aufs neue geübten bewußten Gegenüberstellung von Bild und Spiegelbild, zu der sich der Dichter bei der Ordnung seiner Phantasiegemälde stets genötigt sieht. Die Not wird zur Tugend. ... Calderons ‚Das Leben ein Traum' ist ein typisch aus Umkehrungen aufgebautes Stück.« Von der Mystik sagt der Verfasser weiterhin, was vielleicht allgemeine Gültigkeit hat: »Die Meisterwerke treffen wir auf einem Höhepunkt, wo die zerstreuenden und sammelnden Kräfte so ineinandergreifen, daß sie der Zuschauer aus der Entfernung nicht wahrnimmt.«

Aber auch in den gleichgültigen Gebieten des alltäglichen Lebens vermag Graßberger für seine Ansichten Bestätigungen zu finden, z. B. wenn Menschen, die durch ihre Tagesarbeit erschöpft sind und in deren Bewußtsein die Entlastungsvorgänge des Mystikers, das Überspringen der Assoziationen und die Umkehrungen nicht von selbst vorgehen, die Zerstreuung durch äußere Energie aufsuchen, woher die große Nachfrage nach Humor, Witz und dergleichen, der außerordentliche Aufschwung der Witzblätter in unsere Zeit komme.

Was schließlich die äußeren Einflüsse angeht, die die Entstehung der Ermüdungszustände begünstigen oder verhindern können, so erkennt der Autor der Nahrungsentziehung einen begünstigenden Einfluß zu und bringt die in vielen religiösen Vorschriften enthaltenen Fastgebote mit der Häufigkeit mystischer Erregungen in Zusammenhang. Auch beschränkter Reichtum des erworbenen Bewußtseinsinhalts könne bei Konzentration des Denkens die Entstehung von Bildern hervorrufen, die niemals aus der Erinnerung schwinden und das Handeln der Menschen triebartig beeinflussen. Man wird vielleicht einen ziemlich ausgedehnten Gebrauch von diesem Satz machen können, z. B. an Konventikler, Sektierer, aber auch einfachere Menschen aus Zeiten der Entwicklung großer Religionen denken dürfen, wobei freilich nicht zu vergessen ist, daß auch die einfache Tatsache eines beschränkten Reichtums des erworbenen Bewußtseinsinhalts genügt, um rege Köpfe, mag man sie versunken oder grüblerisch oder sonstwie nennen — ich denke an recht simple Lebensverhältnisse — zu Eigenbrötlern, Querköpfen und Fanatikern zu machen, ohne daß noch die umkehrende Wirkung der Ermüdung zur Erklärung nötig wäre. Auch wenn der Verfasser bei einer Erklärung der geistigen Leistungen des Klosterlebens neben den Fastgeboten das vielfach vorkommende Abhalten aller äußeren Sinnesreize und ferner überhaupt den Mangel an äußerer Ablenkung, das Zölibat und die Befreiung von Sorgen um den Erwerb hinzunimmt, so wird man ihm zustimmen, daß sich daraus Lebensbedingungen ergeben, die bei begabten Menschen die geistige Schaffenskraft im höchsten Grade steigern können, ohne daß man gerade in dem Fasten oder in den Ermüdungserscheinungen den wichtigsten Faktor für die zumeist doch recht gesunde und normale geistige Betätigung der Klosterinsassen zu sehen braucht.

Aber zu welch guten Einsichten das Schriftchen im ganzen verhelfen kann, mag zuletzt noch einmal ein Wort vom Schluß seiner Ausführungen belegen. »Das Verständnis für das Ordnen der Assoziationen, für das methodische Sammeln von Analogien und Umkehrungen ist durch keine andere Kunst so unmittelbar und überzeugend zu wecken, wie durch die Musik. Die Werke unseres großen Bach, der in seinen Fugen die Zerstreuungen im Moment des Entstehens blitzartig ordnet, sind in dem Grade ihrer Vollkommenheit durch nichts zu übertreffen.« Aus den Anmerkungen schließlich fiel mir bei einer Stelle das Beispiel des Magus Hamann ein, von dessen Stil Herman Grimm einmal sagt, es passiere einem, daß man halbe oder ganze Seiten lese, ohne etwas zu verstehen, und daß man dann am Ende solcher Abschnitte durch irgend ein Wort den ganzen früheren Zusammenhang blitzartig erhellt bekomme; hieran dachte ich, als ich über die Beziehung der Sprache zur Mystik bei Graßberger las: »Abgesehen von allen persönlichen Erfahrungen bereichert schon die Stammesgeschichte der Sprachsymbole den Umfang der mit einem Wortbild assoziierten Vorstellungen ins Ungemessene. Sie begleiten, im Unterbewußtsein sich der Schwelle des Bewußtseins bald nähernd, bald sich von ihr entfernend, das Wortbild, wie die Obertöne den Hauptton, und bestimmen seine

Klangfarbe. Die Kunst des Vortrages besteht darin, durch die Wortverbindung die verschiedenen Obertöne zu verstärken oder abzuschwächen und so eine Gehirnerregung hervorzurufen, die den Zielen des Vortragenden entgegenkommt. Daher ist die Sprache ein beliebtes Werkzeug der Mystiker. Sie wählen vielfach ihre Worte so, daß die in dem Unterbewußtsein des Zuhörers erregten Vorstellungen sich zu einem eigenen Bild gruppieren, das erst später, z. B. unter der Nachwirkung eines ermüdenden Affektes, in das Bewußtsein tritt und nun als neue und überraschende Wahrheit empfunden wird.«

Friedenau. Erich Everth.

Ernest Bovet, *Lyrisme, épopée, drame. — Une loi de l'histoire littéraire expliquée par l'évolution générale.* — Paris 1911. Libr. Armand Colin. IX u. 309 S.

O. Walzel hat in neuerer Zeit nachdrücklich darauf hingewiesen, daß in der Literaturhistorie neben der weit und oft zu weit getriebenen Analyse die Synthese wieder zu ihrem Recht kommen müsse. Es ist die gleiche »Polarität«, die sich auch in der Geschichtsforschung geltend gemacht hat und neuerdings in der Naturwissenschaft bemerkbar wird; und wenn Bovets Buch als eine literarhistorische Geschichtsphilosophie bezeichnet werden könnte, ist es kein Zufall, daß sein Unternehmen zuweilen an Lamprechts geistreiche Konstruktionen, und nicht selten auch an Ostwalds gewaltsame Dogmatismen erinnert.

Für uns Deutsche ist dies Buch eines für Frankreich (S. 44 f., doch vgl. S. 153) und Paris (S. VI, doch vgl. S. 286) bis zum Überschwang begeisterten, doch keineswegs (vgl. besonders S. 120) gegen Deutschland feindlich gestimmten Schweizers nicht bloß wegen der Thesen, die es enthält, merkwürdig, sondern gerade auch wegen der Methode, auf die Bovet (S. 9, 31, 184 f.) das größte Gewicht legt. Wir sind erstaunt, in einer Betrachtung, die durch eine nichts weniger als einwandsfreie Beweisführung gestützt wird, eine »*rigueur mathématique*« (S. 140) finden zu sollen, und freuen uns, daß dieser *fétichisme scientifique* (S. 127) an der Fülle der Tatsachen scheitert. Wir sind schon gleich verwundert, wenn Bovet als Ausgangspunkt für seine Lehre von den drei typischen Entwicklungsformen der Literatur — Victor Hugo (in der Vorrede zu »Cromwell«) nimmt und alle die Philosophen, Ästhetiker, Literaturvergleicher ignoriert, die die gleiche oder ähnliche Lehren schon längst aufgestellt und eingehender begründet haben, und von deren einem sie wohl auch dem in Gedanken so wenig und im Ausdruck so stark originellen *grand divinateur* zugekommen sein werden. In der Tat ist besonders in Deutschland das Dogma von einer festen Folge der Dichtungsgattungen (derjenigen der Wirtschaftsformen vergleichbar) bis zum Übermaß diskutiert worden; und gerade mit Rücksicht auf den Ursprung der Minnedichtung (wo ich Bovet mit Vergnügen auf derselben Seite sehe, auf der z. B. Burdach und ich gegen Wilmanns und Schönbach stehen, S. 35 f.) so häufig, daß ich mir schließlich in einer Parodie der geläufigsten Doktorthemata die These gestattete: »Das Epos ist älter als die Lyrik, und umgekehrt.« Was aber doch nicht bloß ein Scherz ist; denn ich halte für einen der sichersten Triumphe vergleichender Literaturforschung Müllenhoffs Beweis, daß die älteste Poesie weder episch ist noch lyrisch, sondern »chorisch«, d. h. in einem chaotischen Zustand, der die Gattungen alle im Keim, keine differenziert enthält. Und ich erblicke in Bovets Übersehen dieser Entdeckung — die durch die neuesten Forschungen nur bestätigt worden ist — eine bedeutsame Fehlerquelle seines interessanten Buches.

Aber dies ist ein weiterer Punkt, der ein wenig verstimmt: wie wenig der Verfasser mit deutscher Forschung vertraut scheint, soweit sie nämlich nicht sein eigenes Fach, die romanische Philologie, betrifft. Zwar wird der Name Goethes (S. 28 und öfter) mit Ehrfurcht genannt — aber es klingt ein wenig, wie wenn wir in Deutschland Dante nennen, und erinnert fast an Aretinos Grabschrift: von Gott sagte er nichts Übles, weil er ihn nicht kannte. Bovet stellt zwar eine evolutionistische Skizze der deutschen wie der griechischen und spanischen Literatur in Aussicht; aber vor allem der Exkurs über die Tragödie (S. 280 f.) — an sich sehr gescheit — schließt das deutsche Drama, ja das germanische außer Ibsen so völlig aus der Betrachtung aus, wie es bei näherer Bekanntschaft mit (gerade für die Einheitenfrage!) so wichtigen Persönlichkeiten wie Kleist und — Goethe kaum möglich wäre.

Wir geben aber zu, daß ein Romane auch an seine Methode andere Forderungen stellen mag, als wir von dem Schüler berühmter Meister der Methode schlechtweg wie J. Bédier und H. Morf — denen das Buch mit sympathischen Worten zugeeignet ist — vielleicht erwarten werden. Ohne deshalb einen längeren *discours de la méthode* zu unternehmen, stellen wir uns auf den Boden seiner Voraussetzungen.

Bovet ist, wie so viele unter uns, von dem Gefühl gepeinigt worden, als herrsche in der Entwicklung der »Riese Zufall«; er ist insbesondere noch ein romanischer Optimist voll leidenschaftlichen und wohltuenden Glaubens an den allgemeinen Fortschritt der Menschheit. In einem großen Rhythmus (S. 209) sieht er sie der Freiheit entgegenziehen (S. 113 f. und öfter), von Frankreich geführt; wobei wiederum kein Geschichtsphilosoph sein Leiter ist — Kant und Hegel erklärt er ausdrücklich nie gelesen zu haben, an Lessing und Herder scheint er auch nicht zu denken, und sogar die naheliegende Bezugnahme auf G. B. Vico fehlt — sondern ein Dichter wie Sully Prudhomme, der uns trotz einzelner Schönheiten und des ersten Nobelpreises nur ein verkürzter Tiedge mit verändertem Vorzeichen scheinen will; was ja aber wieder Nebensache ist. Stark hat aber wohl auch noch *ce grand Guyau* (S. 128) eingewirkt — den wir wohl auch nicht »groß« nennen würden — und vor allem Taine, mit dem Bovet (S. 194 f.) sich klar auseinandersetzt: er bringt in dessen Formel eine starke Betonung des *individu-cause*, mit vollem Recht — aber mit der Wirkung, daß Taines Formel eigentlich aufgehoben wird. Von diesen Theoretikern übernimmt er die Voraussetzung eines unmittelbaren Zusammenhangs zwischen Leben und Literatur (S. 187), der gar nicht weiter diskutiert wird und den allerdings das Hauptkapitel auch im Einzelnen nachzuweisen sucht. Aber so allgemein ausgesprochen, bleibt es ein gefährliches Dogma, *que les rapports de la vie et de la littérature sont constants*. Ich bestreite es entschieden. Die literarischen Formen und Traditionen haben ihr eigenes Leben, wie Bovet wohl auch gelegentlich selbst betont; und es gibt Episoden, in denen die Literatur in fast völliger Lebensfremdheit ganz von dieser Tradition zehrt. Man hat z. B. mit Recht gefragt, wo denn in der deutschen (oder französischen) Literatur um die Mitte des 19. Jahrhunderts jener mächtige industrielle Aufschwung zu spüren sei, der das nationale Leben umgestaltet hat; und wie schwach ist selbst bei Shakespeare der Geist der neuen welterobernden englischen Politik zu spüren! Bovet, der gegen den Positivismus (S. 213, 243 und öfter) gerechte Vorwürfe erhebt, neigt doch selbst dazu, allzusehr zu vereinfachen und das Sonderleben der Form, ja auch der ästhetischen Idee zu unterschätzen.

Von der Voraussetzung sozusagen eines physiopsychischen Parallelismus zwischen nationalem Leben und Literatur geht Bovets ganzes Werk also aus. Wo seine Hypothese nicht zutrifft, was er in der »Gegenprobe« für die italienische Poesie freimütig zugibt, da sieht er die Ursache nicht in mangelndem Kontakt zwischen Dichtung und Leben — wobei doch immer noch seine Grundanschauung bestehen könnte —, sondern im Fehlen eines nationalen Lebens überhaupt, das Italien erst seit 1870 gewonnen habe — von der alten Blütezeit insbesondere der Städte abgesehen; denn in der Art, wie Sir Henry Summer Maine geistreich, Posnett gescheit und Ph. Witkop flach Wirtschafts- und Dichtungsformen in unmittelbare Beziehungen gebracht haben, sucht auch Bovet hier den *civisme* von Florenz (S. 163, Anm.) sogar für Boccacio verantwortlich zu machen. — Er ist also zunächst genötigt, für die politische Entwicklung selbst eine typische Stufenfolge anzunehmen, wie das ja schon vielfach geschehen ist, auf der breitesten Grundlage durch Breysig. Hier aber tritt die originelle Wendung ein, die für seine Anschauung besonders charakteristisch ist und die ich allerdings auch für den wertvollsten Gedanken des Werkes halte. Bovet denkt nicht an eine einmalige, sondern an eine periodische Stufenfolge. In gewissem Sinne ist ja auch diese Anschauung alt: sie liegt in dem Bild der »spiralförmigen Evolution« beschlossen, das z. B. Goethe liebte und auf das auch Bovet sich bezieht; dennoch ist die Konzeption des Verfassers und ihre geistreiche psychologische Begründung durchaus originell: lyrische Stimmung beginnender, hoffnungsvoller Epochen; epische der starken, handelnden Blütezeiten, dramatische der kritischen Übergangsperioden. Eine Reihe, die sich im wesentlichen auch dann aufrecht erhalten ließe, wenn man an den Anfang noch als Auftakt die chaotische Führung der »chorischen Poesie« setzte.

Ich bin mit diesem Gedanken typischer Entwicklungen auf dem gleichen Boden durchaus einverstanden; ich habe selbst die Entwicklung der deutschen Literatur im 16.—18. Jahrhundert dadurch verständlich zu machen gesucht, daß ich sie ganz eigentlich als Neuschöpfung jener Literatur auffaßte und deshalb auf zahlreiche Parallelen aus dem 9. (und zum Teil auch aus dem 11.—12.) Jahrhundert hinwies. Es freut mich auch, daß Bovet nicht in Scherers Fehler verfallen ist, für diese typischen Perioden eine gleichmäßige Zeitdauer anzusetzen; vielmehr bemerkt er selbst (S. 306 f.) die zunehmende Verkürzung, die ich übrigens weder mit ihm auf eine zunehmende Vereinheitlichung, noch mit Morf auf einen perspektivischen Irrtum (an sich übrigens ein ungemein wichtiger Gesichtspunkt!) zurückführen möchte. Vielmehr könnte man von einem historischen Fallgesetz sprechen, wonach jede spätere geschichtliche Entwicklung sich mit zunehmender Schnelligkeit vollzieht, weil die Nationen ein größeres Maß von Erfahrung, wenn man will, von Reife besitzen, schneller lernen, ja ungeduldiger, nervöser werden; man denke nur an das stärkste Beispiel: die Entwicklung der Technik von Gutenberg bis Watt und Stevenson, von ihnen bis auf Edison, von ihm bis auf Wright, Zeppelin usw.!

Unsere Formulierung hat schon gezeigt, daß Bovet die politisch-literarischen Beziehungen, wie schon gesagt, mehr als einen Parallelismus auffaßt denn als eigentliche Abhängigkeit der Poesie von der nationalen Situation; obwohl er in der Praxis (z. B. S. 162) doch die letztere Form bevorzugt. Es ist aber gewiß zuzugeben, daß beide Auffassungen sich sehr nahe berühren. — Seine eigentliche Methode aber, sein eigentlicher Stolz und wirklich die zweite originelle Hauptidee, ist nun diese (vgl. S. 40): er sucht für jede Periode eine »Dominante« auf, eine *idée maître,* die für ihr nationales Leben bezeichnend ist, etwa die zentralistische der Zeit Ludwigs XIV., die individualistische der Renaissance; fragt, wie diese sich literarisch ausdrücken mußte, sucht die Antwort an dem tatsächlich vorhandenen Material zu »verifizieren« — was, an der besonders normalen französischen Literatur durchgeführt, den Hauptinhalt des Buches ausmacht — und kommt so, wie er meint, zu dem mathematischen Beweis der Richtigkeit seines Stufengesetzes, dem er dann nachträglich (S. 183 f.) in nicht eben tief gehenden psychologischen Erörterungen eine weitere gleichsam apriorische Stütze zu geben sucht. Wir können von diesen absehen, da ihre Allgemeinheit sie von ähnlichen Spekulationen nicht unterscheidet, mit denen andere Geschichtsphilosophen andere Stufengesetze als ebenso naturnotwendig zu erweisen versucht haben; wofür uns an das einst autoritäre Buch des alten Carriere erinnert sei.

Die Hauptfrage bleibt also, für Bovet den Literaturphilosophen wie für uns, seine literaturhistorischen Leser: ob jene »Verifikation« gelungen sei; was Bovet — ohne gelegentliche Besserungen abzuweisen — durchaus glaubt. Wir müssen bekennen, nicht überzeugt zu sein; gleichzeitig aber, auf dem Wege sowohl durch seine allgemeinen Gesichtspunkte wie durch zahlreiche spezielle Erörterungen mannigfache Anregungen erfahren zu haben.

Um seine These durchzuführen, bedarf Bovet zunächst gewisser allgemeiner Hilfskonstruktionen, deren jede uns höchst anfechtbar erscheint.

Ich rechne nicht dahin den Gebrauch des Gattungsnamens überhaupt. Mit Bovet sehe ich in der Verwerfung aller literarischen Gattungen durch B. Croce (S. 235 f.) eine nicht durchzuführende Reaktion gegen eine Methode, die allerdings selbst unter den Begriffen und Schematen die Fülle des Inhalts zu verlieren drohte — was man aber doch z. B. von einem so strengen Schematiker wie Fr. Th. Vischer nicht behaupten dürfte. Auch Ernst Elsters Angriffe auf die Gattungen haben mich trotz ihrer reichen empirischen Begründung nicht gewonnen. Man darf, ja man muß die Gattungen scheiden (vgl. S. 12 f.) und man muß es mit einer gewissen Freiheit tun; was beides bei Bovet geschieht. Nur freilich macht er von der Freiheit gelegentlich einen übertriebenen Gebrauch; namentlich wo von *lyrisme* die Rede ist. Bovet weiß wohl, und betont wiederholt (z. B. S. 249), daß in jedem Kunstwerk etwas von jeder Gattung mindestens enthalten sein kann; genau wie er selbstverständlich zugibt, daß etwa in einer »dramatischen« Epoche große Lyriker und epische Meisterwerke vorkommen. Aber er versäumt es manchmal, die *idée maître* des Kunstwerks zu ihrem vollen Recht zu bringen. Am stärksten, wie er selbst betont, macht sein Satz staunen', das *grand siècle,* die Epoche der Corneille, Racine, Molière sei episch (S. 72). Um diese Behauptung aufrecht zu halten, zu der ihn das Schema überredet, muß er freilich alle Hilfskonstruktionen zugleich aufbieten; weshalb davon später. Aber was helfen denn alle Definitionen der Gattungen, was alles Festhalten an ihren Wesensverschiedenheiten, wenn am Orlando Furioso (S. 173) der *lyrisme* charakteristisch sein soll! Ariost, das am stärksten epische Talent dreier Jahrhunderte, soll ein Kennzeichen für eine lyrische Epoche sein! ja dann kann es auch die Odyssee oder gar die Kudrun für typisch-epische Epochen, denn niemals hat man die Stärke ihrer lyrischen Elemente verkennen können! — Ob die moderne italienische Literatur (S. 178) wirklich stärker als dramatisch zu bezeichnen sei als die Alfieris, Goldonis, Gozzis, vermag ich nicht zu beurteilen, aber wahrscheinlich ist es mir nicht. Und wenn in dem Drama etwa von Dumas fils (S. 124) das »Romantische« betont wird, so heißt das doch Stoff und Form bedenklich verwechseln; sonst wäre ein geborener Dramatiker wie Lope de Vega — und wenige, glaube ich (und, was mehr sagen will, glaubte Grillparzer!) waren das in gleichem Grade! — noch den *representative men* der Epik zuzuschreiben!

Zunächst also: um die Gattung, die an der Reihe ist, an die erste Stelle zu bringen, beurteilt Bovet wiederholt Hauptwerke nicht nach der Form, die große Künstler für sie nötig fanden, sondern nach der Stimmung oder dem Inhalt — womit dem Begriff der Gattungen Gewalt geschieht. — Zweitens tut er, in noch gefährlicherer Weise, das Gleiche bei großen Persönlichkeiten. Corneille wie V. Hugo (bei welch letzterem es gewiß stimmt) *»font du théâtre malgré eux«* (S. 117); Flaubert ist ganz aus seiner natürlichen Bahn gelenkt (S. 122); Petrarca ist eigentlich mehr Gelehrter als Poet (vgl. S. 166); und sogar Molière (S. 87) ist wenigstens »eigentlich« kein Theaterdichter. Bei Corneille wird das wieder mit dem »Romantischen« seiner Tragödie (S. 76) begründet; bei Molière wird (S. 81) geistreich ausgeführt, daß er als wirklicher Dramatiker das hätte dichten müssen, was Ibsen und Strindberg geschrieben haben. Aber soweit das die Anschauungen seiner Zeit überhaupt zuließen, hat er das ja getan!

Ich sehe hier den stärksten Beweis für den unbewußten Dogmatismus Bovets. Daß Zeitströmung, Publikum, Kritik stark genug sind, um Sardou über Becque zu heben (S. 125), glaube ich gern; daß sie einen Corneille in einer Epoche voll großer Romane zwingen können, Dramen zu schreiben, oder daß ein übler Prozeß einen Flaubert zu etwas anderem machen kann, als er ist, das scheint allem, was gerade auch Bovet (S. 194 f.) über die Bedeutung der Individualität lehrt, in unerträglicher Weise zu widersprechen.

Die dritte Hilfskonstruktion ist die des *»cas à part«*. Niemand wird es in Abrede stellen, daß eine jede Hypothese Ausnahmen erträgt; Erscheinungen, die sich in das Schema nicht fügen, gibt es überall, selbst wenn man von dem Recht des Genies, alle Regeln zu sprengen, absieht. Aber man wird sagen müssen, daß Bovet von dem Recht, Ausnahmen anzunehmen, etwas reichlich Gebrauch macht. Über die große Gruppe der schwer unterzubringenden Werke (S. 25 f.) ist noch besonders zu sprechen, da sie nur zum Teil unter die »besonderen Fälle« gehören. Sonst aber zieht Bovet nur zu oft hierher gerade Erscheinungen, die sonst — und vielleicht mit größerem Recht — als typisch galten. Ist Villon wirklich in seiner Zeit so ganz vereinzelt (S. 60)? wäre es wirklich ohne sein Schema Bovet eingefallen, Rabelais für einen »Zufallsepiker« von lyrischer Art (S. 67) zu erklären? darf man vollends, um einer Epoche den epischen Charakter abzustreiten, *»Manon Lescaut«* (S. 106) als eine Ausnahme behandeln? Und wie oft begegnet noch der »Ausnahmefall«, der in solcher Häufigkeit doch allermindestens eine bedeutende Einschränkung der Regel — oder gar »des Gesetzes« — bedeutet, wenn so viele Werke und Autoren umgedeutet werden und doch noch so viele unerklärliche Ausnahmen bleiben....

Viertens aber arbeitet Bovet noch mit einer Einschränkung des Begriffs Literatur überhaupt, die mir gänzlich unzulässig scheint. Es kommt mir seltsam vor, daß ich einen Historiker der beredtesten aller neueren Literaturen die Beredsamkeit (S. 100) aus ihr ausscheiden sehe, während ich selbst seit vielen Jahren daran arbeite, in der Geschichte der deutschen Literatur der mündlichen Rede den verdienten Platz zu sichern. Aber immerhin mag gerade sie bei Bovet eine Ausnahmsstellung beanspruchen, da seine drei Gattungen eben Gattungen der geschriebenen Literatur sind. Dagegen macht er sich (S. 26 f.) mit »Satire« und »Kritik« unnütze Mühe. Das sind doch Temperamente, nicht Gattungen; nur daß wir die satirische Epik schlechtweg »Satire« nennen. »Gullivers Reisen« oder gar »Don Quixote« sind doch um ihrer satirischen Tendenz willen so wenig aus der erzählenden Literatur auszuweisen wie etwa die Geschichte vom Sündenfall wegen ihrer religiösen oder Voltaires »Candide« wegen seiner philosophischen Moral! Sobald aber die Kritik sich eine eigene Form schafft — als Brief, Essay usw. —, handelt es sich um die »wissenschaftliche« Literatur, die Bovet von seinem Standpunkt aus mit viel sichererem Recht als die Kanzelrede beiseite lassen durfte. Nun aber Pascal (S. 99) und La Rochefoucauld (S. 100) — zwei glorreiche Namen, die etwa für Kenner wie die Goncourt neben dem »unvollständigen« Künstler La Bruyère (S. 101) den höchsten Begriff des französischen Stils vertraten? Wenn Bovet seine eigene Definition des Künstlers (S. 226) anwendet, kann er wirklich zur Beseitigung der großen Aphoristiker gelangen? Nein, es sind nicht Gründe der Schule, die an diesen Meistern festhalten lassen! Gibt man selbst zu — *dato e non concesso* (S. 247 Anm.!) — eine einzelne Sentenz sei kein literarisches Kunstwerk — wie sollte der Versuch, ein Charakterbild der Menschheit in solchen Sprüchen zu geben, kein künstlerischer sein! Aber diese psychologischen Porträtisten sind eben wieder eine Gegeninstanz gegen Bovets »*énormité*« (S. 72), die Epoche des Corneille Racine Molière für nicht dramatisch zu erklären. In der Schilderung des Menschen wurzelt alles Drama, wie in der der Handlung alle Epik, wie in der der Zustände alle Lyrik; dramatische Vorarbeit, ja dramatische Leistung ist dies gigantische Zwiegespräch des Menschen mit sich selbst, das unfertig aber großartig als Pascals »*Pensées*« vor uns liegt — die französische *Divina Commedia;* dramatisch durch und durch sind diese *reparties* auf unausgesprochene, weil überall ausgesprochene Sentenzen, die der geistreichste aller Herzöge uns hinterlassen hat — der kondensierte »Gulliver« der französischen Literatur.

So kommen alle vier Hilfskonstruktionen zusammen, um dem *grand siècle* seinen Charakter zu nehmen, und mit ihnen allen zusammen kann Bovet nicht überzeugen. Wenn nun aber innerhalb derjenigen Literatur, der er selbst mit unzweifelhaftem Recht eine besondere Normalität zuspricht — eine so besondere, daß sie eigentlich einen *cas à part* darstellt und eben nicht einen typischen Fall! —, in dem bezeichnendsten Augenblick die Rechnung nicht stimmt — was bleibt von der mathematischen Strenge? ja was bleibt von der Regel selbst?

Doch mehr, als nun scheinen könnte. Die Ausführlichkeit meiner Besprechung zeigt wohl schon, wie ernst ich das Buch nehme; nur daß fast alles zutrifft, was Bovet an der dennoch gerühmten Ästhetik B. Croces (S. 235) mit Recht bekämpft: Dogmatismus, Übertreibung, Selbstverblendung. Es geht nicht, die Fülle der Erscheinungen in ein so einfaches Schema zu vereinigen. Zunächst würde Bovets Gesetz schon bedeutend gewinnen, wenn es die Gattungen strenger unterschiede. Was fällt da nicht alles ins *genre épique!* Aber wenn Bovet (S. 79 vgl. S. 147) den alten Satz, die Franzosen ermangelten der *tête épique,* mit Hinweis auf ihre Romane heftig bestreitet, möchte ich umgekehrt sagen: gerade die besondere Begabung für den Roman beweist, daß den Franzosen der Sinn für das eigentliche Epos mindestens seit der Gegenreformation fehlt. Rabelais besaß ihn noch, so daß er zuweilen an Ariost erinnert — den übrigens Bovet charakteristischerweise (S. 78 Anm.) unter den neueren Epikern fortläßt, wie Milton! Eine Zerlegung auch des Begriffs »dramatisch« würde sich gerade für Bovet empfehlen; während in dem *lyrisme* wirklich vielfach die chaotische Vielfältigkeit der ältesten Poesie fortdauert. — Ferner aber wäre vor allem dem Nebeneinander mehr Rechnung zu tragen, der Fortdauer früherer Stufen — ein Gesichtspunkt, dessen Wichtigkeit z. B. auch die Psychologie (wie überhaupt die Kulturgeschichte) zu lange verkannt hat. Es wäre zu bedenken, daß zeitweilig auf demselben Boden wirklich zwei Literaturen von ganz verschiedener Kulturhöhe nebeneinander bestehen — in Deutschland gab es um 1800 vielleicht sogar deren drei, jede in ihrer Art vollständig und abgeschlossen!

Durch diese und ähnliche Verbesserungen — und durch eine größere Nachgiebigkeit unbequemen Tatsachen gegenüber würde Bovets in etwas zu rascher Begeisterung geschriebenes Werk viel an Überzeugungskraft gewonnen haben. Aber »*il faut être cruellement philologue*« (S. 116), um es nun einfach für erledigt zu halten, weil von mathematischer Strenge — die der Verfasser besser nie angerufen hätte — gar nicht die Rede sein kann. Der bloße Versuch, typische Beziehungen an den nationalen und literarischen Entwicklungsstufen aufzuweisen, ist höchst dankenswert; was gäben wir darum, hätten wir z. B. (worauf ich seit Jahren vergeblich dringe) ähnliche Versuche für die Zusammengehörigkeit kultureller und religiöser Entwicklungsstufen! Aber auch im einzelnen scheint mir sowohl die Deutung der »lyrischen« wie der »dramatischen« (weniger der »epischen«) Epochen durchaus beachtenswert; ich gestehe gern, bei meinem Suchen nach Gesetzen der vergleichenden Literaturgeschichte zu so einleuchtenden psychologischen Begründungen nie gelangt zu sein. Es bleibt endlich, wie die beiden Taufpathen des Buches dem Verfasser versichern durften, die Anregung, die jede originelle Auffassung, jedes folgerichtig durchgeführte Experiment überall bietet: man lernt La Fontaine, Molière, Musset, Flaubert, auch wo man widerspricht, unter neuen Gesichtspunkten betrachten. Vor allem: wir haben die Freude, wieder einmal den Wagemut einer selbständigen und hoffnungsvollen Gesamtanschauung zu bewundern; und wenn wir auch einen unmittelbaren Fortschritt der Forschung nicht anzuerkennen vermögen, so doch einen solchen der Forscherstimmung — es ist »Lyrik« in dem Buch, d. h. Hoffnung und Keimkraft!

Berlin. Richard M. Meyer.

Eduard Sievers, Rhythmisch-melodische Studien. Vorträge und Aufsätze. Heidelberg 1912, Winters Universitätsbuchhandlung.

Es ist mit Freude zu begrüßen, daß Sievers, der Leipziger Germanist, seine Forschungen, die er früher nur in Zeitschriften periodisch ans Licht gerückt hatte, nun gesammelt in volle Öffentlichkeit bringt. Sie scheinen mir überaus wichtig zu sein und einen Wendepunkt im Betrieb der Metrik zu bedeuten, die bisher in rein »objektiver«, d. h. bei aller Akribie unwissenschaftlicher Weise betrieben worden ist. Während die frühere Metrik meist bloße »Augenphilologie« war, um Sievers' Ausdruck zu brauchen, zieht Sievers zum ersten Male in voller Ausdehnung den lebendigen Vortrag mit seinen wechselnden Akzenten und vor allem seiner Sprachmelodie heran, läßt also damit mit vollem Rechte den subjektiven Faktor, der in aller lebendigen Kunst steckt, zur vollen Geltung gelangen. Im Grunde hatte die alte »objektive« Metrik ja auch, meist nur ohne sich klar darüber zu sein, einen subjektiven Faktor, die Betonung, mit herangezogen, nur hatte sie jene schematisierte, verwaschene, unlebendige »Subjektivität«, die sie zugrunde legte, für »Objektivität« angesehen. Sievers nun operiert nicht mehr mit den skelettartigen Schemen der früheren Metrik, stets betrachtet er den Rhythmus in engster Beziehung zum Inhalt. Er bespricht die Bildung rhythmischer Gruppen, die durch das Ein- und Absetzen vor Willensimpulsen gebildet werden und je nach der Stellung der Hebung fallend-steigend oder steigend-fallend sind. Auch der Unterschied von monopodischer und dipodischer Bindung innerhalb dieser Gruppen kommt zur Sprache. Das Wichtigste in den Sieversschen Theorien aber, was früher fast ganz vernachlässigt worden ist, betrifft die Melodie des Sprechverses. Und hierin beruht nun eine höchst interessante Entdeckung von Sievers, daß nämlich auch diese Melodie mit ziemlicher Eindeutigkeit aus den optischen Daten herausgelesen wird; d. h. man muß zwei ethnographisch getrennte, konträre Typen der Melodisierung unterscheiden, die dann unter sich aber ziemlich konstant verfahren. So hat Sievers bemerkt, daß die Angehörigen eines solchen Typus ganz gleichmäßig verfahren, indem sie ein Gedicht in hoher oder tiefer Stimmlage sprechen, indem sie große oder kleine Intervalle bilden, indem sie je nachdem eine freie oder gebundene Tonführung haben, spezifische Tonschritte, speziell als Eingang oder Kadenz des Verses wählen und spezifische Träger der Melodie aussuchen. Dabei verfahren die oben erwähnten Typen der Melodisierung, von denen die einen mehr im Süden, die anderen mehr im Norden Deutschlands wohnen, direkt entgegengesetzt, indem die einen dort in die Höhe gehen, wo die anderen die Stimme sinken lassen. Diese metrischen Beobachtungen hat Sievers dann speziell auf die philologische Kritik angewandt, indem er, da besonders im Mittelalter die Dichter eine ganz konstante Melodisierung zeigen, danach Zuschreibungsfragen glaubt entscheiden zu können.

Hier beschäftigen uns nur die psychologisch-ästhetischen Ergebnisse der Sieversschen Forschungen. Als Wichtigstes scheint mir da die Tatsache anzusehen zu sein, daß die Sprachmelodie, die in ihrer ganzen Wichtigkeit bisher von der Metrik nicht erkannt war, sich mit ziemlicher Eindeutigkeit aus den Versen ergibt, wie sie uns im Druck vorliegen, daß also die Melodisierung des Dichters nicht mit ihm ins Grab gesunken ist, sondern genau so wie sein Gedankengehalt von einem hingebenden Leser wieder erweckt werden kann. Und es sei mir gestattet, darauf hinzuweisen, daß ich, ohne die Sieversschen Theorien zu kennen, bereits in meiner »Psychologie der Kunst« zu zeigen versucht habe, daß gerade diese S p r a c h m e l o d i e es ist, die in suggestiver Weise vor allem uns in jenen gehobenen Gefühlszustand bringt, der das Wesen aller poetischen Wirkung ist. Rhythmus, Reim usw. sind daneben nur sekundär, nur Mittel, um jene gehobene Sprachmelodie zu erzeugen. — Der zweite höchst wichtige Punkt in der Sieversschen Theorie scheint mir der zu sein, daß er die Meinung gründlich zerstört, mit den metrischen Schemen der alten Metrik sei irgend ein Verständnis einer lebendigen Wirkung zu erzielen. In der lebendigen Realität nämlich ist der Rhythmus von unendlicher Mannigfaltigkeit, jene rhythmischen Schemen sind höchstens eine Untermalung, in welche die wirklichen Farben in ihrer tausendfältigen Mannigfaltigkeit erst durch den Inhalt eingetragen werden. Das Buch ist ebenso wichtig durch die Tatsachen, die es bringt, wie durch die Fernblicke, die es eröffnet.

Berlin-Halensee. Richard Müller-Freienfels.

B r u n o R a u e c k e r, D i e w i r t s c h a f t l i c h e n G r u n d l a g e n d e s m o d e r n e n K u n s t g e w e r b e s i n L o n d o n. Vortrag, gehalten im Sozialwissenschaftl. Verein der Universität München und im bayerischen Kunstgewerbeverein München. Schriften des sozialwissenschaftl. Vereins der Universität München 1912, Heft 8, S. 4—20.

Der Verfasser erörtert an Beobachtungen, die er auf einer Studienreise über den Stand des Kunstgewerbes in London gemacht hat, die Frage: »Ist Kunstgewerbe und im engsten Zusammenhange damit die Entwicklung unserer gesamten künstlerischen Kultur möglich ohne Rücksichtnahme auf und Einsichtnahme in die wirtschaftlichen Grundgesetze unserer Zeit?«

Nach seinen Beobachtungen kann von einem wirklichen Eindringen der Geschmackserziehung in die Menge in England nicht die Rede sein. Die von künstlerischem Geist beseelten Bestrebungen Weniger aber zielen auf handgemachte Erzeugnisse ab, die natürlich teuer sind und nie volkstümlich werden können. Bei Londons ungeheurem Reichtum finden sie ihre Abnehmer, dort ist eben darum Kunsthandwerk möglich. Ist es aber auch wünschenswert?

Die Antwort des Verfassers lautet: 1. Für die Menge, deren Wohlstand künstlerisch gehoben werden soll, nicht; dazu ist das teure Kunsthandwerk nicht zu brauchen. 2. Für den Produzierenden auch nicht; denn es zeigt sich, »daß oftmals (?) der Kunsthandwerker nur (!) durch Verwendung anderer« (d. h. unechter) »billigerer

Materialien der Konkurrenz der Industrie parieren kann. Oder anders ausgedrückt, daß durch die von Walter Crane und seinen Freunden heraufbeschworene (!) Produktionsform erst recht (?!) die Grundlage gegeben wird für eben das Übel, das er vermeiden möchte«. 3. Für den Arbeiter auch nicht, denn die Ergiebigkeit des Kunsthandwerkes »ist eine Frage der Mode, und was dann, wenn diese wechselt?«

Die Schuld an diesen Übelständen trägt die Art der Heranbildung, welche die Kunstgewerbetreibenden in England durchmachen. Sie werden einseitig nur auf ungeteilte, noch dazu Handarbeit geschult und wissen im Maschinenbetrieb nicht Bescheid; daher werden sie auch von den Industriellen nicht angestellt.

Mit dieser Art des Unterrichtes wird aber die Verwaltung brechen müssen, und auch für die englische Industrie wird die Zeit kommen, wo sie »Geschmacksware« wird erzeugen müssen, soll sie nicht von dem aufblühenden deutschen Kunstgewerbe »bedenklich an die Wand gedrückt werden«.

Soweit der Verfasser. Sein Gedankengang gipfelt darin, daß Kunst**handwerk** einer allgemeinen Geschmackskultur feindlich ist und — als der schwächere Teil — von einer künstlerisch beseelten Industrie verdrängt werden wird. Er übersieht dabei, daß gerade bei den Trägern ästhetischer Kultur die Industrie nur dort dem Kunsthandwerk mit dauerndem Erfolg das Feld wird streitig machen können, wo der handgemachte Gegenstand vor dem industriellen Erzeugnis keinen Vorzug hätte, als eben den Ursprung aus der Handarbeit. Und auch da wird es immer noch genug Menschen geben, welche manche sie im Hause umgebenden Geräte nicht gerne in jedem Gasthause wiederfinden. Daß ästhetische Veredelung der Industrie wünschenswert und in Deutschland vielfach erreicht ist, darüber war natürlich kein Wort zu verlieren.

Graz. Rudolf Ameseder.

Schriftenverzeichnis für 1912.

Zweite Hälfte.

I. Ästhetik.

1. Geschichte und Allgemeines.

Caroline, Briefe aus der Frühromantik. Nach Geo. Waitz vermehrt herausgegeben von Erich Schmidt. 2 Bände. XX, 766 u. 746 S. mit 2 Bildnissen u. 1 Faksimile. 8°. Leipzig, Insel-Verlag. 12 (20) M.

Chledowski, Kasimir V., Rom. I. Die Menschen der Renaissance. II. Die Menschen des Barock. Aus dem Polnischen von Rosa Schapire. V, 524 S. mit 1 Tafel u. V, 549 S. mit Tafel. gr. 8°. München, G. Müller. à Bd. 15 (20) M.

Croce, Benedetto, Francesco de Sanctis und die deutsche Geistesarbeit. Internationale Monatsschrift VI, 9.

Croce, Benedetto, Vestigi di estetica hegeliana nella critica del De Sanctis. La Cultura XXXI, 9.

Fedeles, K., Versuch über Alisons Ästhetik. Darstellung und Kritik. Ein Beitrag zur Entwicklungsgeschichte der englischen Ästhetik im 18. Jahrhundert. München, B. Heller, 1911.

Franke, Über die angeblichen zwei ästhetischen Denkweisen Herbarts. Zeitschrift für Philosophie und Pädagogik XIX, 4—8.

Hänel, K., Skizzen und Vorarbeiten zu einer wissenschaftlichen Biographie Jakob Burckhardts. Zweite Folge: Jakob Burckhardt und August Boeckh. 1. Heft: Die Geschichtsauffassung August Boeckhs in der »Enzyklopädie und Methodologie der philosophischen Wissenschaften«. Progr. 36 S. 4°. Leipzig.

Köhler, Er., Edmond und Jules de Goncourt, die Begründer des Impressionismus; eine stilgeschichtliche Studie zur Literatur und Malerei des 19. Jahrhunderts. 285 S. 8°. Leipzig, Xenien-Verlag. 5 M.

Köster, Alb., Die allgemeinen Tendenzen der Geniebewegung im 18. Jahrhundert. Progr. 51 S. Lex. 8°. Leipzig, A. Edelmann. 1,50 M.

Lange, Jul., Ausgewählte Schriften (1886—1897). Herausgegeben von Geo. Brandes und Pet. Köbke. 2. Band. Unter Mitwirkung von Alfr. Wien. Übersetzt von Ida Anders. VIII, 209 u. 23 S. mit 77 Abbildungen. Lex. 8°. Straßburg, J. H. E. Heitz. 20 (23) M.

Lauppert, A. v., Die Musikästhetik Wilhelm Heinses. Zugleich eine Quellenstudie zur Hildegard von Hohenthal. Diss. 127 S. 8°. Greifswald.

Lechalas, G., Les années d'apprentissage d'Eugène Fromentin, d'après l'ouvrage de M. Blanchon: Correspondance et fragments inédits d'Eugène Fromentin. L'Année Philosophique, XXIIe année. Paris, Alcan.

Maaß, Ernst, Goethe und die Antike. XI, 655 S. gr. 8°. Stuttgart, W. Kohlhammer. 12 (14) M.

Masson, Les idées de Rousseau sur la musique. Revue mensuelle de Musique VIII, 6 ff.

Maußer, O., Satirische Bibliothek. Quellen und Urkunden zur Geschichte der deutschen Satire. München, Janus-Verlag. Je 3 M.
Meyer, Rich. M., Nietzsche. Sein Leben und seine Werke. X, 702 S. mit 2 Bildnissen. 8°. München, C. H. Beck. 10 (12,50) M.
Michaud, Régis, Un Païen mystique: Walter Pater. Revue bleue, 7. September.
Porena, M., Estetica tedesca all' alba del secolo XX. Roma. (cf. Schriftenverzeichnis für 1911, zweite Hälfte.)
Roseeu, R., Ludwig Börne als Kunstkritiker. Diss. 86 S. 8°. Greifswald 1910.
Stavell, Melian, F., Kant's theory of art. The Burlington Magazine, Oktoberheft.
Strowski, F., Charles Baudelaire, son caractère, ses œuvres. Revue des Cours et Conférences XX, 33.
Strowski, F., Théophile Gautier: le théoricien de l'Art pour l'Art. Revue des Cours et Conférences XX, 31.
Tauro de Tintis, F., Il romanticismo nei suoi precursori in Italia, Francia, Germania. La Cultura XXXI, 9.
Weiß, Geo., Fries' Lehre von der Ahndung in Ästhetik, Religion und Ethik unter Berücksichtigung von Kant, Schiller und Jacobi. VI, 191 S. gr. 8°. Göttingen, Vandenhoeck & Ruprecht. 5 M.
Winckelmann, Joh. Joach., Geschichte der Kunst des Altertums. Herausgegeben und eingeleitet von Vikt. Fleischer. III, XVIII, 420 S. gr. 8°. Berlin, Meyer & Jessen. 5 M.
Wittner, Otto, Joseph Bayer. Deutsche Arbeit XI, 9—12.

Aschkenasy, H., Grundlinien zu einer Phänomenologie der Mystik. Zeitschrift für Philosophie und philosophische Kritik CXLIV, 2.
Bayley, Harold, The lost language of symbolism. London, Williams & Norgate.
Becker, Karl, Zur Evolution der modernen französischen Kritik. Germanisch-Romanische Monatsschrift IV, 8, 9.
Behne, Adolf, Fortschritte in der Kunstkritik. Kunstgewerbeblatt XXIV, 3.
Bierens de Haan, J. D., Hedendaagsche Wijsbegeerte: Standpunten en stromingen. II. Het begrip »Einfühlung« in de tegenwoordige aesthetika. T. Wijs, Juli.
Biggs, W. L., The Value of artistic Work. The Westminster Review CLXXVIII, 3.
Bosanquet, B., The Principle of Individuality and Value. London, Macmillan.
Bosanquet, B., The value and destiny of the individual. The Gifford Lectures for 1912 delivered in Edinburgh University. London, Macmillan.
Bourdeau, J., La philosophie affective. 185 p. 16°. Paris, Alcan. 2,50 Fr.
Braun, Otto, Von deutscher Ästhetik. Der Türmer XIV, 11.
Bredt, E. W., Stagnation als Ideal. Deutsche Kunst und Dekoration Heft 10.
Bullough, Psychical Distance as a factor in Art and an Aesthetic Principle. British Journal of Psychology V, 2.
Carassali, S., La visione della vita e dell' arte nella filosofia di Federico Nietzsche. Il paradosso e le anomalie di J. J. Rousseau. 43 p. 8°. Sassari, tip. della »Libertà«.
Chiocchetti, La filosofia di Benedetto Croce. Rivista di Filosofia Neo-Scolastica IV, 2.
Coosemans, E., Entretiens philosophiques spécialement sur l'art. IV, 287 p. 8°. Bruxelles, imp. Van Caulaert. 3,50 Fr.
Crespi, A., Il principio della individualità e del valore. Coenobium, maggio.
Dussauze, H., Les règles esthétiques et les lois du sentiment. Paris, Alcan.

Falter, Gustav, Hermann Cohen, Ästhetik des reinen Gefühls. Archiv für Geschichte der Philosophie XVIII, 4.

Fiedler, Konr., Schriften über Kunst. Herausgegeben von Herm. Konnerth. 8°. München, R. Piper & Co. 1. Band: Über die Beurteilung von Werken der bildenden Kunst. — Über Kunstinteressen und deren Förderung. Moderner Naturalismus und künstlerische Wahrheit. — Der Ursprung der künstlerischen Tätigkeit. Hans v. Marées. XXIII, 462 S. 6 (8,50) M.

Franke, Fr., Zu Hostinskys Darstellung der Ästhetik. Zeitschrift für Philosophie und Pädagogik XIX, 7.

Freudenberg, Das Menschheitsideal in der Musik. Deutsche Tonkünstlerzeitung X, 246.

Georgi, W., Kunstwerk und Persönlichkeit. Deutsche Kunst und Dekoration Heft 10.

Gielly, Louis, Les méthodes de la critique dans l'étude de l'art italien. Revue Bleue L, 17, 18.

Gottschalck, A. v., Beethoven und Schopenhauer. Musikphilosophische Studie. Blankenburg, J. Briest. 2 M.

Grabowski, Adolf, Der Weg der Form. Die Rheinlande, Deutsche Monatshefte XII, 9.

Guyau, J. M., Die ästhetischen Probleme der Gegenwart. Deutsch von Ernst Bergmann. XII, 230 S. mit Bildnis. gr. 8°. Leipzig, W. Klinkhardt. 5 (6) M.

Handbuch der Kunstwissenschaft. Herausgegeben von F. Burger, O. Wulff, E. Herzfeld u. a. Leipzig, Akadem. Verlagsgesellschaft.

Herbertz, Richard, Die philosophische Literatur. Ein Studienführer. 222 S. gr. 8°. Ästhetik S. 163—184. Stuttgart, W. Spemann. 5 M.

Kovács, Sandor, Introjektion, Projektion, Einfühlung. Zentralblatt für Psychoanalyse II, 5, 6.

Kreibig, Über den Begriff des objektiven Wertes. Archiv für Systematische Philosophie XVIII, 2.

Kronfeld, A., Über die psychologischen Theorien Freuds und verwandte Anschauungen. Systematik und kritische Erörterung. Leipzig, Engelmann.

Lalo, C., Introduction à l'esthétique. IX, 348 p. 16°. Paris, Colin. 3,50 Fr.

Lissauer, Ernst, Kritische Wirksamkeit. Die Rheinlande, Deutsche Monatshefte XII, 9.

Locella, Baronin Marie, Dantes Francesca da Rimini in der Literatur, bildenden Kunst und Musik. Nach den Plänen und Entwürfen des Baron Guglielmo Locella bearbeitet und herausgegeben. Mit 19 (3 farbigen) Kunstbeilagen u. 75 Abbildungen im Text. 205 S. Lex. 8°. Eßlingen, P. Neff. 10 (12) M.

Lukács, Georg v., Die Seele und die Formen. Essays. Berlin, Egon Fleischel, 1911.

Mayer, Adolf, Trunkenheit und Kunst. Nord und Süd XXXVI, 456.

Petsch, Robert, Nietzsche als Künstler. Zeitschrift für den Deutschen Unterricht XXVI, 10.

Picavet, F., Essay d'une classification du Mystique. Revue Philosophique XXXVII, 7.

Pollack, Walt., Perspektive und Symbol in Philosophie und Rechtswissenschaft. XVI, 533 S. mit Figuren und zum Teil farbigen Tafeln. gr. 8°. Berlin-Wilmersdorf, W. Rothschild. 16 (18) M.

Porena, M., L'estetica di Stefano Witasek. Rivista d'Italia XV, 15. März.

Scheffers, O., Was ist Kunst? Schauen und Schaffen XXXIX, 22.

Schmitt, Wagner' und eine neue »Lehre vom Wahn«. Bayreuther Blätter XXXV, 7—9.
Schreyer, Lothar, Von der Wiedergeburt des Stils. Xenien V, April, Mai.
Segond, J., L'Idéalisme des valeurs et la doctrine de Spir. Revue Philosophique XXXVII, 8.
Silberer, Herbert, Von den Kategorien der Symbolik. Zentralblatt für Psychoanalyse II, 4.
Stapel, Wilhelm, Kunstgeschichte für Kunstgenuß? Der Kunstwart XXVI, 1.
Storck, F., Aspects of death in english Art and Poetry. The Burlington Magazine XXI, 113 ff.
Vierkandt, Alfred, Schaffen und Genießen. Die Grenzboten LXXI, 34, 35, 37.
Willers, Heinr., Verzeichnis der bis zum 2. August 1912 erschienenen Schriften Karl Justis. Karl Justi zum 80. Geburtstage dargebracht vom Rektor und Senat der rheinischen Friedrich-Wilhelms-Universität zu Bonn. 32 S. Lex. 8°. Bonn, C. Georgi. 1,50 M.

2. Prinzipien und Kategorien.

Baas, D., Drydens heroische Tragödie. Eine ästhetische Untersuchung. Diss. 78 S. 8°. Freiburg 1911.
Bredt, E. W., Häßliche Kunst? München, C. Kuhn. 20 M.
Brieger-Wasservogel, L., Die Monumentalität des Augenblicks. Österreichische Rundschau XXXIII, 5.
Bulle, Heinrich, Der schöne Mensch im Altertum. Eine Geschichte des Körperideals bei Ägyptern, Orientalen und Griechen. 320 Tafeln mit erläuterndem Text. Zweite, ganz neu bearbeitete und vermehrte Auflage. München und Leipzig, G. Hirth.
Donaldson, A plea for comic opera. Musical Standard XXXVIII, 971.
Dubitzky, Lachen und Weinen in der Musik. Blätter für Haus- und Kirchenmusik XVI, 8.
Elster, Alexander, Vereinfachung in der Kunst. Zeitschrift für bildende Kunst XLVIII, 2.
Faguet, E., Le réalisme des romantiques. Revue des deux Mondes 1. April.
Farwell, Comic opera of the future. Musical America XVI, 5.
Flex, W., Die Entwicklung des tragischen Problems in den deutschen Demetriusdramen von Schiller bis auf die Gegenwart. Diss. 139 S. 8°. Erlangen.
Freud, S., Der Witz und seine Beziehung zum Unbewußten. 2. Auflage. Wien, Deuticke.
Gärtner, W., Wilhelm Gärtners Stellung zur Tragödie. Progr. 24 S. 8°. Ried.
Gérard, A., Le théâtre et la musique. La nouvelle Revue 1. März.
Gnesotto, A., Il piacere nel fatto della compassione. Padova.
Haupt, Steph. Odon, Die Wiedergeburt der Tragödie. 86 S. 8°. Wien, A. Hölder. 2,60 M.
Hermann, Georg, Der tote Naturalismus. Literarisches Echo XV, 1.
Heuß, Alfred, Der Humor im letzten Satz von Haydns Oxfordsymphonie. Die Musik XII, 5.
Hoffmann, Karl, Die Tragik der sittlichen Freiheit. Die Tat IV, 5, 6.
Istel, Edgar, Schauspielmusik. Österreichische Rundschau XXXII, 6.
K. L. Der menschliche Leib als Ausdruck des Seelischen. Kunstwart XXV, 24.
Kaiser, Das musikalische Schauspiel. Rheinische Musik- und Theaterzeitung XIII, 41.

Kallen, H. M., Beauty, Cognition and Goodness. Journal of Philosophy, Psychology and scientific Methods IX, 10.

Kassowitz, Dichtung und Musik. Der Merker III, 17.

Katann, Oskar, Grundgedanken einer neuscholastischen Theorie des Schönen. Die Kultur XIII, 4.

Keller, Albr., Die Handwerker im Volkshumor. VII, 187 S. 8°. Leipzig, W. Heims. 3 (4) M.

Klima, Ant., Die Technik im Lichte der Karikatur. Wien, F. Malota. 6 M.

Knebel, H., Volkshumor und Volksbrauch. Mitteilungen vom Freiburger Altertumsverein Nr. 47.

Leinweber, Bruno, Von der technischen Schönheit und vom technischen Stil. Wien, H. Heller & Co. 2,50 M.

Lind, Emil, Tragische Motive. Die Schaubühne VIII, 39.

Maunz, J., Die Stellung unserer Klassiker (besonders Goethes und Schillers) zur naturalistischen Richtung. Eine entwicklungsgeschichtliche Untersuchung. Progr. 22 S. 8°. Weiden.

Maury, Lucien, Classiques et Romantiques. Paris, Pierrin & Co.

Michel, Wilhelm, Die Grenzen des Subjektiven in der Kunst. Die Kunst für Alle XXVII, 10.

Middendorff, J., Die Bedeutung des Leidens bei Friedrich Nietzsche. Diss. 65 S. 8°. Bonn.

Mönkemöller, Otto, Narren und Toren in Satire, Sprichwort und Humor. 2. Aufl. 262 S. gr. 8°. Halle, C. Marhold. 4 M.

Mordstein, F., Das Problem des Tragischen im Unterricht. Ein Beitrag zur dramatischen Lektüre. Progr. 46 S. 8°. München 1911.

Mueller, Joseph, Philosophie des Schönen in Natur und Kunst. 2. Aufl. Straßburg, Carl Bongard.

Pellissier, G., Le réalisme du romantisme. In-16, 319 p. Paris, Hachette. 3,50 Fr.

Philip, Das musikalische Schauspiel. Rheinische Musik- und Theaterzeitung XIII, 45.

Przychowski, Die Wechselbeziehungen zwischen der Musik und der bildenden Kunst. Der Merker XI, 14.

Ramsome, Arthur, The philosophy of the Grotesque. London, Stephen Swift.

Riedrich, Otto, Über das Lächeln als edelstes Erlebnis des Geistes. Der Türmer XIV, 12.

Scheffers, Otto, Was ist schön? Schauen und Schaffen XXXIX, 16.

Schlaf, Johannes, Das Ende des romantischen Menschen. Nord und Süd XXXVI, 456.

Schreyer, Lothar, Von den Grenzen der Künste. Xenien V, Oktober.

Schulze, Hanns, Das weibliche Schönheitsideal in der Malerei. Jena, E. Diederichs. Gebunden 7 M.

Stöcker, Helene, Vom Wesen der Romantik. Pan II, 39.

Swoboda, Karl L., Geheimnis und Offenbarung der Schönheit. 128 S. 8°. Berlin, C. Duncker. 2 M.

Tharaud, Jérome et Jean, Le Pathétique des mendiants. La Nouvelle Revue Française IV, 45.

Tieghem, P. van, Le mouvement romantique. VIII, 119 p. et fig. 8°. Paris, Hachette. 4 Fr.

Valle, A. del, Concepto de la belleza. Sevilla 1911.

Wechßler, Eduard, Zum Problem des Komischen anläßlich Molières. Festschrift zum 15. Neuphilologentage in Frankfurt.

Wintzer, Richard, Die Grenzen zwischen Malerei und Musik. Die Kunstwelt, Novemberheft.

Wolff, Max J., Komödie und Posse. Internationale Monatsschrift VII, 2.

Wolff, Max, Die Theorie der italienischen Tragödie im 16. Jahrhundert. Archiv für das Studium der neueren Sprachen und Literaturen CXXVIII, 1, 2.

3. Natur und Kunst.

Beck, Christian, Le Voyage de Montaigne et l'évolution du sentiment du paysage. Mercure de France XCVIII, 362.

Damm, L., Die Entwicklung des Landschaftsbildes der Umgebung Grimmas. Progr. 26 S. 4°. Grimma.

Dobe, Paul, Zur ästhetischen Betrachtung der Pflanzen. Kunstwart XXV, 20.

Friedlein, K., Das Verhältnis der Naturanschauung Fechners zu derjenigen Örsteds. Diss. 85 S. 8°. Leipzig.

Gautier, Joseph, Les insectes et leur interprétation décorative. L'Art décoratif XIV, 178.

Lionville, Jacques, Flore et faune des océans. L'art décoratif XIV, 177.

Nick, B., Das Naturgefühl bei Simon Dach. Diss. 78 S. 8°. Greifswald 1911.

Nidden, Ezard und Avenarius, Ferdinand, Daheim und Draußen. (Die Kunst des Reisens.) Kunstwart XXV, 19.

Pastor, Willy, Die Kunst der Wälder. Wittenberg, A. Ziemsen. Gebunden 3,60 M.

Sauer, Bruno, Die griechische Kunst und das Meer. Neue Jahrbücher für das klassische Altertum XV, 7.

Scholz, Heinrich, Naturgefühl und Inspiration. Preußische Jahrbücher CL, 3.

Strunz, Franz, Naturgefühl und Naturerkenntnis. Das literarische Echo XV, 2.

4. Ästhetischer Gegenstand und Eindruck.

Abrahamowski, E., Stosunek wzruszeniowosci i pamiece. (Das Wechselverhältnis von Gemütsbewegung und Gedächtnis.) Przeglad Filozoficzny XV, 2.

Baumann, Beiträge zur Psychologie des Sehens. IV. Subjektive Farbenerscheinungen. Pflügers Archiv CXXXXVI, 1—12.

Börnstein, R., Über Farben und Töne. Deutsche Revue XXXVII, Oktober.

Bridou, V., L'éducation des sentiments. VI, 407 p. Paris, Doin, 1911. 5 Fr.

Chovet, J., Les éléments constitutifs de nos sensations. Leurs rapports. Revue de philosophie, Juli.

Conze, Zur Psychologie des Tonkunstgenusses. Der Musiksalon IV, 8—11.

Cüddow, A., Pendelschwingungen des Geschmacks. Vossische Zeitung Nr. 422 vom 20. August.

Donaldson, Colour-music. Musical Standard XXXVIII, 966.

Downey, June, E., Literary synesthesia. Journal of Philosophy, Psychology and scientific Methods IX, 18.

Dubois, Paul, Verstand en Gevoel. Vert. van D. H. N. Adriani, Amsterdam. F. van Rossen, 1911.

Everth, Erich, Farbenfreude und Buntheit. Blätter für Volkskultur Nr. 8.

Fickenscher, Die Akustik und ihre Beziehungen zu unserer heutigen und zur Zukunftsmusik. Der Musiksalon IV, 19, 20.

Fischer, A., Grundsätze und Ziele einer Erziehung des Auges. Zeitschrift für pädagogische Psychologie und exakte Pädagogik XIII, 7, 8.

Flügel, O., Über die Phantasie. Ein Vortrag. 3. Aufl. 30 S. 8°. Langensalza H. Beyer & Söhne. 0,40 M.

Graaf, H. T. de, Over het gevoel. T. Wijs, April.
Hennig, Die Wahrnehmung musikalischer Eindrücke durchs Gesicht. Allgemeine Musikzeitung XXXIX, 25 f.
Hermann, Neue Versuche über Unterbrechungstöne. Pflügers Archiv CXLVI, 1—12.
Hug-Hellmuth, H. v., Über Farbenhören. Imago I, 3.
Hunt, Sympathic Vibration. Musical News XLIII, 1114.
Jaeger, Lust und Unlust in energetischer Betrachtung. Annalen für Naturphilosophie XI, 2.
Jones, L. W., Untersuchungen über die Reizschwelle für Farbensättigung bei Kindern. Diss. 61 S. mit 17 Kurven in T. 8°. Leipzig 1911.
Karpinska, L. v., Experimentelle Beiträge zur Analyse der Tiefenwahrnehmung. Diss. 88 S. 8°. Zürich 1910.
Kretschmar, Allgemeines und Besonderes zur Affektenlehre. Jahrbuch Peters 1911.
Latour, M., Premiers principes d'une théorie générale des émotions. Paris, Alcan.
Lewis, The Illusion of filled and unfilled Spaces. The British Journal of Psychology V, 1.
Liebermann, Paul v., und Révész, Géza, Experimentelle Beiträge zur Orthosymphonie und zum Falschhören. Zeitschrift für Psychologie LXIII, 4, 5.
Liebermann, Paul v., und Révész, Géza, Über eine besondere Form des Falschhörens in tiefen Lagen. Zeitschrift für Psychologie LXIII, 4, 5.
Martin, Lillien J., Die Projektionsmethode und die Lokalisation visueller und anderer Vorstellungsbilder. V, 231 S. gr. 8°. Leipzig, J. A. Barth. 6 M.
Nayrac, J. P., La médecine française et la théorie physiologique des émotions. Lyon 1911.
Niecks, Acoustics and aesthetics. The Monthly Musical Record XLII, 501.
Paulsen, Joh., Reiz und Empfindung. Zeitschrift für Philosophie und philosophische Kritik CXLVI, 2.
Peillaube, E., Théorie des émotions. Revue de Philosophie, August.
Pfister, Oskar, Die Ursache der Farbenbegleitung bei akustischen Wahrnehmungen und das Wesen anderer Synästhesien. Imago I, 3.
Pfordten, Otto von der, Empfindung und Gefühl. Zeitschrift für Psychologie LXII, 1, 2.
Pouzo, Deviazione dall' orizzontale nei disegni di serie di linee rette e oblique. Rivista di Psicologia VIII, 3.
Riemann, Tonhöhenbewußtsein und Intervallurteil. Zeitschrift der internationalen Musikgesellschaft XIII, 8.
Salus, Hugo, Phantasie und Tastempfindung. Xenien V, Oktober.
Sartorius, H., Der Gefühlscharakter einiger Akkordfolgen und sein respiratorischer Ausdruck. Psychologische Studien VIII, 1.
Schaefer, Karl L., Musikalische Akustik. 2., neubearbeitete Aufl. 144 S. mit 36 Abbildungen. kl. 8°. Berlin, G. J. Göschen. 0,80 M.
Seeböck, R., Die Erziehung zum Sehen und das Zeichnen nach der Natur. Progr. 19 S. 8°. Wien.
Sizes, Les étapes d'une découverte acoustique. Les sons inférieurs. Revue mensuelle de musique VIII, 3 ff.
Souza, Robert de, Du Rhythme en français. 103 S. 8°. Paris, H. Weter.
Titchener, Memory and Imagination. The Psychological Review XIX, 2.
Todd, J. W., Reaction to Multiple Stimuli. Archives of Psychology Nr. 25.
Verrier, L'isochronisme en musique et en poésie. Journal de Psychologie normale et pathologique IX, 2, 3.

Vinée, Rythme de vibration et rythme musical. Revue mensuelle de musique VII, 12.

Weld, H. P., An experimental study of musical enjoyment. The American Journal of Psychology XXIII, April.

Williams, A rhythmical peculiarity in certain madrigals compared with the Greek theory of metabole of rhythm. The musical Antiquary, Aprilheft.

Wyneken, K., Leitfaden der Rhythmik für den Unterricht und Selbstunterricht in der künstlerischen Komposition. Berlin, Otto Baumgärtel.

II. Allgemeine Kunstwissenschaft.

1. Das künstlerische Schaffen.

Bahr, Herm., Selbstinventur. Neue Rundschau XXIII, 9.

Bannard, The anti-artistic temperament. Musical Standard XXXVIII, 972.

Bénédite, L., Les artistes. 145 p. et fig. Paris, Colin. 1,50 Fr.

Chantavoine, J., Musiciens et Poètes. 224 p. 16°. Paris, Alcan. 3,50 Fr.

Chijs, A. van der, Über die Heilung der Zwangsvorstellungen, insbesondere der Furcht beim Auftreten der Künstler. Zeitschrift für Psychotherapie IV, 4.

Delacroix, Eugène, Literarische Werke. Deutsch von Jul. Meier-Graefe. 411 S. mit 12 Tafeln. gr. 8°. Leipzig, Insel-Verlag. Kart. 10 (12) M.

Dupuy, Ernest, L'évolution de Paul Verlaine. Revue des deux Mondes, Dezember, 1. Heft.

Ehlers, Zur Entwicklung der Zeichenbegabung. Der Sämann Heft 5.

Fara, Genio e ingegno musicale. R. Wagner — Gius. Verdi. La Cronaca Musicale XVI, 7, 8 ff.

Feuerbach, Henriette, Ihr Leben in ihren Briefen. Herausgegeben von Herm. Uhde-Bernays. 1.—3. Aufl. 490 S. mit Bildnis. gr. 8°. Berlin, Meyer & Jessen. 6,50 (7,50) M.

Fitger, Von Künstlern und Dichtern. Berlin, E. Felber.

Fuller-Maitland, Charakteristisches in Brahms' Kunstschaffen. Die Musik XII, 2.

Fullerton, R., Multiple personality. The Irish Theolog. Quarterly, Oktober.

Gaultier, Jul. de, Le génie de Flaubert. Mercure de France XXIII, 370, 371.

Gräf, Hans Gerh., Goethe über seine Dichtungen. Versuch einer Sammlung aller Äußerungen des Dichters über seine poetischen Werke. 3. Teil: Die lyrischen Dichtungen. 1. Band. XXII, 640 S. gr. 8°. Frankfurt a. M., Rütten & Löning. 20 M.

Hermann, Georg, Die Unstetheit des Schriftstellers. Vossische Zeitung Nr. 488 vom 24. September.

Janetschek, Zur Charakteristik der persönlichen Note. Neue Zeitschrift für Musik LXXIX, 42.

Keitel, Fr., Zur Methodik der psychologischen Untersuchung des Ornamentierens. Zeitschrift für pädagogische Psychologie und exakte Pädagogik XIII, 7, 8.

Kuberka, Fel., Der Idealismus Schillers als Erlebnis. Heidelberg, Carl Winter. 4 M.

Leclère, La psycho-physiologie des états mystiques. L'année Psychologique XVII.

Meißner, Karl, Karl Spitteler. Zur Einführung in sein Schaffen. Mit einem Anhang Karl Spitteler: Eugenia. Eine Dichtung. IV, 132 S. mit 1 Bildnis. 8°. Jena, E. Diederichs. 2 (3) M.

Meumann, E., Ein Programm zur psychologischen Untersuchung des Zeichnens. Zeitschrift für pädagogische Psychologie und exakte Pädagogik XIII, 7, 8.

Mussa, v., Die Mission und der Werdegang des Künstlers. Rheinische Musik- und Theaterzeitung XIII, 30, 31.

Nadel, Arno, Arnold Schönberg, sein künstlerisches Schaffen. Die Musik XI, 18.

Oulmont, Le Verger, le Temple, la Cellule. Essai sur la sensibilité chez les Mystiques. Paris, Hachette.

Parodi, T., Le anime e le opere. La Cultura XXXI, 12.

Rank, Otto, Das Inzest-Motiv in Dichtung und Sage. Grundzüge einer Psychologie des dichterischen Schaffens. VIII, 685 S. gr. 8°. Wien, F. Deuticke. 15 M.

Reik, Theodor, Flaubert und seine »Versuchung des hl. Antonius«. Ein Beitrag zur Künstlerpsychologie. Mit einer Vorrede von Alfr. Kerr. VI, 187 S. 8°. Minden, J. C. C. Bruns.

Rüdiger, G. v., Deutsche Romantiker. Aussprüche deutscher Romantiker über sich und ihre Genossen, gesammelt und eingeleitet. 203 S. mit 1 Bildnis. kl. 8°. München, G. Müller & E. Rentsch. 2,50 (3,50) M.

Saenger, Eduard, Wesensformen des dichterischen Schaffens. Vossische Zeitung Nr. 641 vom 17. Dezember.

Schalk-Hopfen, Lili, Die Persönlichkeit und der Künstler. Österreichische Rundschau XXXIII, 4.

Schmitz, Eugen, Aus eigener Geisteswerkstatt. Hochland IX, 6.

Scholz, Der Erfolg. Die Tonkunst XVI, 18 f.

Schönemann, Frdr., L. Achim v. Arnims geistige Entwicklung, an seinem Drama »Halle und Jerusalem« erläutert. XV, 269 S. 8°. Leipzig, H. Haessel Verl. 6 M.

Seydel, Das Talent und seine Grenzen. Die Stimme VI, 9.

Singer, Das musikalische Talent und seine Vererbung. Allgemeine Musikzeitung XXXIX, 45.

Stekel, Wilh., Die Träume der Dichter. Eine vergleichende Untersuchung der unbewußten Triebkräfte bei Dichtern, Neurotikern und Verbrechern. Wiesbaden, J. F. Bergmann. 6 M.

Stern, B., Werden und Wesen der Persönlichkeit. Biologische und historische Untersuchungen über menschliche Individualität. V, 215 S. kl. 8°. Wien, A. Hartleben. Gebunden 3 M.

Thoma, Hans, Zum Thema Traum und künstlerisches Schaffen. Der Kunstwart XXVI, 5.

Walzel, Osk., Leben, Erleben und Dichten. Ein Versuch. 67 S. 8°. Leipzig, H. Haessel Verl. 1,20 M.

Wintzer, Richard, Menschen von anderem Schlage. Ein Buch für Kämpfer und Freie. 2 Bände. 380 u. 408 S. Leipzig, Otto Wigand.

Wittig, H., Das innere Erlebnis in Heinrich von Kleists »Penthesilea«. Diss. 52 S. 8°. Greifswald.

2. Anfänge der Kunst.

Closson, Les conques sonores dans la préhistoire. Le Guide musical LVIII, 27, 28.

Coomaraswamy, A. K., Indian Drawings. 2nd series. Illustrations in the text and 26 plates. 4to, pp. 32. Probsthain. net 25.

Corbett-Smith, The Chinese and their music. The Musical Times LIII, 835.

Delachaux, Robert, Poteries anciennes de la Colombie. L'Art décoratif XIV, 181.

Dieck, A., Die Waffen der Naturvölker Südamerikas. Mit 1 Karte. Diss. VIII, 98 S. 8°. Königsberg.

Farwell, Indian and Negro. Musical America XVI, 4.

Fleischer, D., Die Entwicklung der germanischen Musik. Mannus IV, 1, 2.

Frobenius, Leo, Alte und junge afrikanische Kunst. Die Kunstwelt, Novemberheft.

Girke, Germanische Musik. Die Post, 16. Februar.

Glaser, Eduard, Altjemenische Studien. Leipzig, J. C. Hinrichs' Verl. 7,50 M.
Graßler, Richard, Das Problem vom Ursprung der Sprache in der neueren Psychologie. Zeitschrift für Philosophie und Pädagogik XX, 1.
Hellwig, K., Zur Psychologie des Aberglaubens. Zeitschrift für rheinische und westfälische Volkskunde VIII, 1.
Jaekel, O., Zur Urgeschichte der orientalischen Teppiche. Orientalisches Archiv II, 4.
Kohler, E., Sieben spanische dramatische Eklogen. Mit einer Einleitung über die Anfänge des spanischen Dramas. Diss. 138 S. 8°. Straßburg 1911.
Lee, H. D. C., Bliss Carmen. A Study in Canadian Poetry. Cr. 8vo, pp. 252. Herald Printing Office (Buxton).
Lewin-Dorsch, Hannah, Die Technik in der Urzeit und auf primitiven Kulturstufen. Begonnen von L.-D., fortgesetzt von Heinr. Cunow. 3. Teil. Entstehung der Waffen — Körperschmuck. Von C. — Die Technik der Bekleidung. Von L.-D. 103 S. mit Abbildungen. 8°. Stuttgart, J. H. W. Dietz Nacht. 0,75 (1) M.
Machabey, La musique des Hébreux. Revue mensuelle de musique VIII, 9, 10.
Myers, The study of primitive music. The musical Antiquary, Aprilheft.
Narodny, Folk songs of the Russians. Musical America XVI, 4.
Oost, van, Chansons populaires chinoises de la région Sud des Ortos. Anthropos VII, 1 ff.
Pastine, L., Su l'origine della lirica italiana. Rivista d'Italia XV, 15. Juli.
Petrucci, Raffael, Corean Potery. The Burlington Magazine, Novemberheft.
Roches, F., Dessins d'enfants. L'Art décoratif XIV, 180.
Rudder, de, La musique au théâtre populaire chinois. Le Guide musical LVIII, 16.
Schumann, Wolfgang, Dichtungen von Kindern. Kunstwart XXV, 23.
Sentenach, N., Indumentaria antigua americana. Museum, Heft V.
Sönnichen, Andreas, Bauernmalerei. Die Hilfe Nr. 46.
The death song of the Cherokee Indians. The musical Antiquary, Aprilheft.
Thuren, La musique chez les Eskimos. Revue mensuelle de musique VII, 12.
Turi, Das Buch des Lappen Turi. Frankfurt a. M., Rütten & Löning. 6 M.
Vierkandt, Alfred, Das Zeichnen der Naturvölker. Zeitschrift für angewandte Psychologie und psychologische Sammelforschung VI, 4.
Visrakarma, Examples of Indian Architecture, Sculpture, Painting, Handicraft, chosen by Ananda K. Coomaraswamy. Part 1. 4to, pp. 79. Author.
Visrakarma. Examples of Indian Architecture, Sculpture, Painting and Handicraft. Chosen by Ananda K. Coomaraswamy. Part 2. 12 Plates. 4to. Luzac. net 2/6.
Volbach, Zur Urgeschichte der musikalischen Instrumente. Hochland IX, 12.
Westharp, Les origines orientales de la musique. La Nuova Musica XVII, 246 ff.
Wilke, Einfluß des Sexuallebens auf die Mythologie und Kunst der europäischen Völker. Mitteilungen der anthropologischen Gesellschaft in Wien XLII, 1.
Wundt, Wilhelm, Elemente der Völkerpsychologie. Grundlinien einer psychologischen Entwicklungsgeschichte der Menschheit. Leipzig, Kröner. 12 M.

3. Tonkunst und Mimik.

Alaleona, L'armonia modernissima. Rivista musicale Italiana XVIII, 4.
Amplewitz, Zwischen Scylla und Charybdis. Bemerkungen zur Ästhetik der Musik. Allgemeine Musikzeitung XXXIX, 27 ff.
Band, Stuttgarter Versuche zum Problem des Secco-Rezitativs. Die deutsche Bühne IV, 13.
Bannard, Fragment of an essay on art. Musical Standard XXXVIII, 976.

Barroso, Mateo H., La IX Sinfonia de Beethoven; Ensayo de critica y estética musical. 220 p. 8°. Madrid, imp. Alemana. 3,50 Fr.

Beethoven and Brahms. The Monthly Musical Record XLII, 498.

Blümel, R., Die Rutzsche Lehre vom Zusammenhang der Sprache und des Gesanges mit der Körperhaltung. Germanisch-Romanische Monatsschrift IV, 7.

Blumenthal, Musikalische Formen und ihre Entwicklung. Der Musiksalon IV, 19 ff.

Bie, Oskar, Der Weg zum Figaro. Die neue Rundschau XXIII, 12.

Boughton, The future of chambermusic. The Musical Times LIII, 835.

Bubali, Eugenio, Per la coltura della scienza ed arte musicale: ristretto della sintassi melodica in base ai principii dell' acustica, matematica e geometria. p. 42. 8°. Veroli. 2,50 L.

Büchenbacher, H., Über Gegenstandsforderungen der Musik. Diss. 23 S. 8°. München 1911.

Chesaux, La musique e le futurisme. La Vie Musicale VI, 1.

Chybinski, Adolf, Beiträge zur Geschichte des Taktschlagens. III, 97 S. Leipzig, Breitkopf & Härtel. 2,50 M.

Deutsch, Otto Erich, Franz Schubert. Leben und Schaffen. 3 Bände. München, G. Müller. 30 M.

Donaldson, More about holiday music. Musical Standard XXXVII, 964.

Dubitzky, Franz, Operneffekte. Bühne und Welt XIV, S. 360.

Ebel, Farbensymphonie. Allgemeine Musikzeitung XXXIX, 34/5.

Ehrenhaus, Martin, Die Bedeutung der deutschen Romantik für das moderne Musikdrama. Die Musik XII, 5.

Eichhorn, Klavier und musikalische Kultur. Signale für die musikalische Welt LXX, 39 f.

Emmanuel, Maurice, Histoire de la langue musicale. I. Antiquité, Moyen-âge. 336 p. 8°. Paris, Laurens, 1911. 7,50 Fr.

Emmanuel, M., Histoire de la langue musicale. II. Renaissance, époque moderne, époque contemporaine. p. 333 à 679 et fig. 8°. Paris, Laurens, 1911. 7,50 Fr.

Fehr, Max, Apostolo Zeno und seine Reform des Operntextes. Ein Beitrag zur Geschichte des Librettos. 142 S. mit 1 Kurventafel. gr. 8°. Zürich, Rascher & Co. 3,80 M.

Fuchs, K., Takt und Rhythmus im Choral. XV, 308 u. 24 S. 8°. Berlin, Schuster & Loeffler, 1911. 6,50 M.

Gaartz, Hans, Die Opern Heinrich Marschners. VII, 100 S. gr. 8°. Leipzig, Breitkopf & Härtel. 3,60 M.

Gatty, Syncopation and emphasis. The Musical Times LIII, 832 ff.

Goddard, Joseph, The rise and development of opera. 218 p. 8°. London, Reeves. 6 M.

Goguel, Die Bedeutung der Kammermusik. Musikpädagogische Blätter XXXV, 22.

Goguel, Musikalische Reformgedanken. Musikpädagogische Blätter XXXV, 13.

Goodrich, Harmonic and melodic analysis. Musical Courier LXV, 2 ff.

Grew, The freedom of musical forms. The New Music Review XI, 127.

Griesbacher, P., Kirchenmusikalische Stilistik und Formenlehre. II. Polyphonie. Historische Entwicklung und systematische Bewertung ihrer Formfaktoren mit besonderer Rücksicht auf moderne Komposition und Praxis dargestellt. VIII, 468 S. gr. 8°. Regensburg, A. Coppenraths Verl. 8 (9,20) M.

Grunsky, Etwas vom klassischen Symphonieorchester. Rheinisch-westfälische Zeitung, 8. März.

Gürke, Elemente der Musik. Kartell-Zeitung XXIX, 7.

Guttmann, Alfred, Zur Psychophysik des Gesanges. Zeitschrift für Psychologie LXIII, 3.

Haböck, Die Entwicklungsphasen der menschlichen Stimme. Jahresbericht der k. k. Akademie für Musik und darstellende Kunst, Wien 1911—1912.

Halm, A., Melodie und Kontrapunkt. Die Rheinlande, Deutsche Monatshefte XII, 8.

Hammermann, W., Johannes Brahms als Liederkomponist, eine theoretisch-ästhetische Stiluntersuchung. Diss. 89 S. 8°. Leipzig.

Harburger, Walt., Grundriß des musikalischen Formvermögens. Ein Versuch. Mit einem Anhang: Über die Darstellung höherer Tongeschlechter. III, 206 S. gr. 8°. München, E. Reinhardt. 4,50 M.

Hausegger, v., Über den Orchestergesang. Allgemeine Musikzeitung XXXIX, 21, 22.

Hirschberg, Schumanns Tondichtungen balladischen Charakters. Blätter für Haus- und Kirchenmusik XVII, 1 ff.

Hornbostel, E. M. v., Arbeit und Musik. Zeitschrift der Internationalen Musikgesellschaft XIII, 10, 11.

Howard, Was ist Musik und was kann sie uns sein? Die Musik XI, 22.

Jenner, Zur Entstehung des D-moll-Klavierkonzertes von Brahms. Die Musik XII, 1.

Kammerer, Die Musik und die Tiere. Der Merker III, 8.

Kaßner, Rud., Die Moral der Musik. Aus den Briefen an einen Musiker. 2., gänzlich umgearbeitete Auflage. 133 S. 8°. Leipzig, Insel-Verlag. 3 (4,50) M.

Keller, Lieblingsthemen der Musiker. Deutsche Militärmusikerzeitung XXXIV, 37 f.

Knayer, Die Kirchentonarten in Chopins Werken. Neue Musikzeitung XXXIII, 15.

Konschitzky, Die Musik als Kunst. Der Musiksalon IV, 12, 13.

Kühne, Oswald, Pfitzner als Erneuerer des Marsches. Kunstwart XXV, 22.

La Tombelle, L'oratorio et la Cantate. La Tribune de Saint Gervais XVII, 6 ff.

Laugwitz, Leitmotivische Ketzereien. Signale für die musikalische Welt LXX, 31.

Liebich, Symptoms of musical progress. Musical Standard XXXVIII, 969.

Linke, Das Leitmotiv bei Wagner. Der Merker III, 10.

Löbmann, Hugo, Zur Geschichte des Taktierens und Dirigierens. III, 104 S. kl. 8°. Düsseldorf, L. Schwann. 1,30 M.

Madenski, Etwas vom Kontrabaßspiele. Musikpädagogische Zeitschrift II, 3.

Maitland, A note on the interpretation of musical ornaments. Sammelbände der Internationalen Musikgesellschaft XIII, 4.

Mennicke, Stirbt die Kunst? Hesses deutscher Musikkalender.

Moser, Nietzsche und die Geschichte der Oper. Allgemeine Musikzeitung XXXIX, 23.

Nagel, Musikkultur. Neue Musikzeitung XXXIV, 1.

Nessig, Was ist gute und was ist schlechte Musik? Die Tonkunst XVI, 15.

Niemann, Musikalische Exotik. Die Musik XI, 17.

Nietzsche, Frdr., Randglossen zu Bizets »Carmen«. Herausgegeben von H. Daffner. Regensburg, G. Bosse.

Otaño, Decadencia y restauración. Musica Sacro-Hispana V, 11.

Parker, A word on modern melody. Musical Standard XXXVIII, 974.

Parker, The music of the future. The Monthly Musical Record XXXXII, 498.

Parry, C., Hubert H., Style in musical art. 452 p. London, Macmillan. 12,60 M.

Pommer, Definition des Begriffs »Volkslied«. Das deutsche Volkslied XIV, 5.

Puttmann, Die Tonmalerei in der Vokalmusik. Deutsche Arbeiter-Sängerzeitung, 45 ff.

Ralph, Applied art in music. The Monthly Musical Record XXXXII, 498 f.

Redenbacher, Das Pathos bei Chopin. Neue Musikzeitung XXXIII, 17.

Reinecke, Der Idealgesangston im Lichte der Wissenschaft. Deutsche Sängerbundzeitung IV, 24.

Reinecke, W., Vom Sprechton zum Sington. Leipzig, Dörffling & Franke. Gebunden 1,50 M.

Riemann, Hugo, Die Musik des 18. und 19. Jahrhunderts. Die großen deutschen Meister. Leipzig, Breitkopf & Härtel. 10 M.

Riemann, Die Taktfreiheiten in Brahms Liedern. Die Musik XII, 1.

Rietsch, Heinrich, Der Stil in der Musik. Zeitschrift der Internationalen Musikgesellschaft XIV, 2.

Rodgers, An analysis of choral tone. The Musical Times LIII, 833.

Rothard, Musikalische Renaissance. Die Brücke, Gr.-Lichterfelde-Berlin, April.

Rousseau, Le Rythme libre et le Rythme mesuré. Revue Grégorienne II, 1.

Rusca, Studi critici sul »Tristano e Isotta«. Rivista musicale Italiana XIX, 2.

Schaefer, Karl L., Einführung in die Musikwissenschaft auf physikalischer und psycho-physiologischer Grundlage. Leipzig, Breitkopf & Härtel.

Schmidl, Wege zu Strauß. Deutsche Militärmusikerzeitung XXXIV, 25.

Schmidt, Die Urteilslosigkeit in der Musik. Deutsche Militärmusikerzeitung XXXIV, 12 f.

Schreyer, Johs., Beiträge zur Bach-Kritik. 2. Heft. 75 S. 8°. Leipzig, C. Merseburger. 1 M.

Scott, The problem of combining Violin and Pianoforte in composition. The Musical Times LIII, 836.

Seeberger, Karl, Zur Psychologie der absoluten und der Programmmusik. Archiv für die gesamte Psychologie XXIV, 1.

Seidl, Art., Moderner Geist in der deutschen Tonkunst. Regensburg, G. Bosse. Gebunden 2 M.

Specht, Zur Brahmsschen Symphonik. Die Musik XII, 1.

Stieglitz, Olga, Einführung in die Musikästhetik. VIII, 171 S. mit Figuren. gr. 8°. Stuttgart, J. G. Cotta Nachf. 3,50 M.

Straeten, E. van der, The Romance of the fiddle; the origin of the modern virtuoso and the adventures of his ancestors. 332 p. 8°. London, Rebman. 23,20 Fr.

Virtuosity and Interpretation. Musical News XLIII, 1130.

Waiblinger, Erwin, Dur und Moll. Archiv für die gesamte Psychologie XXIV, 1.

Weingartner, Fel., Akkorde. Gesammelte Aufsätze. Breitkopf & Härtels Musikbücher. IV, 295 S. 8°. Leipzig, Breitkopf & Härtel. 5 (6) M.

Welker, Das Lied in der Oper. Signale für die musikalische Welt LXX, 36.

Welker, Der Dialog in der Oper. Signale für die musikalische Welt LXX, 37.

Westarp, Alfred, Du sentiment musical. Bulletin de l'Institut général psychologique. November-Dezember 1911.

Wetzel, Zur Harmonik bei Brahms. Die Musik XII, 1.

Wetzel, Hauptfragen der musikalischen Rhythmik und Motivlehre. Musikpädagogische Blätter XXXV, 15 ff.

Wexberg, Zur Psychologie der musikalischen Form. Der Merker III, 8.

Williams, C. F. Abdy, The Aristoxenian theory of musical rhythm. 208 p. 8°. Cambridge, University Press. 16 Fr.

Wolf, Alfred, Vom Tempo. Die Musik XII, 6.

Wustmann, Tonartensymbolik zu Bachs Zeit. Bachjahrbuch 1911.

Wyzewa, T. de, et Saint-Foix, G. de, Mozart; sa vie musicale et son œuvre de l'enfance à la pleine maturité 1756—1777. Essai de biographie critique suivi d'un nouveau catalogue chronologique de l'œuvre complète du maitre. XIV, 528 et 460 p. avec fig. 8°. Paris, Perrin. 25 Fr.

Auerbach, Alfred, Sprachkunst? Schaubühne VIII, 39.

Bab, Jul., Die Veredelung des Kientopps. Die Gegenwart XLI, 47.

Bab, Jul., Kainz und Matkowsky. Ein Gedenkbuch. 101 S. mit 4 Bildnissen. 8°. Berlin, Österheld & Co. 2 (2,50) M.

Batcave, Louis, Le Théâtre de Société dans la baulieue Parisienne au XVIII. Siècle. Revue bleue, 17. August.

Berg, W., Die Sprechkunst. Velhagen & Klasings Monatshefte XXVII, 3.

Bordeaux, H., La vie au théâtre. Revue hebdomadaire 3. Februar.

Brahm, Otto, Der junge Kainz. Die neue Rundschau XXIII, 12.

Bülow, Marie v., Rednerische Schulung. Der Kunstwart XXVI, 3.

Cahn-Speyer, Über einige typische Fehler bei der Inszenierung älterer Opern. Der Merker XI, 14.

Christ, Jos. Ant., Schauspielerleben im 18. Jahrhundert. Erinnerungen. Zum ersten Male veröffentlicht von Rud. Schirmer. 336 S. mit Bildnissen. 8°. Ebenhausen b. München, W. Langewiesche-Brandt. 1,80 M.

Dessoir, Max, Der Regisseur und seine Kunst. Vossische Zeitung Nr. 580, 13. November.

Duncan, Isidora, Les idées d'Isidora Duncan sur la danse. Revue mensuelle de musique VIII, 2, 3.

Ewald, Oskar, Zur Psychologie des Redners. Der März VI, 38.

Fred, W., Lichtspiel und Variété. Die Schaubühne VIII, 40 ff.

Gerhäuser, Die Übertragung der modernen Inszenierungsprinzipien auf die Oper. Die deutsche Bühne IV, 13.

Hedgcock, Frank A., A Cosmopolitan actor: David Garrick and his French friends. 442 p. 8°. London, Paul. 13 M.

Houroth-Loewe, Lisa, Rezitation und Schauspielkunst. Vossische Zeitung Nr. 268, 29. Mai.

Jacobsohn, Siegfried, Das Jahr der Bühne. Berlin, Österheld & Co. 3 M.

Kaffenberger, H., Das Dreischauspielergesetz in der griechischen Tragödie. Diss. 53 S. 8°. Gießen 1911.

Krüger, Max, Über Bühne und bildende Kunst. München, R. Piper & Co. 3 M.

Lecomte, L. H., Histoire des théâtres de Paris. Les Fantaisies parisiennes; l'Athénée; le Théâtre Scribe; l'Athénée comique 1865—1911. 231 p. 8°. Paris, Daragon. 8 Fr.

Luserke, M., Über die Tanzkunst. 55 S. gr. 8°. Berlin, Hesperus-Verlag. 1 M.

Knudsen, Hans, Heinrich Beck, ein Schauspieler aus der Blütezeit des Mannheimer Theaters 1760—1803. Leipzig, L. Voß. 5,50 M.

Reese, G. H., Studien und Beiträge zur Geschichte der englischen Schauspielkunst im Zeitalter Shakespeares. Diss. 36 S. 8°. Jena 1911.

Rhodos, Aristoteles: Die Kunst des Redens. 95 S. 8°. Berlin-Weißensee, E. Bartels. 2,30 M.

Roenneke, R., Franz Dingelstedts Wirksamkeit am Weimarer Hoftheater. Ein Beitrag zur Theatergeschichte des 19. Jahrhunderts. Dissertation. 233 S. 8°. Greifswald.

Schlaikjer, Erich, Gegenwart und Zukunft der deutschen Schaubühne. 82 S. kl. 8°. Stuttgart, Verlag für Volkskunst. 0,80 M.

Schlaikjer, E., Die Erzählung des Regisseurs. Literarisches Echo XIV, 22.

Schreyer, Lothar, Vom Verfall der Bühnenkunst. Xenien V, Februar, März.

Sonnenthal, Adolf v., Briefwechsel. Nach den Originalen herausgegeben von Hermine v. Sonnenthal. 2 Bände. VIII, 356 u. 259 S. 8°. Stuttgart, Deutsche Verlags-Anstalt. 10 (13) M.

Suarès, André, Beauté de la danse. La Nouvelle Revue Française IV, 44.

Tannenbaum, Herb., Kino und Theater. 36 S. 8°. München, M. Steinebach. 0,75 M.

Verde, Rosario, Studi sull' imitazione spagnuola nel teatro italiano del Seicento. I: G. A. Cicognini. XVI, p. 140. 16°. Catania. 2,50 L.

Walser, Karl, Das Theater. Bühnenbilder und Kostüme. Mit Text von Oskar Bie. 35 S. mit farbigen Abbildungen u. 34 (26 farbigen) Tafeln. Berlin, B. Cassirer. 25 (50) M.

Welker, Schauspielkunst und Operndarstellung. Der neue Weg XLI, 30.

Wildermann, Zur Frage der Bühnenbilder bei Wagners Werken. Rheinische Musik- und Theaterzeitung XIII, 36, 37.

4. Wortkunst.

Aellen, Eug., Quellen und Stil der Lieder Paul Gerhardts. Ein Beitrag zur Geschichte der religiösen Lyrik des 17. Jahrhunderts. VIII, 105 S. gr. 8°. Bern, A. Francke. 2,40 M.

Albalat, A., Comment il faut lire Bossuet. Revue bleue 7. September.

Albalat, A., Comment il faut lire Molière. Revue bleue 31. August.

Altrock, Herm., Parallelismus und Antithese in den Dramen Rostands. Berlin, Weidmann. 3 M.

Bab, Jul., Björnson als Dramatiker. Die Schaubühne VIII, 30, 31.

Baccelli, Alfredo, La poesia delle alpi. Nuova Antologia XLVII, 1. Juli.

Bäumler, Albin Alfred, Drama und Bühne. Der März VI, 40.

Bayer, H., Die Entwicklung des Epithetons bei Jean Paul. Diss. 137 S. 8°. Greifswald 1911.

Bednara, E., Verszwang und Reimzwang. Progr. 48 S. 8°. Leobschütz.

Behrens, H., Francisque Sarceys Theaterkritik. Diss. 127 S. 8°. Greifswald 1911.

Belzner, E., Homerische Probleme. II. Die Komposition der Odyssee. VIII, 272 S. gr. 8°. Leipzig, B. G. Teubner. 8 (9,50) M.

Benn, Joachim, Literarischer Stil. Die Rheinlande, Deutsche Monatshefte XII, 7.

Berck, A., Der Nabob bei Thackeray. Diss. 126 S. 8°. Würzburg 1911.

Berg, N., Dramatisk dikt i fyra akter efter lord Byrons »The Giaour«. 38 p. 8°. Stockholm, Hirsch, 1911. 1,10 M.

Beutler, K. A., Über Lord Byrons »Hebrew Melodies«. Dissertation. 192 S. 8°. Leipzig.

Blasi, Iol. de, Pietro Cossa e la tragedia italiana. 210 p. 8°. Firenze, Lumachi 1911. 3 L.

Bolze, Die Modernisierung der antiken Chortragödie. Xenien V, Januar.

Borak, F., Der Übermensch bei Byron, Stowacki, Ibsen und Nietzsche. Xenien V, September, Oktober, November.

Borghese, G. A., Idee e forme di Giovanni Pascoli. Nuova Antologia XXXXVII, 1. September.

Borinski, Karl, Deutsche Poetik. 4., verb. Aufl. 167 S. Berlin, G. J. Göschen. 0,80 M.

Bourget, P., L'art de Sully Prudhomme. Revue hebdomadaire, 17. Februar.

Bradley, Oxford Lectures on Poetry. London, Macmillan.

Brandes, Georg, Armand Carrel. 170 p. 8°. Kjoebenhavn, Gyldendal, 1911. 4 M.

Brandes, Georg, Hans Christian Andersen et ses contes. La revue (des revues) XXIII, 13.

Brod, Max, Die Axiome über das Drama und Shakespeare. Die Schaubühne VIII, 34, 35.

Brodnitz, Käthe, Der junge Tieck und seine Märchenkomödien. 124 S. gr. 8°. München, Walhalla-Verlag. 2,80 M.

Brügmann, P., Schillers spätere Dramen im Lichte seiner ästhetisch-sittlichen Weltanschauung. Progr. 33 S. 4°. Havelberg 1911.

Büchner, A., Zu Ludwig Anzengrubers Dramatechnik. Diss. 150 S. 8°. Gießen 1911.

Bulthaupt, Heinr., Literarische Vorträge. Aus dem Nachlaß ausgewählt und durchgesehen von H. Kraeger. III, 354 S. 8°. Oldenburg, Schulze. 4 (5) M.

Busse, Adolf, Der Monolog in Schillers Trauerspielen. Zeitschrift für den deutschen Unterricht XXVI, 9.

Caro, Jos., Shaw und Shakespeare. Festschrift zum 15. Neuphilologentage in Frankfurt.

Cestre, Charles, Bernhard Shaw et son œuvre. Paris, Mercure de France.

Claretie, Léo, Histoire de la littérature française (900—1910). V: Les contemporains (1900—1910). 638 p. 8°. Paris, Ollendorff. 6 Fr.

Claus, P., Rhythmik und Metrik in Sebastian Brants Narrenschiff. Diss. 56 S. 8°. Straßburg 1911.

Clérembray, F., Flaubertisme et Bovarysme. 77 p. 8°. Rouen, Lestringant.

Culcasi, Carlo, L'arte della parola. p. 250. 8°. Catania. 2 L.

Dantec, F. le, La méthode pathologique et le langage actuel. Revue Philosophique XXXVII, 12.

Dauzat, La Philosophie du Langage. 331 S. Paris, E. Flammarion.

Diede, O., Der Streit der Alten und Modernen in der englischen Literaturgeschichte des 16. und 17. Jahrhunderts. Diss. 139 S. 8°. Greifswald 1911.

Donat, A., Pestalozzis Roman »Lienhard und Gertrud« als Kunstwerk betrachtet. Progr. 28 S. 8°. Pilsen.

Douady, J., La mer et les poètes anglais. 387 p. 18°. Paris, Hachette. 3,50 Fr.

Düber, R., Beiträge zu Henry Fieldings Romantechnik. Diss. 76 S. 8°. Halle 1910.

Dumesnil, René, Flaubert et le théâtre. Mercure de France XCVIII, 362.

Edlich, B., Jean François de la Harpe als Kritiker der französischen Literatur im Zeitalter Ludwigs XIV. nach seinem »Cours de Littérature ancienne et moderne«. Diss. 43 S. 8°. Leipzig 1910.

Ernst, Paul, Ein Credo. 2 Bände. VIII, 235 u. 22 S. 8°. Berlin, Meyer & Jessen. 8 (10) M.

Everth, Erich, Über künstlerische Kraft im 2. Teil des Faust. Masken VII, 14—17.

Everth, Erich, Wilhelm Rabe. 35 S. Leipzig, Xenien-Verlag. 1 M.

Fach, Thdr., Die Naturschilderung bei Charles Nodier. VIII, 85 S. gr. 8°. Halle, M. Niemeyer. 3 M.

Faesi, Rob., Paul Ernst und die neuklassischen Bestrebungen im Drama. Leipzig, Xenien-Verlag. 2 M.

Fahrion, Karl, Die Sprachphilosophie Lockes. Archiv für Geschichte der Philosophie XXVI (XIX), 1.

Farinelli, A., Hebbel e i suoi drammi. X, 276 p. 8°. Bari. 4 L.

Feichtinger, W. M., Die Rolle des »Vertrauten« in der klassischen Tragödie der Franzosen. Progr. 33 S. 8°. Wien.

Ferenczi, S., Symbolische Darstellung des Lust- und Realitätsprinzips im Ödipus-Mythos. Imago I, 3.

Flat, Paul, Littérature et Physiologie. Revue bleue.

Foltz, O., Bilderreden in Herbarts Schriften. 34 S. 12°. Langensalza, H. Bayer & Söhne. 0,45 M.

Fontana, Oskar Maurus, Der unsterbliche Mensch (als Sinn der Dichtung). Vossische Zeitung Nr. 609, 29. November.

Friedemann, H., Das Formproblem des Dramas. Diss. 95 S. 8°. Erlangen 1911.

Friedemann, Herm., Die dritte Romantik. Der März VI, 34.

Fuhrmann, Karl, Raimunds Kunst und Charakter. 78 S. 8°. Berlin, E. Hofmann & Co. 1,50 M.

Gerlach, Kurt, Die dichterische Ausgestaltung der pädagogischen Ideen in Pestalozzis »Lienhard und Gertrud«. Eine literarhistorische, ästhetische und pädagogische Studie nebst einem Anhang über die bisher noch nicht untersuchte Schrift Pestalozzis: »Memorial über Verbrecher und Strafen«. 138 S. gr. 8°. Berlin, Union, Zweigniederlassung. 1,80 M.

Golther, Wolfg., Die deutsche Dichtung 800—1500. VIII, 602 S. gr. 8°. Stuttgart, J. B. Metzler. 6,75 (8) M.

Gorra, Origini, Spiriti e forme della poesia amorosa di Provinza. Rendiconti del R. Istituto Lombardo XLIV, 16—20.

Grosch, W., Bote und Botenbericht im englischen Drama bis Shakespeare. 126 S. 8°. Diss. Gießen 1911.

Günther, Beiträge zur Systematik und Psychologie des Rotwelsch. Archiv für Kriminalanthropologie und Kriminalistik XLVI, 1—3.

Hamel, Frank, Jean de La Fontaine. 390 p. 8°. London, S. Paul, 1911. 20 Fr.

Hart, Jul., Das Kleist-Buch. 535 S. 8°. Berlin, W. Borngräber. 5 (6) M.

Hasse, H., Beiträge zur Stilanalyse der mohamedanischen Predigt. Zeitschrift für deutsche Philologie 441.

Hauck, P., Die naturwissenschaftliche Weltanschauung als Schöpferin der französischen Literatur des 19. Jahrhunderts. Die Grenzboten LXXI, 27, 28.

Havenstein, Martin, Literaturwissenschaft und Dichtung. Preußische Jahrbücher CXLIX, 3.

Hecht, Geo., Gerhart Hauptmann. Traktat über Kunst und Pathos. 109 S. gr. 8°. Leipzig, G. Engel. 1,80 M.

Hocart, A. M., The Psychological Interpretation of Language. The British Journal of Psychology V, 3.

Hoche, P., Zur Psychologie des Schlagwortes. Kunstwart XXV, 22.

Hochfeld, Sophus, Das Künstlerische in der Sprache Schopenhauers. XI, 170 S. gr. 8°. Leipzig, J. A. Barth. 5 M.

Hübner, Fritz, Ein Wort über D'Annunzio. Von Bildern und von Vergleichen. Kunstwart XXV, 24.

Ideler, R., Zur Sprache Wielands. Sprachliche Untersuchungen im Anschluß an Wielands Übersetzung der Briefe Ciceros. (Ergänzungen und Nachträge.) II. Teil. 35 S. 8°. Progr. Torgau.

Ilg, J., Ziele und Wege der neueren deutschen Poetik. Progr. 46 S. 8°. Urfahr.

Jügler, R., Über die Technik der Charakterisierung in den Jugendwerken von Charles Dickens (Sketches, Pickwick Papers, Oliver Twist, Nicholas Nickleby). Diss. 68 S. 8°. Halle.

Kauffmann, Frdr., Deutsche Metrik nach ihrer geschichtlichen Entwicklung. Neue Bearbeitung der aus dem Nachlaß A. F. C. Vilmars von C. W. M. Grein herausgegebenen »Deutschen Verskunst«. 3. Aufl. VII, 262 S. gr. 8°. Marburg, N. G. Elwerts Verl. 4,50 (5,20) M.

Keiter, Heinrich, und Kellen, Tony, Der Roman. Theorie und Technik des Romans und der erzählenden Dichtung, nebst einer geschichtlichen Einleitung. 4., verb. u. verm. Aufl. Essen a. d. Ruhr, Fredebeul u. Koenen.

Kiehne, Herm., Aus dem Atelier der lyrischen Kunst. Versuch einer graphischen Darstellung des Kunstgehalts der Lyrik. III, 36 S. 16°. Nordhausen, Selbstverlag. (Nur direkt.) 1 M.

Kolbenheyer, E. G., Das Bild in seinem Wert für die Beurteilung einer Dichtung. Kunstwart XXV, 21.

Korrodi, Eduard, C. F. Meyer-Studien. IX, 155 S. 8°. Leipzig, H. Haessel Verl. 3 M.

Kosch, W., Das deutsche Drama im Zeitalter der Romantik. Historisch-politische Blätter CXLIX, 10.

Kosch, Wilhelm, Menschen und Bücher. Ges. Reden und Aufsätze. Leipzig, Dyksche Buchhandlung. 5,50 M.

Köster, Albert, Das Bild an der Wand. Eine Untersuchung über das Wechselverhältnis zwischen Bühne und Drama. Bühne und Welt XIV, S. 401.

Krauß, Rudolf, Vom Nichterkennen und von der Erkennung im Drama. Bühne und Welt XV, 6.

Kreisler, K., Über die Prinzipien einer modernen Homerübertragung. Progr. 17 S. 8°. Brünn.

Kricker, Gottfr., Theodor Fontane. Von seiner Art und ep. Technik. XII, 158 S. gr. 8°. Berlin, G. Grote. 4 M.

Kuhn, W., Heinrich von Kleist und das deutsche Theater. 148 S. 8°. München, Hans-Sachs-Verlag. 3,20 M.

Lardeur, J. B., La vérité psychologique et morale dans les romans de M. Paul Bourget. Paris, Fontemang.

Lauckner, C., Die künstlerischen und politischen Ziele der Monographie Sallusts über den Jugurthinischen Krieg. Diss. 64 S. 8°. Leipzig.

Lebede, H., Goethes Faust synoptisch. Berlin, W. Borngräber. 8 M.

Lehmann, Paul, Literaturgeschichte im Mittelalter. Germanisch-Romanische Monatsschrift IV, 11.

Leitzmann, A., Zu Hebbels Judith. Zeitschrift für deutsche Philologie XLIV, 1.

Lessing, Theodor, Dramaturgisches. Die Schaubühne VIII, 28, 29, 41.

Lessing, Theodor, Wort und Bühne. Die Schaubühne VIII, 36.

Linde, Ernst, Kind und Lyrik. Zeitschrift für den deutschen Unterricht XXVI, 11.

Loehrke, O., Die künstlerische Bedeutung des Fremdwortes bei Gottfried Keller. Diss. 68 S. 8°. Greifswald 1911.

Löffler, W., Die literarischen Urteile der Frau von Sévigné nach ihren Briefen. Ein Beitrag zur Geschichte des literarischen Geschmacks in Frankreich. Diss. 127 S. 8°. Heidelberg.

Lollis, C. de, Per la reeditione del Berchet V. (Appunti sulla lingua poetica del Carducci.) La Cultura XXXI, 7, 8.

Mackenzie, A. S., The evolution of literature. 456 p. 8°. London, Murray, 1911. 13,20 M.

Mahrholz, Wern., Julius Mosens Prosa. Ein Beitrag zur Literaturgeschichte der Romantik und des jungen Deutschland. 115 S. gr. 8°. Weimar, A. Duncker, Verl. 3,60 M.

Marchini Capasso O., Goldoni e la commedia dell' arte. XVI, p. 306. 16°. Napoli. 3 L.

Marcinowski, J., Drei Romane in Zahlen. Zentralblatt für Psychoanalyse II, 12.

Martinon, P., Les strophes. Étude historique et critique sur les formes de la poésie lyrique en France, depuis la Renaissance, avec une bibliographie chronologique et un répertoire général. XX, 616 p. 8°. Paris, Champion. 15 Fr.

Matthaei, O., Konrads von Megenberg Deutsche Sphaera und die Übersetzungstechnik seiner beiden deutschen Prosawerke. Teil I, Kapitel 3 u. Teil II. Diss. 108 S. 8°. Berlin.

May, J., Rhythmen in Ciceros Reden. Progr. 12 S. 4°. Durlach.

Maync, Harry, Eduard Mörike. Sein Leben und Dichten, dargestellt. 2., stark überarb. u. verm. Aufl. XI, 443 S. mit 1 Bildnis. gr. 8°. Stuttgart, J. G. Cotta Nacht. 6,50 (7,50) M.

Mélia, Jean, Stendhal et ses commentateurs. 417 p. 18°. Paris, Mercure de France, 1911. 3,50 Fr.

Menschel, W., Der literarische Bauerntypus in französischen Dichtungen des 16. und 17. Jahrhunderts. Diss. IX, 153 S. 8°. Greifswald.

Meyer, Richard M., Kritische Poetik. Neue Jahrbücher für das klassische Altertum XV, 9.

Meyer, W., Der Wandel des jüdischen Typus in der englischen Literatur. Diss. XI, 88 S. 8°. Marburg.

Momigliano, Felice, La critica letteraria di Carlo Cataneo. Nuova Antologia XLVII, 1. September.

Morgan, Bayard Quincy, Nature in Middle High German lyrics. VIII, 220 S. gr. 8°. Göttingen, Vandenhoeck & Ruprecht. 7 (7,80) M.

Moses, Belle, Charles Dickens. 344 p. 8°. London, Appleton. 6,25 M.

Müller, N., Die deutschen Theorien der Idylle von Gottsched bis Geßner und ihre Quellen. Diss. 77 S. 8°. Straßburg 1911.

Muris, W., Dramatische Technik und Sprache in den Trauerspielen Dan. Cas.'s v. Lohenstein. Ein Beitrag zur Charakteristik des Renaissancedramas im 17. Jahrhundert. Diss. 116 S. 8°. Greifswald 1911.

Necker, Moritz, Aphorismen über Literaturwissenschaft. Literarisches Echo XIV, 20.

Oertel, Otto, Deutscher Stil. Eine Handreichung. V, 122 S. 8°. Leipzig, B. G. Teubner. 1,80 M.

Ossip-Lourié, Le langage et la verbomanie; essai de psychologie morbide. 280 p. 8°. Paris, Alcan. 5 Fr.

Pacheu, J., De Dante à Verlaine. Paris, Tralin.

Parzinger, P., Beiträge zur Kenntnis der Entwicklung des Ciceronischen Stils. II. Teil. Progr. 64 S. 8°. Dillingen.

Patterson, F. A., The middle English penitential lyric. 212 p. 8°. London, Frowde. 8,15 M.

Péladan, La thériaque; précédée de la morale dans le roman. XXIV, 304 p. 16°. Paris, Fontemoing. 3,50 Fr.

Peters, E., Marie-Joseph Chénier als Kritiker und satirischer Dichter. Diss. 210 S. 8°. Leipzig 1911.

Petsch, Rob., Deutsche Dramaturgie von Lessing bis Hebbel. LII, 214 S. kl. 8°. München, G. Müller & E. Rentsch. 2,50 M.

Petsch, R., Die Kunst der Charakteristik in Lessings Minna von Barnhelm. Zeitschrift für den deutschen Unterricht XXVI, 5.

Petsch, Robert, Zur Psychologie der Emilia Galotti. Zeitschrift für den deutschen Unterricht XXVI, 8.

Pinthus, K., Die Romane Levin Schückings. Ein Beitrag zur Geschichte und Technik des Romans. Diss. 166 S. 8°. Leipzig 1911.

Pischel, R., Der Vers in Richard Wagners »Ring der Nibelungen«. Progr. 24 S. 4°. Wien.

Pniower, Otto, Dichtungen und Dichter. Essays und Studien. 373 S. 8°. Berlin, S. Fischer. 5 (6) M.

Pocck, Wilhelm, Die See in der plattdeutschen Lyrik. Die Grenzboten LXXI, 43.

Pons, Silvio, La Perfection vide, de Théophile Gautier; l'artiste et le penseur. 15 p. 16°. Pinerolo, tip. Sociale, 1911.

Rank, Otto, Das Inzest-Motiv in Dichtung und Sage. Wien, F. Deuticke. 15 M.

Reichel, Eug., Gottsched. 2. (Schluß-)Band. 12, XXX, 955 und Namen- und Sachregister 55 S. gr. 8°. Berlin, Gottsched-Verlag. 11,50 (14) M.

Reik, Theodor, Arthur Schnitzler vor dem Anatol. Psychoanalytisches. Pan II, 32.

Renault, Paulin, La chanson éducatrice. V, 113 p. 16°. Bruxelles, Société belge de librairie, 1911. 2 Fr.

Reuter, A., Die Landschaft bei Homer. Progr. 28 S. 8°. Cuxhaven 1911.

Richter, S., Die Exposition bei Grillparzer. Einleitung und Kapitel V, Teil I: Sappho und »Des Meeres und der Liebe Wellen«. Diss. 36 S. 8°. Breslau 1911.

Rillosi, Attilio, Studi sul romanzo storico nel secolo XIX. I: I nostri nonni, di Fanny Ghedini Bortolotti. 85 p. 4°. Mantova, tip. G. Mondovi.

Rose, Henry, On Maeterlinck: or Notes on the study of symbols, with special reference to The Blue Bird. 134 p. 12°. London, Fifield, 1911.

Rose, Über die Anschaulichkeit der deutschen Sprache im Unterricht. Zeitschrift für den deutschen Unterricht XXVI, 10.

Rosenbauer, A., Leconte de Lisles Weltanschauung. Eine Vorstudie zur Ästhetik der école parnassienne. I. Teil. Progr. 44 S. 8°. Regensburg.

Rotter, Kurt, Der Schnaderhüpfl-Rhythmus. Vers- und Periodenbau des ostälpischen Tanzlieds, nebst einem Anhang selbstgesammelter Lieder: 34 Liedsätze aus dem Pinzgau und 10 Ländlerweisen. Eine Formuntersuchung. VIII, 236 S. u. 45 S. gr. 8°. Berlin, Mayer & Müller. 8 M.

Sainati, A., La lirica di Torquato Tasso. Parte I. p. 320. 8°. Pisa. 8 L.

Saisset, L. et Fr., Un type de l'ancienne comédie: le capitan matmore. Mercure de France XCVIII, 16. April.

Sattler, Herm., Honoré de Balzacs Roman La peau de chagrin. III, 160 S. gr. 8°. Halle, M. Niemeyer. 5 M.

Schmieder, Arno, Erleben und Gestalten. Ein Aufsatzpraktikum für höhere Schulen. IV, 108 S. 8°. Leipzig, B. G. Teubner. 1,60 (2) M.

Schmitt, H., Shelley als Romantiker. Diss. 52 S. 8°. Marburg 1911.

Schneider, H., Der Gebrauch des attributiven Beiworts in Schillers und Goethes Versdramen. Diss. 167 S. 8°. Gießen 1911.

Schneider, H., Untersuchungen über die Staatsbegräbnisse und den Aufbau der öffentlichen Leichenreden bei den Athenern in der klassischen Zeit. Berlin, Mayer & Müller. 1,60 M.

Schoeffler, H., Die Stellung Huysmans im französischen Roman. Diss. 80 S. 8°. Leipzig 1911.

Schroeder, O., Über den gegenwärtigen Stand der griechischen Verswissenschaft. Progr. 28 S. 4°. Naumburg.

Schultz, A., Das Fremdwort bei Theodor Fontane. (Briefe, Grete Minde, L'Adultera, Irrungen — Wirrungen.) Ein Beitrag zur Charakteristik des modernen realistischen Romans. Diss. 126 S. 8°. Greifswald.

Schulze, B., Kleists »Penthesilea« oder von der lebendigen Form der Dichtung. Leipzig, Teubner.

Schumann, Wolfgang, Literaturwissenschaft. Kunstwart XXV, 20.

Schwetje, J., Stilistische Beiträge zu Friedrich Hölderlins »Hyperion«. Diss. 116 S. 8°. Greifswald 1911.

Sebrecht, F., Berthold Auerbachs dramaturgische Studien. Diss. 73 S. 8°. Würzburg.

Séché, L., Le cénacle de Joseph Delorme (1827—1830). 402 et 303 p. avec pl. 8°. Paris, Mercure de France. 15 Fr.

Simmel, Geo., Goethe. VIII, 264 S. 8°. Leipzig, Klinkhardt & Biermann. 4 (4,80) M.

Simone, Brouwer Francesco de, La Grecia moderna: raccolta di scritti neoellenici. (Studi critici e letterari, note, saggi di lingua, traduzioni, bibliografie.) Serie II. 108 S. 8°. Napoli. 6 L.

Spire, André, La Technique du Vers français. Mercure de France XCVIII, 363.

Steinweg, Karl, Goethes Seelendramen und ihre französischen Vorlagen. Ein Beitrag zur Erklärung der Iphigenie und des Tasso sowie zur Geschichte des deutschen und französischen Dramas. XI, 258 S. gr. 8°. Halle, M. Niemeyer. 7 M.

Stöcker, W., Pineros Dramen. Studien über Motive, Charaktere und Technik. Diss. 78 S. 8°. Marburg 1911.

Stölten, O., Die Entwicklung des bildlichen Ausdrucks in der Sprache Viktor Hugos nach den poetischen Werken aus den verschiedenen Schaffensperioden des Dichters. Diss. 96 S. 8°. Jena 1911.

Studien zur Literaturgeschichte. Albert Köster zum 7. November 1912 überreicht. Leipzig, Insel-Verlag. 9 M.

Taufkirch, R., Die Romankunst von Thomas Hardy. Diss. 58 S. 8°. Marburg.

Thibeaudet, Albert, Reflexions sur le roman. La Nouvelle Revue Française IV, 44.

Thurau, Gust., Singen und Sagen. Ein Beitrag zur Geschichte des dichterischen Ausdrucks. VIII, 140 S. mit 4 (1 Doppel-)Tafel. 8°. Berlin, Weidmann. 4 M.

Tibal, A., Hebbel, sa vie et ses œuvres, de 1813 à 1845. X, 719 p. 8°. Paris, Hachette, 1911.

Tonnelat, E., Les contes des frères Grimm. Étude sur la composition et le style du recueil des Kinder- und Hausmärchen. 216 p. 8°. Paris, Colin. 10 Fr.

Tonnelat, E., Les frères Grimm; leur œuvre de jeunesse. XII, 438 p. 8°. Paris, Colin. 7,50 Fr.

Vulliod, A., Pierre Rosegger; l'homme et l'œuvre. XII, 522 p. 8°. Paris, Alcan. 10 Fr.

Wallace, Charles William, The evolution of the English drama up to Shakespeare, with a history of the first Blackfriars theatre. A survey based upon original records now the first time collected and published. (Auch mit deutschem Titel.) XXI, 246 S. gr. 8°. Berlin, G. Reimer. 10 (11) M.

Ward, A. W., and Waller, A. R., The Cambridge History of English Literature. VII. Cavalier and Purtan. VIII. The age of Dryden. 564 et 530 p. 8°. Cambridge, University Press. Jeder Bd. 11,40 M.

Weißmann, C., De servi currentis persona apud comicos Romanos. Diss. 47 S. 8°. Gießen 1911.

Wentzel, Hans v., Wieviel Akte soll ein Theaterstück haben? Bühne und Welt XV, 2.

Wilamowitz-Moellendorff, Ulr. v., Sappho und Simonides. Berlin, Weidmann. 6 M.

Winternitz, M., Geschichte der indischen Literatur. 2. Band, 1. Hälfte. Die buddhist. Literatur. VI, 288 S. gr. 8°. Leipzig, C. F. Amelang. 7 M.

Wolfram, E., Psychologie in Märchengestalt. Dornröschen, Schneewittchen, Rotkäppchen, Hans im Glück. 45 S. 8°. Leipzig, M. Altmann. 0,75 M.

Wood, Henry, Faust-Studien. Ein Beitrag zum Verständnis Goethes in seiner Dichtung. VII, 294 S. 8°. Berlin, G. Reimer. 6 M.

Wurzbach, Wolfg. v., Geschichte des französischen Romans. I. Bd.: Von den Anfängen bis zum Ende des 17. Jahrhunderts. VIII, 409 S. 8°. Heidelberg, Carl Winter. 7 (8) M.

Zanardini, Lucia, G. B. Niccolini e la sua attività drammatica, con speciale riguardo alla figura di Arnaldo da Brescia nella tragedia omonima. 188 p. 8°. Brescia, tip. F. Apollonio, 1911.

Zendralli, A. M, Tommaso Gherardi del Testa 1814—81 Vita; studio critico sul suo teatro comico. Diss. 196 S. 8°. Bern 1910.

5. Raumkunst.

Allesch, G. v., Die Renaissance in Italien. Weimar, G. Kiepenheuer. Geb. 6 M.

Architektur-Plastik. Die Bauwelt III, 50.

Behne, Adolf, Kunstliteratur. Die Hilfe Nr. 30.

Biermann, G., Aufgaben der Kunstgeschichte. Die Kunst für Alle XXVIII, 3.

Bissing, Fr. W. v., Der Anteil der ägyptischen Kunst am Kunstleben der Völker. Festrede. 104 S. Lex. 8°. München, G. Franz' Verl. 3 M.

Burckhardt, Jak., Briefe an einen Architekten 1870—1889. XIII, 282 S. 8°. München, G. Müller & E. Rentsch. 4,50 (6) M.

Calosso, Achille Bertini, L'autonomia scientifica della Storia dell' arte. Rivista di Filosofia IV, 4.

Corwegh, Robert, F. Vrieslander, Künstlerisches Bekenntnis. Xenien V, April.

Duveen, Edward J., Colour in the Home. With Notes on Architecture. Sculpture, Painting, and upon Decoration and Good Taste. 4to, p. 180, and Plates. G. Allen. net 42.

Fenollosa, Ernest F., Ursprung und Entwicklung der chinesischen und japanischen Kunst. Deutsch von F. Milcke. Bearbeitet von Shinkichi Hara. 2 Bde. Leipzig, K. W. Hiersemann. 40 M.

Fuchs, Eduard, Geschichte der erotischen Kunst. Erweiterung und Neubearbeitung des Werkes Das erotische Element in der Karikatur mit Einschluß der ernsten Kunst. Mit 385 Illustrationen und 36 (zum Teil farbigen) Beilagen. XXII 412 S. Lex. 8°. München, A. Langen. Geb. in Leinwand 30 M.

Georgi, Walter, Der Impressionismus und die Kultur der Gegenwart. Deutsche Kunst und Dekoration XVI, 2.

Haendcke, B., Entwicklungsgeschichte der Stilarten. Ein Handbuch. VIII, 603 S. mit 348 Abbildungen und 12 farbigen Tafeln. Lex. 8°. Bielefeld, Velhagen & Klasing. 12,50 (15) M.

Hartlaub, G. F., Das Ende des Impressionismus. Die Güldenkammer III, 2.

Hartung, Hugo, Ziele und Ergebnisse der italienischen Gotik. IV, 83 S. mit 282 Abbildungen. Lex. 8°. Berlin, W. Ernst & Sohn. 4,50 (5,40) M.

Heber, E. A., Über Technik und Ökonomie des orientalischen Kunstfleißes. Orientalisches Archiv II, 4.

Herzog, Osw., Die stilistische Entwicklung der bildenden Küuste. Eine Einführung in das Wesen der Kunst. 124 S. mit 17 Tafeln. 8°. Berlin, C. Hause. 3 (4) M.

Hißbach, Die Region der Handwerker und bildenden Künstler in Wilhelm Meisters Wanderjahren. Eine Konversation Goethes über die Gestaltung des Kunstwesens in Berlin. Progr. 25 S. 4°. Apolda 1911.

Jaumann, Anton, Was ist Qualitätsarbeit? Innendekoration XXIII, September.

Klein, Tim, Was ist Kitsch? Die Plastik II, 10.

Körner, Jos., Germanische Renaissance. München, G. Müller & E. Rentsch. 2,50 M.

Leisching, Eduard, Theresianischer und Josephinischer Stil. Kunst und Kunsthandwerk XV, 10.

Maspero, Gaston, Geschichte der Kunst in Ägypten. XVI, 320 S. mit 565 Abbildungen und 4 Farbentafeln. 8°. Stuttgart, J. Hoffmann. Geb. in Leinwand 6 M.

Neuwirth, Jos., Illustrierte Kunstgeschichte. 1. Bd. Mit 684 Abbildungen im Texte und mit 21 mehr- und einfarbigen Tafelbildern. XI, 540 S. 2. Bd. Mit 683 Abbildungen im Texte und mit 40 mehr- und einfarbigen Tafelbildern. VII und S. 543—1072. Lex. 8°. München, Allgemeine Verlags-Gesellschaft. 12,50 u. 13,50 M.

Nonn, K., Christian Wilhelm Tischbein, Maler und Architekt 1751—1824. Diss. 78 S. 8°. Hannover 1911.

Ogden, Robert Morris, Post Impressionism. The Sewanee Review Quarterly, Aprilheft.

Peasant Art in Russia. Edited by Charles Holme. Studio Special-Nr. Folio, pp. 62, and plates. Studio. net 7/6; sd., net 5.

Poulsen, Frederik, Der Orient und die frühgriechische Kunst. VIII, 195 S. mit 197 Abbildungen. Lex. 8°. Leipzig, B. G. Teubner. 12 (14) M.

Ritter, H. A., Architektur und Plastik am Roland zu Bremen. Architektonische Rundschau XXIX, 3.

Runge, Ph. Otto, Schriften. In Auswahl herausgegeben von E. Hancke. Berlin, B. Cassirer.

Schultz, Alwin, Die bildenden Künste. Eine Einführung in das Verständnis ihrer Werke. 3. Aufl. der Einführung in das Studium der neueren Kunstgeschichte. Neu bearbeitet von Rud. Bernoulli. 252 S. mit 160 Abbildungen. gr. 8°. Leipzig, G. Freytag. — Wien, F. Tempsky. Geb. in Leinwand 6 M.

Sepp, Herm., Bibliographie der bayerischen Kunstgeschichte. Nachtrag für 1906 bis 1910. X, 208 S. Lex. 8°. Straßburg, J. H. E. Heitz. 12 M.

Treuge, Loth., Ars Peregrina. Berlin, O. v. Holten. 10 M.

Vocke, Gottfr., Zu Wilhelm Wätzoldts »Einführung in die bildenden Künste«. Die Plastik II, 7.

Wolff, Th, Der Marmor. Der Architekt XVIII, 7 ff.

Wulff, O., Ein Gang durch die Geschichte der altchristlichen Kunst mit ihren neuen Pfadfindern. Repertorium für Kunstwissenschaft XXXV, 2, 3.

Abigt, Emil, Das deutsche Landhaus. Architektur. Innendekorationen. Gärten. Unter Mitwirkung führender Männer herausgegeben. Mit weit über 800 Abbildungen zum Teil in Tondruck. VIII, 524 S. Lex. 8°. Wiesbaden, Westdeutsche Verlagsgesellschaft. Geb. in Leinwand 12 M.

Alberti, Leon Battista, 10 Bücher über die Baukunst. Ins Deutsche übertragen, eingeleitet und mit Anmerkungen und Zeichnungen versehen durch Max Theuer. LXIV, 739 S. Lex. 8°. Wien, H. Heller & Co. 25 (30) M.

Bartmann, Ein moderner Kirchturm. Die christliche Kunst VIII, 12.

Börrmann, R., Die geschlossenen Platzanlagen im Altertum und in neuerer Zeit. 31 S. mit 28 Abbildungen. Lex. 8°. Berlin, W. Ernst & Sohn. 3,20 M.

Burgmüller, Karl, Der moderne Holzbaustil. Eine Sammlung von Originalentwürfen für Land-, Touristen- und Logierhäuser, Parkvillen, Sommersitze und ländliche Gasthäuser, Jagdschlößchen, Pförtner- und Kutscherhäuschen, kleine freistehende und eingebaute Wohnhäuser sowie Wirtschaftsgebäude für ländliche Betriebe. Zum praktischen Gebrauch bearbeitet. 32 Quarttafeln mit IV S. erläut. Text und Baukostenberechnung. Leipzig, B. F. Voigt. In Halbleinwandmappe 9 M.

Ellis, Clough-Williams, The House Economical. Being Notes on Rural Housing and Cottage Building. (Reprinted from the Land Society's Journal.) Cr. 8vo, pp. 11. Loughton. 3 d.

Erziehung, Die, zum Baukünstler. Die Kunstwelt, Novemberheft.

Fink, Eug., Die Treppenanlagen in den alten Bürgerhäusern der Hansestädte Bremen — Hamburg — Lübeck. Hamburg, Boysen & Maasch. 10 M.

Genzmer, Felix, Straßenstil. Die Kunstwelt, Heft 9.

Harris, Virgil M., Ancient, Curious and Famous Wells. 8vo, pp. 486. S. Paul. net 10/6.

Hirsch, Fritz, Das sogenannte Skizzenbuch Balthasar Neumanns. Ein Beitrag zur Charakteristik des Meisters und zur Philosophie der Baukunst. 56 S. mit 1 Abbildung und 12 Tafeln. Heidelberg, Carl Winter. 8 M.

Hunziker, Das Schweizerhaus, nach seinen landwirtschaftlichen Formen und seiner geschichtlichen Entwicklung dargestellt. 7. Abschnitt: Das Länderhaus (deutschschweizerische Gebirgshaus). Herausgegeben von C. Jecklin. VI, 226 S. mit Abbildungen. Lex. 8°. Aarau, H. R. Sauerländer & Co. 11,20 (13,40) M.

Issel, Hans, Die Gestaltungslehre im Hochbau. Leipzig, B. F. Voigt. 5 M.

Künstlerische Wirkungen im Eisenbetonbau. Die Bauwelt III, 49.

Langen, Gustav, Die alte und die neue Stadt. Kunstwart XXV, 19.

Lehweß, Walter, Die Grundlagen unseres Städtebaues. Der Städtebau IX, 11.

Mackowsky, W., Paul Wallot und seine Schüler. 123 S. mit Abbildungen und 6 Tafeln. Lex. 8°. Berlin, E. Wasmuth.

Messel, Alfr., Vollständiges Werk. 2 Bde. Je 5 Lieferungen. Berlin, E. Wasmuth. Jede Lieferung 15 M.

Neubauten, Wiener, im Stile der Sezession und anderer moderner Stilarten. 5. Serie. Fassaden, Details, Haustore, Vestibüle. 68 photographische Naturaufnahmen auf 65 Blättern. III S. Text. Wien, A. Schroll & Co. In Halbleinwandmappe 40 M.

Pannier, Jacques, Un architecte français au commencement du XVIIe siècle: Salomon de Brosse. 282 p. et pl. 4°. Paris, Eggimann, 1911. 5 Fr.

Pinder, Wilh., Deutscher Barock. Die großen Baumeister des 18. Jahrhunderts. Mit rund 100 Abbildungen. 1.—30. Taus. XXIV S., 96 S. Abbildungen u. XIII S. Lex. 8°. Düsseldorf, K. R. Langewiesche. 1,80 (3) M.

Popp, Herm., Die Architektur der Barock- und Rokokozeit in Deutschland und der Schweiz. Stuttgart, J. Hoffmann. 25 M.

Power, Cyril E., English Mediaeval Architecture. In 2 parts. (The Antiquaries' Primers.) 12mo, pp. 252, 312. Talbot. each net 2/6.

Pudor, Heinrich, Plätze-Architektur. Der Architekt XVIII, 10.

Rosintal, J., Pendentifs, Trompen und Stalaktiten. Beiträge zur Kenntnis der islamitischen Architektur. VI, 87 S. mit 83 Abbildungen. Lex. 8°. Leipzig, J. C. Hinrichs' Verl. 7 M.

Rumpf, Fritz, Die dorische Säule. Berliner Architekturwelt XV, 6, 7.

Schröder, Max, Die Gewölbe, ihr Wesen, ihre Gestalt und ihr Bau. Ein Lehrbuch für den Unterricht an Bauschulen und für den Selbstunterricht. 1. Teil Hausgewölbe. 69 S. Lex. 8°. Strelitz, M. Hittenkofer. 3 M.

Scott, M. H. Baillie, Häuser und Gärten. Deutsch von Wilh. Schölermann. (Umschlag: Houses and gardens. Deutsche Ausg.) XII, 132 S. mit Abbildungen und 14 zum Teil farbigen Tafeln. Berlin, E. Wasmuth. 12,50 M.

Statham, H. Heathcote, A Short Critical History of Architecture. Illust. Cr. 8vo, pp. XV-586. Batsford. net 10.

Weber, Architektur und Farbe. Techn. Mitteilungen für Malerei XXIX, 6.

Wienkoop, Art., Preisgekrönte und ausgeführte Kleinwohnungshäuser. Wiesbaden, Heimkultur-Verlag. In Mappen 45 M.

Zeller, Adolf, Die Auflassung alter Festungswerke. 44 S. mit 49 Abbildungen. Berlin, W. Ernst & Sohn. 3 M.

Zimmermann, Max G., Der richtige Platz der Plastik im Stadtbilde. Die Bauwelt III, 50.

Alsen, Ola, Die Mode der galanten Zeit. Berlin, W. Borngräber. 3,50 M.

Blacker, J. F., Nineteenth century English ceramic art. 534 p. et fig. 8°. London, S. Paul, 1911. 12,75 M.

Blake, J. P., Chippendale and his School. (Little Books about Old Furniture.) Cr. 8vo, pp. 126. Heinemann. net 2/6.

Boehn, Kinderkleid und Kindermode im Wandel der Zeit. Westermanns Monatshefte LVII, 4.

Brassinne, Jos., La reliure mosane. 44 et 162 p. avec 78 pl. 8°. Liège, D. Cormaux.

Buschor, Ernst, Griechische Vasenmalerei. München, R. Piper & Co. 5 M.

Cescinsky, H., English Furniture of the 18th Century. 3 vols. Folio. Routledge. net 94/6.

Chaussard, T., Essai de vulgarisation de principes d'art décoratif et de dessin, suivi d'un cours de botanique artistique. 105 p. et fig. 8°. Caudéran, imp. Bissey.

Dentelle, la, à travers les siècles. 115 p. et fig. 8°. Bruxelles, impr. Leempoel. 2 Fr.

Eisele, Ernst, Vom amerikanischen Bilderbuch. Zeitschrift für Bücherfreunde IV, 9.

Geisberg, Max, Teigdruck und Metallschnitt. Monatshefte für Kunstwissenschaft V, 8.

Gorer, Edgar, and Blacker, J. F., Old Chinese porcelain and hard stones. 252 p. avec 254 fig. et pl. 4°. London, Quaritch, 1911. 275 M.

Grolmann, v., Moderne Buchkunst. Die Rheinlande, Deutsche Monatshefte XII, 9 ff.

Hayden, Arthur, Chats on Cottage and Farmhouse Furniture. With a chapter on Old English Chintzes, by Hugh Phillips. 8vo, pp. 350. Unwin. net 5.

Herlaut, Le costume militaire en France. 1re série. Des origines à Henri IV. 2e série. Le XVIIe et XVIIIe siècle jusqu'à la Révolution. 27 et 28 p. 8°. Paris, Vitry.

Hoeber, Fritz, Alte Puppen. Kunst und Kunsthandwerk XV, 8, 9.

Hopkins, A. E. Riviers, The Sheraton Period, Post Chippendale Designers. 1760 bis 1820. Little Books about Old Furniture. Cr. 8vo, pp. 148. Heinemann net 2/6.

Jaumann, A., Das Ziel der neuzeitlichen Wohnungskultur. Innendekoration XXIII, Dezember.

Julien, Rose, Die deutschen Volkstrachten zu Beginn des 20. Jahrhunderts. Nach dem Leben aufgenommen und beschrieben. 192 S. mit 250 Abbildungen im Text und auf 16 farbigen Tafeln. 8°. München, F. Bruckmann. 4,80 (6) M.

Lindau, Paul, Der Geist der Rokokomode. Westermanns Monatshefte LVII, 2.

Meisterwerke muhammedanischer Kunst auf der Ausstellung München 1910. Teppiche — Waffen — Miniaturen — Buchkunst — Keramik — Glas und Kristall — Stein-, Holz- und Elfenbeinarbeiten — Stoffe — Metall — Verschiedenes. 216 photographische Originalaufnahmen in unveränderlichem Platindruck von Kunstgegenständen, die in dem großen Ausstellungswerk von Sarre-Martin nicht veröffentlicht sind. 104 Tafeln mit VI S. Text. München, F. Bruckmann. In Leinwandmappe 350 M.

Meyer-Riefstahl, La Decoration du livre oriental. Art et Décoration, August.

Michel, Wilhelm, Vom Schmuck. Deutsche Kunst und Dekoration XVI, 2.

Mode, Die. Menschen und Moden im 19. Jahrhundert nach Bildern und Kupfern der Zeit. Ausgewählt von Osk. Fischel. Text von Max v. Boehn. 1. Bd. 1818 bis 1842. 3. Aufl. VI, 160 S. mit Abbildungen und farbigen Tafeln. 8°. München, F. Bruckmann. 5,50 (6,70) M.

Neuburger, Otto, Die Mode. Wesen. Entstehen und Wirken. Berlin, F. Siemenroth. 2 M.

Petzet, Erich, und Glauning, Otto, Deutsche Schrifttafeln des 9.—16. Jahrhunderts aus Handschriften der königl. Hof- und Staatsbibliothek in München. 3. Abtlg. Proben der höf. Lyrik aus dem 13. und 14. Jahrhundert. 15 Lichtdrucktafeln mit 35 S. Text. München, C. Kuhn. 8 (9) M.

Pick, Behrendt, Unsere Reichsmünzen und die Kunst. Internationale Monatsschrift VII, 3.

Plietzsch, Fr., Schinkels Ausstattungen von Innenräumen. Diss. 51 S. 8°. Jena 1911.

Poppenberg, Fel., Maskenzüge. 379 S. 8°. Berlin, E. Reiß. 5 (6,50) M.

Renner, Paul, Die Kunst im Buchgewerbe. Kunst und Künstler XI, 3.

Scheffler, Karl, Deutsches Kunstgewerbe. Neue Rundschau XXIII, 7.

Schleinitz, Otto v., Walter Crane als Buchillustrator. Zeitschrift für Bücherfreunde IV, 4.

Schmidt, Rob., Möbel. Ein Handbuch für Sammler und Liebhaber. 248 S. 189 Abbildungen. 8 M.

Sedeyn, Émile, Le Chauffage comme thème décoratif. Art et Décoration XVI, 10.

Smith, Vincent A, A History of fine art in India and Ceylon from the earliest times to the present day. 336 p. et fig. 4°. London, Frowde. 85 M.

Sörrensen, W., Strömungen im modernen Kunstgewerbe. Nord und Süd XXXVI, 454.

Troeltsch, Walt., Volkswirtschaftliche Betrachtungen über die Mode. Rektorats-Rede. 66 S. gr. 8°. Marburg, N. G. Elwerts Verl. 1,25 M.

Vauk, Hans, Die Wiederbelebung der Baukeramik. Die Bauwelt III, 50.

West, Robert, Das feministische Element im Kunstgewerbe. Preußische Jahrbücher CL, 2.

Wieger, Wilh., Weimarische Interieurs aus der Goethezeit. Weimar, G. Kiepenheuer. 6 M.

Amman, Gustav, Vom Gartenhaus. Die Gartenkunst XIV, 22.

Arntz, Wilh., Gartenkunst. Die Gartenkunst XIV, 20.

Burckhardt, Elise, Englische Gartenstädte und schottisches Hochland. Skizzen. 44 S. 8°. Wolfenbüttel, J. Zwißler. 0,50 M.

Carsten, A., Die Gartenkunst und ihre Beziehungen zur Architektur. Gel. 25 S. 8°. Danzig.

Gräsel, H., Winke und Fingerzeige für die Aufstellung von Plastiken auf den Friedhöfen. Die Plastik II, 11.

Hoffmann, Mart., Pflanzenschmuck für Balkone, Fassaden, Dach- und Vorgärten im städtischen Straßenbilde. . 32 S. Stuttgart, E. Ulmer. 0,75 M.

Köhler, Chr., Der freie Privatwald (Bauernwald) in Württemberg. Tübingen H. Laupp. 1,20 M.

Liebmann, A., Der Landstraßenbau. 147 S. mit 44 Abbildungen. kl. 8°. Berlin. G. J. Göschen. 0,80 M.

Lienhard, Frdr., Hans Pfitzner u. Karl Spindler, Der elsässische Garten. Straßburg, K. J. Trübner. Geb. 6 M.

Meixner, H., Der Wald und seine Bedeutung. VII, 92 S. 8°. Eßlingen, W. Langguth. 1 M.

Rappold, Otto, Flußbau. Berlin, G. J. Göschen. 0,80 M.

Roth, E., Naturschutz. Kunstwart XXV, 21.

Rothery, Guy Cadogan, Staircases and Garden Steps. pp. 258. 8°. T. W. Laurie. net 6.

Schröder, Karl, Studien über Renaissance-Gärten in Oberdeutschland. Düsseldorf, L. Schwann. 4,50 M.

Simons, Gust., Die deutsche Gartenstadt. Wittenberg, A. Ziemsen. 2,80 M.

Singer, Wolfgang, Künstlerische Richtlinien für die Unterhaltung der Gartenanlagen. Die Gartenkunst XIV, 16.

Ulrich, F., Gedanken über Friedhofsgestaltung. Die Gartenkunst XIV, 16.

Vorträge, Städtebauliche, aus dem Seminar für Städtebau an der königl. technischen Hochschule zu Berlin. Herausgegeben von den Leitern des Seminars für Städtebau Jos. Brix und Fel. Genzmer.

Langen, Gust., Stadt, Dorf und Landschaft. 37 S. mit 38 Abbildungen. Lex. 8°. Berlin, W. Ernst & Sohn. 2,60 M.

Wall, J. Charles, Porches and Fonts. Illust. 8vo, pp. XX, 348. Gardner Darton. net 10/6.

Westheim, Paul, Das Pathos der Gärten. Deutsche Kunst und Dekoration XVI, 2,

6. Bildkunst.

Achenbach, Cäcilie, Oswald Achenbach in Kunst und Leben. Köln, M. Du-Mont-Schauberg. 3 M.

Antonio, dell', Der Werdegang der Holzplastik. Kunstwart XXV, 22.

Antonio, C. dell', Die erzieherische Bedeutung der Holzplastik. Die Plastik II, 12.

Anwendung, Die, der Maße in der konstruktiven Perspektive. Schauen und Schaffen XXXIX, 16.

Barlach, Ernst, Figuren-Zeichnen. 6. Aufl. 97 S. mit Abbildungen. Lex. 8°. Strelitz, M. Hittenkofer. 6 M.

Bars, Emile, La physionomie du Christ dans l'art. 111 S. 8°. Alost, E. De Seyn. 5 Fr.

Baur, Paul V. C., Centaurs in ancient art. The Archaic period. VIII, 140 S. mit 38 Abbildungen und 15 Tafeln. Lex. 8°. Berlin, K. Curtius. 40 M.

Bild, Das neue. Veröffentlichung der neuen Künstler-Vereinigung München. Text von Otto Fischer. München, Delphin-Verlag. Geb. 18 M.

Birch-Hirschfeld, Karl, Die Lehre von der Malerei im Cinquecento. VII, 114 S. gr. 8°. Rom, J. Frank & Co. 4 M.

Bombe, Walt., Geschichte der Peruginer Malerei bis zu Perugino und Pinturicchio. Berlin, B. Cassirer. 16 M.

Borzelli, Ang., Prime linee di una storia della scultura italiana nel secolo XIX 189 p. 8°. Napoli, tip. Mirelli e D'Ischia.

Brandt, H., Die deutsche Landschaftsmalerei im Anfang des 15. Jahrhunderts. Diss. 8°. Heidelberg.

Burger, Fritz, Cézanne und Hodler. Einführung in die Probleme der Malerei der Gegenwart. 2 Bde. VI, 235 S. mit 1 farbigen Tafel u. VII, 155 S. mit 171 Abbildungen und 1 farbigen Tafel. gr. 8°. München, Delphin-Verlag. 20 M.

Ceci, Gius., Saggio di una bibliografia per la storia delle arti figurative nell' Italia meridionale. 322 p. 8°. Bari, G. Laterza, 1911. 8 L.

Chavannes, Puvis de, With a Biographical and Critical Study by Andre Michel, and Notes by J. Laran. With 48 Plates. 8vo, pp. XVI, 94. Heinemann. net 3/6.

Cloquet, Louis, Traité de perspective pittoresque. Perspective du trait VIII, 187 p. et 228 fig. 8°. Paris, Laurens. 7,50 Fr.

Coellen, Ludw., Die neue Malerei. Der Impressionismus. Van Gogh u. Cézanne. Die Romantik der neuen Malerei. Hodler, Gauguin u. Matisse. Picasso u. der Kubismus. Die Expressionisten. 75 S. gr. 8°. München, E. W. Bonsels & Co. 2 M.

Corwegh, Rob., Benvenuto Cellini. Leipzig, Xenien-Verlag. Geb. 2 M.

Denis, Maurice M., Théories. Bibliothèque de l'Occident.

Denkmäler der Malerei des Altertums. Herausgegeben von Herrmann. I. Serie. München, F. Bruckmann. Je 20 M.

Deri, Max, Die absolute Malerei. Pan II, 44.

Döhlemann und Kern, Nochmals die Perspektive bei den Brüdern van Eyck. Repertorium für Kunstwissenschaft XXXV, 3.

Drake, Maurice, A History of English Glass-Painting. With some remarks upon the Swiss Glass Miniatures of the 16th and 17th Centuries. Illust. from Drawings by Wilfred Drake. Folio. pp. 236. T. W. Laurie. net 42.

Egger-Lienz, Albin, Monumentale Kunst. 34 S. gr. 8°. Berlin, Herm. Walther. 0,50 M.

Einstein, Lewis, Some Notes on chinese Painting. The Burlington Magazine XXI, 112.

Everth, Erich, Gebirgsmalerei. Kunstwart XXV, 23.

Everth, Erich, Malerei und Bühne. Bühne und Welt XIV, 20, 22.

Fechner, Hans, Vom Perspektivischen im Bilde. Die Kunstwelt, Heft 10.

Fechter, Paul, Marées und Fiedler. Vossische Zeitung Nr. 237 vom 10. Mai.

Fechter, Paul, Vom Wesen des Zeichnens. Vossische Zeitung Nr. 187 vom 13. April.

Ferrigni, Mario, Madonne fiorentine. XXVII, 808 p. et 23 pl. 8°. Milano, U. Hœpli. 18 L.

Fierens-Gevaert, Les primitifs flamands. XI (Peter Bruegel l'ancien et les peintres de genre du XVIe siècle, Breughel d'enfer, Peter Huys, Jean van Hemessen, Peter Aertsen, Joachim Beukelaer). p. 275 à 298 et pl. 4°. Bruxelles, Van Oest, 1911. 4 Fr.

Frenzi, Giulio de, Ignazio Zuloaga. XIX, 102 p., con 15 tavole. 4°. Bergamo. 15 L.

Gardner, J. Starkie, English ironwork of the 17th and 18th centuries. 372 p. et pl. 4°. London, Batsford, 1911.

Gaultier, de, Le Lyrisme intérieur et la peinture de paysage: M. Auguste Pointelin. Mercure de France XCIX, 365.

Grautoff, Otto, Nicolas Poussin. In 2 Bdn. München, G. Müller & E. Rentsch. 25 M.

Haberditzl, F. M., Studien über Rubens. Wien, F. Tempsky. 12 M.

Haendcke, Berthold, Der Bauer in der deutschen Malerei von 1470 bis 1550. Repertorium für Kunstwissenschaft XXXV, 4 u. 5.

Henriques, Pontus, Albrecht Dürers perspektivlära. 72 p. 4°. Stockholm, Förf, 1910. 4 M.

Hertz, Peter, Kompositionen af den centrale Gruppe i Parthenons vestlige Gavlfelt. 320 p. et fig. 8°. Kjœbenhavn, Gyldendal, 1910. 7,80 M.

Historic Styles of Ornament (The) With Historical and Descriptive Text. Translated from the German of H. Dolmetsch. Folio. Batsford. net 25.

Holl, J. C., La jeune peinture contemporaine. 160 p. 8°. Paris, édition de la Renaissance contemporaine.

Holmes, C. J., Notes on the art of Rembrandt. 280 p. et fig. 8°. London, Chatto, 1911. 9 M.

Huetter, Ford Madox, Rossetti; a critical essay on his art. 208 p. et fig. 16°. London, Duckworth. 1,35 M.

Ihringer, Bernhard, Typen der holländischen Malerei. Nord und Süd XXXVI, 456.

Jaffé, Franz, Entwicklung und Bedeutung der Kirchenausmalung. Die Bauwelt III, 43.

Johnson, S. C., Nature Photography. What to Photograph; Where to Search for Objects; How to Photograph them. 12mo, pp. 115. Hazell, Watson & Viney. net 1.

Kaempf, E. Th., Vom Wesen der ostasiatischen Malerei. Die Hilfe Nr. 47, 48.

Kauffmann, A., Giocondo Albertolli. Der Ornamentiker des italienischen Klassizismus. Diss. 94 S. gr. 8°. Erlangen 1911.

Kniep, Alwin, Zur Entwicklung der Landschaftsmalerei. Kunstwart XXV, 21.

Kurth, Willy, Die Darstellung des Nackten in dem Quattrocento von Florenz. (Diss.) 120 S. gr. 8°. Berlin, H. Streisand. 3 M.

Kurzwelly, Albr., Das Bildnis in Leipzig vom Ende des 17. Jahrhunderts bis zur Biedermeierzeit. Leipzig, K. W. Hiersemann. Subskr.-Pr. geb. 80 M.

Lázár, Béla, Die beiden Wurzeln der Kruzifixdarstellung. 41 S. mit 3 Taf. Lex. 8°. Straßburg, J. H. E. Heitz. 3,50 M.

Leonardo da Vinci, Quaderni d'anatomia. II. 24 fogli della Royal Library di Windsor. Cuore: Anatomia e fisiologia. Pubblicati da Ove C. L. Vangenstein, A. Fonahn, H. Hopstock. Con traduzione inglese e tedesca. XXII, 47 Doppels. mit 47 Taf. u. 47 Pausen. Christiania, J. Dybwad. 90 M.

Levis, Howard C., A Descriptive Bibliography of the most important books in the English Language, relating to the Art and History of Engraving and the Collecting of Prints. 4to boards, pp. 592. Ellis. net 63.

Loßnitzer, Max, Veit Stoß. Die Herkunft seiner Kunst, seine Werke und sein Leben. LXXXI, 214 S. mit 60 Tafeln. gr. 8°. Leipzig, J. Zeitler. 14 (16) M.

Maler, Norwegische. Herausgegeben von Kunstnerforbundet, Kristiania. Berlin, A. Juncker Verl. 1 M.

Meder, Jos., Neue Beiträge zur Dürerforschung. Wien, F. Tempsky.

Meier-Graefe, Jul., Camille Corot. München, R. Piper & Co. 5 M.

Meier-Graefe, Jul., Edouard Manet. 1.—3. Taus. 337 S. mit 197 Abbildungen u. 1 Bildnis. gr. 8°. München, R. Piper & Co. In Pappbd. 6 M.

Meyer, Frdr., Maler Müller-Bibliographie. Mit 2 Beilagen u. 14 Tafeln. VIII, 175 S. Lex. 8°. Leipzig, F. Meyer. 14 (16) M.

Meyerheim, Paul, Antoine Louis Barye. (Über Tierbildnerei.) Die Kunstwelt, Oktoberheft.

Morin-Jean, Le dessin des animaux en Grèce, d'après les vases peints. 264 p. et 275 fig. 8°. Paris, Laurens. 25 Fr.

Nohl, Hermann, Die Weltanschauungen der Malerei. Jena, Eugen Diederichs Verlag. 2 (3) M.

Oldenbourg, Rud., Thomas de Keysers Tätigkeit als Maler. Ein Beitrag zur Geschichte des holländischen Porträts. Leipzig, Klinkhardt & Biermann.

Ollendorff, Osk., Andacht in der Malerei. Beiträge zur Psychologie der Großmeister. Leipzig, J. Zeitler. 7 M.

Philipps, Evelyn March, The Venetian school of painting. 353 p. et fig. 8°. London, Macmillan. 9 M.

Pilon, Edmond, Watteau et son école. XVI, 226 p. et pl. 8°. Bruxelles, Van Oest. 10 M.

Position of Landscape in Art (The). By Cosmos. Cr. 8vo, pp. VIII-216. Allen. net 3/6.

Rintelen, Fr., Giotto und die Giotto-Apokryphen. VIII, 289 S. und 30 Pl. 8°. München, Müller. 10 M.

Ritschl, F., Über das Restaurieren alter Gemälde. Neue Freie Presse, 10. April.

Roß, D. W., On Drawing and Painting. Roy. 8vo. Constable. net 10/6.

Schadow, Gottfried, Über fliehende Gewänder und Falten im Winde. Herausgegeben von Hans Mackowsky. Kunst und Künstler XI, 1.

Scheffler, Karl, Die Entstehung des Stils in der modernen Malerei. Vossische Zeitung Nr. 302 vom 16. Juni.

Scheffler, Karl, Max Liebermann als Zeichner. Kunst und Künstler X, 7.

Scholte, J. H., Grimmelshausen und die Illustration seiner Werke. Zeitschrift für Bücherfreunde IV, 1, 2.

Séailles, Gabriel, Léonhard de Vinci, 4e éd. Paris, Perrin.

Serrano Fatigati, Enrique, Escultura en Madrid desde mediados del siglo XVI hasta nuestros dias. VIII, 424 p. et 153 pl. 8°. Madrid, Hauser y Menet. 50 Fr.

Servaes, Franz, Gedanken über Rodin. Österreichische Rundschau XXXII, 5.

Stein, Henri, Les grands sculpteurs français du XVIIIe siècle: Augustin Pajou. VIII, 443 p. avec 12 pl. et 154 fig. 4°. Paris, Em. Lévy. 40 Fr.

Steinhausen, Wilh., Aus meinem Leben. Erinnerungen und Betrachtungen. Berlin, M. Warneck. 8 M.

Taube v. d. Issen, O. Freihr. v., Die Darstellung des Heiligen Georg in der italienischen Kunst. Diss. X, 167 S. 8°. Halle 1910.

Thode, Henry, Michelangelo und das Ende der Renaissance. III. Bd. Der Künstler und seine Werke. 2 Abteilungen. XIV, 773 S. mit 179 Abbildungen im Text und auf Tafeln. Lex. 8°. Berlin, G. Grote. 18 M.

Tressan, M. Le marquis de, L'évolution de la peinture Japonaise du VIe au XIVe siècle. Revue des deux Mondes LXXXII, 1. September.

Tromanhauser, H. J., Die Frau in der Kunst Giottos. Diss. 76 S. 8°. Heidelberg 1911.

Tschudi, Hugo v., Gesammelte Schriften zur neueren Kunst. Herausgegeben von Dr. E. Schwedeler-Meyer. 253 S. mit Bildnis. gr. 8°. München, F. Bruckmann. 6 (7,50) M.

Tugendhold. Das Problem des Stillebens. Apollon, Heft 3—4.

Uhde-Bernays, H., Karl Spitzweg. Des Meisters Leben und Werk. München, Delphin-Verlag. 14 M.

Vaillat, Léandre, La peinture hollandaise. L'Art et les Artistes VIII, 88.

Vanderpyl, Fritz R. et Cros, Guy-Charles, Réflexions sur les dernières tendences picturales. Mercure de France XCXI, 371.

Vauthier, Charles Moreau, The Technique of Painting. Illustr. 8vo, pp. 278. Heinemann. net 10/6.

Volkmann, Art., Vom Sehen und Gestalten. Ein Beitrag zur Geschichte der jüngsten deutschen Kunst. Mit 16 Bildern und 1 Brieffaksimile. 96 S. 8°. Jena, E. Diederichs. 3,50 (4,80) M.

Voll, Karl, Peter Cornelius und Adolf Menzel. Süddeutsche Monatshefte X, 1.

Voll, Karl, Entwicklungsgeschichte der Malerei in Einzeldarstellungen. 1. Bd. Altniederländische und altdeutsche Meister. 190 S. mit 29 Bildertafeln. Lex. 8°. München, Süddeutsche Monatshefte. 8 (10) M.

Warning, L., Die Aquarellmalerei und ihre Anwendung auf Architektur und Landschaft mit einer Vorstufe: Staffagezeichnen in Aquarelltechnik. 5. unveränd. Aufl. mit 40 Abbildungen und 11 Farbentafeln. 69 S. Lex. 8°. Strelitz, M. Hittenkofer. Geb. 6 M.

Warstat, W., Die Futuristen. Die Grenzboten LXXI, 31.

Wedepohl, Theodor, Die Perspektive in der Bildnismalerei. Münchener kunsttechn. Blätter (Beil. z. Werkstatt der Kunst) IX, 1.

Westheim, Paul, Das Ornament an der Wand. Dekorative Kunst XV, 12.

Widmer, K., Das Problem des Denkmals. Deutsche Kunst und Dekoration XVI, 2.

Wirth, Alb., Maltechnische Betrachtungen. Münchener kunsttechn. Blätter (Beil. z. Werkstatt der Kunst) IX, 1.

7. Die geistige und soziale Funktion der Kunst.

Aufgaben, Die, des modernen Kunstmuseums. Bremer Nachrichten 30., 31. März.

Aus der Praxis der deutschen Kunsterziehung. Sonderheft der Zeitschrift aus der Praxis der Knaben- und Mädchenhandarbeit, für den IV. internationalen Kongreß für Zeichnen, Kunstunterricht und angewandte Kunst 1912 herausgegeben von L. Pallat und A. Jolles. Zeichenunterricht von Ph. Franck, Bild und Schrift von Ludw. Sütterlin, Knabenhandarbeit von C. F. Morawe, Mädchenhandarbeit von Marg. Grupe. IV, 44 S. mit 24 Bildbeilagen. 8°. Leipzig, B. G. Teubner. 1,50 M.

Barczat, W., Bildende Kunst und Schule. Progr. 28 S. 8°. Rawitsch.

Benedetti, Michele de, Il problema dell' insegnamento artistico. Nuova Antologia XLVII, 1. August.

Bie, Oper und Gesellschaft. Der Merker XI, 18.

Blaß, Kurt, Der Dichter in Staat und Gesellschaft. Die Hilfe Nr. 28.

Breit, Ernst, Ibsens Soziologie und Ethik, auf Grund seiner Dramen dargestellt und gewürdigt. München-Gladbach, Volksvereinsverlag.

Buckeley, Ludw. O., Gedichtbehandlung in der Volksschule. Beispiele, den Schülern zum Genusse dichterischer Kunstwerke zu verhelfen. 174 S. 8°. München, F. W. Egger. Geb. 3 M.

Carritt, E. F., The artistic attitude in conduct. The Hibbert-Journal (Hibb. J.), july.

Castle, Goethes Bildungsideal. Das humanistische Gymnasium XXIII, 2, 3.

Celentano, L., Esiste un' arte moderna in Italia? 196 p. 16°. Milano, Marinoni. 3 Fr.

Conwentz, H., Naturschutzgebiete. Nach einem Vortrag bei der gemeinsamen Tagung für Denkmalpflege und Heimatschutz in Salzburg am 15. 9. 1911. 22 S. mit 11 Abbildungen. 0,30 M.

Damaschke, Adolf, Volkstümliche Redekunst. Erfahrungen und Ratschläge. VIII, 96 S. 8°. Jena, G. Fischer. 1 M.

Dobsky, Art., Kunstvergewaltigung. 22 S. 8°. Stuttgart, A. Doge. 0,60 M.

Dosenheimer, Elise, Friedrich Hebbels Auffassung vom Staat und sein Trauerspiel »Agnes Bernauer«. Leipzig, H. Haessel Verl. 4,60 M.

Ewald, Oskar, Kultur und Technik. Logos III, 3.

Feldhaus, Frz., Leonardo, der Erfinder und Entdecker. Jena, E. Diederichs. 6 M.

Gaupp, Rob., und Lange, Konr., Der Kinematograph als Volksunterhaltungsmittel. Vorträge. 50 S. gr. 8°. München, G. D. W. Callwey. 0,30 M.

Geißler, Moderne Musik und moderne Kultur. Neue Zeitschrift für Musik LXXIX, 41.

Glaser, Kurt, Ostasiatische Kunstmuseen. Museumskunde VIII, 3.

Gradmann, Anweisungen zur Denkmalspflege. 51 S. 8⁰. Stuttgart, C. Grüninger. 0,50 M.

Günther, Die ethischen Forderungen der Theaterkapellmeister. Neue Zeitschrift für Musik LXXIX, 17.

Guy-Grand, G., Esthétique, morale, politique. Revue de métaphysique et de morale, September.

Haendcke, Berthold, Das Reformationszeitalter Deutschlands im Spiegel der bildenden Künste des 16. Jahrhunderts. Internationale Monatsschrift VI, 9.

Haendcke, Berthold, Kulturgeschichtliche Grundlagen der deutschen Malerei. Die Kunst für Alle XXVIII, 6.

Halbe, A., Gedanken und Vorschläge zur Durchführung einer wirtschaftlichen Organisation der Künstlerschaft. Techn. Mitteilungen für Malerei XXIX, 3.

Hartmann, Alfred Georg, Bode über die Zukunft unserer Museen. Der Tag, 2. April.

Haweis, H. R, Music and Morals. Cheaper re-issue. Cr. 8vo, pp. 580. Longmans. net 3/6.

Hertz, Wilh., Goethes Naturphilosophie im Faust. Berlin, E. S. Mittler & Sohn. 2,50 M.

Hübner, Musik und Weltanschauung. Allgemeine Musikzeitung XXXIX, 37 f.

Jaryczewski, S., Kunst und Ästhetik in der Mittelschule. Progr. 38 S. 8⁰. Sereth.

Kapp, Die soziale Lage der Musiker. Ein unbekannter Aufsatz Liszts. Der Merker XI, 16.

Kluge, Johs., Aufbauendes Zeichnen. Ausführlicher Stoffplan für den modernen Zeichenunterricht in Volksschulen mit verbindendem Arbeitsunterricht. 79 autogr. S. mit Abbildungen. Lex. 8⁰. Meißen, Sächs. Schulbuchh. 2 M.

Koehler, G., Die psychologischen und historischen Vorbereitungen des Dandysmus im französischen Roman des 19. Jahrhunderts. Diss. 37 S. Bonn 1911.

Kratzenberg, D., Der deutsche Aufsatz als Ausdruck und Stärkung der Persönlichkeit. Progr. 29 S. 4⁰. Echternach.

Kunzfeld, Alois, Naturgemäßer Zeichen- und Kunstunterricht. Ein Wegweiser in das Gebiet der künstlerischen Erziehung für Eltern, Kindergärtnerinnen, Lehrer und Erzieher unter besonderer Berücksichtigung der neuen Lehrpläne für den Zeichenunterricht. V. Teil mit 24 farbigen Tafeln und 111 Abbildungen im Text. 110 S. Lex. 8⁰. Wien, Gerlach & Wiedling. 7,50 M.

Langhammer, Karl, Kunst und Nichtkünstler. Die Kunstwelt Heft 10.

Leischnig, Jul., Denkmalspflege und Museen. Mitteilungen des Erzherzog Reiner-Museums in Brünn.

Lessing, Theodor, Jude und Kunstleistung. Die Schaubühne VIII, 34, 35.

Lutsch, H., Merkbuch zur Erhaltung von Baudenkmälern, zunächst in Norddeutschland. 44 S. kl. 8⁰. Berlin, C. Heymann. In Pappbd. 0,60 M.

Mahlberg, Paul, Das künstlerische Inserat. Zeitschrift für bildende Kunst XLVIII, 2.

Malkowsky, Die Kunst im Dienste der Staatsidee vom Großen Kurfürst bis auf Wilhelm II. Berlin, Patria-Verlag. 5 M.

Markowitz, Alfr., Die Weltanschauung Henrik Ibsens. 382 S. 8⁰. Leipzig, Xenien-Verlag. 6 (7,50) M.

Marsop, Die musikalische Schundliteratur und ihre Bekämpfung. Musikpädagogische Blätter XXXV, 9.

Mathias, Eucharistie und Tonkunst. Cäcilienvereinsorgan XLVII, 10.

Mendelssohn-Bartholdy, H., Kunst und Religion. Untersuchung des Problems an Schleiermachers »Reden über die Religion«. Diss. 60 S. 8°. Erlangen.

Meyer, Richard M., Kunst und Volkserziehung. Literarisches Echo XIV, 24.

Michel, Wilhelm, Die Erschließung der Kunst. Die Kunst für Alle XXVIII, 4.

Mohn, P., Die christliche Kunst des ersten Jahrtausends, ein Spiegelbild der Religion und des christlichen Lebens. Progr. 17 S. 4°. Rössel.

Musikalische Volkserziehung. Die Tonkunst XVI, 22.

Naumann, Frdr., Kunst und Volkswirtschaft. Vortrag. Aus: »Die Hilfe«. 32 S. 8°. Berlin-Schöneberg, Fortschritt. 0,50 M.

Nidden, Ezard, Zur Soziologie des Theaters. Kunstwart XXV, 23.

Nohl, Herm., Die Stellung der Musik im deutschen Geistesleben. Die Tat IV, 9.

Paul-Boncour, J., Art et démocratie. 325 p. 8°. Paris, Ollendorff. 3,50 Fr.

Pellissier, Georges M., La Morale de Shakespeare. La Revue de Paris XIX, 18.

Persico, F., Il posto dell' arte nello spirito. Rivista d'Italia XV, 15. März.

Pertwee, Ernest, The art of public speaking. 278 S. 8°. London, Routledge. 5 M.

Rauecker, Bruno, Über einige Zusammenhänge zwischen Qualitätsarbeit und Sozialpolitik. Kunstgewerbeblatt XXIV, 1.

Reichhold, Karl, Architektur und Kunsterziehung. Ein Beitrag zur Frage der Kunsterziehung. Nach Versuchen von Lehrern am Münchener Realgymnasium herausgegeben. Mit Proben von Schülerarbeiten: Zeichnungen, Aufsätze, Vorträge. IV, 60 S. Leipzig, B. G. Teubner. 1,80 M.

Roßner, Herm., Kunst und Universität in Preußen-Berlin. Notwendiger Nachtrag zur Hundertjahrfeier der Berliner Universität. IV, 146 S. gr. 8°. Zeitz, H. Roßner. 2 M.

Salvatorelli, L., Religione, cività ed arte. La Cultura XXXI, 18.

Scheffler, Karl, Der Künstler und das Publikum. Vossische Zeitung Nr. 575, 10. November.

Scherer, Valentin, Deutsche Museen. Entstehung und kulturgeschichtliche Bedeutung unserer öffentlichen Kunstsammlungen. VII, 287 S. mit 24 Tafeln. gr. 8°. Jena, E. Diederichs. 10 (12) M.

Schlesinger, Paul, Geistiges Eigentum. Die Schaubühne VIII, 38.

Schneidereit, A., Der individualistische Grundzug in Goethes Weltanschauung. Goethe-Jahrbuch XXXIII.

Scholz, Hans, Kunst und Politik. Der März VI, 37.

Scholz, Hans, Musik und Pietät. Der März VI, 33.

Schücking, Levin L., Shakespeare als Volksdramatiker. Internationale Monatsschrift VI, 12.

Seta, Aless. della, Religione e arte figurata. VIII, 287 p. et 210 pl. 8°. Roma, Danesi.

Sheridan, Moryd, Music and common Life. The Westminster Review CLXXVIII, 3.

Sickel, Paul, Friedrich Hebbels Welt- und Lebensanschauung. Nach den Tagebüchern, Briefen und Werken des Dichters dargestellt. VIII, 234 S. gr. 8°. Hamburg, L. Voß. 6 M.

Smith, F. E., Parlamentary Oratory. The Oxford and Cambridge Review Nr. 23.

Sperber, A., Über den ethischen Gehalt der Märchenpoesie. Progr. 15 S. 8°. Wien.

Spiero, Der Dichter und sein Publikum. Nord und Süd XXXVI, 455.

Tischer, Gefahren für die Kunst. Rheinische Musik- und Theaterzeitung XIII, 17 ff.

Velden, Johs., Musikalische Kulturfragen. Berlin-Schöneberg, Protestantischer Schriftenvertrieb. 0,30 M.

Völker, August, Darstellendes und dekoratives Zeichnen im deutschen Aufsatz. Zeitschrift für den deutschen Unterricht XXVI, 10.

Wechsler, Paul, Schillers Anschauungen über die Kunst als erziehende Macht. VIII, 96 S. 8°. Straßburg, F. Bull. 2 (2,80) M.

Wendler, Paul, Das darstellende und schmückende Zeichnen in der Volksschule auf der Grundlage der Arbeitsidee. Eine Lehrplanskizze. II, 6 S. mit 4 Abbildungen und 9 (1 farbigen) Tafeln. Lex. 8°. Leipzig, B. G. Teubner. 2 M.

Wicke, Rich., Musikalische Erziehung und Arbeitsschule. VI, 136 S. gr. 8°. Leipzig, E. Wunderlich. 2 (2,50) M.

8. Neue Zeitschriften und Sammelwerke.

Blätter, Neue. Herausgeber: Hegner. 2. Folge. Oktober 1912 bis September 1913. 12 Hefte. 1. Heft 75 S. kl. 8°. Hellerau, Verlag der Neuen Blätter. Jährlich 8,50 M., einzelne Hefte 0,75 M.

Haus und Garten, Mein. Monatsschrift für die Hausbesitzer in den Gartenstädten. 1. Jahrgang 1912/13. 12 Hefte. Berlin, Spreeverlag. Vierteljährlich 0,75 M.

Janus. Kritische Halbmonatsschrift für deutsche Kultur und Politik. Schriftleiter: Hanns Bieber, Hans Friedrich, Hans Ludw. Held, Walt. Kühn. Oktober 1912 bis September 1913. 24 Hefte. 1. Heft 40 S. 8°. München, Janus-Verlag. Jährlich 10 M., halbjährlich 5,25 M., vierteljährlich 2,75 M., einzelne Hefte 0,50 M.

Künstler, Der, und sein Werk. Einzeldarstellungen zur Kunstgeschichte. Herausgegeben von Rob. Corwegh. Leipzig, Xenien-Verlag.

Laterne, Die. Blätter für Literatur, Kunst und Gesellschaft. 1. Jahrgang 1912/13. Charlottenburg, Th. Lißner. 1,50 M.

Licht, Das. Monatsschrift für modernes Geistesleben. Schriftleitung: M. Robert. 1. Jahrgang Oktober 1912 bis September 1913. 12 Nummern. Nummer 1. 32 S. mit 1 Bildnis. gr. 8°. Hannover, Licht-Verlag. Jährlich 6 M., halbjährlich 3,50 M.

Maiandros, Die Bücherei. Eine Zeitschrift von 60 zu 60 Tagen, herausgegeben von Heinr. Lautensack, Alfr. Rich. Meyer, Anselm Ruest. Redaktion: Anselm Ruest. Oktober 1912 bis September 1913. 6 Bücher. 8°. Berlin-Wilmersdorf, P. Knorr. 5 M., einzelne Bücher 1 M.

»Morgenrot«. Zeitschrift für Literatur und bildende Kunst zur Förderung von unbekannten Talenten. Herausgeber und Redakteur: L. Ruprich. 12 Nummern. Wien-Korneuburg, J. Kühkopf. Jährlich 5 M.

Niederrhein, Der. Illustrierte Wochenschrift für Arbeit, Art und Kunst der nördlichen Rheinlande. Herausgeber und Schriftleitung: Herm. Bartmann. 2. Jahrgang. Oktober 1912 bis September 1913. 52 Hefte. 1. Heft. 20 S. Lex. 8°. Düsseldorf, Niederrhein-Verlag. Vierteljährlich 2 M., einzelne Hefte 0,20 M.

Nordland, Illustrierte Halbmonatsschrift für deutschnordischen Kulturaustausch, unter Mitwirkung hervorragender Schriftsteller und Künstler herausgegeben von Art. Loening. Verantwortlich: John Lönnegren, Eirik Hammer. 1. Jahrg. 24 Hefte. 1. Heft 40 S. Berlin, Verlag Nordland. Jährlich 12 M., einzelne Hefte 0,50 M.

Oriens. Revue internationale illustrée. Internationale illustrierte Zeitschrift. Dir. et réd. en chef: Max Rud. Kaufmann, pour la partie française: L. Feuillet. In französischer und deutscher Sprache. 1. année. Juli 1912 bis Juni 1913. 24 Nummern. Nummer 1. 17 S. Konstantinopel, O. Keil. Vierteljährlich 3,50 M.

Orplid. Zeitschrift für schöne Literatur. 1. Jahrgang 1912/13. 6 Nummern. Berlin, A. Juncker Verl. à 1 M.

Quadriga. Vierteljahresschrift der Werkleute auf Haus Nyland. Jahrgang 1912/13. 4 Hefte. Je 128 S. 8°. Jena, B. Vopelius. 3 M., einzelne Hefte 1 M.

Rundschau, Neue wissenschaftliche. Halbmonatsschrift für die Fortschritte aller Wissenschaften. Redaktion: M. H. Baege. 1. Jahrgang 1913. 24 Nummern. Berlin, Dr. A. Tetzlaff. Vierteljährlich 2,50 M.

Textausgaben und Untersuchungen zur Geschichte der Ästhetik. Herausgeber A. Winkler. Wien, Schmid.

Theater, Das, der Heimat. Illustrierte Monatsschrift für Naturtheater und Volksspiele. Einziges Organ der deutschen Freilichtbühnen. Herausgeber und Redakteur: Wilh. Clobes. Mai 1912 bis April 1913. 12 Nummern. Nummer 1. 24 S. mit 1 farbigen Postkarte. 8°. Wiesbaden, Planert & Thon. (Nur direkt.) Je 0,25 M.

Vogtland, Das, und seine Nachbargebiete. Monatsschrift für heimatliche Kunst, Literatur und Wissenschaft. Herausgegeben von P. Miller, K. L. Findeisen und E. Rösler. 1. Jahrgang 1912/13. 12 Hefte. Plauen, F. Bartels. Vierteljährlich 1,50 M.

Volkskunst. Monatsschrift für Theater- und verwandte Bestrebungen in den katholischen Vereinen. Schriftleiter: Emil Ritter. 1. Jahrgang Oktober 1912 bis September 1913. 12 Hefte. 1. Heft 48 S. gr. 8°. München-Gladbach, Volksvereins-Verlag. Jährlich 4,50 M.

Zeit, Die neue. Beiträge zur Geschichte der modernen Dichtung. Herausgegeben von Heinr. Frz. Bachmair. 1. Buch. 1.—3. Tausend. 150 S. mit 1 Bildnis. gr. 8°. München-Schwabing, H. S. Bachmair. 1 M.

VII.

Über Versmelodie.

Von

Julius Tenner.

4.

Für Wesen und Charakter eines tonmusikalischen Stückes ist die Tonhöhe das maßgebende und wichtigste Element, denn auf ihr ruht die Erzeugung der Melodie, bei deren Aufbau die anderen drei Elemente: Stärke, Dauer und Klangfarbe eine ganz nebensächliche Rolle spielen. Wenn nur die vom Komponisten im Notenbilde vorgezeichnete Intervallfolge die gleiche bleibt, dann empfängt der Zuhörer stets den Eindruck derselben Melodie und erkennt sie wieder, mag sie mit größerer oder geringerer Kraft, im raschen oder langsamen Tempo, in den Klangfarben der menschlichen Stimme oder eines beliebigen künstlichen Musikinstrumentes wiedererzeugt werden. Es handelt sich dabei keineswegs um die absolute Tonhöhenbewegung, um die höhere oder niedere Tonart, sondern um relative Tonhöhen, also um die Intervallfolge, denn wir erkennen sofort die gleiche Melodie wieder, mag sie von einem Baß oder Tenor, von einem Alt oder Sopran gesungen oder in einer beliebigen Tonart vertont sein.

Ganz anders liegt die Sache in der Sprachmusik. Die führende, für Wesen und Charakter eines sprachmusikalischen Stückes einzig maßgebende Rolle fällt hier der Klangfarbe zu, während die Tonhöhe die gleiche nebensächliche Aufgabe hier zu erfüllen hat, wie die Klangfarbe in tonmusikalischen Gebilden. Ich möchte dies zunächst an einem dem täglichen Leben entlehnten anekdotischen Erlebnis erläutern.

Müller und Mayer geraten an ihrem Wirtshausstammtisch in Streit, der sich derart zuspitzt, daß Müller den Mayer einen unehrenhaften Menschen nennt. Mayer klagt. Vor Gericht kommt ein Vergleich zustande, demzufolge Müller sich verpflichtet, am nächsten Abend in Gegenwart aller Stammtischgenossen laut die Erklärung abzugeben: »*Mayer ist ein ehrenwerter Mann.*« Als nun Müller vor die versammelten und auf den demütigenden Akt der Ehrenerklärung gespannten Genossen tritt, sieht er zuerst Mayer höhnisch über die

Achsel an, blinzelt listig mit den Augen und sagt langsam im bissig-spöttischen Frageton, als ob er das gerade Gegenteil einer allgemein bekannten Tatsache behaupten wollte: »*Mayer ist ein ehrenwerter Mann...?!!*« — Allgemeines Gelächter. Mayer fährt wütend auf: »Sie haben den gerichtlichen Vergleich nicht eingehalten!« — »Doch« — erwidert Müller gelassen — »wir haben uns ja nur auf den Text verglichen, nicht auf die Musik!«

Man kann also durch die »Musik« gerade das Gegenteil dessen ausdrücken, was der gemeine Sinn der Worte bedeutet, und das kommt tausende Male im täglichen Leben vor. Wie oft freuen sich Leute über das Glück anderer oder nehmen schmerzlich teil am Unglück anderer mit einem Tonfall der Stimme, dem man es ganz zweifellos anhört, daß ihre wahren Gefühle im direkten Gegensatz zu den Worten stehen. Das Wort kann leichter lügen als der Ton. Und der »Ton« kann das Wort Lügen strafen. »Ton« aber bedeutet in allen diesen Fällen nichts anderes als die psychogenetischen Klangfarbenvarianten, in denen die wahre Seelenverfassung, die wirklichen Gefühle jedes Sprechenden zum Ausdruck gelangen. Der bekannte französische Spruch: »*C'est le ton qui fait la musique*« würde somit richtiger lauten: »Klangfarbe macht die Musik«.

Zu dem unveränderten Worttext: »Mayer ist ein ehrenwerter Mann« können wir uns eine unendliche Reihe verschiedener Klangbilder auf sprachmusikalischem Wege hinzu komponiert denken, angefangen vom Brustton aufrichtiger Überzeugung von der Wahrheit des Gesagten, die ganze Skala herunter bis zur hohltönenden Kundgebung des geraden Gegenteils. Der charakteristische Eindruck aller dieser Varianten liegt einzig und allein auf den von unserem Gehör sehr fein unterschiedenen und überaus leicht und rasch wahrgenommenen psychogenetischen Klangfarbenschattierungen.

Die Dichtkunst, die ja, ebenso wie die Tonkunst, eine Kunst des Klanges ist und die sich weniger an den Verstand, mehr an das Gefühl und die Einbildungskraft der Hörer wendet, hat seit jeher diese Klangfarbenschätze der menschlichen Stimme sich zu eigen gemacht und sie zur Erzielung ihrer stärksten Wirkungen benützt. Ich will aus der unerschöpflichen Fülle dieser Wirkungen nur einige wenige herausgreifen, um auf die eigenartigen Unterschiede aufmerksam zu machen, durch welche sich das geschriebene Dichterwort zu dessen sprachmusikalischer Vertonung in ein analoges Verhältnis stellt, wie die geschriebene Partitur eines Musikstückes zu den lebendigen Klangformen seiner Orchesteraufführung. In beiden Fällen haben wir es mit einem Auferstehungsakt zu tun.

Denken wir uns, der dichterischen Phantasie Shakespeares folgend, jedoch nicht im Theater, sondern in voller historischer Wirklichkeit, Mark Anton die *rostra* auf dem *Forum Romanum* besteigen, um Cäsars Leichenrede zu halten. Der wilde, aufgeregte Pöbel hat eben erst in fanatischer Ekstase Brutus zugejubelt. Nun gilt es, die leicht erregbare Menge ihm abwendig zu machen, die exaltierte Liebe für Brutus in blinden Haß zu wandeln. Das kann nur — ein charakteristisches Beispiel der gleißnerischen Art antiker Rede- und Überredungskunst — durch Aufruf der niedrigsten Leidenschaften geschehen. Vorsichtig und den Gesinnungen der Menge listig entgegenkommend, ihrer auf Brutus eingestellten Stimmung schmeichelnd, beginnt Mark Anton seine Rede. Gleich nach den ersten einleitenden Worten gibt er, um den Pöbel zu gewinnen, eine Ehrenerklärung für Brutus ab. Man braucht nur »Brutus« statt »Mayer« zu setzen, und es ist wortgetreu die gleiche Ehrenerklärung, wie sie in dem vorher erzählten alltäglichen anekdotischen Erlebnis vorkommt: »*Und Brutus ist ein ehrenwerter Mann!*« — Doch wie verschieden ist der »Ton«! Zu den bis auf den Namen ganz gleichen Textworten ein ganz anderes Klangbild, eine ganz andere Klangfarbenmischung. Das merkwürdige komplizierte Zusammenwirken widersprechendster Gefühle und Stimmungen, die Mark Antons Gemüt in jenem Augenblick durchziehen, erzeugt eine ganz bestimmte und eigenartige Klangfarbenschattierung, in welcher alle diese Gefühle und Stimmungen ihren synthetischen Ausdruck finden.

Im Grunde seiner Seele kann Mark Anton Brutus seine Achtung nicht versagen, hält aber dieses Gefühl im tiefsten Innern verborgen. Seinem Zweck und Anschlag dient es, Brutus, den Mörder Cäsars, dem Haß und der Verachtung des Pöbels preiszugeben, und wenn er Brutus einen »ehrenwerten Mann« nennt, so liegt darin nicht der Ausdruck seiner Überzeugung, nicht die Absicht, diese Meinung auf seine Zuhörer zu übertragen, sondern eine bewußte Lüge, die listige Vorspiegelung, als teilte auch er aus ganzer Seele den ihm nur zu gut bekannten fanatischen Glauben des Pöbels an Brutus' Ehrenhaftigkeit. Im Tonfall seiner Stimme, in ihrem Klangfarbenspiel, gelangt also keineswegs der echte Brustton der Überzeugung zum Ausdruck, wohl aber das Bestreben, diesen Ton zu treffen. Der Unterschied zwischen echter, aufrichtiger Gesinnung und der Heuchelei des falschen Biedermannes, wie er im Klangfarbenspiel von Mark Antons Stimme zum Ausdruck gelangt, wird keinem Beobachter entgehen, dessen Aufmerksamkeit in dieser Richtung eingestellt wurde. Der innere Kampf, den die Verstellung, die Unterdrückung der wahren Absicht des Redners ihn kostet, die tastende Vorsicht, mit der er seine Zuhörer über seine wirkliche Gesinnung so lange zu täuschen bemüht ist, bis er sie seinen Zwecken gefügig gemacht hat, die Verschlagenheit, mit der er hinterhältig um ihre Gunst buhlt, alles das schwingt in leisen Untertönen in der Stimme des Redners mit, und ihre Klangfarbenbewegung ist eine Resultierende einer größeren Anzahl von Komponenten, die synthetisch ihren adäquaten Ausdruck darin finden. Wäre es möglich, diese lebendige Klangfarbenmischung zu analysieren, sie in die einzelnen Klangfarbenschattierungen zu zerlegen, die den verschiedenen Sonderempfindungen entsprechen, aus denen sich das Gesamtklangbild zusammensetzt, so würde man jede einzelne Klangfarbennuance, deren organischer Zusammenklang dem Munde des Redners entströmt, auch abgesondert hören können. Das menschliche Gehör freilich besitzt die geradezu wunderbare Fähigkeit, das Klangfarbengemisch in seine einfachen Bestandteile zu zerlegen, so daß wir jede einzelne Empfindung aus dem Zusammenklange genau heraushören.

Der Pöbel erwartet von Mark Anton, dem Freunde Cäsars, leidenschaftlich feindselige Ausbrüche gegen Brutus, Cäsars Mörder. Das unverhoffte Lob, das der Redner Brutus spendet und das dieser Erwartung plötzlich entgegentritt, erregt Aufsehen und Verdacht, der aufhorchende Pöbel fühlt die leisen Untertöne, die in der Stimme des Redners mitschwingen, wohl heraus und zorniges Mißtrauen ergreift die Menge. Schon nach der ersten scheinheilig treuherzigen Beteuerung: »*Denn Brutus ist ein ehrenwerter Mann* ....« unterbricht tobendes Wutgeschrei den Redner. — Wehe dem, der im geringsten daran zweifeln wollte! Er wagt sein Leben! — Das ungefähr mag Mark Anton aus dem Toben der Menge herausgehört haben. Es ist ein Augenblick höchster Spannung und Gewitterschwüle. Der Redner erfaßt im Nu die drohende Gefahr und beteuert hastig, in sichtlich übertriebener Beflissenheit und mit starker Betonung nochmals: »*Das sind sie alle, alle ehrenwert!*« Mit äußerster Vorsicht geht er jetzt Schritt für Schritt weiter. Er führt eine Reihe bekannter Tatsachen aus dem Leben Cäsars an, die den Vorwurf der Herrschsucht, den Brutus gegen Cäsar erhob, glänzend widerlegen. Trotzdem sei Brutus persönlich ein ehrenwerter Mann .... gewiß! .... Daran zweifle ja niemand .... Aber können nicht auch ehrenwerte Männer fehlen? Bei jedem neuen Argument, das er gegen Brutus vorbringt, bei jeder weiteren Wiederholung des Refrains »*Und Brutus ist ein ehrenwerter Mann* ....«, ändert sich die Klangfarbenmischung in der Stimme des Redners nach einer ganz bestimmten Richtung. Seine wahre, dem natürlichen Sinn der Worte schnurstracks entgegengesetzte Gesinnung, die anfänglich nur ganz leise und verborgen aus den tiefsten seelischen Hintergründen leise mitklang, schlägt immer stärker durch, bis sie zuletzt ganz die Oberhand gewinnt. In dem Absatz:

O Bürger! strebt ich, Herz und Mut in euch
Zur Wut und zur Empörung zu entflammen,
So tät ich Cassius und Brutus Unrecht,
Die ihr als ehrenwerte Männer kennt ...

haben die Worte »*ehrenwerte Männer*« einen schon ganz offenkundigen Beigeschmack von beißendem Spott, und aus dem Tonfall hört man es deutlich heraus, wie der Redner auf den sich vollziehenden, vielleicht schon vollzogenen Stimmungsumschlag der Pöbelmassen lauert. In der heuchlerischen, scheinheiligen Versicherung, die unmittelbar darauf folgt:

Ich will nicht ihnen Unrecht tun, will lieber
Dem Toten Unrecht tun, mir selbst und euch,
Als ehrenwerten Männern, wie sie sind ...

ist der Redner dieses Stimmungsumschlages bereits vollkommen sicher. Hier wird schon in den »*ehrenwerten Männern*« der Sinn ganz offen Lügen gestraft von der Klangfarbe. Und nun ist auch der Moment gekommen, Trumpf zu spielen. Mark Anton zieht Cäsars Testament hervor, weigert sich es zu lesen, er macht mit zynischer Tücke ein Geheimnis aus seinem Inhalt, indem er ihn gleichzeitig laut verkündet:

Ihr dürft nicht wissen, daß ihr ihn beerbt,
Denn wüßtet ihr's, was würde draus entstehen?

Die Maske ist gefallen. Die raffinierte Nachahmung der schlichten, einfachen, herzbewegenden Töne des Biedermannes wird nun ganz über Bord geworfen, um mit tückischer Bosheit die niedrigsten Instinkte und Leidenschaften der Menge aufzurufen. Der rasende Pöbel verlangt nach Cäsars Testament.

Wollt ihr warten?
Ich übereilte mich, da ich's euch sagte.
Ich fürcht', ich tu den ehrenwerten Männern
Zu nah, durch deren Dolche Cäsar fiel;
Ich fürchte es.

In diesen letzten »*ehrenwerten Männern*« ist der Gipfel der ganzen Stufenreihe erreicht, die nackte Gehässigkeit, die sich der fanatischen Zustimmung der wetterwendischen Menge sicher weiß. Und dieser lange Weg, den die Stimmung des Pöbels in so kurzer Zeit durchwandert, angefangen von der begeistert aufjubelnden Verehrung für Brutus, bis zu dem in blinder Wut gegen ihn tobenden Hasse, dieser Weg spiegelt sich treu in den feinsten Schattierungen, Übergängen und Steigerungen der kleinen Galerie lebendiger Klangfarbenbilder wider, die Mark Antons Stimme an uns vorüberziehen läßt.

Es braucht nach dem Vorhergehenden nicht erst gesagt zu werden, daß, wenn die menschliche Stimme all diesen ebenso minutiösen wie sinnverwirrenden und komplizierten Gefühlen und Stimmungen, diesen feinsten Schwingungen einer leidenschaftlich erregten menschlichen Seele unmittelbaren, wahren und getreuen Ausdruck zu geben vermag, sie hierzu einzig und allein ihr unerschöpflicher Klangfarbenreichtum befähigt und die wunderbar zwanglose Leichtigkeit, mit der diese zahllosen Farbentöne hervorgezaubert und gemischt werden.

Wir sind bei dieser Betrachtung freilich von der Annahme ausgegangen, daß Mark Anton leibhaftig vor uns gestanden, daß er seine Gemütsbewegungen just in Shakespeares Worten unmittelbar zum Ausdruck brachte, als ob sie der Dichter aus einem zeitgenössischen Stenogramm abgeschrieben hätte, und daß uns unsere Gehörphantasie diesen farbenschillernden Redefluß in seiner ganzen lebendigen Klangfülle vorzuzaubern imstande war. Nur unter dieser Voraussetzung können wir den ganzen Reichtum der emotionellen Klangfarbenschätze, wie sie unmittelbar »mit urkräftigem Behagen« aus Mark Antons Seele drangen, als echt und wahr gelten lassen. Ein wesentlich anderes Bild entsteht, wenn wir uns nicht Mark Anton selbst, sondern einen Darsteller Mark Antons in einer Bühnenaufführung von Shakespeares »Julius Cäsar« zu hören vorstellen oder wirklich hören. Jene unmittelbare Naturwahrheit des kaleidoskopartigen Klangfarbenspiels, das der leidenschaftlich erregte Mensch kunstlos und selbstschöpferisch hervorbringt, durch bewußte Nachbildung auf dem Theater zu erreichen, ist das Ideal jeder schauspielerischen Leistung, dem man nur auf den höchsten Gipfeln schöpferischer Schauspielkunst nahe kommt, ohne es je zu erreichen.

Diese Wahrnehmung regt zu einem interessanten Vergleich an. Wir haben vorstehend an die Ohrphantasie des Lesers appelliert und ihn als unsichtbaren Zuhörer zweitausend Jahre zurück nach Rom versetzt, um ihn dort auf dem *Forum Romanum* Mark Antons Leichenrede für Cäsar mitanhören zu lassen. Über der tausendköpfigen Menge von Mark Antons leidenschaftlich erregten, mitagierenden, wirklichen Zuhörern waren wir die einzigen an den sich abspielenden Vorgängen unbeteiligten, unbefangenen Hörer und konnten deshalb unsere ganze Aufmerksamkeit auf das schillernde Klangfarbenspiel einstellen, wie es in echter Naturwahrheit aus des Redners Stimme tönte. Denken wir uns nun in den Zuschauerraum eines zeitgenössischen Theaters, während einer Aufführung von Shakespeares »Julius Cäsar« versetzt. Hier lauschen wir der schauspielerischen Darstellung von Mark Antons Rede. Ist es möglich, daß wir da, selbst bei denkbar vorzüglichster Darstellung, auch nur für einen Augenblick vergessen könnten, daß wir in einem Theater sitzen? Daß wir vergessen könnten, bloß einen Schein der Wirklichkeit vor uns zu haben, und auch nur einen Augenblick lang daran glauben könnten, daß sich ein echtes, greifbares Stück Leben vor unseren Augen und Ohren abspiele? — Die Beantwortung dieser Frage läßt wohl kaum einen Zweifel zu. Die Illusion des allerempfänglichsten und naivsten Zuhörers, auch bei denkbar vorzüglichster Darstellung, wird nie so weit gehen, daß vollkommene Täuschung erzielt wird. Und eine solche Täuschung, wie sie uns optisch ein Panoptikum etwa bietet, ist auch gar nicht Zweck der Kunst. Im Gegenteil: der ästhetische Wert einer Illusion steht im umgekehrten Verhältnis zur Genauigkeit der Nachahmung, und es ist keineswegs ein Zeichen des ästhetischen Genusses, wenn wir uns des Unterschiedes zwischen einer Naturerscheinung und dem sie nachahmenden Kunstwerk nicht bewußt werden. Mag der Eindruck schauspielerischer Darstellungskunst noch so stark sein, wir werden niemals vergessen, daß wir einem »Spiele« beiwohnen.

Das lebendige Klangfarbenspiel, das von den Lippen des wirklichen Mark Anton — eine entsprechend lebhafte Ohrphantasie vorausgesetzt — an unser inneres Gehör drang, entstand willenlos, mit zwangloser Ursprünglichkeit, ein getreues Spiegelbild des momentanen Seelenzustandes. Das war »Eigenbau« des Redners, der natürliche Ausdruck seiner wechselnden Stimmung und Gemütsbewegung. Die Worte, die er sprach, sind in seinem Innern soeben geboren worden, die Klangfarben, die seinen Lippen entströmen, sind die ureigensten Hüllen seiner Gefühle. Ganz anders beim Schauspieler. Dieser bringt keineswegs seine eigenen Gedanken, Seelenzustände und Gemütsbewegungen zum Ausdruck, sondern diejenigen einer dritten, ihm ganz fremden und im Grunde genommen ganz gleichgültigen Persönlichkeit, die er nie gesehen und gehört, die er sich nur vermöge seiner Einbildungskraft zum Vorbild herbeigeschafft, um diesem imaginären Vorbild nachzuahmen. Das Klangfarbenspiel, das aus dem Munde des Darstellers Mark Antons ertönt, ist demnach keineswegs der adäquate unwillkürliche und unbewußte Ausdruck wirklicher Gemütsbewegungen, es ist vielmehr die bewußte und gewollte Nachahmung eines imaginären Vorbildes. Das setzt nicht nur großes Darstellungstalent, sondern auch vollkommene technische Beherrschung der Stimmmittel voraus. Der Darsteller muß seine Stimmwerkzeuge derart in seiner Gewalt haben, daß sie leicht und zwanglos immer bereit sind, sich für den lebenswahren Ausdruck der feinsten Seelenregungen einzustellen und ihn treulich nachzubilden. Der genialste Schauspieler ist aber keinesfalls imstande, mag er noch so intensiv in dem Seelenleben der von ihm dargestellten Persönlichkeit aufgehn, gleichzeitig sein eigenes Seelenleben gänzlich auszuschalten. Dieses vibriert immer mit, und zum Ausdruck der in der Seele des Schauspielers induzierten fremden Gemütsbewegungen gesellen sich notgedrungen die leisen Untertöne des in die Hintergründe der Seele zurückgedrängten höchstpersönlichen Gemütszustandes und so ist es unvermeidlich, daß das Klangfarbenspiel in der schauspielerischen Darstellung eine ungewollte, seine Naturtreue und Echtheit beeinträchtigende Beimischung erfährt.

Die sprachmusikalische Vertonung jeglichen dichterischen Inhaltes in lebendiger Rede ist, wie wir sehen, mit der Erzeugung von Klangfarbenfolgen verbunden, in denen alle oft überaus komplizierten Gefühle und Stimmungen, die das dichterische Kunstwerk in sich birgt, zum Ausdruck gelangen sollen. Das Ideal der sprachmusikalischen Wiedererzeugung eines Gedichtes würde somit ein Vortragskünstler erreichen, der in den Worten des Dichters seine mit ihrem Gefühlswert vollkommen identischen eigenen Gefühle und Stimmungen zum Ausdruck brächte. Dann bekäme man auch in der künstlerischen Darstellung emotionelle Klangfarbenvarianten von ursprünglicher und echter Naturwahrheit zu Gehör. Das ist ein wohl nicht undenkbarer, aber immerhin ein so wenig wahrscheinlicher Ausnahmefall, daß man ihn gar nicht in Betracht zu ziehen braucht. Jede andere Wiedergabe bringt einerseits nur auf künstlichem Wege erzeugte Klangfarbenvarianten zustande, die niemals die Vollkommenheit unmittelbarer Lebenswahrheit erreichen können, sie ist anderseits nie frei von mitschwingenden Untertönen des eigenen Seelenlebens. Auch dann nicht, wenn der Darsteller sich alle Mühe gibt, die eigene Stimmung, sofern sie der gegebenen dichterischen direkt entgegengesetzt ist, zu unterdrücken und zu verbergen. Diese Hemmungen, der Kampf sie auszuschalten, werden mehr oder weniger im Klangfarbenspiel seiner Stimme stets zum Ausdruck kommen. Die Darstellung echter, voller Herzensfreude z. B. wird nie einem Schauspieler gelingen, dessen eigene Seelenverfassung gleichzeitig im Zeichen tiefer Trauer steht.

Wenn wir die Reihe der Klangbilder, die einen und denselben Wortlaut: »ehrenwerte Männer« in Mark Antons Rede acht oder zehnmal nacheinander mit jedesmal musikalisch verschiedenen Klangfarbenwerten füllen, näher betrachten, so ist es vor allem klar, daß die typischen vokalischen Lautfarben, in denen Masing die Hauptträger der Versmelodie erblicken will, vollkommen unverändert bleiben, weil ja der Wortlaut trotz jedesmaligen Wechsels der Gefühlswerte stets der gleiche bleibt und die gleichen sechs hellen Vokale sich unverändert wiederholen. Die vokalischen Lautfarben allein können also ohne Beimischung emotioneller Varianten dem sprachmusikalischen Ausdruck der Gemütsbewegungen und seinen unendlich mannigfaltigen Veränderungen in ihren typischen unveränderten Schallformen in gar keiner Weise dienen. Sie bleiben sich ebenso unverrückbar gleich, wie die den allgemeinen Gemütseigentümlichkeiten, der Individualität des Redners dienenden Rumpfmuskelbewegungen, die seine habituellen Klangfarbenvarianten erzeugen. Es können sich aber alle anderen Elemente des Klanges ändern und dem Wechsel der Gefühls- und Stimmungswerte anpassen. So ändern sich bei jeder Wiederholung des Klangbildes »ehrenwerte Männer« bald die Tonhöhen und die Tonstärken, bald das Tempo und die Pausen, der größere und kleinere Nachdruck, auch die Art der Bindung *(legato, staccato, portamento)* der einzelnen Silben. In jedem Falle aber und vor allem ändern sich die emotionellen Klangfarbenvarianten, in denen die momentane seelische Erregung des Redners ihren unmittelbaren und vollkommenen sinnlichen Ausdruck findet. Alle übrigen veränderlichen Tonwerte, ihr mannigfaltiger Wechsel, ihre Kombinationen und Übergänge dienen an und für sich keineswegs dem unmittelbaren Ausdruck der Gemütsbewegungen. Sie sind im orchestralen Zusammenspiel aller Faktoren der Sprachmusik Begleitinstrumente nur; die Primgeige spielen die emotionellen Klangfarbenvarianten. Dächten wir uns diese aus dem Sprachklanggebilde einer Dichtung fort, so bliebe kaum mehr übrig, als vom lebendigen Organismus einer blühenden Blume, der man Duft und Farbenspiel geraubt. Doch ebensowenig wie Duft und Farbenspiel einer Blume läßt sich das schillernde Klangfarbenspiel der menschlichen Stimme in mathematische Formeln oder Gesetze bringen. Es ist das Widerspiel innersten menschlichen Seelenlebens, das sich in seiner unendlichen Mannigfaltigkeit nicht allein jeder Regelung, sondern auch jeder Beschreibung entzieht.

Auch beim stillen Lesen von Dichtungen ist ein ästhetischer Genuß undenkbar, wenn unser inneres Ohr nicht imstande ist, unserer Einbildungskraft die entsprechenden emotionellen Klangfarbenschattierungen vorzuzaubern. Man muß eben Dichtungen lesen, wie der Musiker Partituren liest: nicht nur mit den Augen, sondern, nach einem treffenden Wort Nietzsches, mit den Ohren. Es gilt aber auch hier ein wichtiger Unterschied. Denn wenn der Musiker beim stillen Genuß einer Partitur, zunächst und in erster Linie, die Intervallfolge der Melodie, als das charakteristische Hauptelement der Tonmusik, in seiner Ohrphantasie lebendig werden läßt, so beruht der künstlerische Genuß beim stillen Lesen von Dichtungen am allerersten in der Fähigkeit der Ohrphantasie, den Ablauf der emotionellen Klangfarben wiederzuerzeugen. Freilich gibt es keine optischen Symbole, keine sichtbaren Notenzeichen, durch die wir imstande wären, die Klangfarbenschattierungen einer in einem bestimmten Zusammenhange gesprochenen Wortreihe auch nur anzudeuten. Wenn wir demnach einen beliebigen in einem bestimmten Zusammenhange geschriebenen Satz zu lebendiger Klangwirkung zu bringen haben, entbehren wir von vornherein jeden sichtbaren Fingerzeiges, um das Sprachklanggebilde dieses Satzes mit jenen emotionellen Klangfarbenvarianten auszustatten, welche den in dem Satze enthaltenen Gefühls- und Stimmungswerten vollkommen adäquat sind, derart, daß sie jedem unbefangenen Zuhörer ohne weiteres das volle Verständnis jener Gefühls- und Stimmungswerte vermitteln. Es ist klar, daß die erste und ausschlaggebende Bedingung, von deren Erfüllung die künstliche Erzeugung richtiger Klangfarbenfolgen abhängt, die genaue und vollständige Erkenntnis der in der schriftlich gegebenen Wortreihe enthaltenen Stimmungs- und Gefühlswerte bildet. Sie ist nur auf dem Wege der Interpretation zu gewinnen, durch volles und lückenloses Verständnis der Seelenverfassung, die einer aus dem Zusammenhang herausgegriffenen Wortreihe nach des Dichters Absicht zukommt. Der stille Leser muß diese Arbeit selbst verrichten, dem Zuhörer eines Schauspielers oder Vortragskünstlers bleibt sie erspart. Und es ist auch erklärlich, daß der gebildete Laie solche richtigen Klangfarbenfolgen viel leichter in seiner Ohrphantasie zu erzeugen als ihre Klanggeburt mit seinen Stimmwerkzeugen herbeizuführen vermag.

Nehmen wir z. B. den Fragesatz: *Gnädige Frau, wie gefällt Euch das Stück?* — Wie er als geschriebene Wortreihe außer jeglichem Zusammenhange dasteht, sind für seine sprachmusikalische Vertonung unendlich viele verschiedene Klangfarbenmodulationen möglich, sowohl bezüglich der habituellen als auch der emotionellen Klangfarbenvarianten. Denn nicht nur w e r hier spricht, sondern auch w o und zu w e m er spricht, das Verhältnis der sprechenden zur angesprochenen Person, Charakter und momentane Stimmung beider, Zeitalter, Milieu, der Zusammenhang mit dem, was vorangegangen und was folgen soll, die mannigfachsten sonstigen Begleitumstände, alles das wirkt mit. Die Zahl der Faktoren, die auf die Klangfarbenbewegung dieser Wortreihe Einfluß nehmen, ist einfach unbegrenzt, und einem geschriebenen Satze stehen unendlich viele und in ihrem Klangfarbenspiel überaus voneinander abweichende gesprochene Sätze gegenüber, tausendfach verschiedene sprachmusikalische Vertonungen eines und desselben Textes.

Angenommen nun, daß Shakespeares H a m l e t diese Worte spricht, dann ist die dem Temperament und der allgemeinen Seelenverfassung dieser Person entsprechende Körperhaltung und Rumpfmuskeleinstellung (nach Rutz) eine bestimmt gegebene und damit auch die habituelle Klangfarbe ihrer Stimme. Aber Hamlet kann denselben Fragesatz, bei unveränderter habitueller Klangfarbe und selbstverständlich auch unveränderten vokalischen Lautfarben, mit verschiedenen emotionellen Klangfarbenvarianten füllen. Die Verschiedenheit dieser Varianten wird von den Begleitumständen abhängen, zunächst von Hamlets augenblicklicher Stimmung und Gemütsverfassung, sodann von seinen in diesen Worten enthaltenen speziellen Absichten. All das kommt in seinen Gesichtsmuskelbewegungen zum Ausdruck und ist von der habituellen Klangfarbe ganz unabhängig. Die Frage: »*Gnädige Frau, wie gefällt Euch das Stück?*« richtet Shakespeares Hamlet tatsächlich in der zweiten Szene des dritten Aktes an seine Mutter, und zwar im Augenblick, wo die Königin im Schauspiel ihrem Gatten gelobt, niemals wieder Weib zu werden, wenn sie je Witwe geworden sein sollte. Die Frage drückt also ganz etwas anderes aus, als ihr logischer Sinn auch nur ahnen läßt, sie ist eine blutige Anspielung auf den Bruch des gleichen Gelöbnisses seitens der Mutter. Es ist klar, daß nicht der trockene Inhalt dieser so harmlosen und alltäglichen Worte, sondern der »Ton«, in dem sie gesprochen werden und in dem sich Hamlets Abscheu gegen den Ehebruch der Mutter widerspiegelt, die Hauptsache ist. Die Worte selbst sind nur leere, bedeutungslose Hüllen für die emotionellen Klangfarbenvarianten, die in Hamlets Stimme vibrieren, in die geheimsten Tiefen seines Innern hinableuchten, sein ganzes Gemütsleben aufdecken, die zartesten Falten seiner wunden Seele bloßlegen. Was gilt der bloße logische Sinn dieser konventionellen Wortreihe neben ihrer so unendlich ausdrucksvollen, so leicht verständlichen, keines Kommentars bedürftigen, ja selbst klar und überzeugend kommentierenden, durch das Ohr des Hörers unmittelbar in dessen Seele dringenden Klangfarbenbewegung! Sie ist vom Dichter im vorhinein unabänderlich festgesetzt, wiewohl er sie durch keine optischen Symbole auch nur anzudeuten imstande war, und wiewohl sie wenige Darsteller in ihrer Bestimmtheit aus dem Texte herauszuempfinden und herauszuhören, die wenigsten aber in ihrem Stimmklang in tadelloser Vollendung zum Ausdruck zu bringen vermögen. Und in der kurz darauf folgenden, an den König gerichteten Ansprache Hamlets: »*Es ist ein spitzbübischer Handel. Aber was tut's? Eure Majestät und uns, die wir ein freies Gewissen haben, trifft es nicht. Der Aussätzige mag sich jucken, unsere Haut ist gesund!*« — wie weit ist da ihr aus dem ganzen Zusammenhang herausgerissener, isolierter logischer Sinn von alledem entfernt, was sie im Innersten bergen und was einzig und allein durch die emotionellen Klangfarbenvarianten des gesprochenen Wortes zum vollkommenen Ausdruck gelangt, in dem sich der tiefe Seelenschmerz Hamlets, sein grimmiger Rachedurst, sein lauerndes Mißtrauen, sein beißender Spott, die Vorsicht, mit der er die Falle legt, und die aufblitzende Lust, mit der er das Wild sich darein verfangen sieht, kurz ein ganzer überaus verwickelter Seelenstimmungsprozeß widerspiegelt.

Solche Beispiele aus der Dichtkunst aller Zeiten und Völker lassen sich ins Unendliche vermehren. Ich will den erörterten nur noch eines beifügen, weil es auf besondere Feinheiten des Klangfarbenphänomens der menschlichen Stimme aufmerksam macht und dabei auch zeigt, wie groß das Gebiet ist, das ihre Ausdrucksmöglichkeiten umfaßt. In den angeführten Beispielen hat es sich immer nur um das Klangfarbenbild eines bestimmten Satzes, einer kurzen Wortreihe im Zusammenhang mit dem Gesamtinhalt gehandelt. Wir wollen nun einen Fall betrachten, wo das eigenartige Klangfarbenspiel nicht eine einzelne Wortreihe, sondern ein größeres sprachmusikalisches Gebilde von Anfang bis zu Ende in seiner Gesamtheit betrifft.

Stellen wir uns vor, daß Lessings Parabel von den drei Ringen von einem und demselben künstlerisch begabten Darsteller Nathans des Weisen zweimal gesprochen wird: einmal im Gesellschaftsanzug auf der Konzertestrade als selbständige, aus dem Zusammenhang des Schauspiels herausgegriffene Dichtung, das andere Mal im Kostüm Nathans auf der Bühne, mitten in der Szenenfolge des Lessingschen Schauspiels. Wird die sprachmusikalische Vertonung dieser Dichtung in beiden Fällen die gleiche sein? Wenn nicht, worin liegen die Unterschiede beider Vortragsarten?

Die zweite Darstellung, diejenige auf der Bühne, fällt gegenüber der ersten vor allem durch den besonderen Zweck, durch die Absicht des Sprechers auf, der Beantwortung der ihm von Saladin gestellten verfänglichen Frage durch ein Gleichnis auszuweichen, den Sultan in der eigenen Schlinge sich verfangen zu lassen. Während im ersten Vortrag die isolierte Erzählung, losgelöst von allen Beziehungen zu den Vorgängen des Schauspiels, Selbstzweck ist, bildet sie im zweiten Falle bloß ein Mittel zum Zweck. Die verborgene Absicht des Erzählers schwingt hier, von den ersten Worten angefangen, in leisen Untertönen mit, die nicht nur von den in die Tendenz Nathans eingeweihten Zuhörern im Theater deutlich wahrgenommen werden, sondern auch den ahnungslosen Saladin selbst stutzig machen, welcher gespannt der Erzählung folgt und sich lange Zeit nicht recht erklären kann, wohin das alles hinaus soll. Erst nach den Worten: »*Der rechte Ring war nicht erweislich*« — in der Pause, wo Nathan vergebens die Antwort des verdutzten Sultans abwartet, um dann die gerade aufs Ziel lossteuernde Pointe zu bringen: »*Fast so unerweislich, als uns itzt — der rechte Glaube*« — gehen Saladin die Augen auf.

In beiden Vorträgen ist nun nicht nur der Text Wort für Wort der gleiche, sondern auch das Instrument des Sprechers, seine Körperhaltung und Rumpfmuskeleinstellung, seine individuelle Vortragsweise, alle Betonungen, die dynamischen Verhältnisse, die Tonhöhenfolge, das Tempo, die Pausen, die vokalischen Lautfarben, alles bleibt unverändert; bloß in den eigenartigen emotionellen Klangfarbenschattierungen werden gewisse zarte und dennoch von jedem unbefangenen Zuhörer genau wahrnehmbare Verschiedenheiten liegen, in welchen die verborgenen Beziehungen der Parabel zur Handlung des Schauspiels ihren sprachmusikalischen Ausdruck finden. Die der Klangfarbenpalette der menschlichen Stimme entnommenen feinen Farbentöne, welche die Klangfarbenmischung der zweiten von derjenigen der ersten Vortragsweise unterscheiden, lassen sich freilich nicht als Reinkultur in ihrer Isoliertheit darstellen. Das sind Imponderabilien, die wir uns, selbst auf abstraktem Wege, losgelöst aus dem Zusammenhang, in dem sie stehen, kaum vorstellen können.

Es ist wohl ausgeschlossen, daß es jemals gelingen könnte, solche Schattierungen emotioneller Klangfarben graphisch darzustellen, wie dies durch Darstellung der Melodienkurven auf experimentellem Wege bei Tonhöhenfolgen der Fall ist. Denn wenn man es selbst dazu brächte, sie auf experimentellem Wege zu analysieren und in graphische Klangkurven umzusetzen, die nicht nur wie bisher die Stärke-, Höhen- und Pausenverhältnisse, sondern insbesondere auch alle zartesten Modifikationen der emotionellen Klangfarben in einer bisher schier undenkbaren Vollkommenheit enthielten: wer vermöchte aus den durch optische Zeichen dargestellten Klangsymbolen die Klangfarbenmischung herauszuerkennen oder gar wiederzuerzeugen, die unser Ohr aus dem lebendigen Sprachklanggebilde mit so unvergleichlicher Leichtigkeit heraushört und die ihm in ihren feinsten Modifikationen verständlich sind?

Die Reinkultur der einzelnen Farbentöne, aus denen sich die endgültige synthetische Klangfarbenmischung zusammensetzt, scheint wohl im gleichen Maße undurchführbar, wie eine Zerlegung der tief im Innern jedes dichterischen Worttextes unverlierbar versenkten Gefühls- und Stimmungswerte in ihre einzelnen Urelemente. Ohne eine solche Zerlegung dürfte aber auch eine Symbolisierung durch die Schrift nicht möglich sein. Das ist schließlich von geringem Belange. Bei Zerlegung in Komponenten, in Teilakte, die an sich und vereinzelt weder den angestrebten Zweck erreichen noch kausal für die Gesamtwirkung sind, würden wir jedes Urteil über den organischen

Zusammenhang des Ganzen verlieren. Nur die Gesamtwirkung in der gegenseitigen Durchdringung und unlösbaren organischen Verschmelzung der einzelnen Faktoren kann auf das feine Verständnis rechnen, das unser Gehör der kompliziertesten Klangfarbenmischung entgegenbringt.

Die synthetisch aus mehreren Farbentönen zusammengesetzte Klangfarbenmischung scheint mir eine analoge Erscheinung zu sein, wie sie die gegenseitige Einwirkung mehrerer zusammentreffender Schall- oder Lichtwellen hervorbringt. Interferenz nennt es die Physik. Und eine Art Interferenz findet auch im Zusammentreffen mehrerer, verschiedenen Gefühlen adäquater Klangfarbentöne statt. Gerade so, wie zwei Schall- oder Lichtwellen sich stärken, schwächen oder auch an Stellen, an denen sie mit entgegengesetzten Schwingungsrichtungen aneinander prallen, gegenseitig vernichten können, so daß Stille beziehungsweise Dunkelheit erzeugt wird, gerade so können auch zwei Klangfarbentöne sich gegenseitig stärken, schwächen oder auch ganz aufheben und vernichten.

5.

Wenn das Ergebnis meiner bisherigen Erörterungen richtig ist, wonach in der Sprachmusik im Gegensatz zur Tonmusik nicht die Melodie, das ist Tonhöhenbewegung, als feste, unverrückbare Intervallfolge, sondern die Klangfarbenbewegung, als Folge gleichfalls bestimmter Mischungen und Schattierungen emotioneller Klangfarben, die den festen, unverrückbaren, dem Worttext immanent anhaftenden Gefühlswerten genau entsprechen, das charakteristische Hauptelement bildet, so muß diese Verschiedenheit ganz besonders in der Art zum Ausdruck gelangen, wie die Reproduktion in den beiden Tonsystemen hierauf reagiert.

Tonkunst und Dichtkunst haben unter vielen gleichen Merkmalen, nach Sievers' treffender Bemerkung, auch dieses miteinander gemein, daß sie, um reine und volle Wirkungen zu erzielen, der Vermittlung eines reproduzierenden Künstlers bedürfen. Die eigentliche künstlerische Form sowohl ton- als sprachmusikalischer, d. h. dichterischer Werke kann man nur unmittelbar an ihrer künstlerischen Vertonung erkennen und beurteilen. Die auf toten papiernen Zeichen vorgenommenen Untersuchungen entbehren in beiden Systemen von vornherein der wichtigsten und allein ausschlaggebenden Erkenntnisquellen. Wenn nun in der Tonmusik die Intervallfolge, in der Sprachmusik die Klangfarbenfolge die festen, unverrückbaren und charakteristischen Werte darstellen, so müßte logischerweise die Reproduktion der Sprachmusik ebenso fest an die Klangfarbenfolge gebunden sein, wie es die Reproduktion der Tonmusik an die Intervallfolge ist. Und umgekehrt müßte ebenso, wie die Tonmusik in der Wahl der Klangfarben, die Sprachmusik in der Tonhöhenbewegung einen ansehnlichen freien Spielraum in der Reproduktion genießen. Es wird also eine Probe auf das Exempel sein, wenn uns eine nähere Untersuchung des Verhältnisses der schaffenden zur reproduzierenden Kunst in den beiden Tonsystemen diese Voraussetzung bestätigt.

Ich beginne mit der Reproduktion eines tonmusikalischen Stückes. Vom Standpunkte des Spielers betrachtet, bestehen seine Vortragsmittel zum großen Teil in der Benützung eines gewissen freien Spielraums, den das Tonstück gewährt. Nehmen wir an, daß mehrere Klavierspieler nacheinander eine Tondichtung von Chopin spielen, so ist unzweifelhaft in gewissen Grenzen für die individuelle Auffassung jedes Künstlers ein freier Spielraum vorhanden. Es können sich da kleine Unterschiede des Zeitmaßes ergeben, sowohl im allgemeinen Tempo wie hinsichtlich der Beschleunigung oder Retardierung einzelner Takte; Unterschiede in der grundsätzlichen Stärke des Anschlages sowie einzelner musikalisch notwendiger Betonungen; in der Art der Phrasierung und Bindung der Töne, Gruppen und Perioden; endlich auch in der Auswahl der durch die Art des Anschlages oder Gebrauch der Dämpfung durch diese Pianisten hervorgebrachten Klangfarbenschattierungen. In einem in englischer Sprache verfaßten Essay: »*Tempo rubato*« bemerkt der bekannte polnische Komponist und Klaviervirtuose Paderewski, daß es »im musikalischen Ausdruck sinnlich unfaßbare Momente gäbe, die sich deshalb jeder Bestimmung entziehen. Sie wechseln je nach den Individuen, Stimmen und Instrumenten, und die gedruckte oder geschriebene Komposition ist trotz allem nichts als Form, Modell: der ausführende Künstler haucht der Form erst Leben ein, und wenn sich dieses Leben in vollen Pulsschlägen äußern soll, so muß er über einen entsprechenden Spielraum verfügen, der seiner diskretionellen Gewalt anheimgestellt ist. Der moderne Ausdruck für diese diskretionelle Gewalt heißt *tempo rubato*. Dieser unversöhnliche Feind des Metronoms ist einer der ältesten Freunde der Musik« [1]). Wenn nun ein Tonkünstler einen derart weit

[1]) Nicht weniger interessant sind die Bemerkungen des Künstlers über den Rhythmus in der Musik. Ich kann es mir nicht versagen, einige davon aphoristisch herzusetzen:

»Rhythmus ist Ordnung. Aber Ordnung in der Musik gleicht keineswegs der kosmischen Pünktlichkeit eines Planeten oder der automatischen Einförmigkeit einer Uhr. Sie spiegelt das Leben wider, das organische menschliche Leben, denn sie gesteckten Spielraum für den ausübenden Musiker verlangt, und mit Berechtigung verlangt, um wieviel weitere Grenzen müssen — angesichts der erörterten Systemverschiedenheiten der Musik und Poesie — dem Sprachkünstler für den Spielraum gezogen werden, der ihm in bezug auf die Darstellung des metrischen Schemas und rhythmischen Baues von Gedichten zusteht.

Am auffallendsten erscheint die Freiheit der ausübenden Instrumentalmusik in der Wahl der Klangfarben. Nicht als ob diese für den Gesamteindruck eines Musikstückes gleichgültig und ohne jeden Einfluß wären. Dieselbe Tondichtung Chopins wird gewiß auf dem Klavier stil- und wirkungsvoller zum Ausdruck kommen, als etwa auf der Geige, dem Cello oder auf einem Blasinstrument. Doch steht dem ausübenden Musiker für die Wahl des Instrumentes, somit für die Wahl der Klangfarben, die wir, zum Unterschiede von den psychogenetischen und emotionellen Klangfarbenvarianten, die **instrumentalen Klangfarben** nennen wollen, ein ansehnlicher Spielraum offen, innerhalb dessen ein bestimmtes Instrument (z. B. die Orgel für Bachsche Fugen oder das Klavier für Tondichtungen Chopins) für ein ge-

---

unterliegt gleich ihm Gemütsbewegungen, seelischen Stimmungen, Exzitationen, Depressionen ...

»Es gibt kein absolutes Tempo, denn Tempo hängt von psychischen und physischen Bedingungen ab ...

»Es gibt auch keinen absoluten Rhythmus. Denn Schritt für Schritt mit der Entwicklung einer Komposition wechselt das Thema seinen Charakter, und mit dem Thema wechselt auch der Rhythmus, er wird lebhafter oder langsamer, pulsiert stärker oder schwächer, beugt sich, erstarrt oder verliert seine Spannkraft. Rhythmus ist Leben ...

»Unser menschliches Metronom — das Herz, hört, unter dem Eindrucke von Gemütsbewegungen, zu schlagen auf, was die Physiologie Arythmie nennt. Chopin spielte aus dem Herzen heraus. Nicht so sehr ‚national' als ‚emotionell' war sein Spiel. ‚Emotionell' sein und gleichzeitig dem zu Beginn vorgeschriebenen Tempo gehorchen, dem Metronom Treue halten, das hieße ebensoviel, wie wenn man Gefühlsmomente in den Maschinenbau einfügen wollte: Das Mechanische des Spiels läßt sich mit Gemütsbewegungen nicht vereinen. Die Nocturne C-dur von Chopin z. B. mit rhythmischer Genauigkeit und strenggläubiger Durchführung des angedeuteten Tempos spielen, wäre ebenso unleidlich monoton und gedankenlos pedantisch, wie der Vortrag **eines Gedichtes nach den taktmäßigen Schlägen eines Metronoms.**

»Das Wesen des *tempo rubato* ist eine **gewisse Geringschätzung der Eigentumsrechte von Rhythmus und Tempo** ...

»Die französische Bezeichnung dieses Ausdruckes mit *‚mouvement dérobé'* führt auf den Gedanken, von den genauen Werten der Noten abzugehen, metrischer Bestimmtheit auszuweichen ...

»Die **Lyrik** verträgt an und für sich keine strengen metrischen und rhythmischen Linien ...

»Gemütsbewegung schließt einförmig rhythmische Ruhe aus ...«

gebenes Musikstück das geeignetste und vorzugsweise wünschenswerte ist. In dieser Hinsicht besteht eine Analogie zwischen den instrumentalen und den habituellen Klangfarben, welche nach der Theorie von Rutz nicht konkrete Gemütsbewegungen, sondern allgemeine Gemütseigentümlichkeiten und Anlagen ausdrücken, die im Wechsel der Gefühle das Beständige sind und Mensch von Mensch trennen.

Die instrumentale Klangfarbe künstlicher Musikinstrumente ist also gewiß wichtig für den allgemeinen Eindruck eines Musikstückes, ebenso wichtig wie die habituelle Klangfarbe für den allgemeinen Eindruck eines Sprachklanggebildes. Beide sind dennoch nicht das wesentliche und für den Gesamteindruck ausschlaggebende Element. In der Tonmusik hängt vielmehr dieser Gesamteindruck in erster Linie von der Melodie ab, von der vom Komponisten vorgeschriebenen, unabänderlichen, durch Noten fixierten Intervallfolge. An sie ist der ausübende Musiker sklavisch gebunden, so daß ihm bei ihrer Wiedererzeugung nicht der geringste freie Spielraum gewährt ist.

Die Analogie zwischen instrumentalen und habituellen Klangfarben ist aber noch weiter zu verfolgen. Eine und dieselbe Person kann [1]) willkürlich und bewußt verschiedene Ausdruckstongebung und Körperhaltung annehmen, und von der richtigen Anwendung und Beherrschung dieser Ausdruckshaltungen hängt die erreichbar beste Wiedergabe von Werken der Ton- und Redekunst ab. Die habituelle Klangfarbe eines und desselben menschlichen Individuums ist demnach veränderungsfähig, und wenn Rutz seinen ersten (italienischen) Typus der Geige, den zweiten (deutschen) der Klarinette und den dritten (französischen) der Trompete vergleicht, so könnte man sagen, daß ein künstlerisch stimmgeschulter Mensch alle diese Instrumente in seiner Kehle stecken hat und über alle drei nach Belieben verfügt. Die Überlegenheit der habituellen gegenüber den instrumentalen Klangfarbenvarianten beruht also darauf, daß die menschliche Stimme, je nach willkürlich beeinflußter Körperhaltung und Rumpfmuskeleinstellung, mehrere grundsätzlich verschiedene Klangfarbentypen annehmen kann, während jedes künstliche Musikinstrument bloß über einen einzigen, spezifischen und ihm eigentümlichen Klangfarbentypus verfügt, innerhalb dessen Klangfarbenmodifikationen nur auf rein mechanische Weise zustande kommen. Freilich kann sich dieser Reichtum auch nicht annähernd mit demjenigen messen, den das menschliche Stimmorgan in den emotionellen Klangfarbenvarianten aufweist. Diese, in denen unser gesamtes Seelen- und Gemütsleben seinen unmittelbaren musi-

---

[1]) Vgl. Rutz, »Neue Entdeckungen«, S. 2.

kalischen Ausdruck findet, sind ausschließliches Eigentum des menschlichen Stimmorganes und können auf künstlichen Instrumenten in der Reichhaltigkeit ihrer Ausdrucksmöglichkeiten auch nicht annähernd erreicht werden. Gewiß ist der ausübende Instrumentalmusiker eigener oder nachempfindender Gemütsbewegungen ebenso fähig, wie ein Sprech- oder Gesangskünstler; aber diese Gemütsbewegungen stehen in keiner unmittelbaren Verbindung mit dem Ansatzrohr seines künstlichen Musikinstrumentes, die Veränderungen dieses Ansatzrohres werden nicht von den Seelenregungen des Künstlers direkt regiert, sie kommen vielmehr auf rein mechanischem Wege zustande. Und wenn Lessing meint, daß auf dem langen Wege vom Auge durch den Arm in den Pinsel dem Maler so viel verloren geht, so darf man das füglich auch von jedem ausübenden Instrumentalmusiker behaupten. Denn auch einem Geiger geht auf dem langen Wege aus der Seele durch den Arm in den Bogen gar vieles verloren.

Es liegt außerhalb des Rahmens dieser Erörterungen, zu untersuchen, auf welche Weise und mit welchen Mitteln die Instrumentalmusik es dennoch zustande bringt, Gefühls- und Stimmungswerte eines Tonstückes ohne Vermittlung emotioneller Klangfarben zu lebendigem Ausdruck zu bringen. Es mag hier nur beiläufig bemerkt sein, daß schließlich jede Klangfarbe ihrem Wesen nach aus der Verschmelzung zweier anderer Klangelemente, der Tonhöhe und Tonstärke, herrührt. Wenn also die Instrumentalmusik wohl des Reichtums emotioneller Klangfarbenvarianten entbehren muß, so vermögen sich auch die auf mechanischem Wege erzeugten instrumentalen Klangfarbenvarianten den Bewegungen mannigfaltiger Seelenstimmungen anzupassen und ihrem Ausdruck zu dienen. So wird z. B. die Stärke von Obertönen im Klange von Saiteninstrumenten nicht nur von der Form und dem Ausmaß des Resonanzkastens, die fast unveränderlich sind, sondern auch von der Art und Stelle des Anschlags, ferner von der Dicke, Steifigkeit und Elastizität der Saite beeinflußt. Abgesehen davon besitzt die Instrumentalmusik eine ganze Anzahl anderer charakteristischer Elemente, und zwar neben der Höhe und Tiefe sowie Stärke und Schwäche der Töne den geraden und ungeraden Takt, das raschere und langsamere Tempo, die Art der Tonführung *(legato, staccato)*, durch deren mannigfaltigste Mischungen und Kombinationen gleichfalls die verschiedensten Ausdrucksformen für Seelenstimmungen erzeugt werden können.

Muß demnach die Instrumentalmusik auf den ganzen Schatz emotioneller Klangfarbenvarianten gänzlich verzichten, so verfügt sie doch über eine stattliche Reihe anderer musikalischer Elemente, die gleichfalls dem Ausdruck der Empfindung dienen, ohne in ihrem Zusammenwirken die Vollkommenheit der menschlichen Stimme für alle Ausdrucksmöglichkeiten von Gemütsbewegungen zu erreichen. Namentlich kommen der Tonhöhenbewegung Ausdrucksmöglichkeiten zu, die der Sprachmusik fehlen. Der Tonhöhenfolge der Sprache, den Veränderungen der Tonhöhe, die ohne Absatz, bald steigend, bald fallend, in unmerklichen Übergängen stattfinden, fehlt nämlich jedes Maß, mittels dessen die späteren Laute mit den früheren verglichen und die Größe der Veränderung überschaut werden könnte. In der Instrumentalmusik dagegen stellt die Intervallfolge der Melodie einen Fortschritt in fest bestimmten Stufen dar. Die musikalischen Tonleitern liefern einen fest eingeteilten Maßstab, an dem die Bewegung in der Tonhöhe, ähnlich wie die Einteilung der Zeit durch den Rhythmus, gemessen werden kann. Auf die Analogie zwischen Melodie und Rhythmus hat schon Helmholtz aufmerksam gemacht[1]). Die starr ab-

[1]) Über die Ausdrucksfähigkeit der Melodie sagt Helmholtz (Lehre v. d. Tonempf., S. 386): »Das unkörperliche Material der Töne ist viel geeigneter, in jeder Art der Bewegung auf das Feinste und Fügsamste der Absicht des Musikers zu folgen, als irgend ein anderes noch so leichtes körperliches Material; anmutige Schnelligkeit, schwere Langsamkeit, ruhiges Fortschreiten, wildes Springen, alle diese verschiedenen Charaktere der Bewegung und noch eine unzählige Menge von anderen lassen sich in den mannigfaltigsten Schattierungen und Kombinationen durch eine Folge von Tönen darstellen, und indem die Musik diese Arten der Bewegung ausdrückt, gibt sie darin auch einen Ausdruck derjenigen Zustände unseres Gemütes, welche einen solchen Charakter der Bewegung hervorzurufen imstande sind, sei es nun, daß es sich um Bewegungen des menschlichen Körpers oder der Stimme, oder, noch innerlicher, selbst um Bewegung der Vorstellungen im Bewußtsein handeln möge. Jede Bewegung ist uns ein Ausdruck der Kräfte, durch welche sie hervorgebracht wird, und wir wissen instinktiv die treibenden Kräfte zu beurteilen, wenn wir die von ihnen hervorgebrachte Bewegung beobachten. Dies gilt ebenso und vielleicht noch mehr für die durch Kraftäußerungen des menschlichen Willens und der menschlichen Triebe hervorgebrachten Bewegungen, wie für die mechanischen Bewegungen der äußeren Natur. In dieser Weise kann denn die melodiöse Bewegung der Töne Ausdruck werden für die verschiedensten menschlichen Gemütszustände, nicht für eigentliche G e f ü h l e — darin müssen wir Hanslick anderen Ästhetikern gegenüber Recht geben, denn es fehlt der Musik das Mittel, den Gegenstand des Gefühls deutlich zu bezeichnen, wenn ihr nicht die Poesie zu Hilfe kommt, — wohl aber für die G e m ü t s s t i m m u n g, welche durch Gefühle hervorgebracht wird. Unsere Gedanken können sich schnell oder langsam bewegen, sie können ruhelos und ziellos herumirren in ängstlicher Aufregung, oder mit Bestimmtheit und Energie ein festgesetztes Ziel ergreifen, sie können sich behaglich und ohne Anstrengung in angenehmen Phantasien herumtreiben lassen, oder an eine traurige Erinnerung gebannt, langsam und schwerfällig von der Stelle rücken in kleinen Schritten und kraftlos. Alles dieses kann durch die melodische Bewegung der Töne nachgeahmt und ausgedrückt werden, und es kann dadurch dem Hörer,

gemessene Tonhöhenfolge im Zusammenhalt mit der Möglichkeit, einzelne Tonhöhen beliebig lange unverändert festzuhalten, ermöglicht der Instrumentalmusik, mit ihren Mitteln einfache, unzweideutige, feste, bestimmte, geordnete, bedeutende Empfindungen zum Ausdruck zu bringen, während sie mit schwankenden, unsicheren, werdenden, sich erst vorbereitenden Empfindungen, mit scharf individualisierten, zusammengesetzten und komplizierten Seelenstimmungen wenig anzufangen weiß. Dieses ganze Gebiet, der musikalische Ausdruck des seelisch geistigen Lebens in seinen individuell charakteristischen Äußerungen und Bewegungen, beherrscht ausschließlich die menschliche Stimme in den beiden Arten ihrer Betätigung, das ist in der Sprachsowohl wie in der Vokalmusik.

Die Musikästhetiker sind auch wohl darüber einig, daß jede Gesangsmelodie einen mehr oder weniger bestimmten Umkreis von Seelenstimmungen in sich birgt, der unter der Anregung des Worttextes entstanden ist. Man hat die Tonmusik eine künstlerische Nachahmung des empfindungsvollen menschlichen Stimmklanges genannt, und schon Rousseau *(»Lettre sur la musique française«, 1753)* erblickte das Wesen musikalischer Kunstschöpfung in der Freiheit, die man der Sprache gab, sich nach Herzenslust »auszusingen«. Die Melodie selbst ist aber deshalb noch lange nicht der unmittelbare Gefühlsausdruck. In den Strophenliedern wird sehr häufig zu Wortreihen von verschiedenen Gefühlen und Stimmungen die ganz gleiche Melodie gesungen. Wo lägen also hier die Verschiedenheiten des Gefühlsausdrucks? Engel [1]) führt diesbezüglich als Beispiel das Quartett des ersten Aktes in Beethovens »Fidelio« an, in dem sich dieselbe Melodie in kanonischer Weise viermal hintereinander wiederholt. Das erste Mal singt sie Marceline, das liebestrunkene, der Erfüllung ihrer kühnsten Hoffnungen sich sicherfühlende, sittsam erzogene Mädchen; dann stimmt Leonore sie an, in verborgenen Tränen tiefsten Leidens und Bangens, dann der stillbeglückte, gutherzige, aber doch von aller Sentimentalität weit entfernte Vater Rocco, endlich der arme Jaquino, dessen »sich sträubendes Haar« schon verrät, daß er eine dem niederen Leben an-

der dieser Bewegung aufmerksam folgt, ein vollkommeneres und eindringlicheres Bild von der Stimmung einer anderen Seele gegeben werden, als es durch ein anderes Mittel, ausgenommen etwa durch eine sehr vollkommene dramatische Nachahmung der Handlungsweise und Sprechweise des geschilderten Individuums, geschieht.« Auch Helmholtz fühlte die Überlegenheit heraus, welche der »dramatischen Nachahmung der Sprechweise« — die ja nichts anderes ist als eine Nachahmung des natürlichen Klangfarbenspiels, eine Erzeugung psychogenetischer Klangfarbenfolgen — gegenüber den durchaus beschränkten Ausdrucksmöglichkeiten der Melodie zukommt.

[1]) Ästhetik der Tonkunst 1884, S. 116 ff.

gehörende Gestalt ist. Man könne unmöglich glauben, meint Engel, daß Beethoven die Melodie von jeder dieser vier Personen auf ganz dieselbe Weise gesungen haben wollte. Freilich dürfe an dem Tempo, an dem Rhythmus und an dem wesentlichen Verhältnis der Betonungen nichts geändert werden; »aber dem Sänger bleiben noch genug andere Mittel übrig, um durch individuellen Ausdruck eine Melodie zu beleben«. Welcher Art diese »anderen Mittel« sind, die bei unveränderlichem Tempo und Rhythmus, unveränderlicher Melodie und Betonung dem »individuellen Ausdruck« der jedesmal veränderten Gefühlswerte dienen, — darüber gibt Engel keinen Bescheid. Es bedarf nach dem Vorhergesagten wohl keines weiteren Nachweises, daß sie einzig und allein in den emotionellen Klangfarbenschätzen des menschlichen Sprachorgans zu suchen sind, über welche die Singstimme ebenso zwanglos verfügt wie die Sprechstimme.

Daraus erhellt, daß Sprach- und Vokalmusik vom Standpunkt der Gefühlsästhetik ein überaus wichtiges Ausdrucksmittel, den emotionellen Klangfarbenreichtum der menschlichen Stimme, miteinander gemeinsam haben, das der Instrumentalmusik abgeht. Der heftige Kampf, der wegen der bekannten, von Hanslick aufgeworfenen Probleme noch immer nicht ganz zur Ruhe gekommen ist, wäre vielleicht gar nicht entbrannt, wenn man von diesem Gesichtspunkte aus zwischen Vokal- und Instrumentalmusik genauer unterschieden hätte. Die ältere Ästhetik ging bekanntlich vom Grundsatze aus, die Musik sei nicht nur einer direkten Darstellung, eines Ausdrucks von Gefühlen fähig, sondern könne auch einen außermusikalischen Inhalt haben. Dieser Anschauung stellte Hanslick die neue Lehre entgegen, wonach die Musik nicht unmittelbar die Gefühle selbst, sondern bloß ihre Dynamik, ihren Verlauf und ihre Bewegung darzustellen befähigt sei. Demnach seien »tönend bewegte Formen« (der Vergleich mit der »Arabeske«) ausschließlich Gegenstand und Inhalt der Musik, und das spezifisch Musikalisch-Schöne, das in ihnen liege, gelange dem Hörer gar nicht vermittels des Gefühls, sondern durch die Phantasie zum Bewußtsein. Weder Gegner noch Anhänger Hanslicks unterschieden hierbei zwischen Vokal- und Instrumentalmusik. Diese Differenzierung hätte aber dem ganzen Streit von vornherein den Boden entzogen. Schließlich hat ja auch Hanslick in den »tönend bewegte Formen« keine leeren, aus dem ganzen Seelenleben herausgehobenen, isolierten Formen gesehen. Es war ihm vielmehr stets um die beseelte Form zu tun, die die Instrumentalmusik durch assoziative Hilfsmittel, wiewohl sie der emotionellen Klangfarbenschätze entbehrt, wohl zu erzeugen imstande ist.

Wir wollen uns nunmehr dem künstlerischen Vortrag eines Gedichtes, seiner sprachmusikalischen Vertonung zuwenden, um den Weg zu erforschen, der vom geschriebenen zum gesprochenen Dichterwort führt, und um uns über die Verschiedenheiten Rechenschaft zu geben, durch die sich dieser Weg von dem eben erörterten unterscheidet, der von der Musiknote zum Musikton leitet. Setzen wir den Fall, daß das gelegentlich der Erörterung von Masings Schrift bereits zitierte Lied Klärchens aus »Egmont«, dessen »sprechmusikalische Melodie« sowie starke akustische und ästhetisch befriedigende Wirkung Masing der gesetzmäßigen Anordnung und Dichtigkeit ihrer starkbetonten Vollreime zuschreibt, von zwei künstlerisch gleich begabten Darstellerinnen nacheinander gesprochen wird, und versuchen wir es nun, die Grenzen, den Spielraum abzustecken, der den Vortragsmitteln sowie der persönlichen Auffassung beider Darstellerinnen gewährt ist.

Da finden wir denn eine Reihe von Analogien mit dem freien Spielraume bei dem vorhin erörterten Klaviervortrag einer Tondichtung. Zunächst ist ein gewisser Spielraum im Zeitmaß zu konstatieren, im allgemeinen sowohl als im besonderen. Es wird von der Individualität und dem Temperament der Darstellerin abhängen, ob sie das ganze Gedicht rascher oder langsamer spricht, ob sie einzelne Sprechtakte, wie z. B. »Himmelhoch jauchzend« innerhalb des Grundtempos mehr oder weniger beschleunigt, und andere, wie z. B. »Zu Tode betrübt« mehr oder weniger verlangsamt. Ein ähnlicher Spielraum ist der Tonstärke, gleichfalls der grundsätzlichen sowohl wie derjenigen der einzelnen vom logischen Akzent getroffenen Kernworte zugemessen. Ebenso der Art der Phrasierung, die den architektonischen Aufbau des Gedichtes durchleuchten lassen soll, die Koordinierung der vier Wortgruppen: »Freudvoll und leidvoll, gedankenvoll sein«, »Langen und bangen in schwebender Pein«, »Himmelhoch jauchzend«; »Zu Tode betrübt« — untereinander sowie die Subordinierung aller vier Gruppen gegenüber der fünften: »Glücklich allein ist die Seele, die liebt« plastisch hervorheben soll[1]). Und endlich auch der Art der Bindung der Silben, die das *legato* des »Gedankenvoll sein«, das *portamento* des »Langen und bangen«, das *staccato* des »Himmelhoch jauchzend« darzustellen hat.

Wie steht es nun mit der Tonhöhenbewegung und der Klangfarbenfolge?

[1]) Es ist dies die sogenannte Satzmelodie, eine in diesem Falle zutreffende Bezeichnung, denn die architektonische Gliederung der Klangmassen eines Satzgefüges beruht, nebst dynamischen und Tempoverschiedenheiten, hauptsächlich auf Tonhöhenunterschieden.

Die Tonhöhenbewegung ist, im offenkundigen Gegensatze zur Tonmusik, durch keine Vorschrift des Dichters, weder durch eine in Noten geschriebene, noch durch eine mittels Interpretation aus dem Text heraus zu enträtselnde, festgelegt. Bei dem schwankenden, flüssigen, hin und her wogenden Charakter der Sprechsilben, der kleinen Tonskala, den unendlich vielen, ebenso schwer wahrnehmbaren wie fixierbaren Intervallen der Stimme ist dies auch von vornherein ausgeschlossen. In diesem Punkt versagt demnach die Analogie mit der Tonmusik vollständig.

Mit dieser Wahrnehmung stimmen auch die Ergebnisse genauer experimenteller Messungen überein. Eggert fand [1]) als Resultat dreier Lesungen nicht nur die Bestätigung der bekannten Tatsache, daß Stimmlage und Tonumfang zur Individualität der sprechenden Person gehören, sondern auch daß die Bevorzugung bestimmter Tonhöhen und die relative Häufigkeit einzelner Tonhöhen in deren Verteilung auf verschiedene Stufen des gesamten Tonumfanges als eine Charakteristik individueller Sprechweise aufzufassen ist. Die untersuchten drei Lesungen waren auch sämtlich verschieden in der Größe der Steigschritte sowohl wie der Fallschritte. Damit ist erwiesen, daß der Vortrag eines Gedichtes bezüglich der Tonhöhenbewegung einen gewissen freien Spielraum je nach der individuellen Sprechweise des Vortragenden in Anspruch nimmt, während ein solcher Spielraum beim Vortrag eines Musikstückes unbedingt ausgeschlossen ist.

Was nun die Klangfarben betrifft, so haben wir es bei jeder Vortragskünstlerin mit zwei Kategorien von Klangfarben zu tun: den habituellen, dem Stimmklang fest anhaftenden, die von der Einstellung und Bewegung der Rumpfmuskeln abhängen, und den emotionellen Klangfarben, welche von den mit der rasch wechselnden Stimmung ebenso rasch wechselnden Bewegungen der Gesichtsmuskeln erzeugt werden.

Goethes Klärchen gehört ihrer allgemeinen Gemütsanlage nach, gemäß der von Rutz aufgestellten Klassifikation, zum ersten Typus [2]), zu den »schwachen zur Wärme neigenden« Temperamenten oder Gemütsanlagen. Es ist dies der sogenannte italienische Typus der Tongebung, Körperhaltung und Gemütsanlage, dem auch Goethe selbst angehört. Was die Unterarten innerhalb des Temperaments betrifft, so sind die Gemütsbewegungen Klärchens: »warm«, »leicht«, »lyrisch« und »tief«, und finden ihren Ausdruck in Rumpfmuskel-

[1]) Sprachmelodische Untersuchungen.

[2]) Vgl. Rutz, Neue Entdeckungen, S. 8 ff.

bewegungen, die den Ausdrucksbewegungen des Temperaments untergeordnet sind. Die Darstellerin Klärchens wird demnach, wenn ihre eigene Gemütsanlage jenen Kriterien nicht beziehungsweise nur zum Teil entspricht, ihre Ausdruckstongebung und Körperhaltung ihnen anpassen müssen, sofern sie der erreichbar besten Wiedergabe der habituellen Klangfarben Klärchens fähig sein soll. Diese willkürliche und bewußte Beherrschung der Ausdruckshaltung und Tongebung fremder Gemütsanlagen ist nach Rutzens Theorie wohl möglich und Hauptvoraussetzung für die volle künstlerische Wirkung der sprachmusikalischen Reproduktion einer Dichtung.

Daraus ergibt sich, daß die Darstellerin Klärchens bezüglich der Wahl der habituellen Klangfarben keines Spielraums genießt und an eine ganz bestimmte Art der Körperhaltung, der Einstellung und Bewegung der Rumpfmuskeln durch ungeschriebene, aber immanent dem Worttext anhaftende Vorschriften des Dichters gebunden ist. Die unerreichte Vollkommenheit der menschlichen Stimme als natürliches Musikinstrument gegenüber künstlichen Musikinstrumenten tritt auch hier zutage. Wenn Bach eine Fuge für die Orgel komponiert hat, so kann sie wohl auch auf dem Klavier oder auf einem Streichinstrument gespielt werden. Seine vollkommenste künstlerische Wirkung erreicht aber das Tonstück nur bei seiner Wiedergabe auf der Orgel. Der ausübende Musiker muß auf diesen höchsten Grad künstlerischer Wirkung verzichten, wenn ihm keine Orgel zur Verfügung steht, wenn er sie durch ein anderes Instrument zu surrogieren gezwungen ist. Bei der sprachmusikalischen Reproduktion dagegen verfügt der Darsteller über mehrere Instrumente, er kann seinem Stimmklang je nach Bedarf und willkürlich die verschiedensten habituellen Klangfarbentypen abgewinnen, er ist imstande, die höchste künstlerische Wirkung, die einer anderen, von seiner eigenen Art verschiedenen habituellen Klangfarbe zukommt, zu erreichen, und alles dies durch entsprechende Körperhaltung und Einstellung seiner Rumpfmuskeln, die in ihren verschiedenen Typen und Unterarten den Klangfarbenverschiedenheiten künstlicher Musikinstrumente analog sind. So stecken verschiedene Gattungen von sprachmusikalischen Instrumenten gewissermaßen in der Kehle eines Vortragskünstlers.

Wenn wir uns nun dem Verhältnis der rasch wechselnden Gemütsbewegungen, die in der Bewegung der Gesichtsmuskeln, dem Mienenspiel, ihren Ausdruck finden, zuwenden, so fällt es in Klärchens Lied ganz besonders auf, daß dieses kleine dichterische Gebilde fast ebensoviele Gefühlskontraste enthält als Worte. Ein Lachen in Tränen, bittere Liebeslust mit süßem Liebesleid, schmerzlichstes Entzücken mit wonnigstem Weh gepaart, intensiv ausgeprägte angenehme und unangenehme Gefühle wechseln da in buntem Widerspruch rasch und unverhofft miteinander ab. Die vorhin erörterten Bedingungen für einen raschen Wechsel scharf ausgeprägter mimischer Muskelbewegungen sind demnach in seltener Vollkommenheit gegeben. »An keinem anderen Gegenstande läßt sich besser«, sagt Gervinus von dem vielbesungenen Mischgefühl der Liebe, »die Grenzscheide und die Verschlingung des Gefühls mit anderen Bewegungen des geistigen Lebens, an keinem auch die Grenzlinie des musikalischen Vermögens schärfer entwickeln, als an diesem.« Nun gibt es, wie wir gesehen haben, für jede, auch für die komplizierteste Gefühlsmischung nur einen einzigen ihr vollkommen adäquaten mimischen Gesichtsausdruck (Piderit). Jeder bestimmte mimische Gesichtsausdruck aber zieht ein ganz bestimmtes, in der gleichen Zusammensetzung sich nicht wiederholendes Verhältnis von Gestalt und Rauminhalt des Ansatzrohres nach sich, und jede geringste Variante von Raum und Gestalt des Ansatzrohres verändert die Klangfarbe (Helmholtz). Daraus folgt, daß jedem konkreten Gefühl nur eine einzige ihm vollkommen entsprechende Klangfarbenschattierung zukommt, welche sich in gleicher Nuancierung bei demselben Individuum nicht mehr wiederholt.

Das »freudvoll«, »leidvoll« und »gedankenvoll«, das »langen« und »bangen«, die »schwebende Pein«, das »jauchzen« und die »Todesbetrübnis«, — das sind alles bestimmte miteinander kontrastierende Stimmungen, die in Klärchens Seele, in der Seele einer von der dichterischen Phantasie Goethes geschaffenen Mädchengestalt von ganz bestimmt ausgeprägter Individualität in rascher Aufeinanderfolge wechseln und in ihrem verwirrenden Durcheinander Klärchens Liebesglück darstellen. Dieser aus der innigen Verschmelzung bestimmter Gefühlskontraste erzeugte ganz konkrete Seelenzustand (»Liebesglück«) ist aber durch die Dichtung etwas fest Gegebenes, er ist im Innern des Worttextes unverlierbar enthalten, vom Dichter für ewige Zeiten hineingezaubert und hineinversenkt. Solchen in gewisser Hinsicht streng objektiven Kriterien des Textes ebenso wie dem suggestiven Zwange des Stimmungsgehaltes der Dichtung vermag sich der reproduzierende Künstler nicht zu entziehen, wenn anders er nicht darauf verzichten will, neben dem ganz nebensächlichen logischen Inhalt die echten und wahren Gefühlswerte, wie sie des Dichters Seele im Augenblicke intensivster schöpferischer Begeisterung erfüllten, in der ihnen zukommenden echten Klangfarbenfolge der Sprachmusik nachempfindend wiederzuerzeugen.

Hieraus aber folgt:

1. daß die Wahl und Folge der emotionellen Klangfarben-

varianten, in denen der Seelenzustand Klärchens seinen vollkommenen Ausdruck findet, ureigenstes persönliches Werk des Dichters ist und

2. daß die Darstellerin Klärchens an diese dem Worttext unverlierbar anhaftende Klangfarbenfolge gebunden ist. Nur wenn sie diese tadellos wiederzuerzeugen vermag, erreicht sie den höchsten und vollkommensten Grad künstlerischer Reproduktion. An dieser Anforderung ändert nichts die Tatsache, daß dieser höchste Grad auf unseren Theatern äußerst selten oder vielleicht niemals erreicht wird. Auch die Tonhöhenfolge von Tondichtungen ist ja bestimmt und unabänderlich an die Vorschrift des Komponisten gebunden, was nicht hindert, daß Dilettanten wie Berufsmusiker unzählige Male »daneben greifen«. Die guten Darstellerinnen Klärchens werden jener ideal vollkommenen sprachmusikalischen Vertonung des Goetheschen Worttextes immerhin nahe kommen. Die zulässigen Möglichkeiten bilden da einen Kreis, in dessen Mittelpunkt die echte, wahre Naturtreue liegt. In dieses Schwarze des Kreises vermag sicher, leicht und zwanglos nur die ursprüngliche, unmittelbar entstandene Empfindung zu treffen.

Die Darstellerin Klärchens entbehrt demnach bei Wiedergabe der Klangfarbenfolge in ganz demselben Maße jedes freien Spielraums, wie der Piano- oder Geigenvirtuose beim Vortrag einer Tondichtung hinsichtlich der Tonhöhenfolge (Melodie). Der Unterschied bleibt nur der, daß der Komponist die Tonhöhenbewegung mittels Notenschrift sichtbar und unzweideutig vorzeichnet, während der Dichter für die Bezeichnung des Klangfarbenspiels keine symbolischen Schriftzeichen benützt, aus dem einfachen Grunde, weil es solche nicht gibt. Dieser Unterschied berührt jedoch nicht das Wesen der Sache. Wesentlich ist, daß die Komposition des Klangfarbenspiels vom Dichter herrührt, und daß diese Klangfarben mittels Analyse der Dichtung genau herausempfunden und im künstlerisch vollendeten Vortrag auch exakt reproduziert werden können. Dieses Klangfarbenspiel ist es, das der Sprechkünstler vor allem als möglichst treues Spiegelbild der Gefühlswerte der Dichtung zu erzeugen bestrebt sein muß, auf Kosten aller anderen nebensächlichen Faktoren. In dieser Beziehung stellt die Reproduktion an den Sprach- und Gesangskünstler ungleich höhere Anforderungen als an den Instrumentalmusiker.

Masing ist gewiß im Rechte, wenn er Klärchens Lied als ein überaus charakteristisches Beispiel für die Demonstrierung des Wesens musikalischer Wirksamkeit lyrischer Gedichte bezeichnet. Ich wüßte tatsächlich kein zweites lyrisches Gedicht zu nennen, das sich besser oder auch nur ebensogut hierzu eignen würde. Die Quellen dieser musikalischen Wirkung entspringen aber keineswegs dort, wo sie Masing zu finden glaubt. Die Dichtigkeit der starkbetonten Vollreime, die Gesetzmäßigkeit in der Anordnung und Verschlingung der Gleichklänge sind gewiß beachtenswerte Hilfsmittel für die sprachmusikalische »Instrumentierung« des Gedichtes. Sie gehören aber, ebenso wie die Tonhöhenfolge, zu den unwesentlichen, akzidentellen Elementen.

Insbesondere kommt den typischen vokalischen Lautfarben keineswegs ein entscheidender Einfluß auf die sprachmusikalische Wirkung zu. Lust und Leid, Trauer und Freude, Erwartung und Erfüllung lassen sich in der sprachmusikalischen Vertonung auf allen Vokalen zum Ausdruck bringen, sofern sie nur mit den richtigen emotionellen Klangfarbenvarianten ausgestattet werden. Damit wird keineswegs bestritten, daß die bitteren Gefühle, die ernsten, schweren, düsteren Stimmungen mittels der dunklen Vokale (**u, o**) und die süßen Gefühle, die lustigen, leichten, heiteren Stimmungen mittels der hellen Vokale (**e, i**) besser und vollkommener zum Ausdruck gelangen, als umgekehrt; und darüber wußten die Dichter aller Zeiten sehr genau Bescheid. Dennoch vermag die menschliche Stimme die extremsten Stimmungen und Gefühle auf einem und demselben Vokal zu vertonen. Das ist um so einleuchtender, als einer ungezählten Anzahl von Gefühlen nur wenige gezählte Vokale gegenüberstehen. Es ist auch klar, daß sich der im Mittelpunkt der von der dunkelsten bis zur hellsten Schattierung reichenden Reihe stehende Vokal »a« am besten für die Wiedergabe verschiedenartiger Gefühle eignet. Wer die Duse als Kameliendame gehört hat, dürfte sich an die Szene erinnern, in der Marguerite Gautier von ihrem Geliebten verunglimpft wird. Die Künstlerin hat da Gelegenheit, in dem Namen »*Armando*«, den sie zehn- bis zwanzigmal hintereinander wiederholt, eine ganze Skala verschiedenartigster Gefühle zum sprachmusikalischen Ausdruck zu bringen: zuerst Verwunderung und Erstaunen, dann bittere Enttäuschung und tiefstes Seelenweh, hierauf in rascher Folge demütige Bitte, wimmerndes Flehen, gekränkten Stolz, verhaltenen Schmerz der unschuldig Verstoßenen, anschwellend bis zum gellenden Aufschrei der Verzweiflung. Und alles das auf zwei Vokalen: *a* und *o*. Dem unendlichen Reichtum von Ausdrucksmöglichkeiten mittels der emotionellen Klangfarbenvarianten stehen hier bloß zwei vokalische Klangfarben gegenüber, die jene Schätze in sich aufzunehmen berufen sind.

Mag die Sprachmusik in so mancher Beziehung mit ihren einfacheren und ärmeren Mitteln im Wettbewerb mit der Tonmusik in bezug auf die Gewalt des Ausdrucks, die kontrapunktische Mehrstimmigkeit, die akkordischen Zusammenklänge zurückbleiben: hinsichtlich der Meisterschaft ihres natürlichen Musikinstrumentes, das ihr den unermeßlichen Klangfarbenreichtum eines wunderbar vollkommenen Ansatzrohres zur Verfügung stellt, steht sie unerreicht da. Diese Vollkommenheit ist bei Erforschung des Wesens der Sprachmusik bisher fast unbeachtet geblieben. Das lebendige Klangfarbenspiel der menschlichen Stimme, das täglich mit tausend Zungen an unser Ohr dringt und mit naiver Unbefangenheit aufgefangen und in seinen zahllosen feinsten Nuancen verstanden wird, verhallte unbeachtet an den scharfen, bewaffneten Ohren der wissenschaftlichen Forschung. Es scheint, als wäre man geradezu mit Klangfarbenblindheit geschlagen gewesen. Und dieser eigenartige Daltonismus, verbunden mit der Begriffsverwirrung, die der allgemeine Sprachgebrauch des Wortes »Melodie« zur Bezeichnung der musikalischen Reize des Sprachklanges angerichtet hatte, stellte sich der wissenschaftlichen Erforschung dieser Reize entgegen. Abgestumpft durch langjährige Gewöhnung, überhörte man, was man täglich und stündlich immer wieder zu hören bekam, und schenkte dem ans Wunderbare grenzenden Phänomen, dem lebendigen Klangfarbenkaleidoskop der menschlichen Stimme, keine weitere Beachtung. In diesem Phänomen liegt aber gerade der Schlüssel zur Lösung des Problems der Versmelodie, im Sinne der tiefen Aristotelischen Wahrheit, wonach der Urgrund der Dinge gleichzeitig auch ihr Zweck sei.

Daß der Klangfarbenfolge in der Sprachmusik dieselbe ausschlaggebende charakteristische Rolle zufällt, wie sie die Tonhöhenfolge in der Tonmusik spielt, wird so recht augenfällig bei Betrachtung des Verhältnisses der produzierenden zur reproduzierenden Kunst in den beiden Tonsystemen. Wir haben gesehen, daß der der individuellen Art und persönlichen Auffassung des Vortragenden eingeräumte freie Spielraum in beiden Tonsystemen nur in einer einzigen Beziehung vollständig aufgehoben erscheint, und zwar in derjenigen, in welcher der reproduzierende Künstler strengstens an die vom Schöpfer des Kunstwerkes selbst auf das genaueste festgestellten, diesem immanent anhaftenden Werte gebunden ist. Dieses vom reproduzierenden Künstler unabänderlich wiederzuerzeugende Element aber ist die Intervallfolge in der Tonmusik und die Klangfarbenbewegung in der Sprachmusik. Man hat einmal die Melodie die Poesie in der Musik genannt; in Anbetracht dieses Rollenwechsels könnte man das Klangfarbenspiel mit gleichem Recht als Musik in der Poesie bezeichnen.

6.

Ich kehre zum Ausgangspunkt meiner Betrachtungen zurück. Es erscheint mir da von besonderem Interesse, ihre Ergebnisse den zuerst von Sievers aufgeworfenen und zum Teil auch beantworteten Fragen gegenüberzustellen.

»Wenn wir Poesie vortragen,« sagt nämlich Sievers[1]), »so melodisieren wir sie, wie alle gesprochene Rede. Woher aber stammt in letzter Linie die Melodie, die wir so dem Texte beigesellen? Tragen wir sie lediglich als unser Eigenes in ihn hinein, oder ist sie bereits in ihm gegeben, oder doch so weit angedeutet, daß sie beim Vortrage sozusagen zwangsweise aus uns herausgelockt wird? Und wenn sie so von Haus aus schon dem Text innewohnt, wie kommt sie in ihn hinein und inwiefern kann sie wieder auf den Vortragenden einen Zwang zu richtiger Wiedergabe ausüben?«

Und seine »natürlich nur in annähernd fester Form« gegebene Antwort auf diese Fragen lautet:

»Daß der einzelne in das einzelne Gedicht oder den einzelnen Passus eine individuelle Auffassung hineintragen und es demgemäß melodisieren kann, ist bekannt und zugegeben, desgleichen, daß er es oft wirklich tut. Ebenso sicher ist aber auch, daß die Mehrzahl der naiven Leser, die ein Gedicht oder eine Stelle unbefangen auf sich wirken lassen, doch in annähernd gleichem Sinne melodisieren, vorausgesetzt, daß sie Inhalt und Stimmung wenigstens instinktiv zu erfassen vermögen und den empfangenen Eindruck auch stimmlich einigermaßen wiederzugeben imstande sind. Diese Gleichartigkeit der Reaktion aber weist sichtlich auf eine Gleichartigkeit eines beim Lesen unwillkürlich empfundenen Reizes hin, dessen Ursachen außerhalb des Lesers und innerhalb des Gelesenen liegen müssen. — Wir dürfen also überzeugt sein, daß jedes Stück Dichtung ihm fest anhaftende melodische Eigenschaften besitzt, die zwar in der Schrift nicht mit symbolisiert sind, aber vom Leser doch aus dem Ganzen heraus empfunden und beim Vortrag entsprechend reproduziert werden. Und kann es dann zweifelhaft sein, daß diese Eigenschaften vom Dichter selbst herrühren, daß sie von ihm in sein Werk hineingelegt worden sind?«

Diese Ausführungen gehen mit den Ergebnissen meiner vorstehenden Erörterungen nur in einem einzigen Punkte auseinander: in bezug auf die Begriffsbestimmung des Ausdrucks Melodie. Sievers ver-

---

[1]) »Über Sprachmelodisches« S. 77.

steht unter Melodie in der Sprachmusik, d. h. unter »Sprachmelodie«, obgleich er sich über ihre sonstigen vielfachen grundsätzlichen Verschiedenheiten gegenüber der »Tonmelodie« vollste Rechenschaft gibt, Tonhöhenbewegung. Alle seine Untersuchungen, alle Versuche und Forschungen seiner Schüler und Anhänger wurzeln in dieser Voraussetzung. Ich glaube bewiesen zu haben, daß gerade in ihr der große Irrtum liegt, da der Hauptreiz der musikalischen Wirkung des gesprochenen Wortes nicht der Tonhöhenfolge, sondern der Klangfarbenbewegung zukommt. Meine Betrachtungen differieren somit mit den von Sievers entwickelten Grundsätzen nur in der Voraussetzung, das ist in der Beurteilung, was für die musikalische Wirkung des gesprochenen Wortes von entscheidender und ausschlaggebender und was von untergeordneter und nebensächlicher Bedeutung ist. Sie stimmen aber auf ein Haar in den Ergebnissen überein. Man braucht nur »Sprachmelodie« als Klangfarbenfolge aufzufassen und in diesem Sinne auch die abgeleiteten Formen wie *melodisch*, *melodisieren* zu verstehen. Es hat ja auch Masing unter »sprechmusikalischer Melodie« nicht Tonhöhenbewegung, sondern »alle Arten musikalischer Wirkungen« der Sprache verstanden, und so könnte man schließlich auch die ästhetische Ordnung, das Nacheinander qualitativ verschiedener emotioneller Klangfarbenschattierungen als die der Sprachmusik eigentümliche »Melodie« bezeichnen. Man braucht sich ja nur über die Begriffsbestimmung eines Wortes zu verständigen, um sich seiner in einer von der bisher üblichen Begriffssphäre verschiedenen Bedeutung zu bedienen. — Für die dauernde Einführung des Ausdrucks »Melodie« zur Bezeichnung der Klangfarbenfolge in der Sprachmusik könnte ich mich freilich aus den früher angeführten Gründen nicht erwärmen.

Nachstehend will ich aber vorsätzlich den Ausdruck Sprachmelodie und die hiervon abgeleiteten Bezeichnungen in der Bedeutung von Klangfarbenbewegung gebrauchen, um vom Gesichtspunkte dieser Substituierung eines wesentlich verschiedenen Begriffes die Sieversschen Ausführungen einer neuerlichen Prüfung zu unterziehen.

Wir haben gesehen, daß jedem dichterischen Worttext nicht nur logische, sondern auch andere, für die poetische Wirkung viel wichtigere Gefühls- und Stimmungswerte unverlierbar anhaften, die ihren vollkommenen adäquaten Ausdruck in den ihnen entsprechenden emotionellen Klangfarbenschattierungen der menschlichen Stimme finden. Es bedarf wohl keines Nachweises, daß die Gefühls- und Stimmungswerte des dichterischen Textes ausschließlich vom Dichter herrühren, daß sie für alle Zeiten seinem Werke immanent anhaften und, wiewohl durch keine optischen Symbole angedeutet, durch richtiges Verständnis des Gesamtinhaltes herausempfunden werden können. Und wenn auch das Werk auf verschiedene Vortragende, je nach ihrem Bildungsgrad und Verständnis, verschiedene Reaktionen üben kann (denn die Gleichartigkeit der Reaktion setzt Sievers richtig nur bei einem gewissen gleichen Grade des Auffassungs- und Wiedererzeugungsvermögens voraus), so steht es nach dem Vorhergesagten fest, daß nur eine einzige dieser Reaktionen als die richtige, der dichterischen Absicht und Auffassung ausschließlich entsprechende bezeichnet werden kann, während alle übrigen abweichenden Les- oder richtiger Sprecharten auf einer mangelhaften Interpretation beruhen.

Rühren aber die Gefühls- und Stimmungswerte vom Dichter her, dann stammt von ihm auch die den adäquaten Ausdruck jener Werte bildende Klangfarbenfolge, welche in der Seele des Hörers die im Gedichte enthaltenen Gefühle und Stimmungen wiederzuerwecken befähigt ist. Mag man nun diese Klangfarbenfolge »Sprachmelodie« nennen in dem von Masing erweiterten Sinne, oder mag man sie, um Verwechslungen vorzubeugen, anders bezeichnen, so viel ist sicher, daß sie es ist, der jedes künstlerische Sprachklanggebilde seine höchste musikalische Wirkung verdankt und die das Wesen des wunderbaren Zaubers bildet, den das Hersagen von Dichtungen durch eine schöne, geschulte menschliche Stimme auf unser Gehör ausübt. Wir erkennen somit genau den Weg, auf dem die Melodie in den Text der Dichtung »hinein kommt«.

Es handelt sich noch um die exakte Beantwortung der weiteren Sieversschen Frage: »Sofern die Melodie im Worttext bereits gegeben ist, wie wird sie beim Vortrag sozusagen zwangsweise aus uns herausgeholt? Inwiefern kann sie auf den Vortragenden einen Zwang zu richtiger Wiedergabe ausüben?«

Um uns darüber klar zu werden, bin ich zu einer kleinen Abschweifung genötigt.

Der Ausdruck unseres innersten Seelenlebens, die Widerspiegelung unserer Gefühle und Stimmungen in der kaleidoskopartigen Bewegung der emotionellen Klangfarben erfolgt im täglichen Leben in natürlichster, zwangloser und völlig unbewußter Weise. Ein Kind, das noch kaum sprechen gelernt hat, ist ein Meister in der Erzeugung der vollkommensten harmonischen Übereinstimmung von Klangfarbe und Gesichtsausdruck. Und das ist immer und überall der Fall, wenn wir unsere eigenen, persönlichen, im Augenblick des Sprechens uns bewegenden Affekte unbefangen und ohne jede Hemmung zum Ausdruck bringen. Anders liegen aber die Dinge, wenn es sich darum handelt, fremden Affekten Ausdruck zu geben, Worte dritter Personen zu vertonen. Dies geschieht auf allen Gebieten der Kunst des gesprochenen Wortes, wo man sich der Sprache nicht als unmittelbaren Ausdrucks eigener Gemütsbewegungen, sondern als bewußten Kunstmittels bedient, also vor allem in der Schauspielkunst und beim Hersagen von Gedichten. Hier hat der Vortragende in Worten einer dritten Person, nämlich des Dichters, die er sich erst durch Auswendiglernen geläufig machen muß, Gefühle und Stimmungen fremder Personen, dichterischer Phantasiegestalten, denen er persönlich ganz ferne steht, durch die ihnen zukommenden tausendfach wechselnden Klangfarbenschattierungen seiner Stimme darzustellen. Es ist erklärlich, daß jener psychisch-physiologische Prozeß, der im Leben unwillkürlich, zwanglos und unbewußt die vollste Harmonie von Klangfarbe und Gesichtsausdruck hervorbringt und zu jeder auch noch so komplizierten Gemütsbewegung den adäquaten, einzig richtigen Gesichtsausdruck und damit die echte und wahre Klangfarbe leicht und zwanglos erzeugt, in der Kunst des gesprochenen Wortes den Zweck darstellt, das Ideal, den Gipfel der Vollkommenheit, zu dem jeder Sprachkünstler emporstrebt, dem aber nahe zu kommen bloß den bedeutendsten, wirklich schöpferischen Künstlern gegönnt ist. Jener gute Mann, der mit der spöttischen Frage: »*Mayer ist ein ehrenwerter Mann?!*«, in der wohl Gesichtsausdruck und Klangfarbenspiel miteinander übereinstimmen, beide aber im grellsten Widerspruch mit dem logischen Sinn jener Worte und mit der Erwartung der Zuhörer stehen, am Wirtshaustisch einen durchschlagenden Heiterkeitserfolg erzielt, bedarf gar keines schauspielerischen Talentes, um seinen Empfindungen und Absichten in treffsicherster Weise die entsprechenden emotionellen Klangfarbennuancen zu leihen. Wie viel Talent und schauspielerische Kunst und Technik muß jedoch der Darsteller des Mark Anton besitzen, um in den Klangfarbenschattierungen der Worte: »*Und Brutus ist ein ehrenwerter Mann!*« den wechselnden Absichten des Dichters gerecht zu werden!

Hier sehen wir auch deutlich die Scheide zwischen Redner und Schauspieler, die sonst so vieles miteinander gemeinsam haben, vor allem das gleiche Kunstmaterial: die Klangmassen des gesprochenen Wortes. Der Unterschied liegt in der psychischen Erregung, in der inneren Ursache ihrer Leistungen. Während der Redner seinen eigenen Gefühlen unmittelbaren Ausdruck gibt, stellt der Schauspieler die Gefühle fremder Personen dar. Dieser erzeugt demnach immer mehr oder weniger gelungene künstliche Nachahmungen echter Klangfarben, jener bringt die echten Klangfarben selbst in ihrer natürlichen Ursprünglichkeit hervor. Dieser Unterschied ist wesentlich, und an ihm liegt es, wenn auch ein guter Schauspieler so schlecht dazu taugt, einen Redner auszubilden. Ihr innerstes Seelenleben, die psychische Erregungsquelle ihrer Leistungen, ist gar zu sehr verschieden, als daß ein Redner von einem Schauspieler — bis auf Stimmbildung und Aneignung äußerer, rein technischer Vortragsmittel — etwas Nützliches lernen könnte. Mit genialer Intuition hat Goethe dieses Verhältnis erfaßt, und es ist bemerkenswert, wie oft er gerade da mißverstanden wird. Ich meine die vielzitierte Stelle aus dem Faust-Wagner-Dialog, in der man den Schwerpunkt gemeiniglich auf die Worte Wagners: »Ein Komödiant könnt' einen Pfarrer lehren« zu legen pflegt, während er offenbar in Faustens Antwort enthalten ist: »Ja, wenn der Pfarrer ein Komödiant ist; wie das denn wohl zu Zeiten kommen mag.« Das heißt mit anderen Worten: ein Komödiant könne aus einem Redner nur seinesgleichen machen. Und daß es beim Redner nicht auf Nachahmung fremder Gefühle, sondern auf unmittelbaren Ausdruck eigenen Gefühls ankommt, das legt Goethe mit vollster Deutlichkeit weiter Fausten in den Mund:

> Wenn ihr's nicht fühlt, ihr werdet's nicht erjagen,
> Wenn es nicht aus der Seele dringt
> Und mit urkräftigem Behagen
> Die Herzen aller Hörer zwingt.
> — — — — — — — — — — — —
> Doch werdet ihr nie Herz zu Herzen schaffen,
> Wenn es euch nicht von Herzen geht.

Fühlt ihr's — dürfen wir demnach hinzufügen —, dann stehen euch auch die echten Klangfarben in den feinsten Schattierungen des Klangfarbenregisters eurer Stimme mit zwangloser Leichtigkeit zu Gebote; fühlt ihr's nicht, dann bringt ihr falsche Klangfarbenbilder, wie ein schlechter Komödiant, der sich vergebens müht, fremde Gefühle in Klangfarben darzustellen und nur »Fehlfarben« herausbringt.

Diese Erwägungen klären auch die auf den ersten Blick befremdende Tatsache auf, daß in der Schauspielkunst, welche unter allen Künsten am meisten und am leichtesten dem Dilettantismus zugänglich ist — denn ihr Stoff ist die lebendige Sprache, die jedermann beherrscht, und in weiterer Folge der eigene Organismus des Darstellers, — daß gerade in der Schauspielkunst der Grad künstlerisch schöpferischer Vollendung am schwierigsten zu erreichen ist.

Die Erkenntnis des unlösbaren Zusammenhanges zwischen Klangfarbe und Gesichtsausdruck gewährt uns einen überaus interessanten Einblick in die künstlerische Geheimwerkstatt der Schauspielkunst, die ihrem ureigensten Wesen nach vor allem eine Kunst des gesprochenen Wortes ist.

Zwei Wege stehen nämlich dem Schauspieler offen, die im Grunde genommen zu einem und demselben Ziele führen.

Der erste ist der rein mechanische Weg der Nachahmung. Nehmen wir an, daß die einem bestimmten Affekte, z. B. dem Zorne (um das von Lessing in der Hamburgischen Dramaturgie erläuterte Beispiel beizubehalten) zukommenden Klangfarben dem Schauspieler, sei es aus dem täglichen Leben, sei es aus guten Bühnenvorbildern, durch Beobachtung ganz geläufig sind und sich seinem Gedächtnis genau eingeprägt haben. Bei entsprechend gutem Gehör und einiger Ohrphantasie wird er leicht imstande sein, diese emotionellen Klangfarbennuancen auf dem rein mechanischen Wege der Nachahmung treu und authentisch wiederzuerzeugen. Das Gehör allein genügt aber noch nicht. Es müssen auch seine Gesichtsmuskeln derart ausgebildet und beweglich sein, daß er leicht und zwanglos über sie verfügt, daß sie die für die Erzeugung der nachzuahmenden Klangfarben unumgänglich notwendigen feinen Bewegungen mit größter Raschheit und Exaktheit vollziehen, denn nur auf diese Weise können die gewünschten Klangfarbenschattierungen hervorgebracht werden. Wenn nun auf diese Art, bei Übereinstimmung von Klangfarbe und Gesichtsausdruck, die Zuhörer den bestimmten Eindruck des Zornes empfangen, so ist dieser Eindruck ganz und gar unabhängig vom gedanklichen Inhalt der Worte, die jenem Affekte als Träger dienen. Wir empfangen den unzweideutigen Eindruck des Zornes selbst in jenem Falle, wenn der logische Sinn der Worte mit den Affekten, die in ihnen zum Ausdruck kommen, in gar keiner Beziehung steht, oder wenn uns dieser logische Sinn ganz unverständlich ist, weil der Darsteller sich etwa einer uns fremden Sprache bedient. Wenn nur der Schauspieler die vollständige Übereinstimmung von Gesichtsausdruck und Klangfarbe erreicht, wenn ihm die annähernd treue Wiedergabe der authentischen Klangfarbe des Zornes gelingt, so wird er die Illusion des wirklichen Zornes erzeugen, es mögen die Worte, die dem Klangfarbenbilde als Rahmen dienen, in ihrer logischen Bedeutung auch nicht die entfernteste Spur einer zornigen Erregung aufweisen.

Dieser Weg bildet die breite Fahrstraße, die von der großen Masse der Schauspieler mit größerem oder geringerem Erfolge betreten wird, je nach angeborener Begabung, gutem Gehör, glücklicher Gesichtsbildung und leichter Beweglichkeit der Gesichtsmuskeln.

Es gibt jedoch nur allzuhäufig Momente, insbesondere in der Lösung höherer künstlerischer Aufgaben, wo der Schauspieler ganz ohne Vorbilder dasteht, wo ihm die den darzustellenden Affekten zugehörigen Klangfarbenschattierungen nicht geläufig oder ganz unbekannt sind, wo seine Nachahmungskunst versagen muß; denn man kann nicht etwas nachahmen, was man nie wahrgenommen hat. Da bricht die breite, vom fahrenden Volk weidlich ausgetretene Fahrstraße plötzlich ab und es beginnt ein steiler Fußpfad, der allein zum Gipfel führt.

Und das ist der zweite Weg, der Weg des schaffenden Schauspielers, des echten Künstlers. Nur dieser vermag kraft seiner schöpferischen Phantasie sich derart in das fremde Seelenleben hineinzufühlen, derart eins mit ihm zu werden, so tief das fremde Weh, die fremde Leidenschaft nachzuempfinden, daß eine förmliche künstlerische Metempsychose vor sich geht, die den Künstler aus dem eigenen »Ich« herausschlüpfen läßt und ihn in ein fremdes »Ich« hineinzaubert, ein ihm durch Alter, Temperament, Erziehung, Nationalität, Milieu, Zeit, Ort, Bildungsgrad, Stand, durch tausend individuelle Merkmale fremdes »Ich«.

Vom Standpunkte der Schauspielkunst ist demnach die Sprache als solche, als logisches Verständigungsmittel, von untergeordneter Bedeutung. Das Wort und sein Gedankenwert ist gar nicht Gegenstand der Schauspielkunst. Es gibt nur den Träger, das Gefäß ab für das Klangfarbenspiel der menschlichen Stimme, dessen suggestive Gewalt Wirkungen auslöst, die von den Gedankenwerten der Sprache vollkommen unabhängig sind und ganz außerhalb derselben liegen. Der Schauspieler drückt niemals eigene Gefühle aus, die Rührung, die in seiner Stimme zittert, stammt nicht aus eigener Seele, sie gibt die Gemütsbewegungen dritter Personen wieder, die dem Darsteller, der sie verkörpert, ganz und gar ferne stehen. — Er weint — um Hekuba! Was ist ihm Hekuba, was ist er ihr, daß er um sie soll weinen? In diesem Hamletwort liegt der Kernpunkt schaffender Schauspielkunst. Das Vermögen, ein Kunstwerk zurückzudenken in den Sinn des Urhebers, es mit seinen Augen zu sehen, mit seiner Seele zu erfassen, die Fähigkeit, fremdes Weh so tief zu empfinden, als ob es eigenes wäre, sie allein macht den großen Schauspieler. Das Gesicht des Künstlers, der durch eine derartige Autosuggestion die Gemütsbewegungen der fremden Gestalt in seiner Seele induzierte, zeigt den jener Gemütsbewegung entsprechenden Ausdruck, bevor er noch in die Lage kam, ein Wort auszusprechen. Die optische Erscheinung greift der akustischen vor, ganz wie der Blitz dem Donner vorauseilt. Auf dieser mimischen Unterlage findet der Geburtsakt des Wortes statt, das mit der seinem Gefühlswert zukommenden Klangfarbe aus dem Munde des Künstlers schon zur Welt kommt. Nicht das mechanisch auswendig gelernte oder dem Souffleur echoartig nachgesprochene Wort, aber ein unmittelbar den Tiefen der Seele entströmendes Klangfarbengebilde. Wir sind Zeugen seiner Geburt, wir beobachten den Akt seiner Empfängnis auf dem Antlitz des Künstlers, wir sehen die psychischen sowohl wie die physischen Wehen, die diesen Geburtsakt begleiten.

Die beiden eben geschilderten zur Klanggeburt des lebendigen Wortes führenden Wege sind indes durchaus nicht scharf voneinander geschieden. Das größte schauspielerische Genie, das gewohnt ist, die steilen, zu jener künstlerischen Metempsychose führenden Pfade zu erklimmen, verfügt noch außerdem über ein ganzes Register konventioneller Klangfarbensignale, akustischer *Klischees*, mit denen es nach Bedarf hantiert. Und umgekehrt kann ein landläufiger Bühnenroutinier zuweilen auf Stimmungen und Affekte stoßen, die seiner eigenen Individualität oder irgend einer besonderen konkreten eigenen Gemütsbewegung so nahe stehen, daß er sich ausnahmsweise statt der gewohnten mechanischen Nachahmung zu einer induktiven Erregung des eigenen Gefühls aufschwingt. Die Grenzen zwischen schöpferischer Kunst und handwerksmäßiger Routine sind überaus schwankend. Wo das Handwerk aufhört und die Kunst beginnt, das vermag man nicht mit Grenzpfählen abzustecken. Jede Kunst hat ihr Handwerk, ihre Technik, jedes Handwerk seinen künstlerischen Entwicklungsgrad.

Diese Erwägungen vorausgeschickt, können wir an die Beantwortung der Sieversschen Frage betreffs des unwiderstehlichen Zwanges zu richtiger Wiedergabe der Melodie eines Gedichtes schreiten. Dem Worttext jeder Dichtung haften unverlierbar nicht nur gewisse Verstandes-, sondern vor allen anderen gewisse Stimmungs- und Gefühlswerte an. Es ist klar, daß jedem Reproduktionsakt zu allererst eine genaue, bewußte, verstandesmäßige Analyse der Dichtung vorausgehen muß, die in die verborgensten Falten ihres Innern dringen, die feinsten Nervenverzweigungen ihres künstlerischen Organismus bloßlegen, die leisesten Pulsschläge ihres Gemütslebens herausfühlen, die geheimsten Verbindungen ihrer Teile untereinander und ihre Beziehungen zum Ganzen ergründen soll. Ist das geschehen, dann kommt das Moment jener Verwandlungsfähigkeit, die den Vortragenden befähigt, die eigene Seele mit des Dichters Seele zu identifizieren, die ihn das dichterische Erlebnis in gleicher Kraft und in gleicher Gestalt wiedererleben läßt, in der es den Dichter selbst im Augenblicke intensivster schöpferischer Begeisterung bewegte. Hier liegt die Quelle der sprachmusikalischen Wiedergeburt eines Gedichtes. Denn ist der Vortragskünstler befähigt, sein wunderbares natürliches Musikinstrument, seine Stimme, auch technisch zu meistern, so wird er ihm zwanglos jenes lebendige buntbewegte Klangfarbenspiel entlocken, das den mit voller Stärke nachempfundenen Stimmungen und Gefühlen entspricht und ihren einzig richtigen Ausdruck bildet.

Sind nun die vom Dichter stammenden Gefühls- und Stimmungswerte, die durch Einfühlung und Interpretation aus dem Worttext unfehlbar herausgehoben werden können, etwas bestimmt Gegebenes, so sind auch die ihnen zukommenden Klangfarbenschattierungen fest gegeben. Ist sich der Vortragende des vollen Gefühlswertes der Dichtung klar bewußt geworden, so ist damit auch der unwiderstehliche Zwang geschaffen, mit dem dieser Gefühlswert zur Erzeugung der ihm adäquaten Klangfarbenschattierungen drängt. Dadurch erklärt sich auch die freilich nur beiläufige Gleichartigkeit der Reaktion auf verschiedene Individuen, deren annähernd gleichen Bildungsgrad vorausgesetzt, von der Sievers spricht. Nur Mark Anton in eigener Person würde auf der *rostra* im *Forum Romanum*, vorausgesetzt, daß die ihm von Shakespeare in den Mund gelegten Worte aus seiner eigenen Seele stammten, mit tadelloser Vollkommenheit auch die Klangfarben getroffen haben, die der Summe der ihn in jenem Augenblicke bewegenden mannigfachen Gefühle entsprechen. Die schauspielerischen Darsteller des Mark Anton dagegen werden Klangfarben bringen, die den echten nur mehr oder weniger nahekommen und um sie herum in einem Kreise zulässiger Möglichkeiten liegen.

Der Prozeß der sprachmusikalischen Vertonung einer Dichtung, mag es sich nun um den künstlerischen Vortrag eines kleinen lyrischen Gedichtes oder um die Darstellung einer Gestalt Shakespeares handeln, besteht somit aus zwei scharf voneinander geschiedenen Teilen. Der erste vorbereitende Teil betrifft die Ergründung aller Verstandes-, Gefühls- und Stimmungswerte der Dichtung. Es ist der Weg der Interpretation, der bewußten, verstandesmäßigen, genauen, erschöpfenden Analyse. Der zweite Teil dient der Erzeugung der den gefundenen, genau bestimmten Gefühlswerten zugehörigen echten, naturtreuen Mischungen emotioneller Klangfarben und führt zur eigentlichen sprachmusikalischen Wiedergeburt einer Dichtung aus den erstarrten Symbolen der Schrift.

Es unterliegt nun keinem Zweifel, daß diese beiden Tätigkeiten ganz unabhängig voneinander bestehen und daher auch gar nicht in einem Individuum gleichzeitig vereint sein müssen. Wäre es anders darum bestellt, dann müßte jeder tüchtige Literaturprofessor oder geistvolle Kritiker gleichzeitig ein vorzüglicher Sprachkünstler, jeder gute Schauspieler gleichzeitig ein geistvoller Kritiker sein. Das ist aber in Wirklichkeit kaum je der Fall. Im Gegenteil. Ein Literaturprofessor, der durch seine Interpretation das Verständnis eines Hamlet, Mark Anton oder Nathan erschlossen, der alle Verstandes- und Gefühlswerte der diesen Gestalten in den Mund gelegten Dichterworte genau und richtig heraushob, wird deshalb auch nicht um eines

Haares Breite der sprachmusikalischen Vertonung jener Dichterworte näher gerückt sein und ratlos dastehen, wenn er aus seiner Stimme die den ihm bewußt gewordenen Gefühlswerten genau entsprechenden Farbentöne herauszuholen hätte. Anderseits kann man sich auch sehr gut einen Schauspieler vorstellen (und es kommen auch solche in Wirklichkeit häufig genug vor), der sich mit vollendeter Meisterschaft des Klangfarbenreichtums seiner Stimme in den feinsten Schattierungen zu bedienen weiß, dem aber das selbständige Erfassen und richtige Verständnis der Dichtung ohne fremde Hilfe vollständig verschlossen bleibt. Diese Hilfe kann ihm eben von auswärts, durch eine dritte Person, mag sie nun Regisseur, Dramaturg oder wie immer heißen, zugetragen werden, ist aber, ebenso wenig wie Bildung und Intelligenz als solche, kein wesentliches Element schauspielerischer Begabung. Ein wirklicher Künstler errät und trifft in reinster naiver Schaffenslust Dinge, die sich der bewußten Reflexion logisch geschulter kritischer Geister gänzlich entziehen. In jeder künstlerischen Betätigung steht die Intuition, das zweckmäßige Schaffen ohne bewußten Zweck, über der reinen Verstandestätigkeit. Was vermag z. B. diese dem berückenden Zauber einer melodischen Frauenstimme gegenüber, wenn sie mit vollendeter Meisterschaft ihrem vielsaitigen Stimminstrument den süßen Wohllaut seines Klangfarbenspiels entlockt. Auch hier bedarf der allgemein übliche Sprachgebrauch des Wortes »melodisch« einer Revision. Denn es kann nach dem Vorhergesagten keinem Zweifel unterliegen, daß die Ursache unseres Entzückens über den Zauberfluß einer »melodischen Stimme« nicht auf ihre Tonhöhenfolge, wohl aber auf ihr Klangfarbenspiel zurückzuführen ist.

Über die nebensächliche Rolle, welche der Tonhöhe für die musikalische Wirkung des Stimmklanges zukommt, ist man sich bisher auch in der Phonetik nicht klar geworden. So hat Viëtor vielfache kymographische Untersuchungen der Intervallfolge seiner eigenen Aussprache vorgenommen, unter andern auch vier Modifikationen der Aussprache des Wortes »*du*« mit Benutzung des Kymographions untersucht. Dies ergab [1]) folgende, in musikalischen Intervallen freilich nur annähernd ausgedrückten Durchschnittswerte:

---

[1]) »Kleine Phonetik« [6], S. 103.

Du: 1. behauptend 2. fragend 3. ärgerlich widersprechend 4. drohend

Der Ausdruck der Gemütsbewegung wird hier in die Intervallfolge hineinverlegt, für den sie aber durchaus nicht das maß- oder gar ausschlaggebende Element bildet. Man braucht nur die Viëtorschen Intervallfiguren mit verschiedenen emotionellen Klangfarbenvarianten zu füllen, und es können in den gleichen Tonhöhenfolgen alle denkbaren Gefühlswerte in ihrer ganzen Skala von Lust zu Unlust hervorgebracht werden. Daran ändert nichts die Tatsache, daß die Lustgefühle sich leichter, besser und vollkommener auf den steigenden (2) oder fallend-steigenden (4) Figuren zur Geltung bringen, und die Unlustgefühle auf den fallenden Figuren (1 und 3). Die Richtigkeit der Viëtorschen Beobachtung, wonach der Umfang der Intervalle innerhalb einer Silbe bis zu zwei Oktaven (!) reichen könne, muß nebenbei gleichfalls dahingestellt bleiben.

Ebenso haben die Ästhetiker und Sprachforscher den Tonhöhenverhältnissen und den vokalischen Klangfarbenvarianten einen viel zu großen Anteil in der musikalischen Gesamtwirkung des Stimmklanges zugeschrieben. Das Verhältnis, in dem die Eigentöne der Vokale infolge der für jeden Vokal anders geformten Mundhöhle und Lippenöffnung zur Tonhöhe stehen, ist überaus kompliziert, und man ist noch immer nicht über alle bezüglichen Einzelheiten im klaren. So viel steht aber fest, daß jeder Vokal, ja jede Vokalnuance (je nach Mundart und Aussprache) eine ihnen eigentümliche, vom gesprochenen Ton unabhängige und zumeist auch abweichende Tonhöhe haben, und daß sie sich beim Sprechen nach dem Gesetze des geringsten Widerstandes ganz von selbst an einen der Obertöne des gesprochenen Tons heften und diesen verstärken. Beim Singen spielt sich dieser Vorgang wesentlich anders ab, denn dort herrscht die vorgeschriebene melodische Intervallfolge, der sich der Vokal vollständig unterordnen muß. Beim Sprechen herrscht also der Vokal, beim Singen die Tonhöhe, das Verhältnis von Tonhöhe und Vokal ist in diesem Falle gerade das umgekehrte wie in jenem. Es ist deshalb klar, daß nicht jeder Vokal auf jeden Ton der musikalischen Skala gleich gut anspricht und die beiden entgegengesetzten Endpunkte schon gar nicht miteinander in Einklang zu bringen sind. Der Vokal »U« kann nicht in den höchsten Soprantönen, ebenso der Vokal »I« nicht in den tiefsten Baßtönen herausgebracht werden. Auf diese Beziehungen haben denn auch die großen Tondichter immer möglichst Rücksicht genommen, aber sie haben sie immer als nebensächliche Beziehungen betrachtet, denen nicht fortdauernd Rechnung getragen werden, denen am allerwenigsten die Erfindung der für den Gesamtausdruck geeigneten Melodie untergeordnet werden könne. Guyau erzählt[1]) von Gounod, daß er höchst unbefriedigt war über eine Stelle der italienischen Übersetzung des Librettos zu seiner »Margarethe«, worin der bekannte Vers aus der von Faust gesungenen Arie: »*Salut, demeure chaste et pure*« Wort für Wort mit: »*Salve, dimora casta et pura*« wiedergegeben wurde. Ungeachtet dieser treuen wörtlichen Übertragung wurde der weiche, süße Charakter des französischen Originaltextes, in dem lauter helle Vokale auftreten, im italienischen Text durch das Überwiegen von dunklen Vokalen erheblich beeinträchtigt. Wenn aber trotzdem am italienischen Worttext nichts geändert wurde, so zeigt dies eben nur, daß sowohl Eigenton als auch vokalische Lautfarbe von nebensächlicher Bedeutung sind und derartige Unstimmigkeiten mit den Hauptelementen der musikalischen Wirkung nicht zu vermeiden sind.

Ganz analog liegen die Verhältnisse auch in der Sprachmusik. Wenn die im ersten Kapitel ausführlich erörterte Theorie Masings richtig wäre, wenn das sprachmelodische Hauptelement in den vokalischen Lautfarben, in erster Linie in den stark betonten Vokalen der Reimsilben läge, dann müßte jede Unstimmigkeit zwischen vokalischer Lautfarbe und der Gefühlsbestimmtheit des dichterischen Ausdrucks als unästhetisch und mangelhaft verworfen werden. Masing weist auf die Bedeutung der vokalischen Lautfarben als »ursprünglicher, d. h. entweder ursprachlicher oder vorsprachlicher Äußerungen menschlichen Seelenlebens« hin[2]). Er erinnert an die Bedeutung der Interjektionen, in denen die »Gefühlsbestimmtheit« jedes einzelnen Lautes hervortrat, die dann in der Wortverbindung von der »Begriffsbestimmtheit« unter die Schwelle des Bewußtseins hinabgedrückt wurde. In der Poesie käme dann die ursprüngliche interjektionale Bedeutung, d. h. die Gefühlsbestimmtheit wieder zur Geltung.

Masing geht sonach von der Voraussetzung aus, daß der Ausdruck der Gemütsbewegung (die »Gefühlsbestimmtheit«) durch die vokalischen Lautfarben vermittelt werde. Das ist aber keineswegs der Fall. Denn auch ein Meister wie Goethe hat sich durchaus nicht daran gekehrt und auf die Übereinstimmung der vokalischen Klangfarben mit dem Gefühlsausdruck häufig genug gar keine Rücksicht

---

[1]) »*L'art au point de vue sociologique*«.

[2]) Masing, a. a. O., S. 45.

genommen: der beste Beweis, daß er sie als unwesentlich und nebensächlich empfand. Der Einklang der vokalischen Lautfarbe mit dem Gefühlsausdruck besteht darin, daß die hellen Vokale (e, i) für Lustgefühle, die dunklen (o, u) für Unlustgefühle zur Verwendung gelangen, während der Vokal »a« in der Mitte liegt und nach beiden Richtungen verwendet werden kann. Wir haben es betont, daß eine solche Verwendung den vollkommenen Gefühlsausdruck begünstigt, aber sie bedingt ihn nicht. Ein unbestrittenes Meisterstück Goethescher Lyrik ist der Monolog Gretchens am Spinnrade:

Meine Ruh ist hin,
Mein Herz ist schwer;
Ich finde sie nimmer
Und nimmermehr.

Und dann:

Und seiner Rede
Zauberfluß,
Sein Händedruck
Und ach! sein Kuß!

Hier haben wir zwei stark betonte Reimsilbenvokale in »schwer« und in »Kuß«, deren vokalische Lautfarbe im offenbaren Gegensatz steht zum ausgedrückten Gefühlswert. »Schwer« drückt ein extremes Unlustgefühl aus, das ganz verkehrt durch den hellen Vokal »e« — (abgesehen davon, daß auch seiner sinnlichen Bedeutung nicht der helle, sondern ein tiefer Vokalcharakter entspräche) — »Kuß« ein extremes Lustgefühl, das ebenso verkehrt durch den dunkelsten aller Vokale, durch »u« zum Ausdruck gelangt.

Ein anderes Beispiel — das klassische Beispiel Masings: Klärchens Lied aus »Egmont«. Da heißt es: *Himmelhoch jauchzend — Zum Tode betrübt* — also zwei denkbar schärfste Gegensätze von höchster Lust und tiefstem Schmerz in den zwei Zeilen nebeneinander gestellt. Und wie sieht es hier mit den Vokalfarben aus? In der ersten Zeile: *i, e, o, au, e* — drei helle und zwei dunkle Vokale; in der zweiten Zeile *u, o, e, e, ü* — zwei dunkle und drei helle Vokale. Die Mischung von hell und dunkel ist die gleiche, bloß die Reihenfolge ist verschieden. Der starkbetonte Reimsilbenvokal in »betrübt« ist hell, wiewohl gerade hier der dunkelste Vokal angemessen wäre. Goethe hat es genügt, den ersten Vers hell (i, e), den zweiten dunkel (u, o) bloß anzufangen.

Diese Unstimmigkeiten tun der künstlerisch-ästhetischen, in erster Linie aber der sprachmusikalischen Wirkung des Gretchen- wie des Klärchenliedes auch nicht den geringsten Eintrag. Gretchen vermag mittels der emotionellen, von den vokalischen Lautfarben ganz unabhängigen Klangfarbenvarianten ihrer Stimme in das Wort »schwer« die ganze Wucht der sie bedrückenden seelischen Last, in das Wort »Kuß« die ganze Lust nachempfindenden seligsten Genusses hineinzulegen, und kein Mensch wird dabei an die unpassenden Lautfarben denken. Sie sind etwas ganz Nebensächliches und gehen in dem dominierenden Element der emotionellen Klangfarbenvarianten vollständig auf. Ganz dieselbe Erscheinung zeigt die richtige sprachmusikalische Vertonung der Klärchenverse: »*Himmelhoch jauchzend — Zum Tode betrübt.*« Die emotionellen Klangfarben sind es, in denen sich die höchste Lust und der tiefste Schmerz widerspiegeln, ohne Rücksicht auf die in beiden Versen sich fast gleichbleibenden vokalischen Lautfarben.

Ich glaube übrigens mit vorstehenden Erörterungen nichts Neues vorzubringen. Palleske [1]) erzählt, wie Seydelmann als Geßler den Satz: *Ist das dein Knabe, Tell?* bei dem die meisten Darsteller des Geßler den Ton fragend in die Höhe gehen lassen, umgekehrt, nach der Tiefe zu sprach, und wie in dieser Bewegung zur Tiefe eine so eisige Kälte, eine so gleichgültige Sachlichkeit lag, daß man etwas seltsam Furchtbares erwartete. Ebenso betonte Seydelmann in: *Du wirst den Apfel schießen von dem Kopf des Knaben* — das Wort »schießen« um einen Viertelton tiefer als das vorhergehende Wort »Apfel«. In beiden Fällen folgen auf das betonte »a« die (vokalisch) helleren, aber trotzdem im Stimmklang dunkler gefärbten »e« und »i«. Denn der natürliche Eigenton der Vokale, der nur beim Flüstern selbständig hervortritt, ist für die Tonhöhe des Stimmklanges gar nicht ausschlaggebend. Davon kann man sich ja leicht durch einen kleinen Versuch selbst überzeugen. Wir vermögen die Vokalreihe *u o a e i* flüsternd nur mit steigender, dagegen mit fallender Tonhöhe nur in der umgekehrten Reihenfolge *i e a o u* zu sprechen. Wie aber der Stimmklang hinzutritt, sind wir imstande, die Reihenfolge *u o a e i* auch mit fallender und *i e a o u* auch mit steigender Tonhöhe zu sprechen.

Die große symbolische Bedeutung, die Masing den vokalischen Lautfarben zuschreibt, kann man demnach nicht ohne sehr weitgehende Einschränkung gelten lassen. Wenn er gelegentlich der Analyse des Goetheschen Gedichtes »An die Entfernte« darauf hinweist, daß in den drei Strophen dieses Liedes eine fortschreitende Aufhellung der vokalischen Lautfarben vom dunklen »*o*« zum hellen »*i*« in den Endreimen stattfindet, wenn er meint, daß diese Folge eine symbolische Bedeutung für den Inhalt und für die Gesamtwirkung des Gedichtes hat, weil dessen Gefühlsinhalt nicht nur mittelbar, d. h. durch den Vorstellungsinhalt vermittelt, sondern zugleich unmittelbar durch interjektionale Naturlaute zum Ausdruck gelangt — so ist dieser Anschauung entgegenzuhalten, daß die Gefühlswerte in den typischen vokali-

[1]) Emil Palleske, »Die Kunst des Vortrags«, S. 118 f. Stuttgart, C. Krabbe, 1880.

schen Lautfarben keineswegs zum Ausdruck gelangen, daher auch von ihrer symbolischen Bedeutung unabhängig sind. Manches Mal, aber nicht allzuhäufig, benützt der Dichter die vokalischen Lautfarben für seine Zwecke, insbesondere dann, wenn er durch Naturlaute eine Nachahmung von Naturerscheinungen bezweckt (Onomatopöie), und in diesen Ausnahmefällen kommt ihnen symbolische Bedeutung zu. Die emotionellen Klangfarbenvarianten dagegen sind ein bleibendes und im Sprachklanggebilde jeder Dichtung ununterbrochen fortwirkendes Element, denn sie dienen dem unmittelbaren Ausdruck der Gemütsbewegungen in ihren feinsten Regungen und Abarten.

Die Schlußfolgerungen aus diesen Betrachtungen ergeben sich von selbst.

Alle von Sievers aufgestellten Hypothesen sind als zutreffend erwiesen, sofern nur die grundsätzliche Voraussetzung, die Begriffsbestimmung des Wortes »Melodie« von Tonhöhenfolge auf Klangfarbenspiel transponiert wird.

So ist insbesondere, diese Transponierung vorausgesetzt, die von Sievers aufgestellte Hypothese erwiesen, daß »jedes Stück Dichtung ihm fest anhaftende melodische Eigenschaften« besitzt, die »vom Dichter selbst herrühren«. Schon in dem Augenblicke, da auch auf experimentellem Wege nachgewiesen wurde (Eggert), daß Tonhöhenfolgen eine Charakteristik individueller Sprechweise sind, die nicht nur von Sprache zu Sprache, sondern von Mensch zu Mensch wechselt, kam die Ansicht, daß bestimmte Tonhöhenfolgen jeder Dichtung immanent anhaften und vom Dichter herrühren, in offenkundigen Widerspruch mit dieser Erkenntnis. Der Widerspruch ist beseitigt, wenn man statt von »melodischen«, von, sagen wir: »chromatischen« Eigenschaften spricht, also nicht von Tonhöhen-, sondern von Klangfarbenbewegungen. Denn ebenso, wie sich die Mienensprache zu allen Zeiten und bei allen Völkern gleich blieb, wie alle Gemütsbewegungen stets den gleichen, ganz bestimmten Ausdruck im Antlitz eines Europäers oder Hottentotten, eines Fürsten oder Proletariers, eines Greises oder Kindes finden (Piderit), in ganz demselben Maße ist auch der mit den mimischen Gesichtsbewegungen in unlösbarem Zusammenhang stehende Ablauf emotioneller Klangfarbenvarianten die allgemein verständliche, unabänderlich ewige Sprache der Menschheit geblieben. Daß aber diese Ewigkeitswerte menschlichen Seelenlebens der Dichtung immanent anhaften und als solche nicht erst vom Vortragenden in sie hineingetragen werden, sondern vom Dichter selbst herrühren, und daß sie als etwas fest und unabänderlich Gegebenes auf den Vortragenden einen Zwang zu richtiger Wiedergabe ausüben, bedarf bei dieser Voraussetzung nicht erst bewiesen zu werden.

7.

Meine Erwägungen zusammenfassend, muß ich zunächst feststellen, daß jedes dichterische Sprachklanggebilde seine einheitliche Gesamtwirkung drei Hauptelementen verdankt, die in unlösbaren Wechselbeziehungen zueinander stehen. Diese drei Hauptelemente sind: Rhythmus, Betonung und Klangfarbenspiel. Auch in der Tonmusik arbeiten an der Organisierung ihres Klangmaterials drei Hauptelemente mit, nämlich: Rhythmus, Harmonie und Melodie (Tonhöhenfolge). Gemeinsames Hauptelement ist bloß der Rhythmus, wiewohl auch dieser anderen Grundsätzen in der Sprache folgt, als in der Musik [1]). Die übrigen zwei Hauptelemente des einen Systems sind aber Nebenelemente des anderen. Betonung und Klangfarbenbewegung spielen in der Tonmusik eine wichtige Rolle, ohne daß sie den Gesamteindruck eines Musikstückes wesentlich zu beeinflussen, seinen Charakter zu ändern imstande wären. Ganz dasselbe läßt sich von Harmonie und Melodie in der Sprachmusik sagen. Von Harmonie kann insofern auch in der Sprachmusik gesprochen werden, als es ja auch in Sprache und Dichtkunst Vielstimmigkeit gibt, das gleichzeitige Zusammensprechen zweier oder mehrerer Menschen, wovon sowohl das Leben selbst wie auch die klassische griechische Tragödie ebenso wie die moderne dramatische Dichtkunst zahlreiche Beispiele liefern. Ebenso weist die Sprachmusik unzweifelhaft auch Tonhöhenbewegung auf, also Melodie im tonmusikalischen Sinne, wiewohl sie sich weder an fest bestimmte Tonhöhen noch an bestimmte Intervalle bindet, sondern nur relative Tonverhältnisse aufweist, Tonschritte, die bald der Richtung (Steig- und Fallschritte), bald der Größe nach wechseln. Diese Tonhöhenverhältnisse, die einerseits in den Eigentönen der Vokale, anderseits in der Satzmelodie, das ist in der Tonführung von Wortreihen, die zu Sätzen und Perioden nach bestimmten Grundsätzen einer Klangarchitektonik gebunden werden, schließlich in der Anwendung besonders großer Intervalle bei einzelnen Worten oder Sätzen nach der Höhe oder nach der Tiefe zu ihren Ausdruck finden,

---

[1]) Es liegt außerhalb des Rahmens dieser Arbeit, auf die grundsätzlichen Unterschiede der Rhythmik des Sprechverses und derjenigen der Tonmusik weiter einzugehen. Es sei hier diesbezüglich auf die grundlegenden Arbeiten von Ed. Sievers, Saran, Minor verwiesen. Vollständige Spezialliteratur in den Jahresberichten für neuere deutsche Literaturgeschichte, Berlin, B. Behr. Eine Geschichte der metrischen Forschung seit den siebziger Jahren gibt F. Saran in: Ergebnisse und Fortschritte der germanistischen Wissenschaft, S. 158—187. Leipzig, Reisland, 1902.

sind wohl von Bedeutung und Wichtigkeit, jedoch nicht ausschlaggebend für den Charakter von sprachmusikalischen Klanggebilden. Sie zählen zu den musikalischen Instrumenten, Werkzeugen und Mitteln, die in der auch sonst überaus reich ausgestatteten Miniaturwerkstatt der Sprachmusik der Dichtkunst zu Gebote stehen und vielfache Ähnlichkeit und Analogie mit den Mitteln der Tonkunst aufweisen. Die meisten dieser Mittel lassen sich in der Instrumentationswerkstatt der Sprache in überaus zarten Miniaturausgaben nachweisen. Durch sorgsame Auswahl von Tönen und Geräuschen, durch Aneinanderreihen, Zusammenfassen und die Wiederkehr von Vokalen und Konsonanten, durch Mannigfaltigkeit von Rhythmus, Tempo und *Mouvement* (im Lessingschen Sinne, als Symbol und Merkmal des im lebendigen Organismus eines Kunstwerkes pulsierenden Blutes), durch Wechsel von Tonstärke, Tonhöhe und Klangfarbe, durch Verteilung und Ausmaß von Tonunterbrechungen und Einschnitten, durch Art der Phrasierung und Bindung von Silben, Worten, Sätzen und Perioden, durch Verteilung der Wortakzente, durch Zusammenspiel von Gleichklängen verschiedener Art, durch Wechsel rhythmischer Gangarten, durch Verwendung rhythmischer Dissonanzen usw. — durch alle diese Mittel vermag die Kunst des gesprochenen Wortes mit unvergleichlicher Meisterschaft eine dem poetischen Inhalt entsprechende musikalische Stimmung zu erzeugen, die ganz an diejenige gemahnt, welche die Natur selbst in empfindsamen Gemütern durch die Symphonie ihrer Töne und Geräusche zu erzeugen pflegt.

Die ich möchte fast sagen mikroskopische Untersuchung dieser ebenso minutiösen wie komplizierten Instrumentationstechnik fällt in das ausgedehnte, aber verhältnismäßig noch überaus spärlich durchforschte Gebiet der Sprachmusik, ein Grenzgebiet der Dicht- und Tonkunst, in das auch die Erforschung und Feststellung der Gesetze über die Erzeugung, Bewegung und Mischung der Klangfarben des gesprochenen Wortes als ein Teil des Ganzen mit hineingehört. Es liegen da noch viele ungehobene kleine Schätze in der Tiefe, deren Erschließung und Zutageförderung eine dankenswerte Aufgabe metrischer Forschung nach der von Sievers vorgenommenen Erweiterung ihrer Grenzen bilden wird. Ohne die Aufzählung der hierher gehörenden Erscheinungen auch nur annähernd erschöpfen zu wollen, will ich hier nur einige jener sprachmusikalischen Hilfsmittel anführen, die der Instrumentierungskunst der Poesie zu Gebote stehen.

Die Schallmassen der Rede haben ihre besondere Klangarchitektonik, ihren kunstreichen Aufbau, ihre charakteristischen Tonarten.

Die Führung der Satzmelodie hängt vielfach von Wortstellung und Satzbau ab. So bewirken z. B. eingeschobene Sätze zwischen Gedankenstrichen oder Anführungszeichen eine Verschlingung melodischer Themen. Zitate aus anderen Dichtern oder Weisheitssprüche, die Anführung direkter Rede, eingestreute Briefe, Zwiegespräche von Personen oder Zwiesprache des Dichters mit dem Leser, dem ein Anteil an der Gedankenarbeit eingeräumt wird, indem an ihn Fragen gestellt und in seinem Namen beantwortet werden — alles das ist von eminent musikalischer Wirkung. Dann kommt die nicht zu unterschätzende Erweiterung der Klangtypen und Klangeigenheiten der Muttersprache durch Einstreuung fremder Klangtypen aus allen lebenden wie auch toten Sprachen, durch Bildung von Neologismen, Stilisierung von Archaismen oder Mundarten, durch Nachahmung der zwanglosen Art der täglichen Umgangssprache.

Das weitaus ergiebigste Gebiet aber bildet die Rhetorik, die eigentliche Redekunst im Dienste der Sprachmusik. Der ganze Reichtum rhetorischer, ästhetischer und phonetischer Figuren, wie er aus klassischer Zeit durch Aristoxenos und Quintilianus auf uns überkommen, gehört hierher. Das Klangmaterial des gesprochenen Wortes bildet hier nur ein Mittel zur genauen Bestimmung des Sinnes. Eine andere Art greift auf das ursprüngliche Streben der Sprache zurück, den Laut der Empfindung nachzugestalten, aus dem Wortkörper mittels Nachahmung von Naturerscheinungen durch artikulierte Sprachlaute das Klangbild eines Seelenmomentes zu schaffen. Das sind die schon der klassischen Dichtkunst wohlbekannten Onomatopöien, in denen das Klangmaterial mittels Wiederholung und Entsprechung mit dem Bedeutungselement zu einem einheitlichen organischen Ganzen verschmilzt, wodurch das Wort zum Symbol erhoben wird.

Die Nachahmung von Naturerscheinungen gehört zu den Hauptmitteln, deren sich die Musik bedient, um ihre Symbole auszudrücken, um die Einbildungskraft der Zuhörer anzuregen, ihnen ihre Bilder, Gefühle und Stimmungen zu suggerieren. Die Musik erzeugt diese Naturnachahmungen in den verschiedensten Abstufungen und Schattierungen, was Genauigkeit betrifft, angefangen von einer so täuschend treuen Wiedergabe von Tier- und Menschenstimmen oder von Naturgeräuschen, daß der Zuhörer auch tatsächlich eine Sinnestäuschung erlebt, bis zur leichten Anspielung nur an die Wirklichkeit, die nicht einmal in das Bewußtsein des Zuhörers dringt, sondern unbewußt auf seine Einbildungskraft wirkt. Es ist nun eine unter Ästhetikern ausgemachte Sache, daß der ästhetische Wert einer Illusion im umgekehrten Verhältnis steht zur Genauigkeit der Nachahmung. Das was in der Kunst über Illusion entscheidet und ästhetischen Genuß gewährt, darf uns nur an die Wirklichkeit gemahnen. Das charakteristische Merkmal dieser Illusion ist der Gegensatz zwischen dem Material des Urbildes und demjenigen der Nachahmung, ist das Bewußtsein, daß das Kunstwerk aus anderem Rohstoff gemacht ist und durch das Zusammenwirken anderer Mittel zustande kommt, als die von ihm nachgebildete Naturerscheinung. Wenn demnach der Dichter durch die Kunst seiner sprachmusikalischen Instrumentierung von weitem nur an die Naturerscheinung anspielt, dann kann schon von ästhetischer Illusion gesprochen werden. Die unmittelbare Nachahmung von Naturgeräuschen vermag nun die Musik leichter zu geben als die Poesie, denn sie bedient sich hierzu einer Folge von Tönen, die jedes Bedeutungsinhaltes entbehren. Viel schwieriger ist eine solche Nachahmung durch Worte, die doch nicht nur Töne, sondern auch Gedanken ausdrücken. Und deshalb ist eine derartige Nachahmung in der Dichtkunst von vornherein auf bloße Anspielungen beschränkt, auf ein leichtes Anklingen, ein fernes Erinnern an die Wirklichkeit angewiesen, auf die Projizierung eines flüchtigen Schattens nur, nicht eines treuen Abbildes der Naturerscheinungen, in der Phantasie des Zuhörers. So oft der Dichter diese überaus feinen Grenzen überschreitet, so oft es ihm nach unmittelbarer Nachahmung gelüstet, sinkt er zum ebenso plumpen wie banalen Wiedererzeuger der Natur herab. Die wahre Meisterschaft des Dichters liegt gerade im Gebiet jener leichten, anmutigen, wie in durchsichtige Schleier gehüllten akustischen Illusion, jener, wie sie Lichtenberg nannte: »Bilderschrift für das Ohr«, deren klassische Kunst die lyrische Poesie ist. Und es ist erklärlich, daß es zu so zarten und subtilen Wirkungen auch ebenso zarter und feiner Mittel und Werkzeuge bedarf.

Töne können sich jedoch in ihrer Eigenschaft als musikalische Elemente der Sprache vom begrifflichen Sinn der Worte loslösen, wiewohl sie ihnen formell verbunden bleiben. Dann entsteht eine dritte Art rein musikalischer Figuren, die nur den Zweck haben, auf den Laut durch wiederholtes Anklingen gleicher oder verwandter Klänge eindringlich aufmerksam zu machen. Das natürliche Wohlgefallen an der Wiederkehr von Gleichklängen hängt, wie Gerber[1]) nachweist, wesentlich davon ab, daß der Sinn der hierdurch hervorgehobenen Worte die Aufmerksamkeit auch rechtfertigt, indem z. B. die enge Beziehung oder Gegenüberstellung von Begriffen beabsichtigt wird, oder daß den Gleichklängen durch die Gesetzmäßigkeit ihrer Wiederkehr (wie beim Rhythmus und Reim, der Assonanz und Alliteration)

[1]) »Die Sprache als Kunst«, 2 Bde., 2. Aufl., Berlin, R. Gaertner, 1885, — eine ausführliche Darstellung der Sprachkunst im Dienste der Rede.

das Auffallende benommen wird, bei denen also die Gewöhnung den Reiz der Konsonanz abgestumpft hat. Störung und Mißfallen erregt aber das Wiederholen gleicher oder verwandter Klänge, wenn der Laut ohne Motivierung hervorgedrängt wird und vom Sinn, als Zweck der Rede, ablenkt.

Es ist nun ebenso lehrreich wie interessant, alle diese akzessorischen Mittel und Werkzeuge der Sprachmusik mit den analogen Erscheinungen der Tonmusik zu vergleichen, ihren Verwandtschaften und Verschiedenheiten nachzuforschen. Zweifellos ist auf beiden Seiten das Bestreben, sich die Vorzüge des anderen Systems anzueignen. Die Entwicklung der modernen Musik zeigt die ausgesprochene Tendenz, der Instrumentationstechnik durch Entlehnung sprachmusikalischer Wirkungen neue Impulse zuzuführen und ihre Ausdrucksfähigkeit zu steigern. Dieser Tendenz der Annäherung des Tons an das Wort entsprang unter anderem auch die sogenannte Programmmusik, in der Ton und Wort ihre Rollen tauschen und sich gegenseitig mit dem beschenken, was jedes vom anderen entlehnte, wo der Ton Vorstellungen, das Wort aber Stimmungen vermittelt und die, wie Ambros [1]) treffend sagt, so tut, wie jene mittelalterlichen Maler, die ihren Figuren beschriebene Zettel aus dem Munde heraushängen lassen.

Jener Tendenz, das Vermögen und die Grenzen der Instrumentationsmusik durch Übergreifen auf das Gebiet der Sprachmusik zu erweitern, ist aber auch die immer größere Rolle zuzuschreiben, welche in der modernen Musik den Dissonanzen und Geräuschen zufällt. Das Wohlgefallen an der Illusion siegt hier über den Reiz der Konsonanz. Dissonanz und Geräusch haben nur als adäquater Ausdruck von Unlustgefühlen Berechtigung in der Musik, es kann aber auch der Illusionsreiz zur Schönheit emporsteigen, trotzdem er rein sinnlicher Schönheit entbehrt. Hierher gehören die zahlreichen Nachahmungen der Schallformen und Klangtypen der Rede durch die Instrumentationsmusik, die die anscheinend normativen Gesetze der musikalischen Rhythmik, Harmonie und Melodie, den ganzen Formenkanon der Musiktheorie durchbrechen, nur um den Gefühlsausdruck zu erweitern und den Illusionsreiz zu wecken. Daraus erklärt sich die ästhetische Wirkung, welche die Anpassung der rhythmischen Tonbewegung an den Periodenbau der Sprache, die Darstellung rhetorischer Tongänge und pathetischer Stimmbeugungen durch emphatisch nachdrückliche Akzente, durch *Tempi rubati, Ritardandi* und

[1]) Aug. Wilh. Ambros, Die Grenzen der Musik und Poesie. Prag, H. Mercy, 1856.

Accelerandi, durch *Fermaten* und Halte, die Nachahmung der natürlichen Klangfarbenfolgen der menschlichen Stimme durch die koloristische Tonmalerei der verschiedenen Instrumente hervorbringt.

In neuester Zeit hört man auch schon von Versuchen, die festgefügten Abstufungen der beiden Tonleitern durch Einführung von Vierteltonintervallen zu vermehren, was einem weiteren Schritt zur Annäherung des Systems der Tonmusik an das der Sprachmusik gleichkommt.

Dieses Streben nach Vereinigung, das in letzter Linie zur bewußten Synthese des Gesamtkunstwerkes führt, hatte schon von altersher die innigste Vermählung von Sprache und Musik im Gesang zur Folge. In ihrer gemeinsamen Wiege, im Kehlkopf des Menschen, aus der sie einst vereint emporwuchsen, um sich nach selbständiger Entwicklung und Vervollkommnung abermals zu gleichem Ausdruck zu verbinden, finden sich die beiden Schwesterkünste wieder. Die menschliche Stimme hat nämlich, worauf bereits hingewiesen wurde, die ganz wunderbare Fähigkeit, all die ungezählten Klangfarbenschattierungen, die der stimmbegabte und künstlerisch ausgebildete Mensch dem gesprochenen Wort als Ausdruck seiner innersten Empfindungen beizugesellen vermag, in ungeschwächter Vollendung auch in das gesungene Wort zu legen. Sie gibt ihre Tonverschleifungen, ihre gleitende, schwankende Tonhöhenbewegung, ihre feinen, unberechenbaren Intervalle, ihr ungleiches Zeitmaß usw., kurz, alle Kennzeichen der Naturmusik der Sprache ohne weiteres auf, um die des verwandten Systems der Kunstmusik anzunehmen: sie schlägt dann feste, scharf begrenzte Töne an, bringt in ihre Tonhöhenbewegung die bestimmte Ordnung der abgesetzten, diastematischen Musiksprache, bindet sich an gleiches rhythmisches Zeitmaß, an mathematisch abgemessene Takte, bezieht alle ihre Töne auf einen einzigen Hauptton, schmiegt sich mit einem Worte allen Fesseln der Tonmusik zwanglos an. Unverändert bleibt nur der unerschöpfliche Klangfarbenreichtum, über den das gesungene Wort in gleicher Meisterschaft gebietet wie das gesprochene.

Die wissenschaftliche Erforschung der Klangfarbenbewegung der menschlichen Stimme ist ein noch offenes Problem. Seine Lösung wird gewiß dazu beitragen, die Gesetze der Klangfarbenmischung und Klangfarbenfolge als des wesentlichen und charakteristischen Elementes der Sprachmusik festzulegen, eine Klangfarbentonleiter aufzustellen. Wenn es möglich war, eine Farbentonleiter zu konstruieren, in der von Rot zu Violett unzählig viele Farbentöne aufeinander folgen, die so allmählich ineinanderfließen, daß sie unser freies Auge nicht zu unterscheiden vermag, und dennoch ihre mathematisch genau bestimmten

Schwingungszahlen in stetig aufsteigender Folge gefunden werden konnten, warum sollte es nicht gelingen, eine analoge »Klangfarbentonleiter« darzustellen? —

Der Analogien zwischen Farben- und Musiktönen gibt es ja auch sonst noch manche. Bekannt ist die merkwürdige Übereinstimmung der Farbentonleiter des Sonnenspektrums mit der diatonischen Musiktonleiter, die auf den nahezu gleichen Verhältnissen der Schwingungszahlen der Frauenhoferschen Linien C, D, E, F, G mit den Schwingungszahlen der gleichnamigen Töne der diatonischen Tonleiter beruht.

Die Analogie der optischen Farbentonleiter mit der Klangfarbentonleiter der menschlichen Stimme reicht aber noch weiter als die mit der diatonischen, sieben Oktaven umfassenden Tonleiter. Die Töne der Sprachmusik bilden nämlich, ganz wie die Farbentöne der Malerei, nur eine Oktave. Ebenso weisen beide unzählige Schattierungen und Zwischenstufen innerhalb zweier Haupttöne auf.

VIII.

Die Aktivität im ästhetischen Verhalten.

Von

Heinrich Wirtz.

Einleitung.

Die Besprechung der Resultate meiner Arbeit versetzt mich in die Notwendigkeit, einiges über die Gedanken zu sagen, die mich zu dieser Untersuchung veranlaßt haben. Da diese Gedanken von meinen eigenen ästhetischen Erlebnissen ausgehen und ich meine Selbstbeobachtungen, wie es dem Gegenstande der Untersuchung dienlich sein mußte, in reichlicher Form für die Klärung des behandelten Problems verwertet habe, so sei es mir zunächst gestattet, mich hierüber etwas näher auszulassen.

Meiner Selbstbeobachtung entsprang die Überzeugung, daß sich beim ästhetischen Genießen allmählich eine innere Tätigkeit entwickelt, welche sowohl mehr als die allgemeine Tätigkeit bedeutet, die allen Wachzuständen unseres Seelenlebens eigen zu sein pflegt, als auch mit den Tatsachen der Einfühlung und des Miterlebens nicht genügend erklärt zu sein scheint. Bei dem Wachsein des Seelenlebens handelt es sich um die innere Lebendigkeit und Beweglichkeit, welche den Gegenständen der äußeren und inneren Welt zugewandt ist. Von dieser allgemeinen Aktivität glaubte ich *diejenige Aktivität trennen zu müssen, die als Reaktion aus der Versenkung in einen ästhetischen Gegenstand hervorgeht*. Diese Aktivität tritt mit all ihren Erscheinungssymptomen als eine spezifisch ästhetisch gerichtete zutage.

Als das Wesentliche dieser Erlebnisse empfand ich stets die Impulse, die mich über mich selbst hinaus zu heben schienen, den Drang, die Kraft, welche aus dem Erlebten sprach, nicht zu verlieren, sondern mir zu eigen zu machen, die Notwendigkeit, mich mir selbst gegenüber oder auch anderen gegenüber mitzuteilen und auszusprechen. — Diese Art des Erlebnisses steht ganz fern jener Einbildung, die da meint, im Erlebnis den Künstler selbst zu übertreffen und tiefer und besser zu erleben, als der schaffende Künstler es in seinem Werke tat. Vielmehr schrieb ich es den Wirkungen der Kunst zu, daß sie in uns diese Erscheinungen auslöse.

Die innere Aktivität erlebe ich als eine Bereicherung durch die neuen Eindrücke. Es überkommt mich ein Gefühl [1]) der Kraft, der unbegrenzten Fähigkeiten. Dann glaube ich dem Verständnis des Künstlers am nächsten zu sein. Wie stark muß es ihn erregt haben, sage ich mir, wie muß es ihn erfaßt haben, als er dies oder jenes konzipierte! wie muß es ihn durchglüht haben, als er diese straffe und markante Ausdrucksform gestaltete! Wie weich muß es ihn durchflutet haben, als sich der sanfte Rhythmus dieser oder jener Linie, dieses oder jenes Wortes über ihn ergoß! Die Tätigkeit des Künstlers, sein Erleben wird nacherlebt.

Daran heftet sich das Interessanteste dieses genießenden Zustandes: es wird der Impuls zu eigenem Tun wachgerufen, ein Tätigkeitsdrang wird wach, der auf eine Handlung — ganz allgemein gesprochen — geht. Es entsteht der Glaube, selbst schaffen zu können, in der Rezeption die Konzeption neuer Formungen zu vollziehen: ein Gefühl des Könnens, der Herrschaft über alle Seelenfähigkeiten. Durch diese Art des Erlebens wird das Kunstobjekt nicht verwandelt, sondern seine Wirkungen scheinen noch verstärkt aufzutreten, das Genießen wird begeisterter, weil die Seele empfänglicher ist. Das Gefühl des Gehobenseins, der Freiheit und des weiten Strebens ist in seinem Gefolge. Die Seele sucht nach der Umsetzung des Erlebnisses in eigene Formen auf Grund der inneren Stimmungen.

Die stärkste Reaktion des ästhetischen Genusses ist dieser Drang, irgend etwas tun zu müssen, den erlebten Wert meinem Dasein in irgend einer Form einzureihen. Der Schaffensdrang ist der allgemeine Zustand, der in mir ist; er kann sich verschiedenartig äußern. Das Mitteilungsbedürfnis ist nur eine Art dieser Äußerung, auch dieses kann in den verschiedensten Formen auftreten.

Diese Aktivität wird nicht nur durch musikalische Eindrücke oder durch andere intensive ästhetische Reize ausgelöst, wenn auch die Wirkungen der Dynamik in der Musik wie auch im Drama diesem Zustand sehr förderlich sein können; sondern sie zeigt sich oft und bei folgenden Gelegenheiten.

Ich kann beispielsweise im Grase liegen und lange Zeit in den blauen Himmel schauen. Wenn ich absehe von der rein körperlichen

[1]) Wenn ich hier und im folgenden den Ausdruck »Gefühl« verwende, so bediene ich mich dabei einer populären Redeweise. Selbstverständlich kann man solche Gefühle nicht mit Lust und Unlust auf dieselbe Stufe stellen, da sie ein dunkles Wissen um etwas einschließen, und somit auch nicht in demselben Sinne wie jene als Gefühle bezeichnen.

Wohltat, welche meine Augen dabei empfinden, so versetzt mich das Ruhebewußtsein allmählich in eine so starke Stimmung, in eine solche Lust, die blaue Farbe in mich aufzunehmen, daß ich laut singen könnte. Natürlich habe ich bei Eindrücken der Natur nicht das Nacherlebnis des Künstlergeistes, das Eingehen auf seine Ideen- und Gestaltungsformen, sondern vielmehr den Impuls, das All in mich aufzunehmen, noch mehr von dem Bilde zu genießen, die Farbenschattierungen in einem Landschaftsbilde ganz besonders in mir zu vertiefen, sie festzuhalten, als bangte ich davor, sie zu verlieren.

Ich kann auch noch hinzufügen, daß ich diese Reaktionen nicht nur bei unmittelbaren ästhetischen Erlebnissen habe, sondern auch aus Erinnerungen heraus. Unvermittelt schießen mir oft Szenerien auf in Form ästhetischer Bilder. Linien und Gestalten treten in analoger Stärke und Farbenpracht auf wie bei einem unmittelbaren ästhetischen Eindruck. Auch in dieser erinnerten Vorstellung reagiere ich mit ebensostarken Gefühlen, und gerade dann, wenn ich an nichts Derartiges denke, kommt mir die Gewalt des Dranges, der mir aus solchen ästhetischen Vorstellungen erwächst, doppelt stark zum Bewußtsein und versetzt mich in Erregung.

Die Selbstbeobachtung dieser Aktivität beim ästhetischen Genießen, deren nähere Analyse und Bestimmung dieser Arbeit vorbehalten bleibt, gewann für mich an Wichtigkeit und Wert, als ich beim Studium des künstlerischen Schaffensaktes auf ganz verwandte Zustände im Erleben des Künstlers traf. Die verschiedenartigsten Künstler äußern sich in der Darlegung der Art ihres Schaffens in so ähnlichen Ausdrücken, daß in mir der Gedanke entstand, daß sowohl dem ästhetischen Genießen des Laien als auch dem künstlerischen Schaffen diese innere Aktivität gemeinsam sei. Die Tragweite dieses Gedankens forderte mich zu einer eingehenden Analyse des künstlerischen Schaffens auf und machte anderseits eine ins einzelne gehende Untersuchung des ästhetischen Genießens vieler Versuchspersonen notwendig. Wenn der Gedanke zutrifft, dann haben wir in der von mir untersuchten Aktivität eine psychologische Tatsache, welche sowohl zur Aufhellung des ästhetischen Genießens als auch des künstlerischen Schaffens dienen mag; dann scheint mir auch die Forderung notwendig zu werden, den Übergang vom Erlebnis zur künstlerischen Darstellung auf eine neue Basis zu stellen. Die literar- oder kunsthistorische Betrachtung des ästhetischen Verhaltens freilich, welche ich in ihrem eminenten Werte nicht unterschätze, betont, wenn sie auf die Elemente der Entstehung eines Kunstwerkes oder auf seine Wirkungsweisen zu sprechen kommt, die scharfe Trennung zwischen dem ästhetischen Genießen und künstlerischen Schaffen und ruft demjenigen, der von seinem Genießen aus zu dem Verständnis der Schöpfung vorschreiten will, ein starkes Halt entgegen, indem sie ihn warnt, sein subjektives Empfinden zum Maßstab für die Größe des Kunstwerkes zu machen. Diesem Veto stimme ich dann bei, wenn der Genießende zu einem völlig falschen Verständnis des Kunstwerkes gelangt, wenn seine Beurteilung von der uns überlieferten und vom Künstler selbst mitgeteilten Entstehung und Intention willkürlich abweicht. Das Verschulden liegt dann auf seiten der mangelhaften ästhetischen Erziehung. Aber es ist stets zu bedenken, daß ein Kunstwerk nichts Fertiges, nichts Abgeschlossenes ist wie etwa ein logisches Urteil. Es ist eigens für die Genießenden gemacht und zu einer Wirkung auf andere bestimmt. Wie will man den subjektiven Faktor des ästhetisch Genießenden ausschließen, da das Kunstwerk ihn fordert und nicht einen absoluten Kanon aufstellt, der nur eine Beurteilung zuläßt? In dem Kunstwerk sind so viele Übergänge enthalten, so viele Reizmöglichkeiten und Fähigkeiten über die Intention des Künstlers selbst hinaus zu erleben, wie die Gegenstände der Welt und Natur an Bedeutungen für jeden enthalten können. Ja noch mehr als das: der Künstler will oft in seinem Werke uns über das Werk selbst hinausweisen, wie er selbst mehr erlebte, als er in Formen schlagen konnte; der eigenen seelischen Betätigung sind keine Schranken gesetzt. Zahlreiche Äußerungen der Dichter und Maler liefern uns das Zeugnis, daß sie in ihren Werken die starken Gefühle ihres eigenen Lebens so gestalten, daß der Genießende gerade diese in den Werken nicht unmittelbar enthaltenen Impulse nacherleben soll. Wer von uns wollte leugnen, daß er in das Kunstwerk dann am tiefsten eindringt, wenn er Freud und Leid des Künstlers in seinem Werk nachfühlt? Dann werden auch die historischen Zusammenhänge viel sprechender, dann empfinden wir besser die Notwendigkeit eines Kunstwerkes, weil wir das geistige Milieu des Künstlers erfaßt haben.

Das Gefühl, daß wir dem Künstler auf halbem Wege entgegengehen können, daß wir die Begeisterung und Bewunderung in uns erleben, die wir vor der Schöpfung in dem Augenblick empfinden, wo wir selbst nur zu stammeln imstande sind, gerade dieses Gefühl gibt uns den Anlaß, den Künstler von unserem ästhetischen Genießen aus zu verstehen, weil wir so die Steigerung des Künstlergeistes über uns hinaus lebhafter fühlen, anderseits auch an uns selbst den Maßstab für die Beurteilung des angeschauten Kunstwerkes finden.

Für den fließenden Übergang zwischen dem ästhetischen Genießen und dem künstlerischen Schaffen sprechen die mannigfaltigsten Erlebnisse, die uns in den Stand setzen, die Kunstwerke nachzugenießen, nachzuerleben, die Ideen und Gefühle der Schöpfung gleichsam noch einmal in uns zu reproduzieren. Auch weisen auf einen Gradunterschied nicht nur die Differenzen innerhalb der künstlerischen Individuen, sondern vor allem die große Klasse der reproduzierenden Künstler und die mannigfaltigen Erscheinungen, die wir im künstlerischen Dilettantismus finden, hin.

Mein Hauptaugenmerk war darauf gerichtet, die Aktivität, welche im Verlauf des ästhetischen Genießens eintreten sollte, bei vielen Versuchspersonen zu konstatieren und ihre gemeinsamen Merkmale aufzufinden. Dazu bediente ich mich des psychologischen Experimentes und zahlreicher Protokolle über ästhetische Erlebnisse.

Zum Vergleich studierte ich ganz besonders die Art und Weise, wie der Künstler ästhetisch genießt, und wie er aus diesem Genuß heraus zum Schaffen kommt.

Die Darstellung wird sich diesem Gedankengang anschließen. Den einleitenden Äußerungen verschiedener Künstler über ihre Erlebnisart folgt die Anführung der Resultate meiner Versuche, welche der Analyse des ästhetischen Genießens meiner Versuchspersonen dienten, und den Schluß bildet eine kurze systematische Darlegung des künstlerischen Schaffensaktes.

An dieser Stelle möchte ich Herrn Professor Külpe für die vielen Anregungen zu dieser Arbeit sowie meinen Versuchspersonen für ihre Mühe bestens danken.

I. Teil.

Die Aktivität im ästhetischen Genuß.

Ehe ich an die Beschreibung meiner Versuche gehe, zitiere ich eine Anzahl von Äußerungen verschiedener Künstler. Wie der Künstler die Außenwelt schaut, zeigt uns ein Brief Hebbels (an Marie v. Wittgenstein, 16. 6. 59): »Ich kann Ihnen nicht leugnen, daß alles, was vorherging, meine Phantasie mächtig erregte und mich in die Zeit zurückversetzte, wo der römische Kaiser ‚teutscher Nation‘ das Reich zusammenrief, um seine Pfalz in die lombardische Ebene zu verlegen und die Rebellen zu züchtigen. Ich habe nämlich das Glück oder das Unglück, die Dinge zunächst nur mit dem Auge des Künstlers zu sehen und mich der plumpen unbequemen Wirklichkeit zu erwehren. So war der Brand von Hamburg für mich, obgleich die Flamme mich selbst aus meinem Quartier verjagte, nur eine Illustration von Karthago, Rom und Moskau, die ich genoß, wie Nero, nur unschuldiger, und während der deutschen Revolution studierte ich das Volk an Shakespeares Hand, ohne darum in beiden Fällen meine kleinen Pflichten zu versäumen. Das geht gut zusammen, was auch die moralischen Rigoristen einreden mögen, die den schönen Schein, wegen dessen man sich allein auf die Komödie des Lebens einläßt, vertilgen möchten und doch nichts dafür zu bieten haben als das Nützlichkeitsbewußtsein eines Radnagels, der mit sich selbst zufrieden ist, weil er fühlt, daß er das Holz mit dem Eisen verbindet. So habe ich denn auch diesmal mit Gemütsruhe den Anfang des Schauspiels genossen (Auszug der Österreicher), ohne voreilig nach Zweck und Ende zu fragen, und im Interesse meines Demetrius einen bedeutenden Eindruck davongetragen.« An Sigmund Engländer schreibt derselbe Dichter (23. 2. 63, Br. VII, S. 303) über die Entstehung der Judith: »Die Judith wurde durch ein Bild, das ich in der Münchner Pinakothek erblickte, in mir angeregt, das Nibelungentrauerspiel durch eine Aufführung des Raupachschen Stückes, und so alles. Damit wird nicht bestritten, daß Zündstoff im Dichter vorhanden sein muß, den gerade dieses und kein anderes Vorkommnis zum Lodern bringt, denn sonst müßte jede Anekdote und jedes Erlebnis befruchten und das gäbe ein ewiges Empfangen ohne Möglichkeit des Gebärens.«

Hebbel sieht in Dresden die Raffaelsche Madonna und macht ein Epigramm darauf. Zum zweiten Male in der Dresdener Galerie schreibt er an Christine: »Es ist ein unglaubliches Bild, wirklich brennende Luft, wie es in meinem Gedicht heißt..., das sich als völlig berechtigt erwiesen hat. Der Eindruck war diesmal so überwältigend, daß mir die Tränen in die Augen traten, eine Wirkung übrigens, vor der sich ein Maler in acht nehmen muß, da ein Mensch, der weint, nicht mehr sieht« (22. 6. 55).

Über die Konzeption des Parzifal schreibt R. Wagner (Mein Leben, München 1911, II, 649), daß er an einem Karfreitag auf einem Spaziergange mit aller Macht den werdenden Frühling empfunden habe: »Jetzt trat sein idealer Gehalt in überwältigender Form an mich heran und von dem Karfreitagsgedanken aus konzipierte ich schnell das ganze Drama, welches ich, in drei Akte geteilt, sofort mit wenigen Zügen skizzierte.« Oder andere Beispiele aus desselben Meisters Erlebnissen: »Bei aller Teilnahmlosigkeit meinerseits, muß ich jedoch bekennen, daß Titians Gemälde der Himmelfahrt der Maria eine Wirkung der erhabensten Art auf mich ausübte, so daß ich seit dieser Empfängnis in mir meine alte Kraft fast wie urplötzlich wieder belebt fühlte. — Ich beschloß die Ausführung der Meistersinger« (a. a. O. II, 787). »Bei einem schönen Sonnenuntergang, welcher mich vom Balkon meiner Wohnung aus den prachtvollen Anblick des ‚goldenen' Mainz mit dem vor ihm dahinströmenden majestätischen

Rhein in verklärender Beleuchtung betrachten ließ, trat auch plötzlich das Vorspiel zu meinen Meistersingern, wie ich es einst aus trüber Stimmung als fernes Luftbild vor mir erscheinen gesehen hatte, nahe und deutlich wieder vor die Seele« (a. a. O. II, 802 f.). Über sein »neues Drama« sagt er im ersten Bande seiner Autobiographie: »Namentlich die beredten Didaskalien Droysens halfen mir, das berauschende Bild der Athenischen Tragödienaufführungen so deutlich meiner Einbildungskraft vorführen, daß ich die Oresteia vorzüglich unter der Form einer solchen Aufführung mit einer bisher unerhörten eindringlichen Gewalt auf mich wirken fühlen konnte. Nichts glich der erhabenen Erschütterung, welche der Agamemnon auf mich hervorbrachte. Bis zum Schluß der Eumeniden verweilte ich in einem Zustand der Entrücktheit, aus welchem ich eigentlich nie wieder gänzlich zur Versöhnung mit der modernen Literatur zurückgekehrt bin. Meine Ideen über die Bedeutung des Dramas und namentlich auch des Theaters haben sich entscheidend aus diesen Eindrücken gestaltet« (a. a. O. I, 407).

Aus Naturerlebnissen erwachsen Hebbel mehrere Gedichte: »Auch diese neuen Gedichte sind nichts weniger als heiterer Natur; ich machte Sonntag, wo ich nach Friedrichsberg hinaus im wilden Sturm am Meer spazieren ging, das erste und die anderen kamen gestern und heute nach ... Die kleine Regung hat mir innerlich wohlgetan. Bei mir sprudeln die geistigen Quellen entweder wie Fontänen oder sie stehen ganz still, das Sickern und Tröpfeln kenne ich nicht« (31. 1. 43 an Elise). Dann besucht er Thorwaldsen und sieht in den Sälen seines Ateliers dessen Venus und Ganymed und die Grazien. Darüber berichtet er an Elise: »Doch wer könnte von solchen Werken würdig sprechen! Soviel ist gewiß, daß derjenige, der nicht die Meisterwerke der bildenden Kunst mit Augen gesehen hat, nichts von der Schönheit weiß,' oder doch nur soviel als etwa von dem Zauber der Sprache, wenn er sie nur auf der Straße, an der Börse oder im Salon vernahm, aber nicht von den begeisterten Lippen des Dichters; der Unterschied ist gleich groß ... Die Stunden, die ich bei dem herrlichen Alten zubringe, sind voll andächtiger Wollust, man genießt und wird zugleich aufgelöst, aber nur um etwas Besseres zu werden ... Könnte ich Dir statt dessen die Venus oder die Grazien vor die Augen stellen! Doch das ist unmöglich,• höchstens lassen sich solche Werke poetisch reproduzieren, und ich will gar nicht verschwören, daß mein Gedicht: Ganymed nicht noch einen Bruder erhält.«

Hugo v. Hofmannsthal läßt sich in seinem Gedicht »Gestern« also vernehmen:

»Daß manchmal Worte, die wir täglich sprechen,
In unsere Seele plötzlich leuchtend brechen,
Daß sich von ihnen das Gemeine hebt
Und daß ihr Sinn lebendig, ganz erwacht.«

Dieser Poet feinster impressionistischer Kunst ist stark visuell, und aus Farben und Bildern muß er gestalten, wie ihn der Schwall der Eindrücke überkommt. Wir haben von ihm selbst eine gute Schilderung, wie diese Umsetzung erlebter Eindrücke in eigenes Schaffen sich vollzieht. Diese Stelle bezieht sich auf Bilder von Vinzenz v. Gogh und heißt »Die Farben«, aus den »Briefen eines Zurückgekehrten, 26. Mai 1901« (Fischers 25. Jahr S. 196 ff.).

»Dann sah ich sie alle so, jedes einzelne und alle zusammen, und die Natur in ihnen, und die menschliche Seelenkraft, die hier die Natur geformt hatte, und Baum und Strauch und Acker und Abhang, die da gemalt waren und noch das andere, ... das unbeschreiblich Schicksalhafte, das alles sah ich so, daß ich das Gefühl meiner Selbst an diese Bilder verlor und mächtig wieder zurückbekam und wieder verlor! ... Und dies innerste Leben war da, Baum und Stein und Mauer und Hohlweg gaben ihr Innerstes von sich, gleichsam entgegen warfen sie es mir, aber nicht die Wollust und Harmonie ihres schönen stummen Lebens, wie sie mir vor Zeiten manchmal aus alten Bildern wie eine zauberische Atmosphäre entgegenfloß: Nein, nur die Wucht ihres Daseins, das wütende, von Unglaublichkeit umstarrte Wunder ihres Daseins fiel meine Seele an... Wie neu geboren hob sich ein Jedes mir aus dem furchtbaren Chaos des Nichtlebens, aus dem Abgrund der Wesenlosigkeit entgegen... Diese Sprache redete mir in die Seele, die mir die gigantische Rechtfertigung der seltsamsten unaufhörlichsten Zustände meines Innern hinwarf... Und nun konnte ich, von Bild zu Bild, ein Etwas fühlen, konnte das Untereinander, das Miteinander der Gebilde fühlen, wie ihr innerstes Leben in der Farbe vorbrach und wie die Farben eine um der anderen willen lebten und wie eine, geheimnisvoll-mächtig, die anderen alle trug, und konnte in dem Allem ein Herz spüren, die Seele dessen, der das gemacht hatte, der mit dieser Vision sich selbst antwortete auf den Starrkrampf der fürchterlichsten Zweifel ... und war wie doppelt, war Herr über mein Leben zugleich, Herr über meine Kräfte, meinen Verstand... Doch bin es nicht ich vielmehr, der die Macht bekommt über sie, die ganze, volle Macht über irgend eine Spanne Zeit, ihnen ihr wortloses, abgrundtiefes Geheimnis zu entreißen, ist die Kraft nicht in mir, fühle ich sie nicht in mir als ein Schwellen, eine Fülle, eine fremde erhabene entzückende Gegenwart, bei mir, in mir, an der Stelle, wo das Blut kommt und geht?... Warum war dieser ungeheure Augenblick, dies heilige Genießen meiner Selbst und zugleich der Welt, die sich mir auftat, als wäre die Brust ihr aufgegangen — dies Doppelte, dies Verschlungene, dies Außen und Innen, dies ineinanderschlagende Du an mein Schauen geknüpft?... Aber wahrhaft, ich bin in keinem Augenblick mehr ein Mensch, als wenn ich mich mit hundertfacher Stärke leben fühle, und so geschieht mir, wenn das, was immer stumm vor mir liegt und verschlossen und nichts ist als Wucht und Fremdheit, wenn das sich auftut und wie in einer Welt der Liebe mich mit sich selber in eines schlingt... als flösse von mir in Wellen die Kraft, die mich zum auserlesenen Genossen macht der starken stummen Mächte, die ringsum wie auf Thronen schweigend sitzen und ich unter ihnen....

Schlang sich da nicht aus dem Innersten des Erlebnisses die umarmende Welle und zog Dich hinein, und Du fandest Dich einsam und Dir selber unverlierbar, groß und wie gelöst an allen Sinnen, namenlos, und lächelnd glücklich?«

W. Fischer sagt von Flaubert: »Er hatte eine Hinneigung zu den bildenden Künsten und liebte es, sich aus ihnen für die Dichtung zu inspirieren. Der im Jahre 1845 vor der Breughelschen Versuchung des heiligen Antonius empfangene Eindruck war so tiefgehend, daß er ihn schließlich gestalten mußte. Ebenso geht die ‚Legende vom heiligen Julian' auf ein Kirchenfenster der Normandie zurück, und ‚Herodias' ist in ähnlicher Weise konzipiert« (Flauberts »drei Erzählungen«, Minden 1907).

Auf diese Art, die Welt und Kunst anzuschauen, kann man das Wort Hilperts (Stilpsychologische Untersuchung an Hofmannsthal, Zeitschrift für Ästhetik 1908, Bd. III, S. 390) anwenden: »Des Künstlers Schaffen wurzelt im Kunstgenuß, und sein Kunstgenuß wurzelt im Schaffen.« Wir sehen, wie der Künstler aus der Anschauung der Natur, aus der Betrachtung von Kunstwerken zur Gestaltung gedrängt wird. Ein innerer Tätigkeitsdrang entwickelt sich in ihm auf Grund seiner Anschauung, dem er gehorchen und den er zum Ausdruck bringen muß.

Die zitierten Beispiele werden vorderhand genügen, um den nahe liegenden Gedanken zu erläutern, daß es sich bei der Aktivität, wie sie auch der Laie im Kunstgenuß erlebt, wohl um dasselbe, wenn auch minderstarke, Erlebnis handelt, wie die Künstler es schildern.

Im folgenden beschreibe ich, um dieses Aktivitätserlebnis beim künstlerisch nicht Schaffenden näher zu bestimmen, die Versuche, welche ich angestellt habe.

Bericht über die Versuche.

Den Fragebogen als Auskunftsmittel bei der Erfassung ästhetischer Fragen eines fremden Individuums mußte ich für unbrauchbar halten. Die Beantwortung des von Vernon Lee (Miß Paget) in der Zeitschr. f. Ästhet. Bd. III aufgestellten Fragebogens war mir unmöglich. Ich sah mich vor zu große Schwierigkeiten gestellt. Ich arbeitete mir selber einen Fragebogen aus, welcher von Suggestivfragen und Hinweisen frei sein und doch dem Beantworter die Möglichkeit geben sollte, mich in dem, was ich zu untersuchen beabsichtigte, zu verstehen. Empfand ich schon bei der Aufstellung des Fragebogens große Schwierigkeiten, weil die Fragestellung entweder zu allgemein oder die Anforderung an die Beantwortung zu groß erschien, so konnte ich aus den Antworten nichts gewinnen, was zu meinen Untersuchungen hätte beitragen können.

Um mich darüber zu orientieren, wieweit mein eigenes Erleben in ästhetischen Dingen sich auch bei anderen zeige, hielt ich zunächst eine Umfrage an meine Freunde und Bekannte. In der Unterhaltung auf Spaziergängen, in Museen, nach dem Theater und nach Konzerten, aus der gelesenen Lektüre heraus wurde das Gespräch ganz unauffällig in eine Richtung geführt, welche mich über das Erleben dessen, mit dem ich mich unterhielt, aufklären konnte. Gleich zu Hause notierte ich mir so wortgetreu, wie es mir möglich war, die Äußerungen, wie sie das Gespräch veranlaßt hatte. Zweifelsohne waren diese Äußerungen ganz spontan und von jeder Suggestion frei. Auch konnte ich mich in der Diskussion über den näheren Sachverhalt leicht orientieren und hatte an dem Umstande, daß ich meistens bei dem ästhetischen Genuß, um den es sich handelte, zugegen war, einen wirksamen Stützpunkt für eine Kontrolle.

In diesen Vorarbeiten erfuhr ich vieles über Erlebnishemmungen, über die Art der Kritik, über das Verhältnis von Bild- und Naturbetrachtung, über das Miterleben und ähnliche Phänomene des ästhetischen Genießens. Alle ins einzelne gehenden Fragen, welche in die Unterhaltung ungezwungen und zufällig eingestreut wurden, ergaben das Resultat, daß es den wenigsten gelingt, aus der Reflexion heraus sich über ihr ästhetisches Verhalten zu äußern.

Aber verständlicherweise fließen die Ergebnisse aus solchen Unterhaltungen sehr spärlich und geben keine Möglichkeit zu gefestigten Urteilen. Deshalb bat ich meine Versuchspersonen, unmittelbar nach einem ästhetischen Genuß, sei er musikalischer oder literarischer Art, sei er im Theater oder in der Natur, aus der Betrachtung von Bildern, Plastiken oder architektonischen Objekten heraus, ihr Erlebnis möglichst wahrheitsgetreu und lückenlos aufzuschreiben. Die so entstandenen P r o t o k o l l e ihrer Erlebnisse teilten mir die Versuchspersonen mit und durch Fragen mannigfaltigster Art ließ ich mir die Tatsachen und die Art der Erlebnisse erläutern. Die Versuchspersonen waren darauf aufmerksam gemacht, jede Art von reflexiven Momenten aus ihrem Protokolle auszumerzen, nur das tatsächliche Erlebnis zu schildern. War die Ausdrucksfähigkeit der verschiedenen Versuchspersonen anfänglich noch sehr fragmentarisch und undeutlich, so brachte doch die Übung sie bald dazu, ihre Erlebnisse mit großer Klarheit und Ausdrucksfähigkeit zu schildern. In eigenen, sehr mannigfaltigen (mehreren hundert) Selbstbeobachtungen und Protokollierungen habe ich die Erfahrung gemacht, daß es gar keine so große Störung ist, sich selbst innerhalb des Genusses über die Qualität des

Genießens zu orientieren. Dies ist mit derselben Präzision und Leichtigkeit möglich, mit der ich auch die Mängel eines Kunstwerkes oder seiner Reproduktion entdecke, ohne daß der Genuß wesentlich unterbrochen wird. Derartige Konstatierungen laufen im Hintergrunde des Bewußtseins mit und sind späterhin leicht analysierbar[1]).

Die Aufzeichnung des Erlebten geschieht naturgemäß auf Grund rückschauender Wahrnehmung, wie auch in vielen psychologischen Experimenten. Jeder, der sich im Reproduzieren eigener Erlebnisse geübt hat, wird wissen, daß es sehr wohl möglich ist, die Hauptpunkte des Erlebnisverlaufs festzuhalten und mit Sicherheit wiederzugeben. Es handelt sich ja bei diesen Protokollen nicht um eine restlose Darstellung des Wahrnehmungs- und Vorstellungskomplexes, des Gefühls- und Willenslebens, des Gedankenspiels, sondern um die Schilderung der betontesten und lebhaftesten Erlebnisse, einzelner Phasen im Verlauf des ästhetischen Genießens, besonderer Qualitäten in den Gefühlszuständen, bestimmter Formen von Tätigkeitsgefühlen und Willensimpulsen. Das Vorstellungsleben der Versuchsperson, ihre Assoziationen beim ästhetischen Genießen wurden manchmal durch die Ausdrucksworte gut erläutert. Die Aufgabe, das ästhetische Erlebnis nachher zu Papier zu bringen, wurde von keiner Versuchsperson als eine das Erlebnis selbst störende Wirkung empfunden.

Aus diesen Protokollen erhielt ich, abgesehen von meinen eigenen, gute Resultate, welche sich besonders durch Ausführlichkeit und deshalb große Ergiebigkeit auszeichnen. Selbstverständlich habe ich alle diese Protokolle genau durchgearbeitet und mit den Versuchspersonen besprochen. Sie enthalten die spontansten Äußerungen und sind gerade deshalb sehr wertvoll. Auch erhielt ich auf diese Weise Protokolle von Erlebnissen aus der Lektüre, sowohl aus einzelnen Phasen dieser Lektüre als auch aus dem Erlebnis des Gesamtwerkes. Aus einem später zu erwähnenden Gesichtspunkte erhielten gerade diese Protokolle noch großen Wert. Ich will hinzufügen, daß ich derartige Protokolle bis zum Schluß meiner Versuche von meinen Versuchspersonen erhielt; so konnten sie manche Erfahrungen aus den Versuchen verwerten.

Ich mußte ferner darauf bedacht sein, den von mir gesuchten Faktor im ästhetischen Genießen durch psychologische Experimente systematisch zu erforschen. Es galt, ästhetische Erlebnisse durch geeignete Objekte hervorzurufen und aus spontanen Protokollen der Versuchspersonen den gesuchten Faktor herauszuschälen. Auch mußte

[1]) Auch Vernon Lee hat sich dieses Verfahrens bedient und die gleiche Erfahrung gemacht (vgl. *Beauty and Ugliness* 1911).

es mir wichtig sein, andere Betätigungen unseres Seelenlebens mit dem ästhetischen Erleben vergleichen zu können. Dadurch wurden weitere Versuche notwendig.

Es folgt nunmehr die Beschreibung der Versuche und ihrer Resultate. Vor der Ausführung jeder Versuchsreihe wird ihre Anlage und ihr Zweck genau dargelegt werden. Ehe ich zu den einzelnen Versuchen übergehe, will ich die Versuchspersonen aufzählen, welche sich mir für diese Arbeit zur Verfügung stellten.

Die Versuchspersonen.

Bei den zahlreichen Versuchen, welche vom November 1910 bis zum Januar 1912 im psychologischen Institut zu Bonn gemacht wurden, waren folgende Damen und Herren Versuchspersonen.

1. Miß Winnifred Tucker, Anthropologin von Fach, welche an der Universität Psychologie und Philosophie studierte.
2. Herr Dr. Th. Haering, ebenfalls im psych. Institut, mit einer eigenen Arbeit beschäftigt.
3. Herr Schwirz, klassischer Philologe.
4. Herr Heinr. Pohl, Versuchsleiter einer Arbeit im psych. Inst.
5. Herr Schneider, Germanist.
6. Herr Honecker, Versuchsleiter einer Arbeit im psych. Inst.
7. Herr Dr. E. Bock, Anglist und Literarhist.
8. Herr E. Brauweiler, Literarhist. und Neuphilol.
9. Herr Asen, Maler in Bonn.

Von diesen Versuchspersonen sind kunstausübend Herr Asen, Herr Dr. Haering (Geige), Herr Brauweiler (Klavier). Auch die anderen Versuchspersonen stehen kunsthistorischen und künstlerischen Interessen mehr oder weniger nahe; sie überschreiten hie und da den Grad, der im allgemeinen dem ästhetischen Genießen eigen zu sein pflegt. Anderseits können ihre Aussagen jedoch als Reaktionen des allgemeinen Kunstgenießens betrachtet werden, da dieselben Versuchspersonen, welche für bestimmte Kunstgattungen besonders empfänglich sind, auf anderen Gebieten der Kunstbetrachtung wieder die Merkmale des allgemeinen Kunstgenusses zeigen. Die Versuchspersonen sind gute Selbstbeobachter und haben im Verlauf der Versuche eine dem Zweck der Untersuchung entsprechende Übung in den Aussagen ihrer Erlebnisse erreicht.

Dem Vorwurfe, daß ich nur gebildete und zwar größtenteils auch psychologisch gebildete Versuchspersonen zu meinen Versuchen verwendet habe und so keine Resultate des allgemeinen Kunstgenießens erhalten konnte, möchte ich durch folgende Erwiderungen begegnen.

Erstens gehört zu jeder Analyse und Beschreibung von seelischen Erlebnissen eine in der Selbstbeobachtung geübte Person, weil sonst zu viel von den wirklichen Erlebnissen verloren geht.

Zweitens erhielten die Versuchspersonen keine bestimmte Instruktion, welche das Erlebnis hätte determinieren können, sie wurden vielmehr gebeten, sich möglichst unbefangen dem ästhetischen Genuß hinzugeben. Das kunsthistorische Wissen und andere Elemente, welche aus dem ästhetischen Genießen als nicht zugehörig auszuschalten sind, ließen sich im Verlauf der vielen Versuche eliminieren.

Drittens wurden die Versuchspersonen mehrfach von dem ästhetischen Eindruck überrascht und zu ganz spontanen Bemerkungen hingerissen. Diese Aussagen sind naturgemäß besonders wertvoll, weil sich in ihnen am reinsten das Kunstgenießen darstellt.

Viertens konnte ich mich außerhalb meiner Versuche über die Art und Weise des ästhetischen Genießens meiner Versuchspersonen orientieren. Dazu dienten mir die Protokolle, die zeitlich teilweise lange vor meiner Untersuchung liegen.

Fünftens hatte ich reiche Gelegenheit, das ästhetische Genießen, wie es sich im Seelenleben von Personen darstellt, die keinerlei psychologisches oder spezifisch ästhetisches Wissen aufweisen, zu studieren. Damit scheint mir der Einwand gegen das Material meiner Versuchspersonen erledigt.

1. Ruheversuche.

Die ersten Versuche, die ich mit diesen Versuchspersonen machte, will ich Ruheversuche nennen. Sie wurden einem Einwand zuliebe angestellt. Man hätte nämlich annehmen können, daß der Zwang, welcher im Theater und Konzert, auch bei der Lektüre und im Museum den Betrachter in seinen Bewegungen und Betätigungen einschränkt und zu einem ruhigen Verhalten nötigt, die Ursache dafür ist, daß der Genießende, sobald diese Hemmung d. h. dieses Sich-ruhig-verhalten müssen vorüber ist, um so leichter zu einer aktiven Bewegung oder doch jedenfalls zu einer Tendenz zu irgend einer Bewegung oder Betätigung geneigt ist. Dadurch, daß ich die Versuchsperson aufforderte, sich ruhig zu verhalten, führte ich — körperlich betrachtet — die Haltung herbei, wie sie der Haltung beim ästhetischen Genießen entspricht. Ich bin mir wohl bewußt, daß ich durch die Instruktion, welche ich meinen Versuchspersonen gab, nicht die Situation herbeiführte, wie sie beim ästhetischen Genuß stattfindet, da ja das Wesentlichste, nämlich der ästhetische Reiz selber fehlte.

Was die Versuche selbst angeht, so variierte ich die Ruhezeit beliebig; nach 3, 5, 7, 10, 15 und 20 Minuten rief ich die Versuchsperson ab und ließ sie über ihre Erlebnisse berichten. Nach vier, höchstens fünf Versuchsstunden konnte ich diese Versuche abbrechen, weil das Resultat bei allen dasselbe war.

Es kamen auch Störungen vor dadurch, daß eine Versuchsperson zu frisch war, um sich ruhig zu verhalten, eine andere nicht ruhen zu können glaubte, weil ihr diese Ruhe vergeudete Zeit dünkte. Sonst setzten alle Versuchspersonen diesen Versuchen keinerlei Widerstreben und Schwierigkeiten entgegen. Sie nahmen willig die Instruktion, sich auf nichts einzustellen oder irgendwelche Probleme zu durchdenken, auf. Die Instruktion forderte nicht, sich passiv zu verhalten, sondern sich körperlich ruhig und allen sinnlichen Eindrücken und psychischen Erlebnissen gegenüber wesentlich rezeptiv zu verhalten. Es war also nicht so, als ob den Versuchspersonen das passive Verhalten zur Aufgabe gestellt worden wäre, vielmehr konnten sie tun und lassen, was sie wollten, nur durften sie bis zu meinem Zeichen keine bestimmte Tätigkeit ausführen, sondern mußten ruhig auf einem Stuhle sitzen.

Die Versuche wurden durchweg als sehr angenehm empfunden. Der Gedanke, daß sie nachher über ihre Erlebnisse berichten sollten, störte nicht die Versuche und wurde meistenteils gar nicht beachtet. Der Zustand wurde geschildert als eine »wohlige Ruhe«, ein »faules, seliges Nichtstun«, »eine Erholung«, ein »Hindämmern«. »Es ist so wie der Zustand kurz vor dem Schlafengehen.« »Es war mir, wie wenn ich im Walde liege und an nichts denke.« »Ich hatte gar keine Lust, aus diesem Zustande herauszutreten.«

Das Gedankenleben wird wie folgt geschildert:

»Ich hatte bei dem Zustand das Bewußtsein, daß nur eine partielle Tätigkeit des Gehirns stattfände, deutlich lokalisiert. Die latenten Gedanken streben über die Schwelle zu gehen und dann bewußt zu werden. Immer das Bewußtsein, es geht etwas im Kopfe vor.« »Ich hatte eine fast völlige Leere des Bewußtseins. Kein Gedanke kam völlig über die Schwelle meines Denkens, es war kein eigentliches Denken, sondern nur ein potentielles Bewußtsein. Es sind gleichsam nur Analoga zu Gedanken. Ich habe immer an etwas gedacht, wie ich auch im Traum an etwas denke, aber ich konnte mir keine Rechenschaft über das Gedachte geben. Erst nachträglich konstatierte ich das Vorhandensein von Gedanken (reflexiv).«

»Die Gedanken wandern. Es sind nur halbabgebrochene Gedanken. Ich denke keinen Gedanken zu Ende. Die Gedanken gehen über mich hinweg, es fehlt die Denktätigkeit als solche: ich konstatiere keine Verbindung der Gedanken, ich habe nur das Empfinden, daß Gedanken da sind.« »Die Gedanken halten mich und ich habe keinen Impuls, aus ihnen herauszukommen. Ich denke nur in Substantiven, zu einem ganzen Satz formuliert sich kein Gedanke.« »Ich habe eine Menge konfuser Gedanken, aber alle sind verschwommen und unklar. Sie sind vorhanden, aber ich kann sie nicht beachten und weiß mich ihrer Bedeutung nicht zu entsinnen.« »Ich denke ganz mechanisch, die Gedanken kommen automatisch, ich tue nichts dazu und halte sie nicht fest.« »Ich habe Begriffe, teilweise sogar formuliert. Sie steigen plötzlich auf und ohne Zusammenhang, und ich dringe nicht immer bis zum völligen Verständnis derselben vor; sie behalten oft nur Vorstellungscharakter. Es treten Pausen im Denken ein, eine eigentliche Leere des Bewußtseins, ohne jeden Anknüpfungspunkt kommen die Gedanken.« »Dieser Versuch unterscheidet sich von dem vorherigen dadurch, daß ich einen bestimmten Gedanken festhielt und darüber nachdachte.« »Ich beachtete die Verknüpfung der Gedanken untereinander und erhielt eine fortlaufende sachliche Gedankenreihe; mit meinen Gedanken weiß ich nichts anzufangen.«

Wenn wir diese Äußerungen der Versuchspersonen übersehen, werden wir unwillkürlich an die Zustände des Halbschlafes und des Traumes erinnert. Fast durchweg zeigt sich ein zusammenhangloses Denken, das Konstatieren von Gedankenreihen, die sich von selbst aneinanderknüpfen, oder vielmehr deren einzelne Glieder für sich dastehen wie einzelne Substantiva, aber nicht das Bedürfnis erwecken, in die Bedeutung des Gedankens einzudringen und ihn mit anderen Gedanken zu verbinden. Auch kommt es vor, daß Gedanken perseverieren, aber die Versuchsperson vergegenwärtigt sich nicht den Inhalt und empfindet keine Verwunderung, daß derselbe Gedanke noch einmal auftaucht.

Das Vorstellungs- und Assoziationsleben charakterisiert diesen Ruhezustand noch deutlicher.

»Im Anschluß an von außen eindringende Geräusche habe ich viele Vorstellungen gehabt. Die optischen Vorstellungen von Farben sind wie Nachbilder. Ich sah einen Namen, der mich in letzter Zeit sehr affiziert hat; er perseverierte in allen Vorstellungen, die ich bekam. Als ich die optische Vorstellung einer Landschaft hatte, stand der Name in goldener Schrift darüber. Akustische Reize von außen gaben mir klare Vorstellungen — dazwischen rief jemand den Namen. Ich sehe eine Straße. Mit einem Male ist das Straßenbild durch eine Wolke verdeckt und das Bild verschwunden. Oft sehe ich Farbenscheiben, welche immer kleiner werden bis zu einem Punkte hin, und dann kommen wieder andere Farben. Beim Tönen einer Glocke habe ich die Vorstellung einer Kirche. Ich höre die Meßdiener schellen, die Glocken läuten und das Rauschen eines Waldes.« »Ich habe nur vage Vorstellungen mit vielen Assoziationen. Akustische Assoziationen weisen kein Klangbild auf; manchmal sind die Assoziationsreihen länger, aber ganz unwillkürlich treten sie auf, und wenn eine Assoziation optisch vorstellbar wird, so ist das Bild nicht klar, und ich dringe nicht einmal bis zur Bedeutung desselben vor. Der Zusammenhang zwischen den Vorstellungen wird nicht von mir gewollt, deshalb springen die Assoziationen hin und her, sie sind einmal mehr, das anderemal weniger bewußt.« »Die Assoziationen gehen kreuz und quer, zuweilen halten sie länger an. Ich bekomme die deutliche Vorstellung einer Landschaft (ästhetischer Genuß sehr schwacher Art). Ich habe viele unanschauliche Vorstellungen, sie kommen und hören auf, ohne daß ich irgendwie an ihrem Beginn oder Abschluß beteiligt wäre. Wie ich über etwas Bestimmtes nachdenke, werden die Vorstellungen klarer.« »Ich hatte undeutliche Vorstellungen, Wellenbewegungen von einer kleinen Helligkeit, ein indifferentes Grau bis zu einem Schwarz hin, das Grau oszillierte. Alle vorgestellten Geräusche klingen abgedämpft, wie wenn meine Sinne geschlossen wären. Ich hatte dann eine Schwarzempfindung und das räumliche Bewußtsein der Vorgänge des Denkens, ich meinte, in mein Gehirn hineinzusehen. Die Vorstellungen und Assoziationen kommen ganz mechanisch; es ist mir, wie wenn ich in einem dunklen Raume säße. Alles scheint zu phosphoreszieren.« »Erinnerungen der Heimat tauchen auf und sind vorstellungsmäßig gegeben. An Assoziationen knüpfen sich theoretische Betrachtungen über den Sehpurpur. Aber ich kann diese Betrachtungen nicht lange festhalten, durch Halluzinationen werden sie abgelöst.« — Derartige Halluzinationen, zu denen die Vorstellungen und aufschießenden Assoziationen anwachsen, sind sehr häufig in diesen Ruheversuchen konstatiert worden, was ihren Charakter noch mehr den Traumzuständen ähnlich macht. Eine Versuchsperson gibt an, daß die von außen eindringenden Geräusche ihr die Illusion bereiteten, als kämen die Geräusche sehr weit her. Die Geräusche wachsen zu einem starken Brausen des Meeres an; sie ist im Sturm auf der Flut. — Ein andermal kam es ihr so vor, als ob sie in ihren eigenen Schädel hineinsehe und die Anatomie desselben studiere. »Ich zählte die einzelnen Knochen nacheinander. Ich verlor jedes Ich-Bewußtsein und stand vor meinem Schädel und durchschaute ihn.« »Ich fühle mich geschaukelt und gewiegt und sinke immer tiefer. Das Brummen einer Fliege verursacht die Illusion daß ich im Walde liege und nichts tue. Ich bin krank und der Versuchsleiter sitzt an meinem Bette.« »Die feinsten Geräusche höre ich, und sie wachsen zu intensiven akustischen Vorstellungen an. Als solche erlebe ich sie und kann nicht sagen, ob der starke akustische Reiz wirklich nicht existiert.«

Dieser Ruhezustand ist also dadurch charakterisiert, daß die Vorstellungen kommen und gehen; sie treten ohne Zusammenhang auf und verlaufen, ohne daß man zur Bedeutungserfassung kommt, sie erhalten den Charakter von Illusionen und Halluzinationen, das Ichbewußtsein schwindet, und nur in Ausnahmefällen nimmt man Anteil an den aufkeimenden Gedanken und Assoziationen. Eine eigentliche Denktätigkeit findet nicht statt, da die Denkfunktionen auszufallen scheinen.

Es handelt sich um einen völlig passiven Zustand, wie alle Versuchspersonen einmütig erklären; wenn sie einmal zu irgend einem Phänomen Stellung nehmen, so geschieht es im Anschluß an eine Assoziation, welche so stark und aufdringlich auftritt, daß sie von selbst beachtet werden muß. Aber diese Ausnahmefälle sind äußerst selten vorgekommen.

Dieser Zustand ist frei von jedem Willensimpuls, ist mit keiner geistigen und körperlichen Anstrengung verbunden. Die Ruhe ist ganz gleichmäßig oder vertieft sich noch im Verlauf des Versuchs und kann bis zu einer Ausschaltung jeglicher Tätigkeit und Bewegung herabsinken. Die Passivität bleibt auch bei dem steten Wechsel der Vorstellungen. Von irgend einer Tätigkeit ist nicht die Rede, auch nicht von der allgemeinen Aktivität, die mit jedem Wachsein unseres Seelenlebens verbunden zu sein pflegt. Die Versuchspersonen merken es deutlich, wenn sie durch eine Gedankenreihe plötzlich zu irgend einer Aktivität kommen. Auch von einer bestimmten Richtung, welche eine psychische Funktion annähme, ist nichts vorhanden, weil die Versuchspersonen mit nichts beschäftigt sind.

Ich fragte die Versuchspersonen nach einem analogen Zustand ihres sonstigen Verhaltens. Soweit die Versuchspersonen nicht den Zustand vor dem Schlafengehen oder den Dämmerzustand zum Vergleich anführten, meinten verschiedene, es wäre, wie wenn man im Grase läge und nichts tue. Als ich sie aufforderte, diesen Zustand mit dem Ruhezustand beim ästhetischen Genießen zu vergleichen, lehnten alle Versuchspersonen einen Vergleich ab. »Die ästhetische Rezeption ist Arbeit dagegen.« »Das ästhetische Genießen bedeutet für mich eine Tätigkeit, weil ich mich dem ästhetischen Reiz widmen muß, während ich mich hier ganz passiv verhalte.« »Auch bei der leichtesten und fast einwiegenden Musik — wie bei einem feinen Wiener Walzer — ist der Zustand ein ganz anderer als in diesen Versuchen. Es ist dort ein intimes Beschäftigtsein mit der Musik vorhanden, das mir immer recht deutlich wird, wenn der Walzer zu Ende ist.« »Ich nehme im ästhetischen Genießen teil an dem ästhetischen Gegenstand, mein Ich steht dem Reiz gleichsam gegenüber, oder ich gehe im ästhetischen Objekt auf, aber immer bin ich es doch, der genießt — in diesen Versuchen geht alles über mich weg, ohne daß ich mich rege, etwas festzuhalten.«

Ich glaube, daß man diesen Aussagen nichts mehr hinzuzusetzen braucht, um begreiflich zu machen, daß nicht das Ruhig-Sitzen- und das Sich-still-verhalten-müssen der Grund ist, weshalb wir nach dem ästhetischen Genuß irgend eine noch näher zu besprechende Tätigkeit erleben. Nicht einer überwundenen Hemmung entspringt diese Aktivität, sondern dem ästhetischen Genießen selbst.

2. Versuche mit wissenschaftlichen Texten.

Um den Zustand während der wissenschaftlichen Arbeit mit dem des Kunstgenusses vergleichen zu können, unternahm ich neue Versuche. Die Versuchspersonen erhielten ein wissenschaftliches Buch vorgelegt, dessen Inhalt ihnen verständlich war und nicht außerhalb ihres Interessegebietes lag (darüber fand vorher eine Verständigung statt). Sie bekamen die Aufgabe gestellt, das Buch zu lesen und in den Stoff einzudringen. Nach einer von mir bestimmten, zwischen 3 und 25 Minuten variierenden Zeitdauer wurden sie abgerufen und mußten, soweit sie es vermochten, über ihre Erlebnisse während der Beschäftigung mit dem Buche berichten. Zur besseren Orientierung der Aussage behielten sie den gewählten Text vor sich und gaben dann zu Protokoll.

Es kam mir bei diesen Versuchen hauptsächlich auf die erlebten Zustände und nicht auf die an den wissenschaftlichen Text sich anschließenden Gedanken und Vorstellungen an. Ich ließ die Versuchspersonen spontan erzählen und stellte, soweit die Aussagen nicht eindeutig genug erschienen, einige orientierende Fragen. Es ergab sich fast von selbst, daß die Versuchspersonen bei der langen Reaktionszeit ihre Erlebnisse in Hauptabschnitten ihrer Zustandslage während der einzelnen Etappen des Versuchsverlaufs wiedergaben, ein Umstand, der den Zweck der Versuche leicht erreichen ließ und weitere Fragen unnötig machte. Nachdem die Vorversuche erledigt waren, pflegte ich noch nach jedem Versuch mit diesen wissenschaftlichen Texten einige Fragen zu stellen, welche mich belehren sollten, welcher Art die Aktivität während der wissenschaftlichen Arbeit ist, und ob in der Reaktion auf diese Arbeit irgend eine Aktivität erlebt würde.

Ich gehe dazu über, die Resultate dieser Versuche zusammenzustellen. Weil die Texte den Versuchspersonen unbekannt und neu waren, waren die Versuchspersonen nach der Forderung der Instruktion gezwungen, sich den Inhalt der vorgelegten wissenschaftlichen Arbeiten zu eigen zu machen, und konnten sich nicht nur so obenhin damit beschäftigen. Aus den Angaben der Versuchspersonen geht auch hervor, daß sie in den dargebotenen Stoff einzudringen suchten, auch wenn es sie anfänglich einige Überwindung kostete, ehe sie das volle Verständnis für den wissenschaftlichen Inhalt gewonnen hatten.

So kommt es, daß sehr viele Protokolle über diese Versuche damit beginnen, daß die Versuchspersonen sich mit großer Anstrengung der Schwierigkeiten zu bemächtigen suchen, welche ihnen der Text zu bieten schien. Wenn dann das Verständnis für den Anfang des Textes gefunden war, erwachte das Interesse an dem behandelten Gegenstand oder an dem aufgestellten Problem. Dieses Interesse steigerte sich manchmal bis zu einem Lustzustande so, daß das Problem auch für die Versuchsperson persönlichen Wert zu gewinnen schien, oder doch daß seine Lösung das besondere Interesse fand, oder endlich daß die Versuchsperson kritische Stellung zu der Arbeit nahm.

Es folgen verschiedene Protokolle der Versuchspersonen über ihre Erlebnisse. »Bei dieser Arbeit mußte ich mich rein kritisch verhalten; ich bedurfte einer starken intellektuellen Anstrengung. Die Aufmerksamkeit ist ganz dem Problem zugewendet. Lust und Unlust wechseln, je nach meinem Verständnis für die Arbeit. Ich durchdenke auch den Gedanken, den ich lese, ich arbeite wissenschaftlich und bin innerlich tätig, aber ich bin sehr gefühlsarm. Die Freude daran, daß ich die Arbeit verstehe und das neue Problem kennen lerne, ist nicht so stark wie das Interesse, welches mich an die Lektüre der Arbeit bindet.«

»Der Gegenstand der Arbeit involviert eine Hereinbeziehung meiner inneren geistigen Tätigkeit: ich muß das Gelesene verarbeiten, das Rezipierte mir zu eigen machen. Je größer das Interesse an der Arbeit ist, desto größer auch die intellektuelle Arbeit, aber die Gefühlslage bleibt dieselbe. Ich stehe mit meinem Gefühl dem Stoffe sehr indifferent gegenüber, meistens ist gar kein Gefühl vorhanden, es sei denn eine kleine Lust oder Unlust, je nachdem der Text mehr oder minder schwer verständlich erscheint. — Sobald das Interesse erwacht, erfolgt eine größere Konzentriertheit auf den Gegenstand; ich will den Gegenstand rein objektiv auffassen, ich abstrahiere geradezu von allen anderen psychischen Funktionen, damit der Intellekt das Problem klar erfassen kann. Wenn ich abgerufen werde, möchte ich gerne noch zu Ende lesen, aber diese Tendenz ist wie ein leiser Wunsch, etwas Angefangenes zu Ende zu bringen. Überhaupt ist das Gefühl kein wesentlicher Bestandteil des Arbeitens selber, nur sekundäre Momente lösen ein Gefühl aus.«

»Mein innerer Zustand ist ein tätiger Zustand wie bei der Wahrnehmung, nur daß ich rein intellektuell tätig bin. Leise Impulse sind dann vorhanden, wenn ich mich über mein Verständnis des dargebotenen Textes freue oder gerne etwas von dem Problem für mich profitieren möchte. Je mehr das Interesse erwacht, desto intensiver verlege ich mich auf das Verstehen des Textes. Es kommt vor, daß ich zu mir sage: den Gedanken will ich behalten oder über dieses Problem muß ich noch nachsinnen. Dieses Gerichtetsein auf den Text bei diesem Interesse ist natürlich mehr als ein bloßes Achten auf das, was ich lese. Das Lesen und Verstehen genügt mir nicht, ich bin tätig in dem Stoff, um ihn in mein Wissen einzuordnen, ich will ihn bewältigen. Es fehlt auch nicht an kleinen Freudemomenten, wenn mir neue Gedanken auftauchen, die zu dem Problem in Beziehung treten könnten. Die Beschäftigung mit diesem Text ist eine starke Tätigkeit des Verstandes. Ich mag auch gefühlsgespannt sein, aber diese Gefühlsspannung dient nur dem Zweck der größeren Konzentriertheit auf den wissenschaftlichen Stoff. Ich muß immer mehr in den Text hinein, ich verwickle mich in das Gedankennetz und komme nicht eher los, bis alle Gedanken geklärt sind.«

»Es ist mir so, als ob ich hindurchsehen könnte und einen Teil des Problems neben den anderen setzte und dann überschaute, ob die Lösung stimmt. Es ist mir, wie wenn ich rechnete. Bei allem stärkeren Interesse fehlt eine affektive Erregung, ich muß bei der Sache bleiben; ich nehme keine Stellung mit meiner Gefühlssphäre zu dem Gegenstand. Meine geistige Aktivität ist ganz auf die Erfassung des Textes eingestellt. Außerdem muß ich Eigenes hinzutun, um das Gelesene für mich fruchtbar zu machen. Die Bereicherung löst eine Lust aus, ich muß mich mit der neuen Gedankenkette beschäftigen.«

»Ich verhalte mich gleichmäßig intellektuell dem Stoff gegenüber, rein wissenschaftlich rezipierend. Es treten mir Beziehungen zu meinem Wissen auf; das Interesse steigert sich von Satz zu Satz, ich weiß nicht, ob ich auch in meinem emotionalen Leben Steigerungen erlebe. Bei produktiver Arbeit d. h. bei wissenschaftlicher Arbeit, bei der ich neue Gedanken bekomme, ist der Lustzustand größer. Starke Gefühle sind dem konzentrierten Arbeiten, wie es in diesen Versuchen gefordert wird, fast feindlich. Das Interessiertsein für diese Arbeit läßt mich ihr mich hingeben. Diese intellektuelle Tätigkeit ist von einem Gefühl begleitet. Ich möchte dies das Interessegefühl nennen. Das arbeitet immer in mich hinein. Ich möchte dies eine zweite Tätigkeit von mir nennen, die neben dem Erfassen des Stoffs einherläuft. Zwischen den Zeilen und über sie hinaus denkt es in mir, nicht allein, um die Worte und Gedanken zu verstehen, sondern um sie für den Bestand meines Wissens zu verwerten. Ich setze mich mit dem Gelesenen auseinander und komme nicht mehr los von diesem Gedankenspiel. Ich glaube sogar, ich bin erregt. Jedoch merke ich das nicht, weil es das Verständnis der Gedanken gilt. Es handelt sich natürlich nur um das intellektuelle Leben, alles andere in der Seele muß schweigen, bis die Gedanken zu Ende gedacht sind, dann mag ein Freudegefühl platzgreifen.«

Soweit die Protokolle über das wissenschaftliche Arbeiten. Wir sehen, sie bieten nichts mehr, als was man hätte erwarten können, und was jeder wissenschaftlich Arbeitende bei sich selbst leicht nachprüfen kann. In den Protokollen wird eine Trennung sehr deutlich. Die Versuchspersonen unterscheiden zwischen der allgemeinen Tätigkeit des Rezipierens des ihnen vorgelegten Textes und der von ihnen hinzugefügten, im Verlauf der Beschäftigung auftretenden eigenen Tätigkeit, welche sich auf die Verarbeitung der rezipierten Gedanken, auf die Einordnung des neuen Materials in das eigene Wissen, auf eine kritische Stellungnahme zu dem vorgelegten Text und auf ein Hinzufügen neuer Gedanken zu dem behandelten Problem bezieht. Diese Aktivität ist intellektueller Art, auf den wissenschaftlichen Text gerichtet und um ähnliche Gedankenketten und Probleme konzentriert. Die erlebten psychischen Erscheinungen gehen nicht über diese intellektuelle Tätigkeit hinaus, wenn nicht gerade Assoziationen zu einem anderen Verhalten Anlaß geben. Die Gefühlslage kann durch die Tätigkeit als solche und auch durch die Steigerung des Interesses am wissenschaftlichen Stoff intensiver werden, sie ist aber nur ein begleitender Faktor im Erleben beim wissenschaftlichen Arbeiten.

Diese Beobachtung zeigt sich durchweg in allen Versuchen; selbst in den Fällen, wo die Versuchsperson durch den Text zu eigenen Gedanken kam und Freude über diese Form von produktiver Arbeit empfand, waren doch die Gefühlsmomente sekundärer Natur; die Tätigkeit des Intellekts, auf das wissenschaftliche Problem gerichtet, stand im Vordergrund, und um diese Aktivität handelt es sich in diesen Versuchen. Das Auftauchen einer Assoziation, welche in einem wissenschaftlichen Versuch zu einem ästhetischen Genuß führte, ließ die Versuchsperson gleich zu einer ganz andersartigen Reaktion kommen. Innerhalb eines wissenschaftlichen Textes kam eine stilistische Wendung vor, welche die Versuchsperson von dem Text selbst abzog und ästhetisch stark genießen ließ. »Ich wurde von dem ästhetischen Ausdruck«, so berichtet die Versuchsperson, »stark erfaßt, er kam mir so neu vor, so treffend, so fein gewählt. Das ist schön, sagte ich mir, und dachte nicht mehr an die Arbeit, sondern beschäftigte mich mit dem schönen Klangbild des Wortes und der phänomenalen Treffsicherheit dieses Wortes. Es schien zu leuchten, dieses Wort, ich war ganz erregt und fühlte den Impuls, in meinen Arbeiten ähnliche Worte zu gebrauchen. Gerne wäre ich bei diesem Wort geblieben. Ich freute mich geradezu darüber, mit Ihnen (Versuchsleiter) darüber zu sprechen. Das Wiedereingehen auf die gestellte Aufgabe wurde als brutal und unlustbetont erlebt. Ich konnte nicht mehr recht aufmerksam sein, weil das ästhetische Erlebnis gleichsam im Hintergrunde nachzitterte.«

3. Versuche mit wissenschaftlich-ästhetischen Texten.

Das zuletzt aufgeführte Protokoll enthält einen plötzlichen Umschlag im Erleben der Versuchspersonen. Dieser Umschlag, durch ein ästhetisch wirksames Wort gegeben, ist dadurch charakterisiert, daß die Gefühlsseite stark vorwiegt und die intellektuelle Aktivität zurücktreten muß. Das emotionale Leben bemächtigt sich dieses durch das Wort ausgelösten Lustwertes, bringt die Versuchsperson in Erregung und leitet zu Impulsen über. Alles dies sind die Wirkungen einer ästhetischen Reaktion. Abgesehen davon, daß die Versuchsperson die Andersartigkeit des Erlebnisses selbst stark empfindet, ist in diesem Versuch der Unterschied der Aktivität aus der Reaktion auf einen wissenschaftlichen Text und einem ästhetischen Erlebnis klar zutage getreten. Es ist vorzüglich das Gefühlsleben, das in Erregung gerät und an dem Erlebnis sich stark aktiv beteiligt.

Dieser Umschlag im Erleben durch ein ästhetisches Genießen ließ mich auf den Gedanken kommen, innerhalb eines wissenschaftlichen Textes ein ästhetisches Erlebnis künstlich zu erzeugen. Dazu bedurfte ich wissenschaftlicher Arbeiten, welche stilistisch oder gedanklich ästhetische Stellen boten, die imstande waren, die Versuchspersonen aus dem Erleben des wissenschaftlichen Arbeitens in die des ästhetischen Genießens überzuführen.

Zuerst hatte ich an Texte gedacht, wie man sie leicht in Biographien findet; doch in den Vorversuchen stellten sich diese Art Texte als nicht sehr günstig heraus. Besseres und reichlicheres Versuchsmaterial fand ich z. B. bei Fechner, Lotze und Schopenhauer. Um nur ein Beispiel zu wählen: Fechners »Nanna oder das Seelenleben der Pflanzen« (S. 42 f., Leipzig 1903); leicht wird man sich überzeugen, daß es nicht schwer ist, aus der vom Verfasser vorgetragenen Absicht, die Beseelung der Pflanzen darzutun, überzugehen in ein ästhetisches Erleben der stilistisch so schönen und bilderreichen Form, in der dieser Gedanke auftritt.

Diese Versuche gelangen deshalb sehr gut, und alle Versuchspersonen ohne Ausnahme konstatierten in ihrem Erlebnis den Übergang aus der wissenschaftlichen Arbeit zum ästhetischen Genießen. Es fanden etwa 15—20 Versuche mit jeder Versuchsperson statt. Die Texte wurden ohne Nennung des Autors der Versuchsperson vorgelegt, und die Größe des Abschnittes, den sie zu lesen hatte, wurde bezeichnet. Dann gab sie zu Protokoll, was sie erlebt hatte. Die Texte waren allen Versuchspersonen unbekannt. — Die Protokolle werden an dieser Stelle etwas ausführlicher sein.

»In den philosophischen Gedanken spielen immer ästhetische Momente mit, es steigen immer Gefühle an. Ich erlebe das schöne Bild in der Vorstellung; es nimmt mich innerlich mit. Dieses Gefühl ist stärker als die intellektuelle Beschäftigung mit dem philosophischen Problem, ich will nur noch die schöne Form der Darstellung genießen.«

»Diese Umwandlung wird als eine plötzliche empfunden. Sie setzt bei einem stark ästhetischen Wort ein, als ob plötzlich etwas innerlich sich zu regen beginnt, und von dem Augenblick prävaliert das Ästhetische. — Dann kommt wieder eine kritische Unterbrechung: ich durchdenke die Beweisführung des Verfassers und finde sie lückenhaft. Doch wird diese Kritik zurückgedrängt durch die wieder aufsteigenden ästhetischen Gefühle, welche in mir arbeiten.'—«

(Eine Arbeit über H. Heine.)

»Aus einer kritischen Betrachtung komme ich allmählich und langsam zu dem Lustgefühl der ästhetischen Betrachtung. Wie die Kritik schwindet, weiß ich gar nicht. Optische Vorstellungen unterstützen den ästhetischen Reiz und mit einem Male habe ich mich eingefühlt in die Bewegungen, die geschildert werden, und dann werde ich mir dieser ästhetischen Gefühle bewußt; das ist der Höhepunkt des ästhetischen Fühlens. Dann folge ich jedem weiteren Bild, wie Heine es schildert, und jede Veränderung taucht auch in mir auf. Ich erlebe ein Wollen, einen Impuls, daß die Vorstellungen dem ästhetischen Reiz entsprechen möchten. Aber sobald eine Vorstellung gelungen ist, habe ich ein starkes Wohlgefühl, eine innere Erregtheit, die stark lustbetont ist; ich lebe in dieser Vorstellung. Am Schluß tritt ein Bedauern ein, daß die Bilder nicht so schön bleiben. Ich erlebe ein inneres Crescendo und Decrescendo. Ich warte darauf, daß das Ästhetische anwächst. Ich versetze mich in die Seele des Verfassers. Nach dem Versuch ein lebhafter Wunsch, dem Abklingen des Genossenen nachzusinnen.«

»Ich habe den Wunsch, daß das Ästhetische immer bleibe. Ich nehme in mir eine Tätigkeit wahr, die auf die Durchkostung der Bilder geht.

Der Verstand und seine Kritik hemmt und stört diesen Zustand. Es findet gleichsam ein Kampf statt zwischen dem ästhetischen Erlebnis und der Gedankenfolge des Verfassers, schließlich gewinnt das Ästhetische die Oberhand und wird warm und lebhaft aufgenommen. Ich sehe in die Bilder hinein, zuschauend, aber mit Lebhaftigkeit und innerer Tätigkeit zuschauend. Ich selbst bin beteiligt an jedem Bilde. Trotz der Einfühlung in den ästhetischen Reiz besteht immer das Bewußtsein, daß es in mir vorgeht und ich es erlebe.«

»Ich fühle deutlich, wie die Kritik das Gefühl hemmt. Doch verschwindet das Intellektuelle mit einemmal und das Ästhetische dringt durch. Die Dämmerung wird stark miterlebt, ein Stimmungsgefühl wie bei der Schubertschen ‚Lotosblume'. Ich hatte mich so ganz hineinversetzt gefühlt in das Leben der Pflanzen, wie wenn ich einem Naturmärchen gegenüberstehe. Es wurde alles lebendig für mich. Trotzdem fühlte ich mich als zuschauend und erlebte mein eigen Selbst sehr stark. Ich hatte einen Antrieb, mich dem Erlebnis ganz hinzugeben. Dadurch kam ich in einen Zustand von starker Aktivität hinein; der Stil hat mich hingerissen und angezogen. Ich habe das klare Bewußtsein, daß alles in mir vorgeht, und freue mich dessen. Dann kam eine kritische Bemerkung vom Verfasser; aber diese störte den Genuß nicht, sondern das Erlebnis blieb in dem ästhetischen Charakter. Es war ein Gefühl vorhanden, das man nach mythologischen Betrachtungen haben kann. Ich hatte den Wunsch, Derartiges noch häufiger zu erleben. Dieser Wunsch und meine innere Erregtheit steigerte sich bis zu einem Willensimpuls und formulierten Wunsche hin.«

»Der Übergang aus dem rein Gedanklichen zum Ästhetischen wird durch eine allgemeine Stimmung gebildet, die etwas Weihevolles, fast Religiöses an sich hat. Ich war auch körperlich ergriffen. Ich habe optische Vorstellungen einer Flamme, die nach oben geht, und erlebe selbst einen Zug nach vorwärts und habe das Gefühl eines Vorwärts-Gezogenseins (auch etwas von einer Organempfindung). Zuerst nehme ich diese Vorstellung passiv hin, aber sogleich muß ich sie mir zu eigen machen, ich muß sie innerlich verarbeiten. Daher die Aktivität der Gefühle. Das Ästhetische war so stark, daß jede andere Sphäre ausgeschaltet war. Dieses Ästhetische hat deshalb seinen Wert, weil man seine Dauer wünscht. Auch das körperliche Gehobensein, welches den Eindruck begleitet, ist etwas wie ein starker Wunsch.«

»Das hat mich sehr gepackt (besonders weil noch eigenes Erlebnis hinzukam, Gefühle, die aufgefaßt werden als ähnlich denen, die ich früher erlebte). Sehr stark ästhetisch. Das Bild des leuchtenden Gartens optisch gegeben und von einem intensiven Strom von Gefühlen umkreist. Ich erlebte den Willensentschluß, die Natur oft so zu betrachten wie der Kranke aus dem Kontrast heraus. Meine eigene Erinnerung verlor ich, aber das schöne Bild ließ mich glauben, daß nur ich dies so erlebte.«

»Da ich nicht einheitlich genießen konnte, suchte ich durch eigene Ergänzung während des Erlebnisses die Einheitlichkeit herzustellen.«

»Zunächst war ich ästhetisch eingestellt, als ich die ersten Worte las. Ziemlich stark gefühlsbetont. Dann setzte eine kritische Periode ein, und ich verhielt mich dem Text gegenüber indifferent. Aber bald wurde diese Kritik von einer starken ästhetischen Stimmung abgelöst, die sehr angenehm war. Dieser Übergang wird so erlebt, daß ich glaube, meine Gedanken zu verlieren und nicht mehr aufzupassen. Aber ich habe dann doch nicht mehr das Bedürfnis, die Gedankenreihe herzustellen, weil ich mit meinen Kräften in der ästhetischen Stimmung schon lebe. (Versuchsperson formuliert an dieser Stelle ziemlich laut: ‚Wundervoll!‘) Ich hatte den Wunsch, jeden Gegner dieser Anschauung zu bekämpfen.«

»Die Lilie auf dem Wasser und die Lotosblume waren sehr ästhetisch genossen (optisch vorgestellt). Ich fühlte die Kühle des Wassers. Einfühlung in die schöne Vorstellung. Daran schloß sich ein leichtes erfreuliches Gefühl, das mich innerlich anregte und tätig machte, ich blieb nicht rezeptiv mehr. — Ich versuchte kritisch auf diese Beweise der Pflanzenseele einzugehen, aber die kritischen Gedanken wurden überwuchert von ästhetischen Gefühlen und Vorstellungen, und ich faßte nicht mehr wissenschaftlich auf. Die Vorstellungen und der ästhetische Reiz waren vor mir, ich beschaute sie mit großer Freude. Die Kritik kam so zustande, daß ich gleichsam dasselbe Objekt unter zwei verschiedenen Gesichtspunkten ansah. Hinter jedem Satz hakte ich mit der Kritik ein, und es war mir, als ob jedesmal, wenn ich den Inhalt des Satzes als Argument für die Tatsache der Pflanzenseele auffassen wollte, ein Schleier von meinen Augen weggenommen würde.«

»Wesentlich ästhetisch. Ich mußte das Kritische beiseite stellen, und zwar als ich das Wort ‚Seelenfackel‘ las, verschwand alles Kritische. Der Übergang ist fast willensmäßig; ich muß verstärkt aufmerken und will möglichst anschaulich und eindringlich auffassen. Die Aufmerksamkeit selbst schafft die Vorbedingung (negative Vorbedingung: Abstellung des Kritischen). Dann eine positive Vorbedingung: das Gegenständliche und die schöne Form soll möglichst klar werden, dieser Wille sucht sich in die Tat umzusetzen, das Wort ‚Seelenfackel‘ hat etwas Faszinierendes. Konzentrierung der Gefühle auf das Bild. Ich muß mich in die Anschauung hineinversetzen.«

»Ein plötzlich starker Gefühlszustand. Diese Steigerung drängt die Mannigfaltigkeit des Vorhandenen zurück; das Denken hört auf. Merkwürdig ist der starke Kontrast zwischen dem Gedanklichen und der wohltuenden Gefühlsstimmung. Die Passivität geht direkt in eine Aktivität über. Ich richte meine Aufmerksamkeit in höherem Maße auf das Ästhetische. Eine starke Aktivität (Impuls), um den Zustand weiter zu erhalten. Impuls, mich dem ästhetischen Erlebnis zu überlassen, alles andere abzuwerfen.«

Diese Versuche haben ergeben, daß die Texte so gut wie nur möglich gewählt waren. Denn einmal wurde die wissenschaftliche Beschäftigung mit dem dargebotenen Gegenstand bezweckt und anderseits der Durchbruch einer ästhetischen Anschauung erwartet. Beides trat ganz unzweideutig ein. Aus den Protokollen ergibt sich, daß der Übergang von der wissenschaftlichen Beschäftigung zu der ästhetischen Aktivität entweder als ein plötzlicher empfunden wurde oder ganz allmählich sich vollzog, oder daß die Versuchsperson nicht angeben konnte, wie sie zu dem ästhetischen Erlebnis gekommen war. Es handelt sich offenbar bei diesem Übergang neben anderen psychischen Erscheinungen um eine Änderung der Einstellung. Wenn wir diesen Begriff näher analysieren wollen, so werden wir zunächst zu einer zweifachen Trennung veranlaßt: ich kann mich bewußt auf eine ästhetische Anschauung einstellen, d. h. ich kann mir vornehmen, dieses oder jenes Objekt nur in Hinsicht auf den Schönheitswert zu betrachten; anderseits kann ich unbewußt durch einen ästhetischen Reiz eingestellt werden. Diese unbewußte Einstellung kann nachträglich von mir bemerkt werden oder nicht; z. B. konnten die Versuchspersonen in diesen Versuchen später angeben, wo das andersartige Erleben begann, oder sie wußten nicht zu sagen, wo das ästhetische Erleben begann und wie es sich von den vorhergehenden Erlebnissen abhob. Um dies letztere klarer zu machen, will ich schildern, wie ich z. B. eine Naturlandschaft ästhetisch erlebe. Im allgemeinen bin ich nicht ästhetisch eingestellt, wenn ich mich in der Natur bewege. Es sind vielmehr Vitalempfindungen wie Freude an der frischen Luft und dem freien Sich-ergehen-können, welche mich besitzen. Die Landschaftsbilder werden als das wahrgenommen, was sie sind, wenn ich auch nicht leugnen will, daß mich eine Naturlandschaft mehr interessiert als ein Städtebild. Es kommt mir vor, als ob ich bei dem zufälligen Gesamtcharakter einer sich mir offenbarenden Wahrnehmung aus der bloßen Wahrnehmung heraustrete, d. h. das sich mir öffnende Bild gewinnt allmählich an Interesse, die Gefühlskonstellation wird eine andere. Aber es ist nicht so, als stellte ich mich plötzlich anders ein, sondern der Übergang vollzieht sich ganz allmählich und unbemerkt, und vielfach konstatiere ich erst nachher, daß das Bild sehr ästhetisch war und ich ästhetisch genossen habe. Es braucht nicht in dem Augenblick, wo man auf den Gegenstand eingeht, ein von sonstigen Wahrnehmungen abweichendes Gerichtetsein stattzufinden, sondern ganz allmählich wie durch Zufall kann man zur ästhetischen Betrachtung kommen und merkt erst nachträglich, daß man ästhetisch genossen hat. Man kann retrospektiv behaupten, daß während der Betrachtung eine andersartige, von der bloßen Wahrnehmung verschiedene Anschauung stattgefunden haben muß; aber diese andersartige Betrachtung hat sich in keinem Symptom angekündigt, geschweige denn daß sie bewußt geworden wäre.

Die gewählten Texte begannen mit irgend einem philosophischen Problem. In dem ersten Teile unterschieden sich diese Versuche gar nicht von den vorhergehenden. Dann wurden die Versuchspersonen mitten im Text ästhetisch eingestellt. Von bewußter Einstellung konnte keine Rede sein, da die Versuchspersonen nicht wußten, was ich mit den Texten bezweckte, und sich also nicht ästhetisch einstellten. Es war also nur möglich, daß der Text sie ästhetisch einstellte. Die Änderung der Richtung des Seelenlebens wurde von der Versuchsperson bewußt erlebt oder erst nach dem Versuch aus der Reflexion heraus konstatiert. Es kam natürlich nicht vor, daß die Versuchsperson überhaupt nicht angeben konnte, ob sie ästhetisch erlebt habe oder nicht, sondern Zweifel entstanden nur über den Beginn des ästhetischen Genusses innerhalb des Versuchs.

Wir wollen noch einmal die Angaben der Versuchspersonen kurz zusammenstellen. Dieser Übergang wird einmal als ein plötzlicher geschildert. »Plötzlich wurde ich von der Gewalt der Sprache und Schilderung mitgerissen. Es kam ein anderer Zustand über mich, sodaß ich die Stelle noch einmal lesen mußte.« »Die optische Vorstellung einer aufflackernden Flamme läßt mich sogleich zu einer ästhetischen Einstellung kommen. Ich glaube plötzlich meine Gedanken zu verlieren und nicht mehr auf das philosophische Problem acht zu haben. Aber ich hatte auch nicht mehr das Interesse, die Gedankenreihe wiederherzustellen, weil ich in eine ästhetische Stimmung geriet, die sehr angenehm war.«

Dieser plötzliche Umschwung des Verhaltens der Versuchspersonen ist also vielfach durch ein einzelnes Wort oder eine ästhetische Vorstellung oder durch den Rhythmus und die Lebhaftigkeit der Schilderung gegeben. Die Gedankenarbeit, welche sich im Nachgehen philosophischer Probleme und der Kritik an dem Stoff äußert, reißt mit einem Male ab, und man beginnt ästhetisch zu betrachten. Hierbei wird am klarsten die ästhetische Einstellung konstatiert. Die Versuchspersonen geben es immer an, daß sie deutlich gemerkt haben, wie der Gesichtspunkt plötzlich ein anderer wird, wie sie aus einer kritischen Tätigkeit gleichsam zu einer ästhetischen Rezeption übergehen und sich dem Text gegenüber zunächst nur empfangend verhalten. Der Text in seiner Form und seinem Inhalt bringt diese ästhetische Einstellung mit sich.

Dieser Umschwung im Erleben kennzeichnet sich dadurch, daß das intellektuelle Leben mit einem Schlage aufzuhören scheint und das Gefühl, welches bis dahin sich indifferent verhielt, anwächst und bald stark über das Gedankliche prävaliert. Interessant daran ist noch, daß die Versuchspersonen von einem allgemeinen Stimmungsgefühl als dem Anfangsstadium dieses Überganges sprechen. In diesem Stimmungsgefühl wird erst das auf den spezifisch ästhetischen Reiz gerichtete ästhetische Gefühl wach. Die Versuchspersonen erwähnen das Stimmungsgefühl da nicht, wo sie durch eine plötzlich aufschießende Vorstellung, eine durch ein Wort geschaffene Assoziation oder eine Situation sich sogleich in den ästhetischen Gegenstand einfühlen. Ich will damit natürlich nicht behaupten, daß das Stimmungsgefühl bei direkter Einfühlung ausfällt, sondern nur die Tatsache schildern, welche ich so erkläre, daß die direkte Einfühlung in den ästhetischen Gegenstand die Versuchsperson so in den Bannkreis des Gegenstandes zieht, daß es nicht erst zu einem allgemeinen Stimmungsgefühl kommt, welches gleichsam das ästhetische Erleben vorbereitet.

Eine andere Art von Übergang der beiden in Frage stehenden Verhaltungsweisen ist dadurch bestimmt, daß zwei Zustände und Funktionen stetig miteinander zu streiten und miteinander abzuwechseln scheinen. Während noch die kritische Betrachtung die Gedanken sichtet, ruft der Text die Versuchsperson zu ästhetischer Betrachtung auf und vermag unter der schönen Form und dem künstlerischen Inhalt in der Versuchsperson ein ästhetisches Gefühl zu erwecken. Oder während des kritischen Verhaltens läuft als Unterströmung stets ein ästhetischer Gesichtspunkt mit, welcher die Kritik nicht zur vollen Geltung kommen läßt und, wenn er stark genug ist, die Kritik umstößt und das vom Verfasser verfolgte Problem gerechtfertigt erscheinen läßt, weil es der Versuchsperson gefällt.

Zuweilen laufen beide Verhaltungsweisen parallel. Nach jedem Satz »hakt die Kritik ein« und betrachtet das Objekt vom intellektuellen Standpunkt aus; dabei ist das ganze Erlebnis vorwiegend ästhetisch.

Bei dieser Umwandlung des wissenschaftlichen Betrachtens in das ästhetische vollzieht sich auch ein schon angedeuteter Zustandswechsel. Wir sahen bereits, daß die wissenschaftliche Beschäftigung mit einem Texte eine Verstandestätigkeit ist, eine innere Aktivität, die sich als eine Verarbeitung der vorliegenden Gedanken und Probleme darstellt, als ein kritisches Abwägen der Argumente, welche für und gegen den behaupteten Gedanken sprechen. Bei dem Übergang zum ästhetischen Verhalten — sei es nun durch direkte Einfühlung oder über ein Stimmungsgefühl hinüber — ist der innere Zustand zunächst ein passiver. Man nimmt das Ästhetische des Gegenstandes auf, man rezipiert seine Wirkungsweisen. Bei diesem Primärstadium der ästhetischen Rezeption ist von einer spezifisch ästhetischen Tätigkeit ebensowenig die Rede wie bei der Wahrnehmung überhaupt. Soweit wären die beiden Verhaltungsweisen getrennt durch die inneren Zustände der Versuchspersonen. Das wissenschaftliche Arbeiten ist nicht nur rezipierend, sondern aktiv tätig, das ästhetische Verhalten in dem Augenblick des Übergangs ist wesentlich rezipierend: die Versuchsperson verhält sich passiv gegenüber dem ästhetischen Reiz. Lipps würde allerdings die sympathische Einfühlung, wie sie die Versuchspersonen schildern, eine Tätigkeit nennen, aber dennoch würde er zugeben können, daß das erste Stadium des ästhetischen Genießens, wie es in diesen Versuchen erlebt wird, eine Rezeption des ästhetischen Eindrucks ist, der die Einfühlung erst herbeiführt.

Noch eine dritte typische Art des Überganges aus dem Zustand des wissenschaftlichen zum ästhetischen Betrachten ist die langsam und allmählich eintretende Einstellung der inneren Konstellation, eine Umgestaltung, welche erst nachher aus den Symptomen der Merkmale mehr erschlossen als konstatiert werden kann. Die Versuchspersonen wissen nicht mehr die Grenzen anzugeben, wieweit das Wissenschaftliche reicht und wo das Ästhetische beginnt. Die Erlebnisse schieben sich in- und übereinander.

Allen Erlebnissen gemeinsam ist das Stärkerwerden der Gefühlsseite des Seelenlebens, sobald der ästhetische Genuß einsetzt. Das Seelenleben konzentriert sich gleichsam auf die aufsteigenden Gefühle, wie eine Versuchsperson angibt. Zuerst wird vielfach ein allgemeines Stimmungsgefühl erlebt. Dieses bereitet eine speziell auf den ästhetischen Gegenstand gerichtete Gefühlskonstellation vor, welche sich in der mannigfaltigsten Weise äußern kann. Die Versuchsperson fühlt sich in das ästhetische Reizwort, in eine ästhetische Situation oder Vorstellung lebhaft ein und kommt zu einem starken Miterlebnis mit dem ästhetischen Gegenstand. Zweifellos handelt es sich hier um die von Lipps so ausführlich beschriebene sympathische Einfühlung. Oder aber die Versuchsperson erlebt ein Wort, das besonders ästhetisch gewirkt hat, inhaltlich oder dem Klangcharakter nach so intensiv, wie sie nur objektiv einen schönen Gegenstand ästhetisch zu genießen vermag, d. h. mit dem vollen Verständnis der Schönheit des Wortes sowie des ästhetischen Wertes und einer gefühlsmäßigen Begeisterung für die schöne Form. Beide Arten des Erlebens gehen weit über die passive Rezeption des ästhetischen Eindruckes hinaus. Bei der Einfühlung ist dies leicht verständlich, da ja doch das Einfühlen und Miterleben eine innere Tätigkeit voraussetzen. Aber auch die objektive ästhetische Betrachtung ist eine Tätigkeit, da doch auch in ihr der ästhetische Eindruck innerlich in die verschiedensten Formen des ästhetischen Genusses umgesetzt wird.

Aus beiden Arten des Verlaufs dieses ästhetischen Verhaltens ergibt sich eine bis zu einem Höhepunkt ansteigende innere Aktivität der Gefühle, wie alle Versuchspersonen angeben. Diese Aktivität als Reaktion auf den ästhetischen Reiz äußert sich auch darin, daß die Versuchsperson sich besonders stark bewußt wird, daß sie ästhetisch genießt, daß das Schöne in ihr ist, und daß sie sich durch das Schöne umwandelt und es sich zu eigen macht. Abgesehen von den allgemeinen Symptomen einer inneren Aktivität der Gefühle wie der starken Lust und Freude, der Begeisterung, des Gefühls der Bereicherung usf. werden Wünsche, Erregungen und Willensimpulse in der Reaktion erlebt. So der Wunsch, daß das Schöne verweile und noch lange andauere, oder der Wunsch, das Vorgestellte noch mehr ausmalen zu dürfen, die Natur so zu betrachten wie in dem vorliegenden Fall die Vorstellung, oder — ganz allgemein — derartige Genüsse noch häufiger zu haben. Diese Symptome einer inneren Aktivität der Gefühlslage äußern sich in allen Versuchen ohne Ausnahme, wenn auch mehr oder weniger scharf und stark. Diese Aktivität des inneren Zustandes gehört noch zur unmittelbaren Reaktion auf den ästhetischen Gegenstand, wenn auch die Ausführung dieser inneren Tätigkeit, die Formulierung irgend eines Wunsches, eines Impulses oder auch eine dadurch ausgelöste Bewegung irgendwelcher Art außerhalb des ästhetischen Verhaltens fallen mögen. Diese innere Aktivität gehört jedenfalls zur ästhetischen Reaktion.

Wieweit diese Versuche schon das eigentliche Thema der Arbeit berühren und zu seiner Klärung beitragen, mag nach dem Abschluß der rein ästhetischen Versuche erst zu übersehen sein. Zu dem Zwecke, zu dem sie gemacht waren, nämlich den Unterschied zwischen wissenschaftlicher und ästhetischer Betrachtungsweise aufzuzeigen, zu diesem Zwecke scheinen sie insofern sehr günstig gewesen zu sein, als sie einmal das Vorwiegen der intellektuellen Tätigkeit im wissenschaftlichen und der gefühlsmäßigen im ästhetischen Verhalten klar und deutlich zeigten, und auf der anderen Seite die wissenschaftliche Verhaltungsweise als eine Verstandestätigkeit, das ästhetische Verhalten als eine aus einem passiven Zustand aufsteigende Aktivität der Gefühle dargetan haben.

Ich habe es noch unterlassen, die Art und Weise weiter auszuführen, wie das aktive Verhalten des ästhetischen Genießens sich äußert, obgleich auch diese Versuche sehr gute Protokolle in dieser Hinsicht geboten haben. Die Versuche waren teilweise so ästhetischer Natur, daß ich die Angaben der Versuchspersonen auch für die »rein ästhetischen Versuche« verwenden konnte. Der Verlauf der Versuche war also im wesentlichen derartig, daß die Versuchspersonen nach einer wissenschaftlichen Beschäftigung mit dem vorgelegten Texte ästhetisch eingestellt wurden, daß sie infolgedessen aus einem Zustand innerer Aktivität und zwar vorwiegend intellektueller Aktivität für eine Zeitlang zu einem kontemplativen Anschauen des Dargebotenen kamen; allerdings setzte dann gleich an diese passive Rezeption des ästhetischen Reizes eine mehr oder weniger starke ästhetisch gerichtete und ästhetisch sich aussprechende innere Aktivität ein, die sich in mannigfaltigster Weise äußerte. So haben diese Versuche gezeigt, daß neben der allgemeinen Tätigkeit des Rezipierens der vorgelegten Texte sowohl eine wesentlich intellektuell gerichtete Aktivität bei der Verarbeitung des wissenschaftlichen Teils des Textes als auch eine innere Aktivität des emotionalen Lebens einherging, welche innerhalb des ästhetischen Genießens sich wirksam und förderlich erwies.

4. Versuche mit ethisch-ästhetischen Texten.

Es lag nach den vorher geschilderten Versuchen nahe, dasselbe Experiment auch auf ein anderes Vergleichsgebiet zu übertragen, nämlich auf die Vergleichung der ethischen und ästhetischen Reaktionen. Die nun folgenden Versuche wurden in gleicher Zahl wie die vorigen Versuche mit allen Versuchspersonen unternommen.

Als Versuchsmaterial dienten Tolstois »Volkserzählungen« und Turgenjews »Gedichte in Prosa« (beide bei Reklam erschienen). Die Instruktion lautete allgemein und enthielt keine determinierende Aufgabe: die Versuchspersonen sollten den ihnen vorgelegten Text lesen und nachher über ihr Erlebnis berichten. Sie wußten also in keinem Falle, um welche Unterschiede es sich bei diesen Versuchen handelte. Der lange Text der Tolstoischen Erzählungen gestattete den Versuchspersonen, nur summarisch über ihr Erleben auszusagen; sie suchten, wie sie angeben, die Hauptsachen ihres inneren Erlebens zusammen und wußten nur über größere Änderungen ihrer inneren Konstellation zu berichten. Ging auf diese Weise manche Detailfrage verloren, so kamen gerade die Hauptmomente des Erlebten klar zum Bewußtsein und meistens gut zum Ausdruck. Diese Hauptumwandlungen des Erlebens bei der Lektüre der Tolstoischen Geschichten betreffen gerade das, was ich suchte, nämlich den Unterschied zwischen ethischem und ästhetischem Erleben. Die Turgenjewschen Gedichte waren kurz — die Versuchsperson las sie selbst leise für sich oder erhielt sie vorgelesen —, und es fiel den Versuchspersonen nicht allzu schwer, ziemlich vollständig über ihre Erlebnisse zu berichten. Die Texte behielten die Versuchspersonen, wenn sie ein Protokoll gaben, zur leichteren Orientierung vor sich.

Wer die Tolstoischen Volkserzählungen und die Turgenjewschen Gedichte in Prosa kennt, wird zugestehen, daß in beiden Dichtungen stark dramatische Elemente das Wesentliche ausmachen. Es ist darum nicht zu verwundern, daß diese Texte leichten Anlaß zum Miterleben boten, wie ja auch auf der Bühne die stärksten Wirkungen dramatischer Gestaltung zum Miterleben zwingen. Das Miterleben setzt die Einfühlung in die Handlung und die handelnden Personen voraus. Es liegt auf der Hand — und Lipps und Groos haben es bereits ausführlich dargestellt —, daß die Einfühlung sowie das Miterleben etwas durchaus Aktives im ästhetischen Erleben sind, da beide Erlebnisse die Passivität geradezu ausschließen. Die Versuche zeigten nun, daß die Versuchspersonen sich sowohl ästhetisch als auch ethisch einfühlten, und daß das Miterleben sich häufig nur auf den ethischen Gehalt der Erzählung bezog. Es kam nun darauf an, diese beiden Verhaltungsweisen voneinander zu trennen, soweit sie als verschieden erlebt wurden. Schon hier sei gesagt, daß ich nicht annehme, in diesen Versuchen die Unterschiede zwischen dem ethischen und ästhetischen Verhalten erschöpfend aufgedeckt zu haben. Dazu bedürfte es einer größeren Anzahl von Versuchen, die sich auf alle Gebiete des ethischen Verhaltens bezögen und zugleich eine ästhetische Darstellung aufweisen könnten, so daß die Differenzierung vollständiger gelänge. Ich bescheide mich, die von den Versuchspersonen spontan angegebenen Aussagen über den Unterschied in Folgendem zusammenzustellen.

An erster Stelle möchte ich von den Versuchen sprechen, in denen rein ethisch gewertet wurde und das Ästhetische nur eine sehr untergeordnete, nebensächliche Rolle spielte. Es gibt Versuchspersonen, denen das Ethische sehr zusagt. Die Gefühle des Mitleids mit dem Unterdrückten, der Furcht für den vom Schicksal Gehetzten, der Barmherzigkeit für den Geknechteten und den siechen Armen, des Hasses und Zornes gegen die Verfolger, der Trauer über den Sieg des Lasters, der Freude über die Triumphe der Tugend, alle diese Gefühle werden bei der Lektüre aktuell, sie bestimmen den Wert des Dargestellten, wie sie das einzige Interesse abzugeben imstande sind. Diese Erlebnisse entbehren so sehr des Ästhetischen, daß die Versuchspersonen gar nichts Ästhetisches erlebt haben. Vielmehr hat sich ihr Erleben um die handelnden Personen konzentriert. Wo sie sich nicht selbst ethisch einstellten, führt sie der Stoff zu ethischen Gefühlen — sie kennen fast nur die Beziehung des Erlebten zu ihrer eigenen Weltanschauung. Soweit sie nicht das Gelesene miterleben und für Augenblicke zu einer objektiven Betrachtung des Textes kommen, tauchen Formulierungen auf wie folgende: »Würdest du auch in solcher Situation derartig handeln wollen?« »Das war sehr ehrenwert, jenes abscheulich.« »Der Inhalt packt mich, ich habe Gefallen daran. Das Gefühlsinteresse ist ganz auf den Inhalt konzentriert, und nur so gefallen mir die Handlungen der Menschen. Ästhetisch habe ich gar nichts gewertet.«

»Wenn ich von der Handlung mitgerissen werde, so geht mein Interesse lediglich auf die Art, wie die Menschen handeln. Ich überlegte, ob ich auch so handeln würde, wenn ich in dieselbe Lage käme.«

»Nur ethisch gewertet, ich möchte dem Menschen helfen. Dieser Wunsch entspringt einem starken Miterleben mit der ethischen Handlung: die Geschichte möchte sich zum Guten wenden. Die Handlung als solche zieht mich in ihren Bannkreis, und zwar ist das erlebte Gefühl nicht angenehm wie etwa beim ästhetischen Erlebnis. Es ist

Freude mit Trauer gemischt. Aber es ist nicht wie bei der Tragödie, welche erhebend wirkt; denn ich wurde nicht frei. Kurz muß ich erklären, daß ich nicht ästhetisch genossen habe. Das Gefühl des Mitleids ist ganz aktuell in mir, denn ich war am Schluß sehr traurig.«

Diese wenigen Aussagen genügen, um darzutun, daß es sich bei diesen Versuchen nicht um ein ästhetisches Genießen handelt. Die Versuchspersonen sind nur auf die ethischen Qualitäten der in der Erzählung spielenden Personen eingestellt; ihre Kritik erstreckt sich auf die mehr oder weniger starke Übereinstimmung oder Ablehnung der in den Personen vor sich gehenden Gefühle und Motive. Das Miterleben ist das Mitspielen eigener Weltanschauungsfragen mit den Handlungen der dargestellten Personen, und die innere Aktivität, von der die Versuchspersonen reden, bezieht sich wieder nur auf das Gute oder Böse, auf das Für oder Wider, welches sie zu jeder dargestellten Handlung hinzufügen. Dieses Miterleben entbehrt jedes Momentes des interesselosen Wohlgefallens, wie es im ästhetischen Erleben charakteristisch ist. Das ethische Erleben unterscheidet sich von dem ästhetischen durch das durch die eigene Weltanschauung bestimmte Interesse an den Handlungsweisen der dargestellten Personen und den völligen Mangel an formalen Wirkungen, welche unter dem inhaltlichen Interesse verloren gehen. Das ethische Erleben ist an den Inhalt stark gebunden und deshalb stark determiniert, da dem Phantasiespiel der Versuchspersonen kein Raum gegeben ist, da sie nichts von Freude an der Darstellung selbst oder anderen Qualitäten erleben, wie sie dem ästhetischen Genießen eignen; sie sind beschränkt auf das Gegenständliche und Inhaltliche.

Betrachten wir ferner die Fälle, in denen die Versuchspersonen ästhetisch eingestellt waren, auch zu einem Kunstgenuß kamen und dann durch einen ethischen Gedankengang im ästhetischen Genießen unterbrochen und — es sei schon gesagt — gestört wurden. Die Aussagen der Versuchspersonen sprechen für sich selber.

»Stark optische Bilder entstehen nacheinander, wie Reliefs angeschaut und als feine und sinnige Darstellungen empfunden. Jedoch der Schlußsatz wurde entschieden abgelehnt, weil er den ganzen Genuß verdarb; dieser Satz war ganz überflüssig, schulmeisterlich, es muß den Leser beleidigen, weil er zu sehr und plötzlich in die Wirklichkeit zurückgeworfen wird.«

»Nicht ganz unmittelbar erlebt, der Gedanke des Moralischen kam mir zum Bewußtsein, und ich wurde kritisch gestimmt. Im Anfang war ich sehr hineingezogen in den Kunstgenuß — sinnliches Substrat bei allem, die Gefühlslage sehr angenehm. ‚Der Pan ist tot‘ bringt einen Gefühlswechsel; der bewußten Absicht des Dichters werde ich inne. Kritik! Ich formulierte etwa so: es gibt Einkleidungen von Ideen, die die Ideen in Anschauungen aufzulösen vermögen; das ist hier nicht der Fall. Der Schluß ist sehr vorweg genommen und deshalb schlecht.« »Das Gedankliche herrscht viel stärker vor. Ich habe immer auf die Überschrift hinauf gesehen, das Allegorische gesucht, der Phantasie war kein Spielraum gelassen, ich konnte mich künstlerisch nicht befriedigt fühlen.«

»Das Ende ist wie eine ethische Handlung, das andere ästhetisch genossen (aktuelle Gefühle). Ich hätte die Sache gern ästhetisch weiter genossen, aber es setzte ein Gefühlsprotest (Unlust) gegen diesen ethischen Einschlag ein: es paßt nicht, zu sentimental! Das Ergriffensein trat vorher ein (aber ästhetisch ergriffen), dann ein inneres Umgestelltsein mit Widerstreben. Der starke ethische Einschlag stört das ästhetische Genießen.« Ich kann hinzufügen, daß der ethische Schlußsatz so stark unlustbetont war, daß die Versuchsperson ausrief: »Himmeldonnerwetter!«

(Turg., »Kohlsuppe«): »Die Schilderung ästhetisch genossen. Dann kommt eine Umstellung, der Gedanke wird ethisch gewertet. Ein Gefühl der Roheit, sehr unlustbetont, etwas ironisch, sarkastisch. Nicht mehr ästhetisch gewertet. Das Letzte kommt mir komisch vor, die ethische Auffassung ist sehr sonderbar. Das Folgende enthielt ein ästhetisches Moment: wie hat der Dichter es doch interessant hier angebracht! Überhaupt ist das Ästhetische gegenüber dem Ethischen ein In-Beziehung-setzen, weniger beim Eingehen auf den Inhalt; sondern die Stellung des Gedankens innerhalb der Fabel ist interessant. Der Schluß enthielt eine Erinnerung an Heine: banal, unlustbetont, mit einem gewissen Bedauern.«

(Turg., »Das Insekt«.) »Das ist etwas Kleines, etwas Niedliches, optisch vorgestellt. Ich glaube nicht an das Insekt, das Tier ekelt mich an, dennoch ästhetisch sehr angenehm, rein gefühlsmäßig, ein zitternder wollüstiger Schmerz, wie wenn ich geschlagen würde. Die Banalität des Ausrufs ändert die ganze Situation, ich habe kein Bedürfnis mehr, das Erlebte in der Gefühlssphäre zu objektivieren. Der letzte ethische Gedanke, das Umsetzen des Ästhetischen in das Ethische, das Allegorische mißfiel mir sehr stark; der Dichter nimmt sich die Pointe fort.«

»Die Straffheit der Handlung und die Treffsicherheit der Worte wird stark ästhetisch erlebt. Ich verspüre eine deutliche Lust in mir, eine Novelle zu schreiben, dieses Erlebnis umzusetzen. Aber da kam der Schluß. Der ist schändlich, sagte ich. Vorher hatte ich motorisch die Handlung mitgespielt und suchte mir die Situation noch stärker, als sie gezeichnet war, zu gestalten. Ich war so eifrig dabei, daß ich die Lektüre unterbrach und erst die Vorstellungen ganz entstehen ließ. Es handelt sich um phantasievolle Ergänzung; dann kam die Pointe mit dem Kreuz, und alles, was ästhetisch war, schwand dahin.«

So könnte ich mit den Protokollen fortfahren; alle Versuchspersonen haben derartige Störungen ihres ästhetischen Verhaltens durch einen von Turgenjew zum Schluß angehängten ethischen Gedanken erlebt. Diese Ethik zum Schluß wird als plump und unästhetisch abgelehnt. »Man merkt allzusehr die Absicht, solche Tendenzdichterei ist verfehlt, die paßt etwa fürs niedere Volk. Die Nutzanwendung am Schluß wirkt naiv, ich kann mich einer leichten Ironie nicht entschlagen.«

Es folgen einige Protokolle, welche zeigen, wie in einem und demselben Versuche das Ästhetische und Ethische zugleich neben- und nacheinander auftritt und schwindet.

(Turg., »Christus«.) »Bekanntheitscharakter, Einfühlung in die Person des Erzählers, optische Vorstellung; ich erinnere mich sofort, daß die Erzählung allegorischen Charakter hat. Mit dem Schluß setzt eine zweifache Wertung ein: eine ethische Wertung des Gedankens an sich, Zusammenhang mit meiner Weltanschauung, aber nicht stark bewußt; das Ethische ist nicht ganz klar erlebt, ein Antönen von bekannten Wertungen. Zugleich ist auch die ästhetische Wertung da:

der Gedanke, in diese Form gekleidet, gefällt mir, die Sprache ist gefühlsmäßig, das Ethische und Ästhetische gehen durcheinander.«

»Ethisch gewertet: es gefällt mir sehr, daß der Freund den Freund nicht verläßt; jedoch kein Willensimpuls, etwa selbst zu helfen. Die Art und Weise der dichterischen Darstellung nimmt mich ästhetisch mit, wie ein Drama auf dem Theater erlebt. Der ethische Gedanke paßt sich ganz in das Ästhetische hinein, ohne etwas inhaltlich oder formal mit ihm zu tun zu haben. Doch gefällt diese Ethik, oder sie stört doch nicht in der Darstellung. Zwei angenehme Gefühle laufen nebeneinander her und gehen ineinander über. Besonders gegen Ende wird durch die dramatische Handlung das ästhetische Gefühl stärker. Das steigerte sich immer mehr, ich mußte einfach mit.«

Es kommt in einzelnen Versuchen vor, daß die ethische Tendenz das ästhetische Lustgefühl nicht unterdrücken kann. Die Versuchspersonen äußern zwar, daß sie eine Hemmung erleben, da Überlegungen, ob die Versuchsperson selbst auch so handeln würde, oder andere ethische Wertungen sich einschieben, aber die ästhetische Lust ist stärker, d. h. die Freude an der Form des Gedichtes, der Erzählung und an den schönen Bildern, welche der Phantasie reiche Nahrung zu geben scheinen. Der ethische Einschlag wird als eine Einschränkung dieses Phantasielebens empfunden, die Versuchsperson soll zu dem vorliegenden ethischen Problem Stellung nehmen. Immer bezieht sich während des ethischen Verhaltens die Aktivität der Gefühle auf die erlebte Handlung, deren Verlauf rein menschlich interessiert. »Ästhetisch wird dieses Miterleben,« so äußert sich eine Versuchsperson, »wenn die Formulierung des Dichters schön wirkt«, d. h. dieses letzte Erlebnis tritt neu zu der Handlung hinzu wie etwas, was das Gelesene in eine andere Sphäre rückt. Auch die Phasen der Handlung erhalten unter ästhetischer Betrachtung einen anderen Charakter; das Dramatische wird als vom Dichter gut geschaffen unabhängig vom Inhalt erlebt.

»Der ethische Inhalt kann zwar ergreifen, aber wenn ich die Handlung als solche ästhetisch genieße, so ist dieses Erlebnis in mir etwas ganz Neues, wie wenn ich während des Lesens dem Dichter bei der Arbeit hülfe, die Bilder noch einmal malte und die schöne Form gleichsam an mich risse, um das Schöne in mir wirken zu lassen. Ethische Einfühlung würde ich den ersten Zustand nennen. Den kontemplativen Charakter der ästhetischen Einstellung erlebte ich als eine Konzentriertheit meines ganzen Ich auf die schöne Gestaltung, ich gehe über mich selbst hinaus und bin viel mehr, als wenn ich nur die ethischen Ideen aufnehme.«

Das Ethische macht sich innerhalb des ästhetischen Genießens in fast allen Versuchen dadurch bemerkbar, daß ein Bewußtsein der vom Dichter gesuchten Symbolik eintritt. — »Man ist in zwei Ich gespaltet, man hat den Gegenstand in der Ferne vor sich. Eine passive Aufnahme des ästhetischen Reizes kenne ich nicht, denn ich beteilige mich sehr wesentlich an dem schönen Objekt und zwar mit meiner Phantasie, mit reizvollen Assoziationen und Vorstellungen. Dagegen spielt sich die ethische Handlung in mir ab, ich verhalte mich anders, komme nur zu intellektueller Kritik oder zu einem Miterleben der dargestellten Gestalten, soweit ich dem Inhalt mich nicht verschließen kann. Wenn ich dies ein Aktivsein nennen würde, so würde ich die Aktivität beim ästhetischen Genießen ein Mitaktivsein nennen, d. h. an dem Schönen bin ich beteiligt mit innerer Freude und einer Art von Schaffenslust, die auch solches gestalten möchte und nach einem entsprechenden Ausdruck ringt. Mit dem Schluß der Erzählung ist das ethische Miterleben zu Ende, das Ästhetische reagiert dann erst am stärksten.«

Eine andere Versuchsperson nennt das ästhetische Genießen »eine andere Dimension des Lustzustandes, er richtet sich auf das Formale — ich werde geradezu aus dem Miterleben der handelnden Personen herausgerissen — auf die Gedankenverknüpfung. Verhalte ich mich anfangs rezeptiv, so verläßt mich dieser passive Zustand bald, und ich erlange eine Art von Impuls, das Gelesene als schön zu konstatieren.«

»Bei lebhafter Schilderung der Handlung ist kein Raum mehr für ästhetisches Genießen, man erlebt nur die Handlung, und in der Reflexion kann man vielleicht nachher sagen, das ist ethisch, das ist ästhetisch. Im ethischen Verhalten fehlt niemals die Beziehung zum menschlichen Dasein überhaupt oder auch zu unserer eigenen Weltanschauung.«

»Ästhetisch eingestellt, ich finde es furchtbar traurig. Gut dargestellt, das ist wunderschön, Einfühlung, emotional sehr mitgespielt. Das Tiefethische und die schöne Darstellung haben beide zu gleicher Zeit gewirkt. Es war keine Hemmung da, weil es ganz richtig zu Ende ging und es mit meiner Weltanschauung zusammenfiel. Als das erste Moment herankam, mußte ich verweilen und merkte, wie das Ästhetische sich umstellte. Ich überlegte, daß es sehr schwer ist, in traurigen Stunden verstanden zu werden.«

Es kommen aber Versuche vor, in denen das Ethische den Gefühlswert des Ästhetischen zu unterstützen scheint, die Versuchspersonen können schwer bestimmen, wie der Vorgang in ihnen stattgefunden hat. Allerdings sagen sie, daß ihnen die ethische Tendenz und der ethische Gedanke als ethischer Gedanke nicht zum Bewußtsein gekommen seien, sondern sie vielmehr die Ethik in ästhetischer Einkleidung ästhetisch aufgefaßt hätten.

Sonst kann man sagen, daß die meisten Versuche die Versuchspersonen zu einer kritischen und objektiven Betrachtung veranlaßten. Die Hemmung im ästhetischen Genießen rührt von dem ethischen Einschlag her, weil der ethische Gedanke als zu banal, zu predigerhaft und philiströs empfunden wird und innerhalb des Ästhetischen keinen Raum haben sollte.

Zusammenfassend ließe sich zu diesem Versuche etwa folgendes sagen: die ethischen und ästhetischen Reaktionen sind etwas Wesensverschiedenes, wie sie grundverschiedenen Gegenständen entsprechen. Beiden gemeinsam ist eine mehr oder weniger intensive Gefühlslage des erlebenden Individuums. So kann man sich in beide Gegenstände einfühlen und stark miterleben. Beiden Verhaltungsweisen kann ein intellektueller Faktor beigemischt sein: so dem ästhetischen Genuß das Wissen um den Kunstgegenstand und die Einsicht in die Einordnung desselben in bestimmte Kunstgattungen und Kunstperioden;

dem ethischen eignen die Beziehungen zu Weltanschauungsfragen, zu moralischen Prinzipien, zu Charaktereigenschaften. Jedoch ist zu betonen, daß der intellektuelle Faktor im ästhetischen Genuß, falls er nicht unmittelbar und notwendig die ästhetische Reaktion beeinflußt, als außerästhetisch zu bezeichnen ist, während die ethische Wertung stets von der bezeichneten Urteilsbeziehung begleitet zu sein pflegt.

Die Gefühlsreaktion selbst ist bei beiden grundverschieden. Das Miterleben und die Einfühlung in ethische Gegenstände erstreckt sich lediglich auf die in den dargestellten Personen zum Ausdruck kommenden Charaktereigenschaften und Handlungen, insofern sie einer im Erlebenden oder in der menschlichen Gesellschaft gegebenen moralischen Norm entsprechen oder nicht. Die Handlung wird lediglich miterlebt zugunsten eines Werturteils auf Gut oder Böse, Recht oder Falsch. Nur in dieser Beziehung ist von innerer Aktivität des Erlebens zu sprechen. Ausdrücklich sei die spontane Bemerkung einer Versuchsperson hinzugesetzt, daß im Strom dieses Miterlebens der ethischen Handlung das Ästhetische völlig zurücktritt. Das Ethische geht auf einen äußeren Willensimpuls, wir müssen zu der Handlung Stellung nehmen, um ihr zuzustimmen oder sie abzulehnen. Insofern determiniert der Gegenstand das Erleben und beschränkt das erlebende Individuum in seinen Erlebnisfunktionen.

Ganz im Gegensatz dazu macht das ästhetische Erleben frei, so sehr der ästhetische Gegenstand das Individuum einstellt und konzentriert. Es ist gleichsam, als ob der ästhetische Gegenstand noch mehr Kräfte wachrufe, die über den Gegenstand hinaus wirken und doch durch den Gegenstand geworden sind. So die freie, schöpferische Phantasie, die sich auch in diesen Versuchen deutlich zeigte: die Versuchspersonen suchen die dargestellten Situationen in kleine Bilder umzusetzen, diese Bilder in der Vorstellung zu verschönern und auszumalen. Die innere Aktivität als Reaktion des ästhetischen Genusses strebt hinaus, sie tut sich in dem Bedürfnis nach Mitteilung, nach Verfeinerung des Erlebten, nach Umsetzung in eigenes Erleben kund, sie weist jenseits des ästhetischen Gegenstandes auf die eigene Erlebnisfreude hin, gerät in Begeisterung, steigert sich zu Wünschen und Affekten. Das erlebende Individuum fühlt sich vom ästhetischen Gegenstand ergriffen, und in seinem Interessenkreis bestimmt und zugleich innerlich befreit.

Wenn es eine ideale Forderung ist, das ethische vom ästhetischen Erleben zu trennen, wenn alle diejenigen Recht haben, welche immer wieder auf eine strenge Sonderung des Ethischen und Ästhetischen bedacht sind, so werden wir in den Versuchen eine gute ästhetische

Reaktion sehen, in welchen die Versuchspersonen sich durch das am Schluß einsetzende ethische Leitmotiv des Dichters in ihrem Genusse stark gestört fühlten, das sie bei objektiver Betrachtung als naiv, banal und plump ablehnten. Damit soll nicht gesagt sein, daß das Ethische nicht künstlerisch darzustellen sei oder daß die Tendenzdichtung und -malerei keinen ästhetischen Wert beanspruchen dürfe; haben doch die größten Dichter die tiefsten sittlichen Probleme zum Gegenstand ihrer Dichtungen gemacht. Aber die Ethik darf nicht um des Ethischen, sondern um des Schönheitsgehaltes willen gestaltet werden. Ein stark ethisches Erleben kann mitunter das ästhetische Genießen wesentlich unterstützen, aber die Erhebung beim ästhetischen Genuß erwächst hauptsächlich aus Einflüssen, welche auch dann wirken müssen, wenn der ethische Gehalt eines Kunstwerkes etwa durch ein tragisches Geschick des Trägers der ethischen Idee gefährdet erscheint. Das Kunstvolle im Kunstwerk, auch wenn dieses der Darstellung einer ethischen Idee dient, das Kunstwollen des Künstlers allein kann der Maßstab für den ästhetischen Genuß sein. Dann erst zeigen sich die wahren Wirkungen der Kunst.

(Schluß folgt.)

IX.

Über das Beschreiben von Bildern.

Von

Max Dessoir.

1.

Seit langer Zeit und immer wieder beschäftigen mich die Probleme, zu denen die im folgenden erörterte Frage gehört. Bereits in einem 1899 erschienenen »Beitrag zur Ästhetik« (Arch. f. system. Philos. Bd.V) prüfte ich den Zeitverlauf des ästhetischen Vorgangs auf Grund eigener und fremder Beobachtungen. Aus den (nur in ihren Hauptstücken abgedruckten) Berichten ergab sich, daß die volle Verdeutlichung des ästhetischen Gegenstandes das den zeitlichen Ablauf bestimmende Ziel ist. Individuelle Assoziationen, zumal wenn sie lust- oder unlustbetont sind, führen vom Wege ab, denn sie bewirken eine Zerbröckelung des Eindrucks. Die objektive Erfassung wird aber auch (so lehrten die Versuchsergebnisse) durch das häufig auftretende Schwanken zwischen einem aktiven und einem passiven Seelenzustand erschwert. Da es in jenem Zusammenhang auf die subjektiven Vorgänge ankam, so wurde gerade das Auf und Ab von innerer Kraftentfaltung und träumerischem Versinken eingehender betrachtet.

Eine spätere Abhandlung über »Anschauung und Beschreibung« (1904, Arch. f. system. Philos. Bd. X) untersuchte lediglich die Entfaltung des Objekts bei allmählicher Auffassung. Dies geschah, indem ich — mit Unterstützung der Seminarmitglieder — die Schilderungen der Kunsthistoriker auf ihren anschaulichen Wert hin prüfte. Ich fand, daß die auf Grund einer ausführlichen Beschreibung hergestellten Skizzen eines sonst nicht bekannten Kunstwerkes Mängel zeigen, die von der kaum vermeidlichen Ungenauigkeit der Schilderung herrühren. Vergleicht man ferner verschiedene Beschreibungen desselben Werks, so stößt man auf die ärgsten Abweichungen voneinander; fragt man sich, wie weit die Beschreibung verschiedener Werke durch denselben Kunsthistoriker zur unterscheidenden Kennzeichnung ausreicht, so kommt man gleichfalls zu einem höchst unbefriedigenden Ergebnis.

Das Buch »Ästhetik und allgemeine Kunstwissenschaft« (1906) übernahm manches aus den früheren Arbeiten, auch die abschließende

Formel: die Beschreibung habe, im Verhältnis zur Anschauung, Ergänzungswert, aber kaum jemals Ersatzwert. Im einzelnen wies ich darauf hin, daß Art und Ordnung der Schilderung von der Eigenart des Gegenstandes abhängen. Bei aller Gedankenmalerei, außerdem bei gemalten Anekdoten und Historien ist einfache Nacherzählung sachgemäß; bei Bildern wie den Eyckschen, die das Nächste und das Fernste mit der gleichen Schärfe erfassen, braucht die kunstgeschichtliche Deskription nur nachzubuchstabieren. »Denn ähnlich so wie der Beschauer die Ansammlung der genau durchgebildeten Einzelheiten nacheinander in sich aufnimmt, vermag die treulich folgende Feder den Inhalt und den an ihn gebundenen Eindruck objektiv zu beschreiben« (S. 431). Heute würde ich nicht mehr so unbedingt sprechen, nachdem ich das Betrachten und Beschreiben anders empfundener Bilder näher kennen gelernt habe. Eben hiermit beschäftigen sich die Erwägungen und Versuche, die ich jetzt veröffentliche. Sie bilden aber nicht nur die Fortsetzung der älteren Arbeiten, sondern zugleich den Anfang des Unternehmens, alle Formen kunstwissenschaftlicher Beschreibung zu behandeln, auch die der poetischen und musikalischen Werke. Wenn daher einerseits früher Gesagtes nicht wiederholt zu werden braucht, so muß anderseits doch ziemlich weit ausgegriffen werden, um Späteres vorzubereiten — auf die Gefahr hin, daß längere Zeit vergehen mag, bis alle Teile der Untersuchung abgeschlossen sind. —

Ich beginne mit der allgemeinen Feststellung, daß die einfachste Unterart kunstwissenschaftlicher Beschreibung in der Inhaltsangabe von Dramen oder Romanen vorliegt. Das literarische Kunstwerk lebt ja bereits in der Sprache, die auch unser Ausdrucksmittel ist, und bietet, abgesehen von der künstlerischen Gestaltung, einen greifbaren Inhalt dar. So scheint denn diese Aufgabe ohne erhebliche Schwierigkeiten. Allein es ist klar, daß schon hierbei das sogenannte Wesentliche unter weitgehender Ausschaltung des Unwesentlichen ausgewählt und in neuer Form zu einer in sich verständlichen Erzählung zusammengefügt werden muß. Um wieviel verwickelter aber ist die Aufgabe einer Bilderbeschreibung! Aus dem Sichtbaren soll ins Sprachliche übertragen und gar vieles soll mit Worten bezeichnet werden, was nicht zu einem »Inhalt« gehört. Dazu kommt der bis zum Überdruß erörterte Unterschied des Räumlichen vom Zeitlichen. Er läßt, so möchte man glauben, die Wage zu ungunsten der Bilderbeschreibung sinken. Mit der Zeitfolge poetischer Vorgänge nämlich ist für die wissenschaftliche Darstellung ohne weiteres gegeben, wie sie die einzelnen Teile aneinander zu reihen hat, während sie gegenüber einem Bildwerk beliebig anfangen und fortschreiten kann. Jene Bindung verleiht der

Beschreibung eines Dramas oder eines Musikstücks eine gewisse natürliche Sicherheit, die im andern Fall dem Beschreibenden und nicht minder seinem Leser abgeht.

Trotzdem sei vor Überschätzung dieser sondernden Bestimmungen gewarnt. Denn die meisten Werke der Raumkunst, am klarsten die Handlungsbilder, bergen in sich einen Zeitverlauf, der die Betrachtung und die Beschreibung regelt. Ich spreche jetzt noch nicht über diesen Hauptgegenstand des Aufsatzes, sondern wende mich der andern Seite zu. Wer ein Werk der Zeitkünste unter ästhetischen Gesichtspunkten beschreibt, der muß bei den späteren Teilen der früheren sich erinnern und vor allem auch bei den früheren die späteren Teile gegenwärtig haben; um die Komposition einer Novelle oder einer Sonate zu würdigen, muß das gegebene Nacheinander in ein künstliches Nebeneinander umgeschmolzen werden. Der Abstand beider Aufgaben ist also nicht sehr groß, wenigstens nicht an diesem Punkte. Ich gebe ein paar Beispiele dafür. Jedes Sprachkunstwerk, jedes Tonkunstwerk verwendet das technische Mittel der Vorbereitung. Will die Beschreibung diesem Mittel gerecht werden, so kann sie nicht umhin, Späteres vorwegzunehmen und hiermit die Reihenfolge im Objekt preiszugeben. Ähnlich bei den heimlichen Rückverweisungen, deren Sinn sich nur in unumwundenem Zurückgreifen klarstellen läßt. Steigerung und Kontrast, Symmetrie und Parallelismus — sie enthüllen sich in der Schilderung, sofern das Nacheinander irgendwie zu einer Gleichzeitigkeit gemacht wird [1]. Mit einem Wort: der scheinbare Vorzug von Werken der Zeitkunst, daß sie die Ordnung genau vorschreiben, besitzt für eine ästhetisch normierte Beschreibung keine sonderliche Bedeutung. Es kommt ja nicht darauf an, Teile herzuzählen, sondern vielmehr darauf, den Zusammenhang zu zeigen, d. h. das Zugleich der sich bedingenden Tätigkeiten im Kunstorganismus.

Im Grunde genommen hat kunstwissenschaftliche Beschreibung in allen Fällen einen koexistenten Gegenstand vor sich, der jedoch in allen Fällen auch die der Beschreibung nötige Regel der Zeitfolge enthält. Obwohl hieraus kein Unterschied zwischen der Beschreibung räumlicher und zeitlicher Werke abzuleiten ist, so besteht dennoch eine Verschiedenheit. Sie liegt darin, daß auf der einen Seite nach dem Grundsatz der Steigerung, auf der andern Seite nach dem Grundsatz der Minderung beschrieben wird. Dies möchte ich vorläufig für das Verfahren der Minderung begründen, weil es dasjenige ist, das

---

[1]) Vgl. B. Seuffert, Germ.-roman. Monatsschr. 1911, S. 632 und O. Schissel v. Fleschenberg und Joseph A. Glonar, Rhetor. Forschungen I, 1912, Einl.

meinem Urteil nach gegenüber Erzeugnissen der bildenden Kunst angewendet wird oder werden soll.

2.

Wenn der Betrachter eines Gemäldes sich dieses völlig zu eigen gemacht hat und nun es zu beschreiben unternimmt, so steht er vor der Aufgabe, eine einheitliche Gesamterscheinung erst in Worten auseinander zu legen, letzten Endes aber dem Leser als solche in Erinnerung zu rufen (oder gar neu zu erzeugen). Wie soll er vorgehen? Auf dieselbe Art, scheint mir, wie eine jede sprachliche Mitteilung, solange sie aus anschaulichen Vorstellungen entspringt. Naturmenschen und Kinder, die noch fähig sind, eine anschauliche Folge unverändert in eine Satzfolge zu übernehmen, beginnen mit demjenigen Bestandteil, ohne den das Übrige bildhaft nicht mehr vorzustellen wäre. Der Primitive berichtet »Häuptling gesehen«, das Kind erzählt »Fallen tul bein anna hans« (Hans ist ans Bein von Annas Stuhl gefallen), indem sie unwillkürlich das für die Anschauung unentbehrliche und eindrucksvollste Moment an den Anfang setzen [1]). Die natürliche Darstellung einer anschaulichen Erkenntnis geht von dem wertvollsten Bestandteil aus und schreitet in stufenweise erfolgender Minderung weiter. So muß auch die Beschreibung eines Bildwerks die Einzelheiten nach Maßgabe des mit ihnen verknüpften Interesses aufrollen.

An diese Einsicht heften sich zwei Fragen. Läßt sich irgendwie allgemein bestimmen, was das ästhetisch Wesentliche ist, als womit die Beschreibung beginnen soll, und läßt sich für die allmähliche Minderung eine gesetzmäßige Formel finden? Auf die erste, die wichtigste Frage scheint der Künstler am ehesten Bescheid geben zu können, denn er muß ja wissen, worauf es ihm ankam. Indessen, wir erfahren nur in den seltensten Fällen mit Sicherheit etwas von Ursprung und Absicht des Schaffensvorganges; und selbst wo es geschieht, möchte ich nicht unbesehen die Meinung des Künstlers zum Leitfaden der Beschreibung machen. Es ist rätlicher, vom Betrachter aus das Problem zu erwägen. Und da kann kein Zweifel sein: Entscheidend an einem Bild ist das Moment, dessen Wiederauftauchen sogleich die Vorstellung der Gesamterscheinung nach sich zieht. Bei einem guten Bilde und bei richtiger Einstellung deckt sich aber das so gekennzeichnete entscheidende Moment mit demjenigen Teilinhalt, der zuerst ins Auge fällt. Denn das Eindrucksvollste wird eben sofort apperzipiert. Eine Beschreibung, die sich der natürlichen Auffassung des Gegen-

[1]) Vgl. Wundt, Völkerpsychologie 1900, I, 1, S. 217 und I, 2, S. 350. Ferner: Cl. und W. Stern, Die Kindersprache 1907, S. 201.

standes anschließt, hätte daher zuallererst dasjenige anzugeben, was die anfängliche, d. i. die Hauptwirkung hervorruft; ihre späteren Sätze würden immer weiter ins Nebensächliche hinabgleiten.

Die Berechtigung dieses Anspruchs versuchte ich experimentell zu prüfen, indem ich ein Bild, das der Versuchsperson unbekannt war, für die Zeit einer Sekunde der Betrachtung darbot und beschreiben ließ. War das geschehen, so wurde das Bild von neuem eine Sekunde lang gezeigt und die Aussage ergänzt oder auch verbessert. Auf diese Art sollte die Beschreibung dem wirklichen Gang der Aufnahme angepaßt werden, und jedenfalls konnte es der Versuchsperson unmöglich gemacht werden, im ersten Teil der Beschreibung mehr oder anderes zu sagen, als was beim ersten Anblick gesehen wird.

Da die fachmäßige Beschreibung des Kunsthistorikers und nicht etwa die unbefangene Schilderung des Laien unser Problem bildet, so sind nur Fachleute als Versuchspersonen herangezogen worden, und daneben noch zwei Maler, die im anderen Sinne ja die eigentlichen Fachleute sind. Es waren die Herren Dr. Gustav von Allesch, Fritz Burger, Dr. Max Deri, Dr. Kurt Glaser, Dr. August Grisebach, Kurt Herrmann, Dr. Max Osborn, Dr. Emil Schaeffer, Dr. Emil Utitz, Dr. Werner Weisbach. Ihnen allen bin ich zu lebhaftem Dank verpflichtet, insbesondere aber Herrn von Allesch, der mir bei der Vorbereitung und Durchführung der Versuche behilflich war, und Herrn Utitz, der in den von ihm geleiteten Übungen an der Rostocker Universität eine längere Reihe von Kontrollexperimenten vorgenommen hat. Endlich gebührt mein Dank auch Herrn Prof. Stumpf, der Räume und Apparate des von ihm geleiteten Psychologischen Instituts, und Herrn Prof. Goldschmidt, der die Diapositive seines kunstgeschichtlichen Seminars zur Verfügung stellte.

Die Versuchsanordnung war die folgende. Vor einem Projektionsapparat war eine die Öffnung deckende Metallscheibe angebracht. Diese Scheibe konnte schnell und lautlos hochgezogen und ebenso fallengelassen werden. Der Versuchsleiter hatte ein Metronom neben sich, das auf den Zeitraum von einer Sekunde eingestellt war. Die Versuchspersonen saßen im Dunkelraum vor der Leinwand, auf die das Bild geworfen werden sollte, hinter ihnen standen Apparat und Metronom. Nachdem das Metronom kurze Zeit im Gang war, ertönte bei einem Schlage das Signal »Achtung«; nach zwei weiteren Schlägen wurde die Verschlußscheibe für den Zeitraum einer Sekunde entfernt und somit das Bild projiziert. Das Zimmer blieb dann noch kurze Zeit dunkel, um den Versuchspersonen die Verfestigung des Eindrucks zu erleichtern; sobald Licht gemacht war, schrieben sie eine Schilderung des Bildes nieder, ganz in dem Sinne, wie sie als Kunstgelehrte oder Künstler zu tun gewöhnt sind. War die erste Beschreibung fertig, so begann das Spiel von neuem, und schließlich noch ein drittes Mal. Nun wurde das Bild für längere Dauer exponiert, die Versuchspersonen lasen ihre drei Beschreibungen vor, erläuterten angesichts des Bildes unklare Stellen ihrer Berichte und beantworteten meine Fragen. Was sich auf diese Art ergab, wurde nicht in die Beschreibung aufgenommen, sondern abgesondert davon aufgezeichnet.

Ich bin mir dessen wohl bewußt, daß diese Versuchsanordnung nicht von blendender Exaktheit ist. Schon die Begrenzung der Expositionszeit durch zwei Bewegungen, die möglichst gleichzeitig mit zwei Metronomschlägen erfolgen, läßt Willkürlichkeiten zu; das Fehlen eines auslöschenden Reizes kann als unkontrollierbare Verlängerung der Expositionszeit erscheinen usw. Aber bei ersten Versuchen auf einem Gebiet — die ähnlichen Experimente Külpes [1]) dienten anderen Zwecken — bedarf es der Genauigkeit nur so weit, daß klare Ergebnisse zustande kommen. Die unvermeidlichen Schwankungen in Einstellung und Aufmerksamkeit sind beträchtlicher als etwa begangene Fehler bei der Bedienung des Apparats, und ein auslöschender Reiz würde mehr gestört als genützt haben. Wichtig für die innere Sammlung ist die Pause vor und nach dem Aufblitzen des Bildes. Daß die Zeit von einer Sekunde und die Zahl von drei Expositionen angemessen sind, hat sich sowohl aus den Vorversuchen ergeben, die Herr von Allesch und ich angestellt haben, als auch aus der Gesamtheit der Experimente. Man kann höchstens fragen, ob nicht mit einer kürzeren Zeit und mit weniger Expositionen auszukommen wäre. In der Tat enthalten die dritten Beschreibungen kaum etwas von Belang, sie bestätigen mehr als daß sie bereichern. Aber Zeiten unterhalb einer Sekunde verhindern meist einen klaren Eindruck, so sicher sie alles Herumsuchen und Überlegen abschneiden.

Schwierigkeiten verursachte die Wahl der Bilder. Am lehrreichsten schien mir die Beschreibung von Figurenbildern; auf diese beschränkte ich mich daher, während Herr Utitz auch Landschaftsbilder herangezogen hat. Von Plastik wurde ganz abgesehen, um dem Stoff die Gleichmäßigkeit zu erhalten. Da die von uns benutzten Diapositive die Farben des Originals vollständig ausschalten, gelten die Beschreibungen lediglich für die schwarz-weiße Wiedergabe, wie sie auch in den Tafeln zu diesem Aufsatz vorliegt. Es handelt sich also, wohlgemerkt, um die Beschreibung von Reproduktionen; nur bei den Reproduktionen graphischer Werke wird der Unterschied nebensächlicher.

Die Auswahl der Bilder mag seltsam erscheinen. Man wolle jedoch bedenken, daß es recht schwer hält, Bilder zu finden, die so kenntnisreichen Forschern und Künstlern, wie den obengenannten, nicht gegenwärtig sind. Wie oft haben wir den Versuch abbrechen müssen, weil mindestens eine der Versuchspersonen das Bild genau kannte! Anderseits sollten es doch echte Kunstwerke sein, damit die an ihrer Beschreibung hervortretenden Regeln als die allgemeingültigen angesprochen werden dürfen. So blieben denn nur tüchtige Werke zweiten Ranges aus verschiedenen Zeiten und Schulen zur Verfügung.

Die Versuche zeigten bald, daß dem einen Beobachter italienische Bilder beim ersten Anblick mehr sagen als holländische, dem anderen moderne Bilder mehr als

---

[1]) *Americ. Journ. of Psychol.* XIV, 215 ff., 1903. Die Expositionszeit betrug drei Sekunden. Die drei Versuchspersonen protokollierten ohne besondere Ordnung alle ihre inneren Erlebnisse: Gefühlsvorgänge, Erinnerungsvorstellungen, rein persönliche Assoziationen, Bemühungen um den Inhalt, kritische Bemerkungen usw. Ich gebe als Beispiele die Niederschriften, die sich auf den Florentiner Schleifer beziehen:

Gefällt nicht sehr. Das Gesicht häßlich, die Bedeutung der Haltung unklar. Der Körper selbst nicht unangenehm. Eindruck einer dreieckigen Form. Unbestimmte Tendenz zu Organempfindungen.

Sehr häßlich, fleischiges, plumpes, dummes Gesicht. Lebhafte Erinnerung an einen Frosch. Die Haltung nicht recht deutlich geworden.

Wirkte zunächst fast komisch. Das Gesicht macht den Eindruck, als wenn ein Frosch imitiert und groteske Töne ausgestoßen würden. Organempfindung des Blickens in die Höhe. Unästhetische, aber äußerst natürliche Pose eines Mannes, der Getreide zu sieben scheint.

alte, je nach Beschäftigung und Vorliebe. Unsere theoretische Erörterung hält sich an die besten Fälle, weil ihr Zielpunkt die ideale Beschreibung ist. Aber sie kann sich leider nicht auf diejenigen Formen der Schilderung einlassen, die aus dem Gesichtspunkt der differentiellen Psychologie am meisten charakteristisch sind. Da gibt es den Typus dessen, der zu Beginn — geblendet und erschreckt — sehr wenig sieht. Ein Zweiter schreibt weniger auf als er tatsächlich apperzipierte, wie das nachträgliche Verhör erweist. Ein Dritter verfaßt ganze Romane: ein Mindestmaß von Eindruck genügt ihm, um ein Füllhorn geistreicher Bemerkungen auszuschütten; ein Vierter ist sogleich mit kritischen Urteilen bei der Hand. Der Verschiedenheiten sind viele und nicht uninteressante. — Die Versuchspersonen des Herrn Utitz zeigen noch andere Arten des Unterschieds, weil sie nach Lebensalter und Sachkenntnis weiter voneinander getrennt sind als die Herren, die mich unterstützt haben. Lange Gewöhnung an kunstgerechtes Betrachten und stilistische Sicherheit gibt den dort beteiligten Professoren und Malerinnen naturgemäß einen Vorsprung vor den Studenten.

Übrigens glaube ich, daß dem Verfahren eine kunstpädagogische Bedeutung zukommt, da es die unmittelbare Hingabe an den ersten Eindruck erzwingt und dem weiteren Anschauen eine natürliche Ordnung geben kann, an Stelle der heillosen Willkürlichkeit laienhaften Betrachtens. Auch soll es dazu erziehen, daß man sich erst in sachlicher Beschreibung des Gegebenen versichere, ehe man ein Urteil wagt. Die verdienstvollen Untersuchungen Friedrich Müllers und Gustav Dehnings[1]) drängen allzu rasch auf kritische Urteilsbildung des Kindes.

3.

Schon aus den eigenen Vorversuchen wußte ich es, aber ich war doch erstaunt, es durch die Mehrzahl der Beschreibungen so entschieden bestätigt zu finden: daß in einer Sekunde außerordentlich viel gesehen werden kann. Das ist nicht im Sinn des Vielerlei gemeint, sondern bezieht sich auf zwei Gesichtspunkte, die nach der Durcharbeitung des Materials mit hinlänglicher Deutlichkeit hervortraten. Bereits beim unmittelbaren ersten Anblick wird jedes Bild kunstgeschichtlich und maltechnisch bestimmt — mit größerer oder geringerer Treffsicherheit — und es wird in seiner Gesamterscheinung aufgefaßt. Dem fachmäßig gebildeten Betrachter ordnet sich ein Bild sofort in bereit liegende Vorstellungsgruppen ein, stellt sich sofort dar als italienische oder holländische Malerei und selbst als Bild eines bestimmten Meisters oder seiner Schule. Ebenfalls in der ersten Sekunde wird dem Lichtbild angesehen, ob es ein Gemälde, eine Radierung oder einen Holzschnitt wiedergibt. An welchen Anzeichen

[1]) Friedrich Müller, Ästhetisches und außerästhetisches Urteilen des Kindes bei der Betrachtung von Bildwerken, 1912. — Gustav Dehning, Bilderunterricht, Versuche mit Kindern und Erwachsenen über die Erziehung des ästhetischen Urteils, 1912. — Aus dem in beiden Schriften niedergelegten Versuchstoff sind von den Verfassern lehrreiche Bemerkungen über Anschauungstypen und Urteilsstufen entwickelt worden; auch noch weitere Ergebnisse ließen sich für das Beschreibungsproblem gewinnen.

das geübte Auge dies alles so schnell erkennt, ist für uns ziemlich gleichgültig. Genug, es geschieht, und daraus folgt, daß eine dem natürlichen Verlauf [1]) des Eindrucks angepaßte Bilderbeschreibung das Recht hat, etwa so zu beginnen: »Ölgemälde von Hans Thoma« oder »Italienische Radierung des Secento«.

Das Bild selbst wird ohne Verzug in gewissen Grundzügen aufgefaßt, indem dasjenige der Schilderung sich darbietet, bei dessen Fehlen das übrige künstlerisch unverständlich werden müßte. Die Folgerung hieraus lautet: Die ersten Sätze einer natürlichen Beschreibung sollen das tatsächlich zuerst Gesehene aussprechen, weil in ihm das künstlerisch Wesentliche aufleuchtet. Ich möchte diesen wichtigen Punkt durch ein Beispiel erläutern.

Es wurde das Gruppenbild eines unbekannten niederländischen Meisters vom Jahr 1563 exponiert »Die Familie von Moucheron« (siehe Tafel I). Versuchsperson A beschrieb es nach der ersten Exposition wie folgt. »Eine Tafelrunde an einem weißgedeckten Tisch, auf dem Eßgeräte (und Blumen [falsch]) stehen. Rechts eine Gruppe von Frauen mit weißen Hauben, meistens in jüngerem Alter, links und in der Mitte Männer mit Kappen auf dem Haupte und bärtig. Der Raum scheint ein holländisches oder vlämisches Zimmer des 16. Jahrhunderts, von einem Künstler, dem Moro oder Scorel ähnlich.« — Versuchsperson B — die Buchstaben sind beliebig gewählt — sprach sich noch einläßlicher aus. »Eine lange, weiß gedeckte Tafel, die durch ihren hellen Eindruck und die stark betonte Horizontale den Hauptakzent des Bildes gibt. Diese Horizontale wird durch die Gestalt eines (falsch) Kindes unterbrochen, das auf der dem Betrachter zugekehrten Seite des Tisches steht. Das Gewand des Kindes ist dunkler als das Tischtuch, aber heller als die Gewänder der zahlreichen Personen, die den Tisch umstehen, und zwar an den anderen drei Seiten, also den beiden Schmalseiten und der anderen Längsseite. Die Gestalten zeigen im allgemeinen ein robustes Leben. Ihre Gesichter balancieren die starke Helligkeit der Tafel aus. Die Komposition dieser Gestalten ist locker, zufällig, nicht einheitlich zusammengefaßt.« Ich stelle die beiden so verschiedenen Beschreibungen nebeneinander, weil sie ziemlich vollständig sind. In der Mitte zwischen der gegenständlichen und formalistischen Schilderung steht die weniger ausführliche der Versuchsperson C. »Eine große Tafel. Zeit der Renaissance. Holländisch. Männer, Frauen und Kinder mit lebhaften Gesten am Tisch sitzend. Bild hart über den Köpfen und unten in der Mitte der vorderen Figuren abgeschnitten. Sehr breites Format, lebhafter farbiger Eindruck des weißen Tischtuchs und der dunkleren bewegten Figuren.«

Würde man diese drei Schilderungen zusammenziehen und besser stilisieren, als es den Versuchspersonen in der Eile des Experiments möglich war, so hätte man einen mustergültigen Anfang einer Beschreibung. Ich dächte mir ihn so: »Niederländisches Gruppenbild aus der zweiten Hälfte des 16. Jahrhunderts. Eine dem Querformat

[1]) Mit »natürlichem Verlauf« ist der unbeeinflußte Vorstellungsgang des ästhetisch Gebildeten, nicht der des Kindes oder des kunstfremden Laien gemeint. »Natürlich« ist in unserm Fall nahezu dasselbe wie »ideal«.

des Bildes folgende weißgedeckte Tafel .....« Es scheint inhaltlich und logisch falsch, mit einem so nebensächlichen Gegenstand wie dem Tisch zu beginnen; eine Beschreibung, die weniger auf den Anschauungsinhalt achtet als auf die an ihn anschließenden begrifflichen Beziehungen, würde den Titel nennen (»Familienbild derer von Moucheron«), dann das Elternpaar hervorheben, würde fortfahren: An die rechts sitzende Ehefrau reihen sich Schwiegertochter usw., und endlich schließen: Sie sitzen vor einer Tafel. Aber der Umstand, daß alle Versuchspersonen möglichst früh von dem Tisch reden, ist ebenso lehrreich wie der Umstand, daß drei unter ihnen das Ehepaar als solches überhaupt nicht anmerken [1]). Denn tatsächlich bildet es keine zusammengefaßte Einheit, die sich von den übrigen Personen genügend abhebt. An solchen Einzelheiten zeigt sich, daß unsere Versuche gelegentlich auch der kritischen Bildbetrachtung eine Handhabe liefern; wenn mehrere gute Beobachter den Zusammenhang des Elternpaares übersehen, so hat der Künstler ihn nicht scharf genug herausarbeiten können (oder wollen). Überhaupt ist die Gruppenbildung wenig fest. In einer der oben abgedruckten Niederschriften wird das — richtig, aber immerhin voreilig — ausgesprochen; in einer anderen Schilderung heißt es »Männer, Frauen und Kinder mit lebhaften Gesten am Tisch sitzend«, was ja an sich falsch ist, aber aus dem Charakter des Bildes und mit Rücksicht auf die Augenblicklichkeit der Betrachtung erklärbar wird.

Die Ausführlichkeit einer kunstwissenschaftlichen Beschreibung, deren Gegenstand bloß eine Sekunde lang sichtbar war, fordert weitere Erläuterungen. Wir können nicht erwarten, daß die Angaben Zug für Zug der Wertfolge der Vorstellungen entsprechen, denn die Plötzlichkeit des Eindrucks und die Hast der Niederschrift machen die Deckung in allen Einzelheiten unwahrscheinlich. Erst die Durchmusterung und kritische Vergleichung vieler Protokolle führt zu Ergebnissen, die sich auf die Arbeit unserer Kunsthistoriker anwenden lassen. Überhaupt dürfen wir nicht glauben, daß die experimentell gewonnene Beschreibung genau den Eindruck spiegelt. Sowohl bei der zweiten und dritten Aufzeichnung als auch beim Verhör wird des öfteren bemerkt, daß dies oder jenes bereits ganz zu Anfang gesehen, aber aus Vergeßlichkeit oder mit Absicht in die Beschreibung nicht aufgenommen wurde. Anderseits wird gelegentlich auch etwas erwähnt, was gewiß nicht voll apperzipiert worden war. Die Versuchsperson E beschreibt ein radiertes Blatt Albertis, das die Verkündigung

[1]) Eine Ausnahme bildet die erste Beschreibung der Versuchsperson D: »Zahlreiche Personen hinter einem weißgedeckten Tisch. Junge Männer, in der Mitte ein Ehepaar. Dunkler Grund. Gruppenbild, holländisch, 17. Jahrhundert.«

darstellt, bei der ersten Exposition wie folgt: »Verkündigung. Maria kniet links vom Betpult in bewegter Haltung frontal; sie blickt nach rechts und abwärts. Von rechts naht der Engel, der im Profil kniend gesehen ist. Oben die Erscheinung Gottvaters in Begleitung von Engeln in Wolken. Die Szene selbst unten geht in einem Innenraum vor sich. Italienische Radierung des Secento.« Beim Verhör ergab sich, daß allgemeine Vorstellungen von Bildern gleichen Inhalts zur Einläßlichkeit der Beschreibung mitgeholfen hatten: wenn der Gegenstand links als Betpult und die Wolkengruppe als Gottvater und die Engel bestimmt wurde, so geschah das nicht auf Grund genauer Wahrnehmung, sondern mit Hilfe zahlreicher älterer Erfahrungen.

Der Sinn einer ersten Beschreibung ist also keineswegs eindeutig. Immerhin läßt sich das eine mit Bestimmtheit sagen, daß ein Bild von Anbeginn an als ein Ganzes aufgefaßt wird, in dem einiges Einzelne sofort zum klaren Bewußtsein kommt[1]). Selbst in einem Bild wie in C. Saftlevens »Hiob, von bösen Geistern geplagt« (s. Tafel 2), wo alles nach links zu drängen scheint, wird trotzdem das Ganze irgendwie, wenn auch noch so falsch, aufgenommen und geschildert.

Ich gebe als Probe einige Beschreibungen bei der ersten Exposition und streue ein paar erläuternde Worte ein. Versuchsperson F schreibt, indem sie das Ganze mit einem Titel gleichsam festlegt: »Kampf eines Riesen mit einem Ungeheuer. Der Riese (die Gruppe der drei Männer wird als ein Riese mißdeutet) steht links und kämpft mit einer Lanze gegen das Ungeheuer. Letzteres hat Flügel, die den Charakter von Schmetterlingsflügeln haben. Die Komposition ist sehr bewegt. 17. Jahrhundert. Hintergrund dunkel, augenscheinlich Gewitterstimmung. Der Riese hat ein teuflisches Gesicht.« Versuchsperson A: »Eine phantastische Meereslandschaft. (Der Verfasser empfindet die Verpflichtung, mit einem Wort das Ganze [falsch] zu charakterisieren.) In der Mitte ein Fabeltier mit großen, schmetterlingsfarbigen und gemusterten Flügeln. Links auf einem felsartigen Boden etwas erhöht steht ein nackter Mann von heroischem Körperbau, bärtig; in der Hand hält er eine lange Gerte. Die Szene scheint Illustration einer antiken Fabel zu sein. Etwas unterhalb des Mannes ein weiblicher Körper, rechts Felsen und Bäume; düsterer, mit schwarzen Wolken verhangener Himmel.« (Eine falsche, aber doch sehr umfassende Apperzeption.) Versuchsperson C: »Stark bewegte Komposition weicher, malerischer Darstellungsart. Rembrandtartig. Ein Kampf mit einem Teufel oder Drachen spielt sich auf der linken Seite des Bildes ab. Es fällt mir eine in die Höhe gestreckte, sich stark emporrichtende Figur auf, die wohl der Held des Kampfes sein wird; den mehr am Boden befindlichen unterliegenden Teil habe ich nicht genau in Erinnerung. Die rechte Hälfte des Bildes ist von einer wolkenbewegten stürmischen Landschaft ausgefüllt. Im Vordergrund sind noch Figuren oder Gestalten mit Flügeln (Drachen?).«

---

[1]) Über den Unterschied zum wissenschaftlichen Auffassen und über den Zusammenhang mit dem künstlerischen Schaffen habe ich mich schon in meiner »Ästhetik« und in älteren Aufsätzen ausgesprochen.

Es wird in jeder dem natürlichen Eindruck angepaßten Beschreibung zuerst durch Angabe einiger entscheidenden Punkte der Gesamteindruck des Bildes wiederzugeben sein. Wenn Kinder, wie behauptet worden ist[1]), beim Betrachten von Bildern regelmäßig links anfangen und dann nach rechts wandern, so muß ihnen das wohl natürlich sein — ein Erwachsener, der künstlerisch fühlt, verfährt nicht so. Er verfährt auch nicht so wie die meisten Dilettanten, die auf gut Glück eine Einzelheit herausgreifen und damit ihre Beschreibung beginnen, weil doch irgendwo angefangen werden soll. Leider halten sich nicht einmal alle Kunsthistoriker von diesem Fehler des ungeschulten Betrachters frei; man könnte aus bekannten kunstgeschichtlichen Büchern ein Sündenverzeichnis herstellen, in dem auch andere Verstöße gegen eine natürliche Methode der Beschreibung reichlich vorhanden wären. Um es zu wiederholen: niemals darf mit einem beliebigen Detail begonnen werden. Meine Versuchspersonen hatten bei der ersten, spätestens bei der zweiten Exposition das Gefühl, alles Wesentliche, zum mindesten alles das aufgefaßt zu haben, was sich bei einer Augenblickswahrnehmung überhaupt apperzipieren läßt. Da sie den überzeugenden Eindruck eines Ganzen empfingen, so kamen sie nicht auf den Gedanken, daß etwas Wichtiges fehlen könnte. Die gleiche Wirkung muß von den ersten Sätzen einer durchgebildeten Beschreibung ausgehen.

Zu dem Ganzen, das ich soeben erwähnte, gehört ausnahmslos auch der im Bilde dargestellte Gegenstand. Wenn moderne Lehren verlangen, daß zunächst nur ein Spiel von Linien, Lichtern, Farben genossen und demgemäß die Beschreibung eingeleitet werde, so ist das eine Forderung, die mit unseren Erfahrungen nicht übereinstimmt. Allerdings wirkten einige der Diapositive unmittelbar und stark als eine Auseinandersetzung zwischen hell und dunkel, wenigstens für zwei oder drei der Versuchspersonen, aber selbst in diesem Fall zeigte sich sofort auch das Bedürfnis nach Aufklärung über das Dargestellte. Es wäre arge Künstelei, eine Beschreibung so beginnen zu lassen, wie eine aus hellen Wolkenformen sich langsam entfaltende Geistererscheinung. Bei farbigen Bildern scheint es (nach Versuchen von Dr. Utitz) ähnlich wie bei farblosen Reproduktionen zu sein: der dargestellte Gegenstand fesselt die Aufmerksamkeit, obgleich der Gesamtton der Farben (z. B. »bräunlich« oder »in braunen und grünen Farben«) ebenfalls unverzüglich aufgezeichnet wird[2]). Das gegenständlich Gleichgültige wird ziemlich achtlos behandelt, etwa der

[1]) B. Hammer, *Jakktagelse förmågan, Psyke, Monografiserie* I, 1909.

[2]) Wie sich eine natürliche Beschreibung verhält, sofern die Verschiedenheit der Lokalfarben überwiegt, ist experimentell noch nicht untersucht worden.

Himmel in einer Thomaschen Landschaft nur einmal erwähnt — und dabei nimmt er nahezu die Hälfte des Raums ein und enthält eine große Wolke.

4.

Auf die erste Apperzeption folgt eine zweite und auf diese eine dritte. Trennt man sie durch längere, mit Tätigkeit ausgefüllte Pausen, so tötet man alle zarteren Übergänge und zwingt den Beschreibenden zu Wiederholungen, Verbesserungen und anderen Maßnahmen, die bei einer regelrechten Beschreibung entfallen. Immerhin kann aus solchen Aufzeichnungen mancherlei entnommen werden[1]): es muß sich zeigen, in welchen Stufen und nach welchen Richtungen hin die sprachliche Darstellung eines Bildes vorwärts dringt.

Als Unterlage für die nun folgenden Erwägungen greife ich die Beschreibungen von Carrières Bild »*Les adieux*« heraus (siehe Tafel 3). Versuchsperson A:

»1. Breitformat. Malerische Komposition. Die Mitte wird von einer hellen Fläche, einem nackten Frauenkörper (?) eingenommen, rechts etwas erhöht ein jugendlicher, dunkler Kopf mit weichen, rundlichen, nicht sehr charakteristischen Zügen, links unten ebenfalls ein Kopf.

2. Der weibliche Körper, den ich vorhin zu erblicken glaubte, gehört zu einer nackten Frau mit nach rechts gewandtem edlen Profil, schwarzem, griechisch gescheiteltem Haar, die sich mit dem Ausdruck von Angst über einen nackten Körper beugt. Links unten, unter ihr, steht ein Kind mit rundem Kopf und schwarzem Haar. Der malerische Effekt beruht auf dem Kontrast der hellen Körper gegen den dunklen Hintergrund und bei den einzelnen Gestalten auf dem Gegensatz zwischen dem Weiß der Körper und dem Schwarz der Haare.

3. Bei der Figur im Mittelgrunde, die mir zuerst nur ein Körper schien, erkenne ich jetzt ein Gesicht, und diese Gestalt und eine andere Frau küssen einander. Die Gestalt links unten, die mir vorher ein Kind schien, scheint mir jetzt ein Mädchen von etwa 16 Jahren mit einer Kopfbedeckung, Haube oder Kappe, die sich eng der Kopfform anschmiegt. Französischer Meister des 19. Jahrhunderts.«

Verhör: »Die dritte Figur von links und das Kind habe ich nicht gesehen. Die weibliche, am meisten linksstehende Gestalt zu sehr nach unten verlegt.«

Versuchsperson B: »1. Einem Werk von Carrière ungemein verwandt, nicht durch Stoff oder Handlung, sondern durch die künstlerische Handschrift, die alles Geschehen wie unter Schleiern zeigt, traumhaft verwischt, entwirklicht. Hauptakzent die weibliche Gestalt mit dem matt leuchtenden Hals und Busenansatz, nach rechts kompositionell verbunden mit einer andern Gestalt.

2. Jetzt ganz klarer Eindruck der formalen Lösung: Ein breites Band von rechts oben nach links unten, im ganzen vier Gestalten, von denen die rechts oben und

[1]) Die Versuche mit Kindern sind bisher nicht recht ergiebig gewesen. Kinder, die über Teilangaben von Dingen, Handlungen und Eigenschaften hinausgewachsen sind, kommen in das sogenannte Relationsstadium und vielleicht noch darüber hinaus in das »kritisch-reflektierende Stadium«; auf diesen beiden Stufen bemühen sie sich um eine logisch-inhaltlich geordnete Wiedergabe des Gesehenen. Vgl. J. Cohn und J. Dieffenbacher, Untersuchungen über Geschlechts-, Alters- und Begabungsunterschiede bei Schülern, 1911, S. 95 ff.

links unten nur in das Werk hineinragen, während auf der bereits geschilderten der Hauptakzent liegt. Stoffliche Darstellung auch jetzt noch nicht erkannt.

3. Das Motiv des Umarmens, das bereits früher bemerkt wurde, ohne ihm größere Bedeutung beizumessen, tritt jetzt stärker hervor; und zwar ist es die zweite Gestalt von rechts, welche die dritte umfängt, so, daß die Hand hinter dem Hals hervortritt. Der Eindruck des Schleierhaften der Farbe jetzt weniger stark als bei 1.«

Versuchsperson C: »1. Bild von Eugène Carrière, Lithographie, weiche Komposition. Von rechts nach links hereinragend eine Mutter mit ausgestrecktem Arm, rechts darunter eine jüngere weibliche Figur, mehr links davon ein Kind.

2. Ich erkenne jetzt, daß Mutter und Kind in der Mitte des Bildes sind; das Kind liegt an der Brust. Die erst für die Mutter gehaltene Figur rechts oben hat einen schönen vollen Arm, auf den sie den Kopf vielleicht etwas aufstützt. Der Eindruck der Helligkeiten und Dunkelheiten des Bildes ist diesmal größer. Die Mutter hat schwarzes Haar. Die oben erwähnte jüngere weibliche Figur ist nicht mehr da. (Wohl verwechselt mit der Figur in der rechten Ecke.)

3. Die Mutter küßt das Kind. Diese Gruppe steht als malerischer heller Fleck da, der unten im Halbkreis durch eine ziemlich tiefe Dunkelheit begrenzt wird. Starkes Hinüberbiegen von Kopf und Hals zu dem Kinde, dessen Profil deutlich zu erkennen ist, wenn auch sehr weich und im Licht schwimmend gemalt.«

Verhör. Zu 2: »Unwahrscheinlich, daß das wirkliche Kind gesehen wurde.« Zu 3: »Unter Kind ist der küssende Kopf zu verstehen. Den am meisten links befindlichen Kopf überhaupt nicht gesehen.«

Versuchsperson F: »1. Drei Personen zur Hälfte von Wolken im Vordergrund eingehüllt, in schwebender Lage vor wolkigem Hintergrund. Der Eindruck ist stark hell gegen dunkel. Die am meisten links befindliche Figur geht schräg nach links ins Bild hinein, die beiden anderen schräg nach rechts. Der Ausdruck der Gesichter ist stark beseelt, augenscheinlich von Schreck. Der Kopf der Figur links hat geschlossene Augen. Das Ganze erinnert an Bilder von Carrière, ist aber augenscheinlich 18. Jahrhundert.

2. Die am meisten links befindliche Figur geht nicht nach links ins Bild hinein, sondern gleichfalls nach rechts. Die Figuren tragen leichte faltige Gewandung.

3. Die Halbfigur rechts tendiert nach links.«

Verhör. »Die drei mittleren Figuren verschmelzen in eine.«

Versuchsperson D: »1. Carrière. Breitformat. Zwei Frauen hell aus dunklem nebligen Grund auftauchend. Die eine *en face*, breite nackte Schultern. Die andere rechts höher. Halbprofil? Halbfiguren.

2. Frau mit drei weiblichen Figuren, von denen sich zwei kleine Mädchen um sie bemühen, sich an sie schmiegen. Die dritte rechts mehr isoliert. Trauernder Ausdruck der Personen. Weiche Schattenmodellierung der Gesichter.

3. Die hellen Köpfe verbinden sich mit dem weißen Hals und der weißen Brust der Zentralfigur zu einer hell leuchtenden Einheit. Die offenen Haare der Mädchen ein besonderer dunkler Ton im dunklen Hintergrund.«

Verhör: »Die ganze Gruppe der vier Personen in Eins zusammengefaßt.«

Einige Bemerkungen seien sogleich beigefügt. Wie man sieht, läßt A zunächst das Ganze auf sich wirken, stellt dann bei 2 die Aufmerksamkeit auf die Mittelgruppe ein und analysiert sie genauer (bei 2 und 3). — B, mehr mit konstruktiven Hilfslinien als mit der Erfassung der Figuren beschäftigt, gewinnt erst bei 3 größere Klarheit. Die Einzelheiten treten hervor; deshalb die Bemerkung, der Eindruck des Schleierhaften habe nachgelassen. — An C's Bericht ist eigentümlich, daß er schon bei 1 von einer Mutter spricht, aber das rechts stehende Mädchen meint. Es ist also der Inhalt, zum mindesten die ihm anhaftende Stimmung richtig empfunden, aber falsch bezogen worden. — F hat bei keiner Exposition die drei mittleren Figuren zu sondern vermocht und im Fortgang immer nur an der Peripherie herumgebessert. — D geht von der Mittelgruppe aus, löst sie bei 2 auf und verbindet bei 3 das Getrennte wieder.

Die Aufgabe, das weich und verschwommen wirkende Bild zu beschreiben, war nicht minder schwer als die mit dem Saftlevenschen Bild gestellte Anforderung. Trotzdem habe ich aus der ganzen Versuchsreihe diese Berichte zur Veröffentlichung gewählt, weil sie in kunstwissenschaftlicher Hinsicht lehrreich sind. Die allgemeinen Schlußfolgerungen, zu denen ich jetzt übergehe, sind natürlich aus dem ganzen Material gezogen.

Die Vertiefung und Verfeinerung des ersten Gesamteindruckes beginnt gewöhnlich in der Mitte des Bildes. Wenn nicht eine starke Helligkeit zur Seite lockt, so bevorzugen die Klärungsversuche den mittleren Teil. Bei den verschiedenen Beschreibungen z. B., die einem Gruppenbild Mehoffers gewidmet waren, gewannen bald der zentral stehende Mädchenkopf, bald der dicht daneben befindliche Knabenkopf den Vorrang der Beachtung; in einem Fall verschmolzen sie miteinander; in einem anderen Fall hieß es wörtlich: »Aus einem wirren, teppichartigen Ganzen heben sich zwei Köpfe heraus.« Nach welcher Richtung die Schilderung nun weitergeht, läßt sich räumlich höchstens insofern festlegen, als man sagen darf: was sich im Vordergrund, am unteren Bildrande befindet, wird der Regel nach erst ganz zuletzt bemerkt. Aber sonst ist die Blickwanderung von dem Bedürfnis gelenkt, einen unklaren Teil, der als solcher ärgerlich in der Erinnerung geblieben war, zur deutlichen Erkenntnis zu bringen. Häufig werden die zweite und dritte Exposition für kürzer als die erste gehalten, weil dieser Versuch schärferer Auffassung die Zeit subjektiv verkürzt. Man erkennt an den verschiedenen Stufen der Beschreibung ziemlich genau den Weg, den das Interesse nimmt. Wenn beim zweiten oder dritten Mal unvermittelt und ausschließlich von einer bestimmten Ecke oder Figur gesprochen wird, so heißt das: hier war etwas in unklarer, aber die Aufmerksamkeit erregender Weise bemerkt worden, jetzt soll es zur bewußten Feststellung emporgehoben werden.

Für die kunstwissenschaftliche Bildbeschreibung ist damit leider wenig gewonnen. Wir dürfen dem künstlerisch geschulten Betrachter anraten, daß er den Bahnen seiner natürlich sich bewegenden Aufmerksamkeit folge, aber wir können ihm keine bestimmten Vorschläge machen, solange wir uns auf die Lehren unserer Versuche stützen. Ein Umstand freilich verdient erwähnt zu werden. Trotz aller Vereinzelung der fortschreitenden Schilderung bleibt das Ganze gegenwärtig. Auch die geringste Einzelheit wird, wenn man so sagen darf, nicht für sich, sondern im Zusammenhang aufgefaßt.

Man lese die folgende Beschreibung; sie bezieht sich auf Goyas Bild »Erschießung des Insurgenten«, das übrigens durch ein Versehen verkehrt eingestellt war, so daß die Bezeichnungen links und rechts nicht zutreffen. Die Versuchsperson G. schreibt:

»1. Bild aus dem Beginn des 19. Jahrhunderts. Zahlreiche Figuren. Schießende Soldaten ungefähr in der Mitte nach rechts mit vorgebeugtem Körper und aufgestelltem Bein. Auf der rechten Seite Fliehende, und besonders eine Figur mit erhobenen Armen. Ziemlich hell im Gegensatz zur dunklen Umgebung. Die stärkste Helligkeit im Bild an dieser Stelle und der nächsten Umgebung. Die größte Dunkelheit wohl hinter den Soldaten und unterhalb. Der Himmel darüber ist wolkig und offenbar von Pulverdampf durchzogen. In der Gruppierung unterhalb der stärksten Dunkelheit eine bildeinwärts gehende Vertiefung, während die Figur ganz links sich wohl am vorderen Bildrand befindet. Mir fiel Delacroix ein. Später kamen mir Bedenken und ich dachte an Goya. Scheint aber in der Malweise, die hauptsächlich Umriß gibt, nicht nachweisbar. — Starke Bewegung aller Glieder. Unzählige Richtungen im Bild. Hauptbewegung konnte wohl in den vordringenden und schießenden Soldaten gesehen werden.

2. Bemerke eine Hügelkette hinter der Gruppe, die sanft nach rechts ansteigt und den ganzen Vorgang einfaßt. Der Mann mit den ausgebreiteten Armen ist nur ein Teil einer von vorn rechts nach links rückwärts hinziehenden Front. Dahinter scheinen die Gruppen etwas anzusteigen. Die Köpfe der Schießenden sind in auffallender Weise zum Zielen geduckt. Der Eindruck des Duckens ist stärker als der des Zielens.

3. Sehe, daß sich an die Hügelkette eine Stadtsilhouette anschließt mit einem Turm in der Mitte. Von den Schießenden sind die einen heller im ganzen, die anderen dunkler. Besonders einer mit einem charakteristisch geformten Tschako tritt hervor (obwohl man nur seinen Rücken sieht). Die obere Silhouettenlinie der Schießenden ist besonders reich bewegt und vereinigt verschiedene Zacken und Kurven, hauptsächlich aber Zacken.«

An dieser Beschreibung ist typisch nicht nur, daß der gleichgültige Hintergrund zuletzt gesehen wird, sondern daß auch dabei noch die Betrachtung mit den Hauptsachen beschäftigt bleibt. Ich würde also empfehlen, vom Hintergrund zuletzt zu sprechen, aber nicht mit den Worten: »im Hintergrund eine Hügelkette«, sondern etwa so: »hinter der Figur des Aufrührers eine Hügelkette, hinter den schießenden Soldaten eine Stadtsilhouette«. Der Zusammenhang muß immer wieder hervorgehoben werden, weil dies die Art ist, wie das Bild gesehen und erinnert, sicherlich auch, wie es geschaffen wird.

Andere Beobachtungen lassen sich nicht unmittelbar verwerten. Ihre Bedeutung ist mehr psychologisch als ästhetisch. Es wird z. B. oft angegeben, daß die Komposition des Bildes beim zweiten oder dritten Anblick ruhiger erscheint als vorher, daß dargestellte Bewegungen an Heftigkeit verlieren. Ferner unterliegen die Maßverhältnisse des Bildes subjektiven Veränderungen, entweder so, daß alles geräumiger wird, oder — und das ist der häufigere Fall —, daß die Dinge näher aneinander rücken.

Wir haben die eindringender und sicherer werdende Anpassung des von vornherein im ganzen auffassenden Auges kennen gelernt. Da die besten Beschreibungen der Kunstgelehrten denselben Weg zu nehmen scheinen, so war die Forderung erlaubt, daß die Beschreibung grundsätzlich und mit Bewußtsein dem Vorgang der natürlichen Apperzeption folge.

Hiermit ist indessen die ideale Beschreibung noch keineswegs vollendet. Es treten Ansprüche an sie heran, die den experimentell gewonnenen Schilderungen naturgemäß fernbleiben müssen. Ich meine beispielsweise die stilistischen Ansprüche. Jeder, der angemessen beschreiben will, bedarf eines leicht beweglichen Reichtums von Worten, um der Fülie des anschaulichen Unterscheidbaren wenigstens in etwas nahe zu kommen; er muß im Einzelfall den genauesten und überdies lebendigsten Ausdruck mit Sicherheit treffen. Ja, noch mehr: der ganze Klangcharakter der Beschreibung kann dem des Bildes entsprechen, indem etwa eine ruhige Bildhaltung in der Gehaltenheit der Sprache oder eine stürmische Darstellung in der Zerrissenheit des Vortrags sich spiegelt. Diese suggestiv wirksame Nachbildung der allgemeinen Seinsart eines Gemäldes übermittelt ganz unwillkürlich einen Eindruck und sie ergibt sich ebenso unwillkürlich für den wahrhaft nachschaffenden Kunstgelehrten. Denn wer ein Gemälde als Kunstwerk anzuschauen gewöhnt ist und es als solches durch die Mittel der Sprache festhalten will, der bleibt auch im Aufbau der Sätze und im Rhythmus der Satzfolgen von der Stimmung des Bildes nicht unberührt. Eine Gefahr liegt allerdings darin, daß literarische Gesichtspunkte die Wertordnung der Angaben beeinflussen und damit den empfindlichsten Schaden anrichten können. Der dichterischen Wirkung zuliebe werden — nachweislich — Steigerungen eingeführt, die innerhalb des Verfahrens der Minderung ganz unzulässig sind, werden Zusammenhänge hergestellt, die nur schriftstellerisches Lebensrecht haben, und es werden die bildmäßigen Einheiten preisgegeben.

Die Absicht einer wissenschaftlichen Bilderbeschreibung soll eben an erster Stelle nicht auf das Erzeugen eines selbständigen literarischen Kunstwerkes gerichtet sein. In Wahrheit bedeutet die Beschreibung das natürliche Ende des Aufnahmevorgangs, nämlich sowohl die Vollendung eines rein betrachtenden Verständnisses als auch die Befreiung vom Eindruck des Gegenstandes. Je besser es gelingt, selbst die zartesten Stimmungswerte eines Gemäldes auf seine objektiven räumlichen und farbigen Eigenschaften zurückzuführen, desto belehrender nicht nur, nein desto erlösender wirkt die Schilderung. Es verhält sich hiermit ähnlich wie mit der psychoanalytischen Reinigung einer erkrankten Seele: sobald die dem Leidenden fremd gewordenen Gründe seiner Beschwerden aus dem Unterbewußtsein hervorgelockt und in Worte umgesetzt sind, schwinden die Krankheitserscheinungen. So ist auch die Betrachtung eines Bildes erst mit dem Vorgang des Erzählens beendet; durch die Aussprache der feinsten und verborgensten Einzelheiten wird das Kunstwerk einerseits zwar vertraut, anderseits jedoch »abreagiert«, wenn anders dieser medizinische Ausdruck —

ohne boshafte Nebenabsicht — gebraucht werden darf. Jedenfalls bedeutet die kunstwissenschaftliche Beschreibung den Abschluß des Aufnahmevorgangs, indem sie, dem Verlauf der Apperzeption sich anschmiegend, das anschaulich Gebotene durch die Mittel der Sprache zum klarsten Bewußtsein erhebt.

Mit dieser Behauptung stoßen wir jedoch auf eine Schwierigkeit, deren Verfolgung bis in die Tiefen der Erkenntnistheorie hinabführt. Inwiefern kann überhaupt Sichtbares durch Worte wiedergegeben werden? Wo steckt das Gemeinsame zwischen einer blauen Farbe als Erlebnis des Auges und den beiden Begriffen »blau« und »Farbe«? Oder um den Sachverhalt verwickelter und trotzdem deutlicher zu machen: wie können einige Flecken auf der Leinwand ein großes, bewegtes, dreidimensionales Ding sein (sagen wir: ein springendes Pferd) und wie können anderseits ein paar Worte oder Sätze dasselbe Ding sein? Man möchte glauben, daß Malerei und Beschreibung in diesem Fall deshalb sich decken, weil sie beide der Naturwirklichkeit und damit untereinander gleich sind. Hierauf zielen übliche Ausdrücke wie: es sei dasselbe »gemeint«. Auch die geläufige Deutung bekanntester Tatsachen stimmt damit überein. Die Verschiedenheit der Tastempfindungen und der Gesichtsempfindungen hindert uns nicht zu sagen, mit ihnen würde »derselbe Tisch« gemeint, obwohl doch die Tastwahrnehmung seiner Rundung als seelisches Erlebnis völlig andersartig ist als die Gesichtswahrnehmung. Es läßt sich jedoch schlechterdings nicht begreifen, welch ein Ding »derselbe Tisch« sei, wenn man von dem in den beiden Sinnen Gegebenen absieht; nach vollzogener Abstraktion fehlt jeglicher Inhalt, mit dem ein beiden Erlebnissen Gemeinsames ausgestattet werden könnte. Dieselbe Unbegreiflichkeit zeigt sich in unserem Falle. Das, was wir meinen und worauf sich die optischen Vorstellungen ebenso wie die Worte beziehen, ist unmittelbar oder auf grundsätzlich andere Art als durch sinnliche und begrifflich-sprachliche Zeichen nicht zu fassen; deshalb kann keinerlei Erfahrung die Identität des Gegenstandes beider Auffassungsformen erweisen. Wenn wir zwischen der bildlichen Darstellung eines springenden Pferdes und der schriftstellerischen Schilderung »desselben« Vorgangs eine Beziehung herstellen, obgleich nicht die geringste Ähnlichkeit im Inhalt beider besteht, so läßt sich das nicht ohne weiteres mit der Behauptung rechtfertigen, daß der gleiche Gegenstand, über jene Verschiedenheiten erhaben, sich in der einen wie in der andern Form verwirkliche. Denn wir wissen nichts von dem Gegenstand und daher auch nichts von seiner Selbigkeit. Die verwickeltere Lehre, derselbe »intentionale Akt« begleite die verschiedenen Vorstellungen und gebe sie damit als Ausdruck des gleichen Gegenstandes zu erkennen, läßt die Frage offen, mit welchem Recht und durch welche Mittel ein und derselbe intentionale Akt in so gründlich verschiedenen Vorstellungen »fundiert« sein könne. Unzweifelhaft bleibt die Schwierigkeit auch unter der neuen Hülle die alte.

Was ergibt sich hieraus? Die Übereinstimmung zwischen einer Beschreibung und dem beschriebenen Bildwerk kann weder durch die Identität des Gegenstandes noch durch die des intentionalen Aktes gerechtfertigt werden. Wohl aber bleibt denkbar, daß dieselbe Gesetzmäßigkeit hier und dort, aber in verschiedenen Formen sich darstellt. Es hat einen Sinn, eine Regel oder Ordnung, die in mehreren und durchaus abweichenden Gestalten maßgebend ist, als eine und dieselbe zu bezeichnen, während ein Dingliches, das unter wechselnden Erscheinungen dasselbe bleibt, sich mit keinem bestimmten Sinn erfüllen läßt. Genau genommen muß demnach auch unsere besondere Frage so gestellt werden, daß wir statt nach der Identität des Dinges nach der Identität der Gesetzlichkeit forschen, d. h. nach der Gleichheit der Knüpfungswerte[1]), die sich das eine Mal in optischen Vorstellungen, das andere Mal in Wortzusammenhängen der Beschreibung auswirken. Bestünde nicht diese letzte Einheit einer geistigen Gesetzmäßigkeit, so wäre jede Beschreibung ein Mißverständnis. Linien und Farben erhalten erst durch ihre Beziehungen zueinander bestimmte Werte, mit denen sie der begrifflichen Auffassung und der sprachlichen Darstellung zugänglich werden, annähernd so, wie wenn die unbekannten Größen der Mathematik durch Einstellung in bestimmte funktionale Verhältnisse zu wirksamen Kräften werden. Ein Zusammenhang trägt alle anschaulichen Bestandteile des Bildes; ohne diesen Zusammenhang würden Formen und Farben ästhetisch gleichgültig, würde eine Aufzählung in Worten sinnlos sein. In der Tat kann das Anschauliche selbst — etwa eine Farbe — oder auch ein dargestellter seelischer Vorgang niemals losgelöst von allen Beziehungen in die Sprache aufgenommen werden; die Knüpfungswerte hingegen können ermittelt, mit Worten wiedergegeben und in ihrer Bedeutung gewürdigt werden, da Denken und Sprechen ja selber ein stetes Inbeziehungsetzen sind.

Gewiß soll der Abstand der beiden Vergleichsreihen nicht unterschätzt werden. Die Worte des Kunsthistorikers bilden eine Welt für sich derart, daß kein Wort der Beschreibung in das Bild hineingesteckt werden könnte, ohne seine Einheit zu zerstören, und kein Bildteil in die Beschreibung hineinzusetzen wäre, ohne als Fremdkörper zu wirken. Sage ich: »Die hellen Körper der drei nackten

[1]) Vgl. meinen Aufsatz über den Objektivismus in der Ästhetik, in dieser Zeitschrift Bd. V, S. 10 (1910).

Frauen«, so habe ich die Körper gezählt, habe sie unter das logische Zweckgebilde des Frauenkörpers untergeordnet, kurz, ich habe Beziehungen und Hinblicke verwendet, die dem bloß und rein Sichtbaren seinem Wesen nach fremd sind. Immerhin, der Umstand, daß die Helligkeiten und Farben, die Linien und Räume einer allgemeinen geistigen Gesetzlichkeit unterworfen sind, stellt die Verbindung zwischen dem sonst Unvergleichbaren her, ermöglicht eine Wiedergabe des Sichtbaren in dem derselben Gesetzlichkeit gehorchenden Element der Sprache. Fast möchte man mit den Pythagoreern die rationale Abgemessenheit auf beiden Seiten als Zahl sich denken: Lichtverteilung und Perspektive muten wie eine Rechnung an, die in der Beschreibung aufgedeckt werden soll.

Um eine Probe einer kunstgerechten Beschreibung zu geben, sei teilweise wiederholt, was Friedrich Rintelen über das Bild Marées' »Die Hesperiden« sagt[1]): »Die hellen Körper der drei nackten Frauen des breiten Hauptstückes bilden den Kern des Ganzen. Hinter ihnen dehnt sich, von wenigen Bäumen bestanden, der Boden, der am Horizont einer ruhigen, großen Berglinie sich abschließt. — Die drei schlanken Göttinnen stehen nicht starr in einer einzigen Fläche, eine feine räumliche Rhythmik bestimmt vielmehr ihre Stellungen, aber zumal bei der Stärke ihrer Leuchtkraft heben sie sich geschlossen gegen den Hintergrund ab und so bezeichnen sie im wesentlichen doch die vorderste Ebene des Bildraums. — Durch ein feines Abwechslungsspiel ist es erreicht, daß jede Figur für sich interessant ist und daß doch zugleich alle drei unlösbar zueinander gehören; das eminente plastische Empfinden Marées' hat diesen starken Ausgleich hervorgebracht. Der Festigkeit der einzeln dastehenden Frau zur Linken, die den ausgestreckten Arm auf einen hohen Baumstamm stützt, entspricht aufs beste die größere Weichheit und Labilität in den Haltungen der beiden anderen Gestaltungen. Während jene ohne alle Überschneidung den ganzen Körper frei dem Blick darbietet, greifen die bewegten Arme dieser leicht über die Brüste hin, aber Ruhe und Bewegung, klares sich Darbieten und unbestimmtes Zurückhalten treten nicht in störenden Kontrast, sondern das Maß der Distanzen, das Verhältnis der Massen, die feine Überleitung durch das halbe Profil und die weich erhobenen Arme der in zögerndem Tanzschritt bewegten mittleren Gestalt, alles das bewirkt, daß sich die Figuren in voller Harmonie ergänzen —«.

Schon beim Lesen und noch mehr beim Vergleichen spürt man, wie die Beziehungen des Sicht- und Fühlbaren in angemessener Folge zu begrifflichen und sprachlichen Verhältnissen übergeleitet werden. Aber man vermißt die Einfügung der inhaltlichen Vorgänge — so schwach sie auch in diesem Beispiel zu sein scheinen — in die vortrefflich geschilderten formalen Beziehungen. Dies aber ist ein wesentliches Anliegen der Beschreibung: sie soll, geleitet von der alles beherrschenden Gesetzlichkeit, die Verbindungen des Erscheinungsmäßigen mit dem Gegenständlichen aufzeigen.

[1]) Friedrich Rintelen, Hans von Marées, Zeitschr. für bild. Kunst. N. F. XX (1909).

5.

Gleichwie die Versuchsergebnisse zu philosophischen Betrachtungen auffordern, so leiten sie unweigerlich zu einer geschichtlichen Fragestellung. Es muß nämlich erwogen werden, ob das der natürlichen Betrachtungsfolge angepaßte Schema gegenüber allen Bildern aller Künstler und Zeiten gleichmäßig anwendbar ist. Das scheint von vornherein unglaubhaft, da Absicht und Art der schöpferischen Tätigkeit Verschiedenheiten aufweisen. Dem einen Maler quillt die Komposition aus dem Stoff hervor, jeweils nach dem Stoff verschieden, aber auch veränderlich nach den unzählbaren Richtungen, die dem Inhalt von der Auffassung und Stimmung des Künstlers gegeben werden können; dem andern fügt sich der Einzelfall in die höhere Ordnung feststehender Kompositionsformen ein. Dürfen wir beide mit dem gleichen Maß messen? Sollte nicht in Werken von der ersten Beschaffenheit der entscheidende Zug der Erzählung, in den übrigen Werken der Gesamteindruck des Aufbaus den Anfang beim Beschreiben bilden müssen?

Ein Porträt, gemalt von der Hand eines Seelenerweckers, kann so unmittelbar, so eindringlich zum Herzen des Betrachters sprechen, daß sein erster Gedanke der Persönlichkeit gilt. Er nimmt Stellung, fühlt Sympathie oder Antipathie, fragt nach Zukunft und Vergangenheit — nicht anders, als ob er einem Menschen gegenüberstünde. Erst allmählich wird er sich darüber klar, was tatsächlich zu sehen ist. Will er das Bildnis beschreiben, so muß er diesen selben Weg gehen und zeigen, wie beim Malen die Form von innen her hervorgetrieben wurde. Aber es gibt auch Porträts, deren Formengebung unwiderstehlich fesselt. Zuerst etwa die knorrige oder vornehm gerundete Gestaltung im ganzen, alsdann die Stellung der Augen, der Schnitt des Mundes und weitere Einzelheiten. Später entwickelt sich das Interesse für den Charakter, der hinter dem Äußeren verborgen ist. In diesen Fällen sollte der Kunsthistoriker nicht davor zurückscheuen, ein Gesicht wie ein gleichgültiges Objekt zu beschreiben, bis er an den Punkt gelangt, wo die Welt optischer Sachlichkeit ins Reich menschlicher Persönlichkeit übergeht.

Vielleicht ist im 17. Jahrhundert zum erstenmal der Gegensatz zwischen Sache und Person mit solcher Deutlichkeit hervorgetreten, daß die Grenze auch in der Malerei sichtbar wurde: vielleicht hatte vordem noch nie ein Maler die Wirklichkeit als Druck auf der Menschlichkeit, sondern das Irdische stets nur als Gegenlauf des Himmlischen empfunden. Als es nun gelang, das Menschliche in der Form zu bewahren, ja durch die Form zu retten, da entstanden Bilder, deren Erscheinung kaum mehr als einen Hinweis auf Seelisches bedeutet. Sie müssen von ihrer inneren Natur aus beschrieben werden, während man bei älteren Gemälden sehr wohl im Äußeren verharren kann. Allerdings bleibt fraglich, ob nicht auch diese Werke, die sich in der sorgsamen Feststellung des Gegebenen zu erschöpfen scheinen, im letzten Grunde als Ausdruck eines seelischen Erlebnisses gemeint sind: es wäre zu erwägen, ob nicht etwa Holbeins Bilder gleich Bachs angeblicher Formenkunst auf einen Zusammenhang gemüthafter Erregungen hin gedeutet werden müssen.

Jedenfalls hängt die Trefflichkeit einer Beschreibung von der Schmiegsamkeit ab, mit der sie dem Stil des Werkes folgt. Trotzdem bleibt die Hauptforderung bestehen, daß die Schilderung vom Ganzen zum Teil sich mindere, denn die erwähnten Unterschiede beziehen sich nur darauf, daß entweder Stoff oder Aufbau, entweder Innenleben oder Außenwirklichkeit das Wesen bilden können; am übrigen ändern sie nichts. Ein ernstlicher Einwand entspringt erst aus dem Zweifel an der durchgreifenden Berechtigung der Wertfolge. Während alle neueren Bilder hohen Rangs — von vereinzelten Rückschlägen abgesehen — aus einer Gesamtvision heraus geschaffen die Hauptsachen deutlich und den Rest in abgestufter Undeutlichkeit zeigen, ist die Malweise etwa der Eycks offenkundig auf unparteiische Klarstellung alles Einzelnen gerichtet. Mit wissenschaftlicher Genauigkeit zählen sie Form nach Form, setzen sie Farbe neben Farbe. Bei solchen Bildern scheint eine Beschreibungsmanier angemessen, die *per enumerationem simplicem* die Teile angibt.

Es scheint so, und es geschähe vermutlich im Sinne des Künstlers. Dennoch, glaube ich, soll die nicht katalogartige, sondern kunstwissenschaftliche Beschreibung auch hier versuchen, von einem Gruppenzusammenhang (und einem farbigen Gesamteindruck) auszugehen und im Hinabsteigen die Knüpfungswerte als Leitseil zu benutzen. Was nämlich die Beschreibung ihrem Urheber und ihren Lesern zu leisten hat, leistet sie auf diese Art am besten. Sie entspricht der Natur des Sichtbaren, des ästhetisch normierten Aufnahmevorgangs und des echt künstlerischen Schaffens: so gestützt darf sie sich als das richtige Verfahren bezeichnen.

Mit diesen einfachen Feststellungen will ich mich vorläufig begnügen; daß bereits innerhalb ihrer philosophische Erörterungen vorgenommen werden mußten, beweist von neuem den unvertilglichen Zusammenhang, der die systematische Behandlung kunstwissenschaftlicher Fragen mit gewissen Problemen der Philosophie verbindet. Die schwierige, aber reizvolle Arbeit, zwischen unserer und einer sogenannten phänomenologischen Beschreibung die Grenze zu ziehen,

Nach einem Diapositiv von Dr. F. Stoedtner, Berlin.

460 L

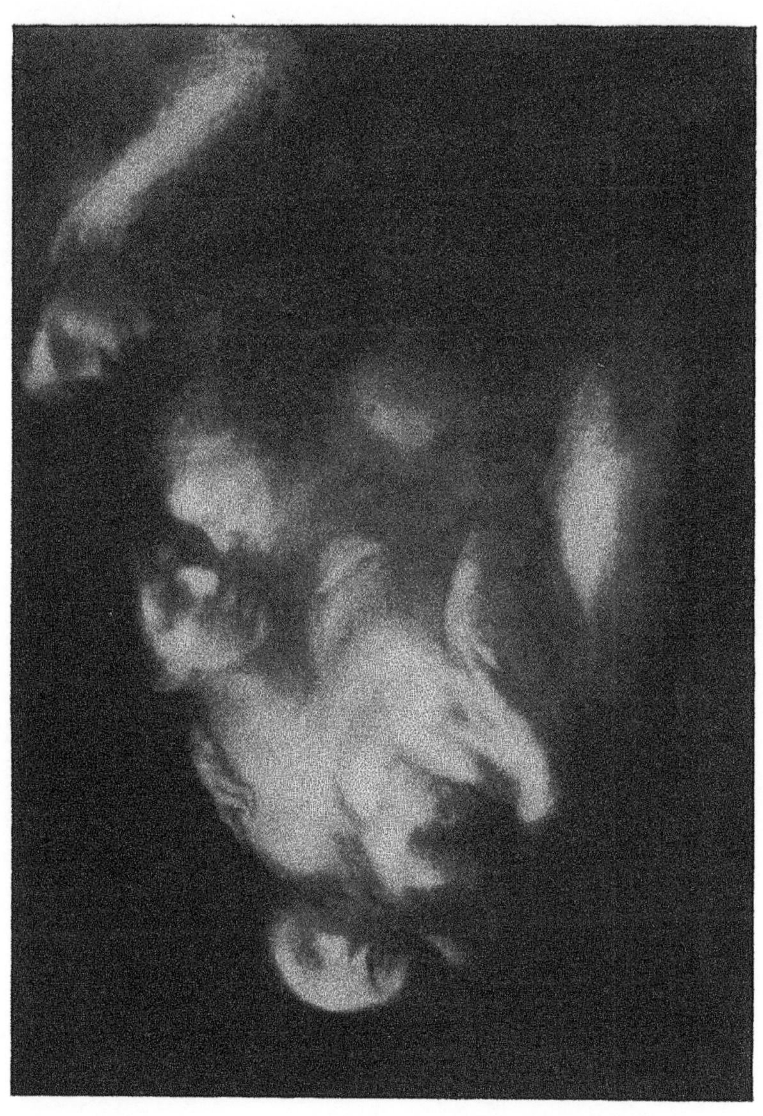

Nach einem Diapositiv von Dr. F. Stoedtner, Berlin.

möchte ich auf spätere Gelegenheit verschieben. Und von den feineren Aufgaben der kunstwissenschaftlichen Beschreibung läßt sich erst reden, nachdem über ihre elementaren Verrichtungen Einigung erzielt ist. Sollte vorgezogen werden, die Vertiefung des bloßen Beschreibens ein Erklären zu nennen oder ein hermeneutisches Verfahren, so würde ich nichts dawider haben. Denn es kommt nun allerdings darauf an, durch die genaueste Untersuchung des Gebildes selbst hindurch- und fortzuschreiten zu der Seele, die den Leib sich baut, d. h.: zu dem schöpferischen Gehalt, der von den Formen der Erscheinung umschlossen wird. Die Erklärung muß den geistigen Sinn und die gemüthafte Erschütterung zum Ausdruck bringen, die im Herzen des Kunstwerks leben und es bis in die Fingerspitzen erwärmen. Aber ehe nicht das erscheinende Gebilde in die Helle des Bewußtseins erhoben und als sicherer Besitz gewonnen ist, bleibt die Auslegung ein gefährliches Beginnen. Deshalb wurde nur von der Schilderung des Sichtbaren gesprochen.

Auch die geplanten Mitteilungen über das Beschreiben von Dicht- und Musikwerken werden sich auf das Elementare beschränken. Im ganzen dürften sie einen Beitrag zur allgemeinen Kunstwissenschaft bilden, der diesen noch nicht durchweg klar erkannten Begriff besser verdeutlichen mag, als eine lediglich theoretische Erklärung.

Bemerkungen.

Kongreß
für Ästhetik und allgemeine Kunstwissenschaft,
Berlin, 7.—9. Oktober 1913.

Die Teilnehmer des Kongresses sind entweder Mitglieder oder Hörer. Mitglieder können diejenigen Personen werden, die durch Zusendung der Rundschreiben eingeladen worden sind oder auf ihre Anmeldung hin ausdrücklich als Mitglieder aufgenommen werden. Die übrigen Teilnehmer sind Hörer. Diese haben das Recht, allen wissenschaftlichen Sitzungen beizuwohnen, nicht aber, Vorträge zu halten und in die Diskussionen einzugreifen. Der Beitrag der Mitglieder beträgt 15 Mark; der gedruckte Kongreßbericht wird ihnen unentgeltlich zugesandt werden. Der Beitrag der Hörer beträgt 8 Mark und gibt das Anrecht auf Bezug des Kongreßberichtes zu halbem Ladenpreis (voraussichtlich etwa 5 Mark statt 10 Mark). Die Beiträge sind möglichst vor dem 1. Oktober einzuzahlen auf das Konto »Kongreß für Ästhetik und allgemeine Kunstwissenschaft« bei der Deutschen Bank, Depositenkasse M, Berlin W 62, Kurfürstenstraße 115. Nach erfolgter Zahlung geht dem Teilnehmer die Mitglieds- oder Hörerkarte zu, oder wird auf Wunsch im Kongreßbureau bereit gehalten.

Über den Verlauf des Kongresses ist bisher folgendes festgesetzt: Die Sitzungen finden täglich von 10—1 Uhr und von 3—6 Uhr statt. Sie beginnen am Dienstag dem 7. Oktober und enden am Donnerstag dem 9. Oktober. Voraus geht ein Begrüßungsabend am 6. Oktober: die Teilnehmer versammeln sich in der Aula der Königl. Universität, es werden von Vertretern des Ausschusses, der Behörden und der Hochschulen Ansprachen gehalten, und hernach findet eine gesellige Zusammenkunft bei einem einfachen Imbiß statt. Dies Beisammensein soll dazu dienen, daß die Teilnehmer noch vor Beginn der Arbeit sich persönlich näher treten können. Den offiziellen Abschluß bildet ein gemeinsames Abendessen am Donnerstag dem 9. Oktober. Für Freitag sind noch einige Besichtigungen in Aussicht genommen.

Die Vorträge sind so angeordnet worden, daß der systematische Zusammenhang, der zwischen ihnen besteht, möglichst klar hervortritt; ein geschlossener Aufbau ist allerdings wegen der äußeren Schwierigkeiten des Unternehmens nicht zustande gekommen. Infolge der großen Zahl der Vorträge mußte von dem Hilfsmittel der gleichzeitig tagenden Abteilungen reichlich Gebrauch gemacht werden; nur an zwei Vormittagen, am 7. und 9. Oktober, finden gemeinsame Sitzungen aller Sektionen statt. So ist es gelungen, von den nachträglichen Meldungen wenigstens die zuerst eingetroffenen zu berücksichtigen.

Wir lassen die alphabetisch geordnete Liste der später gemeldeten Vorträge folgen und geben dann eine Übersicht über die Verteilung, wie sie vorläufig geplant ist (die Themen in Abkürzung). Die Demonstrationen des Herrn Sievers, die längere Zeit in Anspruch nehmen werden, sind für die literarästhetische und musikästhetische Abteilung gemeinsam vorgesehen; im übrigen steht durchschnittlich sowohl für jeden Vortrag wie für die Diskussion darüber je eine halbe Stunde zur Verfügung. Die geschäftliche Sitzung ist nur für die Mitglieder des großen Ausschusses, die bevollmächtigten Abgeordneten der Regierungen, Universitäten, Technischen Hochschulen und besonders einzuladende Herren bestimmt.

Verzeichnis der neu gemeldeten Vorträge:

B. Alexander (Budapest): Über künstlerische Intuition.

J. Bab (Berlin): Die ästhetischen Möglichkeiten des Kinematographen.

G. Britsch (München): Der Begriff des künstlerischen Tatbestands.

K. Busse (Berlin): Vergleichende Entwicklung der Kunst bei den Naturvölkern und beim Kinde.

Th. Elsenhans (Dresden): Das künstlerische Genie und die Ästhetik.

H. Goldschmidt (Cernobbio): Die Musikästhetik des 18. Jahrhunderts in ihren Beziehungen zum Kunstschaffen.

M. Graf (Wien): Kindheitserinnerungen im musikalischen Schaffen.

A. Guttmann (Wannsee): Wissenschaft und Kunst des Gesanges.

A. v. Hartmann (Berlin): Das Problem des Häßlichen.

H. Herrmann (Berlin): Die Idealität der Zeit im lyrischen Gedicht.

Gr. Itelson (Berlin): Über das Komische.

J. Kretzschmar (Leipzig): Die Gesetzmäßigkeit in der Kunstentwicklung des Kindes und des primitiven Menschen.

A. Lasson (Berlin): Der Wertbegriff in der Ästhetik.

B. Lázár (Budapest): Das Problem des Stils in der bildenden Kunst.

Th. A. Meyer (Ulm): Über die Persönlichkeit des Künstlers im Kunstwerk und über ihre ästhetische Bedeutung.

R. Müller-Freienfels (Halensee): Das Ich in der Lyrik.

A. Penkert (Hamburg): Über die musikalische Formung von Witz und Humor.

H. Pohl (Bonn): Experimentalpsychologisches zur Theorie der ästhetischen Werturteile.

E. Reich (Wien): Ästhetik und Soziologie.

H. Riemann (Leipzig): Γιγνόμενον und Γεγονός beim Musikhören. Ein aristoxenischer Beitrag zur modernen Musikästhetik.

J. Tenner (Lemberg): Das Gefühl des Schauspielers.

H. Voeste (Zürich): Phantasiegefühle und ihre Bedeutung für die Form des Kunstwerks.

Sir Charles Waldstein (London): Die vierfache Grundlage des Studiums der Ästhetik.

R. Wallaschek (Wien): Subjektives Kunstgefühl und objektives Kunsturteil.

W. Warstat (Altona): Das künstlerische Problem in der Photographie.

A. Weese (Bern): Die ästhetischen Prinzipien der Wandmalerei.

E. Wolff (Kiel): Entwicklungsgesetze der Poesie.

7. Oktober Vormittags:

Külpe, Stellung der Ästhetik im System der Wissenschaft.
Bullough, Genetische Ästhetik.
Ziehen, Gegenwärtiger Stand der experimentellen Ästhetik.

7. Oktober Nachmittags:

Waldstein, Vierfache Grundlage des Studiums der Ästhetik. Utitz, Ästhetik und allgemeine Kunstwissenschaft. Hamann, Ästhetik und allgemeine Kunstwissenschaft.	Hoernes, Anfänge d. bild. Kunst. Worringer, Entstehung u. Gestaltungsprinzip [illegible] tik. Kretzschmar, Kunstentwicklg. beim Kind u. beim Primitiven. Busse, Kunst beim Primitiven und beim Kinde.	Fischer, Künstlerischer Instinkt in literarhistorischer Forschung. Litzmann, Literarische Kritik. Groos, Der paradoxe Stil.	Moos, Stand der Musikästhetik. Myers, Anfänge der Musik. Graf, Kindheitserinnerungen im musikalischen Schaffen.

8. Oktober Vormittags:

Schmied-Kowarzik, Intuition im ästhetischen Erleben. Alexander, Künstlerische Intuition. Lee, Ästhetische Selbstbeobachtung.	Schmarsow, Architekton. Raumgestaltung. Cornelius, Die Ansichtsforderung. Strzygowski, Systematische Grundlagen [illegible] Kunstforschung.	Sievers, Klangliche Konstanten in Rede und Musik.

8. Oktober Nachmittags:

Lange, Der Witz. Jerusalem, Ästhetik des Typischen. Treu, Durchschnittsphotographie und Schönheit.	Britsch, Künstler. Tatbestand. Sauerbeck, Künstlerische Perspektive. Everth, Format und malerische Komposition.	v. Allesch, Natur des Dramas. v. [illegible], Schaffen des dramatischen Dichters. Walzel, Das Tragische.	Ohmann, Melodie u. Akzent. Rietsch, Dichterische u. musikalische Metrik. Schering, Musikalische Hermeneutik.

9. Oktober Vormittags:

Basch, Objektivität des Schönen.
Cohn, Autonomie der Kunst.
Geschäftliche Sitzung.

9. Oktober Nachmittags:

Geiger, Ästh. Scheingefühle. Laurila, Assoziation u. ästh. Auffassung. Th. A. Meyer, Persönlichkeit des Künstlers im Kunstwerk.	Katz, Farbengebung. Jantzen, Farbengebung. Wulff, Entwicklungsgesetze der bildenden Kunst.	Kayßler, Schaffen des Schauspielers. Martersteig, Illusionsbühne und Stilbühne.	v. Hornbostel, Überlieferung u. musikal. Auffassung. Heuß, Romantische Musikauffassung. Wetzel, Musiktheorie u. Ästhet.

Als Diskussionsredner sind bereits vorgemerkt die Herren: G. v. Allesch (Berlin). — Th. Alt (Mannheim). — J. Bab (Berlin). — R. Baerwald (Halensee). — M. Bauer (Frankfurt a. M.). — W. Bloem (Stuttgart). — F. Bock (Marburg). — O. Braun (Münster i. W.). — K. Busse (Leipzig). — E. Cohn-Wiener (Berlin). — H. Cornelius (Frankfurt a. M.). — J. Hruban (Ungarisch-Brod). — L. Kamieński (Königsberg). — H. Leichtentritt (Berlin). — E. Loewy (Rom). — H. J. Moser (Berlin). — E. Reich (Wien). — C. Sachs (Berlin). — A. Schering (Leipzig). — H. Schmalenbach (Berlin). — W. Schumann (Dresden). — J. Schultz (Berlin). — C. Stumpf (Berlin). — J. Tenner (Lemberg). — H. Voeste (Zürich). — H. Wirtz (Bonn). — K. Wize (Jezewo). — Sir Charles Waldstein (London). — A. Weese (Bern). — H. Wetzel (Berlin). — J. Wolf (Berlin). — E. Wolff (Kiel). — O. Wulff (Berlin).

Jeder bis zum 1. August gemeldete Diskussionsredner erhält einige Wochen vor dem Kongreß einen kurzen Abriß des Vortrages, an dessen Erörterung er teilnehmen will. Der Einzelne wird zu höchstens drei Vorträgen mit nicht mehr als je 10 Minuten Redezeit eingezeichnet; nur zwei vorher bestimmte Diskussionsredner werden für einen Vortrag angenommen, damit noch Zeit für freie Erörterung übrig bleibt.

Ein ausführliches Programm des Kongresses wird im September ausgegeben und den Teilnehmern durch die Post zugestellt werden.

Der geschäftsführende Ortsausschuß:

G. v. Allesch, W, Rankestr. 31/32.
M. Dessoir, W, Speyererstr. 9.
C. Glaser, Wilmersdorf, Konstanzerstr. 15.
W. Wolffheim, Grunewald, Jagowstr. 12.
O. Wulff, Steglitz, Lindenstr. 19.

Berlin, 15. Juni 1913.

Besprechungen.

Friedrich Gundolf, Shakespeare und der deutsche Geist. Berlin, Georg Bondi, 1911. gr. 8. VIII, 360 S.

Dieses wahrhaft bedeutende Buch schildert Shakespeares Eindringen in den deutschen Geist und deutet es mit einer Tiefe und Weite, die bisher, wie mir scheint, nie erreicht wurde. Es ist letzthin nicht ein Unterschied des Umfangs, sondern einer der Art zwischen der Betrachtweise dieses neuen Darstellers und der früherer Forschung. Ein neues Niveau ist geschaffen. Eine Geistigkeit, die sich auf das tiefste an diesem Gegenstand beteiligt fühlt, ergreift ihn als Sinnbild letzter Kulturvorgänge. Ein ganzer Mensch in seiner vollen Aktivität ist immer dabei gegenwärtig: leidenschaftliche Ergriffenheit, durch und durch kultivierte Sinne, klarste Besonnenheit des urteilenden Geistes. Davon zeugt am deutlichsten die Sprache des Buches, mag sie selbst an schon gebildete Begriffe von einem Menschen, von einer Zeit anknüpfen: es ist ihr Wesen, nichts aus sich zu entlassen, was sie nicht irgendwie für das Denken neugeboren hätte. Es ist lebendiges und belebendes Wort, satt von Eindrücken und Anteil und so von selbst zum Bilde drängend, das aber immer die Bildlichkeit in den Dienst der Sache stellt, das vergegenwärtigt ohne jede Stimmungsmache; und dabei hell, deiktisch, gliedernd, durch den Gebrauch starker, zuweilen beinah überscharfer Antithesen. Diese Art zu betrachten und auszudrücken bemächtigt sich nun einer Tatsachenfolge, die die ältere Forschung schon lange aufgezeigt, gruppiert und auch nach inneren Gesichtpunkten verschiedener Art gedeutet hat, und zwingt sie, ihren tiefsten geistesgeschichtlichen Sinn herzugeben. So erscheint diese bekannte Faktenreihe hier wie zum erstenmal gesehen, alles bekommt ein ganz neues Leben. Sie wird befragt, was sie zu enthüllen hat von den Kräften, die in einer langsamen Regeneration den seit dem ausgehenden 16. Jahrhundert erstarrten deutschen Geist so wiederaufgebaut haben: wie er sich endlich im reifen Goethe und der Romantik offenbart.

Immer ist auf das Ganze der Geistigkeit geblickt, wenn die Frage: wie stellt man sich zu Shakespeare, in ein neues Stadium tritt, und immer bleibt die Aufnahme Shakespeares ein Sinnbild für die »Kräftegeschichte«, das »faßlichste und wichtigste Sinnbild für jenen Vorgang, durch welchen die schöpferische Wirklichkeit dem Rationalismus erst ausgeliefert, dann abgerungen und der deutschen Dichtung wieder fruchtbar gemacht wurde.« Für die ganze Methode des Buches entscheidet nun, daß hier gewußt — und nicht nur gewußt, sondern auch praktisch dargetan wird: von der höchsten Wirkung eines Geistigen kann nur da die Rede sein, wo es mit dem Innersten seines Wesens Gewalt gewonnen hat, nicht mit Außenwerken seines Daseins, seien sie auch, an sich betrachtet, noch so bedeutungsvoll. Also nur der beschreibe die Aufnahme eines Dichters in den Geist eines Volkes, der die Wirkung des spezifisch Dichterischen in seinen Werken vor Augen hat, die in Sprache und Rhythmus gestaltete Seelenhaftigkeit, die es ist. So ist es die erste Aufgabe, die Gundolf sich stellt, diese Art der Wirkung zu beschreiben: wie Shakespeare als Dichtertum, und zwar in immer weiterem Umfange seines Dichtertums begriffen, gefühlt, nachbildend anverwandelt wird, den Stil der deutschen Dichtung beeinflußt. Alle Wirkungen außerdichterischer Art erscheinen notwendig nur als Stufen, Etappen dieser entscheidenden Wirksamkeit. Es ist klar, wie in der Geschichte dieses Prozesses auch das aufnehmende Element, der deutsche Geist, vor allem nach der Entwicklung der spezifisch dichterischen Kräfte in den führenden, für jene Aufnahme bestimmenden Geistern, betrachtet wird, und daß diese hier entscheidende Seite ihres Wesens scharf abgehoben wird von dem Grunde ihrer allgemeinen geistigen Haltung. Durch solche Betrachtweise aber wird nun das Buch, abgesehen von seinem Wert für die Ästhetik, obwohl es nicht Forschung ist, sondern Darstellung, überhaupt etwas ganz Neues und Einziges im wissenschaftlichen, insbesondere im literarhistorischen Schrifttum der Gegenwart. Es bedeutet eine Wendung, denn es leistet das, was leider bislang bei weitem nicht so, wie es sein sollte, Voraussetzung jeder literarhistorischen Arbeit ist: es führt die Literaturgeschichte ihrer höchsten Bestimmung entgegen: nämlich Dichtungsgeschichte zu sein. Und es vermag das, weil der Verfasser ein absolut sicheres Verhältnis zur Dichtung hat. Als Tendenz, Absicht, Einsicht ist dergleichen heute freilich vielfach spürbar und wohl auch im einzelnen verwirklicht. Aber in Gundolfs Buch — und das ist vielleicht seine stärkste Qualität — ist nichts Ansicht und Absicht, was nicht zugleich Erfüllung und Leistung wäre. Dies Werk kommt aus der F ü l l e, und die leidenschaftliche Freude am Aussprechen eines lang gehegten Reichtums ästhetischer Erlebnisse und Erkenntnisse gibt ihm den Charakter. Dieser innere Überfluß hält denn dem Buch, das doch mit Beherrschung aller wissenschaftlichen Methodik geschrieben wurde und das Material nach allen Seiten durchdringt, jeden Hauch wissenschaftlicher Mühsal fern. Hier wird um das Darzustellende nicht mehr gerungen: hier ist Besitz, Austeilen und Verschwenden. Das gibt dem Buch sein fortreißendes Tempo, aber es gibt ihm als Ganzem doch noch ein anderes, das oft in Büchern fehlt, die mit geistiger Leidenschaft geschrieben sind, aber mehr aus Mitteilungsbedürfnis und Wirkungswillen stammen als aus dem Forschungstriebe: es sättigt es bis zum Rande mit Sachgehalt, es erlaubt nicht, daß der Wille des Schriftstellers wie ein heißer, leerer Sturm über die Dinge hinfährt.

Klar ist: bei einmal so gestellter Aufgabe war die erste Vorbedingung des Gelingens ein sicheres Bild von Shakespeares Dichtertum. Es brauchte nicht an irgendeiner Stelle des Buches als Ganzes ausgebreitet zu sein; aber es mußte immer gleichsam unsichtbar gegenwärtig sein, bereit, im notwendigen Moment entscheidend hervorzutreten, wo es gilt, die theoretische Auffassung Shakespeares und seine praktische Wirkung in Übersetzungen oder eigenen Schöpfungen zu werten. Es gilt für uns also zunächst diesen verborgenen, aber wirksamen Gehalt des Buches zu charakterisieren: G u n d o l f s ä s t h e t i s c h e n S t a n d p u n k t z u m D i c h t e r i s c h e n u n d z u S h a k e s p e a r e s D i c h t e r t u m i n s b e s o n d e r e.

Gundolf hat ein ganz nahes lebendiges Verhältnis zum Dichterischen. Ihm ist natürlich, was vor einem Gedicht noch viel seltener geübt wird als vor einem Bildwerk: er betrachtet alles Inhaltliche, Psychologische, technisch Formale sofort als Träger und lebendige Ausgestaltung der seelischen Grundbewegung, die das eigentliche, schöpferische Leben ist, und das Ganze ist ihm eine künstlerische Klärung der Welt, die nur von jener Grundgewalt aus zu begreifen ist. Ein Beispiel dafür sei etwa die gleich im ersten Kapitel gegebene Romeo-Analyse (S. 41 f.).

»Das erotische Pathos . . . hatte sich im Romeo Shakespeares eine seiner unvergänglichen Formen geschaffen, einen Mythus, der die Phantasie immer bannt. Die Gartenszene und die Balkonszene sind die Sinnbilder dieses Mythus von der selig-unglücklichen Liebe, so wie Shakespeares glühender Atem beide gefüllt hat. Dies sind die beiden dichterischen Brennpunkte des Werks, die Träger seines Gehalts, hier ist die ganze Essenz zusammengepreßt, das übrige ist nur Handlung, Schicksal, Begebenheit — Vorbereitung, Brennstoff, Beleuchtung oder Folge, Entwicklung, Abklang dieser Szenen. Denn bei Shakespeare ist die ganze Feindschaft der Häuser — mit wie strotzendem Leben und sinnlicher Fülle auch gegeben, vom Bedientenzank bis zum Fall Tybalts — der Ball mit Klingklang und Hader, die Werbung des Paris, nur deshalb da, daß Romeo und Julia sich finden und so finden wie in der Gartenszene: mit aller selig-schrankenlosen Sinnlichkeit und Verliebtheit hineingestellt in eine Gegenwelt von Schranken. Das flutende Glück der Sommernacht einbrechend in die Familienenge und von ihr eingezäunt. Bis in die Concetti Romeos hinein wallt hier rhythmisch die Verzückung zweier Seelen, die sich entgegenströmen durch ein hartes Bett äußerer Widerstände. Durch das Fluten selbst sind die Widerstände, durch die Widerstände das Fluten gezeichnet, sich gegenseitig bedingend, steigernd, hemmend und vernichtend, und ebenso ist Romeos Kampf mit Tybalt, sein Bann, seine Ehe mit Julia nur Mittel und Weg, damit die Balkonszene so als die Darstellung des innigen Besitzes und der trostlosen Beraubung, der Einung und der Trennung, des inneren Siegs und des äußeren Untergangs wirken kann. Denn was folgt, ist selbst bei Shakespeare Zugeständnis an das Theater, dichterische Auswickelung von Begebenheiten, die als Substanz bereits in der Balkonszene enthalten waren. In den Versen ‚Mich dünkt, ich säh dich, da du unten bist, als lägst du tot in eines Grabes Tiefe‘ ist bereits der Tod der Liebenden und ihre Unzertrennlichkeit beschlossen, ist der Schluß vorweggenommen . . .«

Wenn das Eingeweihtsein in Shakespeare den Übersetzer Gundolf befähigte, mit seinem deutschen Vers den des Vorbildes wahrhaft nachzuleben, daß er bis in die Pausen, bis in die Metaphern, die Wortgestalt, ja bis in die Lautwahl hinein seelische Bewegtheit lebender Menschen spiegelt, und zwar solcher, die Shakespeareschen Wuchses sind [1]), wenn sich diese Sprache gleich der des Urbildes unablässig »geberdet«, so ist es, weil er die in allen vorhandenen Graden der Gestalten und Lebensprozesse (nicht über sie hinweg) einheitlich strömende Leidenschaft erfaßt hat. Daß von dieser innersten Seele des Shakespeareschen Dramas, die in immer anderen Formen und Dichtigkeitsgraden immer die gleiche ist, der Sprachleib in jedem Gliede bewegt wurde, ist die große Leistung dieser Übersetzung, und daß damit Shakespeares unbefangenes, dingliches, mächtiges Gefühl von Welt und Mensch in jedem Satze heraufkam. Das gleiche Vermögen macht nun auch Gundolfs Analysen bezwingend. Er spürt jenen Urstrom nicht nur in dem Miteinander und Gegeneinander der Menschen bis in ihre Haltung und Geste, er begreift d i e s als die Kraft, die das Ganze b a u t, deutet von hier die Ponderation der Szenen, wie seine Übersetzung von hier aus die des Satzes nachempfand [2]), und weiß von hier, wo die am meisten vom persönlichen Leben bewegten, also die dramatischsten Szenen sind. So bedeutet denn auch sein Hinweis auf die Szenen in Romeo und Julia, die sinnbildliche Mittelpunkte der poetischen Vision sind, nicht nur schauspielerisch-dramatische Wirkungszentren, viel für jeden, dem es um Erkenntnis des Lebensgesetzes Shakespearescher Werke zu tun ist. Denn im Gegensatz zu einem anderen Dramentyp (Lessing, Hebbel, der mittlere Ibsen), wo das rein struktive Element in der einen oder anderen Weise den Vorrang hat, wo das

---

[1]) Siehe dazu: Erwin Kalischer, Zeitschr. f. Ästhetik u. allg. Kunstwissenschaft 5 (1910), S. 111—118.

[2]) Siehe a. a. O. S. 114.

Vorwärtsdrängen mehr als Form von außen wirkt denn als gestaltende Lebensauswirkung von innen her, und nirgendwo in einer einzelnen Szene so das Drama »sitzt«, ruht Shakespeares Werk auf der Szene. Zwischen Szenen, von denen alle Schöpferglut erstmalig ausgegangen zu sein scheint, ist das Heldenleben gleichsam im Sturze gebannt. Es scheint von Anfang an alles darauf hinzustreben, daß diese Offenbarung der Schicksalshaftigkeit des Menschen, diese höchste Lebensentfaltung kommen konnte (Coriolan! Lear!).

Es sind, wie Gundolf sagt, sinnbildliche Brennpunkte des Leidenschaftsmythus, den das Drama darstellt. Und es ist die dichterische Vision, die diese Form erzeugt. Aber es wäre doch auch an diesem Punkt wieder einmal zu erkennen, wie organisch umbildend Shakespeares Drama mit den realen Bühnentraditionen verfährt; denn die elementarste Forderung des Schauspielers ist ja die »große Szene«, eine Forderung, die er von sich aus erhebt, ohne jede Rücksicht auf künstlerischen Bedarf des Dramatikers. Und hier zeigt es sich nun, wie einer dramatischer Dichter ist: an der größeren oder geringeren Kraft, mit der er solche ohne Rücksicht auf ihn von der Bühne geforderte Not zu einer dichterischen Tugend macht. Das dokumentiert genau so seinen angebornen Berufsadel, wie es den des bildenden Künstlers dartut, — ob er die Forderungen der Arbeit in Marmor, Bronze, mit der Ätznadel oder dem Stichel, als ein Unterworfener oder ein Besieger des Materials erfüllt.

Der Theaterschriftsteller wird von solchen Forderungen aus ewig an die Kette gelegt, er dient dem Theater; der Dichter, der außerhalb einer lebendigen Bühne Dramen ersinnt und sie doch für irgendeine Aufführung schreibt, muß entweder gegen die Bühne dichten oder aber sein Werk nach ihm innerlich fremden Maßstäben renken. Für Shakespeare, und die seines Blutes sind, gibt es hier überhaupt keine zu erfüllenden Forderungen, sondern nur ebensoviele nährende Möglichkeiten dichterischer Entfaltung. Die ihm überlieferte Bühnenkunst, die er nicht verläßt, wird mit einem Griff für eine ganz neue Bestimmung umgewandelt. Wenn man gesagt hat, daß bei Dichtern, deren poetisch-geistiges Dasein und theatralisch-technisches Können im innern Raum weit auseinanderliegen (Schiller, Ibsen, Hebbel), sich das Dichterische und das Theatralische verhalten wie Korn und Mühle, so sind sie bei Shakespeare wie Saat und Acker. Dort wird etwas für einen fremden Zweck bereitet; hier wächst etwas auf dem einzigen Punkt der Welt, auf dem es gedeihen kann. Freilich bleibt die Voraussetzung, daß der Dichter die Kraft hat, den immer dichtungsfeindlichen Selbständigkeitsdrang der Bühne zu unterwerfen und aus dem, was ihn gern bezwingen möchte, seine innere Form zu schaffen.

Man hat dem Werke Gundolfs vorgeworfen[1]), es verkenne die fundamentale Lebensbeziehung zwischen Shakespeares Drama und dem Theater und damit überhaupt zwischen Dichtung und Bühne. Mit solcher Verkennung aber widerspräche es sich selbst. Denn Gundolf hebt ja gerade immer hervor, daß Shakespeare alles Theatralische ebenso entstofflicht und vergeistigt hat wie die ereignismäßige und psychologische Überlieferung seiner Quellen. Daß er »das Ganze wie das Einzelne des Apparates von den Theaterstücken bis zur Garderobe, vom Gemetzel bis zum Clown in seinem dichterischen Gesamtfeuer umglühte, in Gedicht verwandelte« [2]). Daß Gundolf bei der Besprechung dieses Verhältnisses nicht, wie es Otto Ludwig tut, die eigenartige Durchdringung zweier, so oft feindlicher Mächte wie Drama

[1]) J. Bab, Sozialistische Monatshefte, Februar 1912.

[2]) Siehe auch noch besonders S. 39 über die dichterische Verwendung der theatralischen Reklame im Hamlet.

und Theater in diesen Werken betont, sondern die Bezwingung des einen Prinzips durch das andere, das ist einfach dadurch gefordert, daß der Zusammenhang, in dem er die Dinge besprach, die Zersetzung des Shakespeareschen Werks durch das englische Komödiantenstück ist, durch das losgebundene Theater. Indem er neben diese wieder reines Theater gewordenen Machwerke das zerstörte Urbild hält, gilt es nun freilich, das Absolute des Dichterischen gegenüber dem Bedingten des Theaters zu betonen. Man lese aber, was Gundolf über das Organische des Elisabethanischen Theaters sagt, das geschaffen sei von dem das Renaissancepathos ausdrückenden englischen Drama (er sagte hier freilich besser »umgebildet«, denn die Bühnentradition geht auch hier der dramatischen voraus). Also kann er ja gar nicht leugnen, daß der größte Dramatiker dieser Zeit, indem er auf dieser Bühne für sie schuf, ein ihm gemäßes, für ihn bildsames Material bearbeitete! Wie wenig er im Prinzip das organische Verhältnis zwischen Bühne und Drama verkennen kann, geht daraus hervor, daß er den Mangel einer der englischen ebenbürtigen dramatischen Kultur in Deutschland unter anderen, ebenso wichtigen Ursachen (die englische Kultur kommt vom Turnierplatz, die deutsche von Katheder, Lehrstuhl und Kanzel [1])), darauf zurückführt, daß das deutsche Theater durch Import entstanden sei, nicht durch organische Auswirkung einer nationalen Kultur, wie das griechische und englische, und daher mit den wirklichen Entfaltungen deutschen Geistes in dramatisch-dichterischer Form nie ein gerechtes Verhältnis habe eingehen können. Darin liegt unausgesprochen eine grundsätzliche Anerkennung eines sich gegenseitigen Forderns von Bühne und Drama. Man hat sich nun ganz besonders an einer Wendung gestoßen, die Gundolf bei Besprechung der Ironien des Sommernachtstraumes braucht. Er sagt da (S. 81): »und wie es kein Zufall ist, daß der Sommernachtstraum jene tiefen und über alle Renaissanceästhetik hinaus einsichtigen Worte über das Dichten enthält, so ist es keiner, daß hier auch das Theater in seiner Bedingtheit gegenüber der Dichtung gezeigt wird, und daß Shakespeare seine Erbfeinde, die Bürger, und seinen Lebensfluch, das Theater, in einer heiteren Einheit verspottete.« Müßten wir dies Wort so verstehen, daß hier gesagt werden soll, Shakespeare als Schöpfer, als Künstler, habe das Theater als seinen Lebensfluch betrachten müssen, so könnte solcher Widersinnigkeit nicht scharf genug entgegengetreten werden. Denn da Shakespeare an dieser Stelle der Welt in einer ganz einzigen Weise sein Werk vollenden konnte und von dort ging, als er sein letztes Wort gesagt hatte, so erledigt sich diese Behauptung von selbst; nur das darf Fluch des Künstlers heißen, was sein Werk erstickt. Aber Gundolf meint jenes Wort auch ganz anders. Er selbst sagt ja, daß es sinnlos sei, über Künstlermartyrien zu greinen, soweit diese nicht das Werk berührten. Und das Gefühl, wie restlos alles in Shakespeares Werk geworden ist, spricht ja das ganze Buch immerwährend aus. Wie sollte er sich nun so ganz zu sich selbst in Widerspruch setzen? Nein, Gundolf hat hier einmal die private biographische Deutung, die Aufdeckung der Beziehung des Werkes zum Lebensstoff der geistessymbolischen Deutung vorangehen lassen, die er sonst mit Recht fast ausschließlich pflegt. Er will sagen, daß Shakespeares Stolz und Anspruch am Theater tief gelitten, daß er sich dort als Paria gefühlt habe. Das ist sicherlich ganz unbestreitbar. Vielleicht ließe sich

[1]) Siehe dazu S. 12 und S. 251. Besonders bedeutend der Satz: »Zu den Voraussetzungen der dramatischen Kultur gehört eine leibliche Ausbildung, ein steter Bezug auf die freie Bewegung der Menschen untereinander, eine agonale Kultur der Geselligkeit, der Geberden, eine geschärfte Aufmerksamkeit für die Manieren des Gegeneinander- und Zueinanderstehens ...« (S. 12.)

auch vermuten, daß er mit Ingrimm und Spott mehr als einmal erlebt hat, wie bei dem zum Geschäftsinstitut gewordenen Theater immer das Außerkünstlerische, Widerkünstlerische der Kunst sich anheften muß. Aber all dies bleiben doch persönliche Leiden, auf einer Stufe mit anderen Privatschicksalen, die ihm auch zum Sinnbild werden konnten. — Es bleibt gegen den Gebrauch jenes Wortes vom Lebensfluch der Vorwurf zu erheben, daß er allzu leicht in einem so wichtigen Punkt zum Mißverständnis verleiten kann, gerade bei einem Autor, der sonst geistiges und privat-menschliches Geschick so sicher auseinanderzuhalten weiß. Man hätte gerade hier formal eine nicht mißzuverstehende Klarheit gewünscht, obwohl sachlich kein Widerspruch vorliegt [1]).

---

[1]) Anders steht es freilich damit, daß Gundolf zwar Shakespeares innere Verbundenheit mit dem Theater rein theoretisch erkennt, daß er aber, selbst dem Theater innerlich abgewandt, in solcher genetischen Verbundenheit eigentlich gar keine Quelle der Wirkung sucht, die das Shakespearesche Werk als ein Seiendes ausübt, und daß er vor allem nicht zugeben kann, eine Shakespeareaufführung habe je irgendeine geistesgeschichtliche, kunstgeschichtliche Bedeutung als Träger, Ausdruck, Erhalter eines echten Gefühls von Shakespeare: »daß man Theaterabende mit seinen Stücken gefüllt hat und noch füllt, ist eine wirtschaftliche, keine geistesgeschichtliche Erscheinung«. — Ich will Gundolf hier nicht das Erfahrungsurteil entgegenhalten, daß es genug geistig hochstehende Menschen gibt und gab, denen ein großer Shakespeare-Spieler mitten in einer für das Grundwesen Shakespeares völlig verständnislosen Kultur eine Ahnung von dem aufblitzen ließ, was in diesem Werk Mensch und Leben ist, und sie dadurch vor zeitgemäßen Mißdeutungen schützte: durch die Gewalt des sinnlichen Eindrucks. Ich möchte lieber prinzipiell mit ihm diskutieren. Kann man nicht behaupten, die Leistung jedes großen Shakespeare-Spielers habe zur Voraussetzung nicht nur einen Leib, der sich im Takt des Shakespeareschen Menschengefühls zu bewegen vermag, sondern vor allem die geistige Erschütterung durch den Rhythmus des ganzen Werkes bis in die Sprache, eben die Sprache? So zwar, daß ein solcher die Gestalt, die er zu verkörpern hat — das Wort im wörtlichsten Sinne —, zunächst als Welle im Strome des Gesamtrhythmus fühlen muß, als diese und eben diese Auswirkung des dichterischen Gesamtlebens, welches ihn ergriffen haben muß, wie den idealen Leser, und daß er von hier aus die Notwendigkeit jeder Äußerung seiner Rolle durchlebt, daß nun aber dies in ihm sich fortpflanzt auf den Kern seines Wesens, auf die besondere mimische Aktivität, die er ist, das heißt auf das, was die seelische Grundlage der schauspielerischen Gestaltung ist: die Fähigkeit und Notwendigkeit, den ganzen Umfang des Seelischen im Material der ausdrückenden Geberde und Stimme zu erleben und durch Stimme und Geberde alles Innerliche nach außen zu spiegeln. Ihrer Natur nach bedarf diese mimische Aktivität, um zu einer Gestaltung zu gelangen, der Begrenzung durch die zu spielende Figur. Tritt nun diese ungeformte Lebendigkeit unter das Gesetz einer wirklichen dichterischen Gewalt, wie es Shakespeare ist, so schafft diese aus ihr auf zwei Stunden ein begrenztes geformtes Dasein, durch die Gestalt, die der Schauspieler zu spielen hat und die er nur dann vollkommen spielen kann, wenn er sie so, wie wir es andeuteten, als Glied im Organismus des ganzen Dichtungskörpers erfaßt. Der Schauspieler leiht der Versichtbarung dieses Vorgangs seinen lebendigen Leib, seine Stimme als Stoff und Mittel. So schiebt er die Gestaltung seiner Erschütterung zwischen den mittleren Lichtkern des Werks und die noch dunkle Masse der Hörenden als eine erste Zone der Bewährung. Eine Bewältigung durch

Gundolfs ästhetische Einsicht in die Grundform des Shakespeareschen Dramas beruht nicht nur auf der Erkenntnis davon, wie alles Faktische, alles Psychologische, alle Motive und Motivverschlingungen sinnbildliche Darstellung des leidenschaftlichen menschlichen Themas sind, sondern auch darauf, daß er immer die kosmische Weite erkennt, mit der bei Shakespeare jedesmal ein menschliches Thema erfaßt ist. Daß es sich nie um eine einmalige Begebenheit handelt und so wenig um das Interesse am Psychologischen oder Pathologischen einer individuellen Leidenschaft wie um ein »Problem«, ein moralisches oder abstrakt metaphysisches Thema, sondern, wie wir sagten, um eine künstlerische Klärung der Welt von jener seelischen Grundgewalt aus, die das Werk ist. Am deutlichsten in den Leidenschaftstragödien. Es gilt dem, was an Kampfzustand, Tat, Untergang weltgültig gegeben ist mit dem bloßen Dasein einer solchen Leidenschaft, einer so mit Verhängnis gesättigten unbedingten Menschlichkeit. Was Shakespeare immer zuerst und unmittelbar besitzt, ist der Mensch (nicht wie Hebbel eine Proportion, eine Spannung von Weltkräften), aber damit hat er sofort ein Bild von Weltaufruhr, davon, was solch ein Mensch an Wirklichkeit gegen sich empören muß durch die Unbedingtheit seines Wesens oder seines Gefühls. Oder wie Gundolf es anderwärts sagt: »Die beherrschende Leidenschaft bezeichnet nur den Gesichtswinkel, unter dem die Welt geschaut wird.« Diese kosmische Weite des Blickes kann wohl in »Antonius und Kleopatra«, im »Cäsar« niemand verkennen, wo die Menschen in aller Individualität zugleich deutlich Grundmächte des Menschlichen sind, oder im »Lear«, wo Shakespeare selbst die Weltbedeutung des Geschehens in den Worten der Personen wie einen Refrain auftauchen läßt. Aber auch anderwärts wirkt, verborgener, das Gleiche, und in einigen Komödien mit weniger Wucht, doch gleicher Weite, die (heitere und lösbare) Verwirrung des Weltwesens durch irgend eine seelische Macht; die in allen menschlichen Abstufungen und Graden vor uns einen Reigen schlingt.

Gundolfs Fähigkeit, das Mythisch-weltbildliche des Shakespeareschen Dramas zu ergreifen, zeigt sich auch bei der prachtvollen Analyse des Sommernachts-

---

das Werk, die alle Mitspielenden sich in einem Reigen bewegen läßt, der ganz geführt wird durch den Rhythmus des Werks — dies wäre die ideale Aufführung, wo die Darsteller nichts sind als die lebende Ausstrahlung der Dichtung. Sollte dies nicht mit der leibhaften, sinnlichen Gewalt in das Werk hineinreißen können? Und sollten wir bei einem Werk, wo alles zufällig Gegebene in künstlerische Notwendigkeit sich gewandelt hat, das Ausbleiben dieses Gesetzes gerade an einem Punkte annehmen? Gerade bei der Tatsache, daß Shakespeare sein Werk für die Aufführung durch lebendige Menschen schrieb? Sollte er sich nicht gerade durch das Wesen seiner Dramen und seines Verses zu notwendigen Darstellungsorganen auch hier gewandelt haben, was tote Überlieferung war? Ich will Gundolf gern zugeben, daß eine Verwirklichung solcher idealen Aufführung etwas unendlich Seltenes und heute ganz unmöglich ist bei der dichtungsfeindlichen Theaterpraxis der Gegenwart. Aber ich bestreite, daß sie aus der Idee der Schauspielkunst heraus unmöglich ist. Und wäre sie realisiert, so meine ich, kann eine solche Aufführung doch wohl ein geistesgeschichtliches Dokument und Moment sein, denn damit wäre das Theater auf seinen höchsten Sinn zurückgeführt: Kultstätte einer dichterischen Lebensgestaltung zu werden. Daß freilich die Wirkungskraft selbst im besten Falle hier weit geringer sein muß, wo die Phantasie und Liebe weniger Menschen auf Stunden das erzwingen muß, was früher ein ganzes Volk oder doch eine ganze Volksschicht als natürliche Auswirkung und Feier seines Daseins erzeugte, das sei ihm ohne weiteres zugegeben.

traumes als vielgestaltiger Symbolisierung von »Geschick und Tun der menschlichen Phantasie und Illusion überhaupt« (S. 80 f.), wenn er die Ausdruckskraft des Durcheinanderschiebens der drei Welten in diesem Werk, der Geisterwelt, der adligen Menschenwelt, der gemeinen Menschenwelt und ihrer dreifach anderen Beziehung zu Traum und Illusion beschreibt. Und hier gibt er wieder bedeutsame ästhetische Winke über Formmittel, durch die Shakespeares Darstellungen ihre welthafte Gültigkeit erlangen, und darüber, was Shakespeares Menschenwelt einen Teil ihrer unerhörten »Gegenwart« verleiht (S. 80). »Wenn man Shakespeares Werke tief nennt, so verdienen sie das weniger um seiner Philosophie willen, als weil er tieferen geistigen Raum schafft. Er dichtet nie in der Fläche, all seine Gestalten sind dreidimensional. Dadurch, daß er jede Wirklichkeit in eine höhere stellt oder an einer tieferen mißt, daß er jede seiner Figuren und Figurengruppen modelliert aus dem Licht und dem Schatten der übrigen, ist er nicht nur ein Schöpfer, sondern auch ein Richter von Wirklichkeiten. Dies nicht im Sinne von gut oder böse, sondern von wesenhaft oder scheinhaft, selbstgenügsam oder bedingt, schicksalsvoll oder schicksalsarm, tragisch oder komisch.«

Diese Worte über den »Raum« in Shakespeares Drama sind sehr aufschlußreich. In der Tat: das menschliche Hauptthema eines Shakespeareschen Dramas und die einzelnen Spannungen, an denen es sich beweist (wie etwa im Lear die zwischen Vater und Kind, Geschwister und Geschwister, Herrn und Diener), durchgreift immer neue Schichten des Menschlichen. Indem sich nun alle Spannungen in abgestuften Gestalten verwirklichen, vom Mittelpunkt bis zum fernsten Rand der Handlung (wo etwa im »Lear« die Gestalten des Haushofmeisters und die Diener Glosters stehen), erreicht diese Handlung die äußerste Sättigung mit Leben, ein mächtigstes Gewicht von Wirklichkeit. Das Thema bricht sich in unablässigen Spiegelungen, in all diesen menschlichen Graden, die in gegenseitiger Spannung sind. So entsteht in der Tat etwas, worauf man das Bild vom Raum anwenden kann. Das spezifisch Shakespearesche daran scheint uns ja immer, wie sehr viel eigene Existenzsphäre die raumbildende Gestalt hat, obwohl sie ja Funktion eines dramatischen Themas ist [1]). Da liegt ein großer Gegensatz zum Drama Hebbelscher Herkunft, wo eine solche Figur in jedem Augenblick nur dramatische Funktion ist und nicht vom eigenen Blut, sondern nur von der zentralen Spannung her ernährt wird. Im Gegensatz dazu ist bei Shakespeare die Gestalt immer mehr als das, was sie dramatisch erforderlich macht, und an jedem Punkt, wo eine solche Gestalt ihren Überschuß an Leben über das dramatisch absolut Nötige auslebt, ist ein neuer Schacht ins Menschliche eingetieft. So sehr, daß der oberflächliche Blick die Gestaltenfülle Shakespeares vielfach als bloßes Ausschütten von Leben nebeneinander betrachtet. Aber in Wirklichkeit ist doch immer ein Anordnen in konzentrischen Kreisen um eine Mitte nachweisbar. Vermöge der Leidenschaft, mit der das Grundthema ergriffen ist, kreist denn auch das Fernste noch um diese dichterische Mitte. Sie greift als verborgene organisierende Macht überall hin und hält die Gestalten alle ohne struktive Zwischenglieder zu sich gezogen. Nichts fällt aus dem Luftkreis heraus.

Aber nicht nur solche allgemeinste Lebensgesetzlichkeiten werden durch Gundolf klarer. Mit einem Schlage erleuchten solche Sätze den Eindruck des Zusammen-

---

[1]) Dieses Verhältnis von Bedingtheit durch das dramatische Thema und scheinbar auf sich beruhender Lebendigkeit der Gestalten hat Gundolf selbst schon früher schön ausgeführt in seiner Analyse des Julius Cäsar (Cäsar in der deutschen Literatur. Palästra XXXII, Berlin 1904, S. 62, 63.

stehens der einzelnen Menschen bei Shakespeare, zeigt, was an Leben losgebunden wird, einfach dadurch, daß neben dem rasenden, durch alle nackte Menschlichkeit gerissenen Lear mit einem Male der geblendete Gloster steht, und sein Schicksal erträgt. Der blinde Dulder, der Mensch, der sich beugt, arbeitet die titanenhafte Wildheit Lears heraus, der nicht Unadlige, aber an Lebensgewalt Geringere macht die Wesenheit dessen furchtbarer, der die Dinge bis zum Grunde durchmißt und ein Taucher ist, den die tiefste Tiefe an sich reißt, ein Seher, dem das letzte Gesicht des Daseins sich innerlich auftut. Und ein solches Messen der Leben aneinander ist es auch, wenn neben dem heldischen Rausch des Antonius immer der klare, stoisch auflachende Verstand des Kriegers Enobarbus steht und doch über alle Einsicht und alles Durchschauen der Dinge hinweg an das Schicksal gebunden ist, das aus dem in eigener Flamme verbrennenden Heros herausbricht. Es gehört zur Modellierung der Gestalt des Antonius, daß wir Enobarbus daran sterben sehen, doch schließlich dem gottlosen Rechthaben seiner Klugheit gefolgt zu sein und nicht dem weiseren Wahnsinn seines Herzens. Die unerhörte Wirklichkeit solcher Gestalt macht schließlich doch nur die Unentrinnbarkeit des so wesensanderen großen Mannes sinnlicher, neben dem der Geringere nur dann einen Augenblick gleiches Lebensgewicht und gleichen Adel hat, wenn er wie der Freigelassene Eros aus sich das Lebensgesetz des Dienenden erfüllt und mit dem Gestirn untergeht, das ihn beherrscht.

Und so ist allein schon durch zwei solche einander herausarbeitende Wirklichkeiten offenbar, daß im Drama Schicksal nur da ist, wo der schicksalshaltige Mensch steht, dem die Gewalt seines Daseins das Gesetz gibt, auf die Beleidigungen des Geschicks mit dem wildesten Aufschwung und dem vernichtendsten Zusammenschießen aller Kräfte auf einen Punkt zu antworten. So kann nur Leiden und Untergang solches wilden königlichen Wesens, wie Lear es ist, Träger und Symbol der Weltuntergangsstimmung sein, aus der das Gedicht stammt. Nicht der Gebrauch des Kontrasts an sich ist das Wichtige — der ist ein allgemein künstlerisches Mittel und mag bei Schiller, Molière und Ibsen ebenso gefunden werden. Aber er bleibt da flächenhaft. Es liegt das Entscheidende in der Art, wie bei Shakespeare Menschliches ineinandergeschichtet ist und sich mit der jeweils höchsten Intensität, die seinem Wesen zusteht, am Grundkonflikt beteiligt, so daß man an den gegenteiligen Wirkungen auf das geringere gerade die Lebensintensität des mächtigsten Wesens abliest. Und so angesehen, führt Gundolfs Beobachtung wieder ästhetisch weiter zu einer Scheidung dramatisch-dichterischer Typen an dieser flächenhaften oder plastischen Verwendung des menschlichen Kontrastes: wie etwa erst in der Gestaltenreihe von Kleists Amphitryon [1]) die andere Art, in der Menschen auf die Verwirrung ihres Ichgefühls antworten, sie nach ihrem Lebensgehalt abstuft, indes bei Molière der Kontrast nur hervorhebend und klärend wirkt.

Überall ist in Gundolfs Analysen Reichtum an Anregungen der Art. Seine gelegentlichen abstrakt-theoretischen Äußerungen über den Dichter zeigen das Niveau und die Reife seines ästhetischen Bewußtseins (S. 155). »Der Dichter ist der schlechthin erschütterte Mensch, dem seine Erschütterung zur Bewegung der Welt selbst wird« (S. 154). »Die willkürlichsten Gegenstände, die heterogenen neben- oder auseinanderliegenden Dinge des äußeren oder inneren Raums zu verbinden und in den einheitlichen rhythmischen Zwang zu bannen, das ist die dichterische Assoziation« (S. 153). »Anschauung und Klang sind für jeden echten

[1]) Im übrigen ist ja die Grundform von Kleists Menschengefühl und also auch die seines Dramas durchaus nicht die Shakespearesche.

und geborenen Dichter untrennbar; die dichterische Phantasie ist eben noch die Sinneneinheit vor der Spaltung in empirische Sinne.« Immer wieder kehrt der Gedanke, den allerdings Gundolf durchaus nicht zuerst äußert, aber den er mehr als andere in jedem Moment wirksam gegenwärtig hat, daß nur der den Dichter begreift, der ihn als Sprachganzes, als Gestalt gewordene Sprachbewegung durchdrungen hat. Die stärkste Konzentration ästhetischer Erkenntnisse finde ich überhaupt immer da, wo in diesem Buch Sprachliches betrachtet wird, so etwa in den außerordentlich gehaltvollen Seiten, die den sprachlichen Bau von Lessings Vers und seine logisch klärende Verwendung des Bildes mit der nie aussetzenden Bildlichkeit der Sprache Shakespeares vergleichen, die assoziativ von Bild zu Bild strömt und deren innerstes Leben in diesen Bilderströmen beruht. Oder wo Gundolf an dem dichterisch absoluten Wesen dieser Shakespeareschen Bilderkaskaden und Stromschnellen das Goethesche Bild mißt, das wie eine Leuchte vor- und rückwärts den geistigen Raum des Werkes, »die Gedanken und Gefühlsgänge« erhellt[1]). Wo er zeigt, wie die Bilder in Goethes dramatischer Sprache (denn für die lyrische der Jugend dürfte dies keineswegs zutreffen) nicht wie das Shakespearesche Bild den gesamten sinnlich-körperlichen Menschen gleicherweise in Schwingung setzen, sondern vom Auge aus und für das Auge vor allem bilden. Wie er nun von solcherlei Vergleichen aus zu dem in Shakespeare und Goethe verwirklichten Unterschied von »Schöpfer« und »Bildner« kommt, der ein Gradunterschied dichterischen Lebens ist, das mag man bei ihm selbst nachlesen und mag bei der Lektüre dieser gehaltüberfüllten Seiten ein leises Bedauern verwinden, daß das bei Gundolf zum allerersten Male Gesehene und Empfundene nur in einer sehr suggestiven bildlichen Sprache unserem Gefühl gegeben ist, daß es noch nicht zur letzten begrifflichen Klarheit durchgeläutert wurde.

Und nun die zweite Seite von Gundolfs Aufgabe als Ästhetiker: das Dichterische in den deutschen Geistern. Es ist unverkennbar: Gundolf hat vermöge seiner tiefen Durchdringung von Shakespeares Dichtertum einen Maßstab, eine Richte der Erkenntnis, die ihn für einen wichtigsten Teil seiner Aufgabe, für die Erfassung dessen, was Shakespeare in Geist und Sprache der deutschen Dichter oder Sprachmeister werden und wirken konnte, aufs trefflichste ausrüstet. Denn er übersieht die Grade, Formen und Stufen des dichterischen Lebensprozesses in ihnen. Und daran ist ihm sofort klar, wie die verschiedenen dichterischen Individualitäten als aufnehmende und weiterbildende auf den Komplex Shakespeare antworten mußten, und welches das von ihnen durch Übersetzung geschaffene Bild Shakespeares sein konnte. Oder auch das sprachgewordene Gefühl von Shakespeare, das

[1]) Hören wir nach der Lektüre solcher Sätze, wie in der »Iphigenie« menschliches Wesen und menschliche Beziehung im Gleichnis geschildert werden, so verstehen wir tiefer dessen besondere formale Funktion innerhalb dieser dichterischen Gesamtform. Etwa Iphigenie von sich und den Göttern: »Habt ihr ... meine Seele der Flamme gleich in ew'ger frommer Klarheit Zu euern Wohnungen hinaufgezogen ...« Oder Orest von Pylades: »Da du ein immer munterer Geselle, gleich einem leichten bunten Schmetterling Um eine dunkle Blume, jeden Tag Um mich mit neuem Leben gaukeltest ...« In solchen Bildern sammelt sich und läßt sich auf einen Augenblick als ein Ruhendes beschauen, was sich sonst in steter Bewegung vor uns dramatisch entfaltet: das Wesen der Gestalten und ihr Verhältnis zueinander; und wir nehmen in solchen Gleichnissen — in dem anderen, zarteren Aggregatzustand des lyrischen Bildes — ahnend den Gesamteindruck des zu Ende gehörten Werkes voraus.

ihr eigenes, durch ihn verwandeltes Schaffen weiterleitete. Es ist eben doch das Entscheidende, daß Gundolfs Erkenntnisse nicht theoretisch bleiben, sondern daß sie an den realen Aufgaben seines Buches immerwährend sich bezeugen. Gleichviel ob er Wieland, Herder, Bürger, Schiller, endlich Schlegel als Übersetzer charakterisiert — immer geht er hinter die Sprache zurück, ergreift den seelischen Antrieb und die seelische Kraft, die hier im Werke waren, und umschreibt mit sicherer Hand die Konturen der Leistung, die zugleich ihre Grenzen sind. Als Musterbeispiel sei hier nur einiges aus der gesamten Charakteristik der Herderschen Übersetzungen hervorgehoben (S. 218 f.):

»Nach Wille und Leistung übertreffen sie [die Übersetzungen der Liedchen aus den Lustspielen] alles, was bisher da war, sie sind der erste, im ganzen geglückte, Versuch, nicht nur den Inhalt, sondern den Tonfall wiederzugeben und vor allem die Stimmung. Dies gilt in noch höherem Grade von Herders Übersetzungsfragmenten aus den nordischen Stücken: Lear, Macbeth, Hamlet. Hier kam die düstere, schwankende Nebelluft, das vage Grauen, die verschwebende, schicksalsschwangere Dämmerung dem Naturell, der eigenen Sinnlichkeit, den Jugendeindrücken, dem Ossianismus des Dolmetschs ganz anders entgegen, als die südliche Luft des Romeo und Othello, die silberne Leichtigkeit und Helle des Sommernachtstraums, die transparenten Abendgluten des Sturm.... Hier konnte Herder in der eigenen Seele die Tinten mischen, um den fremden Dichter in deutscher Sprache nachzumalen. Zwar auch hier traf er mehr die Farbe der Wolken als ihre Gestalt, mehr die Stimmung als die Gewalt, der sie entströmte, die geballte Finsternis der Shakespeareschen Rhythmik.... Herders Übertragung des Dolchmonologs aus dem Macbeth ist bis auf den heutigen Tag die beste Verdeutschung dieser Stelle. Aber er mußte sich auch hier behelfen. Shakespeares stetige, dichte Leidenschaft, zugleich lakonisch und doch von lang aushaltendem Atem, konnte Herder nicht treffen. Er ersetzte die Gedrängtheit durch eine jähe, abbrechende Bedeutsamkeit, den gerundeten, gefüllten Donner von Shakespeares Vers durch den herausfahrenden Wetterschlag, die wuchtende Last durch das Keuchen, die finstere Glut durch das hektische Fieber, die Leidenschaft durch den Affekt, das gedrungene Maestoso durch ein gehetztes Staccato, überhaupt die innere Schwere und Fülle des Grundtons durch Aufeinandertürmen von Einzelheiten, durch eine sprengende Gestopftheit. Doch was man im einzelnen auch hier aussetzen mag: diese Verdeutschungen sind die ersten, in denen überhaupt gezeigt wird, was es heißt und wie man es anfängt, mit fremden dichterischen Versen zu ringen.« In diesen Beschreibungen und Kritiken lebt nicht nur das nach allen Seiten ausgreifende Bewußtsein von dem, was Shakespeare ist, sondern von da aus dann auch die Sicherheit, die das Zulängliche und Unzulängliche in den Nachschöpfungen scheidet und von ihnen auf Entwicklungsstufen, Lebenszustände des Geistes zurückschließt, aus denen die Übersetzungen kamen. Gundolfs Ästhetik ist im lyrischen Bereich erwachsen, und das glühende Erlebnis von Georges Dichtertum findet gerechterweise als Dank an den, der ihm die unersetzbare Erfahrung am Mitlebenden geschenkt hat, in seinem Buche einen öfter erneuten Ausdruck. Und doch, es hätte gerade die Art dieser Erfahrung leicht zu einer Begrenzung des ästhetischen Horizontes werden können — wenn nun nicht Gundolf, so vorbereitet, in das unerschöpfliche Element Shakespeares eingetaucht wäre, des Dichters, »der in Leibern und Schicksalen« fühlt, und wenn er nicht darin verweilt hätte, bis ihm Shakespeares Naturell in den Fingerspitzen wieder bildend wurde. Daher dann die Freiheit des Umblicks, die Weite und Subtilität der Erfahrenheit in den zartesten Problemen der Dichtung und der dichterischen Nachschöpfung.

In Shakespeare fand er den dichterischen Lebenszustand in seiner intensivsten

Verwirklichung, hier die umfänglichste Erschütterung, die gewiß, sich jeden Stoff anzuverwandeln, sich jeglichem verbinden kann. Hier ist die von Intellekt und Moral völlig unbefangene Macht, jedwedes Menschliche als reines Sinnbild des unerschöpften Lebens wirken zu lassen. Und vor allem jede seelische Vibration ist bis zur tuenden, leidenden, schicksalsvollen Menschlichkeit verdichtet. Und sie ist völlig Sprache geworden. Diese geistige Macht Shakespeares hat nur eine Daseinsform, in der sie ihren unendlichen Gehalt ausdrücken kann: Sprachschöpfung, die vielfältigst bewegtes und umgebenes Leben darstellt. Kein Gedanke in dieser Welt, der nicht Lebensauswirkung eines in der Sprache selbständigen Daseins wäre. Jeder Vers, der hier gesprochen wird, scheint nur aus dem dauernden und jeweilig bewegten Leben zu strömen, in dessen Umkreis er gesprochen wird, ohne Bezug auf ein Geistiges außerhalb des Werkes, ja selbst nicht mehr wie doch in Goethes späterem Drama [1]) an einem dichterischen Gefühl hängend, das nicht hier, in diesen Gestalten sich verkörpert hätte, das noch jenseits stände. Hier allein ist der Geist, der ganz in der Sprache lebt und nur durch die in ihr aufgebaute Welt sich äußert. Hier ist sprachgewordenes »Schöpfertum des Lebens«. An Shakespeare gewann Gundolf jene Einsicht in den dichterischen Lebenszustand, die ihn diesen so sicher scheiden läßt von jedem anderen geistig schöpferischen Verhalten, das sich der Sprache bedient.

Daß Gundolf es sich zu einem Hauptpunkt seiner Aufgabe gemacht hat, Shakespeares Aufnahme in den deutschen Geist an seiner Wirkung auf die dichterisch-sprachlichen Kräfte abzulesen und damit wieder die Wandlung dieser Kräfte selbst — das gibt seinem Buch die prinzipielle, neue Bedeutung, weist jedem, der sich verwandte Aufgaben stellt, den Weg. Es tat not, daß ein solches Buch geschrieben wurde; hat man doch gar geglaubt, Shakespeares Aufnahme durch die Romantik beschreiben zu können, ohne die Schlegelsche Übersetzung, ohne den Einfluß Shakespeares auf den Ton der romantischen Dichtung eingehend charakterisieren zu müssen! Den Ton! Hier sind wir wieder bei einem grundsätzlich wichtigen Gedanken der geheimen Ästhetik dieses Werkes. Gundolf unterstreicht immer wieder, daß über die geistige Verwandtschaft von Dichtungen noch nichts gesagt ist mit dem umfänglichsten Nachweis motivischer Entlehnungen oder auch der Übernahme technischer Kunstgriffe, wenn man nicht zugleich die geistige Lage, die verwandte Gefühlshaltung nachweisen kann, für die die Übernahme von Motiven und Mitteln kennzeichnend sein mag, deren unverkennbares Kriterium aber nur der Ton des Ganzen ist. Dies ist als Gedanke wiederum vielleicht nicht so neu innerhalb der literarhistorischen Betätigung der letzten Jahrzehnte, wie Gundolf zu glauben scheint, aber auch hier gilt das Wort: »Was fruchtbar ist, allein ist wahr«: die ständige praktische Durchführung solcher Erkenntnisse nicht an einem Einzelwerk, sondern an einem so repräsentativen und über so langen Zeitraum hin ausgedehnten geschichtlichen Vorgang, wie die Aufnahme Shakespeares in Deutschland ist, gibt dem Buche seine isolierte Bedeutung.

Damit nun aber die Erkenntnisse über die Wirkung Shakespeares in den führenden Deutschen nicht bloß eine in den Zeiträumen aneinandergereihte Folge von Bildern blieb, mußte zu der ästhetischen Einsicht eine geschichtliche

---

[1]) Dies läßt sich wohl auch aus den Abschnitten über Schöpfertum und Bildnertum herauslesen: ein Gefühl davon, wie ganz anders ein Vers Hamlets auf sich ruht als ein Vers Tassos. Ganz klar formuliert finden sich solche Erkenntnisse neuerdings in dem »Goethe« von Georg Simmel (S. 156).

kommen. Es ist hier nicht der Platz, Gundolfs geschichtsphilosophische Anschauung und seine Haltung als Historiker eingehend und kritisch zu beleuchten. Nur ihre Hauptlinien, soweit sie wiederum seine Stellung zur Kunst beeinflussen, seien nachgezeichnet. Er sieht als Geschichtsphilosoph das Leben des Geistes sich von Gestaltung zu Gestaltung bewegen. Die Spannung des Geistes, in den führenden, schöpferischen Menschen bezeugt, strebt zu einer höchsten Kraftentfaltung, wo sie den ganzen Lebensstoff durchformt, in alle Gefäße des Lebens dringt und sie mit dem gleichen Blute füllt. Solchen Zeiten der Spannung, solchen Kulturzeiten von einheitlichem Stil aber folgen notwendig die, in denen das gestaltgewordene So-Sein des Geistes nicht mehr genug Kraft hat, um das Leben zu bewältigen, zu entstofflichen, zu durchgeistigen, sich zum Symbol zu machen: der Stoff bekommt wieder als Stoff Eigenleben. Solche Zeiten haben auch ihre typischen Züge: Stoffmangel oder Stoffübermaß, mechanisches Fortwirken der nicht mehr lebendigen, einst vom Geist geschaffenen Formen oder bloßes Chaos sachlicher Inhalte — gleichviel, es ist Unlebendigkeit. Dabei dann Versuche der Einsicht und des guten Willens, auf nicht organischem Wege, aus dem Gefühl eines Mangels heraus zu bessern, das Vorhandene zu disponieren und neu zu ordnen. Diese Versuche, an sich unfruchtbar, ja oft mehr verwirrend, weil nur aus neuer Fülle Lebendiges kommt, haben doch indirekt Bedeutung für eine schöpferische Bewegung. Denn auch verschüttet glimmt der Herd weiter, wenn auch gewiß nicht da, wo die meiste Unruhe und Scheinlebendigkeit zu spüren ist. Solche nicht zentralen Bewegungen geben den schlafenden Lebenskräften Muße, sich zu sammeln, hüten sie davor, zu früh durchzubrechen und sich vor dem Moment ihrer Wirkungsmöglichkeit zu vergeuden.

Jede neue, reifgewordene Erscheinung des Geistes, die zur Gestaltung treibt, treibt aber auch wieder ins Chaos. Denn sie trägt schon in sich die Notwendigkeit des Ausglühens, das die Form erstarren und zerfallen läßt. In den chaotischen Zeiten nun, vor und nach dem Gestalteten, wo der Quellpunkt des Lebens, das eigentliche »Wesen« der Kultur zu einem unsichtbaren Pünktchen zusammengeschrumpft ist, läßt sich freilich der Geist in seiner Unmittelbarkeit nicht mehr fassen, und alles bloß Relative bekommt für den Historiker Wert. Aber in dem Gestalteten der »stilvollen« Zeiten, da ist der, der die Geschichte des Geistes schreiben will, auf das W e s e n gewiesen. Er ergreift es a l s W e s e n nun da am unmittelbarsten, wo es sich allen Stoff angeglüht hat, wo nichts mehr bloß in Beziehung darauf lebt, sondern wo ein Leben mit dem Geist zusammenfällt, bis an seinen äußersten Rand nichts als Auswirkung des zentralen Quellpunktes ist. Das wird am meisten da der Fall sein, wo für die zu betrachtende Lebensäußerung besondere, vom wirkenden Geist trennbare Zwecke keine Bedeutung mehr haben, sondern wo reine zwecklose Auswirkung des selbstgenügsamen Geistes ist. Da, wo ein reines, unabhängig von Zwecken lebendes S i n n b i l d des Geistes ist: »Gestalt eines Wesens«. Dann ist der Historiker im Innern seines Gegenstandes. Sofern es ihm eben gilt, möglichst rein die Geschichte des v e r w a n d e l n d e n P r i n z i p s im Leben der Dinge zu schreiben. Gundolfs Geschichte der Shakespeare-Aufnahme ist nun wohl eine solche aristokratische Geschichtsbetrachtung, die es nur zu tun haben will mit den gestaltgebenden Neuoffenbarungen in der dichterischen Kultur und deshalb fast nur auf die großen Schöpfer und Scheider sieht. Gundolf löst die als einheitlicher Strom auf einmal nicht faßbare Hauptbewegung auf in die der einzelnen Kräfte und Tendenzen, um immer wieder ihr Zusammenschlagen in irgendeinem repräsentativen Menschen und Werk möglichst plastisch zu fassen. Ich halte es für außerordentlich wichtig, ja vorbildlich, daß einmal so Geistesgeschichte geschrieben wurde. Man kann aber von der oben charakterisierten geschichtsphilosophischen Anschauung aus das Leben des Geistes in der Zeit auch anders zu erfassen suchen, als durch solch reine Kräftegeschichte. Es ist auch möglich, jedesmal auszugehen von der fertigen geistigen Gestalt, die der Stoff des Lebens in solchen kulturhaften Epochen angenommen hat. Von der Erkenntnis des alle Lebensgebiete formenden Grundcharakters her kann man rückwärts dann den Blick richten auf die aufbauenden Kräfte und Tendenzen, die diese Gestaltung geschaffen haben. Das wäre dann nicht so sehr eine Geschichte des gestaltenden und verwandelnden Prinzips als der Verwandlungen des geistigen Lebens und seiner Gestalten. Dann, meine ich, müßte aber, da Gestalt nur da entsteht, wo Bildendes Bildsames durchdringt, auch für die Zeiten der geformtesten Kultur, in einer genetischen Betrachtung, der gesamte Lebensstoff in viel weiterem Umfang angeschaut werden. Und da wir die umgreifende Macht einer Erscheinung doch auch aus dem Verhältnis von Wirkung und Widerstand ablesen, dürfte diese Proportion nicht fehlen, also auch alles, was Gundolf als »tote Tendenz« bezeichnen würde, die vom Geist nicht eingeschmolzenen Lebenselemente und Richtungen, das einstmals lebendig Gewesene wäre dann im Kreise der Betrachtung [1]). Vieles, was das 18. Jahrhundert bewegt, darf in Gundolfs, an der Shakespeare-Aufnahme abgelesenen Geschichte der Wiederherstellung des deutschen Geistes fehlen, dürfte es nicht in einer so als Offenbarungsgeschichte der Gestalten angelegten, wenn es auch immer nur die zweite Stelle haben darf und gesondert von dem Bewegenden darzustellen ist [2]).

Hier ist nur zu betrachten, wie Gundolfs Anschauung von dem, was Geschichte ist, und wie sie angesehen werden soll, seine Kunstdarstellung beeinflußt: das Zusammenwirken von Historie und Ästhetik in seiner geschichtlichen Methode. Es ist klar, wie sehr Gundolf wünschen muß, daß die Geistesgeschichte sich vor allem am Kunstwerk orientiert, denn es ist Geist in unbedingtester Form. Hier steht nicht in Frage, inwiefern nicht die Metaphysik ebenso unmittelbar symbolwertig ist, und natürlich würde Gundolf für Zeiten und Kulturen, die sich nicht im Kunstwerk am stärksten erfüllt haben, das, was gerade am stärksten den Geist trägt, voranstellen. Es sollte hier nur gezeigt werden, wie sehr seine allgemeine Richtung, auch vom rein geistesgeschichtlichen Standpunkt, gerade bei dieser speziellen historischen Aufgabe: die Aufnahme eines dichterischen Ganzen in den Geist eines Volkes zu beschreiben, die kunstgeschichtlichen Erkenntnisse betonen hieß.

Wie wird nun im einzelnen die besondere, mit dieser Geschichtsanschauung zusammenhängende Art der geschichtlichen Darstellung für die literarische Kunstwissenschaft fruchtbar? Für die Auswahl, Ordnung, Wertung der literarischen Hergänge? Das Bild Shakespeares im deutschen Geist, erst verzerrt, schattenhaft, fragmentarisch, allmählich Umriß, Plastik, Leben gewinnend, sich wandelnd nach den Bedürfnissen, die es zu befriedigen hat, und im Verlauf seiner Wandlung Wandlungen bewirkend und verwandeltes Leben bezeugend, ist ja die Einheit, das lebende und wachsende Ding, an dem allein der Historiker die Lebensbewegung selbst ablesen kann. Er will das Nacheinander der geistigen Vorgänge als ein Ineinander faßlich machen, den Vorwärtsstoß früheren Lebens in der dargestellten Gegenwart und ihre Spannung in die Zukunft hinein. Und zwar so, daß immer gerade das Überraschende, Unerrechenbare jeder neuen Gestaltung deutlich hervor-

---

[1]) Ansätze zu solcher Art von Geistesgeschichte sind längst vorhanden. Theoretisches in Diltheys »Aufbau der geschichtlichen Welt in den Geisterwissenschaften«, Abhandlungen der Kgl. Preuß. Akademie der Wissenschaften 1910.

[2]) Siehe übrigens bei Gundolf selbst, S. 212: »Wenn wir eine Geschichte der Niveaus zu schreiben hätten usw.«

tritt. Der geistige Lebensvorgang, den er beschreibt und erklärt, soll »nicht als eine Aneinanderreihung von Folgen« erscheinen, sondern als ein einheitliches Werden. Er will die Geschichte des Geistes zeichnen als einen lebendigen Strom von Kraftentfaltungen, deren Träger und Symbole die Personen und Werke, deren Niederschläge Ideen und Meinungen sind. Nur wer das jedesmal Repräsentative ergreift, kann darauf hoffen, die Geschichte der Tendenzen und Kräfte selbst zu schreiben. Nur da, wo sich ein Wandel, ein neuer Impuls, eine neue Kraft ausdrückt, ist ein geschichtlich entscheidender Punkt, eine geschichtliche Tat. Gerade diese Grundgedanken sind es, die ihn veranlassen, das chronologische Prinzip nur sehr gelegentlich in seine Darstellung hineinzurufen. Vielmehr behandelt er jede Kraft und Tendenz, die in sich einheitlich sich entfaltet, als Einheit auch da, wo sie rein chronologisch genommen in Abständen hervortritt und wo, ohne daß wirkliche Beeinflussungen stattfanden, sich in den Lauf ihrer eigenen Entwicklung zeitlich anders geartete einschieben. Nur wo ein neuer Bewegungsstoß in das Gesamtleben hinein von ihr ausgeht, der seinerseits wieder Aufnahme oder Entfaltung ursprünglich fremder Kräfte voraussetzt, muß sie in getrennten Abschnitten dargestellt werden. Deshalb wird Lessings Verhältnis zu Shakespeare als Einheit behandelt, das Goethes jedoch nicht. Dabei ist für die literarisch-ästhetische Würdigung des Buches besonders wichtig, wie streng und klar der Begriff des Einflusses gefaßt, wie, unbeirrt von durchschnittlich-philologischen Gewohnheiten, die Methode der Erkennung von »Einflüssen« gehandhabt wird. Gundolf weiß nicht nur theoretisch, »wieviele verschiedene Wege zu den gleichen Resultaten führen«, und daß derselbe Satz im Munde eines Lessing einen völlig anderen Wesenssinn haben kann als in dem eines Wieland, »weil er, auf einem anderen Weg entstanden, ein anderes Naturell ausdrückt, eine andere Gesinnung verrät«. Er übt auch praktisch stets aufs neue solche Einsicht. Man vergleiche etwa die Stellen über die Bedeutung des Wortes »Genie« bei Voltaire und Lessing auf der einen, bei Hamann und Herder auf der anderen Seite: über die entgegengesetzte Bedeutung von Lessings und von Herders Griechenverehrung u. a. m., und die Erklärung des entgegengesetzten Sinnes selbst wortgleicher Aussprüche aus dem verschiedenen seelischen Ausgangspunkt. Überall besitzt Gundolf die Kunst, die er bei seinen wissenschaftlichen Vorarbeitern vielfach vermißt, »hinter und in den Worten den Atem zu vernehmen, der sie treibt«. Wieder, meine ich, ist es sein ästhetisch-sprachkritischer Ausgangspunkt gewesen, der ihm die Sicherheit solcher Scheidungen auf allgemein geistigem Gebiet verstärkte und ihm die Grundlage gab für eine klare Durchführung einer nicht an die Chronologie gebundenen geschichtlichen Darstellung, einer idealen Genese. Wo sich eine geistig frühere Kraft noch in eine geistig spätere Welt hineinschichtet, da ist es für die Geschichte des geistigen Lebens nicht von Belang, ihrer zu gedenken, nachdem die eigentliche Vorwärtsbewegung bereits über sie hinweggegangen ist.

Kann man aber streng genommen eine Geschichte schreiben, die jenem Begriff des Lebens als eines ununterbrochenen Fließens völlig gerecht würde? Man verstößt eigentlich gegen diesen Begriff, so oft man das Einsetzen einer neuen Kraft an einen bestimmten Namen, ein Werk, eine geistige Tat bindet. Man teilt damit den Lebensfluß. Diese Erscheinungsmomente symbolisieren ja nur den Augenblick des kräftigsten Hervortretens, die Höhepunkte, das Machtwerden von vielfach schon lange unterirdisch arbeitenden Kräften, die nur um so stark zu werden, daß sie unsere Aufmerksamkeit fesseln, gerade der höchsten Verdichtung bedurften, die sie eben nur in dieser oder jener Gestalt und ihren Werken erreicht haben. Es ist und bleibt, wenn jene Konzeption des Lebens der Ausgangspunkt der Betrachtung sein soll, eine Willkürhandlung unseres ordnenden Verstandes, der, um die Zeit zu verstehen, sie sich »teilen« muß. Aber eine notwendige, solange Geschichte Wissenschaft ist, eine Ordnung, ein Zusammenhang von Leben für unser begriffliches Erkennen [1]). Was ein solches, stets gegenwärtiges Bewußtsein von dem Stromcharakter lebendiger Entwicklung heute wieder einmal für die Geschichtsschreibung sein kann, das zeigt Gundolfs Handhabung der »symbolischen« Methode, die sich bewußt bleibt, daß wir im Interesse unserer Erkenntnis die einheitliche Bewegung des geistigen Lebens in Absätze teilen und uns so überschaubar machen, wenn wir z. B. die Kräfte verfolgend, die die Aufnahme Shakespeares in den deutschen Geist bestimmen, Stadien dieser Aufnahme an bestimmte Namen und Werke binden. Das stete Bewußtsein davon schützt Gundolf immer, die Wellen aus dem Strome zu isolieren, und bestimmt ihn, sie möglichst als Bewegung mit dem Vor und Nach jeder Bewegung wirken zu lassen [2]). Auf der anderen Seite aber verleiht gerade dieses Bewußtsein der Charakteristik jener symbolisch-repräsentativen Menschen und Werke, welche uns die einzige Form sind, in der die Geistesbewegungen in ihrer Stärke faßbar werden, eine besondere Intensität, weil sie uns eben mehr sein müssen, als Persönlichkeiten: Symbole der Erneuerung, der Umgestaltung des Geistes. Und in der Tat ist das Hervortreten des neuen Menschen stets das Wichtigste für Gundolf, und das Interesse an den Leistungen hängt davon ab, ob eine machthabende menschliche Geste darin liegt, die »geschichtliche Wucht besitzt«. Gundolf, in seinem starken Gefühl für das Werden, dem dynamischen Grundzug seiner Betrachtung, seinem antimechanistischen Entwicklungsbegriff ein Herderschüler, ein in der Exaktheit neuer Wissenschaft zur Vorsicht gereifter, ein Schüler Burckhardts, wenn er die Großen als »in Individuen konzentrierte Weltbewegung« sieht, erklärt sich auch dem mitlebenden Denker Henri Bergson verpflichtet. In der Tat, Gundolfs »Kräftegeschichte« ist durchaus im Geiste Bergsons empfangen und gestaltet. Etwas befremdend wirkt nur manchmal bei Einzelheiten die Art, wie seine Terminologie verwendet wird [3]). Doch sind das immer nur leichte

---

[1]) So sehr ich Gundolfs Grundgedanken zustimmen muß, finde ich es doch übers Ziel geschossen, wenn er alle rein chronologische Periodisierung nur als »Handwerkszeug und Gedächtnismittel« gelten lassen will. Sie kann uns im gewissen Sinne doch auch direktes Erkenntnismittel sein. Ich denke etwa an die Theorie der Generationen. Man kann ferner auch das innere Tempo, mit dem ein Zeitalter sich wandelt, schon ablesen an der Dichte und Weite, mit der innerhalb der Generationen die bedeutsamen Werke gesät sind, die Weite oder Enge einer Geisteskultur an der Gleichzeitigkeit und Nachzeitigkeit gegensätzlicher Lebensäußerungen, die doch eine gemeinsame Wurzel haben. In der Praxis bedient sich Gundolf auch in diesem Sinne der Jahreszahlen, vgl. etwa S. 158 u. ö.

[2]) Siehe z. B. in den Abschnitten über Herder und Lessing doch das stete Betonen, daß es sich um notwendige Analysen des in Wirklichkeit stets Zusammenwirkenden handle. Die Gefahr dieser Betrachtweise: ein bloß nachtastendes Beschreiben, das doch nie die Spannung des wirklichen Lebens erreichen kann, bedroht Gundolf nicht, erstens weil seine historische Schau aus einem lebhaft gespannten Temperament kommt, und dann auch weil sein Blick für Gegensätze von selbst gliedert und abgrenzt.

[3]) Gundolf schreibt einmal (S. 57 ff.): »Wer die Tendenzen als die Einheiten und deren Darstellung als den Inhalt der Geschichte ansieht, in der Geschichte nicht die Zusammenstellung gewordener Fakten und Dinge, sondern die Erkenntnis des Werdens und Fließens selbst sieht, begreift die Zeit nicht als eine mathematisch

Bedenken, handelt es sich doch in der Hauptsache nie um schematische Anwendung äußerlich erlernter Begriffe: vielmehr hat gerade im Gegenteil ein Geist seine ihm tief gemäße, naive Art zu betrachten bestätigt gefühlt durch den zeitgenössischen Denker und in wichtigen Punkten fortentwickelt. So eilt denn Dank und Freude hie und da dem langsamen Aneignungsprozeß etwas ungeduldig voraus. Vielleicht empfände man es nicht, wenn nicht das ganze Werk in seiner völligen Durchgestaltung uns so verwöhnt hätte.

Eine Inhaltsskizze soll hier nur als kurze Charakteristik der kunstwissenschaftlichen Ergebnisse und Ansichten von Gundolfs Werk versucht werden.

Wie sich die Wirkung Shakespeares in Deutschland in Schichten des Geisteslebens vollzieht, die dem eigentlichen Kern der wirksamen Kraft erst ganz fern, dann immer näher gelagert sind, das war ja wohl in allgemeinen Zügen bekannt, wird aber in seinen gesonderten Bedeutungen doch zum ersten Male ganz klar durch die Gliederung, die Gundolf seinem geschichtlichen Stoff gibt, nach drei charakteristischen Haltungen zu Shakespeare, die je eine Epoche beherrschen [1]: Shakespeare als Stoff, als Form, als Gehalt.

In ganz neuem Umfange erscheinen hier jedesmal die geistigen Verfassungen, die diese drei Möglichkeiten des Erlebens bedingen, bei jedem Griff in die Stoffsphäre, bei jedem Urteil über die Form, jeder gefühlten oder dargestellten Wirkung seines Gehalts. Man könnte sagen: alles, was in früheren Darstellungen wie linear aufgereiht wirkte, hat hier sofort Raum, Tiefe. Und der Gewinn? Ganz anders als bisher enthüllt sich, wie überhaupt gewisse kulturell-geistige Verfassungen auf Shakespeare antworten müssen, man möchte sagen: ihr Begriff wird um dies ästhetische Merkmal bereichert. So erscheint mir das Verhalten des 17. Jahrhunderts zu Shakespeare neu gesehen, nicht in einzelnen Sondererkenntnissen, sondern in der prinzipiellen Darstellung der Beziehung auf ihn durch die beiden Grundtendenzen: der entgeisteten Sinnlichkeit und der entkörperten Geistigkeit, dargestellt am stärksten in der theatralischen Bewegung auf der einen Seite, der rationalistischen Literaturreform auf der andern Seite. Beides zwei Seiten eines Kulturzerfalls, bei grundverschiedenen Zwecken und Absichten, ja trotz der Kampfstellung der zweiten gegen die erste in gleicher Richtung wirkend, weil beide dem Wesen der Dichtung feind. Für beide wird Shakespeare Stoffmagazin, hier im Sinne verantwortungsloser Befriedigung des Hungers nach Stoff, Reiz, Effekt, dort im Sinne der Belehrung über die Folgen menschlichen Tuns, die möglichen Kombinationen seelischer Eigenschaften, des Weltlaufs. Also hier geistlose, zugreifende Roheit, dort pedantische

---

einteilbare Länge, sondern als ein unteilbares substantielles Fließen. Dies wird die erste Wirkung sein müssen, die Henri Bergsons Philosophie auf die Geschichtswissenschaft haben kann.« Hier wäre der an Bergson orientierten Kritik ein fester umgrenztes Ziel zu wünschen, denn so gefaßt vergißt sie — abgesehen von den älteren großen Historikern — zu sehr, wie doch auch auf Darstellung der Bewegung gerichtete Tendenzen neuester Geistesgeschichte unabhängig von Bergson sich theoretisch manifestiert haben, gerade in letzter Zeit etwa Diltheys geistesgeschichtliche Abhandlungen und Arbeiten aus seiner Schule.

[1]) Er begnügt sich nicht mit der allgemeinen naheliegenden Erkenntnis der Zersetzung des Dichtungsganzen in Stoff, diese wird vielmehr nach ihren einzelnen Stadien beschrieben, immer aus dem Gesichtspunkt heraus, welchen neuen Grad der Entfernung vom Dichterischen und Shakespeareschen das Stück erreicht hat (siehe besonders 35—37, 43, 47). Immer sind es typische Züge der Feindschaft des reinen Theaters gegen die Dichtung, auf die es ankommt.

Umdeutung im Sinne rationalistischer Begriffe von Schicksal, Seele, Welt. Besonders glücklich scheint es mir, daß Gundolf gerade neben die Analysen der Komödiantenstücke und der rationalistischen Dramen immer seine Paraphrasen der Urbilder stellt und dadurch allein schon unmittelbar anschaulich macht, nach welcher Richtung sich der Geist umgestalten muß, daß Shakespeare überhaupt erfahren werden kann. Dann führt er energisch die einmal ergriffenen Gesichtspunkte durch bei nachgebender Beweglichkeit jedem neuen Stoffelement gegenüber, wenn er die unfreiwillige Shakespearekarikatur verfolgt, in den an sich so gegensatzreichen Wandlungen der rationalistischen Literatur bis zur Überspannung ihres Grenz- und Formwillens in Gottscheds Regelmäßigkeitslehre, wo denn die letzte Phase der rein stofflichen Aufnahme erreicht ist — so zwar, daß jetzt Shakespeare von Prinzips wegen auch als Stoff ausgeschlossen wird, dagegen zum ersten Male als ein literarisches Ganzes Objekt der Kritik wird und zwar einer herausfordernd negativen Kritik. Einer solchen, die den Widerstand hervorruft und den schon leise sich regenden neuen Tendenzen den Weg bereitet.

Die prinzipiell neue Haltung ist aber nicht in den, doch auch wieder nur auf ein Stoffelement: »das Wunderbare«, d. h. das religiös Übersinnliche, gerichteten Verteidigungen der Schweizer, sondern da erst, wo Shakespeare von der Vernunft aus als formvoll, als gesetzmäßig gerechtfertigt wird. Schön ist es nun, wie Gundolf bei der Darstellung dieser neuen Phase die Beziehung zwischen der objektiven und der subjektiven Seite dieser neuen Einsicht klarlegt: daß ein solches Sehen schon eine Wendung im Rationalismus selber voraussetzt, eine geistige Haltung, bei der die Vernunft aus einem erstarrten Schema wieder Suche, Prozeß, Bewegung geworden ist. Diese Bewegung in unbedeutenderen Geistern angekündigt, wird Macht erst da, wo der neue Mensch erscheint, dem dieses neue: Denken als Leben, Gedanke als Streit, das verborgene Gesetz seiner Geistigkeit und die sichtbare Geberde seines vollen Lebens geworden ist. Erst Lessing entdeckt Shakespeare als Form, er erst sieht ihn als ein Vernunftganzes. Dies alles, scheint mir, bekommt bei Gundolf ein neues Licht. Und weit über seine Vorgänger kommt er hinaus in der Darstellung und zusammenhängenden Deutung von Lessings einzelnen Äußerungen über Shakespeare. Er sieht das unausgesprochene ästhetische System, zu dem sie gehören, und die Stelle des Systems, an der sie stehen. Denn Gundolf hält stets gegenwärtig, daß Denken als strategische Aktion, grenzbestimmende Kritik die Grundleidenschaft von Lessings Geist ist, und daß er sie Shakespeare gegenüber im Sinne seiner zweckästhetischen Dramentheorie anwendet, daß es ihm, dem die *lex continui* unverbrüchlich ist, notwendig sein muß, eine Kette von zweckmäßigen Wirkungsabsichten zu sehen, die alle dem absoluten Zweck der Kunst dienen, dem Moralischen im Drama, »der Reinigung der Leidenschaften«, und daß die Erkenntnis solcher lückenlosen Zweckzusammengehörigkeit bei Shakespeare die Grundlage all der berühmten Stellen ist, über die Regelmäßigkeit Shakespeares im Sinne der Alten, über die historische Bedingtheit des Theaterstils, über die Lehre vom Genie. All diese Formulierungen haben durchaus einen Sinn, der aus der rationalistischen Kunst- und Lebensvision, ja aus ihrer Mitte stammt, grundverschieden von der später in Herder gipfelnden Ästhetik. Ganz besonders gut scheint mir in diesem Sinne die Erörterung über Lessings Gedanken der Relativität der Bühnengesetze, wo Gundolf zeigt, daß für Lessing dieses doch nur die historisch gegebenen Bedingungen der einen Wahrheit und Natur sind, die sich nur in ihren Mitteln den Umständen anpaßt, aber immer die gleichen Wirkungsmittel und Zwecke hat, von Aristoteles ein für allemal definiert. Ebenso vortrefflich tut er dar, wie Lessings Geniebegriff fast gleichbedeutend ist mit dem rationalistischen Gottesbegriff: der vollkommenste angewandte Denkprozeß, das ursprüngliche Innehaben alles Wirklichen als eines Vorhandenen, Gewußten, in unendlichen Kombinationen Anzuordnenden. Daß ihm überhaupt Schaffen gleich Ordnen ist.

Die Betrachtungen über das unshakespearesche, ja undichterische Prinzip von Lessings Drama und Vers treffen durchaus den Kern der Sache. Nur möchte ich hier eine einzige Einschränkung sehen, die Gundolf, wie mir scheint, unterläßt, nicht, weil er sie vergessen hätte, sondern weil es ihm hier wichtiger ist, gewisse Grenzscheidungen zu betonen. Er hält hier die Linie seiner eigenen Lessingerklärung nicht ganz ein. Er selbst hat den tiefen Unterschied Lessings vom Rationalismus gerade darin gesehen, daß Denken ihm Leidenschaft ist, Leben ihm aber ein solches Denken bedeutet. In den Dramen sieht er nun vor allem Paradigmata der Theorie. Das sind sie gewiß, und darin liegt ja ihre dichterische Unzulänglichkeit. Aber stammt nicht ein Etwas an ihnen doch aus einer inneren Erschütterung? Wem Denken als Ringen, Gedanke als Streit aufgegangen, wem dies eben innerste Form des Existierens geworden war, sollte der nicht eine elementare Beziehung zu der dichterischen Form gehabt haben, in der das Leben als Streit, als Kampf der Menschen gegeben ist? Freilich, so wird man leicht einwenden, Lessing lebt doch eben nur den Kampf der Geister; ihm ist das Leben nicht der Streit der mit Verhängnis angefüllten, vollsinnlichen Menschen, von denen Kampf ausgeht. Gewiß, aus einem Erlebnis am Menschlichen steigt dies Drama nur, soweit Menschen streitfähige Geister sind, Erlebnis ist an seinen Konflikten nur Verwirrung, in die die klare, erheiterte Vernunft seiner Wesen geraten kann, und die lösbar ist wiederum durch die lebensvolle Spannung einer heiter-überlegenen Geistigkeit, durch »Aufklärung« des zeitweilig Verdunkelten. Wo dies die Szenen trägt (Minna, Nathan), ist Lessing dem Pol des Dichterischen nahe, und darum ist sein »Trauerspiel« ihm weit ferner als gewisse Szenen seiner Lustspiele (auch der Nathan ist ja eines).

Gundolf gehört zu denen, die von einem »Einfluß« Shakespeares auf Lessings Produktion nicht viel wissen wollen; auch hierin ist ihm zuzustimmen. Man könnte nur noch fragen: wenn Lessing seine Welt, die ihm so nicht im Gefühl gegeben war, von außen her um den Menschen bereichern wollte, der vielfältiger begründet ist als der des französischen Dramas, genügte ihm dann wirklich das freiere, englische Theaterprinzip, half ihm nicht auch der mißverstandene, als Charakteristiker verstandene Shakespeare, der psychologisch interpretierte, mit seiner Fülle von kaleidoskopisch reichen Zügen, wie Lessing es ansah, wenn auch nicht mit dem wahren Hauch seiner immer kosmischen Menschlichkeit? Verbreiterte er nicht die Standfläche für die Figuren Lessings, die sonst ganz und gar auf der Messerschneide des Epigramms balancieren würden? Aber freilich, Gundolf hat darin recht, daß Lessing Dramen »machte«, und daß er dies den Deutschen gezeigt hat, daß ferner in erster Reihe sein hinter dem Ganzen stehendes Wesen es ist, was über das Theatralische und Formal-Technische hinaus daran bewegende Kraft hat. Und daß es wichtiger ist, die Grenze zwischen Lessings und Shakespeares Drama zu ziehen, als sie zu verwischen.

Das folgende Hauptkapitel gibt wiederum, wie das überhaupt jedesmal der Fall ist, wenn es sich um die Darstellung der Beziehung eines Einzelnen oder einer Schule zu Shakespeare handelt, aus dem innersten Kern des Lebensgefühls heraus ein vollständiges Bild von Wielands so schillerndem Verhältnis zu Shakespeare. Aus der Ungebundenheit und Beweglichkeit des aufnehmenden Temperaments heraus erklärt er, wie dies ausfallen mußte: die Begegnung des Schöpfertums mit dem literarischen Geschmack, des Unbedingten mit dem Bedingten. Unendlich fein, wird das

Ganze der Übersetzung mit allen Mängeln und Vorzügen nicht nur empfunden als »Parodie« (im Goetheschen Sinne), aus der Rokokosinnlichkeit, aus einer begrenzten, wählerischen Sinnlichkeit, die, vom Verstand immer kontrolliert, aller Leidenschaft und Tragik als einem Unbehaglichen ausweicht, — sondern wird auch erkannt, was gerade in dieser Konstellation zum ersten Male für den deutschen Geist, für die deutsche Sprache als Tonfall erobert ist. Die Laune Shakespeares, das Spiel seiner Heiterkeiten, die Gartenluft seiner Lustspiele, das Leichte, Silbrige, Flimmernde dieser Sphäre ist aufgegangen vom Rokokoempfinden. Man könnte sagen: Gundolf hat gezeigt, wie Wieland das aufspürte, was Watteau in Shakespeare ist, nur daß er es um einen Grad künstlicher, gebrechlicher macht, daß er reines Rokoko gibt, ohne jenes Mehr an Saft, Blüte, Reife, das noch so aufgelockertes, spielendes Renaissanceleben immer besitzt. Vielleicht gibt er dem Shakespeareschen Einfluß etwas zuviel, wenn er auch schon in Wielands Jugendroman »Don Sylvio von Rosalva« Landschaft als die sinnliche Atmosphäre um den Menschen in Shakespeares Art finden will, einen Keim und Ansatz zu der später so starken Tendenz deutscher Kunst, Natur und Mensch als sich gegenseitig beeinflussende, selbständige Mächte zu behandeln. Mir scheint hier doch noch das Landschaftliche Hintergrund, Dekoration für die menschliche Szene im Sinne der französischen Kunst, die auch aus Park und Wald, wenn sich Menschen darin bewegen, eine Art Gesellschaftszimmer ohne Wände macht. Doch wägt hier vielleicht jedes Empfinden um ein leichtes Gewicht anders. —

Gundolf zeigt, wie die neue Deutung Shakespeares erst der Bewegung gelingen kann, die das Ganze des Lebens selbst völlig neu erfährt, die über den Menschen, über die Kunst umdenken lernt, der die sinnliche Fülle des Ausdrucks nicht mehr als Mittel der Wirkung wert ist, sondern Selbstzweck, Auswirkung des schöpferischen Lebens, das jetzt der Sinn aller Dichtung und wovon dieses Sinnbild wird. Mir scheint nun wiederum, erst dieser neuen Darstellung glückt es, Herders Shakespeareaufsatz völlig zu entwickeln aus der neuen Lebensvision, die er erst als neuer Mensch ebenso ganz und mächtig darstellt, wie Lessing die der bewegten Vernunft. Der für Herder zentrale Begriff des Dichtertums wird hier nicht, wie üblich, vag gedeutet, sondern klar, als die Wirksamkeit, der das erlebte Dasein ein Stoff ist, durch den sie sich ausdrückt in ihrem eigensten Element, so wie dem Gott, den Herder in der Geschichte sieht, die individuellen Lebensformen Mittel sind, sich zu manifestieren. Gundolf erkennt die ganze geschichtliche Bedeutung des Schrittes von einer Wirkungs- zur Schaffensästhetik für das Verständnis Shakespeares, sieht, wie erst Herder Shakespeare als Gehalt empfindet: weil erst er ihn als ein Werden nachfühlt, d. h. als ein bestimmtes Erleben der Welt, das als Sein sich im Werke darstellt. Und wie er zu dem uns gültigen Begriffe gelangt des Künstlers überhaupt, als der »Natur von innen« (wie Goethe einmal sagt), als gestaltgewordener innerer Wirklichkeit. Gundolf erweist das zum ersten Male an der Besonderheit der Herderschen Shakespeareanalysen, die das spezifisch Dichterische geben, die Lebensbewegung, die Atmosphäre jedes Dramas, wo er scheinbar theatralische Vorgänge erzählt. Nicht mehr Begriffsinhalte — Leben. »Hier erst ist die Sinnlichkeit, die nicht mehr Teile, sondern den Organismus ergreift, und in jedem Teil den Atem des Ganzen wahrnimmt.« Ihm erst sind Shakespeares Werke (S. 211) »dichterische Seelenwelten, mit aller Luft, Weite und Rundung der äußern Welt; Bewegungen als Gestalt, Leben als Form und Rhythmus, unteilbare Kosmen aus wogendem menschlichem Chaos gebildet.« Gundolf weist Herder den höchsten Platz in der Geschichte des Shakespeareverständnisses an, um dieser Gesamtkonzeption willen, selbst über den Romantikern, weil er das Tiefste über ihn als »dichtende Weltkraft« gesagt habe, und diese nur tiefer ins einzelne gedrungen seien, seine Gestalt herausgearbeitet, den Zusammenhang von Zeit und Werk, Werk und Schöpfer subtiler erforscht hätten.

Ich möchte außer den schönen Charakteristiken von Herders Übersetzungen noch die Beobachtung hervorheben, wie Herders Verständnis vor dem Letzten der Shakespeareschen Leidenschaft versagen muß, daß er sie gibt unter der ihr fremden Form des Gemütes. Wundervoll ist der Satz, der hier bei Gundolf steht: »Shakespeare ist hell bis in die letzten Fibern hinein, und am Abgrund der grenzenlosen Qual und Begier hält er das allsehende Auge noch offen auf Gegenstand und Inhalt gerichtet« (S. 218). Man braucht nur an Othellos, an Antonius' letzte Worte zu denken, an Kleopatras göttliches Aufleuchten vor dem Tode, um zu sehen, wie Gundolfs Worte ein Tiefstes von Shakespeares Macht berühren.

Aus dem reichen Goethekapitel soll hier nur hervorgehoben werden, wie tief der Unterschied erklärt wird, der zwischen seinem Verhalten und dem anderer Geister zu Shakespeare besteht, als einer, der auf dem Wesentlichen des Bildners beruht. Daß ihm Shakespeare nie in dem Sinne Objekt sein kann wie den anderen. Goethes Stellung zu Shakespeare wird neu beleuchtet durch die Erkenntnis, daß Goethe, je mehr er sich selbst gewonnen, sich von Shakespeare entfernen mußte, und daß er doch eben dann gerade am tiefsten in Shakespeares Luft war, weil Shakespeare ihm ja nicht einen Komplex von Einzeleinflüssen bedeutete, sondern der »dichterische Heiland« war, der das Grundverhältnis zu Mensch und Welt anders orientierte, die neuen Ideen von Mensch, Schicksal, Schaffen, Zeugen, Leidenschaft zu produktiven Mächten seines eigenen Schaffens machte und die Natur zu dem belebten Ganzen, als das sie in seinem Werk atmet. Überall stellt diese Betrachtung das wieder als Einheit her, was die übliche Methode der Auflösung in Motiv-, Gedanken- und technische Einflüsse unfaßbar gemacht zu haben scheint: die ursprüngliche Überschüttung eines Lebens durch die Kraft eines anderen. Diese Erfassung bezeugt sich dann besonders schön in den Seiten über den Werther.

Gut scheint es mir, daß dem Sturm und Drang ein besonderer Abschnitt gewidmet ist, daß er weder mit Herder noch mit Goethe innerlich und äußerlich zusammengeworfen wird, und daß Gundolf den verschiedenen Quellen des Einflusses und der danach verschiedenen Art der Nachahmung bei den einzelnen Angehörigen der Bewegung nachgeht. Seine Kunst, feinste Unterschiede des lebendigen Daseins zu empfinden und in scharfer Klarheit hinzustellen, bewährt sich, wenn er zeigt, wie die einzelnen, je nach ihrer besonderen Anlage, nachdem einmal Shakespeare als Gehalt entdeckt war, ganz verschiedene, scheinbar widersprechende Seiten dieses Gehalts erleben und herausarbeiten (weil eben Shakespeare alles enthält); Lenz, Wagner: das, was sie als Natürlichkeit[1]) interpretieren; Klinger: an

[1]) Bei der Feinheit, mit der Gundolf auch das leiseste dichterische Leben, den zartesten, relativsten Wert in Menschen dieses Zeitalters bemerkt und die Grenze spürt zwischen dichterisch und undichterisch, eine Goldwage der Empfindung, befremdet es doppelt, wenn er bei der Erörterung über gleichbleibende Züge des Naturalismus Gerhart Hauptmann im landläufigen Sinne einen Naturalisten nennt und ihn bei dieser Gelegenheit gar mit Kotzebue und Sudermann zusammenstellt! Hier scheint mir ein einziges Mal die ästhetische Sicherheit des Autors durch leidenschaftliche Parteinahme beirrt. Denn mag das Menschengefühl, das Hauptmann vertritt, ihm notwendig antipathisch sein, so sollte er doch nicht übersehen, daß es Hauptmann um den Menschen geht, nicht um soziale Verhältnisse oder Probleme!

Stelle der stetigen, vom Menschen strömenden Leidenschaft den Orgiasmus losgerissener Affekte, eine Isolierung von Shakespeares Darstellungen der Verwirrung und des Wahnsinns; Maler Müller: das Landschaftliche aus dem neuen, gar nicht mehr rokokohaften Naturgefühl (dieser Abschnitt ist besonders reich an feinen Einzelbeobachtungen); Heinse: die heidnische Sinnlichkeit. Bemerkenswert auch, trotz der offensichtlichen Abneigung gegen den Plebejer in Bürger, die Charakteristik seiner Macbethübersetzung.

In den Abschnitten, die Schillers rationalistisch-moralische Einengung des Shakespeareschen Kosmos betrachten, sein Drama und die Geberde seiner Sprache ergebnisvoll mit Shakespeare vergleichen [1]), finde ich geradezu erschöpfend, was über Shakespeares Verhältnis zur Moral gesagt ist (S. 293): »Nicht als ob es Shakespeare an Sittlichkeit überhaupt im weiteren Sinne, d. h. an Wertung der Wirklichkeit gefehlt hätte: aber er nahm die Maßstäbe dafür aus der Wirklichkeit selber, und sie waren mehr dynamischer Natur als eigentlich moralischer. Shakespeare sah im Untergang keinen Richterspruch. Auch kannte er kein Gut und Böse für alle Fälle. Seine Frevler stürzen nicht, weil sie gegen jenes, ein für alle Mal über ihnen aufgehängte Gut und Böse sich vergangen, das Sittengesetz verletzt und Strafe verdient, sondern weil sie, jeder in jedem Falle anders, eine größere Macht, d. h. eine stärkere Wirklichkeit gegen sich aufgerufen haben.

Diese stärkere Wirklichkeit kann sich zufällig verkörpern in dem unter den Menschen gültigen, daher mächtigen Sittengesetz, wie es durch Staat oder Gesellschaft verteidigt wird. Die ‚Moral' ist für Shakespeare eine der Wirklichkeiten der Welt, wie andere auch, und nicht immer siegreich. . .« Man kann nicht besser das innere, philosophisch-künstlerische Gesetz des Shakespearedramas erkennen, die tiefe, nur dem Leben verbundene Gerechtigkeit und was auf ihr beruht: daß in seinem Drama immer aufs neue das Leben gewogen wird und immer neu im Gleichgewicht zu schweben scheint. —

Endlich sind die Seiten über die Romantik bedeutsam, wieder durch die ganz kernhafte Erfassung des Verhältnisses. Wieder stehen nicht einzelne Begriffe und Definitionen im Mittelpunkt, sondern der Grundtrieb der Romantik, die Bewegtheit, die Schau des Lebens als schwingender Bewegung, und von da aus dann die Erklärung all ihrer Einzeltriebe, Abneigungen und Vorlieben. Daher dann die neue, in der Praxis des Romantikers wirksame Vision Shakespeares, nicht mehr als Weltschöpfer, als Menschengestalter, sondern vor allem als Dichter des Alllebens, als sprachlichen Schöpfers des »Welttraumes« [2]). »Wie jeder zum Leben stand, so stand

---

Und wie hoch oder gering Gundolf sein Dichtertum veranschlagen mag, *diese* Zusammenstellung, die das Dichtertum ausstreicht, ist unbegreiflich. — Doch ist der Satz so nebensächlich im Gesamtzuge des Buches, daß man keinerlei prinzipiell-ästhetischen Einwand daran knüpfen sollte.

[1]) Siehe besonders S. 301 f. u. 304.

[2]) Gerade an solchem Punkt lassen sich — obwohl das Romantikkapitel durchaus nicht das vollkommenste des Buches darstellt — die Vorzüge der Gundolfschen Betrachtweise erkennen. Schon vor ihm hat man jenen Begriff in Händen gehabt. Wer ihn aber nur aus den *formulierten Gedanken* der Romantiker herausliest, wenn auch mit Bezug auf ihre tieferen metaphysischen Meinungen, wird ihn doch schließlich nur einen Gedanken unter anderen gleichen Gewichtes finden. Gundolf, hier ganz Schüler Nietzsches, geht zurück auf den *Instinkt*, der hinter dem Ausgesprochenen wirkt, den man im Schaffen einer Künstlergeneration, in ihrem Sprachstil unmittelbarer ergreift als in ihrem Denken. Und so weist er jener Auffassung

er zu Shakespeare.« Ich sehe nun den Wert dieser Abschnitte für die Kunstwissenschaft in der Kraft, mit der dieses Aperçu im einzelnen durchgeführt ist, wie etwa die unendlich über Wieland, Müller, Heinse hinausgehende Erfassung und die Fruchtbarmachung von Shakespeares Naturgefühl, Spiel, Laune, Ironie aus der neuen metaphysischen Wertung dieser Dinge abgeleitet wird, das romantische Spiel in der Sprache davon mitbeseelt erscheint, und wie aus der Opposition Goethes gegen diese Wirkung Shakespeares Goethes Stellungnahme im Alter miterklärt wird. In zweiter Linie dann in den Erörterungen, weshalb aus der Romantik die Shakespeareübersetzung kommen konnte, und in der Charakteristik ihres Grundtons, die der erste ebenbürtige Nachfolger Schlegels wohl unternehmen darf. Die theoretischen Meinungen der Romantik, die ja eine frühere Darstellung der Aufnahme Shakespeares schon mit Erfolg betrachtet hat, sind etwas zurückgedrängt, aber nicht vernachlässigt, und mancherlei neue Nuancierung ist auch hier der Gewinn. Nur hätte man vielleicht gewünscht, die Abweichung von Praxis und Theorie (z. B. beim Begriff der Ironie, und bei der Ironie als romantisches Stilmittel), die Gundolf konstatiert, nun auch von einem höheren Gesichtspunkt aus in Einklang gebracht zu sehen. Gundolf trifft es meiner Meinung nach ganz ausgezeichnet mit seiner Behandlung der Frage, wie weit die Romantiker in ihrer Shakespeareauffassung Herder oder Lessing fortsetzen, wenn er zeigt, worin sie beiden verpflichtet sind und beide verlassen. Besonders fein etwa, wenn er zeigt, daß Lessings »Denkkunstwerk« doch etwas ganz anders ist als das Denkkunstwerk, die »Denksymphonie«, die Schlegel in Shakespeares Werk sieht, und daß, was den Kern des Gegensatzes ausmacht, eben die ganze Bewegung voraussetzt, die in Herder gipfelt.

Gundolf geht ja nun den Weg nicht mehr, der von Schlegel zu seiner eigenen Übersetzung führt. Einen Weg, der wohl sicher nicht in neuen symbolischen Äußerungen über Shakespeare deutlich aufzuzeigen wäre, da ja das 19. Jahrhundert aus guten Gründen den Shakespeareschriften und -übersetzungen des 18. Jahrhunderts nichts an die Seite zu setzen hat. Und doch führt ein Weg zu Shakespeare durch allen Kunstverfall dieses Jahrhunderts, freilich ein verschütteter Weg, der nur zu sehen ist von der Höhe eines neuen, in Nietzsche klar erschienenen Kulturwillens, der dies verirrte Streben der Zeit durchleuchtet. Gundolf, der seine Geschichte der Shakespeareaufnahme doch ganz stark auf die Übersetzungen hin orientiert hat, überläßt diese Fortsetzung seines Werkes mit Recht dem, der schon die neue, von Gundolf geschaffene Übersetzung als Symbol wird behandeln können. Nur scheint mir, Gundolf hält diesen Weg für tiefer verschüttet, als er gewesen ist.

Solch Fortsetzer würde dann z. B. wohl in Otto Ludwigs Skakespearestudien ein stärkeres Symptom einer neuentstehenden, von Schiller weg und über die Romantik hinausführenden Erfassung Shakespeares sehen. Denn obwohl der bewußte Ausgangspunkt des Buches wieder ein technisch-formaler ist, also einer Tendenz angehörig, die Gundolf schon betrachtet hat, so ist doch das zugrundeliegende Gefühl von Shakespeare neu, und mir scheint, vieles davon geht unmittelbar auf Gundolfs eigenes Erleben zu. Freilich reifen konnte dies Gefühl nicht in jenem Zeitalter.

Gundolf gibt dem künftigen Historiker der Shakespeareaufnahme in Deutschland seit der Romantik einen wichtigen Gesichtspunkt mit: daß die passive Kraft dieses Jahrhunderts der freilich oft irregeführte Wille zur Wirklichkeit ist, das tiefste Verlangen dieses Jahrhunderts. Diese Wirklichkeit, die noch das Bildungszeitalter, die noch Schlegel nicht völlig ertrug, wir ersehnen sie heute mit allen

---

zum ersten Male die zentrale Stellung an in der spezifisch romantischen Rezeption Shakespeares. Eine Akzentverlegung nur — aber eine entscheidende!

Kräften, ohne ihr freilich völlig gewachsen zu sein. Gundolf sagt, daß uns Shakespeare wieder ein Helfer sein kann zu dieser Wirklichkeit, und der neue deutsche Geist die Aufgabe hat, sie für unser Lebensgefühl zu gestalten und zu erobern. Wir dürfen ihm danken, daß er in seiner Übersetzung den ersten Schritt des beginnenden Jahrhunderts auf diesem Wege getan hat. Und wir wissen, daß das Ringen des deutschen Geistes um diese Aufgabe auch diesem Buche seine Kraft gibt: Gundolf kann die Erfahrungen ganzer Generationen an Shakespeare, die Erneuerung, Klärung, Bestätigung des Geistes an dem Unerschöpflichen darum so lebendig darstellen, weil er selbst eine solche Erschütterung durch Shakespeare erlebt hat, selbst als ein Vertreter der Kräfte, Wünsche, Nöte einer jungen Generation. Dafür ist seine Shakespeareübersetzung das stärkste Zeugnis. Der gleiche Impuls, der in dem künstlerischen Menschen diese Übersetzung heranreifte, trieb den denkenden Menschen, dieses Buch zu schreiben. Die Ziele sind andere, in beiden Leistungen aber waltet der gleiche Geist, und alle Antriebe sind in diesem Buche zu schaffenden Kräften geworden.

Berlin. Helene Herrmann.

Arnold Winkler, J. J. W. Heinse, Briefe aus der Düsseldorfer Gemäldegalerie 1776/77. Leipzig und Wien, Verlag Edm. Schmid, 1912. Textausgaben und Untersuchungen zur Geschichte der Ästhetik I.

Walther Brecht, Heinse und der ästhetische Immoralismus. Berlin, Weidmannsche Buchhandlung, 1911.

In diesen Tagen beginnt man, die Literatur vergangener Zeitalter neu zu bewerten. Die Romantik wird entdeckt: Brentano, Schlegel und Hoffmann werden neu ediert; aber auch ganz Vergessene holt man hervor, staunend, daß man — denn so reich ist man in Deutschland nicht — Talente und Menschen dieser Art lange, lange völlig ohne Wirkung begraben hatte: so druckt man in einem Jahre dreimal K. Ph. Moritzens Anton Reiser; so gibt uns der Inselverlag einen neuen Dichter: Heinse. Literarhistoriker stürzen sich im Sprung auf ihn; zwei Bücher liegen hier vor und sollen besprochen werden, denn jeder Beitrag zu seinem Verständnis und seiner Würdigung ist willkommen — selbst wenn das Ergebnis der Analyse zu ihrer Ausführlichkeit nicht recht stimmen sollte.

Beide sichern sich zunächst ein Verdienst, indem sie Texte drucken: Winkler die zu reich kommentierten Düsseldorfer Gemäldebriefe, die Schüddekopf schwer verständlicherweise unter die Briefe stellt (IX, 280—323 und 328—363), während man diese Scheinbriefe in den Kleinen Schriften (aus dem Deutschen Merkur) sucht; Brecht Wertvolles und Ungedrucktes in breiter Auswahl aus den Nachlaßheften. Sodann bereichern sie kennerisch das literarhistorische Wissen: denn Brecht weist ein ganz ungeahnt vielfältiges Material von Quellen nach, das Heinse der italienischen Renaissanceliteratur entnahm und im Ardinghello reichlich verwendete, den Novelieri, Historikern und besonders den mediceischen *fatti tragici*, und dieser Teil der Arbeit sichert ihr einen dauernden Wert; während Winkler in etwas wortfreudiger Ausführlichkeit den ästhetischen Anschauungen und Theorien des 18. Jahrhunderts nachgeht, soweit sie auf Heinse gewirkt haben. Dies letztere Unternehmen mag immerhin willkommen sein; leider aber ist die ganze ehrliche und tüchtige Bemühung umsonst geschehen: denn wir besitzen diese Darstellung bereits in der ausgezeichneten problemgeschichtlichen Studie von Utitz (J. J. W. Heinse und die Ästhetik zur Zeit der deutschen Aufklärung, Halle 1906), die der Verfasser leider, und kaum begreiflicherweise, nicht benutzt hat: eine Fachschrift, die seit sieben Jahren vorliegt. ... Wenn man diese beiden Bearbeitungen desselben Gegenstandes nebeneinanderhält, so begeht man allerdings beinahe eine Ungerechtigkeit gegen Winkler; denn Utitz spricht als Philosoph und Kenner aller hier hineinspielenden Fragen der Kunsterkenntnis, und das spätere Buch wirkt neben dem seinen wortreich, laienhaft, jedes Eindringen in die vorgetragenen Anschauungen, jede kritische Prüfung und Wertung übriglassend und sich begnügend mit Bemerkungen dieser Art, die allerdings den »tüftelnden Theoretiker« ausschließen: »Schließlich nennt (!) doch jeder nur das schön, was er liebt, begreift und mit seinen Sinnen erfaßt (!). Weil wir nicht einmal die ganze uns umgebende Natur, geschweige denn das Sonnensystem (!) voll erfassen können, stellen wir uns auf den irrigen homozentrischen Standpunkt und sehen die schönste Gestalt im Menschen, dem Thema des Klassizismus.« Ich begnüge mich mit den gesetzten Ausrufungszeichen; denn wenn man im Vorwort von der herauszugebenden Sammlung aussagt, sie habe »nichts gemein mit einem Lehrbuch der Ästhetik, eines im Grunde leeren Wortes« (dem Lehrbuch eines Wortes?) »dessen Inhalt schon ursprünglich nicht feststand«; daß das »im Laufe der Zeit unter diesem Namen zustande Gekommene kein unabänderliches Gesetz sei (!), das ja jedes Aufsteigen der Kunst unmöglich machen würde« (!) — ich setze die Worte des Verfassers lediglich in den Konjunktiv — wenn man einem an sich überaus verdienstlichen Unternehmen, wie es eine »Sammlung von Textausgaben und Untersuchungen zur Geschichte der Ästhetik« ist, ein solches Motto vorsetzt, so bezeugt man damit einen Grad philosophischer, ja überhaupt gedanklicher Unschuld, der, wenn er innegehalten wird, von der Fortsetzung der Sammlung dem Forscher höchstens Material für selbständiges Bearbeiten verspricht. Für Heinse ist dies durch das Utitzsche Buch bereits geleistet; nimmt Winkler es nachträglich zur Hand — man rät ihm das —, so wird er erkennen, wieviel gedankliche Schulung von nöten ist, um an ästhetische Probleme überhaupt einmal heranzukommen. Nirgendwo schaden die ungeschulten Köpfe der philosophierenden Dilettanten, die aus dem Drang, original zu sein, sich mangelhaft unterrichtet der Kritik aussetzen, mehr als innerhalb der Kunsterkenntnis, die ohnehin den Schwärmern offen steht. Immerhin bringt Winklers Schrift reiche Zitate aus hiehergehörigen Werken, besonders Matthisons hübschen Bericht über seine Begegnung mit Heinse (S. 14 ff.); und wenn man sein Buch mit dem Utitzs kombiniert, wird man den Wert der Gemäldebriefe rein erfassen können: denn diese selbst sind heute noch so gültig wie einst, von unmittelbarer Anschaulichkeit im Aussprechen malerischer Werte, manchmal Gedichte in Prosa über Bilder, und »ganz absolut genommen sind die darin niedergelegten, aus Erfahrung gewonnenen Erkenntnisse für uns auch heute noch von Wert,« als »die ersten Früchte des ehrlichen und empirischen Forschens Heinses« (Utitz S. 50).

Daß Brecht sein Material kritischer und überlegener ansieht, daß er es gedanklich energischer durchdringt und sich so dem Ästhetiker nähert, ist fraglos. Es wurde schon gesagt, daß seine Vorzüge dem Literarhistoriker zugute kommen; und einem solchen wird vieles wertvoll sein: der Nachweis von Heinses umfassenden Studien auf allen Gebieten des Geistes und Wissens; die Charakteristik des Dichters, die auf die Formel gebracht ist, es treibe Heinse zu geistiger Durchdringung der inneren und zu sprachlicher Fixierung der Außenwelt; vor allem das lebendige Einreihen Heinses in die italienische Kultur des Cinquecento; er wird sich an der Pointierung »der Dionysier der Aufklärung« freuen, wird die Fassung des ersten Teils des Ardinghello als Rachenovelle, nicht als Abenteurerroman, billigen, in der Darstellung von Heinses Nachwirken bis auf Nietzsche viel Richtiges und noch mehr Anregendes entdecken, und in der Hochschätzung der Tagebücher, beider, der Reisen und der Aphorismen, ganz und gar bei Brecht stehen können. Auch den Satz: Heinse hat als erster die Renaissance annähernd richtig gesehen (wenngleich ihm, dem Stürmer, nebenbei gesagt ihre wundervolle Kälte entging, die erst Stendhal traf) und ihre Wertordnung innerlich erfaßt, wird er gern mitvertreten. Dieser Wertordnung gibt Brecht den Namen des »ästhetischen Immoralismus«, den er in den Titel seines Buches aufnimmt — und hier hat eine Kritik zu beginnen, die nachweist, daß dieser Ausdruck hier so falsch wie möglich steht, indem sie das aufzeigt, was damit gemeint ist, und was er eigentlich bedeutet.

Er hat zunächst und von vornherein seinen bestimmten Sinn: er drückt die Einstellung des Künstlers aus, seine rein hinnehmende Anschauung der Welt und die nur auf Wiedergabe gerichtete Darstellung, bei der jede ethische Stellungnahme ausgeschlossen ist und nur eine Wertungstendenz vorliegt: die Frage nach dem künstlerischen Gehalt des Objekts und der Wirkung des Dargestellten im Werk. Dies ist die Haltung des großen Künstlers einer gewissen Gattung, der mit gleicher Intensität Jago und Desdemona, Mr. Homais und Mme. Bovary, Götz und Adelheid bildet; Heinses Zeitgenosse K. Ph. Moritz ist hierfür typisch. (Aber von Immoralität ist auch hier nur mit Vorsicht zu reden, denn im geheimen wertet er dennoch ethisch, indem er den Bösen als böse darstellt und auf die Wirkung des Böseseins hinzielt: Jago ist auch für Shakespeare böse, Homais auch für Flaubert lächerlich. Erst wo [Barbey d'Aurevilly] das ethisch negativ zu Wertende ohne Ironie als vorbildlich hingestellt ist, kann ein reinerer Immoralismus vorliegen — wenn nicht ethische Perversion.)

Von alledem ist nun bei Heinse nicht die Spur zu finden. Im Gegenteil ist der Ardinghello voll eines glühenden: So sollte es sein! So will ich die Menschen! Daraus gerade entspringt ja seine künstlerische Schwäche: Heinse hat zu keiner seiner Figuren jene kalt scheinende Distanz, die Moritz zu seinem Ich hat, und die sie erst zu Menschen gestalten könnte; es gibt in seinem ganzen Werk nicht eine »Kontrastfigur« an sichtbarer Stelle. Auch wenn im Ardinghello die Gesetze des Zykladenstaates (391 ff.) fehlten, spräche das aus jeder Seite des Buches; man müßte die leidenschaftliche Bejahung fühlen, auch wenn das Werk nicht mit der Gründung eines Idealstaates schlösse. Aber es schließt damit; und da jedes Ideal gefordert ist, zeigt sich Heinse (genau wie Wedekind, den Brecht sehr deplaciert als Beispiel heranzieht) als Moralist.

Aber diese Bedeutung des Ausdruckes meint Brecht auch nicht, oder zunächst nicht. Er gibt als »Kernsatz des ästhetischen Immoralismus« das folgende Heinsesche Zitat, das mit der Behauptung beginnt, nichts sei an und für sich selbst »gut«, wobei gut gleich nützlich gesetzt wird; aber »schön ist jedes Ding in der Natur an und für sich, wenn es das ist, was es seiner Art und Ziel nach seyu soll. Ein Löwe ist schön, ob er gleich nicht dem Menschen nützlich ist«; und in einer Paraphrase eignet Brecht es sich an (S. 39). Und nun beginnt ein wahrer Tumult von Äquivokationen und als Folgen daraus von Mißverständnissen, Irrtümern und Fehlschlüssen. Es handelt sich bei diesem »Immoralismus« zunächst einmal um eine Moral, eine »freie Kraftmoral« (S. 38), entwickelt aus dem »ethischen Grundwesen der Renaissance« (ebenda); und schon dadurch ist das Wort unhaltbar. Der oberste Wert dieser Moral sei das »absolute Schöne« (ebenda); und auch das ist falsch. Denn, um kurz zu sein, es ist hier natürlich die Rede von einer Moral, die als höchsten Wert die möglichste Vervollkommnung des Individuums setzt, die Ausbildung aller seiner Eigenschaften: also auf möglichste Lebenssteigerung ausgeht — eine biologische Moral, begründet auf den vitalen Wert. Brecht selbst zitiert einmal Heinse: amoralisches Handeln (das Wort ist von Brecht) sei geknüpft an »Natur und starkes Leben« (S. 57), ohne die Bedeutung davon zu erraten, während Heinse selbst das Richtige geahnt hatte. Den Ausdruck »Immoralismus« übernimmt

Brecht von Nietzsche, der ganz dasselbe darunter verstand wie sein Schüler, nämlich den Gegensatz zu der augenblicklich in Europa geltenden utilitarisch-demokratischen Moral, die Nietzsche irrtümlich die »christliche« nannte — irrtümlich, wie Scheler, dessen werttheoretische Darstellung ich hier dankbar zugrunde lege, bewiesen hat — und die er mit der Moral schlechtweg verwechselte. Von »Immoralismus« ist also auch in diesem Sinne nicht zu reden, sondern nur von einer anderen Moral. Denn Moral stellt doch nur ein System von Werten dar, die auf Grund evidenter Gesetze innerhalb bestimmter variierender Bedingungen einander vorgezogen werden (man orientiere sich bei Brentano und Stumpf, bis Schelers langerhoffte Ethik erscheint). So gibt es selbstverständlich viele Moralen, deren Vorhandensein an der Tatsache objektiver und absoluter Werte nichts ändert, sondern von ihr bedingt ist. Diese selbst stellen sich in einer immanenten Rangordnung dar und ergeben so das objektive Gefüge der absoluten Ethik, an der alle Moralen erst orientiert sind. Eine solche andere Moral gründet Nietzsche, predigt Heinse; aber man urteile, ob diese schöpferischen Moralisten »Immoralisten« zu betiteln sind. Aus diesem Irrtum folgt, daß Brecht, ohne es zu wissen und in beständiger Verwechslung, das Wort »amoralisch« in vierfachem Sinne braucht: erstens richtig gleich außerethisch (S. 166); dann gleich außerhalb der heute geltenden Moral (S. 167); ferner gleich im Gegensatz zu der innerhalb der Heinseschen Welt gültigen Moral (S. 167, Geschwister verhalten sich »geschlechtlich amoralisch«); und indem alles dies unbemerkt in den Begriff des »Immoralismus« fließt, gesellt sich noch ein Antimoralismus (S. 165) hinzu, von dem auch nicht entschieden ist, ob er sich gegen jede oder eine just geltende Moral richtet.

Diese lange Auflösung war nötig, um zu fassen, was »ästhetisch« bei Brecht bedeutet. Es drückt zunächst aus, daß die Erscheinung eines solchen »immoralistischen« Wesens (Löwe, Adler, Cesare Borgia) »schön« sei, ja, daß es der Schönheitswert sei, auf den es, als auf seinen höchsten und eigentlichen Wert, ziele. Wir sahen, daß das unrichtig ist: gezielt ist auf Lebensförderung. Ferner wird gefühlt, daß das Streben nach allseitiger Ausbildung des Individuums (S. 41), nach »Vollkommenheit«, hier nicht aus irgendeinem nützlichen Zwecke quelle, also »zwecklos«, um seiner selbst willen geschieht. Diese beiden Bestände scheinen gleichfalls in das »ästhetische« hineingespielt zu haben, besonders der erste, den die Formel der Schönheit seit Baumgarten (Winkler S. 28: »Vollkommenheit der Übereinstimmung der Teile zum Ganzen«) für jeden, der das 18. Jahrhundert literarisch durchforscht, an »Schönheit« assoziieren muß. Hier ist »ästhetisch« die Eigenschaft des Wertträgers. Aber indem man nun diesem gegenüber die Haltung einnimmt, die ihm zukommt, nämlich das reine, genießende und freudige Hinnehmen seines Seins, die Freude daß es das gibt und daß es so beschaffen ist, verhält man sich ästhetisch. Nun ist dieser, der echte Sinn des Wortes, mit dem falschen zusammengeflossen; und dazu tritt schließlich auch der echte Immoralismus, wenn Brecht den Künstler Freude an der »Ganzheit« eines Charakters haben läßt (S. 166). Wie unsicher er aber seiner eigenen Begriffe ist, geht ergötzlich aus der Emsigkeit hervor, die er auf das Heranbringen von Stützen für sie verwendet: S. 40 reagiert er auf das Wort »Kunst« in Heinses Aphorisma: »Es ist eine große Kunst, einem wahrhaftig zu nützen und zu schaden« sofort mit dem Ausruf: »Ein ästhetischer Maßstab« — während es doch nur eine technische Vollkommenheit, ein Handhabenkönnen ausdrückt. Von ästhetischen Maßstäben kann nie eine Moral gemessen werden, auch die Heinses nicht; aber indem er (wie Nietzsche) Künstler ist, betont sich ihm die ästhetische Lust beim Anschauen der Borgia oder Bonaparte, und indem er diese Erscheinungen (vital) wertet, addiert sich zu jener Lust noch die, die jedes Werterfassen charakteristisch begleitet, und erzeugt den Irrtum, als sei das Ästhetische das Hauptziel des Prozesses. Mit der Ästhetik, von der in dieser Zeitschrift gehandelt wird, hat also Brecht (wie Winkler auch) nur mittelbar zu tun; und ihm war jener Irrtum nicht erlaubt: er hatte sauberer zu denken.

Wozu das Ganze? Wozu die Auflösung eines so komplizierten Mißverständnisses? Weil wieder einmal brauchbare Arbeiten entwertet und entstellt werden dadurch, daß zwar das philologische, aber nicht das philosophische Element mit jener Gewissenhaftigkeit behandelt wurde, die von nöten ist. Nirgendwo ist ein Irrtum in den Fundamenten so verwüstend wie in einer Arbeit, die nach der Struktur des Denkens, das ihr zugrunde liegt, der Logik untersteht, sodaß der Fehler bis in die letzte Spitze mitsteigt und das ganze Werk zwar im einzelnen wertvoll läßt, im ganzen aber unbrauchbar macht. Und wann wird der Literarhistoriker einsehen, daß, wenn man lehrend vor die Werke der Dichter tritt, es nicht genügt Kunst zu fühlen, sondern gefordert ist, Kunst zu erkennen?

Rostock. Arnold Zweig.

Die hellenistisch-römische Kultur dargestellt von Fritz Baumgarten und Franz Poland. Mit 440 Abbildungen im Text, 5 bunten, 6 einfarbigen Tafeln, 4 Karten und Plänen. Leipzig und Berlin 1913, B. G. Teubner. XIV u. 674 S.

Der Teubnersche Verlag hat seinen großen Verdiensten um die »bessere Bildung« in Deutschland ein neues beigefügt: auf das schon berühmte Werk über die griechische Kultur läßt er diese Doppeldarstellung der hellenistischen und römischen Kultur folgen. Das Werk ist so geschickt disponiert, so klar geschrieben und so schön ausgestattet wie das vorige; seine Bedeutung aber ist vielleicht noch größer. Denn erst mit dem Hellenismus entstand ja eine wirkliche Gesamtkultur; erst von der Zeit, in der Griechenland aufhörte, eine Provinz der antiken Welt zu sein, um dafür etwa das zu werden, was unter den Vereinigten Staaten von Nordamerika der einzige »Distrikt« mit der Zentrale Washington — werden sollte. Die römische Kultur ist dann vollends die Grundlage aller späteren Bildung im Abendlande, und aller uns noch so heißenden Bildung im Morgenlande geworden. Vom Standpunkte dieser Zeitschrift, deren Leser wohl überwiegend wie der Referent in allem Stofflichen sich nur dankbar lernend zu verhalten haben, wäre daher nur die einzige Frage aufzuwerfen, die denn freilich fundamental ist: ob diesen »Kulturen« wirklich etwas durchaus Gemeinschaftliches innewohnt, und etwas, das doch wieder unsere drei antiken Kulturen von denen des Orients, z. B. Chinas, oder des noch ferneren Altertums, etwa Babylons, grundsätzlich unterscheidet.

Unser vortreffliches Werk gibt Anhaltspunkte in Hülle und Fülle, muß aber naturgemäß die Kontinuität allein betonen, ohne die allfällige Identität mehr als gelegentlich hervorheben zu können. Es wäre aber vielleicht am besten, gerade von der Ästhetik den Ausgangspunkt zu nehmen: unterscheidet sich doch schließlich die große, von Griechenland und seinem Schüler Rom dauernd beherrschte Linie der europäischen Kulturentwicklung in keinem Punkte von den anderen so unvereinbar. In den Organisationsformen, in der Sprache und ihren Anwendungen, in Moral und Religion überwiegen die Gleichheiten auf gleicher Kulturstufe die Verschiedenheiten ganz oder nahezu; aber man stelle einen Götterkopf der hellenischen Tradition neben irgend einen, der diesem Einfluß nichts verdankt — und wir sind in einer anderen Welt. Eduard Meyer hat ja versucht, allgemeine Kennzeichen der geistigen Struktur der Indogermanen aufzuweisen — mit zweifelhaftem Erfolg; aber was außerhalb der indogermanischen Kultursphäre auf gelegentliche Berührungen mit der »klassischen Kunst« zurückgeht, und wäre es bei den Negern, ist ihr eher vergleichbar als was ohne Lernen von der hellenischen Kunsttradition selbst Indogermanen — z. B. in slavischer Volkskunst — erschaffen haben.

Was aber sind die Kennzeichen des in dieser Tradition verankerten Schönheitsbegriffes? Vor allem, scheint mir, diese drei: eine entschiedene Orientierung des menschlichen Schönheitsideals von dem Männlichen aus, so daß — ganz anders als etwa bei Indern oder Japanern! — das Weibliche an dies heranstilisiert wird; dann eine fast unüberwindliche Neigung zur Symmetrie, die ja den Chinesen und Japanern durchaus fernbleibt; drittens eine Tendenz auf das Durchleuchten seelischer Eigenschaften. Einzeln begegnen der sexuelle wie der künstlerische oder der psychologische Zug natürlich überall, wo wahre Kunst entstanden ist; daß mindestens ein Ansatz zu allen dreien gefordert wird, wo wir Schönheit suchen, scheint mir aus der Betrachtung dieses schönen Werkes wieder hervorzugehen. Und von hier aus ließe sich denn vielleicht auch die Frage nach dem Wesen der *cultura perennis* am besten beantworten: sie ist gegründet auf die Begriffe der Kraft, des Gleichgewichts und der seelischen Vertiefung.

Berlin. Richard M. Meyer.

Anton Penkert, Das Gassenlied. Eine Kritik. (Kampf gegen die musikalische Schundliteratur I.) Leipzig 1911, Breitkopf & Härtel. 83 S. 8°.

Diesem ersten Pfeil, den der Verfasser gegen die musikalische Schundliteratur abschießt, will er vier weitere folgen lassen: Heft 2: Die Operette, Heft 3: Salonmusik, Heft 4: Jugendmusikliteratur und Heft 5: Gute Hausmusik für Jung und Alt. Daher scheint es geboten, beizeiten Einspruch zu erheben. Nicht etwa gegen die Absicht dieses Büchleins, sondern gegen die ästhetische Methode (die allein uns hier interessiert). Der Verfasser glaubt, objektive Kriterien gefunden zu haben, an denen schlechte Musik zu erkennen sei. Das eine davon ist richtig: die schlechte Musik kennzeichnet sich durch zu starke Betonung und zu große Einförmigkeit des Rhythmus. Reichlich zwei Drittel der populären Weisen sind als Walzer komponiert, und das einschläfernde búm-ta-ta, búm-ta-ta ... der Begleitung erlaubt es den »Schöpfern« nicht, den Wechsel der Stimmung durch die geringste Beschleunigung oder Verzögerung auszudrücken.

Das vollkommene Kunstwerk zeigt die Harmonie, den Ausgleich zwischen Inhalt und Form, zwischen dem Gedanken und dem sprachlichen Ausdruck, zwischen der Melodie und dem Rhythmus (weshalb freilich auch ein nur mittelmäßiger Gedanke in entsprechend mittelmäßiger Form schon den Eindruck einer gewissen Vollkommenheit macht); überwiegt der Gedanke, so haben wir eine romantische Noch-nicht-Kunst oder auch Nicht-mehr-Kunst (je nachdem man sagt, Mangel an Gestaltungskraft habe die Gedanken nicht zu bewältigen gewußt — oder: der zu große Gedanke habe die Form zerbrochen); überwiegt aber die Form, so haben wir eine Unkunst. Und dahin gehören jene Walzer, deren Melodie nur eine Illustration zu dem vorher feststehenden búmtata zu sein scheint, bei denen gleichsam nicht die Form aus dem Inhalt, sondern der Inhalt aus der Form herausgewachsen ist.

Geben wir zu, daß die Autoren schlechter Musik aus künstlerischer Unfähigkeit die Formschablone allzusehr hervortreten lassen — ist damit irgend etwas über den Wert ihrer Melodien gesagt? Penkert hat sich daher nach einem Kriterium für den Wert der Melodie selbst umgesehen, und er ist darauf verfallen, den jeweiligen musikalischen Rhythmus an dem poetischen Rhythmus des komponierten Gedichtes zu messen. Das halte ich für völlig verfehlt.

Einmal wäre dieses Merkmal ja nur auf Melodien anwendbar, denen Texte zugrunde liegen. Sodann läge die Gefahr nahe, eine Melodie an dem zugehörigen Text zu messen, obgleich dieser der ursprünglich selbständigen Melodie vielleicht erst nachträglich »unterlegt« worden ist — eine Möglichkeit, die Penkert selbst zugibt (S. 62) und die bei der heutigen Kunstfabrikation, die auch zu fertigen »Illustrationen« nachträglich das »Illustrierte«, nämlich Gedichte und »Witze«, hinzufügt (was man »textieren« nennt), durchaus nicht graue Theorie ist.

Und wie mißt Penkert die Melodie am Texte? Er verlangt, daß sie die natürliche Betonung der Verse beibehalte. Er zitiert (S. 68):

und sagt:

»Hinter *Mann* würde niemand atmen, keiner die Reimworte in der Länge heraus heben, als ob sie die Hauptsache wären.«

Nun, auch Mozart »atmet« im Don Juan, wo man es nicht erwartet, sogar mitten im Wort:

und mit Absicht sind hier die Silben auseinandergerissen, um das Todesröcheln des Komturs darzustellen.

Und wie steht es mit der Betonung des Reimwortes?

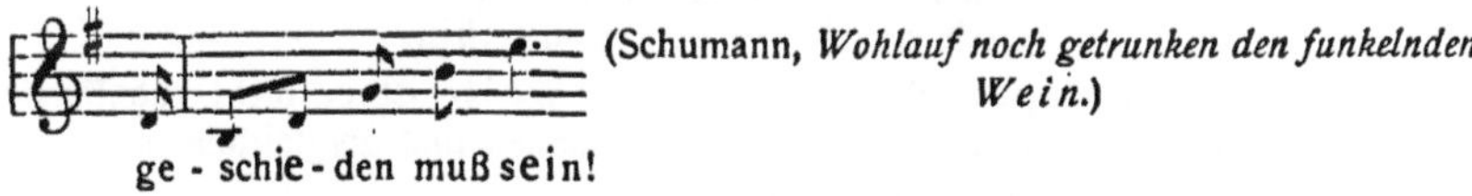

---

[1]) Die Fortsetzung:

zeigt übrigens Triller zur Bezeichnung des Kusses, mitten im Wort, was beides Penkert S. 48 und 70 bei »Gassenliedern« tadelt.

Natürlich »würde keiner die Reimworte in der Länge herausheben, als ob sie die Hauptsache wären«. Und wieder tut Schumann es mit Absicht, seiner hochaufjauchzenden Melodie zuliebe. Wie aber verhält es sich mit der anderen Kompositiou dieses Liedes (durch Julius Otto)? Diese betont das bedeutunglose *sein* nicht so, dafür aber: *Wohlauf noch getrun*ken | *den f. W.!* | *ade nun, ihr Lie*ben, | *geschieden muß sein!* | *Ade nun, ihr Berge,* | *du väte*r*lich Haus!* | *Es treibt* in *die Ferne* | *mich mäch*tig *hinaus! usw.* Hier haben wir alle Typen ungehöriger Betonung in einem guten Volksliede.

Die Beispiele lassen sich mühelos vermehren.

Das Hilfszeitwort usw. wird unter anderem betont in:

Ich hatt' einen Kameraden.
Das war der Herr von Rodenstein.
Es ist bestimmt in Gottes Rat.
Ich bin der Doktor Eisenbart.
Schier dreißig Jahre bist du alt.

(Nach Süden nun sich lenken ...) Das sind die Prager Studenten.
(Drauß ist alles so prächtig) und es ist mir so wohl.
Und wo *die Treppe so dunkel ist, da haben wir uns geherzt, geküßt* (Löwe).

(Übliche Mel.: *Es zogen drei Bursche wohl* ü*ber den Rhein:*)
Frau Wirtin hat sie gut Bier und Wein?
Wo hat sie ihr schönes Töchterlein?

(auch Löwe: ... *über den Rhein ... wo hat sie ihr schönes Töchterlein?*
Es steht ein Baum im Odenwald, der hat viel grüne Äst'.
Was kommt dort von der Höh'?
Der Mai ist gekommen

(worin auch *ist* länger als *Mai* und *Bäume* kürzer als *schlagen aus* ist).
Der Gott, der Eisen wachsen ließ.
(Wem Gott will rechte Gunst erweisen ...) dem will er seine Wunder weisen.
Ich weiß nicht was soll es bedeuten.
(Die Lore) *und wohnet im Winkel am Tore.*
Wenn ich den Wandrer frage.
(Andreas Hofer) *mit ihm sein Land Tirol.*

Besonders »ungehörig« und noch dazu von C. M. von Weber ist:

Einsam bin ich nicht alleine.

Penkert tadelt S. 68, man höre auf den Rhythmus:

Ich wandle wie im Traum umher.

Nun, in »Der Papst lebt herrlich in der Welt« ist er nicht zutreffender. Ebenso ungehörig ist die Betonung von Präpositionen und dergleichen in:

Preisend mit viel schönen Reden
Ihren Schäfer zu *erwarten* | *schlich sich Phyllis* in *den Garten.*
Er singt bis in *die Sternennacht* (Löwe, Der Nöck).
Steh ich in finstrer Mitternacht | *So einsam auf der stillen Wacht*
(Zwischen Berg und tiefem Tal die zwei Hasen) *bis auf den Rasen*
Wenn ich an den letzten Abend gedenk | *Als ich Abschied von Dir nahm.*
Mit dem Pfeil dem Bogen | *Durch Gebirg und Tal.*
Wenn wir durch die Straßen ziehen.
Schön ist's unter freiem Himmel | *stürzen in das Schlachtgewimmel.*

Es zogen drei Bursche wohl über den Rhein.

Deutschland, Deutschland über alles ... Von der Maas bis an *die Memel* ist allerdings nicht so komponiert worden, wird aber unbedenklich so gesungen.

Die Bächlein von den Bergen springen zeigt als zweiter Vers von *Wem Gott will rechte Gunst erweisen,* was geschehen kann, wenn eine feststehende Melodie auf die zweite Strophe übernommen wird, die natürlich nur für ein sehr oberflächliches Skandieren denselben Rhythmus haben kann.

Der Artikel ist betont:

Ich liebte den Frohsinn, den Tanz, den Gesang.

(Auch ich war ein Jüngling — den Text hat Lortzing bekanntlich selbst verfaßt!)

Drauf trat der Wieg' entgegen von Bergen der Dynast.

(Löwe, Das Wiegenfest zu Gent.)

(Prinz Eugen) *er ließ schlagen einen Brucken.*

Mein Lieb ist eine Älpnerin, gebürtig aus Tirol.

Ähnliches:

Freiheit, die ich meine ...

Ach wie ist's möglich dann | daß ich Dich lassen kann.

So versteht man das scherzhafte:

Es es es und es, es ist ein harter Schluß.

Auch noch recht merkwürdig ist:

O Tannebaum, wie treu sind deine Blätter.

Alles schläft, einsam wacht (statt: *Alles schläft, einsam wacht*).

Wer hat dich, du schöner Wald ...

Freude, schöner Götterfunken (Volksweise).

Rosestock, Holderblüt | wenn ich mein Dirnderl sieh | lacht mer vor lauter Freud | s' Herzl im Leib.

Wem Gott will rechte Gunst erweisen.

Steh ich in finstrer Mitternacht.

Damit sind wir bei den affektmäßigen Betonungen. Natürlich handelt sich's nicht um eine finstre Mitternacht im Gegensatz zu einer hellen. Das Adjektiv ist nicht unterscheidend. Aber es wird im Affekt stärker betont als sein Hauptwort, obgleich es natürlich der Bedeutung nach diesem stets nachsteht. Am Strophenschluß muß es musikalisch geradezu hervorgehoben werden, da das Hauptwort als letztes Wort natürlich in die (tiefere) Tonika fällt (z. B. Am Brunnen vor dem Thore ... *so manchen süßen Traum*).

Wenn diese affektmäßige Betonung sozusagen »noch hingeht«, so würde Penkert folgende Betonungen von Nebensilben, wie sie sich besonders häufig in dritteltaktigen Gebilden finden, vermutlich besonders übelnehmen:

*Letzte Ro*se, *wie magst Du so einsam hier blühn ... Deine freund*lich*en Schwestern ... keine Blättc*hen *mehr flattern ...*, was freilich wiederum eine Übersetzung von *The last rose of summer* ist, aber eben doch anstandslos gesungen wird.

(Mein Herz ist im Hochland) ... *wo im*mer *ich geh (= My heart* is *not here).*

Und der Hans schleicht umher ... und der Kopf ihm *so schwer ... Und die Lie*sel *vor der Thü*re, *rotes Mie*der, *goldne Schnü*re ...

Wie die Wolken dort wandern.

*Ein Sträußel am Hute ... zieht einsam der Wandrer von Lan*de *zu Land.*

*Auf den Ber*gen *die Burgen, im Ta*le *die Saale, die Mäd*chen *im Städtchen.*

Man vergleiche: ... *Du vä*ter*lich Haus* und Lortzings ... *den Tanz,* den *Gesang ...*

Doch auch bei geradem Takt ist diese Verschiebung nicht unmöglich: *Neh*men *sie den Leib* heißt es in Luthers *Ein feste Burg,* und auch in Löwes *Prinz Eugen* kippt die Betonung bei der Nachahmung der Volksmelodie am Schlusse bedenklich über: ... *zu der Mark*e*tenderin,* und in *Die Trepp' hinunter* ... *Da san*gen *die Vöglein* ...

(Scherzhaft ist solche Betonung benutzt im *Mädchen am See: Du nur bist meine Freu dé.*)

Damit sind wir bei den schieftaktigen Betonungen, die immer eine höchst originelle Melodie abgeben. Hierin tun sich besonders die amerikanischen Cakewalks hervor:

*Lot*te *du süße Maus,*
*An*ton, *ach kauf mir doch ein Au*to*mobil,*

neuerdings: *Im Schat*ten *grüner Mat*ten usw.

Diese höchst instruktiven Melodien bringen uns zu der Frage: Was ist eigentlich Akzent? Offenbar etwas höchst Unmaterielles, Unmeßbares, denn in Löwes

fällt er dennoch nicht auf (san)gen und (Vög)lein, obgleich diese Noten sowohl höher als auch länger sind als san- und Vög-; von der Höhe und Dauer hängt er also nicht ab, und auch die Intensität kann man dadurch ausschalten, daß man sich das Lied auf einem Leierkasten gespielt denkt: trotzdem würde er nicht völlig auf gen und lein hinübergleiten. Oder soll man sich denken, daß nur die bisherige rhythmische Stete des Liedes diese Extravaganz erlaubt, daß wir den Wechsel im Rhythmus nur nicht empfinden, und die Tatsache, daß man das *(lau)tem* nicht als stärker betont empfindet als das *lau,* dadurch erklären, daß beide von Schall übertönt und gebunden werden?

Wie dem auch sei, mit solchen schwebenden Betonungen kann eine Melodie nicht ganz unoriginell sein. Man vergleiche einen Gassenhauer von V. Holländer:

Hier scheint mir die gleitende Bewegung eine lüstern-laszive Bewegung ausdrücken zu sollen: gewiß verwerflich, gewiß nicht schön — aber »originell«. Es ist der witzige Einfall (der mit Kunst noch gar nichts zu tun hat), der dem Gassenhauer seine Existenzberechtigung verleiht, ebenso wie ein guter Witz seine Existenzberechtigung hat, und den Penkert so sehr vermißt.

Und er hätte ihn im Gassenhauer so häufig finden können. Der Eindruck gleitender Betonung entsteht nämlich schon, wenn am Schlusse eines Verses usw.

(in pausa) mit zweisilbigem Ausgang die betonte Reimsilbe zu kurz ist (nämlich kürzer als ½-Takt), weil dabei der ihr zukommende Tonfall, der die Tendenz hat, sie ins zweite Viertel hinüberzudehnen, eben noch die dann in diesem zweiten Viertel stehende sonst unbetonte Note trifft, die nun ihrerseits das zweite und das ihr zustehende dritte Viertel einnimmt, also länger als die betonte ist und deshalb mit einem Nebenton versehen erscheint. Z. B.:

Wohlauf, die Luft geht frisch und rein, wer lange sitzt,

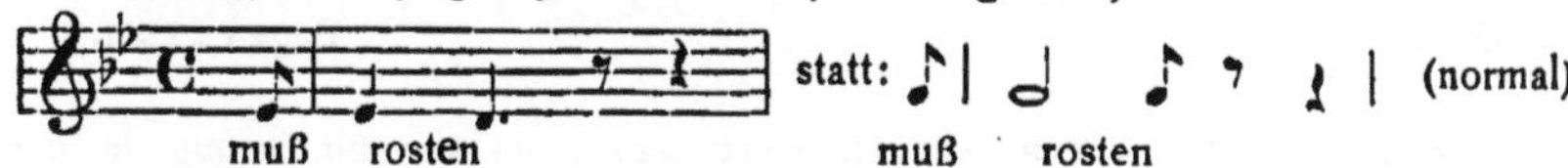

Dasselbe findet sich auch in Linckes *Ninetta, Ninetta,* sogar in dem schrecklichen

Schatz, mach Ka s-se,

in der Petite Tonkinoise:

Pourqu' je fin i s-s e Mon serv i-c e ...

und Je suis gobé d'une pe t i t e usw.

Was Penkert von alledem angeführt hat, wie *Lotte, du süße Maus,* hat auf ihn offenbar nur den peinlichen Eindruck schlechter Betonung gemacht. Wir aber haben uns wohl überzeugt, daß die originelle Melodie sich um die Betonung des Textes nicht im mindesten kümmert — daß man eher im Gegenteil sagen könnte: J e e i g e n w i l l i g e r d i e M e l o d i e, d e s t o n o t w e n d i g e r w i r d s i e m i t d e m R h y t h m u s d e s T e x t e s i n K o n f l i k t k o m m e n; und wenn es Penkert gelungen wäre, zu zeigen, daß die Gassenhauer sich zu ihren Texten selbständig verhalten, so hätte er damit ein zwar nicht hinreichendes, aber doch wesentliches Kennzeichen ihres Wertes gegeben! Die Zitate aus Löwe, Mozart und Weber beweisen das zur Genüge.

So kann ich auch nicht einmal böse werden über jene Leistung der Firma J. Freund & R. Nelson, die es fertig bekommen haben, ein- und zweisilbige Reime unter denselben musikalischen Hut zu bringen:

(Duft'ge Parmaveilchen.)

Also eine gewisse Originalität läßt sich den Gassenliedern nicht absprechen — wodurch hätten sie sich auch bei der ungeheuerlichen Zahl ihrer Konkurrenten siegreich durchgesetzt? Schreibt doch derselbe Komponist für jede Operette oder Revue immer gleich ein Dutzend solcher eliminierbaren Sächelchen, von denen doch nur das eine oder andere ein »Schlager« wird. Was Penkert an ihnen tadeln könnte, ist vielleicht das Vorwiegen des Witzes gegenüber dem Gemüt. Aber der advocatus diaboli muß gestehen, daß ihm die »lustigen« denn doch bei weitem lieber sind als die sentimentalen; und was die Abschätzung der Qualität eines Gedankens in Bezug auf gedankliche und Empfindungselemente betrifft, so ist das eine sehr heikle Aufgabe: ich persönlich halte manche Gedichte Heines, die andern als sehr gemütvoll gelten, für »bloß« gedanklich.

Noch etwas möchte ich zur Verteidigung des Gassenhauers sagen: selbst wenn die Melodie leidlich ist, wird sie durch das Übermaß der Wiederholungen unerträglich. Ein großer Teil des ästhetischen Reizes liegt im Reiz der Neuheit — würden wir nicht auch protestieren, wenn derselbe (an sich vielleicht ganz gute) Witz uns zehnmal erzählt würde?

Wir wünschen dem Büchlein Penkerts gewiß, daß es seinen guten Zweck erfülle, hoffen aber, daß die Methode keine Nachahmung finde.

Gießen. Eugen Lerch.

Hermann Wetzel, Elementartheorie der Musik. Einführung in die Theorie der Melodik, Harmonik, Rhythmik und der musikalischen Formen- und Vortragslehre. Leipzig, Breitkopf & Härtel, 1911. 211 S. Großoktav.

Dieses Buch ist eine der seltenen Arbeiten, die nicht das Resultat mehr oder weniger geschickten Kompilierens, sondern selbständigen Nachdenkens sind. Somit sind die Worte des Verfassers aus der Vorrede: »es versucht, alle die bekannten und noch unbekannten Elementarfragen von Grund aus systematisch und organisch zu entwickeln« keine Floskel, sondern er hat wirklich versucht, sich mit den verschiedenen Teilmaterien klar auseinanderzusetzen.

Das Buch handelt in seinem ersten Teil von der räumlichen Ordnung der Töne, welche die Lehre vom Ton, den Tonreihen, den Zusammenklängen und dem Tongeschlechte enthält. Hervorzuheben ist die Entwicklung des siebenstufigen Tonkreises aus dem pentatonischen System, womit die Verbindung zwischen Theorie und Geschichte hergestellt ist (Riemann, Handbuch der Musikgeschichte I, 1 S. 45 ff.). Als besonders wertvoll ist ferner in diesem Abschnitt die Entwicklung des chromatischen Tonkreises, sowie das über Alterierung und über die Orthographie der Chromatik Gesagte zu bezeichnen. Der Referent gesteht, noch nie eine so klare Darstellung hierüber gelesen zu haben, wie sie Wetzel S. 34 ff. gibt. Aus der Intervallenlehre, die besonders originell ist, sei die Kritik der Intervallbezeichnung S. 46 sowie die Gruppierung des diatonischen Tonkreises um Tritonus, Halbton und Großterz (S. 50 f.) besonders hervorgehoben. Auch Definition und Einteilung der Septimenakkorde (S. 53) sind treffend und klar. Etwas zu kurz ist meines Erachtens der Abschnitt über Konsonanz oder Dissonanz ausgefallen. Hier wäre von der historischen Wandlung dieser Begriffe zu sprechen gewesen (Riemann, Geschichte der Musiktheorie, S. 111—140). Aus dem Abschnitte über das Tongeschlecht ist besonders die Erklärung der Molltonart, sowie die Ableitung der sog. »harmonischen« Molltonleiter aus verwandten pentatonischen Tonkreisen zu erwähnen. Die Darstellung der Kirchentonarten ist gar zu kursorisch ausgefallen, wenigstens vom pädagogischen Standpunkte aus. Der zweite Teil des Buches handelt von der zeitlichen Ordnung der Töne, welche die Lehre vom Rhythmus und Metrum, Motiv und Takt umfaßt. Die elementare Metrik (Lehre von den Motivtypen) führt die dreizeitigen Typen ein, die mit Recht mit den zweizeitigen auf e i n e n rhythmischen Urtypus zurückgeführt werden.

Großes Lob ist dem Kapitel: »Der Takt und sein Verhältnis zum Motive« zu spenden, das mit ebensoviel Klarheit wie Kürze alle jene Gedanken- und Verständnislosigkeiten wegräumt, die nur der Pädagoge in ihrer vollen Schwere kennt. Ebenso wichtig ist das Kapitel: »Unechte Takte« (S. 96 ff.), wo als eklatantes Beispiel etwa noch der erste Satz der Esdur-Sinfonie von Schumann zu nennen wäre. Der dritte Teil des Buches bringt die Grundzüge der musikalischen Formenlehre als »räumlich-zeitliche Ordnung der Töne«. Nicht ganz einverstanden bin ich mit der Definition der »Phrase« (S. 132) und deren Trennung von der Motivgruppe:

ich glaube, daß diese Unterscheidung keine durchführbare ist. Auch über die Dreiergruppen wäre vieles zu sagen, speziell ob sich nicht manche Beispiele durch Ellipsen erklären, z. B. S. 134 Schubert op. 15; so daß man sich das h—cc—cis—d noch einmal wiederholt denken müßte. Aber grade dieses Gebiet läßt so viel abweichende Auffassungen zu, daß man nicht im Rahmen eines kurzen Referats darüber erschöpfend sprechen kann. — Der vierte und letzte Teil des Buches bietet in gedrängter Kürze die Grundzüge der musikalischen Vortragslehre.

Das Gesamturteil ist dahin zusammenzufassen, daß die Literatur um eine wertvolle Arbeit bereichert ist. Die psychologischen Kenntnisse des Verfassers haben eine einwandfreie Darstellung der allgemeinen Kapitel zustande gebracht — die Probleme sind überall mit Schärfe gestellt und gründlich durchgearbeitet. Was dem Buch aber seinen singulären Charakter gibt, ist die ungewöhnliche Klarheit des Ausdrucks, die ebenso sehr den wissenschaftlich geschulten Denker wie den wirklich analytisch begabten Pädagogen verrät.

So hebt sich diese Arbeit nicht nur aus dem Kreise der Sammlung, in der sie erschien, sondern auch aus den üblichen Theoriebüchern heraus. Die Grenzgebiete der Psychologie einerseits, der Musikgeschichte andrerseits konnten bei dem knappen Umfang, der dem Verfasser zu Gebote stand, zwar nur berührt werden, doch ist diese Berührung immerhin eine so exakte, daß sie den Wunsch nach Spezialstudien im Leser wachruft. Diese Weite des Horizonts, diese Vereinigung wissenschaftlicher Schärfe mit künstlerischem Urteil verdanken wir ohne Zweifel Hugo Riemann, für dessen Bedeutung es wohl kein besseres Testimonium gibt, als Schüler vom Schlage Schreyers und Hermann Wetzels.

Frankfurt a. M. Moritz Bauer.

Konrad Fiedler, Schriften über Kunst. Herausgegeben von Hermann Konnerth. — Erster Band. — R. Piper und Co., München 1913. — 8°, XXIV und 462 S.

Über die hohe Bedeutung der kunsttheoretischen Schriften Konrad Fiedlers sind wohl alle Leser dieser Zeitschrift einer Meinung; ihre starke Anregungskraft hat nicht nur Adolf von Hildebrand wesentlich befruchtet, sondern auch die zahlreichen Forscher, deren Arbeiten mehr oder minder eng an das »Problem der Form« anknüpfen. Ja wir dürfen vielleicht Fiedlers Schriften als den tiefsten und leidenschaftlichsten Ausdruck eines bestimmten Kunstwollens auffassen, aber auch noch darüber hinaus müssen wir den rein wissenschaftlichen Ertrag dieses Bemühens anerkennen: denn Fiedler ist wohl mit der erste gewesen, der mit aller Deutlichkeit das Problem einer allgemeinen Kunstwissenschaft erkannt und verteidigt hat. Und darauf beruht das ungemein fortschrittliche Element seiner Schriften, die ja zum Teil über dreißig Jahre zurückliegen und doch in wesentlichen Zügen anmuten, als wären sie heute geschrieben. Fiedler stand für uns lange im Schatten der über alles Lob erhabenen Kunst seines Freundes Hans von Marées; die meisten sahen in ihm nur den opferfreudigen und hingebungsvollen Gefährten jenes Riesen. Er erschien groß, weil er einen Großen rechtzeitig erkannte, verstand und förderte, und man suchte in seinen Schriften vor allem nach einem Weg zu den dunkeln Rätseln der Kunst, die jener Große geschaffen. Nun ist uns diese Kunst lichter und klarer geworden, durch die Ausstellungen der letzten Jahre, durch das umfassende Werk von Julius Meier-Graefe, und vor allem wohl, weil wir reif geworden sind für eine derartige Kunst, die so weit den Impressionismus überwunden hat. Und heute erscheint uns Fiedler selbst groß, nicht nur als großer Mensch durch sein Verhältnis zu Marées, sondern groß durch seine eigene wissenschaftliche Leistung. Darum dürfen wir auch dankbar sein für diese gute Neuausgabe seiner Schriften, deren erster Band nunmehr vorliegt; Hermann Konnerth — der bereits 1909 uns eine schöne Arbeit über »Die Kunsttheorie Konrad Fiedlers« geschenkt hat — zeichnet als Herausgeber. In diesem ersten Bande sind alle jene Schriften vereint, die Hans Marbach bereits 1896 gesammelt und veröffentlicht hat; »ein zweiter Band soll dann all das bringen, was Marbach unberücksichtigt gelassen hatte, und wodurch Fiedlers Stellung in der Geschichte des Denkens über Kunst erhöhte Klarheit und Sicherheit erwarten kann«.

Einen besonderen Reiz werden wohl manche Leser an dem Vergleich empfinden, wie sich Fiedlers Grundanschauungen zu der jüngst erschienenen »Ästhetik des reinen Gefühls« von Hermann Cohen verhalten, da die Prinzipalauffassung beider an Kant entwickelt ist. Aber nicht diesen Fragen wollen wir hier nachgehen und auch auf eine nähere Analyse der Schriften Verzicht leisten, dafür aber ein Problem in den Vordergrund stellen, das für Fiedler mit das wichtigste war, und das eines der wichtigsten im modernen Wissenschaftsbetriebe ist: das Verhältnis der Ästhetik zur Kunstwissenschaft und deren Grundlegung. Sind wir zu der Meinung berechtigt, daß wir uns im ästhetischen Genießen des wesentlichen, eigentlich künstlerischen Inhalts der Kunst bemächtigen? »Wir machen alle die Erfahrung, daß uns die Natur unter bestimmten Umständen einen gleichen, wenn nicht höheren Genuß dieser Art bereitet. Wir müßten daher annehmen wollen, daß auch in den Naturdingen ein künstlerischer Inhalt verborgen sei; denn wir finden in ihnen das wieder, was uns der wesentliche Inhalt der Kunst gewesen war. Wie können aber die Naturdinge einen künstlerischen Inhalt haben, da es doch das Wesentliche des künstlerischen Inhalts sein muß, daß er der geistigen Kraft des Menschen seine Entstehung verdankt? Wir müssen daher diesen Inhalt in einer anderen Eigenschaft der Kunstwerke suchen und uns bescheiden, daß wir in der Ausnutzung dieser für unsere ästhetische Empfindung zwar einer ihrer unbestreitbar wichtigen Seiten, nicht aber des innersten Kernes ihrer Bedeutung habhaft geworden sind.« So wirft denn Fiedler die Frage auf, ob es eine berechtigte Voraussetzung sei, daß die Kunst ihrem ganzen Umfange nach dem Forschungsgebiete der Ästhetik angehöre, ob sie keine andere wesentliche Bedeutung habe, als ihr diese beilegen, kein anderes Ziel, als ihr diese vorschreiben könne. »In der Tat sehen wir diese Voraussetzung häufig als eines Beweises nicht bedürftig von vornherein angenommen. Wenn wir hier und da uns davon überzeugen müssen, daß man von dem Standpunkte der Ästhetik aus nur eines Teiles von dem vollen Gehalte der Kunstwerke habhaft werden kann, daß die künstlerische Tätigkeit Erscheinungen bietet, die der Unterordnung unter ästhetische Gesichtspunkte widerstreben, daß die Anwendung ästhetischer Prinzipien zu positiven Urteilen über Kunstwerke führt, die den Werken selbst gegenüber der Überzeugungskraft entbehren; wenn wir sehen, daß infolge von alledem die Ästhetik, um der Kunst ihrem ganzen Umfange nach gerecht werden zu können, sich selbst nicht selten Zwang antut, oder daß der Kunst von ihr willkürlich beengende Schranken aufgezwungen werden: so könnten wir uns wohl veranlaßt fühlen, vor allem die Annahme, daß Ästhetik und Kunst ihrem vollen Wesen nach in einem innerlich notwendigen Verhältnis zueinander stehen, einer kritischen Untersuchung zu unterwerfen.« Vielleicht würde es sowohl der Ästhetik als auch der Kunstbetrachtung zum Vorteil gereichen, wenn beide in ihren Ausgangspunkten und in ihren Zielen sich die gegenseitige Selbständigkeit bewahrten und nur, wo sie dies zu ihrem beiderseitigen Nutzen tun könnten, eine Verbindung suchten. »Und daran würde sich die fernere Frage anschließen, ob die Ästhetik, ihr Dasein einem ganz anderen geistigen Bedürfnis verdankend als die Kunst, nicht die Kunstwerke überhaupt nur ästhetisch erklären könne, künstlerisch aber unerklärt lassen müsse; ob ferner die Regeln, die die Ästhetik aufstellen könne, nicht nur ästhetischer, nicht aber künstlerischer Natur sein könnten; ob endlich die Forderung, daß sich die künstlerische Produktion nach den Regeln der Ästhetik richten solle, nicht bedeute, daß die Kunst aufhören solle, Kunst zu sein und sich damit zu begnügen habe, der Ästhetik illustrierende Beispiele zu liefern.« Es geschieht sehr häufig, daß der Mensch, ehe er es versucht, sich auf den künstlerischen Standpunkt zu versetzen, der Kunst gegenüber einen anderen Standpunkt, mag dies ein religiöser, moralischer, politischer oder irgendein anderer sein, einnimmt und von diesem aus zusieht, welche Wirkungen die menschliche Natur nach diesen Richtungen hin von den Kunstwerken empfängt. »Hier werden die Kunstwerke nicht als künstlerisch, sondern als anderweitig wirkend aufgefaßt, und so lehrreich diese Art der Untersuchung sein mag, so liegt sie doch gänzlich außerhalb des Gebietes eigentlicher Kunstbetrachtung.« Die Kunst ist auf keinem anderen Wege zu finden, als auf ihrem eigenen; und diesen Weg versucht nunmehr Fiedler zu weisen.

Die Anschauung hat für den Menschen eine selbständige, von aller Abstraktion unabhängige Bedeutung; darum hat dieses Vermögen das gleiche Recht wie das begriffliche Denken, zu einem geregelten und bewußten Gebrauch ausgebildet zu werden. Nicht nur im Begriff dringt der Mensch zu einer geistigen Herrschaft über die Welt, sondern auch durch die Anschauung. So beruht Ursprung und Dasein der Kunst auf einem unmittelbaren Ergreifen der Welt durch eine eigentümliche Kraft des menschlichen Geistes. Ihre Bedeutung ist keine andere, als eine bestimmte Form, in der der Mensch die Welt sich zum Bewußtsein zu bringen nicht nur bestrebt, sondern recht eigentlich durch seine Natur gezwungen ist. So steigt die Kunst vom Form- und Gestaltlosen zur Form und Gestalt empor, und auf diesem Wege liegt ihre ganze geistige Bedeutung. Wäre die menschliche Natur nicht mit der künstlerischen Begabung ausgestattet worden, die Welt würde nach einer großen, unendlichen Seite hin dem Menschen verloren sein und bleiben. Im Kunstwerk findet die gestaltende Tätigkeit ihren äußeren Abschluß, der Inhalt des Kunstwerks ist nichts anderes, als die Gestaltung selbst. Darum wird man von echter Kunst nichts anderes verlangen dürfen, als Natur, aber freilich nicht das kümmerliche Naturbild, was uns allen zu Gebote steht, sondern das entwickelte Naturbild, zu dessen Entstehung es jener Tätigkeit bedarf, die sich beim Künstler an die bloßen Wahrnehmungs- und Vorstellungsvorgänge des Gesichtssinnes anschließt. Das, wodurch sichtbare Natur zur Kunst wird, ohne daß sie doch aufhört, Natur zu sein, ist die Entwicklung, die sich für ihre Sichtbarkeit in der Tätigkeit des Künstlers vollzieht. Kunst ist nicht Natur; denn sie bedeutet eine Erhebung, eine Befreiung aus den Zuständen, an die gemeiniglich das Bewußtsein einer sichtbaren Welt gebunden ist; und doch ist sie Natur! denn sie ist nichts anderes als der Vorgang, in dem die sichtbare Erscheinung der Natur gebannt und zu immer klarerer und unverhüllterer Offenbarung ihrer selbst gezwungen wird. So verwirklicht sich in der Welt der Kunst die Sichtbarkeit der Dinge in der Gestalt reiner Formgebilde. Nur dadurch kann der Künstler von der Unverfälschtheit und Stärke seiner Begabung Zeugnis ablegen, daß er die Rücksichten auf allerlei Gehalt und Inhalt, die seine bildende Tätigkeit beeinflussen könnten, zurückdrängt und sich ganz allein von dem Streben nach Entwicklung des Gesichtsbildes bestimmen läßt. Und wenn man sonst im Kunstwerk dem, was sich ausschließlich dem Gesichtssinne darbietet, eine untergeordnete Rolle zuzuteilen pflegt im Verhältnis zu dem Empfindungs- und Gedankengehalt, als dessen Träger das sichtbare Gebilde betrachtet wird, so müssen wir dieses Verhältnis umkehren und alle Wichtigkeit, die einem Kunstwerk als solchen zugeschrieben werden kann, in seine Sichtbarkeit verlegen. Daß dem Kunstwerk ein Wert für unser Empfinden innewohnt, daß in ihm eine Bedeutung zum Ausdruck gelangt, die wir nur auf dem Wege des Denkens uns aneignen können, daß diese Bedeutung wiederum weiter wirkt auf die Gesamtheit unseres denkenden Lebens, dies alles wird dem wahrhaft künstlerischen Betrachter nicht viel wichtiger erscheinen als der Umstand, daß der Künstler, indem er durch und für den Gesichtssinn arbeitet, an einen sinnlich gegebenen Stoff gebunden ist, der nicht nur für den Gesichtssinn, sondern auch noch für andere Sinnesgebiete vorhanden ist. Es ist klar, daß der vielfache Einfluß, der von der Kunst auf das Gesamtleben der Menschen tatsächlich ausgeht, und in welchem Bestimmung, Wert und Bedeutung der Kunst zu erkennen ganz selbstverständlich erscheint, vernichtet werden müßte, wenn es gelänge, die Menschen ausschließlich für jene reinste und höchste Wirkung der Kunst empfänglich zu machen. Kann man sich auf der einen Seite dieser Konsequenz nicht entziehen, und will man doch auf der anderen Seite das Vorhandensein einer allgemeinen Bedeutung der Kunst nicht dadurch ganz in Frage stellen, daß man in denjenigen Bedeutungen, die ihr in dem Gesamtleben des Menschen beigelegt zu werden pflegen, doch nur Folgen eines mangelhaften oder falschen Verständnisses anerkennen muß: so scheint es unumgänglich, nach demjenigen allgemeinen Wert zu suchen, welchen die Kunst auf Grund des ungetrübten Verständnisses ihres innersten Wesens zu erlangen bestimmt ist. Wir müssen die volle Konsequenz anerkennen, daß an dem Dasein der Kunst, sofern es sich um Kunst im höchsten Sinne handelt, keiner von den Bestandteilen des geistigen, sittlichen, ästhetischen Lebens, an die man den Fortschritt, die Veredlung, die Vervollkommnung der menschlichen Natur gebunden erachtet, irgend ein Interesse haben kann. Erst wenn wir zu dieser Unbefangenheit der Kunst gegenüber gelangt sind, können wir ihr etwas verdanken, was freilich etwas ganz anderes ist, als die Förderung unserer wissenden, wollenden, ästhetisch empfindenden Natur: nämlich die Klarheit des Wirklichkeitsbewußtseins, in der nichts anderes mehr lebt, als die an keine Zeit gebundene, keinem Zusammenhange des Geschehens unterworfene Gewißheit des sichtbaren Seins. Jede echte Kunstübung wird, welchem Inhalt sie auch zugute kommen mag, doch immer nur dieses ihr eigene Ziel verfolgen.

Sehr interessant und wohl wenig beachtet ist eine gewisse Verwandtschaft der hier eben dargelegten Lehren zu den Kunstanschauungen Hermann Hettners, über die wir uns am besten an der Hand des vorzüglichen Werkes von Hugo Spitzer (»Hermann Hettners kunstphilosophische Anfänge und Literarästhetik«, Graz 1903) unterrichten. Danach vertritt Hettner die Meinung, daß die Kunst überhaupt nicht da ist, um Schönes hervorzubringen oder gar die Natur in der Schönheit ihrer Erzeugnisse zu überbieten, daß sie keinen hedonischen, sondern einen theoretischen Zweck hat, daß sie nicht Genüsse, sondern Einsichten vermitteln soll, indem sie ein Organ der Gedankendarstellung, eine Art Sprache, und zwar im Gegensatz zur gewöhnlichen Sprache, welche nur abstrakte Darstellungen, Begriffe ausdrückt, die Sprache der sinnlichen Erkenntnis ist; dadurch bietet sie eine wesentliche und notwendige Ergänzung des wissenschaftlichen Denkens. Im übrigen ist ja der Gedanke, die Kunst als eine Art »sinnlicher Erkenntnis« zu fassen, sicherlich nicht neu; er begleitet ja die Ästhetik von ihren Anfängen an, nur erstrahlt er bei Fiedler in einem ganz neuen Licht, gewinnt eine erweiterte, vertiefte Bedeutung. Ich muß allerdings hier in wesentlichen Punkten Fiedler widersprechen (ausführlicher habe ich darüber gehandelt in meinem Aufsatz über »außerästhetische Faktoren im Kunstgenuß« — diese Zeitschrift VII, 4 — und in dem Bericht über »Ästhetik und allgemeine Kunstwissenschaft« im ersten Bande des philosophischen Jahrbuches):

wenn Fiedler der Kunst als allein berechtigtes Darstellungsproblem das der Sichtbarkeit zuweist, so gilt dies zweifellos nur für einen Kunsttypus und für einen Betrachtungstypus, neben die nicht minder wertvolle andere Typen treten. Aber wesentlich ist, daß Fiedler der Darstellung diese ungeheuere Rolle beimißt; denn in der Tat liegt hier der springende Punkt: zur Kunst wird ein Gebilde nur als Dargestelltes, Gestaltetes, Geformtes. Und das haben die meisten früheren Ästhetiker übersehen und haben es übersehen müssen, weil das Ästhetische als solches nichts mit Darstellung und Formung zu schaffen hat. Aber im reinen Gestaltungsproblem erschöpft sich sicherlich nicht das ganze Wollen der Kunst, und Kunstgenuß wie Kunstschaffen sind im Hinblick darauf zweifellos nicht in ihrer Gesamtheit zu begreifen. Verengt sich uns die allgemeine Kunstwissenschaft auf diese eine Frage, so wird sie ebenso unfähig, das Ganze der Kunst zu erfassen, wie die Ästhetik, und es bedarf noch einer Kulturphilosophie, die uns erst über die Kulturbedingtheit, den Kulturertrag usw. der Kunst aufzuklären hätte. Aber dies ist unnötig, wenn man der allgemeinen Kunstwissenschaft nicht so beschränkte Grenzen zieht, sondern ihr — wie dies etwa Max Dessoir tut, und ihm folgend heute wohl die meisten — die Aufgabe zumißt, der Gesamttatsache der Kunst gerecht zu werden. Und daß hierbei nun die ästhetischen, ethischen, kulturellen Werte als unwesentlich nicht in Betracht kommen, scheint mir ein Gesichtspunkt, der mit den wirklichen Tatsachen schlechterdings unverträglich ist. Fiedler gebührt das sehr große Verdienst, ein wichtiges Problem mit aller Schärfe in den Vordergrund gestellt zu haben; und das wäre ohne Einseitigkeit wohl nicht möglich gewesen: sie gab seinen Gedanken Schwung und Spannkraft. Wir dürfen heute die Leistung bewundern, ohne ihre Schroffheit zu teilen, und anerkennen, daß Fiedler trotz offensichtiger Irrtümer mehr von den tiefsten Zusammenhängen und Fragen seiner Wissenschaft erkannt hat, als die meisten Ästhetiker seiner Zeit.

Rostock. Emil Utitz.

Jakob Burckhardt, Briefe an einen Architekten 1870—1889. Verlegt bei Georg Müller und Eugen Rentsch in München, 1913. 8°. XIV u. 282 S.

Ich glaube, daß es keinen unter uns gibt, der nicht den Namen »Jakob Burckhardt« mit höchster Verehrung ausspricht; mit umso reinerer Verehrung, da uns jetzt die Grenzen und Schwächen Burckhardtschen Schaffens nicht mehr hemmen. Darum ist uns jede Gelegenheit erwünscht, dieser Persönlichkeit näher treten zu dürfen; Briefe Burckhardts sind im vorhinein eines dankbaren Publikums gewiß. Trotzdem werden sie manchen enttäuschen. Ich weiß von einem Freunde, in dessen Haus Burckhardt viel verkehrte, daß er, was sein eigenes Schaffen betrifft, überaus verschlossen war. Und das zeigen auch die Briefe. Mitteilungen über Weinsorten nehmen reichlich so viel Raum ein wie Erwägungen über ästhetische und kulturelle Fragen. Das soll in keiner Weise irgendein Werturteil sein: wir haben ja gar kein Recht zu verlangen, daß eine Persönlichkeit in ihren Privatbriefen ihre geheimsten Gedankengänge enthüllt. Nur das will ich betonen, daß die systematische Ausbeute dieser Briefe für Ästhetik und allgemeine Kunstwissenschaft recht bescheiden ist. Haben wir aber einmal in dieser Beziehung Verzicht geleistet, werden wir in anderer Richtung reichlich belohnt: es ist ein ungemein vornehmes, sicheres und gefestigtes Menschentum, das uns hier in köstlicher Reife entgegentritt. Es zeigt zwar die Schatten der Melancholie, die das Alter wirft, aber auch die Helle der Weisheit und die launigen Lichter eines gütigen Humors. Wie menschlich anmutend sind etwa folgende Sätze: »Ich kam eben aus dem Vatikan; während des Essens heiterte es sich auf, und ich beging das Ereignis festlich, indem ich ins

Casino Rospigliosi eilte und die Aurora sah. Abends ging ich nach S. Pietro in Montorio und dann in eine Kneipe vor Porta S. Pancrazio und trank einen halben Liter, und als ich wieder nach S. Pietro in Montorio hinging, war es gegen Sonnenuntergang und die näheren Teile der Stadt schon im Dunkel, alles übrige aber, vom Pinclo bis zum Lateran, in feuriger Sonnenglut, und in Frascati funkelten alle Fenster! Da habe ich doch heulen müssen.«

Nun greife ich noch zur näheren Charakteristik dieser Briefe einige Stellen heraus, die mir besonders interessant erscheinen: »Ganz rührend war's heute im großen Saal des Museo capitolino, wo die Zentauren stehen; es war Öffnungstag, und auch armes Volk von Rom lief herum; eine gute alte Frau mit einem Kinde fragte mich ganz erschrocken, wo solche Kreaturen vorkämen? und ich mußte sie beruhigen, daß dies nur *immaginazioni de' scultori* seien, *perchè,* fügte ich weise hinzu, *sarebbe di troppo l'intelligenza dell' uomo insieme colla forza del cavallo*. Aber ist es nicht eine herrliche Sache, für ein Volk zu meißeln, das auch das Kühnste für wirklich hält? das vielleicht noch die allegorischen weiblichen Figuren für *Sante persone* hält? während ja im Norden jedes Kind *a priori* weiß, daß die Kunst nur Spaß sei.« Wir müssen ja in keiner Weise der hier vorgetragenen Auffassung beipflichten und können es doch als seltsamen Reiz empfinden, wie Burckhardt derartige winzige Geschehnisse in seine großen Gedankengänge hineinstellt; aber noch fesselnder ist wohl seine Stellung zur modernen Kunst: »ohne Begleitung wage ich mich zwar unter jede beliebige Masse alter Kunstwerke, unter neuen aber graust es mir, wenn ich so ganz allein bin, und bei den bedeutendsten Malern unserer Zeit werde ich in der Regel ballotiert zwischen Bewunderung für das Können und Abscheu gegen das wirkliche Machen. Seit Eugène Delacroix muß man bei vielen Malern Frankreichs und auch Europeus zuerst eine persönliche Beleidigung des Schönheitssinnes einstecken und dann keine Miene verziehen und zum Darstellungstalent das Beste sagen. In dieser Weise affrontiert mich von den großen Meistern der Vergangenheit niemand als etwa Rembrandt.« Welch ernstes Ringen nach gerechter Beurteilung spricht aus diesen Worten! Zugleich scheint mir hier ein Problem aufgeworfen, das überaus schwer zu beantworten ist. Verhält es sich wirklich so, daß Bewunderung für die darstellerische Leistung und ästhetischer Abscheu reinlich geschieden werden können? Innerhalb gewisser Grenzen geht dies ganz gewiß; aber berührt mich nicht etwa das Können, das ästhetische Mißgeburten zeitigt, letzten Endes als etwas Sinnloses und Verkehrtes? Lipps gibt in seiner Ästhetik ein treffliches Beispiel: wenn jemand in täuschendster Weise das Grunzen der Schweine nachahmt, mag ich ja die Schwierigkeit der Leistung anerkennen, dennoch beurteile ich sie als sehr minderwertig. Und vielfach erschließt sich mir erst die Einsicht in das Können aus dem Erfassen des künstlerischen Wollens. Wenn ich expressionistische Gemälde impressionistisch betrachte, scheint mir alles stümperhaft, unsagbar lächerlich und verkehrt. Ich glaube, daß Burckhardt da einen praktisch sehr wichtigen Grundsatz ausgesprochen hat: auch wo wir ästhetisch nicht mehr mitkönnen, sollen wir versuchen, der Leistung gerecht zu werden. Und ganz sicher liegen hier zwei verschiedene Wertschichten vor. Aber in vielen Fällen sind sie doch so miteinander verwoben, daß ich nicht die eine ohne die andere würdigen kann. Wen Rembrandt so »affrontiert« wie Burckhardt, vermag auch nicht die künstlerische Meisterschaft Rembrandts zu erkennen, denn sie muß sich ihm notwendig ins Artistisch-Virtuose verschieben. Wie aber Burckhardt seinen Grundsatz selbst anwendet, zeigt etwa folgende Stelle: »Von Courbet, Manet usw. kenne ich nichts Eigenhändiges, nur gelegentliche Publikationen, z. B. im neuesten Heft der Gazette des beaux arts, und das Genre widert mich erstaunlich an. Es ist möglich, daß ich Landschaften und Tierbilder dieser Leute bewundern müßte, aber ihre Menschheit ist mir fürchterlich.« Also auch hier wieder Streben nach Objektivität, allerdings vergeblich: denn einer Kunst, von der man im Grunde wenig hält, steht man teilnahmslos gegenüber.

Zum Schluß noch ein schönes Bekenntnis des alternden Forschers: »Ich glaube ja, daß man alles mögliche erfinden kann, will aber damit ungeschoren bleiben. Wenn man mir aber damit kommen will, daß mir die Resultate solcher Erfindungen, wie Eisenbahnen usw., doch auch schmeckten, so antworte ich, je älter ich werde, mit um so größerer Entschiedenheit: Als wir das alles noch nicht hatten, war die Welt glücklicher und zufriedener, die Ankenwecklein besser und der Markgräfler so gut, wie er nicht mehr ist. Die Oper in Basel war vor fünfundvierzig bis zweiundvierzig Jahren so gut als jetzt und nicht halb so teuer; wer aber reiste, sah sich die Sachen recht an, weil er nicht wußte, ob er wieder desselbigen Weges kommen würde, und die größten Kunstwerke existierten schon und die besten Bücher waren schon geschrieben. Ich könnte noch weiter fortfahren als laudator temporis acti.« Vielleicht waren die Menschen damals wirklich glücklicher, doch wir würden jedenfalls — in diese Verhältnisse eingestellt — äußerst unglücklich sein. Daß wir aber derartige Worte Burckhardts nicht als altmodisch und verstaubt empfinden, zeigt am besten, daß er uns in seiner Größe und in seinen Schwächen klassisch geworden ist.

Rostock i. M. Emil Utitz.

Hugo Marcus, Die ornamentale Schönheit der Landschaft. Mit vielen Abbildungen. 152 S. Verlag von R. Piper & Co., München.

Das Buch bedeutet im Thema (nicht im Titel) einen glücklichen Griff. In den großen Ästhetiken ist die Natur sehr selten so ausführlich behandelt worden wie die Kunst; Vischers und Köstlins Ästhetiken sind die einzigen großen Ausnahmen, auf die ich mich besinne. Der öfters wiederkehrende Titel solcher Werke »Philosophie des Schönen und der Kunst« zeigt diesen Sachverhalt schon an. Auch spezielle Werke über die ästhetischen Werte der Natur sind nicht sehr häufig[1]). Wir haben eine alte Ästhetik der Pflanzenwelt von Bratranek, eine Forstästhetik von H. v. Salisch, aber mir ist kein systematisch-theoretisches Buch etwa über die Ästhetik des Meeres oder des Gebirges bekannt (einzelne Aufsätze wohl). Es war seinerzeit auch ein glücklicher Griff (mehr im Thema als in der Ausführung), als Biese die Geschichte des Naturgefühls zu schreiben unternahm. Allein das ist ersichtlich etwas anderes, als was wir hier haben, denn eine solche Geschichte betrifft eine psychologisch historische Entwicklung des Menschen und hat sich viel auf die Literatur und die Kunst zu stützen; dagegen Bildungsgesetze der Natur in ihrem ästhetischen Wert für den Menschen aufdecken wollen, das liegt in ganz anderer Richtung.

Marcus beschäftigt sich trotz aller psychologischen Erörterungen mehr mit dem Objekte selbst, treibt also in diesem Sinne objektive Ästhetik. Diese objektive Rich-

---

[1]) Halliers »Ästhetik der Natur für Künstler« bleibt beschreibend, Kralik und Berthold haben sich poetisch beschreibend (mit Dichterzitaten) mit dem Naturschönen beschäftigt, Lubbock und Sterne beziehen die Landschaft gar nicht in die Erörterung des Naturschönen ein, Haushofer ist mehr geographisch gerichtet, wie naturgemäß einigermaßen auch Ratzel in seinem vortrefflichen Buch, dessen Titel »Über Naturschilderung« übrigens schon andersartige Interessen gegenüber Marcus bezeichnet.

tung ist von vornherein und besonders sympathisch an einem Buche, das über die Natur oder einen Teil von ihr, die Landschaft, handelt. Es werden Gefahren einer stimmungsmäßigen, empfindelnden Auffassung vermieden, es wird mehr von jener Sachlichkeit verbürgt, die wir am meisten bei der Auffassung der Natur erhoffen, und zwar bei ihrer ästhetisch genießenden Auffassung sowohl wie bei der ästhetisch wissenschaftlichen. Denn wir wollen die Natur, zumal heute, »rein« aufnehmen, rein im Sinne Goethes verstanden, also möglichst sachlich, möglichst objektiv — ein Bedürfnis, das wir unzweifelhaft unter anderem dem letztvergangenen Naturalismus verdanken. Wenn uns heute von Landschaft gesprochen wird, so soll es möglichst ursprünglich, unmittelbar sein. Daher können sich auch Bücher über die Landschaft in der Malerei (noch kürzlich ist ein großes Werk über die ideale Landschaft erschienen) heute, wo wir zudem eine Überproduktion kunstwissenschaftlicher Literatur haben, an Interesse nicht messen mit der Problemstellung von Marcus, der bloß auf die Natur ausgeht und, soweit er auf Kunstwerke übergreift, in diesen lediglich die Naturformation, gar nicht die künstlerische Gestaltung als solche beachtet. Es interessiert ihn nicht (wie etwa Rosen in seinem bekannten Buche) das Thema »die Natur in der Kunst«. Diese Fragestellung also bezeichnete ich als einen glücklichen Griff. Wir haben heute Denkrichtungen, namentlich kunstpädagogischer Art, die dafür halten, das letzte Ziel alles ästhetischen Lebens sei ein engeres Verhältnis zur Natur — freilich eine sehr einseitige Ansicht (und es ist merkwürdig, daß eine bedeutende Zeitschrift diesen Gedanken verficht, obwohl sie den Namen Kunstwart führt). Es ist ferner für die Gegenwart bezeichnend, daß unter den Künsten heute nicht zuletzt die Gartenkunst gepflegt wird, die der lebendigen Natur am nächsten steht.

Marcus hat sich nun, um das Ergebnis zunächst kurz zusammenzufassen, in die Natur mit einer Ungestörtheit vertieft und eine Ausbeute an Beobachtungen herausgeholt, wie sich beides nur der Einsamkeit und der lange gewohnten Einsamkeit ergibt; und er hat nach Einfachheit der letzten Gesichtspunkte gestrebt, vielleicht auch in dem Gefühl, daß man hier nicht zu viel Prinzipien der Kunst suchen dürfe. Wenigstens möchte ich mir so die allzu große Vereinfachung erklären, die er bei Aufstellung seines letzten Prinzips mit der Mannigfaltigkeit der Natur vorgenommen hat. Schon daß er tatsächlich ein einziges Prinzip als letztes werterklärendes aufstellt, ist beachtenswert, weil nicht selbstverständlich. Er stellt aber sogar die Einheit selber als dieses einzige Prinzip auf, jene »Einheit in der Mannigfaltigkeit«, die ja uns allen wohl vertraut ist, die auch nach unser aller Meinung eine Stelle irgendwo im System der Formprinzipien zu beanspruchen hat, die hier aber zur Spitze der ganzen Begriffspyramide genommen wird.

Damit sind die Vorzüge und Mängel der Arbeit bereits angedeutet. Um zuerst die ersteren genauer auszuführen: der Autor hat die Natur mit Feinheit und Vielseitigkeit gesehen, gefühlt und theoretisch fixiert und so ein prächtiges Material zusammengebracht. Ich nenne aus dem Inhalt nur einige Überschriften: Über Horizontal-Vertikalkontraste, über Parallelenbildung, Zonenbildung, das Architektonische in der Natur und das Naturschöne in der Architektur, Übereckstellung und Licht und Schatten, die Silhouette, über Raumtiefe, Steigerung und balancierende Massen. Eine Vertiefung in die einzelnen Züge der Natur findet sich hier, wie sie in der ästhetisch wissenschaftlichen Literatur ganz selten anzutreffen ist (bisweilen freilich leitet diese Vertiefung über in eine allzugroße begriffliche Zerlegung, ja Spintisiererei). Eine Feinmalerei ist gelungen — die zugleich große Formenzüge niemals übersieht — wie man sie in der Literatur vielleicht nur bei Stifter findet. Darin liegt das über den wissenschaftlichen Wert hinaus Erfreuliche des Buches, das man immer wieder einmal auf kurze Zeit in einzelnen Abschnitten gern lesen wird, wenn man sich wieder einmal der Natur schnell ganz nahe fühlen will. Die Unerschöpflichkeit der Natur selber scheint hier eingefangen zu sein, darin ist das Buch vielleicht vergleichbar einem künstlerischen Beispiel der Gegenwart, der Art von Alfons Paquet. Unerschöpflich zeigt sich auch die stilistische Frische und Lust des Verfassers, der einen eigenen sensitiven Stil schreibt; jeder Satz ist reich, schon in der Wortbildung oft komposit und darüber hinaus wortreich, aber nicht wortselig und auch nicht geschwätzig, vielmehr voll lebhaften Gefühls, das jedoch nie verschwommen wird. Es ist also in der Sprache alles vermieden, was der wissenschaftlichen Behandlung der Natur eine unerwünschte und unangemessene Trockenheit oder Schwärmerei geben könnte. Am besten wird es sein, wenn ich einige Beispiele für Schreib- und Denkart des Buches hierher setze, wobei ich mich auf Bemerkungen über die Farbe beschränken will.

»Denken wir uns eine der alten kleinen Städte im Fränkischen, aus den Waldhügeln im Hintergrund schimmert der rote Fels und das Rot der Steinbrüche. Von demselben Rot ist die Krume des Ackerlandes, sind die Quellen, Teiche, Gewässer der Landschaft. Dieses Rot tragen nun auch die Wege, die zur Stadt hinführen, und die Häuser und Kirchen der Stadt bestehen aus roten Quadern. Zwischen allen Farben der Landschaft also immer von neuem ein und dasselbe Rot, ein umspannendes Netz von Rot (S. 13). Wie harmonisch steht zu dem weißgrauen Sand der Nordseedünen jener weißgraue Farbeneinschlag, den alle Pflanzen an der Nordseeküste haben. Jenes Weißgrau des Sandes wiederholt sich in aller Weite am weißgrauen Schimmer der Dünengräser. Der kausale Vorgang: die Dünenpflanzen saugen unwillkürlich den Kiesel aus dem Sandboden und setzen ihn als weißgraue Färbung an die Oberfläche (S. 14). Und einer der schönsten, offenbarungsvollsten Augenblicke ist es, wenn wir, Ebene und Gebirge überblickend, plötzlich einmal glauben, hoch über den Bergen noch neuen Ebenen mit Flüssen und Ländern und neuen Bergen zu begegnen, weil wir nämlich die Wolken samt ihren Nebelflächen und Himmelsbändern nach Maßgabe der tiefer gelegenen Dinge hold verkennen (S. 30). Ein koloristisches Doppelfarbenornament aber gibt die Natur mit jeder Gänseblümchenwiese im Frühling, mit jedem Parkrasen, von dunklen Bäumen unterbrochen oder im Herbst von gelben Blättern überschüttet, und mit jeder See- und Meeresbläue, die zwischen grünen Hügeln und Küstenvorsprüngen immer wieder hervorblitzt. Ein Doppelfarbenornament ist jeder Baum, zwischen dessen tausend grünen Sommerblättern, zwischen dessen tausend schwarzen Winterästchen die tausend blauen Augen des Morgens und die tausend blassen Fenster des Abends hindurchschimmern. Jeder Wolkenhimmel bildet ein solches Doppelfarbenornament, sobald er vollgestreut ist mit weißen Wolkeninseln und selbst zwischen ihnen in ebenso vielen blauen Kanälen zum Vorschein kommt (S. 36). Ein Sonnenaufgang am Lago maggiore stellt hinwiederum gewaltige rosige, vergißmeinnichtblaue und violette Flächen verschwommener Bergdreiecke in Licht- und Schattenwirkung gegeneinander. Trotz der Verschiedenheit der Farben wirkt der Anblick aber traumhaft einheitlich. Alle diese Farben wiederholen nämlich dieselbe weihrauchdunstige Nebelnuance, die der Morgen in wasserreicher und zudem porösgesteiniger Gegend hat. Jedes Dorf am Ostseestrand strahlt bei klarer Sonne so leuchtend weiß und rot zwischen leuchtend grünen Riesenbuchen gegen das leuchtend blaue Meer im Hintergrund, daß das Bild eine brustweitend harmonische Wirkung tut (S. 41). Des ferneren wirkt durch den Farbton seines Lichtes der Abend, der ein großer Vermehrer der Buntheit in der Landschaft ist (Tizian hat denn auch oft die Palette des Abends), nicht minder aber ein großer Vereinheitlicher: durch die Zartheit,

Klarheit und das lichte Verblassen, das er allen seinen Farben gewährt. Jenes Verblassen neigt sich nach und nach zur Dunkelheit. Der erste leichte Beisatz von Dunkelheit aber bringt nun sowohl den Abstand als den Zusammenhang der Farben erst auf die höchste Höhe, weshalb Böcklin und später Thoma ihren stärksten Farbenzusammenstellungen noch ein distanzierendes und durch Distanz harmonisierendes Akzidens von schwarz, einen künstlichen Abend, beizumischen pflegten« (S. 42).

Aber freilich die Wiederkehr des einen Gedankens kann doch ermüden. Das Buch reiht die vielen bunten Perlen der Beobachtungen auf einen einzigen Faden, und der eine Begriff der Einheit in der Mannigfaltigkeit erscheint unverhältnismäßig überlastet oder die Dinge erscheinen ein wenig versimpelt, wenn jener Begriff all dies erklären soll und wenn sie sozusagen nur zur Aufzeigung und Erhärtung des einen Prinzips herangezogen werden[1]. Das Buch würde mehr Freunde finden, wenn es umgekehrt die Freude des Autors an der Mannigfaltigkeit zeigte, wobei die gefundenen Einheitsfaktoren ja nicht unterdrückt zu werden brauchten! Die Vorzüge des Buches kämen dann mehr heraus, und die Mannigfaltigkeit ist auch für die Natur vielleicht noch bezeichnender als die Einheit. Die Kunst unterscheidet sich ja von der Natur — wenn man es in einen Satz bringen müßte, könnte man schließlich nur dies sagen — durch die Vereinfachung! Marcus mit seiner subtilen Kenntnis des Begriffs der Einheit wird selber wissen, daß es ein großer Unterschied ist, ob man die Einheit in der Mannigfaltigkeit aufsucht oder die Mannigfaltigkeit in der Einheit.

Zumal in den Partien, die die letzten Begriffe des Buches darlegen, zeigt es einen Hang zur Trockenheit. Ein merkwürdiges Schauspiel, daß mit den erwähnten reichen Eigenschaften des Verfassers sich ein eigentümlich radikales begriffliches Interesse verbindet. Es ist doch ein subjektiv geistiges Bedürfnis, wenn man sich über Verhältnisse der Begriffe untereinander klar werden will, und dennoch verführt es leicht dazu, den Wert der durchgearbeiteten und vor dem Leser ausgebreiteten logischen Formen als Wahrheit im naiven Sinne zu empfinden, ja in den möglichen Begriffsbeziehungen wohl gar metaphysisch ein Stück des Erkenntnisinhalts zu sehen, metaphysisch vielleicht deshalb, weil diese Beziehungen erst aufgedeckt werden müssen und nicht auf der Hand liegen. Für Naturen wie unseren Verfasser erscheint es axiomatisch selbstverständlich, daß das höchstmögliche Maß begrifflicher Auseinandersetzung gewonnen wird. Über die spezifisch geistige Anlage solcher begriffshungrigen Naturen kann man nicht streiten, man kann aber sagen, daß manchen anders gearteten Naturen der Weg zu solchen Büchern dadurch schwerer gemacht wird. Es gibt auch Naturen, die ein systematisches Talent nur insofern als Wert begrüßen, als dadurch rein praktisch dem Aufnehmenden, dem Konsumenten, die Aneignung erleichtert wird, und zwar ebensosehr nach psychologischen wie nach logischen Gesetzen. Wir haben heute wieder starke neuerwachte systematische Interessen, aber die Systematik ist nicht mehr mit dem Nimbus des Metaphysischen umkleidet, wie sie es wohl noch für Kant war, dem sie zum systembildenden Faktor wurde. Das letztere geschieht zwar bei Marcus nicht, aber etwas von jener Empfindungsweise liegt ihm im Blut. Das erhellt namentlich aus dem Eingangskapitel. Er hat offenbar das Bedürfnis, seine Gedanken zunächst rein für sich zu klären bis auf letzte und zwar recht abstrakte Formeln. Der Grad

[1]) Es sei aber darauf hingewiesen, daß Hodler über die Natur ganz ähnliche Betrachtungen unter dem Begriff Parallelismus angestellt hat, z. B. in der Wochenschrift »März«, Heft VII, 2.

seines begrifflichen Interesses, um es noch einmal zu sagen, ist heute keineswegs selbstverständlich bei philosophischen Büchern und noch weniger bei kunstwissenschaftlichen.

Die eigentümliche Fragestellung des Buches ist philosophisch. Das Interesse an solchen letzten Begriffsverhältnissen ist nicht mehr das der Ästhetik und noch weniger das der allgemeinen Kunstwissenschaft. Ich stelle mir die Abstufung dieses Eindringens in letzte Begriffe bei den ästhetischen Wissenschaften so vor: Die Kunstgeschichte, gewonnen aus der Betrachtung der Werke und philologischer Urkunden und kulturhistorisch unterbaut, bildet die erste Stufe, dann folgen Betrachtungen, wie sie etwa Wölfflin in den systematischen Kapiteln seines Dürerbuches oder seiner klassischen Kunst zu allgemeinen Resümees über die Kunst eines bestimmten Künstlers oder einer Zeit verbindet. Dahinter erst beginnt die allgemeine Kunstwissenschaft mit abermals allgemeineren technischen und psychologischen Fragen, und hinter ihr wieder steht die letzte ästhetische Wissenschaft, die Ästhetik, mit wiederum wesentlich allgemeineren psychologischen Fragen. Auch sie aber darf noch mit Begriffen arbeiten, die sie nicht mehr zu untersuchen braucht, sondern die für sie letzte Begriffe sein dürfen, die aber die Philosophie wieder aufnehmen kann und nochmals weiter rückwärts bearbeiten. Und vor allem an diesem allerletzten Schritt hängt eigentlich das Herz unseres Verfassers, ja er möchte am liebsten ins Metaphysische. Man hat das Gefühl, daß er sich vieles sparen könnte, weil es längst hinter dem ästhetisch-wissenschaftlichen Interesse liegt und dieses Buch nur belastet, es für manche Kreise schwer zugänglich macht und dadurch vielleicht manchen Leser gar nicht bis zu all den wertvollen lebendigen Beobachtungen gelangen läßt. Was ich als überflüssig bezeichne, das ist philosophisch nicht wertlos, ist nicht falsch, aber es ist der eigentlichen Aufgabe und auch den reichen Beiträgen zu ihrer Lösung, die hier geboten sind, heterogen; auch manche Leser, die sonst gern solchen Überlegungen folgen, werden sie hier lieber entbehren wollen.

Wenn man gefragt wird: Für wen ist das Buch geschrieben? so wird man um die Antwort etwas verlegen. Unter den Philosophen ist das Publikum, das sich für solche Themen interessiert, klein, und die meisten Kunstwissenschaftler wiederum dürften sich durch die Behandlung befremden lassen. Es ist nicht klug, sich zwischen zwei Stühle zu setzen, wenn man sich aber zwischen zwei gelehrte Fächer setzt, so kann das noch unangenehmer sein; auf diese Klugheit scheint indessen der Verfasser mit Bewußtein gar keinen Anspruch zu machen. Dabei wünschte man das Buch in viele Hände, noch über die Kreise aller wissenschaftlichen Fächer hinaus, denn es lehrt die Natur besser sehen. Dieser Weg aber wird ihm schon durch den Titel etwas erschwert werden, und wenn man weiter hört, daß der Autor zwei Bände geben will, deren erster, der vorliegende, die arithmetische Schönheit der Landschaft bringt, deren zweiter die geometrische, so wird man zugeben, daß das gegenüber der lebenden Landschaft recht abstrakt gedacht ist. Für die Betrachtung ihrer ästhetischen Eigenart und Werte bis in die Mathematik zu gehen, das ist eigentlich eine *metabasis eis allo genos,* zwar nicht wie diese in der Logik falsch, aber nicht günstig. Es klingt so abstrakt, daß z. B. die meisten Kunsthistoriker mit Unbehagen glauben werden, ihnen würden hier noch entlegenere Dinge angeboten als von den Psychologen (mit denen sie schon nicht immer auf dem besten Fuß stehen, die Schuld ist aber meist bei den Historikern). Auch die Einteilung des ersten Bandes zeigt etwas von dem reichlich abstrakten Geist: »Analyse des Inhalts der Versammlungsschönheit« heißt der eine Abschnitt und »Analyse des Umfangs der Versammlungsschönheit« ein anderer; diese Einteilung ist also der Logik entnommen, speziell der Lehre vom Begriff. Oder es finden sich Überschriften wie »Die spezielle Zweierversammlung« und Sätze wie dieser: »Schon wenn ich einen Wiesenabhang hinaufsehe, über dem nur der Himmel blickt, habe ich oft das Gefühl, einer Zweierversammlung gegenüberzustehen«; oder: »Die Baukunst hat es mehr mit der Ein-Vielheit zu tun, die Malerei dagegen mit den Zwei-Einheitsformen«. Das sind Imponderabilien des Ausdrucks, die bei dem, der wirken will, ins Gewicht fallen — wirken noch ganz unverächtlich gemeint.

Man sollte vielleicht allgemein bei kunstwissenschaftlichen Arbeiten die Einteilung möglichst konkret aus der Sache holen; im Interesse der Lektüre und der angenehmen, leichten Aneignung sollte die Anordnung nicht Gesichtspunkte als beherrschend zeigen, die nicht diesem bestimmten Stoff entnommen sind. Man wird z. B. in Werken der allgemeinen Kunstwissenschaft nach ganz anderen Gesichtspunkten, und zwar kurz gesagt nach konkreteren, einteilen müssen als in der Ästhetik. In Werken der letzteren kann man psychologische Kategorien der Einteilung zugrunde legen, in solchen der allgemeinen Kunstwissenschaft dagegen lieber technische und dergleichen. Es ist eben ratsam, an die dem betreffenden Leserkreise vertrauten Vorstellungen auch mit der Gliederung des Vortrags anzuknüpfen. So würde nun meines Erachtens auch ein Buch über die Landschaft leichter gelesen, wenn darin etwa, mindestens als Hauptabschnitte neben anderen, vorkämen: Land und Wasser, Ebene und Gebirge, Flora und Fauna usw. — ja ich würde schon diese letzteren gelehrten Ausdrücke um keinen Preis als Kapitelüberschriften in einem solchen Werke verwenden. Gewiß hat man zuerst, wenn man ein Buch über ein noch so wenig bebautes und dabei höchst komplexes Gebiet in die Hände nimmt, die Befürchtung, ob es dem Autor auch gelungen sein werde, wissenschaftlich zu sein; das ist diesem Autor gelungen, aber vielleicht zu sehr.

Anderseits gibt es heute so viele Leute, für die nicht Gedanken oder Beobachtungen und ihre Ausgestaltung, sondern ihre »Verwertung« die erste Anregung und das letzte Ziel bilden; von Büchern, wie diese sie zu schreiben pflegen (Namen fallen ja jedem sofort ein), könnte man aus dem vorliegenden Bande ein halbes Dutzend anfertigen; mit viel weniger Fleiß, Eindringlichkeit, Liebe zur Natur und zu philosophischen Problemen könnte man das, und die Sachen würden vielleicht »gut gehen«. Das soll hier gewiß nicht empfohlen oder vermißt werden, aber ein wenig mehr von praktischem Sinn möchte man dem Verfasser wünschen, in seinem und des Buches Interesse und um des Publikums willen, das sich dann in größerer Zahl des Inhalts bemächtigen würde.

Essen-Holsterhausen a. Ruhr. Erich Everth.

X.

Die Aktivität im ästhetischen Verhalten.

Von

Heinrich Wirtz.

5. Die ästhetischen Versuche und Protokolle.

Wenden wir uns nunmehr den wichtigsten Versuchen zu, so sei von vornherein bemerkt, daß ich die Versuche und die von den Versuchspersonen außerhalb der Versuche gegebenen Protokolle über ästhetische Erlebnisse zusammen behandeln will, weil sie mit den Versuchsprotokollen übereinstimmen.

Die Versuche sind so angestellt, daß ich selbst der Versuchsperson ein Gedicht oder ein Stück Kunstprosa vorlas, oder daß ich sie die Versuchsperson für sich lesen ließ. Um die Reaktion auf Gegenstände der bildenden Kunst zu prüfen, verwandte ich zahlreiche Reproduktionen aus der Sammlung »Meister der Farbe«, ferner große und gute Reproduktionen von alten Meistern (farbig, bei Fischer & Franke erschienen), treffliche Lithographien von Dürerköpfen, photographische Darstellungen in großem Format von Kirchen und anderen Bauwerken, wie sie die kgl. preuß. Meßbildanstalt in Berlin bietet. Von dem zuletzt genannten Material war mir in freundlichster Weise von Herrn Professor Clemen aus dem kunsthistorischen Institut vieles zur Verfügung gestellt worden.

Wie es dem Hauptgegenstand der Arbeit zukam, galten diesem ästhetischen Genießen die meisten Versuche (über 500).

In Vorversuchen wurde das Material von Bildern gesichtet und geordnet. Ich ging dabei von dem Gesichtspunkte aus, diejenigen Bilder für meine eigentlichen Versuche zu verwenden, welche die besten Reaktionen versprachen. Da ich, ohne Suggestionen anzuwenden, diejenigen Bilder bevorzugen mußte, welche durch ihren Inhalt, durch die Art der Komposition, durch die Lichtbehandlung und die Leuchtvalenz der Farben besonders wirksam waren, so stellte ich die Bilder, welche in einer Versuchsstunde geboten werden sollten, so zusammen, daß die zur Hervorrufung der von mir gesuchten Aktivität am meisten geeigneten Bilder sich gegen das Ende der Stunde steigerten. Das tat ich einmal, um Steigerungen im Erleben der Versuchspersonen zu erreichen, dann auch um Ermüdungserscheinungen zurückzudrängen. Die von mir vorgenommene Ordnung der Bilder wurde allen Versuchspersonen dargeboten und zeigte sich im allgemeinen günstig, wenn sich natürlich auch Schwankungen infolge der verschiedenen Disposition und Veranlagung der Versuchspersonen ergaben. Auch schaltete ich manchmal ein minder gutes Bild ein, um den Abfall der ästhetischen Reaktion zu beobachten. Aus solchen konträren Erlebnissen heraus fanden die Versuchspersonen durch den Vergleich oft besser den Ausdruck für die Erlebnisse an guten Bildern.

In ganz ähnlicher Weise verfuhr ich mit den vorgelegten Gedichten, wie ich es schon in den ethisch-ästhetischen Versuchen getan hatte. Auch in diesen Versuchen wurde eine Steigerung in der Wirkung der Gedichte versucht; die wirksamsten Gedichte legte ich möglichst an den Schluß der Versuchsstunde. Das auf diese Weise geordnete Material wurde allen Versuchspersonen gleichmäßig dargeboten.

Gedichte aller Art dienten als Lektüre oder wurden von mir vorgelesen. Die Versuchspersonen konnten nach dem Versuche das Gedicht noch einmal lesen, wenn sie es für nötig hielten. Während der Aussage hatten sie oft noch den Text vor sich liegen, um für ihre Aussagen einen Anhalt zu haben. Da den Versuchspersonen keinerlei Aufgabe gestellt war, unter welchem Gesichtspunkte sie das Gedicht aufzufassen hatten, so enthalten natürlich auch die Protokolle hiervon nur die Angaben, welche von den Versuchspersonen für die wichtigsten und wesentlichsten gehalten wurden. Diese Versuche kommen der gewöhnlichen Art des dichterischen Genusses am nächsten. Dabei ist zu erwähnen, daß sich die Aufgabe, das Erlebte später zu Protokoll zu geben, bald aus dem Bewußtsein verlor und die Versuchspersonen angaben, die Gedichte zu erleben, wie sie sie auch sonst außerhalb der Versuche aufzunehmen pflegten.

Das Material bildnerischer Art leistete mehr, als ich erhofft hatte. Es ist wohl nicht zu leugnen, daß der Sammlung »Meister der Farbe« (bei Seemann, Leipzig) nur in sehr eingeschränktem Maße ein künstlerischer Wert zuzuerkennen ist. Ebenso sind die Kartons der Meßbildanstalt selbst keine Kunstwerke als vielmehr gute photographische Reproduktionen von Kunstwerken. Es läge also der Einwand nahe, dieses Material sei als zu meinen ästhetischen Versuchen völlig untauglich zu bezeichnen. Zugleich erhöbe sich damit die Forderung, zu ästhetischen Versuchen nur Kunstwerke zu verwenden, also soweit die Reaktionen nicht von Bildern aus dem Museum gewonnen werden könnten, nur echte Stiche oder Skulpturen als ästhetische Reize zu verwenden. Ich habe auch manche Protokolle von Erlebnissen aus

Museen, an denen ich den Unterschied der Reaktionen vergleichen kann, gewonnen.

Es ist jedoch im allgemeinen zu bemerken, daß der Einwand gegen die verwandten Reproduktionen der Hauptsache nach hinfällig ist, weil alle Versuchspersonen, die fast ausnahmslos in der Bildbetrachtung geschult und kunsthistorisch gut unterrichtet waren, auf das dargebotene Material ästhetisch reagierten. Diese Tatsache erklärt sich vor allem durch die ästhetische Einstellung. Da die Versuchspersonen beim Erscheinen des Bildes innerlich darauf gerichtet waren, ästhetisch zu genießen, wurden die Bilder nicht auf ihre Güte als Reproduktionen gewertet, sondern inhaltlich und formal als Darstellungen von Kunstwerken. Nur wenn wesentliche Teile eines Kunstwerkes in der Reproduktion verfehlt erschienen und die Wirkung infolgedessen ausblieb, tauchten in den Protokollen kritische Bemerkungen hierüber auf. Des häufigeren habe ich Versuchspersonen, welche sich sehr viel mit bildender Kunst abzugeben pflegen, gefragt, ob es ihnen unmöglich sei, auf diese Reproduktionen hin ästhetisch zu erleben, und stets wurde mir das Gegenteil versichert. »Man übersieht den Wert der Reproduktionen als solcher und urteilt, als ob man dem Kunstwerk selbst gegenüberstände; allerdings würde das ästhetische Erleben dem wirklichen Kunstwerk gegenüber größer sein, aber deshalb doch nicht anders.« Doch will ich den Protokollen nicht vorgreifen. Es genügt zu betonen, daß die Reproduktionen von Bildern, Plastiken und architektonischen Denkmälern, wie ich sie verwendete, zu ästhetischen Versuchen sehr geeignet sind und auch in meinen Versuchen völlig ausgereicht haben. Auch ist nicht zu verkennen, daß die Einzelbetrachtung der vorgelegten Bilder im stillen Versuchszimmer für die Entwicklung des ästhetischen Erlebens manchen Vorzug vor der Durchwanderung eines Museums hatte. Projektionsbilder darzubieten, war aus äußeren Gründen nicht durchführbar. Die Bildversuche waren so eingerichtet, daß auf einem von der Versuchsperson verstellbaren Pult die Bilder aufgestellt wurden. In der Vorperiode schloß die Versuchsperson die Augen und auf ein Zeichen hin öffnete sie den Blick zur Betrachtung des Bildes. Die Zeit der Betrachtung war der Versuchsperson ganz anheimgestellt. Wenn sie das Bild glaubte genügend betrachtet zu haben, schaute sie auf. Die Zeit der Bildbetrachtung beläuft sich auf 35 bis 40 Sekunden im Durchschnitt bei allen Versuchspersonen. Weil es mir nicht auf eine möglichst vollständige Schilderung der Erlebnisse ankam, sondern mein Interesse den wesentlichen Stadien und Erlebnisarten, den zugrundeliegenden Seelenkonstellationen und verschiedenen Erlebnisgraden zugewandt war, so ließ ich auch während der Protokollaufnahme die Bilder offen, damit die Versuchspersonen sich leichter an dem ästhetischen Objekt über ihr Erlebnis orientieren konnten. Die meisten Versuchspersonen beginnen ihr Protokoll mit einer allgemeinen Charakterisierung des Erlebnisses. Da heißt es: »Das war tiefer ästhetischer Genuß.« »Ich habe stark ästhetisch erlebt.« »Ich habe mich völlig kritisch verhalten.« »Ich kam nur zu einem schwachen ästhetischen Genuß« usw. Dann suchten sie die einzelnen Elemente ihres Erlebens zusammen, wobei ich auf die Angabe der Aufeinanderfolge der Erlebnisteile drang, die den Versuchspersonen an der Hand des vor ihnen stehenden Objekts meistens gut zu gelingen schien. Andere Versuchspersonen beginnen mit der Darstellung der Erlebnisfolge. Erst nach dem Stenogramm des Protokolls stellte ich orientierende Fragen. Es sei übrigens hinzugefügt, daß die Namen der Maler und Bildhauer sowie die Titel der Kunstwerke nicht lesbar waren, soweit sie nicht gelegentlich auf den Bildern selbst auffielen.

Diese Versuche liefern einen Beitrag zur experimentellen Ästhetik insofern, als sie eine Analyse des ästhetischen Verhaltens mittels des Experimentes vornehmen, die Gesetze der ästhetischen Wirkung bei allgemeiner Aufgabestellung zu finden, die Arten des ästhetisch Wirksamen zu erforschen suchen. Das Hauptaugenmerk war dabei auf einen Faktor der ästhetischen Reaktion gerichtet, der nicht durch eine bestimmte Aufgabestellung im Erlebnis hervorzurufen war. Entbehren diese Versuche durch die allgemeine Aufgabe, ästhetisch zu erleben, eines planvolleren Vorgehens und waren die Versuchspersonen sich mehr oder weniger selbst überlassen, waren also auch die Ergebnisse nicht rein von individuellen und zufälligen Verhaltungsweisen, so schien mir mein Vorgehen doch durch das von mir gesuchte Phänomen bestimmt zu sein. Da ich die Aktivität des Erlebens innerhalb der Reaktion des Genusses untersuchen wollte, durfte ich die Aufgabe nur allgemein stellen, weil ich nicht wußte, ob diese Aktivität ein allgemeiner Faktor ist, in welchem Stadium des ästhetischen Genusses sie auftritt, wie sie sich zu äußern pflegt. Deshalb waren mir die spontanen zufälligen Angaben sehr wertvoll. Auch erhielt ich tiefe ästhetische Kontemplationszustände und eine große Mannigfaltigkeit von Tatsachen, welche mir gute Vergleichspunkte zum künstlerischen Schaffen abzugeben scheinen.

Zu einem jeden ästhetischen Erlebnis ist eine ästhetische Einstellung notwendig. Schon bei den wissenschaftlich-ästhetischen und den ethisch-ästhetischen Versuchen fanden wir sie sowie ihre Verschiedenheit von der wissenschaftlichen wie auch ethischen Einstellung. Da es mir in dieser Arbeit nicht darauf ankommt, das Wesen der ästhetischen Einstellung zu bestimmen, so werde ich mich nur auf die Angaben der Versuchspersonen stützen.

Die tiefste Stufe einer Einstellung auf ästhetische Reize war dann gegeben, wenn die Versuchsperson nicht der Aufgabe folgen konnte, sondern den ästhetischen Gegenstand wie einen Wahrnehmungsgegenstand aufnahm. Diese Einstellung ist ein aufmerksames Gerichtetsein auf ein Anschauungsobjekt unabhängig davon, ob dieses Objekt ästhetische Qualitäten enthält oder nicht. Verblieb die Versuchsperson auf diesem Grad der Einstellung, so wurden von ihr verschiedene Eigenschaften am Objekt wahrgenommen und aufgezählt, aber zu einer ästhetischen Wertung des Objektes kam es nicht. Eine charakteristische Äußerung einer Versuchsperson sei hierüber angeführt: »Ich habe das Bild zwar lieber angesehen als z. B. den Tisch, aber an ästhetischen Werten habe ich nichts wahrgenommen.«

Eine ästhetische Einstellung höherer Art ist das ästhetische Werten der Versuchsperson auf starke und wohltuende Sinnesreize hin. Es handelt sich hierbei um die sinnenfälligen Wirkungen des Objekts auf unseren Organismus. Diese Einstellung war am häufigsten, wenn die Versuchsperson müde und nicht disponiert war. Ihr Zustand blieb ein rein rezeptiver.

Ganz anders ist die willkürliche bewußte Einstellung auf den zu erwartenden ästhetischen Reiz. In ihr ist einmal ein intensives Interesse am Gegenstand enthalten, sodann eine Art von Wunschgefühl, daß der Gegenstand gefallen möge. Das Interesse allein genügt nicht zur ästhetischen Einstellung; denn wie sollte sich das ästhetische Verhalten von jedem andern mit Aufmerksamkeit und Interesse verbundenen Verhalten unterscheiden? Das Gefallen am Gegenstand und Interesse an demselben sind voneinander zu trennen, wenn auch das Interesse eine *conditio sine qua non* des ästhetischen Verhaltens ist.

Die willkürliche ästhetische Einstellung ist nicht nur eine Aufmerksamkeitskonzentration, sondern auch eine Gefühlskonzentration. Die Gefühlssphäre ist gleichsam aus dem Alltag und der nächsten Umgebung herausgezogen und wendet sich dem kommenden Erlebnis zu; sie enthält Zustände der Erwartung und Gespanntheit auf angenehmen Genuß, sie bereitet das betrachtende Individuum innerlich vor und erhöht seine Empfänglichkeit, sie ist angeregt und macht mannigfaltige Dispositionen frei, die sich entwickeln können. Wie die Keime der künstlerischen Anlagen in der Fähigkeit des Schauens liegen, so auch beim ästhetischen Genießen die tiefe und große Vollkommenheit in der Aufnahmefähigkeit; nach dem Grade der Seelenbereitschaft, je nach der Entwicklungsfähigkeit vorliegender Vorstellungsmassen entlädt sich das Genießen. Je nach dem Intensitäts- und Tiefegrad stellt die Gefühlsseite sich als ein starkes Innenleben dar, welches den eintretenden ästhetischen Reiz in sich aufnehmen möchte. »Ich habe ein Gefühl, wie wenn meine sonst auf alle möglichen Eindrücke eingestellte Seele nur durch diesen ästhetischen Eindruck in ganz einziger Weise zusammengefaßt würde; das Gefühl tritt aus dem Stadium des Diffusen in das der Gefühlskonzentration ein. (Dieser Gefühlszustand ist ein Analogon zur Aufmerksamkeit.) Diese Konzentration ist verbunden mit einer Lösung im Gegensatz zu der Aufmerksamkeit, welche eine Spannung im Gefolge hat. Jedoch enthält diese Lösung das Moment der Einheitlichkeit. Dies ist bei mir der Eingang zum ästhetischen Gefühl, ich trat damit aus der bisherigen Umwelt heraus. Dieses Stadium kann verschiedene Dauer haben.«

»Diese Gefühlskonzentration ist nicht immer scharf wie bei der Aufmerksamkeit auf Gedanken. Sie ist entschieden eine Konzentration, sie ist leichter, aber doch eine starke Einbeziehung meiner Seelenkräfte auf das Kommende.«

»Meine ästhetische Einstellung ist ein Zustand von zusammengeflochtenen Seelenkonstellationen: die Nerven müssen konstelliert sein, Intellektuelles und Gefühlsmäßiges gehen durcheinander. Ich denke, was wohl für ein Reiz kommen wird, und stelle mir verschiedene Kunstepochen in Werken vor; aber stärker ist die Spannung: ich versenke mich gleichsam schon vor dem Genuß in mich hinein. Ich muß meine ganze Umgebung vergessen und verhalte mich rezeptiv. Das ist sehr angenehm, in einem solchen Zustand sehe ich die Gegenstände anders; es ist jetzt viel leichter, daß mir der Gegenstand ästhetisch erscheint.«

Andere Versuchspersonen haben in der Vorperiode des Versuchs eine Leere des Bewußtseins, und in dem Augenblick, wo der Reiz auftritt, sprechen sie erst von der Einstellung. Eine Versuchsperson nennt es eine positive Einstellung auf ein Bild im Gegensatz zu der Einstellung, wenn sie gleichgültig an das Bild herangeht.

Interessant sind die Fälle, in denen die Versuchsperson das Bild kritisch betrachtet, d. h. seine Komposition, seine Malart, seinen kunsthistorischen Wert, die Absicht des Künstlers usw. zu bestimmen sucht und zu keinem ästhetischen Genuß kommen kann. Dann stellt sie sich anders ein. Sie sucht eine ästhetische Perspektive zu gewinnen, läßt das Bild als Ganzes auf sich wirken, wobei alles Gedankliche zurücktritt; oder Einzelheiten des Bildes lösen Lustwerte aus. Jedenfalls ist der Übergang aus dem kritisch ästhetischen in den ästhetisch genießenden Zustand derartig, daß man sich in diesem Moment mehr rezeptiv verhält und das Gefühlsleben durch das Objekt wach wird. Dabei unterstützt das Interesse sehr stark das Gefallen: es handelt sich bei der ästhetischen Einstellung nur um Lustwerte, die man erwartet, nicht um Wissenswerte.

Es kommt ferner vor, daß die Versuchsperson sich in der Vorperiode eine unbestimmte Vorstellung eines Bildes gemacht hat und dieses vorgestellte Objekt ästhetisch betrachtet. Diese Vorstellung ist dabei so unbestimmt, daß beim Erscheinen des ästhetischen Gegenstandes kein Übergang vom vorgestellten zum wirklichen Objekt stattzufinden braucht; anderseits ist die Gefühlslage so weit vorbereitet, daß die Versuchsperson gleich in den ästhetischen Genuß hineinkommt.

Eine andere Versuchsperson nennt den Übergang zur ästhetischen Einstellung »ein Hinzukommen von Affektwerten und Persönlichkeitswerten«. »Wenn ich zu einer ästhetischen Einstellung komme, wird alles andere plötzlich abgebrochen und ich kann nichts mehr sagen.« »Zu jeder ästhetischen Einstellung gebört, daß meine Nerven auf der Höhe sind. Mein ganzes Gefühlsleben muß spielen können, es ist wie eine positive Indifferenz, welche die Möglichkeit hat, sich zu steigern.«

Eine andere Unterscheidung machen die Versuchspersonen ferner bei der willkürlichen Einstellung, sie unterscheiden die objektive und die subjektive Einstellung. Im ersten Falle hält die Versuchsperson mit ihrem Gefühlsleben absichtlich zurück. Sie will die ästhetische Form anschauen, sie auf ihren Wert prüfen. Dieser Zustand enthält auch Gefühlsmomente, aber gleichsam im Hintergrund. Die subjektive Einstellung ist das Bereithalten der ganzen Gefühlssphäre, die den ästhetischen Reiz erleben und sich in ihn einleben will. Während des Ablaufs des Versuchs stellt sich oft ein Übergehen des einen in den anderen Zustand ein, das objektiv-kritische Verhalten weicht allmählich einem Eingestelltsein auf bestimmte Lustwerte.

Die unwillkürliche ästhetische Einstellung geschieht durch den ästhetischen Gegenstand selber. Sie wird besonders häufig erlebt in Fällen, wo die Versuchsperson kritisch eingestellt war und allmählich in eine andere Betrachtungsweise übergeht. Diese Erscheinung äußert sich durchgängig als ein Erleiden; die Versuchsperson selbst ist passiv und muß mit dem ästhetischen Eindruck mitgehen. Dies ist besonders oft bei starken Eindrücken der Fall.

»Als ich das Bild sah, hatte ich einen gewaltigen Eindruck, als wenn etwas ganz Großes vor mich hingetreten wäre.«

Ganz plötzlich pflegt diese Einstellung zu kommen, die Versuchspersonen können nachher gut angeben, wo sie eintrat und wie sie sich gestaltete. Der Gegenstand beginnt in der ihm zukommenden Weise zu reden und strahlt seine originellen und neuen Gefühlswerte auf die Versuchsperson aus. Wiederum wird diese unwillkürliche ästhetische Einstellung als ein Prävalieren des Gefühlsmäßigen über alle anderen Seelenfunktionen geschildert.

Diese unwillkürliche Einstellung gibt der Versuchsperson einen ästhetischen Stimmungswert, noch bevor das Gefühl sich auf den ästhetischen Gegenstand selbst richtet. Von dieser ästhetischen Stimmung wird noch die Rede sein. Im übrigen wird die unwillkürliche ästhetische Einstellung genau so geschildert wie die willkürliche, was den Gefühlscharakter angeht, nur mit dem Unterschied, daß nicht die Versuchsperson selber diese Umstellung des inneren Erlebens vollzieht, sondern das ästhetische Objekt in ihr ohne ihr Zutun.

Eine dritte Art der Einstellung unwillkürlicher Art wird ebenfalls durch den ästhetischen Gegenstand bewirkt, nämlich dort, wo die Versuchspersonen nicht angeben können, wie sie zum ästhetischen Genuß gekommen sind (vgl. die Erörterung bei den wissenschaftlich-ästhetischen Versuchen). »Vielmehr überrascht mich der Eindruck manchmal so stark und schnell, daß ich mich ihm hingeben muß. Hierbei fehlt auch jede latente Einstellung auf den ästhetischen Reiz und das, was ich mit dem Reiz soll. Wenn ich Musik höre, will ich natürlich Musik hören, aber davon hängt nicht der Genuß ab, er springt oft und meistens am stärksten augenblicklich heraus, er übergießt mich und zwar mit dem Zwang, mich mit ihm zu beschäftigen.« Der Übergang aus der Wahrnehmung zur ästhetischen Anschauung ist der Versuchsperson gar nicht bewußt geworden, sie weiß nicht, wie sie zu einem ästhetischen Erlebnis kam. Die Versuchspersonen konstatieren erst nachher, daß sie einen Gegenstand ästhetisch wahrgenommen haben. Diese ästhetische Einstellung leitet zur Apperzeption der durch die Wahrnehmungsdaten und Bedeutungsinhalte gegebenen Beschaffenheiten des ästhetischen Gegenstandes hin. Diese ästhetische Apperzeption wird auch Kontemplation genannt, welcher Ausdruck von Schopenhauer stammt, der sie als »das zur Erkenntnis der Idee erforderliche Anschauen« definiert.

Die Anschauung des ästhetischen Gegenstandes beansprucht eine gewisse Zeitdauer und kann durch die Bekanntheit des Objekts abgekürzt werden. Sie kann sich sogleich auf die Intention des Künstlers, auf den Inhalt, die Bedeutung des künstlerischen Gegenstandes richten und die Ausdrucksmittel zu dieser Bedeutung erleben, oder sie verfährt umgekehrt, so daß erst die Betrachtung des ästhetischen Objekts in seiner Gesamtheit und den Einzelheiten die Idee des Kunstwerkes finden läßt. Die Versuchsperson kann ferner das Objekt analytisch oder synthetisch auffassen. Das analytische Verfahren besteht darin, daß die Versuchsperson zuerst den Gesamteindruck des Kunstwerkes hat und von diesem Gesamteindruck zu den Einzelheiten übergeht. Es liegt in der Natur der Sache, daß dieses Verfahren fast nur bei Bildbetrachtung möglich ist, da bei der Poesie und der Musik die primäre Gesamtauffassung durch das Nacheinander der Teile des Kunstwerks verhindert wird. »Zunächst sah ich das Gemälde mit einem Überblick und erlebte darin schon eine gewisse Höhe, einen gewissen Grad des ästhetischen Genusses. Dann erst kam ich zu den Einzelheiten. So machte ich es bei allen Bildern, wofern nicht eine bestimmte Qualität eines Bildes zur Einzelbetrachtung von vornherein aufforderte.« »Sofort erkenne ich den Charakter des Dargestellten, ich erlebe es als Innenraum zu einem kirchlichen Gebäude. Die Einzelheiten des Bildes werden dann aufgefaßt, streben aber immer, in diesen Gesamteindruck aufzugeben und zu verschwinden« (Hodlerausstellung in Cöln).

Wir sehen schon aus diesen Äußerungen, daß neben der individuellen Veranlagung vor allem das Kunstwerk selbst zu einem analytischen Betrachten auffordert. Noch klarer wird dies, wenn wir die synthetische Betrachtungsweise ins Auge fassen. Sie ist dadurch charakterisiert, daß der Betrachter von Einzelheiten ausgeht und erst von ihnen aus zur Gesamtkomposition kommt. Ich gab z. B. die Darstellung einer Tänzerin (Maud Allan von Markus). Die Versuchsperson sagt darüber: »Die starke Bewegung des Bildes, die Glieder, welche gleichsam zentrifugal von dem Körper wegfliegen möchten, überhaupt das Heraustretenwollen des weiblichen Körpers aus dem Bilde, zog meinen Blick zunächst auf einzelne Glieder, auf das linke Bein, auf die Arme und die blendende Leuchtkraft des Körpers. Jede einzelne Linie wurde für sich erlebt, wenn sie auch in den Gelenken zusammengehalten schienen. Dann erst konstruierte sich in mir auf Grund der Einzelerlebnisse der Gesamteindruck. Ich habe jedoch bemerkt, daß diese Synthese ein großer Teil von mir selbst war, daß ich die Einheit mit deutlich bewußter Tätigkeit herstellte.« (Schloß in Öls.) »Diese Architektur gibt keinen Gesamteindruck. Es sind sehr viele Einzelheiten, die betrachtet werden sollen, es ist fast unmöglich, das Ganze zu übersehen.«

Es kam in den Versuchen vor, daß die Versuchspersonen durch starke Einzelwirkungen des ästhetischen Reizes so in Bann genommen wurden, daß sie von ihr nur schwer sich lösen konnten, um zum Gesamteindruck zu kommen. Die Reaktion war dann sehr überraschend, sie steigerte sich in der Kontemplation bis zu einem ganz aktiven Verhalten der Versuchspersonen und mußte sichtlich zurückgedämmt werden, sobald die Versuchspersonen versuchten, den ästhetischen Gegenstand in seinem Gesamtwert zu erfassen. Es entstand dann im Erleben ein »Ruck«, der sie von der eingetretenen Reaktion abrief und dem ganzen Gegenstande zuwandte.

Gerade leuchtende Farben, welche stark ansprechen und gleichsam den Beschauer erdrücken, zwingen zum synthetischen Verfahren. Anderseits werden Bilder, welche auf den ersten Blick keinen besonderen ästhetischen Reiz zu haben scheinen, mit Vorliebe synthetisch aufgefaßt. Die Versuchspersonen gehen sogleich an einzeine Linien heran, an kleinere Partien des Bildes, an den Außenrand desselben, um langsam nach innen vorzuschreiten. So war es vornehmlich mit den Dürerköpfen, welche gleichsam in allen Punkten geprüft und geordnet wurden; dann erst setzte der Gesamteindruck ein, weniger als Bildauffassung als vielmehr als Gesamtwerk des schaffenden Künstlers, des komponierenden Meisters. Alle Einzelheiten und Schönheiten werden zusammengefaßt und das Ganze noch einmal übersehen, wobei die empfundenen Einzelwerte im Hintergrunde des Bewußtseins liegen und den Gesamteindruck zu heben scheinen. Das synthetische Verfahren stört oft den ästhetischen Genuß, weil es zur kritischen Betrachtung von Einzelheiten Anlaß gibt und nur da zu einer ästhetischen Reaktion kommen läßt, wo eine besondere Qualität des Kunstwerks auffällt und gefällt. Von diesem synthetischen Verfahren muß noch einmal die Rede sein.

Die Stimmung ist eine der ersten Wirkungen des Kunstwerkes, sie ist ein Gemeingefühl, welches die Aufnahme des ästhetischen Reizes sehr erleichtert, die Seele erweitert und eine allgemeine Wohligkelt hervorruft. Die Stimmungsgefühle sind häufig von angenehmen Organempfindungen begleitet; der ganze Organismus hat das Gepräge der Leichtigkeit und Sensibilität. Diese Stimmung gehört oft noch zum Vorbereitungsstadium und tritt gleich nach der ästhetischen Einstellung ein, oder die unwillkürliche ästhetische Einstellung beginnt mit diesen Stimmungsgefühlen. Sie sind gleichsam das erste Unmittelbare des Erlebnisses, das ästhetische Objekt beginnt uns etwas zu sagen, und zwar erleben wir die immanente Stimmung des Kunstwerkes oder eine allgemeine Stimmung. Sie ist zunächst etwas Außenseitiges, was an der Oberfläche des Kunstwerkes haftet und uns auch nur an der Oberfläche der Seele zu berühren scheint. Aber sie enthält meistens noch etwas, was in die Tiefe führt und uns veranlaßt, noch länger bei dem Eindruck zu verweilen.

Die Stimmung geht vielfach der Beschaffenheitserfassung des ästhetischen Gegenstandes voraus. So ist z. B. bei Dichtungen der Gefühlston eines Wortes als Stimmungselement bereits in uns wirksam, ehe noch die Bedeutung des Wortes erfaßt ist. Gerade die Impressionisten arbeiten mit solchen Stimmungswerten der Worte. Ich erinnere nur an Stephan George und Hofmannsthal.

Einige Protokolle über dieses Stimmungsgefühl: (Landschaft von Rüdisüli) »Noch ehe ich das Bild inhaltlich verstanden, gab mir die

Landschaft eine angenehme Stimmung, wie wenn man im Walde spazieren geht, wie wenn man sich draußen ergeht. Ein Aufgelöstwerden. Meine Gefühle beginnen zu schweben.«

»Bei diesem Madonnenkopf (Dürer) hatte ich eine träumerische Stimmung, etwas schummerig, sanft, samtartig weich. Ich wußte noch gar nicht, daß es eine Madonna sein sollte.« — (Hebbels Nachtgefühl.) »Es kam sogleich ein Dämmern über mich, das vor dem eigentlichen Verständnis da ist und anhält.« — »Es muß erst eine Stimmung eintreten, bevor ich überhaupt musikalisch genießen kann. Diese Notwendigkeit steht über jedem Verstehen des Musikstückes, weil diese Stimmung mich erst aufnahmefähig macht.« — (Metsys, Die hl. Agnes.) »Das erste Erlebnis ist ein Stimmungsgefühl. Dies bereitet eine Einfühlung in das Bild vor.« — (Kreuzgang des Trierer Doms.) »Der erste Eindruck ist so stark, daß ich dem Alltag entführt bin. Die Stimmung des Bildes äußert sich in mir als ein starkes Berührtsein.« — (Hebbel, Ich und Du.) »Ich erlebe eine Unbestimmtheit des ästhetischen Gefühls. Ich habe noch kein ästhetisches Gefühl selbst, sondern etwas, was dem vorhergeht, eine Disposition, aus der sich das ästhetische Lustgefühl entwickeln kann. Aber dieses Stimmungsgefühl hat entschieden schon Lustwert, wenn auch ganz allgemeiner Art.« — (Puvis de Chavanne, Genoveva.) »Sofort eine unmittelbar sich einstellende Stimmung, innig, matt, hoheitsvoll. Diese Stimmung stellt mich auf das Bild ein, mit ihm begann das ästhetische Erlebnis.« — (Requiem von Brahms.) »Der erste Eindruck, welcher dem Verständnis der Musik vorangeht und ganz wesentlich zur Anschauung dieses Kunstwerkes beiträgt, ist die herrliche Stimmung, in die ich mich versetzt fühle. Ein ganz allgemeines Trauergefühl, etwas wehmütig, jedoch nicht sentimental, sondern tief und ergreifend. Es beginnt in mir sich zu regen, so daß ich noch intensiver in den Kunstgenuß hinein muß. Dieses Trauergefühl ist eine schöne Stimmung, die nicht unlustbetont wirkt, sondern im Gegenteil eine gewisse Befreiung meiner inneren Konstellation bedeutet.«

(Düsseldorfer Ausstellung 1912.) »Von Bild zu Bild schreitend gewahrte ich eine Farbe, die mich besonders bestimmte, auf das betreffende Bild zuzugeben. Je näher ich kam, desto deutlicher wurde das Bild sowohl durch das satte Rot als auch durch die Einheitlichkeit, mit der das Rot aufgetragen war und aus dem Rahmen herausstach. Der Eindruck war zwar nicht fremdartig, aber traf verwandte Vorstellungen von Rot, wie ich sie manchmal habe, und wie sie für mich ausgesprochen lustbetont sind. So war gleich ein Lustgefühl da, das mich in eine gewisse Erregung brachte. Auch während ich in der Anschauung verharrte, nahm die Erregung eigentlich nicht ab, sondern ich wurde hin- und hergetragen von den Eindrücken, denen ich mich hingab. Wie ich dies Gefühl, das nirgendwo lokalisiert war und doch mich ganz überflutete, nennen soll, weiß ich nicht. Erst als sich aus den Farbenkomplexen allmählich eine weibliche Gestalt unter einem Schirme entwickelte und Form gewann, wurde ich von diesem ersten Gefühl frei. Ich besann mich, daß ich in dieser Weise selten Bilder genieße, sondern daß ich viel bewußter an die Bildbetrachtung heranzugehen pflege. Deshalb suchte ich nunmehr den Inhalt des Bildes zu erfassen und die Form zu prüfen; aber während ich wieder auf das Bild einging, kam das erste Gefühl wieder, wenn auch nicht so stark. Es verstärkte ganz wesentlich den Eindruck, daß mir das Bild gut gefiel; es bildete eine allgemeine Gefühlswirkung in mir, die keinen bestimmten Charakter annahm, aber mich doch bei dem Bilde festhielt. — Nachher konstatierte ich, daß ich schon häufiger so zum Genuß eines Kunstwerkes kam.«

Es kommt allerdings auch vor, daß der Endeffekt eines Kunstgenießens ein derartiges allgemeines Stimmungsgefühl ist, oder daß die Stimmung während des ganzen Genießens anhält und den Genuß fördert.

Die Einstellung kann aber auch, ohne jene Stimmungsgefühle zu erwecken, zu einem intellektuellen Betrachten des ästhetischen Objekts führen. Die Versuchspersonen können beispielsweise das Kunstwerk nur unter dem Gesichtspunkte eines allgemeinen Geistesproduktes sehen und von da aus den Wert bestimmen. Eine Versuchsperson sagte, daß sie bei jeder Betrachtung eines Kunstwerkes frage: »Welches Produkt des menschlichen Geistes liegt hier vor?« Sie leugnete, daß ihr besondere Gefühlswerte bei der Anschauung gegeben seien. Bei starken Rhythmen und dynamischen Stellen, bei Musikwerken, welche einen großartigen Stil böten, z. B. bei Beethovenschen Symphonien, erlebe sie zwar motorische Impulse und Nachahmungsempfindungen, aber das seien nur sekundäre Begleiterscheinungen einer intellektuellen Beurteilung des Kunstwerks. Der Schönheitscharakter des Werkes sei aufgenommen und enthalte wohl auch ein Lustmoment, aber im Vordergrunde stände doch die obige Frage, und sobald diese Frage beantwortet wäre, sei sie befriedigt, weil sie das Kunstwerk verstanden habe. (Grenzen der Menschheit.) »In diesem Gedicht hat Goethe in schöner Sprache das Gedankliche getroffen. Ich beurteilte stets Gedankenfolge und Wortbedeutung in ihren gegenseitigen Relationen und war am Schlusse befriedigt.« Eine andere Versuchsperson kann bei Wiederholungen von Musikwerken kaum noch ästhetisch erleben, es sei denn ästhetisch-kritisch; sie urteilt, ob die Musik gut oder schlecht, richtig oder falsch gespielt wird. Wieder eine andere Versuchsperson ist während des Anhörens von Musikstücken, die sie kennt, darauf eingestellt, ob die Vortragenden den Stil treffen. Noch ein Protokoll aus den Versuchen mit wissenschaftlich-ästhetischen Texten kann das kritische Verhalten beim Kunstgenießen erläutern. Die Versuchsperson hatte irrtümlicherweise an der falschen Stelle des ihr vorgelegten Textes begonnen, so daß sie das Stück aus Fechners »Tagesansicht« zuerst ästhetisch aufnahm. »Ich las den ersten Teil wie ein Stück Kunstprosa. Sowohl inhaltlich wie formal fand ich großes Gefallen an dem Texte. Lustgefühle und zwar lebhafter Art, freudig, mehr als das beruhigende Gefühl der Wohligkeit. Ich merkte deutlich in mir eine wachsende Freude, die zu einer Art von Spannung führte und den Wunsch der Fortsetzung dieser Lektüre enthielt. Der Charakter der Neuheit des Erlebten ließ das Verlangen aufkommen, derartige Gedankenreihen ebenfalls in eine so poetische Form zu bringen, — ohne daß mir der Gedanke gekommen wäre, daß ich das niemals versucht habe. Der Übergang zu der wissenschaftlichen

Problemstellung, in die dieser künstlerische Teil eingereiht war, geschah sehr unerwartet und unvermittelt. Es war kein eigentliches Unlustgefühl, welches in mir war, als vielmehr derselbe Zustand, den ich kenne, wenn ich z. B. ein Bild betrachtet habe und mich zu dessen Kritik wende.« Das wissenschaftliche Arbeiten und die Kritik an einem Kunstwerk haben etwas Gemeinschaftliches; so wirkte der Übergang zu dem wissenschaftlichen Text genau wie die Kritik nach einem kontemplativen Verhalten. Die Reflexion und die Folge der Gedanken spielen eine wesentliche Rolle bei derartiger Reaktion, dagegen ist die Gefühlswertung geringer. Die Kritik produziert nur intellektuelle Werte.

Man darf wohl sagen, daß diese intellektuelle Einstellung auf den ästhetischen Gegenstand ein außerästhetisches Verhalten darstellt. Denn die Versuchspersonen wollen nicht das Kunstwerk ästhetisch erleben, sondern vielmehr seine Beziehungen zu andern Werken und zu andern Geistesgebieten. Es ist sehr charakteristisch, daß die Versuchspersonen selbst angeben, kein ästhetisches Erlebnis gehabt zu haben, wenn das Kunstwerk keine Gefühlswerte auslöste, sondern nur zur Kritik herausforderte, anderseits empfinden sie es sehr angenehm, wenn der Gegenstand sie plötzlich anders einstellt und nunmehr in die intellektuelle Sphäre das Gefühl eindringt, die Urteile umwertet und selbst dominierend wird. Damit soll nicht behauptet sein, daß im ästhetischen Erleben nur das Gefühlsleben einen Platz habe. Bei großem kunsthistorischen und kunsttechnischen Wissen ist dieses Hineinspielen des Wissens und die infolgedessen gegebene intellektuelle Wertung nicht zu vermeiden und kann häufig das Gefühlsleben mit wachrufen. Das kritische Ablehnen des Eindrucks wird meistens so erlebt, daß ein Gefühl des Widerstrebens, des Kritisierenmüssens auftritt: »In mir ist etwas, was dem widerspricht, ich kann dem nicht folgen. Dann gehe ich näher auf die Kritik ein und suche nach Gegengründen und Argumenten für meine Empfindung.« Ein Wort oder falsches Bild des Dichters bringt die Versuchsperson gleich aus der Kontemplation heraus. Die Versuchsperson bleibt vorwiegend bewußtlich, überlegend, sorgfältig abwägend. Lichtwark charakterisiert diese intellektuelle Art des Kunsterlebens trefflich in seinem Werke »Wege und Ziele des Dilettantismus« 1894, S. 26: »Wie wenig bisher die Einsicht vorhanden ist, daß beim Schaffen und Genießen (das ja wesentlich Nachschaffen ist) die Kraft der Empfindung den Ausschlag gibt und nicht die des Verstandes, geht aus unserer Sprachgewohnheit deutlich genug hervor. Wir nennen Kunstverständnis, was eigentlich Kunstempfindung heißen sollte, und es ist charakteristisch, daß die Verurteilung irgend einer neuen Erscheinung in der bildenden Kunst am liebsten mit der Formel eingeleitet wird: ich verstehe nicht, ich kann nicht begreifen —«.

Zu diesem Kapitel gehört auch die so oft ventilierte Frage nach dem Wert der Kunstkritik. Bekanntlich stellt Oskar Wilde (Zwei Gespräche der Kunst und vom Leben) die Kunstkritik dem Kunstschaffen gleich: »Die Kritik ist ohne Frage selbst eine Kunst. Und geradeso wie das künstlerische Schaffen die Tätigkeit der Kritik einschließt und in Wirklichkeit ohne sie überhaupt nicht existieren kann, so ist die Kritik in der Tat schöpferisch im höchsten Sinne des Wortes. Der Kritiker hat das nämliche Verhältnis zu dem Kunstwerk, das er kritisiert, wie der Künstler zu der sichtbaren Welt der Formen und Farben oder der unsichtbaren Welt der Gefühle und Gedanken.« Er meint ferner, daß der feine Unterscheidungssinn und sichere Instinkt für das Geläuterte und Ausgesuchte den Kritiker in seiner Kritik über die Beziehungen des Kunstwerks und Lärm und Chaos des alltäglichen Lebens hinausführen müsse zur Darstellung seines eigenen Erlebens, seiner subjektiven Auffassung des Kunstwerkes, er habe nur von seinen Impressionen Rechenschaft zu geben. »Für den Kritiker ist das Kunstwerk nur der Ausgangspunkt für ein neues eigenes Werk, das nicht notwendig eine sichtbare Ähnlichkeit mit dem besprochenen Werk zu haben braucht.« (Fingerzeige.) Ebenso äußert sich Kerr in den Davidsbündlern: »Produktive Kritik ist solche, die ein Kunstwerk in der Kritik schafft. Wert hat, wie ich glaube, nur Kritik, die in sich ein Kunstwerk gibt, so daß sie noch auf Menschen wirken kann, wenn ihre Inhalte falsch geworden sind.«

Diese Verherrlichung der subjektiven Kritik birgt zweifelsohne schwere Gefahren in sich. Wilde setzt voraus, daß der Kritiker selbst Künstler ist und als solcher das Recht hat, das Kunstwerk so zu kritisieren, wie er es erlebt hat, d. h. sein eigenes Kunstgenießen in eine ihm adäquate Form umzusetzen. Das erste, was man von einer Kritik verlangen kann, ist, daß sie aus einem Nacherleben resultiert. Der feste Kanon, die Gesetzmäßigkeit, aus welcher heraus die meisten Kritiken fließen, d. h. die sie bei allen Kunstwerken hypostasieren, wie sie auch im wissenschaftlichen Arbeitsgebiete eine bestimmte logische Form und einen logisch gegliederten Stoff nur anerkennen, dieser feste Kanon hat in der Kunstbetrachtung keinen Sinn und keinen Platz. Ich ziehe diejenigen, welche in reiner Hingabe an das Kunstwerk zu einem großen Genuß kommen, denen vor, welche mit dem scharfen Messer ihrer historischen und technischen Kenntnisse das Kunstwerk sezieren, um zu sehen, ob in dessen Struktur ihr Kanon erfüllt ist. Hier liegt wohl die größte Kluft zwischen dem wissenschaftlichen und künstlerischen Erkennen. Selbst wenn ich eine

Analyse eines Kunstwerkes vornehme, darf mir der allgemeine Erlebniswert nicht verloren gehen, er steht immer über jeder Analyse und Kritik. Kunsthistorische Kenntnisse haben nur insofern im ästhetischen Genießen Raum, als sie auf das ästhetische Erleben verstärkend wirken. Sie müssen unbewußt bleiben vielleicht als Richtungen der Seele, welche uns für bestimmte Seiten des Kunstwerkes aufnahmefähiger machen; sie dürfen jedoch nicht zu Assoziationen führen, welche vom eigentlichen Genuß abziehen oder das Kunstwerk nur der aufgetretenen Assoziationen halber liebenswert machen.

Wenn ein rein kritisches Verhalten dem ästhetischen Genießen zuwiderläuft, so handelt es sich bei der Einfühlung um ein psychisches Erlebnis, das in den Genuß hineinführt. Ich behandle die Einfühlung nur so weit, als meine Protokolle davon berichten, die nur wenige deutliche Beobachtungen in dieser Hinsicht ergaben. So erhielt ich keine Kriterien für das, was eingefühlt wird und was nicht, auch nicht solche zur Unterscheidung zwischen einfacher und sympathischer, oder zwischen objektiver und subjektiver Einfühlung. Ganz allgemein läßt sich aus meinen Versuchen heraus nur so viel sagen, daß in ästhetische Objekte, welche einen Persönlichkeitswert enthielten, zu dem die Versuchsperson leicht eine Beziehung schlagen konnte, eher eingefühlt wurde als in andere. Auch solche Bilder, welche durch besonders sinnlich wirkende Farben und Linien sich auszeichneten, Dichtungen, in denen Wort und Rhythmus besonders starke sensorische Kraft besaßen, Musik, die ebenfalls intensive Sinnesreize enthielt, sie alle leiteten leicht zu einer Einfühlung über und zwar über eine in der Versuchsperson erzeugte Stimmung hinweg. Die Stimmung bereitete diesen Einfühlungsakt vor. —

Einige Protokolle über das Einfühlungserlebnis. (Metsys, die hl. Agnes.) »Restlose Bewunderung und infolgedessen ein Einleben in die Stimmung, ganz befriedigte Abenduntergangsstimmung, das Bild machte mich ernst, die kühle Reinheit rührte mich sehr stark. Schmerzlich, rätselhaft und mystisch, seltsam beruhigend, fromm und ernst.«

(Marienburg.) »Ich fand mich hineinversetzt in diese große Halle und spazierte darin herum. Die schmalen Säulen zogen den Blick nach oben, und von diesen ging es wieder zurück. Es war sehr angenehm, besonders wie die großen Massen sich auf die schmalen Säulen stützten.«

(Hebbels Abendgefühl.) »Man macht das Schlummern mit, ruhige Abendstimmung, Einfühlung, ich lasse es über mich ergehen, keine Steigerung. Auf die Form habe ich nicht geachtet, die Stimmung hielt mich ganz fest.«

(Hebbel, Das Kind am Brunnen.) »Ich hatte klare und deutliche optische Vorstellungen von dem Inhalt. Ich selbst war das Kind, welches sich über den Brunnen beugt, und erlebte so, wie das Kind erlebt. So störte mich auch der Ruf der Amme, es war mir, wie wenn vor meine Vorstellung ein Schleier gezogen würde. Erst nachher merkte ich ein banges Gefühl für das Kind. Solange ich selbst das Kind war, blieb ich in meiner Rolle. So erlebte ich die Handlung, nachher setzte erst die Reflexion ein: das hat der Dichter trefflich gemacht, das gefällt mir.«

Jedoch ist zu bemerken, daß es bei den Versuchspersonen weder bei einem Gedicht noch bei der Bildbetrachtung zu einem übereinstimmenden Einfühlungserlebnis kam.

Eine große Anzahl von ästhetischen Reaktionen haben zweifelsohne keine Einfühlungsmomente. Es scheint mir in der Natur der Sache zu liegen, daß bei unwillkürlicher ästhetischer Einstellung die Einfühlung eine größere Rolle spielt als bei der willkürlichen, da bei ersterer der ästhetische Gegenstand mit seinen inhaltlichen und formalen Qualitäten die Versuchsperson zum Interesse und Gefallen zwingt und sie in sich hineinzieht. Hierbei zeigt sich ferner, daß die Versuchspersonen sich häufig in die formalen Seiten des ästhetischen Objekts einfühlen, während der Inhalt sie ganz kalt läßt.

Deutlich wird die Einfühlung von der von mir gemeinten Aktivität des ästhetischen Genusses seitens der Versuchspersonen unterschieden. Eine Versuchsperson schildert ihr Verhalten in einer Vorstellung des Ödipus durch Reinhardt. Sie fühlt sich ganz in den Helden ein. »Es herrscht ein gewaltsamer Zustand in mir. Es ist keine Freude in mir vorhanden, von einer Funktionslust kann nicht gesprochen werden, dafür werde ich zu sehr von dem Inhalt mitgerissen, das Miterleben mit dem Helden hindert jede andere Tätigkeit in mir, die Aktion abstrahiert in mir von allem, was in mein Bewußtsein treten könnte. Nur die Einfühlung ist aktiv in mir und zwar sehr aktiv, aber ich muß mich rezeptiv verhalten. Meine Phantasie kann nicht einmal etwas hinzu ergänzen. Kritische Momente sind sehr selten, ich werde von dem ästhetischen Eindruck erdrückt.«

Dieses Protokoll zeigt, wie die Versuchsperson sich einfühlt in den Inhalt des Dramas. Sie gibt ausdrücklich an, daß das Drama zwar zu ihr spreche, daß sie aber selbst nicht zu einer Tätigkeit komme, sondern nur die Dichtung in ihr tätig sei. Sie bemerkt, daß sie unter Aktivität etwas anderes versteht. Es ist bei ihr so, daß das Bild ein inneres Mitarbeiten an dem Eindruck bewirkt, aber zugleich alle Tätigkeit unterdrückt; selbst die Phantasietätigkeit scheint gelähmt, weil die Versuchsperson sich nur mit dem Bild beschäftigen kann. Auch andere Protokolle sprechen dafür, daß die Versuchspersonen bei der Einfühlung zwar insoweit eine innere Tätigkeit verspüren, als das ästhetische Objekt in ihnen agiert und sie lebhaft oder weniger lebhaft mitspielen läßt, aber sie fühlen sich selbst leidend, d. h. ihr Ichbewußtsein ist geschwunden, und sie sind »passivaktiv«. Selbst das lebhafteste Miterleben, verbunden mit Bewegungstendenzen und Organempfindungen, ist ein Agieren auf Zwang hin. Die Bewegungstendenzen werden entweder aktualisiert oder nicht, aber die Aktualisierung wird nicht vom bewußten Ich aus, sondern von dem in das Objekt eingefühlten und im Objekt agierenden Ich empfunden.

Folgendes Protokoll macht diese Unterscheidung zwischen der Einfühlung und der eigenen Aktivität: (Henner, Najade) »Zuerst ein stark angenehmer Eindruck von der Fleischfarbe des behaglich und ruhig hingestreckten Frauenkörpers. Auf dieses Gefühl der Freude setzte eine Beschäftigung mit dem Körper ein, ich ließ den Blick hinaufgleiten und erlebte eine innere Einfühlung in die Linie, was sehr ähnlich war einer inneren Nachahmung (nur vorstellungsmäßig). Erst nach dieser Einfühlung setzte ein inneres Tätigkeitsgefühl ein, wunschartig, vielleicht sogar willensbetont, solche herrlich weiche Formen noch häufig zu sehen, sie zeichnen zu können; diese Aktivität setzt ein starkes Lustgefühl meines aus der Einfühlung herausgetretenen ichs voraus.«

Manche Versuchspersonen kommen überhaupt nicht zu einer sympathischen Einfühlung, höchstens zu einer objektiven. Diese Tatsache ist nicht durch die Mängel des Materials der Versuche zu erklären, sondern durch die objektive Einstellung auf die inhaltlichen wie formalen Seiten des ästhetischen Gegenstandes. Die Versuchspersonen fühlen sich nur als dritte Personen ein; dennoch erleben sie starke Lustmomente, aber mehr im eigenen Ich und über den dargebotenen Gegenstand hinaus. — Eine Versuchsperson sagt: »Dieses ästhetische Erlebnis ist mehr subjektiv, mehr mir selbst eigen, als es eine Übertragung meiner seelischen Lebensäußerungen, Zustände und Kräfte in das ästhetische Objekt bedeutet. Dieser ästhetische Lustzustand ist eine Freude am inneren Erleben und nur vom ästhetischen Gegenstand veranlaßt, angeregt, hervorgerufen, aber nicht in ihn eingefühlt, als ob ich mit dem ästhetischen Objekt eins wäre.«

Es konnte auch schon mit der Methode der Zeitvariation festgestellt werden, daß die sympathische Einfühlung nicht die notwendige Voraussetzung aller ästhetischen Wirkungen ist (vgl. Külpe, »Die experimentelle Ästhetik« in den »Grenzboten«, Jahrg. 1912, Heft 10, S. 462).

Über das Miterleben hat am eingehendsten Karl Groos (im IV. Bd. der Zeitschr. f. Ästhetik u. allg. Kunstwiss.) gehandelt. Das Moment des Miterlebens beim ästhetischen Genuß ist ein wichtiger Faktor der inneren Aktivität. Ich möchte darum zu Groos Stellung nehmen.

Einige Leitsätze der Groos'schen Behauptungen mögen vorangehen: »Das Resultat meiner unbefangenen Selbstbeobachtungen ist, daß wir nach Entfernung aller der gefühlsbetonten Organempfindungen, die wir bei der Furcht, dem Zorn, der religiösen oder ästhetischen Entzückung usw. in uns feststellen, nichts mehr von dem in Händen halten würden, was den emotionalen Charakter der Gemütsbewegung ausmacht. Es mag noch ein Plus, vielleicht sogar ein wichtiges Plus, vorhanden sein, aber wir sind nicht imstande, es zu ergreifen und festzuhalten« (S. 166).

»Erst wenn die Vorstellung der Gefahr oder die Wahrnehmung des Kunstwerkes oder der Gedanke göttlicher Erhabenheit eine Erregungswelle von den motorischen Zentren aus durch den Organismus gesendet hat, und wenn hierauf die so entstandenen körperlichen Prozesse wieder rückwärts wirken und lust- und unlustbetonte Organempfindungen hervorgerufen haben, die den Gesamtzustand des Bewußtseins beeinflussen — erst dann erleben wir eine wirkliche Gemütsbewegung« (S. 170).

»Wir haben dabei den Eindruck, als ob wir das in den sichtbaren oder hörbaren Formen liegende gefühlsreiche Seelenleben beim intensiven Genießen durch eine innere Tätigkeit in uns selbst nacherzeugten« (S. 177).

In seinem Buche »Der ästhetische Genuß« (1902) stellt er den Satz auf: »Ich persönlich hege die Überzeugung, daß die motorische Veranlagung ein Merkmal der ausgesprochen ästhetischen Natur ist« (S. 78). »Das Geheimnis des Dichters besteht zu einem wesentlichen Teil darin, daß er die Kunst besitzt, mit dem abstrakten Mittel des gelesenen Wortes uns organisch zu packen« (S. 79). »Der Dichter muß zu Bewegungen und Haltungen innervieren« (S. 82). Groos zitiert dann Meier-Graefe »Der Fall Böcklin und die Lehre von den Einheiten« (S. 53): »Indem sich nämlich durch die Gewalt des Kunstwerks unser Wunsch entzündet, in sein Innerstes hineinzugelangen, setzen sich alle die Organe in Bewegung, die uns in unser eigenes Innere ziehen. Wir sehen dann nicht mehr leiblich das Kunstwerk, sondern empfinden es nur. Den Ort dieser Empfindungen, den wir mit Recht als das Feld reinster und edelster Genüsse verehren, nennen wir Seele.« »Des Meisters Kunst ist, sich uns weit zu öffnen und ein Gefäß aus sich zu bilden, in das wir gleich gern unsere Wehmut wie unsere Hoffnung gießen.«

Ich stelle die Organempfindung beim ästhetischen Genuß nicht in Frage und will sie nicht als außerästhetisch bezeichnen. Ich kann zahlreiche Dichterstellen, bei deren Aufnahme sie eine Rolle spielen, wie folgende zitieren:

»Hier reckt sich der Rücken,
Wird breit die Brust
Und greifen die Arme zum Himmel.
Der Herzschlag,
Von unsichtbarer Hand tief angerührt,
Steht still vor Staunen
Und Weh und Seligkeit,
Alles unnennbar.
Hier spielt der Spiele größtes:
Im Grase sitzen, am Felsen hängen,
Hoch auf dem Gipfel stehen
Und schauen in das Spiel
Und schauen:
Dies macht die Seele ruhig,
Dies allein,
Daß sie froh ist
Und nicht mehr will
Und wartet.«

Schmidt-Bonn, Montefontal »Lob des Lebens«, S. 111.

Für den Plastiker Hildebrand (Problem der Form, S. 56) ist es eine Hauptfrage der bildenden Kunst, »ob es einem weit wird um die Brust oder nicht.«

Aber Groos scheint mir die Bedeutung der Organempfindungen und der motorischen Empfänglichkeit zu übertreiben. So sagt er: »Die miterlebende Einfühlung in den ästhetischen Gegenstand ist als wirkliche, nicht bloß vorgestellte, Gemütsbewegung ohne körperliches Ergriffenwerden überhaupt nicht vorhanden. Wenn es der Dichter nicht versteht, durch den Klang und Sinn der Worte bestimmte physiologische Prozesse im Organismus des Hörers hervorzurufen, die als Körpergefühle ins Bewußtsein dringen, oder wenn der Hörer selbst in dieser Hinsicht versagt (durch Abstumpfung und Ermüdung), so mag das Gedicht verstanden und beurteilt werden, aber die Emotion bleibt aus.«

Damit wäre die Behauptung aufgestellt, daß beim stillen Lesen von Gedichten, wofern nicht durch das gelesene Wort über das akustische Zentrum hinweg kinästhetische Empfindungen ausgelöst werden, überhaupt kein ästhetisches Erleben zustande käme. Das widerspricht der Selbstbeobachtung anderer sowie auch allen Protokollen, welche mir aus den Versuchen mit stillem Lesen von Gedichten zur Verfügung stehen. Wie will Groos es ferner erklären, daß eine Versuchsperson angibt, daß sie durch den Inhalt eines Wortes, durch die Bedeutungserfassung eines feinsinnigen Gedankens ästhetische Lust gehabt habe, die so stark war, daß sie noch länger dabei verweilen mußte? Die Versuchsperson hat dabei nichts von Organempfindungen gespürt. Das feine Wort, das sie in ein Phantasiespiel versetzte, löste einen ästhetischen Lustwert stärkster Art aus ohne jede merkliche Organempfindung. Die Angaben der Versuchspersonen über Organempfindungen sind, obgleich sie nach jedem Versuch danach gefragt wurden, sehr spärlich im Verhältnis zu der großen Anzahl der Versuche, und dann sind die Äußerungen der spezifisch motorischen Versuchspersonen, welche am häufigsten von Organempfindungen sprachen, keine Stütze der Groos'schen Ansicht. Eine motorische Versuchsperson erklärt, daß sie keinerlei Organempfindungen (bei dem »Bildnis« von Paulsen) gehabt habe, trotzdem es bei der Art, wie die Versuchsperson analysierte, nahelag. Trotzdem sie den Linien nachging, keinerlei Bewegungstendenz, alles bloß in der Vorstellung. Aber bei der größten Ruhe des Bildes starker Anreiz zur Aktivität: sie muß sich äußern, wenn es auch nur ist, um das Erlebnis als solches zu bestätigen. Das Verknüpftsein des ästhetischen Genusses mit Organempfindungen findet nicht durchgängig statt, wie die Selbstbeobachtung deutlich lehrt. Vielmehr ist der geistige Faktor oft so stark prävalierend, daß er jedenfalls das Prius des ästhetischen Erlebens ausmacht und häufig keine merklichen Empfindungen neben sich hat. Groos bedarf noch der inneren Nachahmung, um die äußere zu erklären: »Alle Gedichte ahmen wir innerlich nach.« Als Mittel zur kinästhetischen Nacherzeugung nennt er die Fortleitung der Rumpf- und Muskelempfindungen zum Innern hin. Dann die Augenbewegungen, Nachahmung der Form durch den Atmungs- und Sprechapparat (s. o. S. 175).

Trotzdem ich stark motorisch bin und mich tausendfach dabei überrasche, ist bei mir beim tiefsten ästhetischen Genießen keine Imitation notwendig, wenn ich auch nicht leugnen will, daß sie vorkommt. Man darf sie eben nicht fordern, sondern kann sie haben. Groos zitiert, um seine Ansicht zu stützen, Wölfflin: »Michelangelo hat für die Muskelfunktionen diejenigen Ansichten gefunden, die den Beschauer zwingen, den Vorgang mitzuerleben .... wo das Quattrocento die leichtest faßbaren Erscheinungen aufsuchte, wie z. B. beim Ellenbogen die Profilansicht, und Generation auf Generation dieses Schema wiedergab, da reißt ein Mann mit einem Mal alle Schranken ein und gibt Gelenkzeichnungen, die beim Beschauer ganz neue Innervationen erzeugen mußten« (Renaissance u. Barock 1904). Dieses Wort Innervation legt Groos für seine Theorie aus. Es bedeutet aber offenbar nichts weiter als neue Wirkungen im allgemeinen, nicht nur Organempfindungen, so auch wenn Groos selbst sagt, daß, wenn Berenson (*Florentine painters of the renaissance*) von Berührungs- und Bewegungswerten bei Michelangelo spricht, er nicht Organempfindungen im Auge hat, sondern reproduktive Faktoren.

Groos scheint mir bei der Definition des ästhetischen Menschen Temperament mit motorischer Veranlagung zu vermischen. Natürlich ist der Künstler kein Phlegmatiker. Was soll die Theorie der inneren Nachahmung bei Dichtungen, in denen gar keine Bewegung ist, im feinsinnigen Dialog, wo die Poesie im Inhalt und in den feinen Nuancen der Klänge und subtilsten Gefühle liegt? Es gibt in meinen Protokollen solche Versuchspersonen, welche bei objektiver Betrachtung des ästhetischen Gegenstandes ein Miterleben und beim Miterleben des ästhetischen Gegenstandes dieses Erleben ohne Einfühlung haben. Die Organempfindungen sowie auch die inneren Nachahmungstendenzen scheinen mir etwas sehr Sekundäres im ästhetischen Erleben zu sein, sie sind nur Begleiterscheinungen des Genießens. Das Miterleben, wie es vielfach gemeinsam in und mit der sympathischen Einfühlung auftritt, ist wesentlich gefühlsmäßig fundiert, und zwar möchte ich die Priorität des Gefühls vor der Empfindung behaupten. Darauf weisen mich auch die Äußerungen der Versuchspersonen, daß sie ästhetische Lust ohne irgend welche Körperempfindungen gehabt haben.

Die Analyse des Miterlebens hat demungeachtet durch Groos eine starke Förderung erfahren. Ich will den Zusammenhang des Miterlebens mit der von mir gesuchten Aktivität kurz dartun. Miterleben bedeutet eine Tätigkeit, und wenn eine Versuchsperson sich in einen ästhetischen Gegenstand einfühlt, so vollzieht sich diese Tätigkeit. Ob diese innere Aktivität eintritt oder nicht, danach hat man die ästhetischen Beobachter eingeteilt in »mitspielende« und »zuschauende«, wobei man den ersteren das tiefere ästhetische Genießen zuzusprechen pflegt. Das hat zweifelsohne seine Berechtigung, wenn man das ästhetische Erlebnis bloß auf den jeweilig erlebten Reiz bezieht. Aber für das allgemeine ästhetische Erleben, in dem eine einzelne ästhetische Anschauung nur ein Ausschnitt zu sein braucht, trifft dies nicht mehr zu, denn sonst müßte man dem objektiv Betrachtenden, demjenigen, der sich nicht in das ästhetische Objekt einfühlt und es nicht miterlebt, weniger ästhetisches Erleben zusprechen als dem Miterlebenden. Man darf aber meiner Ansicht nach für die Tiefe eines ästhetischen Genusses nicht den Grad der Einfühlungs- und Miterlebensfähigkeit verantwortlich machen. Denn es ist allgemeine Tatsache, daß sehr naive und künstlerisch nicht gebildete Menschen schneller und leichter »Mitspieler« sind, als ästhetisch Gebildete. Dieser Gegensatz wird dadurch nicht aufgehoben, daß man beide Typen von ästhetischen Betrachtern mit den ihnen entsprechenden Kunstwerken in Relation bringt, d. h. daß man den weniger ästhetisch Gebildeten und sein schon auf minderwertige Kunstwerke reagierendes Seelenleben mit dem Kunstgenießen des künstlerisch Gebildeten, das sich an hochwertigen Kunstwerken betätigt, in Beziehung und Vergleich setzt. Vielmehr bleibt die Tatsache bestehen, daß der ästhetisch Geschultere — es wird natürlich von dem Ästheten oder künstlerisch Überkultivierten abgesehen — mehr objektiv betrachtet und dabei doch zu tiefen Erlebnissen kommt. Man darf auch nicht sagen, daß dieser letzte Typus durch das kunsthistorische, technische und in künstlerischen Dingen erworbene Wissen mit intellektuellen Seelenfunktionen ein Kunstwerk aufnehme und deshalb seine Gefühlsseite leer ausgehen lasse. Zweifelsohne spielen bei letzterem intellektuelle Faktoren in Form von Vorstellungen, Assoziationen aller Art, Erinnerungen, in den Kunstgenuß hinein. Aber mit Ausnahme all derjenigen Fälle, in denen dieses intellektuelle Leben als außerästhetisch leicht zu konstatieren ist, wirken diese intellektuellen Faktoren verstärkend auf den ästhetischen Eindruck, weil sie wie von selbst im Erleben auftreten und als notwendig und wesentlich zur ästhetischen Kontemplation gehörig empfunden werden. Also kann das Miterleben und die Einfühlung an sich nicht ausschlaggebend für die Tiefe des ästhetischen Erlebens gemacht werden; sondern sie sind ebenso wie andere Erlebnisarten Faktoren des ästhetischen Genießens, denen eine kleinere oder größere Rolle zuzusprechen ist.

Was ich betonen möchte, ist die Tatsache, daß sowohl mit der Einfühlung als auch mit dem in der sympathischen Einfühlung gegebenen Miterleben nicht das ästhetische Genießen erschöpft ist; die Einfühlung und das Miterleben sind vielmehr oft die Anfangsstufen des Genießens, sie leiten in den Genuß hinein und können bei längerer Dauer den Erlebniswert wesentlich beeinflussen. Man muß jedoch auf die Äußerungen der Versuchspersonen hinweisen, welche aussagen, daß die Einfühlung und das Miterleben zwar ein inneres Mitgehen mit dem ästhetischen Objekt, ein Mitspielen, eine Aktivität hervorrufen, aber daß diese Aktivität eine »passive Aktivität« ist. Man verzeihe dieses Paradoxon auf Grund der geschilderten Tatsachen: das Kunstwerk arbeitet in den Versuchspersonen, ist in ihnen tätig, seine Qualitäten zwingen sich ihnen auf, die Versuchspersonen glauben ihr eigenes Ich völlig verloren zu haben und in dem Objekt aufgegangen zu sein.

Ein anderer Seelenzustand, der mit dem ästhetischen Genuß auftritt, ist die Erregung. Sie hat viele Stufen und Formen: Im ersten Satz der Beethovenschen Cismoll-Sonate mag ein leichtes Mitschweben, ein tiefernstes und dunkles Träumen durch die Seele des Zuhörers zittern, ein Haydnsches Menuett mag uns mit Tau und lachendem Schimmer berieseln, Hebbels Nibelungen mögen den Kern unserer tiefsten Leidenschaft aufwühlen, Michelangeleske Bewegungen ein Fortgerissensein verkünden, Wagners Tristan ein Totensehnsuchtslied erwecken, Achills Zorn uns reizen, des Ödipus Leid uns erschüttern — alle Gefühle können der künstlerischen Erregung angehören, wir rechnen sie zum ästhetischen Genuß, vom leisen Vibrieren schwebender Seelenfäden bis zum imposanten und dumpfen Affekt, vom heiteren Freudenlachen bis zum Rauschzustand.

Müller-Freienfels hat die Zugehörigkeit der Rausch- und Affektzustände im ästhetischen Genießen dargetan (Ztschr. f. Psych. Bd. 57, 1910) und diese Zustände gegenüber den Rauschzuständen bei pathologischen Menschen abzugrenzen versucht. Die jedem geläufige Erfahrung erübrigt eine Widerlegung der Ansicht, daß diese Erregungszustände außerästhetisch seien; sie sind so eng mit dem Genuß verknüpft, daß man sie nicht vermissen möchte.

Den ästhetischen Rauschzustand hat wohl Nietzsche am trefflichsten geschildert: »Der Lustzustand, den man Rausch nennt, ist exakt ein hohes Machtgefühl ... die Raum- und Zeitempfindungen sind verändert. Ungeheure Fernen werden überschaut und manchmal erst wahrnehmbar; die Ausdehnung des Blicks über größere Mengen und Weiten; die Verfeinerung des Organs für die Wahrnehmung vieles Kleinsten und Flüchtigsten, die Divination, die Kraft des Verstehens auf die leiseste Hilfe hin, auf jede Suggestion hin: die intelligente Sinnlichkeit — die Stärke als Herrschaftsgefühl in den Muskeln, als Geschmeidigkeit und Lust der Bewegung, als Tanz, als Leichtigkeit und Presto ... all diese Höhenmomente des Lebens regen sich gegenseitig an; die Bilder- und Vorstellungswelt des einen genügt als Suggestion für den andern.« (»Der Wille zur Macht«, Nachgelassene Werke 1901.)

Auch meine Versuchspersonen erlebten diesen Zustand: »Während der Lektüre war in mir eine dumpfe und tiefe Erregung, sie herrschte über mich und war doch nicht ganz bewußt; sie sprang manchmal aus ihrer Stellung, die sie im Seelenleben einnahm, heraus und zwar gestaltete sie mit an dem Drama oder arbeitete in mir, die Erregung war ganz allgemeiner Natur.«

»Bei starken Affekten in der Musik bin ich so aktiv, daß ich irgend eine andere Position einnehmen muß; stark motorisch. Ich möchte am liebsten dirigieren, trotzdem ich vorher völlig passiv war, bin ich nunmehr durch den ästhetischen Genuß aktiv geworden. Die Entladung muß ich in irgend einer emphatischen Rede an meine Freunde aussprechen. Der Erregungszustand ist typisch für mich. Bei ästhetischen Eindrücken komme ich mir vor, als ob ich davor kauerte. Die Erregung geht auf und ab. Ich bin eine Saite über Dissonanzen gespannt, ich bin das Medium, an dem sich eine Aktivität offenbart; keine Passivität der Ruhe, des Leidens, des Bewegtwerdens; mein Seelenleben geht mit. Ich lasse mich vergewaltigen und bin dann selbst in mir erregt tätig.«

Die ästhetische Erregung ist ein über den ganzen Organismus verbreiteter Zustand, der zu allen Seelenfunktionen in Beziehung steht, das intellektuelle wie das Willensleben ergreift und die Phantasie in Bewegung setzt. Sie hat den Charakter einer allgemeinen Wirkung mit der ästhetischen Stimmung gemeinsam. Aber sie ist mehr wie die Stimmung, sie ist mehr aktiv wie diese. Sie herrscht beispielsweise als dumpfe Erregung während der Lektüre eines Romans, eines Gedichtes vor, sie ist der allgemeine Hintergrund, auf dem sich das andere Seelenleben abhebt. Sie ist kaum individueller Natur, wenn sie auch in die Handlung und das eigene Bewußtsein hineingreift, aus der Hintergrundstelle vorragt.

Mit der ästhetischen Erregung treten in Verbindung alle die seelischen Erscheinungen, welche ich im folgenden darstellen will, ja diese sind ohne jene nicht zu denken. Die Einfühlung und das Miterleben bedeuten schon den Beginn und eine Art der ästhetischen Erregung, für die übrigen aktiven Erlebnisse innerhalb der ästhetischen Reaktion ist sie von .noch viel größerem Wert.

Als eine Wirkung der ästhetischen Erregung tritt in vielen Protokollen die Phantasiefülle auf.

Es wäre viel zu weitläufig, wollte ich auch nur in geringem Umfange alle die Protokolle wiedergeben, welche sich über die durch den ästhetischen Genuß und das emotional erregte Seelenleben gegebenen Phantasievorstellungen, Assoziationen, Erinnerungen aussprechen. Ich möchte nur eine Zusammenfassung davon geben.

Zunächst ist ein Wort zu den vielfältigen Assoziationen zu sagen, die durch den musikalischen Genuß zustande kommen. (In dem Buch von Ruths: »Experimentelle Untersuchungen über Musikphantome«, Darmstadt 1898, sind derartige Protokolle in großer Anzahl zu lesen.)

Ein Protokoll (Schumanns »Träumerei«): »Auf den Wellen des Liedes schwebt jemand; das werde ich im weiteren Verlauf. Ein Wonnegefühl durchströmt mich. Ich mache keinerlei Bewegung, sondern lasse mich von den Wogen des Liedes dahintragen. Die Luft schimmert, und dieselben Farben drängen immer auf mich ein, ein bläulichroter Ton, darunter schimmert eine grüne Stimmung, welche die Oberhand gewinnen will.«

Zweifelsohne erleben die meisten Menschen bei der sogenannten Programmmusik am leichtesten Assoziationen aller Art. Die Gefahr liegt nahe, daß durch den Titel der gespielten Musik nicht mehr die Musik als Tonkunst, sondern ihr Klangcharakter als das vorgestellte Situationsbild erlebt wird. Die Gegner der Programmmusik richten ihre — man darf wohl sagen mit Recht — scharfe Kritik gerade auf diese Tatsache. Die Assoziationen, welche bei derartiger Musik aufzutreten pflegen, haben zu einem geringen Teile ihren Ursprung im Seelenleben, sie sind vielmehr mechanisch. Sie treten in einem regen Spiel von durcheinanderflutenden Vorstellungen und Erinnerungen auf und verlaufen nur an der Außenseite des Seelenlebens, oder höchstens verleiten sie zum Abschweifen der Phantasie vom eigentlichen Kunstwerk; sie wirken ablenkend und mit ihnen das Kunstwerk, das eben kein ästhetischer Reiz als solcher, sondern nur der Anlaß zu einer untergeordneten, wahl- und kritiklosen Reihe von zufälligen Assoziationen ist. Anderseits schränkt die Programmmusik das ästhetische Erleben ein: man darf nur so erleben, wie der Titel vorschreibt. — In beiden Fällen wird nicht ästhetisch erlebt, sondern das Verhalten gleicht dem des Traumes oder der Hypnose und der Dämmerzustände. Von diesen Vorstellungen und Assoziationen soll nicht die Rede sein, da sie außerästhetischen Charakter haben und die ästhetische Kontemplation stören und nicht fördern. Es sollen nur die Assoziationen, Phantasieerlebnisse, Vorstellungen, Erinnerungen in Betracht kommen, welche vertiefend und verstärkend auf den ästhetischen Genuß einwirken. Für viele musikalische Menschen gibt es keine Programmmusik, sie hören die Musik um der Musik willen. Wie ließe sich auch sonst die große Vorliebe für die sogenannte absolute Musik erklären? Denn sie ist an und für sich assoziationsarm und stellt an das Erleben des Genießenden größere Anforderungen als das bloße Einfühlen in einen durch den Klangcharakter gegebenen Stoff oder eine Situation. Es ist gerade das Problemartige dieser Musik, was so sehr zur tiefen Wirkung wird. Ich werde dabei an Hebbels Urteil über die Poesie erinnert: »Das Problematische ist der Lebensodem der Poesie und ihre einzige Quelle, denn alles Abgemachte, Fertige, still in sich Ruhende, ist für sie nicht vorhanden, so wenig wie die Gesunden für den Arzt. Nur wo sich das Leben bricht, wo die Innenverhältnisse sich erneuern, hat die Poesie eine Aufgabe.«

Assoziationen und Vorstellungen, welche den ästhetischen Eindruck verstärken, notwendig zum ästhetischen Gegenstand zu gehören scheinen, die Resonanz der Seele mehr zum Schwingen bringen, sind ohne Zweifel dem ästhetischen Verhalten zuzuordnen. Die Fechner'sche Scheidung in einen direkten und assoziativen Faktor des ästhetischen Genießens ist nicht weit genug, um all die Formen von Erlebnissen zu fassen, welche im ästhetischen Genießen auftreten. Phantasiefülle ist Kunstwirkung. Das durch das Objekt gegebene Neue muß erlebt werden. Die Assoziationen und Vorstellungen müssen zu neuen Gebilden sich vereinen können, sie müssen zu einzigartigen Kombinationen zusammentreten, deren Neuheitscharakter der Gegenstand der Lust wird.

Groos lehnt den Fechner'schen Ausdruck assoziativer Faktor ab: die sinnlichen und reproduktiven Faktoren »verwachsen« im ästhetischen Genuß. Wenn Natur und Kunstgegenstand Assoziationen geben, so handelt es sich nach Groos um solche hinzutretenden separaten Vorstellungen, durch welche wir uns von dem ästhetischen Genuß des Objekts entfernen, um uns entweder gänzlich außerästhetischen Vorstellungsverbindungen hinzugeben oder in ein selbständiges Phantasiespiel von halb künstlerischem Charakter einzugehen.

Dagegen läßt sich sagen, daß es viele Menschen gibt, welche an dem ästhetischen Reiz ihr ganzes Sein entzündet fühlen, trotzdem sie sich dem Kunstwerk hingeben, also innerhalb der Sphäre des Rezipierens bleiben; das starke Gefühl führt sie weiter, und in dieser aktiven Art zu erleben werden sie von jeder Nuance des Kunstgenusses unterstützt. Man kann nicht behaupten, daß dies kein Genuß sei. — Auch der Kritiker genießt vielfach über das Kunstwerk hinaus, weil seine Erfahrungen unbewußt mitarbeiten. Seine Erfahrung ist mit dem Erlebnis eng verbunden und tritt nicht als separate Vorstellung hinzu. Dieser Zustand ist wesensverschieden von der kritischen Reflexion, die er nachher einnimmt, wo er sein Erlebnis analysiert und die objektiven Ursachen eines Erlebnisses festzustellen sucht. Die Menschen erleben im Genusse Verschiedenes trotz desselben Reizes, weil die Aufnahmebedingungen andere und verschiedene sind. Wieweit sich die gesteigerte Gefühlslage im Genusse an dem ästhetischen Gegenstand betätigt, das bleibt dem Genießenden anheimgestellt. Es heißt aber geradezu ein Haupterlebnis des ästhetischen Genusses ausschalten, wenn man die Tatsache der durch das Kunstwerk ausgelösten Phantasiefülle als außerästhetisch bezeichnen will. Die Umsetzung der erlebten Phantasievorstellungen in tatsächlich neue Phantasiegebilde — welcher Art die Form dieser Umsetzung auch sei — ist naturgemäß außerästhetisch, aber deshalb doch nicht die Phantasiefülle selbst und die den ästhetischen Eindruck verstärkenden Vorstellungen und Assoziationen. Es ist hiermit vielleicht ein weitgehender Relativismus dem ästhetischen Verhalten zugestanden.

Külpe und nach ihm unter anderen v. Allesch (Zeitschr. f. Psych. Bd. 54 S. 531 ff.) haben diesen Relativismus einzuschränken gesucht durch eine Determinierung der zum ästhetischen Genuß gehörenden individuellen Faktoren. Für das gesamte Assoziationsmaterial in seinem Verhältnis zum direkten ästhetischen Erlebnis gelten folgende Forderungen: die Vorstellungen, Erinnerungen, Assoziationen, die reproduzierten Faktoren des ästhetischen Genießens müssen mit dem ästhetischen Erleben selbst eine Einheit bilden, sie müssen in einem notwendigen und eindeutigen Zusammenhang mit dem direkten Erleben stehen und selbst Kontemplationswert haben, d. h. ästhetisch gefühlsbetont sein. Die letzte Forderung ist natürlich dahin einzuschränken, daß andere, z. B. ethische Gefühle, soweit sie als Nebenbedingungen zur Erhöhung der Gesamtwirkung beitragen, zum ästhetischen Genießen zu rechnen sind. Nach diesen Forderungen gehören nur die an die gegebenen Erscheinungen angeschlossenen Intentionen zu der adäquaten Anschauung des Kunstwerkes (nach v. Allesch »Erfüllungsverhältnis«). Ist auf diesem Wege dem Relativismus im ästhetischen Genießen gesteuert, so tritt er verstärkt auf bei der von dem jeweilig betrachtenden Individuum getroffenen Auswahl des ästhetisch Wirksamen. Aus vielen Protokollen habe ich den Eindruck gewonnen, daß die für die reproduzierten Faktoren des ästhetischen Genießens aufgestellten Forderungen nur teilweise zu Recht bestehen können. Allerdings wird der Relativismus dadurch verstärkt, aber ich glaube den Tatsachen näher zu kommen. Die Forderungen von dem Kontemplationswert und der Einheitlichkeit der assoziativen Faktoren mit den direkten bleiben bestehen. Die andere Forderung, daß der reproduzierte Faktor in notwendigem und eindeutigem Zusammenhang mit dem direkten stehen soll, kann dagegen nicht aufrechterhalten werden. Denn Kunstwerke sind im allgemeinen recht vielseitig und vieldeutig, schon aus dem Grunde, weil sowohl der Inhalt als die Form der Gegenstand der Betrachtung sein kann. Es scheint mir, daß gerade in der Mannigfaltigkeit der verschiedenen Vorstellungsverkettungen der Hauptgrund für die Verschiedenartigkeit in der Wirkung des Kunstwerkes zu finden ist. Die verschiedenen Vorstellungsketten mögen entweder in der Empfänglichkeit oder Disposition oder der ästhetischen Einstellung ihren Grund haben; jedenfalls beeinflussen sie ganz wesentlich den mehr oder weniger tiefen Kunstgenuß. Man kann nicht annehmen, daß derjenige, der z. B. bei der Lektüre eines Gedichtes, beim Anhören eines Musikstückes besonders viele Vorstellungen hat, deren Zusammenhang mit dem Kunstwerk nicht leicht zu erweisen ist, deshalb weniger ästhetisch erlebt als derjenige, der die dem Kunstwerk adäquaten Vorstellungen hat. Wir sahen schon, daß die eindeutigen Vorstellungen, welche bei der Programmmusik als ästhetische assoziative Faktoren hinzutreten, kein solch tiefes ästhetisches Genießen verbürgen. Auch zeigen die Äußerungen der Versuchspersonen, daß Assoziationen, welche mit dem Kunstwerk nichts zu tun haben, dennoch von gewaltiger Wirkung sind, weil sie die Versuchspersonen in ein Stimmungsgefühl versetzen und anregen. Ferner möchte ich behaupten, daß ein ästhetisches Erlebnis gerade dadurch bezeichnet ist, daß die eine Versuchsperson bei einem Kunstwerk in ihrem Phantasieleben weiter geführt wird als die andere. Damit soll nicht gesagt sein, daß der Träumer, der die meiste Phantasie entwickelt, der beste Betrachter ist. Aber wem das Kunstwerk mehr zu sagen hat, d. h. wen es in seinem eigenen Erleben weiterführt und in seiner Persönlichkeit berührt, der hat auch das größere Erlebnis gehabt. Denn was das Kunstwerk aus uns macht, das sind seine Wirkungen, das ist unser Genuß. Je größer die Phantasiefülle ist und je feiner die in diesem Phantasiestrom waltende Auswahl schaltet, desto tiefer ist die Wirkung des Kunstwerkes.

(Puvis de Chavannes, Die hl. Genoveva im Gebet.) »Der Eindruck war sehr gut. Die Hauptwirkung des Bildes war die Wirkung auf meine Phantasie; damit will ich sagen, daß meine Phantasietätigkeit besonders rege wurde. Es war so, daß ich bei jeder Versenkung in das Bild eine Menge von Vorstellungen erhielt.« — Auf meine Frage, ob die Versuchsperson durch die Vorstellungen aus der Betrachtung des Bildes herausgekommen sei, antwortete sie verwundert: »Nein. Es war ein gegenseitiges Geben und Nehmen. Aus der Anschauung des Bildes stiegen die Vorstellungen auf; ohne mich eigentlich auf diese zu konzentrieren, war ich im Bilde und wieder bei meinen Gedanken. Diese Vorstellungen waren alle ruhig, still, wie das schimmernde Leuchten der Sonne, die morgens herauskommt. Tonvorstellungen in derselben Art, optische Bilder (weiche Teppichmuster, ähnliche Landschaften), stille Worte, welche von den Personen, die auf dem Bilde sind, gesprochen wurden, der Charakter dieser Worte und Gespräche, Vorstellungen, in denen ich mich gleichsam an die Personen wandte, alles verwob sich ineinander, so daß ich einmal in mir und dann wieder im Bilde war.«

Beweist dieses Protokoll, wie die Phantasietätigkeit infolge des ästhetischen Eindrucks geweckt wird, während der Betrachtung rege ist und die Reaktion verstärkt, so erläutert besonders das folgende Protokoll diesen Tatbestand: (Lefèbre, *La Vérité.*) »Als ich die Augen öffnete, war ich geblendet, so herrlich strahlend schritt der weiße Frauenleib auf mich zu. Vorstellungen, die sich an die formalen und inhaltlichen Bestandteile des Bildes anhefteten, auch ganz außerhalb des ästhetischen Reizes liegende Vorstellungen tauchten auf, waren im fortlaufenden Strom sogleich unmittelbar gegeben und ganz eigentlich geeignet, die Wirkung des Bildes zu unterstreichen; sie waren gleichsam die Repräsentanten meiner Reaktion auf das Bild. So erlebte ich; ich war förmlich dieses Phantasielebens froh und glaube einen sehr tiefen Genuß gehabt zu haben. Ich will versuchen, einige Vorstellungsreihen anzugeben: Trotz der Helligkeit des Zimmers schien ich in einem dunklen Raume zu sein. Hinter mir war ein schwerer Vorhang; ich mußte geradeaus sehen, wo ein leuchtendes Weiß mir entgegenkam und sich mir gewaltsam aufdrängte; ein Kometenschweif in dunkler Nacht tauchte auf, verschwand jedoch nicht, sondern breitete sich aus, wie wenn eine Flamme angeblasen wird. Dann schien mir etwas aus düsterem Chaos geisterhaft emporzusteigen. Ich hatte eine Vorstellung, wie wenn ein Maler einen tiefroten Hintergrund von unten nach oben auswischt, wodurch in der Leinwand ein heller Streifen entsteht. Dann die Vorstellung einer *Aphrodite Anadyomene*, der dunkle Grund fing an zu leben, wie noch ununterscheidbare Wogen, die eine Göttergestalt emporheben, dann die Vorstellung von einer Dampfsäule, welche aus dunklem Grün aufsteigt; dann eine Tonvorstellung: aus einem Trauermotiv heraus erhob sich plötzlich ein sieghaft freudiges Thema, inbrünstig und erhaben (dabei sah ich einen Dirigenten, der das Thema mit starken Gesten andeutete). Dabei hatte ich immer die Gestalt des Bildes in der Anschauung. Nike von Samotrake war vorstellungsmäßig gegeben wohl wegen der Art, wie der herrliche Leib aus dem Bilde herauszustreben schien; die Gestalt redete laut und ernst, sie verkündigte und predigte. Die Wirkung war so groß, daß ich nicht über technische Fragen oder über den Autor nachdachte, sondern völlig mit dem Eindruck des Bildes mich zufrieden gab.«

Die mannigfachen Vorstellungsreihen dieser Reaktion haben also den Eindruck des Bildes in keiner Weise verwischt oder gestört. Sowohl die Vorstellungen, die sich an den Kontrast von Weiß und Schwarz, von Hell und Dunkel, als auch diejenigen, die sich an die

Linienführung der Gestalt und an die inhaltliche Bedeutung der Bringerin der Wahrheit anknüpften, trugen zur Verstärkung der Wirkung und zu einem intensiven ästhetischen Erlebnis bei.

Es ergibt sich für mich, daß dieser Phantasiefülle ein Aktivitätswert anhaftet. Sie entsteht scheinbar bei ganz passivem Verhalten, ihre Voraussetzung ist eine ästhetische Einstellung und eine besondere Disposition und Sensibilität. Aber das Weiterentwickeln von gegebenen Assoziationen und gefühlsbetonten Vorstellungskomplexen ist eine in dem betrachtenden Ich sich vollziehende Tätigkeit. Diese innere Aktivität äußert sich sehr vielfältig: der ästhetische Gegenstand wird in die verschiedenste Beleuchtung gebracht, er wird in seinen Wirkungsweisen in der Phantasie ergänzt, man ahnt den Höhepunkt des Ästhetischen, der vielleicht im Kunstwerk nur angedeutet ist. Wenn die Musik unvollkommen zum Vortrag kommt, dann ergänzt das innere Schaffen. Darin liegt ein großes Stück Aktivität, daß wir — sei es woher auch immer — das Kunstwerk in seinen Lücken d. h. da, wo es nicht unserm ästhetischen Empfinden gemäß erscheint, ergänzen bis zur Erfüllung. Notwendig ist nicht, daß wir mit einem festen Kunstdogma an das Werk herantreten, sondern im künstlerischen Genuß haben wir auf einmal die Empfindung: an dieser Stelle muß das anders lauten, damit es sowohl unserer Auffassung von dem Kunstwerk als auch dem Gesamteindruck entspreche, d. h. daß es in uns eine gute Reaktion hervorrufe. »Sehr häufig ergänzte ich in dem ästhetischen Erlebnis die Assoziation. Ganz bewußt werde ich dann meiner Phantasiekraft und der Beweglichkeit des Geistes und der Gefühle, die in dem Zustand der Kontemplation das auftauchende Bild ausgestalten und möglichst schön machen. Daher erkläre ich mir auch die Meinung, daß ich im Ästhetischen allein so stark empfinde, daß ich allein einen derartigen Einfluß seitens des Kunstwerkes genieße — weil ich infolge des Eindrucks so gut schaffen, d. h. das Bild neugestalten kann.«

Leise Willensimpulse gehen mit dieser Phantasietätigkeit zusammen: der Wunsch nach Vertiefung des Eindrucks, das Verlangen nach Verdeutlichung und Bereicherung, die Sehnsucht nach Ausbreitung des Genossenen in der ganzen Seele.

Eine Folge der Phantasiefülle und der durch sie ausgelösten Aktivität ist dieses Ergänzen des ästhetischen Eindrucks. Darüber noch einige Protokolle: »Bei dieser Oper habe ich sehr tief erlebt, ich war so intensiv dabei, meine Phantasie arbeitete bei völliger Aufnahmefähigkeit für die Musik so stark, daß, wenn eine neue Person oder ein neues Motiv oder ein neues Gefühl auftrat, ich dieses vorher schon geahnt hatte und nun zufrieden war, wenn es so eintrat, wie ich es bereits vorahnend gleichsam ergänzt hatte.«

(Schuberts Sonate op. 192): »Ich fühlte mich in die Musik ein. Eine tiefe Trauer war es, welche zum Ausdruck kam. Diese Traurigkeit schien mir aus sehr heterogenen Teilen zusammengesetzt; das Moll fand ich sehr schön. Nachdem ich mich in die Musik eingelebt hatte, konnte ich viel bewußter ästhetisch erleben. Obschon ich nicht spiele, sondern mir die Sonate vorgespielt wurde, verhielt ich mich nicht rein rezipierend, vielmehr fühlte ich an manchen Stellen der Musik, daß die Töne etwas ahnen ließen, und tatsächlich setzte dann ein starkes Thema ein. Derartige Erlebnisse fordern mich auf und rufen eine wunderbare Köstlichkeit in mir hervor, besonders deshalb, weil ich mich an der Musik zu beteiligen, sie gleichsam zu erfassen oder die Idee des Musikers gehabt zu haben glaube, noch bevor sie ganz ausgesprochen ist.«

Diese Beteiligung aktiver Art am ästhetischen Objekt ist gefühlsmäßig von einer auf die Erwartung und Spannung eintretenden Lösung begleitet. Daher der große Lustcharakter dieses ergänzenden Genießens. Eine Versuchsperson sagt, daß es ihr vorkomme, »als habe sie eine große Arbeit vollendet.«

Ich möchte es nicht unterlassen, schon hier auf einen Vergleich mit dem künstlerischen Schaffen hinzuweisen. Was tut der Künstler anderes, als aus einem Strom von Phantasien, der sich auf Grund einer künstlerischen Anschauung losgelöst hat, die für ihn fruchtbarsten Momente herauszulesen, mit feinem Instinkt zu ordnen und sie aus dem allgemeinen Fließen der Gefühle und Gedanken festzubannen? Auch er denkt oder fühlt über das wahrgenommene Objekt hinaus; auch er vollzieht die Ergänzung für sich und seine neue Idee; ihm baut sich gleich bei der Betrachtung ein neues Phantom zur künstlerischen Form auf.

Eine ähnliche Art von innerer Aktivität während des ästhetischen Genießens ist die Synthese des Erlebten, wie sie von vielen Versuchspersonen vollzogen wird. Der Vorgang ist schon beschrieben worden. Es ist die Zusammenfassung einzelner Erlebnisse während des Genusses zu einer Einheit des Erlebten. Im gespielten Drama, in der symphonischen Darbietung, in der Oper, in der Sonate, im Lied, im Epos überhaupt kann dieses Synthetisieren stattfinden. Wie diese Synthese die Einzelerlebnisse gleichsam zusammenstellt, so auch die den einzelnen Erlebnissen anhaftenden Gefühlswerte. Diese Zusammenfassung ist keine bloße Aufzählung oder Aufreihung der Erlebnisse, sondern ein vertieftes Gesamterlebnis all der Steigerungen und Begeisterungen, welche sich aufgestapelt haben. Sie ist nur möglich durch die während des Genusses arbeitende Phantasie, welche als verknüpfende Tätigkeit auftritt und Gesamtwerte schafft.

Die Analyse mag Schönheiten bieten, aber das synthetische Wahrnehmen des Bildes, des Tonwerkes, verschafft jenes Gefühl des Genossenen, das uns in einer gewissen Abgeschlossenheit zum Bewußtsein kommt. Dann sieht man nicht mehr die Hintergründe und Nebenlichter; diese sind nur da, gleichsam um das Gesamterlebnis einzurahmen. Ferne Töne und Modulationen kräftigen und verweben zugleich das Hauptthema, den Hauptgedanken.

»Alles Detail in einem wahren Kunstwerk wirkt nur darauf hin, in jedem Moment das unmittelbare bewegte Leben künstlerisch darzustellen. So ruft eine Statue des Phidias in dem Beschauer den Eindruck der lebendigen Natur hervor, weil sie nicht bloß in allgemeinen Zügen ein Bild der leiblichen Gestalt des Menschen ihm vor Augen stellt, sondern eine Gesamtheit der in jedem Moment des körperlichen Lebens tätigen Muskelbewegungen, soweit sie das mit künstlerischem Blick erfaßte Gesetz der Bewegung zur sinnlichen Anschauung zu bringen geeignet sind.« (Otto Jahn, Mozart, I S. 527.)

Das ästhetische Genießen macht den Menschen frei und löst die durch die Konzentration auf den ästhetischen Gegenstand und die laut und eindringlich sprechende Wirkung desselben gegebene Spannnung. Das innere Beteiligtsein am ästhetischen Objekt befreit. Das künstlerische Objekt zieht unsere Seele mit all ihren Kräften an, und zugleich wollen wir selbst in den Kunstgenuß eindringen. Das ergibt gleichsam eine Aufhebung des Gefesseltseins durch andringende Aktivität, einen Gleichgewichtszustand, eine gelöste Seelenkonstellation. Die Seele wird leichter; es ist eine Gefühlsentladung. Der Fluß der Phantasien ist ein unangestrengtes Auf- und Niederwogen des Geistes, ein heiteres Spiel von noch unverstandenen Kräften. Es ist wie eine Erlösung, daß man zu einem Genusse kommt: »Wenn ich mich in einem Vergleich ausdrücken soll, so kommt es mir vor wie ein tiefes Aufatmen; der Blick wird offener, ich glaube in eine Unendlichkeit neuer Möglichkeiten hineinzuschauen. Alles weitet sich um mich, alles strebt in mich hinein, und alles nehme ich auf. Das Freiheitsgefühl hat etwas Dionysisches, es ist ein Aufzucken der Seele, ein dynamisch auseinanderstrebendes Gefühl, alles umfassend und alles gebend. Es ist mir, wie wenn alle Reize des Bildes durch mich hindurchgingen wie elektrische Ströme und ich dann von mir aus alle Energien ausstrahlte, und das mit einer Leichtigkeit und dem Gefühl des köstlich Heiteren, das ich dem tiefen Versenktsein in den Gegenstand verdanke, welches ihm zugleich konträr ist — es ist eine Ausbreitung von innen nach außen.«

Das Gefühl der Freiheit ist eine Wirkung, welche bei der Konzentriertheit auf den ästhetischen Gegenstand nicht zu erwarten ist. Es ist das Gefühl, daß man die freie Wahl über die Erlebniswerte hat, und dieses Gefühl bedeutet einen Lustzustand, weil die Seele sich trotz der starken Eindrücke frei betätigen kann, und der Spontaneität keine Schranken gesetzt sind.

Parallel mit diesem Freiheitsgefühl geht das Gefühl eines gesteigerten Lebens, eines größeren oder tieferen Daseins. Darüber einige Protokolle, die für sich selber sprechen:

(Ödipus.) »Es ist ganz fraglos, daß die Neuheit des Erlebnisses so stark auf das Empfinden einwirkte, daß das Organische stark in Anspruch genommen war. Das Stück wirkte ästhetisch erst nachher. Da trat dann im ästhetischen Nacherleben jenes aktive Streben ein, welches sich in einem erhöhten Lebensgefühl ausprägt oder in einer Art von Schaffen, von Erzählenmüssen. Das Stück wirkt so elementar, daß die Vorstellung gar nicht zur Geltung kommt, sondern Empfindung auf Empfindung sich häuft.«

(Beethovens 7. Symphonie.) »Es ist eine Erlebnisfreude sondergleichen. Dies Gefühl wird zu einem ungesungenen Hymnus auf das Leben, auf mein Dasein, auf den gegenwärtigen Augenblick, der unter der Wirkung der Musik zu einem herrlichen Stückchen Erde wird, welches ich noch lange innehaben möchte. Das Leben an sich ist erhöbt, und eine Art von Begeisterung bejaht diesen Moment, wo ich dem Alltag und allen Gedanken entronnen bin, um nur noch anzuschauen. Ich lebe in diesem Augenblicke wie ich am vollkommensten leben könnte.«

Auch Wölfflin schildert dies Gefühl in seinem Werke »Renaissance und Barock« (S. 79): »Die Renaissance ist die Kunst des schönen ruhigen Seins. Sie bietet uns jene befreiende Schönheit, die wir als ein allgemeines Wohlgefühl und gleichmäßige Steigerung unserer Lebenskraft empfinden. An ihren vollkommeneren Schöpfungen findet man nichts, was gedrückt oder gehemmt, unruhig oder aufgeregt wäre ...« — Die Erhöhung des allgemeinen Lebensgefühls im ästhetischen Genuß ist der Beginn eines aktiven Verhaltens, das noch nicht nach irgend einer Richtung determiniert erscheint. Sie bedeutet eine Steigerung des gesamten seelischen Habitus, der als Reaktion auf die Wirkung des Kunstobjekts zu irgend welchen Äußerungen und Tätigkeiten überzugehen vermag.

Mit dem Freiheits- und Lebensgefühl tritt das Erwachen des eigenen Ich in die Erscheinung. Das gesteigerte Ichbewußtsein führt eine Spaltung der Persönlichkeit herbei: das Ich, das den ästhetischen Gegenstand erlebt, und das Ich, welches infolgedessen zu leben beginnt.

Fiedler hat in seinem Büchlein »Der Ursprung der künstlerischen Tätigkeit« (Leipzig 1887) dieses Erlebnis geschildert: »Richten wir unser Augenmerk auf diesen Inhalt menschlicher Tätigkeit, so wird uns das Leben im allgemeinen nicht mehr nur unter dem Bilde einer Gesamtarbeit erscheinen, im Verhältnis zu der die Leistung des Einzelnen nur als ein kleiner Beitrag erscheint; vielmehr erkennen wir, wie sich der menschliche Geist da, wo er seine höchste Leistungsfähigkeit erreicht, aus den Niederungen des Strebens nach gemeinsamen Zielen erhebt und etwas hervorbringt, was nicht bloß einen relativen Wert aus seiner Bedeutung für ein Allgemeines abzuleiten hat, sondern dessen absoluter Wert darin besteht, daß in ihm das menschliche Bewußtsein zu den höchsten Graden seiner Entwicklungsfähigkeit gelangt ist.« (S. 175.) Hören wir die Versuchspersonen:

»Ich selbst fühlte mich sehr frisch, sehr stark; einen Augenblick hatte ich das Bewußtsein von meinem eigenen Erleben allein, etwa in der Form: Nur ich erlebe so stark, nur für mich ist die Musik da, das ist mein Lied, meine eigene Begeisterung, eine seelische Tat von mir, als ob ich im Augenblick ein Gedicht gemacht hätte. Dieses stolze Gefühl meines Ich ist ein anderes Ich als das, welches die Musik erlebt, es ragt weit darüber hinaus, weil es sich nicht rezipierend verhalten kann, sondern zur Tat drängt. Allmählich im Abklingen hatte ich das Bewußtsein wieder, daß Beethoven selbst und die Spieler wohl viel tiefer noch das Kunstwerk erlebt hätten« (Kammermusikabend).

(Paulsen, Bildnis.) »Ich unterschied nicht zwischen mir und dem Bilde. Das Mädchen war ich, es war ein Zustand, in dem der bildnerische Gegenstand alle seine Inhalte auf mich übertrug. Ich kann es sympathische Einfühlung nennen. Aber daraus entstand ein neues Gefühl: ein Bewußtwerden meines eigenen Ich, welches die Qualitäten des Bildes neu erlebte und belebte. Ich wurde das Mädchen mit den edlen Formen und Seeleneigenschaften, aber ich wurde es auf meine Weise, dieselben Gefühle in der mir adäquaten Form von mir geformt, in mich versenkt, von mir ausgemalt.«

Ich bin in der Lage, gerade über diese Phase sehr viele und gute Protokolle zu haben. Ein ausführliches mag statt vieler kleinen noch folgen: (Max Regers Violinkonzert op. 113) »Über die Art des musikalischen Aufbaus, des rein Formalen, will ich nichts bemerken, obgleich ich vieles gelernt zu haben glaube und stets mit dem Verstand den Kontrapunkt verglich und in die Struktur einzudringen versuchte. — Das Gefühlsmäßige, der künstlerische Genuß, war ein vollständiger. Die Musikphantome, Landschaften, Szenerien, Farben usw., sind alle wenig scharf und stark, sie zerfließen in sich, obgleich ich bestimmte Situationen wahrnehme. Die Sprache der auftretenden Bilder ist fast stumm und die Farben sehr verschleiert, aber doch haben diese Assoziationen Genußwert. Sie verbinden sich eng mit auftretenden intellektuellen Assoziationen. Die Gesamtwirkung war die eines schönen Traumes. Bei geschlossenen Augen war der Genuß herrlich. Dem Auf- und Niedersteigen der Harmonien, dem Nacherleben der wogenden Stimmungen, dem fast urteilslosen Phantasieren in Tonfüllen, die dann doch mit jedem Takt, mit jedem harmonischen Zusammenklang zu bestimmten Gestalten erstanden — all dieser ozeanartigen Bewegung und dem stummen Ausklingen der Wogen im Strandsande lauschte die Seele und erlangte ein großes Machtgefühl. Wenn das Innere vollgesungen ist, lasse ich gleichsam die Tonformen aus einer Landschaft erstehen. Ganz bewußt bin ich mir, daß ich das hinzutue, und doch ist dieser Wille an das Tönen gebunden, denn er gestaltet, je nachdem der Klang erfolgt.«

Wechselwirkung zwischen Subjekt und Objekt, zwischen Kunstwerk und Betrachter, Korrelation von Erlebnis und Wirkung, darauf erstreckt sich unsere Analyse. Wir sind bei den höchsten Wirkungen der Kunst angelangt, wir lassen den Menschen reden, wie er am tiefsten und stärksten Kunst empfindet.

Das Ichbewußtsein scheint gesteigert, es wird aus dem Zustande der Wahrnehmung und der Rezeption zu eigenem tatkräftigen Dasein geführt. Die ästhetische Lust ist Lust, der Betrachter zu sein, und der Persönlichkeitswert will allein den Kunstwert bestimmen. Die Persönlichkeit wächst zu einer zentralen Stellung in aller Kunstwirkung, als ob von ihrem Erleben allein das Werk seinen Wirkungswert erhielte. Das im Kunstanschauen gestärkte Ich genießt seine eigene Freude und Erlebniskraft.

Es ist wesentlich für jede Kritik, daß man das Maß des Genusses neben dem ästhetischen Objekt von der genießenden Persönlichkeit nimmt. Ich zitiere an dieser Stelle ein schönes Wort von Oskar Wilde: »Es ist einleuchtend, daß die Persönlichkeit für jede wirkliche (ästhetische) Interpretation absolut wesentlich ist. Wenn Rubinstein uns die Appassionata von Beethoven spielt, gibt er uns nicht bloß Beethoven, sondern auch sich selbst, und dadurch gibt er uns Beethoven völlig — Beethoven reproduziert durch eine reiche künstlerische Natur, und uns lebendig und herrlich gemacht durch eine neue intensive Persönlichkeit. Wenn ein großer Schauspieler Shakespeare spielt, haben wir dasselbe Erlebnis. Seine eigene Individualität wird ein wesentlicher Bestandteil seiner Interpretation.« Was Wilde hier vom reproduzierenden Künstler sagt, gilt *mutatis mutandis* überhaupt vom Kunstgenuß.

Betrachten wir noch die Einzelgefühle, welche sich an das Erlebnis der eigenen Persönlichkeit anknüpfen,

das Gefühl der eigenen Kraft und
das Herrschergefühl.

Zunächst wieder einige Protokolle. Ganz spontan gab eine Versuchsperson nach einem Bildversuche folgende Erklärung:

»Ich fühle auf eine gesteigerte Weise, daß ich tausendmal wirklicher als früher bin. Ich bin es, der es sieht; Schönheit ist, was ist. Die Schönheit ist eine Verhaltungsweise beim Objekt. Die bildende Kunst erleichtert mir das. Plötzlich ein Bewußtsein des Ich. Der musikalischen und bildnerischen Betrachtung ist der Übergang von der Rezeption zum aktiven Verhalten gemeinsam. Bei Betrachtung von Bildern ist das Anwachsen der Gefühle viel stiller, aber die Ruhe ist nur Geräuschlosigkeit und sehr aktiv durchsetzt. Die Aktivität ist von meinem Willen unabhängig, weil ich so werde durch den Eindruck. Dennoch offenbart sich dies Streben, dieses Kraftgefühl.«

(Wagners Tristan.) »Ich habe während des Eindrucks ein großes Mitteilungsbedürfnis. Aus der reinen Hingabe an die Musik drängt die Musik mich dazu, aktiv zu werden, tätig zu sein; denn ich möchte etwas Neues vollbringen. Ich habe das starke Gefühl, daß ich nunmehr vertiefter erleben werde, besser leben kann.« »Ich kann nichts anderes sagen, als daß der Eindruck so gewaltig war, daß ich selbst ein starkes Gefühl hatte: Ich fühlte mich stark und zu allem fähig, wie wenn ich ganz frisch an irgend eine Arbeit herantrete.«

Zum Vergleich mag eine Äußerung eines reproduzierenden Künstlers folgen: »Wenn ich aus einem Konzert komme und habe nicht die Aufforderung zu starker Tat, zu großem Vorwärtsschreiten in mir, so ist das Konzert für mich irrelevant. Ich muß einen starken Impuls erfahren oder das Gefühl haben, nun mehr zu können .... In diesem Moment glaubte ich zu leben, wie ich am vollkommensten leben könnte. Jetzt habe ich mehr Kraft, und es ist mir mehr möglich wie sonst. Es ist eine Gefühlsentladung, ob sie nur ästhetisch ist, weiß ich nicht. Eine schöne beleuchtete Landschaft bringt mich zum Improvisieren. Die Landschaft wurde zum Erlebnis. In ihrer Anschauung fühlte ich mich zum Schaffen gedrängt, ich habe das Gefühl der Freiheit, des Schaffenkönnens.«

Der Willensimpuls, der sich an das Herrschergefühl bindet, ist frei von persönlichen Motiven, er drängt vielmehr (und zwar in der Richtung des jeweiligen Künstlers) zu einem Handeln ganz allgemein.

Eine dichterische Stelle will ich diesen Protokollen beifügen. Schmidt-Bonn schildert diese ästhetische Lust in seinem »Lobgesang des Lebens«.

»Sprichst wieder Worte,
Mußt wieder sprechen,
Über die du dich selber wunderst,
Die in dir sind
Und die du doch nicht hineingetan hast,
Die aus dir kommen,
Gewalttätig, stärker als du,
Unbekümmert, ob du sie rufst,
Ob du unten zu bleiben sie anherrschst.«

Franz von Assisi (S. 16).

»Nur meine Augen können mit:
Und in diesen Augen bin ich reich.
Voll Kraft
Und trotzig.
Meine Augen sehen,
Wo nichts als Luft ist.
Ich strecke die Hand aus
Und rühre die goldenen Bilder an
Trotzig:
Denn meine Augen hat keiner,
Und keinem tropft durch die Augen
Soviel an Schönheit,
Soviel an Heiligkeit
In die atmende Seele
Wie mir jetzt.
Trotzig:
Denn wenn du jetzt reitest

In den kaum empfangenen Morgen,
Das Pferd unter dir,
Du auf dem Pferd,
Und beide ihr
Hinter der Ecke des Hauses verschwindet —
Mir verschwindet ihr nicht,
Mir bleibt ihr,
Gehört mir,
Seid in mir,
Wie in keines lebenden Menschen Inneren mehr.« (S. 114.)

Das Aktivitätsgefühl, das sich in diesen Worten äußert, eignet nicht nur dem Künstler, es ist vielmehr Allgemeingut aller, die sich dem ästhetischen Genuß voll und ganz hingeben können. In diesem Moment der Kunstwirkung liegt das dionysische Freudegefühl, das Gefühl der überschüssigen Kraft.

Eine Versuchsperson hatte mir über Klingers Beethoven ein Protokoll gegeben, welches mir eine zu einseitig subjektive Auffassung des Bildwerks zu verraten schien. Von mir darüber zur Rede gestellt, sagte sie: »Selbstverständlich ist das meine subjektive Auffassung. Wie sollte ich anders genießen? Ich will mir darauf nichts zugute tun. Aber die Wirkung eines guten Bildwerks bin ich selber und zwar ganz ich selber. Ich erlebe so, nicht etwa weil ich mehr zu verstehen glaube als andere, sondern weil die Kunst es aus mir macht, was ich äußere. Den subjektiven Charakter meines Protokolls erkläre ich nicht aus einem vorhandenen Wissen oder einer bei mir vorliegenden Neigung zu bestimmten Kunstwerken, sondern aus dem, was ich und gerade ich zu dem Genuß hinzufüge. Ich verliere deshalb doch nicht die Relation zu dem bestimmten Kunstwerk, sondern bleibe ganz in dem Lustgefühl der Anschauung desselben. Aber wenn das Kunstwerk nicht mehr in mir bewirkt, als was es selbst zu enthalten scheint, so habe ich nicht künstlerisch erlebt.«

Diese Aktivität enthält den S c h a f f e n s d r a n g. Impulse und starke Wünsche gehen von diesem Gefühl aus, und zwar werden diese Impulse während des Genusses erlebt und liegen nicht etwa schon jenseits der Sphäre des Genießens. Wie die Erlebnisse nach den Qualitäten des erlebenden Ich abgestuft erscheinen, so auch die Stärkegrade dieses Schaffensdranges.

Aus dem Gefühl der aus dem ästhetischen Genuß erfahrenen Bereicherung entstehen zunächst Wunschgefühle ganz allgemeiner Art: »Ich wünschte, daß das Gedicht so weiter gehen möchte.« »Ich hatte das Bedürfnis, irgend etwas zu tun. Ich mußte noch über das Bild hinausdenken.« »Ich möchte mich immer tiefer in diese Stimmung hinein verlieren.« »Wenn ich doch die Zeit des Genusses verlängern könnte!«

Oft bleiben diese Wunschäußerungen durch den erlebten Gegenstand bestimmt: »Wenn ich auch wie Prometheus kämpfen könnte!« »Es war eine große Sehnsucht da, in dieser Gesellschaft (auf dem Bilde dargestellt) zu sein und mit diesen Wesen reden zu können.«

Im Erleben kann ein Zwiespalt auftreten zwischen dem vollkommenen Erlebnis und der eigenen Unvollkommenheit oder der Schwäche der uns umgebenden Welt, ein Zustand, wie er uns in der Person des Manfred geschildert wird: es ist das Gefühl, daß die eigene Kraft nicht ausreicht, das Erlebte zu erhalten und auf einen Ausdruck zu bringen. Das Große schwindet unter unseren Händen, und wir sollen nur eine wehmütige Erinnerung zurückbehalten.

Die Form des Wunsches ist für diese Aktivität irrelevant. Sie leitet vielleicht aus dem ästhetischen Genuß heraus. Das Wesentliche ist nur, daß diese Wunschgefühle durch die Wirkungen des Genusses und zwar innerhalb des ästhetischen Erlebnisses entstehen.

So auch der Wunsch, das erlebte Gefühl auf irgend eine Formel zu bringen. Das Mitteilungsbedürfnis tritt vielfach in der Reaktion auf den ästhetischen Genuß ein:

»Das ist eine herrliche Formengebung, eine vorzügliche Zeichnung; darüber gebe ich gerne Protokoll, da ich sonst darüber sprechen müßte; das Bedürfnis nach Mitteilung ist eine Art von Gefühlsentladung und eine Befriedigung des Willensimpulses, den mir der Eindruck mitgab.« »Es muß solche Dichter geben, sonst könnte man vor Ungeduld vergehen, daß so gewaltige Stoffe, die nach unserem eigenen Erleben zur Komposition drängen, daliegen und darben.«

»Unbedingtes Bedürfnis zu sprechen, wie schön es war. Ich war unruhig, weil ich fühlte, daß noch etwas in dem Bilde war, das ich noch nicht kannte. Es ist ein unsagbares Gefühl, welches nach einem Ausdruck ringt.«

»Mitten in dem Genuß suchte ich nach einer Ausdrucksformel dieses ganz wunderbaren Erlebnisses. So mußte ich innerlich immer sprechen: das ist grandios, wuchtig, niederzwingend, sehr gut, sehr gut! den Ausdruck möchte ich festlegen.«

»Ich glaubte, wenn ich mit der Hand eine starke Bewegung machte, wäre der Wunsch nach irgend einem Ausdruck befriedigt. Dahinter setzt so etwas wie Hilflosigkeit, Wehmut und Trauer ein, daß man das Gefühl nicht bewältigen kann, und trotzdem bleibt ein starkes Gefühl der Freude, daß man den Künstler verstanden und das Bild erfaßt hat.«

Eine Versuchsperson schildert den Verlauf ihres ästhetischen Genießens, wie er bei ihr im allgemeinen eintritt, so: (man beachte die dritte Stufe des Verlaufs) »Als Grundstufen meines ästhetischen Erlebens, die zwar nicht immer einzutreten brauchen, kann ich folgende angeben:

1. Ich habe ein Gefühl, wie wenn meine sonst auf alle möglichen Eindrücke eingestellten Sinne nur durch diesen ästhetischen Eindruck in ganz einzigartiger Weise zusammengefaßt würden. Das Gefühl tritt aus dem Stadium des Diffusen in das der Gefühlskonzentration. Dieses Stadium kann verschieden lange dauern.

2. Hauptstadium: das Hingegebensein, Höhepunkt.

3. Das Inbeziehungsetzen des Gefühlsüberschwangs; das Objekt wird auf die Wirklichkeit projiziert (unbewußt). Diese Projizierung ist entschieden willensbetont,

es ist eine Tendenz, diesen Höhepunkt irgendwie im Leben zu sichern. Danach tritt dann gewöhnlich ein Decrescendo ein.«

Der an den ästhetischen Genuß ansetzende und durch ihn bewirkte Schaffensdrang nimmt noch stärkere Formen an. Die Versuchspersonen schildern, wie sie lange Zeit bei diesem intensiven Gefühl verweilen mußten, um es unter dem Genuß noch in irgend ein eigenes Erleben umzusetzen. »Sofort eine sich einstellende Stimmung des Weichen und Innigen. Ohne jede Vermittlung ist der Eindruck da, ganz plötzlich, als ob sich innerlich eine Spannung aufstapelte, die sich entladen muß. Ich werde fast zur Produktion getrieben, ich möchte den Eindruck jedenfalls festhalten.«

Eine andere Versuchsperson weiß sich nicht zu lassen, wenn diese Stufe des Ästhetischen erreicht ist: »Ich muß im Stoffe ergänzen, die Bilder gleichsam ausmalen, die Linien neu gestalten, die Melodie immer wieder hören und der Vergewaltigung durch den künstlerischen Genuß meine ganze Kraft entgegenstemmen und so das Kunstwerk für mich noch einmal schaffen.«

Wenn wir Beyle über Lord Byron erzählen hören, wie der Verfasser des »Childe Harold« aus dem Genuß eines Gemäldes von Guercino eine ganze Stunde dichterisch improvisierte, so liegt hier nur ein potenzierter Fall desselben Erlebnisses vor, wie es die von uns geschilderte Aktivität im ästhetischen Genuß darstellt.

Natürlich werden diese Formen der inneren Aktivität nicht in jedem ästhetischen Erlebnis angetroffen. Mannigfaltige Hemmungen können diesen Aktivitätsgrad unmöglich machen. Abgesehen von dem immerhin ungenügenden Material sind die Disposition der Versuchspersonen, eine mangelnde Einstellungsmöglichkeit, die allgemeine geringe Veranlagung für ästhetische Dinge, das allzustarke kritische Verhalten geeignet, die Versuchspersonen nicht bis zu dieser Stufe kommen zu lassen. (Über Hemmungen beim ästhetischen Genießen siehe Paul Stern »Einfühlung und Assoziation in der neueren Ästhetik« S. 76. Leipzig, 1898.)

Die Art, wie diese Aktivität sich äußert, ist an sich gleichgültig. Sie gibt sich in erstaunten Ausrufen, Interjektionen, in kurzen Formulierungen, Werturteilen und Bemerkungen, welche geeignet sind, das Erlebte festzuhalten, kund. Oder sie wird umgesetzt in dichterische oder musikalische Improvisationen, in malerische Skizzen, in Aufzeichnungen künstlerischer Art, sei es im Tagebuch oder Brief. Mir kam es nicht darauf an zu konstatieren, ob das gegebene Protokoll wirklich mit den Qualitäten des ästhetischen Reizes übereinstimmte, ob die Eigenschaften des Kunstwerkes richtig erkannt und alle richtig gewertet wurden. Manche Protokolle schildern nicht den Erlebnisinhalt im Anschluß an die einzelnen Reize des ästhetischen Objekts, sondern geben nur die Zustände an, die während der Anschauung des ästhetischen Gegenstandes in der Seele des Betrachtenden waren. Das Aktivitätserlebnis ist nur selten durch den Inhalt des Objekts determiniert, weil es über das bestimmte Erlebnis des gerade gebotenen

Reizes hinausgeht. So ist es erklärlich, daß die Äußerungen über diese Aktivität in so vielen Protokollen übereinstimmen. Wenn es in solchen starken Reaktionen, welche zu direkten Umsetzungen führen, Ausdrucksformen und Ausstrahlungen des Erlebnisses gibt, die kaum noch etwas mit dem Inhalt des gegebenen Reizes zu tun haben, so ist dagegen gar nichts einzuwenden, da ja die Versuchspersonen nur das wiedergeben wollen, was an Tätigkeitswerten und Steigerungen der Seelenkonstellation in ihnen war.

Kurz möchte ich noch von der Umsetzung des erlebten Schaffensdranges beim Improvisieren sprechen. Eine Versuchsperson betrachtete der Reihe nach von Dürer gezeichnete Kopfstudien und Porträtskizzen. Um die Freude an diesem Anblick recht zu vertiefen, mußte sie zum Stift greifen und den Kopf, der ihr am meisten gefiel, aufs Papier werfen, wobei sie die feinsten Linien lange beschäftigten und fesselten. Eine andere Versuchsperson erklärte, sie könne Bilder überhaupt nur aktiv erleben, sie müsse das Bild zur Ausschöpfung des eigenen Genusses gleichsam nachmalen und das Erlebte gleich in einem Urteil festlegen. Sie verfuhr bei den Bildversuchen derartig, daß sie mit der Hand über das Bild hin- und herging und nach dem Genuß jedes einzelnen Teiles zu einer Formulierung kam; etwa so: »Diese Handschrift ist prachtvoll, man erlebt sie mit. Man freut sich an der unendlichen Fähigkeit, einen Charakter so gut zu treffen. Er sieht's und hat's schon; es ist ein Hochgenuß, so etwas zu sehen« usw.

Eine Violinspielerin sagte mir, daß sie erst durch den Genuß des Werkes, das sie spielen wolle, die Möglichkeit gewänne, das betreffende Musikstück wirklich künstlerisch zu erfassen. »Erst muß ich in den Noten wühlen und feilen und es ganz in mich hinein singen, dann erst springt aus meinem Spiel plötzlich die adäquate Form heraus. Ich kann es mit einem Male, weil ich ein Kraftgefühl spüre, daß mir nichts mehr zu schwer ist. Dann kann ich das Genossene neu schaffen; oder ich improvisiere auf einem aus dem Genuß herrührenden Thema. Kam mir der Antrieb z. B. aus einem Konzert, so wachsen die Wirkungen ins Tausendfache. Ich muß spielen, wenn ich auch noch nicht weiß, was ich spielen werde. Dann empfängt immer ein Thema seinen Anlaß von einem andern, oft schließt sich der Kreis der Töne, indem ich durch einen zufälligen Akkord zum Thema zurück muß. Sonst aber ist dieses Improvisieren frei, ich selbst fühle mich leicht und froh.« »Ich habe oft die Empfindung, als bestehe das große Lustgefühl darin, daß der ästhetische Eindruck mir ein neues seelisches Erlebnis gibt. Das Neue, das mich bereichert, treibt mich an, zu fühlen, daß ich weiter so schaffen muß, wie ich erlebe.«

Die Umsetzung des ästhetischen Genusses in augenblickliche Improvisation habe ich besonders studiert, weil sie sowohl dem Künstler eignet als auch dem künstlerischen Dilettanten. Künstlerisches Phantasieren ist nicht in dem Sinne künstlerische Produktion, wie das eigentliche Schaffen, dem die großen Kunstwerke entspringen. Die Folge der Töne ruft den Gedanken gleichsam wach, nicht umgekehrt der Gedanke die Form — wie auch im Aphorismus oft das Wort, das reizende Wortspiel, den geistreichen Gedanken bringt. —

Das künstlerische Improvisieren ist Kunstgenießen und Kunstschaffen zugleich. Der Improvisierende genießt den durch einen Zufall gegebenen Tonkomplex, ein mit bestimmten Klangfarben und Intensitätsgraden auftretendes Motiv, in das er sich wie in den Hintergrund eines Gemäldes vertieft, und aus dem er schöpft. Jeder neue Ton, so zufällig er auftreten mag, tritt in Verbindung mit dem genossenen Klangbild und dem Gefühlscharakter. Dadurch entstehen neue Kombinationen, Modulationen des Themas und Harmonienreichtum. Ideenassoziationen, Vorstellungsbilder, welche in Form und Farbe ausgemalt werden, Phantasiegestalten, »die wie Traumgötter in wundervollen Gärten wandeln, und aus deren Mund bei jedem Wort eine Blume quillt«, all dieses Seelenleben wechselt im bewußten und unbewußten Dasein. Der Improvisierende ist Zuschauer und Schaffender seiner Vorstellungsbilder. Vom wohlgelungenen Akkord schweift seine Phantasie zu reichem Erguß, aus der Fülle der Idee schafft er das Thema, und dann wieder zurück zum Ausgangsmotiv und wieder hinein in den Gefühlsüberschwang und das Bewußtsein des Könnens! — ein ewiges Spiel, ein farbiges Dasein von Empfangen und Geben, ein Berieseltwerden von tausend Gefühlstönen und ein Ausgießen gesteigerter Impulse.

Eine Art von Improvisationskunst ist auch die Schauspielkunst in den Stufen der ersten Aufnahme des Darzustellenden. Über und während der Lektüre empfängt der Künstler Impulse von den Worten und Gedanken, die ihn zur Darstellung veranlassen. Diese Gestaltung bleibt freilich noch auf einer rudimentären Stufe stehen, sie wird nur angedeutet, zwischen den Zeilen durch gleichsam gelesen, geschaut, schwach umrissen in der Maske, der Geste und dem Kostüm, auch in den darzustellenden Bewegungen schon erfaßt und mitgespielt. Je tiefer der Schauspieler in das Kunstwerk eindringt, je öfter er liest und seine Rolle durchdenkt, um so stärker wird der Schaffensdrang in ihm; mit der Auffassung und dem Verständnis wächst die Kraft und das Gefühl des Könnens, und es beginnt das Spiel der Stimmung, des Affekts und der Phantasiekräfte, ein wogendes Getriebe innerster

Seelenfähigkeiten, geleitet von dem im Kunstwerk enthaltenen Darstellungsobjekt und der künstlerischen Aufgabe, die dem Schauspieler stets eigen sein muß. Unter letzterer verstehe ich das Überschauen der Situation, die Beherrschung der darzustellenden Handlung bis zur künstlerischen Grenze, die Beschränkung realster Affekte bis zum künstlerischen Gestus, die Durchschauung der zum Spielen notwendigen Mittel und technischen Hilfen. Aber der künstlerische Impuls ist doch bei allem diesen die Hauptsache —, gerade bei dieser —: sagen wir schauspielerischen Improvisation.

Eine Versuchsperson machte mir in einem Brief über die Art ihrer Improvisation sehr interessante Mitteilungen: »Zu meinem Improvisieren bemerke ich: Seine einzige Bedingung ist: Bestand der Gefühlssättigung, Bewußtsein der Gefühlsfülle. Improvisieren ist eine unter vielen Arten der Entäußerung, der Entladung, des geistigen Erbrechens. Früher machte ich in analogen Situationen Verse. Worte sind mühsamer zu handhaben als Tasten . . . . Ich spiele aus Bedürfnis nach innerer Ventilation. Fragt sich, in welchem Falle ich nach Noten greife und in welch anderem ich ihrer entraten zu können glaube: dies scheint sich mir nach der Stärke des Gefühls zu richten, zu welcher in gerader Proportion ihre Fähigkeit steht, sich selbständig und mühelos zu äußern. Die Qualität meiner Gefühle bestimmt — was klar ist —, die Wahl der Anfangstonart, als einer ihr korrespondierenden. Während des Spiels wechselt, klärt sich die Stimmung, was ebenfalls selbstverständlich ist: ich moduliere. Rhythmus und Dynamik gleicherweise determiniert von der Beschaffenheit des Gefühls, das zur Äußerung drängt. Nervosität bedient sich der Synkopen. Jubel in heiteren Oktaven- und Akkordkantilenen. Während des Spiels fühle ich mich von Ton zu Ton fortgerissen; hemmungsloser Erguß, Verbluten bis zur Erschöpfung. Mein Kriterium guter Improvisation ist unerzwungene Folge: daß sie ströme, nicht stocke, die Spannung nicht zerreiße! Dabei verliere ich nicht die Kontrolle, ob ich z. B. ein Thema zu oft wiederhole, und lenke bewußt in ein neues Motiv ein, was in Versuchen bewerkstelligt wird, in die das Ganze der Improvisation aufgenommen wird; auch werden Harmonien, die durch Zufall gebildet sind, bewußt wiederholt . . . . .«

Interessant genug ist die Angabe, daß sehr häufig im Kunstgenuß Impulse zum Schaffen wach geworden sind, daß eine starke Tendenz zu einer Betätigung vorliegt, aber in dem allzu starken Gefühl am wenigsten die Möglichkeit vorhanden zu sein scheint, etwas zu schaffen, weil »die Last der Erlebnisse zu groß ist«. Erst nach acht bis vierzehn Tagen tritt die Aufforderung, irgend etwas Ästhetisches zu schaffen, plötzlich über der Arbeit ein, wo sie gar nicht erwartet war. Oft ist es eine farbenprächtige Erinnerung an einen erlebten Genuß, der rauschartig wie ein im Lichte strahlendes Phantom erscheint und nun zur Aktualisierung drängt.

Was uns im ästhetischen Genießen mit dem Künstler verbindet, ist die Tatsache, daß wir in den Momenten der durch die Kunst hervorgerufenen Begeisterung und Neubelebung auch nicht einfach das Erlebte wiederholen und die Idee herausabstrahieren, sondern uns so stark fühlen, Neues zu schaffen, in unsern allerdings durch das Kunstwerk hervorgerufenen inneren Erlebnissen neu weiterzuspinnen, unser Erlebnis in Taten umzusetzen und, sei es auch nur in lebhaften Schilderungen, von uns zu geben. Dieses Umsetzen erleben wir wie einen Zwang, irgend etwas zu gestalten, und je nach dem Grade der Seelenbereitschaft, je nach der Entwicklungsfähigkeit vorliegender Vorstellungsmassen entlädt sich das Erlebnis. Des Künstlers Ausstrahlungen sind wieder Kunstwerke, weil der innere Reichtum des Dranges und der Fülle der auftauchenden Vorstellungen ihn mehr befähigen als den Genießenden im gewöhnlichen Sinne. Die völlige Besitznahme und Durchdringung der Künstlerseele führt uns direkt zum Verständnis des Kunstwerkes und oft auch zur Erfassung und Durchkostung der künstlerischen Impulse und Taten. R. Wagner sagt einmal: »Eine solche ahnungsvolle Stimmung hat der Dichter uns zu erwecken, um aus ihrem Verlangen heraus uns selbst zum notwendigen Mitschöpfer des Kunstwerkes zu machen. Indem er dieses Verlangen uns hervorruft, verschafft er sich in unserer erregten Empfänglichkeit die bedingende Kraft, welche die Gestaltung der von ihm beabsichtigten Erscheinungen gerade so, wie er sie seiner Absicht gemäß gestalten muß, einzig ihm ermöglichen kann.« (W. W. IV S. 156.)

Das bekannte Goethe'sche Wort mag diesen Abschnitt beschließen:

»Wär' nicht das Auge sonnenhaft,
Die Sonne könnt' es nicht erblicken;
Läg' nicht in uns des Gottes eigene Kraft,
Wie könnt' uns Göttliches entzücken?«

In dieser Analyse der Reaktionen auf ästhetischen Genuß hin ist die Aktivität, um die es sich handeln sollte, mannigfaltig und deutlich zum Ausdruck gekommen. Wenn wir die Ruheversuche mit den andern Versuchen vergleichen, so springt in die Augen, daß es sich bei ihnen um gar keine Seelentätigkeit handelt; es war vielmehr ein völlig passives Verhalten, in dem die Versuchspersonen verharrten; es fehlt auch die allgemeine Tätigkeit des Rezipierens von irgend welchen Reizen, so daß eine geordnete Reihe von Wahrnehmungen, Vorstellungen, Erinnerungen, Gedanken usw. nicht zustande kommt. Davon heben sich alle andern Versuche zunächst dadurch ab, daß in ihnen die allgemeine Tätigkeit des Rezipierens von Sinnesreizen, von damit verknüpften Vorstellungen und Gedankenzusammenhängen, von Gefühlen aller Art sowie auch Willensmomenten waltet. In diesen Versuchen ist die Seele absolut wach und mit ihrer Tätigkeit auf alles gerichtet, was von Bedeutung für sie werden kann. Neben dieser allgemeinen Aktivität trat eine spezifische

Tätigkeit hervor, welche sich je nach dem Versuch deutlich äußerte. Beim wissenschaftlichen Arbeiten konstatierten wir eine vorzüglich intellektuell gerichtete innere Tätigkeit, welche den vorliegenden Gedankenketten und Problemen zugewandt war und sich den Stoff zu eigen zu machen suchte. In den ethischen Versuchen war eine Gefühlstätigkeit an den Motiven und Handlungen der dargestellten Personen stark beteiligt; diese Gefühlstätigkeit, verbunden mit einer ablehnenden oder zusagenden Wertung, war an sittlichen Normen und Weltanschauungsfragen interessiert. Die Aktivität im ästhetischen Genießen, deretwegen die Arbeit unternommen war, ist kurz gesagt ästhetisch gerichtet. Es ist eine über die allgemeine Tätigkeit der Aufnahme des ästhetischen Reizes hinausgehende Anteilnahme an dem ästhetischen Objekt; im Verlauf der ästhetischen Reaktion entwickeln sich aktuelle Gefühle, die sich des Schönheitswertes bemächtigen, sich seiner Wirkungen versichern. Diese Aktivität erlebt viele Steigerungen, sie hat Stufen und Grade. Der Schaffensdrang ist einer der höchsten Grade dieser inneren Tätigkeit, wie er einem tiefen Erlebnis entspringt. Aus Äußerungen von Künstlern läßt sich dieser Schaffensdrang ebenfalls aus der Reaktion auf einen ästhetischen Reiz zeigen. So wird die Aktivität zum gemeinsamen Erlebnis des ästhetisch genießenden Laien und des Künstlers und gibt der Behauptung Beweiskraft, daß es sich beim ästhetischen Genuß und dem Kunstschaffen, was die Verhaltungsweisen angeht, nur um Gradunterschiede handelt.

II. Teil.

Das künstlerische Schaffen.

Zugunsten eines schon angedeuteten Vergleichs mit dem ersten Teile dieser Arbeit macht dieser Teil keinen Anspruch darauf, die einzelnen Phasen des Verlaufs des künstlerischen Schaffens folgerichtig und vollständig zu bestimmen. Es beruht auf einer Analyse von Selbstzeugnissen der Künstler und Äußerungen anderer über sie, wobei das Hauptgewicht des Interesses den einzelnen Verhaltungsweisen und zwar vorzüglich der inneren Aktivität, die den Künstler zum Schaffen drängt, zugewandt ist. So verzichtet dieser Abschnitt über das künstlerische Schaffen auf eine Darstellung der Creatio selbst; er will vielmehr einzelne Zustände im Seelenleben des Künstlers, wie sie ganz allgemein schon eingangs des ersten Teiles dieser Arbeit in den angeführten Zitaten zum Ausdruck kamen, näher bestimmen und zeigen, wie der Künstler die Natur und Kunst genießt, und wie in ihm die Reaktion auf den Kunstgenuß eine Aktivität aufweist, die wir mit der von uns gewonnenen Aktivität im Kunstgenuß des Laien zu vergleichen und als wesensverwandt aufzuweisen berechtigt sind.

A. Die künstlerische Inspiration.

Die künstlerische Bereitschaft.

Was wir unter diesem Begriff verstehen, ist kurz folgendes: Des Künstlers Gemütslage muß beweglich sein, weil die Starrheit des Seelenhabitus den Zugang neuer Erlebnisse zum Künstlerherzen verschließt. Lebendig und beweglich sein, zu allen Übergängen bereit, den Eindrücken gegenüber offen, dem Strom des Lebens unverschlossen, allen Schönheitsempfindungen in reichstem Maße zugänglich, willens, eine Vielheit von Wahrnehmungen und anschließenden Vorstellungsbildern zu erleben, angeregt zu vielem Tun, tätig in einer adäquaten Beschäftigung oder in gespannter Ruhe künstlerischer Impulse harrend — alles dies und noch mehr gehört zur künstlerischen Bereitschaft. Der ganze Mensch und Künstler ist auf ein Erleben eingestellt, welches in ihm fortwirken soll zu einer neuen künstlerischen Tat. Seine Empfänglichkeit ist in hohem Maße gesteigert, seine Gefühle und sein Geist sind vollauf wach, die leuchtenden Lichter wahrzunehmen, die in seiner Seele zünden sollen. Es ist eine Konzentriertheit auf alle Eindrücke, wie auch eine emotionale Erlebnisfähigkeit. Der Künstler sieht mehr und deutlicher als der Normalmensch, er hört besser und deutet Gehörtes tiefer, seine Sensibilität zeigt die ihm eignende gesteigerte Aufnahmefähigkeit. Dieser Zustand enthält alle die Dispositionen und Residuen, welche zu Realitäten im künstlerischen Sinne, zu Apperzeptionen im psychologischen Sinne führen können.

Das Material, welches dieser künstlerischen Bereitschaft als Objekt gegenübersteht, ist die Welt der äußern Wahrnehmung und des innern Erlebens. Es erhebt sich die Frage, wie der Künstler die Außenwelt anschaut, und wie er in sich hineinsieht. Was von dem Maler gefordert wird, daß er mehr sehe als der Durchschnittsmensch, gilt überhaupt vom Künstler. Die Stimme eines Waldvogels bedeutet für den musikalisch Schaffenden mehr als eine Folge von Tönen. Man lese z. B. die Art und Weise, wie der kleine Hanno in den »Buddenbrocks« von Th. Mann die wenigen Akkorde erlebt, die er auf dem Flügel anschlägt, oder bei demselben Schriftsteller das Erlebnis des Wagner'schen Tristan in dem gleichnamigen Buche (p. 60 ff.).

In »Bilse und ich« sagt Th. Mann: »Der Dichter sieht die Dinge der Welt kälter und leidenschaftlicher als der Mensch. Er beobachtet mit einer schmerzlichen Sensibilität. Mit der Verfeinerung und Wachheit des beobachtenden Sensoriums wächst auch die Schmerzfähigkeit.« (S. 37.)

Über die Entstehung der Maria Magdalena teilt Hebbel Sigmund Engländer mit, daß er »zu dem Stück kam wie der Knabe zu dem Vogel, er fängt ihn, weil er gerade da sitzt, und sieht ihn sich erst näher an, wenn er ihn in der Hand hat, um zu erfahren, was er für ein Kerl ist. Sie wissen aber nicht, daß es mit allen meinen Stücken so ging, und werden mir dies jetzt auf mein ehrliches Wort wohl glauben«. (Br. VII p. 302.) Und im folgenden Brief (p. 342) erklärt er ihm diese Art der Konzipierung seiner Stücke: »Sie hätten daher Recht, Newton auszulachen, wenn er das naive Kind spielen und behaupten wollte, der fallende Apfel habe ihn mit dem Gravitationssystem inspiriert, während er ihm recht gern den Anstoß zum Reflektieren über den Gegenstand gegeben haben kann; wogegen Sie Dante zu nahe treten würden, wenn Sie es bezweifeln wollten, daß ihm Himmel und Hölle zugleich beim Anblick eines halbhellen, halbdunklen Waldes in kolossalen Umrissen vor der Seele aufgestiegen seien. Denn Systeme werden nicht erträumt, Kunstwerke aber auch nicht errechnet oder erdacht.« »Daß er diese Augen hat, ist die Gabe des Genius«, sagt Schopenhauer hierüber.

Die künstlerische Bereitschaft enthält die keimfreien Substanzen der Künstlerseele: »Die sublime Rache des Künstlers an seinem Erlebnis — Ausdruck, Bezeichnung des Erlebten, wird umso heftiger, je feiner die Reizbarkeit ist, auf welche die Wahrnehmung traf.« (Th. Mann, »Bilse und ich«, S. 38.)

Die Bilder der Außenwelt gestalten sich unter der Kraft der Sinne und dem inneren Seelengeschehen zu Kunstobjekten. Die Gegenstände, welche der Künstler wahrnimmt, brauchen an sich keine Kunstwerke zu sein, aber sie werden künstlerisch wahrgenommen im Zustand der Bereitschaft. Diese Bereitschaft ist eine künstlerische Einstellung, ein Gespanntsein auf die Eindrücke, eine höhere Empfänglichkeit. Die Welt der äußeren und inneren Wahrnehmung wird dem Künstler eine Welt von Kunstwerken. Im Genuß dieser ästhetischen Anschauung entwickeln sich die Fähigkeiten, die ihn zum Gestalten drängen. Die künstlerische Bereitschaft entzündet sich sowohl am Leben wie an der Kunst. Denn vielfach leihen die Künste auch voneinander.

Anregungen.

Die Außen- und Innenwelt enthalten die Reize, welche der Künstler aufnimmt, sie sind die Anregungen, welche ihn befruchten können. Der Akt der Inspiration ist der Akt des Befruchtens und seitens des Künstlers der Akt des Empfangens. Schon Schopenhauer meint: »Nur aus unmittelbarer Empfängnis entstehen echte Werke, die unsterbliches Leben in sich tragen. Das Genie kann für sich allein so wenig originelle Gedanken haben, als das Weib für sich allein Kinder gebären kann; der äußere Anlaß, die Anschauung muß es befruchten.« (W. I. 277 f.)

Über diese Anregung von außen kann ich viele Zeugnisse folgen lassen. Wagner schreibt an Otto Wesendonk (11. Juni 1853): »Ich bedarf einer gewissen Sättigung von außen, um dann durch einen schönen Gegendruck mein Inneres freudig wieder nach außen werfen zu müssen.« Und an Liszt: »Großen Reiz übt auf mich die Aussicht, dies alles nun in Musik zu setzen: der Form nach ist diese vollkommen in mir fertig, und nie war ich so einig mit mir über die musikalische Ausführung, als ich es jetzt und in bezug auf diese Dichtung bin. Ich bedarf nur des nötigen Lebensreizes, um zu der unerläßlich heiteren Stimmung zu gelangen, aus der mir die Motive willig und freudig hervorquellen sollen.« (11. Februar 1853.) »Die musikalisch schaffende Kraft dünkt mich wie eine Glocke, die — je umfangreicher sie ist — ihren vollen Ton erst von sich gibt, wenn sie durch die gehörige Kraft in vollen Schwung gesetzt ist: Diese Kraft ist eine innerliche, und wo sie nicht als innerliche vorhanden, da ist sie gar nicht vorhanden: das rein Innerliche wirkt nicht eher, als bis es durch ein Verwandtes und doch Unterschiedenes von außen her erregt wird. Die musikalisch schöpfende Kraft bedarf dieser Anregung wahrlich nicht minder als jede andere künstlerische große Kraft, wirkt aber nur durch große Anregung. — Habe ich nun vollen Grund, die Deinige für groß zu halten, so wünsche ich ihr nun auch die entsprechende große Anregung; denn hier ist nichts willkürlich zu ersetzen oder zu ergänzen, wirkliche Kraft kann nur aus Notwendigkeit schaffen. Sowie in der Reihenfolge Deiner Musikstücke Goethe selbst endlich Deine Kraft anregt, da klingt die Glocke in ihrem ganzen natürlich vollen Ton, und der Klöpfel schlägt in ihr wie das Herz im Leibe.« (14. Oktober 1849.) Sehen wir, wie Hebbel die Stätte des alten Roms anschaut: »Ich kann nichts tun, wozu mich nicht die Begeisterung oder, um für das Narrenwort einen bis jetzt annoch unbefleckten Ausdruck zu brauchen, ein volles und bewegtes

Herz treibt. Nun ist die bildende Kunst mir das nicht, was sie andern, was sie z. B. Goethe war; die Momente, wo ich mich mit Gewalt zu ihr hingezogen und mich im Anschauen der Meister selig fühle, sind sehr selten bei mir, und den Drang, mich über die allmähliche Entwicklung der Schulen aufzuklären und zu dem Ende mit Allem und Jedem, was im Lauf der unendlichen Zeit gemalt und gemeißelt worden ist, bekannt zu machen, empfinde ich gar nicht, ich kann mich so wenig mit einem unbedeutenden Maler beschäftigen, wie mit einem unbedeutenden Schriftsteller. Ebensowenig hat die antiquarische Seite der Stadt Rom einen Reiz für mich; ich kann mir den Göttertempel aus dem Steinhaufen, der noch von ihm übrig blieb, nicht wieder zusammensetzen, und es ist mir völlig gleichgültig, ob er so hoch war, wie man sagt, oder nicht, da ich ja doch nicht mehr hinaufsteigen und mich umsehen kann. Rom ist nur als Ganzes etwas für mich, und die höchste Poesie, die ich daraus mit wegnehmen werde, ist der Gedanke, da gewesen zu sein. Was aber gewaltig auf mich wirkt und ewig auf mich wirken wird, das ist die göttliche Natur, die dies Grab der Vergangenheit, in dem wir wie Würmer umherkriechen, um uns einen Maßstab für unsere Kleinheit daraus hervor zu scharren, umgibt. Vor allem das Blau des Himmels an einem schönen Tage! Ich kann nicht zu ihm emporschauen, ohne daß er, um ein Kindergefühl, wie ich es jedesmal habe, auch in einen Kinderausdruck zu kleiden, augenblicklich ein Stück Taft fallen läßt, in das meine Seele sich hüllt und nun seine Farbe trägt.« (III. Tageb. 3318 [16. Febr. 1845] Werner'sche Ausg.)

Beethoven schreibt an Goethe (12. April 1811): »Sie werden nächstens die Musik zum Egmont erhalten, den ich, indem ich ihn ebensowarm, als ich ihn gelesen, wieder durch Sie gedacht, gefühlt und in Musik gegeben habe.«

Mitten in den Alpen, fast erdrückt von den gewaltigen Eindrücken des Gebirges, entsteht Byrons Manfred (s. Brief an Marray vom 12. Oktober 1817). Die Lektüre der Goncourts und Flauberts gaben Max Klinger die Konzeption der »Eva« und der »Zukunft«, der »Fruchtbarkeit des Daseins« und zu »Ein Leben« (vgl. Paul Kühn, Max Klinger S. 18, 1907).

Hebbel schreibt an Elise (30. März 1845): »In mir hat dieser italienische Frühling ein Gedicht angeregt, das ich beischließe, und worin ich, einer so schönen Welt gegenüber, zu leisten suchte, was in deutscher Sprache möglich ist.« (Es handelt sich um ein Gedicht »Die Opfer des Frühlings« VI. S. 217 ff. Wern. Ausg.) [1])

[1]) Vgl. M. Dessoir, »Ästhetik und allgem. Kunstwissensch.«. Stuttgart 1906, S. 237.

Naturgemäß muß die Anregung mit der künstlerischen Bereitschaft zusammentreffen; es ist notwendig, daß der Künstler den Zündstoff in sich bereits trage und Dispositionen besitze, welche durch einen äußeren Anlaß, eine Anschauung in Fluß geraten können. Wenn auch mancher Künstler ins Theater geht, Bücher liest, Museen besucht, in die Natur hinauswill, um zu einer Schaffensstimmung auf Grund der gegebenen Anregung zu gelangen, so haben diese äußeren Anlässe nur etwas Sekundäres zu bedeuten gegenüber dem künstlerischen Geiste selbst. R. Wagner leitet die Entstehung seines Nibelungenringes aus der Lektüre von Grimms »Deutscher Mythologie« her. »Aus den dürftigen Bruchstücken einer untergegangenen Welt, von welcher fast gar keine plastisch erkennbaren Denkmale übrigblieben, fand ich hier einen wirren Bau ausgeführt, der auf den ersten Anblick durchaus nur einem rauhen, von ärmlichem Gestrüppe durchflochtenen Geklüfte glich. Nach keiner Seite hin etwas Fertiges, nur irgendwie einer architektonischen Linie Gleichendes antreffend, fühlte ich mich oft versucht, die trostlose Mühe, hieraus mir etwas aufzubauen, aufzugeben, und doch war ich durch wunderbaren Zauber festgebannt: die dürftigste Überlieferung sprach urheimatlich zu mir, und bald war mein ganzes Empfindungswesen von Vorstellungen eingenommen, welche sich immer deutlicher in mir zur Ahnung des Wiedergewinnes eines längst verlorenen und stets wieder gesuchten Bewußtseins gestalteten. Vor meiner Seele baute sich bald eine Welt von Gestalten auf, welche sich wiederum so unerwartet plastisch und urverwandt kenntlich zeigte, daß ich, als ich sie deutlich vor mir sah und ihre Sprache in mir hörte, endlich nicht begreifen konnte, woher gerade diese fast greifbare Vertrautheit und Sicherheit ihres Gebahrens kam. Ich kann den Erfolg hiervon auf meine innere Seelenstimmung nicht anders als mit einer vollständigen Neugeburt bezeichnen, und wie wir an den Kindern die berauschende Freude am jugendlich ersten, neuen, blitzschnellen Erkennen mit Rührung bewundern, so strahlte mein eigener Blick vom Entzücken über ein ähnliches wie durch Wunder mir ankommendes Erkennen einer Welt, in welcher ich bisher nur ahnungsvoll blind wie das Kind im Mutterschoß mich gefühlt hatte.« (Mein Leben I, 31.) Diese Konzeption des Nibelungengedichtes konnte naturgemäß nur eintreten, weil gerade Wagner der Künstler war, auf den ein solcher Stoff wirken konnte, d. h. in ihm waren unendlich viele und komplizierte Fähigkeiten, Gefühlskonstellationen, Gedankengänge und Vorstellungsbilder vorhanden, deren Erregung von einem geringen äußeren Anlaß geschehen konnte, deren Wesen aber im Künstler selbst gegeben war und nur aus ihm ausstrahlte. Wenn

Hebbel ins Theater geht und Shakespeare sieht, so ist klar, daß dieser künstlerische Genuß weit über das hinauszugehen vermag, was eigentlich Wirkung des Kunstwerks zu sein braucht. Daß der Künstler mit Vorliebe wieder die Kunst aufsucht, daß er die Naturschönheiten wählt, findet eine mehr wie natürliche Erklärung in der Beziehung, die sich aus seinem eigenen Schaffen zu dem ergibt, was aus andern Schönheitsobjekten zu ihm spricht: der Künstler bleibt am meisten in seiner eigenen Sphäre, in sich selbst und kann aus seinen eigenen Seelenfähigkeiten neu schöpfen. Wenn ein Künstler also ein Kunstwerk oder ein Naturphänomen genießt, so ist es nicht die Einfühlung in das angeschaute Objekt, zu der er vielleicht mehr geeignet erscheint als der Alltagsmensch, als vielmehr das Plus des Erlebnisses, ein höheres Genießen, in dem sich zu der Rezeption ein aktives Miterleben von eigenen stärksten Möglichkeiten gesellt, welches das Angeschaute sogleich in eine eigene Neuschaffung umsetzt. Der Einwand, daß der Künstler mit diesem Akt außerhalb des ästhetischen Genießens stände, ist nicht gerechtfertigt. Der Künstler genießt nur anders als der Alltagsmensch, weil seine Empfänglichkeit größer ist und der Sonnenschein der künstlerischen Wirkung auf eine größere und zu reichen Reflexen fähigere Fläche scheinen kann. So kann der Augenblick der Inspiration selbst zum künstlerischen Genießen gerechnet werden: der durch die Anschauung des Kunstwerks angeregte Künstler erhält während des Genießens eine besondere Erleuchtung, und die Wirkungen der Kunst offenbaren sich in ihm am besten und tiefsten, weil diese Wirkungen in der Seele des Künstlers sich ausbreiten und fruchtbar werden können. Der Vorgang der Inspiration gehört zu dem Erlebnis des Kunstgenießens, der künstlerischen Anschauung.

Die künstlerische Stimmung.

Der Übergang von der künstlerischen Vorbereitung zur Inspiration kann die allgemeine Stimmung des Künstlers bilden. Schiller schreibt an Goethe (18. März 1796): »Bei mir ist die Empfindung anfangs ohne bestimmten und klaren Gegenstand; dieser bildet sich erst später, eine gewisse musikalische Gemütsstimmung geht vorher, und auf diese folgt bei mir erst die poetische Idee.« Bekannt und oft zitiert ist die Äußerung Otto Ludwigs: »Mein Verfahren beim poetischen Schaffen ist dies: es geht eine Stimmung voraus, eine musikalische, die wird mir zur Farbe, dann sehe ich Gestalten, eine oder mehrere in irgend einer Stellung und Gebärde für sich oder gegeneinander, und dies wie ein Kupferstich auf Papier von jener Farbe, oder genauer ausgedrückt, wie eine Marmorstatue oder plastische Gruppe, auf welche die Sonne durch einen Vorhang fällt, der jene Farbe hat. Diese Farbenerscheinung habe ich auch, wenn ich ein Dichterwerk gelesen habe, das mich ergriffen hat; versetze ich mich in eine Stimmung, wie sie Goethes Gedichte haben, so habe ich ein gesättigtes Goldgelb, ins Goldbraune spielend; wie Schiller, so habe ich ein strahlendes Karmoisin; bei Shakespeare in jeder Szene eine Nuance der besonderen Farben, die das ganze Stück mir hat. Wunderlicherweise ist jenes Bild oder jene Gruppe gewöhnlich nicht das Bild der Katastrophe, manchmal nur eine charakteristische Figur in irgend einer pathetischen Stellung, an diese schließt sich aber sogleich eine ganze Reihe, und vom Stück erfahre ich nicht die Fabel, den novellistischen Inhalt zuerst, sondern bald nach vorwärts, bald nach dem Ende zu von den ersten Situationen aus, schießen immer neue plastisch-mimische Gestalten und Gruppen an, bis ich das Stück in allen seinen Szenen habe.«

Dieses Beispiel zeigt uns den Künstler in seiner Resonanzfähigkeit. Wenn eine Saite dieses seelischen Spiels angezogen wird, pflanzen sich die Bewegungen fort auf alle Sinnesgebiete, welche in immer neuen Vorstellungen die Mannigfaltigkeit des künstlerischen Könnens zu erschöpfen suchen.

Auch R. Wagner beschreibt diesen Zustand der Stimmung: »Diejenigen großen leidenschaftlichen und andauernden Empfindungen, welche die vorzügliche Richtung unserer Gefühle und Ideen oft zu Monaten, zu halben Jahren beherrschen, sind es, die auch den Musiker zu jenen breiteren, umfassenderen Konzeptionen drängen, denen wir unter anderm eine Symphonia Eroica verdanken. Diese großen Stimmungen können sich als tiefes Seelenleiden, oder als kraftvolle Erhebung von äußeren Erscheinungen herleiten, denn wir sind Menschen, und unser Schicksal wird durch äußere Verhältnisse regiert. Da aber, wo sie den Musiker zur Produktion hindrängen, sind auch diese großen Stimmungen in ihm bereits zur Musik geworden, so daß den Komponisten in den Monaten der schaffenden Begeisterung nicht mehr jenes äußere Ereignis, sondern die durch dasselbe erzeugte musikalische Empfindung bestimmt.« (»Ein glücklicher Abend«, Ges. Schr. I. S. 147 f.)

Ich erinnere daran, wie auch im ästhetischen Genießen meiner Versuchspersonen die ästhetische Stimmung vielfach die ästhetische Einstellung und überhaupt die Zustände des ästhetischen Genusses einleitete. Sie zeigte sich als ein Gemeingefühl, das die Aufnahme des ästhetischen Reizes sehr erleichtert und die Seele erweitert.

Die künstlerische Stimmung ist gleichsam der psychische Hintergrund, aus dem heraus sich die andern Fähigkeiten erheben. Diese

Stimmungen machen den Künstler zu etwas fähig, sie wirken wie eine potentielle Kraft, die in Wallung geraten kann. Diese innere Bewegung tritt ein, sobald ein anregender Eindruck von außen erfolgt oder ein an diesen sich anschließendes Gefühl von innen her wirken kann.

Die Vorbereitung, man kann es auch Empfänglichkeit und Disposition nennen, die künstlerische Stimmung und die Anregung gehören zur Vorbedingung des Kunstschaffens, zur *conditio sine qua non* der Inspiration. Wie bei dem ästhetischen Genießen der Versuchspersonen die Einstellung, die Anregung durch den ästhetischen Reiz, die Stimmung noch nicht zu der Aktivität gehörten, welche wir als Reaktion auf den Kunstgenuß gewonnen haben, sondern vielmehr zu ihr hinführten, so ist auch der Zustand des Künstlers im Stadium der Bereitschaft, der künstlerischen Stimmung und Anregung noch kein aktiver Zustand, der sich in einer bestimmten Weise, einer künstlerischen Tat irgendwie äußerte. Vielmehr tritt in diesem Zustand etwas hinzu, was das Verhalten des Künstlers ändert. Beim ästhetischen Genießen war es das künstlerische Objekt, das jene aktive Reaktion hervorrief, deren Äußerungsweisen wir kennen gelernt haben. Auch auf den Künstler dringt ein Einfluß — durch die Anschauung der Natur und Kunst gegeben — von außen oder aus seinem Innern heraus ein, der seinem Seelenhabitus eine bestimmte Richtung gibt und ihn zur Betätigung in künstlerischer Beziehung zwingt. Es ist die Inspiration selber, die ihm in diesem Zustand zuteil wird.

Es ist darum wertvoll, die Art und Weise, wie diese Inspiration auftritt, aus den Äußerungen der Künstler zu gewinnen, weil sie uns auch über die Art der Aktivität des künstlerischen Schaffens Klarheit gibt.

Die Inspiration, so belehren uns alle Künstler, ist eine Überraschung für sie, sie tritt plötzlich auf. So sagt Goethe in Wahrheit und Dichtung (I. Buch): »Alles, was wir Erfinden, Entdecken im höheren Sinne nennen, ist nichts als die bedeutende Ausübung und Betätigung eines originellen Wahrheitsgefühles, das im Stillen längst ausgebildet, unversehens mit Blitzesschnelle zu einer fruchtbaren Erkenntnis führt.«

Bekannt ist auch das Wort Hebbels: »Der Dichter wählt nicht seinen Stoff, sondern der Stoff wählt sich seinen Dichter. Die Erfindung hängt nicht vom Dichter ab, und darum auch nicht die Wahl seiner Stoffe. Sie kommt wie ein Blitz, und dieser kommt und trifft ungerufen.«

Gustave Courbet sieht, im Wagen fahrend, zwei Steinklopfer: »Man trifft nur selten den vollkommenen Ausdruck des Elends, und deshalb kam mir sofort die Idee eines Gemäldes.«

Über die Konzeption des Vorspiels des Rheingold schreibt Wagner: »Ich versank in eine Art von somnambulem Zustand, in welchem ich plötzlich die Empfindung, als ob ich in ein stark fließendes Wasser versänke, erhielt. Das Rauschen desselben stellte sich mir bald im musikalischen Klange des Es-Dur-Akkordes dar, welcher unaufhaltsam in figurierter Brechung dahinwogte; diese Brechungen zeigten sich alsbald als melodische Figurationen von zunehmenden Bewegungen; wie aber veränderte sich der reine Dreiklang von Es-Dur, welcher durch seine Ausdauer dem Elemente, darein ich versank, eine unendliche Bedeutung geben zu wollen schien. Mit der Empfindung, als ob die Wogen jetzt über mich dahinbrausten, erwachte ich in jähem Schreck aus meinem Halbschlaf. Sogleich erkannte ich, daß das Orchestervorspiel zum Rheingold, wie ich es in mir herumtrug, aber doch nicht genau hatte finden können, mir aufgegangen war; und schnell begriff ich auch, welche Bewandtnis es mit mir habe: Nicht von außen, sondern nur von innen sollte der Lebensstrom mir zufließen.« (Mein Leben II, S. 591 f.)

In der Natur dieses Erlebnisses liegt es, daß die Inspiration kein Bewußtseinsphänomen im engeren Sinne ist, daß sie vielmehr ganz unbewußt auftritt. In dieser Beziehung wäre zunächst auf die Inspiration hinzuweisen, die der reproduzierende Künstler nach vielen Zeugnissen im Konzertsaale erlebt (vgl. Bronislaw Hubermann über sein Geigenspiel in dem »Neuen Wiener Tageblatt«, 22. Jan. 1911). Ribot schildert die Inspiration als einen halb bewußten Zustand. Sie hängt nicht vom Willen des Individuums ab, sondern tritt plötzlich und unpersönlich auf. Sie ist nicht Ursache, sondern eine Wirkung, ein Wendepunkt, eine Krise (»Schöpferkraft und Phantasie«, Bonn 1902, S. 40). »Sie ist das Werk des unbewußten Dranges; es kommt dem Schaffenden vor, als ob ein anderer in ihm und durch ihn wirke, seine Persönlichkeit überflügle und ihn nur zu seinem Sprachrohr mache.« (Ribot, »Psych. d. Gefühle«, S. 417, Altenburg 1903.) Hebbel schreibt an Kulke über den »Rubin«: »Unbewußter Weise erzeugt sich im Künstler alles Stoffliche, beim dramatischen Dichter z. B. die Gestalten, die Situationen, zum Teil sogar die ganze Handlung einer Anekdote; denn das tritt plötzlich und ohne Ankündigung aus der Phantasie hervor.« »Das erste Stadium des Schaffens liegt tief unter dem Bewußtsein, der Dichter hat nicht einmal die Wahl, ob er überhaupt ein Werk, geschweige denn, welches er hervorbringen soll.« (W. X. 49.) »In die dämmernde, duftende Gefühlswelt des begeisterten Dichters fällt ein Mondstrahl des Bewußtseins, und das, was er beleuchtet, wird Gestalt.« (Tgb. Bamb. I, 215.)

Der Künstler verhält sich der Inspiration gegenüber wie das Kind zu neuen Eindrücken, d. h. naiv und nicht bewußt (vgl. Hebbel Br. III, S. 168). Mozart weiß nicht, woher die Melodien kommen und wie sie in ihm entstehen, er nimmt sie hin wie eine Gabe, die sich ihm unvermutet aufdrängt. Es ist ein traumähnlicher Zustand, in dem der Künstler sich bei der Inspiration befindet. Wieder will ich hierzu einen Brief von Hebbel zitieren (an Sigmund Engländer, Br. VII, S. 341 f.): »Sollten Sie nicht weiter gelangen, wenn Sie zum Tier hinuntersteigen und dem künstlerischen Vermögen die Mittelstufe zwischen dem Instinkt des Tieres und dem Bewußtsein des Menschen anweisen? Das Tier führt ein Traumleben, das die Natur unmittelbar regelt und streng auf die Zwecke bezieht, durch deren Erreichung auf der einen Seite das Geschöpf selbst, auf der anderen aber die Welt besteht. Ein ästhetisches Traumleben führt der Dichter, natürlich nur als Künstler, und wahrscheinlich aus demselben Grunde, denn die kosmischen Gesetze dürfen nicht klarer in seinen Gesichtskreis fallen, wie die organischen in den des Tieres, und dennoch kann er keines seiner Bilder abrunden und schließen, ohne auf sie zurückzugehen. Warum sollte nun die Natur nicht für ihn tun, was sie für das Tier tut? Sie werden aber auch überhaupt finden, um tiefer auszugreifen, daß die Lebensprozesse nichts mit dem Bewußtsein zu tun haben, und die künstlerische Zeugung ist die höchste von allen; sie unterscheiden sich ja eben dadurch von den logischen, daß man sie absolut nicht auf bestimmte Faktoren zurückführen kann.«

Aus diesem Zitat darf man nicht den Schluß ziehen, als habe Hebbel den Inspirationsakt als eine Art von Instinkt angesehen. Es ist dem Dichter offenbar nur um einen Vergleich zu tun, und zwar um den Vergleich mit den Lebensprozessen. Gabriel Séailles hat zwar diesen Vergleich des Kunstschaffens mit den Lebensprozessen zum Leitsatz seines ganzen Buches gemacht: »In den Gesetzen des Lebens müssen wir die Gesetze der dichterischen Konzeption suchen« (Das künstlerische Genie, Leipzig 1914, S. 160, übersetzt von M. Borst), trotzdem weist er es ab, die Inspiration einem instinktmäßigen Vorgang zuzuweisen.

Traumähnlich ist das Eintreten der Inspiration, wie Hebbel an vielen Stellen seiner Tagebücher und Briefe zu betonen sich bemüht (siehe Tb. [B] I. 165, II. 304 u. a.). Er meint, daß er sich aufs Dichten ebensowenig vorbereiten könne, wie auf den Traum (Werner'sche Ausgabe 6133).

Bei E. T. A. Hoffmann ließen sich die Beispiele häufen: »Ha, wie ist es möglich,« sagt er, »die tausenderlei Arten, wie man zum Komponieren kommt, auch nur anzudeuten! ... Durchs elfenbeinerne Tor kommt man ins Reich der Träume: wenige sehen das Tor einmal, noch Weniger gehen da durch! Abenteuerlich sieht es hier aus. Tolle Gestalten schweben hin und her, aber sie haben Charakter — eine mehr wie die andere. Sie lassen sich auf der Heerstraße nicht sehen: nur hinter dem elfenbeinernen Tore sind sie zu finden. Es ist schwer, aus diesem Reich zu kommen; wie vor Alkineus' Burg versperren die Ungeheuer den Weg — es wirbelt, es dreht sich — viele verträumen den Traum im Reiche der Träume, sie zerfließen im Traum — sie werfen keinen Schatten mehr, sonst müßten sie am Schatten gewahr werden den Strahl, der durch dieses Reich fährt; aber nur wenige, erweckt aus dem Traum, steigen empor und schreiten durch das Reich der Träume. Sie kommen zur Wahrheit. — Der höchste Moment ist das: Die Berührung mit dem Ewigen, Unaussprechlichen. Schaut die Sonne an, sie ist der Dreiklang, aus dem die Akkorde, sternengleich, herabschießen und Euch mit Feuerfarben umspinnen, verpuppt im Feuer liegt ihr da, bis sich Psyche emporschwingt in die Sonne.« (Siehe Musik. Schr. Hoffmanns von H. v. Ende 1899, S. 21 f.)

Die Inspiration pflegt ferner rauschartig aufzutreten, in einen Zustand von Ekstase, Entzückung und Begeisterung versetzend. Diese unmittelbaren Wirkungen der Inspiration mögen einige Zeugnisse finden.

»Meine Einsamkeit ist mir so gut; ich denke scharf links und rechts, und mir ist ganz dämmerisch, als steige bald die Morgenröte der Erfüllung empor.« Feuerbach.

»Ich war halb verrückt, während ich den Childe Harold schrieb, um mich herum hockten Metaphysik, Berge, Seen, unauslöschliche Liebe, unsagbare Gedanken und das Albdrücken meiner Vergehen.« (Siehe Byrons Tagebuch 1814.)

»Der Künstler muß, um uns zu rühren, um uns gewaltig zu ergreifen, selbst in eigener Brust tief durchdrungen sein, und nur das in der Ekstase bewußtlos im Innern Empfangene mit höherer Kraft festzuhalten in den Hieroglyphen der Töne (der Noten) ist die Kunst, wirkungsvoll zu komponieren. Fragt daher ein Künstler, wie er es anfangen soll, eine Oper mit recht vielem Effekt zu setzen, so kann man ihm nur antworten: Lies das Gedicht, richte mit aller Kraft den Geist darauf, gehe ein mit aller Macht deiner Phantasie in die Momente der Handlung; du lebst in den Personen des Gedichtes, du bist selbst der Tyrann, der Held, die Geliebte; du fühlst den Schmerz, das Entzücken der Liebe, die Schmach, die Furcht, das Entsetzen, ja des Todes namenlose Qual, die Wonne seliger Verklärung; du zürnest, du wütest, du hoffest, du verzweifelst. Dein Blut glüht durch die Adern, heftiger schlagen deine Pulse; in dem Feuer der

Begeisterung, das deine Brust entflammt, entzünden sich Töne, Melodien, Akkorde, und in der wundervollen Sprache der Musik strömt das Gedicht aus deinem Innern hervor, die technische Übung durch Studium der Harmonie, der Werke großer Meister, durch Selbstschreiben bewirkt, daß du immer deutlicher deine innere Musik vernimmst, keine Melodie, keine Modulation, kein Instrument entgeht dir, und so empfängst du mit der Wirkung auch zugleich die Mittel, die du nun, wie deiner Macht unterworfene Geister, in das Zauberbuch der Partitur bannst. ... Das Studium der Meister wird den Künstler in seelischen Rapport mit ihnen bringen, dieser entzündet die ruhende Kraft, ja führt die Ekstase herbei, in der er wie aus dumpfem Schlafe zu neuem Leben erwacht und die wunderbaren Laute seiner innern Musik vernimmt. ... Das Studium der Harmonik hält jene innere Musik fest ... und die Begeisterung, welche den Wert gebar, wird im wunderbaren Nachklang den Zuhörer mächtig ergreifen, so daß er der Seligkeit teilhaftig wird, die den Musiker in jenen Stunden der Weihe umfing. Dies ist der wahrhafte Effekt des aus dem Innern hervorgegangenen Tongedichtes.« (S. Hoffmanns musik. Schr. a. a. O. S. 186 ff.)

»Die Amazonenschlacht steht untermalt, und das zweite Symposion steht auf dem Punkte — *sans comparaison* — gewappnet aus meinem Hirn zu springen. Ich brenne vor lichter Begeisterung« (siehe Allgeyer, Feuerbach, 1871, S. 291) [1]).

Der Zustand der Verzückung ist unbeschreibbar, sein Wesen ist unnennbar, weil der Künstler keine Worte findet, die erlebten Empfindungen festzuhalten. Der ganze Organismus sieht sich in ein orkanartiges Fliehen und Jagen versetzt, dem er nicht ausweichen kann, sondern willenlos nachgeben muß.

Otto Ludwig sagt über sein Schaffen: »Nun ist mir das Rätsel meines früheren Schaffens psychologisch gelöst. Erst bloße Stimmung, zu der sich eine Farbe gesellte ... ein tiefes, mildes Goldgelb, während ein glühendes Karmoisin in dieser Beleuchtung allmählich eine Gestalt sichtbar machte, wenn ich nicht sagen soll eine Stellung, d. h. die Fabel erfand sich und ihre Erfindung war nichts anderes als das Entstehen und Fertigwerden der Gestalt und Stellung ... jenes Farben- und Formenspektrum, welches mich, solange es in klarster Sinnlichkeit dastand, in jedem Augenblick und in den heterogensten Umgebungen und Beschäftigungen wie ein Mahner umschwebte und mein ganzes Wesen in Aufregung setzte, in einen Zustand, ähnlich dem einer Schwangeren, der Geburt nahe und in der Geburts-

[1]) Vgl. Dessoir, a. a. O. p. 231.

arbeit, ein liebend Festhalten und doch Hinausdrängen des, was vom eigenen Wesen sich losgelöst hat, Ding für sich geworden ist.«

Dieser Rauschzustand, der in der Inspiration auftritt, hat verschiedene neue Wirkungen in seinem Gefolge. Die weitere Ausführung verzeichnet unter diesen Wirkungen die Erhöhung des Lebensgefühles, das Kraftbewußtsein, die Leidenschaft und den Schaffensdrang, alles Wirkungen, die ihrem Wesen nach den Wirkungen des Kunstgenusses des Laien gleich sind, wenn sie sich auch graduell unterscheiden mögen. Auf diese Äußerungen der künstlerischen Aktivität kommt es vorzüglich an, wenn wir sie mit den Äußerungen der inneren Tätigkeit beim Kunstgenuß der Versuchspersonen vergleichen wollen. Es handelt sich ganz wesentlich nur um eine Aufzählung von Zuständen, die unmittelbar und zugleich mit der Inspiration gegeben sind. Es ist kein Nacheinander-, sondern ein Miteinanderwirken.

Eine Steigerung des gesamten Lebensgefühls nennen es die Künstler sehr häufig, wenn sie den Zustand der Inspiration schildern wollen. Was Goethe z. B. damit sagen möchte, ist stets das nämliche; es ist das starke Streben, aus dem eigenen Innern heraus an die Welt sich zu wenden. Hierhin gehört sein schöner Ausspruch: »Ich habe in meiner Poesie nie affektiert, was ich nicht lebte und was mir nicht auf die Nägel brannte und zu schaffen machte, habe ich auch nicht gedichtet und ausgesprochen. Liebesgedichte habe ich nur gemacht, wenn ich liebte.«

Es ist nicht die Nachahmung künstlerischer Anschauungen, sondern eine Nachbildung der Gewalt des Erlebens, welche dieses Streben zum künstlerischen Schaffen hinleitet.

Hebbel schreibt an Elise Lensing über den Genuß einer Raffael'schen Madonna: »Geist und Leib, die beiden geheimnisvollen Gegensätze, das anscheinend Höchste und Tiefste so ineinander gemischt zu sehen, in sich zu trinken, befreit und erlöst das Menschenherz und treibt das Lebensgefühl bis an die Grenze.« (17. Januar 1837.) In seinem Tagebuch lesen wir (II, 281, Bamb.): »Gottlob, der Herbst übt seine alte Wirkung auf mich; große Tätigkeit und in dieser Genuß und Fülle des Daseins.«

Diese Stufe des künstlerischen Schaffens ist sehr bedeutungsvoll, weil der Künstler aus dem wundervollen Traumleben, in das ihn die unversehens eingetretene Inspiration einhüllte, zu erwachen scheint, weil der Übergang aus dem unbewußten Erleben in das bewußte beginnt, der einem immer stärkeren Hellsehen Platz machen muß. Diese starken Lebensgefühle wirken im eigentlichen Sinne produktiv: so wird das künstlerische Schauen zu einem Schaffen. Es ist eine

Umwandlung, die sich mit schicksalsmäßiger Kraft vollzieht, alle Schönheit kann für ihn nicht Erscheinung bleiben, sondern muß Schöpfung werden.

»Die Reizwirkungen treten beim Künstler gleich in ein reges Vorstellungsleben über: verwandte Vorstellungen drängen sich mit Ungestüm heran; es tritt ein Erregungszustand ein, in welchem der Künstler förmlich fühlt, wie sich seine innere Welt erweitert ... der Zustand der Begeisterung hat ihn erfaßt, in welcher er produktiv wird.« (Hausegger, »Das Jenseits des Künstlers«, Wien 1893, S. 205.)

Die Steigerung des Lebensgefühls und das Bewußtwerden der eigenen Kraft, des eigenen Könnens sind zwei Vorgänge in der Seele des Künstlers, welche fest miteinander verknüpft auftreten und sich gegenseitig bedingen. Dieser Moment zeigt uns, ganz abgesehen von dem Kunstwerk, das hervorgehen mag, den Menschen und Künstler von seiner stärksten und schönsten Seite. Es scheinen über das Menschliche hinaus gesteigerte Energien zu sein, welche hier geweckt sind. Es liegt etwas leuchtend Frohes, ein freudevoller Glanz über allen Worten, welche der Künstler diesem seinem Zustand widmet.

Dieses Erlebnis ist der Lust an der Tätigkeit als solcher vergleichbar, weil das Bewußtsein dieses Könnens noch gar nicht differenziert ist. »Diese begeisternde Stunde ist nicht das kümmerliche Treibhausprodukt vorhergegangener äußerer Eindrücke; sie bringt dem Genius den Schlüssel zum Weltall, nun kann er eintreten, wo er will.« Und weiter schreibt Hebbel an Elise: »Es gibt einzelne Stunden, die mich mit einem überschwenglichen Reichtum innerer Fülle überschütten; dann löst sich mir irgend ein Rätsel, ich fühle mich selbst in meiner Würde und meiner Kraft, ich erkenne, daß meine größten Schmerzen nur die Geburtswehen meiner höchsten Genüsse sind.« (12. Mai 1837.)

Nach der Lektüre des Lohengrin und des Tannhäuser schreibt Liszt an Marie von Wittgenstein: »Er (Wagner) gebietet über glänzende Darstellungsmittel und schöpft, wie das auch nicht anders sein kann, da alle Künste nur verschiedene Ausläufer einer und derselben Urkraft sind und ich selbst z. B. immer Musik höre, wenn ich an einer bedeutenden Szene arbeite, aus einem unergründlichen poetischen Born.« (24. August 1858.)

Über Mozart sagt Otto Jahn (II, S. 107): »Diese Tätigkeit in jedem Moment als den Ausfluß der vollendeten Kraft und Gesundheit der gesamten Organisation zu empfinden, ist nur dem Künstler verliehen; es ist sein höchster Genuß, eine wahre Beseligung, wie ja in allem menschlichen Tun die Tat die höchste Befriedigung gewährt und nicht ihr Werk.«

In der »Kunst und Revolution« von Wagner lesen wir: »Apollo würde dem großen Bruderbunde das Siegel der Stärke und Schönheit aufgedrückt, er würde den Menschen vom Zweifel an seinem Werte zum Bewußtsein seiner höchsten göttlichen Macht geführt haben.« (Ges. W. III, S. 41.)

Wir erleben es mit, wie es in Mozarts Seele lebt, und heraus will vor innerer Schaffenslust, wenn wir ihn reden hören: »Das ist ja nun ein Schmaus! Alles das finden und machen geht in mir nur wie in einem schönen starken Traum vor. Aber das Überhören — so alles zusammen, ist doch das beste.« (O. Jahn III, 423 f. [vgl. das Zitat von Hofmannsthal, S. 410].)

Der auf den Künstler eindringende Eindruck hat ein Gefühl der Unendlichkeit alles Sichtbaren und der Welt in sich, er spricht sich in einem sich stets erneuernden Tätigkeitsdrang aus: »Und auch sie (die Unendlichkeit) will aus dem Innern heraustreten, wie die Urkraft aus dem Geiste Gottes in die Welt trat. Soll ich widerstehen? Soll ich das, was unaufhaltsam drängt und treibt, feige zurückhalten, weil es zwischen mich und mein Glück treten könnte?« (Hebbel W. II, S. 252.)

Ribot meint, daß »jenes komplizierte Gefühl, das man ‚*selffeeling*‘ nennt, und das sich aus der Lust, sich seiner Kraft zu versichern und ihre Entfaltung zu spüren, oder aus dem peinvollen Gefühl gefesselter und geschwächter Macht herleitet, uns geradeswegs zu motorischen Elementen, als zu Grundbedingungen der Schöpfung zurückführt. Das Hauptcharakteristische des ‚*selffeeling*‘ ist der Genuß, Ursache, d. h. Schöpfer zu sein, und jeder Schöpfer ist sich seiner Überlegenheit über den Nichtschöpfer bewußt.« (»Schöpferische Phantasie« S. 25.) Ribot bezeichnet es mit Recht als einen Kraftüberschuß, »es ist eine Tendenz zu handeln da, welche diesen Überschuß verwertet und ihm verschiedene Richtungen gibt, so unter anderem die Richtung eines intellektuellen Schaffens, dessen Stoff die Vorstellungen sind, — ein Schaffenstrieb, der seine Grundform in den Ursprüngen des Animismus hat als der gemeinsamen Quelle der Mythen und Künste.« (Psych. der Gefühle, S. 418.) Für Hoffmannsthal ist das spielende Schaffen und das Bewußtsein des Dichterseins der Kern und das Wesen des Dichters. (Siehe Hilpert a. a. O. S. 392.)

Dieses Kraftbewußtsein kann sich im Künstler steigern bis zu einer Leidenschaft. Was wir darunter verstehen, läßt zunächst unsere Erfahrung im Theater und Konzert, im Museum und Atelier erkennen. Der reproduzierende Künstler verliert sich so in dem Augenblick, wo ihn der Geist des Dichters, des Musikers inspiratorisch beseelt, daß ihn seine Fähigkeiten zu ganz gewaltigen Wirkungen tragen, die wir intensiv und oft erschüttert nacherleben. Auch wer einem tüchtigen Meister der Farbe in seinem Atelier zuschauen konnte, wie er sich ergriffen fühlt von seiner Leidenschaft, der wird die Glut und die Tiefe derartiger Gemütserregungen im Künstler ahnen. Otto Ludwig ist wohl derjenige, der sich am eingehendsten über den Zustand der künstlerischen Leidenschaft geäußert hat. Man lese nur die Shakespearestudien. Da heißt es z. B.: »Die Leidenschaft greift wie die Flamme von selbst um sich; nur das erste Entstehen der Feuersbrunst ist von außen zu motivieren, brennt sie einmal, so nährt sie sich von selbst, sie steigt von Balken zu Balken, bietet eine Reihe kleinerer Feuersbrünste, die nicht besonderer Anlegung bedürfen, auch keines Hauches. Die Flamme erzeugt den Hauch aus sich, mit dem sie sich immer größer bläst.« Und ferner: »Bei der Kunst müssen wir uns objektivieren. Was den Charakter, der sich als ein eigner uns selbst gegenüberstellt, uns wieder näher bringt, ist die Leidenschaft. Leidenschaftlos ist kein Mensch, er hat den Keim zu allen Leidenschaften stärker oder schwächer in sich, und da alle Leidenschaften gleiches Grundgesetz der Entstehung, des Wachstums, des Verhaltens zu den übrigen Gemütskräften, den sinnlichen wie den geistigen, besitzen, so tragen wir in dem eigenen Begehrungsvermögen den Maßstab auch für die Leidenschaften, die in uns nicht ausgebildet sind. Wenn es dem Dichter gelingt, uns in der Illusion durch die Vermittlung der Sympathie zu Mittätern und Mitleidern des Tuns und Leidens seiner Personen im Augenblick des Tuns zu machen, so hat er die Aufgabe gelöst.«

Auch Wagner beschreibt diesen Zustand, als er sich in Marienbad mit Titurel und Parzival beschäftigte: »Bald regte sich aber die Sehnsucht nach eigener Gestaltung des von mir Erschauten so stark, daß ich Mühe hatte, meinen Drang zu bekämpfen. Hieraus erwuchs mir bald eine beängstigende, sich steigernde Aufregung: der Lohengrin, dessen allererste Konzeption noch in meine letzte Pariser Zeit fällt, stand plötzlich vollkommen gerüstet, mit größter Ausführlichkeit der dramatischen Gestaltung des ganzen Stoffs vor mir.« (Mein Leben I, S. 360.)

Das, was Otto Ludwig Leidenschaft nennt, ist ein wichtiges Element im künstlerischen Seelenleben, welches nach eingetretener Inspiration weiterleitet. Deshalb unterscheidet er zwischen der Leidenschaft des Künstlers und dem Affekt. Jene hat Kraft, ist selbst eine solche und trübt nicht das Vorstellungs- und Gefühlsleben, sondern hält es in fruchtbarer Konzentration; sie schärft die Aufmerksamkeit und macht den Künstler ausdauernd. Der Affekt wechselt stets zwischen Extremen von Sprachlosigkeit und Überschwang der Gefühle, zwischen Überspannung und Abgespanntheit des Gefühlsvermögens, und der Mensch hat keine Macht mehr über sich selbst.

Ich tue dieser Erscheinung an dieser Stelle Erwähnung, weil die künstlerische Leidenschaft eine Steigerung des erhöhten Lebensgefühls und des Kraftbewußtseins bedeutet und mit der Inspiration ihren Anfang nimmt. Sie ist während der ganzen Entwicklung der Arbeit an dem künstlerischen Werke beteiligt. Man muß annehmen, daß dieser Faktor des künstlerischen Schaffensvorganges fortwirkt; seine Wirkungsweisen werden sich bei der Fortführung der einzelnen Phasen des Schaffensverlaufs in verschiedener Hinsicht geltend machen.

Sprechen wir nun von dem Schaffensdrang selber. Ribot schildert ihn als ein allgemeines Bedürfnis zu schaffen. »Die wirkliche schöpferische Tätigkeit ist notwendig und unvermeidlich; der Schaffende hat seine Aufgabe zu erfüllen, er ist nur zu einer Tätigkeit geschickt. Die Schöpfung ist nicht das Werk des Willens, sondern jenes unbewußten Dranges, den man Inspiration nennt; es kommt dem Schaffenden vor, als ob ein anderer in ihm und durch ihn wirke, seine Persönlichkeit überflügle und ihn nur zu seinem Sprachrohr mache.« (Psychologie der Gefühle, S. 417.) Beethoven sagt einmal: »Nur die Kunst hat mich zurückgehalten; es schien mir, als könne ich die Welt nicht verlassen, bevor ich nicht alles, was ich in mir fühlte, herausgebracht hätte.« Hebbel nennt es »produktives Fieber.« (An Hettner am 8. Dezember 1861.)

Als Wilhelmine Schröder-Devrient ihre Mutter im Theater gesehen hatte, schreibt sie an Fanny Lewald: »Musik ist das Element, das meine Kräfte flüssig macht und in Bewegung setzt ... und ich muß schaffen! schaffen! selbst schaffen!«

Hebbel meint einmal: »Ist dein Gedicht Dir etwas Anderes, als was Andern ihr ‚Ach!‘ und ihr ‚O!‘ ist, so ist es nichts. Wenn Dich ein menschlicher Zustand erfaßt hat und Dir keine Ruhe läßt und Du ihn aussprechen, d. h. auslösen mußt, wenn er Dich nicht erdrücken soll, dann hast Du Beruf, ein Gedicht zu schreiben, sonst nicht.«

Karl Spitteler nennt es den »künstlerischen Zwang«, »Heimweh«, »Sehnsucht« (Mein Schaffen und meine Werke, Kunstwart 1908, S. 79), »Notwendigkeit« nennt es Wagner: es ist die Not des Schaffenmüssens, welche erst bei der rechten Wahl des Kunstobjektes sich Befreiung wirkt.

»Das Schöne wird nicht sowohl durch die dargestellten Gegenstände geschaffen, als vielmehr von dem Bedürfnis, sie darzustellen, und dieses Bedürfnis bestimmt auch den Grad der Wirksamkeit, womit man seine Aufgabe durchgeführt hat.« (Millet an Pellaquet, 2. Juni 1863.)

»Alle Kunst«, so lesen wir in der Kuh'schen Biographie von Hebbel, »ist Notwehr des Menschen gegen die Idee, wie ja schon, um ins Besondere hinabzusteigen, jede ernste dichterische Schöpfung aus der Angst des schaffenden Individuums vor den Konsequenzen eines dunklen Gedankens hervorgeht; was aber dem Künstler sein Werk, das ist der Menschheit die Kunst.« (I. S. 537 f.)

Dieser Schaffensdrang äußert sich als ein Bedürfnis, sich mitzuteilen.

Dessoir (a. a. O. S. 229 ff.) nennt dieses Bedürfnis den Drang nach Selbstbefreiung, will aber nicht damit das Mitteilungsbedürfnis an andere verstanden wissen. Es ist meines Erachtens gleichgültig, ob dieses Bedürfnis sich selbst gegenüber oder andern gegenüber geäußert werden muß; es muß sich jedenfalls aussprechen ohne Rücksicht auf eine Wirkung auf andere. Es ist eine Art von Selbstentäußerung (siehe Ribot, Schöpferische Phantasie, S. 6).

»Ich kann mich nur aphoristisch äußern«, schreibt Hebbel an Marie von Wittgenstein (15. Juni 1859), »und lege darum meine Kunst- und Weltanschauung am liebsten in Epigrammen nieder, wenn ich mich nicht mündlich aussprechen und andere zur Adoption meiner Gedanken veranlassen kann, was ich allem andern vorziehe.«

Zola berichtet an Daudet: »Irgend ein Erlebnis hinterläßt dem Schriftsteller einen lebhaften Eindruck. Jahre mögen vergehen — der Eindruck vertieft sich, rundet sich, ein unwiderstehlicher Drang nach Mitteilung des Gesehenen und Erlebten erwacht: das neue Werk entsteht.« (*Le roman expérimental,* S. 214.)

»Nur was machen«, ruft Böcklin, »arbeiten! Nur sich selbst und seine Freude am Geschauten und Begriffenen mitteilen!« (Siehe Floerke, »Zehn Jahre mit Böcklin« 1902, S. 57.)

In Wagners »Mitteilungen an meine Freunde« steht folgende Stelle:

»Den künstlerischen Charakter bestimmt jedenfalls das eine, daß er sich rückhaltlos den Eindrücken hingibt, die sein Empfindungswesen sympathisch berühren. Gerade die Kraft dieser Eindrücke mißt sich wieder nach der Kraft des Empfindungsvermögens, das nur dann die Kraft des Mitteilungsdranges gewinnt, wenn es bis zu einem entzückenden Übermaße von Eindrücken erfüllt ist. In der Fülle dieses Übermaßes liegt die künstlerische Kraft bedingt, denn sie ist nichts anderes, als das Bedürfnis, das überwuchernde

Empfängnis in der Mitteilung wieder von sich zu geben.« (Ges. Werke IV. B., S. 305 f.)

»Der einzelne Mensch kann aber bei voller Gesundheit seines Leibes, Herzens und Verstandes kein höheres Bedürfnis empfinden, als das, welches allen ihm Gleichgearteten gemeinsam ist; denn es kann zugleich, als ein wahres Bedürfnis, nur ein solches sein, welches in der Gemeinsamkeit allein zu befriedigen vermag. Das notwendigste und stärkste Bedürfnis des vollkommen künstlerischen Menschen ist aber, sich selbst, in der höchsten Fülle seines Wesens, der vollsten Gemeinsamkeit mitzuteilen, und dies erreicht er mit notwendigem allgemeinem Verständnis nur im Drama.« (Ges. Werke III, S. 159.)

»Der Drang meiner ganzen Natur«, so sagt Hebbel in einem Brief an Bamberg, »geht nach Mitteilung, aber die unmittelbarste ist mir die liebste. Könnten meine Augen reden, so würden meine Lippen gute Tage haben, da ich mich aber der Lippen bedienen muß, so lasse ich mindestens die Hände gerne feiern. Dies geht immer weiter bei mir, es ist gar so unmöglich nicht, daß ich meine besten Tragödien dereinst nur noch für mich selbst dichte, denn so seltsam ist die menschliche Natur beschaffen, daß man sich selbst Mitteilungen machen kann.« (23. Februar 1846.)

Wilhelm Schäfer schreibt in seiner Abhandlung: »Der Schriftsteller« (in der Samml. »Die Gesellschaft«, 39. 1908, S. 62): »Seine (des Dichters) größte Kunst ist, sich selber, d. h. seine Ergriffenheit los zu werden, damit das beruhigte Stück Leben, das Abbild der Welt, im Wassertropfen seiner Dichtung ungetrübt erscheine, in jener in sich selber ruhenden Schönheit, darin für einen Augenblick alle Fragen befriedigt sind. Seine Wirkungen sind die einer griechischen Statue: Ehrfurcht, heilige und heitere Ruhe und die Ahnung eines tiefen Glücks.«

Was bis hierhin von den Wirkungen der Inspiration ausgeführt wurde, bezog sich hauptsächlich auf das emotionale Verhalten des Künstlers. Es wurde der Versuch gemacht, die Gefühls- und Empfindungssphäre und die Tätigkeitsphase zu schildern, wie sie die unmittelbare Folge der Inspiration zu sein pflegt. Wir haben gesehen, wie die Inspiration den Künstler plötzlich, ohne daß er darum weiß, wie mit dem Schlage eines Zauberstabes trifft, ihn in Rausch, Begeisterung und Verzückung versetzt. Zu ergänzen wären noch die zahlreichen und mitunter sehr stark auftretenden Organempfindungen, welche alle diese Zustände begleiten können, das körperliche Gehobensein, ein laut pochendes Herz, stark pulsierendes Blut, gesteigerte Atembewegungen, Viszeralempfindungen, fieberhafte Zustände, ja bis zum Schmerz und zur Krankheit erhöhte Reizempfindlichkeit. Dann lehrten uns die Äußerungen der Künstler den Übergang aus dem unbewußten Erleben zum Wachzustand kennen, das mystische Hellsehen, das Überschauen von großen Situationen und weiten Ausblicken, ein überwaches Erleben, an das sich gesteigerte Lebensgefühle, leidenschaftliches Streben, Kraftbewußtsein, Schaffensdrang und das Bedürfnis nach Mitteilung knüpfen.

In diesen Komplex von unbewußten, unter- und überbewußten Erlebnissen tritt die Konzeption des Kunstwerks, die erste Erfassung des neuen Gedankens, das erste Auftreten einer neuen Idee, einer neuen Anschauung, eines neuen Schaffensgebietes.

Wie uns im ersten Teile der Arbeit nicht mehr die Umsetzung der aus der Reaktion auf den Kunstgenuß eingetretenen Aktivität des Genießenden interessierte, sondern wir sie nur beschrieben haben, um diese Aktivität näher zu charakterisieren, so können wir an dieser Stelle mit einer Darstellung des künstlerischen Schaffensverlaufs abbrechen, da die Konzipierung des neuen künstlerischen Gebildes, welches die Inspiration der Künstlerseele verliehen hat, sowie die *Creatio* des neuen Kunstwerks aus dieser Konzeption heraus nicht mehr in den Bereich eines Vergleichs der künstlerischen Aktivität und der des genießenden Laien fällt.

Wir kennen die Wirkungen der Außenwelt, der Natur und Kunst auf den Künstler im Stadium der Inspiration. Es genügt der Hinweis, daß mit der Konzeption des Künstlers Besonnenheit und Reflexion in Tätigkeit tritt[1]). Die Konzentrierung auf den neuen Gegenstand geschieht mit einer Klärung der konzipierten Idee und einer Auswahl der Mittel, um die künstlerische Form zu schaffen. Wenn auch bei der künstlerischen Improvisation, der künstlerischen Skizze, bei dem augenblicklich in Vers und Rhythmus gebrachten Gedicht die Umsetzung der erlebten Aktivität plötzlicher, ursprünglicher und weniger überlegt erscheint, so ist sie doch ein mehr oder weniger bewußter Ausdruck dieser Aktivität. Die *Creatio* eines größeren Kunstwerks, das langsam der Vollendung entgegenreift, ist erst recht der künstlerischen Reflexion unterworfen und erhält aus dem reichen Phantasieleben manche Hilfskonzeption. Das in der *Creatio* vor sich gehende Nacheinander des simultan Erlebten erfordert ein Abwägen von logischer Folge, von Kausalzusammenhang, von Verteilung der Formelemente, von Licht und Schatten, von Rhythmus und Klangbild. Den Unterschied der Seelenkonstellationen des Künstlers in der Inspiration und der *Creatio* bezeichnet Hebbel mit den Worten: »Das Auge des

[1]) Vgl. M. Dessoir, a. a. O.: »Es unterliegt keinem Zweifel, daß die schöpferische Einbildungskraft allein wenig ausreichen würde, wenn nicht der ordnende und leitende Verstand hinzuträte.«

Künstlers sieht mit Leidenschaft; aber alle Leidenschaft ist von Unheil, wenn sie sich der Leitung des Verstandes entzieht.«

Nur auf einen Faktor möchte ich noch kurz eingehen, der zwar bei der *Creatio* eine große Rolle spielt, aber schon in der künstlerischen Bereitschaft, der Stimmung, und besonders in der künstlerischen Erregung von Bedeutung ist und den künstlerischen Schaffensverlauf wesentlich bestimmt. In den ästhetischen Versuchen ergab sich, daß der Phantasiefülle als Reaktion auf den ästhetischen Genuß ein Aktivitätswert anhaftete. Das in den Versuchspersonen wachgewordene Phantasieleben verstärkte den äshetischen Eindruck, vertiefte die ästhetische Stimmung, führte zu ästhetischen Ergänzungen und war in mancher Hinsicht geeignet, die Aufnahmefähigkeit für den ästhetischen Reiz zu vergrößern und zu erweitern.

Mit dem gesteigerten Gefühls- und Tätigkeitsleben des Künstlers, wie es durch die Inspiration hervorgerufen wird, ist eine Fülle der Phantasien, ein Strömen von Vorstellungen, Assoziationen und Gedanken eng verbunden.

Aus einem Zitat von Ribot sahen wir schon, daß nach ihm der erste Grund, der den Menschen zum Schaffen fähig macht, in der Lebendigkeit der Bedürfnisse, Strebungen, Neigungen und Wünsche besteht. Er nennt diesen Grund motorisch. »Was nun der Wille für die Bewegung ist«, so definiert er, »das ist die Phantasie für die intellektuellen Vorgänge.« (Schöpf. Phant. S. 5.) »Ihr Weg geht von innen nach außen, sie sucht die Innenwelt nach außen zu objektivieren, sie strebt nach einer Kombination von Bildern, die durch das Bedürfnis und Streben angeregt sind. Sie ist die Möglichkeit des spontanen Wiederauflebens der Bilder, die sich zu neuen Kombinationen gruppieren.« »Das wesentliche und grundlegende Element der schöpferischen Phantasie in intellektueller Beziehung ist die Fähigkeit, durch Analogie, d. h. durch teilweise oft zufällige Ähnlichkeit zu denken.« (Schöpf. Phant. S. 18.)

In diesen Ausführungen Ribots ist alles Wesentliche zum Ausdruck gebracht, was sich in der schöpferischen Phantasie zeigt.

Ein gewaltiges Strömen von Vorstellungen und Gedanken, ein leichter und großer Fluß von Ideen ist es, der gleichsam das Gehirn des Künstlers durchkreuzt, aber ein Fluß, der nicht mit seiner Strömung alles hinwegrafft und zerstört, sondern dessen Wellenbewegungen und Fluten angenehm, ja berauschend empfunden werden und dem Künstler stets die Möglichkeit offen lassen, die Vielheit der inneren Eindrücke zu überschauen. Dies letztere besagt, daß der Künstler bei starken Illusionen und halluzinatorischen Vorstellungen dennoch niemals die Urteilskraft, die auswählende Funktion verliert, die ihn befähigt, das festzuhalten, was er für die Konzeption als brauchbar ansieht. Dieses Urteilsvermögen ist ihm eigen, während es dem manisch Erregten zu fehlen pflegt. Bei diesem handelt es sich um Ideenflucht. Die große Schnelligkeit des Bewußtseinsverlaufs hindert dagegen den Künstler nicht, weil er auf die Neuschaffung eines Kunstwerks eingestellt ist, aus dem Strom des Gefühls- und Vorstellungsmaterials das festzuhalten, was ihm zur künstlerischen Gestaltung dienen kann. Dieses Herrschaftsgefühl über den Strom der Assoziationen macht das Genie aus und hebt es weit hinaus über den Träumer und Manischen. Hebbel unterscheidet dies trefflich: »Dem Dichter phosphoreszieren alle Dinge, dem Fieberkranken brennen sie, dem Wahnsinnigen lösen sie sich in Rauch auf.« (5395 des Tagb.) Und ein andermal: »Der Unterschied zwischen dem Phantasten und dem phantasiereichen Dichter besteht darin, daß jener die abweichenden Erscheinungen der Natur bloß abgerissen und vereinzelt darstellt, während dieser sie auf die Natur zurückführt und erklärt«[1]. »Die künstlerische Phantasie ist eben das Organ, welches diejenigen Tiefen der Welt erschöpft, die den übrigen Fakultäten unzugänglich sind, und meine Anschauungsweise setzt demnach an die Stelle eines falschen Realismus, der den Teil für das Ganze nimmt, nur den wahren, der auch das mit umfaßt, was nicht auf der Oberfläche liegt. Übrigens wird auch dieser falsche nicht dadurch verkürzt, denn wenn man sich auch so wenig aufs Dichten wie aufs Träumen vorbereiten kann, so werden die Träume doch immer die Tages- und Jahreseindrücke und die Poesien nicht minder die Sympathien und Antipathien des Schöpfers wiedergeben.« (6133 des Tagb.)

Ein anderes Charakteristikum der künstlerischen Phantasie, auf das ebenfalls schon Ribot hingewiesen hat, ist die Erscheinung, daß sich in dem Strom der Assoziationen und Vorstellungen sehr fremdartige, seltene, neue Kombinationen und Analogien einstellen, die durch ihren Neuheitscharakter in Erstaunen setzen, z. B. Hebbels Wort: »Die Rose ist ein Aderlaß der Erde«.

Diese Erscheinung der Phantasietätigkeit bildet vorzüglich die Möglichkeit einer Konzeption. An ihr wird dem inspirierten Künstler bewußt, daß es sich um eine Neuschaffung handelt. Er empfindet sogleich die neue Gedankenkette, einen neuen Schattenriß der zu gestaltenden Person, einen neuen Akkord in dem Gesamtbild des künstlerischen Müssens. Die Entfernung der eingetretenen Assoziationen und Gedanken kann sehr groß sein, sie können überraschend eigen-

[1]) Dessoir charakterisiert diesen Gegensatz mit den Worten: »Das Genie weist nach vorwärts, der Geisteskranke nach rückwärts.« A. a. O. S. 263.

artig zusammenklingen, so daß sie einen vom Alltagsdenken fernliegenden Nexus bilden. Dieses Zusammentreffen von selten kombinierten Assoziationen und Vorstellungen gibt der Konzeption den Charakter der Neuheit. Darin beruht auch oft die Erfindung der Fabel, der neuen bildnerischen Kompositionen und Farbenzusammenstellungen, der neuen Linien und Überschneidungen im Relief und in den Skulpturen, der neuen Melodien und harmonischen Klanggebilde in der Musik. Dieser Neuheitscharakter ist es auch, der die Konzeption weiterleitet, das Neue zu vollenden.

»Ich statuiere keine Erinnerung in Eurem Sinne«, sagt Goethe, »das ist nur eine unbeholfene Art, sich auszudrücken. Was uns irgend Großes, Schönes, Bedeutendes begegnet, muß nicht erst wieder erinnert, gleichsam erjagt werden, es muß sich vielmehr gleich von Anfang her in unser Inneres verweben, mit ihm eins werden, ein neueres besseres Ich in uns erzeugen und so ewig bildend in uns fort leben und schaffen. Es gibt kein Vergangenes, das man zurücksehnen dürfe, es gibt nur ein ewig Neues, das sich aus den erweiterten Elementen der Vergangenheit gestaltet, und die echte Sehnsucht muß stets produktiv sein, ein Neues, Besseres erschaffen.« (Goethes Gespräche Bd. 4, ebenda, von Biedermann, Leipzig 1889, S. 311.)

»Wie steht es mit dem Quell aller Kunst,« sagt Wagner, »wenn nicht das Neue so unwiderstehlich aus ihm hervorquillt, oder eben in neuen Schöpfungen ganz und gar aufgeht?« (An Liszt am 8. September 1852.)

So weit soll die Darstellung des künstlerischen Schaffens reichen. Es war mir um die Aktivität zu tun, wie sie sich im Kunstwollen stark genug offenbart. Wenn wir den Künstler und den Kunstgenießenden betrachten, wenn wir die einzelnen Seelenkonstellationen der inneren Tätigkeit im Genießenden und Schaffenden vergleichen, dann ergibt sich eine überraschende Analogie. Der vielgesuchte Übergang von der bloßen Kontemplation zur Darstellung scheint wenigstens an einer Stelle gefunden zu sein. Ästhetischer Genuß trägt bereits eine Aktivität, ein Bedürfnis nach Tätigkeit in sich. Es bedurfte daher nur des Hinweises auf die entsprechenden Beziehungen im künstlerischen Schaffen, um dieses an Bedingungen geknüpft zu sehen, die auch für den schöpferisch nicht veranlagten Menschen bestehen. Beweiskräftig für die Behauptung einer Aktivität innerhalb der Reaktion auf ästhetischen Genuß sind die im ersten Teile dieser Arbeit dargestellten Formen der inneren Aktivität während des Genusses. Es erübrigt sich nach der bis ins einzelste ausgeführten Darstellung der verschiedenen Äußerungen dieser Aktivität sowohl beim Genießenden wie auch beim Künstler ein ausführlicher Vergleich, der sich nur in fortlaufenden Wiederholungen erschöpfen müßte. Ich glaube vielmehr, daß die Tatsachen klar genug für sich sprechen und in ihren Ähnlichkeiten von selbst zum Vergleich führen. Die im Kunstgenuß sich offenbarende Aktivität ist im allgemeinen dieselbe innere Tätigkeit, wie sie im Künstlerseelenleben auftritt, nur vermag hier die besondere Begabung für bestimmte Produktion dem Tätigkeitsdrang eine größere Kraft, eine klarere Richtung und eine wirksamere und nachhaltigere Entladung zu verleihen.

XI.

Die Notwendigkeit einer Ästhetik vom Standpunkte der Produktivität.

Von

Erich Major.

Der Kampf zwischen der psychologischen und einer sich selbständig fühlenden Ästhetik ist noch nicht ausgefochten. Wir finden den Niederschlag dieses Streites in der vortrefflichen Übersicht, die Emil Utitz über den gegenwärtigen Stand der Ästhetik in den »Jahrbüchern der Philosophie« gegeben hat. Eines scheint jedoch beinahe zur Gewißheit geworden zu sein: mit dem bloß psychologischen Prinzip von Lust und Unlust kann die Ästhetik nicht mehr auskommen, und diese primitiven Kategorien können für ihre Zwecke nicht mehr als brauchbar anerkannt werden. Sehen wir beispielsweise die Anwendung des reinen Lustprinzipes bei Witasek (Allgemeine Ästhetik), so finden wir, daß er immerfort die ästhetischen Werte als lusterregend bezeichnet und dennoch zugeben muß, die Tragödie sei in ihrer Wirkung viel stärker als die Komödie, gerade weil das Schmerzliche tiefere Wirkung und innigere Erschütterung der Seele gebe. Und dann folgt noch der flagrante Widerspruch, daß das Komische (also das eigentlich Lusterregende) unter die pseudoästhetischen Momente gerechnet wird, obwohl jeder auch nur oberflächlich Kunstverständige zugeben wird, daß die Komik mit dem Urteilen (wegen des angeblich notwendigen Urteiles schließt Witasek sie vom eigentlich Ästhetischen aus) nicht mehr und nicht weniger zu tun hat, als das Tragische; daß ferner gerade im Komischen ein Elementares, beinahe dämonisch Suggestives liegt, das oft genug jedes Urteilen unmöglich macht und den Verstand gänzlich über den Haufen wirft. Ebensowenig kann uns die Ansicht irgendwie überzeugen, daß das Lustmoment des Künstlerischen aus der Betrachtung des Psychischen hervorgehe, wie Witasek meint. Die Betrachtung des Psychischen an und für sich braucht durchaus keine Lust zu erregen; im Gegenteil, durch das Element der Selbstbeobachtung, das hier eingeschaltet wird, bekommt das Ästhetische erst recht etwas Mittelbares, Verblaßtes und Lebloses. Die unvermeidliche Verflachung, in welche die Ästhetik durch die ausschließliche Anwendung der Kategorien Lust und Unlust geraten müßte, ist von Max Dessoir erkannt worden, der in seiner Ästhetik den Vorschlag erneuert, das Lebenerhöhende und Lebensteigernde an Stelle des Lustprinzipes zu setzen. Auch Müller-Freienfels hat in seiner Psychologie der Kunst den biologischen Wert an Stelle des reinen Lustwertes gesetzt und das ökonomische Prinzip als wichtigen Faktor hinzugefügt. Allein diese Versuche, das Ästhetische aus dem rein Lustvollen herauszuheben, so dankenswert und bedeutungsvoll sie sind, erscheinen noch immer als zu sehr ins Allgemeine gehend, als ungenügend für die eigentliche und scharf zu bestimmende Wesenheit der Kunst. Allzuleicht ist hier eine Vermischung mit dem Religiösen und Ethischen möglich; Lebensgefühl ist überhaupt ein allzu vages Wort, dessen Inhalt nicht recht faßbar erscheint.

Wir glauben, daß eine viel speziellere und einfachere Kategorie hier anzuwenden ist. Wir glauben, daß die Kunst den Sinn hat, Liebeswerte zu schaffen und die vorhandenen durch Verewigung im toten Stoff zu steigern und durch dieses Gefühl einer (freilich imaginären) Dauer zu beruhigen und zu verklären. Wir finden den Gedanken des Liebeswertes der Kunst klar ausgedrückt und in schöner Entwicklung bei Cohen (Ästhetik des reinen Gefühls), nur freilich in idealistischer Form als Liebe zur einheitlichen Menschennatur, wo Körper und Geist in voller Harmonie sind. Der Verfasser[1]) kann jedoch die Priorität dieses Gedankens insofern in Anspruch nehmen, als das Werk Cohens 1912 erschienen ist, während im Juni 1911 bereits die Grundlinien der hier entwickelten Ideen in einem Aufsatze der Österr. Rundschau[2]) enthalten waren. Allein auch Taine, Möbius, Burckhardt und Jerusalem haben das Liebesmoment als besonders wichtig für das Künstlerische bezeichnet und wir wollen nunmehr den Beweis unserer Behauptung antreten. Max Scheler weist in seinem kleinen Buche: »Zur Phänomenologie und Theorie der Sympathiegefühle« tadelnd darauf hin, wie wenig Sinn die landläufige Psychologie für Gefühle, wie Liebe in höherem Sinne, habe. Wir müssen demgemäß mit Mitteln arbeiten, die der wissenschaftlichen Beobachtung des Normalen, um welche sich die heutige Ästhetik so sehr müht (als wäre nicht alles Künstlerische in gewissem Sinne abnorm, zum mindesten gesteigerte, oft bis zur Krampfhaftigkeit erhöhte Normalität!), abgewendet sind. Wir können jedoch schon insofern einen Vorteil aus unserem Grundbegriff ziehen,

---

[1]) Von dem ein Werk »Die Grundkräfte des künstlerischen Schaffens« bei Klinkhardt und Biermann erschienen ist.

[2]) Unter dem Titel: »Versuch einer Kritik der realistischen Kunst«.

als wir sofort darin den natürlichen Mittelpunkt finden, von dem aus Leidvolles und Freudiges, Lust und Unlust, Heiteres und Tragisches zu entspringen vermag. Es erscheint uns sofort als unmöglich, ja als eine Sünde am Geist der Dichtkunst, das Tragische, wie etwa Richard Hamann es tut, vom eigentlich Ästhetischen auszuschließen. Denn wir betrachten das Tragische in seinem tiefsten Wesen als die Selbstdarstellung des sehnsuchtsvollen Menschen, der seine eigene, bis zum Äußersten der Vergeblichkeit gesteigerte Strebung durch den Willen zur Verewigung einem Helden zuführt, auf den immer ein Abglanz des ungeheuren Liebesgefühls fallen muß, das den Künstler zur Tragik führte. Wir empfinden mit gleicher Notwendigkeit die komplementäre, ja unentbehrliche Ergänzung des Tragischen durch das Heitere und Komische, da das Sehnsuchtsgefühl, das erotische Gefühl, wie wir es zur Vermeidung jeder Sentimentalität nennen wollen, doppelseitig ist und in Annäherung und Entfernung, je nach steigender Hoffnung oder steigendem Zweifel, Lust oder Unlust wie zwei Kerne in einer Schale spendet. Ein weiterer und vielleicht der wichtigste Vorteil dieses Grundbegriffes besteht darin, daß damit auch ein produktives Prinzip gefunden ist, nicht bloß ein rezeptives, wie etwa Erhöhung des Lebensgefühls und biologische Förderung. Das produktive Prinzip liegt in dem Wesen des Liebesbegriffes selbst, und nicht umsonst ist im Platonischen Gastmahl von dem Schwangergehen im geistigen Sinne die Rede und von der Ausgeburt im Schönen.

Ein produktives Prinzip zu finden — darüber kann kein Zweifel sein — ist jedoch zur Frage auf Leben und Tod für die gesamte Ästhetik geworden. Selbst der Laie kann sich aus der erwähnten Übersicht von Emil Utitz die Überzeugung holen, daß die Hauptkraft der heutigen Ästhetik nur der Erforschung des Genießens und noch dazu gewöhnlich des Kunstgenießens gewidmet ist. Nur in dem Werk von Cohen ist ein Schritt zur tieferen Erforschung der Quellen der Produktivität getan; freilich ohne deutliche polemische Erkenntnis und mit einem fundamentalen Mangel, auf den wir noch ausführlich hinweisen werden. Alle anderen Forscher haben mehr oder weniger immer wieder und mit einer Hartnäckigkeit, die in Erstaunen versetzt, das Genießen in den Vordergrund geschoben; obwohl doch schon die primitivsten ethischen Erwägungen den Schaffenden in den Vordergrund rücken müßten, denn: Genießen macht gemein. Der ganze Sinn des Faustischen Kampfes beruht bekanntlich auf nichts anderem als auf dem Kampf gegen das Genußprinzip, gegen die knechtende, erniedrigende Passivität, die er durch seinen Pakt mit Mephisto für immer zu bannen sucht.

Auch aus der Theorie des Pragmatismus geht die Notwendigkeit hervor, den Produktiven, den Schaffenden in den Mittelpunkt zu stellen. Der Pragmatismus fordert, daß eine Problemlösung gewählt werde, die im weitesten Sinne fördernd wirkt, und daß die Methoden bis zu einem gewissen Grade teleologisch, nach ihrer Brauchbarkeit und Nützlichkeit, miteinander verglichen werden. Was aber könnte unbrauchbarer und für das Geistige unseres Lebens unwesentlicher sein als die Formel, die bisher so oft aufgestellt wurde, um das Ästhetische vom rezeptiven Standpunkte aus zu definieren? Jenes Erlebnis ist ästhetisch, so wird behauptet, welches in sich ruhend, in sich beschlossen, nicht Mittel zum Zweck, sondern Selbstzweck ist. Dieses Gesetz nennt Richard Hamann das Gesetz der Isolation des Erlebnisses, welches den Begriff des Ästhetischen bestimme. Negativ definiert er: das Wesen des Ästhetischen bestehe in der Beziehungslosigkeit des Erlebnisses, in der Loslösung eines Erlebnisses aus den durch Pflichten, Beruf, Gewohnheiten bestimmten Lebenszusammenhängen unseres täglichen Daseins. Diese Definition ist nicht neu. Yrjö Hirn erwähnt bereits, daß das Wort vom Selbstzweck geradezu das einzige Moment sei, in welchem die meisten Ästhetiker übereinstimmen, und er fügt ziemlich ironisch hinzu, sonst müßte man beinahe verzweifeln, etwas Gemeinsames aus den gegensätzlichen ästhetischen Theorien herauszufinden. Dennoch ist es klar, daß dieses Um-seiner-selbst-willen nichts anderes bedeutet als eine armselige und schwächliche Verdünnung dessen, was wirkliche ästhetische Aktivität ist. Die Loslösung aus den Pflichten und Gewohnheiten des Lebens ist beispielsweise beim Kritiker absolut nicht vorhanden, dem die Anerkennung stärkster ästhetischer Empfindlichkeit nicht versagt werden kann und bei dem dennoch die Pflicht und das ästhetische Erlebnis keinen Widerspruch bilden dürfen. Gerade umgekehrt: der Umstand, daß es für ihn Pflicht ist, mit allen Sinnen und allen Kräften des Gedankens sich in das Kunstwerk zu versenken, es förmlich in alle Poren einzusaugen, wird fördernd wirken und die Assoziationsfähigkeit, die Kraft der Wiedergabe steigern. Selbst Schiller hat es nicht verschmäht, sich von seinem Verleger Fristen setzen zu lassen, um unter der Suggestion eines Zwanges zu stehen, einer äußeren Notwendigkeit, welche der inneren Notwendigkeit zugute kam. Der große Künstler und Dichter (wie jeder große Mensch überhaupt) empfindet die Umsetzung seiner ganzen inneren Fähigkeit in Arbeit als Pflicht, als etwas ihm Auferlegtes, ja ihm Aufgezwungenes, vielleicht manchmal sogar als eine Art von Fluch, der ihn von der gemütlichen Alltäglichkeit, von dem unmittelbaren Genuß des »Lebens« ausschließt.

All diese rein äußerlichen und negativen Definitionen können für unsere Bedürfnisse nicht ausreichen. Der bloß Genießende (falls diese Spezies überhaupt in Reinkultur »isoliert« werden kann) mag vielleicht sein ästhetisches Erlebnis als in sich ruhend ansehen. Aber gerade dieser Umstand ist es, der ihn in unseren Augen als gänzlich ungeeignet erscheinen läßt, Mittelpunkt der ästhetischen Untersuchung zu sein. Was soll überhaupt die Phrase von dem Um-seiner-selbst-willen und vom Selbstzweck bedeuten? Doch nichts anderes als den äußersten Grad der Passivität, soweit dieselbe ästhetisch überhaupt möglich ist, und den äußersten Grad des Vergessens der produktiven Kräfte.

Wir glauben, daß weder der Schaffende noch der Genießende das ästhetische Erlebnis »um seiner selbst willen« genießt, sondern um der Liebe willen, die sich darin ausdrückt, um der Kräfte der Verewigung willen, die er entweder schaffend in sich selber spürt oder genießend und nachschaffend in den Kunstwerken ahnt. Das erotische, das Liebeselement ist es auch, das sich in den mächtigsten Kunstwerken zur Selbstverklärung erhebt und rein inhaltlich ihr Wesentliches und Stärkstes bildet.

Als Beispiele seien nur erwähnt: die neunte Symphonie von Beethoven, der Ring (siehe die letzten nicht komponierten Worte der Brünhilde in »Götterdämmerung«), ja alle großen Werke von Wagner überhaupt, die zweite und dritte Symphonie von Mahler (die achte schließt sich naturgemäß an Faust und verschmilzt mit diesem Drama in der Verherrlichung der göttlichen Liebe). Schiller hat seine Dichtung als Äußerung der platonischen Liebe zu seinen Gestalten bezeichnet und Goethe spricht geradezu von höherer Begattung. Das produktive und zugleich das liebende Element des Künstlerischen ist von ihm in folgenden schönen Versen ausgedrückt worden:

Was nützt die glühende Natur
Vor deinen Augen dir,
Was nützt dir das Gebildete
Der Kunst rings um dich her,
Wenn liebevolle Schöpfungskraft
Nicht deine Seele füllt
Und in den Fingerspitzen dir
Nicht wieder bildend wird?
Ist nicht der Kern der Natur
Menschen im Herzen?

Verfolgen wir die Entwicklung der Plastik und Malerei, so sehen wir: die ganze Hochblüte der Kunst in der Antike entsprang aus der Darstellung des Liebenswerten und Liebenswürdigen in diesen beiden Formen. Die Rolle der Malerei in der griechischen Kultur kann nur aus den kargen Resten ermessen werden, die neuere Forschungen aufgedeckt haben. Hier zeigt sich die Vorliebe für das Schöne, d. h. für das, was irgendwie Liebeswert und Liebesfülle darstellt, mit einer Deutlichkeit, die jeden Zweifel niederschlagen muß. Die antike Plastik ist ein einziger Liebeswert, dessen Gewalt und durchgreifender Intensität sich niemand entziehen kann. Ebenso blüht später aus dem Christentum der — freilich sich selbst gleichsam verleugnende — Liebeswert der Madonnaverehrung und die Anbetung des »Heilands« als des Mannes hervor, der ja eben die verkörperte »Liebe« sein mußte, ohne welche nach der Rede seines Jüngers das Wort ein tönendes Erz, eine klingende Schelle bleibt. Wir sehen somit, daß aus der Antike wie aus der christlichen Kultur jene eine und einzige Idee als Wesentliches für die Kunst entsprang. Wir finden bei Homer das liebende Element als Triebfeder der ganzen Handlung in Ilias und Odyssee; wir finden es bei Dante zu einer Art von geisterhaftem Fluidum entkörpert, zu einer astralen Melodie verklärt, die immer höher lockt und wie ein Stern in der Morgenfrühe dem Blick entschwebt. Das letzte Wort, die letzte Zeile des Gedichtes sind das klarste Bekenntnis zur Herrschaft des erotischen Elements.

Mit dem Begriff des Erotischen, den wir als Grundlage des Künstlerischen annehmen, ist freilich der Begriff des Künstlerischen noch lange nicht erschöpft. In der Produktivität steckt etwas, was viel mehr ist als Gefühl, etwas, was zwar dem Gefühl entspringt, aber durchaus nicht mit dem so beliebten und dennoch recht leeren Schlagwort »Ausdruck« erledigt werden kann. Das Gefühl der Sehnsucht, die Quelle des Künstlerischen kann ganz im Sentimentalen stecken bleiben, sie kann ins Physiologische münden und so, da keine Ableitung möglich erscheint, sich bis zur Hysterie vergiften.

Ein anderes Element ist es, das hinzukommen muß, ein Element, dessen Vorhandensein gerade von den meisten zünftigen Ästhetikern geleugnet wird: das Element des Willens. Schon in jedem echten Genießen steckt Wille drin, Wille zur Aufmerksamkeit, Wille zur Folgsamkeit der Empfindung, Wille, in den oft wirren Gängen und Wölbungen des Künstlerischen bis ins letzte Dunkel mitzugehen. Allein dieser Wille, so wertvoll und notwendig er sein mag, ist sicher meistens nur der ärmliche Abklatsch dessen, was der Schaffende in sich selbst empfand und aus sich selbst — um ein Bild Hebbels zu gebrauchen — gleich einem Seidenwurm hervorgesponnen hat. Dem Genießenden fehlt die große und männliche Notwendigkeit des Kunstwollens, die harte Kraft, die den Schaffenden zum »Neuen« treibt, ja meistens auch die Fähigkeit des vollen Verstehens, wie sie eben doch nur jener haben kann, der ein Stück seiner ganzen geistigen Existenz im Kunstwerk verewigt hat. Dieser Wille zur Verewigung ist das zweite und nicht minder wichtige Element des Künstlerischen.

Was ist Verewigung? Der produktive Ausdruck der Angst vor der Vergänglichkeit, Angst und zugleich — Mut! Denn wenn die Angst vor der Vergänglichkeit wirkliche Herrschaft gewinnt, wenn sie allein ihre Macht ausübt, dann entsteht nur Furcht vor dem Leben, und erst der Mut, diese Schwäche zu überwinden, erzeugt den echten Willen zur Verewigung, der die Kraft besitzt, die anschauliche Vorstellung aus der Vergänglichkeit herauszuheben und der Sicherheit des toten Stoffes einzuordnen. Es ist Mut des Geistes und Mut unserer Sinne, den Lebenszusammenhang zu brechen und den ganzen Komplex von Empfindungen sozusagen mit allen Wurzeln auszugraben und in eine neue Gestaltung umzusetzen. Nicht der Scheincharakter unterscheidet somit das Kunstwerk vom Leben. Dieser Begriff führt nur zur Herabwürdigung und Verarmung des Kunstgedankens. Sondern es handelt sich um die Befestigung und Intensivierung der Realitätsvorstellung dadurch, daß sie dem (scheinbar) unvergänglichen, weil unlebendigen Stoffe zugeschoben wird; es handelt sich um die Befriedigung des größten metaphysischen Bedürfnisses, dem selbst ein Zerbrecher der Metaphysik wie Nietzsche sich nicht entziehen konnte und dem er durch den Gedanken der ewigen Wiederkunft Ausdruck verlieh. Denn unser ganzes Leben, unsere ganze irdische Tätigkeit ist ja nicht viel anderes als ein einziges, ununterbrochenes Testamentmachen; eine Sehnsucht, über den Augenblick, ja über das Leben hinaus »Eindrücke« zu hinterlassen, Erinnerungen bei anderen, bei Freunden, beim Volk, bei der ganzen Menschheit aufzustapeln, die unsere flüchtige, armselige Gegenwart überdauern und wie ein Fanal in unbekannte Fernen hinweisen. Unser ganzes Dasein, all unsere Energie, all unsere Lebensfreude müßten kläglich versanden, wenn nicht diese Kraft uns über uns selbst hinausheben würde, dieselbe Kraft, die schon im Unsterblichkeitsglauben mächtig ist. Diesen Glauben hat selbst noch ein Moderner wie Gustav Mahler in die Worte gefaßt: Sterben wirst du, um zu leben ...

Auch der Künstler stirbt, um zu leben, d. h.: er wendet sich an toten Stoff, an den Marmor, an die Leinwand, an das Papier, um das von erotischen Elementen durchglühte Leben selbst noch im Anorganischen zu offenbaren. Der Künstler verewigt die anschauliche Vorstellung, die sich ihm bietet, und dadurch unterscheidet er sich von all jenen, die nur das Gedankliche oder Gesetzliche der Wirklichkeit festlegen; er muß mit Liebe verewigen, weil nur durch dieses Moment die Unterscheidungslinie gefunden werden kann zwischen der rein realistischen, mechanischen und technischen Verewigung (wie etwa beim Kinematographen) und jener Verewigung, die nach einem ökonomischen Prinzip planvoll aus dem Geist des Gegenstandes das Gesetz der Vereinfachung findet. Dieser ökonomische Gesichtspunkt ist bisher von den meisten Ästhetikern vernachlässigt worden, obwohl er für die Kunst sicherlich ebenso Anwendung finden kann wie für die Wissenschaft. Naturgesetze sind Sicherungen der Erwartung, sagt

Ernst Mach. Das Kunstwerk ist die Sicherung unserer Schönheitserwartung, Sicherung, bewirkt durch die Verewigung.

Überblicken wir in kurzer Zusammenfassung die bisherigen Theorien des künstlerischen Schaffens etwa an der Hand der interessanten und lehrreichen Übersicht, die J. Klemens Kreibig in dieser Zeitschrift (1909, IV, 532 ff.) gegeben hat, so sehen wir, daß sich im ganzen und großen zwei Richtungen erkennen lassen. Die eine, die darauf hinausgeht, die bewußte, aufbauende Tätigkeit des Verstandes und der Phantasie hervorzuheben; die andere, welche die Quelle der Produktivität ins Unbewußte verlegt und sozusagen aus dem Dunkel dieses Unbewußten hervorströmen läßt. Von den älteren Ästhetikern hat Schleiermacher die Kunst als freie Produktivität des Geistes bezeichnet und als ihre wesentlichen Elemente Besinnung und Begeistung hervorgehoben, ohne jedoch aus dem Metaphysischen herauszukommen und ohne schärfere Fassung der Begriffe. Was die Theoretiker des Bewußten, wie wir sie der Kürze halber nennen wollen, betrifft, so definieren sie häufig die Produktivität als Spiel der schöpferischen Phantasie. Allein sie vergessen, daß in den Worten »Phantasie« und »schöpferisch« noch keine, wie immer geartete Klärung dessen enthalten ist, was zum Kunstwerk und zum künstlerischen Schaffen leitet. »Phantasie« besitzt ein Staatsmann wie Bismarck, der die Zukunft bis in weite Ferne zu übersehen vermag, ein Forscher wie Faraday, der die Lösungen früher findet als den Weg zu ihnen, — Phantasie besitzen Feldherrn, selbst Kaufleute großen Stils vielleicht in noch höherem Maße als jene Künstler, die gleich vielen Lyrikern nur das Erlebte, nur das Gesehene dichterisch zu verklären wissen. Schöpferisch ist ebenfalls nicht der Künstler allein, und all diese Bezeichnungen können nicht ausreichen, weil ja eben erst die Art der Phantasie, die Art des Schöpferischen zu finden ist, die das Spezifische des Künstlerischen bildet. Gewiß, der Künstler lebt zum Teil außerhalb der Wirklichkeit, er trägt ein verträumtes, weltfremdes Wesen zur Schau, er hat nicht die Tatkraft, das Zielbewußtsein des Zweckmenschen. Allein sehen wir diese Verträumtheit nicht auch bei Philosophen und Gelehrten, von denen viele wahrhaftig mit Künstlertum wenig oder nichts gemein haben? Die Abkehr von der Welt ist Eigenschaft jedes Schaffenden, solange sein Werk sich bildet und innerlich formt; die Phantasie dient nicht dem Künstler allein, sondern jeder Art der geistigen Fähigkeit, die aus sich selbst heraus die Kraft schöpft, Vorstellungen zu erzeugen, denen nichts in der Realität unmittelbar entspricht.

Gehen wir nun zu jenen Theorien über, welche die Quelle des Schaffens im Unbewußten suchen, in einer Art von Eingebung von oben, in einem Genieblitz, der zündend in die Ideen- und Vorstellungsmasse einfällt. Hier werden gewöhnlich die Selbstbeobachtungen der Dichter und Komponisten verwertet, die oft in einem traumhaften Zustand handeln, mit einer Bestimmtheit ihren Weg gehen, als würden sie von fremder Hand geführt. Ferner ist hier die Theorie Professor Freuds zu erwähnen, durch die aus dem Unbewußten eine Art von »Ding an sich« gemacht wird, dessen Unberührbarkeit insbesondere in der Schrift Löwenfelds »Bewußtsein und psychisches Geschehen« mit Recht angefochten wird. Diese Theorie, die eine Art von eisernen Bestand unbewußter Vorstellungen und Kräfte in uns annimmt, führt zu jenem sexuellen Rationalismus, dessen Auswüchse geradezu phantastischer Art sind und die gänzliche Herabwürdigung des Liebesbegriffes überhaupt bringen müßten. Alle die Gläubigen des Unbewußten vergessen, daß die Kunst immerdar das »Wissen« des Unbewußten bedeutet, wie Richard Wagner gesagt hat; daß also die Kunsttätigkeit stets eine höhere und verschärfte Besinnung, ein immer tieferes Hineingreifen der Bewußtseinskräfte ins Unbewußte darstellt. Wie soll etwa ein Plastiker als unbewußt gelten, der Schlag für Schlag mit Berechnung in den harten Marmor führt, oder ein Romanschriftsteller, der den sonst blinden Verlauf von Begebenheiten, das Abrinnen des Lebens selbst in die Gewalt des Bewußtseins hineinzwingt? Im Gegenteil, je bewußter, je besonnener, je zielklarer diese Führung geschieht, desto größer ist die Begabung des Schaffenden! Wie sollte die Berechnung der Instrumentation, die Technik der bewußten Klangmischung möglich sein, wenn nicht in der Kunst schließlich als Letztes Bewußtsein herrschen müßte? Aber die ersten Ideen, die plötzlichen genialen Erfindungen, die das Wesentliche geben? Auch hier ist das Spezifische nicht im Unbewußten zu finden, sondern im Vorwalten des Einfalls. Der Einfall ist etwas durchaus Alltägliches; der gewöhnliche Mensch lebt viel mehr in Einfällen, in plötzlichen, ohne besonderes Nachdenken hervorspringenden Entscheidungen, als der künstlerische Mensch, auf dem die ganze Last der bewußten Kunstarbeit lastet. Für den großen Künstler ist trotz allem der Einfall ein letztes, nicht ein erstes. Denn dem künstlerischen Einfall muß die ganze Sammlung vielleicht von Jahrzehnten vorausgehen, die Einübung der Gehirnzentren, die Übung der Organe, welche für die Technik des Kunstwerks in Betracht kommen. Dann, wenn alles: das erotische Element und der Wille zur Verewigung in höchstem Maße vorhanden und mit höchstem Bewußtsein auf ein bestimmtes Ziel eingestellt ist, dann können sich diese Voraussetzungen wie in einem Glücksfall plötzlich zu einer neuen, scheinbar unbewußt hervorgebrachten Vorstellung verdichten und wie an einem Gelenk einschnappen. Etwa so, wie wenn lange verhaltener Groll des Volkes sich in eine Empörung auflöst, die auch jedesmal ihr Schlagwort findet, das wie aus tiefstem Dunkel phantastisch ans Licht zu springen scheint[1]).

Aber beides, das Walten des »Unbewußten« und der Phantasie, wird nur deshalb so stark für die Erklärung des Künstlerischen herangezogen, weil in dem ersten die Quelle, in dem anderen die Form der Auswirkung der Liebesempfindung und des künstlerischen Willens zu finden ist. Gerade die erotische Empfindung beflügelt und befeuert die Phantasie im höchsten Maß und der Wille zur Verewigung muß sich oft der Phantasie bedienen, um aus der Unsicherheit, aus der wilden Bewegung des Lebens in die erhöhte Sicherheit und Klarheit einer »neuen Welt« hinzuführen, die von keiner Einwirkung des Schicksals und der Vergänglichkeit bedroht ist. Nichts kann anderseits so sehr dem »Unbewußten« den Weg ins Bewußte ebnen wie gerade die Sehnsucht, die das im künstlerischen Menschen wirkende und zeugende Element ist. Während nun die erotische Sehnsucht zwar Bewußtsein bringt, aber noch nicht das zum Bewußtsein Gekommene befestigt, wirkt der Wille zur Verewigung als höchster Bewußtseinsbringer, denn er erzeugt durch Verstärkung des Mittels das Höchstmaß der künstlerischen Besinnung. So ist denn auch der Künstler immer, wie Hamlet sagt, jener, der seiner Zeit den Spiegel vorhält, der ihr das zum Wissen bringt und offenbart, was sie in dumpfer Unklarheit in sich verschlossen hielt.

Fragen wir noch nach dem Wert der Einfühlungstheorie für unser Problem, so begegnen wir vor allem der Kritik, welche sie gerade in letzter Zeit in dieser Zeitschrift gefunden hat. Wir sehen auch aus Worten Max Dessoirs selbst (in seinem Werk: Ästhetik und allgemeine Kunstwissenschaft), wie sehr jene Theorie der Gefahr der Versprachlichung unterliegt und wie tief sie sich in das »metaphysische Wortnetz« (Vernon Lee) verstrickt. Die Einfühlungstheorie ist im ganzen durchaus nur auf die Rezeptivität anwendbar. Der Produktive hat ja sehr oft gar kein Objekt, in das er sich einfühlen könnte, sondern aus seinem eigenen Bedürfnis nach künstlerischem Schaffen entspringen erst die Formen, die er sich »erfühlt« hat, in die er sich aber durchaus nicht einzufühlen braucht, da sie ja aus ihm selbst, aus dem Ge-

[1]) Wenn beispielsweise berichtet wird, daß nach dem Schlafe vorher unlösbar scheinende Probleme plötzlich gelöst wurden, so ist es doch viel natürlicher anzunehmen, daß nach der Ruhe der Geist frischer, frei von Überspannung und Überhitzung arbeitet, als daß man annimmt, das Unbewußte habe während der Nacht »gearbeitet«.

fühlsbedürfnis seiner ganzen Individualität entspringen und erst entstehen müssen. Die »Einfühlung«, so ließe sich behaupten, ist beim Kunstwerk nichts anderes als das äußerste Bestreben des Genießenden, sich in die Stimmungen und Gefühle (nicht Gedanken), aus denen das Werk entstanden ist, hineinzuversetzen, so daß der Einfühlende sie — mit gänzlicher Vernachlässigung der kritischen, eigentlich denkend künstlerischen Betrachtung — teilweise an sich selbst erlebt. Die Einfühlung in die Natur erfolgt dadurch, daß der Einfühlende die geheimen Schwingungen in sich verspürt, welche aus den Formen des Untermenschlichen zu uns hinüberbeben. Allein für diese Art Einfühlung ist unbedingt — liebende Betrachtung und somit das erotische Moment nötig, das erst imstande ist, das Ich aus sich selbst loszulösen und in das Unendliche des Alls hineinströmen zu lassen. Nur aus dieser dithyrambischen Gewalt der Expansion, der gegenstandslosen Zärtlichkeit, die jeden Naturgegenstand umfaßt und selbst noch in dem Übergroßen und »Erhabenen« ihre Auswirkung findet, nur daraus ist die Möglichkeit der »Liebe« zur Natur gegeben, die, wenn sie produktiv wird, zur Personifikation und zur Identifizierung mit dem Menschlichen vorschreiten kann. Auch in unserer Liebe zur Natur ist jedoch die Sehnsucht nach erhöhter Sicherheit, nach Flucht aus dem »Menschlichen« in die Gesetzmäßigkeit und in den sanfteren — erotischen — Reiz der »schönen« Welt enthalten.

Aber niemals kann die rein passiv abtastende »Einfühlung« zur Erklärung des Künstlerischen ausreichen, so sehr auch die Gesetze, vielleicht auch die Dimensionsverhältnisse des Menschlichen naturgemäß für die Kunst gelten müssen. Denn neben allen anderen Gesetzen muß selbstverständlich auch das Gesetz des Gefallens überhaupt im Künstlerischen ebenso machtgebend sein wie bei jedem anderen Gegenstand menschlichen Gebrauchs, der uns handlich und angenehm zur Verfüguug stehen soll. Die Gesetze des Gefallens sind aber noch lange nicht die Gesetze der Kunst, und die »Einfühlung« kann unmöglich ausreichen, um das Problem des Schaffens zu lösen. Die Theorie der Einfühlung beweist nur, daß, je weiter und je folgerichtiger der Weg zur Erforschung der Rezeptivität hin verfolgt wird, sich umso intensiver das Bedürfnis geltend macht, den Genießenden selbst als irgendwie produktiv darzustellen und seine aufnehmende Tätigkeit mit allen möglichen phantastischen Zutaten (siehe die Erklärung Lipps' über die ästhetische Betrachtung einer Säule) zu würzen. Allein was ist die »Einfühlung«, wenn die Quelle dieses »immiare« außer acht gelassen wird, von dem schon Dante gesprochen hat? Dann bleibt nichts anderes als ein Spiel der Phantasie.

Was die Theorie des Spieltriebs und die Ausdruckstheorie betrifft, so verweise ich auf die kurze, aber sehr treffende Kritik Ernst Meumanns in seiner »Ästhetik der Gegenwart«. Forschungen, die den Schaffenden nur von der biographischen Seite, ohne Ausblick ins Allgemeine behandeln, kommen hier, wo philosophisch von den großen Kräften der künstlerischen Produktivität überhaupt gesprochen wird, naturgemäß weniger in Betracht.

Ein großer Vorteil der von uns angenommenen Begriffe ist die vielfache Verwendbarkeit. Beginnen wir mit dem Willen zur Verewigung. In ihm ist vor allem der Grund dafür zu finden, daß Pessimismus und Optimismus sich in der Kunst und auch im Künstler innig verschränken. Pessimist ist der Künstler, indem er im Vergänglichen, in dem ewigen Wechsel nicht Ruhe zu finden vermag; indem er immerdar so etwas wie das böse Gewissen des Zeitablaufs in sich fühlt, eine warnende Stimme, die ihn dazu drängt, das Ewigwechselnde zu verankern. Darin liegt jedoch wieder der Optimismus des Schaffenden, seine *gaya scienza,* seine Abkehr von dem Ideal des Kontemplativen, jener mystischen, verdünnten »Reinheit«, die Kant und Schopenhauer gelehrt haben. Im Schaffenden liegt die höchste Weltbilligung des Pessimisten, der sich aus dem Zeitablaufe ins Ewige flüchten möchte und dennoch auch hier, noch im Lebensfremden das Leben selbst verherrlichen muß, das er in seiner ungestillten Sehnsucht, in seinem Drang nach höherer Sicherheit zu verachten schien.

In dem Willen zur Verewigung steckt, wie der Name sagt, vor allem das Element des Willens, und schon dadurch kommen die Gesetze der Steigerung, der Kontinuität und des geforderten Kontrastes zur unmittelbaren Geltung, da sie ja allgemein Gesetze des stetigen, werkfähigen und dabei erholungs- und wechselbedürftigen Willens darstellen. Aus dem Werden des Kunstwerks selbst, aus den inneren Trieben, die es erschaffen, aus der Funktionslust und der Ökonomie des Kunstwillens, ist die »Einheit in der Mannigfaltigkeit« zu erklären, die so oft noch als ästhetisch wesentlicher Begriff betrachtet wird. Dabei wird immer wieder verkannt, daß Einheit in der Mannigfaltigkeit sozusagen in allem steckt, in jeder Handlung, in jedem erkenntnistheoretischen Akt, besonders in jedem menschlich geformten Gegenstand; daß also erst die spezifische Einheit und die spezifische Mannigfaltigkeit zu suchen ist, die zusammen das Wesen des Kunstwerks bilden.

Die Vielseitigkeit, die wir als — im pragmatischen Sinne — vorteilhaft für den Willen zur Verewigung gefunden haben, ist ebenso auch bei dem erotischen Gefühl vorhanden, das bei den Ästhetikern der Rezeptivität gewöhnlich zur »Sympathie« zerbröselt wird. Diese Empfindung enthält in einem gemeinsamen Rahmen Lust und Schmerz, die in diese Einheit zusammenfließen, wie etwa verschiedene Lichtarten zur Mischfarbe sich vermählen. Es ist, als wären diese beiden Empfindungen, wenn dieses Band um sie geschlungen ist, nur Teile einer einzigen Bewegungsform unseres Körpers und Geistes, Pole, zwischen denen die Liebesempfindung schwankt und bebt; komplementäre Abschnitte einer einzigen Kurve, deren Bogen bald über, bald unter der Achse unseres Durchschnittsempfindens gleichartig verläuft. Als Beispiel solcher Gemeinsamkeit mag etwa das letzte Quartett Beethovens mit der tragischen Frage »Muß es sein« erwähnt werden, die sich immer wieder in kindliche, wunderbare Heiterkeit auflöst.

Diese Vielseitigkeit wird jedoch noch durch einen anderen Umstand von größter Bedeutung gesteigert. Das erotische Element hat nicht nur die Kraft, sich selbst darzustellen oder den Gegenstand des Strebens und Begehrens zu verewigen. Es hat auch die Fähigkeit, sich kämpferisch gegen das ihm Widersprechende zu wenden und dadurch seine Stärke zu erproben. Dieser Kampf zeigt sich schon in der Tragödie, wo sehr oft der Held mit seinem Übermaß erotischer Empfindung an der harten und grausamen Realität zugrunde geht, aber noch klarer in der Karikatur, in dieser systematisch durchgeführten Zerstörung und Zersetzung des Unerotischen durch die Übertreibung der charakteristischen Eigenschaft. Bei der Tragödie erscheint das erotische Element in tiefster Unterdrückung und dennoch siegt es dadurch, daß darin die unlustvolle Seite der Sehnsucht ihre Erfüllung findet durch die Tiefe des Anteils, durch die Größe des Schmerzes, den wir ihm widmen.

In der Karikatur dagegen ist scheinbar der leichteste und vollständigste Sieg des Erotischen gegeben, indem hier die Verwandlung selbst des Widerwärtigsten und Ekelhaften in einer Form gelungen ist, die der Freude des Lachens zugänglich erscheint. Dennoch ist gerade dieses Unter-sich-greifen, diese verwegene Lust am Gegensatze zur Schönheit eher eine Gefahr, und die Herrschaft des Erotischen verwandelt sich hier leicht in jenes herrische und wilde Bacchantentum, bei dem der Übergang zum »Leben« nur allzu nahe gerückt ist.

Hier ist es die Lustseite der Sehnsucht, die gänzlich dominiert, die Freude daran, durch Zertrümmern des Minderwertigen dem eigenen Stolz und Selbstbewußtsein neue Nahrung zu geben. Durch die Fähigkeit der Polemik erhält das erotische Element — und das erscheint uns als das Wichtigste — jene Grundsätzlichkeit, welche nur im Kampf und Widerstreit mit dem Entgegengesetzten gehärtet und gefestigt werden kann. Selbstverständlich ist dies in der Tragödie am stärksten der Fall, und wir sehen ja auch im Leben, daß jede starke Grundsätzlichkeit die Quelle zur Tragik wird, da sie sich ganz von selbst und naturgemäß der richtungslosen Masse, ja dem Schicksal selbst entgegenstellt, dessen Aufgabe es recht eigentlich zu sein scheint, Grundsätzlichkeiten unmöglich zu machen und den Eigenwillen der Persönlichkeit zu vernichten. Aber auch in der Karikatur, in dem Haß gegen das Häßliche, Ärmliche und Mißratene des Lebens bejaht sich die Persönlichkeit des Schaffenden und wappnet sich dadurch gegen die Angriffe, die eine schönheitslose und verbildete Realität gegen denjenigen richtet, der ihr fremd und abgewandt, selbst feindlich gegenübersteht.

Schließen wir diese Auseinandersetzung, die in ihrem engeren Rahmen naturgemäß nicht die vollständige Entwicklung der Ideen bringen kann, welche Grundlage eines größeren Werkes geworden sind. Eines soll noch wenn auch nur kurz angedeutet werden: daß nämlich die beiden Kräfte, die wir als Grundkräfte des künstlerischen Schaffens ansehen, sich zu den verschiedensten Ergebnissen vereinigen können, daß hier Modifikationen möglich sind, die deutlich zeigen, daß die Liebeskraft wie die Kraft der Verewigung wie die Lust an Ersparnis, an Ökonomie als Zentralkräfte des menschlichen Schaffens überhaupt zu betrachten sind. Schließlich wird auch außerhalb des Künstlerischen oft ein Mittelpunkt des Gefühls gefunden werden, eine Flamme, die freilich nur dann bildend zu wirken vermag, wenn sie in die festeste Form, in das edelste Metall einschlägt. Das wissenschaftliche wie das religiöse wie das politische Streben bedürfen ebenso der spezifischen Art von Liebe wie die Kunst, und die Gesetzlichkeit, welche auf diesen Gebieten gesucht wird, ist auch nichts anderes als Verewigung großer Resultate der Erfahrung. Wenn Nietzsche sagt: Lust, tiefer noch als Herzeleid, so hat er nichts anderes gemeint als jene Gesamtlust, wenn dieser Ausdruck gestattet ist, die sowohl Freude als auch Leid in sich birgt und das Äußerste der Vernichtung noch immer billigt, weil sie Abbild und Ausdruck des größten Liebesschmerzes bedeutet. Wenn Nietzsche dann sein Gedicht in dem Wort gipfeln läßt: Alle Lust will Ewigkeit, so drückt er mit einem Wort auch unseren Gedanken aus, daß die Kunst ein Mittel sei, dem erotischen Gefühl einen Weg zur wirklichen oder scheinbaren Unsterblichkeit hin zu bahnen. Der Versuch, die grundlegenden Worte, die Nietzsche gegen die Kantische und Schopenhauersche Ästhetik geschrieben hat, gänzlich zu ignorieren und auf der alten Grundlage, wenn auch mit anderen Mitteln weiter zu arbeiten, muß mißlingen, weil der Ästhetiker gezwungen wäre, sich förmlich beide Ohren zuzuhalten, um bei Ansichten zu bleiben, die so sehr dem ganzen Streben unserer Geistigkeit widersprechen, welche rücksichtslose Steigerung aller Energien fordert. Die Austreibung des romantischen Elements aus der Ästhetik kann nicht durchgeführt werden, ohne daß ihr das beste Blut aus den Adern entzogen wird; sie kann nicht durchgeführt werden, wenn die Ästhetik sich nicht von der Entwicklung absperren will, die unsere ganze Zeit zur mächtigsten Aktivität hinleitet. Wilhelm Dilthey hat gesagt, eine Ästhetik müßte unproduktiv werden, die nicht mehr an dem Ideal des Zeitalters mitarbeitet. Dieses Wort ist uns der lauteste Warnungsruf. Es ist höchste Zeit, daß es in seinem ganzen Sinne verstanden und beherzigt wird.

Bemerkungen.

Vereinigung für ästhetische Forschung (1912).

In der ersten Jahressitzung am 23. Januar sprach Herr Prof. Th. Ziehen über »Experimentelle Methoden der Ästhetik auf dem Gebiet der Tonempfindungen«. Von den verschiedenen Methoden, mit denen die Ästhetik arbeiten kann (der spekulativen, der historischen oder analytischen, der experimentellen oder synthetischen und der Methode der Wirkungen), hat jede ihre Vorzüge und ihre Nachteile. Bei der experimentellen Methode bestehen die ersteren in der Anwendbarkeit exakter (mathematischer und physikalischer) Begriffe, die letzteren darin, daß sie sich im wesentlichen auf die Untersuchung der einfachsten Tatsachen beschränkt, vom eigentlichen Kunstwerk aber sehr weit entfernt bleibt. Eine Vermengung verschiedener Methoden ist unersprießlich, wünschenswert hingegen, daß sie sich in der Auffindung identischer Gesetze begegnen. Bei der experimentellen ist zunächst nach Fechners Vorgang die unmittelbar (direkt) auf sensoriellem Wege erweckte Lust- oder Unlustempfindung von der durch Assoziationen (indirekt) hervorgerufenen zu trennen. Nach Ausscheidung des assoziativen Faktors gestaltet sich die Untersuchung auf akustischem Gebiet ziemlich einfach. Bei allen einzeln angeschlagenen reinen Tönen ergibt sich eine einfache Lustbetonung. Was von Fechner und anderen in dieser Hinsicht an Kindern, Unmusikalischen und unzivilisierten Völkern festgestellt wurde, bestätigte sich dem Vortragenden durch Versuche mit Schwachsinnigen, bei denen die assoziative Komponente vollends ausfällt. Aus der Berücksichtigung des Qualitätsunterschiedes (der Tonhöhe) ergibt sich dabei eine charakteristische Kurve mit starken positiven Gefühlstönen in einem großen mittleren Bereich, welche nach beiden Seiten stark abfallen. Nimmt man die Intensität hinzu, so wachsen (nach der Wundtschen Kurve) zuerst die Lustgefühle, um schließlich umzuschlagen. Bei Ausdehnung der Zeitdauer fallen selbst die ersteren ab. Sie überwiegen dagegen bei Wiederholung desselben Tones schon bei Kindern von 5—6 Jahren. Die Einführung verschiedener Intensität und regelmäßiger Intervalle (Rhythmus) steigert den ästhetischen Genuß noch erheblich. Die Gefühlsreaktion auf verschiedene Rhythmen ist sehr stark abgestuft (bei unzivilisierten Völkern z. B. der 7/4-Takt manchmal von starken positiven Gefühlstönen begleitet). Endlich erhöht sich das Lustgefühl noch durch den Wechsel der Rhythmen. Die experimentelle Ästhetik bestätigt hier von den einfachsten Tatsachen ausgehend die Wirkungen des musikalischen Kunstwerks. — Des weiteren entstehen Lust- oder Unlustgefühle durch Hinzutreten eines zweiten und dritten Tones zum ersten, sowohl beim simultanen Zusammenklingen (Harmonie) wie in der Aufeinanderfolge (Melodie). Obgleich die experimentelle Psychologie das Wesen der Konsonanz und Dissonanz nicht erschöpfen kann, ist öfters die ganze Musiktheorie auf einzelne von ihr darüber aufgestellte Gesetze begründet worden. Die Helmholtzsche Theorie der Schwebungen, durch die die Tonqualität auf Intensität zurückgeführt wird, reicht dazu freilich nicht aus, da einerseits die positiven Gefühlstöne dadurch nicht erklärt werden, anderseits auch schwebungsfreie Dissonanzen von Unlustgefühlen begleitet werden. Die ebenfalls von Helmholtz aufgestellte, von Wundt und anderen ausgebaute Theorie der Partialtöne hingegen wird noch nicht durch den Stumpfschen Einwand hinfällig, daß auch obertonfreie Konsonanzen hergestellt werden können, vielmehr haben anscheinend Mach und Ebbinghaus mit Recht behauptet, daß auch in diesem Falle nicht nur die entsprechenden Fasern des Gehörorgans, sondern auch die der Obertöne mit erregt werden, d. h. eine »Zusatzfärbung« eintritt. Nur durch solche Miterregung wird der Eindruck der Ähnlichkeit der Tonqualität bei der Oktave (und auch bei der Quinte) sowie die ganze periodische Gliederung der Tonreihe verständlich. Eine dritte Theorie, die auf Euler und Leibniz zurückgeht und neuerdings besonders durch Lipps vertreten wird, sucht die positiven Gefühlsreaktionen daraus zu erklären, daß bei wohllautenden Zusammenklängen die Schwingungszahlen der einzelnen Töne in einfachen Verhältnissen zueinander stehen, die negativen dagegen aus ihrer Komplikation bei dissonanten. Sie ist mit der vorigen durchaus verträglich, da das erstere bei den Zusatztönen zutrifft. Die Voraussetzung, daß eine bestimmte Empfindungseigenschaft an einen bestimmten physikalischen Tatbestand gebunden ist, erscheint vollkommen berechtigt (das ist nur mißverständlicherweise von Stumpf als ein bewußtes Zählen aufgefaßt worden). Endlich stimmt auch die von Stumpf begründete Verschmelzungstheorie, nach der die konsonanten Töne eine größere Verschmelzung aufweisen. Sie reicht aber für die Musikästhetik nicht aus, wie der höchst dissonante Akkord mit übermäßiger Quinte (C, E, Gis) beweist, der nach ihr konsonant sein müßte. Auch die zu ihrer Ergänzung aufgestellte Konkordanztheorie gibt dafür nur eine allzu künstliche Erklärung, — daß sich nämlich im Verlauf der Musikgeschichte ein System der konsonantesten Verbindungen eingebürgert habe und die weniger konsonanten daher nicht mehr zulässig schienen. Man beruft sich mit Unrecht darauf, daß der Durton erst im Laufe der Entwicklung (der letzten drei Jahrhunderte) seine positive Gefühlsbetonung bekommen habe, sowie auf die Skalen der Siamesen und anderer Nichteuropäer, da diese trotzdem den C-Dur-Dreiklang als konsonant empfinden. Ohne die Voraussetzung, daß das auf der Organisation unseres Gehörapparats beruht, ist daher schwer auszukommen. — Die Untersuchung über die Gefühlstöne bei der Aufeinanderfolge verschiedener Töne wird durch das Hinzutreten von Assoziationen außerordentlich erschwert. Immerhin ergibt sich aus Versuchen an Kindern und Schwachsinnigen, daß manche Kombinationen stärker positiv betont sind. Daraus ist wohl zu folgern, daß auch bei der Sukzession bestimmte Modifikationen unseres Nervensystems, wenngleich in weiterer Verteilung, mitwirken. — In der Diskussion machte der Vortragende gegen den Einwand, daß die Anerkennung der Konsonanz des C-Dur-Akkords bei den Siamesen und anderen Völkern mit abweichender Tonskala auf einem Beobachtungsfehler beruhen könne, die Versuche an Schwachsinnigen geltend, durch die es wahrscheinlich wird, daß unsere Organisation in dieser Hinsicht ebenso präformiert ist, wie z. B. für die Symmetrie. Weitere Erörterungen waren auf die Präzisierung des Unterschieds der Ähnlichkeit nach der Tonnähe und dem Toncharakter (bei der Oktave) gerichtet, sowie auf das Hinzutreten des assoziativen Faktors in der ästhetischen Wirkung, das dem Vortragenden besonders durch das rhythmische Moment bedingt erscheint.

Am 20. Februar trug Herr Prof. A. Heusler »Gedanken über Vers und Prosa« vor. Von der Frage nach dem Entstehungsgrund des Verses, die ihre Beantwortung wohl dadurch findet, daß Dichtungen ursprünglich gesungen oder gar getanzt wurden, ist die nach dem ästhetischen Zweck zu trennen. Während der Naturalismus vor 20 Jahren den letzteren leugnete, sind neuere Richtungen der

Literatur und Schauspielkunst zum Vers zurückgekehrt. Aber wie der Kunst überhaupt, so ist gleichwohl diesem die subjektive Freiheit des Prosarhythmus, der in jedem Augenblick neu geboren wird, beschränkenden Element einer altertümlichen und kindlichen Entwicklungsstufe menschlicher Kultur im Geistesleben des reinen Verstandes- und Willensmenschen der Zukunft (mit Auburtin) sein Ende vorauszusagen. Zeitdauer und Stärke des Vortrags, auf denen jeder sprachliche Rhythmus beruht, unterliegen im Vers einer Bindung. Dadurch wird eine Stilisierung herbeigeführt, für die es zwei entgegengesetzte Richtungen gibt. Entweder geht sie auf Verminderung und Glättung der Unebenheiten des Prosarhythmus oder umgekehrt auf Steigerung der Ungleichheiten der Zeit und Hervorhebung der dynamischen Gipfel aus. Die erstere Art kommt am reinsten in den sogenannten alternierenden (jambischen und trochäischen) Zeilen zum Ausdruck, die andere im altdeutschen Stabreim und in den neudeutschen Knittelversen. Der Vortragende zeigte an ein paar Beispielen aus Goethes Lyrik und aus altdeutschen Dichtungen, wie ein und dasselbe Sprachgebilde diesem verschiedenen Stilgefühl gemäß ganz verschieden vorgetragen werden könne. Germanisches und antik-romanisches Formgefühl stehen sich hier schroff gegenüber. Zwischen beiden Formen bestehen aber Übergänge wie der Hexameter und die freien Rhythmen. Das antike Prinzip ist in die deutsche Eigenart im Laufe der Sprachgeschichte dreimal von außen eingedrungen, im 9. Jahrhundert durch den lateinischen Kirchenvers, im 12./13. durch den weltlichen französisch-provenzalischen und im 16. durch den antiken Vers. Seit dem 18. Jahrhundert ist unsere neudeutsche Verskunst ein Sammelbecken der verschiedensten Sprachformen, zumal das Renaissancemaß des fünffüßigen Jambus ist dem Drama nur durch den vermittelnden Einfluß von Shakespeare aufgedrängt worden. Wenn es hier noch manche sprachlichen Gegengewichte besitzt, wie das Übergreifen des Satzes über den Versschluß, so tritt seine ausgleichende Wirkung in strophischer Verwendung der Lyrik (Sonett, Stanzen u. a. m.) sehr entschieden hervor. Obgleich eine solche Zeile nicht in kommensurable Teile zerfällt, wird sie nicht als fünfgliedrig empfunden. Ein wahrhaft metrischer Vortrag rundet sie vielmehr am Schluß durch eine Pause zum Sechstakter ab. Im Zusammenhang damit steht eine Beobachtung, die der Vortragende gemacht hat und die er einer besonderen Prüfung unterbreiten möchte. Verse wie die Strophen von Goethes »Zueignung« scheinen sich ihm in Tripodien zu gliedern unter der Voraussetzung, daß der erste Iktus noch außerhalb derselben fällt. Die Verteilung der dynamischen Gipfel entspricht freilich keineswegs dieser Gliederung. Wenn also etwas Richtiges daran ist (und die Verse scheinen so empfunden zu werden), so muß man fragen, was für eine Kraft diese Tripodien als reale Größe zusammenhält. Sie scheint dem Vortragenden aus der physiologischen Grundlage des Muskelgefühls zu entspringen. Auch bei vierhöhigen Jamben mit sogenanntem akatalektischem Schluß, wie dem Gesang des Pater Profundus im Faust, stellt sich anscheinend eine solche Gliederung ein. Durch eine Pause von zwei Takten nach jedem Verse wird dieses Versmaß zum Sechstakter. Wenn diese Anschauung sich bestätigt, wird sie sich vielleicht einmal in weitere und besser bekannte Zusammenhänge einreihen lassen. — In der Diskussion wurde von Herrn Herrmann eingewandt, daß die Auffassung des Vortragenden von den freien Rhythmen darauf hinauslaufe, diese für eine erst durch den Vortrag entstehende Gestaltung zu nehmen; wenn man ihnen aber einen Rhythmus zuerkenne, so müsse man diesen im Schaffenden suchen. Herr Heusler erwiderte, sie seien wahrscheinlich meist (so z. B. bei Goethe und Klopstock) takthaltig gedacht, es fehlen jedoch in Wirklichkeit dafür die Angaben. Dagegen hält Herr Herrmann den freien Rhythmus für ein Rhythmizomenon, wie ein solches auch hinter jedem fertigen

Gedicht stehe und in latenten Resten manchmal erkennbar sei. Vom Vortragenden wurde nicht zugegeben, daß seine Theorie über den fünffüßigen Jambus mehr dem Standpunkt des Komponisten entspreche, nach dem man verschiedene Rhythmen hineinlegen könne. Es seien ihm wohl freiere, aber nicht solche Kompositionen auf dieses Versmaß bekannt. Auch sieht er in der tripodischen Gliederung etwas vom Dichter selbst Gefühltes, da bei solchen Takten ein Übergreifen des Satzes selten sei. Herr Schmidt äußert, es lasse sich wohl ein Unterschied zwischen der Art des Dichters und Musikers wahrnehmen. Beim letzteren wirke vor allem das Bedürfnis nach der achttaktigen Periode ein. — Herr Brandl betont als Grundunterschied zwischen Volkspoesie und Kunstdichtung, daß erstere, wenigstens auf germanischem Sprachgebiet, durchweg dipodisch, letztere monopodisch gebaut sei. Alle Dichtungen wurden bis zum 13. Jahrhundert herab in England zur Harfe gesungen. Da hat die Hebung des einen Takts ein Übergewicht. In offenkundigem Gegensatz dazu baut Chaucer seine fünffüßigen Verse monopodisch und legt die Cäsuren immer an andere Stellen. Das ist eine Ausgleichung gegenüber dem volkstümlichen Verse, und vollends bei Shakespeare ist es ein Sprechvers. Auf die an ihn gerichtete Frage nach dem Wesen des Prosarhythmus gibt der Vortragende der Ansicht Ausdruck, daß jede gute Prosadichtung sich ihr rhythmisches Gewand von innen heraus schaffe, — doch wurde von Herrn Dessoir dem ein interessantes Selbstzeugnis Flauberts entgegengehalten, durch das der Fall einer vorausgehenden rhythmischen Gestaltung gegenüber dem sprachlichen Ausdruck des Sinnes belegt erscheint.

Am 19. März sprach Herr Prof. Dessoir über »Die Vortragsfolge von Musikstücken«. Das ästhetische Problem, nach welchen Prinzipien sie zu regeln sei, ergibt sich aus den sozialen Verhältnissen des modernen Konzertwesens. Es entfällt bei Aufführung eines einzelnen Musikwerkes. Eine Schwierigkeit entsteht da nur im Falle einer Wiederholung, wie sie z. B. für den Anfangssatz der Johannes-Passion vorgeschrieben ist oder von Bülow bei der neunten Symphonie versucht wurde, weil es kaum möglich ist, sich noch einmal in die erste Gefühlslage zurückzuschrauben. Im übrigen handelt es sich bei der obigen Frage nicht um Programmzusammenstellung für das gewöhnliche Unterhaltungsbedürfnis, sondern um eine solche von künstlerischer Wirkung auf den gebildeten Hörer. Für eine vollwertige ästhetische Anordnung lassen sich da zwei Prinzipien geltend machen. Einmal das alte Prinzip der Einheit in der Mannigfaltigkeit in spezialisierter Fassung. Danach gewinnt die aus dem Vielfältigen der Eindrücke entspringende Erregung erst durch den Zusammenschluß zur Totalität den Lustcharakter. Dadurch wird einerseits die eintönige Wiederholung derselben Tonart und der gleichen Rhythmen ausgeschlossen, anderseits aber dürfen nicht krasse Gegensätze unvermittelt aufeinander folgen, wenn ein Ganzes zustande kommen soll. Das früher sehr übliche, heute wenig beliebte Präludieren erscheint auch dem Vortragenden nur als Ausfluchtsmittel, wenngleich als ein schwer entbehrliches. Als ein gut geordnetes Programm läßt sich negativ ein solches bezeichnen, aus dem kein Stück herausgenommen werden kann, ohne daß eine Lücke entsteht. Positiv ausgedrückt, soll jeder Teil mit Ausnahme des Schlusses ein Bedürfnis wecken und wie der Szenenwechsel im Drama mit überzeugender Anschaulichkeit zum nächsten überleiten. Für die konkrete Anwendung dieser Grundsätze ergibt sich keine Erleichterung daraus, daß man ein Konzert mit einem einzigen Komponisten ausfüllt. Trotzdem kann ein stilloses Durcheinander herrschen und die Einheit in der Mannigfaltigkeit fehlen. Besonders schwierig aber ist es, in den historischen Konzerten die ästhetischen Werte chronologisch zu erobern. Die Entwicklung steigt ja in der

Regel vom Einfacheren zum Komplizierteren auf, während nach psychologischen Erfahrungen die Aufnahmefähigkeit nach kurzem, zur Einstellung erforderlichem Zeitraum am stärksten ist. Vom ästhetischen Standpunkt erscheint es daher richtiger, von den modernen komplizierten Schöpfungen zu solchen fortzuschreiten, die in vertrauten Formen gehalten sind. Andernfalls gerät man leicht in Widerspruch mit dem zweiten ästhetischen Prinzip, das Berücksichtigung erfordert, dem Prinzip der Steigerung. Dieses kann hier nur den Sinn haben, daß sich immer mehr ästhetische Lustquellen erschließen sollen, was wohl nur stattfindet, wenn man vom Ungewohnten zum Gewohnten zurückgeht. Es besteht ferner ein ziemlich allgemeines Bedürfnis bei der Masse der Hörer, daß sie in den Stärkegraden und Tempi fortschreiten will, wie schon der Aufbau der Musikwerte nach Sätzen erkennen läßt. Für die meisten ist die quantitative Vergrößerung nötig. Ihr natürlicher Optimismus verlangt, daß das Ende strahlend sein soll. Andere, die einen ruhigen Ausklang vorziehen, können auch das ertragen, das Umgekehrte aber tritt nicht so leicht ein. Einen Fall, bei dem besondere Komplikationen eintreten, bilden die sogenannten Liederabende dadurch, daß hier ein Text hinzukommt. Seine Bedeutung wird mit Unrecht von Wallaschek und anderen geleugnet, indem sie von der falschen Theorie ausgehen, als wenn die Musik ausschließlich Gefühls-, die Sprache lediglich Vorstellungsäußerung sei. So gelangt man zu der ungeheuerlichen Folgerung, die Worte würden vom Sänger nur automatisch als Unterstützung für den Ton gebracht. Vielmehr geht ein gebildeter Sänger von der Deklamation aus und ist imstande, ein ihm entfallenes Wort sinngemäß durch ein anderes zu ersetzen. In der Anordnung von Liedern ist daher auf den Text die größte Rücksicht zu nehmen. Das erschwert die Aufstellung einer guten Vortragsfolge außerordentlich. Anderseits ergibt sich daraus die Berechtigung, die Lieder so aufeinander folgen zu lassen, daß auch textliche Gruppen gebildet werden. Das Prinzip der Anordnung braucht kein ausschließlich musikalisches zu sein, es kann auch ein poetisches sein. Ein gutes Programm muß sich dann lesen lassen wie eine lyrische Anthologie. Der Vortragende gab dafür aus seiner Erfahrung als praktischer Berater einige Proben. — Seine Ausführungen riefen eine lebhafte Aussprache hervor, in der die leitenden Prinzipien im wesentlichen Zustimmung fanden. Herr Wetzel scheinen sie mit denen ungefähr zusammenzufallen, nach denen ein Komponist die vier Sätze eines Tonstückes anlegen muß, um die ganze Skala der Empfindungen auszumessen. Er erkennt jedoch daneben dem Prinzip des Kontrastes eine viel größere Berechtigung zu und erinnert an die gewaltigen Gefühlskontraste in einzelnen Schöpfungen Beethovens (z. B. Op. 10, 3 und Op. 110). Herr Schmidt will das Gewinnbringende allgemeiner Formeln nicht verkennen, glaubt jedoch, daß im einzelnen musikalische (und individuelle) Gründe von Fall zu Fall entscheiden müssen. Die berechtigte und erforderliche Steigerung sieht er nicht nur in dem Zuwachs von Lustquellen, sondern unentbehrlich sei auch die Verstärkung der Eindrücke durch die angewandten Mittel. Herr Herrmann hebt hervor, daß hinter dem speziellen ein allgemeines künstlerisches Problem stehe, besonders wo mit dem Kontrast gearbeitet werden soll. Im Drama tritt es auf bei dem Wechsel vom Tragischen und Komischen, für die bildende Kunst beim Nebeneinanderhängen von Bildern. Die Hauptfrage scheint ihm daher in den allgemeinen Erwägungen zu liegen, wie in sich abgeschlossene Gebilde doch miteinander zusammenhängen können. Dazu bemerkt Herr Everth, daß eine solche organische Umfassung ihre Gefahren enthalte. Man könne z. B. große Bildwerke in einen dekorativen Zusammenhang bringen, aber man müsse vermeiden, zwischen zwei Statuen einen lebensmäßigen Zusammenhang entstehen zu lassen. Ebenso sollen innerhalb eines Konzertprogramms verschiedene Kunstwerke zur Geltung gebracht werden. Daraus ergibt sich die theoretische Frage nach den Grenzen, die nicht überschritten werden dürfen, damit nicht die objektiven Zusammenhänge für die vom Künstler gewollten subjektiven genommen werden. Herr Wulff hält die Kontrastierung bei Werken der bildenden Kunst, z. B. eines Tizian und Teniers, für sehr bedenklich. In seinem Schlußwort bestätigt Herr Dessoir, daß seine Betrachtung die Anwendung des allgemeinen Problems der Zusammenstellung von Kunstwerken auf einen Spezialfall bilde. Sehr wesentlich sei es aber dabei, den Unterschied zwischen Zeit- und Raumkünsten zu berücksichtigen, die unter verschiedenen Voraussetzungen stehen. Die Aufstellung gewisser Normen rein formaler Art sei zweifellos berechtigt, wenn sie auch für den Einzelfall mehr die Bedeutung negativer Instanzen haben. Er hält eine Zusammenstellung, wie sie z. B. bei gleichmäßig gestimmten Einaktern im Theater vorgenommen werde, für künstlerischer als ein starkes Arbeiten mit dem Kontrast.

Am 14. Mai folgte ein Vortrag des Herrn Dr. C. Glaser über »Naturnachahmung und Naturformen in der japanischen Kunst«. Er sieht in dieser Fassung des Themas nur einen Notbehelf. Einen vollkommeneren Ausdruck zu finden, ist schwierig, weil es uns an Schlagwörtern zur Verständigung über ostasiatische Kunst gänzlich fehlt. So bedeutet zwar Naturnachahmung auch für den Japaner den Anfang, keineswegs aber das Endziel der künstlerischen Betätigung. Auf unmittelbare Illusion, mit der dieser Begriff sich für uns verbindet, ist es dort niemals abgesehen. Das Wort läßt sich aber wieder nicht ersetzen, sondern höchstens durch diese negative Bestimmung einschränken. So läßt sich auch der von unserer europäischen Raumdarstellung abstrahierte Begriff der Perspektive nicht auf japanische Kunst anwenden, womit aber nicht geleugnet werden soll, daß ihr überhaupt eine Form der Raumdarstellung eigen ist. Die besondere Art der Naturnachahmung bei den Ostasiaten läßt sich am besten an mehreren konkreten Beispielen entwickeln. Der Vortragende knüpft zunächst an eine typische ostasiatische Landschaftsdarstellung eines berühmten lebenden Meisters an, der die Natur als seine einzige Lebensmeisterin bezeichnet hat. Daß die Absicht der Naturnachahmung besteht, ist also nicht zu bezweifeln. Und doch ist das Bild nicht von der Natur abgeschrieben und am allerwenigsten eine Impression, — vielmehr eine Formel für den Ewigkeitsgehalt der Natur, beispielsweise nicht ein bestimmter Wasserfall, sondern der Wasserfall schlechthin, wobei mythische Vorstellungen vom Wasser in diese Auffassung hineinspielen. Am Boden kniend blickt der Künstler vom Papier nicht auf und gestaltet nur sein inneres Gesicht. Einen weiteren Fall stellt eine Folge von Landschaftsbildern dar, die ein von einer Wanderfahrt heimgekehrter Künstler aus der Erinnerung gemalt hat. Sie lassen sich durch photographische Aufnahmen nachprüfen. Hier vereinigen sich verschiedene Erinnerungsbilder in einem Gemälde, wie das Programm der Futuristen fordert, es besitzt aber ebensoviel innere Wahrscheinlichkeit wie das Naturvorbild. Im Anfang hat ein naives Bestreben zur Abbildung der Natur nicht gefehlt, die Entwicklung der Kunst verläuft aber nicht im Sinne einer fortschreitenden Annäherung an die Natur wie in Europa. Wenn hier die wichtigsten Fortschritte, wie die Ausgestaltung der Räumlichkeit und der Schattenmalerei, mit technischen Neuerungen zusammenhängen, so fehlt das alles den Ostasiaten. Sie sind den Weg zur äußersten Beschränkung des Farbigen gegangen und die Kunst ist ihnen zu einer Art Geheimsprache von Ästheten geworden, deren Kreise jedoch ziemlich weit gezogen sind. Ein Bild des gefeierten Malers Sesshu vertritt den klassischen Stil vom Ende des 15. Jahrhunderts, der keine illusionsmäßige Wirkung anstrebt, sondern aus immer wieder denselben, den Ostasiaten vertrauten Elementen eine Folge von Landschaften als Extrakt aus der Natur gestaltet. Wir dürfen darin nicht etwa bloße Skizzen sehen, vielmehr liegt eine Reihe von Studien dem zugrunde. In einem Figurenbilde, das Hanshan und Shité darstellt, ist versucht worden, durch eine Mischung von Trottelhaftigkeit und Gemütstiefe die besondere Wesensart dieser zwei seltsamen Weisen zum Ausdruck zu bringen. — Die Naturformen selbst spielen bei den Ostasiaten eine ganz andere Rolle als bei uns. Die Schönheit in der Natur erfährt eine gesonderte Bewertung. Es gibt kein Kunstwerk, das sie ersetzen kann oder soll. Bezeichnend ist, daß das Porträt beinahe ganz verschwindet. Für den Europäer ist die Kunst vielfach ein Hilfsmittel gewesen, um die Schönheit der Natur zu entdecken (ein naheliegendes Beispiel ist Leistikow). In Japan haben die Kenner sie selbst bewertet. Es gibt dort eine ästhetische Kultur, für die sie Selbstzweck ist. Es wird scharf unterschieden zwischen der schönen und der gewöhnlichen Landschaft. Ein Stück Natur wird angesehen wie eine gewachsene Architektur oder Plastik. Diese ästhetische Bewertung erstreckt sich sogar auf Einzelformen der Natur, auf einen Teil einer Pflanze, eine Wurzel oder einen Stein. Der Vortragende legt Proben solcher Dinge vor. Man erkennt die formal interessanteste Seite als Schauseite an. Daraus gehen mitunter Zierformen von ausgesuchter Schönheit hervor. Besonders die Steine spielen als Zierat eine wichtige Rolle sowohl im Zimmer wie im Garten. Dieser bildet ein eigenes Kapitel der japanischen Ästhetik. Er entspricht weder unserem architektonischen noch unserem landschaftlichen Garten, sondern ist ein aus Elementen der Natur zusammengefügtes, sinnvolles Ganzes, in dem Naturformen als Darstellungsmittel dienen, eine Sandfläche Wasser, ein Stein den Sitz des Buddha bedeuten kann. Man komponiert in einem der Umgebung angepaßten Maßstab für bestimmte Blickpunkte Stimmungsbilder oder gestaltet die Situation eines Vorgangs bildmäßig aus. So regelt der Japaner auch den Wuchs einer Zierpflanze und zwingt sie in eine gewollte Linie. Der Baum behält im Gegensatz zu unseren architektonisch geschnittenen Formen den Charakter eines Naturgewächses, aber eines durch den menschlichen Willen geformten. Ebenso ist ein Blumenstrauß weder reine Natur noch ein Kunstwerk aus Naturmaterial, sondern geformte Natur. So sind die ästhetischen Voraussetzungen in allem andersartige als in Europa. — An die Ausführungen des Vortragenden anknüpfend, erblickt Herr Simmel das ästhetische Problem der ostasiatischen Kunst darin, daß sie von ganz anderen kulturellen und religiösen Anschauungen ausgehend Dinge erzeugt, die uns trotzdem einen hohen Genuß bereiten. Auf die kunstphilosophischen Kategorien bezogen, erscheint als das Wesentliche an ihr die rein augenmäßige formale Abstraktion, wie sie bei uns höchstens das lineare Ornament erreicht. Und doch geht sie durchaus auf Symbolik aus. So schwer begreiflich das ist, weist es doch auf dieselbe Spannung zwischen dem naturalistischen und metaphysischen Pol hin. Herr Wulff folgert aus diesen Tatsachen, daß die Grundlagen des ostasiatischen Kunstschaffens doch nicht völlig heterogen von denen des unsrigen sein können. Auch in der europäischen Kunst seien die beiden Grundelemente des stilisierenden und des naturalistischen Gestaltungsprinzips enthalten, nur in einem anderen Mischungsverhältnis. Das Entscheidende scheine ihm in der japanischen der Zug zum Komponieren, also zum Regelmäßigen zu sein. Auch die Bewertung einzelner Naturgebilde lasse sich aus diesem Gesichtspunkt verstehen. Dann bleibe aber noch die Frage, nach welchem Maßstab die Schönheit der Landschaft bewertet werde. Herr Wolffheim fragt, ob dabei nicht religiöse Momente maßgebend gewesen seien. Der Vortragende glaubt, daß hier wie bei den Einzeldingen das Seltsame mehr mitspricht als das Regelmäßige und nur eine gewisse natürliche Harmonie oder freie Architektonik. Wie weit bei der Landschaft religiöse Beziehungen hineinspielen, läßt sich nur von Fall zu Fall beantworten. Im allgemeinen aber ist die japanische Kultur mehr ästhetisch als ethisch orientiert. Die weitere Erörterung bezog sich auf den Begriff des Impressionismus, den Herr Glaser für die japanische Kunst ablehnen zu müssen glaubt. Sie sei durchaus als eine kompositorisch formenbildende Kunst anzusehen. — Auf Anregung von Herrn Dessoir wird hierauf dem Vorstand anheimgestellt, sich darüber zu unterrichten, ob in weiteren Kreisen die Neigung bestehe, eine Aussprache über Fragen der Ästhetik und allgemeinen Kunstwissenschaft durch Abhaltung eines Kongresses herbeizuführen.

In der letzten Sitzung vor den Sommerferien am 18. Juni sprach Herr Dr. G. v. Allesch »Über adäquate ästhetische Anschauung«. Während die Aufstellung von Begriffen und Gesetzen sich in der Physik ausschließlich auf außer uns gelegene Objekte bezieht, obgleich uns von den komplexen äußeren Vorgängen nur ein Ausschnitt durch unsere Sinnesorgane gegeben ist, richtet sich die mathematische Spekulation auf nichts Objektives, sondern auf reine Gedankendinge. Zwischen diesen äußersten Gegensätzen des Denkens halten unter anderem die Gebilde der Ästhetik die Mitte. Sie bestehen nicht etwa nur in den objektiven Gegebenheiten, sondern fordern wesentliche Erweiterungen über diese hinaus. So müssen wir in der Literatur die gegebenen Worte verstehen, in der Kunst eine Gestalt als Darstellung eines Menschen usw. auffassen. Diese Erweiterungen sind schon verschiedentlich klassifiziert worden und lassen sich bequem zusammenfassen unter dem Fechnerschen Begriff des assoziativen Faktors. Will man aber feinere Unterscheidungen von allgemeiner Geltung vornehmen, so ist zunächst vorauszuschicken, daß in der Literatur unter dem direkten Faktor mehr begriffen werden muß als die äußeren akustischen oder optischen Gegebenheiten (Laute oder Buchstaben), weil diese dem inneren Erlebnis hier allzu inadäquat sind. Man muß darunter schon die Wortbedeutung ohne Ansehen ihrer Spezialisierung und Gefühlsbetonung verstehen. Man könnte nun glauben, daß wir bei der Betrachtung der Anschauung von diesen objektiven Anlässen ausgehen müßten. Aber eine Fülle von ästhetischen Erlebnissen und gerade die wichtigsten — die Konzeption der Kunstwerke — kommen zustande, ohne daß überhaupt äußere Objekte vorhanden sind. Diese wirken auch sonst nur als Erreger einer Unsumme von seelischen Komplexen, die in uns aufgespeichert sind. Nun können aber diese Assoziationen für eine bestimmte, nämlich für die adäquate Anschauung auch von Nachteil oder gar störend sein. Die eigentlich zugehörigen Assoziationen hat man nach verschiedenen Kriterien, unter anderem nach der persönlichen Erfahrung oder der unmittelbaren stärkeren Verknüpfung mit den äußeren Anlässen zu bestimmen versucht. Es scheint nun, daß man die ästhetische Anschauung, die einem objektiven Anlaß mit Recht zugerechnet werden darf, aus drei Gesichtspunkten ableiten kann. Eine Grundvoraussetzung, von der alle Kunst lebt, ist, daß wir die Absichten des Künstlers, die in jedem Objekt enthalten sind, verstehen. Die Betrachtung ist immer ein Ausgestalten im Sinne der gegebenen Merkmale. Es kommen hier jedoch weiter noch die Intentionen in Betracht, die im Kunstwerk nicht als die besondere Meinung des Künstlers, sondern als die im einzelnen unbewußte Tendenz des Zeitstiles wirksam sind und die erst von einem anderen Anschauungsniveau aus deutlich faßbar werden. Wir müssen aber ferner einen Standpunkt finden, der uns Klarheit darüber verschafft, wie weit jene Absichten im Kunstwerk verwirklicht sind. Das ist der Fall, wenn die gegebenen Formen so beschaffen sind, daß wir den gemeinten Gegenstand in ihnen erfassen, d. h. also den gedanklichen (durch andere Elemente mitbestimmten) und den formalen Komplex durch ein Subsumptions- oder Identifikationsurteil vereinigen können, z. B. die Zeichnung eines Wilden unter die Darstellung eines Menschen subsumieren. So ergibt sich eine Begrenzung der als Intentionen hinzuzudenkenden Erweiterungen des sinnlich gegebenen Materials danach, wie weit sie in den gegebenen Objekten, z. B. bei der Illustration einer Geschichte ihre Erfüllung finden. Allein das Erfüllungskriterium reicht nicht mehr aus, um festzustellen, in welchem Maße und unter welcher Deutlichkeit wir einen bestimmten geistigen Komplex aktualisieren sollen, wenn ein Kunstwerk mehrdeutig ist, d. h. wenn verschiedene Intentionen gleich gut in ihm erfüllt werden. Als neues Moment bietet sich da das Kriterium der Fruchtbarkeit für die ästhetische Betrachtung dar, d. h. des Vorhandenseins derjenigen Möglichkeiten der Ausgestaltung des zu ergänzenden Inhalts, die den Genuß am meisten fördern und bereichern. Aus dem Zusammenwirken dieser drei Momente ergibt sich der Umfang dessen, was wir bei einem Kunstwerk hinzuzudenken haben. Aber es handelt sich bei der adäquaten ästhetischen Anschauung nicht nur darum, diesen Komplex zu umschreiben, den wir mit unserer Reaktion beantworten, sondern auch um weitere Fragen, die sich vorerst nur aufzählen und noch nicht unter einen systematischen Gesichtspunkt bringen lassen. Einmal um den Begriff der Vergleichsschönheit, die auf der Zusammenwirkung mit anderen früheren Eindrücken beruht, wie sich das z. B. beim Wohlgefälligkeitsurteil über Farben im Laboratorium beobachten läßt. Man kann einen solchen Reiz nur durch Abweichung von der Normalform erhalten (beziehungsweise durch Übergang von einer gewohnten zu einer ungewohnten). Vom Betrachter eines Kunstwerks wird so ein bestimmter Habitus verlangt, der es ihm erst ermöglicht, die gebotenen Eindrücke in einer bestimmten Weise mit seinem Gefühl zu beantworten. Dieser Habitus ist in den Begriff der adäquaten Anschauung hineinzuziehen. Eine andere Seite desselben bildet die Art der Wirklichkeitsauffassung. Der populäre Begriff des Naturalismus hält einer kritischen Betrachtung nicht stand, weil es ganz verschiedene Wege gibt, einen Gegenstand zu erfassen, d. h. weil es ganz verschiedene Wirklichkeiten gibt. Bei der Beurteilung eines Kunstwerks ist daher Rücksicht darauf zu nehmen, welche Wirklichkeit dem Schaffen des Künstlers zugrunde liegt. So greift die italienische Kunst dem Vorgange der Antike folgend aus der Wirklichkeit fest umrissene mit klaren Begriffen faßbare Dinge heraus. Das ist aber nur ein Ausfluß der von den Griechen angebahnten abstrakt intellektuellen Weltauffassung, die ebenso in dem philosophischen System eines Plato wie in den Raumformen der Baukunst zum Ausdruck kommt. Den äußersten Gegensatz zu dieser abstrakten Art vertreten die Ostasiaten. Da wird selbst im philosophischen Denken mehr ein intuitives Nacherleben verlangt. Durch Gleichnisse, wie sie das Buch des chinesischen Hauptphilosophen Laotse enthält, sucht man eine gewisse Lebensstimmung hervorzurufen. Um den Werken solcher Kunst gegenüber eine adäquate Anschauung zu gewinnen, müssen wir uns erst von unserer ererbten abstrakten Denkweise, die nach objektiver Feststellung des Vorgeführten verlangt, zu befreien und gleichsam zu verlieren versuchen. Ob das gelingen kann, bleibt eine offene Frage. — Die nachfolgende Diskussion war zum Teil auf Feststellung des Begriffs des direkten Faktors für die verschiedenen Künste gerichtet. Der Vortragende glaubt, daß man auch in der Musik nicht durchgängig die akustischen Phänomene allein als direkten Faktor betrachten dürfe. Ein bestimmter Komplex erscheint nicht als ein zeitlich ausgedehntes Ding, sondern rückblickend als Einheit, auf die man den Begriff der Anschauung anwenden kann. In der bildenden Kunst hingegen sei es nicht angängig, unter dem direkten Faktor mehr als die optischen Gegebenheiten zu verstehen, weil die Rhythmik der Erlebnisse da auf die formalen und nicht auf die bedeutungsvollen Qualitäten begründet ist. Von verschiedenen Seiten wurde bestritten, daß sich ein einheitlicher Begriff der Anschauung für sämtliche Künste auffinden und somit eine allgemeingültige Theorie der adäquaten Einstellung ableiten lasse. Der Vortragende sieht ein Kriterium, das sich auf alle Künste anwenden läßt, darin, daß diese fehlt, wenn das Wohlgefallen aus anderen Quellen als aus dem Kunstwerk selbst entspringt. Es kommt eben darauf an, so viel Assoziationen wie möglich auszuschalten. Die Tatsachen haben ihn aber dahin geführt, daß es Kunstwerke geben kann, bei denen man nicht nur das Optische oder Akustische aufnehmen, sondern es in Beziehung setzen soll zu einem gefühlsunbetonten Wissen (Paraphrasereien eines Sachinhalts). Adäquate Anschauung bedeutet die Abgrenzung des Vorstellungskomplexes, auf den man mit dem Gefühl antworten soll. Eine Ästhetik nur auf den direkten Faktor aufzubauen, ist sehr gewagt, weil er von Mensch zu Mensch verschieden ist. Bei der Erörterung des Gegensatzes zwischen der aus griechischem Geist fließenden abstrakten Denkweise und dem eindrucksmäßigen Vorstellungsleben hebt der Vortragende den Unterschied hervor, daß die Südländer durch allgemeine Formen, die Nordländer durch intensivste Ausprägung eines Erlebnisses symbolisieren. — Hierauf gelangte ein von Herrn Dessoir auf Grund der Besprechungen im Vorstande entworfenes Rundschreiben zur Verlesung, das an eine Reihe von Vertretern der Ästhetik und der verschiedenen Zweige der Kunstwissenschaft versandt werden sollte, um ihre Stellungnahme zur Frage der Abhaltung eines Kongresses, Ort, Zeit und Organisation desselben zu ermitteln. Die Ansichten der anwesenden Mitglieder der Vereinigung waren darüber geteilt, doch entschied sich die Mehrheit dafür, daß die Umfrage mit Bezugnahme auf die hier geäußerten Gründe für und wider das Unternehmen durch Herrn Dessoir auf Kosten der Vereinskasse veranstaltet werden sollte.

Bei Wiederbeginn der Monatssitzungen nach den Herbstferien am 22. Oktober berichtete Herr Dessoir zusammenfassend über die auf das Rundschreiben eingegangenen Antworten. Von diesen lauteten 55 zustimmend, 31 ablehnend und 16 unbestimmt. Er glaubt nach diesem Ergebnis die Abhaltung eines Kongresses befürworten zu sollen, und zwar in dem Sinne, daß es ein deutscher Kongreß mit Hinzuziehung ausländischer Gelehrter sein soll. Es sollten für bestimmte Themata Referenten gewonnen werden. Der Diskussion sei breiter Raum zu gewähren, womöglich seien auch Diskussionsredner im voraus aufzustellen. Es sei nicht erforderlich, die Vereinigung zum Träger und Mittelpunkt des Kongresses zu machen, mit Rücksicht darauf, daß sowohl im Vorstande wie unter den übrigen Mitgliedern eine ansehnliche Minorität gegen das Unternehmen sei. Es sei aber wünschenswert, daß sich die nötigen Arbeitskräfte aus ihrem Kreise zur Verfügung stellen möchten, da nach der großen Mehrzahl der Äußerungen Berlin als der geeignetste Ort für die Zusammenkunft ins Auge gefaßt werden müßte. Nach längerer lebhafter Aussprache wurde dann auf Antrag der Herren Wulff und v. Allesch die Resolution gefaßt: Die Vereinigung überläßt es den Freunden des Unternehmens, aus Vorstandsmitgliedern und einigen anderen Herren einen Arbeitsausschuß zu bilden, der die erforderlichen Schritte zur Berufung eines großen leitenden wissenschaftlichen Ausschusses und die weiteren Vorbereitungen auf sich nehmen wird. Sie spricht ihre Sympathie für die Veranstaltung aus und erklärt sich bereit, dieselbe mit ihren Mitteln zu unterstützen.

Den Gegenstand der folgenden Sitzung am 19. November bildete ein Vortrag des Herrn Dr. R. Müller-Freienfels über »Die psychologischen Wirkungen sprachlicher Stilformen in der Poesie«. Bei allen sprachlichen Stilformen kann die Entscheidung, ob es sich um Poesie oder nicht handelt, nicht durch das objektiv Gegebene allein gewonnen werden: nur ein subjektiver Faktor, die Wirkung aufs Gefühl unterscheidet den poetischen Stil vom nichtpoetischen. So zeichnet sich die poetische Sprache vor allem dadurch vor der nichtpoetischen, auf den Verstand zielenden Sprache aus, daß ihr eine gewisse, auf Gefühlswirkungen ausgehende Gewähltheit eignet. Diese Gewähltheit kann auf die verschiedensten Gefühle ausgehen, kann ebensowohl das Grandiose, Prächtige, wie das Schlichte, Natürliche, Naive anstreben. Besondere Formen dieser Gewähltheit sind die Neologismen, Archaismen, Idiotismen usw., die indessen je nach dem aufnehmenden Subjekt die mannigfachsten Gefühle erregen können, deren Mannigfaltigkeit durch die psychologische Ästhetik aufgedeckt werden muß. Besonders behandelt werden Epitheton ornans und Gleichnis, die entweder eine sachliche Verdeutlichung oder eine Gefühlssteigerung herbeiführen können, was beides in der Poesie als Stilmittel verwandt wird. Die Metapher geht durchaus nicht immer auf Anschaulichkeit aus, sondern ist oft schon zum Begriff erstarrt. Gute Poeten verwenden zwar stets möglichst lebendige, d. h. auch die anschauliche Phantasie und damit das Gefühl anregende Metapher. Eine besondere Form ist die Personifikation, die dem den meisten Menschen eignenden Anthropomorphisierungstrieb entgegenkommt, indessen verschiedene Grade von der bloßen Belebung bis zum ausgemalten Bild und der nur durch Reflexion zu erfassenden Allegorie aufweist. — Es ist Aufgabe einer psychologischen Ästhetik, diese große Mannigfaltigkeit der Wirkungsmöglichkeiten klarzulegen und dadurch das ästhetische Erleben für jeden einzelnen möglichst bewußt werden zu lassen, eventuell auch weiter zur Übernahme anderer, größere Wirkungen versprechender Erlebnisformen zu führen. Erst auf Grund einer solchen breiten empirischen Basis wird es vielleicht später möglich sein, gewisse Normen zu gewinnen. Leider sind bisher alle Normenaufstellungen verfrüht gewesen, weil sie ohne Kenntnis und Berücksichtigung der Mannigfaltigkeit des ästhetischen Erlebens konstruiert worden waren. — In der Diskussion wird vor allem betont, daß auf diesem Weg eine Abgrenzung der poetischen Sprache von der allgemein üblichen nicht zu erzielen sei, und ferner, daß wohl einzelne Fälle, nicht aber gesetzmäßige Zuordnungen von poetischen Ausdrucksformen und Gefühlswirkungen gegeben worden seien. Der Vortragende beschränkt dementsprechend den Sinn seiner Darlegungen auf einen Hinweis zur Untersuchung der einzelnen Stilformen.

In der Schlußsitzung des Jahres sprach Herr Dr. E. Utitz »Über Naturgenuß«. — Bei der häufigen Erörterung der Frage, ob denn dem Naturgenuß oder dem Kunstgenuß eine höhere Bedeutung zukomme, hat man meist in der Untersuchung vergessen zu fragen, ob es sich denn nicht etwa um wesentlich verschiedene Gegebenheiten handle, derart, daß eine unmittelbare Vergleichbarkeit gar nicht besteht. Das Eigenrecht des Natur- wie des Kunstgenusses muß keineswegs dadurch erwiesen werden, daß der eine den anderen übertreffe, sondern dadurch, daß sie verschiedenen Bedürfnissen und Werten Genüge leisten, worauf ihre Einzigartigkeit und Unersetzlichkeit beruhe. Es gilt nun, die verschiedenen typischen Formen des Naturgenusses kennen zu lernen, also differentiell-psychologische Methoden auf dieses Gebiet anzuwenden. Dann ergibt sich durch kritische Ausdeutung der einzelnen Typen der »echte« Naturgenuß, den wir in den Fällen vor uns haben, bei denen die gesamte Naturwirklichkeit ästhetischer Gegenstand wird. Schon die Beteiligung der niederen Empfindungen im Naturgenuß ist eine ganz andere als im Kunstgenuß; sie gehören in weitestem Maße zur ästhetischen Naturwirklichkeit. Als Folge ergeben sich häufig eine stärkere körperliche Beteiligung und eine Intensivierung des Eindrucks. Aber noch ein weiterer Umstand ist zu berücksichtigen: wenn einer ermattet durch die laue Sommernacht schleicht, so wird sie ihm leicht selbst zum Ausdrucke der Erschlaffung und Erweichung; geht er mit frischen Sinnen hin, offenbart sie ihm vielleicht die rasche, drängende, schwellende Sinnlichkeit der Erde. Die Eigenart des ästhetischen Eindrucks geht dabei letzthin auf völlig subjektive Momente zurück, und doch läßt sich die eine Einstellung gegenüber der anderen nicht als unangemessen oder unberechtigt zurückweisen. Und diese Möglichkeit zahlreicher verschiedener, an sich gleichberechtigter Einstellungen gegenüber dem gleichen Wirklichkeitskomplex erscheint dem Vortr. die Hauptsache; anders ausgedrückt: die Bindung bei Natureindrücken ist eine wesentlich geringere als angesichts von Kunstwerken, wenn diese Kunstwerke wahrhaft erlebt werden sollen. Damit ist nicht gesagt, daß jede Bindung entfällt — schon die gegebenen Farben und Formen haben ja einen gewissen Ausdruckswert —, wohl aber, daß diese Bindung nur den Erlebensansatz fixiert, jedenfalls nicht aber den gesamten Erlebenskomplex, daß selbst, wenn ihr völlig nachgegeben wird, die verschiedensten Einstellungen und die aus ihnen hervorgehenden Ergebnisse als gleichberechtigt nebeneinander treten. Dadurch, daß es in erhöhtem Maße also eigenes Leben ist, mit dem hier Farben und Formen erfüllt und durchtränkt werden, erfolgt häufig eine überaus innige Hingabe an die Eindrücke, und dann jenes so oft gepriesene »Sichfinden in der Natur«, jener anscheinend so seltsame und so beseligende Zusammenklang von eigenem Leben und Naturleben, der die letzte Ursache für zahllose pantheistische und mystische Strömungen darstellt; dazu kann sich noch eine ganze Reihe von Schöpferfreuden gesellen. Ganz verschieden gestaltet sich nun aber der »künstlerische« Naturgenuß, wenn man überhaupt dieses Ausdruckes sich bedienen darf. Hierbei wird nicht die Naturwirklichkeit genossen, sondern in die Bedingungen einer bestimmten Kunst umgesetzt; Genußgegenstand wird das gemeinte Kunstwerk. Wird die Natur mit den Augen eines beliebten Künstlers gesehen — etwa der Grunewald in Leistikowmotiven, oder das Hochgebirge nach Segantini-Art —, dann genießt der Betrachter überhaupt nur Bilder, und gar nicht die Natur. Auch auf die Fälle ist hinzuweisen, bei denen die Natur ebenso als Schöpfung eines Schöpfers aufgefaßt wird, wie das Kunstwerk als Leistung des Künstlers, wobei dann nicht die Naturerscheinung Genußobjekt ist, sondern die ungeheure und bewunderungswürdige »Kunst«, die zur Hervorbringung der Wirklichkeit gehört. Die »technische« Leistung wird demnach hier genossen. In allen diesen Fällen kann von einem eigentlichen Naturgenuß nicht die Rede sein, denn überall ist er hier schon kunstdurchsetzt, nicht mehr rein in seiner Eigenart. Wo aber der erstere Typus eintritt, da kann man sagen, daß alle Natur gleich schön sei, oder besser, daß an sich alle Natur gleich geeignet sei, ästhetisches Erleben auszulösen; denn von der schöpferischen Veranlagung des Betrachters hängt es ab, ob er die vorgesetzten Eindrücke mit einheitlichem ästhetischem Ausdruck zu erfüllen vermag. Hier stoßen wir auch auf den Sinn, in dem es allein berechtigt ist, von unangemessenen Einstellungen der Natur gegenüber zu sprechen. Alle Einstellungen sind unberechtigt, bei denen nicht die wirkliche Gesamterscheinung Genußgegenstand wird, sondern bei denen gewisse Züge herausgerissen werden, nach denen sich dann die anderen richten sollen. Entstehen dann zerrissene, uneinheitliche Natureindrücke, so hat es eben der Betrachter nicht verstanden, sie als Einheit zu erfassen. Und so kann man letzthin vielleicht zwei extreme Typen anerkennen, wenngleich die Wirklichkeit sie nicht in vollster Reinheit ausprägt und durch gleitende Übergänge zwischen ihnen vermittelt: einerseits den »Naturmenschen«, der der Kunst gegenüber sich beengt und beklommen fühlt, minder persönlich beteiligt, und den »Kunstmenschen«, der überhaupt den Weg zur Natur nicht findet, weil er aus dem Reich der Kunst nicht herauskommt. — In der Diskussion wird hauptsächlich darauf hingewiesen, daß doch die Grenzen zwischen Natur- und Kunstgenuß ganz fließende sind, daß in beiden Gebieten die Auffassung und damit auch das Gefühl schon durch die objektiven Gegebenheiten in bestimmte Bahnen gelenkt wird, nur daß diese Wirkung beim Kunstwerk eine straffere, einheitlicher bestimmte ist. — Hierauf legte der Schatzmeister den Rechenschaftsbericht vor und erhielt Entlastung. Der Vorstand wurde wiedergewählt mit Ausnahme des Herrn Prof. Ziehen, der wegen Verlegung seines Wohnsitzes nach auswärts zurückgetreten war. An seiner Stelle wurde Herr Dr. G. v. Allesch (Berlin W, Rankestr. 32) gewählt, in dessen Hände die Schriftführung übergeht.

Die optischen Qualitäten in den Jugendwerken Tiecks.

Von

J. F. Haußmann.

Jedes dichterische Kunstwerk offenbart die Individualität seines Schöpfers. Es ist die Darstellung eines seelischen Herganges, der sich vollzogen hat. Eine Abhandlung nun, die zur Erforschung einer hervorragenden Dichterpersönlichkeit bestimmt ist, muß vor allem ihre geistige Arbeitsstätte kennen lernen sowie die Mittel und Werkzeuge, die sie bei ihrer literarischen Produktion gebraucht hat. Es ist nun leider unbestreitbare Tatsache, daß bei wissenschaftlichen Untersuchungen die Sinnesvorstellungen bisher immer sehr vernachlässigt worden sind, obwohl sie für das dichterische Schaffen sehr wichtig sind. Vorliegender Aufsatz, der sich mit dem künstlerischen Schaffen des jungen Tieck beschäftigt, versucht auf Grund statistischer Methoden einen Einblick in den Gebrauch der Farben als eines ästhetischen Schilderungsmittels, als Träger der Stimmung, in seinen Werken zu gewähren.

Bei Tieck spielt die Farbe eine sehr große Rolle. Er faßt sie mit einem für seine Zeit außergewöhnlich intensiven Empfinden auf. Sein Farbensinn vereint im allgemeinen feine Reaktionsfähigkeit mit malerischem Blick. In der Verbindung dieser Eigenschaften steht Tieck weit über dem durchschnittlichen Niveau der Literatur, in die er als Typus einer neuen Generation mit einer neuen Art zu sehen und zu fühlen eintritt. Seine koloristische Eigenart hat kräftig auf Form und Bildung des romantischen Farbenempfindens eingewirkt. Seine Mission war es, dem malerischen Empfinden der neuen Kunstschule Sprache zu geben. Seine Auffassungen über die Farbe als das erste und beherrschende Prinzip in der Malerei hat Tieck in dem Kapitel »Über Farben« in den von seinem Freunde Wackenroder verfaßten, aber durch einige Originalarbeiten vervollständigten »Phantasien über die Kunst für Freunde der Kunst« in theoretisches Gewand gekleidet. Ein näheres Eingehen auf seine Theorie gehört nicht in den Rahmen dieser Arbeit.

Das in dieser Abhandlung zusammengestellte Farbenmaterial beschränkt sich auf die Jugendwerke des Dichters, denn gerade hier hat sich der romantische Charakter des Farbenempfindens Tiecks fertig ausgebildet. Eine spätere Arbeit wird die Farbenverwendung in der mittleren und Altersperiode des Dichters behandeln. Der Stoff wurde den drei Hauptgebieten der Tieckschen Dichtung entnommen, der Lyrik, dem Epos und dem Drama. Eine Jugendlyrik im eigentlichen Sinne haben wir von Tieck nicht. Seine Gedichte sind Stimmungsmalerei innerhalb eines größeren Werkes, lyrische Einlagen, angeregt durch den Stand der Erzählung oder Ausdruck des Seelenzustandes einer Person und dann Mittel zu ihrer Charakterisierung.

Im Anschluß an Haym (Die romantische Schule) fasse ich die Jugendperiode von 1789—1796. Sie wird, wie Haym (S. 75) ausführt, »durch den Lovell auf der einen, durch die Straußfedern und Peter Lebrecht auf der andern Seite repräsentiert«. Von dieser Periode wurden bis zum Jahre 1795 alle poetischen Werke, vom Jahre 1796 nur eine Auswahl bearbeitet. Die Dichtungen umfassen 2245 S. nach »Ludwig Tiecks Schriften« (Berlin, G. Reimer 1828 ff.) und 167 S. nach den von Köpke veranstalteten »Nachgelassenen Schriften Tiecks« (Leipzig, Brockhaus, 1855), zusammen also 2412 S.

Die Gruppierung der optischen Qualitäten folgt im wesentlichen derjenigen von Ebbinghaus in seinem Werk »Grundzüge der Psychologie« (I. Halbband, Leipzig 1897, S. 180). Alle Farben zerfallen in zwei Hauptkategorien: I. Bunte Farben (B. F. Farben im engeren Sinne), II. Nicht bunte Farben (N. b. F.). Bei den bunten Farben unterscheiden wir: a) zwischen einfachen Farbenbezeichnungen (Eint. F. Bz.) wie: Rot, Blau, Grün; b) komplizierten Farbenbezeichnungen (Kompl. F. Bz.) z. B. Dunkelrot, Lichtgrün und andere. Unter der Rubrik c) »Bunt« sind alle die Bezeichnungen von B. F. untergebracht, die in ihrer Bezeichnung zwar auf bunte Farben hinweisen, ohne diese jedoch direkt zu nennen, z. B. farbig, gemalt, scheckig oder die Bezeichnung »Bunt« selbst. Das Schema für die bunten Farben wäre somit:

I. B. F.

a) Eint. B. F.:

Rot, Purpur, Blau, Grün, Gelb.

b) Kompl. B. F.:

Nach Rot, Blau, Grün, Gelb hin.

c) Bunt.

Zu den nicht bunten Farben gehören:

1. Stumpfe Farben (St. F.). Hier kommen in Betracht »Blond, Braun, Falb«.

2. Neutrale Farben (N. F.): Schwarz, Weiß, Hell, Dunkel, Grau. In dieser Kategorie sind unter a) diejenigen Prädikate untergebracht, die auf Dunkel (trübe, unklar), unter b) diejenigen, welche mehr auf Hell (licht, klar, blaß, bleich) hingehen. Natürlich läßt sich nur ein Teil der N. F. nach Dunkel und Hell hin sondern. Fälle, bei denen es sich um eine Erhellung aus vorhergehendem Dunkel handelt, wurden zu »Hell« gerechnet, und umgekehrt. Zu den N. F. wurde auch c) Grau gerechnet.

3. Glanz, Glut, Schein. Zu dieser Gruppe gehören Bezeichnungen wie: glänzen, funkeln, schimmern, blinken usw.

4. Golden.

5. Silbern. Wendungen, bei denen eine Sinnesqualität in das Bereich einer anderen eindringt, wurden der Rubrik »Silbern« nicht einverleibt, z. B. »Silbertöne schlüpfen zu unsern Ohren« (Sommernacht, Nachg. Schr. I, 7). »Der Gesang der Nachtigallen schwoll wollüstig in hohe silberne Töne hinein« (Abdallah. 8, 82). »Die Töne einer Laute kamen mir silbern durch die stille Nacht entgegen« (W. Lovell 6, 263). Solche und ähnliche Stellen machen es wahrscheinlich, daß auch dort, wo von »silbernen Hörnern« (Nachg. Schr. I, 184) gesprochen wird, eher der Klang als die Farbe der Instrumente vorschwebt. — Das Schema für die nicht bunten Farben (N. b. F.) lautet:

II. N. b. F.

1. St. F. (Blond, Braun, Falb).

2. N. F.

a) Nach Dunkel hin (trübe, unklar).

b) Nach Hell hin (licht, klar, blaß, bleich).
c) Grau.
3. Glanz, Glut, Schein (Gl., Sch.).
4. Golden.
5. Silbern.

Um möglichst sicher zu gehen, wurden die Werke zweimal durchgearbeitet. Bei der Anlegung der Materialsammlung wurden nur die tatsächlich sinnlich gemeinten Bezeichnungen von Farbenqualitäten berücksichtigt. Alle Fälle, die optische Qualitäten in unsinnlicher Bedeutung enthielten, also alle metaphorisch gemeinten Attribute (wie der bleiche Gram, die glutaugige Eifersucht) wurden nicht für die Verrechnung berücksichtigt. Bei metaphorischen Versinnlichungen von abstrakten Begriffen, wo das Objekt in seiner sinnlichen Eigenart geschildert wird, wurde die Farbenverwendung in die Verrechnung aufgenommen (z. B. die goldenen Saiten der Natur). Zusammenstellungen, bei denen die optische Qualität überhaupt keinen Schilderungswert ausdrückte (z. B. ins Blaue hineinleben), wurden weggelassen. Ebenso die bloße Erwähnung der Sonne, des Mondes und der Sterne, es sei denn, daß ihr Glanz oder Scheinen gemeint sei.

Zur Veranschaulichung möge hier eine kleine Auswahl von Beispielen aus der Materialsammlung, die dem Idyll »Almansur« (1790, Bd. 8, S. 261 f.) entnommen ist, folgen:

Text	Optische Qualitäten
Almansur sah sich in einem schönen Tale, ringsum	
von grünen Bergen umschlossen, im Tale glänzte ein	Grün, Glanz
silberner See, auf dem das Abendrot auf jeder Welle	Silbern, Rot
sich wiegte, die Berge erhoben sich sanft umher und auf	
ihnen schimmerten Reben ... die ganze Gegend	Schimmer, Glanz
spiegelte sich zitternd im See, und das Abendrot und	Schein, Rot
der aufgehende Vollmond gossen ein süßes Licht um	Hell — Schein
alle Gegenstände. Almansur stand und sah die schön-	
bewachsenen Berge, wie der Abendschein über die	Schein
grünen Abhänge herüberschwamm und sanftes Rot auf	Grün, Rot
den gegenüberstehenden Berg streute.	

Die statistische Verrechnung des gewonnenen Materials wurde, wie aus den nachstehenden Haupttabellen zu ersehen ist, nach drei Gesichtspunkten angelegt. Die erste Haupttabelle gibt die absoluten Zahlen, d. h. die Anzahl aller in dem untersuchten Material vorkommenden Farbenqualitäten. Die beiden anderen Haupttabellen enthalten relative Zahlen; die zweite gibt Aufschluß über das Verhältnis der optischen Qualitäten untereinander in Prozenten, d. h. sie zeigt uns, wie oft eine bestimmte Kategorie von Farben, z. B. »Rot« oder »Grün« unter 100 Farbenprädikaten auftaucht. Die dritte Haupttabelle gibt an, wieviel Farbenbezeichnungen durchschnittlich auf 8000 Wörter Text entfallen, d. h. sie berechnet, wie häufig oder selten in dem angegebenen Wortmaterial die Farbenqualitäten erscheinen. Alle drei Arten der Verrechnung erstrecken sich auf Lyrik, Epos, Drama, so daß man durch Vergleichen der Tabellen einen leichten Überblick für die drei Dichtungsgattungen nach jenen drei Gesichtspunkten erhält. Diese so gewonnenen Zahlen können einerseits einen kleinen Beitrag zur allgemeinen Charakteristik der Jugenddichtung Tiecks liefern, anderseits versetzen sie uns in die Lage, einen Vergleich mit den erzielten Ergebnissen bei anderen Dichtern anzustellen.

Beginnen wir nun mit der Betrachtung der absoluten Zahlen in den drei Dichtungsgattungen an der Hand der ersten Haupttabelle. Die untersuchten Werke weisen im ganzen 2094 Farbenbezeichnungen (F. Bz.) auf. Von diesen gehen, wie beistehende Tabelle zeigt, 252 auf die Lyrik, 1393 auf die Epik und 450 auf das Drama. Ferner: auf die Lyrik entfallen 58 B. F. und 194 N. b. F., auf die Epik 326 B. F. und 1067 N. b. F., auf das Drama 95 B. F. und 355 N. b. F. Es ist interessant in diesem Zusammenhang zu beobachten, daß in den drei Dichtungsgattungen die N. b. F. in mehr als dreifach größerer Anzahl vorhanden sind als die B. F. Betrachten wir die B. F. genauer, so sehen wir sofort, daß die einfachen Bezeichnungen für B. F. ein bedeutendes Übergewicht haben über die komplizierten. Gerade hierin liegt der ungeheure Unterschied zwischen der klassisch-romantischen Poesie und der modernen Dichtung. Unsere koloristisch interessierte Zeit bevorzugt die Farbennuancen und -differenzierung. Farbenprädikate, die auf »Rot«, »Blau« und »Grün« gehen, sind stärker vertreten als die übrigen. Das freche,

I. Haupttabelle.

	Lyrik	Epik	Drama
I. Bunte Farben	**58**	**326**	**95**
a) Einf. Bez. f. B. F.	46	253	76
Rot	15	119	22
Purpur	5	18	11
Blau	18	40	21
Grün	8	66	21
Gelb	0	10	1
b) Kompl. Bez. f. B. F.	6	32	12
Nach Rot hin	4	17	6
„ Blau „	2	10	4
„ Grün „	0	3	1
„ Gelb „	0	2	1
c) Bunt	6	41	7
II. Nicht bunte Farben	**194**	**1067**	**355**
a) Stumpfe Farben	6	22	6
b) Neutrale Farben	70	603	202
1. Nach Dunkel hin	45	371	115
2. „ Hell „	21	217	70
3. Grau	4	15	17
c) Glanz, Glut, Schein	66	342	102
d) Golden	41	81	38
e) Silbern	11	19	7

gewalttätige »Gelb« kommt fast gar nicht vor (in der Lyrik gar nicht, im Drama nur ein einziges Mal). Bei den komplizierten Farbenqualitäten bevorzugt Tieck die Gruppe »nach Rot hin«.

Unter den N. b. F. überragen die N. F. und solche Bezeichnungen, die auf »Glanz, Glut, Schein« gehen, sowie die Rubrik »Golden« die anderen bei weitem. Bei den N. F. sind die »nach Dunkel hin« am stärksten vertreten. Dieses Übergewicht veranschaulicht folgende Sondertabelle:

	Lyrik	Epik	Drama
Nach Dunkel hin	45	371	115
„ Hell „	21	217	70
Grau	4	15	17

Der große Unterschied in den Zahlen für Lyrik, Epik und Drama muß sofort in die Augen fallen. »Grau« kommt, wie wir sehen, nur wenig in Betracht. Natürlich muß bei den einzelnen Dichtungsgattungen sehr auf die ungleiche Größe des Materials aufmerksam gemacht werden.

Der zweite Teil dieses Aufsatzes beschäftigt sich mit der Frage, wie sich die einzelnen Farbenqualitäten auf 100 Farbenbezeichnungen verteilen. Bei dieser Verrechnung wurde das Material, wenn möglich, aus den Werken der Jahre 1789—90 und 1795—96 gesammelt. Nachstehende Tabellenreihen können jede für sich betrachtet werden, oder es können durch Nebeneinanderhalten derselben die drei verschiedenen Dichtungsgattungen, Lyrik, Epik, Drama, vergleichend betrachtet werden.

II. Haupttabelle.

	Lyrik %	Epik %	Drama %
I. Bunte Farben	**28,1**	**26,1**	**24,1**
a) Einf. Bez. f. B. F. . . .	16,2	17,6	17,5
Rot	6,6	9,0	6,6
Purpur	2,0	1,0	3,3
Blau	4,3	3,0	2,3
Grün	3,3	4,3	5,0
Gelb	—	0,3	0,3
b) Kompl. Bez. f. B. F. . .	2,9	3,5	2,6
Nach Rot hin	2,3	2,3	2,6
„ Blau „	0,6	0,6	—
„ Grün „	—	0,3	—
„ Gelb „	—	0,3	—
c) Bunt	9,0	5,0	4,0
II. Nicht bunte Farben . .	**71,5**	**73,4**	**75,0**
a) Stumpfe Farben . . .	1,3	1,0	0,6
b) Neutrale Farben . . .	29,0	44,9	42,5
1. Nach Dunkel hin . .	17,0	29,3	24,6
2. „ Hell „ . .	11,0	15,3	14,6
3. Grau	1,0	0,3	3,3
c) Glanz, Glut, Schein . .	24,3	21,6	19,6
d) Golden	13,6	5,6	10,0
e) Silbern	3,3	0,3	2,3

Beim ersten Blick auf die beiden Hauptfarbenkategorien sehen wir das aus den absoluten Farbentabellen gewonnene Urteil bestätigt, nämlich daß ein starker Unterschied in dem Verhältnis der B. F. zu den N. b. F. besteht, wie die folgende kleine Tabelle zeigt:

	Lyrik %	Epik %	Drama %
B. F.	28,1	26,1	24,1
N. b. F.	71,5	73,4	75,0

Was nun die bunten Farben betrifft, so bemerken wir ein Überwiegen der einfachen Bezeichnungen über die komplizierten. Unter den einfachen Farbenqualitäten ist wiederum »Rot« am stärksten vertreten.

Schon bei der Vergleichung der Tabellen mit den absoluten Zahlen beobachteten wir unter den N. b. F. eine auffallende Bevorzugung der Prädikate nach der Gruppe »Glanz, Glut, Schein«. Diese nehmen auch bei der prozentualen Verrechnung einen bedeutenden Raum ein. Unter den N. F. überragt die Farbenqualität »nach Dunkel hin« die anderen bei weitem, wie das folgende Sondertabelle bestätigt.

	Lyrik %	Epik %	Drama %
Nach Dunkel hin	17	29,3	24,6
„ Hell „	11	15,3	14,6
Grau	1	0,3	3,3

Das Verhältnis aller übrigen Farbenprädikate untereinander für jede Dichtungsgattung läßt sich aus vorstehender Haupttabelle leicht ablesen, und es ist hier nicht nötig, näher darauf einzugehen.

Die nächste Haupttabelle bringt die Verrechnung der einzelnen optischen Qualitäten auf ein gleiches Wortmaterial. Sie gibt uns deshalb einen viel genaueren Maßstab für die Häufigkeit ihrer Verwendung, als die beiden anderen Haupttabellen. Es handelt sich hier um die Frage, wieviel B. F.- oder wieviel N. b. F.-Bezeichnungen entfallen auf je 8000 Worte Text. Während die früheren Zahlenangaben nicht auf ein gleich großes Material verrechnet waren und daher nur zu wahrscheinlichen Urteilen leiten konnten, geben uns folgende Zahlen bestimmte Antwort auf die Frage, ob der junge Tieck sich in der Lyrik oder Epik mehr der Farben als Schilderungsmittel bedient hat als im Drama, oder auch umgekehrt. Bei dieser Verrechnung wurde die Materialsammlung auf die verschiedenen Jahre 1789—96 verteilt.

Wir lassen hier die dritte Haupttabelle folgen, wobei die erste Reihe die Verwendung der Farben auf 8000 Wörter in der Lyrik, die zweite ebenso in der Epik, die dritte im Drama angibt.

III. Haupttabelle.

	Lyrik	Epik	Drama
I. Bunte Farben	**22,25**	**28,7**	**25,5**
a) Einf. Bez. f. B. F. . . .	12,75	20,2	17,6
Rot	5,25	10,0	4,3
Purpur	1,0	1,6	3,0
Blau	4,25	3,0	5,0

	Lyrik	Epik	Drama
Grün	2,25	5,0	5,3
Gelb	—	0,6	—
b) Kompl. Bez. f. B. F. . .	1,75	3,2	4,9
Nach Rot hin	1,5	1,6	3,0
„ Blau „	0,25	1,0	1,3
„ Grün „	—	—	0,3
„ Gelb „	—	0,6	0,3
c) Bunt	7,75	5,3	3,0
II. Nicht bunte Farben . .	**65,75**	**91,0**	**63,2**
a) Stumpfe Farben	1,5	0,3	1,0
b) Neutrale Farben . . .	26,75	41,9	34,0
1. Nach Dunkel hin . .	17,25	27,3	19,0
2. „ Hell „ . .	8,75	14,3	13,0
3. Grau	0,75	0,3	2,0
c) Glanz, Glut, Schein . .	23,5	36,6	19,3
d) Golden	11,5	10,6	7,6
e) Silbern	2,5	1,6	1,3
Farben überhaupt . . .	88,0	119,7	88,7

	B. F.	N. b. F.
Tab. der abs. Zahl		
Lyrik	58	194
Epik	326	1067
Drama	94	355
Tab. der proz. Verr.		
Lyrik	28,1 %	71,5 %
Epik	26,1 „	73,4 „
Drama	24,1 „	75,0 „
Tab. auf 8000 Wörter		
Lyrik	22,25	65,75
Epik	28,7	91,0
Drama	25,5	63,2

Um einen leichteren Überblick zu gewinnen, stellen wir aus den drei Reihen die uns hier zunächst angehenden Zahlen für die B. F. und die N. b. F.-Verwendung überhaupt in eine kleine Tabelle zusammen, so daß wir die verschiedenen Dichtungsgattungen bezüglich der Häufigkeit der B. F. und N. b. F. bequem überschauen können.

Farbenbezeichnungen überhaupt.

	B. F.	N. b. F.	Zusammen
Lyrik	22,25	65,75	88
Epik	28,7	91,0	119,7
Drama	25,5	63,2	88,7

Wie sich aus dieser Sondertabelle ergibt, überwiegen wiederum die N. b. F.- bei weitem die B. F.-Qualitäten. Das Verhältnis ist ungefähr 3:1.

Zur deutlichen zusammenfassenden Übersicht möge hier für die B. F. und die N. b. F. im ganzen ein Auszug aus den drei verschiedenen Haupttabellen folgen. (Tab. der abs. Zahl. — Tab. der proz. Verr. — Tab. auf 8000 Wörter.)

Beim Vergleichen der B. F. mit den N. b. F. finden wir für jede Dichtungsgattung annähernd dasselbe Verhältnis, nämlich 1:3. Ferner bestätigt die Tabelle mit der prozentualen Verrechnung sowie die andere mit der Verrechnung auf 8000 Wörter das regelmäßige Verhältnis der beiden Hauptfarbengruppen untereinander in jeder Dichtungsgattung. Der junge Tieck bleibt sich also in Lyrik, Epik und Drama in der Verwendung der B. F. wie der N. b. F. fast völlig gleich.

Es erübrigt sich noch, nach diesen Erörterungen der allgemeinen Resultate auf den Gebrauch der einzelnen Farben selbst in den drei Dichtungsgattungen einzugehen.

Schon aus den ersten beiden Haupttabellen ersahen wir, daß unter den B. F. »Rot, Blau, Grün« und Bezeichnungen, die auf »Bunt« gehen, den weitaus größten Raum einnehmen. Dasselbe Bild bietet sich bei der Verrechnung auf 8000 Wörter. Dabei ergibt sich, daß das Rot, diese prächtigste unter den bunten Farben, am häufigsten vertreten ist. Diese Farbe hat auf den jungen Tieck überhaupt die zauberischste Anziehungskraft ausgeübt, und er verwendet sie mit besonderer Vorliebe. Dabei entfallen die meisten Beispiele auf den roten Morgen- und Abendhimmel (Morgenröte und Abendröte). Beim Kommen und Scheiden der Sonne wird bei Tieck die Röte des Himmels als etwas Selbstverständliches angenommen. Statt »ein jeder Morgen« heißt es bei ihm »ein jeder r o t e Morgen«, ohne daß damit Morgenstimmungen einer speziellen Art herausgehoben werden sollen: für Tieck ist eben jeder Morgen rot. Und wenn er mit Ungeduld die Abendröte erwartet, so ist hier Abendröte synonym mit Abend schlechtweg. Ferner wird das »Rot« häufig herangezogen in den von Tieck bis ins kleinste durchgeführten Morgen- und Abendrotlandschaften. Das Rot bestimmt für Tieck den Gefühlswert des Sonnenauf- und -untergangs. Dieser Kult des Abend- und des Morgenrots sowie des Mondscheins, wie wir später sehen werden, ist bezeichnend für das malerische Empfinden Tiecks und der Romantiker überhaupt. — Bemerkenswert ist auch bei Tieck die Häufigkeit des r o t e n Mondes, eines Motivs, das meist im Dienste einer unheimlichen Stimmung steht. Bei der roten Farbe ist es auch besonders, wo Tieck differenziert und nuanciert.

Psychologisch interessant ist das fast gänzliche Fehlen von »Gelb« und den Qualitäten »nach Gelb hin«. In dem Häufigkeitsgebrauch der Farbenbezeichnung »Bunt« steht unter den Dichtungsgattungen die Lyrik an der Spitze.

Bei den N. b. F. überwiegen die N. F. und solche Bezeichnungen, die ein Glänzen, Glühen, Leuchten in sich schließen, die übrigen Farbengruppen bei weitem. In der Verwendung der N. F. finden wir als besonders hervortretend in allen Dichtungsgattungen die Vorliebe für »Dunkel«. Das ist nicht zufällig. Sie findet ihre Erklärung in Tiecks ganzem Wesen. Das Schwarze und Farblose, das Dunkle und Eintönige ist für ihn Symbol der Trauer und des Ernstes. Traurige Erlebnisse, seelische Depression, hypochondrische Angst, Lebensverzweiflung, Todesgrauen: diese Seelenstimmungen sind der Boden, aus dem die Erstlingsschriften Tiecks emporwuchsen. — Das zwischen »Hell« und »Dunkel« stehende kalte »Grau« findet sich in der Farbengebung entsprechend selten.

Der häufige Gebrauch der Farbenprädikate »Glanz, Schein, Schimmer« hängt zusammen mit einer bestimmten Tendenz in Tiecks Farbenempfinden: eine ausgesprochene Vorliebe für alle jene Erscheinungen, die »hauchartig und zitternd, wolkig flimmernd und huschend, unsicher und bleich das romantisch Ahnungsvolle, geheimnisreiche Lebendige vertreten«. Dies Prinzip beherrscht auch Tiecks Mondlandschaften, welche in überschwenglichem Maße dichterische Verwendung finden. »Die Mondnacht kommt im Gegensatz zu der toten Finsternis Tiecks koloristischer Manier entgegen, indem sie ihm all jenes fragende, heimliche Leben zuträgt, das er seinen Lichtern und Farben so gerne gibt.« Bemerkenswert ist, daß der Mondschein den Sternenhimmel fast ganz aus der Nachtschilderung verdrängt. Tieck kann ihn als Medium des Nachtzaubers so wenig entbehren, daß er sozusagen keine Nächte ohne Mondschein kennt. Er setzt ihn auch dann voraus, wenn er ihn nicht erwähnt; die Mondnacht ist für ihn die Nacht schlechthin. — Fast stereotyp werden die Bezeichnungen »Glühen, Flammen usw.« bei starkgetönten Blumen und Früchten, vor allem bei Rosen und Granaten, sowie bei der durchsichtigen Farbe des Juwels oder der stark reflektierenden Oberfläche des Goldes. Das Leuchten ist auch Charakteristikum der Blumen gegenüber dem Grase. — Ein Lieblingsthema des jungen Dichters ist fernerhin ein tausendfarbig strahlendes Feuerwerk.

Was nun die beiden letzten Farbenbezeichnungen betrifft, so ist es psychologisch interessant zu beobachten, daß die Qualität »Golden« eine stärkere Verwendung aufweist als »Silbern«, wie das untenstehende Sondertabelle bestätigt, welche die absoluten Zahlen sowie die prozentuale Verrechnung und die Verrechnung auf 8000 Wörter enthält.

	Lyrik	Epik	Drama
Tab. der abs. Zahl			
Golden	41	81	38
Silbern	11	19	7
Tab. der proz. Verr.			
Golden	13,6 %	5,6 %	10,0 %
Silbern	3,3 „	0,3 „	2,3 „
Tab. auf 8000 Wörter			
Golden	11,5	10,6	7,6
Silbern	2,5	1,6	1,3

Bei den absoluten Zahlen ist selbstverständlich der Unterschied im Reichtum des Materials in Betracht zu ziehen. Dieser häufige Gebrauch des Attributs »Golden« verrät die romantische Neigung, »alles Freudig-Schöne mit den prächtigsten Metallfarben, vor allem mit Gold zu imprägnieren«.

Indem wir nun die in dieser Untersuchung gewonnenen Resultate zusammenfassen, können wir sagen, daß der junge Tieck sich in der künstlerischen Verwendung der Farben in Lyrik, Epik und Drama im ganzen genommen ziemlich gleichgeblieben ist. Ferner beobachten wir in allen drei Dichtungsgattungen ein bedeutendes Übergewicht der N. b. F. über die B. F. Unter den N. b. F. spielen diejenigen Farbenqualitäten, die sich auf »Glanz, Glut usw.« beziehen, die größte Rolle; und wiederum unter den N. F. überragen die Prädikate »nach Dunkel hin« bei weitem diejenigen »nach Hell hin«. Die Bezeichnung »Golden« endlich wird häufiger herangezogen als »Silbern«.

Zur methodischen Grundlegung der Cohenschen Ästhetik.

Von

Artur Buchenau[1]).

Es ist das unleugbare Verdienst der nachkantischen, insbesondere der Hegelschen Philosophie, die Aufmerksamkeit auf die historischen Probleme nicht nur, sondern vor allem auch auf die Methodik der Geschichtswissenschaften gelenkt zu haben und so nach dieser Seite hin das Kantische System ergänzt zu haben. Wer daher heute mit einer systematischen Arbeit sich hervorwagt, der wird die historische Orientierung, ja Legitimierung seiner Gedanken nicht scheuen dürfen. So muß die moderne an Kant anknüpfende Forschung, wie Hermann Cohen bereits in der Vorrede zu seinem Buche »Kants Theorie der Erfahrung« (S. 6) ausdrücklich betont, historische und systematische Interessen miteinander aufs engste verknüpfen. Das gilt, wenn schon für die Logik und die Ethik, so erst recht für die ja mit allen übrigen Problemen der Kultur aufs engste verwobene Ästhetik; denn gerade auf diesem Gebiete der »Kritik der Urteilskraft« (um mit Kant zu reden) macht sich ja oberflächlichster Dilettantismus und selbstüberzeugtes Künstlertum in oft recht unangenehmer Weise breit, so daß es von großer Bedeutung erscheint, vor allem in dieser Disziplin dem »Faustrecht des Philosophierens entgegen für das Eigenrecht der weltgeschichtlichen Philosophie einzutreten«. Was sollte aus der Philosophie werden, wenn nur die Kunsthistoriker oder nur die Künstler das Recht hätten, über die Kunst und die Künste zu philosophieren? Diese Frage vornehmlich geht den Ästhetiker an. Mögen immerhin die Künstler und die Kunstgelehrten zu Philosophen werden, so erfordert doch das Problem der Ästhetik mehr als einen halben Gelehrten und einen halben Künstler! Das System der Philosophie und damit der Begriff der Philosophie erscheint bedroht, wenn man den Versuch macht, ihr die Ästhetik zu entziehen.

So darf für den an Kant orientierten Philosophen die Ästhetik nicht isoliert gedacht werden, sondern allein als das dritte Glied eines Systems der Philosophie. In diesem Sinne und in dieser Bedeutung wird von Hermann Cohen das Problem gefaßt in seiner: »Ästhetik des reinen Gefühls« (Berlin, Bruno Cassirer, 2 Bände, 1912). Dabei kommt es ihm darauf an, zwei Dinge zu eindringlicher Klarheit zu bringen, nämlich erstens den Unterschied der Ästhetik von Kunstgeschichte und Kunstwissenschaft und zweitens die Definition der philosophischen Ästhetik als einer systematischen. Es ist das die vornehmliche Obliegenheit des philosophischen Schriftstellers, sich zu bestreben, das Lebensrecht und das Eigenrecht der Philosophie klarzustellen für die Wissenschaften, für die Künste, für die allgemeine Kultur. Der Kultur fehlt die Einheit und der Halt, wenn ihr das Rückgrat der Philosophie gebrochen wird. Philosophie, das ist aber für uns — unbeschadet aller sonstigen abseitigen Bestrebungen, die sich unter diesem Namen bergen mögen — sachlich gleichbedeutend mit Idealismus, und so ist Cohens Ästhetik eine idealistische Ästhetik, wobei nicht zu vergessen ist, daß der Idealismus, vor allem der platonische, nur einen Höhepunkt in der Entwicklung des Rationalismus darstellt, der die Quelle aller geistigen Kultur ist. Der Idealismus ist, anders ausgedrückt, der methodische Rationalismus. »Idealismus« — das ist das Wort, in

[1]) Obwohl bereits im zweiten Heft dieses Jahrgangs eine Besprechung des Cohenschen Werkes erschienen ist, wird den Lesern der kleine Aufsatz willkommen sein, da er in anderer Weise das Verständnis des schwierigen Buches zu erleichtern sucht. M. D.

dem der deutsche Geist mit der Urkraft des Griechentums zusammenhängt, und wo dieser Zusammenhang erstrebt und erreicht wurde. In ihm ist die Wurzel des wissenschaftlichen Geistes der Humanität gesucht und zu neuem Wachstum befreit worden. Alle geistige und sittliche Kraft des Deutschtums zumal und alle Zuversicht für den wahrhaften Fortschritt, aller Glaube an die Zukunft der Kulturvölker hat in diesem griechischen Idealismus seine lebendige, unerschöpfliche und durch keine andere Kultur ersetzbare Quelle. So gilt es, dieses Wort als Mahnwort zur unaufhörlichen Rechtfertigung der Kultur vor dem alleinigen Forum der wissenschaftlichen Vernunft heilig zu halten.

Wie ist nun die Grundlegung einer solchen idealistischen, das heißt: systematischen Ästhetik zu vollziehen? Die Antwort auf diese Frage sucht der erste Band der Cohenschen »Ästhetik« zu geben, während der zweite die Anwendung der Ästhetik auf die einzelnen Künste erörtert. Um den Eingang zur Cohenschen Problemstellung zu finden, wird es erforderlich sein, zunächst den Terminus des »Reinen« zu betrachten, den Cohen ebenso wie Plato und Kant zu einem Pfeiler seines Systems macht, während charakteristischerweise die philosophische Romantik damit nicht viel anzufangen weiß. Indem dem Terminus der Reinheit der Wert der methodischen Erzeugung zugesprochen wird, entsteht und ersteht für das erste Gebiet der Kultur die »Logik der reinen Erkenntnis« und für das zweite die »Ethik des reinen Willens«. Denn die reine Erkenntnis umfaßt den gesamten Apparat jener Grundlegungen, welche das Quellgebiet der in der Mathematik basierten Naturwissenschaft bilden, und ebenso bezeichnet der reine Wille, im Gegensatz zu allen Naturbedingungen tierischer Instinkte und wirtschaftlicher Antriebe, die spezifisch menschliche Grundlage für eine Entwicklung der Menschheit in der Geschichte der Völker, daher zugleich aber auch die Grundlegung für die Idee des Menschen selbst als eines sittlichen Individuums, als einer Einheit aus dem Gesichtspunkte der Ethik. Das Bewußtsein der Kultur ist nun aber durch Wissenschaft und Sittlichkeit nicht ausgefüllt; die Geschichte der Kultur lehrt uns, daß der Begriff der Kultur nicht erschöpfend durch Wissenschaft und Sittlichkeit bestimmt wird. Diese Lehre, die ja allerdings an und für sich betrachtet nur eine faktische Mahnung ist, hat dennoch keine geringere Kompetenz, als welche auch in der Faktizität der Wissenschaft und der sittlichen Kultur in Recht und Staat besteht. Zu diesen »Welten« der Natur und der Sittlichkeit tritt nun als dritte die »Welt der Kunst«, jenes absonderliche »Faktum« der geistigen Kultur, das in seiner Gesetzlichkeit (wofern es eine hat!) zu verstehen der Terminus des »Reinen« seine ewige Mahnung aufstellt.

Ist so im Begriff des »Reinen« an Kant anzuknüpfen, so ist doch anderseits ein Hinausgehen über seine Positionen geboten. Denn Kant hat zwar das ästhetische Problem als ein eigenartiges und selbständiges erkannt, aber dann der Ästhetik doch nicht eine eigene Kritik eingeräumt, sondern sie als ästhetische Urteilskraft mit der teleologischen zusammengespannt, worin gewiß ein Mangel an Klarheit und Sicherheit zu sehen ist. Und doch liegen hierin nicht nur Fehler und Schwächen, sondern zugleich auch fruchtbare Keime und Ansätze. Wurde doch bekanntlich Goethe vorzugsweise durch die dort eingesetzte Verbindung von Natur und Kunst für die erste Befreundung mit Kants Lehre gewonnen [1]). Trotz dieses Mangels Kants bleibt es eine Tat wahrhafter Originalität der Systematik, daß nunmehr die Ästhetik als ein selbständiges, gleichwertiges Glied im System der Philosophie zustande

[1]) Siehe hierzu meinen Aufsatz: Goethe und Schiller in ihrem Verhältnis zum Kantischen Idealismus. (Zeitschr. für lateinl. höh. Schulen. 1912. Okt.-Heft.)

gekommen ist. Es ist dies um so mehr zu bewundern, als Kant persönlich von den ästhetischen Interessen in ihrer Vielseitigkeit und Intensität sich noch gar nicht eigentlich ergriffen zeigt, in dieser Beziehung also seinen Anhängern und Nachfolgern gewiß nachsteht. Um so überzeugender spricht aus dieser merkwürdigen Tatsache der schöpferische Geist der methodischen Systematik. So leuchtet die Reife der kritischen Philosophie aller Kultur gegenüber vielleicht an keinem Punkte mehr ein als durch die Eroberung der systematischen Ästhetik.

Aus welchen Gründen taucht nun hartnäckig immer wieder die Meinung auf, eine solche systematische Ästhetik sei durchaus zu bekämpfen und abzulehnen? Man glaubt vorab, dem angeblichen eigensten Interesse der Kunstwelt selbst mit dieser Abwehr zu dienen. Die Kunst selbst werde geschädigt und in ihrer Selbständigkeit gehemmt, so argumentiert man, wenn ihr von außen her eine Gesetzlichkeit zugemutet wird. Dieses »von außen her« enthält den grundsätzlichen Irrtum in sich; denn wäre die Ästhetik eine auswärtige Instanz für die lebendige Kunst, so wohl analog auch die Logik eine äußere Gegebenheit für die Wissenschaft, die Ethik desgleichen für die Sittlichkeit?! Diesen Skeptizismus, der von der Romantik, die am liebsten alle Grenzen zwischen den einzelnen Disziplinen verwischen möchte, gar nicht so sehr verschieden ist, gilt es zu entwurzeln, wenn man überhaupt den Zugang zum Problem des Systems der Philosophie finden will. Wir kommen zur Ästhetik, indem wir von der Logik und der Ethik zu ihr fortschreiten, in welchem Fortschreiten vom einen Gliede des Systems zum andern eine innere Notwendigkeit liegen muß. Es darf kein absoluter Zufall, kein Wunder und keine Mystik vor der Kritik Bestand behalten. Gesetzlichkeit muß jedes Wunder aufheben. Die Kultur ist einheitlich, weil ein einheitliches Gesetz in ihr waltet und zur Entdeckung gebracht werden muß. Das eben ist die Aufgabe der systematischen Philosophie, die Kultur einheitlich zu machen in ihrer einheitlich-methodischen Gesetzlichkeit. Richtet sich also scheinbar die Skepsis bloß gegen die Ästhetik, so in Wahrheit gegen die einheitliche Kultur, und eben darin liegt ihre Gefahr, liegt aber zugleich auch das Heilmittel, da ja, wie auch die Gegner der Ästhetik werden zugeben müssen, an dieser Einheit der Kultur nicht gerüttelt und nicht gezweifelt werden darf.

Indessen darf es bei diesem negativen Verhältnis von naiver Kunstauffassung und Ästhetik nicht bleiben! Es ist ja nicht daran zu zweifeln, daß die Kunst zu allen Inhalten des Kulturbewußtseins, zur Wissenschaft wie zur Sittlichkeit, in innigstem, lebendigstem Zusammenhange steht, und so wird um so einleuchtender die Ansicht, welche seit Jahrzehnten die moderne Zeit beherrscht und welche in der eifrigsten Pflege der Kunstgeschichte zur Betätigung kommt. Es wird immer mehr zum Gemeingut der Bildung, daß alle Geschichte einseitig bleibt, einäugig nach dem Gleichnisworte Bacons, wenn sie nicht zum mindesten auch aus dem Gesichtspunkte der Kunst orientiert wird. Hier ist nun Cohens These: es gibt keine Kunstgeschichte, es sei denn auf Grund der Ästhetik. Denn für diese allein und in ihr allein gibt es eine Kunst, die Kunst, — die Kunst als Einheit. Die Ästhetik allein, als eine systematische Disziplin der Philosophie, vermag den problematischen Begriff der Einheit zu verwalten und zu rechtfertigen. Außerhalb der Ästhetik und scheinbar unabhängig von ihr gibt es nur Künste, kann es solche nur in ihrer Mannigfaltigkeit geben. Es ist also, bei aller Anerkennung der Bedeutung und des Wertes der Kunstgeschichte, falsch, ihr eine für die Gesamtkultur zentrale Bedeutung zuzusprechen. Gewiß bildet die Kunst ein Zentrum der Weltgeschichte, aber nur ein Zentrum, nicht das Zentrum. Die Kunstgeschichte hat stets eine doppelte Aufgabe, nämlich einerseits die genaue Beschreibung und Beleuchtung des einzelnen Kunstwerks, zweitens aber die Aufweisung der historischen Zusammenhänge, d. h. sie darf es nicht umgehen, ein jedes Kunstwerk auch in seiner zeitlichen Bedingtheit, im Zusammenhange seiner Schule zu betrachten. So wird die Isolierung methodisch ausgeschlossen, und in dem zeitgeschichtlichen Zusammenhange wird das Hauptmoment der Geschichte, das der Zusammenhang bildet, tatsächlich anerkannt. Und doch sind es ja eben immer Individuen und müssen es Individuen sein, in denen und durch die die Kunstart aller Zeiten ins Leben tritt. Die Kunst, so sagt Kant, ist die Kunst des Genies. Wir können hier hinzufügen: die Kunst des Genies ist die Kunst des Individuums. So scheint es, als ob die Kunst sich dem Problem der Geschichte prinzipiell entzöge. Denn die Geschichte kennt zwar auch Individuen und muß sie in ihrer ganzen Vollkraft und Eigenart zur Entdeckung bringen, aber (wie die Ethik uns zeigt) es sind diese Individuen der Weltgeschichte doch immer zugleich gleichsam Summenbegriffe ihrer Nationen und ihrer Zeitalter. Und die Nationen wiederum in all ihrer Eigenart und die Zeitalter in all ihrer Ursprünglichkeit sind doch nur wie Wiederholungen des Schöpfungstypus der allgemeinen Weltgeschichte.

Indessen ist hier noch ein Moment zu beachten, das eine neue Komplikation des Verhältnisses von Kunstgeschichte und Ästhetik zu enthalten scheint. Es liegt in dem Emporstieg der Kunstgeschichte zur Kunstwissenschaft. Diese Bezeichnung — so könnte man meinen — will darauf hinweisen, daß das, was die Ästhetik zu leisten beansprucht, vielmehr von der Kunstwissenschaft oder Kunsttheorie zu leisten ist. Oder, das wäre die andere Möglichkeit, soll durch die Kunstwissenschaft etwa die Kunstgeschichte ersetzt werden? Wenn man von den logischen Problemen ausgeht, welche die Kunsttheorie behandelt, so könnte es scheinen, als ob es nur ein Streit um Namen wäre, der bei der Alternative: Kunstwissenschaft oder Ästhetik verhandelt würde. Solche bedeutenden kunstwissenschaftlichen Untersuchungen verdanken wir Gottfried Semper, Wölfflin, vor allem aber Adolf Hildebrand, der in dieser tiefen Frage mit der Sicherheit des Meisters vorgegangen ist. Seine Schrift über das Problem der Form könnte man als ein Hilfswerk für den logischen Idealismus bezeichnen. In diesem Buche ringt der philosophische Geist eines großen Künstlers um die Rechtfertigung seiner Kunst aus den logischen Grundlagen des wissenschaftlichen Geistes, und es ist hier die Einsicht zur Klarheit gekommen, daß die bildende Kunst ihre methodischen Grundlagen in der Wissenschaft hat. Hier handelt es sich keineswegs nur um die physiologische Optik, sondern um die letzten Grundlagen der gegenständlichen Erkenntnis, soweit diese in der Erzeugung des objektiven Kunstwerks eine typische Grundform finden. So ist denn die Kunstwissenschaft zur logischen Theorie der Kunst geworden. Es entsteht nun aber die Frage: Kann diese Logik der Kunst die Ästhetik der Kunst ersetzen? Sollte wirklich die Logik der Kunst alle ästhetischen Probleme zur Verhandlung, geschweige zur Lösung bringen? Wir wissen, daß die Ästhetik, als systematische Ästhetik, neben der Logik, auch neben der Ethik stehen muß. Es kann daher nicht genügen, daß die Kunstwissenschaft das logische Problem auf sich nimmt. Wenn sie der Aufgabe der Ästhetik gewachsen sein will, müßte sie zugleich auch die der Ethik übernehmen, wovon natürlich nirgendwo die Rede ist und sein kann. So liegt schon jetzt die notwendig eingeschränkte Bedeutung der Kunstwissenschaft klar vor Augen. Hätte man die systematische Ästhetik nicht aus dem Auge verloren, so hätte man sich überdies sagen müssen, daß diese logische Theorie, so wichtig sie für die Gesamtlage der Philosophie ist, schon deshalb die Ästhetik nicht ersetzen kann, weil sie nur die Kunstwissenschaft der bildenden Kunst begründen kann. So fundamental diese ist, so steht ihr aber in anderer Hinsicht die Poesie an Fundamentalität nicht nach.

und die logische Theorie der bildenden Kunst kann nicht zugleich auch die der Poesie sein. Daher läßt sich zusammenfassend sagen: wenn es ein methodisches Problem ist, daß es die Kunst gebe, daß die Künste zu einer Einheit sich vereinigen lassen, — so ist diese Aufgabe die der Ästhetik. Das Problem der Ästhetik ist das Problem der Einheit der Kunst.

Wie wird nun diese systematische Bedeutung der Ästhetik zur methodischen Erfüllung gebracht? Die systematische Philosophie ist für alle ihre Glieder durch den Begriff der Gesetzlichkeit bedingt, also wird er, wofern die Ästhetik eine systematische sein soll, auch für sie zu gelten haben. In der Gesetzlichkeit, nicht in dem Inhalt der einzelnen Gesetze besteht das, was in der Logik und Ethik als »rein« ausgezeichnet wurde. Der Verdacht gegen die Ästhetik hat nun seinen hauptsächlichen Grund in der Meinung, daß bestimmte Gesetze als Vorschriften für das Kunstschaffen den Inhalt und den Zweck der Ästhetik bilden. In der Tat hatte man im Zeitalter der Aufklärung bisweilen noch so banausisch gedacht. Was dem alten Homer möglich geworden sei — so meinte der Rektor Weisse — das müßte in aufgeklärteren, fortgeschritteneren Zeiten um so sicherer möglich sein! Im Grunde geht ja auch das Mißverhältnis, welches damals noch zu Shakespeare bestand, auf das Vorurteil von den bestimmten Gesetzen der dramatischen Komposition zurück. Hier bewährt sich der scharfe Unterschied zwischen Gesetz und Gesetzlichkeit. Das Genie ist eine Offenbarung der Gesetzlichkeit; daher offenbart es neue Gesetze. Der Künstler, der die Höhe des Genies nicht erreicht, verletzt nicht sowohl die Gesetze als vielmehr die Gesetzlichkeit. An Gesetzen läßt ja gerade er am wenigsten es fehlen. Sie sind aber nur technische Krücken und schablonenhafte Theorien. Dahingegen gebricht es an der Harmonie dieser Gesetze mit der Gesetzlichkeit, welche in einer bestimmten Kunst nach ihrem Zusammenhang mit, wie nach ihrem Unterschiede von den anderen Künsten als allgemeine Voraussetzung der systematischen Ästhetik zu gelten hat.

So kommt alles darauf an, daß von vornherein der Begriff einer ästhetischen Gesetzlichkeit, gemäß dem systematischen Begriffe der Gesetzlichkeit, zur Bestimmung gebracht werden kann. Hier könnte nur noch grundsätzliche Skepsis einen Einspruch erheben. Ihre Zurechtweisung aber gehört der Logik an. Die Skepsis gegen die Ästhetik ist das Unverständnis von der Vernunft der Kunst. Die Gesetzlichkeit der Ästhetik ist die Vernunft der Kunst. Die Gesetzlichkeit geht niemals restlos auf in den Gesetzen, die in jedem individuellen Kunstwerk ihre Schattenseiten behalten. Nicht das Gesetz macht den Künstler zum Genie, sondern die Gesetzlichkeit ist es, aus der das Gesetz entspringt, aus der das Gesetz in seiner Relativität hervorgeht, von der auch das höchste Kunstwerk selbst nicht ganz befreit sein kann. Die Gesetzlichkeit ist nun nach Cohen gleichbedeutend mit der Hypothesis im platonischen Sinne, mit der Grundlegung. Alle wissenschaftliche Untersuchung, alles Denken und Erkennen, welches auf alle Tatsachen der Kultur gerichtet sein muß, jede einzelne Untersuchung wie alle Forschung im allgemeinen hat zu ihrer methodischen Voraussetzung nicht sowohl eine Grundlage als vielmehr eine Grundlegung. Das Genie, welches hier bei der Kunst vorausgesetzt wird, darf dagegen keine Gegeninstanz bilden. Das wahrhaft Schöpferische kann nur ein ewig Ursprüngliches zu bedeuten haben, dieses aber ist das ewig Wirksame, das ewig Fruchtbare. So ist das Genie nur ein Ausdruck der Vernunft, der Gesetzlichkeit in der Kunst. Mithin enthält das Genie nicht minder auch die Voraussetzung einer Grundlegung, die es sich selbst in seinen Werken legt und der es selbst auch gerecht werden muß.

Die gewöhnlichen Einwände gegen eine ästhetische Gesetzlichkeit können uns nicht mehr beirren, weder die vom Wechsel der Ansichten im Wechsel der Völker und Zeiten, noch die von der Verschiedenheit der Kunstobjekte, ihrer Aufgaben und Ziele wie ihrer technischen Mittel und Methoden, noch auch die von der Mannigfaltigkeit der Kunstgattungen selbst. So gewiß man trotz all dieser Verschiedenheiten dennoch die Einheit der Kunst behauptet, so gewiß ist die Einheitlichkeit einer methodischen Grundlegung zu behaupten für diese Einheit. Und wie sollte diese systematische Gesetzlichkeit sich anders finden lassen als auf dem einen Wege der Grundlegung? Wer sie anderswoher beziehen möchte, der mag sie sich offenbaren lassen, oder sollte sie etwa gar experimentell zu bestätigen sein?! Die Logik hat mit solchen Beglaubigungsweisen nichts zu tun, und so wie die Ethik als die Logik der Geisteswissenschaften, so wird ja analog die Ästhetik als die Logik der »Welt der Kunst« (wie wir zunächst es noch unbestimmt ausdrücken wollen) zu suchen sein! Nur ein solcher Ausgang kann ein methodisches Ergebnis haben. So sind in der Logik Begriffe und Grundsätze von sachlichem Erkenntniswert für das Problem der Natur. Begriffe wie Raum und Zeit, Grundsätze wie die der Substantialität und der Kausalität, erweisen sich unmittelbar als Grundlegungen an den Problemen des Seins, an denen der Natur. Und auch die Ideen, die Erweiterungen der Grundsätze, lassen diese sachliche Beziehung auf das Problem der Naturwissenschaft deutlich erkennen; denn die Mannigfaltigkeit der Ideen vereinigt sich in der Idee des Zwecks. Gerade das Zweckprinzip bringt es zu voller Klarheit, daß die Grundlegung eine logische Maßregel ist und nicht etwa eine objektive, den Dingen immanente Grundlage. Ähnlich läßt sich in der Ethik die methodische Bedeutung der Grundlegung erkennen, denn die Freiheit als Idee ist ja auch niemals etwas Gegebenes, sondern eine ewige Aufgabe; in der Freiheit und in der Handlung wird der Mensch selbst zur Grundlegung, kommen wir, anders ausgedrückt, überhaupt erst zum wahren Begriffe des Menschen.

Gibt es nun aber solche Begriffe und Grundsätze oder auch nur solche Ideen für die zu begründende Ästhetik? Man könnte die Frage mit dem Hinweis auf die hergebrachten ästhetischen Grundbegriffe, auf die des Schönen und des Erhabenen zu beantworten suchen. Aber das ist ja eben die Frage, ob es ein Schönes, ein Erhabenes in dem Sinne gibt, daß dadurch das ästhetische Problem in seiner Eigenart begründet wird. Vielleicht haben diejenigen Recht, welche das Schöne dem Wahren gleichsetzen und das Erhabene entweder unter der Form der Größe dem Wahren einordnen oder aber dem Sittlichen zuordnen? Dann aber würde die Möglichkeit hinwegfallen, eigene ästhetische Grundlegungen in diesen Begriffen zu erkennen. Diese Bedenken steigern sich noch von einer anderen Seite. Es entsteht die Frage nach dem Gegenstand wie in Logik und Ethik, so auch hier in der Ästhetik. Der naive Empirist meint, der Gegenstand sei »gegeben«, aber das ist ein gefährlicher, mißverständlicher Ausdruck. Der Gegenstand muß stets für die Erkenntnis und in ihr erzeugt werden. So fordert es die Reinheit und so bringt sie es zur methodischen Wahrheit. Der Gegenstand muß immer der reine Gegenstand sein. Läßt sich nun für die Ästhetik ein solcher reiner Gegenstand isolieren? Man könnte meinen, daß sich ja im Kunstwerke dieser Gegenstand darstellt. Und doch wäre damit nur die Frage wiederholt; denn es stände ja noch keineswegs fest, daß das Kunstwerk wirklich etwas durchaus Eigenartiges, daß es mehr als etwa ein Naturprodukt des menschlichen Triebes oder eine Spielart seines sittlichen Sinnes wäre. Das Bedenken steigert sich geradezu, wenn der Blick sich von der Kunst auf das Kunstwerk richtet. Muß es doch in seiner Wirklichkeit zunächst ein Gegenstand der Natur sein; denn — Natur ist der Marmor wie die Leinwand und die Farbstoffe. Was unterscheidet denn nun das Kunstgebilde von dem Naturobjekt, an dem und in dem es sich doch selbst vollziehen muß? In dem Kunstwerk ist Geist und Seele, die im Marmor in diesem Sinn nicht sind. Nicht allein Geist, der auch in der Erkenntnis des Marmors sich betätigt, sondern auch Seele, das will sagen, der absonderliche Zusammenhang von Gedanken, welcher nicht auf die Natur, sondern auf die Sittlichkeit gerichtet ist (Zeus- oder Athene-Statue!). So löst sich, scheint es, der ästhetische Gegenstand nicht nur in den Naturgegenstand der Erkenntnis auf, sondern zugleich auch in den Gegenstand der Sittlichkeit. Gibt es denn nun aber überhaupt noch eine ästhetische Eigenart? Mehr noch als die Logik scheint die Ethik das dritte systematische Glied methodisch abzuweisen. Eine eigene Grundlegung müsse ausbleiben, weil ein eigener Gegenstand ausfalle. Ist ja nicht nur tatsächlich das Kunstwerk an die beiden anderen Arten von Gegenstand gebunden, sondern auch methodisch bleibt es durch sie bedingt. Das Kunstwerk muß durchaus erstlich ein Gegenstand der Natur und als solcher der Naturerkenntnis sein. Und das Kunstwerk muß ferner ein Gegenstand der Sittlichkeit sein und als ein reiner Gegenstand der sittlichen Erkenntnis erzeugbar werden. Diese beiden Bedingungen bleiben unverbrüchliche Bedingungen des Kunstwerks und des Kunstschaffens. Läßt sich diese doppelte Bedingtheit mit der ästhetischen Eigenart vereinigen?

Das Problem der Grundlegung wird noch schwieriger, wenn man das Problem des Gegenstandes nicht in dem Kunstwerk betrachtet, sondern in der Natur, sei es als schöner Natur, sei es als erhabener. Die Natur — erhaben? Was heißt das? Die Natur selbst kann doch die Sittlichkeit nicht in sich tragen, so wenig die Planeten von der Ellipse wissen, die ihre Bahnen beschreiben. Mithin ist es vielleicht gar nicht Sittlichkeit, die wir in sie hineinlegen dürfen. Die Sittlichkeit ist das Problem des Menschen, vom Menschen, nicht von der Natur. So bringt also die Natur selbst das ästhetische Problem an den Tag. Denn es gibt sich als Illusion zu erkennen, daß wir Einfalt und Frieden, wie Mahnung und Erschütterung aus der Natur herauslesen. Es fängt nun an, sich aufzuhellen, daß es gar nicht etwa so steht, als ob das ästhetische Problem vielmehr nur ein ethisches wäre, sondern der umgekehrte Fall wird ersichtlich: daß in einem ethischen Problem vielmehr ein ästhetisches enthalten und verborgen ist.

Cohen nimmt hier nun zu dem Begriff der Gesetzlichkeit den des Bewußtseins hinzu. Alle bisher erörterten Fragen sind ja Fragen über die Möglichkeit eines ästhetischen Bewußtseins, eines Gegenstandes für ein ästhetisches Bewußtsein. Indessen werden wir das Bewußtsein nicht allein in seiner Objektivierung zu verwerten haben, sondern wir werden auch versuchen müssen, seine subjektive Bedeutung für eine Einigung, welche im Bewußtsein selbst sich vollziehen mag, herauszustellen und festzustellen. Ist doch zu bedenken, daß im ästhetischen Problem der Gegenstand nicht nur die Wertbedeutung des Besitzes, des Rechtes und des festen Haltes hat, daß er im Kunstwerk vielmehr auch das autoritative Hemmnis bedeutet, welches mit dem Vorbild nun einmal verknüpft zu sein pflegt. Diese Art von Objektivität hat daher der Anerkennung der Ästhetik sich immer entgegengestellt; sie bildet auch jetzt noch einen der stärksten Gegengründe gegen die Möglichkeit einer ästhetischen Gesetzlichkeit. Die notwendige Einschränkung der Objektivität ist ja nun im Grunde schon durch den Satz erfolgt, der den Eckstein in Kants Begründung der Ästhetik bildet: »Es ist kein objektives Prinzip des Geschmacks möglich«. Indem Schiller in diesem entscheidenden Punkte sich voll und ganz auf die Seite Kants stellte, wurde der Pennalismus, der bis dahin die Ästhetik bedrohte, endgültig beseitigt. Alles Schablonenwesen in ästhetischen Gesetzen und Vorschriften, aller Autoritätenglaube an die unübertreffliche normbildende Meisterschaft des Größten selbst, aller mythologische Aberglaube an die ästhetischen Mysterien wurde damit aus dem Inventar der Ästhetik und zugleich aus ihrem Fundament beseitigt.

Kein objektives Prinzip? Also schrankenlose Subjektivität? Soll etwa Willkür und Zufall an die Stelle treten? Dann würde das Bewußtsein jener Einheit verlustig gehen, die das leitende Prinzip in ihm bleiben muß. Dann würde das ästhetische Problem hinfällig, weil es keine Gesetzlichkeit gäbe. Nur von der Objektivität im Kunstwerke und von der Autorität des Künstlers soll das Interesse abgelenkt werden. Diese Objektivität enthüllt sich ja als die nur verfeinerte Subjektivität, insofern im Objekt des Kunstwerks es vielmehr die Subjektivität des Genies ist, welche dem erzeugenden Bewußtsein die objektive Bedeutung verleiht. Versuchen wir daher, das Bewußtsein und seine Einheit nicht nur im Verhältnis zu dem zu erzeugenden Gegenstande, sondern im Verhältnis zu sich selbst zu betrachten. Was heißt das? Es ist das Verhalten des Bewußtseins in sich selbst, in seinen Vorgängen und Tätigkeitsweisen, an denen für das vorliegende Problem die Einheit des Bewußtseins sich zu vollziehen hat, wobei allerdings die Beziehung auf den zu erzeugenden Gegenstand unverlierbar bleiben muß. So hängt — wie bereits erwähnt — aufs engste mit der Frage nach der neuen Art von Gesetzlichkeit die nach einer neuen Art von Bewußtsein zusammen. Indes — welche andere Art von Verhalten des Bewußtseins läßt sich erdenken neben denjenigen bei der Erkenntnis und dem Willen? Man könnte meinen, auf diese Frage antworten zu dürfen: Lust und Unlust sind diese neue, gesuchte Bewußtseinsart. Aber Lust und Unlust sind, wie Cohen mit Kant zeigt, stets nur Materie, niemals, wie reine Erkenntnis und reiner Wille — Formen des Bewußtseins. Man pflegt sie als Affekte zu bezeichnen, und der »Affekt« ist ja eigentlich ein allgemeiner Ausdruck für das sinnliche Element der Erkenntnis sowohl wie der Begierde. So entstand als Ausdruck für das gesuchte neue »Seelenvermögen« der des Gefühls, wobei nach Kant zwei Momente zu unterscheiden sind, nämlich 1. Lust und Unlust als Charakter und Inhalt des Gefühls und 2. die Totalität der Seelenkräfte, gleichsam als die psychologische Natur und Betätigungsweise. Beide Momente werden durch das Lebensgefühl vermittelt; denn dieses bedeutet sowohl Lust und Unlust, wie auch jene Totalität. Nun ist aber von diesen Bestimmungen aus noch ein weiter Weg bis zur Fassung des Gefühls als einer systematischen Bewußtseinsart. Wie die Ästhetik aber von Cohen nur aufgebaut wird als eine systematische, so wird auch das Gefühl nur als systematisches Gefühl zu bestimmen sein. Das heißt: auf Grund der systematischen Methodik wird allein das Gefühl zu einer reinen Bestimmung kommen können. Auf dieser systematischen Methodik beruht der Begriff des reinen Gefühls, als des eigenartigen ästhetischen Bewußtseins. Das reine Gefühl muß sonach im Unterschiede von den sonstigen Bedeutungen des Gefühls zur Untersuchung und zur Feststellung kommen, ohne daß deshalb der Zusammenhang zwischen den verschiedenen Arten des Gefühls zu leugnen wäre. Cohen geht nun hier über die kantische Position, gemäß der Lust und Unlust als Inhalt des Gefühls zu fassen sind, hinaus, indem er (wie hier nicht verfolgt werden kann) den Nachteil aufzeigt, der in dieser Bestimmung liegt. Der ästhetische Genuß mag allenfalls auf diesem Wege erklärbar werden, aber die produktive Eigenart der künstlerischen Schöpfung kann dadurch nicht der methodischen Bedingung der reinen Erzeugung gemäß faßbar werden. Lust und Unlust als Harmoniegefühl der Zweckmäßigkeit sind der Genauigkeit der apriorischen Methodik nicht gewachsen. Der Begriff des reinen Gefühls muß die neue Art von Reinheit, als die neue Art eines schöpferischen Bewußtseins, zur Erzeugung bringen. Wie die Kunst eine Eigenart der Kultur darstellt, nicht eine Abart der Erkenntnis, noch auch der sittlichen Kultur, so muß auch eine wahrhafte Eigenart des ästhetischen Bewußtseins für sie gefordert werden, und nur in solcher Entdeckung kann die neue Art der reinen Erzeugung wirksam werden. Das Gefühl ist der Wegweiser in das neue Land, aber weder Lust und Unlust, noch die Totalität der Erkenntnisvermögen, noch die teleologische Beurteilung des freien Spiels derselben sind sichere, vor jeder Irreführung geschützte Etappen auf dem Entdeckungswege in das neue Land.

So weit erstrecken sich bei Cohen die methodischen Grundfragen. Es folgen nun (im vierten Kapitel des ersten Bandes) ausführliche Darlegungen über den Aufbau des Bewußtseins, d. h. zur Psychologie des Gefühls, die so äußerst schwierig sind, daß sie hier nicht in Kürze dargestellt werden können, und es wird sodann (in Kapitel 5) der Begriff des Schönen und seine Momente erörtert (A. Das Moment des Erhabenen, B. Der Humor). Die neue systematische Eigenart des ästhetischen Bewußtseins wird hierbei ermittelt im ästhetischen Gefühle, welches, von den relativen Gefühlsstufen innerhalb der vorhergehenden Bewußtseinsarten unterschieden, von Cohen als eine selbständige Bewußtseinsart nachgewiesen wird. Die Objektivierung, welche gemäß der Methodik der Reinheit zu fordern ist, wird dabei in der Korrelation gefunden, in welcher das reine Gefühl sich vollzieht. Sein Bestand ist bedingt durch diese Korrelation von Subjekt und Objekt, vom Selbst des Gefühls und dem Objekt des Kunstwerks. Das Kunstwerk ist das Erzeugnis des reinen, erzeugenden Gefühls. Cohen zeigt nun, wie die Schönheit zum Oberbegriffe zu werden hat für die ästhetischen Grundbegriffe, welchen zwischen dem Selbst und dem Kunstwerk die Vermittlung obliegen soll. Die Schönheit ist Idee, also nicht »absolutes Sein« (Schelling), sondern ewige Aufgabe, stets nur Grundlegung und nie Grundlage (s. oben S. 619). Das heißt, die Idee des Schönen, als Grundlegung, bedeutet auch, daß der Grundlegung kein Ende gesetzt werden darf, ebensowenig wie den Versuchen ihrer Lösung. Auch die Versuche der Begründung müssen unendlich bleiben. Um es schroff auszudrücken: das Schöne ist nur ein Wort, aber dieses Wort enthält eine Losung: das Schöne ist, es gehört zu den drei Worten inhaltsschwer. So ist das Schöne selbst nur der allgemeine Problembegriff, aus dem Unterbegriffe ableitbar werden müssen. Diese sind demnach als die Momente des Schönen zu suchen; denn ihnen muß die Vermittlung zustehen, um die es sich hier zwischen dem Selbst und dem Kunstwerk handelt. In dem Oberbegriffe des Schönen werden aber zugleich die Unterbegriffe geordnet und zwar unter- und nebengeordnet, sodaß also auf die kantische Neben-Ordnung des Schönen und Erhabenen von Cohen konsequent verzichtet wird. Es kann dem Schönen, als Oberbegriff, als Grundlegung eben kein anderer Oberbegriff zur Seite treten, koordiniert werden. Nichts also kann als Gegenstand oder Inhalt der Kunst gedacht werden, was einen Gegensatz, geschweige einen Widerspruch zum Schönen enthielte. Die Kunst ist die Kunst des Schönen. Dagegen ist auch das Häßliche kein Gegenargument, das vielmehr, wie Cohen zeigt, wenn richtig aufgefaßt, unter das Moment des Humors gehört. Die große Kunst des Humors späht das Häßliche im Menschen geradezu auf, um es als liebenswert zur Erscheinung zu bringen. Der Oberbegriff des Schönen stellt also den Begriff des Häßlichen unter seine Kompetenz, wie ja tatsächlich das Häßliche im Kunstwerke nur als ein akzidentelles Moment auftritt, keineswegs aber als ein selbständiger Gegenstand und als ein selbständiger Vorwurf.

Besprechungen.

Julius Hart, Revolution der Ästhetik als Einleitung zu einer Revolution der Wissenschaft. Erstes Buch: Künstler und Ästhetiker. 317 S. Berlin, Concordia Deutsche Verlagsanstalt, 1909.

Das Buch ist eine Sammlung von Aufsätzen, in welchen Hart seinen bekannten extrem sensualistisch-nominalistischen Standpunkt, eine Art Neuauflage der Feuerbachschen Erkenntnistheorie, entwickelt. In einigen dieser Aufsätze ist von Ästhetik gar nicht die Rede und sucht der Verfasser seine Leser nur im allgemeinen von der Wertlosigkeit der Vernunfterkenntnis und von der Verkehrtheit der auf Begriffsbildung ausgehenden Wissenschaft zu überzeugen, in anderen, wie in der Studie »Vom Ursprung der Ästhetik«, wird erst durch eine jähe Wendung zum Schlusse die Überschrift notdürftig gerechtfertigt, während früher auch nicht mit einer Silbe der Gegenstand berührt wurde, der nach dem Titel des Essay hätte erörtert werden sollen. Die genannte Abhandlung, welche zunächst auf die Einleitung folgt, also gewissermaßen das erste Kapitel des Buches vorstellt, umfaßt im ganzen etwa 34 Seiten: auf 32 Seiten tut Hart der Ästhetik überhaupt nicht Erwähnung und zieht er lediglich gegen die »monistische«, d. h. Einheit im Denken schaffende Vernunfterkenntnis zu Felde, bis er endlich auf der vorletzten Seite des Aufsatzes mit den Worten: »Und so entstand auch die Ästhetik als Kind dieser neuen Einheits- und Vernunftweltanschauung« den Übergang zu seiner angeblichen Materie findet, die er nun genau in sechs Sätzen erledigt. Zwar weist der Schluß der Studie von den angeführten Worten an noch acht Sätze auf; aber von diesen kehren die zwei letzten wieder zu den allgemeineren Ideen zurück, welche vorher dargelegt wurden, so daß das Verhältnis zwischen Überschrift und wirklichem Inhalte der Abhandlung einen beinahe komischen Eindruck macht. Offenbar also betrachtet und behandelt der Verfasser die Revolution der Ästhetik als Nebensache: es kommt ihm auf die universelle Revolution der Wissenschaft an und die Kritik der bisherigen Philosophie des Schönen zusamt der Begründung einer neuen Methode für die Auffassung des Schönen und der Kunst hat für ihn bloß den Wert eines Exempels; sie dient ihm nur dazu, die Richtung zu zeigen, in welcher sich jene allgemeine Umwälzung notwendig wird vollziehen müssen.

Weshalb jedoch Hart sich gerade die Ästhetik zum Tummelplatz auserkoren oder, höflicher geredet, zum Demonstrationsobjekte gewählt hat, an welchem er die Unfruchtbarkeit der alten, überlieferten und die hohen Vorzüge seiner eigenen, neuen Wissenschaftsmethode auseinandersetzen will, wird aus verschiedenen, teils äußeren, persönlichen, teils inneren, allgemeinen Gründen erklärlich. Ein äußerer Grund liegt vor allem darin, daß der Verfasser selbst ein Belletrist von Ruf, ein angesehener Vertreter jenes literarischen Produktionszweiges ist, welcher in erster Linie ästhetische Werte hervorzubringen beabsichtigt. So salopp die Darstellungsweise der »Revolution der Wissenschaft« im ganzen erscheint, so stößt man doch auch in diesem Buche gar nicht selten auf Stellen, in welchen sich eine nicht geringe Dichterbegabung verrät und echte poetische Anschauung zum Ausdruck kommt, die für den Mangel an Feile und Sorgfalt in der Form wenigstens teilweise entschädigt. Wer aber für das Schöne in besonderem Maße empfänglich ist und die Kraft hat, es zu schaffen, der wird, wenn er überhaupt spekulativ veranlagt ist, sich meist auch theoretisch ganz besonders zu dem Schönen hingezogen fühlen, er wird den Gegenstand und das Ziel seiner künstlerischen Bemühungen mit Vorliebe auch zum Objekt des Nachdenkens, der wissenschaftlichen Untersuchung machen. Und von ebenso großem Gewicht dürften die inneren, rein sachlichen Gründe sein. Jener Hypostasierung des Begriffs, die Hart sehr mit Unrecht der Wissenschaft im allgemeinen vorwirft, hat sich die Ästhetik tatsächlich von Plato und Plotin an bis zur spekulativen Periode des 19. Jahrhunderts schuldig gemacht. Auf die Frage: »Warum sind diese oder jene Gegenstände schön?« hat man nur zu oft die tautologische Antwort erhalten: »Weil sie an der Idee des Schönen teilhaben.« Die Verdinglichung des zu definierenden Begriffes sollte die Definition ersetzen; die Behauptung, daß der substantialisierte und zur Hälfte personifizierte Begriff gewisse Erscheinungen in sein Reich zöge, galt als Erklärung dieser Erscheinungen. Aber selbst der Fehler, welchen Hart so häufig damit begeht, daß er die Begriffsform und den jeweiligen Inhalt des Begriffs verwechselt, so daß von all den verschiedenen Gedanken nichts übrig bleibt als dasjenige, was das Wesen des Gedankens nach seiner subjektiven Seite ausmacht, findet in der historischen Ausgestaltung der idealistischen Ästhetik ein Muster und eben damit eine gewisse Entschuldigung, ja Legitimation; denn das Verfahren dieser Ästhetik erinnert wirklich nur zu sehr an das Verfahren ihres Kritikers, sie hat unstreitig einen ähnlichen Fehler begangen, indem sie an die Stelle der Idee des Schönen die Idee schlechtweg setzte, das schöne Ding also gleichsam als das ideengemäße, d. h. seiner eigenen Idee vollkommen entsprechende bestimmte; und wenn sie hiebei auch nicht bloß einer Verwirrung zum Opfer fiel, wie der Verfasser, sondern mit größerer oder geringerer Klarheit von dem Prinzip des Charakteristischen geleitet wurde und in diesem wichtigen Prinzip bei all ihren phantastischen Ausschreitungen einen gesunden Kern besaß, so bleibt das Ergebnis doch immer derart, daß es Hart recht wohl hätte für seine Aufstellungen verwerten und als Beweis seines Fundamentalsatzes behandeln können, die Wissenschaft verzerre nicht nur die vollen, konkreten Wirklichkeiten zu ausgehöhlten Begriffen, sondern löse schließlich alles in den Begriff selbst, d. h. in den Begriff des Begriffes auf. Daß der Verfasser eine deutliche Erkenntnis dieser Zusammenhänge gewonnen habe, wird man nun wohl nicht annehmen dürfen; denn wäre ihm der Trug zum Bewußtsein gekommen, so würde er nicht auch für seine Person sich davon haben verführen lassen; aber eine dunkle Ahnung, ein »Gefühl« des Sachverhaltes mag immerhin seine Position mitbestimmt und ihn in seiner Vorstellung von den Konsequenzen des begrifflichen Denkens bestärkt haben. Sei dem jedoch, wie ihm wolle. Völlig sicher erscheint wiederum in seinem Einflusse auf Harts antirationalistische Betrachtungsweise und auf den Entschluß, diese Betrachtungsweise zunächst in der Ästhetik durchzuführen, ein Umstand, den man sowohl zu den äußeren als zu den inneren Gründen rechnen könnte, weil er sich vor allem bei Künstlern und Dichtern geltend macht, die zufällige, persönliche Geistesrichtung des Verfassers diesen also einer gesteigerten Wirkung aussetzt, obgleich anderseits jedermann, der nicht philosophisch sattelfest ist und trotzdem sich kunsttheoretischen Überlegungen hingibt, bis zu einem gewissen Grade Gefahr läuft, durch das in Rede stehende Moment irregeführt zu werden. Es ist die lebensvolle, anschauliche, alle dürren Abstraktionen meidende Vorstellungsart des wahren Künstlers, die den logisch ungeschulten Menschen immer wieder täuscht und zu dem Glauben verleitet, daß dieselbe sinnliche Frische der

Ideen auch auf Seite des Kunsttheoretikers benötigt sei. Ja, durch gewisse Räsonnements, wie die so häufig gepflogene Erwägung, daß nur ein kongenialer Geist einen anderen verstehe, läßt sich dem naiven Irrtum sogar eine Scheinbegründung geben und das Mäntelchen wissenschaftstheoretischer Besinnung umhängen. Wenn in jüngster Zeit Kurt Münzers Buch: »Die Kunst des Künstlers« ein Musterbeispiel dieser Verwechslung zwischen künstlerischer und kunstphilosophischer Geisteshaltung geboten hat, so wimmelt es auch in dem Werke Harts von Äußerungen, die gar keinen Zweifel aufkommen lassen, daß es dem Verfasser nicht viel besser gelungen ist, der Konfusion aus dem Wege zu gehen, Kunstübung und wissenschaftliche Kunstzergliederung gehörig zu scheiden. Müßten aber in der Tat die Poetik und die Asthetik der bildenden Künste in der nämlichen Weise getrieben werden, in welcher der Poet dichtet, der Maler malt und der Bildhauer seine Gestalten formt, und erforderten sie die nämliche Bewußtseinsverfassung, dann brauchte man wohl nicht erst zu betonen, daß alle philosophische Kunstlehre törichtes Geschwätz ist. Mit einer Philosophie der Mathematik und selbst mit einer Logik der erklärenden Naturwissenschaften hätte Hart nichts anfangen können, weil hier schon die Sache, nämlich die Disziplin, welche den Gegenstand der philosophischen Reflexion bildet, tief in Vernunfterkenntnis getaucht — Hart würde vielleicht vorziehen, zu sagen: »durch Vernunfterkenntnis verunstaltet und verstümmelt« — ist. Aber die Kunsttheorie bot ihm die gewünschten Waffen zur sensualistischen Kriegführung gegen den Begriff, weil in diesem Falle die Materie, die Kunst, selbst so sensualistische, von des Gedankens Blässe oft nur wenig, oft auch nicht im geringsten angekränkelte Züge trägt.

Unter den Aufsätzen, welche sich durchaus oder teilweise mit Ästhetik beschäftigen, ist nun der »Vom Selbstbetrug der Ästhetik« überschriebene tatsächlich nichts als eine Wiederholung jenes *qui pro quo,* welches an Stelle der kunstphilosophischen die künstlerische Anlage und Tätigkeit setzt, und die zum Schlusse gebotene Formel, worin »die Kunst der Kunstwerke und Künstler« der: »Kunst der Idee und Begrifflichkeiten« gegenübergestellt wird, erinnert sogar in dem Wortlaute an den Titel des Münzerschen Buches. Aber auch in dem Essay: »Der Ästhetiker als Überkünstler« hat diese Antithese hervorragende Bedeutung: auf den wahrlich nicht schwer zu erbringenden Nachweis, daß der Kunsttheoretiker sich ganz anders anstelle und ganz andere Wege gehe als der Künstler, stützt sich vor allem die Verurteilung der Methode des ersteren, wenngleich in diesem Abschnitte auch noch andere seltsame Argumente für die Abgeschmacktheit der bisherigen Schönheits- und Kunstphilosophie vorgetragen werden. Der Verfasser hat es sich in den Kopf gesetzt, daß nur die streng normative Ästhetik, welche als »Kunstgesetzeslehre und Kunstideallehre« auftritt und mit »Gewißheit« bestimmt, »was ein vollkommenes, gutes, weniger gutes und schlechtes Kunstwerk ist«, Berücksichtigung verdiene, weil nur sie die wahre, echte, ihrem Beruf treugebliebene Ästhetik sei, und es nützt daher gar nichts, wenn die moderne, psychologische Entwicklungsphase der Disziplin in einzelnen ihrer Vertreter jede Normengebung ablehnt und sich ausdrücklich auf Beschreibung und Erklärung der Geschmacksphänomene beschränkt: damit habe sie eben, meint Hart, ihren Ursprung und ihr innerstes Wesen verleugnet; mit dieser Betonung »ihrer rein wissenschaftlichen Art, ihrer völlig interessenlosen Objektivität« trete sie nur einen Rückzug an, der zwar gegenüber der »populären, trivialen, gerade in unserer Zeit vielverbreiteten Meinung, als läge im Wissen alle Macht, als löse die Wissenschaft alle Fragen, Sorgen und Nöte der Menschheit«, »eine zweifellos klarere, ruhigere und besonnenere Einsicht« (S. 102—103) bedeutet, anderseits jedoch auch als eine Verzichtleistung gerade auf jene Aufgaben sich darstellt, die zu erledigen die Ästhetik von Hause aus berufen ist. Und indem diese philosophische Lehre vom Schönen ihrer wesentlich normativen Bestimmung eingedenk bleibt, muß sie nach Hart auch an dem Anspruche festhalten, den Künstler in der Hervorbringung des Idealkunstwerks übertreffen zu können. Denn wenn ihre Jünger, die Kunsttheoretiker, »auch noch so sehr versichern,« daß sie »keineswegs« diesen Anspruch erhebt, daß sie ganz und gar nicht prätendiert, »Kunstwerke selber zu bilden, es besser machen zu können, als der Künstler, so gibt sie sich damit einer Selbsttäuschung hin, so besitzt sie nur nicht mehr das Bewußtsein dafür, von welchen Grundideen ursprünglich die Ästhetik ausgeht und was in Wirklichkeit ihre Lebensquelle ausmacht« (S. 106). Hierdurch ist aber auch schon der Charakter des Idealkunstwerkes bestimmt. Da der philosophische Ästhetiker naturgemäß bloß abstrakte Gedankengebilde erzeugen kann, sieht er, falls er nicht auf »die Botschaft, mit der er unter die Künstler trat«, verzichtet, in »einem Vernunft-, einem absoluten und abstrakten Kunstwerk« »das höchste und letzte Ziel alles Schaffens« (S. 108). Daher faßt Hart »das Evangelium und die Lehre von einem solchen Ewigkeitskunstwerk« in die Forderung oder Prophezeiung zusammen: »Die Kunstwelt unserer Künstler muß sich in ihrer Nichtigkeit enthüllen, muß vergehen und überwunden werden, — und statt ihrer erhebt sich die höhere, bessere Welt einer Kunstvernunft, in der das wahre, vollkommene, abstrakte Kunstwerk existiert. Um so näher kommen wir ihm, je mehr die Kunstnatur durch die Kunstvernunft geklärt, geläutert, gesteigert und erhoben wird« (S. 108). Es geht also nicht an, »die Gegensätze zwischen Ästhetik und Kunst« (S. 122) zu verwischen; der Verfasser tut sich vielmehr etwas zugute darauf, diese Gegensätze »gerade in ihrer höchsten Anspannung gezeigt, das Bewußtsein dafür geweckt« zu haben, »wie unerträglich sie sind, wie wenig sie sich miteinander versöhnen lassen. Das Entweder-Oder soll in seiner ganzen Härte ertönen. — Entweder besitzt der Ästhetiker ein vollkommenes, höheres und besseres Wissen von der Kunst, als die« (soll wohl heißen »der«) »Künstler selber, ist dessen berufener Wegweiser, sein Herr und Richter, weil die Kunstvernunft doch alle Kunstnatur überragt — oder unsere ganze Ästhetik ist von vornherein eine große Irrung und Verwirrung gewesen, eine Selbsttäuschung«. So dekretiert mit der ihm eigenen Zuversicht Hart, der Wissenschaftsrevolutionär. Wie bündig aber diese Schlußfolgerungen sind, lehrt am besten eine Parallele. Dem reinen Mathematiker, welcher sich nicht in praktisch-technischer Richtung versucht und nicht persönlich die Unternehmungen von Maschinenbauern oder Ingenieuren leitet, müßte der Vorwurf gemacht werden, daß er das Hauptproblem seiner Wissenschaft, diejenige Seite an ihr, welche allein ihre Existenz rechtfertigt: ihr Verhältnis zur Technik, aus den Augen verloren habe, demnach kein richtiger, im ursprünglichen Geiste seiner Disziplin arbeitender Mathematiker sei. Führe er aber trotzdem fort, zu behaupten, daß die Konstruktionen der Ingenieure und Architekten an die Wahrheit der mathematischen Lehrsätze gebunden sind, so würde er hiermit, weil sein eigenes Objekt ja in reinen stofflosen Anschauungen besteht, sich auch das Geschick zutrauen, ohne Steine, Ziegel, Mörtel, Holz, Stahl, Eisen, überhaupt ohne körperliche Materialien Straßen, Eisenbahnen, Häuser zu bauen und Maschinen aller Art zusammenzusetzen, und nicht genug an dem! er müßte dann nach Hartscher Logik sogar annehmen, daß diese aus bloßen Begriffen und zwar Begriffen von apriorischen Anschauungstypen gebauten Häuser und Maschinen die wahren, vollkommenen Erzeugnisse der Technik, ihre Ewigkeitsprodukte sind, neben welchen die zerbrechlichen materiellen Werke der Industrie kläglich wertlos erscheinen. Es ist somit unzulässig, den Widerstreit zwischen Technik und Mathematik abzuschwächen; im Gegenteil muß das Entweder-Oder — entweder führt die auf mathematischen Grundlagen ruhende Technik ihre Arbeiten mit reinen Begriffen aus oder die Mathematik ist »von vornherein eine große Irrung und Verwirrung gewesen, eine Selbsttäuschung« — jedermann nachdrücklichst zu Bewußtsein gebracht werden. Daß Hart vor diesen Konsequenzen nicht zurückschreckt und sich nicht abhalten läßt, die übrigen theoretischen Wissenschaften tatsächlich mit demselben Maße zu messen wie die psychologisch erklärende Ästhetik, zeigen viele Partien seines Werkes; allein auf die Mehrzahl der denkenden Menschen dürfte die Gegenüberstellung doch anders wirken, und diese durch Vernunfterkenntnis geblendeten Leute dürfte sie von der Kühnheit des Hartschen Vorgehens um so deutlicher überzeugen, je packender und vollständiger in jedem Stücke die Analogie ist.

Als das lehrreichste Kapitel des ganzen Buches wird man vielleicht den kurzen Aufsatz: »Ästhetisches Mysterium oder ästhetische Konfusion?« ansehen müssen, weil er nicht nur am meisten auf ästhetische Speziallehren eingeht, sondern auch die Eigenart des Hartschen Denkens am schönsten zutage bringt. Der Verfasser will hier dartun, daß alle Begriffe der Ästhetik ohne Ausnahme, sowohl die auf ihren Gegenstand als auch die auf das Verfahren dieser Wissenschaft bezüglichen, somit die Begriffe System, Methode nicht minder als die Konzeptionen Stil, Form, Kunst, Kunstelemente, auf einen und denselben Begriff hinauslaufen, daß sie samt und sonders den nämlichen Inhalt haben, der als Einheit in der Mannigfaltigkeit bezeichnet werden darf. Teils an der Hand der Literatur, teils mit inneren Gründen führt er den Beweis für diese jedenfalls überraschende Entdeckung. Volkelt ruft er als Zeugen dafür auf, »daß Stil etwas Einheitliches im Mannigfaltigen sei« (S. 128); Vischer und v. Hartmann müssen ihm bestätigen, daß »auch Form« »Einheit in der Mannigfaltigkeit« ist (S. 129); eine Unzahl ästhetischer Autoritäten, eine so große Menge, daß er sich der Mühe überheben kann, einzelne Gewährsmänner anzuführen, findet sich in der Definition der Schönheit als der Einheit in der Mannigfaltigkeit zusammen; daß die Vorstellungen des Rhythmus und der Harmonie das Moment der Einheit enthalten, ist niemals von Schärferblickenden verkannt worden (S. 132), und ebensowenig läßt sich verkennen, daß diese Einheit nur auf dem Grunde einer gewissen Mannigfaltigkeit denkbar ist; und mögen sich die »metaphysisch-idealistische« und die »naturwissenschaftlich-experimentelle« Ästhetik sonst noch so heftig befehden, die eine Tendenz wenigstens haben sie nach dem Verfasser gemein, alle ästhetischen Begriffe auf Einheit in der Mannigfaltigkeit zurückzuführen. Die erstere will ja das Wesen der Kunst ergründen, — das Wesen aber ist das »Eine, Gleiche und Gemeinsame« in allen künstlerischen Dingen, somit eine Einheit in der Mannigfaltigkeit; sie sucht ferner »das letzte Ziel«, »den höchsten Zweck«, kurz das Ideal der Kunst zu bestimmen, »und indem wir auf das Ideal hingewiesen werden, weist man uns hin auf eine Einheit in oder hinter und über dem Mannigfaltigen« (S. 130). Die zweite, die »induktiv-naturwissenschaftliche« Ästhetik wiederum bedient sich, indem sie die Untersuchung nicht auf das »Wohin«, sondern »auf das Woher« richtet, nämlich »die Entstehung und den Ursprung der Kunst« zu erforschen strebt, des Ursachenbegriffs, welcher in Harts Augen als der Begriff einer hinter den Dingen verborgenen »Ur-sache« an und für sich ein Spuk der monistischen Vernunftweltanschauung ist; allein auch auf einem anderen Felde ihrer Leistungen, in der Zergliederung der Kunstwerke und der Bloßlegung der elementaren Bestandteile derselben, endet diese Ästhetik mit der Proklamierung der Einheit in der Mannigfaltigkeit als des eigentlichen Kerns aller Tatsachen, wofür der Verfasser den Beweis nicht schuldig bleibt. »Was ist ein Kunstelement?« fragt er S. 131 und antwortet: »Natürlich Einheit in der Vielheit. In der Vielheit und Veränderlichkeit der künstlerischen Erscheinungen der eine und immer derselbe gleiche, dauernde und unveränderliche Bestandteil.« Das nämliche gilt von den Kunstgesetzen, die zu enthüllen die Ästhetik als ihre Aufgabe ansieht. »Was verstehen wir«, heißt es wenige Zeilen nach der soeben angeführten Stelle, »unter einem Kunstgesetz? Eine immanente oder eine transzendente Einheit, eine Einheit in oder über den Vielheiten« (S. 131).

Wie man sieht, berücksichtigt Hart hier überall, bald eingehender, bald bloß in flüchtiger Andeutung, den speziellen Inhalt der mancherlei ästhetischen Begriffe, um zu konstatieren, daß dieser Inhalt Einheit in der Mannigfaltigkeit sei. Aber es ist das, wie sich ihm hinterher herausstellt, ein überflüssiger Umweg. Denn er findet, daß man durch eine höchst einfache Überlegung sich all das Nachsuchen in der Literatur und all die eigenen Vorstellungsanalysen ersparen kann; er zeigt *a priori*, wie die sämtlichen Konzeptionen der Ästhetik »Einheit in der Mannigfaltigkeit« zum Inhalte haben müssen, so daß man gar nicht erst genötigt ist, sich durch Prüfung der einzelnen Ideen und Lehrsätze die Überzeugung von dem tatsächlichen Vorhandensein jenes Universalinhaltes zu verschaffen. »Unsere Kunsttheoretik«, schreibt Hart wörtlich, »will durch die richtige Definition der Kunst den richtigen Begriff der Kunst festlegen und bestimmen und sieht in diesem richtigen Kunstbegriff den Schlüssel zu allen Schatzkammern der Kunst, deren Schätze nur dann von uns behoben werden können, und die in dieser Finsternis begraben bleiben, deren Geheimnisse sich uns nur dann enthüllen, wenn wir diesen richtigen Kunstbegriff besitzen. Was ist eine Definition? Zusammenfassung eines Vielen zu einer Einheit. Was ist Begriff? Zusammenfassung eines Vielen zu einer Einheit. Was heißt Methode? Was verstehen wir unter Systematik? Anordnungen von Mannigfaltigkeiten zu Einem.« Dieses Räsonnement aber ist von der größten Tragweite und heischt notwendig eine auf sämtliche Erkenntnisgebiete übergreifende Verallgemeinerung. Alle Gegenstände, so muß man danach schließen, von welchen die Ästhetik oder sonst irgendeine Wissenschaft handelt, werden, wofern sie nicht konkrete Einzelobjekte sind, als Einheit in der Mannigfaltigkeit aufgefaßt und definiert; denn sie werden ja begrifflich gedacht und jeder Begriff ist, indem er das Gemeinsame verschiedener Dinge heraushebt, Einheit in der Mannigfaltigkeit. Die über Schönheit und Kunst Philosophierenden brauchen daher wirklich nicht erst in jedem einzelnen Falle: für den Begriff der Form, den des Stils, den der Schönheit, den der Harmonie, den des Rhythmus usw. mühsam zu zeigen, daß Einheit in der Mannigfaltigkeit der faktische Inhalt sei; es genügt festzustellen, wogegen sich gewiß keine Einsprache erheben wird, daß Form, Stil, Schönheit, Harmonie, Rhythmus Begriffe sind, und die ganze Frage ist erledigt. Aber noch mehr! Auch die Wissenschaften, welche sich, wie die Geschichte und Geographie, mit singulären, individuellen Dingen zu schaffen machen, haben das beruhigende Bewußtsein, daß auf all die millionenfachen Einzelheiten ihres unübersehbaren Stoffes dieselbe knappe und simple Bestimmung paßt, wenn dieser Stoff nur methodisch behandelt und systematisch angeordnet wird. Gehen Historiker und Geographen systematisch genug vor, lassen sie es an Methode nicht fehlen, dann erleichtert sich ihnen die Arbeit in verblüffend erfreulicher Weise: die zahlreichen weltgeschichtlichen Helden verlieren ihre persönliche Physiognomie und wandeln sich ausnahmslos in das Abstraktum »Einheit in der Mannigfaltigkeit« um; die Flüsse und Seen, die Ebenen und Meere, die Wüsten und Sümpfe, die Gebirge und Täler büßen gleichfalls ihre tausendfach verschiedenen Züge ein, und von dem ganzen bunten Gewirr der geographischen Objekte bleibt nur die Einheit in der Mannigfaltigkeit zurück, von der wir schon wissen, daß sie zugleich das Um und Auf aller Begriffsfassungen der Ästhetik vorstellt. Es ist daher vollkommen gleichgültig, ob man Ästhetik der Dichtkunst oder Geographie von Südwestafrika treibt; bei entsprechend methodischer und systematischer Bearbeitung der Materien kommt man zu denselben Einsichten, zu genau identischen Begriffen. Für das gelehrte Studium aber eröffnet sich damit die herrlichste Perspektive: selbst derjenige, welcher sich den allerempirischsten Wissenschaften widmet, wird sicherlich nicht unter übermäßiger Belastung des Gedächtnisses leiden, wenn er sich nichts als »Einheit in der Mannigfaltigkeit« zu merken hat. Und daß hierin tatsächlich alle Kenntnisse und Erkenntnisse aufgehen und sich erschöpfen, ist nach Hartschen Voraussetzungen völlig unanfechtbar; denn wenn die im Begriff als solchem liegende Einheit es erfordert, daß auch der objektive Inhalt jedes Begriffs Einheit in der Mannigfaltigkeit sei, dann müssen ja die Methoden und Systeme, die Hart als Einheitsformen den Begriffen anreiht, es ebenso mit sich bringen, daß die methodisch behandelten und einem System eingeordneten Objekte sich ihrer gesamten Merkmale entledigen und durch nichts weiter als durch Einheit in der Mannigfaltigkeit zu bestimmen sind.

Mit jenem Gedankengange hat nun Hart ohne Zweifel den Gipfelpunkt seiner revolutionären Weisheit erreicht. Die Folgerungen, die hier abgeleitet wurden und deren Stringenz wohl niemand wird bestreiten können, führen schon das ganze Räsonnement *ad absurdum;* aber man tut doch vielleicht gut, die Aufstellungen unmittelbar zu prüfen und den in ihnen steckenden Fehler aufzuzeigen. Nicht eine boshafte Persiflage, sondern die genaueste, zutreffendste Kennzeichnung der Hartschen Taktik war es, als Dessoir dieselbe auf den Typus des Scherz- oder Fangschlusses: »Die Maus ist ein einsilbiges Wort, die Maus nagt am Käse, folglich nagt ein einsilbiges Wort am Käse« zurückführte. Wollte man das Vorgehen bloß mit der Cudworthschen Argumentation für die absolute Festigkeit der Moralbegriffe zusammenstellen, so erschiene das als ein viel zu glimpflicher Vergleich. Denn in dieser Argumentation ist das Durcheinanderwerfen der objektiven und der subjektiven Seite des Gedankens, die Verwechslung der Identität oder logischen Unveränderlichkeit der Begriffe »gut« und »böse« mit der Unveränderlichkeit der Vorstellungen von den Dingen, welche zu verschiedenen Zeiten für gut oder böse gehalten werden, immerhin ein wenig verdeckt, und erst die Erinnerung daran, daß es auch von dem Veränderlichen selbst einen zureichenden festen Begriff gibt und daß gerade die Beziehungen, in welchen Cudworths großer Antipode Locke das Wesen der Sittlichkeitsbegriffe fand, die Veränderlichkeit der moralischen Normen einschließen oder wenigstens einschließen können, enthüllt die Konfusion des britischen Intellektualisten. Daß Cudworth es verabsäumte, die logischen Kriterien von den Merkmalen der Sache gehörig zu sondern, macht die subtile und verwickelte Natur eben dieser Sache, die ihrerseits selber aus Begriffen, nämlich den Moralbegriffen der einzelnen Menschen, zu bestehen und damit gleichfalls dem Identitätsgesetz unterworfen zu sein scheint, einigermaßen verzeihlich. Und auch der Irrtum jener Logiker, welche nicht das »etwas«, sondern die »Vorstellung« als den höchsten, allgemeinsten Begriff setzen, ist weniger schlimm als die Hartsche Verwechslung, so sehr die letztere an den altbekannten Fehler erinnert; denn in diesem Falle der Erhebung der Vorstellung zur obersten, alle Ding-, Eigenschafts-, Zustands- und Beziehungsbegriffe unter sich fassenden Gattung wird die analoge Verwirrung, die Vertauschung der objektiven mit der subjektiven Seite eben durch die Schwierigkeit entschuldigt, die leere Idee des »etwas« zu vermeiden und doch jenen höchsten Begriff, in welchem sogar die Unterschiede der Kategorien aufgehoben sein sollen, auf irgend eine Weise zu fassen. Bei Hart aber ist die Konfusion mit Händen zu greifen und schlechterdings unverantwortlich. Was sozusagen hinter dem

Begriffe liegt, wird vor ihn gesetzt. Die Eigenschaften, die wir dem Begriffe überhaupt in seinem Verhältnisse zu den unter ihm befaßten Einzelvorstellungen zuschreiben müssen, wenn wir ihn zum Gegenstande unseres Nachdenkens machen, werden mit den Eigenschaften der jeweilig in einem Begriff gedachten Gegenstände identifiziert. Das Denken im Begriffe oder mittels des Begriffes fließt bei Hart mit dem Denken des Begriffes zusammen. Darum gilt die Auffassungsweise des Verfassers, wiewohl sie sich zunächst an der Ästhetik zu erhärten sucht, nicht nur für diese, sondern für jede Wissenschaft. Aber gerade dadurch, daß Hart ausdrücklich und eingeständlich gegen alle theoretisch-wissenschaftlichen Bemühungen seinen Bannfluch schleudert, erweist er sein Unrecht und die Ohnmacht dieses Fluches. Treffen seine Voraussetzungen zu, dann dürfen auch die Naturwissenschaften in ihren millionenfach verzweigten Begriffsbildungen auf nichts anderes kommen als auf »Einheit in der Mannigfaltigkeit« und müssen schließlich mit dieser Formel alle ihre Gesetze und gattungsmäßigen Objekte bestimmt werden. Ich bitte aber Hart ernstlich, mir die Naturgeschichte zu zeigen, in welcher für den Papagei und den Stockfisch, das Rhinozeros und die Heuschrecke, den Löwen und den Krebs, den Flieder und den Salat, die Buche und das isländische Moos die Totalcharakteristik »Einheit in der Mannigfaltigkeit« ohne Hinzufügung irgendwelcher anderer Merkmale geboten wird; ich ersuche ihn, mir ein physikalisches Werk vorzulegen, in welchem Elektrizität und Adhäsion, die Voltasche Säule und die lebendige Kraft für identisch, nämlich für »Einheit in der Mannigfaltigkeit«, erklärt werden; ich wünsche eine Darstellung der Chemie zu sehen, in welcher behauptet wird, daß Wasserstoff, Schwefelsäure, Alkohol und Blei, ja auch Zinnober und das Daltonsche Gesetz, Äther und das Avogadrosche, Salmiak und das Dulong-Petitsche, Kupfersulfat und das Gay-Lussacsche Gesetz genau dasselbe, »Einheit in der Mannigfaltigkeit«, sei.

Der apriorische Beweis für die Gleichheit und darum Wertlosigkeit aller Vorstellungen der Ästhetik ist wohl bei weitem die böseste Sache, in welche der Verfasser hineingeraten; sieht man aber recht scharf zu, so entdeckt man, daß er im Grunde schon vor dem bestimmten Herausrücken mit diesem Argument, schon bei der Interpretation des Begriffes vom »Wesen der Kunst«, stillschweigend und unvermerkt das hier beleuchtete, überaus kurze und einfache Verfahren angewendet hat. Denn die Rücksichtnahme auf den speziellen Begriffsinhalt war da nur scheinbar; in Wahrheit kümmerte er sich gar nicht um den Begriff »Kunst«, sondern hielt sich ausschließlich an den Terminus »Wesen«, und das »Wesen« ist in diesem Falle natürlich eins mit dem Begriff selber, dessen Eigenschaften nun sorglos auf seinen Gegenstand übertragen wurden, etwa so, als wenn man die Eigenschaften des Glases dem Wasser zuschriebe, welchem das Glas als Gefäß dient. Indessen auch die früher erwähnten, wirklich aus dem jeweiligen Begriffsinhalte geschöpften Beweise für den Satz, daß die Ästhetik gar nichts anderes als Einheit in der Mannigfaltigkeit kenne, erscheinen der genauen, eingehenden Prüfung recht schwach und bedenklich. Wie übel es mit den Hartschen Auslegungen bestellt ist, erkennt man am besten, wenn man diese angeblichen »Einheits-in-der-Mannigfaltigkeits«-Begriffe untereinander und mit eben jener Einheit vergleicht, die dem Begriffe als solchem zugrunde liegt. Bezüglich der Stileinheit ist eine gewisse Verwandtschaft mit der Einheit des Begriffes allerdings unverkennbar: wenn man von dem Rumohrschen Stilbegriff absieht und bei den anderen Stilarten zunächst auf die stilbegründenden Subjekte achtet, so kann man auch wohl den persönlichen Stil zur Totalvorstellung im Sinne Benno Erdmanns, den Schul-, National-, Zeitstil zum eigentlichen Begriff in nähere Beziehung setzen. Wo wir einen Stil anerkennen, da herrscht eine gewisse Gleichartigkeit oder Ähnlichkeit unter den Werken, die wir diesem Stil zurechnen, und es bezeichnet nur die Kehrseite der Medaille, wenn einzelne Ästhetiker, wie Bouterwek, das Wesen des Stils nicht in eine Gemeinsamkeit, sondern umgekehrt in die Besonderheit gesetzt haben. Denn daß ein Künstler, ein Volk, ein Zeitalter seinen eigenen, besonderen Stil besitzt, das danken sie ja lediglich der Tatsache, daß ihre künstlerischen Erzeugnisse etwas unter sich gemein haben, nicht nach allen Richtungen auseinanderfallen, nicht jeder Übereinstimmung, jeder inneren Zusammengehörigkeit entbehren. Von ganz anderer Art als die Stileinheit aber ist die Einheit des Formbegriffes, bei welcher es sich statt um die Vereinigung von Ähnlichem, mag dieses Ähnliche auch sonst äußerlich irgendwie verbunden sein, vielmehr bloß um Zusammenfassung und Abgrenzung von räumlich beieinander Stehendem oder in der Zeit sich Folgendem handelt. Allein diese Differenz entgeht dem so sehr auf scharfe Unterscheidungen dringenden Verfasser vollkommen und er verwechselt das Ganze mit dem Allgemeinen, die Totalität des Aggregates mit der Totalität des Begriffes so gründlich, wie nur je von der spekulativen Philosophie in ihren besten Zeiten das kollektiv mit dem eigentlich oder generell Allgemeinen verwechselt wurde. Bei einer dritten der Hartschen Einheiten, bei jener »Einheit in der Mannigfaltigkeit«, in welcher Hutcheson und fast die ganze deutsche Aufklärung das Schöne entdeckt zu haben glaubten, scheinen sich die beiden, in ihrer prinzipiellen Verschiedenheit soeben gekennzeichneten Einheiten zu verbinden: zur Einheit des Zusammenseins scheint sich hier tatsächlich die Ähnlichkeit in größerem oder geringerem Maße hinzuzugesellen, und dasselbe dürfte für jene Einheit zu konstatieren sein, die den Rhythmus, wenigstens in seiner strengeren Bedeutung, ausmacht. Wieder ein ganz anderes Gepräge weist die Einheit des ästhetischen Ideals auf, jenes Ideals, von welchem schon Kant treffend bemerkt hat, daß wir es dort nicht suchen oder aufstellen, wo die verschiedensten Weisen der Gestaltung mit einem gleichen Grade ästhetischer Vollkommenheit verträglich sind. Der Umstand, daß es nur ein einziges solches Ideal gibt — für Kant existierte es ausschließlich in der Sphäre der Menschenerscheinung —, würde ja, selbst wenn er durchaus feststünde, offenbar gar nichts über die Züge aussagen, aus welchen es zusammengesetzt ist, und bloß die Erwägung, daß es jedenfalls auch in einer anschaulichen Form besteht, also ein völlig heterogener Gedanke, würde ihm etwas von der Einheit sichern, welche nach dem früher Gesagten der Form überhaupt zukommt. Deshalb aber, weil das Ideal eines, d. h. ein bestimmter, wenn auch nie vollkommen realisierter Typus ist, die Einheit in seine objektive Definition aufnehmen oder sie gar zu seinem Wesen machen, das hieße jedes besondere, von den übrigen Gegenständen wohlverschiedene Ding für innerlich homogen oder gar um seiner Verschiedenheit willen für gleich mit dem Verschiedenen erklären, hieße insbesondere jedes Objekt, das nach irgend einer Richtung einen Superlativ, eine höchste Spitze repräsentiert, für in sich oder mit anderem gleichartig ausgeben. Daß auch ein »Kunstideal« ästhetisch denkbar sei, muß man übrigens, zum mindesten bei Festhalten an dem Kantschen Begriff, sehr ernstlich bezweifeln. Schon die Ungleichheit der Sinnesgebiete, an welche sich mehrere Künste wenden, macht es sofort klar, daß der Konzeption eine wesentlich andere Fassung zu geben wäre, wenn von ihr auch für die Künste sollte Gebrauch gemacht werden können, und bei dieser modifizierten Fassung dürfte sich die Einzigkeit des ästhetischen Ideals schwerlich aufrecht erhalten lassen. Was Hart von der Einheit sagt, die der Glaube an das Kunstideal anzunehmen nötigt, ist daher wohl nur unklares, willkürliches Gerede, ähnlich den Behauptungen von der panlogistischen Einheitstendenz der genetisch-kausalen Kunstauffassung — Behauptungen, deren Grundlosigkeit durch jenes famose Räsonnement der allgemeinen Einleitung gewiß nicht behoben wird, welches sich auf das Wort »Ursache« stützt und aus diesem Worte die Konsequenz herleitet, daß alles kausale Denken hinter die vielen sinnlichen Dinge der Erscheinungswelt ein einziges un- und übersinnliches Urding setze. Ob nun aber die Einheit zu der sachlich-gegenständlichen Seite der sämtlichen ästhetischen Begriffe, die Hart Revue passieren läßt, gehört oder nicht, — das hätte er sich in jedem Falle vor Augen halten sollen, daß selbst da, wo sie zweifellos vorhanden ist, wie im Stil-, im Formgedanken, nicht von »Einheit« schlechtweg gesprochen werden kann, weil sie sich eben als eine spezifizierte, nur in ganz bestimmter Hinsicht gegebene Einheit darstellt. So wenig herrscht in diesen Begriffsfassungen die Einheitsidee vor und fesselt sie die Aufmerksamkeit, so sehr tritt sie in den Hintergrund gegenüber demjenigen, was zu ihr hinzukommt oder worin sie sich bewährt, daß kunstverständige, jedoch nicht philosophisch gebildete Personen z. B. mit vollster Sicherheit die Stilbegriffe handhaben, ohne daß sie sich über das allgemeine Wesen des Stils Rechenschaft geben können, ohne daß ihnen also das Moment der Einheit, welches in jeder Stilvorstellung steckt, irgendwie zum Bewußtsein kommt. Kurz, für alle noch so klaren logischen Beziehungen fehlt Hart das Verständnis. Er vergleicht einmal das Verfahren unserer Ästhetik mit jenem Gesellschaftsspiele, bei dem zwischen Worten, die von verschiedenen Personen nach Laune auf verschiedene Zettel geschrieben wurden, ein Sinnzusammenhang herzustellen ist. Es erscheint als die bitterste Ironie, daß er damit sein eigenes Verfahren fast unübertrefflich gekennzeichnet hat. Von Rechts wegen müßte er darum die Überschrift des Kapitels abändern. Nicht »Ästhetisches Mysterium oder ästhetische Konfusion?« dürfte sie lauten, sondern »Ästhetische Konfusion. Ein Mysterium« müßte ohne Fragezeichen über den Ausführungen stehen. Denn in der Tat: die Konfusion aller ästhetischen Begriffe, wie sie seitens des Verfassers Platz greift, kann schlechterdings nicht mehr überboten werden, und ein Mysterium, freilich nicht ein ästhetisches, muß man es nennen, daß ein geistreicher, philosophisch belesener, wenn auch nicht philosophisch geschulter Mann es fertig bringt, die grellsten, auf die weiteste Entfernung hin sichtbaren Unterschiede so gänzlich zu übersehen und die bestgetrennten, schärfstabgegrenzten Begriffssphären so chaotisch durcheinanderzurühren.

In dem folgenden Essay: »Was heißt schön, oder was ist schön?« zerpflückt Hart mehrere Sätze der Lippsschen Ästhetik, um daran die Ungenauigkeit unserer wissenschaftlichen Begriffsbestimmungen aufzuzeigen. Zunächst nimmt er die drei Sätze vor, mit welchen Lipps seine Darstellung beginnt. An dem ersten Satze: »Die Ästhetik ist die Wissenschaft vom Schönen, implizite auch vom Häßlichen« stellt er aus, daß man nicht ersehe, ob eine Sach- oder eine Worterklärung beabsichtigt sei. Der gestrenge Kritiker merkt also nicht, daß hier, wo das Programm einer Wissenschaft bestimmt wird, Nominal- und Realdefinition selbstverständlich zusammenfallen, daß das Programm aber die Bestimmung des Gegenstandes, dessen Untersuchung der Wissenschaft obliegt, nach Gebühr an die Spitze stellt. In dem zweiten Satze: »Schön heißt ein Objekt darum, weil es ein eigentümliches Gefühl in mir weckt oder zu wecken geeignet ist, nämlich dasjenige, das wir als ‚Schönheitsgefühl' zu bezeichnen pflegen«, — in diesem zweiten Satze beanstandet Hart mit scheinbar besserem Rechte die Unbestimmtheit, welche die Pronomina »mir« und »wir« mit sich bringen. Denn der Entscheidung, ob die Geschmacksurteile individuell veränderlich oder allgemein gültig und für jedermann verbindlich sind, wird damit offenbar ausgewichen. Ersetzte man »wir« durch »ich« und sagte man demnach: »das ich als Schönheitsgefühl zu bezeichnen pflege«, so bedeutete das für Hart erst eine klare Entscheidung im ersteren Sinne; aber auch diejenigen, welche die andere entgegengesetzte Auffassung aus der Definition herauslesen wollten, müßten der Meinung des Verfassers zufolge die Lippssche Formulierung als ungenau und unzulänglich empfinden, weil — so denkt er wohl — durch die Singularität des »mir« die Universalität des »wir« gewissermaßen aufgewogen wird und im übrigen ja das bloße »wir« selbst keinen ganz unzweideutigen Ausdruck der strengen Allgemeinheit vorstellt. Die Frage, ob jene Formeln nicht vielleicht gerade mit löblicher Absicht gewählt worden sein könnten, um nicht einer Bestimmung zu präjudizieren, die sich später aus der Durchführung des wissenschaftlichen Programms von selber ergeben wird, kommt Hart nicht in den Sinn, und daß die Hauptsache, nämlich die Ablehnung der objektivistischen Ästhetik, in den Lippsschen Wendungen beschlossen liegt, scheint er ebensowenig zu ahnen. Wenn er aber entsprechend seiner allgemeinen Ansicht vom Ursachenbegriff auch die kausale Form rügt, in die mit der Konjunktion »weil« die Beziehung gekleidet erscheint, so ist das zu drollig, als daß man ernsthaft diese Art von Kritik zurechtweisen sollte. An dem dritten Satze endlich: »In jedem Falle ist ‚Schönheit' der Name für die Fähigkeit eines Objektes, in mir eine bestimmte Wirkung hervorzubringen« wird vor allem anderen getadelt, daß derselbe »gerade allgemein, unbestimmt« wiederhole, was schon der zweite Satz bestimmter und schärfer ausgesprochen hatte; andernfalls jedoch, d. h., wenn man diesen dritten Satz eben nicht so ergänzen wollte, daß er zur Tautologie wird, würde nach Hart der strikte Wortlaut einen Sinn fordern, welcher eine höchst ungehörige Erweiterung des Schönheitsbegriffes bedingen müßte. »Denn«, schreibt der Verfasser S. 173 wörtlich, »eine bestimmte Wirkung überhaupt, die von irgendeinem Gegenstande auf uns ausgeübt wird, ist darum noch nicht die Wirkung eines Schönen, und es können viele bestimmte Wirkungen von Objektiven ausgehen, die doch nichts mit dem Schönen zu tun haben.« Indessen scheint der letztere Vorwurf von Hart selber nicht ganz ernst gemeint; sonst könnte er Lipps ja nicht der unnützen Wiederholung schon gesagter Dinge zeihen, und schließlich muß er als berühmter Schriftsteller doch einsehen, daß ein solcher Satz nur im Zusammenhange mit den vorangegangenen richtig aufgefaßt und gedeutet werden kann. Was er aber anscheinend wirklich nicht einsieht, das ist der hohe Wert, welcher der vermeintlich zwecklosen bloßen Wiederholung dadurch zukommt, daß sie mit der Verwendung des allgemeinen Begriffes für den besonderen gerade auch jenes Verhältnis einschärft, das den Grundcharakter der Ästhetik als einer psychologischen oder zum mindesten psychologisch fundierten Wissenschaft sofort wahrnehmen läßt.

Ist Lipps als allgemeiner Ästhetiker abgetan, so findet er auch als Kunstphilosoph nicht größere Gnade vor Harts Augen. Dieser setzt wiederum zwei Stellen aus der Lippsschen Ästhetik, unmittelbar aneinandergereiht, dem Leser vor. In der ersten heißt es: »Nur eine Frage muß gestellt werden: Wer ist ein Künstler? Wann und wie weit ist derjenige, der sich so nennt oder so genannt wird, ein Künstler? Wie weit hat er in einem gegebenen Falle als solcher sich betätigt? In der Beantwortung dieser Fragen liegt die ganze normative Ästhetik.« Der zweite Passus aber lautet: »Zweifellos ist es die Aufgabe der Ästhetik, den Sinn der Worte ‚Kunst' oder ‚künstlerische Tätigkeit' allgemein festzustellen. Dabei konstruiert oder dekretiert sie nicht, sondern fragt einfach: ‚Was wird tatsächlich so genannt? Welches sind die aus der Betrachtung der Kunst, so wie sie vorliegt, resultierenden Merkmale der Kunst?'« Hier, beim Zusammenhalten der beiden Stellen, erspäht nun Hart glücklich einen Widerspruch oder einen Zirkel, weil das eine Mal nach dem Rechte, die Namen »Kunst« und »Künstler« anzuwenden, gefragt, das andere Mal dieses Recht jedoch gerade auf die faktische Benennung der Gegenstände gegründet, als »künstlerisch« einfach dasjenige hingenommen wird, was im tatsächlichen Sprachgebrauche so heißt. Es läßt sich nicht leugnen, daß diese Widerspruchsaufzeigung eine der wenigen wirklich bestehenden und feinen Darlegungen des Buches ist; aber nichtsdestoweniger kann man ohne sonderliche Mühe den Einwand gegen die Zulässigkeit des Lippsschen Vorgehens entkräften, wenn man auf den Unterschied zwischen dem korrekten Wortgebrauch und der ungenauen, vom feineren Sprachgefühl nicht gebilligten Bezeichnungsweise oder noch besser: auf den Unterschied zwischen der Sprache des gemeinen Lebens und derjenigen der Wissenschaft gehörig Bedacht nimmt. Für wissenschaftliche Begriffe ist natürlich nur die wissenschaftliche Terminologie maßgebend; diese allein kann entscheiden, welche Bedeutung einem der Worte, deren sie sich bedient, gegeben werden muß, und Hart schleudert sich selbst Steine ins Gesicht, wenn er darüber spottet, daß jetzt ein Zahntechniker und dann Phidias ein Künstler genannt wird und daß man den Geschmack der Erbsensuppe so gut wie die Mona Lisa als »schön« bezeichnet. Er macht mit diesen Beispielen nur recht deutlich sichtbar, wie unerläßlich es ist, daß die im Alltag so überaus schwankenden Begriffe zum wissenschaftlichen Gebrauche sicher bestimmt und eindeutig festgesetzt werden. Daß die Wortbedeutungen dann außer den Begriffen nichts sind und die Begriffe ihrerseits wieder mit den Wortbedeutungen sich decken, erscheint als die selbstverständlichste Sache, die überdies von keinem Standpunkte aus mehr einleuchtet als von dem des sensualistischen Positivismus, obgleich Hart sie durchaus nicht begreifen will. Benützt er doch jene Hinweisungen auf die Sprachwillkür lediglich dazu, das Definieren gleichsam als läppischen Sport der Vernunftwissenschaft zu brandmarken und trotzdem — nicht etwa für die konkreten, sinnlichen Dinge, sondern für die abstrakten Begriffe, wie den Begriff »schön«, zu fordern, daß von ihnen ausgemacht werde, was sie an sich, abgesehen von dem Wortsinne, noch sind. Lipps' Sätze bekräftigen ihm seiner ausdrücklichen Versicherung gemäß nur die Überzeugung, »daß unsere Ästhetik dogmatisch eine Begriffsästhetik, eine Lehre vom Worte ‚schön' ist und ihre Grundauffassung darin besteht, das, was schön ist, auf das, was schön heißt, zurückzuführen«. Daher stellt er die alte und die neue, die Zukunftsästhetik, einander in der folgenden Kennzeichnung gegenüber: »Dort eine Begriffsästhetik, die immer dem Wort schön nachging und auf dem, was schön heißt, ihre Erkenntnis aufbauen wollte. Hier endlich in Ernst und Wahrheit eine Ästhetik des Wirklich-Schönen.« Ist das nicht, und zwar auf seiten eines Mannes, welcher sich von dem Trug der Sprache und des Begriffs völlig befreit zu haben wähnt, das genaue Gegenstück zu jener populären Täuschung, welche der große Sprachforscher und Sprachphilosoph Schuchardt so köstlich mit der Anekdote vom Deutschösterreicher illustriert hat, der nach der Erzählung in Polles Schrift: »Wie denkt das Volk über die Sprache?« dem Ungarn und dem Italiener beweist, daß die deutsche Sprache »die richtigste« sei. Der Ungar nennt den Inhalt dieses Glases »Viz«, der Italiener »Acqua«; im Deutschen aber nennen wir ihn »Wasser«, »und wir nennen's halt nicht bloß so, sondern es ist auch Wasser.« Die neue Hartsche Ästhetik nennt das Schöne nicht bloß so, sondern es ist auch das Schöne, — unabhängig von dem Begriff und dessen Inhalt, von dem Wort und dessen Bedeutung.

So also steht es mit den Ungenauigkeiten der philosophischen Ästhetik beziehungsweise ihres Vertreters Lipps und mit den sich scharfsinnig dünkenden Korrekturen des Verfassers. Die Ausstellungen an den allgemeinen Definitionen des Schönen und der ästhetischen Wissenschaft lösen sich samt und sonders in nichts auf; von der Einwendung aber gegen die Begriffsbestimmungen der »Kunst«

und des »Künstlers« bleibt als begründet höchstens der Vorwurf übrig, daß Lipps die Verschiedenheit der wissenschaftlichen von der Vulgärsprache nicht mit genügendem Nachdruck betont und daß er durch diese Unterlassung den Schein eines *circulus vitiosus* erweckt habe, indem er einerseits die Sprache zur Grundlage der Begriffsbildung macht, anderseits jedoch eine Richtigstellung des Sprachgebrauchs durch den wissenschaftlichen Begriff für zulässig, ja geboten erachtet. Ungemein lustig nun und doch im Hinblick auf den verdienten Schriftstellerruf Harts auch wieder höchst betrübend ist es, zu sehen, wie der Kritiker, welcher unserer Kunstphilosophie einen geraden, sicheren Gang beibringen will, selber fast bei jedem Schritte auf dem schlüpfrigen Boden der subtilen ästhetischen Konzeptionen schwankt und strauchelt. An solch einem spaßhaften Ausgleiten ergötzt man sich schon bei der vermeintlichen Verbesserung der Lippsschen Begriffsbestimmung des Schönen. Sollte der Satz, welcher um seiner angeblichen Unbestimmtheit willen so heftig gescholten wird, den strengen Denker befriedigen können, so müßte er nach Hart alternativ, je nachdem er eben die Allgemeinheit und Notwendigkeit oder umgekehrt die bloß individuelle und temporäre Gültigkeit des ästhetischen Urteils auszudrücken bestimmt ist, folgendermaßen lauten: im einen Falle: »Schön heiße ich ein Objekt, welches ein eigentümliches Gefühl in mir weckt, das ich schön nenne«; im anderen: »Schön heißt das Objekt, und nur das Objekt kann und darf schön genannt werden, welches allgemein, in jedem und immer das Gefühl erweckt, erwecken muß und allein erwecken soll, das allein das Schönheitsgefühl, das Schöne genannt werden kann, das Schöne wirklich ist«. Wie man sieht, wird beide Male in jeder der zwei auf größte Genauigkeit Anspruch erhebenden Definitionen das Schönheitsgefühl, also das ästhetische Lustgefühl, und das Schöne identifiziert. Das ist nun gewiß höchst auffällig. Zwar hat auch Zimmermann gelegentlich gesagt, daß das Prädikat des ästhetischen Urteils ein Lustgefühl sei, und auch das war grammatisch nicht ganz korrekt, weil das Lustgefühl ja wohl als Prädikat in dem Urteil über eine besondere Art des ästhetischen Gefallens oder auch wohl über dieses Gefallen im allgemeinen, ebenso wie in der Aussage über irgend einen anderen emotionellen Zustand, z. B. einen freudigen Affekt oder den Eindruck einer wohlschmeckenden Speise, eines angenehmen Geruchs, jedoch nicht in dem Urteil über den Gegenstand der repräsentativen Gefühlsbasis, über die Ursache der Emotion — diese Ursache und dieser Gegenstand ist aber das Schöne — auftreten kann. Indessen verstand doch jedermann, wie die Sache gemeint war, ja, als scharfe Hervorhebung der emotionellen Grundlage aller ästhetischen Schätzungen war die These Zimmermanns für ihre Zeit sogar löblich und verdienstvoll, um so mehr, als das Wort aus der Herbartschen Schule heraus gesprochen wurde, deren Stellungnahme zum Grundproblem der Ästhetik im Hinblick auf die bekannten, leicht in objektivistischem Sinne mißzuverstehenden Aussprüche Herbarts doppelte Bedeutung hatte. Aber bei einem modernen Schriftsteller, welcher noch dazu das Lob höchster stilistischer Akkuratesse prätendiert und über unsere Ästhetik wegen ihrer verschwommenen, nicht hinlänglich sorgfältigen Definitionen zu Gerichte sitzt, läßt sich die analoge Gleichsetzung des Schönen und des Schönheitsgefühls unter gar keinen Umständen mehr gutheißen. Es ist durchaus unstatthaft, die beiden Begriffe *promiscue* für einander zu brauchen; kann das Gefühl strenge genommen nicht das Prädikat ästhetischer Urteile abgeben, so eignet es sich ebensowenig oder noch weniger zu deren Subjekt, wenngleich Goethe von der schönen Seele, Heine von dem schön bewegten Herzen und noch manche andere von schönen Gefühlen sprechen mögen, indem sie entweder wirklich die Gemütsverfassung des Menschen einer Art ästhetischer Betrachtung unterziehen oder einfach mit dichterischer Freiheit das Äußere und das Innere, das Objektive und das Subjektive verschmelzen. Man kann und muß es wohl dem ästhetischen Objektivismus gegenüber aussprechen, daß das Schöne faktisch nur im Gefühl existiert, sofern dieses Gefühl, welches ein Gegenstand erregt, der einzige Grund ist, dem betreffenden Gegenstande die Eigenschaft der Schönheit beizulegen. Spricht das Gefühl nicht mehr und verhält es sich stumpf und gleichgültig, so ist eigentlich auch die Schönheit verschwunden und sie läßt sich bei solch erloschenem Gefühl höchstens noch behaupten in der Erinnerung an die einstmals von dem Dinge ausgegangenen oder in der Erwartung künftiger, neuerlich von ihm ausgehender Wirkungen. Von diesem Standpunkte aus mag dann getrost erklärt werden, das Schöne und das Gefühl seien eins. Wer sich solcher Wendungen bedient, läuft kaum Gefahr, mißverstanden zu werden. Aber eine strikte Definition muß auch die Rückbeziehung auf das Objekt in acht nehmen und darf daher nicht das feinere Begriffsgewebe zerstören, den Wortsinn verfälschen und der Grammatik Gewalt antun, indem sie das Schöne und das Schönheitsgefühl als Synonyme nebeneinanderstellt. Daß schon ältere Ästhetiker sich der gleichen Konfusion schuldig gemacht und auf das ästhetische Gefühl die Bestimmung übertragen haben, die ausschließlich von der Ursache oder dem Gegenstande des Gefühls gilt, bewiese natürlich gar nichts und könnte den Verfasser nicht rechtfertigen. Tatsächlich aber ist in solchen Fällen der Mißgriff oft weniger schlimm gewesen als der von Hart begangene. Denn wenn z. B. selbst noch Zschokke immerfort von »schönen Empfindungen« redete, so darf man nicht übersehen, daß er sich in seinen »Ideen zur psychologischen Ästhetik« von allem Anfang an auf die Kunst bezog, daß jedoch in der Kunst die gegenseitige Stellung der Begriffe allerdings ein wenig von derjenigen abweicht, welche in dem Bereiche des Naturschönen festzusetzen ist. Für das Kunstschöne, das aus dem ästhetischen Gefühl heraus erzeugt wird, bildet dieses Gefühl gewissermaßen den ersten und ursprünglichen ästhetischen Gegenstand; die Verwirklichung des Schönen beginnt mit dem Gefühl, welches den Künstler sein Werk zu schaffen und mittels dieses Werkes dasselbe Gefühl auch in anderen zu entzünden treibt; die künstlerische Begeisterung für einen Stoff ist eins mit der Vorwegnahme der Emotion, welche die Gestaltung des Stoffes erregen wird, so daß die Kunst vom Gefühl ausgeht und wieder zu ihm zurückkehrt, daß wir in ihr auch die objektive Seite des Schönen nur als gefühldurchtränkte, gleichsam in Gefühl verwandelte antreffen. Das Stadium, in welchem der Künstler noch gleichgültig seinem Sujet gegenübersteht und der Vorwurf noch nicht die ästhetischen Reize entfaltet, die ihm, sei es an sich, sei es bei einer gewissen Behandlung, innewohnen, liegt sozusagen jenseits der wirklichen, lebendigen Kunst. Außerhalb des Kunstgebietes dagegen, in der Natur, ist das Objekt der ästhetischen Schätzung, bevor es vermöge seiner emotionellen Wirkungen in der Tat solcher Schätzung zugänglich geworden ist und damit Schönheit angenommen, sich mit Schönheit umkleidet hat, ein totes, gefühlsfremdes, oft aus dem Spiel seelenloser Kräfte entstandenes Ding, und hier macht sich deshalb die Ungehörigkeit, welche darin liegt, das Schöne und das Schönheitsgefühl zu vertauschen, in weit höherem Maße spürbar. Man kann kurz sagen: in der Kunst wird die Ungleichartigkeit der Begriffe dadurch verdeckt oder verschleiert, daß die letzte, noch hinter dem Werk liegende Ursache des Schönheitsgefühls selber ein derartiges Gefühl ist, sofern die Emotion des Kunstgenießenden den tiefsten Grund ihrer Möglichkeit aus der Emotion des Künstlers schöpft; beim Naturschönen aber tritt die Diskrepanz grell hervor, weil hier das Schöne oder die Ursache des Schönheitsgefühls für sich selbst, d. h. abgesehen von eben dieser Wirkung, mit Gefühlen nichts zu schaffen hat; in dieser Sphäre leuchtet es also auf den ersten Blick ein, daß das Schöne und das

Gefühl des Schönen zweierlei sind. Da wir uns jedoch beständig solcher Ausdrücke wie »Gefühl des Schmerzes«, »Gefühl der Lust«, »Gefühl der Furcht«, »Gefühl des Zorns«, »Gefühl der Hoffnung« bedienen, so mag sich ein überdelikates Ohr sogar an der Konstruktion »Gefühl des Schönen« wegen des Gegensatzes stoßen, in welchem dieser objektive Genitiv zu den uns sonst so geläufigen determinierenden Genitiven steht, und mag man daher trotz der Analogien im »Rechtsgefühl«, »Gefühl der Heimat, der Freiheit, der Einsamkeit« usw., jenen anderen Begriffsverhältnissen Rechnung tragend, die völlig einwandfreie Form »Gefühl für das Schöne« vorziehen, wie sie beispielsweise von Krug gewählt worden ist.

In diesem Beispiele Hartscher Präzision ist das Ärgerniserregende und Tadelnswerte zunächst die sprachwidrige Ausdrucksweise; es liegt vor allem ein Verstoß gegen die Grammatik vor und es läßt sich schwerlich bestreiten, daß der Verfasser dessenungeachtet in der Hauptsache das Richtige — nur nicht scharf und deutlich genug — gedacht hat. Weit ernstere und verhängnisvollere, offenbar sachliche und nicht bloß sprachliche Fehler begeht er, indem er Lipps' Grundsatz: »Ein Objekt heißt schön, weil es ein eigentümliches Gefühl in mir erweckt« als willkürlich und unbewiesen ablehnt. »Ich könnte ja«, meint er, »auch umgekehrt sprechen: Weil ich Schönheitsgefühle in mir besitze, ein Schönheitsbild, dem das Objekt entspricht, so nenne ich dieses schön, und wenn ich dieses Bild nicht in mir schon trage, so vermag das Objekt auch nicht als ein schönes zu mir zu reden. Dieses weckt nicht, sondern es befruchtet. Je geweckter aber das Gefühl, um so rascher, um so intensiver ergreift es das bestimmte Objekt als einen Ausdruck einer Schönheit. Das Ding oder Werk nenne ich schön, welches meinen ästhetischen Gefühlen entspricht oder sie steigert.« In der Tat: so könnte man nicht nur sprechen, sondern so haben viele Ästhetiker wirklich gesprochen, so haben die Neuplatoniker und alle ihre Nachzügler unter den spiritualistischen Metaphysikern der Neuzeit von Bellori bis Lévêque sich geäußert. Daß aber Hart, der bewußte oder unbewußte Feuerbachianer, der immerfort die Parole: »Sinnlichkeit!«, »Wirklichkeit!«, »Natürlichkeit!« in die Welt ruft, ebenfalls so reden und damit, unbeschadet seiner sonstigen Überzeugungen, als Ästhetiker sich zum reinsten, echtesten Platonismus bekennen zu dürfen glaubt, das bekundet eine Naivität, angesichts deren man fast etwas wie Rührung über solche philosophische Unschuld verspüren könnte.

Was also will die Hartsche Umwälzung der Ästhetik? Worauf hat es die allgemeine Wissenschaftsrevolution innerhalb dieses speziellen Gebietes abgesehen? Die Frage, denke ich, ist nach all dem voranstehenden bald beantwortet. Soweit die Hartschen Ideen einigermaßen rationell sind — der Vernunftfeind möge mir verzeihen, daß ich ihm rationelle Gedanken zuerkenne! —, verrät sich in ihnen ein lebhaftes Bewußtsein des sinnlichen, anschaulichen Wesens der Kunst, durch welches diese zur abstrakten Wissenschaft in Gegensatz tritt. Allein damit ist der Welt keine neue Offenbarung geschenkt worden. Denn in den letzten 100 oder 120 Jahren dürfte wohl kaum ein bedeutender Ästhetiker aufgetreten sein, der nicht mehr oder weniger entschieden die sinnlich intuitive Beschaffenheit des Künstlergeistes und die höchstens für den Poeten einzuschränkende Pflicht, in einem Kunstwerke nicht Begriffe, sondern Gestalten oder Bilder zu geben, hervorgehoben hätte. Sodann enthalten die Lehren des Verfassers einen Protest gegen jene Ästhetik, die sich etwa vermessen wollte, mit ihren theoretischen Lehrsätzen die Kunst zu schulmeistern, und auch hier setzt er offenkundig nur eine alte wissenschaftliche Tradition fort. Hat doch schon die »Kritik der Urteilskraft« in einer Fülle geistreicher Wendungen es immer und immer wiederholt, daß kraft der Natur des Schönen im allgemeinen und daher auch des Kunstschönen die Regeln, welche den Künstler wirklich fördern können, nicht aus theoretischen Begriffen vom Wesen des Kunstwerkes abzuleiten sind, sondern in exemplarischen Schöpfungen realisiert sein müssen, an welchen sich das Gestaltungsvermögen der späteren Künstler bildet und schult. Man müßte weit in die Vergangenheit zurückgehen, um einer Ästhetik zu begegnen, die jene lächerlichen Prätentionen erhebt und die somit durch die Hartsche Charakteristik der Kunsttheorie einigermaßen getroffen wird, jedenfalls in eine Zeit, wo das Wort »*poeta nascitur*« noch nicht geprägt war; — in der ganzen bekannten Literatur finden sich kaum dann und wann Spuren der Bestrebungen, welche der Verfasser aller normativen Ästhetik unterschiebt; und einen Kunstphilosophen, der sich angemaßt hätte, dank seinen richtigen Begriffen von der Kunst besser zu dichten, zu malen und zu komponieren als die Poeten, Maler und Musiker selbst, wird Hart wohl überhaupt nicht namhaft machen können. Da muß man denn doch fragen, was nun die breiten, weitschweifigen, gemacht leidenschaftlichen Deklamationen des Verfassers für einen Sinn haben. Was soll dieser künstliche Zorn, in den er sich hineinredet? Wozu der Eifer im Kampfe gegen einen Feind, welcher nirgends zu entdecken ist? Wenn auf irgend ein Buch, so passen auf Harts »Revolution der Wissenschaft« die Worte: »Viel Geschrei und wenig Wolle!«

Ich habe nun lange genug die Kritik, welche der Verfasser an unserer Ästhetik übt, und seine die Methode der Ästhetik und Kunstwissenschaft betreffenden Neuerungspläne beleuchtet; ich muß es mir versagen, weiter auf den Inhalt seines Werkes einzugehen, aus dem einfachen Grunde, weil Hart sich darin vorwiegend mit logischen oder erkenntnistheoretischen, also von Kunstlehre und Ästhetik weit abliegenden Fragen beschäftigt, diese Zeitschrift aber nicht der Ort für allgemein philosophische Auseinandersetzungen ist. Gleichwohl muß ich mit dem Verfasser noch ein Hühnchen pflücken. Bei der Beurteilung jedes Buches kann man selber praktische Ästhetik treiben, d. h. man kann jede Schrift, auch wenn sie nicht belletristischer, sondern rein lehrhafter Art ist, mit dem ästhetischen Maßstabe messen, indem man die Außenseite derselben, die Komposition und vor allem die Sprache auf ihre etwaige Schönheit prüft. Es ist jedoch klar, daß diese Schönheit der Sprache durch Korrektheit zwar nicht erschöpft wird, wohl aber in der Korrektheit ihre erste und wichtigste Voraussetzung hat. Und nach dieser Richtung muß nun leider festgelegt werden, daß das Produkt des Mannes, welcher sich zum Reformator der Ästhetik berufen dünkt und, wie bereits früher gesagt, es unleugbar versteht, seine Darstellung mit Schönheit innerlicher Art zu schmücken, auch hinter den elementarsten ästhetischen Anforderungen zurückbleibt. Hat mir schon Eckertz' Nietzsche-Arbeit die peinliche Pflicht auferlegt, die beispiellose Verluderung unserer deutschen Sprache in gewissen Literatenkreisen der Gegenwart an den Pranger zu stellen, so zwingt mich die »Revolution der Wissenschaft« zu einer Wiederholung der Anklage. Der Stil Harts ist wohl weniger geschraubt und affektiert als derjenige Eckertz', aber er ist noch schlampiger und lotteriger. Freilich haben manche von den Sprachschnitzern in Verschwommenheit und Verworrenheit des Denkens ihre Quelle und man empfindet dann die Verstöße mehr als logische denn als stilistische, so z. B. wenn Hart S. 64 von dem Streite spricht, »ob das Blut und Brot der christlichen Abendmahlslehre der Gottleib wirklich sind oder ihn nur bedeuten«. Nach dem Verfasser sind also nicht Wein und Brot, sondern Blut und Brot die Substanzen, welche in der Eucharistie genossen werden, und das Brot allein kann das Wunder der Verwandlung erfahren: Athenagoras hat umsonst geschrieben, die Lehren Daumers aber sind wieder lebendig und haben eine Anerkennung gefunden, für die allerdings ihr später so fromm gewordener und seine Jugendketzereien so tief bereuender Urheber Hart am wenigsten Dank wüßte. Eine ähnliche Sprach-

oder vielmehr Gedankenkühnheit überrascht auf S. 84, wo der Verfasser die »Naturwelt« und die »Vernunftwelt« einander gegenüberstellt und mit der Erklärung: »In jener« (also der Naturwelt) »blüht eben die Birke, wie sie überall auf den Feldern wächst, ein Baum des Lebens, der uns nährt und kleidet« seinen Lesern aufrichtige Bewunderung sowohl vor seiner Genügsamkeit in bezug auf Speisen wie vor seiner Anspruchslosigkeit hinsichtlich der Kleidung einflößt.

Läßt man aber auch derlei stilistische Verirrungen beiseite, die in erster Linie als Gedankenlosigkeiten erscheinen und nicht eigentlich dem Ohre wehtun, so ist das Buch noch immer überreich an echten grammatikalischen oder mindestens rein sprachlichen, daher auch ästhetisch verletzenden Schnitzern. Es wäre der Mühe wert, festzustellen, wie oft Hart in unpassender, höchst salopp klingender, ja strenge genommen sinnwidriger Weise die Worte »nur« und »gerade« und deren Kombinationen »nur gerade« und »gerade nur« anwendet: — man würde auf eine ähnlich große Ziffer kommen, als wenn man sich den Spaß machte, die fehlenden und die irrtümlich eingesetzten Beistriche zu zählen, die doch nicht ausnahmslos auf das Schuldkonto des Setzers geschrieben werden können und die, wenn sie gleich in der Regel nicht so sinnstörend sind wie der mangelnde Beistrich auf S. 207, durch dessen Wegbleiben offenbar Verwirrung entsteht, nichts destoweniger einen üblen, ärgerlichen Eindruck machen. Aber diese Interpunktionsfehler und jene Vulgärbildungen sind noch erträglich neben den sonstigen Sünden wider die Regeln der Grammatik. Es wimmelt von Verwechslungen des Genus, Kasus, Numerus (S. 29, 34, 36, 37, 71, 137, 138, 140, 150, 157, 167, 175, 206, 216, 225, 234, 237, 239, 260, 268, 292, 296, 315), und in einigen der hier durch die Seitenzahlen bezeichneten Fälle kommen solche Verwechslungen auch wohl miteinander verbunden vor. Dann wieder gibt es andere falsche Konstruktionen: ein Nebensatz wird behandelt wie ein Hauptsatz (S. 93), bald liest man (wie S. 70 und 197) »derer«, bald (wie S. 166) »der« statt »deren«; zwei Substantiven von verschiedenem Geschlecht wird nur ein Pronomen (S. 62 »ihre Behauptung und Dogma« und S. 275 »derselbe Sinn und Bedeutung«) oder nur ein einziges, dem Genus nach bestimmtes Adjektiv (S. 63 »höchstem Wert und Bedeutung«) vorgesetzt; — über die heute so verbreitete Unsitte der Verbindung zweier, verschiedene Fälle regierender Präpositionen mit einem Hauptwort (S. 175 »in und durch unsere Vernunft«, S. 218 »aus und durch unsere Abstraktion«) oder über die Stellung eines Relativpronomens, das gleichzeitig einen Akkusativ und einen Nominativ ausdrückt (S. 262 »was sie nur noch nicht besitzen, sondern erstrebt werden soll«), ereifert man sich ohnedies nicht weiter: man ist ja derartiges gewohnt und dagegen abgestumpft. Und leider kann man sich auch kaum mehr über eine Syntax aufregen wie die in den zwei Sätzen S. 80 dargebotene: »Das ist nun keineswegs etwas Müßiges, Leeres, Nichtssagendes, ein unfruchtbarer Kampf um bloße Schälle nur. Sondern um höchst wirkliche, höchst lebendige Unterschiede.« Man sagt sich eben seufzend, daß die Moderne so schreibt. Aber Hart ist in den Methoden der Sprachmißhandlung geradezu unerschöpflich. Mitunter beleidigt er die Sprachrichtigkeit durch einfache Weglassung oder Verstellung eines Vorwortes, so S. 212, wo es von der Natur nach der Vorstellungsweise der Physiker heißt, daß sie »nichts als aus lauter kleinsten Teilchen und Atomen besteht«, und S. 264 in der Phrase »heute so wie jeher«; ein andermal erzeugt wieder gerade umgekehrt die ungehörige Einfügung einer Präposition die Inkorrektheit wie S. 170: »wir nehmen sie« (die Sätze) »für unbesehen an« — das »für« gehört selbstverständlich weg — und S. 233, wo abermals von der seitens der Naturwissenschaft konstruierten Natur die Rede ist und in einer Vergleichung derselben mit der Natur unserer Sinne gesagt wird, daß jene »zu dieser von Grund aus gegensätzlich gegenübersteht«; oder es wird endlich statt des passenden ein recht unpassendes Vorwort gebraucht, z. B. S. 40 in dem Ausdrucke: »Majorisierung des Einzelnen über die Vielen«, ein Ausdruck, bei dem der Leser sehr leicht auf das diametrale Gegenteil des gemeinten Sinnes verfallen könnte. Die Annahme von Druckernachlässigkeiten verbietet sich hier überall von selbst. Aber der Setzer kann wohl auch nicht Schuld tragen an der Gestaltung des Satzes S. 86: »Nicht die Vernunft ist das Mehr und Höher als die Natur, sondern nur innerhalb dieser eine durchaus untergeordnete Macht«, und ebenso scheint die Ausrede auf Druckfehler dort ganz und gar ausgeschlossen, wo ein längeres Wort, wie das »miteinander« in der Stelle auf S. 264: »Alle die Begriffe und Worte, mit denen unsere Wissenschaft unablässig miteinander spielt«, entfernt oder, wie das »auseinander« im Satze S. 234: »Eins geht mit dem anderen untrennbar verknüpft zusammen und kann nicht auseinander gelöst werden«, durch ein Wort von zwei Silben ersetzt werden muß, damit der Unsinn verschwindet. Alles das macht nun im höchsten Grade mißtrauisch. Man glaubt dann auch in solchen Fällen, wo es sich tatsächlich um Druckfehler oder um ein harmloses Verschreiben handeln könnte, nicht recht an Setzerirrungen oder bloße *lapsus calami:* man bezieht z. B. in dem vorletzten Satze der S. 218 das »ihm« nicht ohne weiteres auf die »Natur«, in welchem Falle es ein evidenter Fehler, aber vielleicht ein simpler Druck- oder Schreibfehler wäre, sondern fast lieber noch auf »Chaos« im vorangegangenen Satze, so daß es zwar aufhört, absolut unrichtig zu sein, sich jedoch aus einem bedeutungslosen Übersehen des Autors oder des Setzers vermöge der ganzen Konstruktion in eine sprachliche Ungebühr schlimmster Art verwandelt. Denn beide Formen der Inkorrektheit wechseln bei Hart beständig miteinander ab. Das »sich« z. B. in dem Passus S. 186: »welches sich mir in immer anderen Werken, Gegenständen und Erscheinungen entgegentritt« kann aus der ursprünglichen Absicht des Verfassers, »entgegenstellt« zu schreiben, leicht erklärt und leicht damit entschuldigt werden; ähnlich verhält es sich mit »der allgemeinen« statt »die allgemeine Behauptung« S. 239; und in den Worten auf S. 219: »Gegen Kant zeugt die Psychologie unserer Naturvölker, von denen man in den Königsberger Tagen noch nichts wußte, welche gerade diese Kräfte des abstrakten Denkens nicht besitzt und doch fraglos dieser Natur ebenso sieht, wie wir sie sehen«, ist das »dieser« gewiß nichts als eine Entgleisung der Feder oder ein Fehlgriff der Setzerhand so gut wie das »daß« für »das« und »ihr« statt »ihm« S. 167, »halten« statt »handeln« S. 174, »sinnlichen« statt »unsinnlichen« S. 259 usw., während der Singular des Relativdoppelsatzes entweder eine Schlamperei oder eine Sprachgewaltsamkeit vorstellt, weil er zum Plural des Wortes »Naturvölker«, auf das die Aussage sinngemäß bezogen werden könnte, nicht stimmt, andernfalls aber dem Terminus »Psychologie« eine seltsame, vielleicht nicht immer, jedoch sicherlich hier anstößige Wendung ins Objektive gegeben, nämlich von der »Psychologie« der Naturvölker etwas behauptet werden müßte, was sich füglich nur von deren Psyche oder einfach von den Naturvölkern selbst behaupten läßt.

Und damit komme ich zu einem neuen Punkt der Anklage: zu der bewußten Willkür, mit der der Verfasser das zarte Instrument der Sprache handhabt, zu den absichtlichen, kecken Wortverhunzungen, in denen er sich fast ebensosehr wie Eckertz gefällt. Unser Deutsch kennt nur den Ur oder Auerochsen im Maskulinum; ein Ur in der Neutrumsform, wie es bei Hart S. 37 als »mysteriöses Ur«, S. 188 kurzweg als »das Ur« auftaucht, ist sprachlich nicht bloß mysteriös, sondern vollkommen unmöglich. »Schaudern« darf zweifellos auch substantivisch gebraucht werden; allein dann hat es als substantivierter Infinitiv keinen Plural, und wenn

Hart von »unsagbaren Schaudern« (S. 293), nicht »Schauern«, spricht, so ist dies eine jener verwegenen Pluralbildungen, welche er überhaupt so sehr liebt und mit denen er Lesern von etwas feinerem Sprachgefühl wahre Torturen antut. Alle Augenblicke (S. 72, 82, 105, 176) heißt es »Sinne« oder »Wortsinne«, S. 77 gar »Gegen- und Doppeltsinne«, wo unter »Sinn« natürlich »Bedeutung« zu verstehen ist, obschon das Wort Sinn einen Plural bekanntermaßen nur dann zuläßt, wenn es den psychologisch-physiologischen Begriff ausdrückt. Den »Sinnen« als Bedeutungen stellen sich die »Hinsichten« S. 148 ebenbürtig an die Seite, so daß die »Wortschalle« (S. 62), »Wortschälle« (S. 273 u. 280) und einfachen »Schälle« (S. 80) das Gehör kaum noch sonderlich martern und man nur etwas Folgerichtigkeit — entweder »Schalle« oder »Schälle« — wünschen möchte. Aber in dem Bemühen, recht wirksam und eindringlich zu schreiben, vervielfältigt Hart offenbar »Sinn«, »Schall« und »Hinsicht« ähnlich, wie er das »stets« zum »durchaus stets« (S. 208), das »zahlreiche« zum »allerhand zahlreiche« (S. 147) steigern zu müssen glaubt und mit der Verschmelzung von »Grundsatz« und »Behauptung« im »Grundbehauptungssatz« (S. 300) wohl den stärksten Eindruck des als fundamental und positiv Gedachten zu erzielen hofft. Von diesem Standpunkte aus sind jedenfalls auch die erwähnten Lieblingseinschiebsel zu beurteilen: die Konstruktionen mit »nur«, »nur gerade«, »nur gerade nicht«, »aber gerade« usw., was selbstverständlich ergänzt werden muß zu »nichts anderes als nur«, »alles andere nicht, nur gerade«, »alles, nur gerade nicht«, »nichts von allem sonst, aber gerade« usw., sind stärker, drastischer als die schlichten Bejahungen und die Verneinungen durch das einfache »nicht«. Neben dem Kräftigen aber sucht Hart das Ungewöhnliche, von dem allgemeinen Sprachgebrauche sich Entfernende. »Apart! Ob nun aufgebauscht, geziert oder burschikos, volksmäßig leger! Apart vor allem!« Das ist seine Losung. Darum hat er eine besondere Passion für Bildungen wie »eine einzige, gleiche und selbe« (S. 70) oder — noch schöner! — »des einen und denselben gleichen Urteils« (S. 290) oder »allumfassendes jegliches Schönheitsgefühl« (S. 156) — eine Art der Wortverbindung, die in kleinen Variationen sich so oft wiederholt, daß ich darauf verzichten muß, alle einzelnen Fälle anzuzeichnen. Ein solcher Sprachschöpfungsdrang begnügt sich natürlich nicht mit Umänderung des Geschlechts und Einführung von Pluralen, wie in den obigen Beispielen, sondern ersinnt völlig neue Worte. Eines derselben präsentiert sich in dem »Schöngefühl«. Daß Hart »das Schönheitsgefühl« und »das Schöne« synonym setzt, ist, wie gezeigt, im Grunde schon ein Sprachschnitzer, welchen indes nur diejenigen bemerken, die an eine begrifflich sehr scharfe Ausdrucksweise gewöhnt sind. Bezeichnet der Verfasser S. 104 die moderne, streng psychologische, von den normativen Aufgaben sich gänzlich losmachende Ästhetik als »rein objektivistische«, so entsetzt sich jeder, der die wissenschaftliche Terminologie kennt und also weiß, was »Objektivismus« in der Ästhetik bedeutet; allein es gerät eben nur der Fachmann, der philosophisch Gebildete in Harnisch. Wenn jedoch von »Schöngefühlen« gesprochen wird, als wären es alte Bekannte, so müssen überhaupt alle aus der Haut fahren, die Deutsch können und die eine Empfindung dafür haben, was in unserer Sprache möglich ist und was nicht. Sogar ein ungewöhnlich belesener Mensch wird diesem Worte an der bezeichneten Stelle des Hartschen Buches zum ersten Male begegnet sein und nicht anders wird es ihm mit dem »augenblicklichen, jetzt menschheitlichen Erfahrungssein« (S. 163), mit der »Kunsttheoretik« (S. 99 u. 137), mit dem Ausdruck »zuteil« im Sinne von »teilhaft« (S. 314), mit »verschiedenfachste« (S. 208) und mit »begrifflichen« (S. 309) gehen. Denn Harts »begrifflichen« ist beileibe nicht, wie man beim Anblicke des isolierten Wortes glauben möchte, eine Flexionsform des Adjektivs »begrifflich«, sondern es ist ein Verbum, ein Infinitiv, — entsprechend etwa dem »verallgemeinern«, »verdinglichen« und derlei Zeitworten. Angesichts dieser wortbildnerischen Originalität befindet man sich nun wieder genau in derselben Lage, wie ich sie oben hinsichtlich der Deutung der grammatikalischen Verstöße geschildert habe. Man würde z. B. keinen Augenblick zweifeln, daß »erlischen« (S. 306) einfach ein Druckfehler ist, wenn das Wort nicht eben — in Hart stünde. Da scheint dann aber die Vermutung, daß das simple »erlöschen« dem Verfasser zu gemein war, doch wohl noch näher zu liegen als die Annahme der Verwechslung eines Buchstabens.

Ich habe nur die schlimmsten Sprachsünden des Werkes erwähnt. Wer in solchen Dingen empfindlich ist, der wird noch an manchen anderen Satzfügungen und Wortverwendungen Anstoß nehmen. Er wird z. B. peinlich berührt werden von der Konstruktion S. 93—94: »Das soll aber weit mehr als nur einen spielenden Vergleich bedeuten, sondern auf ein wirkliches kulturgeschichtliches Geschehen hinweisen«, weil er sich sagen muß, daß ein Satz mit »sondern« bloß auf einen Satz folgen kann, in welchem eine Negation, und zwar unmittelbar, ausgedrückt wurde; er wird nicht zugeben, daß man »bald größeren und kleineren« schreiben darf, weil das erste »bald» ein zweites »bald«, nicht aber ein »und« fordert usw. Allein jene argen, unleidlich widerwärtigen und diese kleinen, harmlosen Fehler könnte man schließlich auf sich beruhen lassen, wenn es sich um das Erzeugnis eines minderen Schriftstellers handelte und wenn Hart mit seinen Schlampereien und Velleitäten allein stünde. Es gibt ja manche unglaublich schlecht geschriebene Bücher. Wir legen sie lachend beiseite und sagen: »Der gute Mann soll sich einen tüchtigen Schulmeister nehmen, bevor er wieder die Literatur zu bereichern versucht.« Ungemein ernst aber wird die Sache, wenn ein berühmter Autor seine Muttersprache so greulich malträtiert und wenn andere, gleichfalls bekannte, ja in einzelnen Kreisen gefeierte Literaten mit ihm in dieser teils schleuderhaften, teils gekünstelten Schreibweise wetteifern. Dann steht man vor einer nicht zu unterschätzenden Gefahr, von welcher unsere höhere Geistesbildung bedroht ist. Während Hart eine »Revolution der Wissenschaft« mit Trompetenstößen ankündigt und unter großem Spektakel, so gut es eben geht, durchführt, arbeitet er stillschweigend auch an einer Revolution der Sprache, die in ihren Zielen jener ungefähr gleichwertig zur Seite steht. Welche Aussichten sich der ersteren Revolution auf dem Felde der Ästhetik eröffnen, was die von Hart geplante Umwälzung der Wissenschaft vom Schönen und der Kunst gegenüber dem bisherigen Stande der Disziplin zu ihren Gunsten anführen kann, ob eine Ästhetik, so wie sie der Verfasser im Sinne trägt, etwas vor der alten Ästhetik voraus hat und ob ihre Ausgestaltung überhaupt im Bereiche der Möglichkeit liegt, das ist auf diesen Blättern eingehend erörtert worden, — daß die andere Revolution ebensowenig siegreich werde, als es der Umsturz der Wissenschaft zu werden verspricht, muß man im Interesse der Kultur — und wie gesagt, nicht nur der intellektuellen, sondern auch der ästhetischen Kultur — auf das lebhafteste wünschen.

Graz. Hugo Spitzer.

W. Deonna, *L'Archéologie, sa valeur, ses méthodes.* I—III. Paris, Librairie Renouard-Laurens, 1912.

Das Werk des Schweizer Gelehrten ist nur scheinbar eine strenge archäologisch-methodologische Abhandlung, eigentlich enthält es Kunstwissenschaft: aus geschichtlichem Erkennen gefolgerte Gesetze. Deonna gewinnt seine historischen Erkenntnisse hauptsächlich aus den archaischen Epochen der griechischen Kunst, seine allgemeinen Kenntnisse reichen jedoch bis zu den neuesten Zeiten hinauf. Es wäre hier auch alles in Ordnung, wenn das kunstpsychologische Wissen des Verfassers gut begründet wäre; doch leider erweist sich seine große Arbeit zum beträchtlichen Teil als unnütz: wo das Problem beginnen würde, da bleibt er stehen. Wir können dieses sonderbare Fangspiel fünfzehnhundert Seiten hindurch beobachten; unmittelbar vor den psychologischen Problemen macht er Halt in seinem Suchen nach der letzten Ursache. Mir scheint deshalb Deonnas Werk eine vortreffliche Gelegenheit, dies öfter vorkommende Verfahren genau in Augenschein zu nehmen. Ich tue dies umso lieber, weil ich der sehr ernsten Arbeit eines weitblickenden Schriftstellers gegenüberstehe.

Deonna geht von der Untersuchung der archäologischen Methodik aus und stellt fest, daß die Kunst eine Entwicklung bedeutet, und zwar sieht auch er eine einheitliche Entwicklungsreihe, deren Basis das Verhältnis des Künstlers zur Natur bildet. Der Ausdruck dieses Verhältnisses ist, je nachdem der Künstler sich streng an das Vorbild der Natur hält oder es nach schon früher empfangenen Ideen umwandelt, ein doppelter: es gibt eine ideale und eine reale Kunst. Deonna konstruiert in der Aufeinanderfolge dieser beiden Arten von Kunst eine Entwicklungslinie, deren Verlauf ständig hin und her pendelt. Das ist ihm das tiefste Gesetz der Kunstentwicklung, und die Darlegung dieses Gesetzes betrachtet er als seine Aufgabe. Er beginnt mit der Geschichte der Archäologie bei den Griechen, bei den Römern, in der Renaissance, gelangt zu Winckelmann, dem Begründer der modernen Archäologie, und erörtert die Methoden dieser Wissenschaft, indem er die Quellen ihrer Irrtümer aufdeckt. Eine solche ist in erster Reihe das Festhalten an falschen Dogmen, das mit dem Haß gegen neue Wahrheiten Hand in Hand geht. Ein falsches Dogma ist der Glaube an die griechische Vollkommenheit, an den in der griechischen Kunst angeblich vorherrschenden Charakter der edlen Einfalt, da doch neuere Untersuchungen den Beweis erbrachten, wie viele verschiedene Ziele in der griechischen Kunst von Epoche zu Epoche, richtiger: von Individualität zu Individualität geherrscht haben. Zu methodischen Irrtümern führen auch die logischen Übertreibungen, wie sie sich z. B. bei der Frage des Ursprunges der Kunst offenbaren. Es ist nicht nur schwer, sondern geradezu unmöglich, die eine Kunst aus der andern herzuleiten, und schwierig ist es auch, das Gesetzliche im Nacheinander des jeweilig gebrauchten Materials festzustellen, denn bei dem Künstler — wie wir sehen werden — ist immer das Phantasiebild das Primäre und das Material wird erst nachträglich zu diesem gewählt. Das sehr bequeme Verfahren, alles auf eine und dieselbe Ursache zurückzuführen, ist nicht neu. Derlei Versuche gab es immer, nur der Inhalt wechselt: Einmal steht das etruskische Wunder in voller Blüte *(le mirage étrusque)*, ein andermal das östliche Wunder; hierauf kam das phönizische Wunder, um alsobald dem europäischen Platz zu machen, worauf der Pankretismus, dann der Panionismus das Feld beherrschte. Doch sie alle waren Eintagshypothesen und im Grunde nicht mehr als logische Spiele.

Dies alles zeigt Deonna durchaus überzeugend. Er weist auf die methodologischen Irrtümer hin, die entstehen, wenn sekundäre Ursachen für primäre genommen werden, z. B. wenn die Künste rein von der Religion abgeleitet werden. Der Religion kommt in der Entwicklung unzweifelhaft eine sehr große Rolle zu, aus ihr können sehr viele — wenn auch nicht alle — Erscheinungen erklärt werden. Auch beleuchten sicherlich viele Nachbarwissenschaften (die Philologie, Medizin, Soziologie, Chemie, Mathematik) das eine oder das andere archäologische Problem, und mit Hilfe der Summe von allem dem kommen wir dem Ziele der Archäologie: der Verlebendigung der Vergangenheit, näher. Das ist gar nicht so einfach, wie es den Schein hat. Der Geschmack wechselt von Epoche zu Epoche und mit ihm unsere, manchen Einzelheiten der Vergangenheit gegenüber empfundene Verwandtschaft. Diese Erscheinung erklärt auch, daß wir die Vergangenheit selbst von Zeit zu Zeit anders sehen.

Was bewegt und treibt denn eigentlich die Entwicklung der Kunst? Eine einzige überraschende künstlerische Individualität oder aber die langsam sich aufbauende Summe der Tätigkeit vieler Künstler? Auch auf diese Frage lautet die Antwort je nach der Epoche verschieden. Die heutige Auffassung steht im scharfen Gegensatze zu Carlyles Heldenverehrung, denn heute glauben wir, daß das Genie nur vollendet. Deonna beweist an einer langen Reihe von Beispielen, daß in der griechischen Plastik jede sich an den Namen einzelner Künstler knüpfende Neuerung eigentlich von einer ganzen Reihe von Generationen vorbereitet wurde. Das Genie faßt die Bestrebungen seiner Vorgänger und seiner Zeit zusammen. Den Künstler selbst prädestiniert die Zeit und das Milieu. In eine andere Epoche versetzt, würde er ganz anderes schaffen. »Die Kunst« — sagte Zola, »ist die Natur *vue à travers un tempérament.*« Deonna bemerkt, daß es richtiger wäre, zu sagen: »*à travers les tendences de la société.*« Er hat recht. Das eigentlich Wichtige liegt darin, was der Künstler aus den gegebenen Motiven zu machen weiß, und in der Auswahl der Motive kann der Künstler von der Gesellschaft beeinflußt werden, keineswegs aber im Suchen der Form; denn er muß vollbringen, wozu er von der Struktur seiner Phantasie gezwungen wird. Wenn deren Tendenz dem Gefühl der Epoche entspricht, wird das Schicksal des Künstlers harmonisch sein. Wir wollen auf diesen Punkt noch zurückkommen — es sei aber schon jetzt bemerkt, daß an diesem Punkt sich meine Wege von denen Deonnas scheiden.

Zum Schluß des ersten Bandes beleuchtet Deonna die Frage der Quellen der Kunstgeschichte und unterzieht die Identifizierungen und die diesen als Grundlage dienenden Gesichtspunkte der Reihe nach strenger Kritik, indem er scharfsinnig auf die immerwährenden Widersprüche der Forscher hinweist. Zu einer neuen einheitlichen Grundlage dringt jedoch auch Deonna selbst nicht vor; er übersieht das Allerwichtigste, daß nämlich die zwei Arten von Kunst sich niemals vermischen. Diese Erkenntnis hätte ihn auch zur Erklärung der zeitweiligen Übereinstimmung der Entwicklungsreihen führen können, denn innerhalb der beiden Tendenzen müssen sich ja stets Ähnlichkeiten ergeben.

Im zweiten Bande seines Werkes nimmt er die Suche nach den Grundgesetzen wieder auf, denn das Ansammeln der kleinen Tatsachen genügt keineswegs, sie sind nur da, um zu den großen Grundgesetzen zu führen. Welches sind diese großen Grundgesetze? Das Gesetz der Entwicklung, wenn es besagen soll, daß die Entwicklung langsam und ununterbrochen vor sich geht, ist nicht gültig, weil es nur den Wechsel gibt, richtiger: die Abwechslung, das Nacheinander des idealen und realen Strebens, während diese Abwechslung verschiedene Bedingungen hat. Er untersucht diese. Zuerst wollen wir feststellen, daß Deonna im Grunde genommen auch nur e i n e Entwicklungsreihe sieht, die ideale und reale Kunst unterscheidet sich bei ihm nur durch die Quantität der Naturtreue, doch die Grundlage scheint ihm einheitlich. Eben dieses ist es, was wir bestreiten.

Doch sehen wir vorerst, zu welcher Konsequenz er von seinem Standpunkte aus gelangt. Unter den äußeren Bedingungen der Entwicklung zählt er die Diffusion der Formen auf. Die von der Zentrale ausgehende Form lebt in der Provinz weiter, obwohl in der Zentrale inzwischen ein anderes künstlerisches Ziel aufgekommen ist, und wenn dieses dem Wesen des Provinzkünstlers nicht entspricht, verzerrt sich die Form immer wesentlicher unter seinen Händen. Seinem Wesen? Was ist das Wesen des Künstlers? Unseren Verfasser beunruhigt diese Frage nicht, er geht in seinen Auseinandersetzungen ruhig über sie hinweg, obwohl hier ein psychologischer Abgrund klafft. Wir beeilen uns darauf zu antworten (wie es in unserer in Straßburg bei Heitz erschienenen Arbeit: »Die beiden Wurzeln der Kruzifixdarstellung« ausführlich dargelegt wird), daß dieses Wesen die Phantasiestruktur des Künstlers bildet, die gegeben und entweder abstrakt oder konkret ist. Wenn also eine konkrete Form in die Provinz zu einem Künstler mit abstrakter Phantasie gelangt, wird er sie in Wirklichkeit nicht verstehen, sein Nachahmen wird seelenlos sein, und er stumpft mehr und mehr ab[1]).

Der Entwicklung sind sodann auch andere äußere Umstände dienstbar, die Blüte oder der Verfall kann durch ethnische, politische, soziale, technische usw. Ursachen hervorgerufen werden. Wesentlicher als diese sind die inneren Ursachen; in erster Linie das Entstehen der aus der Zeichnung hervorgehenden Kunstgattungen. Sie entwickeln sich in zwei Reihen, die Deonna ständig miteinander vermengt, weswegen auch seine Beispiele überaus unklar sind. Die zwei Reihen enthalten Typen, deren Form von den beiden Phantasiestrukturen bestimmt wird. Das Überhandnehmen des Realismus will Deonna z. B. damit erklären, daß dieser in den niederen Typen entstanden ist. Die Künstler durften sich bei der Darstellung der Diener, des Bauern und des Beamten streng an die Natur halten, während es Pflicht war, die Götter und Könige würdevoll darzustellen. Erst später wurden bei der Darstellung der Höheren im Range die Ergebnisse der Naturtreue übernommen. Wurden sie wirklich übernommen? Dem Ausdrucke des Würdevollen entspricht, wie in jenem Zeitalter, auch heute noch das reliefmäßige Sehen und sogar die Frontalität. Diese kann durch keinerlei Naturtreue überholt werden. Ist sie einfach ein abstraktes Zeichen? Es steht keineswegs fest, daß die Frontalität bis zum 6. Jahrhundert ohne Unterbrechung bestanden hätte, denn sie wurde in der konkreten Reihe schon viel früher aufgelöst (Perrot: *Histoire de l'Art,* VI. 689; Deonna, II. 169, III. 102), und es ist auch nicht wahr, daß sie im 5. Jahrhundert, sobald man die Verkürzung zu machen verstand, ohne Ausnahme eingestellt wurde, und zwar aus dem einfachen Grunde, weil sie in der Kunst der abstrakten Reihe zu jeder Zeit erhalten blieb. Die Frontalität drückt die hieratische Gemessenheit aus (II. 224, 230). Aus dem Material ist das nicht zu erklären (Volbehr, Gibt es Kunstgesetze? S. 42), weil konkrete Kunst in Granit erzeugt wurde und in Holz abstrakte. Springer freilich hat nicht recht, wenn er darin eine »Erstarrung des künstlerischen Könnens« sieht. Der Künstler vermochte eben das Bild seiner Phantasie nur auf diese einzige Art auszudrücken. Diese Phantasie war abstrakt, und die Frontalität ist ein Zeichen der Abstraktion. Ebenso ist es auch das sogenannte griechische Profil, mit dem ein gewisses Gefühl vortrefflich zum Ausdruck gebracht werden kann, und das wir in der abstrakten Reihe nicht nur bei den Griechen antreffen — vor und nach Phidias —, sondern worauf von selbst auch bei andern Völkern Künstler mit abstrakter Phantasie kommen, ägyptische ebenso wie romanische. Hieraus erklärt sich, meiner Ansicht nach, die Ähnlichkeit der Kunstformen verschiedener Epochen. Es ist nicht nachzuweisen, wie Deonna glaubt, daß es sich hier um ein Überlebsel handelt; die Erscheinung läßt sich auch ohne eine solche Annahme verstehen, jene Hypothese ist also überflüssig.

---

[1]) Es sei mir noch gestattet, ergänzungsweise zu bemerken, daß unsere Unterscheidung allem Anschein nach auch auf die literarische Phantasie ausgedehnt werden kann. In einem Briefe Zolas an Strindberg lesen wir: »*Vous savez peut-être que je ne suis pas pour l'abstraction.*« Dieses instinktive Widerstreben kann uns auf den richtigen Weg helfen.

Wir kommen nun zu einem andern, aber verwandten Fall. Deonna spricht von dem starren und ständigen Lächeln auf den archaistischen Statuen; nach ihm hat es dieselbe Ursache, wie manchmal im frühen Mittelalter: technische Unbeholfenheit. Wenn nun aber dieses Lächeln beabsichtigt wäre? Und eine religiöse symbolische Bedeutung hätte — wie noch heute bei den Japanern, wo es das Zeichen der Höflichkeit ist? Wir begegnen ihm in der primitivsten ägyptischen Kunst, in der chaldäischen und der Kunst von Minos: warum sollte es nicht im Mittelalter auftreten, wo es ebenfalls als ein symbolisches Zeichen zu deuten wäre? Man begnügte sich einfach mit der Andeutung des Lächelns, man nahm mit so viel vorlieb, wieviel davon das Gedächtnis aufbewahrt hatte und strebte gar nicht nach der Detailzeichnung. Der Künstler mit abstrakter Phantasie schafft nämlich sein Phantasiebild aus einigen Erinnerungen, wobei die Intensität des Ausdrucks die Hauptsache bildet, und dies macht uns verständlich, daß wir z. B. das Glotzauge sowohl bei den archaistischen Griechen wie auch im frühen Mittelalter antreffen, in beiden Fällen jedoch nur in der abstrakten Reihe. Die aus der gleichen Zeit stammende konkrete Kunst ist in der Darstellung des Auges weit mehr fortgeschritten. Das ist selbstverständlich, denn den Künstler mit konkreter Phantasie interessiert vor allem das optische Bild, und aus unmittelbaren Eindrücken, nicht nur aus seinen Erinnerungsbildern, baut er seine Phantasiebilder auf. Wenn wir dieses vor Augen halten, finden Deonnas zahlreiche Probleme der Reihe nach ihre Lösung. Er beanstandet z. B., daß einzelne Eigenschaften (z. B. die Steatopygia, die wagerechten oder herabfallenden Augen, die alle eigentlich primitive Konventionen sind) für ethnographische Zeichen genommen werden und daß sie keinerlei Ausdruckswert besitzen. Aber ist das auch wahr? Sobald wir die abstrakte Bedeutung des Profils, des Lächelns, aber auch der Asymmetrie erkannt haben, wird die Betonung der Fettheit und auch die Stellung der Augen zum abstrakten Zeichen. Allem dem begegnen wir ja — in der abstrakten Reihe — früher und später, auch bei vielen anderen Künsten. Es war immer eine Ausdrucksform, bereits in der archaistischen Epoche, die z. B. in der griechischen Kunst — wie Pottier sehr richtig bemerkt — »voll von Intentionen« war.

Dann die so oft erwähnte Materialwirkung, woraus die Semperschule so vieles erklären wollte, darunter auch das primitive Können (fehlerhafte Fußhaltung, nach oben gewendeter Kopf). Die Wahrheit ist, daß es keine regelmäßige Materialaufeinanderfolge gibt, sondern nur eine Phantasiestruktur, und dieser entsprechend wählt der Künstler sein Material. Der Künstler mit konkreter Phantasie greift gerne zu Holz, zu weichem Stein, zu Marmor, weil er das gehorsame Material leichter meistert. In der abstrakten Reihe lassen sich die aus wenigen Gedächtnisbildern entstehenden Ausdrucksformen auch in hartem Material bewältigen. In der abstrakten Reihe begegnen wir wenigen, auf einige Schemen (Dreieck, Zylinder, Glocke, Viereck) zurückführbaren Formen, in der konkreten Reihe wechseln diese Schemen, an Details stets reicher werdend, die Form, und der Künstler sucht sich zu dieser das Material aus. Deonnas Behauptung (II. 320), daß das Material die Form determiniert, ist also nicht wahr, — ganz im Gegenteil wird die Wahl des Materials von der Phantasiestruktur des Künstlers vorgeschrieben.

Deonna meint ferner, daß die Formen, die zu Beginn der Kunstentwicklung aus Ungeschicklichkeit bei der Materialbehandlung unbewußt entstehen, später bewußt gebildet werden. Die Umwandlung geht nach ihm in zwei Stadien vor sich: im ersten ist die Form noch Konvention, im zweiten wird ihre Bedeutung erkannt und bewußt gesteigert. Nach ihm ist das archaistische Lächeln ein instinktives Ergebnis der Materialbehandlung, das zur sinnlosen Konvention, später zum

Gefühlsausdruck wird. (II. 341.) Um die einreihige Entwicklung zu rekonstruieren, setzt er eine Entwicklung von Idealismus (Epoche der sinnlosen Konvention) zur realistischen Epoche (Gefühlsdarstellung) voraus. Diese Konstruktion ist jedoch — der Leser muß es empfinden — eitel Hypothese. Die Künstler der beiden Reihen lebten zu jeder Zeit, so auch in einem stark realistischen Zeitalter, sie arbeiteten nebeneinander und auf Grundlage von einander widerstrebenden Prinzipien und infolge der psychologischen Ursachen ihrer Verschiedenheit, ohne sich jemals miteinander abfinden zu können. Diese beiden Reihen ziehen sich durch die ganze Entwicklung, auch durch die der primitiven Epochen; selbst bei der Kunst des Kindes können sie beobachtet werden, da der Hang zur Abstraktion geradeso die Grundnatur des Menschen bildet, wie das Festhalten am Konkreten; nur ist bei dem einen das eine, bei dem anderen der andere stärker vorhanden, und demgemäß sieht er auch die Außenwelt, demgemäß baut er seine Seelenwelt auf. Kaum daß er seiner selbst bewußt zu werden beginnt, fühlt er sich infolge der Struktur seiner Phantasie von der einen oder der anderen Kunstform angezogen. Platon von der abstrakten: er betrachtete die Kunst als die Objektivierung der Idee; Aristoteles von der konkreten: er nahm die Kunst als Nachahmung der Natur. Und so sehen wir dasselbe auch später, in der Renaissance und bei der Hegel-Vischerschen Ästhetik und nicht anders bei den formalistischen Ästhetikern bis zum heutigen Tage. Deonnas Beispiele beweisen dies *malgré lui*; ob er sie nun aus der Kunst des Kindes und der primitiven Völker oder aus dem griechisch-archaistischen Zeitalter nimmt: die Entwicklung läßt sich eben reinlich nur nach der Absonderung der beiden Reihen konstruieren. Er erwähnt z. B. an einer Stelle (II. 445), daß der Künstler in der archaistischen Epoche das Alter kaum fühlen läßt, Mann und Weib werden in voller Jugend dargestellt, der Greis — wenn er auch kahl erscheint — ist ebenso robust wie der Jüngling, das Kind ist ein Erwachsener im kleinen Format, mit so starker Muskulatur wie ein Athlet. Also vollständige Unpersönlichkeit; kann dies alles aber — wie er meint — aus der Undifferenziertheit der frühen Kunst erklärt werden? Nein, in der abstrakten Reihe begnügte sich der Künstler auch mit dem aus seinen wenigen Beobachtungen hervorgegangenen Phantasiegebilde, hieraus schuf er die bezeichnende Form, in der er seine Idee angemessen auszudrücken vermochte. In der konkreten Reihe wurden die Beobachtungen immer reicher, der Künstler mit der konkreten Phantasie brauchte, um seine Form schaffen zu können, immer mehr und mehr anschauliche Bilder. Der Künstler der abstrakten Reihe trachtete mit wenigen Details ein immer tieferes, immer beständigeres, vom Zufalle abstrahiertes Ideal auszudrücken, der konkrete wurde stets reicher an Anschauungen und gelangte bis zur Impression des Augenblicks. Dasselbe sehen wir in der Ornamentik; auch dort muß man die zwei Arten der Stilisierung scharf unterscheiden, und eine Dualität ist schon beim Ursprung zu beobachten. In der abstrakten Reihe nahm die Stilisierung von dem symbolischen Zeichen, in der konkreten von der Naturnachahmung ihren Ausgang. Das macht uns den scharfen Gegensatz zwischen dem geometrischen Ornament und den natürlichen Formen begreiflich sowie die Bedeutungsvariationen des Ornamentes (wenn die ursprüngliche symbolische Bedeutung infolge zufälliger Ähnlichkeit einen anderen Inhalt gewinnt — II. 484, Fig. 143 — oder umgekehrt, wenn ein ursprünglich symbolisches oder rein geometrisches Zeichen als Stilisierung eines Vorbildes aus der Natur genommen wird).

Die Daten Deonnas führen auf diese Weise eine ganz klare Sprache; nur daß sie eben andere Dinge sagen, als die er aus ihnen herausliest.

Wir sind zum III. Band seines Werkes gelangt, in dem er den Rhythmus der

Kunst zu offenbaren verspricht. Dieser Rhythmus ist, seiner Überzeugung nach, unregelmäßig, und er entsteht, indem von Zeit zu Zeit ähnliche Kunstformen sich bilden, wodurch die Oszillation hervorgebracht wird. Aber eine ganz gleichförmige Entwicklung ist im Laufe der Weltgeschichte noch nie zweimal vorgekommen — höchstens handelte es sich um wiederkehrende Ähnlichkeiten. Warum? Hierauf vermag Deonna keine Antwort zu geben. Die Ähnlichkeiten innerhalb der einzelnen Entwicklungsreihen sind — meiner Ansicht nach — die Ergebnisse der verwandten Phantasiestrukturen. Deonna unterscheidet vier Kunstepochen: die paläolithische, die griechisch-römische, die ägeische und die christliche, und er charakterisiert sie zuerst allgemein, dann in ihren Details, wobei er überall die wiederkehrenden Ähnlichkeiten hervorzuheben bestrebt ist. Wenn er die Offenbarungen der künstlerischen Phantasie beachtet hätte, wäre er imstande, die beiden Reihen in jeder Epoche scharf zu unterscheiden. Die Kunst des Paläoliths und dann die Kunst von Minos sind zwar reicher an konkreten Kunstgegenständen, doch begegnen wir überall auch abstrakten Denkmälern. In der griechischen archaistischen Epoche, aber auch in der ägyptischen, assyrischen, phönizischen Kunst finden wir in großer Anzahl Denkmäler von beiderlei Art. Deonna geht hierauf zu detaillierten Vergleichen über, genauer gesagt, er vergleicht die Plastik des 6. Jahrhunderts mit der frühen christlichen Plastik, und er konstatiert, daß in der frühen romanischen die Eigentümlichkeiten der archaistischen griechischen Kunst aufleben (Frontalität, Furcht vor der Leere, falsche Perspektive, Reliefsehen usw.). Er bemerkt nicht, daß dies alles in der abstrakten Kunst kein Fehler ist, weil vom Gegenstand nur das dargestellt wird, was man von ihm weiß, nicht das, was man sieht; daß man sich nur um die Ausdrucksformen kümmert und sich mit so viel Zügen begnügt, daß sie die Idee eben ausdrücken können. Doch zu gleicher Zeit sammelt der Künstler der konkreten Reihe Impressionen (Beispiele bringt er selbst, S. 147, 152, 168). Ebenso ist es auch in der frühen romanischen Kunst. Doch auf diese wirkten auch klassische Denkmäler ein, wodurch ihre Entwicklung rascher vor sich ging. Es gibt also keine Oszillation, sondern nur Gesetzmäßigkeiten innerhalb der Entwicklungsreihen. Das stilisierte Ohr der irischen Miniatüre (Fig. 26, 7. Abb., Fig. 27, 6. Abb.) wird Deonna doch nicht für einen naturalistischen Versuch halten? Die Entwicklung ging auch nachher innerhalb der einzelnen Reihen vor sich. In der griechischen Kunst entwickelten sich im 5. Jahrhundert die abstrakte und die konkrete Richtung parallel, doch wirkten sie aufeinander ein, — die Frontalität z. B. erhielt sich in der abstrakten Reihe lange, in der konkreten Reihe hingegen verschwand sie vollständig, weil die immer reicher werdende realistische Detailzeichnung sie nicht duldet. Ähnlicherweise erkennen wir das Simultane der beiden Reihen bei der Entwicklung der Kleidung, die in der abstrakten Reihe eine bezeichnende Form ist und bis zum Symbolismus gelangt, in der konkreten hingegen nur konstruktiven Wert besitzt. Deonna bringt viele Beispiele, doch er verwirrt sie in einem fort und mischt sie durcheinander. Ihm bedeutet die Gotik — wo diese simultane Zwiefachheit ebenfalls existiert — nur eine Abstraktion, weil sie z. B. den Ausdruck des Schmerzes nicht kennt (236, 1). Und die vielen ohnmächtigen Marien unter dem Kreuze? Und die vielen Darstellungen Christi, der sich auf dem Kreuze windet?

Sein anderes Beispiel ist der Vergleich der hellenistischen griechischen Kunst mit der Renaissance. Selbstverständlich findet er ähnliche Elemente. Doch wir wissen, was die wirkliche Ursache dieser Erscheinung ist. Deonna wird von gewissen Phänomenen in Verwirrung gebracht. Er bemerkt in der hellenistischen Epoche und in der Renaissance das Vordringen der Landschaftsmalerei. Doch warum schätzt Botticelli die Landschaft so gering, und warum spielt sie bei Michelangelo keine Rolle? Deonna nimmt wahr, daß in beiden Epochen die Malerei auf die Plastik einwirkt, — doch warum verkündet Mantegna und warum übt Michelangelo das entgegengesetzte Verfahren? Weil der Gegensatz der beiden Reihen offenkundig ist. Wir erwähnen nur noch einen Fall. »Das Aufleben des Idealismus im 16. Jahrhundert« — schreibt er S. 510 — »vernichtet die Landschaftsmalerei, weil Michelangelos Einfluß ihr den Todesstoß gab, als er der anthropozentrischen Konzeption zur Auferstehung verhalf. Die Liebe zur Natur erwacht erst im 18. Jahrhundert wieder, aber gegen Ende des Jahrhunderts wird die Landschaft durch die abergläubische Verehrung der Antike wiederum verdrängt.« Und was macht er einerseits mit Poussin, dem Meister der idealen Landschaft, und anderseits mit Ruysdael und Hobbema, den Schöpfern der realistischen Landschaft? Sämtlich Söhne eines Zeitalters, sämtlich Landschaftsmaler, aber Meister verschiedener Entwicklungsreihen.

Deonna freut sich, eine neue »*vérité générale*« gefunden zu haben, die Lehre vom ständig wiederholten Rhythmus. Nach unserer Meinung entspricht sie nicht den Tatsachen und führt als Endergebnis zur Verneinung der künstlerischen Entwicklung. Denn auf diese Art verändert sich das Gefühl, das von der Technik ausgedrückt wird, kaum irgendwie, die Technik hingegen überhaupt nicht, weil sie sich nur als Wiederholung derselben Verfahren offenbart (p. 534). Wenn man jedoch in die Art der künstlerischen Entwicklung Einblick gewinnt, erfährt man, wie unendlich mannigfaltige Reihen den beiden Hauptrichtungen der Entwicklung ihr Dasein verdanken und daß die Entwicklung nur von dem entscheidenden Gefühle und den daraus hervorgehenden Formenvarianten gezeitigt wird.

Alles in allem: das Buch Deonnas muß in stofflicher Beziehung und wegen seiner Anregungskraft mit Dank begrüßt werden, enthält aber allgemeine Theorien von nur zweifelhaftem Wert.

Budapest. Béla Lázár.

Wilh. **Dreecken**, Über die absolute Wertung ästhetischer Objekte. Vortrag, gehalten im Akademisch-Literarischen Verein Berlin. — Verlag von Schuster & Löffler, Berlin und Leipzig 1912. — 8°. 16 S.

Wie wenig Dreecken die eigentlichen Schwierigkeiten des Problems, das den stolzen Titel seines Vortrags bildet, erfaßt hat, beweist bereits der erste Satz: »Eine Definition der in unserm Thema gebrauchten vier Begriffe erübrigt sich, wenn wir es in die Frageform kleiden; diese lautet: Kann man über Gegenstände der Kunst allgemeingültige Urteile fällen?« Daß ein vieldeutiger und höchst verschwommener Satz eine genaue und tief schürfende Wesensuntersuchung unnötig machen kann, dieses wunderliche Kunststück werden nur wenige dem Verfasser glauben. Die Tatsache »allgemeingültiger« Urteile beweist an sich gar nichts für oder gegen absolute Wertsetzungen. Gesetzt den Fall, eine bestimmte Speise munde allen vortrefflich, so gilt das Urteil »diese Speise schmeckt gut« ausnahmslos; doch liegt hier lediglich eine psychische Regelmäßigkeit vor, der nur ein irriger Psychologismus objektiven Wertcharakter zubilligen könnte. Einen anderen Sinn gewinnt aber die Behauptung, wenn unter »Allgemeingültigkeit« der berechtigte und notwendige Anspruch eines Urteils auf allgemeine Geltung verstanden wird. Hier finden sich natürlich Ausnahmen, d. h. abweichende Urteile, aber diese sind dann verfehlt und irrig. Doch ist es nicht unsere Aufgabe, an dieser Stelle die Untersuchungen zu führen, die Dreecken anzustellen unterlassen hat; wir achten darum gleich auf die Ergebnisse, und um diese nicht irgendwie umzubiegen oder zu verfälschen, will ich möglichst den Verfasser selbst sprechen lassen. Da sich »in erster Linie die Werturteile auf das Notwendige, die Geschmacksurteile auf das Überflüssige« richten, so berühren die Werturteile lediglich die Technik, die künstlerische Leistung des Autors, »und nicht eine etwa in dem Werke liegende und auf den Beschauer wirkende Potenz, auf die es hier ja ankommen soll. Die dem Werke innewohnende Potenz ruft jedoch beim ästhetischen Genuß ... in uns nicht ein Werturteil, sondern ein Geschmacksurteil wach.« Der »ideale Zustand« wäre der, »in dem positive Geschmacksurteile nur über solche Objekte gefällt würden, über deren positiven Wert die Urteile sich einig wären«. Aber dieser Zustand besteht nicht: »Sudermanns ‚Ehre' z. B. ist ein ‚gutes Theaterstück'; wer wollte das leugnen? Das Werturteil, nach der Norm gefällt, welche die dramatischen und theatralischen Forderungen aufgestellt haben und die hier erfüllt sind, ist entschieden positiv; ob aber das Geschmacksurteil, welches das Publikum zu fällen hat, ebenfalls positiv ist, diese Frage wird eben von dem subjektiven Geschmack jedes Einzelnen entschieden.« »Umgekehrt kann etwas gefallen, dem noch kein Wert vindiziert werden kann; Räubergeschichten und Hintertreppenromane gefallen ihren Lesern eben sehr gut, sonst würden sie sie nicht lesen. Jede leichte, noch so triviale Musik gefällt dem naiven Hörer, ist ‚hübsch'; ob der Musikverständige ihr aber einen positiven Wert zusprechen wird, ist in den meisten Fällen kaum erst zu fragen.« »Werturteil und Geschmacksurteil stehen also auf völlig divergentem Boden. Über sie im Verhältnis zu einander zu streiten, wäre töricht. Nicht immer gefällt das Wertvolle, und das Gefallende ist nicht immer wertvoll.« Wo das Geschmacksurteil mitspricht, hört jede Allgemeingültigkeit auf; »es ist so verschieden, wie die Individuen verschieden sind. Will der Beschauer dem ästhetischen Objekt gegenüber als Kritiker dessen Technik (im weitesten Sinne) betrachten, so wertet er es absolut; versinkt er dem ästhetischen Objekt gegenüber in interesseloses Anschauen, genießt er rein gefühlsmäßig unter Ausschaltung der kritischen Betrachtung, so kann von einer absoluten Wertung nicht die Rede sein.« Diese Lösung des Wertproblems erscheint nur als eine Verwirrung der einfachsten Fragen; denn die widersinnigen Folgerungen aus den Aufstellungen Dreeckens sind so offenkundig, daß es nur erstaunlich wirkt, wieso der Verfasser sich mit ihnen beruhigen konnte. Wenn Wert der Technik und Gefühlswirkung des Kunstwerks in ausgedehntem Maße voneinander unabhängig wären, woran sollte denn der »Wert« der Technik erkannt werden? Und will man der Technik Selbstzweck verleihen, dann treiben wir in die trüben Gewässer reiner Virtuosenkunst. Sicherlich bildet der Genuß an der Technik ein eigentümlich artistisches Vergnügen, das durchaus nicht dem ästhetischen Verhalten gleichzusetzen ist, aber der »Wert« wird doch auch da erst in der Wirkung erfaßt, wenn er auch natürlich nicht durch sie zustande kommt. Ich freue mich der Geschicklichkeit des Künstlers, der vollendeten Leistung, mit der er eine Aufgabe bezwungen; wenn nun aber diese Aufgabe an sich lächerlich erscheint, wenn diese ganze Geschicklichkeit nur einem erbärmlichen Ziele dient, so muß doch die Freude schließlich in Ärger umschlagen: es bleibt der gewandte Techniker, aber nicht der »Künstler«. Da ferner nach Dreecken stärkste Kunstwirkungen auch bei schauderhaftester und elendester Technik möglich sind, anderseits aber auch beste und gediegenste Technik keine tiefere Kunstwirkung rechtmäßig zu begründen vermag, ist es gar nicht verständlich, wie von einem Werte der Technik gesprochen werden darf; sie sinkt im Gegenteil zum Range einer müßigen Spielerei herab. Und doch blitzt durch all die schiefen Betrachtungen des Verfassers ein wirkliches und echtes Problem auf: nämlich die Frage, daß man Kunst auch anders als rein ästhetisch betrachten kann, und daß ihr gegenüber verschiedene Wertsetzungen nicht nur möglich, sondern notwendig sind. Dies ist nun ein Problem, dessen ernsthafte Durchforschung eine wichtige Aufgabe all derer bildet, die über das wahre Verhältnis der Ästhetik und allgemeinen Kunstwissenschaft nachdenken. Die Lösung liegt nun allerdings durchaus nicht in der Richtung, die Dreecken weist und die nur zu einem völligen ästhetischen Subjektivismus drängt. Wie der Stand der Wissenschaft in dieser Frage sich verhält und wie ich selbst zu ihr Stellung nehme, habe ich in meinem Bericht über »Ästhetik und allgemeine Kunstwissenschaft« anzudeuten versucht im ersten Bande der »Jahrbücher der Philosophie« (Berlin 1913).

Rostock i. M. Emil Utitz.

Frz. Hoermann, Heimkunst und Heimatkunst. Grundzüge einer praktischen Ästhetik des Bürgerhauses, des Städtebaues und des Dorfbildes. — Mit 24 Abbildungen; 1913, Verlag von Gerhard Kühtmann in Dresden. — 8°. 109 S.

Hoermanns Buch ist — wie der Verfasser selbst im Vorwort ausführt — eine Frucht seines Unterrichtes in der »praktischen Ästhetik«. »Bei einem dem kunstgewerblichen Unterrichte gegenüber gänzlich unvorbereiteten, in der großen Mehrzahl aus der siebten oder achten Volksschulklasse kommenden Schülermaterial konnte ich eine verständliche und fruchtbringende Kunstlehre nur als streng gegliederten und übersichtlich aufgebauten Anschauungsunterricht geben: als eine vom Einzelnen zum Ganzen, von der Analyse zur Synthese vorschreitende ‚Wanderung' durch die wichtigsten Gebiete des Kunstgewerbes und der Baukunst«. Und diese Wanderung ist ganz gut gelungen; wer allerdings schon ein wenig Bescheid in diesen Gegenden weiß, wird nicht viel Neues zu sehen bekommen, aber der Anfänger erfährt eine ganze Reihe nützlicher Belehrungen und dienlicher Hinweise. Da auch Hoermann mit Literaturangaben nicht spart, wird es dem tiefer Interessierten leicht gemacht, die Fragen weiter zu verfolgen, deren nähere Durchforschung ihn besonders fesselt. Nun hat sich aber Hoermann nicht nur auf Wohnraum, Haus, Dorf und Stadt beschränkt, sondern im ersten Teil seiner Schrift versucht, ein ganz knappes System der Ästhetik aufzurollen. Das ist allerdings recht dürftig geraten, und vieles stimmt gar nicht. Es wäre auch gar nicht nötig gewesen; eine kurze Einführung mit einigen Literaturverweisen hätte vollkommen genügt. Hingegen empfehle ich für die zweite Auflage mehr Ausführlichkeit im Hauptteil und ein stärkeres Hereinbeziehen der Abbildungen in den Text; es reicht nicht hin, daß sie da sind und im allgemeinen von ihnen gesprochen wird, sondern das liebevolle Eingehen auf den Einzelfall muß die Regel erst vollständig erhellen, zumal wo es sich um praktische Ästhetik handelt. Auch manche allgemeine Vorwürfe gegen die moderne Kunst sind mindestens mißverständlich, für den Anfänger jedenfalls leicht irreführend: »wenn die Lage der modernen Kunst, trotz zahlreicher hervorragender Leistungen, eine unbefriedigende ist, so liegt eine der ersten Ursachen darin, daß sie vorwiegend eine traditionslose Kunst ist. Sie hat den historischen Boden, trotz alles modeartigen Zurückgreifens auf alte Stile, verloren oder aufgegeben, die alten Beziehungen zum Volke gelöst und gleicht daher einem in der Luft verankerten, der Verbindung mit einem natürlichen Fundamente oder einer natürlichen Stütze beraubten Gebäude.« Welcher Kunst gilt nun diese Klage? Der Lehrer muß auf die Unentbehrlichkeit der Tradition dringen — darin hat Hoermann ganz recht —, und kein Einsichtiger wird die ungeheure Bedeutung der Tradition verkennen wollen; aber daraus darf doch keine Fortschrittsfeindschaft emporwachsen, die sich bisweilen besonders gefährlich hinter den Heimatkunstbestrebungen verbirgt. Also hier wäre größere Klarheit recht sehr erwünscht; und insbesondere ein Ausmerzen derartig allgemeiner Anschuldigungen, die jeder auf etwas anderes beziehen kann, und mit denen jeder seine Rückständigkeit in Sachen der Kunst zu verteidigen vermag. Hoermann selbst trifft dieser Vorwurf nicht, aber der Lehrer muß auch den falschen Schein meiden und vorsichtig sein, um nicht den Anfänger auf eine schiefe Bahn zu drängen oder ihn in einer irrigen Anschauung zu bestärken. Im allgemeinen darf man aber dem Buch viel Glück auf seinen Weg wünschen und zahlreiche Leser in weiteren Kreisen; denn den Fachgenossen bringt es — wie schon angedeutet — nicht viel Neues.

Rostock i. M. Emil Utitz.

J. Gramm, Die ideale Landschaft, ihre Entstehung und Entwicklung. (Mit einem Atlasbande.) Freiburg im Breisgau, Herdersche Verlagshandlung, 1912.

Wer dies Buch zur Hand nimmt, wird, um sich vor Enttäuschungen zu bewahren, gut tun, den Untertitel zu beachten: Die Entwicklung der Landschaftsmalerei von der Antike bis zum Ende der Renaissance und das Werden der idealen Landschaft. In der Tat hört das 532 (!) Seiten starke Werk gerade da auf, wo die »ideale Landschaft« als bewußte Sonderart des künstlerischen Schaffens fertig dasteht zur Reise durch die Jahrhunderte bis in die Gegenwart; Poussin, Dughet, Elsheimer, Bril und Claude Lorrain kommen gerade auf der Schlußseite noch zur Erwähnung. Der Verfasser rechtfertigt dies im Vorwort mit den Worten: »Das Werdende zu belauschen erschien mir reizvoller, als das Gewordene zu überblicken und in seinen Verzweigungen zu verfolgen.« Man wird einwerfen dürfen, daß das eine das andere nicht ausschloß, ja geradezu forderte, und man wird sich vorstellen können, daß ein Verfolgen beider Ziele bei knapperer Art der Behandlung seinen besonderen Reiz und Wert gehabt hätte. Nachdem die Entwicklung der Landschaftsmalerei im Altertum (Woermann und Heinemann), in der deutschen Kunst bis Dürer (Kämmerer), in Venedig (Zimmermann), in Toskana und Umbrien (Guthmann und Kallab), in Holland (J. de Jongh) — von anderen tüchtigen Einzeldarstellungen zu schweigen — uns bisher meist nach ihren historischen Etappen vorgeführt worden ist, durfte eine Untersuchung nach inhaltlichen Kategorien vielleicht besonders interessant und fruchtbar erscheinen. Und der zweite Abschnitt des »Allgemeinen Teils« in dem vorliegenden Buche mit seinen Analysen mehrerer Darstellungen des Aqua acetosa-Motivs und des Nemisees im Vergleich zum Naturvorbilde erweckt in dieser Hinsicht auch die besten Erwartungen. Leider fällt er aber aus dem Rahmen des übrigen ganz heraus, denn Poussin, Koch und Rottmann, um die es sich hierbei handelt, kommen dann in dem ganzen Buche nicht mehr zu eingehender Behandlung.

Der Verfasser definiert in seiner systematischen Einleitung die »Ideale Landschaft« als »eine auf Grund einer ethischen Vorstellung mit freier Benutzung der Naturvorbilder nach künstlerischen Gesichtspunkten bildmäßig gestaltete (komponierte) Landschaft.« Unter »ethischer Vorstellung« versteht er dabei im allgemeinen nur eine solche von menschlicher Bedeutsamkeit, vornehmlich in Beziehung auf eine ideal aufgefaßte Persönlichkeit, deren Geistesverfassung — in der Ruhe wie im Affekt — die Grundstimmung bildet. »Als würdiger Schauplatz eines Helden, eines Heroen, wird die ideale Landschaft, in allen ihren Formen das Einfach-Klare, Große und Bedeutende verkörpernd, zur Heroischen Landschaft.« Von der einfachen Vedute leitet die Stimmungslandschaft, wo der Maler sich selbst mit der in den idealen Mittelpunkt gestellten Persönlichkeit identifiziert, zur idealen Landschaft über; eine andere Mittelgattung sind »idealisierte oder heroisierte Veduten«. Die Einwirkung der dekorativen Wandmalerei und der Bühne auf die ideale Landschaft, die demzufolge selbst eine gewisse dekorative Wirkung anzustreben pflegt, wird hervorgehoben, ebenso die besondere Bedeutung der italienischen Maler für dieses Schaffensgebiet sehr hübsch an den klassisch edeln Formen der südlichen Vegetation nachgewiesen.

Der nun folgende historische Teil, der den Hauptbestand des umfangreichen Bandes ausmacht, leidet, wie schon gesagt, an zu großer Ausführlichkeit, die das eigentliche Thema streckenweise ganz in den Hintergrund treten läßt. Der Verfasser gibt nicht nur einen Abriß der Geschichte der Landschaftsmalerei überhaupt bis zum Ende des 16. Jahrhunderts, sondern er hält es sogar für nötig, auf die Entwicklung der Kompositionsweise im allgemeinen einzugehen und beispielsweise Werke wie die Schule von Athen oder Tizians Madonna Pesaro, in denen nichts von Landschaft zu sehen ist, mit ausführlichen Analysen und selbst mit Abbildungen und schematischer Darstellung der »Kraftlinien« in dem beigegebenen Bilderheft zu bedenken. Um das erste prinzipielle Auftreten der idealen Landschaft in der Malerei der Spätantike nachzuweisen, glaubt er eine Übersicht über die Geschichte der Landschaftsmalerei seit der Urzeit vorausschicken zu müssen usw. Doch von solchen Dispositionsfehlern — die natürlich um so peinlicher empfunden werden, als die Darstellung schließlich vor dem eigentlichen Ziel abbricht — abgesehen, wird man viele Partien des Buches mit Interesse lesen und sich an der feinfühligen Interpretation mancher Werke Michelangelos und Tizians namentlich erfreuen. In dem immerhin noch sehr ausführlichen »Rückblick« am Schlusse des Bandes (S. 481—532) mag dann auch der weniger geduldige Leser sich über die von dem Verfasser eingehaltenen Richtlinien der Betrachtung orientieren. Die kompositionellen Errungenschaften der antiken Landschaftsmalerei fristen in der mittelalterlichen Kunst zu stenogrammartigen Typen abgekürzt ein dürftiges, oft kaum erkennbares Dasein. Erst mit Giotto tritt die Landschaft als kompositioneller Faktor in psychologischer Wechselwirkung mit den menschlichen Gestalten wieder hervor und eröffnet uns Perspektiven auf Masaccio, Ghirlandajo, Perugino und die Großmeister der idealen Landschaft im 16. Jahrhundert. Im Norden ist, wenn auch mit charakteristischer Betonung des mehr gefühlsmäßigen Zusammenklangs, die Kunst der Eycks ein ähnlicher Ausgangspunkt neuer Entwicklung wie Masaccio; in der deutschen Malerei darf Konrad Witz als ein Meister organischer Naturgestaltung und stimmungsvoller Naturbeseelung die führende Stellung beanspruchen. Mantegna und Fra Bartolommeo wird für die Entwicklung zur idealen Landschaft hin eine besondere Wichtigkeit zugewiesen, Leonardo setzt auch hier den inneren Rhythmus an Stelle des äußeren; aber erst Michelangelo, so spärlich das landschaftliche Element in seinen Kompositionen auftritt, beschreitet nach der Auffassung des Verfassers den direkten Weg zur stilisierenden idealen Landschaft.

Durch seine Kunst des koloristischen Stilisierens eröffnet Correggio der Ideallandschaft neue Bezirke einer transzendentalen Stimmungswirkung; Giorgione, in formaler Hinsicht gleich ihm zunächst auf der älteren paduanisch-venezianischen Schule fußend, faßt als erster Landschaft und Menschen zu einem einheitlichen Organismus zusammen, den ein geheimnisvolles Lichtleben beseelt erscheinen läßt. Was er im Bereiche des Idyllischen anbahnt, das führt Tizian als Dramatiker zur Vollendung, zumal durch Ausbildung des Prinzips ungleicher Massenakzentuierung, das dem Zusammenwirken von Figuren und Landschaft ganz neue Wirkungsmöglichkeiten eröffnet; in ihm gipfeln Entwicklungsbahnen der idealen Landschaft, die bis auf das klassische Altertum zurückverfolgt werden können.

Man wird schon aus diesen kurzen Andeutungen entnehmen, daß Gramms Buch, wenn auch in seiner Anlage und Gliederung nicht eben glücklich, doch unter großen Gesichtspunkten aufgefaßte, wichtige und anregende Untersuchungen enthält, die zur Bereicherung der kunstwissenschaftlichen Betrachtungsweise nach der ästhetischen Seite hin wertvolle Beiträge liefern. Ein Band mit 135 Abbildungen und schematischen Zeichnungen erleichtert dem Leser das Verständnis der einzelnen Bildanalysen; die Ausführung dieser Tafeln wie die ganze Druckerscheinung der beiden Bände macht der Verlagshandlung alle Ehre.

Greifswald. Max Semrau.

Jos. Neuwirth, Illustrierte Kunstgeschichte. Allgemeine Verlags-Gesellschaft Berlin-München-Wien, 2 Bde.

Werke dieser Art entspringen einem Verlegerbedürfnis, nicht dem Schriftstellerdrange. Und die »Idee« einer zweibändigen Kunstgeschichte, als erwünschtes Mittelglied zwischen den bekannten mehrbändigen Werken und den kurzen Kompendien, lag wohl schon längst in der Luft. Sie in die Tat umzusetzen, war Joseph Neuwirth gewiß der richtige Mann. Sein enzyklopädisches Wissen, seine in ähnlichen Aufgaben bewährte solide und ausgeglichene Darstellungsweise geben auch diesem neuen Werke das Gepräge. Ohne in der Gliederung oder Behandlung des Stoffes neue Bahnen einzuschlagen, trägt es die Geschichte der Kunst im ersten Bande bis zur Renaissance, im zweiten bis zur Gegenwart vor. Was bei der Lektüre von Stichproben etwa auffällt, wie die mitunter unerfreuliche Belastung jedes einzelnen Satzes mit Namen und Daten und die vorwärtsdrängende Eile der Darstellung auch an Stellen, wo ein längeres Verweilen erwünscht sein könnte — das liegt in der Natur der Aufgabe und ihrer Abgrenzung. Einzelnen kleinen Schönheitsfehlern, wie daß von »neolithischer« Kunst gesprochen wird, bevor die Scheidung von Stein- und Metallzeit erörtert ist, oder daß als einzige Abbildung des Doms zu Speyer eine Ansicht der modernen Westvorhalle gegeben wird, soll kein Gewicht beigelegt werden. Die sehr reiche Illustration des Werkes ist sonst geschickt ausgewählt und fügt sich zumeist dem Texte recht gefällig ein. Die in Farbenautotypie ausgeführten Tafeln dagegen lassen manches zu wünschen übrig.

Greifswald.

Max Semrau.

Die differentielle Psychologie in ihren methodischen Grundlagen. Von William Stern. Leipzig, J. A. Barth, 1911. gr. 8°. IX u. 503 S.

Dies Buch steht an Stelle der zweiten Auflage eines elf Jahre vorher erschienenen und inzwischen vergriffenen Werkes. Die ältere Schrift war ein Ausblick in die Zukunft, war ein Versprechen gewesen, die neue Schrift gibt die Grundlegung der jungen Wissenschaft, und sie ist — im vollsten Sinne des Wortes — grundlegend.

Über das Ganze sei nur so viel gesagt, daß es die Methodik und die allgemeinen Fragen der differentiellen Psychologie behandelt: zuerst die Verfahrungsweisen zur Feststellung des psychologischen Materials, dann die Lehre von den seelischen Verschiedenheiten und schließlich die Lehre von den Individualitäten. Es ist leicht zu sehen, wie viele Berührungen mit der Ästhetik und Kunstwissenschaft sich ergeben. Beispielsweise beim Begriff des Übernormalen. Indem Stern davon ausgeht, daß Norm kein statistischer, sondern ein teleologischer Begriff ist, nennt er übernormal »solche Personen und persönliche Eigenschaften, deren Zielsetzung nicht in der reaktiven Anpassung, sondern in der Steigerung des Vorhandenen und in der Schöpfung des Neuen besteht« (S. 159). Das Talent ist die quantitative, das Genie die qualitative Form des Übernormalen. An diese, vielleicht etwas zu spitz geratenen Bestimmungen schließen sich lebensvollere Erörterungen an. Stern warnt vor den Pathographien, die alles Schöpferische aus krankhaften Anlagen erklären, denn man dürfe nicht »aus der etwa festgestellten Abnormität dieser oder jener Einzeleigenschaft ohne weiteres einen Schluß auf die Abnormität ihres Trägers als Individuum ableiten« (S. 163), und er wendet sich gegen »die Tendenz der Psychoanalytiker, ein irgendwie abnormes Einzelereignis des jugendlichen Sexuallebens zu dem alles durchdringenden Fäulnisstoff der Persönlichkeit zu machen« (S. 164).

Von der Betrachtung einzelner Merkmale, die — gleich der musikalischen Anlage — sich durch viele Einzelmenschen ausbreiten, wendet sich das Buch zum Individualitätsproblem. Der künstlerische Darsteller einer Individualität, sei er Dichter, Bildner oder Schauspieler, soll ein anschauliches und mitfühlbares Bild der Persönlichkeit geben. Handelt es sich um das in der Sprache entworfene Bild eines wirklichen Menschen, so entsteht die Biographie; wie viele und wie vielerlei Voraussetzungen auf die Gestaltung einer Biographie einwirken können, zeigt der Verfasser mit großer Genauigkeit. Von der Biographie ist die Psychographie unterschieden, denn diese stützt sich nicht auf die Einheit, sondern auf die Mannigfaltigkeit der im Einzelmenschen vorhandenen Merkmale; übrigens können ihre ausführlichen Schemata für den Biographen insofern Wert haben, als sie ihm wichtige psychologische Gesichtspunkte nahelegen.

Bei den psychologischen Sprachstatistiken würdigt Stern die Arbeiten von Groos, die zum Teil in dieser Zeitschrift erschienen sind, und wirft die Frage auf, in welcher Richtung und in welchem Umfang die Feststellungen z. B. über Häufigkeit der Farbenausdrücke ihren theoretischen Wert haben. Er berichtet ferner von den *Enquêtes médico-psychologiques* des Dr. Toulouse, die vor Jahren trotz ihrer Geringwertigkeit Aufsehen erregten, und würdigt Binets unvergleichlich feinere Zergliederung von Paul Hervieus *création littéraire.* Als das umfassendste Psychogramm bezeichnet Stern das von Margis über E. T. A. Hoffmann; dies Buch soll in unserer Zeitschrift eine eigene Besprechung erhalten.

Ich bin nicht der Meinung, daß der Verfasser mit seinen Berichten stets ins Schwarze getroffen hat, ja ich glaube sogar, daß wichtige Bestandteile einer umfassenden Psychognosis außerhalb des Buches geblieben sind. Eben deshalb möchte ich rühmend hervorheben, mit welcher Sicherheit von gewissen Voraussetzungen aus das Gebiet abgegrenzt, an jedem Punkt das Wesentliche bezeichnet und in das Ganze eine nützliche Ordnung gebracht wird. Wer da weiß, wie schwer es hält, aus einer widerspruchsvollen Buntheit wissenschaftlicher Arbeiten ein klares Bild zu gewinnen, der muß der Leistung Sterns Bewunderung zollen.

Berlin.

Max Dessoir.

Zeitschrift für Ästhetik
und allgemeine
Kunstwissenschaft

PLEASE DO NOT REMOVE
CARDS OR SLIPS FROM THIS POCKET

UNIVERSITY OF TORONTO LIBRARY

Lightning Source UK Ltd.
Milton Keynes UK
UKHW02n0723150918
328924UK00004B/18/P

9 780484 264112